COURS

DE

DROIT CRIMINEL

AVIS AU LECTEUR

Depuis l'impression de ce livre, la Chambre des députés (séance du 12 nov. 1897), ayant adopté sans modifications le texte voté par le Sénat sur la proposition Constans, la loi du 8 décembre 1897 modifiant certaines dispositions du Code d'instruction criminelle se trouve entièrement exposée et commentée par le texte et les notes de cet ouvrage, sous le nom de *projet Constans*.

COURS

DE

DROIT CRIMINEL

CONFORME AUX PROGRAMMES UNIVERSITAIRES

PAR

A. LABORDE

PROFESSEUR DE DROIT CRIMINEL A L'UNIVERSITÉ DE MONTPELLIER

DEUXIÈME ÉDITION

REVUE ET MISE AU COURANT DES LOIS LES PLUS RÉCENTES

L. 26 mars 1891. — L. 15 novembre 1892. — L. 8 juin 1895. — L. 6 avril 1897.
L. 1ᵉʳ mai 1897.
L. 8 décembre 1897, s. l'instruction criminelle.

PARIS

LIBRAIRIE NOUVELLE DE DROIT ET DE JURISPRUDENCE

ARTHUR ROUSSEAU

ÉDITEUR

14, RUE SOUFFLOT ET RUE TOULLIER, 13

1898

TABLE ANALYTIQUE DES MATIÈRES

NOTIONS PRÉLIMINAIRES

Pages

I. Divisions du droit. — 1. Terminologie. — 2. Diverses branches du Droit. — 3. Définition du Droit criminel. Place qu'il occupe dans le Droit et dans la législation. — 4. Droit crim. abstrait et législation crim. — 5. Différences entre le Droit crim. et la morale. — 6. Utilité de l'étude du Droit crim. 1-5

II. Divers objets de la législation criminelle. — 7. Enumération. — 8. L'infraction. — 9. La peine. — 10. Les actions. — 11. Les juridictions. — 12. La procédure. — 13. Programme 5-7

PREMIÈRE PARTIE

DROIT PÉNAL DÉTERMINATEUR (CODE PÉNAL).

I. Les infractions. — II. Les peines.

Introduction philosophique.

I. Légitimité et étendue du droit social de punir. — 14. Idée dominante des principaux systèmes. — 15. *Justice absolue.* Système de l'expiation. — 16. *Utilité.* — 17. Système du contrat social. — 18. Système utilitaire pur. — 19. Système de l'école éclectique. — 20. Système de la défense indirecte. — 21. Systèmes de l'anthropologie et de la sociologie criminelles. — 22. Choix d'un système. 9-18

II. Caractères essentiels ou utiles des peines. — 23. Enumération. — 24. La peine doit être exemplaire ; — 25. réformatrice ; — 26. légale ; — 27. divisible ; — 28. personnelle ; — 29. égale ; — 30. morale ; — 31. réparable. — 32. A-t-elle besoin d'être expiatrice ? . . 18-20

Introduction historique.

33. Utilité de l'étude des précédents historiques 21

I. Droit romain. — 34. Délits publics et privés. — 35. Principe du droit de punir. 21

II. Ancien droit français. — 36. Division. — *a) Période barbare :* — 37. Sources du droit. — 38. Système de pénalité. — *b) Période féodale :* — 39. Sources du droit. — 40. Système de pénalité. — 41. Principe du droit de punir. — *c) Période royale :* — 42. Aperçu général. — 43. Sources du droit. — 44. Système de pénalité. — 45-46. Les infractions et les peines. — 47. Principe du droit de punir. — *d) Période moderne :* — 48. Division. — *e) Législation intermédiaire :* — 49. Sources du droit. — 50. Système de pénalité. . 22-30

III. Code pénal de 1810. — 51. Son élaboration. — 52. Analyse de ses dispositions 30

IV. Législation postérieure. — 53. Enumération des réformes opérées depuis 1810. — 54. *Codes étrangers modernes. Projet de réforme.* . . 31-33

LIVRE Ier. — DE L'INFRACTION.

CHAPITRE Ier. — DÉFINITION ET ÉLÉMENTS ESSENTIELS DE L'INFRACTION.

Section I. — Définition de l'infraction ; notion sommaire de ses éléments essentiels ; sujets actif et passif du délit.

55. Critérium de l'art. 1er du C. pénal. Définition de l'infraction. — 56. Eléments qui en résultent. — 57. Caractère de ces éléments. — 58. Qui peut être sujet actif ou passif de l'infraction ? — 59. Personnes physiques. — 60. Personnes morales et collectivités sans personnalité. 35-40

Section II. — De l'élément légal de l'infraction.

61. Il n'y a pas de délits *naturels*. — 62. Il faut une loi *antérieure* au fait incriminé ; et une loi *française*. 40

§ 1. — *De la non-rétroactivité des lois pénales.*

63. *Principe de la non-rétroactivité. Hypothèse où se posent les questions de rétroactivité ou de non-rétroactivité.* — 64. Caractère du principe de la non-rétroactivité 41-42

I. De la non-rétroactivité des lois de fond. — 65. Règle à suivre. — 66. A quel signe reconnaîtra-t-on la loi la plus douce ? — 67. Difficultés d'application de la règle. 42-44

II. De la rétroactivité des lois de forme. — 68. Règle à suivre. Lois modifiant la procédure ; — 69. les juridictions ; — 70. la compétence ; — 71. la prescription ; — 72. l'exécution des peines. 44-47

§ 2. — *De la territorialité des lois pénales.*

I. Notions générales. — 73. Principe de la territorialité. — Crime commis en France, coupable puni à l'étranger. — 74. Etendue du territoire 47-50

II. Première exception. — Infractions commises sur notre territoire que la loi française ne peut atteindre. — 75. *Immunité pénale des sénateurs et députés* ; — 76. *des plaideurs.* — 77. Situation du Président de la République et des ministres. — 78. Immunité des chefs d'Etat et ambassadeurs étrangers. — 79. Raison d'être et caractère juridique de leurs privilèges. — 80. Questions de détail. 51-57

III. Deuxième exception. — Infractions commises sur le territoire étranger que la loi française peut atteindre. — 81. *Exposé sommaire de la législation* 57

A. Première hypothèse : *L'auteur de l'infraction est un Français.* — 82. *Conditions de la poursuite. Distinctions à faire.* — 83. Crimes contre la sûreté ou le crédit de la France. — 84. Autres crimes. — 85. Délits contre la chose publique. — 86. Délits contre les particuliers. — 87. *Certaines contraventions.* — 88. *Infractions commises par les agents diplomatiques français.* 58-61

B. Deuxième hypothèse: *L'auteur de l'infraction est un étranger.* — 89. *Conditions de sa poursuite.* — 90. Restriction pour les crimes attentatoires à la sûreté de l'Etat. — 91. *Questions communes aux deux hypothèses*: Preuve de la nationalité de l'inculpé. Compétence. — 92. Imperfection de la loi du 27 juin 1866. — 93. Appendice : Des capitulations et traités analogues 61-64

Section III. — De l'élément matériel de l'infraction.

I. Notions générales. — 94. Phases de l'infraction. — 95. Impunité des actes internes. — 96. *Quid* de la résolution dont on acquiert la preuve ? — 97. Punissabilité des actes externes. Impunité des *actes préparatoires*. — 98. Motif de leur impunité. *Quid* de l'escalade et de l'effraction extérieure ? — 99. Critérium pour distinguer les actes préparatoires. — 100. Application. — 101. A quels titres peuvent-ils être incriminés ? — 102. Exemples pris dans notre législation. . . . 65-69

II. Répression de la tentative d'après le code. — 103-104. Tentative et crime manqué. — 105. Tentative de crime. Tentative de délit. . . . 69-72

III. Détails d'application. — 106. *Difficultés communes à la tentative de crimes et de délits*. a) Repentir actif présenté faussement comme un désistement de la tentative. — 107. b) Désistement spontané et désistement volontaire. — 108. c) Crime impossible. — 109. *Difficultés spéciales à la tentative de crime*. Tentative d'avortement, de faux témoignage, d'attentat à la pudeur. — 110. *Difficultés spéciales à la tentative de délits*. Comporte-t-elle les conditions exigées par l'art. 2 du C. pénal 73-77

Section IV. — De l'élément moral de l'infraction.

111. Notions générales. — 112. Causes de non-imputabilité. Défaut d'intention. Sens des mots : imputabilité, culpabilité, responsabilité. — 113. Facteurs de la volonté. Causes qui les suppriment. 77-78

§ 1. — *Du défaut de discernement.*

I. A quel age l'homme devient-il punissable ? — 114. Droit abstrait. — 115. Droit positif. Critique. — 116. Divers effets de la minorité de 16 ans 79-80

II. Condition des mineurs de 16 ans au point de vue pénal. — 117. Aperçu général. — 118. 1º *Question spéciale de discernement.* — 119. *Quid* de la question d'âge ? — 120. 2º *Excuse atténuante.* — 121. 3º *Immunité de juridiction.* — 122. 4º *Particularités relatives à l'acquittement et à la condamnation des mineurs de 16 ans.* Loi 5 août 1850. — 123. Organisation pratique des locaux. — 124. Education correctionnelle et reclassement 80-85

III. Condition des majeurs de 16 ans. — 125. Aperçu général 85

§ 2. — *De la démence.*

I. Définition de la démence. — 126. Art. 64 C. p. Querelle de mots. 85

A. *Maladies mentales.* — 127. Divisions. — 128. L'*imbécillité* rentre-t-elle dans la démence ? — 129. Même question pour la manie intermittente ; 130. pour la monomanie 86-88

B. *Autres obscurcissements de l'intelligence.* — 131. Aperçu général. — 132. Le somnambulisme. — 133. L'hypnotisme. — 134. L'ivresse. — 135. La surdi-mutité. — 136. Les passions. — 137. Certains cas d'ignorance ou d'erreur. — 138. Dans quels cas l'ignorance de la loi pénale peut-elle être une cause de non-imputabilité ? — 139. Même question pour l'ignorance ou l'erreur de fait. 88-94

II. Effets de la démence. — 140. Le principe. Texte qui l'applique. — 141. Généralité de cette cause de non-imputabilité. — 142. Conséquences. — 143. Influence sur la responsabilité civile ; — 144. sur l'exercice de l'action publique ; — 145... sur l'exécution des peines ; — 146... sur la contrainte par corps. 94-97

III. Preuve de la démence. — 147. Comment ? Par qui ? — 148. Droit de l'administration. 97

§ 3. — De la contrainte.

149. Définition. Diverses espèces. — 150. Contrainte physique. Contrainte morale. — 151. Difficultés : Crainte d'un dommage aux biens. Crainte révérentielle. Dommage intéressant autrui. — 152. Pression exercée par un événement de la nature. Nécessité pour l'inférieur d'obéir à son supérieur. — 153. Effets. — 154. Preuve. 97-101

§ 4. — Du défaut d'intention.

155. Définition de l'intention. Son rôle au point de vue pénal. — 156. Critique d'autres définitions. — 157. Distinction de l'*intention* et du *motif* du délit. — 158. Preuve de l'intention. Qui doit la faire ? — 159. L'erreur de droit peut-elle être invoquée pour prouver le défaut d'intention ? — 160. Comment le prévenu prouvera-t-il qu'il a commis une erreur de droit engendrant sa bonne foi ? — 161. Dans quel ordre prouvera-t-on le défaut d'élément moral et le défaut d'intention ? . . 101-104

Section V. — De l'élément injuste de l'infraction.

162. Notions générales. — 163. Comparaison des faits justificatifs et des causes de non-imputabilité. — 164. Les faits justificatifs ne sont pas des cas de contrainte morale. 104-107

165. Effets des causes de justification. — 166. Généralisation des faits justificatifs énoncés par les art. 327, 328. 107

167. Preuve des causes de justification. — Qui doit la faire ? — Comment se fait-elle ?. 107

§ 1. — Premier fait justificatif : l'ordre de la loi.

168. Cas où les deux conditions exigées par l'art. 327 sont nécessaires. Cas où l'une suffit. — 169. Le commandement doit être spécial. Cas où il est donné d'une façon générale. — 170. L'inférieur qui exécute un ordre illégal ne peut invoquer le fait justificatif. — 171. Peut-il invoquer une cause de non-imputabilité (contrainte morale) ou une excuse absolutoire (erreur de droit) ? A quelles conditions son erreur sera-t-elle plausible ? 108-110

§ 2. — Deuxième fait justificatif : la légitime défense.

172. Hypothèse. — I. 173. Conditions ordinaires de la légitime défense. 174. 1re *Condition* : un intérêt menacé. — 175. Y a-t-il une légitime défense des biens ? — 176. 2e *Condition* : une agression injuste. — 177. Y a-t-il une légitime défense contre une attaque que l'on a provoquée soi-même ? — 178. Peut-on opposer une légitime défense aux actes illégaux des agents de l'autorité ? — 179. 3e *Condition* : nécessité de se défendre. — 180. Peut-on faire usage des armes contre un individu qui attaque avec ses poings ? — 181. Y a-t-il une légitime défense lorsqu'on peut éviter le danger par la fuite ? — 182. Quels actes peut-on accomplir pour la défense des biens ? — 183. 4e *Condition* : La nécessité de se défendre doit être *actuelle*. — 184. Y a-t-il une légitime défense contre un danger imaginaire ?. 110-117

II. 185. Cas où la loi présume la légitimité de la défense. — 186. Effets de ces présomptions. — 187-188. Détails d'application. 118-119

III. 189. De l'excès dans la légitime défense. 119-120

§ 3. — *Faits justificatifs spéciaux motivés par l'accomplissement d'un devoir ou par l'exercice d'un droit.*

190. Actes de coercition autorisés par la puissance paternelle. — Diffamation autorisée par la liberté de la Presse. — 191. Consentement de la victime. — 192. Le consentement doit être pur de vices. — 193. Le consentement légitime-t-il l'homicide et les coups et blessures commis en duel ? *Répression du duel*. 120-124

CHAPITRE II. — CLASSIFICATION DES INFRACTIONS.

194. Diverses classifications 125

I. CLASSIFICATION D'APRÈS LA PEINE. — 195. Analyse de l'art. 1er, C. p. — Utilité de cette division. — 196. Système qui refuse d'appliquer le critérium de l'art. 1er, C. p. aux infractions punies de peines correctionnelles par les lois spéciales. — 197. Le changement de pénalité par l'effet des *excuses* ou des *circonstances atténuantes* opère-t-il un déclassement de l'infraction (renvoi) 125-127

II. CLASSIFICATION D'APRÈS LES ÉLÉMENTS CONSTITUTIFS. — 198. Ce mode de classification engendre trois divisions. — 199. 1° Infractions intentionnelles et non intentionnelles. — 200. 2° Infractions instantanées et infractions continues. — 201. Comment distinguer les infractions instantanées des infractions continues ? — 202. 3° Infractions simples et infractions collectives. — 203. Délits d'habitude. — 204. Autres variétés d'infractions collectives. 127-130

III. CLASSIFICATION D'APRÈS LE BUT DE L'AGENT. — 205. Crimes contre la chose publique. Crimes contre les particuliers. — 206. Infractions de droit commun. Infractions politiques. — Intérêt de cette division. — 207. Quelles sont les infractions politiques ? — 208. Délits purement politiques. — 209. Délits mixtes. — 210. Délits connexes à des faits politiques. — 211. Confusion des délits connexes avec les délits politiques au point de vue de l'extradition et de la relégation 131-135

IV. CLASSIFICATION D'APRÈS LA NATURE DE LA LOI PÉNALE QUI LES PRÉVOIT. — 212. Infractions *ordinaires* et infractions *spéciales*. — 213. Infractions connexes et non connexes, flagrantes et non flagrantes (renvoi) 135

214. En quoi consiste la peine. — 215. En quoi consiste la réparation civile 135-136

LIVRE II. — DE LA PEINE ET DE LA RÉPARATION CIVILE.

Titre Ier. — *Organisation des peines et des réparations civiles*.

CHAPITRE Ier. — ORGANISATION DES PEINES.

216. Division des peines d'après le Code pénal. — Programme. . . . 137

Section I. — Des peines propres aux crimes.

217. Echelle générale des peines 138-139

§ 1. — *Peines de Droit commun.*

I. PEINE DE MORT. — 218. Historique. Statistique de son application. — 219. Légitimité. — 220. Exécution. 139-143

II. III. Trav. forcés a perpétuité et a temps. — 221. Observation. — 222. Légitimité des peines perpétuelles. — 223. Durée des travaux forcés à temps. — 224. Historique. — 225. Transportation des forçats. L. 30 mai 1854. — 226. De la transportation des femmes. — 227. Dispense de la transportation. — 228. Résidence obligée des forçats libérés 144-148

IV. Réclusion. — 229. Son essence. Lieux et régime 148-149

§ 2. — Peines politiques.

I, II. Déportation dans une enceinte fortifiée et déportation simple. — 230-231. Historique. Caractère. Mode d'exécution exceptionnel. — 232. Caractères généraux des deux déportations. — 233. Lieux. — 234. Régime. — 235. Dispense de la transportation motivée par l'âge du déporté. Mode d'exécution dans cette hypothèse. 149-152

III. Détention. — 236. Fonctions. — 237. Lieux affectés à la détention. — 238. Régime. — 239. Détention employée comme mode d'exécution exceptionnel d'autres peines 152-153

IV. Bannissement. — 240. Historique. Caractère. — 241. Durée et exécution 153-154

V. Dégradation civique. — 242. Origine et fonction. — 243. Incapacités qui la constituent. — 244. Emprisonnement complémentaire. — 245. Nature de la dégradation civile peine principale. — 246. Exécution, point de départ, durée. — 247. Causes d'extinction 154-157

§ 3. — Peines accessoires.

248. Enumération 157-158

I. Interdiction légale. — 249. A) Origine et fonction. Double caractère. — 250. B) Condition de l'interdit légal. — 251. Emploi de ses revenus. — 252. Incapacité de l'interdit légal. — 253. Sanction de l'incapacité. — 254. C) Point de départ, durée, causes de suspension, causes d'extinction. *Question préalable* : l'interdiction légale est-elle l'accessoire de l'*exécution matérielle* ou du *droit d'exécution* de la peine principale ? Controverse. — 255. Résumé. — 256. Extinction de l'interdiction légale à l'égard des transportés. 158-161

II. Double incapacité de disposer et de recevoir a titre gratuit. — 257. a) Origine et fonction. — 258. Mort civile. Incapacités qui la constituaient. — 259. Comment la peine nouvelle est sortie de la mort civile. Sa légitimité. — 260. b) Etendue et nature de cette incapacité. — 261. c) Point de départ. Condition du contumax. — 262. ... arrêté dans les 5 ans qui suivent l'exécution par effigie. — 263. ... arrêté après les 5 ans, mais avant la prescription de la peine. — 264. ... arrêté plus de 20 ans après sa condamnation.—265. d) Durée, causes d'extinction 162-165

III. Remise gracieuse ou légale des peines accessoires au profit des condamnés transportés dans une colonie. — 266. Notions générales. . . 165-166

1° Remise de la double incapacité. — 267. Comment elle cesse. — Etendue de la remise. — Elle emporte une remise correspondante de l'interdiction légale 166-167

2° Remise de l'interdiction légale. — 268. Comment elle cesse. — Dans quelle mesure cesse-t-elle ? 167-168

3° Remise de la dégradation civique et des incapacités, peines correctionnelles. — 269. A quel moment peut avoir lieu la remise. — Comment a-t-elle lieu ? — Etendue 168-169

Section II. — Des peines propres au délit.

270. Enumération 169-170

I. Emprisonnement correctionnel. — 271. Comparaison avec la réclusion. Fonction. — 272. Lieux d'exécution. — 273. Durée. 170-171

II. Interdiction de certains droits civiques, civils et de famille. — 274. Caractères généraux. — Incapacités qui la composent. — 275. Durée et point de départ 171-173

III. Incapacités établies par des lois spéciales. — 276. Exemples . . . 173-174

Section III. — Des peines communes aux crimes et aux délits.

277. Enumération 174-175

I. Interdiction de séjour. — *A. Interdiction de séjour remplaçant la surveillance.* — 278. Notions générales. Séjours interdits. — 279. Essence. — 280. Caractères. Cas où elle est peine *accessoire* ; peine *complémentaire* ; peine *à la fois accessoire et complémentaire* ; peine *principale*. — 281. Durée et point de départ. — 282. Causes d'extinction. — 283. Sanction 175-179

B. Autres interdictions de séjour. — 284. Interd. de séj. autorisée p. l'art. 229, C. p. — 285. Interd. de séj. ordonnée p. l'art. 635, C. i. c. . 179-180

II. Relégation. — 286. Origine. — 287. Caractères. — Deux sortes de relégations. Programme. — 288. Lieux de relégation. — 289. Régime. — 290. Compétence et procédure pour l'admission à la relégation individuelle. — 291. Dispositions communes aux deux relégations. — 292. Causes d'extinction. — 293. Particularités relatives aux femmes. — 294. aux mineurs et aux vieillards. — 295. aux forçats libérés . . . 180-187

Section IV. — Des peines propres aux contraventions.

296. Emprisonnement de simple police 187

Appendice : Théories pénitentiaires. — *De leur influence sur l'organisation pratique des prisons et sur la création d'institutions destinées à favoriser le reclassement des libérés.*

I. Peines a améliorer. — Types divers d'emprisonnement cellulaire. — 297. Théories de l'emprisonnement et de la transportation. — 298. *Réclusion* et *emprisonnement*. — 299. Système de l'emprisonnement en commun. — 300. *Séparation par quartiers*. — 301. *Séparation individuelle*. — 302. Formes diverses de l'emprisonnement cellulaire. 187-191

II. Applications de l'emprisonnement cellulaire en France. — 303 . . 191

III. Organisation actuelle des prisons de France. — 304. Locaux des prisons. Détenus qu'ils reçoivent. — 305. Maisons centrales. — 306. Prisons départementales. — 307. Séparation des détenus dans ces dernières. L. 5 juin 1875 ; L. 4 fév. 1893. — 308. Régime des prisons. Ses éléments. — 309. L'hygiène. — 310. La discipline. — 311. Le travail. Son organisation. — 312. Sa légitimité. — 313. Les moyens moralisateurs. — 314. Détenus auxquels le régime des prisons ne s'applique qu'en partie. *a)* Mineurs de 16 et de 21 ans. — 315. *b)* Individus détenus préventivement ou contraints par corps. — 316. *c)* Condamnés politiques — 317. Résumé et appréciation du système pénitentiaire français. — 318. Ses imperfections. L. 25 déc. 1880 sur les crimes commis dans les prisons. — 319. Direction des prisons. — 320. Surveillance. 193-206

IV. Reclassement des libérés. — 321. *Institutions complémentaires du régime pénitentiaire*. L. 14 août 1885. — 322. Libération conditionnelle. — 323. Patronage des libérés 206-209

Section V. — Des peines communes aux trois classes d'infractions.

324. Enumération. 209
I. Publication du jugement de condamnation. — 325. Caractères différents de la publication des jugements 209
II. Confiscation spéciale. — 326. Caractères différents de la confiscation. — 327. Critérium pour les distinguer. — 328. Comparaison des trois confiscations. Exemples de chacune d'elles. Confiscation *réelle* et confiscation *personnelle*. — 329. Conditions d'application. — 330. Objets qui peuvent être confisqués. — 331. Personnes que la confiscation peut atteindre. — 332. Effet de la confiscation. 210-214
III. Amende. — 333. Diverses sortes d'amendes. Caractères de l'amende pénale. — 334. Particularités des amendes de *douanes*, de *contributions indirectes* et d'*octrois*. — 335. Amendes collectives. — 336. L'amende et la confiscation peuvent-elles être recouvrées contre les héritiers ? — 337. Taux de l'amende. — 338. Destination de l'amende. 214-220
339. Tableau général des peines. 221
340. Difficultés qu'il soulève. Rang de la déportation dans une enceinte fortifiée. La dégradation civique doit-elle être classée dans les peines de droit commun ? Existe-t-il une échelle des peines correctionnelles? 222-223

CHAPITRE II. — ORGANISATION DES RÉPARATIONS CIVILES.

341. En quoi consiste la réparation civile. Action qu'elle engendre . . . 224
I. 342. Restitutions. — II. 343. Dommages-intérêts. — 344. Défense faite au juge d'en ordonner l'application à une œuvre quelconque 224-225
III. 345. Frais. — Questions qu'ils soulèvent. — 346. Solution de ces questions dans l'ancien droit et dans le droit intermédiaire. 225
1º Frais de poursuite. — 347. 1re *Hypothèse* : le ministère public poursuit seul. — 348. 2e *Hypothèse* : il y a partie civile en cause. *a*) Avance. — 349. *b*) Recouvrement. — 350. Controverses : L'individu absous peut-il être condamné aux dépens ? — 351. Qui doit supporter les frais des voies de recours ? — 352. La partie civile doit-elle être condamnée aux frais envers l'Etat, quand elle obtient des dommages-intérêts contre l'accusé renvoyé de l'accusation ? — 353. Lorsque plusieurs délits ou plusieurs inculpés ont été compris dans la même poursuite, et qu'il n'y a condamnation que sur un délit ou contre un prévenu, le condamné doit-il supporter tous les frais de la poursuite ou seulement ceux qui ont été nécessaires pour établir sa culpabilité dans le délit retenu ?. 226-233
2º Frais de défense. — 354. Question législative. Ce qu'ils comprennent. — 355. Comment sont encourus les dépens ?. 233-235

CHAPITRE III. — EXÉCUTION DES CONDAMNATIONS PÉNALES ET CIVILES PRONONCÉES PAR LES TRIBUNAUX RÉPRESSIFS.

356. Observation et programme. 236

Section I. — Règles générales.

I. A quel moment l'exécution peut-elle être poursuivie. — 357. Principe. — 358. *a*) Point de départ des peines privatives de la liberté. — 359. Condamné en liberté. — 360. Condamné détenu. — 361. Imputation de la 1ʳᵉ période de la détention préventive. — 362. ... de la 2ᵉ période. — 363. Le condamné n'a pas exercé de recours. — 364. Il a exercé un seul recours. — 365. Il a exercé plusieurs recours. — 366. Il s'est désisté de son recours. — 367. Détention préventive et emprisonnement cellulaire. Détention préventive et sursis. — 368. A quel moment se fait l'imputation. — 369. Principe de la continuité de l'exécution. — 370. *b)* Exécution des condamnations par contumace et de certaines condamnations par défaut 236-244

II. 371. Par qui et comment l'exécution est-elle poursuivie ? — 372. Exécution réelle et par effigie. 244

III. 373. Compétence pour les questions contentieuses soulevées par l'exécution des peines. — 374. Exception pour les peines pécuniaires 245

Section II. — Voies et garanties de recouvrement des condamnations pécuniaires.

375. Enumération 246

A. Contrainte par corps.

I. Notions générales. — 376. Historique. — 377. Caractère mixte de la C. p. c. — 378. Prépondérance du caractère pénal. — 379. Emprisonnement subsidiaire. 246-248

II. Créances recouvrables et condamnés contraignables p. c. — 380. Formule. — 381. 1ʳᵉ *condition* : « une condamnation à une somme d'argent ». — 382. Difficulté pour les confiscations et les restitutions. — 383. Difficulté pour les décimes qui augmentent le taux de l'amende prononcée. — 384. 2ᵉ *condition* : « ayant pour cause une infraction ». — 385. 3ᵉ *condition* : « contre les auteurs ou complices ». — *Quid* pour les dépens dus à l'Etat ? — 386. 4ᵉ *condition* : « qui en ont été déclarés coupables ». — 387. Conséquence : la C. p. c. n'est pas applicable à la partie civile. — 388. 5ᵉ *condition* : « par un tribunal de répression et avant leur condamnation civile ». 249-251

III. Comment est encourue la c. p. c. — 389. Droit des tribunaux. — 390. Echelle progressive de sa durée. — 391. Elle est prononcée sur la somme totale des condamnations. — 392. Le jugement doit contenir la liquidation des frais et des dommages-intérêts. Exception. — 393. Peut-elle être fixée *au maximum* ou *au minimum* quand le juge ignore le taux des dépens dont la liquidation n'est pas encore faite ? — 394. Y a-t-il lieu de fixer la durée de la c. p. c. quand on prononce une peine afflictive perpétuelle ? 252-255

IV. Causes d'extinction. — 395. Extinction par voie de conséquence. — 396. Extinction directe. — 397. *Dispenses*. — 398. *Causes de suspension*. — 399. *Causes de réduction* 256-257

V. Procédure. — 400. Texte à appliquer. — 401. Formalités préalables. — 402. Arrestation ou recommandation. — 403. Incarcération. — 404. Elargissement. 258-260

B. Solidarité.

I. Notions générales. — 405. Hypothèse. Utilité. Entre qui elle existe. Raison d'être 260-261

II. 406. Conditions. *a)* Pluralité de délinquants. — 407. *b)* Condamnation pour l'un des objets prévus par la loi. — 408. *c)* Unité d'infraction. — 409. *d)* Unité d'objet. 261-263

III. 410. Effets. — Les mêmes que ceux de la solidarité conventionnelle 264
IV. 411. Obligation in solidum 265

C. Hypothèque. Privilège.

412. *Classement des condamnations pécuniaires par ordre de préférence* 266

Titre II. — *Application des peines.*

413. Programme. 267

CHAPITRE 1er. — DE L'APPLICATION DE LA PEINE A L'AGENT UNIQUE D'UNE SEULE INFRACTION.

414. Eléments dont il faut tenir compte. Système de nos lois 268

Section I. — Des causes d'aggravation. — Circonstances aggravantes. — Causes d'aggravation générales.

§ 1. — *Notions générales.*

415. Caractères des causes d'aggravation. — *a*) Légales ou judiciaires. — 416. *b*) Inhérentes à l'infraction ou attachées à la personne. — 417. *c*) Générales ou spéciales. 269-270

I. Circonstances aggravantes. — 418. Controverse sur leur distinction d'avec les *circonstances constitutives*. Point certain. — 419. Point controversé 270-271

II. Causes d'aggravations générales. — 420. *a*). L. 25 déc. 1880 s. les crimes commis dans les prisons. — 421. *b*) Qualité de fonctionnaire (art. 198, C. p.). — 422. *c*) Récidive. 272-273

§ 2. — *De la récidive punie par le Code pénal.*

I. Notions générales et théoriques. — 423. Légitimité de la répression de la récidive au moyen d'une aggravation de peine. — 424. Récidive *spéciale* et récidive *générale*. — 425. Gravité à exiger dans la condamnation antérieure. — 426. *Quid* du délai entre la condamnation antérieure et la seconde infraction? — 427. L'aggravation de peine résultant de la récidive, doit-elle être *obligatoire* ou *facultative*? — 428. Comment faut-il punir la récidive? — 429. Système du C. pénal. Programme. 274-278

II. Conditions générales de la récidive. — 430. La R. est un rapport à deux termes. — A. *Conditions relatives au 1er terme*. — 431. *a*) Une condamnation *antérieure* à la nouvelle infraction; — 432. *b*) pénale; — 433. *c*) *irrévocable*; — 434. *d*) émanée d'un *tribunal français*. — 435-436. Inutilité d'autres conditions. — 437. *Quid*, si l'incrimination de fait qui a motivé la condamnation antérieure est actuellement abolie ou modifiée? — B. *Conditions relatives au second terme*: 438. *a*) Une seconde infraction *indépendante* de la condamnation antérieure; — *b*) de même nature que l'infraction primitive. 278-282

III. Conditions spéciales de la récidive en matière criminelle. — 439. Premier terme; second terme 282

IV. Conditions spéciales de la récidive en matière correctionnelle. — 440. Délai. Spécialité. — 441. 1er cas (art. 57). — 442. 2e cas (art. 58 § 1). — 443. 3e cas (art. 58 § 2) 283-285

V. Conditions spéciales de la récidive en matière de simple police. — 444. Conditions de temps... de lieu... d'incrimination 286
VI. Peines de la récidive. — 445. 1° *Aggravation des peines criminelles*. — 446. Difficulté pour les deux déportations. — 447. Difficulté pour la dégradation civique et le bannissement. — 448. Effets de la récidive sur les peines accessoires. — 449. 2° *Aggravation des peines correctionnelles*. — 450. 3° *Aggravation des peines de simple police*. — 451. Résumé des récidives punissables et non punissables d'après le C. pénal. 287-292
VII. Conditions et effets exceptionnels de certaines récidives. — 452. Exemples 292

§ 3. — *De la récidive punie par la loi du 27 mai 1885.*

453. Nouveau genre de répression de la récidive 293
I. Conditions d'application de la relégation. — 454. *a)* Conditions de la récidive conservées ou modifiées par la loi du 27 mai 1885. — 455. *b)* Conditions spéciales et nouvelles : 1° Condition d'âge. — 456. 2° Identité de nature des infractions et des peines. — 457. 3° Condition de délai. — 458. A quelle date faut-il compter la plus ancienne des condamnations et la condamnation actuelle ? — 459. Peines subies à déduire du délai. — 460. 4° Condition relative aux cas de relégation 293-298
II. Des cas de relégation. — 461. Règles communes. — 462. 1er cas de relégation. — 463. 2e cas de relégation. *a)* Quel taux doivent avoir les condamnations à l'emprisonnement pour crime ? *b)* Quels sont les délits spécifiés ? — 464. 3e cas de relégation. — 465. 4e cas de relégation. — 466. Caractère de ce 4e cas. Conséquence quant à la nature des condamnations qui le composent. — 467. Tableau synoptique des 4 cas de relégation. 298-302
III. 468. Disposition transitoire (art. 9) 302
IV. Règles de compétence et de procédure. — 469. 1° Tribunaux compétents. — 470. 2° Prohibition de la procédure des flagrants délits. — 471. 3° Nomination d'un défenseur d'office. — 472. 4° Rédaction du jugement ou arrêt prononçant la relégation 303-305

§ 4. — *Preuve de la récidive.*

473. Quand doit-elle être faite. — 474. Devant qui ? — 475. Par qui ? Eléments et moyens de preuve. Casier judiciaire. — 476. Force probante de l'extrait du casier. — 477. Preuve de la récidive en matière de contraventions. — 478. Valeur des témoignages, des présomptions et de l'aveu 305-309

Section II. — Des causes d'atténuation.

§ 1. — *Notions générales. — Causes d'atténuation proprement dites. — Causes d'exemption. — Causes de mitigation des peines.*

479. Terminologie. Définitions 310-311

§ 2. — *Excuses absolutoires.*

480. Causes. — 481. Effets. Comparaison avec les faits justificatifs et les causes de non-imputabilité. — 482. Le défaut de discernement pour le mineur de 16 ans est-il une cause de non-imputabilité ou une excuse absolutoire ? 312-315

§ 3. — *Excuses atténuantes.*

I. Causes. — 483. Aperçu général 315

II. Effets. — 484. Effet matériel. — 485. Effet juridique : le crime excusé est-il un délit ?. 315-318

III. Particularités de l'excuse de la minorité. — 486. En matière correctionnelle, réduit-elle le taux de toutes les peines ? Permet-elle d'atteindre le minimum des peines correctionnelles quand il est inférieur à la moitié du minimum fixé pour le délit ? Permet-elle de prononcer la moitié du minimum fixé pour le délit quand, par suite de cette réduction, l'emprisonnement et l'amende seront inférieurs à 6 jours et à 16 francs ?. 319

IV. Particularités de l'excuse de la provocation. — 487. Est-elle *générale* ? Cas où la loi écarte cette excuse à raison de la qualité de l'agresseur. — 488. Causes de provocation. — 489. Est-elle *réelle* ou *personnelle* ?. 320-321

§ 4. — *Circonstances atténuantes.*

I. Notions générales. — 490. Utilité. — 491. Principe que le juge est souverain appréciateur des circ. att. — 492. Historique. — 493. Critiques dirigées contre les circ. att. — Appréciation. 322-324

II. Pour quelles infractions et par qui peuvent-elles être déclarées ? — 494. Pour quelles infractions. — 495. En Cour d'assises, rôle du jury, rôle de la Cour. — 496. La Cour peut-elle les accorder au contumax ? — 497. Le jury peut-il les déclarer lorsqu'il juge un délit ?. 325-327

III. Système d'atténuation. — 498. Droit abstrait. — 499. Atténuation des peines criminelles ; — 500. des peines correctionnelles ; — 501. des peines de simple police. — 502. Effet des circ. att. sur les peines accessoires et sur les peines complémentaires. — 503. En matière correctionnelle, l'abaissement de la peine reste-t-il facultatif après une déclaration de circ. atténuantes ?. 328-333

§ 5. — *Concours des causes d'aggravation et d'atténuation.*

504. L'hypothèse. — A. *Concours dont le règlement n'est pas contesté.* — 505. Concours entre les circonstances aggravantes d'un côté et la récidive ou les causes d'atténuation de l'autre. — 506. Concours de la récidive avec les excuses. — 507. Concours de la minorité ou des circonstances atténuantes avec les excuses. — B. *Concours sur le règlement desquels il y a controverse.* — 508. Concours de la récidive et des circonstances atténuantes. — 509. Concours de la minorité avec les circonstances atténuantes. — 510. Concours de la minorité, de la récidive et des circonstances atténuantes 334-339

§ 6. — *Sursis à l'exécution de la peine.*

I. Notions générales. — 511. Caractère, origine, utilité 339

II. Condamnés qui peuvent l'obtenir. — 512. Nature de la condamnation antérieure qui y met obstacle 341

III. Peines auxquelles il s'applique. — 513. Emprisonnement et amende. — 514. En principe à tous les emprisonnements, à toutes les amendes. — 515. A l'emprisonnement complémentaire de la dégradation civique. — 516. Aux peines de simple police. — 517. Aux peines des délits spéciaux. — 518. Exception de l'art. 7. 342-345

IV. Peines et condamnations auxquelles il ne s'applique pas. — 519. Autres peines de l'infraction, réparations civiles. Conséquence : Contrainte par corps, solidarité 346

V. Durée et point de départ. — 520. Délai fixe de cinq ans. — 521. Premier jour du délai. — 522. Cas où le sursis a été accordé successivement par plusieurs jugements et arrêts 347

VI. Expiration et déchéance. — 523. Effet de l'expiration du sursis sans déchéance. — 524. Conditions de la déchéance. — 525. Crime ou délit commis depuis l'obtention du sursis. — 526. Condamnation prononcée pendant le délai d'épreuve. — 527. Effets de la déchéance. . . . 348-350

VII. Formalités de procédure. — 528. Prononcé du sursis, avertissement, élargissement 351

CHAPITRE II. — DE L'APPLICATION DE LA PEINE QUAND IL Y A PLURALITÉ D'AGENTS ET UNITÉ DE DÉLIT.

Section I. — Théorie de la participation criminelle.

529. L'hypothèse. Questions législatives. — 530. a) Distinctions à établir entre les divers agents du délit. — 531. b) Infractions dans lesquelles ces distinctions doivent être faites. — 532. c) Peines qui conviennent à la complicité. — 533. Observation sur les coauteurs. Caractère de la criminalité des actes de complicité. 353-355

Section II. — Conditions de la complicité punissable.

534. 1re condition : « un fait principal punissable ». — 535. Application quand le fait principal et l'acte de complicité ont été accomplis l'un en France, l'autre à l'étranger ; — 536. aux délits d'habitude ; — 537. Complicité de la tentative et tentative de complicité. — 538. 2e condition : « qualifié crime ou délit ». Quid pour les délits non intentionnels prévus par des lois spéciales ? — 539. Quid pour les infractions non préméditées. — 540. 3e condition : « le concert préalable. — 541. 4e condition : « un fait de complicité » 355-359

Section III. — Faits de complicité.

542. Enumération. Caractère commun. — 543. 1° Provocation. Ce n'est pas un simple conseil. — 544. La provocation doit être directe. — 545. individuelle. Répression de la provocation collective : L. s. la presse, art. 23, 24. — 546. Il n'est pas nécessaire que la provocation ait donné naissance à la résolution criminelle de l'auteur principal. — 547. Application aux délits non intentionnels. — 548. 2° Instructions. En quoi elles consistent. Application aux délits non intentionnels. — 549. 3° Fourniture de l'instrument du délit. En quoi elle consiste. Application aux délits non intentionnels. — 550. 4° Aide ou assistance. Conditions. — Application aux délits non intentionnels. — 551. 5° Recel. Droit abstrait. — 552. a) R. des personnes, fait de complicité. — 553. R. des personnes, délit spécial. — 554. b) R. des choses, fait de complicité. — 555. R. des choses, délit spécial . . . 359-367

Section IV. — Peines de complicité.

556. Interprétations diverses de l'art. 59, C. p. — 557. Difficultés quand l'infraction n'est plus réduite à ses éléments constitutifs. — 558. Influence des circonstances aggravantes inhérentes à l'infraction. — 559. A quelles conditions les coparticipants qui y sont restés étrangers peuvent-ils repousser leur imputabilité. — 560. Influence des causes d'aggravation inhérentes à la personne. Système qui repousse toute extension d'un agent à un autre. — 561. Système qui, réserve faite de la récidive, étend ces causes d'aggravation d'un coauteur à un autre coauteur et de l'auteur principal au complice. Critique. — 562 Influence des causes d'impunité. — 563. Influence des excuses atténuantes. 368-374

CHAPITRE III. — DE L'APPLICATION DE LA PEINE A L'AGENT UNIQUE DE PLUSIEURS INFRACTIONS.

Théorie du concours d'infractions et du non-cumul des peines.

564. L'hypothèse. Différence avec la *récidive*, et les infractions *complexes*. — 565. Droit abstrait. — 566. Précédents historiques. — 567. Caractère de la règle du non-cumul. Principe d'interprétation. — 568. Concours idéal. Concours réel. 375-377

I. INFRACTIONS DONT LE CONCOURS RÉEL DONNE LIEU AU NON-CUMUL DES PEINES. — 569. La règle du non-cumul est formulée pour le concours des *crimes* et des *délits*. — 570. Elle ne peut être étendue à celui des *contraventions*. — 571. S'applique-t-elle aux infractions punies de peines correctionnelles par les lois spéciales ? — 572. Concours de crimes et de délits qui par exception ne donnent pas lieu à son application 378-380

II. PEINES AUXQUELLES S'APPLIQUE LA RÈGLE DU NON-CUMUL. — 573. Le principe. Difficulté qu'a soulevée son application aux peines accessoires ou complémentaires. — 574. Effets de la règle du n. c. sur les peines accessoires ; — 575. sur les peines complémentaires. Système qui admet leur cumul. — 576. Système qui leur applique la règle du n. c. *Exception* pour la relégation. — 577. Système des peines prétendues *incompatibles*. 380-382

III. EFFET ET FONCTIONNEMENT PRATIQUE DU NON-CUMUL DES PEINES. — 578. Difficulté soulevée par la formule de l'art. 365, C. i. c. : 1° *hypothèse* où les infractions concurrentes sont comprises dans la même poursuite. — 579. Intérêt de la question. — 580. Système mixte de la pratique. Critique. — 2° *hypothèse* où les infractions concurrentes ont été l'objet de poursuites séparées. — 581. La peine la moins grave a été prononcée sur la première poursuite. — 582. La peine applicable aux deux infractions poursuivies séparément est la même. — 583. La peine la moins grave a été prononcée sur la première poursuite. — 584. Questions supposées résolues. — 585. La seconde poursuite est possible quoiqu'elle ne doive pas entraîner une condamnation pénale efficace, et elle ne doit pas aboutir à une simple déclaration de culpabilité 383-388

V. SANCTION DE LA RÈGLE DU NON-CUMUL. — 586. Autorité chargée de faire respecter la règle du n.-c. 389-391

Titre III. — *Extinction des peines.*

587. Causes d'extinction. 392

CHAPITRE Iᵉʳ. — CARACTÈRES GÉNÉRAUX DE L'AMNISTIE, DE LA GRACE, ET DE LA RÉHABILITATION. — PRÉCÉDENTS HISTORIQUES.

588. Notion, utilité, caractère propre de l'A., de la G. et de la R. — 589. Elles sont irrévocables. — 590. Historique. 393-395

CHAPITRE II. — DE L'AMNISTIE.

591. Autorité qui accorde l'A. — 592. Etendue de l'A. — 593. Effets. — 594. Empêche-t-elle le recouvrement des amendes et des frais dus au Trésor ? Oblige-t-elle à restituer les amendes et les frais payés ? — 595. Effet sur les condamnations disciplinaires. 396-398

CHAPITRE III. — DE LA GRACE.

596. Autorité qui accorde la G. — 597. A quel moment peut légalement intervenir la G. — 598. Etendue de la G. — 599. La G. ne s'applique pas aux peines privatives de droits. — 600. Système contraire. Réfutation. — 601. Système éclectique. Réfutation. — 602. Observation p. l'interdict. légale. — 603. Effets de la G. — 604. La G. et l'A. peuvent-elles être refusées ? — 605. Droit du mari de reprendre la femme adultère condamnée à l'emprisonnement. 399-403

CHAPITRE IV. — DE LA RÉHABILITATION.

606. Autorité qui accorde la R. — 607. Quels condamnés peuvent être réhabilités ? — 608. La R. peut-elle être accordée à la mémoire d'un condamné décédé ? — 609. Conditions de recevabilité de la demande. *1re Condition*: peine privative de la liberté subie ou remise p. voie de G. — 610. *2e Condition* : libération des condamnations pécuniaires ou de la contrainte p. c. — 611. Particularité en cas de condamnation p. banqueroute frauduleuse. — 612. Indigents. Droit de la Chambre d'accusation. — 613. *Quid* en cas de condamnation solidaire ? — *Quid* si les réparations civiles n'ont pas été liquidées. — 614. *3e Condition*: délai d'épreuve. — 615. Point de départ. — 616. *4e Condition*: temps de résidence dans certains lieux. — 617. Procédure. Instruction de la demande. — 618. Décision de la Cour. — 619. Voies de recours. — 620. Effets. — 621. Les incapacités ne cessent que pour l'avenir. — 622. Le bulletin n° 1 reste au casier. — 423. La R. ne peut être partielle. — 624. R. commerciale. — 625. Comparaison de l'A., de la G. et de la R. 404-412

DEUXIÈME PARTIE

DROIT PÉNAL SANCTIONNATEUR (CODE D'INSTRUCTION CRIMINELLE).

I. Les actions. — II. Les juridictions et la procédure.

Introduction historique.

626. Observation. — 627. Programme 415

I. ETAT DU DROIT PÉNAL SANCTIONNATEUR A LA VEILLE DE LA RÉVOLUTION FRANÇAISE. — 628. Ord. crim. de 1670. — 629. Organisation et compétence des juridictions. — 630. Actions et procédures. — 631. Le ministère public. — 632. Procédure *ordinaire* et *extraordinaire*. — 633. 1re partie de la procédure extraordinaire. — 634. 2e partie. — 635. La *question*. — 636. Les preuves légales. — 637. La sentence. — 638. La procédure inquisitoriale et l'esprit public au XVIIe siècle. — 639. La procédure anglaise. — 640. Dernières réformes 415-424

II. DROIT INTERMÉDIAIRE. — 641. Juridictions. — 642. Procédure. D. 8 oct. 1789. — 643. Organisation de la procédure par jurés. L. 16-29 sept. 1791. — 644. Tribunaux de police correctionnelle et municipale. — 645. Code de l'an IV. — 646. Constitution de l'an VIII, Lois du Consulat. 424-427

III. C. D'INSTRUCTION CRIMINELLE ET LÉGISLATION POSTÉRIEURE. — 647. Elaboration du C. d'inst. crim. — 648. Réformes opérées par le C. d'inst. crim. et par les lois postérieures. *a*) Dans la procédure du *jugement*. — 649. *b*) Dans l'*instruction préparatoire*. — 650. Projets de loi. . . . 428-43

LIVRE Ier. — DES ACTIONS.

651. Action publique et action civile. — 652. Caractères distinctifs de ces deux actions. 432

CHAPITRE Ier. — DES SUJETS ACTIFS ET PASSIFS DES ACTIONS PUBLIQUE ET CIVILE.

Section I. — Du sujet actif de l'action publique.

I. Participation du ministère public, des administrations publiques, des particuliers et des juridictions a l'exercice de l'action publique. — 653. Rôle du ministère public. — 654. Rôle des administrations. — 655. Rôle des particuliers. — 656. Rôle des juridictions 433-434

II. Droit du ministère public. — 657. Organisation du ministère public. — 658. Prérogatives et caractères. — 659. *Indépendance*. — 660. *Irresponsabilité*. — 661. *Irrécusabilité*. — 662. *Unité*. — 663. Hiérarchie. 1re règle. — 664. 2e règle. — 665. 3e règle. — 666. 4e règle. — 667. *Indivisibilité*. — 668. Indépendance de la parole. 435-442

III. Droit des administrations publiques. — 669. Droit de poursuite des administrations des *forêts*, des *douanes* et des *contributions indirectes*. Questions qu'il soulève ; solution 442

IV. Droit des particuliers et des tribunaux. — 670. Droit d'*impulsion* des particuliers. — 671. Participation des tribunaux. Aperçu (Renvoi) 444

Section II. — Du sujet passif de l'action publique.

672. Défendeurs *principaux* et *accessoires*. — 673. Théorie de l'intervention. Personnes qui peuvent intervenir ou être appelées en cause. — 674. De qui peut émaner l'appel en cause. — 675. Formes de l'intervention. — 676. Effets. 445-448

Section III. — Du sujet actif de l'action civile.

677. Objet précis de l'A. c. — 678. Droits du titulaire de l'A. c. — 679. Qui peut intenter l'A. c. ? 1re *Condition*. — 680. 2e *Condition*. — 681. 3e *Condition*. — 682. 4e *Condition*. — 683. *Questions controversées* : 1o Le délit de concurrence illicite donne-t-il naissance à l'action civile et qui peut l'exercer ? — 684. *Quid* des diffamations et injures contre les corps constitués ? — 685. *Quid* de l'infraction qui a causé la mort de la victime ? — 686. *Quid* de la diffamation envers les morts ?. 449-455

Section IV. — Du sujet passif de l'action civile.

687. Question d'obligation. Question de capacité. — 688. I. Qui doit réparer le dommage ? — 689. Personnes civilement responsables. — 690. Etendue de leur responsabilité. — 691. II. Quelle capacité doit avoir la personne tenue du dommage pour défendre à l'action civile . . . 457-458

CHAPITRE II. — DE L'EXERCICE DES ACTIONS PUBLIQUE ET CIVILE.

692. Indépendance des deux actions. 459

Section I. — De l'exercice de l'action publique.

693. Programme. 460

I. Cas où la poursuite est subordonnée a une plainte ou a une dénonciation préalables. — 694. Il en est ainsi dans deux classes d'infractions. — 695. *a) Exercice de l'action publique dans les délits privés.* Adultère. — 696. Diffamation et injure envers les particuliers. — 697. *b) Cas où l'action publique ne peut commencer sans une plainte, mais où elle n'est pas arrêtée par le désistement.* Exemples. — 698. *c)* Règles communes aux deux classes de délits dont la poursuite exige une plainte préalable. 460-463

II. Cas où la poursuite est subordonnée a une autorisation préalable. — 699. Garantie politique. — 700. Garantie administrative. — 701. Conséquence de son abrogation. — 702. Garantie religieuse. Existe-t-elle? — 703. Immunités de juridiction. 465-471

III. Cas où la poursuite est subordonnée a une extradition préalable. — 704. Hypothèse de l'art. 7, C. i. c. Théorie de l'extradition. — 705. *Notions générales et historiques. Législation comparée.* Définition. Raison d'être. — 706. Erreurs historiques. — 707. Ext. facultative, obligatoire, volontaire. — 708. Principaux traités. Lois intérieures sur l'ext. — 709. *Conditions : a)* relatives aux faits ; — 710. *b)* relatives aux personnes. Un État ne livre pas ses nationaux. — 711. Correctif du droit de refuser l'ext. d'un national. — 712. Un État ne livre pas ses justiciables. — 713. *Procédure.* — 714. *Effets.* 472-479

IV. Cas où la poursuite est subordonnée au jugement préalable d'une question préjudicielle. — 715. Notion. — 716. Questions *préjudicielles*. Questions *préalables*. — 717. Caractère des Q. préjudicielles. Principe d'interprétation. — 718. Division des Q. préjudicielles. — 719. Q. préjudicielles pénales. — 720. Q. préjudicielles disciplinaires. — 721. Q. préjudicielles administratives. — 722. Q. préjudicielles civiles. *a) Q. de droit civil préjudicielles à l'action.* — 723. Délit de suppression d'état. — 724. Suppression d'état d'enfant légitime. — 725. Suppression d'état d'enfant naturel. — 726. Motif de la Q. préjudicielle. — 727. Effets. — 728. Existe-t-il d'autres Q. préjudicielles à l'action ? — 729. *b) Q. de droit civil préjudicielles au jugement.* — 730. A quelles conditions les Q. préjudicielles arrêtent-elles le jugement ? — 731. Effets de l'exception accueillie. — 732. Existe-t-il d'autres Q. préjudicielles au jugement ? — 733. Q. de *filiation* pour un délit autre que celui de suppression d'état. — 734. Q. de *nationalité*. — 735. Q. de *mariage*. — 736. ... dans la bigamie. — 737. ... dans l'adultère. — 738. Résumé. 481-497

Section II. — De l'exercice de l'action civile.

I. Double compétence des juridictions pénale et civile quant à l'action civile. — Droit d'option. — 739. Caractères de la compétence des juridictions pénales quant à l'action civile. — 740. 1° Elle est *accessoire*. — 741. Elle est *facultative*. Droit d'option. — 742. Limite de l'option. Règle *una via electa*. — 743. Cette règle ne s'applique pas à l'option entre deux juridictions pénales. — 744. Conditions d'application de cette règle. — 745. Différence avec l'exception de *litispendance*. — 746. Cas où la voie civile est seule ouverte. — 747. Cas où la voie criminelle est seule ouverte. 497-504

II. Exercice de l'action civile devant la juridiction pénale. — 748. Manières de l'en saisir. — 749. De la constitution de partie civile. Ses formes. — 750. Ses effets. — 751. Du désistement de la partie civile. 504-505

III. Exercice de l'action civile devant la juridiction civile. — 752. Règle : *le criminel tient le civil en état*. Hypothèse. — 753. Motif de la règle. — 754. Quelles actions privées sont suspendues. Point certain.

— 755. Point controversé. — 756. Caractère de la règle. — 757. Effets.
— 758. Quand cesse la suspension. 506-509

CHAPITRE III. — DE L'EXTINCTION DE L'ACTION PUBLIQUE ET DE L'ACTION CIVILE.

Section I. — Causes diverses d'extinction.

759. Causes d'extinction communes. — 760. Causes d'extinction spéciales à l'action publique. — 761. Causes d'extinction spéciales à l'action civile. 511-512

Section II. — De la prescription pénale.

I. NOTIONS GÉNÉRALES. — 762. Prescriptions dont traite le C. i. c. — 763. Inutilité des recherches historiques. — 764. Raison d'être de la prescription pénale. — 765. Caractère. 512-514

II. PRESCRIPTION DE L'ACTION PUBLIQUE. — 766. *Durée et point de départ.* *a*) Délai. — 767. Quelle est la *qualification* de l'infraction qui détermine le délai? — 768. *b*) Point de départ. — 769. Faut-il compter le jour du délit dans le délai? — 770. Point de départ dans les délits *continus, collectifs, d'habitude.* — 771. *Causes qui augmentent la durée.* — 772. *Interruption.* — *a*) Actes interruptifs en matière de crimes et de délits. — 773. *Quid* de l'exercice des voies de recours par le prévenu? — 774. Conditions de leur validité. — 775. Etendue de leur effet. — 776. Durée de la prescription après l'acte interruptif. *Quid* pour les courtes prescriptions? — 777. Des interruptions successives. — 778. Une série *indéfinie* d'interruptions est-elle possible? — 779. *b*) Actes interruptifs en matière de contraventions. — 780. L'art. 640 ne s'applique qu'aux jugements signifiés. — 781. Le pourvoi en cassation est-il interruptif? — 782. *Suspension.* Existe-t-elle? — 783. Palliatif proposé pour les courtes prescriptions. — 784. *Effets de la prescription accomplie.* 514-528

III. PRESCRIPTION DE L'ACTION CIVILE. — 785. *Principe de l'unité de prescription et conséquences qui en dérivent.* — 786. Même caractère d'ordre public. — 787. Même durée et même point de départ. — 788. Mêmes causes d'interruption. — 789. Mêmes causes de suspension. — 790. L'action civile portée devant les tribunaux civils reste soumise aux règles de la prescription criminelle. — 791. Elle y reste soumise même après l'extinction de l'action publique. — 792... même lorsqu'elle est intentée contre les personnes civilement responsables. — 793. *Effets de la prescription accomplie.* 529-534

IV. PRESCRIPTION DE LA PEINE. — 794. Aperçu général. — 795. *Peines prescriptibles.* — Difficultés : peines privatives de droits... peines pécuniaires... interdiction légale.... interdiction de séjour.... relégation. — 796. *Durée de la prescription.* Difficulté pour les peines complémentaires en matière criminelle.... pour l'emprisonnement substitué à la peine criminelle par l'effet d'une excuse ou des circonstances atténuantes. — 797. *Point de départ.* — *A.* Matières criminelles. — 798. Difficultés quand le contumax reparaît avant la fin de la prescription. — 799. *B.* Matières correctionnelle ou de police. — 800. Difficultés pour les condamnations par défaut. — 801. Calcul du délai. — 802. *Interruption.* — 803. L'interruption produit-elle son effet normal? — 804. *Quid* de l'arrestation du contumax? — 805. *Quid* du lieu où elle est faite? — 806. *Suspension.* — 807. Effets de la prescription accomplie . . . 534-543

V. PRESCRIPTION DES CONDAMNATIONS CIVILES. — 808. Renvoi au C. civ. . . 543

LIVRE II. — DES JURIDICTIONS ET DES PROCÉDURES

PROLÉGOMÈNES.

809. Exposé sommaire d'un procès criminel. — 810. Programme . . . 545-547

Titre Ier. — De la police judiciaire.

811. NOTIONS GÉNÉRALES. — 812. *Classification et rôle des agents.* — 813. Officiers de police judiciaire *supérieurs* : 1° le procureur de la République. — 814. 2° Le juge d'instruction. — 815. Ses deux qualités. — 816. Extension de ses pouvoirs par le flagrant délit. — 817. 3° Les préfets ; pouvoirs que leur donne l'art. 10. — 818. Droit *de requérir.* — 819. Droit *de faire personnellement.* — 820. Caractères de ces pouvoirs : ils sont personnels. — 821. Ils comprennent ceux du procureur de la République et du juge d'instruction. — 822. Ils sont subsidiaires. — 823. Officiers *auxiliaires.* — 824. Officiers *inférieurs.* — 825. Droit de *concurrence* et de *prévention* (art. 11). — 826. *Agents spéciaux adjoints.* — 827. Surveillance du procureur général et de la Cour sur les officiers de police judiciaire. — 828. Surveillance des particuliers. 548-557

Titre II. — De l'instruction préparatoire jusqu'au règlement de la procédure.

CHAPITRE Ier. — DE LA COMPÉTENCE.

829. Programme. 558

I. DIVERSES ESPÈCES DE COMPÉTENCES. — 830. Les trois compétences en matière d'*instruction préparatoire* et de *jugement.* — 831. La compétence est d'ordre public. — 832. C. *ratione materiæ.* — 833. C. *ratione personæ.* — 834. C. *ratione loci.* 558-559

II. CIRCONSTANCES QUI MODIFIENT LES RÈGLES ORDINAIRES DE LA COMPÉTENCE. — 835. Enumération. — 836. *Indivisibilité.* Cas dégagés par la doctrine. — 837. Effets : jonction obligatoire des procédures. — 838. Prorogation de compétence. — 839. *Connexité.* — Cas énumérés par l'art. 227. — 840. Effets. — 841. Jonction motivée par la *concurrence* ou la *concomitance* des infractions 560-564

III. RÈGLEMENT DES CONFLITS DE COMPÉTENCE. — 842. Hypothèse. Division des conflits. — A. CONFLITS DE JURIDICTIONS. — 843. A quelle juridiction faut-il accorder la *préférence.* 1° Conflit relatif à la C. *ratione loci.* Faut-il admettre la *prévention* au profit du juge le premier saisi ? — 844. 2° Conflit relatif à la C. *ratione personæ.* — *a)* L'une des juridictions est hiérarchiquement supérieure à l'autre. *b)* Les deux juridictions ne sont point hiérarchiquement reliées l'une à l'autre. — 845. 3° Conflit relatif à la C. *ratione materiæ.* *a)* Entre juridictions de Droit commun. *b)* Entre juridiction de Droit commun et juridiction d'exception. — 846. *Du règlement de juges.* Hypothèse où il devient nécessaire. — 847. Autorité compétente. — 848. Procédure. — B. CONFLITS D'ATTRIBUTIONS. — 849. Hypothèse. — 850. *Conflit positif.* Tribunal des conflits. Arrêté de conflit. — 851. *Conflit négatif.* 565-572

CHAPITRE II. — DE LA SAISINE DU JUGE D'INSTRUCTION.

852. *Par qui et comment le juge d'instruction est saisi.* Divers modes

XXIV TABLE ANALYTIQUE DES MATIÈRES

de saisine. — 853. Saisine opérée par le procureur de la République. Réquisitoire introductif. — 854. Saisine opérée par la partie lésée (controverse). — 855. *De quoi le juge d'instruction est saisi.* De l'action publique et de l'action civile. — 856. L'instruction préparatoire a lieu *in rem*. — 857. Devoir du juge d'instruction relativement aux infractions qu'il découvre en instruisant sur un autre fait. . . . 573-576

CHAPITRE III. — DES ACTES QUI TENDENT A RASSEMBLER LES PREUVES.

858. Enumération 578

I. Constatations matérielles. — 859. *Transport sur les lieux et procès-verbal de constat.* Présence du procureur de la République. — 860. Assistance du greffier. — 861. Objet du procès-verbal de constat. — 862. *Expertises.* — 863. *Perquisitions et saisies.* — 864. Saisie des papiers ailleurs qu'au domicile de l'inculpé. 578-580

II. Audition des témoins. — 865. Qui peut être appelé comme témoin. — 866. Comment sont appelés les témoins. — 867. Formes de l'audition. — 868. Mesures à prendre contre les témoins défaillants ou qui refusent de déposer. — 869. Qu'est-ce que *satisfaire à la citation* ?. 582-584

III. Interrogatoire de l'inculpé. — 870. Système de la loi. Critique. — 871. Forme. — 872. Nombre. — 873. Confrontations. 585-587

CHAPITRE IV. — DES ACTES RELATIFS A LA PERSONNE DE L'INCULPÉ.

874. — Programme. 588

I. Mandats. — 875. Enumération. Division. — 876. Règles communes. — 877. *M. de comparution et M. d'amener.* Notions générales s. le M. de comparution. — 878... s. le M. d'amener. — 879. Peut-il être employé quand la nature du délit n'autorise pas la détention préventive ? — 880. Exécution du M. d'amener. — 881. Exécution dans l'hypothèse prévue par l'art. 100. — 882. *M. de dépôt et M. d'arrêt.* Comparaison. — 883. Peuvent-ils être décernés indifféremment l'un pour l'autre ? — 884. Exécution de ces deux mandats . 588-594

II. De la détention préventive. — 885. Notions générales. — 886. *Point de départ et durée normale.* A) Le juge d'instruction veut laisser l'inculpé en liberté. A quel moment la D. p. devient-elle nécessaire ? — 887. B) Le juge d'instruction veut faire détenir préventivement l'inculpé. Distinction. — a) Instruction sur un crime. — b) Instruction sur un délit. — 888. 1° Cas où la D. p. n'est pas admise. — 889. 2° Cas où la D. p. a une durée maxima de cinq jours. Caractère de l'élargissement dans cette hypothèse. Point de départ du délai de cinq jours. — 890. 3° Cas où la D. p. a une durée illimitée. — 891. Régime de la D. p.. Interdiction de communiquer. — 892. Etendue de cette interdiction. Moyens pratiques pour surveiller et prévenir les communications. — 893. Forme, durée, compte rendu de l'interd. de com. — 894. Recours contre l'ordonnance portant interd. de com. 594-599

III. De la liberté provisoire. — 895. Notions générales. — 896. *Mainlevée d'office du M. de dépôt ou d'arrêt.* Caractère. Par qui, comment, dans quels cas peut-elle être ordonnée ? — 897. *Liberté provisoire accordée sur la demande de l'inculpé.* — 898. Caractère. Autorité qui l'accorde. — 899. Procédure. — 900. Conditions de la mise en liberté. — 901. Affectation du cautionnement. — 902. Extinction de la liberté provisoire. 599-603

CHAPITRE V. — DU FLAGRANT DÉLIT. — DÉROGATIONS QU'IL APPORTE AUX RÈGLES ORDINAIRES DE L'INSTRUCTION PRÉPARATOIRE ET DU JUGEMENT.

903. Aperçu général. Programme. 605
I. Particularités de l'instruction préparatoire au cas de crime flagrant. — 904. En quoi consiste le flagrant délit ? — 905. *Pouvoirs exceptionnels du procureur de la Rép. et des officiers auxiliaires.* — 906. Perquisition. — 907. Enquête. — 908. Contrôle du magistrat. — 909. Arrestation de l'inculpé. — 910. Droit de *concurrence* des officiers auxiliaires. Droit de *prévention* du procureur de la Rép. — 911. *Pouvoirs exceptionnels du juge d'instruction.* Droit de se saisir d'office. — 912. Forme des actes. — 913. Enquête. Arrestation de l'inculpé. Exécution des ordonnances. 605-609
II. Particularités de l'instruction préparatoire et du jugement au cas de délit flagrant. — 914. *De l'arrestation par mesure de police au cas de crime ou délit flagrant.* — 915. Cas où elle est permise. — 916. Ce qu'il faut entendre ici par flagrant délit. — 917. Magistrat devant qui l'individu arrêté doit être conduit. — 918. *Procédure des flagrants délits correctionnels.* Conditions d'application. — 919. Elle est facultative. — 920. Actes de cette procédure. — 921. Droit du tribunal quant au M. de dépôt. — 922. Modes de saisine : conduite immédiate à la barre. Citation. — 923. Le M. de dépôt est indépendant du mode de saisine employé. — 924. Economie des frais. — 925. Droit du prévenu d'exiger un sursis. — 926. Que doit faire le tribunal s'il découvre que la procédure des flagrants délits était interdite ? Pratiques illégales. Critique de la loi. 609-613

CHAPITRE VI. — DE LA DÉLÉGATION DES POUVOIRS D'INSTRUCTION.

927. Esprit de la loi. — 928. *Quels actes peuvent être délégués et à qui peuvent-ils l'être* ? Délégations admises expressément par la loi. — 929. Peut-on admettre la délégation dans d'autres hypothèses et pour d'autres actes ? — 930. Extension quant aux actes. — 931. Quant aux personnes. — 932. Quant aux hypothèses. — 933. *Forme des délégations.* Commissions rogatoires. 614-617

Titre III. — Des juridictions d'instruction et du règlement de la procédure.

934. *Notions générales.* Triple objet du règlement de la procédure. Compétence p. l'opérer. — 935. Utilité de ce règlement. — 936. Juridictions d'instruction 618

CHAPITRE Ier. — JURIDICTION D'INSTRUCTION DU PREMIER DEGRÉ.

(*Le juge d'instruction.*)

I. Des ordonnances du juge d'instruction quand la procédure est complète. — 937. Communication de la procédure. Réquisitoire définitif. Délai. Droit du juge d'instruction. — 938. Ordonnance de non-lieu. — 939. Ordonnance de mise en prévention. — 940. Notification et exécution des ordonnances. — 941. Forme des ordonnances de clôture. — 942. Fond 619-621
II. De l'opposition aux ordonnances du juge d'instruction. — 943. Aperçu général. — 944. *Opposition du ministère public.* Son droit d'op-

position est général. — 945. Conditions. Opposition du procureur de la République. Opposition du procureur général. — 946. Effet suspensif. — 947. Effet dévolutif. — 948. *Opposition de la partie civile.* A quelles ordonnances peut-elle faire opposition ? — 949. Conditions. — 950. Effets. — 951. Désistement. — 952. Conséquences du rejet de l'opposition. — 953. *Opposition du prévenu.* A quelles ordonnances peut-il faire opposition ? — 954. Conditions. — 955. L'opposition de l'une des parties en cause doit-elle être portée à la connaissance des autres et par quels moyens ? 621-625

CHAPITRE II. — JURIDICTION D'INSTRUCTION DU SECOND DEGRÉ.

(*La Chambre d'accusation.*)

956. *Organisation et attributions de la Chambre d'accusation.* Composition. — 957. Attributions. — 958. *Procédure de la mise en accusation.* 1º Mise en état de l'affaire. — 959. La communication du dossier peut-elle être exigée par le prévenu et la partie civile ? Peut-elle leur être accordée ? — 960. 2º Examen. — 961. 3º Arrêt. — 962. Caractère du renvoi devant la Chambre d'accusation prescrit par l'art. 133. — 963. Arrêt de non-lieu. Arrêt de renvoi. — 964. Effets de l'arrêt de renvoi sur la compétence et sur la saisine de la juridiction de jugement. — 965. Voie de recours. La partie civile peut-elle se pourvoir contre les arrêts de non-lieu 626-630

CHAPITRE III. — DE LA REPRISE DE L'INSTRUCTION SUR CHARGES NOUVELLES.

966. *Dans quels cas et à quelles conditions.* Les cas. — 967. Les conditions. — 968. 1ʳᵉ condition. — 969. 2º condition. — 970. 3ᵉ condition. — 971. *En quoi consiste l'instruction sur charges nouvelles, et qui en est chargé.* Constatation des nouvelles charges. — 972. Reprise de l'instruction. — 973. Nouveau règlement de la procédure 632-634

Titre IV. — Des juridictions de jugement.

974. Programme 635

CHAPITRE Iᵉʳ. — NOTIONS GÉNÉRALES.

975. *Organisation et compétence des juridictions de jugement.* Principes. — 976. Exceptions aux règles de la compétence. — 977. Caractères de l'incompétence. — 978. Irrégularité dans la composition de la juridiction. — 979. *Caractères généraux de l'instruction définitive.* — 980. Elle est restreinte aux faits et aux individus indiqués dans l'acte qui opère la saisine. — 981... contradictoire. Assistance d'un défenseur. — 982... publique. Huis clos. — 983. Droits de la presse. — 984. Oralité du débat. Preuves de conviction (*renvoi*). — 985. *Caractères généraux des jugements et des arrêts.* — *a*) *Division.* — 986. *Conditions nécessaires de leur validité.* — 987. Conditions relatives à la composition de la juridiction. — 988... à la délibération et au vote. — 989... à la composition de la sentence. — 990... à son prononcé. — 991. *Rédaction par écrit des jugements et arrêts.* Utilité. Rédaction en minute. Signature. — 992. Conservation et rétablissement des minutes. — 993. Plumitif. Registre des pointes. Feuille d'audience. Notes d'audience. — 994. *Direction des débats et police de l'audience.* Observation. — 995. Direction des débats. Que com-

TABLE ANALYTIQUE DES MATIÈRES XXVII

prend-elle ? — 996. Qui en est chargé ? — 997. Police de l'audience. Mesures d'ordre. — 998-999. Répression des troubles. Distinctions 635-646

CHAPITRE II. — DE LA COUR D'ASSISES.

I. ORGANISATION. — 1000. *Siège et sessions de la juridiction.* Lieu ordinaire. Lieux exceptionnels. Epoque des sessions. Durée. Assise extraordinaire. Ouverture de la session. — 1001. *Des magistrats et du jury.* Magistrats titulaires. Assesseurs. Exclusion de certains magistrats. — 1002. *Composition du jury.* — 1003. Liste annuelle. — 1004. Aptitude générale. Déchéances. Incapacités. Incompatibilités. Exclusions. Dispenses. — 1005. Sanction. — 1006. *Opérations matérielles de sa formation.* Liste annuelle des jurés titulaires. — 1007. Liste annuelle des jurés suppléants. — 1008. Mesures pour maintenir au complet la liste annuelle. — 1009. Liste de session. — 1010. Procès-verbal du tirage de la liste de session. Formation du tableau (renvoi). 647-653

II. COMPÉTENCE ET SAISINE DE LA C. D'ASSISES. — 1011. *Compétence.* — 1012. *Saisine.* Comment la C. d'assises est saisie. — 1013. De quoi elle est saisie. 653-655

III. MISE EN ÉTAT DE L'AFFAIRE. — 1014. Aperçu général 655

a) FORMALITÉS. — 1015. Qui regardent-elles ? Sanction. — 1016. 1° *Acte d'accusation.* — 1017. 2° *Notification à l'accusé de l'arrêt de renvoi et de l'acte d'accusation.* — 1018. 3° *Translation de l'accusé dans la maison de justice.* 4° *Envoi des pièces au greffe de la C. d'assises.* — 1019. 5° *Interrogatoire* de l'accusé dans la maison de justice. Nomination d'un défenseur et ses suites. Ses communications avec l'accusé. — 1020. Avertissement relatif au pourvoi en cassation. — 1021. Double objet du délai de cinq jours. — 1022. Procès-verbal de l'interrogatoire. — 1023. 6° *Communication et copie des pièces.* — 1024. 7° *Notifications respectives des témoins à charge et à décharge.* — 1025. 8° *Notification à l'accusé de la liste du jury de session.* Quelle liste de session faut-il notifier ? — 1026. 9° Composition du rôle de la session. 655-662

b) INCIDENTS. — 1027. Enumération. — 1028. 1° *Pourvoi contre l'arrêt de renvoi.* — 1029. Délais. Le point de départ des deux délais est-il le même ? — 1030. Effets du pourvoi. — 1031. 2° *Supplément d'instruction.* — 1032. 3° *Remise de cause.* — 1033. 4° *Jonction et disjonction.* — 1034. Existe-t-il une voie de recours contre les ordonnances de remise de cause, de jonction ou de disjonction ? 662-667

IV. PROCÉDURE DE L'AUDIENCE. — 1035. Programme. 667

I. CONSTITUTION DÉFINITIVE DE LA COUR D'ASSISES. — 1036. Aperçu général. — 1037. *Formation du tableau.* Revision de la liste de session. Addition de jurés adjoints. Tirage au sort du jury de jugement . . . 668

II. ATTRIBUTIONS RESPECTIVES DU PRÉSIDENT ET DE LA COUR ET RÔLE DU JURY PENDANT LES DÉBATS. — 1038. *Attribution du président.* — 1039. Police de l'audience. — 1040. *Pouvoir discrétionnaire.* Son objet. — 1041. A quels actes il se rapporte. — 1042. Dans quelle mesure permet-il de s'affranchir des règles ordinaires. — 1043. Valeur des preuves qu'il permet de recueillir. — 1044. Phase de la procédure où il existe. — 1045. Caractères. — 1046. *Attributions de la Cour.* — 1047. Rôle du jury. 670-674

III. PROCÉDURE DES DÉBATS. — 1048. Sanction des formalités. — 1049. Caractères particuliers de cette procédure. — 1050. Actes qui précèdent l'audition des témoins. Serment des jurés. Appel des témoins. Incidents. — 1051. Illégalité d'un interrogatoire de l'accusé. — 1052. Audition des témoins. — 1053. Réquisitoire et plaidoiries 675-680

IV. Procédure qui suit la clôture des débats. — 1054. Aperçu général. — 1055. Interdiction du *résumé du président*. — 1056. *Questions au jury.* — 1057. Comment les questions doivent-elles être rédigées ? — 1058. Questions *résultant de l'arrêt de renvoi.* — 1059. Questions *résultant des débats.* — 1060. Légalité d'une question sur les *causes de non-imputabilité* et sur les *faits justificatifs.* — 1061. Question sur un fait *principal* résultant des débats. — 1062. Question de *discernement* et d'*âge*. — 1063. Règles communes à la rédaction des questions. — 1064. Exception à la prohibition des Q. *cumulatives* ou *alternatives*. — 1065. La question doivent-elle être posée *en fait* ou *en droit* ? — 1066. *Avertissements au jury. Pièces qui lui sont remises.* — 1067. *Délibération et vote du jury.* Occlusion des portes de la salle des délibérations. — 1068. Le président peut-il y pénétrer ? — 1069. Rôle du chef du jury. — 1070. Droits et devoirs des jurés. — 1071. Mode de votation. Majorité exigée. Constatation du résultat du scrutin. Signature du verdict. — 1072. *Lecture du verdict à l'audience.* 1re lecture. — 1073. Irrégularités du verdict. — 1074. Etendue de son annulation. — 1075. 2e lecture. Annulation d'un verdict régulier et renvoi à une prochaine session 681-694

V. La sentence. — 1076. Décision sur l'action publique. — 1077. Règlement des intérêts civils. Demandes de la partie civile contre l'accusé ; ...de l'accusé contre la partie civile ; ...de l'accusé contre ses dénonciateurs. A quel moment doivent-elles être formées ? — 1078. Procès-verbal de la séance. Force probante. Est-il soumis au contrôle du ministère public et du défenseur ?. 695-697

VI. — De la procédure de contumace. — 1079. Hypothèse. Comment l'accusé est-il constitué en état de contumace ? — 1080. Effets de la contumace. Mesures de coercition. Effets sur la procédure. — 1081. Effets de la condamnation du contumax. Toute condamnation par contumace confirme-t-elle le séquestre ? — 1082. Comment la condamnation par contumace devient irrévocable et comment elle est résolue. — 1083. Etendue de l'annulation produite par l'arrestation du condamné. — 1084. Procédure à suivre contre le condamné qui purge sa contumace 698-702

CHAPITRE III. — DES TRIBUNAUX CORRECTIONNELS.

I. Organisation. — 1085. Historique. — 1086. Composition de la juridiction du 1er degré. — 1087. Juridiction d'appel. 704-705

II. Compétence. — 1088. ... *ratione materiæ.* — 1089. ... *ratione personæ.* — 1090. ... *ratione loci.* 705-706

III. Saisine du tribunal correctionnel, juridiction du 1er degré. — 1091. Modes de saisine. 1° *Citation directe.* — 1092. Rappel de points expliqués. — 1093. Fond de la citation. — 1094. Signification. — 1095. Délai de comparution. — 1096. Irrégularités. — 1097. 2° *Renvoi à une autre juridiction.* Peut-il émaner du trib. de simple police ? — 1098. Effets de la citation donnée après un renvoi. Qui doit la donner ? son étendue. — 1099. 3° *Comparution volontaire.* — 1100. 4° *Conduite immédiate à la barre.* — 1101. 5° *Requête.* — 1102. Etendue et effets de la saisine. 706-710

IV. Procédure devant le tribunal correctionnel. — 1103. Organisation de la défense. — 1104. Comparution du prévenu. — 1105. *Instruction à l'audience et plaidoiries.* Caractères généraux. Preuves. — 1106. Marche ordinaire de la procédure. — 1107. Notes d'audience. — 1108. Réquisitoire et plaidoiries. — 1109. Prononcé du jugement.

— 1110. Incidents. — 1111. 1° *Remise de cause.* 2° *Renvois pour incompétence ou impropriété de la saisine.* Cas où le tribunal retient le jugement d'une contravention. Cas où la procédure du flagrant délit a été irrégulièrement employée. — 1112. Ces renvois sont-ils de simples dessaisissements ?. 711-717

V. Jugements correctionnels. — 1113. Divisions. — 1114. J. de condamnation. — 1115. J. de relaxe et assimilés. — 1116. J. d'instruction. — 1117. J. provisoires. — 1118. J. contradictoires. ... à l'égard du ministère public. ... à l'égard du prévenu. — 1119. J. de débouté d'opposition. Caractère. — 1120. J. par défaut. — 1121. Difficulté soulevée par la loi du 9 sept. 1835. — 1122. J. contradictoire sur certains points et par défaut sur d'autres. — 1123. Effet du défaut de la partie civile. — 1124. De l'exécution provisoire. 718-723

VI. Voies de recours ordinaires contre les jugements correctionnels. — 1125. Opposition et appel. Différence. 723

I. Opposition. — 1126. Délai ordinaire. — 1127. Délai exceptionnel. — 1128. Quel est le *domicile* où doit être signifié le j. par défaut ? — 1129. Délai pour faire cette signification. — 1130. Doit-elle être faite par *huissier commis*? — 1131. Forme de l'opposition. — 1132. Effets. Ils se restreignent à l'opposant. — 1133. L'effet extinctif est *absolu*. — 1134. Est-il pur et simple ou subordonné à cette condition que l'opposant comparaîtra pour soutenir son opposition ? — 1135. Quelle est son étendue quant à la procédure ? — 1136. Jugement de l'opposition. — 1137. Comment doit être prononcé le débouté d'opposition. — 1138. Frais occasionnés par le défaut. 724-730

II. Appel. 1139. *Qui peut faire appel*? — 1140. *De quels jugements peut-on appeler*? Ce qu'on entend ici par jugements en matière correctionnelle. — 1141. Distinction entre les J. définitifs et les J. d'instruction. — 1142. J. contenant des dispositions indépendantes les unes des autres. — 1143. L'appel est irrecevable contre les motifs des J. — 1144. *Forme et délai de l'appel.* Forme ordinaire. — 1145. Délai ordinaire. — 1146. Combinaison des délais d'opposition et d'appel. — 1147. Effet de la signification du jugement. — 1148. Désistement de l'appel pour faire opposition. — 1149. Formes et délais exceptionnels. Appel du procureur général. — 1150. Appel en matière de contributions indirectes. — 1151. Observations communes. — 1152. *Effets de l'appel.* Effet suspensif. — 1153. Cas où il n'existe pas. — 1154. Effet dévolutif. Son étendue. — 1155. Interdiction des demandes nouvelles, mais non des moyens nouveaux. — 1156. Son intensité. *a)* Appel du ministère public. — 1157. *b)* Appel du prévenu. — 1158. ... de la partie civile en général. — 1159. *c)* Appel des administrations et de la partie civile dans les délits privés. — 1160. *Droit d'évocation* (renvoi). — 1161. *Jugement de l'appel.* Mise en état. — 1162. Procédure à l'audience. — 1163. Arrêts. — 1164. Mission de la Cour : jugement régulier en la forme, rendu par un trib. compétent, et statuant au fond. — 1165. Jugement régulier en la forme et statuant au fond, mais émanant d'un tribunal incompétent. — 1166. Jugement rendu par un trib. compétent et statuant au fond, mais irrégulier en la forme. *Evocation.* — 1167. Faut-il assimiler à un vice de forme l'impropriété de la saisine ? — 1168. L'évocation est-elle possible quand la Cour annule un jugement ne statuant point au fond. — 1169. *Voies de recours contre les arrêts correctionnels* (renvoi) . . 730-744

CHAPITRE IV. — DES TRIBUNAUX DE SIMPLE POLICE.

I. Organisation. — 1170. ... depuis la loi du 27 janvier 1873. 745

II. Compétence. — 1171. *a) Ratione materiæ. b) Ratione personæ. c) Ratione loci.* 746

III. Procédure devant le tribunal du 1er degré. — 1172. Observation. — 1173. *Saisine.* Citation directe. — 1174. Comparution volontaire. — 1175. Mode et délai de comparution. — 1176. Procédure à l'audience. — 1177. Jugements. 747-748

IV. Voies de recours. — 1178. Observation. — 1179. a) *Opposition.* — 1180. b) *Appel.* Qui peut appeler et de quels jugements ? — 1181. Point de départ du délai. — 1182. Formes. — 1183. Jugement de l'appel. — 1184. c) *Pourvoi en cassation.* 748-751

Titre V. — *Voies de recours extraordinaires.*

CHAPITRE Ier. — NOTIONS GÉNÉRALES.

1185. Divisions des voies de recours extraordinaires. Voies qui s'attaquent au jugement. — 1186. Voies qui s'attaquent au juge. — 1187. Organisation de la Cour de cassation. — 1188. Compétence. . . . 753-755

CHAPITRE II. — DU POURVOI EN CASSATION.

I. Divisions et effets des pourvois en cassation. — 1189. Qui peut se pourvoir en Cass. — 1190. Effets du pourvoi en Cass. a) *Effet dévolutif.* — 1191. Pourvoi formé dans un intérêt privé. — 1192. Pourvoi formé dans l'intérêt général. — 1193. Pourvoi dans l'intérêt de la loi. — 1194. b) *Effet suspensif.* — 1195. Autres divisions des pourvois. . 756-758

II. Cas de cassation. — 1196. Divisions. — 1197. Incompétence ou excès de pouvoir. — 1198. Violation des règles de forme. — 1199. Violation des règles de fond. — 1200. Observation. 758-760

III. Du pourvoi proprement dit. — 1201. *Conditions de recevabilité.* — 1202. 1° Un arrêt ou jugement en dernier ressort, définitif ou interlocutoire. — 1203. 2° Une question de droit. — 1204. Conséquence: prohibition des moyens nouveaux.— 1205-1206. 3° Un intérêt et pas de négligence. — 1207. Procédure. — 1208. Arrêts de la Cour de cassation sur le pourvoi. — 1209. Effets des arrêts de cassation. — 1210. Des seconds pourvois. 760-76

IV. Du pourvoi dans l'intérêt de la loi. — 1211. Par qui, à quelles conditions et contre quels jugements peut-il être formé ?. 767

V. Du pourvoi du ministre de la justice. — 1212. Aperçu général. — 1213. Actes auxquels il s'applique — 1214. La cassation profite à l'accusé, mais ne peut lui nuire. — 1215. La cassation produit-elle effet dans les rapports des parties privées entre elles? — 1216. Le ministre peut-il limiter son pourvoi au seul intérêt de la loi ? — 1217. Conséquences de l'annulation quant aux magistrats de qui émanent les actes annulés. 767-770

CHAPITRE III. — DES DEMANDES EN REVISION.

1218. *Notions générales et historiques.* Différence avec le pourvoi en cassation. — 1219. Utilité. —1220. Historique. — 1221. *Cas de revision.* — 1222-1223. Conditions particulières du 4e cas. — 1224. *Matières où la revision est admise.* — 1225. *Procédure.* Par qui et comment doit être formée la demande. — 1226. Délai. — 1227. Effet suspensif du pourvoi. — 1228. Jugement de la demande 770-775
1229. *Réparation morale et pécuniaire* accordée aux victimes d'erreur judiciaire. — 1230. Fondement juridique des dommages-intérêts. Pouvoir d'appréciation des tribunaux. — 1231. Cause de la dette de l'Etat. — 1232. Ayants droit aux dommages-intérêts. Leur étendue suivant les ayants droit. — 1233. Règlement des dommages-intérêts. —

1234. Chose jugée sur la demande en revision et sur le fond après la revision prononcée 776-781

Titre VI. — *Autorité de la chose jugée.*

1235. Sa raison d'être. Rappel des points déjà traités 782

CHAPITRE Ier. — AUTORITÉ DE LA CHOSE JUGÉE AU CRIMINEL SUR L'ACTION PUBLIQUE.

1236. Notions générales et historiques. — 1237. Conditions de la chose jugée en matière pénale. — 1238. Conditions relatives à la condamnation antérieure. — 1239. Conditions relatives à la poursuite actuelle. Controverse. L'art. 1351, C. civ. est inapplicable. — 1240. L'identité de questions suffit le plus souvent. Théorie du contradicteur légitime. — 1241. Autorité des décisions des juridictions d'instruction. — 1242. Autorité des décisions des juridictions de jugement. — 1243. L'accusé acquitté légalement peut-il être repris à raison du même fait différemment qualifié ? — 1244. De l'exception de chose jugée. 782-789

CHAPITRE II. — DE L'AUTORITÉ DE LA CHOSE JUGÉE AU CRIMINEL SUR LE CIVIL ET RÉCIPROQUEMENT.

1245. Points de contact de l'action publique et des actions civiles. *Influence de la chose jugée au civil sur le criminel.* — 1246. *Influence de la chose jugée au criminel sur le civil.* — 1247. Conditions et limites de cette influence. — 1248. Applications de détail : 1° à l'action en dommages-intérêts. — 1249. Controverse sur les jugements et arrêts de relaxe. — 1250. 2° Application aux actions dont le délit a été *l'occasion* 790-794

COURS
DE
DROIT CRIMINEL

SUIVANT LES PROGRAMMES UNIVERSITAIRES

NOTIONS PRÉLIMINAIRES

I. — Divisions du droit.

1. Terminologie. — Le *droit* est l'ensemble des règles qui régissent les rapports des hommes. Si l'on recherche théoriquement quelles doivent être ces règles d'après la raison et l'équité, on fait du droit *abstrait*. Si l'on étudie seulement celles de ces règles que le pouvoir social d'une nation a sanctionnées, celles dont il a fait ses *lois*, on s'occupe de droit *positif*, de *législation*. — Dans son acception large, l'expression *le droit* comprend le droit abstrait et le droit positif; dans un sens plus restreint, elle désigne l'un ou l'autre ; opposé enfin à la législation, *le droit* signifie la philosophie des lois, le droit abstrait.

2. Divisions du droit. — Le droit se divise suivant la nature des rapports qu'il régit. La division la plus importante est celle qui le partage en droit *privé* et en droit *public*.

Le droit privé règle les rapports d'individu à individu. Par exemple, je vends, je donne, je teste, je garantis la dette d'autrui : tous ces actes juridiques donnent naissance à des rapports qui sont régis par le droit privé.

Le droit public est *externe* ou *interne*. Le premier est l'ensemble des règles qui déterminent les devoirs des nations entre elles. Les peuples se rencontrent dans la paix comme dans la guerre. Ces deux situations sont régies par une législation particulière, celle des usages et des traités ; législation incomplète, car elle est dépourvue de sanction, faute d'un pouvoir supérieur à l'oppresseur et à l'opprimé qui se charge de faire respecter le droit méconnu. — Le droit public interne est l'ensemble des règles relatives aux devoirs respectifs de la société et des individus qui la composent. Il comprend l'organisation du pouvoir social et les rapports des individus avec ce pouvoir. Toutes les règles relatives à l'organisation politique et administrative d'un pays font partie du droit public interne.

3. Définition du Droit criminel. — Place qu'il occupe dans le droit et dans la législation. — Le droit criminel est l'ensemble des règles qui organisent le droit social de punir. La *peine* est la sanction des règles qu'il édicte. Il ne faut pas la confondre avec la sanction des règles du droit privé ou de certaines dispositions du droit public interne, sanction que l'on qualifie souvent de *civile*. Celle-ci consiste soit dans la suppression d'un obstacle de droit ou de fait, tel que l'annulation d'un acte juridique ou la mise en possession matérielle d'un objet, soit dans des dommages-intérêts, c'est-à-dire dans une somme d'argent que le violateur du droit est condamné à payer à la personne lésée. La sanction civile, dans nos lois modernes, ne porte que sur des biens comptant dans le patrimoine. Son caractère essentiel est d'être établie dans un intérêt privé. — La peine peut consister au contraire dans la perte d'un bien qui ne compte point dans le patrimoine du violateur du droit, tel que sa liberté ou sa vie. Son caractère essentiel est d'être établie dans un intérêt social.

Ce caractère essentiel de la peine indique suffisamment que le droit criminel constitue une branche du droit public interne. L'exercice du droit de punir ne se comprend, en effet, que dans un intérêt social. Punir dans l'intérêt de la victime, ce serait exercer une vengeance. Il en a été ainsi à l'origine de nos institutions, dans le droit germanique. Mieux vaut dire qu'à cette époque il n'existait pas un véritable droit criminel. La vengeance poursuivie par un particulier est un fait et non un droit. Son action en outre est insuffisante : eût-on, en effet, le droit de se venger, les moyens manquent le plus souvent. Enfin la vengeance privée, c'est la guerre civile à l'état permanent dans la société, un trouble incessant du bon ordre que le droit criminel a précisément pour objet de maintenir.

4. Droit criminel abstrait et législation criminelle. — Différence entre le droit criminel abstrait et la morale. — Le droit criminel comporte-t-il la distinction du droit abstrait et de la législation ? Certains écrivains, parmi lesquels on compte des jurisconsultes, l'ont nié. Pour eux, le droit criminel abstrait n'existe pas, ou, s'il existe, il est absolument inutile à connaître. — On ne peut, en effet, disent-ils, incriminer un acte ni le punir sans un texte de loi qui défende cet acte sous une peine ;

les lois criminelles ne sont pas susceptibles d'une interprétation extensive. A quoi bon dès lors rechercher ce qui *doit être* ? Le droit et la législation se confondent en matière pénale. — Cette théorie est dangereuse pour l'État comme pour les individus : nier l'existence du droit criminel abstrait, c'est d'abord présenter les lois pénales comme des actes purement arbitraires du législateur, dus quelquefois au hasard ; ce sera chez nous le résultat d'un coup de majorité. Or, ce qu'une majorité a fait, une majorité pourra le défaire indépendamment de toute condition de justice et de raison. Que deviennent dans ce système les droits de l'individu que le législateur doit respecter même chez un coupable ? — D'un autre côté, si l'on enlève aux lois pénales leur fondement philosophique, les restrictions qu'elles apportent à la liberté civile paraîtront intolérables ; la révolte contre ces lois semblera légitime ; l'opinion publique excusera celui que la justice essaie de flétrir. De cet antagonisme entre la loi pénale et l'opinion naîtront des troubles, alors que le but de la législation criminelle est de faire régner l'ordre. — Cette doctrine est en outre inexacte : dans le domaine de la philosophie, on peut affirmer l'existence d'une chose, dès que l'esprit la conçoit. Or, notre esprit conçoit un droit criminel théorique, indépendant de toute législation pénale. Donc ce droit existe. Nous en déterminerons bientôt les limites, en le distinguant de la morale et en exposant les principes, qui doivent inspirer le pouvoir social dans l'exercice du droit de punir.

Quant à l'utilité de son étude, elle apparaît à plusieurs points de vue. Elle élève d'abord l'enseignement au-dessus des notions d'une pratique vulgaire.

Elle permet d'apprécier les défauts de notre législation, les innovations introduites dans les codes étrangers, et par suite de formuler celles qu'il importerait d'introduire chez nous. Enfin le droit criminel abstrait peut servir à l'interprétation du droit positif : sans doute, il est vrai de dire que l'interprétation doit être restrictive en matière pénale ; mais dans la voie de la restriction, où devra-t-on s'arrêter ? A quels faits, à quelles omissions faudra-t-il réduire la formule d'un délit ? C'est en recherchant d'abord si ces actes méritent théoriquement d'être incriminés qu'on pourra fixer la portée des termes de la loi.

5. Une autre erreur consiste à confondre, comme on l'a fait quelquefois, le droit criminel abstrait et la morale. Ceux qui font cette confusion raisonnent ainsi : les faits incriminés par les lois pénales sont pour la plupart des faits immoraux. Rechercher par conséquent, en dehors de toute législation, quels actes méritent d'être incriminés, c'est faire de la morale sous le pseudonyme de droit criminel abstrait. — Nous répondrons à ce raisonnement en signalant les différences qui séparent ces deux sciences. Elles diffèrent d'abord par leur but : la morale impose les devoirs pour eux-mêmes. Le droit criminel abstrait les impose seulement comme condition du maintien de l'ordre dans la société. Conséquemment, le champ d'application de la morale est plus large que celui du droit criminel abstrait : la morale comprend tous les devoirs de l'homme, devoirs envers Dieu, devoirs envers lui-même, devoirs envers ses semblables ; le droit criminel abstrait ne s'occupe que de ces derniers et ne retient encore parmi eux que ceux dont la violation mettrait en péril la société. La confusion que nous combattons aurait enfin un dangereux résultat : comme le progrès pour la législation consiste à se rapprocher de plus en plus du droit abstrait, si le droit criminel abstrait se confondait avec la morale, les efforts du législateur devraient tendre à incriminer tous les faits immoraux, même ceux dont la répression n'intéresse pas l'ordre public. On marcherait ainsi vers la suppression de toute liberté civile (1).

6. Utilité et attrait de l'étude du Droit criminel. — L'étude du Droit criminel se recommande : 1° par l'importance des droits qu'il protège ; — 2° par la gravité de sa sanction ; — 3° par ses questions philosophiques ; — 4° par ses transformations incessantes.

a) Le Droit civil réprime les actes injustes qui ne mettent pas en péril l'ordre public, soit parce qu'ils se manifestent par des voies de fait peu redoutables, soit parce qu'ils constituent de simples prétentions que les intéressés s'accordent à soumettre aux tribunaux. La *réparation civile* suffit pour mettre fin à ces désordres.

Le Droit criminel réprime les actes et les omissions susceptibles de compromettre l'ordre. Le pouvoir social édicte contre les coupables une *peine* indépendante de la réparation civile que peut obtenir la partie lésée. Le plus souvent il n'attend point que la victime du délit poursuive devant les tribunaux l'auteur de l'infraction ; il le poursuit *d'office* ; il a même institué à cet effet des magistrats spéciaux distincts de ceux qui sont chargés de juger. Cette poursuite d'office n'est pas un critérium absolu pour distinguer les matières civiles des matières criminelles,

---

(1) *Sic* : BERTAULD, *Rép. écrit*, p. 19, note. *Contrà* : OUDOT, *Conscience et science du devoir*, II, p. 184-188. — Je ne saurais souscrire à la thèse de certains néo-criminalistes qui prétendent que leurs prédécesseurs ont fait du droit un *art* et non une *science*, parce qu'ils ne fondent pas comme eux le droit criminel abstrait sur une étude purement matérialiste du crime, la recherche du rapport des crimes avec les faits sociaux ou avec les caractères morphologiques des criminels. Que la sociologie et l'anthropologie criminelles soient des sciences, je le veux bien, quoique la seconde ait un caractère bien conjectural ; mais on ne saurait non plus dénier le nom de science à l'étude des devoirs moraux qui sont socialement exigibles, car cette étude exige la recherche du sentiment général sur les devoirs de l'homme envers l'homme, sentiment qui varie suivant la civilisation, les mœurs, la religion, la philosophie des peuples, et cette recherche ne peut se faire aussi qu'avec la méthode d'observation, seul critère auquel on prétend reconnaître la science. — V. s. la question GAUCKLER, *Bul. de l'Un. int. de dr. pén.*, 1894, p. 41.

le vrai critérium est dans la différence de la sanction, mais c'est le plus remarqué.

b) Pour atteindre son but, le Droit criminel est obligé de priver le coupable de biens aussi importants que ceux qu'il entend protéger chez la victime. Aussi voit-on les infractions à la loi pénale réprimées par des peines qui atteignent le coupable, non seulement dans sa fortune, mais encore dans ses droits, dans sa liberté et même dans sa vie. La *réparation civile* n'atteint le coupable *que dans* son patrimoine.

c) L'étude approfondie de cette branche de la législation soulève de hautes questions philosophiques, comme par exemple celle de la légitimité du droit *de punir*. De plus, l'application des principales théories pénales exige une analyse psychologique souvent délicate : la *tentative*, la *complicité*, le *concours d'infractions*, etc. en donnent des exemples. Il faut enfin se pénétrer des mœurs et des nécessités sociales, lorsqu'on organise les *peines*, le *reclassement des libérés*, la *prescription*, *l'amnistie*, la *grâce*, la *réhabilitation*, la *revision*, etc.

d) Un dernier attrait du droit criminel vient de ses modifications incessantes. Étroitement lié à la civilisation et aux mœurs politiques du pays, il reflète toutes leurs transformations. C'est la partie la plus vivante du droit.

II. — Divers objets de la législation criminelle.

7. Toute législation pénale bien faite détermine les *infractions*, les *peines*, les *actions* auxquelles le délit donne naissance ; elle organise aussi les *juridictions* et la *procédure*. Les deux premiers points font, dans notre législation, l'objet du Code pénal et de plusieurs lois spéciales. Les trois autres sont traités dans le Code d'instruction criminelle et dans les lois relatives à l'organisation judiciaire. Il n'est pas inutile de donner ici une notion sommaire de ces diverses parties de la législation pénale.

8. L'*infraction* peut être définie un fait ou une omission punie par la loi dans un intérêt social. Quand le législateur incrimine un acte, il s'inspire habituellement du péril social et de l'immoralité de cet acte, quelquefois du péril social seulement. L'article premier du Code pénal contient une division tripartite des infractions qui suit une gradation ascendante ; les moins graves sont les contraventions ; les infractions de gravité moyenne s'appellent délits ; les plus graves prennent le nom de crimes. Les crimes et les délits sont en général des faits à la fois immoraux et dangereux pour le maintien de l'ordre. La plupart des contraventions sont au contraire des faits insignifiants au point de vue de la morale et incriminés seulement pour le second motif. Aussi les rédacteurs du Code pénal ont-ils réuni dans un seul et même livre, le livre III, les crimes et les délits et consacré un livre spécial, le livre IV, aux contraventions. Ce procédé démontre à lui seul le vice de la division tripartite des infractions. C'est une division traditionnelle qu'aucune bonne raison ne justifie. On la retrouve dans la plupart des législations étrangères ; cependant elle tend à disparaître des Codes les plus récents (1).

9. La *peine* est le châtiment édicté par la loi pour réprimer l'infraction. L'expression *par la loi*, insérée dans cette définition, formule un caractère essentiel de la peine d'après nos idées modernes. L'arbitraire est aujourd'hui banni des lois pénales. Il ne peut y avoir ni infraction, ni peine sans texte législatif qui les établisse. Ce principe a pour conséquence la non-rétroactivité des lois pénales (art. 4, C. p.)

10. L'*action*, dans la matière qui nous occupe, est le droit de poursuivre en justice l'auteur présumé de l'infraction. Une action naît toujours de l'infraction, c'est l'action *publique*, celle qui tend à faire appliquer la peine au coupable. Mais, s'il est résulté de l'infraction un dommage pour un particulier, il existe une seconde action, dite *civile*, par laquelle la victime ou ses héritiers poursuivent la réparation du dommage éprouvé (art. 1er, C. i. c.) Rigoureusement l'action civile est étrangère au Droit criminel ; mais comme elle a sa source dans le délit, ainsi que l'action publique, notre législation criminelle contient des règles communes à ces deux actions.

11. Les *juridictions pénales* sont les unes d'*instruction*, les autres de *jugement*. Les premières ont pour mission de recueillir les preuves et d'apprécier si elles suffisent pour autoriser une poursuite. Les secondes procèdent à un nouvel examen des preuves dans un débat contradictoire et public, déclarent, s'il y a lieu, la culpabilité et appliquent la peine.

Dans le droit commun, la juridiction d'instruction du premier degré se compose uniquement du juge d'instruction ; une section de la Cour d'appel, la Chambre d'accusation, fonctionne comme juridiction du second degré. En droit commun aussi, on trouve trois sortes de juridictions de jugement dont la compétence correspond aux trois classes d'infractions : les tribunaux de simple police, de première instance et d'appel, pour les contraventions ; les tribunaux correctionnels, de première instance et d'appel, pour les délits ; la Cour d'assises pour les crimes.

12. La *procédure pénale* a pour objet de mettre la justice à même d'appliquer la peine à l'auteur de l'infraction. Elle comprend la série des actes nécessaires pour réunir les preuves, pour s'assurer de la personne de l'inculpé, pour le faire comparaître devant les tribunaux et l'y faire

---

(1) C. espagnol, 1870 ; C. des Pays-Bas, 1881 ; C. italien, 1889 ; projets des Codes pénaux anglais, russe, suisse (BERGE, *Rev. gén. du Droit*, 1879 ; GAUTIER, *La réforme pénale en France et en Suisse*, 1874).

juger, pour rendre enfin sa condamnation irrévocable et susceptible d'exécution.

13. Les lois qui déterminent les infractions et les peines constituent le droit pénal *déterminateur*, la partie de ce droit qui contient le précepte : c'est l'objet du Code pénal et de nombreuses lois spéciales. Celles qui ont trait aux actions, aux juridictions et à la procédure sont la sanction des précédentes ; elles constituent le droit pénal *sanctionnateur* : c'est l'objet du Code d'instruction criminelle et des lois sur l'organisation judiciaire. Nous traiterons d'abord des premières. Mais avant d'en aborder l'étude, il nous faut résoudre deux questions importantes : l'histoire nous montre chez tous les peuples le pouvoir social punissant certains actes et certaines abstentions ; est-ce là un abus de la force sociale ou l'exercice légitime d'un droit ? Une fois que la légitimité du droit social de punir aura été démontrée, nous examinerons comment ce droit a été organisé aux diverses époques de l'histoire. La réponse à ces deux questions fournira une double introduction à l'étude de cette première partie de la législation criminelle : une introduction philosophique et une introduction historique.

PREMIÈRE PARTIE

DROIT PÉNAL DÉTERMINATEUR
(CODE PÉNAL)

I. — LES INFRACTIONS
II. — LES PEINES

PREMIÈRE PARTIE

PÉNAL DÉTERMINATEUR
(CODE PÉNAL)

I. — LES INFRACTIONS
II. — LES PEINES

INTRODUCTION PHILOSOPHIQUE

I. — Légitimité et étendue du droit social de punir (1).

14. Où le pouvoir social puise-t-il le droit de punir ? Il y a eu sur ce point de vives controverses à la veille des Révolutions de 1789 et de 1830 et vers 1880. De nombreux systèmes ont été proposés. Ils ne diffèrent souvent que par des nuances. Les examiner dans tous leurs détails serait une étude peu utile ; il suffit de dégager l'idée dominante qui les caractérise ; or nous n'en trouvons que deux, savoir : l'idée de *justice* et l'idée *d'utilité*, celle-ci alliée parfois à des motifs secondaires tels que l'idée de *convention* et l'idée de *défense*.

15. L'idée de justice a donné naissance au système dit *de la justice absolue* ou *de l'expiation*. On le trouve dans le *Gorgias* de Platon (2) ; il a été adopté et développé par Kant (3). Ce système se rattache à l'opinion qu'on se faisait autrefois de l'origine du pouvoir. Dans les sociétés anciennes, on admettait volontiers que le pouvoir venait de Dieu. Le souverain apparaissait comme un délégué de la divinité ; le droit de punir qu'il exerçait était une émanation de la justice absolue.

Nos idées modernes ne sont plus en harmonie avec ce système. La souveraineté, en vertu de laquelle s'exerce le droit de punir, réside dans la Nation. C'est elle qui exerce le droit de punir par ses représentants : le pouvoir législatif fait les lois pénales et le pouvoir judiciaire concourt avec le pouvoir exécutif à les appliquer. — Si l'on examine d'ailleurs les procédés de la justice divine et ceux de la justice humaine, on voit qu'ils diffèrent absolument : la première pardonne au pécheur repentant. La seconde est obligée de punir, dans l'intérêt de l'exemple, même le criminel qui regrette son crime. De cette différence de procédés ne faut-il pas conclure que la justice humaine n'est pas une émanation de la justice de Dieu ? — De plus, l'idée que nous critiquons ferait confondre le Droit criminel *abstrait* avec *la morale*, et par conséquent elle conduirait à incriminer sans distinction tous les actes immoraux. Ce résultat, nous l'avons dit, supprimerait toute liberté civile. Enfin, dans ce système, le droit de punir dégénérerait en *vindicte* publique et tendrait à

---

(1) Bibliographie : Vidal, *Principes fondamentaux de la pénalité* (1890).
(2) T. III, traduction Cousin.
(3) Kant, *Éléments métaphysiques de la doctrine du Droit*, 1797, traduction Barni, 1853.

rétablir la peine *du talion*. Les supplices infligés au coupable devraient égaler en cruauté le mal qu'il aurait fait. S'il avait commis plusieurs crimes, on géminerait les peines, on en épuiserait la liste, jusqu'à ce que la justice absolue, qui réclame un châtiment adéquat à la faute, parût satisfaite. Toutes ces conséquences d'une idée absolue sont inacceptables dans la société humaine où tout est relatif, limité, incomplet.

16. L'idée que le Droit de punir se justifie par *l'utilité* qu'il présente pour la Société, se retrouve au fond de tous les systèmes modernes. Nous examinerons les cinq principaux dans l'ordre chronologique où ils ont été produits.

17. C'est d'abord le système du *contrat social*, où l'on rencontre l'idée de convention alliée à la précédente. Très répandu au siècle dernier, il eut pour principaux adeptes Beccaria (1) et J.-J. Rousseau (2). On le retrouve aussi dans les discours des orateurs du gouvernement lors de la rédaction des Codes (3). — A l'état de nature, dit-on, les hommes vivaient isolés. Plus tard ils se réunirent en société dans un but d'utilité, pour augmenter leur bien-être et leurs moyens de défense. Alors s'est formé le contrat social d'où dérive le droit de punir. Selon les uns, chaque individu aurait cédé à la société dont il est membre son droit de défense individuelle : c'est le système de la *défense directe*. Selon les autres, le bon ordre ayant été reconnu nécessaire au maintien de la société, l'homme aurait consenti à être puni s'il enfreignait les lois qui assurent le bon ordre : c'est le système de *l'acceptation anticipée* de *la peine*. — Cette théorie du contrat social repose sur une utopie et des erreurs. L'état d'isolement est trop contraire à la nature sociable de l'homme pour qu'on puisse supposer qu'il ait été la condition primitive de l'humanité. Il y a accord sur ce point entre les plus grands esprits de l'antiquité et des temps modernes (4). Les deux idées proposées pour

---

(1) *Traité des délits et des peines*, ch. 2.
(2) *Le contrat social*.
(3) Locré, t. XXX, p. 309.
(4) « Vie sociale ! C'est pour l'homme un penchant impérieux de la nature. » Aristote, *Politique*, liv. 1, ch. 2. — « Ejus autem prima causa coeundi non est tam imbecillitas quam naturalis quædam hominum quasi congregatio. Non est enim singulare nec solivagum genus hoc. » Cicéron, *de Republica*, lib. I, § 25. — « Il n'y a rien de plus sociable que l'homme par sa nature. » St Augustin, *De civitate Dei*, lib. XII, c. 27. — « Être sociable, c'est un caractère essentiel de l'humanité. » Fénelon, *Essai philosophique sur le gouvernement civil*, III, ch. 3, p. 355. *Édit.* Didot. — « Entendez-vous par sauvages des animaux à deux pieds, marchant sur les mains dans le besoin, isolés, errant dans les forêts, *salvatici, salvagi*; s'accouplant à l'aventure, oubliant les femmes auxquelles ils se sont joints ; ne connaissant ni leurs fils, ni leurs pères ; vivant en brutes, sans avoir ni l'instinct ni les ressources des brutes ? On a écrit que cet état était le véritable état de l'homme, et que nous n'avons fait que dégénérer misérablement depuis que nous l'avons quitté. Je ne crois pas que cette vie solitaire attribuée à nos pères soit dans la nature. » Voltaire, *Essai sur les mœurs*, introd., ch. 14.

formuler l'objet du prétendu contrat social n'expliqueraient pas d'ailleurs la légitimité ou l'étendue du Droit social de punir. Dira-t-on que la société a hérité du droit de défense individuelle qu'avaient les hommes primitifs ? Mais se défendre, c'est repousser l'attaque, empêcher le malfaiteur d'accomplir son délit. Punir, c'est atteindre le malfaiteur après le crime accompli (1). — Se rejettera-t-on sur l'acceptation anticipée de la peine ? Mais alors il ne faudrait établir que des peines pécuniaires, c'est-à-dire des confiscations et des amendes ; le droit d'édicter des peines corporelles ou privatives de la liberté ne peut avoir été conféré à la société par l'effet d'une convention, car la vie humaine, l'intégrité du corps, la liberté individuelle sont des biens inaliénables que l'homme n'a pu céder. Or, d'un autre côté, n'est-il pas évident que des peines pécuniaires ne protégeraient pas suffisamment la société ? Quelle arme aurait-elle par exemple contre les insolvables ? — On est à se demander comment cette absurde fiction du contrat social a pu trouver d'aussi nombreux et éminents adeptes. Cela ne peut s'expliquer que par l'état des esprits à la veille de la Révolution française : notre ancienne organisation sociale était attaquée de toute part ; l'idée que cette organisation résultait d'un contrat social, pouvant être remplacée par une convention nouvelle, fut acceptée avec enthousiasme parce qu'elle justifiait l'établissement d'un nouvel ordre de choses.

18. Jérémie Bentham réfuta la théorie du contrat social et assigna pour principe au droit de punir l'utilité seule (2). Son système peut être qualifié d'*utilitaire pur*. Il donne à la Société le droit de punir tous les faits qu'elle a intérêt à réprimer et le droit d'aggraver indéfiniment les peines suivant le péril social. — La première de ces conséquences est, à notre avis, excessive ; l'intérêt social comprend ce qui est *utile* et ce qui est *indispensable*. La Société n'a pas le droit d'interdire sous une peine l'usage d'une faculté, par ce motif que cette interdiction est utile au plus grand nombre. *La déclaration des droits de l'homme* a marqué judicieusement la limite du droit social de punir : « La loi, porte l'article 5, n'a le droit de défendre que les actions *nuisibles* à la Société ». Par sa seconde conséquence, ce système préconise le procédé de l'intimidation. Or, l'expérience démontre son inefficacité lorsqu'il n'est point secondé par des mesures préventives. L'antiquité offre des exemples de châtiments effrayants qui n'ont pas arrêté les malfaiteurs (3).

---

(1) Fr. 3, § 9, *De vi*, D. 43. 16.
(2) « Ce qui justifie la peine, dit-il, c'est son utilité majeure, ou, pour mieux dire, sa nécessité... Les délinquants sont des ennemis publics ; où est le besoin que les ennemis consentent à être désarmés et contenus ? » *Théorie des peines et des récompenses*, I, p. 7. Cette manière d'envisager le droit de punir a été aussi celle de certains rédacteurs du Code pénal, notammment de Target (Locré, XIX, p. 8).
(3) Montesquieu, *Esprit des lois*, liv. VI, ch. 12. V. *infrà*, n° 32, note.

19. Dans la première moitié de notre siècle brilla une célèbre école de philosophes, l'école éclectique, qui chercha à expliquer le droit social de punir en réunissant les deux idées fondamentales des précédents systèmes. Elle le légitime et en même temps elle le limite par cette formule : « Pas plus qu'il n'est juste, pas plus qu'il n'est utile » (1). — Ce système tombe sous les arguments qui ont servi à réfuter les deux idées qu'il combine. La première partie de sa formule, *pas plus qu'il n'est juste*, est d'ailleurs d'une application bien difficile. Elle exigerait qu'on n'incriminât que des faits immoraux. Mais la morale se modifie suivant le progrès de la civilisation ; il n'y a que ses grandes lignes qui soient immuables ; il est donc presque impossible de dire exactement ce qui est juste. L'intérêt de la Société exige en outre qu'on punisse des faits souvent indifférents au point de vue moral (2).

20. Pour combattre le système éclectique on a repris sous diverses formes l'idée d'utilité. Les philosophes positivistes ont proposé le système de la *défense indirecte* ou *préventive*. Ils étendent à l'être moral, Société, le droit naturel de légitime défense que personne ne conteste aux individus. Ainsi justifiée, la légitimité du droit social de punir ne peut plus être contestée ; mais la difficulté consiste à expliquer qu'une mesure répressive, comme la peine, constitue une défense. Cela tient, dit-on, à ce que le danger que le délit fait courir à la Société diffère de celui que l'agression fait courir à l'individu ; pour l'individu le péril ne survit pas à l'attaque ; il est au contraire incessant pour la Société, à cause de l'exemple. En punissant le fait accompli, la Société se défend contre les imitateurs (3). Ce système évite les incriminations injustes du système utilitaire pur ; mais si on l'accepte sans tempérament il conduit à établir des peines d'une rigueur excessive et hors de proportion avec la gravité intrinsèque des délits.

21. Des *Néo-criminalistes*, apparus depuis une vingtaine d'années, ont

---

(1) Les premières bases de ce système ont été posées par M. Guizot, *Traité de la peine de mort en matière politique*, et par M. de Broglie, *Rev. française*, 1828. Puis il a été développé par Rossi dans son *Traité de Droit pénal*. Il est suivi par beaucoup d'auteurs récents. Voy. Ortolan, *Eléments de Droit pénal*, I, 185 ; Haus, *op. cit.*, I, 50 à 91 ; Carrara, *Programme du cours de Droit criminel fait à l'Université de Pise*, trad. Baret, *Prolégomènes* ; Vidal, *op. cit.*, p. 399 ; Garraud, *Dr. pén. franç.*, 30. C'était aussi la doctrine de mon savant maître M. Molinier, *Programme*, 1851, p. 10.

(2) Pour répondre à cette critique on a soutenu que toute infraction était un acte immoral, parce que, si l'acte en lui-même était insignifiant au point de vue de la morale, la désobéissance à la loi était toujours une immoralité. Pouhaer, *Essai sur l'histoire générale du Droit*, p. 272. Cette thèse est paradoxale : la morale est supérieure aux lois ; le législateur ne peut rendre un fait immoral, s'il ne l'est pas en lui-même. Quant à prétendre que toute violation de la loi est une immoralité, c'est détourner les mots de leur sens naturel.

(3) Ce système, développé par Charles Comte, *Traité de législ.*, I, p. 158, a été suivi par Rauter, *Traité de Droit pénal, introduction philosophique*.

voulu faire du droit criminel une science expérimentale. Ils cherchent à accréditer cette idée que les crimes *sont le résultat de lois naturelles contre lesquelles la volonté du coupable est impuissante à réagir*. Ils se divisent en deux écoles principales : 1° celle de l'*anthropologie criminelle*, théorie médicale qui fait dériver le crime de l'hérédité ou de l'évolution ; 2° celle de la *sociologie criminelle*, théorie philosophique qui place la cause des crimes dans l'influence irrésistible des milieux. Ainsi, tandis que les criminalistes de la vieille école voient dans le crime un phénomène d'ordre purement moral, l'anthropologie criminelle prétend que c'est un phénomène d'ordre biologique, et la sociologie criminelle, un phénomène d'ordre social.

Après avoir recherché la cause des crimes, ces nouvelles écoles recherchent le système de pénalité qui paraît susceptible d'en tarir la source. L'anthropologie criminelle ne croit pas possible d'amender le criminel ; elle propose donc des mesures d'élimination. La sociologie criminelle croit cet amendement possible ; elle propose en conséquence des mesures de correction, tout comme l'école classique, mais elle diffère de celle-ci par le procédé.

Que devons-nous penser de ces théories ? Il faut rejeter sans hésiter leur principe, tout en profitant de leurs observations. Leurs données philosophiques sont absolument fausses ; elles supposent en effet : 1° Que la conscience n'est pas innée chez l'homme ; 2° Que la nature criminelle d'un individu est démontrée par ses difformités physiques ; 3° Que le milieu social exerce sur la volonté une pression irrésistible. Les résultats pratiques de ces paradoxes seraient : le délit nécessaire, — la confusion des criminels avec les fous, — le remplacement de la justice par un jury médical, pour les anthropologistes, — la suppression de la responsabilité individuelle et son remplacement par la responsabilité de la Société, pour la sociologie criminelle.

Nous ne mettons pas en doute, pour notre part, l'innéité de la conscience. L'éducation peut l'affiner, mais elle ne la crée point. Il n'est pas démontré que l'homme primitif fut le jouet de ses passions. Les sourds-muets, qu'on peut à juste titre comparer à cet homme primitif, lorsqu'ils n'ont pas les moyens d'échanger leurs idées et de profiter ainsi de la morale des autres, ont été l'objet d'observations minutieuses qui ont démontré chez eux l'existence de la conscience sans le secours de l'éducation (V. *infrà*, n° 135). Nier le libre arbitre, n'est-ce pas d'ailleurs nier le principe même du droit ? Entre l'idée de liberté morale et celle de responsabilité, il y a un lien étroit : sans libre arbitre, on ne pourrait s'en prendre à l'homme de ses propres actions ; il faudrait accuser la force des choses, la fatalité. Toutes les relations sociales reposent sur cette idée que nous sommes libres et que ceux qui entrent en relation avec nous le sont également. L'éducation ne donne point ce sentiment ; il existe même chez l'homme dépourvu de toute culture intellectuelle ; c'est un sentiment naturel, universellement ressenti ; donc il est vrai (1).

L'influence des milieux est indéniable ; mais il n'est pas démontré qu'elle soit irrésistible. Avec une volonté plus ferme, il est toujours possible d'éviter le délit. La sanction pénale est un stimulant du libre arbitre.

Quant aux particularités physiques que l'anthropologie criminelle a cru reconnaître chez les criminels, ou bien elles se rencontrent chez des personnes parfaitement honnêtes, ou bien on ne les retrouve qu'en nombre très variable et sur un groupe très restreint de criminels (2). En

(1) La sociologie criminelle est une application du *déterminisme*. « Qu'est-ce que le déterminisme, disait Proudhon, une idée brutale qui place dans les choses le principe de nos déterminations et fait de l'Etre pensant le bilboquet de la matière ». Cette protestation indignée et ironique qui fait appel au bon sens est, à mon avis, la meilleure réfutation à opposer aux raisonnements subtils de cette philosophie décevante qui trouble les consciences et dont tout le monde au fond sent la fausseté.

(2) Le Dr Lombroso, fondateur de l'anthropologie criminelle, relevait comme signes caractéristiques du criminel : 1° le *sinus frontal* qu'il disait avoir trouvé chez 67 p. 0/0 des délinquants ; 2° l'asymétrie crânienne, chez 47 p. 0/0 ; 3° la dégénérescence organique. Des observations plus récentes et mieux contrôlées n'ont fait découvrir le premier de ces signes que chez 13 p. 0/0 des sujets ; le second, chez 12 0/0. Quant à la dégénérescence organique, on a observé qu'en Lombardie, partie de l'Italie où existe le plus de lépreux, de crétins, d'aliénés, d'alcooliques, il y a en même temps le moins de criminalité. — Un nez retroussé dénoterait le voleur, d'après Lombroso ; un nez crochu, l'assassin. Cependant beaucoup de criminels débutent par le vol et finissent par l'assassinat ; ont-ils pour cela changé de nez ? (Dr *Dubuisson*). — Un inspecteur des établissements d'éducation correctionnelle, M. Bruyère, dont les observations ont porté sur plus de 100,000 enfants, n'a pu constater que dans des cas très rares la prétendue fatalité de l'hérédité, et encore il s'agissait d'enfants recueillis à un âge assez avancé ; la preuve que leurs vices provenaient de l'hérédité n'était donc pas certain. — Aussi l'école de l'anthropologie, après avoir rallié beaucoup de partisans en Italie et en Allemagne, a été abandonnée presque par tous ses adeptes qui se sont ralliés à l'école de la sociologie, laquelle a été plus particulièrement à l'origine une école française. Le congrès scientifique de Paris en 1889 a marqué cette évolution. En même temps de courageux défenseurs de l'ancienne doctrine se levaient en Italie (Lucchini, prof. à Bologne, *Simplicisti anthropologie, psychologie, sociologie del diritto penale*, 1886). En France, l'Académie des sciences morales et politiques mettait au concours l'étude des principes fondamentaux de la pénalité et couronnait, en 1889, un mémoire de M. G. Vidal, prof. à Toulouse, où les doctrines spiritualistes de la vieille école sont savamment défendues (G. Vidal, *Principes fondamentaux de la pénalité dans les systèmes les plus modernes*, 1890). — En 1891, M. Arthur Desjardins, dans la *Revue des Deux-Mondes* ; en 1892, un anonyme dans *Le Temps* (N° du 2 janvier), en 1892 et 1894 M. Camoen de Vence, dans le *Bulletin de la Société des prisons*, ont brillamment réfuté la doctrine lombrosienne et signalé d'amusantes méprises du docteur italien qui ont achevé de discréditer son système. Aujourd'hui, il semble qu'un accord se fait pour prendre dans chaque système ce qui paraît être le mieux approprié au développement de la criminalité et à l'esprit du législateur moderne, qui est d'éviter toute déclaration de principes philosophiques et d'asseoir la législation sur une base positiviste en tenant

supposant donc qu'elles fussent le critère de la criminalité, elles ne pourraient fournir la base du droit de punir, lequel s'étend sur la généralité des délinquants.

En résumé, il n'y a point régulièrement de délit nécessaire. Le libre arbitre existe ; il est la raison d'être de la responsabilité pénale. Nous étudierons plus tard les causes extérieures ou internes qui suppriment parfois l'intelligence ou la liberté morale, ces deux facteurs de la volonté, volonté sans laquelle l'acte accompli ne peut être imputé comme faute à l'agent et par suite engager sa responsabilité.

Ces théories nouvelles, dont nous repoussons le principe, ont eu cependant quelques résultats heureux par l'usage qu'elles ont fait de la méthode d'observation dans le domaine du droit. Il serait injuste de ne pas les signaler.

a) Elles ont d'abord puissamment contribué à faire écarter, comme une chose étrangère au droit pénal abstrait, l'*idée d'expiation* dont les anciens criminalistes avaient abusé. Elles ont en même temps accentué l'*idée de défense sociale* qui est généralement considérée comme la raison d'être du droit pénal moderne.

b) Elles ont fait accepter par les esprits impartiaux une judicieuse combinaison des procédés de répression qu'elles préconisent et qui ont leur place marquée dans toute législation pénale bien faite, savoir : les mesures de correction pour les délinquants susceptibles de s'amender et les mesures d'élimination pour les incorrigibles.

c) Enfin, elles ont réalisé un progrès considérable dans l'art des signalements. La méthode d'*identification par signalements anthropométriques*, généralement pratiquée aujourd'hui en France et qui tend à se généraliser dans les pays voisins, est de nature à déjouer toute tentative de dissimulation ou de falsification d'identité (1).

22. En résumé, si l'on compare les diverses théories proposées pour expliquer le droit social de punir, le système de la défense indirecte est celui qui échappe le mieux aux objections. Il nous semble cependant que l'idée d'*humanité* doit tempérer l'excessive sévérité des peines que peut conseiller l'idée de défense. Cette idée accessoire est tout à fait con-

---

compte de la croyance générale au libre arbitre et à son influence sur la responsabilité. Discours de M. Lejeune, au Congrès anthrop. de Genève, août 1896 (*Rev. pénit.*, 1896, p. 1231). M. Tarde, un des représentants les plus autorisés de la sociologie criminelle paraît aussi se rallier à cette conclusion (*ibid.*, p. 1244).

(1) Ce genre de signalements a été créé en 1885 par le Dr Bertillon. Il consiste dans la mensuration de certaines parties du corps et surtout dans une sélection méthodique des traits caractéristiques qui constituent le *portrait parlé* de l'individu (Alph. Bertillon, *Identification anthropométrique*, 2e édit. 1893). On relève avec cette nouvelle méthode le signalement de tous les détenus à leur entrée en prison (*Circ. min. int.*, 25 août 1893). La certitude scientifique qu'elle donne est préférée aujourd'hui aux témoignages : Comp. Trib. corr. Seine (9e ch.), 14 sept. 1896 (*Gaz. trib.*, 14-15 sept., p. 933).

forme à la base positiviste du système, car elle est prise dans ce fait, que la trop grande rigueur des châtiments blesse un sentiment naturel chez l'homme, la *pitié*. Il ne faut pas que l'indignation soulevée par le crime fasse place à la pitié qu'inspire tout homme soumis à un traitement trop cruel ; la répression doit exciter un sentiment de satisfaction dans le public, sinon on s'expose à amoindrir le respect de la loi, à susciter l'esprit de révolte, à provoquer des troubles, à aller en un mot contre le but même du Droit criminel, qui est d'assurer le maintien du bon ordre, condition essentielle de l'existence de la société.

II. — Caractères essentiels ou utiles des peines.

23. L'étude du droit de punir nous a servi à dégager le principe qui doit guider le législateur dans la détermination des infractions ; il faut rechercher maintenant ceux qui doivent l'inspirer dans l'organisation des peines. Ces principes se rattachent tous, de près ou de loin, à l'idée de défense sociale ; s'ils paraissent nombreux, c'est qu'on passe ici aux détails d'application. Les caractères divers qu'on exige dans la peine répondent, en effet, aux intérêts qu'il faut ménager pour que la répression destinée à maintenir le bon ordre atteigne exactement son but.

On reconnaît généralement qu'une peine est bonne, lorsqu'elle est à la fois exemplaire, réformatrice, légale, divisible, personnelle, égale, morale et réparable.

24. 1° *Exemplaire*. — La peine doit être assez sévère en elle-même, assez publique dans son exécution, pour que la crainte d'un châtiment analogue intimide les malfaiteurs qui voudraient imiter le condamné. La répression du délit devient ainsi un exemple. Ce premier caractère d'une bonne peine n'a jamais été contesté ; on discute seulement sur la nature des biens dont l'homme peut être privé à titre de peine et sur le genre de publicité que doit recevoir l'exécution.

25. 2° *Réformatrice*. — La peine a ce caractère lorsqu'elle est de nature à produire sur le condamné une impression durable, susceptible de le retenir désormais dans le devoir. Ce caractère est surtout utile dans les peines temporaires, puisque le condamné doit être un jour libéré ; mais son utilité existe aussi pour les peines perpétuelles, à cause de l'éventualité de la grâce.

26. 3° La peine doit être *légale*, autrement dit *certaine*, c'est-à-dire déterminée d'avance par le législateur. Dans l'ancien Droit, la plupart des peines étaient *arbitraires*, abandonnées absolument à l'appréciation des tribunaux. Il en résultait une inégalité choquante et souvent une rigueur excessive, surtout pour les crimes dont la répression flattait le Pouvoir. Ces deux résultats révoltent la conscience publique et empêchent que la répression devienne un moyen d'apaisement.

27. 4° *Divisible*. — On entend par là que le taux de la peine doit être susceptible d'augmentation et de diminution. La divisibilité de la peine donne au juge le moyen de mieux proportionner le châtiment à la faute. — On oppose les peines *fixes* aux peines *divisibles*. A proprement parler, les peines divisibles sont uniquement celles dont la loi détermine le maximum et le minimum, en laissant au juge la faculté de fixer un taux entre ces deux limites. Mais on arrive à un résultat équivalent en permettant aux tribunaux de changer la nature de la peine. Ce dernier procédé est le seul moyen de donner aux peines fixes l'élasticité des peines divisibles.

28. 5° La peine est *personnelle* quand elle atteint le coupable et rien que le coupable. Ce caractère avait été méconnu par les législations anciennes : toute la parenté d'Aman fut pendue avec lui ; l'empoisonneuse athénienne, Théoris, fut condamnée à mort avec tous les siens ; dans certaines parties de la Chine un innocent peut s'offrir pour subir la peine du coupable ; notre ancien Droit permettait de prononcer le bannissement contre les descendants et le conjoint du coupable dans les crimes de lèse-majesté (1). Cette extension de la peine à des innocents avait pour but d'augmenter l'exemplarité du châtiment ; elle se rattachait aussi à l'idée d'expiation entendue d'une manière abstraite. L'école éclectique a ramené l'expiation à des proportions plus équitables par cette formule célèbre : « Le châtiment n'a droit que sur le crime » (2). Dans le système qui fonde le droit de punir uniquement sur la défense de la Société, la peine doit être personnelle pour être réformatrice.

29. 6° Les peines doivent être *égales*, c'est-à-dire les mêmes pour le même genre de délit, quelle que soit la condition sociale du coupable. Ce caractère, moins important que les précédents, est la conséquence de l'organisation démocratique de notre société. L'égalité devant la loi est une conquête de la Révolution française (3). Elle n'existait pas chez les peuples anciens, où républiques et monarchies étaient aristocratiquement constituées. A Rome, les condamnés à mort de la haute société (*honestiores*) étaient décapités ; les petites gens (*humiliores*) étaient crucifiés. Dans l'ancienne France, la décapitation était le supplice des nobles ; et la pendaison, celui des vilains. Mais le sentiment de l'égalité a si profondément pénétré les sociétés modernes qu'on exige que les peines soient, non seulement égales dans leur nature, mais encore dans leur mode d'exécution.

30. 7° *Morale*. — La peine ne doit point dépraver le condamné ; elle doit lui laisser le sentiment de la dignité humaine et même le faire

---

(1) Voy. Tissot, *Le Dr. pénal étudié* etc., chap. I, p. 304.
(2) Guizot, *De la peine de mort en matière politique*, p. 100.
(3) « Les délits du même genre seront punis par le même genre de peine, quels que soient le rang et l'état du coupable ». (Déc. 21 janv. 1790, art. 1er.)

revivre chez lui, s'il l'a perdu. Une peine immorale ne serait pas réformatrice, elle rendrait à la Société un malfaiteur plus dangereux peut-être, après sa libération, qu'il ne l'était avant d'avoir été poursuivi. Les châtiments corporels ravalaient l'homme au niveau de la brute ; ce motif les a fait exclure de notre législation pénale moderne.

31. 8° Enfin la peine doit être *réparable*, c'est-à-dire susceptible d'être effacée, si l'on découvre plus tard que le condamné a été victime d'une erreur judiciaire. Ce résultat n'est malheureusement pas possible à atteindre absolument. Réparera-t-on jamais la perte temporaire de la liberté, l'altération de la santé causée par le changement de régime, les souffrances morales ? Les condamnations pécuniaires elles-mêmes sont-elles absolument susceptibles de réparation ? On restituera l'amende sans doute ; mais indemnisera-t-on le condamné de la perte des bénéfices qu'il aurait réalisés dans des spéculations ou des entreprises avec l'argent qu'on lui a enlevé ? Lui rendra-t-on les occasions manquées ? Toutes les peines causent donc un préjudice plus ou moins irréparable. L'irréparabilité absolue de la peine de mort est, nous le verrons, le plus grave argument qu'on puisse invoquer contre elle.

32. Dans les systèmes qui fondent le droit social de punir sur l'idée de justice, seule ou alliée à une autre idée, il faudrait encore que la peine fût *expiatrice*, c'est-à-dire que sa sévérité fût proportionnée à l'immoralité de l'acte, abstraction faite du danger social résultant du délit. A la raison de principe qui nous fait écarter ce caractère, nous ajouterons cette observation qui démontre l'inutilité de l'expiation pour la défense de la Société : les peines sont infiniment plus douces aujourd'hui qu'autrefois ; cependant cette indulgence n'a point rendu les crimes plus fréquents ni plus graves (**1**) ; or, qu'est-ce qui peut motiver ces adoucissements successifs des peines, que tout le monde considère comme un progrès dans la législation ? Ce n'est pas assurément une diminution corrélative du mal moral résultant du délit. Le mal moral reste le même ; ce qui diminue, c'est le danger social. Si donc, à mesure que le danger social disparaît, on propose d'abaisser les peines, c'est que l'idée *d'expiation* est absolument inutile dans l'organisation du droit social de punir.

---

(1) MONTESQUIEU avait observé que l'aggravation des peines n'arrêtait pas le cours de la criminalité. Il conseillait une répression modérée et une police mieux faite : « *Il ne faut point mener les hommes par les voies extrêmes ; on doit ménager les moyens que la nature nous donne pour les conduire. Qu'on examine la cause de tous les relâchements, on verra qu'elle vient de l'impunité des crimes et non pas de la modération des peines...* » (*Esprit des lois*, liv. VI, chap. 12.) L'expérience est venue confirmer les prévisions du philosophe. Toutes les réformes qu'a subies notre législation criminelle ont apporté un adoucissement considérable au système de pénalité. IHERING le constate par cette formule concise : « L'histoire de la peine est une abolition constante ».

INTRODUCTION HISTORIQUE

33. L'étude des précédents historiques de nos lois pénales modernes n'offre point un simple intérêt de curiosité ; elle seconde le jurisconsulte dans l'interprétation de certaines dispositions de nos Codes ; elle met en garde le législateur contre des essais condamnés par l'expérience.

Il serait sans doute très intéressant de rechercher aux diverses époques de l'histoire comment a été organisé le droit de punir chez les divers peuples du monde ; mais une telle entreprise dépasserait le cadre restreint de ce traité, nous nous bornerons à exposer l'organisation de ce droit dans les législations d'où est sortie la nôtre, c'est-à-dire en Droit romain et dans l'ancien Droit français.

I. — Droit romain (1).

34. Le Droit romain distinguait les délits en *publics* et *privés*. Les premiers seuls rentraient dans le Droit criminel, car seuls ils donnaient lieu à l'application d'une *peine prononcée dans un intérêt social*. Les seconds ne mettaient en mouvement que la justice civile : le délinquant était condamné à payer à la victime une somme d'argent, qui pouvait être considérée sans doute comme une peine, parce qu'elle dépassait toujours la réparation du préjudice causé par le délit et s'ajoutait souvent à la restitution de la chose ou de sa valeur ; mais c'était une *peine prononcée dans un intérêt privé*. Les crimes contre la chose publique, les attentats les plus graves contre les personnes constituaient les *delicta publica*. Les délits moins graves contre les personnes et les délits contre les propriétés n'étaient que des délits privés. Primitivement, les délits dirigés contre les esclaves rentraient dans cette dernière catégorie. Plus tard, la personnalité des esclaves se dégagea au point de vue pénal ; leur meurtre devint un délit public à l'égal de celui d'un homme libre.

35. Le principe qui paraît avoir inspiré l'organisation du droit de

---

(1) Consulter : Labatut, *Essai sur le système pénal des Romains*, Revue critique 1874-1875 ; de Valroger, *Esquisse du Droit criminel des Romains*, Revue critique 1860 ; Faustin Hélie, *Le Droit pénal dans la législation romaine*, Revue critique 1882 ; Maynz, *Esquisse historique du Droit criminel de l'ancienne Rome*, Nouvelle Revue historique, 1882, etc.

punir est l'utilité sociale (1). On procède par intimidation : aussi les peines sont-elles généralement sévères. Sous la République, les citoyens pouvaient se soustraire aux poursuites par un exil volontaire. — Les jurisconsultes romains ont particulièrement étudié les conditions générales de l'application des peines.

II. — Ancien droit français.

36. L'histoire du Droit pénal en France peut être divisée en quatre périodes : 1° la période barbare, qui s'étend du Ve au Xe siècle ; 2° la période féodale, qui va du Xe au XVe siècle ; 3° la période royale, qui commence au XVIe siècle et finit à la Révolution française ; 4° la période moderne qui conduit de 1789 à nos jours. Voyons quels ont été à chacune de ces époques les sources du droit pénal et le système de pénalité.

A. — *Période barbare, du Ve au Xe siècle.*

37. Sources du droit. — Les sources du droit pendant cette période sont : les *lois barbares*, les *Capitulaires* des *rois*, le *Droit romain* et le *Droit canonique*.

Le caractère des lois est la *personnalité* : chacun est régi par la loi de son origine. Le Droit romain s'appliquait aux Gallo-Romains et aux clercs. Les clercs étaient en outre soumis au Droit canonique. Les Barbares suivaient la loi de leur race. Au milieu de législations si diverses, les Capitulaires fondent une sorte de droit commun ; ils modifient ainsi le caractère de la loi pénale et la rendent territoriale ; mais leur autorité réelle varia suivant la puissance du pouvoir royal.

38. Système de pénalité. — La distinction romaine des délits publics et des délits privés se retrouve dans les lois barbares. Les premiers sont peu nombreux ; ce sont : 1° les crimes contre l'État (trahison, désertion, intelligences avec l'ennemi) ; 2° les attentats contre le souverain ; 3° les outrages au culte national (magie, sorcellerie, violation des sépultures, sacrilège). La peine des délits publics est la mort infligée sous diverses formes.

Si l'on recherche quel fut à cette époque le principe fondamental du droit de punir, on est réduit à des conjectures. Cependant, du système

---

(1) Sénèque a bien dit : « In vindicandis injuriis, hæc tria lex secuta est, quæ princeps quoque debet, ut eum quem punit emendet, aut ut pœna ejus cæteros reddat meliores, aut ut sublatis malis superiores cæteri vivant. » *De clementia*, I, 2, 12 ; mais l'idée de l'amendement du coupable n'est que secondaire aux yeux des jurisconsultes romains ; tous les textes juridiques se bornent à invoquer la nécessité de l'exemple pour justifier la peine : fr. 31, D. *depositi* ; fr. 8, D. *de Pœnis*, 1. 9, C. *ad leg. Fab. de plagiariis* ; nov. 30, cap. XI.

très complet des délits privés, dont les délits publics semblent combler les lacunes, et de l'influence de la religion, on peut induire que la législation pénale s'est inspirée de l'idée de vindicte publique et de l'idée d'expiation.

Les délits privés comprennent tous les délits contre les personnes et les propriétés privées. Les individus ne sont pas encore unis par cette solidarité qui fera considérer, comme intéressant la Société, la répression d'un délit dirigé contre n'importe quel de ses membres. Cette solidarité n'existe qu'entre les membres de la même famille. Le droit de vengeance est reconnu à la victime. Tout délit contre un particulier devient une cause de guerre privée entre la famille de l'offenseur et celle de l'offensé. La paix est achetée par le coupable ou par sa famille, moyennant le paiement d'une *composition* appelée *Wehrgeld* (1). Ces transactions, purement facultatives à l'origine, perdirent peu à peu ce caractère ; les rois et les comtes y intervinrent à trois points de vue : 1° pour rendre l'acceptation du Wehrgeld obligatoire (2) ; 2° pour punir l'offenseur qui ne l'offrait pas ; 3° pour faire respecter le traité de paix par l'offensé, après l'acceptation de la composition. Cette intervention du pouvoir social dans le règlement du Wehrgeld n'était pas gratuite : une partie de la somme payée était prélevée par le fisc sous le nom de *fredum*. L'importance de ce *fredum* était proportionnée à la puissance du chef qui l'imposait, c'est-à-dire aux garanties que son intervention apportait pour le maintien de la paix. Le fredum est l'origine de l'amende et des frais de justice, qui sont restés confondus jusqu'aux lois de la Révolution. Il commence, en outre, la transformation des délits privés en délits publics, en attribuant à une partie de la composition le caractère pénal. Au IXe siècle, d'ailleurs, cette transformation est déjà opérée pour certains délits frappés d'une amende proprement dite de soixante sous d'or, appelée *Ban du roi*, tels que l'incendie, le rapt, l'effusion du sang dans les églises (3).

B. — Période féodale, du XIe au XVe siècle.

39. Sources du droit. — Les sources du droit pendant cette période sont les *coutumes locales*, le *Droit romain* et le *Droit canonique*.

Les coutumes locales ont remplacé les lois barbares à mesure que la fusion s'est faite entre les vainqueurs et les vaincus. En France, elles ne sont pas écrites, parce qu'elles sont en pleine formation ; mais la con-

---

(1) D'après son étymologie, cette expression signifie *argent de la défense*. Primitivement le Wehrgeld se composait de bestiaux (Tacite, *De more German.* C. XII) ; plus tard ce fut de l'argent.
(2) Capit. de Worms, de Louis le Débonnaire, an 829.
(3) Capit. de Charlemagne de 806 ; Capit. de Louis le Débonnaire de 819 (Baluze, I, 447, 599).

quête les importe sur le sol étranger où il devient nécessaire de les rédiger. Cela explique que les premiers monuments du droit féodal nous viennent du dehors. C'est ainsi que la conquête de l'Angleterre, en 1066, et celle de Jérusalem, en 1099, nous donnent les *Lois et coutumes de Guillaume le Conquérant* et les *Assises de Jérusalem*. Plus tard apparaîtront les coutumiers français, les *Etablissements, coutumes et arrêts de l'Échiquier de Normandie* (très remarquables au point de vue pénal) ; les *Établissements de Saint Louis*, les *Coutumes de Beauvaisis*, enfin les *Chartes de communes*.

Le Droit romain de Justinien pénètre en France au début de cette période. Les légistes ennemis de la féodalité y puisent des arguments en faveur de la suprématie du roi. Ils favorisent ainsi le développement des ordonnances royales aux dépens des autres sources du droit et continuent l'œuvre d'unification commencée par les Capitulaires.

Les dispositions du droit canonique étant plus humaines que celles des coutumes, on recherchait la qualité de clerc pour y être soumis. Dans les crimes intéressant la Foi, on l'appliquait quelle que fut la qualité des accusés.

Charles VII, en 1453, prescrivit la rédaction des coutumes (Ordonnance de Montils-les-Tours). Les coutumes rédigées n'exprimèrent plus le droit féodal dans toute sa pureté.

Dans le Midi, le Droit romain fit sentir plus vivement son influence. Cette partie de la France constituait la majeure partie *des pays de droit écrit*, ainsi appelés par opposition aux *pays coutumiers* qui étaient les pays du Nord.

Au déclin de la période féodale apparaissent des recueils de doctrine et de jurisprudence : les *Olim*, arrêts du Parlement de Paris (1254-1318) ; le *Livre de Jostice et de Plet*, auteur inconnu (fin du XIIIᵉ siècle) ; les *Décisions de Jean des Mares* (au XIVᵉ siècle) ; le *Grand coutumier de Charles VI*, auteur inconnu (1389) ; la *Somme rurale de Jean Bouteiller*, composée à la fin du XIVᵉ siècle et publiée dans la seconde moitié du XVᵉ.

40. Système de pénalité. — Pendant cette période la transformation des délits privés en délits publics s'opère peu à peu. Les rois mettent obstacle aux guerres privées et, comme conséquence de ces prohibitions, ils punissent de peines corporelles les crimes qui pourraient les motiver.

Dans l'organisation des peines, il faut noter le développement de la confiscation générale de biens sous le nom de *commise de fief*, pour le crime de *félonie*. Le vassal qui manque à la foi qu'il a promise en acceptant le fief, perd son fief qui revient au seigneur suzerain. Cette peine ne diffère de la confiscation proprement dite qu'au point de vue de l'attribution de la chose confisquée. Les *pénitences canoniques*, telles que les pélerinages et l'aumône, s'ajoutent à la liste des peines. Le pouvoir social concourt avec l'autorité spirituelle à la répression des crimes contre la Foi : le coupable est condamné cumulativement à l'excommunication et au bûcher.

Les compositions disparaissent, à mesure que les délits privés sont frappés de peines proprement dites. Elles perdent en effet leur utilité.(1).

41. Quant au principe fondamental du droit de punir, on peut affirmer, avec certitude, que, pendant cette période, c'est l'idée de vindicte publique alliée à l'idée d'expiation. Le pouvoir social, ayant retiré à l'offensé le droit de se venger, se charge de sa vengeance.

C. — *Période royale* (1483-1789).

42. La féodalité expire au commencement de cette période sous les rudes coups que lui porta Louis XI. Le pouvoir royal profite de sa victoire pour accomplir un grand travail d'unification dans la législation.

43. Sources du droit. — Les *Ordonnances* et les *Arrêts du Conseil*, documents émanés de l'autorité royale, constituent la source la plus féconde du droit pendant cette période. Il faut y ajouter les *Arrêts de règlement* des Parlements, le *Droit romain*, les *Coutumes* et le *Droit canonique*.

Le nom générique d'ordonnances désigne tous les actes législatifs qui sont l'œuvre du roi (ordonnances, édits, déclarations, lettres patentes). Dans un sens plus restreint, les *Ordonnances* sont ceux de ces actes législatifs qui règlementent d'une manière complète une matière importante. — Les *Édits* ont un objet plus spécial. Ainsi, on oppose l'ordonnance criminelle de 1670 aux édits sur le duel. — Les *Déclarations* sont les accessoires des ordonnances et des édits. Elles les expliquent, les complètent ou les modifient sur des points de détail. — Les *Lettres patentes*, ainsi nommées par opposition aux lettres secrètes, dites *lettres de cachet*, sont des ordres ou des instructions destinés à la publicité et adressés à des autorités. — Le *Conseil du roi*, auquel répond aujourd'hui le Conseil d'État, est appelé, entre autres attributions, à rendre des arrêts explicatifs ou confirmatifs d'une loi existante. — Ces actes législatifs émanés de l'autorité royale ne recevaient leur application qu'après avoir été enregistrés par les parlements. Ces grands corps judiciaires et politiques avaient le droit de suspendre cet entérinement et

---

(1) « Se li homicides puet aquerre la pès as amis à cels que il a ocis, ce ne vaut riens se il n'a la pès du duc ». *Établis. de Normandie*, p. 27 (Commencement du XIIIe siècle). Edition Marmier.

d'adresser des remontrances au roi ; mais le roi pouvait vaincre leur résistance en tenant un *lit de justice*.

Les *arrêts de règlement* sont des décisions des parlements rendues par voie de disposition générale et réglementaire (1). Leur empire s'étend seulement au ressort du parlement duquel ils émanent. Presque tous sont relatifs à la police.

L'autorité royale n'a pas publié de recueil officiel de ses ordonnances ni cherché à mettre en harmonie leurs diverses dispositions. Il existe seulement un recueil des dispositions répressives contenues dans les ordonnances, dû à l'initiative privée ; il parut sous l'anonyme en 1752 ; il était l'œuvre d'un conseiller au parlement de Paris, Laverdy. Les lacunes des ordonnances sont comblées à l'aide des autres documents législatifs. Par exemple, en matière d'adultère (2), on applique les peines prononcées par la Novelle qui fait partie de la loi 30, *ad legem Juliam de adult.*, C. Just. 9, 9. Mais l'application du Droit romain ainsi que des coutumes et du Droit canonique se restreint et tend à disparaître à mesure que grandit l'autorité des actes législatifs émanés de l'autorité royale ou des parlements.

De savants commentaires éclairèrent bientôt le texte des ordonnances. Les plus remarquables sont le *Traité des matières criminelles* de Rousseau de la Combe (1741) ; le *Traité de la justice criminelle en France* de Jousse (1771) ; *Les lois criminelles* de Muyart de Vouglans (1780).

44. Système de pénalité. — Pendant cette période disparaissent les délits privés. Le nom reste cependant, mais il ne répond plus à l'idée primitive. Tout délit contre les particuliers donne lieu à l'application d'une peine ; sa répression appartient donc au Droit pénal, mais elle dépend de la volonté de la victime ou de ses héritiers : l'action publique ne peut être exercée sans sa plainte et elle s'arrête quand la plainte est retirée. Les délits publics au contraire sont poursuivis d'office par le ministère public. Son action n'est pas subordonnée à une plainte, et la transaction de la partie lésée ne l'empêche pas d'aboutir à une condamnation (3).

45. La division tripartite des infractions qui existe dans notre législation actuelle s'opère nettement pendant cette période. Les délits les plus graves prennent le nom de *délits de grand criminel* ou de *crimes*. Ils sont poursuivis par la procédure dite *à l'extraordinaire*, qui est inquisitoriale, écrite et secrète. Ils se divisent en crimes *de lèse-majesté divine* (blasphème, sacrilège, magie, hérésie, apostasie, athéisme), crimes de *lèse-majesté humaine* (attentats contre le roi, les membres de sa famille ou la chose publique) et crimes *contre les particuliers* ; ces der-

---
(1) L'art. 5, C. civ. interdit aux tribunaux les décisions de cette nature.
(2) V. Jousse, I, 38.
(3) Ord. crim. 1670, tit. 25, art. 19.

niers comprennent les délits les plus graves contre les personnes et les propriétés privées.

46. Les peines des crimes sont afflictives ou infamantes : les premières sont capitales, si elles entraînent la mort naturelle ou civile du condamné, non capitales dans le cas contraire. Le tableau suivant fera mieux comprendre l'ensemble des peines usitées au grand criminel :

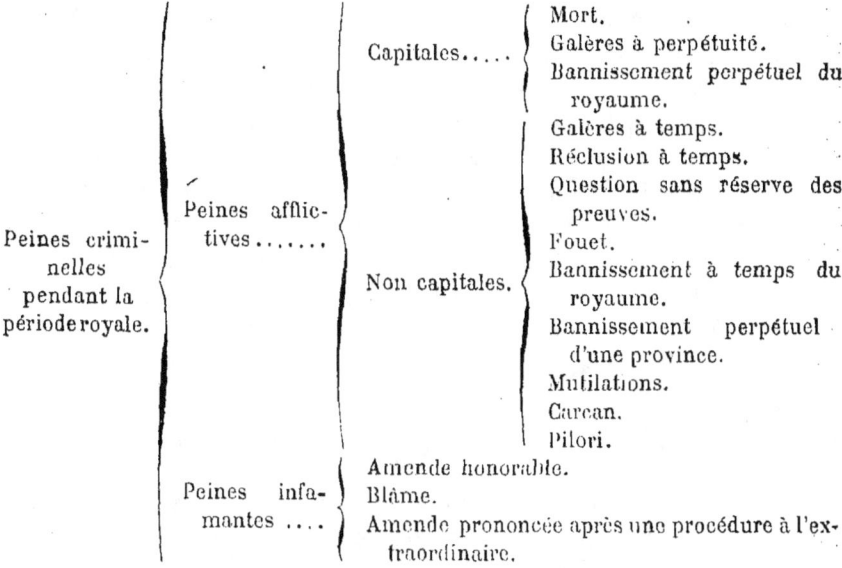

Les infractions de gravité moyenne, qui constituent aujourd'hui les délits correctionnels, portent à cette époque le nom de *délits privés de petit criminel*. Leur poursuite a lieu suivant la procédure usitée en matière civile, c'est-à-dire dans la forme accusatoire, avec débats publics et oraux : c'est ce qu'on appelle la procédure *ordinaire*. Leurs peines n'ont point le caractère afflictif ou infamant ; ce sont : *l'emprisonnement temporaire, l'amende, l'aumône, l'injonction de ne pas récidiver portée par jugement.*

La troisième classe d'infractions se compose des *délits de police générale ou locale*. Leur poursuite a lieu devant des juridictions très diverses et dans la forme ordinaire.

Les peines capitales ont pour accessoire la *confiscation générale* des biens du condamné. Il est fait un usage très large et mal défini de la *confiscation spéciale*, surtout pour la répression de la troisième classe d'infractions (1).

47. Le droit de punir, pendant la période royale, repose d'abord, comme pendant la précédente, sur les deux idées de vindicte publique et

---

(1) V. POTHIER, *Traité de la procédure crim.* sect. V, art. 2, § 6 ; — Ord. crim. 1670, tit. 25, art. 13.

d'expiation (1). Sous l'influence des textes du Droit romain, on y ajoute des procédés d'intimidation. Aussi arrive-t-on à des rigueurs excessives et sans utilité pour la défense de la Société ; l'on invente des supplices atroces (2) ; la folie, le défaut de développement intellectuel chez l'adolescent n'excluent point l'imputabilité ; pour les crimes de lèse-majesté humaine, les peines cessent d'être personnelles ; elles s'étendent aux enfants et au conjoint du coupable. Mais vers le milieu du XVII° siècle, une réaction se produit. Montesquieu blâme dans son *Esprit des lois* (1749) les peines excessives et les incriminations vicieuses. Beccaria, dans son *Traité des délits et des peines* (1764), assigne à la répression sa véritable limite en proposant de réduire les châtiments aux rigueurs nécessaires pour assurer le maintien de la sécurité publique. Deux ans plus tard, Voltaire l'approuve (3). Le mouvement en faveur d'une réforme devient général ; la magistrature la demande par la voie éloquente de l'avocat général Servan (4) ; la royauté la promet (Édit 1er mai 1788) ; mais il appartenait à la Révolution française de l'accomplir. Elle inaugure la période moderne du Droit criminel.

D. — *Période moderne, de 1789 à nos jours.*

48. La législation pénale pendant cette période peut se diviser en trois phases : 1° le droit intermédiaire, ou législation antérieure au Code pénal de 1810 ; 2° ce Code ; 3° les lois postérieures.

E. — *Législation intermédiaire (1789-1810).*

49. Sources du droit. — L'Assemblée constituante commença son œuvre par une déclaration solennelle des principes d'après lesquels devait être organisée la société moderne. C'est la *déclaration des droits de l'homme* (26 août 1789). L'art. 2 fonde le droit de punir sur la néces-

---

(1) ARGOU, *Institution au Droit français*, liv. III, ch. XXXVIII, écrivait au XVII° siècle : « La vengeance est interdite aux hommes ; il n'y a que le roi qui puisse l'exercer par ses officiers en vertu du pouvoir qu'il tient de Dieu. »
(2) Pour donner un exemple de l'atrocité des supplices, nous transcrivons ici celui de Damiens, condamné à mort le 26 mars 1757 pour avoir tenté d'assassiner Louis XV. L'arrêt ordonne qu'il subira la *question préalable* et qu'il fera amende honorable à la porte de l'église. Puis il sera conduit à l'échafaud. On le tenaillera aux mamelles, bras, cuisses et gras des jambes. Sa main droite sera brûlée avec un feu de soufre. Sur les endroits où il aura été tenaillé on versera du plomb fondu, de l'huile bouillante, de la poix de résine brûlante, de la cire et du soufre fondus ensemble. Puis il sera écartelé. Son corps et ses membres seront jetés au feu et réduits en cendres et ses cendres jetées au vent. Ses biens seront confisqués. L'arrêt ordonne enfin la démolition de sa maison et fait défense d'élever à l'avenir aucun édifice sur son emplacement.
(3) *Commentaire sur Beccaria*, 1766.
(4) Discours de rentrée prononcée devant le Parlement de Grenoble, en 1767.

sité de maintenir l'ordre dans la Société : « Le but de toute association politique est la conservation des droits naturels et imprescriptibles de l'homme : ces droits sont la liberté, la *sûreté* et la résistance à l'oppression. » — L'art. 5 marque la limite exacte des incriminations : « La loi n'a le droit de défendre que les actions *nuisibles* à la Société. » — L'art. 8 indique la mesure des peines : « La loi ne peut établir que des peines nécessaires. » Il supprime aussi les peines arbitraires et formule le principe de la non-rétroactivité des lois : « Nul ne peut être puni qu'en vertu d'une loi établie et promulguée antérieurement au délit. » — L'art. 10 proclame la liberté de conscience et abolit par suite les crimes de lèse-majesté divine.

Le décret du 21 janvier 1790 continua l'exposé de ces principes en proclamant *l'égalité* et la *personnalité* des peines : « Les délits du même genre seront punis par le même genre de peines, quels que soient le rang et l'état du coupable (art. 1er). » — « Les délits et les crimes étant personnels, le supplice d'un coupable et les condamnations infamantes quelconques n'impriment aucune flétrissure à sa famille ; l'honneur de ceux qui lui appartiennent n'est nullement entaché et tous continueront d'être admissibles à toutes sortes de professions, d'emplois et de dignités (art. 2). » En conséquence, disparaît la confiscation générale des biens qui atteint la famille du condamné (art. 3). De plus, la peine ne survivant point à la mort du coupable, non seulement les exécutions sur les cadavres sont abolies, mais encore il est dit que le corps du supplicié sera remis à sa famille, si elle le réclame, et qu'aucune allusion ne sera faite au genre de mort dans l'acte de décès (art. 4).

L'œuvre purement législative de l'Assemblée constituante comprend d'abord un Code des crimes : c'est le Code pénal des 25 sept.-6 oct. 1791 ; puis un Code des délits et des contraventions ou, pour employer la terminologie usitée à cette époque, des délits de police correctionnelle ou municipale (L. 19-22 *juillet* 1791). Il faut y joindre un Code spécial des délits ruraux (L. 26 sept.-6 oct. 1791).

La *Convention* vota le *Code des délits et des peines*, dans sa dernière séance, le 3 brumaire an IV. Ce Code, presque exclusivement consacré aux lois de forme, ne contient que quelques dispositions relatives aux infractions et aux peines. C'était l'œuvre inachevée de Merlin.

50. Système de pénalité. — Pendant cette période s'accentue la division des infractions en trois classes ; mais la terminologie n'est pas encore bien fixée. Le mot délit est un terme générique synonyme d'infraction. Il est encore employé de nos jours avec cette extension dans le langage de la doctrine, lorsqu'on traite des règles générales du Droit criminel. A la division tripartite des infractions répond une division tripartite des peines et des tribunaux.

Il faut noter, sous la Constituante, l'abolition des châtiments corporels à la fois cruels et dégradants. La peine capitale seule est conservée comme indispensable à la défense de la Société. — Les peines privatives de la liberté sont toutes temporaires : les peines perpétuelles sont supprimées. Leur abolition parut être la conséquence nécessaire de la suppression du droit de grâce. — En matière criminelle, la crainte de l'arbitraire n'avait fait établir que des peines fixes, c'est-à-dire sans maximum ni minimum.

Il est à remarquer enfin qu'une certaine réaction suivit de près les généreuses réformes de la Constituante. Dans les années 1792 et 1793 la *confiscation générale* fut rétablie comme peine accessoire de la peine capitale en matière politique. La *marque* reparut avec la loi du 23 prairial an X. On verra de plus dans l'historique du Droit pénal sanctionnateur que, sous l'influence des passions politiques, les droits essentiels de la défense furent méconnus pour faciliter la condamnation des accusés.

III. — CODE PÉNAL DE 1810.

51. Son élaboration. — Après l'apaisement de la tourmente révolutionnaire, il parut opportun de refondre la législation criminelle. Un arrêté des Consuls du 28 mars 1801 chargea de ce soin une commission composée de Vieillard, Target, Oudart, Treilhard et Blondel. Elle présenta un projet de Code divisé en 1169 articles contenant les lois de fond et de forme. Ce projet fut discuté, au Conseil d'État, du 5 juin 1804 au 20 décembre suivant ; mais aussitôt l'élaboration législative s'arrêta. Elle fut reprise après une interruption de quatre années dont on verra la cause dans l'historique du Droit pénal sanctionnateur ; on divisa alors le projet en deux Codes distincts, l'un relatif aux infractions et aux peines, le *Code pénal* ; l'autre relatif aux actions et à la procédure, le *Code d'instruction criminelle*. Le Code d'instruction criminelle a été promulgué en neuf lois, du 17 novembre au 16 décembre 1808 ; le Code pénal l'a été en sept lois, du 12 au 20 février 1810. Quant aux juridictions, elles furent organisées par une loi spéciale, celle du 20 avril de la même année, et les deux Codes entrèrent en vigueur le 1er janvier 1811.

52. Analyse de ses dispositions. — Rédigé sous l'empire des idées utilitaires, le Code de 1810 se fait remarquer par la rigueur de ses dispositions : on y trouve le carcan, la marque, la confiscation générale. La peine de mort y est prodiguée. Pour le parricide, elle est aggravée par l'amputation préalable du poing. La surveillance de la haute police y est organisée d'une manière si sévère qu'elle empêche le reclassement du libéré. Des faits qui ne doivent relever que de la conscience, tels que la non-révélation de complots, y sont incriminés. — Néanmoins le Code de 1810 a réalisé certains progrès : il a rétabli dans la législation les peines perpétuelles qui sont un échelon nécessaire entre les peines temporaires et la peine de mort. Le droit de grâce, rendu au chef de l'Etat par le sénatus-consulte du 16 thermidor an X, permet de tempérer leur rigueur. Les peines criminelles temporaires ne sont plus fixes. Enfin la théorie des circonstances atténuantes, aussi utile que la divisibilité de peines pour arriver à proportionner la peine au délit, apparaît en matière correctionnelle.

IV. — Législation postérieure au code pénal de 1810.

53. Nous nous bornerons ici à un simple énoncé des réformes les plus importantes.

Sous la Restauration, disparaît la confiscation générale (Charte de 1814, art. 66). — La théorie des circonstances atténuantes est introduite dans les matières criminelles (L. 25 juin 1824). — L'idée théocratique de l'expiation, remise en honneur, inspire la loi éphémère du sacrilège, qui punit d'une aggravation de peine les crimes commis dans les églises (L. 20 avril 1825, abolie par L. 11 octobre 1830).

Sous la monarchie de 1830, a lieu une revision importante du Code pénal (L. 28 avril 1832) qui en adoucit la rigueur. La peine de mort est supprimée dans un grand nombre de cas. — La marque et l'amputation du poing sont abolies. — L'exposition publique est rendue facultative dans la plupart des cas, et le carcan supprimé. — La surveillance de la haute police est réorganisée. — Enfin la théorie des circonstances atténuantes est généralisée et rendue applicable aux trois classes d'infractions. En matière criminelle, on appelle le jury à concourir à son application. La loi du 28 avril 1832 est incorporée au Code pénal, dont on publie une deuxième édition officielle.

La seconde République supprime la peine de mort en matière politique (D. 26 février 1848) et l'exposition publique (D. 12 avril 1848). — La peine politique de la déportation, qui n'avait pû être organisée faute de colonies, reçoit son organisation par la loi du 8 juin 1850. — Le reclassement des libérés commence à être l'objet d'études : la loi du 5 août 1850, sur l'éducation et le patronage des jeunes détenus, s'y rattache.

Le second empire débute par une aggravation de la surveillance de la haute police (D. 8 déc. 1851); mais bientôt il réalise à son tour des réformes libérales. La loi du 3 juillet 1852 facilite la réhabilitation. — Celle du 30 mai 1854 substitue à la promiscuité abjecte des bagnes la transportation aux colonies comme mode d'exécution de la peine des travaux forcés. — Celle du 31 mai 1853 abolit la mort civile. — En 1857 et 1858, on codifie les lois pénales militaires de l'armée de terre et de l'armée de mer. — En 1863, a lieu une revision du Code pénal presque aussi importante que celle de 1832, et conçue dans le même esprit : un certain nombre de crimes sont *correctionnalisés*, c'est-à-dire transformés en délits. — Une loi du 27 juin 1866, maladroitement insérée au Code d'instruction criminelle, étend les lois pénales françaises à des infractions commises par les Français sur le territoire étranger.

La troisième République a entrepris la revision des lois pénales de fond et de forme par une série de lois fragmentaires assez difficiles à classer. a) *Des incriminations nouvelles* sont apparues : L. 23 janvier 1873, sur l'ivresse publique ; L. 25 décembre 1880, sur les crimes commis dans les prisons. — *D'autres ont disparu* : L. 12 avril 1880 abolissant la sanction pénale de l'observation du dimanche ; — une peine ridicule (la réparation honorable) a été supprimée, L. 28 décembre 1894. — b) *Des lois protectrices de l'enfance ou des ouvriers employés dans l'industrie* ont réprimé par une sanction pénale l'infraction à leurs dispositions réglementaires : L. 19 mai 1874 remplacée par L. 2 novembre 1892, sur le travail des enfants et des femmes dans les établissements industriels ; L. 12 juin 1893, sur la sécurité et l'hygiène des travailleurs dans les mêmes établissements ; L. 7 décembre 1874, sur l'emploi des enfants dans les professions ambulantes ; L. 23 décembre 1874, sur la protection des enfants du premier âge ; — c) *On a déployé une grande sévérité contre les anarchistes et les repris de justice* : L. 14 mars 1872, sur l'internationale ; L. 2 août 1892, sur les attentats commis avec des explosifs et les menaces qui s'y rattachent (extension des art. 435 et 436, C. pén.) ; L. 18 décembre 1893, sur les associations et ententes de malfaiteurs (modifiant les art. 265, 266, 267 C. pén.) ; L. 28 juillet 1894, sur les menées anarchistes ; L. 25 mai 1885, sur les récidivistes, instituant la peine de la relégation ; L. 26 mars 1891, modifiant les conditions de la récidive correctionnelle, art. 57 et 58, C. pén. ; — d) En même temps on a créé *pour les délinquants primaires* l'institution bienveillante du *sursis* ; — e) Enfin on a cherché à réaliser *l'amendement des condamnés et le reclassement des libérés*, soit par des améliorations apportées au régime de la déportation : L. 23 mars 1872 ; L. 25 mars 1873 et au régime des prisons : L. 28 février 1875, soit en élargissant la réhabilitation, soit en instituant la libération conditionnelle et le patronage : L. 14 août 1885.

Les lois spéciales ne se comptent guère plus, tant elles sont nombreuses. Signalons 6 lois de ce genre, qui de 1887 à 1895 ont donné de nouveaux cas d'application à l'article 425 du Code pénal. La législation de la Presse complètement refondue par la loi du 29 juillet 1881 qui abrogeait toutes les lois antérieures a été tellement corrigée par des lois de détail que sa revision générale est devenue nécessaire.

54. Codes étrangers modernes. Projet de réforme. — Les idées qui, à la fin du siècle dernier, inspirèrent la réforme de notre législation criminelle, ont amené un peu plus tard des réformes analogues chez presque tous les peuples de l'Europe (1), de sorte qu'aujourd'hui les mêmes faits se trouvent incriminés et punis d'une façon analogue dans la plupart des législations européennes. Ce droit pénal international sert de base aux traités d'extradition.

Les *principaux Codes étrangers modernes* sont :

Code pénal belge. 1867
— espagnol 1870
— allemand. 1870
— hongrois 1878
— hollandais 1881
— italien 1889

La Suisse possède pour chaque canton un Code pénal spécial dont les dispositions sont inspirées, tantôt par la législation française, tantôt par la législation allemande. Son Code pénal fédéral s'applique seulement à certains délits politiques. Aujourd'hui elle travaille à fondre dans le Code fédéral toutes les législations pénales des cantons. — La Russie, l'Angleterre, l'Espagne préparent aussi, mais avec moins d'ardeur, une revision de leurs lois pénales. Le projet de Code russe rédigé en 1895 est actuellement soumis à une enquête auprès des corps judiciaires des fonctionnaires (2).

Les nouveaux Codes étrangers sont en général supérieurs au Code pénal de 1810 qui leur sert de base ; de sorte que la France, après avoir marché à la tête de tous les peuples par sa législation pénale, pourrait aujourd'hui faire d'utiles emprunts à la législation de ses voisins. Le gouvernement s'est ému de cette situation : un décret du 26 mars 1887 a nommé une commission extra-parlementaire chargée de préparer la revision des incriminations et des peines. Une nouvelle commission, nommée en 1892, a avancé un peu le travail qui paraissait s'éterniser. Elle a publié en 1893 un projet renfermant la partie générale du Code pénal (112 articles) ; on n'y trouve rien de bien nouveau en dehors de l'organisation des peines où la réforme est considérable.

(1) BONNEVILLE DE MARSANGY, *Rev. crit. de législ.*, 1852, p. 617.
(2) Voy. sur le projet de C. p. anglais, G. LOUIS (*Bull. de la Soc. de législ. comp.*, 1877-78, p. 546) ; — sur le projet de C. p. russe, GARÇON (*Rev. pénit.*, 1896) ; — sur les projets de C. p. espagnol de 1884 et 1885, LEHR (*Rev. de Droit intern. et de lég. comparée*, 1885, t. 17, p. 561 et s.) Le projet français a été publié en 1893 dans la *Revue pénitentiaire* (Bulletin de la Société des Prisons). Le projet suisse a été vulgarisé en France après la première et la seconde rédaction par M. ALFRED GAUTIER. *Deux projets. La Réforme en France et en Suisse*, 1893; *Code pénal suisse, avant-projet et motifs*, 1894; et par M. GARÇON, *Rev. pén.*, 1896.

LIVRE PREMIER

DE L'INFRACTION

CHAPITRE PREMIER

DÉFINITION ET ÉLÉMENTS ESSENTIELS DE L'INFRACTION.

Section première. — Définition de l'infraction. — Notion sommaire de ses éléments essentiels. — Sujets actif et passif du délit.

55. L'article premier du Code pénal ne définit point l'infraction ; il donne simplement un *critérium* pour reconnaître si un fait constitue une contravention, un délit, ou un crime. Ce procédé a été injustement critiqué (1). La loi pénale est un commandement qui exclut les développements doctrinaux. Les règles du Droit criminel abstrait doivent guider le législateur dans la détermination des infractions et l'organisation des peines ; mais il est inutile d'en insérer l'exposé dans les textes législatifs. Ces déclarations de principes conviendraient peut-être dans une législation qui serait l'œuvre exclusive du chef de l'État ; mais elles n'ont rien

---

(1) Voy. Rossi, *Tr. de Dr. pén.*, 4ᵉ édit., p. 42 : « La division des actes punissables en crimes, délits et contraventions, division tirée du fait matériel et arbitraire de la peine, révèle à elle seule, ce nous semble, l'esprit du Code et du législateur. C'est dire au public : ne vous embarrassez pas d'examiner la nature intrinsèque des actions humaines ; regardez le pouvoir : fait-il couper la tête à un homme, concluez-en que cet homme est un grand scélérat. Il y a là un tel mépris de l'espèce humaine, une telle prétention au despotisme en tout, même en morale, qu'on pourrait, sans trop se hasarder, juger de l'esprit du Code entier par la lecture de l'art. 1ᵉʳ. » La critique du savant criminaliste se résume en ceci : *Le législateur ne nous fait pas connaître les motifs qui l'ont guidé dans la détermination des infractions et des peines.*

à faire dans le texte des lois qui sont discutées publiquement et votées par les représentants directs du peuple. — L'art. 1ᵉʳ du Code du 3 brum. an IV donnait de l'infraction la définition suivante : « Faire ce que défendent, ne pas faire ce qu'ordonnent les lois qui ont pour objet le maintien de l'ordre social et de la tranquillité publique est un délit. » Cette définition ne fait pas ressortir la différence qui distingue la violation de la loi pénale de la violation de toute autre loi d'ordre public. Dans la doctrine on a défini l'infraction : « Un fait ou une omission punie par la loi pénale » (1) ; — « Une violation de la loi pénale » (2). Ces définitions sont exactes, mais leur concision nuit à leur clarté. Un fait habituellement puni par la loi peut se produire dans des circonstances telles que la loi cesse de l'incriminer. C'est ce qui arrive lorsqu'il constitue l'accomplissement d'un devoir ou l'exercice d'un droit. Le législateur voit dans ces deux circonstances des causes de justification du fait habituellement incriminé. Il est donc utile pour la clarté de la définition d'y introduire ce nouvel élément, et de dire : « L'infraction est un fait matériel résultant de la violation d'une loi pénale et qui ne se justifie point par l'accomplissement d'un devoir ou par l'exercice d'un droit. »

56. En reprenant chaque terme de cette définition, nous verrons que l'infraction se compose de quatre éléments essentiels : l'élément *légal*, l'élément *matériel*, l'élément *moral* et l'élément *injuste*.

a) L'infraction suppose d'abord l'existence d'une loi pénale qui incrimine et punit un fait ou une abstention. Cette loi constitue l'élément légal de l'infraction. Elle doit présenter deux caractères : 1° être antérieure au fait poursuivi, 2° être une loi française. Le premier de ces caractères limite le temps que la loi pénale régit ; le second, les lieux dans lesquels elle s'applique. Ils constituent le germe de deux grandes théories du Droit criminel : celle de la *non-rétroactivité* et celle de la *territorialité* des lois pénales.

b) L'infraction consiste dans la *violation* de la loi pénale. Violer la loi, c'est faire le contraire de ce qu'elle prescrit. Si la loi prescrit de s'abstenir, l'infraction résultera d'un *fait*. C'est le cas le plus fréquent : le vol, le meurtre, l'incendie, l'empoisonnement, l'avortement etc., appartiennent à cette classe de délits. Si, au contraire, la loi ordonne l'accomplissement d'un acte, on violera la loi en restant dans l'inaction. L'infraction résultera alors d'une *omission*. Les infractions de ce genre sont beaucoup moins nombreuses que les précédentes : on peut citer le défaut de déclaration de naissance dans les trois jours de l'accouchement (art. 346, C. p.) et la plupart des désobéissances aux règlements de police. Mais, il importe de le remarquer, qu'il s'agisse d'un fait ou d'une omission, l'infraction se manifeste toujours par des faits matériels qui tom-

---

(1) Trébutien, I, p. 72.
(2) Haus, I, 258.

bent sous nos sens, faits matériels qui sont susceptibles de troubler les rapports sociaux et qui pour ce motif ne relèvent pas uniquement de la morale. Ainsi, pour le défaut de déclaration de naissance, l'accouchement de la mère, l'expiration du délai de trois jours accordé pour faire la déclaration, l'absence de tout acte sur les registres de l'état civil, sont des faits extérieurs que le Droit criminel peut atteindre. Ils constituent ce que nous appelons *l'élément matériel* du délit. A cet élément se rattache la théorie de la *tentative* qui détermine, parmi les actes extérieurs au moyen desquels l'agent prépare et exécute son délit, ceux qui méritent d'être punis.

c) Mais pour qu'il y ait violation de la loi pénale, il ne suffit point que le fait défendu ait été accompli, il faut qu'il soit *imputable* à l'agent. La loi est un commandement qui suppose l'intelligence pour le comprendre, la liberté pour lui obéir. Ces deux facteurs réunis constituent *l'élément moral*. Les causes qui détruisent l'intelligence ou la liberté de l'agent sont connues en doctrine sous le nom de *causes de non-imputabilité* ; elles constituent une des grandes théories du Droit pénal.

d) Enfin, l'absence de tout devoir ou de tout droit, qui justifierait la violation de la loi pénale, fournit le quatrième élément de l'infraction, *l'élément injuste*. Rigoureusement, on pourrait faire rentrer cet élément dans le premier ; il n'y a pas en effet à proprement parler de loi prohibant un acte dans l'hypothèse où cet acte, habituellement défendu, devient licite ; mais pour plus de clarté il vaut mieux éliminer ces cas en distinguant l'élément injuste. La théorie des *faits justificatifs* comprend l'exposé des circonstances qui font considérer la violation de la loi pénale comme l'accomplissement d'un devoir ou comme l'exercice d'un droit.

57. Les quatre éléments que nous venons de dégager sont communs à toutes les infractions ; mais pour chacune d'elles il existe en outre un certain nombre d'éléments essentiels spéciaux, qui lui font donner un nom particulier. C'est ainsi que le même fait matériel peut, suivant les circonstances, constituer le délit d'outrage public à la pudeur, ou les crimes d'attentat à la pudeur, ou de tentative de viol (art. 330, 331, 332 et 2, C. p.). De même l'acte qui tend à s'approprier injustement la chose d'autrui prendra suivant les circonstances le nom de vol, d'escroquerie ou d'abus de confiance (art. 379 et s., 405, 408, C. p.). L'étude de ces éléments spéciaux sort de notre programme ; bien des fois, néanmoins, en exposant les théories générales du Code pénal nous serons obligé de montrer par des exemples l'application qu'elles reçoivent ; nous saisirons alors l'occasion de donner un aperçu sommaire de l'infraction qui nous servira d'hypothèse.

58. Des sujets actif et passif de l'infraction. — Avant d'aborder l'étude particulière de chaque élément de l'infraction, il importe de déterminer qui peut la commettre et qui peut en être victime. Dans les idées modernes, le droit ne peut avoir pour sujets que des personnes. Les animaux et les choses ne peuvent être que ses objets. Il n'en était pas de même dans l'antiquité ; on y faisait souvent le procès *aux bestes brutes et aux choses inanimées* (1). — Les personnes, considérées au point de vue du Droit, sont physiques ou morales ; sont-elles aptes, les unes et les autres, à jouer le rôle de sujet actif et de sujet passif du Droit pénal ? La réponse à cette question exige des distinctions : les personnes physiques peuvent être, pendant leur vie, les sujets actifs et passifs du Droit criminel. Conçues ou mortes, elles ne sont aptes qu'à jouer le rôle de sujets passifs. Ainsi le Code pénal protège l'enfant dans le sein de sa mère en punissant l'avortement (art. 317), et le cadavre d'une personne décédée, en érigeant en délit la violation de tombeaux (art. 360).

59. A côté des personnes physiques, il existe des êtres fictifs formés par la réunion de plusieurs individus : ce sont les personnes *morales* ou *civiles*, telles que l'État, les départements, les communes, les établissements publics, les sociétés de commerce. Ces êtres fictifs jouent dans la société, *au point de vue du droit civil*, un rôle analogue à celui des personnes réelles : ils peuvent être propriétaires, débiteurs, créanciers ; ils peuvent aliéner et acquérir, et leur capacité, quoique plus restreinte dans bien des cas que celle des personnes physiques, s'étend à la plu-

---

(1) M. Tissot (*Le Droit pénal étudié dans ses principes et dans les lois des différents peuples du monde*, 2ᵉ édit. 1, p. 24 et s.) rapporte sur ce point des détails curieux empruntés aux lois de Zoroastre, de Moïse, de Dracon et de la Perse : le bœuf homicide était lapidé ; le chien hargneux subissait des mutilations successives et finissait par être condamné à mort. A Athènes, un tribunal jugeait les pierres qui avaient tué un citoyen et les condamnait à être transportées hors du territoire de la République. On trouve des dispositions analogues dans les lois des Burgondes, des Alamans et dans notre ancienne jurisprudence. Au XVᵉ siècle, Guy Pape raconte qu'il a vu un porc pendu aux fourches patibulaires de Châlons pour avoir tué un enfant. Les Romains, au contraire, n'ont jamais considéré les animaux et les choses comme pouvant être les sujets du droit. L'abandon noxal ne dérogeait point à ce principe ; il était inspiré par le désir de limiter la responsabilité du propriétaire à la valeur de la chose ou de l'animal qui avait causé le dommage. — De même aujourd'hui, le droit ne concerne que les personnes et il ne faudrait pas voir une exception dans la loi du 2 juillet 1850 (*Loi Grammont*), ni prendre la répression des mauvais traitements exercés sur les animaux domestiques qu'elle édicte, pour une protection de ces animaux ; le point de vue du législateur est différent : c'est la publicité qui fait le délit ; on a voulu éviter que le spectacle d'actes de barbarie endurcit les mœurs. — Voy. sur les procès faits aux animaux et aux choses, Ayrault, *De l'ordre, formalité et instruction judiciaires*, liv. I, part. I, nᵒˢ 25 et 26 ; Berriat-St-Prix, *Rapport et recherches sur les procès faits aux animaux*, 1829 ; L. Ménabréa, *De l'origine, de la forme et de l'esprit des jugements rendus au moyen âge contre les animaux*, 1846 ; Duméril, *Les animaux et les lois* (Rev. gén. du Droit, 1880, p. 144) ; P. Croos, *Procès faits aux animaux* (La France jud., 1880, p. 417) ; Lacassagne, *La criminalité chez les animaux* (Revue scientif., 1882, t. XXIX, p. 34) ; E. Ferri, *Le uccisioni criminose tra gli animali* (1883).

part des actes juridiques qui intéressent le patrimoine. *Au point de vue du Droit pénal*, cette assimilation n'est pas aussi complète : sans doute ces personnes morales peuvent être victimes des délits contre les propriétés, puisqu'elles ont un patrimoine ; mais elles ne peuvent devenir victimes d'un délit contre les personnes, parce que leur existence n'est qu'une pure abstraction (1). Ce n'est donc que dans une certaine mesure qu'elles sont aptes à jouer le rôle de sujet passif de l'infraction. — Peuvent-elles en être le sujet actif (2) ? Nous le nions absolument. Cela nous paraît certain d'abord pour les personnes morales qui ont une existence et un patrimoine distincts de ceux de leurs membres ; ces personnes morales n'agissent que par des représentants ; or, la responsabilité pénale est personnelle ; elle doit et ne peut atteindre que l'auteur même de l'infraction. Il ne serait possible d'ailleurs d'appliquer à un être fictif que des peines pécuniaires, et par conséquent, pour tous les délits punis de peines corporelles, la thèse abstraite que l'on soutient viendrait se heurter à une impossibilité matérielle d'application.

60. Quant aux personnes morales dont l'existence et le patrimoine se confondent avec ceux de leurs membres, comme une société commerciale en nom collectif, et quant aux collectivités qui n'ont point la personnalité civile, la difficulté pratique de leur appliquer toutes les peines n'existe pas : on est en présence, en effet, non plus d'une agrégation d'intérêts, mais d'un groupe de personnes. Cependant les principes du droit moderne nous paraissent impliquer la même solution. En droit pénal, chacun ne répond que de ses propres actes. La communauté d'intérêts qui relie plusieurs personnes ne peut faire étendre la peine à celles qui n'ont point participé au délit commis dans l'intérêt de la collectivité, soit comme co-auteurs, soit comme complices. En ce sens on peut tirer argument des dispositions du Code pénal qui répriment la coalition des fonctionnaires (art. 123 et s.) : on n'a pas songé à organiser une peine collective contre les corps constitués qui se sont concertés pour prendre des mesures contraires aux lois, mais on a frappé chaque coupable d'une peine individuelle (3).

Les personnes morales et les collectivités ne pouvant délinquer, il faut

---

(1) Cependant, comme elles ont un crédit, elles peuvent être victimes d'une diffamation qui serait susceptible d'en diminuer l'étendue.
(2) *Comp.* sur la question : Haus, I, 265-268 ; Ortolan, I, 491 et s. ; Garraud, II, 191.
(3) Dans l'ancien Droit on admettait qu'une collectivité pouvait délinquer, et la procédure à suivre pour la répression de ces délits était organisée par l'Ord. criminelle de 1670, titre XXI. Les peines qu'on prononçait contre la communauté étaient l'amende, la suspension temporaire ou la suppression de ses privilèges (Pothier, *Traité de la Procéd. crim.*, sect. VI, § 2). Mais ce précédent n'a point de valeur, soit à raison du caractère mixte qu'avait autrefois l'amende, soit parce que les suspensions et privations de privilèges étaient de simples peines disciplinaires.

en conclure : 1° qu'elles ne supportent pas les amendes auxquelles sont condamnés leurs agents ; 2° que, si le délit a été commis par plusieurs membres de la collectivité, il y a lieu de prononcer autant d'amendes qu'il y a eu d'agents et non point une seule amende (1).

Mais si les personnes morales n'ont point de responsabilité pénale, elles peuvent être déclarées *civilement* responsables du fait de leurs agents, c'est-à-dire obligées de réparer le préjudice résultant de leurs délits. Pour que cette responsabilité civile soit encourue, il faut que le coupable ait agi en qualité de préposé de la personne morale (art. 1384, C. c.) ; il faut aussi que la personne morale ait été libre de choisir ses agents ; à ces deux conditions on pourra lui imputer à faute d'avoir mal placé sa confiance.

Section II. — Élément légal de l'infraction.

61. Les tribunaux ne peuvent appliquer que les incriminations et les peines expressément formulées par la loi. Notre Droit moderne, rompant définitivement avec la tradition, a rejeté la théorie des délits *naturels*, c'est-à-dire des délits qui existeraient indépendamment de toute loi positive. L'existence d'une loi pénale est ainsi devenue une condition nécessaire pour qu'il y ait infraction : c'est là ce qu'on appelle l'*élément légal*.

62. L'art. 4 du Code pénal affirme implicitement la nécessité de cet élément en exigeant que la loi pénale soit *antérieure* au fait poursuivi. Il formule ainsi la théorie de la *non-rétroactivité* des lois pénales.

Mais cela ne suffit point : le principe de la souveraineté et de l'indépendance des nations ne permet pas que le droit de punir soit exercé sur le territoire d'un pays en vertu d'une autre législation que la sienne. Le second caractère de la loi pénale est par conséquent d'être *territoriale* (art. 3, C. c.). Il détermine les lieux où la loi pénale s'applique. Nous allons étudier successivement les deux théories auxquelles donne naissance l'élément légal de l'infraction, savoir : la *non-rétroactivité* et la *territorialité* de la loi pénale (2).

(1) *Sic* : Cass., 4 août 1876 ; 10 mars 1877 (*Ann. prop. ind.*, 77, 201 et 205) ; 8 mars 1883 (*Gaz. Pal.*, 84, 1, 132) ; 17 déc. 1891 (*Gaz. Pal.*, 24 déc.). — *Contrà* : Cass., 14 déc. 1838 ; 6 août 1839 ; F. Hélie, *Prat. crim.*, II, 58.
(2) Bien qu'il ne soit question ici que de l'infraction, nous suivrons l'application de ces deux théories dans toutes les parties de la législation pénale, c'est-à-dire que nous étudierons les principes de la *non-rétroactivité* et de la *territorialité* au point de vue des infractions, des peines, des juridictions et de la procédure. Il est bon, en effet, de faire un exposé complet de ces théories, qui sont communes à toutes les parties du Droit criminel, pour en faciliter l'étude.

I. — De la non-rétroactivité des lois pénales.

63. L'art. 4 du Code pénal, formule en ces termes le principe de la non-rétroactivité des lois pénales : « Nulle contravention, nul délit, nul crime, ne peuvent être punis de peines qui n'étaient pas prononcées *par la loi* AVANT qu'ils fussent commis. » — Ce texte comprend deux propositions, l'une virtuelle, l'autre explicite : il défend d'abord d'appliquer une *incrimination* nouvelle à un fait commis avant la promulgation de la loi qui l'a créée ; il défend en second lieu d'appliquer à un fait, déjà incriminé et puni par la législation, une *peine* portée par une loi postérieure à l'accomplissement de ce fait. Ces deux propositions appliquent le principe de la *non-rétroactivité* des lois pénales qui détermine le temps que la loi pénale régit.

La question de la non-rétroactivité de la loi se pose à tout changement de législation, que ce changement résulte de la promulgation d'une loi nouvelle ou de l'annexion d'un territoire. Il importe d'abord de bien préciser l'hypothèse. La loi nouvelle s'applique incontestablement aux faits qui ont été commis depuis sa promulgation. A l'inverse, elle ne s'applique point aux faits définitivement jugés sous la loi ancienne. Ces derniers sont des affaires terminées dans lesquelles il ne peut plus être question d'appliquer la loi. Alors même que la loi nouvelle supprimerait l'incrimination du fait qui a motivé la condamnation, cette suppression ne saurait profiter aux individus définitivement condamnés sous la loi ancienne, et, si leur peine n'est pas subie, rigoureusement ils doivent la subir, quoique depuis leur condamnation ce fait soit devenu licite (1). Cette situation a quelque chose de choquant ; aussi le pouvoir social y remédie-t-il habituellement en proclamant une amnistie ou en accordant des grâces.

La seule hypothèse, où puisse se discuter la question de rétroactivité ou de non-rétroactivité de la loi, est celle d'un délit, commis sous la loi ancienne, qui n'a pas été poursuivi ou qui n'a pas été définitivement jugé quand paraît la loi nouvelle. A ce fait, qui enjambe sur le temps régi par les deux législations, quelle loi faut-il appliquer ? Est-ce la loi en vigueur au moment où il a été commis, ou la loi existant au moment où on le juge ? — L'art. 4 du Code pénal répond que c'est la loi ancienne. Cette solution *est rationnelle*, si l'objet de la loi nouvelle est de créer une in-

---

(1) *Sic* : TRÉBUTIEN, *op. cit.*, p. 83 ; GARRAUD, I, 126 ; *Circ. du Garde des sceaux* du 21 février 1874, relative à l'exécution de la loi du 23 janvier 1874 sur la Surveillance de la haute police ; Aix, 15 mai 1878 (S. 79, 1, 77) et la note de M. RENAULT sous cet arrêt ; arg. *Déc. de commutation de peine*, 5 sep. 1792 ; art. 19, § 5, L. 27 mai 1885 *s. les récidivistes*. — *Contra* : VALETTE, *sur Proudhon, État des personnes*, I, p. 36. Cette seconde opinion a été consacrée par des textes formels dans des codes étrangers : C. Hollandais, art. 2 à 8 ; C. Italien, art. 2,

fraction, d'incriminer un fait jusqu'alors licite ; pour apprécier, en effet, si un acte constitue une violation de la loi pénale, il faut se reporter au moment où il a été commis et voir à ce moment quelle était la loi, car on ne peut violer une loi qui n'existe pas. Mais si la loi nouvelle a simplement pour objet de modifier la peine d'un fait déjà incriminé, alors la solution de l'art. 4 ne s'explique que par une *raison d'humanité* ; on ne doit pas infliger au délinquant une peine plus sévère que celle en vigueur au moment où le délit a été commis, parce qu'il a dû compter sur celle-ci. L'art. 4 est donc en grande partie une disposition de faveur : l'intérêt de l'inculpé la motive et limite en même temps son application.

64. Le principe de la non-rétroactivité n'a point de caractère constitutionnel ; c'est un simple principe d'interprétation judiciaire : le législateur s'est réservé le droit de faire des lois rétroactives ; mais lorsqu'il n'a rien précisé à cet égard, les juges ne doivent point donner à la loi un effet rétroactif. Ce principe avait un caractère constitutionnel sous les trois premières constitutions qui régirent la France après la Révolution de 1789, parce que la Déclaration des droits de l'homme, qui le formulait, était insérée dans leur préambule. Il ne fut plus reproduit par la constitution de l'an VIII, ni par les constitutions postérieures.

Nous allons étudier son application aux lois de *fond*, c'est-à-dire à celles qui soulèvent des questions d'incrimination et de pénalité ; puis aux lois de *forme*, c'est-à-dire aux lois relatives à l'organisation des juridictions, à la compétence et à la procédure.

65. De la non-rétroactivité des lois de fond. — C'est en vue de ces questions que l'art. 4 du Code pénal formule le principe de la non-rétroactivité. Son application y est très large, car elle n'a d'autre limite que l'intérêt de l'inculpé. La règle est qu'on doit appliquer la loi ancienne si elle est plus douce que la nouvelle, et celle-ci, dans le cas inverse. Telle est la solution donnée par plusieurs documents législatifs (1).

66. A quels signes reconnaîtra-t-on la loi la plus douce ? Si la loi nouvelle supprime une incrimination, ou bien si elle se borne à abaisser soit le maximum, soit le minimum de la peine, aucune hésitation n'est possible : la loi nouvelle est certainement moins sévère que l'ancienne. Mais des difficultés peuvent surgir quand le changement porte sur le genre de peine. On pourrait trouver par exemple que le bannissement est moins sévère que l'emprisonnement, ou que la détention est plus douce que la réclusion, ou bien encore, qu'à raison de la liberté relative laissée au déporté dans la colonie pénale, la déportation est préférable

---

(1) Voy. C. p. 25 sept. 1791, dernier art. ; L. 25 frim. an VIII, art. 18, 19 ; D. 23 juillet 1810, *sur la mise en application du C. p.*, art. 10 ; *C. de Just. milit. p. l'armée de mer*, art. 276 ; *p. l'armée de terre*, art. 376. Comp. C. Italien, **art.** 2.

aux deux peines précédentes. Mais cette appréciation individuelle ne peut être admise en présence du classement des peines que le législateur a fait par ordre de gravité dans les art. 7, 8 et 9 du Code pénal. Il faut suivre les indications que donne cette échelle des peines : considérer d'abord la *nature* des deux peines, et si ce moyen manque, leur *degré*. Ainsi les peines criminelles sont légalement réputées plus graves que les peines correctionnelles. Parmi les premières, la déportation est censée plus sévère que la détention, et celle-ci plus sévère que la réclusion.

— Si la peine restant la même son maximum ou son minimum est modifié, cette modification marque le plus ou moins de sévérité de la nouvelle loi. Mais la difficulté devient sérieuse si la loi nouvelle, tout en élevant le maximum de l'ancienne peine, abaisse en même temps son minimum : par exemple, la loi ancienne prononce un à trois ans d'emprisonnement, et la loi nouvelle, six mois à cinq ans de la même peine. Nous soutenons que, dans cette hypothèse, la loi ancienne est la plus douce, parce que l'abaissement apporté au minimum n'est pas à considérer. Le prévenu, en effet, n'a jamais un droit acquis à l'indulgence du juge ; tout ce qu'il peut exiger, c'est qu'on ne lui applique point plus que le maximum (1). Certains auteurs ont proposé de combiner les deux lois de manière à faire jouir le prévenu de leurs dispositions favorables : les juges ne pourraient dépasser le maximum de la loi ancienne, s'ils veulent se montrer sévères ; mais s'ils veulent user d'indulgence, ils pourraient abaisser la peine au minimum de la loi nouvelle (2). On objecte avec raison contre ce second système qu'il autorise le juge à faire une loi mixte, qui ne se trouve dans aucune des deux législations entre lesquelles il doit choisir. La théorie des circonstances atténuantes remédie d'ailleurs aux rigueurs du premier système.

67. L'application du principe de la non-rétroactivité aux lois de fond a soulevé quelques difficultés qu'il faut examiner.

A) La loi en vigueur au temps de l'infraction peut avoir été abrogée par une loi plus douce, qui est elle-même remplacée, au moment de la poursuite, par une troisième loi plus sévère que la seconde et plus douce que la première. Dans cette hypothèse, on doit appliquer la loi intermédiaire qui est la plus favorable au prévenu. Il est certain, en effet, que si la poursuite avait eu lieu aussitôt après sa promulgation, l'accusé aurait pu l'invoquer ; ce serait le rendre victime des lenteurs de la justice que de lui en ravir le bénéfice (3).

---

(1) CHAUVEAU ET HÉLIE, I, 22 ; HAUS, I, 19 ; GARRAUD, *Précis*, 77. On a appliqué ce raisonnement même à l'hypothèse où le maximum des deux peines étant le même le minimum est différent. *Sic* : C. Paris, 10 avril 1886 (Lefèvre).

(2) DALLOZ, *Rép.*, V° *Lois*, n. 372 ; BLANCHE, I, 3.

(3) Cass., quatre arrêts en 1813 ; *C. d'assises de la Haute-Savoie*, 19 déc. 1860 (*Le Droit*, 9 janv. 1861). DALLOZ, *Jur. gén.*, V° *Peine*, n° 114, V° *Lois*, n° 367-5°, et la plupart des auteurs.

B) Que décider si la loi nouvelle survient après un jugement de condamnation non encore devenu irrévocable ? Le caractère suspensif des voies de recours en matière pénale doit faire assimiler cette hypothèse au cas où la poursuite n'aurait pas été commencée avant la loi nouvelle (1).

C) Est-il possible de faire jouir l'inculpé de la loi ancienne, lorsque la loi nouvelle détruit l'organisation de cette peine et la remplace par une peine nouvelle ? — Cela paraît de toute impossibilité ; comment ferait-on exécuter, en effet, une peine qui n'existe pas dans la législation en vigueur au moment du jugement ? En détruisant l'organisation de la peine le législateur donne implicitement à la loi nouvelle un effet rétroactif. Le cas s'est présenté lors de l'annexion de la Savoie : un bigame qui avait commis son crime avant l'annexion, sous la loi italienne (*loi ancienne*), fut poursuivi après l'annexion sous la loi française (*loi nouvelle*) ; fallait-il lui appliquer la peine de *la relégation* prononcée par la loi italienne et qui n'existait pas dans notre législation, ou bien celle des travaux forcés à temps que notre Code pénal attache à ce crime (art. 340) ? Le doute n'était guère possible : cette dernière peine pouvait seule être appliquée bien qu'elle fût plus sévère que l'ancienne (2).

68. De la rétroactivité des lois de forme. — Ces lois sont relatives à *l'organisation des juridictions*, à la *compétence* et à la *procédure*. Leur nature démontre qu'elles doivent être appliquées immédiatement, même aux faits antérieurs à leur promulgation ; comme elles ont pour objet la manifestation de la vérité, elles ne peuvent violer des droits acquis, car nul ne peut en avoir contre la découverte de la vérité. Aussi la règle à suivre, pour ces lois de forme, est diamétralement opposée à celle qu'on applique aux lois de fond : les lois de forme ont toujours un effet rétroactif.

69. Il semble même que la question ne puisse être posée si le changement porte sur les *juridictions*. Comment reconstituer une juridiction abolie ? Comment reprendre ses éléments dispersés ? Le législateur ne donne-t-il pas lui-même, par cette abolition, un effet rétroactif à la loi qui organise la juridiction nouvelle (3) ?

---

(1) La loi du 25 frim. an VIII, qui avait correctionnalisé certains crimes, donnait cette solution (art. 19). — *Sic* : Cass., 14 janv. 1876 (S. 76, 1, 433), 6, 11 et 18 juin 1885 (*Gaz. Trib.*, 28 juin). — *Contrà* : Cass., 12 juin 1863.
(2) *Sic* : Haus, I, 184. — *Contrà* : C. d'assises de la Hte-Savoie, 19 déc. 1860. Ortolan, I, 588 (note) approuve cette décision, mais il se demande comment l'on pourra faire exécuter la relégation ? La difficulté est en effet insurmontable. Sans doute on pourrait commuer par voie de grâce la peine prononcée en une peine plus douce, mais ce n'est là qu'un expédient ; le condamné ne subira ni l'une ni l'autre des peines attachées à son crime par les deux législations sous lesquelles il s'est trouvé successivement placé. On ne peut d'ailleurs contraindre le chef de l'État à user de son droit de grâce.
(3) **Voy. en ce sens plusieurs actes législatifs :** D. 8-9 octobre 1789 ; L. 18 plu-

70. Si le changement porte sur la compétence, l'ancienne juridiction étant d'ailleurs conservée, il ne serait pas pratiquement impossible de faire juger le délit par la juridiction compétente au moment où il fut commis ; mais une juridiction qui a perdu sa compétence, n'est-elle pas à considérer comme n'existant plus quant aux délits dont on lui a enlevé la connaissance ? Les tribunaux n'exercent le droit de juger qu'en vertu d'une délégation du pouvoir social ; comment conserveraient-ils ce droit quand la délégation a cessé ? Cette question a été résolue en ce sens après deux incidents parlementaires qui ont la valeur d'une interprétation législative (1). De nos jours elle n'est plus discutée quand le changement de compétence se produit avant que la juridiction de jugement soit saisie ; mais s'il a lieu après cette saisine, on controverse encore vivement la question de savoir si l'individu poursuivi n'a pas le droit d'être jugé par la juridiction de jugement saisie avant la promulgation de la loi nouvelle. Les uns soutiennent que la saisine de la juridiction de jugement donne immédiatement un droit acquis à sa compétence (2). D'autres estiment que la circonstance qu'il y a eu ou non commencement de procédure est indifférente : la compétence est d'ordre public ; elle ne peut jamais fonder de droit acquis (3). Entre ces deux systèmes absolus se place celui qui est généralement suivi en jurisprudence : il y a droit acquis à la compétence, lorsqu'il est intervenu un jugement sur le fond. Cette opinion intermédiaire s'appuie sur des précédents législatifs (L. 26 mai 1849, art. 30 ; L. 8 oct. 1830, art. 8) et sur un argument d'analogie tiré de l'art. 202, C. i. c. Les principes d'ailleurs conduisent à cette solution : on lèse, en effet, un droit acquis quand on tient pour non avenu un jugement qui statue au fond ; ce jugement constitue

---

viôse an IX, art. 3 ; Arrêté consulaire, 5 fruct. an IX ; L. 23 juill. 1810 ; D. 25-27 fév. 1852.

(1) On instruisait le procès contre les auteurs de l'attentat du 15 mai 1848 (Barbès, Raspail, Blanqui, etc.), quand fut votée la Constitution du 4 nov. qui substitua la Haute Cour de justice à la Cour d'assises pour juger ce genre de crimes (art. 91). Un membre de l'Assemblée nationale, M. Deville, proposa un amendement pour préciser que la nouvelle juridiction n'aurait compétence qu'à l'égard des crimes commis *depuis la promulgation de la Constitution*. Cet amendement fut repoussé sur cette observation de M. Dupin : que les lois de forme saisissaient même les faits antérieurs à leur promulgation (séance du 3 nov., *Moniteur* du 4 ; D. 48, 4, 248). La question fut de nouveau discutée le jour où l'Assemblée nationale fut appelée à prononcer le renvoi, devant la Haute Cour, des auteurs présumés de l'attentat du 15 mai. Après un débat complet et solennel, le renvoi fut ordonné pour la même raison (séance du 20 janvier 1849, *Moniteur* du 21 ; D. 49, 4, 39). — Devant la Haute Cour la même question fut une troisième fois agitée et résolue dans le même sens par arrêt du 8 mars 1849 (D. 49, 1, 53).

(2) *Sic* : MERLIN, *Rép.*, V° *Comp.*, n° 3. Il soutint ce système devant le tribunal de cassation, le 4 mess. an XII, dans l'affaire Cadoudal ; BERTAULD, p. 158 ; BAZOT, *Rev. crit.*, 1872-1873, p. 513, 547, « *De la rétroactivité des lois de compétence.* » Cass., 12 sept. 1856 (S. 57, 1, 76).

(3) *Sic :* TRÉBUTIEN, p. 85 ; BLANCHE, I, 35.

un préjugé ; la question n'est plus entière. Or, il importe de conserver au prévenu la compétence de la juridiction qui doit statuer sur la voie de recours, parce que seule elle peut réformer le jugement et effacer le précédent qu'il a fondé (1). — Telle est la faible part qu'on peut faire à l'application du principe de la non-rétroactivité dans les lois de forme. Mais il y a des lois qui sont à la fois de fond et de forme ; pour savoir si on doit leur appliquer le principe de la non-rétroactivité, il faut dégager leur élément prépondérant. Ces lois sont celles qui modifient les règles de la *prescription* ou de *l'exécution des peines*.

71. Les premières appartiennent principalement à la catégorie des lois de fond. Sans doute, elles règlent un point de procédure en précisant les conditions d'exercice du droit de poursuivre la condamnation ou l'exécution du jugement : aussi les dispositions relatives à la prescription ont-elles été placées dans le Code d'instruction criminelle. Mais par son résultat, la prescription criminelle procure l'impunité au coupable ; elle équivaut à une abolition de l'infraction ou de la peine dans un cas particulier. Par ce côté, qui est assurément le plus important, les lois relatives à la prescription appartiennent aux lois de fond. On fera donc l'application du principe de la rétroactivité avec sa restriction favorable ; c'est-à-dire que, si la loi nouvelle prolonge la durée de la prescription, on appliquera la loi ancienne, et que, si elle l'abrège, on appliquera la loi nouvelle (2).

---

(1) Une difficulté analogue se présente quand *l'amnistie* ou le *décès* du prévenu éteignent l'action publique au cours de son exercice ; j'examinerai plus tard la question sous toutes ses faces. — *En mon sens* : GARRAUD, I, 129, A ; Cass., 7 juill. 1871; Cass., 18 fév. 1882. Voy. pour l'hypothèse où le changement sur la compétence interviendrait avant un jugement sur le fond : C. de Riom, 27 déc. 1881 (S. 82, 2, 87).

(2) LE GRAVEREND, I, p. 81 ; MANGIN, *Act. pub.*, II, 295 ; TRÉBUTIEN, I, p. 88 ; F. HÉLIE, *Prat. crim.*, II, 15 ; Cass., 18 juin 1812.— Voy. aussi C. p. de 1791, tit. III, art. 4 et l'ensemble des dispositions du décret du 23 juillet 1810 : on raisonne par analogie de ces documents législatifs. On a objecté que cette solution *ne tenait pas compte de la nature de la prescription pénale, dont les règles n'ont pas été organisées dans l'intérêt du prévenu ou du condamné, mais dans l'intérêt de la société* (GARRAUD, I, 130). Mais les lois qui organisent les infractions et les peines n'ont aussi en vue que l'intérêt de la société ; cependant on consulte l'intérêt de l'inculpé pour leur donner ou leur refuser l'effet rétroactif. *Sic* : C. allemand, art. 2. — Certains auteurs et certains arrêts ont voulu résoudre la question à l'aide du Code civil. Les uns appliquent toujours la loi ancienne, par analogie de l'art. 2281, § 1 : Cass., 6 mess. an VII ; Cass., 24 vend. an XIII ; — d'autres toujours la loi nouvelle par analogie du § 2 du même article. *Sic* : BERTAULD, p. 168 ; V. aussi VILLEY, p. 67 ; GARRAUD, I, 130, qui suivent cette opinion, mais par des considérations de principes ; — d'autres enfin font la part des deux lois en invoquant l'art. 2266 : MERLIN, *Rép.*, V° *Prescript.*, sec. I, § 3, n° 12. — Ce fut la jurisprudence de la Cour de cassation de l'an XI à 1808. — Il faut écarter ces trois systèmes, d'abord parce que la prescription civile diffère tellement de la prescription criminelle qu'on ne peut raisonner de l'une à l'autre. Le premier et le troisième système conduisent en outre à un résultat choquant, lorsque la loi nouvelle a abrégé le délai de la prescription : il pourrait arriver, en effet,

72. A l'inverse des précédentes, les lois qui règlent *l'exécution des peines* appartiennent par leur caractère prépondérant à la catégorie des lois de forme ; aussi leur donne-t-on généralement un effet rétroactif. Mais si le changement qu'elles apportent est tellement considérable que la nature de la peine en paraisse modifiée, il faut leur appliquer le principe de la non-rétroactivité, comme si elles étaient des lois de fond. Cette solution a été donnée par la loi du 8 juin 1850, qui créait un nouveau mode d'exécution pour la peine de la déportation. Jusqu'alors cette peine s'exécutait par une détention dans une forteresse de la France continentale ; la loi nouvelle, qui substituait à ce mode d'exécution la transportation aux colonies, parut modifier la nature de la peine et, comme cette modification sembla défavorable aux condamnés, l'art. 8 décide que : « La présente loi n'est applicable qu'aux crimes commis postérieurement à sa promulgation » (1). Par application de la même idée, on a décidé que la loi du 25 décembre 1880, relative à l'exécution de la peine des travaux forcés encourue pour crimes commis dans l'intérieur des prisons, n'avait pas d'effet rétroactif : elle substitue, en effet, à la transportation aux colonies l'exécution dans la prison même où le crime a été commis : le changement de régime est si profond qu'il atteint la peine elle-même (2).

II. — De la territorialité des lois pénales.

73. Principe de la territorialité. — Une loi est territoriale lorsqu'elle s'applique, à l'exclusion de toute autre, aux faits accomplis sur un territoire, et ne s'étend point aux faits commis hors de ce territoire. Si nos lois pénales avaient ce caractère d'une manière absolue, elles devraient atteindre toutes les infractions commises en France, même par des étrangers, et à l'inverse, elles ne devraient pas s'appliquer aux infractions commises hors de France, même par des Français. Mais il n'en est pas ainsi, et chacune de ces conséquences rigoureuses de la territorialité comporte des exceptions. En principe néanmoins nos lois pénales sont territoriales.

Les textes d'où s'induit ce caractère sont : 1° l'art. 3 C. civ. qui formule sa première conséquence : « Les lois de police et de sûreté (*parmi lesquelles sont les lois pénales*) obligent tous ceux qui habitent (*plus correctement* : qui se trouvent sur...) le territoire » ; 2° les art. 5 et 7 C.

---

qu'un délit commis sous l'ancienne loi fût susceptible d'être poursuivi, alors qu'un délit analogue, commis sous la loi nouvelle, serait couvert par la prescription. Il y aurait entre les deux coupables une inégalité choquante.
(1) Voir *Discours d'Odilon Barrot* (D. 1850, 4, 133).
(2) GARRAUD, I, 127 ; C. d'assises de la Seine, 27 déc. 1880 (S. 81, 2, 73).

instr. crim. qui admettent implicitement la seconde, en autorisant, par exception, l'application de la loi française à des infractions commises sur le territoire étranger.

Quelle est la raison d'être de la règle de la territorialité de la loi pénale et de ses exceptions ? — On reconnaît généralement qu'il faut la chercher dans la théorie fondamentale du droit de punir, combinée avec les principes de la souveraineté et de l'indépendance des nations. Ici apparaît l'insuffisance du système qui fonde le droit de punir sur la justice absolue : le crime, en quelque lieu qu'il soit commis, mérite un châtiment ; on ne voit pas dès lors pourquoi la loi pénale ne pourrait franchir la frontière. Au contraire, avec l'idée d'utilité, on explique aisément la règle ; mais peut-on expliquer aussi ses exceptions ? Nous le croyons, quoi qu'en disent les partisans du système éclectique. Et d'abord, il faut reconnaître à un État le droit d'appliquer ses lois pénales à tous les délits commis sur son territoire, préférablement à une loi étrangère qui pourrait être insuffisante. Voilà pour la règle ; il est évident que l'utilité la commande. Quant à ses exceptions, la plus importante est celle qui permet d'étendre l'application de nos lois pénales à des infractions commises au delà de nos frontières. Mais cette exception s'explique soit par la nature du fait, soit par la nationalité du délinquant. Il s'agit d'abord d'attentats dirigés du dehors contre la sûreté ou le crédit de la France (art. 7, C. i. c.). N'est-il pas évident que, pour la répression de ces crimes, la loi française est la seule en laquelle nous puissions avoir confiance ? Il s'agit en second lieu de réprimer les infractions commises par des Français sur le territoire étranger. Or, appliquer nos lois pénales au coupable qui a réussi à échapper à la justice étrangère, surtout s'il revient en France, n'est-ce pas nous défendre contre un malfaiteur dont la présence sur notre sol constitue un danger ? L'utilité dans les deux cas justifie l'application que reçoit la loi française hors du territoire. Il existe enfin une troisième exception qui consiste à affranchir certains personnages de l'obéissance aux lois pénales sur notre territoire, dans une mesure plus ou moins large ; mais c'est encore l'utilité qui conseille cette exception.

En vertu du principe de la territorialité des lois pénales, on pourra poursuivre et condamner en France un étranger qui a commis un délit sur notre territoire, alors même qu'il aurait été condamné pour ce fait par les tribunaux de son pays et qu'il aurait même subi sa peine (1). Ce résultat est rigoureux ; on propose généralement aujourd'hui de le tempérer en imputant la peine subie à l'étranger sur celle qui sera prononcée en France (2).

---

(1) *Sic* : Cass. belge, 31 déc. 1859 (*J. du Min. pub.*, III, p. 66) ; Cass. franç., 21 mars 1862, 23 nov. 1866, 11 sept. 1874 ; BROCHER, *Rev. de droit intern. privé*, 1875, p. 51 ; BARD, *Précis de Droit intern.*, p. 32 ; *C. italien*, art. 3. — *Contrà* : F. HÉLIE, II, 1039-1042.

(2) Le projet de la commission de revision (1893) met à l'abri de toute pour-

74. Que faut-il entendre par le *territoire* ? Dans le langage juridique, cette expression comprend le territoire *réel* c'est-à-dire les lieux situés entre les frontières, et en outre le territoire *fictif*, qui se compose pour un pays : 1° de sa mer territoriale, 2° de ses vaisseaux, 3° des lieux occupés par ses armées au delà des frontières.

1° *La mer territoriale.* — La question de la liberté des mers fut vivement discutée au XVII° siècle entre Grotius et Selden (1). L'Angleterre, l'Espagne, Venise élevaient la prétention d'interdire l'accès de certaines mers aux autres nations ; la controverse finit par une transaction : les ports, rades, golfes et baies, les canaux et les détroits assimilables aux canaux, ainsi que la mer qui baigne les côtes jusqu'à une portée de canon (2), ont été considérés comme appartenant exclusivement à la nation riveraine ; c'est sa mer territoriale. La haute mer au contraire a été réputée *res nullius* ; c'est une voie de communication entre les continents, non susceptible d'appropriation exclusive. — Cette distinction se justifie d'abord par une raison pratique : sur la mer territoriale le peuple riverain peut exercer efficacement sa souveraineté ; aucune nation au contraire n'a de moyens sérieux de surveillance sur la haute mer. — Elle a aussi son utilité : il est utile, en effet, pour la défense du pays riverain que ce pays puisse agir en maître sur la partie de la mer qui le borde. Pareillement, il est utile, au point de vue des rapports entre les continents, que la haute mer soit déclarée libre.

Les conséquences logiques de cette distinction seraient : 1° que la loi du pays riverain devrait s'appliquer, à l'exclusion de toute autre, aux infractions commises dans la mer territoriale ; 2° qu'aucune législation ne devrait atteindre des faits qui se sont passés en pleine mer. Mais des raisons de *convenances politiques* ou d'*utilité* ont fait rejeter l'une et l'autre de ces conséquences, et l'on a créé un nouvel élément du territoire fictif, les navires.

2° *Les navires.* — En pleine mer *tous* les navires d'une nation, ceux de l'État comme ceux de commerce, sont réputés être une portion détachée du territoire, soumise par conséquent aux lois du pays auquel

---

suite l'étranger qui, pour un délit commis en France, a été jugé définitivement dans son pays, *sur la plainte du Gouvernement français*.

(1) Grotius, Mare liberum. Selden, Mare clausum.
(2) La plupart des actes internationaux et nationaux récents tendent à assigner à la mer territoriale une limite moins vague : ainsi elle est fixée à 3 milles marins (5552 mètres), comptés à partir de la laisse de la basse mer, par le traité franco-anglais du 11 nov. 1867, la convention de La Haye du 6 mai 1882 sur la pêche dans la mer du Nord, la loi anglaise de 1878 sur la juridiction pénale dans les eaux territoriales, la loi française sur la pêche du 1er mars 1888 et une sentence du tribunal d'arbitrage de la mer de Behring. L'Institut de droit international a émis le vœu que cette étendue fût portée à six milles. D'autre part, presque toutes les législations attribuent une largeur beaucoup plus considérable à la zone dans laquelle peut s'exercer la surveillance douanière ; en France, elle est de 2 myriamètres.

appartient le vaisseau. — Dans une mer territoriale, cette fiction d'exterritorialité existe encore pour les *navires de l'État*, parce qu'ils ont à bord l'autorité et la force nécessaires pour assurer l'exécution des lois nationales. « Ils portent dans leur sein une partie de la puissance publique de l'État auquel ils appartiennent (1). » Mais elle n'existe plus pour les *navires de commerce*, qu'on pourrait comparer à de simples particuliers voyageant sur un territoire étranger. On reconnaît cependant que l'autorité du pays riverain n'a point à intervenir, si le fait commis sur le navire de commerce se rattache à sa discipline intérieure : c'est-à-dire si l'infraction a été commise *par un homme de l'équipage contre un homme de l'équipage*. Mais cette intervention deviendrait légitime si elle était réclamée ou si la tranquillité du port avait été troublée par les désordres qui ont lieu à bord (2). Quand l'autorité du pays riverain intervient, elle applique sa loi.

3º *Lieux occupés au delà des frontières par une armée expéditionnaire*. — Ce troisième élément du territoire fictif se formule par l'adage : où est le drapeau, là est la France. L'armée expéditionnaire a pour mission d'affirmer, en pays étranger, la volonté de l'État qui l'envoie ; elle exerce en son nom la puissance publique sur le territoire qu'elle occupe ; par suite, elle y applique ses lois. Il y a cependant à faire quelques distinctions : en pays neutre ou allié, l'autorité militaire de l'armée d'occupation ne connaît que des délits commis par les soldats qui la composent ou par les personnes qui y sont attachées. Quant aux délits commis par les habitants du pays occupé, ils ne tombent point sous sa juridiction, sauf cependant s'ils constituent des attaques individuelles contre les hommes du corps expéditionnaire. En pays ennemi (et il faut entendre par là toute occupation sur pied de guerre, même sans hostilités) la loi nationale de l'armée d'occupation s'applique, sans distinction de personnes, à tous les délits commis sur le territoire occupé (3).

---

(1) Th. Ortolan, *Diplomatie de la mer*, t. I, p. 175. Si le navire de guerre faisait acte d'hostilité, il donnerait lieu au droit de défense, mais non au droit de punir. Cass., 7 sept. 1832.

(2) Ces distinctions résultent de documents législatifs (*Avis du Cons. d'État*, 20 nov. 1806 ; *Ord. s. la marine marchande*, 29 oct. 1833, art. 22, 23), et sont acceptées en jurisprudence: Cass., 25 fév. 1859, 29 fév. 1868, 11 fév. 1881. La plupart des nations admettent les exceptions que comporte le principe de la territorialité des lois pénales appliqué à la mer territoriale. L'Angleterre applique au contraire ce principe dans toute sa rigueur. *Annuaire de lég. étrang.*, 1879, p. 69, 73.

(3) D. 13 brum. an V, art. 13 ; D. 21 fév. 1808 ; C. de Just. milit. A. T. art. 63. — Cass., 19 janv., 23 juin, 24 août 1865 ; *J. de Dr. intern. privé*, 1882, p. 511.— *Question* : Les délinquants peuvent-ils être poursuivis devant les tribunaux du pays occupé après la cessation de l'occupation, comme si cette occupation n'avait jamais eu lieu; ou bien sont-ils censés avoir commis leur délit en pays étranger ? *V. dans le premier sens* : Trib. correct. Epernay, 30 avril 1872 (*Annales de la Propriété indust.*, 72, 338).

Première exception: *Infractions commises sur notre territoire que la loi française ne peut atteindre.*

75. *A*. Certains de nos nationaux et certains étrangers jouissent en France d'*immunités pénales*.

1° Les règles du Droit public interne exigent d'abord en faveur des représentants directs de la nation, les *sénateurs* et les *députés*, la liberté absolue de remplir leur mandat sans avoir rien à craindre des lois pénales ni civiles. Mirabeau fit reconnaître cette immunité par l'Assemblée constituante (1); elle est passée depuis dans toutes nos constitutions (2). Cette immunité s'applique à tous les délits que pourraient commettre les sénateurs et les députés par l'expression de leurs opinions ou par leurs votes dans l'accomplissement de leur mission. Elle est *absolue*, en ce sens qu'elle exclut toute responsabilité civile. Ces écarts de langage ne relèvent que du pouvoir disciplinaire de la Chambre dont fait partie celui qui s'en rend coupable. L'immunité n'existe, en outre, que pour les opinions et les votes émis en qualité de sénateur ou de député, c'est-à-dire dans les séances des Chambres, dans les commissions ou dans les publications ordonnées par l'une ou l'autre des deux Chambres. Elle ne couvrirait point les délits de la parole qu'un député commettrait dans les autres assemblées délibérantes dont il est membre (conseil municipal, conseil d'arrondissement, conseil général), mais elle s'étend au compte rendu des séances publiques des deux Chambres fait de bonne foi dans les journaux (3).

76. 2° Une immunité pénale du même genre couvre les délits de la parole (diffamation, injure, outrage) commis par les *plaideurs* ou par leurs *hommes d'affaires* dans les discours prononcés ou les écrits produits devant les tribunaux (art. 41, L. s. la Presse). Il était nécessaire, en effet, d'autoriser une certaine liberté de langage afin que la défense fût complète. Pour jouir de cette immunité il faut que les discours ou les écrits contenant ces délits soient *relatifs à la cause* ; ce qui suppose : 1° qu'ils sont dirigés contre la partie adverse et non contre des tiers ; 2° qu'ils tendent à justifier les conclusions. L'immunité dont il s'agit est *purement pénale* ; elle ne met point l'auteur du délit à l'abri d'une réparation civile : suppression des discours ou écrits et condamnation à des dommages-intérêts, ni à l'abri de peines disciplinaires. Mais c'est le

---

(1) Séance du 23 juin 1789.
(2) Comp. art. 13, L. const. 16 juillet 1875.
(3) Voy. art. 41, al. 2, L. 29 juillet 1881 s. *la Presse* ; Trib. des Conflits, 28 déc. 1878 ; 13 déc. 1879 ; Reverchon,*De la diffamation contenue dans la délibération d'un conseil municipal* (*Rev. crit.*, 1867, t. XXX, p. 112) ; Sanlaville, *Des imputations diffamatoires insérées dans la délibération d'un conseil municipal*, (*France judic.*, t. IV, p. 32). On verra, *infrà* n° 699, que les sénateurs et députés jouissent encore d'un autre privilège appelé la *Garantie politique*.

tribunal devant lequel l'infraction a été commise qui doit statuer sur ces deux points. — Si au contraire les discours sont *étrangers à la cause*, il faut distinguer suivant que les diffamations, outrages ou injures qu'ils contiennent s'adressent à la *partie adverse* ou à *des tiers*. Au premier cas, il est loisible aux juges de réserver l'action publique et l'action civile, ou de faire jouir l'auteur du délit de l'impunité ; l'immunité pénale dépend ainsi du pouvoir d'appréciation des tribunaux. Au second cas elle disparaît absolument, et l'on rentre dans le Droit commun (1). Cette immunité s'étend au compte rendu des débats judiciaires, pourvu qu'il soit fidèle et fait de bonne foi.

77. Il n'existe point d'autre immunité pénale au profit de nos nationaux. On soutient cependant le contraire relativement au **Président de la République** (2). Le texte qu'on invoque est l'art. 6 de la loi constitutionnelle du 25 février 1875 : « Le Président de la République n'est responsable que dans le cas de haute trahison. » — Mais cet article ne vise qu'une responsabilité purement politique, analogue à celle des ministres dont il est question dans le même texte. La suite des idées entre les deux parties de l'article conduit nécessairement à cette solution, qui est conforme d'ailleurs aux précédents et aux principes. C'est, en effet, seulement dans les États monarchiques que le souverain peut être au-dessus des lois (3) ; dans les Républiques, au contraire, le président est un simple *chef du pouvoir exécutif* (L. 20 nov. 1873, art. 1er) ; il y jouit plus ou moins largement de l'irresponsabilité politique, s'il a à ses côtés un ministère responsable, mais jamais de l'irresponsabilité pénale ou civile (4).

---

(1) Les tribunaux pourraient-ils prononcer, dans ce cas, la suppression des discours et écrits étrangers à la cause ? Je n'hésite pas à l'admettre ; c'est en effet un moyen de donner satisfaction à la partie lésée lorsqu'on lui refuse le droit de poursuivre.
(2) Garraud, II, 137.
(3) Comp. Charte de 1814, art. 13 ; Charte de 1830, art. 12.
(4) Sur le sens de l'art. 6 : Lefebvre, *Lois constitut.*, p. 68, 83, 84 ; Esmein, *Élém. de Dr. const.*, p. 539 et s. Réagissant contre la constitution de 1852 qui déclarait le chef de l'État seul responsable devant le pays, et les ministres, irresponsables, les lois constitutionnelles qui se sont succédé depuis 1870 ont successivement restreint la responsabilité du Président de la République : L. 31 août 1871, art. 3 ; L. 13 mars 1873, art. 4 ; L. 25 fév. 1875, art. 6. Mais toutes ne visent qu'une responsabilité politique. — On objecte que la responsabilité politique du Président ne se comprend pas en présence de celle des ministres ; celle-ci exclut celle-là. D'ailleurs, ajoute-t-on, tous les faits qui paraissent constituer le crime de haute trahison, que le législateur de 1875 n'a pas défini, sont punis par le Code pénal comme crimes contre la sûreté de l'État. — A cela je réponds que les crimes contre la chose publique punis par le Code pénal sont des faits actifs ; ils ne comprennent point les *simples abstentions* ; or *l'abstention* du Président de la République, quand la constitution lui prescrit *un acte*, constitue évidemment un cas de haute trahison qui n'entraîne aucune peine, puisqu'il n'existe pas de loi pénale qui le réprime, mais qui engage sa responsabilité politique et peut motiver sa mise en accusation devant le Sénat en vue de faire

Cependant la nécessité d'assurer en sa personne l'indépendance du pouvoir exécutif lui a fait accorder, en matière pénale, une immunité de juridiction. « Le Président de la République ne peut être mis en accusation que par la Chambre des députés et ne peut être jugé que par le Sénat » (art. 12, § 1er, L. const. 16 juillet 1875). La même raison a fait étendre cette immunité de juridiction aux ministres, mais seulement pour les crimes commis *dans l'exercice de leurs fonctions* (art. 12, § 2) (1). Dans ces textes le mot *crime* est pris comme synonyme d'infraction (2) ; l'immunité de juridiction soustrait par conséquent les hauts fonctionnaires qui en jouissent à tous les tribunaux de répression de droit commun ; mais elle ne les affranchit ni de la soumission aux lois qui déterminent les infractions et les peines, ni de l'obligation de réparer le dommage causé par leurs délits.

78. *B*) Les lois françaises ne s'appliquent pas aux *chefs d'Etat* et *ambassadeurs étrangers* qui séjournent sur notre territoire dans des conditions déterminées ; ils restent soumis aux lois et aux juridictions de leur pays.

1º L'histoire offre peu d'exemples de souverains étrangers ayant commis un crime en France. Sous Louis XIV, Christine de Suède fit tuer, à Fontainebleau, son favori Monaldeschi. Ce fait constituait plutôt un assassinat qu'un acte de souveraineté, car au moment où elle condamnait Monaldeschi à mort, Christine avait abdiqué. Louis XIV s'émut moins du caractère du fait que de l'empiétement sur son autorité : il se contenta d'expulser Christine. On reconnaît généralement aujourd'hui qu'un chef d'Etat qui a abdiqué rentre dans la classe des simples particuliers, et l'on subordonne en outre l'immunité pénale des souverains étrangers à cette condition qu'ils aient avisé de leur séjour en France le gouvernement français.

---

prononcer sa *destitution*. — Pour employer une expression usitée en cette matière, l'*obstruction* provenant du Président de la République, constitue un crime de haute trahison qui fait cesser son irresponsabilité politique. J'en dirai autant de ses *fautes professionnelles* dans les actes de sa fonction. Quant aux crimes du Code pénal qui rentrent aussi dans la notion de la *haute trahison*, ils ne font pas l'objet des prévisions du texte précité, mais bien de celles de l'art. 12 de la loi du 16 juillet 1875 qui établit pour la poursuite et le jugement du Président de la République les compétences exceptionnelles de la Chambre des députés et du Sénat.

(1) L'action de la Chambre exclut-elle celle du ministère public et celle de la partie lésée ? La question a surgi par suite de la différence de rédaction du 1er et du 2e al. de l'art.12 : « *Le Président de la République* NE *peut être mis en accusation* QUE *par la Chambre... Les ministres* PEUVENT *être mis en accusation par la Chambre.* » La négative est plus conforme au texte et au principe de l'égalité devant la loi. Voir sur cette question les conclusions de M. LAFERRIÈRE devant le Conseil d'Etat (*Rec. des arrêts du Conseil*, 1877, p. 437), les discours de M. Ribot et de M. Allain-Targé (*Chambre, Débats parlem.*, 1880, p. 1162, *J. off.* du 17 nov.), en mon sens : ESMEIN, *op. cit.*, p. 631.

(2) Cependant sous la Charte de 1830 la Cour de cassation a interprété d'une manière restrictive l'expression *matière criminelle* à propos des contraventions de police imputables à un Pair de France : Cass., 25 mai 1833 (B. 201).

2° Pour les agents diplomatiques les précédents sont plus nombreux et les questions mieux étudiées. On s'accorde à reconnaître que leur privilège produit les trois effets suivants : 1° ils ne peuvent être arrêtés, si ce n'est pour être reconduits à la frontière au cas où ils refuseraient d'obéir à un ordre d'expulsion. — 2° On ne peut faire de perquisition ni sur leur personne, ni dans leurs bagages, ni, par extension, dans leurs voitures ou dans leur hôtel. Il ne faut pas cependant que l'hôtel de l'ambassade devienne un lieu d'asile : on admet en conséquence que les agents de l'autorité locale peuvent y pénétrer, soit après avoir obtenu l'assentiment de l'ambassadeur, soit, sur son refus, en observant les mesures de précaution prescrites par le ministre des affaires étrangères pour mettre les papiers de l'ambassadeur à l'abri de toute indiscrétion. — 3° Ils ne peuvent être traduits devant les tribunaux du pays près duquel ils sont accrédités, ni en matière civile, ni en matière pénale ; toute réclamation élevée contre eux doit être portée devant les tribunaux de leur pays. En matière pénale cette immunité de juridiction aboutit à une immunité des lois de fond, par suite de la combinaison de la territorialité des lois pénales avec le principe du droit moderne, qu'on n'extrade point ses nationaux : du moment, en effet, que l'État auquel appartient l'ambassadeur se charge de le juger, il ne peut le faire qu'en appliquant ses propres lois.

Cette situation des ambassadeurs est traditionnelle : « S'ils abusent de leur être représentatif, dit Montesquieu (1), on le fait cesser en les renvoyant chez eux. On peut aussi les accuser devant leur maître, qui devient par là leur juge ou leur complice. » Le décret du 13 vent. an II « interdit, en conséquence, à toute autorité constituée d'attenter en aucune manière à la personne des envoyés des gouvernements étrangers ; les réclamations qui pourraient s'élever contre eux seront portées au Comité de Salut public (2), seul compétent pour y faire droit ». Enfin un article du projet du titre préliminaire du Code civil, qui n'a été supprimé que parce que sa disposition appartenait au Droit des gens (3), s'exprimait ainsi : « Les étrangers revêtus d'un caractère représentatif de leur nation, en qualité d'ambassadeurs, de ministres, d'envoyés ou quelqu'autre dénomination que ce soit, ne seront point traduits, ni en matière civile, ni en matière criminelle, devant les tribunaux de France. Il en sera de même des étrangers composant leur famille ou qui seront de leur suite. » On a induit de ces textes les trois privilèges que nous avons

---

(1) *Esprit des lois*, liv. 26, ch. 21.

(2) Aujourd'hui, au Ministre des affaires étrangères. Cette réclamation par voie diplomatique n'empêche pas les intéressés d'exercer des poursuites devant les tribunaux étrangers.

(3) V. le discours de *Portalis*, séance du 28 frim. an X et le rapport de Grenier (Locré, t. I, p. 478, 601).

exposés. Il nous reste à déterminer leur raison d'être et leur caractère juridique.

79. La raison d'être de la situation privilégiée des ambassadeurs est d'abord une raison de principe : ils représentent leur nation ; or, entre deux États indépendants l'un de l'autre, il ne peut être question du droit de punir, mais seulement du droit de défense. Ce motif s'applique aussi bien aux souverains étrangers qu'aux ambassadeurs étrangers ; mais, pour les ambassadeurs, il y en a un autre : c'est l'utilité que présentent ces privilèges pour l'accomplissement de leur mission. Cette utilité est telle qu'un État renoncerait à envoyer des ambassadeurs s'il pouvait supposer que, sous un prétexte facile à faire naître, l'État qui les reçoit peut les faire arrêter et pénétrer leurs secrets.

Quel est maintenant au juste le caractère juridique de l'ensemble de ces privilèges ? A quel principe de droit faut-il les rattacher ? Les auteurs ne sont pas d'accord sur ce point. Les uns, s'appuyant sur un texte des lois romaines (1), font dériver ces privilèges de l'*inviolabilité* de l'ambassadeur et de ses bagages, inviolabilité qui s'étend aux lieux où ils peuvent se trouver, l'hôtel, les voitures. D'autres les considèrent comme la conséquence d'une fiction d'*exterritorialité personnelle*, en vertu de laquelle la personne et les bagages de l'ambassadeur seraient réputés hors du territoire. Cette seconde opinion s'appuie sur les précédents de notre ancien Droit. La fiction d'exterritorialité y était même exagérée, car on l'étendait à l'hôtel de l'ambassade. Si on l'acceptait aujourd'hui avec cette étendue, il faudrait dire : 1° que les malfaiteurs qui se réfugieraient, en France, dans l'hôtel d'un ambassadeur étranger, ne pourraient y être arrêtés par la police française ; il faudrait obtenir leur extradition ; — 2° que les infractions, commises dans l'hôtel de l'ambassade, devraient être poursuivies devant nos tribunaux en observant les conditions exigées pour la poursuite des délits commis à l'étranger (L. 27 juin 1866, art. 5,7, C. i. c.) ; — 3° que l'État étranger pourrait y établir un tribunal pour les juger, et y faire exécuter la sentence (2). Aucune de ces conséquences de l'exterritorialité de l'hôtel de l'ambassade n'est utile pour l'accomplissement de la mission des ambassadeurs ; la nécessité de prendre certaines précautions avant d'y faire des perquisitions s'explique par l'exterritorialité des bagages. Il suffit donc de restreindre la fiction d'exterritorialité à la personne et aux bagages de l'ambassadeur (3). Ce

---

(1) Fr. 17, *de legatio*. D. 50. 7 : « Sancti habentur legati. »
(2) En 1603, Sully, chargé d'une mission diplomatique en Angleterre, éleva cette prétention : il jugea et condamna à mort, dans son hôtel, un gentilhomme de sa suite, coupable de s'être battu en duel. Mais il semble que cette prétention de notre ambassadeur n'ait pas été admise par le roi d'Angleterre qui gracia le condamné ; ce qu'il n'aurait certainement pas pu faire s'il eût considéré la sentence comme régulièrement émanée d'un tribunal étranger.
(3) Pradier-Fodéré, *Dr. intern. pub.*, III, 1267.

second système se recommande par la tradition historique qui, en cette matière uniquement réglée par les usages, a une très grande autorité. Il se recommande aussi par l'utilité qu'il présente dans les relations politiques des deux États. L'ambassadeur, en vertu de la fiction d'exterritorialité, est réputé commettre sur le territoire de son pays tous les actes qu'il accomplit sur le territoire étranger. S'il y commet des infractions, ce système rend plus facile la satisfaction qu'il est politique de donner au gouvernement près duquel il est accrédité. Supposons, en effet, que l'État représenté par l'ambassadeur ait une loi purement territoriale : il ne pourra atteindre les infractions commises sur le territoire étranger par son agent diplomatique, si les privilèges de celui-ci dérivent simplement de son inviolabilité. Au contraire, avec la fiction d'exterritorialité, rien n'arrête la poursuite de ces infractions. La question suivante fera mieux comprendre la différence pratique des deux systèmes : Faut-il se conformer aux dispositions de la loi du 27 juin 1866 pour la poursuite, devant les tribunaux français, des infractions commises par nos ambassadeurs sur le territoire étranger ? *Oui*, dans le système de l'inviolabilité ; *Non*, dans celui de l'exterritorialité (1).

80. Questions de détail. — *a)* L'immunité pénale des agents diplomatiques est-elle absolue, ou bien cesse-t-elle quand ils commettent un crime contre la sûreté de l'État près duquel ils sont accrédités ? Cette exception fut proposée, en 1772, par le duc d'Aiguillon, ministre des affaires étrangères de Louis XV, dans un mémoire communiqué à toutes les Cours de l'Europe. L'ambassadeur qui conspire, disait-il, perd son caractère et devient un ennemi public. — On ne doit pas hésiter, selon nous, à rejeter cette distinction ; elle ouvrirait en effet la porte à la fraude. Voudrait-on connaître les secrets de l'ambassadeur ? On susciterait un complot, on l'y impliquerait, et, sous ce prétexte, on fouillerait dans ses papiers. Cette seule perspective rendrait toute mission diplomatique impossible. D'ailleurs, le gouvernement près duquel l'ambassadeur est accrédité n'est pas désarmé ; il peut exiger son rappel et au besoin procéder à son expulsion (2).

b) A quels agents diplomatiques appartiennent les privilèges des ambassadeurs ? L'art. 3 du projet du titre préliminaire du Code civil, transcrit ci-dessus, répond à la question : ils n'appartiennent qu'aux agents diplomatiques *revêtus d'un caractère représentatif de leur nation*. Le personnel des consulats ne rentre point dans cette définition ; les consuls n'ont, en effet, mission que de protéger les intérêts individuels de leurs nationaux.

c) Les privilèges des ambassadeurs s'étendent à leur *famille* et à leur

---

(1) MERLIN, *Rép.*, v° *Compét.*, § 2, n° 8, et *infrà*, n° 88.
(2) C'est ainsi qu'on procéda, à Venise, en 1618, contre le représentant de l'Espagne, et, en France, sous la régence, contre le prince de Cellamare.

suite (art. 3 *précité*). Par famille il faut entendre les parents ou alliés qui ont accompagné l'ambassadeur et qui vivent avec lui. Quant à sa *suite*, elle ne comprend que les personnes attachées à la mission à un titre officiel. Les domestiques personnels de l'ambassadeur ne peuvent se prévaloir de ses privilèges, quelle que soit d'ailleurs leur nationalité (1).

Deuxième exception : *Infractions commises sur le territoire étranger que la loi française peut atteindre.*

81. Il était de tradition dans notre ancienne jurisprudence que les Français, en pays étranger, devaient obéissance non seulement aux lois pénales du pays où ils se trouvaient, mais encore à celles de leur patrie : la loi pénale française était *personnelle* pour les Français. Cette doctrine disparait avec le Code pénal de 1791 qui rend nos lois pénales purement territoriales. Elle reparaît avec le Code du 3 brum. an IV. L'article 11 l'applique aux crimes commis par des Français sur le territoire étranger. L'article 12 punit en outre les crimes attentatoires à la sûreté ou au crédit de l'État français, commis hors de France, même par des étrangers. Ces dispositions passèrent avec de légères modifications dans les art. 5, 6 et 7 du Code d'inst. crim. qui permirent la poursuite des crimes commis hors du territoire, savoir : 1° quelle que fût la nationalité de l'agent, si le crime était dirigé contre la sûreté ou le crédit de la France ; 2° sous la double condition que l'agent et la victime seraient Français pour les autres crimes. La seconde partie de cette législation a été, à partir de 1842, l'objet d'une série de projets de réforme. Ils ont abouti à la loi du 27 juin 1866, qui a fait aux Français, en pays étranger, une situation analogue à celle qu'ils avaient dans l'ancien Droit. — On peut résumer en ces termes la législation actuelle : la loi française atteint, 1° *tout crime contre la sûreté ou le crédit de la France*, commis à l'étranger, quelle que soit la nationalité de l'agent ; 2° *tout crime, certains délits et certaines contraventions*, commis en pays étranger par un Français, quelle que soit la nationalité de la victime. — Les conditions auxquelles est subordonnée la poursuite varient suivant la nature et la gravité de l'infraction (2).

(1) Cass., 13 oct. 1865.
(2) Quelques auteurs regrettent que la loi n'atteigne point les crimes et délits commis, hors de notre territoire, par un étranger contre un Français, quand la justice du pays où ils ont été commis est demeurée inactive. Comp. BARD, *Précis de Droit internat.*, n° 13. — Les projets du Code pénal espagnol de 1884-1885 admettent cette solution, mais en tempérant sa rigueur par les deux restrictions suivantes : 1° si le coupable a été condamné à l'étranger et a subi tout ou partie de sa peine, on diminue la peine prononcée par le tribunal espagnol en proportion de la peine déjà subie ; 2° s'il n'a subi aucune peine à l'étranger, on compare la loi du pays où l'infraction a été commise et la loi espagnole et on lui applique la plus douce (LEHR, *Rev. de Droit intern.*, 1885, p. 564, 565). Le Code italien n'admet que la première de ces restrictions (art. 8).

La loi de 1866 est intitulée : *loi concernant les crimes, les délits et les contraventions commis à l'étranger*. Elle se compose de deux articles : le premier s'occupe des crimes et des délits ; il modifie les art. 5, 6 et 7 du C. d'inst. crim. ; on l'a incorporé à ce Code. L'art. 2, relatif aux contraventions, est à part. Il faut étudier notre législation en cette matière en distinguant deux hypothèses : 1° celle où l'auteur de l'infraction est un Français ; — 2° celle où c'est un étranger.

A. — Première hypothèse : *L'auteur de l'infraction est un Français.*

82. Dans cette première hypothèse, il faut distinguer cinq catégories d'infractions : 1° les crimes contre la sûreté ou le crédit de la France ; — 2° les autres crimes ; — 3° les délits contre la chose publique ; — 4° les délits contre les particuliers ; 5° les contraventions. La poursuite devient de plus en plus difficile à mesure qu'on descend cette échelle.

83. 1° *Crimes contre la sûreté ou le crédit de la France.* — Les art. 75 à 101 du C. pén. répriment les crimes contre la sûreté extérieure ou intérieure de l'État. Par cette formule, *crimes contre le crédit de la France*, nous entendons les crimes « de contrefaçon du sceau de l'État, de monnaies nationales ayant cours, de papiers nationaux, de billets de banque autorisés par la loi » (art. 7). Relativement à ces deux genres de crimes, la poursuite en France est subordonnée à une seule condition : il faut que l'inculpé n'ait pas été jugé *définitivement* à l'étranger (art. 5, §§ 3 et 5 comb.). Quel est le motif de cette condition ? On l'a cherché dans la règle *non bis in idem* (1) Mais les jugements rendus par les tribunaux étrangers n'ont pas en France l'autorité de la chose jugée. C'est plutôt pour respecter le principe de la souveraineté territoriale de l'État étranger, sur laquelle empiète la loi française par l'extension qu'on lui donne en dehors de nos frontières (2). Cette seconde raison, meilleure que la première, ne justifie pas cependant la disposition de l'art. 5, car nous verrons bientôt que, si les crimes dont il s'agit ont été commis par un étranger (art. 7), la poursuite en France n'est pas subordonnée à la condition exigée quand l'auteur est Français. Il y a donc entre ces deux dispositions un manque d'harmonie et il résulte des principes différents qui ont inspiré les législateurs de 1808 et de 1866. On peut reprocher justement à ce dernier ou de n'avoir point suivi l'ancien principe, ou de n'avoir point généralisé le nouveau.

84. 2° *Autres crimes.* — Ces crimes peuvent être dirigés soit contre la chose publique (art. 109 et s., C. p.), soit contre les particuliers (art. 295 et s., C. p.). Leur poursuite est subordonnée à une seconde condi-

---

(1) F. Hélie, *Prat. crim.*, I, 38.
(2) Cass., 11 septembre 1873.

tion : le *retour* de l'inculpé en France (art. 5, C. i. c., §§ 3 et 5 comb.). L'État français est moins intéressé à punir ces crimes que les précédents. L'intérêt apparaît lorsque le coupable revient en France. Sa présence sur notre sol est à la fois un scandale et un danger (1).

Mais que faut-il entendre par le *retour de l'inculpé* ? — S'il est jeté sur les côtes de France par un naufrage, s'il est *extradé*, c'est-à-dire remis par l'autorité étrangère au gouvernement français, faut-il le considérer comme étant de retour? L'interprétation en matière pénale doit être restrictive ; conséquemment, il faut entendre par retour une rentrée volontaire sur le territoire français (2). Il est indifférent d'ailleurs que l'accusé soit présent ou en fuite au moment du jugement. Son retour a donné naissance à l'action publique ; s'il n'est pas sous la main de la justice, il sera jugé par contumace (3).

85. 3° *Délits contre la chose publique.* — Les conditions auxquelles est subordonnée leur poursuite en France se trouvent virtuellement indiquées par le paragraphe 4, qui en ajoute une nouvelle s'il s'agit d'un délit commis contre un particulier. Il faut d'abord les deux conditions exigées pour la poursuite des crimes : 1° pas de jugement définitif à l'étranger ; 2° retour en France. — Il faut de plus : 3° que le fait soit puni par la loi française et par la loi étrangère (art. 5, § 2) ; — 4° que la poursuite soit intentée par le ministère public (art. 5, § 4). Reprenons ces deux dernières conditions.

La *réciprocité d'incrimination* par la loi française et la loi étrangère prouve qu'il s'agit d'un délit qui soulève une réprobation universelle (*delictum juris gentium*), et non d'un de ces délits qui tiennent aux mœurs publiques d'un peuple (*delictum proprium civitatis*). Il faut observer que la réciprocité d'incrimination suffit ; il n'est pas nécessaire que les peines soient les mêmes.

Qui fera la preuve que le fait est incriminé par les deux législations ? Le ministère public ; on l'a dit dans les travaux préparatoires (4), et cela résulte d'ailleurs des principes : le ministère public est *demandeur* dans l'action publique ; il doit donc justifier des conditions auxquelles est subordonnée son action.

La *poursuite par le ministère public*, expressément exigée par le texte

---

(1) Cette condition du retour sur le sol français est la conséquence logique de l'idée d'*utilité* qui inspire nos lois pénales. Elle a été reproduite par la loi *belge* du 17 avril 1878 (Titre préliminaire du Code de procédure pénale), art. 18, et par le Code italien, art. 5, 6. Au contraire, elle a été écartée par la législation pénale de l'*Allemagne*, de la *Hongrie*, de la *Hollande*, etc.
(2) Ainsi décidé par l'*Arrêté des Consuls* du 18 frim. an VIII pour les naufragés de Calais (S. *Lois annotées*, I, p. 516). — Comp. Cass., 5 fév. 1857 (D. 57, 1, 132) ; art. 6, Projet de la commission de revision (1893).
(3) C. de Paris, ch. d'acc., 17 juin 1870 (D. 70, 2, 178).
(4) Corps législatif, séance du 31 mai, observ. de M. Gressier (D. 1866, 4, 82).

pour les délits commis contre un particulier, est nécessitée, par la force même des choses, pour les délits contre la chose publique. Il est rare, en effet, que ces délits lèsent un intérêt privé et donnent lieu par conséquent à l'action civile ; la poursuite par le ministère public s'imposait tellement dans ce genre de délits que le législateur a cru inutile d'en parler. Il faut exiger aussi cette condition quand le délit dirigé contre la chose publique a causé un dommage à un particulier (arg. § 4).

86. 4° *Délits contre les particuliers*. — Aux quatre conditions requises pour la poursuite des délits de la catégorie précédente, il faut en ajouter, pour ceux-ci, une cinquième : « la *plainte* de la partie lésée, ou la *dénonciation officielle* de l'autorité du pays où le délit a été commis ». — Les particuliers lésés perdent dans cette hypothèse, comme dans la précédente, leur droit d'impulsion sur l'action publique ; ils ne peuvent saisir les tribunaux de répression si le ministère public refuse de poursuivre. De son côté le ministère public ne peut agir sans la *plainte* ou la *dénonciation* dont il vient d'être parlé. Mais, dès qu'il poursuit, les personnes qui ont éprouvé un dommage résultant de l'infraction recouvrent le droit de se constituer partie civile ; elles peuvent profiter ainsi de la double compétence que leur assure l'art. 3, C. i. c.

87. 5° *Certaines contraventions*. — L'art. 2 de la loi de 1866 autorise enfin la poursuite en France des « délits et contraventions » en matière forestière, rurale, de pêche, de douanes et de contributions indirectes, commis par un Français sur le territoire étranger. Ces expressions, *délits et contraventions*, sont ici synonymes : elles désignent une catégorie d'infractions non intentionnelles sur la nature juridique desquelles on n'est pas d'accord, à ce point que la pratique réunit les deux expressions pour les désigner et les appelle *délits-contraventions*.

A quelles conditions ces infractions peuvent-elles être poursuivies en France ? Le texte de l'art. 2 n'en exige expressément que deux ; il faut : 1° que l'infraction ait été commise sur le territoire d'un État limitrophe ; 2° que cet État autorise la poursuite de ses régnicoles pour les mêmes faits commis en France. — Cette réciprocité, ajoute le texte, sera légalement constatée par des conventions internationales ou par un décret publié au *Bulletin des lois* (1).

(1) Ces conditions sont-elles les seules, ou bien viennent-elles s'ajouter aux cinq conditions exigées quand il s'agit d'un délit contre un particulier ? — Je pencherais vers cette dernière solution. Il serait bizarre, en effet, qu'une infraction moins grave que les précédentes fût plus facilement poursuivie. Ce serait contraire au système général de la loi de 1866, qui est de rendre la poursuite plus difficile à mesure que la gravité de l'infraction diminue. L'interprétation restrictive est commandée en matière pénale toutes les fois qu'elle est favorable à l'inculpé. Elle est de plus en parfaite harmonie avec l'esprit de l'art. 2 : ce texte rendant la poursuite des contraventions plus difficile à deux points de vue que celle des crimes et des délits, ne serait-il pas contradictoire de la rendre plus facile à d'autres points de vue ? Cette question est peu étudiée. — GARRAUD, I, 150,

88. La loi de 1866 ne s'applique point aux infractions commises par les agents diplomatiques français investis d'un caractère représentatif, sur le territoire de la nation auprès de laquelle ils sont accrédités. Ces infractions ne tombant point sous le coup de la loi étrangère, puisque l'ambassadeur ne lui doit point obéissance, l'impunité pourrait dans certains cas être assurée ainsi au coupable : il suffit de supposer, pour un délit correctionnel, qu'il n'y ait point réciprocité d'incrimination. Cette considération s'ajoute à celles que nous avons données plus haut pour expliquer les privilèges accordés aux ambassadeurs par une fiction d'exterritorialité personnelle. Dans ce système aucune entrave n'est apportée à la poursuite devant les tribunaux français des infractions commises par nos ambassadeurs sur le territoire étranger, puisqu'elles sont réputées commises en France. La question a été jugée en ce sens par le Tribunal de cassation sous le Code du 3 brumaire an IV ; elle est la même aujourd'hui (1).

B. — Deuxième hypothèse : *L'auteur de l'infraction est un étranger.*

89. Un étranger ne peut être poursuivi devant les tribunaux français, pour infractions commises hors du territoire, que s'il s'agit de crimes contre la sûreté ou le crédit de l'État français. L'art. 7, C. i. c. (ancien art. 6) subordonne la poursuite à une seule condition : savoir, que l'inculpé ait été arrêté en France, ou que le gouvernement ait obtenu son extradition. Peu importe d'ailleurs la part que l'étranger a prise au crime : alors même qu'un Français serait auteur principal et lui complice, sa poursuite en France n'est ni plus ni moins facile ; l'art. 7 le dit formellement (2). Le rapprochement des art. 5 et 7 nous montre une différence notable, en outre, pour la poursuite des mêmes crimes, suivant que le coupable est Français ou étranger : le Français peut être poursuivi et condamné même avant son retour en France ; aucune poursuite n'est possible contre l'étranger que s'il est arrêté sur notre territoire ou s'il est extradé. L'art. 7 paraît avoir exclu une condamnation par contumace. Cette distinction est inexplicable : la nature du crime motivant sa répression par les tribunaux français, la loi n'aurait pas dû se préoccuper de la nationalité de l'agent pour déterminer les conditions de la poursuite. L'art. 7 confond l'autorité de la loi avec son exécution. Sans doute on ne pourra exécuter la condamnation prononcée par nos tribunaux si le coupable n'est pas arrêté en France ou extradé, mais cette condition ne devrait pas suspendre sa poursuite.

---

reconnaît qu'il faut au moins exiger l'absence du jugement définitif à l'étranger et le retour de l'inculpé en France.
(1) V. Merlin, *Rép.*, v° *Compét.*, § 2, n° 8.
(2) Voir *infra*, n° 535, les restrictions que la jurisprudence essaie d'apporter à ce texte.

On s'est demandé s'il était nécessaire que l'étranger, arrêté en France, y fût venu volontairement. La négative est certaine ; sinon on ne comprendrait point la possibilité pour le gouvernement français de le poursuivre après avoir obtenu son extradition.

Mais sa poursuite en France serait-elle possible s'il avait été jugé définitivement à l'étranger ? La question est plus délicate, car si l'on adopte l'affirmative, on établira une seconde différence, pour le même genre de crimes, entre le coupable français et le coupable étranger. Cependant cette solution résulte clairement des travaux préparatoires du Code d'instruction criminelle. On décida qu'il fallait laisser au ministère public la faculté d'apprécier si, malgré un jugement définitif rendu à l'étranger, le fait ne méritait pas d'être poursuivi (1). Il suffit, en effet, de considérer la nature des crimes dont il est question dans l'art. 7, pour voir que l'intérêt politique d'une nation rivale pourrait faire soustraire le coupable à la justice française par un acquittement scandaleux ou une condamnation dérisoire. Sans doute le législateur de 1866 est parti d'un principe différent quand le coupable est Français ; mais il n'a point modifié dans l'art. 7 l'expression *pourra être poursuivi*, empruntée à l'ancien art. 5, où elle avait pour objet de consacrer le droit d'appréciation du ministère public. Le silence que l'art. 7 garde sur la condition à laquelle est subordonnée la poursuite d'un Français, prouve que s'il s'agit d'un étranger on a maintenu l'ancienne solution (2).

90. Il faut observer enfin que les étrangers ne peuvent être poursuivis pour crimes attentatoires à la sûreté de l'État français, qu'autant que ces crimes constituent en même temps une violation du droit des gens. Ainsi, tous les actes d'hostilité qu'ils commettent contre la France en temps de guerre et sur l'ordre de leur souverain, ne sauraient donner lieu à aucune poursuite, s'ils sont arrêtés ultérieurement sur notre territoire. Il en serait autrement, même en temps de guerre, des actes que le droit des gens ne permet point entre ennemis (3).

91. Questions communes aux deux hypothèses : 1° *Qui fera la preuve de la nationalité de l'inculpé ?* — Les principes généraux donnent la solution : le fardeau de la preuve incombe à celui qui veut changer ce qui paraît exister, et par conséquent à celui qui veut prouver une nationalité contraire à celle qui résulte de la possession d'état actuelle (4).

---

(1) Observat. de Berlier au Cons. d'État (Locré, XXIV, p. 120).
(2) *Contrà* : Faustin-Hélie, *Prat. crim.*, I, 38.
(3) Observat. de Treilhard et de Béranger au Cons. d'État (Locré, XXIV, p. 522).
(4) Bard, *op. cit.*, p. 12. Ces principes ont été justement appliqués dans l'espèce suivante : un inconnu avait avoué qu'il était né en France ; plus tard il excipa de son extranéité. Il fut décidé qu'il devait en administrer la preuve, parce que, sa filiation n'étant point connue, son aveu précédent lui donnait pro-

2° *Quelle sera la juridiction compétente* ratione loci *pour juger l'infraction commise hors de France* ? — L'art. 6 répond à la question : « La poursuite est intentée à la requête du ministère public du lieu où réside le prévenu, ou du lieu où il peut être trouvé. Néanmoins, la Cour de cassation peut, sur la demande du ministère public ou des parties, renvoyer la connaissance de l'affaire devant une cour ou un tribunal plus voisin du lieu du crime ou du délit. »

92. Imperfections de la loi du 27 juin 1866. — Nous avons signalé (*suprà*, n° 83), pour les crimes attentatoires à la sûreté ou au crédit de la France, la distinction arbitraire que la loi de 1866 fait entre l'hypothèse où le coupable est Français et celle où il est étranger. — On peut encore lui reprocher d'avoir subordonné à un trop grand nombre de conditions la poursuite des délits commis hors du territoire par des Français. Il y en a une surtout qui fait de la disposition de la loi une lettre morte : c'est la réciprocité d'incrimination. Il existe, en effet, presque toujours, entre les deux législations, quelque différence dans la définition du délit, et cela suffit pour arrêter la poursuite. Le but du législateur étant de déroger à la territorialité de nos lois pénales pour les faits incriminés chez tous les peuples civilisés, il aurait fallu adopter une formule plus large afin de ne pas être arrêté dans l'application par une misérable question de texte. On aurait pu, par exemple, exiger que la loi étrangère incriminât non pas absolument le même fait, mais un fait analogue. — En outre de ces vices de rédaction qui rendent la loi illogique ou inapplicable, on peut signaler une hypothèse où elle n'atteint pas son but. Le législateur de 1866 voulait que le Français, qui avait réussi à se soustraire à la justice étrangère, n'échappât point à la répression en revenant dans son propre pays ; il est un cas cependant où cette scandaleuse impunité sera assurée au coupable, c'est celui où le délinquant se sera réfugié en France après avoir encouru une condamnation définitive à l'étranger. On ne peut ni le faire juger par les tribunaux français, à cause de la condition à laquelle l'art. 5, § 3, subordonne la poursuite ; ni le livrer au pays qui l'a condamné, car on n'extrade point les nationaux (1) ; ni lui faire subir sa peine, car les condamnations pénales prononcées par un tribunal étranger ne sont jamais exécutoires en France ; ni lui interdire le séjour de notre territoire, car cette mesure ne peut être prise, sauf de rares exceptions, contre les Français (*Exemple* : L. 14 mars 1872). La France devient pour ce malfaiteur un lieu d'asile (2). — Nous aurons l'occasion de signaler une autre bizarrerie en étudiant la théorie de la complicité.

---

visoirement la qualité de Français : C. d'ass. de la Savoie, 11 février 1873 (D. 73, 1, 41, note).

(1) C'est du moins l'opinion générale. Nous verrons plus tard ce qu'il faut en penser.

(2) Le projet de la commission de revision (1893) répare cette imperfection de

Appendice. *Des capitulations et autres traités analogues qui, dans certains pays étrangers, soustraient les Français aux lois pénales locales.*

93. L'idée d'utilité, qui sert de fondement au droit de punir, justifie les deux exceptions au principe de la territorialité de nos lois pénales que nous venons d'exposer. C'est sous l'empire d'une autre idée, la protection qu'un État doit à ses nationaux, que des traités connus sous le nom de *capitulations* ont soustrait les Français dans les *pays hors chrétienté* aux lois pénales locales, pour les soumettre uniquement aux lois françaises et aux tribunaux français. Des différences profondes de mœurs, de religion, d'institutions ont fait obtenir au profit de nos nationaux cette situation exceptionnelle (1). Pour déterminer les conditions et l'étendue de l'exception apportée aux lois de fond de ces pays, il faut consulter les traités et les usages. Quant aux juridictions et à la procédure, elles sont déterminées par les règles de notre Droit public interne. La loi fondamentale en cette matière est celle du 28 mai 1836 *relative à la poursuite et au jugement des contraventions, délits et crimes commis par les Français dans les échelles du Levant et de Barbarie*. Le consul juge seul et sans appel les contraventions. Un tribunal consulaire, composé du consul et de deux assesseurs français, remplace le tribunal correctionnel. Les appels des jugements rendus par les tribunaux consulaires siégeant dans le Levant sont portés devant la Cour d'Aix. Les tribunaux consulaires de Chine, de Siam et du Japon ressortissent à la Cour de Saïgon. En matière de *crimes*, les consuls font l'instruction ; puis l'affaire est portée devant la chambre d'accusation de la Cour d'Aix ou de Saïgon. Si la mise en accusation est prononcée, les débats ont lieu devant la première chambre et la chambre des appels correctionnels réunies, jugeant sans le concours du jury (2).

la loi de 1866. Le Français n'échappe à la poursuite en France que s'il a subi la peine prononcée par le tribunal étranger ou s'il en a été gracié (art. 5).

(1) Les *capitulations* sont les traités conclus avec la Turquie et les pays ottomans, en 1535, 1539, 1581, 1604, confirmés depuis par ceux de 1673, 1740, etc., et finalement par celui du 25 juin 1802. Plus récemment des traités analogues ont été conclus avec la Chine, en 1844, 1858, 1860 (*B. des lois*, 1845-1861) ; l'Iman de Mascate, en 1844 (*B. des lois*, 1846) ; le roi de Siam, en 1856 (*B. des lois*, 1859) ; le Japon, en 1858 (*B. des lois*, 1859), etc. En Egypte, la juridiction des consuls est moins étendue : L. 17 déc. 1875, *J. off.* du 25 déc., et documents diplomatiques relatifs à cette réforme, publiés dans le *J. off.* des 7, 8 et 9 décembre 1875).

(2) Comp. Féraud-Giraud, *De la juridiction française dans les échelles du Levant et de Barbarie* (1871) ; S. Genton, *De la juridiction française dans les échelles du Levant*, Lyon, 1873 ; Renault, *Étude sur le projet de réforme judiciaire en Égypte*, B. de la Société de législat. comp., 1875, p. 255 et s. ; — Jozon, *Étude sur l'organisat. des nouveaux trib. égyptiens*, même revue, 1877, p. 468 et s. — Le principe de la *territorialité* reçoit aussi des exceptions notables dans les pays de protectorat : L. 19 juil. 1886.

Section III. — De l'élément matériel de l'infraction.

94. Notions générales. Actes internes. Actes préparatoires. Actes d'exécution. — Entre la première pensée du délit et son entière consommation l'analyse découvre souvent une série d'actes internes et externes qui constituent autant d'étapes par lesquelles passe l'agent pour atteindre son but. Ces diverses phases sont difficiles à démêler dans les délits qui sont aussitôt exécutés que conçus. Par exemple, un homme m'insulte ; je le soufflette. L'idée de tirer vengeance de l'insulte reçue, le désir de me venger, la méditation des moyens, la résolution, l'exécution, tout se passe en un moment, de sorte qu'on ne distingue plus que le point de départ et le point d'arrivée, la pensée du délit et son entière consommation. A l'inverse, si l'on envisage une infraction moins rapide et surtout une infraction préméditée, on observe d'abord quatre faits internes : la *pensée* du délit, le *désir*, le *projet* et la *résolution* ; et deux sortes d'actes externes : les *actes préparatoires* et les *actes d'exécution*. Prenons comme exemple d'infraction de ce genre, l'*assassinat*. La pensée de tuer Jacques est venue à Paul. — Il s'arrête avec complaisance à cette pensée qui répond chez lui à un sentiment de vengeance : c'est le désir. — Il médite les moyens propres à exécuter le crime : c'est le projet. — Son plan est fait ; il a la volonté bien arrêtée de l'exécuter : c'est la résolution. — Il achète un fusil, le charge et s'embusque : voilà les actes préparatoires. — Jacques passe ; Paul vise et tire : voilà l'exécution. Mais cette exécution comporte plusieurs degrés. Un passant peut avoir relevé l'arme au moment où l'assassin allait faire feu : l'exécution commencée est suspendue, dans ce cas, par une circonstance indépendante de la volonté de l'agent. L'assassin peut aussi manquer sa victime : l'exécution est complète du côté de l'agent ; mais elle n'a pas atteint son but. Enfin il peut atteindre et tuer sa victime : alors, non seulement l'exécution est complète, mais de plus le crime est consommé. — Reprenons successivement ces divers actes pour examiner au point de vue du droit abstrait et du droit positif quelle est leur criminalité et quels sont ceux qui peuvent constituer l'élément matériel du crime d'assassinat.

95. La pensée est un mouvement de l'esprit dont nous ne sommes pas maîtres. Elle échappe à toute répression en droit positif comme en droit théorique. La morale elle-même ne pourrait l'incriminer.

Les autres actes internes ont une immoralité croissante ; mais la Société n'a pas le droit de les punir. Les rapports sociaux se traduisant par des faits, ne peuvent être troublés que par des faits. D'ailleurs, le péril est presque nul, à cause de son éventualité. Un pas immense sépare la résolution la mieux arrêtée du commencement de l'exécution ; on peut espérer qu'il ne sera pas franchi. En assurant enfin l'impunité de ces actes, on encourage l'agent à se désister. — Ainsi le droit abstrait exige l'impunité de tous les actes internes et notre législation est, à ce point de vue, en parfaite conformité avec le droit théorique.

96. Certains auteurs ont dit que la résolution criminelle n'était pas punissable à cause de la difficulté de la preuve. Ils ont présenté, comme justifiant cette proposition, l'art. 305, C.p. qui punit les menaces ; l'art. 89 qui incrimine le complot et la proposition, même non agréée, de former un complot ; les lois de la presse qui, dit-on, incriminent la pensée. — C'est faire d'une question de principes une simple question de fait : il suffirait, en effet, que la preuve de la résolution criminelle pût être rapportée, pour que cette résolution devînt punissable. Il faut voir la question de plus haut et tenir pour un axiome ce principe de la loi romaine : *nemo cogitationis pœnam patitur* (fr. 18, D., *de pœnis*). Si le Code pénal incrimine les menaces, c'est à raison du trouble qu'elles causent, et nullement à raison de leur rapport avec la résolution criminelle qu'elles révèlent. Aussi les punit-il sans distinguer si l'agent avait ou non l'intention de les exécuter (1). — La même explication convient à la disposition de l'art. 89 : le *complot* et la *proposition de former un complot* sont des actes externes, dangereux par eux-mêmes, et que le pouvoir a le droit d'incriminer à ce seul titre. Le complot d'ailleurs ne se conçoit pas sans une certaine entente qui trouble l'ordre au même titre que l'association ou l'entente de malfaiteurs punie par l'art. 265. La proposition de former un complot est un acte de propagande qui jette l'alarme dans la Société, un acte qui crée par lui-même un danger social distinct de la résolution qu'il fait connaître. De même les lois de la presse n'incriminent pas la pensée, mais elles répriment certaines manifestations extérieures (*propos, discours*) susceptibles de troubler l'ordre. — La preuve évidente que les actes internes ne sont point incriminés, c'est que, en règle générale, la justice pénale est désarmée contre un scélérat qui fait connaître dans ses conversations ou sa correspondance sa résolution de commettre les plus grands crimes, ou conseille de les commettre.

97. A l'inverse, tous les actes externes sont susceptibles d'être atteints par la loi pénale, parce qu'ils peuvent troubler les rapports sociaux, mais leur répression doit varier suivant qu'ils font partie de l'exécution du crime ou qu'ils ne font que la préparer. La différence théorique entre les actes préparatoires et les actes d'exécution consiste dans ce que les premiers n'ont pas de signification précise : ils peuvent s'appliquer à l'infraction projetée par l'agent comme à une autre ; par

---

(1) Locré, XXX, p. 473, 506.

eux-mêmes ils ne révèlent point le délit qu'il voulait commettre ; l'esprit les conçoit isolés, ayant une existence propre et indépendante de toute infraction. — Les actes d'exécution consistent au contraire dans le fait même du délit, ou dans des faits si voisins du délit, si intimement liés avec lui, qu'à leur seule inspection on devine quelle infraction l'agent avait entreprise.

98. Cette différence tient à la nature même des actes. Elle persiste malgré la connaissance qu'on pourrait acquérir *extrinsecus* du projet de l'agent (1). Ainsi l'*escalade* et l'*effraction extérieure* sont et resteront toujours des actes simplement préparatoires de tous les crimes que l'agent voulait commettre dans la maison, bien qu'on apprenne par ses aveux celui qu'il avait en vue. Elles sont, en effet, par elles-mêmes sans signification précise. Très différente est l'effraction d'un meuble (*effraction intérieure*), car à première vue elle révèle l'intention de voler les objets que ce meuble peut contenir.

Certains auteurs pensent qu'on peut considérer l'escalade et l'effraction extérieure comme un commencement de tous les crimes à accomplir dans la maison : vol, assassinat, viol, enlèvement de mineurs, etc... (2). Dans ce système la distinction des actes préparatoires et des actes d'exécution dépendrait de la preuve du projet criminel. — Cette opinion est contraire à notre système pénal, qui incrimine les faits à raison du trouble social qui en résulte et non à cause de la perversité qu'ils accusent chez l'agent. C'est une réminiscence maladroite de la théorie de la tentative d'après le Droit romain classique dont nous parlerons plus loin, ou l'application exagérée des théories d'une école nouvelle de criminalistes qui paraît vouloir négliger absolument le crime pour ne s'occuper que du délinquant.

D'autres auteurs considèrent l'escalade et l'effraction extérieure comme pouvant être la tentative, non point de tout délit, mais seulement du vol et à la condition de prouver qu'elles ont été accomplies dans le but de voler (3). Ne dit-on pas en effet un vol avec escalade, un vol avec effraction ? Comment dès lors ne pas considérer ces faits accessoires comme commençant l'exécution du vol ? — Ce système intermédiaire n'est pas satisfaisant. On ne peut voir autre chose qu'un jeu de mots (4) dans l'argument sur lequel il s'appuie, lorsqu'on observe que l'escalade

---

(1) De cette observation il résulte que la théorie de la tentative ne trouve point sa place dans les infractions non intentionnelles : Haus, I, 431. L'observation est juste, mais elle n'a guère d'intérêt pratique. Les crimes, sauf une exception, sont en effet des infractions intentionnelles. Quant aux délits, la règle, que leur tentative n'est punie que dans les cas où la loi l'a incriminée expressément, rend inutile la distinction proposée.

(2) Bertauld, 1, 191 ; Ortolan, I, 1011 ; Haus, I, 435, 450.

(3) Blanche, 1, 1013 ; Garraud, V, 84 ; Cass., 16 juil. 1885 (S. 87, 1, 95).

(4) Ne dit-on pas aussi un *vol domestique* ? Faut-il donc en conclure que le vol est commencé, dès que l'agent devient domestique de la personne qu'il se propose de voler ?

ou l'effraction extérieure sont des actes préparatoires absolument nécessaires pour arriver à l'exécution de n'importe quel crime dans une maison close, si le malfaiteur est à l'extérieur. — Il faut donc tenir fermement pour l'opinion de ceux qui pensent que la différence entre les actes préparatoires et les actes d'exécution est absolument étrangère à la preuve de l'intention de l'agent. C'est l'acte lui-même et rien que l'acte qu'il faut considérer. A-t-il une signification précise ; indique-t-il l'infraction que l'agent voulait commettre ? C'est un acte d'exécution. — N'a-t-il au contraire aucune signification précise ; peut-on le rattacher à telle infraction ou à telle autre ? C'est un acte préparatoire (1).

99. Il est impossible d'énumérer *a priori* les actes préparatoires. Pour les déterminer le juge devra rechercher : 1° quelle infraction l'agent voulait commettre ; — 2° si l'acte accompli préparait seulement son exécution (2).

100. De plus, il faut observer que, suivant la manière dont l'agent exécute son crime, le même fait peut constituer un acte préparatoire ou un acte d'exécution. Ainsi Paul veut empoisonner Jacques : il jette du poison dans une fontaine où Jacques a l'habitude d'aller puiser ; c'est un acte d'exécution (3). Un domestique veut empoisonner son maître : il verse le poison dans un verre d'eau qu'il lui destine ; c'est un acte préparatoire ; l'exécution commencera seulement quand la boisson sera présentée. Mais si l'on suppose que le maître a l'habitude de prendre chaque soir, avant de se coucher, une boisson préparée à l'avance par son domestique, le fait d'avoir déposé le verre d'eau empoisonnée dans le lieu habituel constituera un acte d'exécution.

101. On voit par ces exemples que, si les actes préparatoires sont punissables, ils ne font point nécessairement partie de l'infraction ; par conséquent leur incrimination et leur pénalité ne doivent point être influencées par l'incrimination et la pénalité du fait auquel on *suppose* qu'ils se rattachent. Mais on peut en faire des délits spéciaux. — Ils deviennent partie de l'infraction et par conséquent punissables comme le

---

(1) Dans ce sens : CARNOT, I, p. 16 ; CHAUVEAU et HÉLIE, I, 256 et s. ; MORIN, V° *Tentative*, n° 9 ; TRÉBUTIEN, I, p. 98 ; — C. Montpellier, 19 fév. 1852 (S. 53, 2, 68).

(2) Il suit de là que l'appréciation des tribunaux en matière de tentative n'est pas souveraine. Sans doute ils constatent souverainement les faits matériels, mais leur appréciation sur le rapport de ces faits avec l'infraction tentée soulève une question de droit et peut par conséquent être réformée par la Cour de cassation : Cass., 20 juill. 1861 ; 14 août 1854 ; 17 déc. 1874.

(3) Un exemple analogue existe dans le nouvel art. 435, C. p. (L. 2 avril 1892) : « Le dépôt, dans une intention criminelle sur une voie publique ou privée, d'un engin explosif, *sera assimilé* à la tentative d'un *meurtre prémédité*. » La rédaction de ce nouveau paragraphe de l'art. 435 est très incorrecte ; d'abord il n'y avait pas à parler d'assimilation, car ce dépôt constitue bien une tentative ; puis le meurtre prémédité s'appelle l'assassinat (art. 296) ; pourquoi donc ne pas lui donner son nom ?

crime même, lorsque la préparation étant l'œuvre d'un agent du délit, l'exécution est l'œuvre d'un autre. Mais on est ici en dehors de l'hypothèse où s'agite la question de savoir quelle incrimination et quelle pénalité méritent les actes préparatoires : l'exécution a suivi la préparation ; la relation entre l'acte préparatoire et le crime auquel il se rattache résulte de deux faits matériels, liés l'un à l'autre, accomplis dans le même but ; il y a une seule infraction commise par plusieurs agents qui se sont partagé l'accomplissement des divers actes externes utiles ou nécessaires à l'exécution de la même résolution criminelle. C'est la théorie de la complicité, et non celle de la tentative.

102. Notre législation a suivi quant aux actes préparatoires les principes du Droit abstrait. Le port d'armes prohibées (art. 314, C. p.), la contrefaçon des clefs (art. 399), le port par les vagabonds et mendiants d'instruments propres à faciliter l'exécution des crimes de meurtre ou de vol (art. 227) etc., sont punis de peines légères, en rapport avec le trouble social qu'ils causent par eux-mêmes. Ce sont des délits spéciaux. — Par exception, l'art. 89 punit le complot, formé en vue de renverser le gouvernement ou de provoquer à la guerre civile, d'une peine presque égale à celle du crime. La sévérité de cette répression s'explique par la nécessité pratique d'empêcher l'exécution d'un attentat qui, s'il réussissait, assurerait l'impunité à ses auteurs.

103. Répression de la tentative d'après le Code. — Dès que l'exécution est commencée, on conçoit qu'on punisse les actes qui la constituent d'une peine en rapport avec celle du crime entrepris. Le législateur français a exagéré cette idée en appliquant *la même peine* à trois degrés de l'exécution, qui pourtant sont d'une gravité inégale : la tentative, le crime manqué, le crime consommé.

La *tentative* est un commencement d'exécution. Exemple : l'assassin a visé, mais il n'a pas tiré. La criminalité de la tentative est moindre que celle de l'infraction consommée, puisque l'exécution est incomplète et que le plus souvent le préjudice est nul. Elle mérite donc une peine inférieure. — Il y a même une tentative qui doit demeurer impunie : c'est celle qui a été *volontairement suspendue*. Il est utile en effet d'encourager l'agent à ne pas pousser plus loin l'exécution, en lui faisant espérer l'impunité comme récompense de son désistement. Tout au plus devrait-on lui infliger une peine légère si la tentative a été préjudiciable.

Le crime est *manqué* lorsque les actes d'exécution, bien que suffisants pour le perpétrer, n'ont pas produit leur effet. L'exécution est complète au point de vue des moyens employés, mais elle n'a pas réussi ; elle est incomplète au point de vue du résultat. Exemple : l'assassin a tiré à bonne distance sur sa victime ; cependant il l'a manquée par une circonstance qui est *toujours* indépendante de sa volonté **(1)**. — La culpabilité de l'agent est absolue dans le crime manqué. « Il a commis le crime autant qu'il pouvait le commettre » (2) ; sa situation morale est pire que dans la tentative punissable ; on ignore, en effet, dans ce dernier cas s'il serait allé jusqu'au bout. Mais si l'agent, dans le crime manqué, est aussi coupable que dans le crime consommé, la criminalité de son acte est moindre, puisqu'il n'y a pas eu de préjudice. Il y a donc théoriquement une place à faire au crime manqué entre la tentative suspendue par une cause étrangère à la volonté de l'agent et le crime consommé.

Cette dernière phase de l'infraction est la seule qui mérite toute la sévérité de la loi. L'infraction *consommée* est en effet celle qui est complète, tant au point de vue des moyens employés pour la réaliser que du résultat obtenu. La *criminalité* du fait et la *culpabilité* de l'agent sont à leur maximum. — Le problème législatif que soulève la pénalité applicable aux trois degrés de l'exécution n'a donc pas été résolu par le Code pénal de 1810. Il fut de nouveau posé au législateur français lors de la réforme de 1832, mais on trouva un prétexte pour ajourner sa solution dans la théorie des circonstances atténuantes qu'on généralisait. Nous apprécierons plus tard la valeur de ce palliatif (3).

104. TENTATIVE ET CRIME MANQUÉ. — L'art. 2 a été rédigé de manière à confondre, sous le nom de *tentative*, la tentative proprement dite et le crime manqué : « *Toute tentative* de crime, qui aura été manifestée par un commencement d'exécution, si elle n'a été *suspendue* ou si elle n'a *manqué son effet* que par des circonstances indépendantes de la

---

(1) Les projets de Code pénal espagnol de 1884-1885 ont donné une bonne définition de la tentative et une moins bonne du crime manqué : « Il y a *tentative*, lorsque le coupable, dans l'intention de commettre le délit, commence les actes extérieurs d'exécution nécessaires pour le perpétrer et ne les réalise pas tous, par un motif ou un accident autre que son propre et spontané désistement. » — « Il y a délit manqué lorsque les actes exécutés par le coupable, dans l'intention de commettre le délit, auraient pu, d'après leur nature, être suffisants pour le perpétrer, mais néanmoins n'ont pas produit leur effet, par des motifs ou des accidents indépendants de sa volonté. » LEHR, *Rev. de droit internat.*, 1885, p. 568. Au lieu de dire « *par leur nature* » il vaudrait mieux dire : « dans l'hypothèse où il (le délit) a été entrepris ». Voir *infrà*, n° 108, la controverse sur le crime impossible. Voir aussi *C. italien*, art. 61, 62.

(2) Rossi, III, p. 10.

(3) L'aggravation de la peine à mesure que s'aggrave l'exécution est généralement acceptée par les théoriciens et l'on verra (*infrà*, n° 105, note) qu'elle l'est aussi par les législations étrangères. Récemment cependant elle a été critiquée par M. GARÇON (*Rev. pénit.*, 1896, p. 712). « Je ne vois pas, dit-il, comment on doit considérer comme moins dangereux un criminel, parce qu'un hasard heureux ne lui a pas permis de réaliser le mal qu'il méditait et que la victime a pu échapper au danger. » Cette critique est une exagération du système de la défense sociale ou bien une concession regrettable à de nouvelles doctrines. M. Garçon veut punir le coupable, non pas tant pour le mal qu'il a fait, que pour le mal qu'il pouvait faire. A mon avis, la Société doit se réjouir du hasard heureux qui a sauvé la victime et se montrer indulgente.

volonté de son auteur, est considérée comme le crime même » (1). Deux propositions contenues dans ce texte ne peuvent évidemment se rapporter qu'à la tentative proprement dite : elle seule, en effet, peut être manifestée par un *commencement d'exécution* ; elle seule peut être suspendue par une circonstance *dépendante* de la volonté de son auteur. Il n'y a point de crime *volontairement manqué* ; l'homme qui relève brusquement son fusil au moment où le coup part manque volontairement sa victime ; mais il ne commet pas un meurtre manqué. En effet, pour que l'exécution fût complète, il faudrait qu'il eût visé sa victime jusqu'au moment où la direction donnée au projectile n'eût pas été susceptible d'être changée par sa volonté. Il y a donc dans ce fait une simple tentative et même une tentative non punissable, puisqu'elle a été volontairement suspendue. — On a objecté « qu'une volonté, qui ne peut plus rien pour empêcher l'exécution, peut encore souvent quelque chose pour en prévenir les suites lorsqu'il s'agit d'un délit consistant dans un effet déterminé ». Ce serait là l'infraction *volontairement manquée*. Exemple : le meurtrier soigne sa victime et l'empêche de mourir de la blessure qui aurait fatalement amené sa mort s'il l'eût abandonnée. Ce malfaiteur, dit-on, n'encourra point les peines du meurtre, puisque le meurtre a été volontairement manqué, mais simplement celle des coups et blessures (2). Nous ne contestons pas l'exactitude du résultat pratique auquel on aboutit ; mais il est faux de dire *qu'il y ait meurtre manqué*. Il aurait fallu, en effet, que l'agent s'abstînt de porter secours, pour que l'exécution du meurtre fût complète au point de vue des moyens employés ; pour qu'il y eût, en un mot, meurtre manqué. Ici l'exécution est incomplète ; il y a une tentative de meurtre, qui reste impunie, *à ce titre*, parce qu'elle a été volontairement suspendue ; mais qui est réprimée, *à un autre titre*, parce que le fait accompli constitue le délit de coups et blessures volontaires.

On distinguera aisément, dans toute hypothèse, la tentative du crime manqué, en se posant cette question : le désistement de l'agent était-il possible ? Si, en comparant les faits accomplis à la définition légale de l'infraction, la réponse à cette question est négative, on sera en présence d'un crime manqué ; dans le cas contraire, il y aura seulement tentative. Nous verrons bientôt que toute une catégorie de crimes et délits excluent le crime manqué. Voici d'autres différences : *a*) Il y a tentative quand l'infraction est imparfaite au point de vue de son exécution ; et crime manqué lorsqu'elle est imparfaite au point de vue de son

---

(1) Cette rédaction de l'art. 3 date de 1832. Le Code pénal de 1810 avait voulu marquer dans sa définition que la loi n'atteignait point sous le nom de tentative les actes internes. « Toute tentative, disait l'ancien art. 2, qui aura été manifestée par des actes *extérieurs* et suivie d'un commencement d'exécution... etc. » Cette expression fut écartée, en 1832, comme inutile.

(2) LAINÉ, I, 164.

résultat. *b*) La tentative admet théoriquement des degrés ; sa gravité s'accroît à mesure que l'exécution avance. Le crime manqué au contraire n'a point de degrés, car l'exécution, abstraction faite de son résultat, est complète.

105. Tentative de crime. Tentative de délit. — La tentative (et par cette expression le législateur comprend la tentative involontairement suspendue et l'infraction manquée) est réprimée d'une manière générale pour les crimes (art. 2, C. p.). Les tribunaux doivent donc la punir, à moins d'une exception résultant d'un texte exprès. — A l'inverse, la tentative des délits jouit en général de l'impunité et n'est punissable que dans les cas expressément prévus par la loi (art. 3). — En matière de contraventions, elle n'est pas réprimée. — Les peines de la tentative sont celles de l'infraction consommée (1).

(1) *Précédents historiques et législation comparée.* — Les Romains ont-ils connu la théorie de la tentative ? La question est controversée parmi les interprètes, les textes étant contradictoires. Il est à remarquer que, lorsque le crime consommé était prévu par une loi (*crimen ordinarium*), la répression de la tentative rentrait dans la juridiction extraordinaire du magistrat (*crimen extraordinarium*). Il semble dès lors que l'incrimination de la tentative marque un progrès du Droit. La législation primitive n'incriminait probablement que les actes préjudiciables ; l'élément moral (*dolus*) était négligé. Plus tard cet élément fut dégagé ; on exagéra même son importance, car on en fit l'élément prépondérant de l'infraction. C'est ainsi qu'on arriva à punir l'intention criminelle dès qu'elle se révélait par un commencement d'exécution ou même par un acte préparatoire. — L'ancien Droit français distinguait les crimes atroces, les autres crimes et les délits moins graves. Dans les premiers la tentative était toujours punie de la même peine que le crime et souvent on comprenait dans la tentative les actes préparatoires (*conatus remotus*). Dans les seconds elle était punie d'une peine inférieure. Enfin dans les troisièmes elle restait impunie. — Le Code pénal de 1791 (2ᵉ part., tit. II, art. 13, 15, 16) réprima seulement la tentative d'assassinat et d'empoisonnement. La loi du 22 prairial an IV étendit cette disposition à tous les crimes. Celle du 22 frimaire an VIII l'appliqua à certains délits. Le Code pénal de 1810 n'a fait que résumer ces textes législatifs.

La plupart des législations étrangères modernes sont préférables au Code pénal français, qui est resté ce qu'il était en 1810. Comme lui, elles n'incriminent les actes préparatoires qu'à titre de délits spéciaux. C'est un progrès qui paraît définitivement acquis (Il faut noter cependant comme contraire au droit abstrait l'art. 114 du C. russe qui punit la résolution criminelle dès qu'on acquiert sa preuve). Certaines ont généralisé notre art. 89 : la proposition de commettre un crime et l'adhésion à cette proposition sont punies de peines appropriées au trouble social qu'elles ont causé (L. belge, 7 juillet 1875 ; L. allemande, 25 février 1876). — La tentative volontairement suspendue reste impunie, comme dans notre législation ; mais les Codes modernes ne confondent plus l'infraction tentée avec l'infraction manquée, et ils établissent des peines d'une gravité différente pour les trois degrés de l'exécution (C. russe, mexicain, italien, projets de C. espagnol de 1884-1885, projet suisse de 1894, projet russe, 1895). Ils prévoient aussi une situation que notre Code a omise et que nous examinerons plus bas, *l'infraction impossible* (C. mexicain ; projets de C. p. espagnol, 1884-1885 ; projet suisse). Enfin, pour certains crimes où l'infraction est consommée quoiqu'elle n'ait pas encore causé de préjudice, ils admettent une excuse absolutoire au profit du coupable qui, pris de repentir, s'emploie activement à prévenir

106. Détails d'application. — 1° *Difficultés communes à la tentative de crime et de délit.* — *a)* Il y a une catégorie d'infractions qui ne comportent point le crime manqué : il en est ainsi toutes les fois que la loi incrimine un fait sans exiger qu'il ait causé un préjudice ; l'infraction est consommée, bien que le résultat poursuivi par l'agent n'ait pas été atteint ; manqué aux yeux de l'agent, le crime est consommé aux yeux du législateur. L'empoisonnement rentre dans cette catégorie de crimes : il résulte en effet de sa définition (art. 301) que ce crime est consommé dès que la victime a avalé le poison, alors même qu'elle n'en mourrait point. — Le vol est également un crime consommé dès que la soustraction est opérée ; il n'est pas nécessaire que le voleur en ait profité, ni même qu'il ait retenu l'objet (art. 379). — La fabrication de la fausse monnaie, contrefaçon ou altération (art. 132) est consommée dès que les pièces fausses sont terminées et alors même que le faux monnayeur n'en aurait encore retiré aucun bénéfice. — Dans ces circonstances on s'est demandé si l'agent jouirait de l'impunité, comme ayant volontairement suspendu *sa tentative*, si par un acte postérieur et spontané, il prévenait les conséquences préjudiciables du fait qu'il a accompli : si, par exemple, l'empoisonneur administrait un antidote, si le voleur restituait l'objet soustrait, si le faux monnayeur détruisait les monnaies contrefaites ou altérées. A notre avis, ces tentatives sont punissables : le second acte vient trop tard pour être considéré comme un désistement, puisque le premier acte consommait l'infraction. La rigueur de cette solution ne peut être tempérée dans notre législation que par les circonstances atténuantes ; on n'y connaît pas l'excuse du repentir actif (**1**).

107. *b)* On s'est demandé si le désistement volontaire, qui rend la tentative non punissable, devait être inspiré par le repentir, ou bien s'il fallait aussi tenir compte d'un désistement imposé par la crainte. — *Exemple* : Au moment où l'assassin vise sa victime, il est immédiatement couché en joue par d'autres personnes, qui lui intiment l'ordre de relever son arme en le menaçant de faire feu sur lui. Il obéit pour ne pas périr : son désistement lui assurera-t-il l'impunité ? — Cette

---

le préjudice et l'empêche de se produire (C. allemand, hongrois). C'est la théorie du *repentir actif*, qui n'existe pas dans notre Droit.

(1) On a invoqué en sens contraire un passage du rapport de Monseignat relatif à l'empoisonnement : « Toutes les fois que l'empoisonneur aura volontairement et librement prévenu l'effet du poison, la Société se félicitera de ne voir ni condamné ni victime » ; Locré, t. XXX, p. 501. Mais Monseignat raisonnait comme si la définition de l'empoisonnement n'avait pas été modifiée ; ce n'est plus en effet « *l'homicide* commis volontairement par le poison » comme le définissait le Code pénal de 1791, part. II, sect. I, art. 12 ; — c'est « l'attentat à la vie d'une personne par l'effet de substances qui peuvent donner la mort... quelles qu'en aient été les suites » (C. p. 1810, art. 301).

espèce (1) a donné lieu à deux systèmes absolus. L'un ne tient compte que du désistement inspiré par le repentir. L'autre admet toujours la validité du désistement, quelle que soit sa cause. Ces deux opinions doivent être écartées. Ce qui caractérise le désistement, c'est d'être avant tout un acte volontaire. Il faut donc rechercher si l'agent avait, ou non, la liberté morale de se désister. La question se résout en fait d'après les circonstances qui ont pesé sur la détermination de l'agent. Ainsi, dans l'espèce précitée, nous admettons sans hésiter qu'il n'y avait pas de désistement valable, parce que l'agent n'avait point eu la liberté morale de se désister.

108. *c*) On a essayé d'assimiler dans certains cas le crime qui n'a point réussi parce qu'il était *impossible*, au crime qui a été *manqué* parce qu'on s'y est mal pris. La théorie de la tentative irréalisable fait défaut dans notre législation. La jurisprudence s'efforce de combler cette lacune en faisant rentrer certains cas de tentative irréalisable dans le crime manqué. Avant d'entrer dans la discussion, il importe de marquer la différence essentielle du crime manqué et du crime impossible : Le premier était un crime réalisable dans l'hypothèse où il a été entrepris, mais qui a échoué par l'effet d'une circonstance accidentelle ; — le second était un crime irréalisable. Tout le monde reconnaît, en thèse abstraite, qu'un crime impossible n'est pas punissable. Il n'y a en effet ni exécution complète, ni exécution commencée, car l'exécution d'une chose impossible ne se conçoit point. L'élément matériel du délit fait absolument défaut (2). Sur le principe on est d'accord, mais on se divise dans l'application.

(1) C. Paris, 28 avril 1848 (D. 49, 2, 166).
(2) Ce raisonnement suppose qu'on apprécie l'impossibilité en se plaçant au moment de l'*exécution*. D'après une théorie nouvelle il faudrait l'apprécier au moment de la *préparation*. Si, à ce moment, l'objet existe et si les moyens préparés sont en eux-mêmes suffisants, il n'y aurait pas à se préoccuper des événements ultérieurs qui peuvent faire *manquer le crime* en rendant son exécution impossible (Voir l'étude de M. SALEILLES, sur la *tentative irréalisable* qui paraît dans la *Revue pénitentiaire* au moment où nous mettons sous presse) (janv. 1897). Sans vouloir me prononcer définitivement sur un système qui n'est point entièrement exposé encore, je ne crains pas de dire que je rejette son principe, qui est la théorie *subjective* de la tentative suivie par la jurisprudence allemande. J'estime, pour la raison de principe développée ci-dessus, nos 94 et s., que la théorie de la tentative est et doit rester *purement objective*. Je reconnais cependant qu'on peut être souvent d'accord avec les partisans de l'autre théorie, parce que la distinction de la tentative réalisable et non réalisable est une question d'espèces. *Exemples* : un voleur est arrêté au moment où il fouille le premier tiroir d'un meuble, la première poche d'un individu ; faudra-t-il le laisser impuni sous prétexte que le tiroir ou la poche fouillée était vide ? Oui, dans la théorie objective, mais à condition qu'il soit prouvé qu'il n'y avait absolument rien dans les autres tiroirs de l'armoire, dans les autres poches de la personne fouillée. Non, dans le cas contraire. On doit, en effet, considérer l'acte accompli comme le commencement d'un vol entrepris dans le meuble ou sur la personne. De même, un assassin est arrêté après avoir porté un premier coup de poignard qui s'est heurté à une cuirasse et n'a pas pénétré. Incontestablement il faut le punir, car tout indique que si on l'eût laissé faire, il aurait redoublé

1er *système*. — Certains auteurs considèrent que le crime n'est impossible que lorsqu'il est irréalisable, même en dehors de l'hypothèse où on a voulu l'exécuter. C'est ce qu'on appelle l'*impossibilité absolue*. — Ils assimilent au contraire au crime manqué le crime qui aurait été possible en modifiant l'hypothèse où il a été entrepris : c'est l'*impossibilité relative*. — Par exemple : essayer de faire avorter une femme qui n'est pas enceinte serait un crime *absolument* impossible. — Tirer au contraire un coup de feu dans la chambre où l'on croit apercevoir la personne dont on veut se venger, et qui fortuitement se trouve ailleurs, serait un crime *relativement* impossible, assimilable au délit manqué (1).

2e *système*. — D'autres auteurs ne font aucune distinction entre les deux impossibilités. Le crime *absolument* ou *relativement* impossible est impuni. Cette opinion nous paraît préférable. Si l'on se place en effet dans l'hypothèse où le fait s'est commis, l'impossibilité est toujours absolue, ou bien elle n'existe pas. A l'inverse, dès qu'on recherche ce qui aurait pu arriver si tel incident ne s'était pas produit, en d'autres termes, dès qu'on sort de l'hypothèse où le fait a eu lieu, dès qu'on fait des suppositions, on ne trouve plus que des impossibilités relatives. Mais il faut nécessairement faire un choix et se placer, une fois pour toutes, à l'un ou à l'autre point de vue. Or, il est évident que le premier s'impose : on ne peut en effet apprécier la culpabilité d'une manière abstraite et sans tenir compte des faits. Qu'importe donc que le délit fût possible dans d'autres circonstances, s'il était impossible dans celle où il a été entrepris ? Il est aussi impossible de tuer actuellement une personne absente, qu'un cadavre ; aussi impossible de faire avorter une femme qui n'est pas enceinte, que de voler de l'argent dans un coffre-fort vide, des meubles dans une maison dégarnie, un portemonnaie, un mouchoir, etc., en fouillant adroitement une personne qui n'a rien dans ses poches. La distinction proposée est subtile, et les auteurs qui la font ont bien de la peine à rester d'accord avec leur propre système ; les plus remarquables d'entre eux finissent par se contredire (2).

109. 2° *Difficultés spéciales à la tentative de crime.*—a) Le principe que la tentative de crime est toujours punie, et punie de la même peine que l'infraction consommée, reçoit plusieurs exceptions de la loi et de la

---

ses coups jusqu'à ce qu'il eût frappé au bon endroit. Il y a une entreprise d'assassinat qu'interrompt l'intervention d'un tiers ou la réaction de la victime. Voir dans le même ordre d'idées les espèces prévues ci-dessus, n° 100.

(1) Ortolan, I, 1002, 1006, 1027 ; Haus, 1, 460 et s. ; Cass., 4 nov. 1876 ; 12 avril 1877 ; 5 janv. 1895 (*impossibilité relative*) ; — Cass., 29 nov. 1812 ; 4 février 1859 (*impossibilité absolue*).

(2) Notamment Haus, I, 461, 716. — En notre sens : Villey, note s. l'arrêt de 1877 ; C. Paris, 19 oct. 1894 (*arrêt cassé*), Garraud, I, 182. — Sur la tentative irréalisable, voir : Saleilles, *op. et loc. cit.*; Villey, *De la tentative des crimes impossibles* (*France judiciaire*, II, 185) ; Champcommunal, *Etude de lég. comp. s. la tentative* (*Rev. crit.*, 1895, p. 94 et s.).

jurisprudence. On les trouve réunies dans la *tentative d'avortement*, si l'on prend l'art. 317, C. p. au pied de la lettre, ainsi que le fait la jurisprudence. Il semble en effet distinguer trois crimes différents : 1° l'avortement commis par la femme sur elle-même : sa tentative est impunie (§ 2) ; — 2° l'avortement commis par un tiers non diplômé : sa tentative est punie comme le crime même, c'est-à-dire de la réclusion (§ 1 comb. avec art. 2) ; — 3° l'avortement commis par un médecin, etc. : s'il est consommé, il est puni des travaux forcés à temps; s'il est tenté ou manqué, il est puni de la réclusion (§§ 3 et 1 comb. avec art. 2).

Tous les auteurs proclament au contraire l'impunité de la tentative d'avortement, *quel qu'en soit l'agent*, cela résulte des travaux préparatoires. On hésitait à punir la tentative d'avortement. La commission du corps législatif proposa d'en faire un délit ; mais cet amendement fut rejeté par le Conseil d'État, et la portée de ce rejet a été expliquée en ces termes: « La tentative d'avortement n'est jamais punissable *quel qu'en soit l'auteur* » (1).

b) La tentative de faux témoignage est juridiquement impossible ; pour ce motif elle échappe à la répression : il résulte en effet de l'art. 361, § 2, C. p., que le faux témoignage doit avoir influencé la décision de la juridiction de jugement, et pour cela il faut que la déposition soit irrévocable, c'est-à-dire que le témoin ne se soit point rétracté avant la clôture des débats. Or, de deux choses l'une, ou bien les débats sont encore ouverts, et alors le faux témoignage n'est pas commencé, parce que la déposition peut se compléter ; ou bien ils sont clos, et alors il n'y a plus simple tentative, mais bien faux témoignage consommé (2).

c) Le crime d'attentat à la pudeur (art. 331, 332, C. p.) offre une exception du même genre : ici la tentative se confond avec le crime consommé. Il s'agit, en effet, d'actes préparatoires sans signification précise. Ils se distinguent aisément de la tentative de viol qui révèle, par elle-même, l'acte que l'agent veut commettre. Le mot *attentat*, employé par les anciens auteurs pour désigner la tentative et souvent même des actes préparatoires, indique quels sont les faits que le législateur veut atteindre (3).

110. 3° *Difficulté spéciale à la tentative de délit.* — Dans les cas où des textes formels répriment la tentative de délit, la pratique s'est demandée si l'incrimination de cette tentative était subordonnée aux conditions exigées par l'art. 2 pour la tentative de crime. Le doute est venu

---

(1) LOCRÉ, t. XXX, p. 426, 503, *Exposé des motifs*.
(2) Cass., 27 fév. 1871, 2 juin 1882, et arrêts antérieurs.
(3) Conséquence pratique : dans la question à poser au jury, il est inutile de mentionner que la tentative d'attentat à la pudeur a été suspendue par une circonstance indépendante de la volonté de son auteur (Cass., 7 mai 1855).

du silence gardé par l'art. 3 soit sur la définition de la tentative de délit, soit sur les circonstances qui la rendent punissable. Une première jurisprudence invoquait ce silence pour reconnaître au juge la faculté d'incriminer, sous le nom de tentative de délit, des actes préparatoires ou un commencement d'exécution volontairement suspendu (1). Cette opinion était peu juridique. Aussi, la jurisprudence la plus récente comble-t-elle, au moyen de l'art. 2, les lacunes de l'art. 3. En cela, elle se conforme aux précédents : l'art. 17 de la loi du 25 frim. an VIII définissait, en effet, la tentative de délit comme celle de crime ; or rien dans les travaux préparatoires du Code pénal ne dénote un changement de doctrine. Quant au silence de l'art. 3 sur la définition et les conditions de la tentative de délit, il s'explique par cette raison que l'article a uniquement pour but d'indiquer que cette tentative n'est pas punissable en règle générale, mais seulement dans les cas où la loi l'incrimine expressément (2).

Section IV. — Élément moral de l'infraction.

111. Notions générales. — Il n'y a pas de délit sans *faute*. Toutes les infractions, même celles qui consistent dans un fait ou une omission involontaire, supposent une faute qui rend le fait ou l'omission imputable à l'agent, c'est-à-dire qui permet de lui en coter grief. Rechercher si l'agent est en faute relativement à l'élément matériel du délit, c'est étudier la *moralité* de l'acte qui le constitue. De là est venu l'usage, en doctrine, de désigner sous le nom d'*élément moral* l'ensemble des conditions de l'imputabilité. Mais ces conditions varient suivant la nature des infractions : tantôt la loi fait entrer dans les éléments du délit la volonté de commettre l'infraction, tantôt elle punit l'agent pour n'avoir pas fait usage de sa volonté afin d'éviter le délit. Les deux classes d'infractions supposent que l'agent a pu exercer sa faculté de vouloir ; la première suppose, en outre, qu'il a voulu violer la loi pénale. Pour marquer cette nuance, on réserve l'expression *élément moral* aux conditions nécessaires à l'exercice de la faculté de vouloir et on appelle *intention* l'exercice que l'agent a fait de cette faculté en vue de commettre l'infraction.

112. Toutes les causes qui suppriment l'élément moral ou l'intention sont à proprement parler des *causes de non-imputabilité* (3) ; mais à

---

(1) Cass., 26 sept. 1826.
(2) *Sic* : plusieurs arrêts de Bordeaux, D. 71, 2, 227 ; 72, 2, 432.
(3) Ortolan (I, 247, 254, 255) a discuté longuement pour démontrer que le défaut d'intention ne supprimait ni l'imputabilité ni la responsabilité ; mais, au fond

raison de la généralité de l'élément moral, on ne désigne habituellement sous ce nom que les causes qui le détruisent, par opposition au *défaut d'intention*. — Il arrive souvent dans la discussion de ces matières abstraites qu'on prend les mots dans un sens qui n'est pas absolument technique, sans cependant que cette terminologie vicieuse nuise à la clarté de l'idée : c'est ainsi qu'on trouve, sous la plume des plus grands criminalistes, les mots : *imputabilité, culpabilité, responsabilité*, pris comme synonymes. En réalité, le premier marque le rapport de la faculté de vouloir ou de l'intention de l'agent avec l'élément matériel de l'infraction ; le second implique à la fois cette idée que l'agent est l'auteur du fait et que ce fait lui est imputable ; enfin le troisième indique la conséquence qu'il faut tirer au point de vue pénal ou civil de la culpabilité. — Une terminologie plus vicieuse consiste à employer les mots *volonté* et *intention* pour désigner l'élément moral. « *Il n'y a pas de délit sans volonté* », dit-on. Cela est vrai, si l'on donne à ce mot le sens de *faculté de vouloir ;* mais ce mot prête à l'équivoque, puisqu'il désigne une certaine application qu'on a faite de cette faculté, le résultat de son exercice, *l'intention*. — On dit encore : « *l'intention fait le délit* ». Ici le vice du langage est plus grand encore, car il existe dans notre législation un grand nombre d'infractions non intentionnelles (1). Certains parlent enfin d'*infractions purement matérielles* (2), voulant désigner par là les infractions où l'intention n'est point un élément de l'imputabilité. Mais cette manière de s'exprimer peut faire croire qu'il existe des infractions d'où l'élément moral est banni, ce qui est une erreur ; car les faits même non intentionnels ne sont point imputables, si l'agent n'est point en faute de n'avoir pas usé de sa faculté de vouloir pour éviter le délit.

113. Ces confusions étant écartées, voyons quelles sont les causes de non-imputabilité ; nous étudierons ensuite le défaut d'intention. L'exercice de la faculté de vouloir met en jeu *l'intelligence* et la *liberté* : l'intelligence, pour comprendre la loi, ; la liberté, pour lui obéir. Le Code pénal cite, comme supprimant l'intelligence : le *défaut de discernement* par suite de la minorité de seize ans et la *démence*, et, comme supprimant la liberté : la *contrainte*. Il en fait par suite des causes de non-imputabilité. Nous allons les étudier en détail.

---

de cette partie un peu obscure de l'œuvre du grand criminaliste, on voit qu'il ne s'agit point de l'imputabilité et de la responsabilité pénales. L'auteur veut dire qu'un fait qui n'est point *pénalement* imputable, à cause du défaut d'intention, peut constituer une faute au point de vue philosophique ou civil.

(1) Dans l'exposé des motifs du Code pénal, l'intention signifie l'élément moral, puisqu'on y a présenté les causes de non-imputabilité, qui suppriment la faculté de vouloir (démence, contrainte), comme supprimant l'intention.

(2) Cette expression se rencontre même dans le style des lois : L. 15 avril 1871, art. 2, 4° ; L. 29 décembre 1875, art. 5, 8°.

§ 1. — Du défaut de discernement.

114. A quel âge l'homme devient-il punissable ? — Le Droit théorique divise la vie humaine en trois périodes : *a*) La première est l'*enfance*. La vie, pendant cette période, étant quasi-animale, l'enfant n'a point de responsabilité pénale. — *b*) La seconde est l'*adolescence*. Elle correspond au développement progressif de l'intelligence. Pendant cette période la question de responsabilité pénale mérite d'être résolue en fait : il faut examiner, dans chaque cas, si le développement intellectuel était suffisant chez l'agent au moment du délit. Il s'élève au profit de l'adolescent une présomption de non-responsabilité qui tombe devant la preuve de son discernement. — *c*) Pendant les autres époques de la vie humaine (*jeunesse, âge mûr, vieillesse*), l'homme jouit en général de ses facultés intellectuelles ; ses actes lui sont par conséquent imputables ; mais la *folie* peut exceptionnellement altérer ces facultés. Il faut donc présumer pour les adultes leur responsabilité pénale, tout en faisant céder cette présomption devant la preuve de l'aliénation mentale. — Quelquefois, par une triste loi de la nature, l'homme finit par où il a commencé ; ses facultés intellectuelles s'affaiblissent ; il retombe dans l'enfance. C'est la *décrépitude*. Le Droit criminel n'a pas à prévoir cette quatrième situation, d'abord parce qu'elle est rare, et en second lieu parce que l'état mental auquel elle s'applique peut être considéré comme une des formes de la démence.

115. Par application de ces principes, on devrait interdire toute poursuite contre les enfants ; admettre la poursuite contre les adolescents, mais en mettant la preuve qu'ils ont agi avec discernement à la charge de l'accusation ; permettre enfin aux adultes d'écarter l'imputabilité de leurs actes en invoquant le trouble de leurs facultés mentales. Ces solutions, qui étaient celles du Droit romain, sont passées dans la plupart des législations étrangères modernes. La loi française au contraire a méconnu la première de ces distinctions. Elle divise les individus en deux classes : les majeurs de seize ans et les mineurs de seize ans. On ne peut condamner ces derniers qu'à la condition de résoudre contre eux la question de discernement. Mais, quelque tendre que soit l'âge du délinquant, la poursuite est possible (1). Ce système est généralement critiqué. L'irresponsabilité pénale de l'enfant n'est pas douteuse ; dès lors une pour-

---

(1) En pratique le ministère public ne poursuit pas les enfants âgés de moins de 7 ans (Circ. min. just. 26 mai 1855, 11 mars 1876). Mais cet âge est encore beaucoup trop tendre. La plupart des législations étrangères contiennent des dispositions plus favorables au mineur. Le projet préparé par la commission de revision du Code pénal fixe à 10 ans l'âge à partir duquel le mineur sera passible d'une poursuite. Il confie en outre aux tribunaux civils, saisis par le ministère public, l'envoi en correction (art. 57).

suite est inutile, puisqu'elle doit aboutir fatalement à un acquittement. Elle présente en outre des inconvénients pour l'avenir de l'enfant.

116. La minorité de seize ans n'influe pas seulement sur l'*imputabilité*, elle influe encore sur la *compétence*, sur la *peine*, et sur les *suites de l'acquittement*. L'ensemble de ces privilèges constitue la condition des mineurs de seize ans au point de vue pénal. Il importe de les étudier ici pour ne point scinder la matière, bien que certains d'entre eux s'écartent de l'objet de cette section.

117. Condition des mineurs de seize ans au point de vue pénal. — On peut noter quatre différences entre la situation des mineurs de seize ans et celle des majeurs : 1° leur culpabilité ne peut être affirmée sans qu'on ait expressément résolu contre eux une question spéciale de discernement ; 2° s'ils sont déclarés coupables, leur âge constitue une excuse atténuante ; 3° en matière criminelle ils jouissent d'une immunité de juridiction ; 4° leur acquittement et leur condamnation ne produisent pas les effets ordinaires de l'acquittement et de la condamnation des majeurs.

118. 1° *Question spéciale de discernement.* — Lorsqu'il s'agit d'un majeur, le juge en affirmant la culpabilité de l'agent résout implicitement la question d'imputabilité. Pour les mineurs de seize ans, la loi s'est montrée plus prudente ; elle exige que le juge affirme expressément qu'il a agi avec discernement avant de le déclarer coupable. Cette mesure est une garantie pour le mineur, car elle fournit la preuve que la question d'imputabilité a été sérieusement examinée.

Les textes qui prescrivent l'examen séparé de la question de discernement ne visent, par leur formule, que la cour d'assises (1). De là est née la question de savoir si leur disposition devait être étendue aux autres juridictions de jugement (*tribunaux correctionnels et de police*). Pour les tribunaux correctionnels jugeant les crimes d'un mineur la combinaison des art. 68 et 66 doit faire résoudre la question dans le sens de l'affirmative. Mais la difficulté n'est point résolue pour les tribunaux correctionnels dans d'autres hypothèses, ni pour les tribunaux de police. Après d'assez longues hésitations, la jurisprudence a fini par décider que la question de discernement devait être examinée séparément devant toutes les juridictions de jugement et quelle que fût l'infraction. C'est en effet une question de fond absolument indépendante de la juridiction devant laquelle la poursuite est intentée. C'est de plus une question relative aux conditions d'exercice de la faculté de vouloir, à l'élément moral ; or cet élément est commun aux trois classes d'infractions (2). Quant aux

---

(1) Art. 66, C. p., argt. du mot « *accusé* » ; art. 340, C. i. c., argt. de sa place et de ses termes.

(2) Voir p. les *contraventions* : Cass., 20 mars 1841 (S. 41, 1, 463) et arrêts postérieurs ; — p. les *infractions aux lois spéciales* : Cass., 17 février 1876 ; — et

juridictions d'instruction, quoiqu'elles puissent motiver en général une décision de non-lieu sur une cause de non-imputabilité, elles ne pourraient fonder une décision de ce genre sur le défaut de discernement, parce que le renvoi de la poursuite résultant de cette cause de non-imputabilité n'est pas pur et simple ; les tribunaux doivent examiner s'il n'y a pas lieu de placer le mineur acquitté dans un établissement d'éducation correctionnelle ; or cette mesure ne peut être prise que par la juridiction de jugement (1).

119. L'examen de la question de discernement suppose que la minorité du prévenu n'est pas douteuse. S'il en était autrement, la question d'âge devrait être résolue avant celle de discernement. L'étroite connexité des deux questions doit les faire soumettre aux mêmes règles. Par suite ce sera au ministère public de prouver que le prévenu est majeur de seize ans, dès qu'il y aura contestation sur l'âge, et, en Cour d'assises, il faudra soumettre la question d'âge au jury (2). — Mais la question d'âge ne pourrait être soulevée pour la première fois devant la Cour de cassation si la procédure n'avait signalé aucune incertitude sur la minorité de l'inculpé. Aucun texte en effet n'imposant aux tribunaux l'obligation d'examiner la question d'âge, le bon sens indique qu'ils ne doivent se la poser que si l'âge est douteux. Peut-être auront-ils mal apprécié les faits de la cause en considérant l'âge comme certain ; mais cette appréciation de fait échappe au contrôle de la Cour de cassation (3).

120. 2° *Excuse atténuante.* — Si la question de discernement est résolue contre le mineur, il est *punissable* ; mais alors son âge devient pour lui une *excuse atténuante.* Les art. 67 et 69 indiquent le procédé d'atténuation : les peines criminelles sont transformées en correctionnelles (c'est l'effet ordinaire des excuses atténuantes en matière criminelle) ; les peines correctionnelles sont abaissées dans leur taux ou leur durée ; quant aux peines de simple police, la loi n'en parlant point, il faut conclure de son silence que l'excuse atténuante de la minorité de seize ans ne les atteint pas, car les excuses sont des exceptions qui ne

---

sur le principe : Cass., 9 avril 1875. — Cette généralisation des art. 66, C. p. et 340, C. i. c. est généralement approuvée : Lainé, 226 ; Garraud, I, 203 ; — Voy. cependant Ortolan, I, 298 ; Blanche, II, 356. Il faut observer aussi qu'il n'y a, à proprement parler, de *question posée* sur le discernement que devant la Cour d'assises (art. 340) ; devant les autres juridictions la preuve que la question de discernement a été examinée doit résulter des motifs des arrêts ou jugements.
(1) Argument de l'hypothèse sur laquelle statuent les art. 66 et 68. D'un autre côté l'esprit de ces textes est de n'autoriser l'envoi en correction qu'après une décision définitive sur la question de non-imputabilité ; or les décisions des juridictions d'instruction n'ont pas un caractère définitif, car on pourrait reprendre la poursuite sur de nouvelles charges qui feraient présumer le discernement.
(2) Cass., 12 août 1880 ; 26 sept. 1850.
(3) *Sic* : Cass., 12 août 1880 ; 3 mars 1881. — *Contrà* : Trébutien, I, p. 119.

peuvent être étendues par analogie (art. 65). Le peu de sévérité des peines de simple police rendait d'ailleurs inutile une atténuation particulière en faveur du mineur.

Reprenons les effets de l'excuse de la minorité pour en étudier les détails : a) Si la peine encourue est afflictive perpétuelle (*mort, travaux forcés à perpétuité, déportation*), elle est remplacée par un emprisonnement correctionnel de dix à vingt ans (art. 67, § 2). — b) Si elle est afflictive temporaire (*travaux forcés à temps, détention, réclusion*), la durée de l'emprisonnement prononcé contre le mineur sera du tiers au moins et de la moitié au plus de la durée de la peine afflictive à laquelle « *il aurait pu être condamné* » (art. 67, § 3). Il résulte des expressions mêmes de la loi que ce n'est ni le maximum ni le minimum de la peine attachée au crime qu'il faut prendre en considération ; les juges arbitreront d'abord, dans les limites du maximum au minimum, la durée de la peine qu'ils infligeraient à un majeur ; puis ils feront le calcul indiqué par le texte (1). — Dans ces deux premiers cas les juges *peuvent* condamner en outre le mineur à l'interdiction de séjour pendant cinq à dix années (art. 67, § 4, L. 27 mai 1885, art. 19). — c) Si la peine encourue est simplement infamante (*bannissement, dégradation civique*), on lui substitue un emprisonnement de un an à cinq ans, sans la peine complémentaire de l'interdiction de séjour (art. 67, § 5). — d) En matière correctionnelle, l'art. 69 dispose que la peine prononcée contre le mineur « ne pourra s'élever au-dessus de la moitié de celle à laquelle il aurait pu être condamné s'il avait eu seize ans ». Cette formule suppose des peines ayant un taux ou une durée.

Tels sont les résultats matériels de l'atténuation produite par l'excuse de la minorité ; nous verrons ultérieurement, dans la théorie des excuses, que son résultat juridique est de transformer le crime en délit.

121. 3° *Immunité de juridiction*. — Quand la minorité de l'agent est établie ou n'est pas contestée (2), les tribunaux correctionnels sont compétents pour juger les crimes du mineur ; c'est une immunité de juridiction introduite à son profit par l'art. 1er de la loi du 25 juin 1824, devenu l'art. 68 du Code pénal lors de la revision de 1832. Le législateur a pensé que l'éclat d'un procès en Cour d'assises aurait une influence fâcheuse sur l'avenir du mineur. On a mis ainsi la compétence d'accord avec l'effet de l'excuse. — Bien qu'introduite dans l'intérêt du mineur, cette immunité de juridiction n'est point une faveur à laquelle

---

(1) Cass., 6 juin 1840. — Cette manière de procéder semble impliquer que l'atténuation résultant des circonstances atténuantes passe avant celle résultant de la minorité. Il y a cependant d'excellentes raisons pour calculer en dernier lieu les circonstances atténuantes. Voir *infrà*, « Concours des causes d'aggravation et d'atténuation ».

(2) Cass., 28 av. 1836.

il soit libre de renoncer, parce que les règles de la compétence sont d'ordre public. — La disposition de l'art. 68 n'est pas absolue, elle admet de nombreuses exceptions qui absorbent presque la règle qu'elle édicte. Si le crime imputé au mineur emporte une peine afflictive perpétuelle, ou la peine temporaire de la détention, ou bien si le mineur a des complices présents au-dessus de son âge, la Cour d'assises reste compétente. La première de ces restrictions est des plus arbitraires. On a invoqué pour la justifier la gravité des peines afflictives perpétuelles ou de la détention. Mais puisque le résultat de la poursuite sera le même, c'est-à-dire un acquittement ou une condamnation à l'emprisonnement, quelle que soit la peine criminelle encourue, on ne voit pas pourquoi les tribunaux correctionnels ne seraient point toujours compétents (1).

Si le mineur a des complices présents au-dessus de son âge, l'immunité de juridiction disparaît pour ne pas priver ces derniers de la juridiction à laquelle ils ont droit. Le mot *complices*, dans l'art. 68, est synonyme de *co-participants*; il comprend les co-auteurs et les complices proprement dits. — En parlant de complices *présents*, l'art. 68 suppose qu'ils peuvent être poursuivis en même temps que le mineur : s'ils sont en fuite, morts, inconnus, protégés par la garantie politique, le mineur étant seul en cause, l'affaire sera portée devant le tribunal correctionnel.

L'immunité de juridiction établie par l'art. 68 est généralement critiquée. C'est l'ébauche d'un système que le législateur n'a pas osé pousser à ses dernières conséquences. Lors de la revision de 1832, la commission de la Chambre des Pairs demanda que les mineurs de douze ans ne fussent pas soumis à un débat public. Cet amendement fut écarté comme inutile, sous prétexte que les lois constitutionnelles qui autorisent le huis clos dans les cas où l'ordre et les mœurs y sont intéressés, suffisaient pour permettre aux magistrats de prendre cette mesure (2). Cette application du huis clos nous paraît fort contestable ; quoi qu'il en soit, le jugement sans publicité ne se comprendrait que s'il devait aboutir à des mesures de correction sans caractère pénal. Dès qu'une peine peut être prononcée, la publicité de l'audience est une garantie de la défense, à laquelle il faut se garder de toucher.

122. 4° *Particularités relatives à l'acquittement et à la condamnation des mineurs de seize ans.* — L'infraction commise par le mineur de seize ans prouve le défaut de surveillance des personnes sous l'autorité desquelles il est placé, souvent même une mauvaise direction. Il est

---

(1) Nous concluons de cette observation que les tribunaux correctionnels seraient compétents pour juger le mineur prévenu d'un *délit de presse* rentrant dans la compétence de la Cour d'assises. — *Contrà*: GARRAUD, *Dr. pén. franç.*, I, 206.

(2) *Moniteur universel*, 20 mars 1832.

de son intérêt, autant que de l'intérêt social, de remédier à sa perversité précoce en confiant à l'État son éducation. Aussi l'acquittement motivé par le défaut de discernement n'est point un simple renvoi de la poursuite : l'art. 66 autorise les tribunaux à envoyer le mineur acquitté « dans une maison de correction pour y être *élevé et détenu* pendant tel nombre d'années (1) que le jugement déterminera et qui ne pourra excéder l'époque où il aura accompli sa vingtième année » (2).

Si le mineur est déclaré avoir agi avec discernement, l'exécution de sa condamnation soulève aussi une question d'éducation qui vient compliquer l'exécution de la peine. L'emprisonnement des mineurs condamnés et l'internement des mineurs acquittés avaient par conséquent un point commun. Mais le Code de 1810, tout en posant le principe que le mineur acquitté devait être *élevé* en même temps que *détenu*, n'avait rien organisé. La loi du 5 août 1850, *sur l'éducation et le patronage des jeunes détenus*, a comblé cette lacune ; elle a organisé en même temps l'emprisonnement spécial que doivent subir les mineurs condamnés (3). — Cette loi divise les jeunes détenus en dix catégories : 1° les détenus par voie d'autorité paternelle (art. 376, C. civ.) ; 2° et 3° les mineurs de seize ans en état de détention préventive (*prévenus, accusés*) ; 4°, 5°, 6° les mineurs de seize ans *acquittés* et envoyés en correction pour six mois au plus, — pour six mois à deux ans, — pour plus de deux ans ; 7°, 8°, 9° les mineurs de seize ans condamnés à six mois au plus, — de six mois à deux ans, — à plus de deux ans ; 10° les *insubordonnés*. — Le premier objet de la loi de 1850 est d'ordonner la séparation entre les jeunes détenus et les détenus adultes. Dans ce but, elle prescrit l'organisation de trois sortes d'établissements pour les jeunes garçons : *quartiers spéciaux dans les maisons d'arrêt et de justice,* — *colonies pénitentiaires agricoles,* — *colonies correctionnelles agricoles* (art. 2, 3, 4, 10), — et pour les jeunes filles, la fondation de *maisons pénitentiaires* (art. 16).

123. L'organisation pratique des locaux ne répond pas exactement, pour les jeunes garçons, aux prescriptions de la loi : *a*) Les maisons d'arrêt et de justice reçoivent les trois premières catégories de jeunes dé-

---

(1) Faut-il conclure de ces expressions que les tribunaux ne peuvent prononcer un envoi en correction inférieur à une année ? La question est discutée. Cependant si le prévenu, mineur de 16 ans au moment de l'infraction, était âgé de 19 ans au moment du jugement, il est certain que l'envoi en correction prononcé contre lui serait nécessairement inférieur à une année. Aussi vaut-il mieux voir simplement dans l'art. 66 l'indication d'un maximum ; le minimum étant abandonné à l'appréciation du juge. *Sic* : Cass., 8 février 1833.

(2) Cet internement pourrait-il être ordonné par les tribunaux de simple police ? Tous les auteurs admettent la négative en se fondant sur l'esprit de la loi. Les contraventions étant des infractions non intentionnelles, ne dénotent point la démoralisation de l'agent ; l'acquittement du mineur en cette matière ne doit donc point donner lieu aux mesures d'éducation correctionnelle prescrites par la loi.

(3) V. sur la matière : D'HAUSSONVILLE, *Les établissements pénitent. en France et aux colonies*, ch. XI à XVI.

tenus, que l'on enferme en commun, et la septième catégorie, que l'on sépare des précédentes. — *b*) Des colonies pénitentiaires publiques, c'est-à-dire appartenant à l'État, ou privées, c'est-à-dire appartenant à des particuliers, mais subventionnées et surveillées par l'État, reçoivent les mineurs acquittés (4e, 5e, 6e catégories), et les mineurs condamnés de la 8e catégorie. — *c*) Jusqu'en 1895, des quartiers correctionnels dans les maisons centrales ont reçu les 9e et 10e catégories de jeunes détenus destinés aux colonies correctionnelles agricoles qui n'existaient pas. Une seule a été créée pour toute la France au milieu de cette année. — On a créé aussi des quartiers correctionnels dans les prisons départementales pour arriver à éliminer des colonies pénitentiaires les mineurs condamnés, et des écoles de réforme pour les enfants de moins de treize ans envoyés dans les mêmes colonies.

124. Le second objet de la loi de 1850 est d'indiquer le genre d'éducation que doivent recevoir les jeunes détenus. Elle doit être « morale, religieuse et professionnelle » (art. 1er). Les jeunes détenus sont soumis en outre à une discipline sévère (art. 3, 17).

Enfin la loi de 1850 s'occupe du reclassement des jeunes détenus dans la société. Elle autorise à cet effet le placement provisoire, à titre d'épreuve hors de la colonie pénitentiaire (art. 9) ; et elle met pendant trois années les libérés sous le patronage de l'Assistance publique (art. 19).

125. Condition des majeurs de seize ans. — Au-dessus de seize ans accomplis l'homme est présumé responsable de ses actes ; cependant des circonstances exceptionnelles peuvent détruire son intelligence ou sa liberté. La démence, la contrainte résument toutes ces circonstances, et sont des causes de non-imputabilité. C'est au majeur, qui s'en prévaut, d'en administrer la preuve.

§ 2. — De la démence.

126. Définition de la démence. — Cette seconde cause de non-imputabilité est indiquée en ces termes par l'art. 64 du Code pénal : « Il n'y a ni crime, ni délit, lorsque le prévenu était en état de *démence* au temps de l'action. »

Tout le monde reconnaît que cette expression n'est prise ici ni dans le sens que lui donnent les médecins aliénistes, ni dans le sens plus large qu'elle a dans l'art. 489, C. civ. Mais, suivant les uns, elle désigne seulement les variétés de l'aliénation mentale décrites et nommées dans les traités de médecine ; suivant les autres, au contraire, elle comprend toutes les perturbations de l'intelligence qui détruisent la raison morale, sans laquelle l'imputabilité n'existe pas (1). Ces deux systèmes ne

---

(1) *Dans le premier sens* : Haus, I, 672 et s.; Lainé, 184 ; Garraud, I, 212 ; et

diffèrent d'ailleurs que sur le sens du mot démence ; ils s'accordent en effet sur les résultats. Le second voit dans l'art. 64 la formule générale de ce principe, que l'intelligence de ce qui est défendu et permis, la raison morale, est nécessaire au moment de l'action pour que l'acte soit imputable. Le premier au contraire voit dans ce texte une simple application du même principe, un exemple qu'on doit généraliser. Le résultat auquel on aboutit est donc identique, et cela pour deux motifs : d'abord parce que l'art. 64 exige la démence *au temps de l'action*, ce qui nécessite l'examen de l'acte dans son rapport avec la perturbation de l'intelligence alléguée par l'inculpé, quelle que soit d'ailleurs la cause de cette perturbation ; — et en second lieu, parce qu'en développant la disposition de l'art. 64, les orateurs du Gouvernement ont considéré comme une cause de non-imputabilité tous les troubles de l'esprit (1).

En règle donc, toutes les maladies mentales et toutes les causes qui suppriment, ou la conscience de la valeur de l'acte, ou les forces morales nécessaires pour résister à la tentation de l'accomplir, suppriment par cela même l'élément moral (2). Remarquons aussi que le législateur n'a pas admis de type intermédiaire entre l'homme sain d'esprit et le dément. C'est au magistrat qu'il appartient de faire une différence en modérant la peine pour les individus qui ne paraissent pas posséder la plénitude de leur raison.

Cette observation faite, il n'est pas inutile de distinguer les diverses maladies mentales et les obscurcissements de l'intelligence qui ont une autre cause, afin d'étudier les difficultés de détail auxquelles ils ont donné lieu.

127. A. Maladies mentales. — On distingue les maladies *congénitales* des maladies *accidentelles*. Les premières apparaissent avant l'époque où l'homme aurait dû acquérir la raison morale. Suivant qu'il y a défaut presque complet ou défaut absolu de l'intelligence, on dit que l'homme est atteint *d'imbécillité* ou *d'idiotie*. — Les secondes surviennent après cette époque. On les comprend généralement sous l'expression générique de folie, et on distingue : 1° la *démence* ou l'absence d'idée (*demens*) ; 2° la *manie*, qui est une surexcitation de l'esprit produisant le résultat contraire. La manie est tantôt générale (*polymanie*), tantôt partielle (*monomanie*). Le monomane paraît jouir de la

---

moins nettement, CHAUVEAU et HÉLIE, I, 252 et s. — *Dans le second sens* : TRÉBUTIEN, I, p. 164; et moins nettement, BLANCHE, I, 175.

(1) LOCRÉ, t. XXIX, p. 264, 267. — Seulement les auteurs qui restreignent l'expression démence aux variétés de l'aliénation mentale, exigent que les tribunaux emploient une autre expression pour caractériser les autres troubles du cerveau ; qu'ils disent, par exemple, que le prévenu était dans un *état d'inconscience*. La jurisprudence de la Cour de cassation paraît être en ce sens. Les arrêts sont cassés pour avoir méconnu le dictionnaire.

(2) Comp. C. allemand, art. 51 ; C. hollandais, art. 37 ; C. italien, art. 46.

plénitude de ses facultés intellectuelles, excepté quand il en fait l'application à l'ordre d'idées pour lequel il déraisonne. La manie est en outre *permanente* ou *intermittente*, suivant que le désordre intellectuel est constant ou comporte des intervalles lucides.

128. On a soutenu que *l'imbécillité* n'était point une cause de non-imputabilité pour tous les délits. Les personnes douées de peu d'intelligence discernent en général le mal des infractions les plus graves réprouvées par la morale. La cause de non-imputabilité devrait donc être réduite à leur égard aux délits de convention sociale. — Nous repoussons cette distinction. L'infraction résulte d'une violation de la loi pénale et non de la violation d'un devoir moral. Il n'y a pas de *délits naturels*. Quelque immorale que soit l'action, si la loi pénale qui la prohibe n'a pu être connue de l'agent, cette loi est censée ne pas exister pour lui. La question revient donc à savoir, non pas quel est en fait le développement du sens moral de l'imbécile, mais si l'état de son intelligence lui a permis d'avoir avec les autres hommes des relations suffisantes pour qu'on puisse lui appliquer l'adage : nul n'est censé ignorer la loi pénale (1).

129. Les individus atteints de *manie intermittente* peuvent-ils invoquer leur démence pour les infractions qu'ils ont commises dans un intervalle lucide ? L'affirmative a été soutenue par quelques partisans du système qui voient dans l'expression *état de démence*, employée par l'art. 64, un renvoi aux maladies mentales caractérisées par la médecine. La maladie, disent-ils, ne se manifeste pas dans les intervalles lucides, mais elle n'en existe pas moins (2). — Cette thèse est contraire au sens évident de l'art. 64 du Code pénal qui vise la *démence de fait*, exactement comme l'art. 901 du Code civil. Présenter, en effet, comme une cause de non-imputabilité la démence au temps de l'action, c'est supposer *a contrario* que la démence pouvait ne pas exister à ce moment, bien qu'elle existât avant et après ; c'est, en d'autres termes, admettre des intervalles lucides pendant lesquels revit la responsabilité pénale de l'agent. Cette théorie était celle du Droit romain et des anciens auteurs (3). Rien n'indique que le Code y ait dérogé.

130. La même controverse s'est élevée à l'égard des *monomanes*. La manie, dit-on, n'est pas moins générale quoiqu'elle ne se manifeste

---

(1) *Contrà* : Chauveau et Hélie, I, 254, 255. V. *infrà*, n° 138, la réfutation de leur thèse, d'ailleurs assez indécise, qui confond le défaut d'instruction et l'ignorance de la loi pénale.

(2) Haus, I, 678 ; et plus vaguement, Chauveau et Hélie, I, 256.

(3) Carnot, I, p. 202 ; comp. : Fr. 14, D., *de off. Præs.*; Farinacius, *De pœn. temp.*, *quæst.* 94, n° 6 ; Muyart de Vouglans, p. 25. — Legrand du Saulle, *Traité de médecine légale*, 2ᵉ édit., 1886, p. 704-708, fait d'ailleurs judicieusement observer qu'on ne doit pas confondre les simples rémissions avec les intervalles lucides. Un acte raisonnable mais isolé ne suffit point pour prouver l'intervalle lucide : « L'action sage est un *acte* ; l'intervalle lucide est un *état*. »

que partiellement. Il n'y a donc pas lieu de rechercher si le crime s'explique par l'idée exclusive de l'agent, ou bien s'il est étranger à cette idée (1).— Cette solution a le même principe que celle que nous venons de réfuter et on doit lui opposer la même réfutation. Exiger la démence au temps de l'action, c'est exiger qu'on recherche le rapport de l'acte avec la démence, et par conséquent laisser aux monomanes la responsabilité des faits qui ne se rattachent pas à l'objet spécial de leur folie (2).

131.B. Autres causes d'obscurcissement de l'intelligence.— Certains états pathologiques ou physiologiques peuvent avoir pour conséquence indirecte la suppression de la raison morale, ou des forces morales nécessaires pour suivre ses inspirations. Le *délire* produit par la fièvre et l'alcoolisme, les *vertiges* de l'épilepsie et de la rage font perdre au malade la notion du bien et du mal. Sa raison morale n'existe point pendant les accès. S'il commet à ce moment une infraction, il peut invoquer la démence de fait.

132. Les effets du *somnambulisme* sont aussi comparables à ceux de la folie. Les anciens auteurs discutaient beaucoup sur la responsabilité pénale du somnambule. Les uns distinguaient suivant que l'agent se savait ou non sujet au somnambulisme. Si, connaissant son état, il avait négligé de prendre les précautions nécessaires pour protéger les tiers contre les conséquences préjudiciables de ses actes, ils le déclaraient coupable d'imprudence et le punissaient, non pas des peines du crime intentionnel qu'il avait commis, mais de celles du délit non intentionnel correspondant. On transformait ainsi le meurtre en homicide par imprudence, l'incendie volontaire en incendie involontaire. — D'autres distinguaient suivant que l'agent avait ratifié, ou non, à son réveil le crime qu'il avait commis pendant le sommeil. — D'autres, suivant qu'il l'avait prémédité, ou non, en état de veille (3).

Ces deux dernières opinions ne sont plus en harmonie avec la notion actuelle de l'infraction. Quand, sous l'empire des idées romaines, le dol était considéré comme l'élément prépondérant du délit, on comprend que le fait devînt punissable dès que cet élément se manifestait à un moment où l'agent était en pleine possession de ses facultés intellectuelles, soit avant, soit depuis le fait matériel. Mais, en Droit moderne, l'élément moral n'a aucune prépondérance sur l'élément matériel. L'infraction naît de leur concours simultané et non de leur existence succes-

---

(1) Haus, I, 675.
(2) Trébutien, I, 124; Legrand du Saulle, *op. cit.*, p. 790; Rossi, II, p. 44. D'ailleurs *un seul* acte sans motifs connus ne doit pas être considéré comme la preuve d'une manie partielle; il faut *une série* d'actes établissant la folie relativement à un certain objet.
(3) En sens divers : Farinacius, *Quæst.* 98, n° 70 ; Menochius, *De Arbit. quæst.*, lib. II, 327, n° 8 ; Muyart de Vouglans, p. 29.

sive. La volonté séparée du fait n'est pas l'élément moral, mais une simple résolution (1). Aussi les deux dernières opinions ne comptent plus aujourd'hui de partisans. La première rallie encore quelques auteurs (2); mais elle ne paraît pas fondée. Sans doute, dans les délits non intentionnels on punit l'imprudence, et l'imprudence consiste à ne pas prévoir les conséquences de l'acte qu'on accomplit; mais, si ces conséquences étaient impossibles à prévoir, il n'y aurait plus imprudence; il y aurait cas fortuit. Ces principes, reconnus même par les auteurs dont nous critiquons l'opinion, conduisent à une solution toute différente de la leur, si on en fait une juste application aux actes du somnambule. Le crime commis dans un accès de somnambulisme n'est point, en effet, la conséquence directe du sommeil, mais celle des rêves et des hallucinations qui surgissent furtivement dans l'esprit du somnambule pendant sa crise. Or, si l'agent a pu prévoir ses accès de somnambulisme, il n'en est pas de même de ses rêves. Il doit donc être déclaré pénalement irresponsable de leurs conséquences. Au point de vue de la responsabilité civile, on pourra se montrer plus sévère, car l'on répond du cas fortuit qui a été précédé d'une faute (3).

133. Un état voisin du somnambulisme, dont la cause et les effets sont reconnus aujourd'hui par la science médicale, c'est l'*hypnotisme*, ou sommeil nerveux provoqué par des manœuvres artificielles (4). Dans ce sommeil provoqué, le magnétisé devient l'exécuteur docile des projets que lui suggère le magnétiseur. Sa raison morale n'est pas entièrement détruite : il manifeste souvent la velléité de résister aux ordres qu'il reçoit ; mais ses forces morales l'abandonnent ; il ne peut dominer l'influence qu'il subit. — Au réveil, suivant la volonté du magnétiseur, il se rappellera, ou il aura oublié ce qu'il a fait pendant qu'il était endormi. Et qui pis est, si le magnétiseur l'exige, il croira se rappeler des choses qu'il n'a jamais vues ni faites. — On peut lui suggérer même, dit-on, des actes à accomplir longtemps après le réveil ; c'est ce qu'on appelle une suggestion à longue échéance. Au jour et à l'heure fixés par le magnétiseur, l'hypnotisé tombera dans un état intermédiaire entre le sommeil et la veille, analogue au somnambulisme, et exécutera l'acte qui lui a été suggéré. — Enfin on peut agir par suggestion sur des individus même à l'état de veille, pourvu qu'ils aient été souvent hypnotisés. Le sommeil nerveux est alors provoqué par la seule présence ou par un simple ordre du magnétiseur.

(1) CHAUVEAU et HÉLIE, I, 261 ; TRÉBUTIEN, p. 124 ; LAINÉ, 187.
(2) CHAUVEAU et HÉLIE, *loc. cit.* ; HAUS, I, 682 ; LAINÉ, I, 187.
(3) *Inst. Just.*, III, XIV, § 2.
(4) GRASSET, *Traité pratique des maladies du système nerveux*, 3ᵉ édition, 1886, pp. 1029 et s.; LIÉGEOIS, *De la suggestion hypnotique dans les rapports avec le droit civil et le droit criminel*, Paris, 1884 ; GILLES DE LA TOURETTE, *L'hypnotisme et les états analogues au point de vue médico-légal*, Paris, 1887.

On comprend aisément quel rôle important l'hypnotisme est appelé à jouer au point de vue pénal. L'individu hypnotisé pourra commettre des crimes ou égarer la justice par son faux témoignage. Quelle sera sa responsabilité pénale ? Comme le somnambule, il pourra invoquer la démence au temps de l'action relativement aux faits qu'il a accomplis sous l'influence du magnétiseur, car cette influence détruit ou sa raison ou ses forces morales (1).

134. L'*ivresse* peut aussi constituer la démence au temps de l'action. On a discuté beaucoup sur cette question. Les anciens auteurs distinguaient généralement l'ivresse *accidentelle et involontaire* de l'ivresse *procurée*, c'est-à-dire de celle dans laquelle l'agent s'est plongé pour trouver l'énergie nécessaire à la perpétration du crime. La première était une cause de non-imputabilité ou d'excuse ; la seconde, une circonstance aggravante. Cette distinction est reproduite dans plusieurs législations modernes (2). Elle est exacte théoriquement si l'on suppose l'ivresse *incomplète*. Dans notre Droit, qui n'a rien prévu à ce sujet, l'ivresse incomplète prouvera l'absence de préméditation si elle est involontaire. Elle sera au contraire la preuve évidente de cette préméditation si elle est procurée. Mais l'ivresse *complète* exclura toujours l'imputabilité, car elle réduit l'homme ivre-mort à l'état de machine (3). Cette solution, donnée par les auteurs alors que l'ivresse était impunie dans notre législation, reste vraie malgré la loi du 23 janvier 1873 qui a incriminé l'ivresse publique : autre chose, en effet, est punir l'ivresse *comme délit spécial* pour le trouble qu'elle apporte à l'ordre public, autre chose est examiner le trouble qu'elle produit dans l'intelligence de l'individu qui commet une infraction sous son influence (4).

---

(1) Quelle sera la responsabilité pénale du magnétiseur ? Il pourra être poursuivi comme complice du crime ou du délit qu'il a suggéré, soit parce qu'il l'a provoqué par abus d'autorité, machinations ou artifices coupables, soit parce qu'il a donné des instructions pour le commettre (art. 60, C. p.). — *Comp.* : J. Lefort, *L'hypnotisme au point de vue juridique* (Rev. gén. du droit, 1888, p. 193 et s.).

(2) *Sic* : C. russe.— D'autres admettent simplement l'imputabilité complète au cas d'ivresse procurée : C. autrichien, Législation anglaise, C. italien. — Les projets de C. pénal espagnol de 1884-1885 punissent le crime commis en état d'ivresse accidentelle des peines du délit d'imprudence correspondant (Lehr, *Rev. de Dr. intern.*, 1885, p. 571).

(3) Rossi, II, p. 58 ; Trébutien, I, p. 125-127 ; Bertauld, p. 318 et s.; Blanche, II, 243 et s. On comprend d'ailleurs que l'état matériel de l'homme complètement ivre le rende incapable de commettre la plupart des délits ; on ne pourra guère lui imputer que des délits d'inaction ou des outrages publics à la pudeur. Les délits d'action, qu'il aurait commis en état d'ivresse, prouveront en général que l'ivresse n'était pas complète.

(4) *Sic* : Villey, p. 115 ; Garraud, I, 219 ; Lainé, 187. Toutefois ce dernier auteur considère que le crime commis sous l'influence de l'ivresse procurée doit être puni des peines du délit non intentionnel correspondant. Nous avons déjà réfuté ce système à propos du somnambulisme. — La jurisprudence de la Cour de cassation est pleine de tâtonnements en cette matière. Elle a souvent

135. Le *sourd-muet* est-il pénalement responsable de ses actes ? On a proposé à son égard la même distinction entre les infractions que pour l'*imbécile* : il serait pénalement responsable des délits d'immoralité, parce que la morale est innée et que le sourd-muet en comprend les rudiments sans le secours de l'éducation (1). Il ne répondrait au contraire des délits de convention sociale que s'il avait reçu une éducation suffisante pour connaître les lois de son pays. — Nous repoussons ici comme précédemment cette distinction. Pour tout délit, il s'agit de savoir, si le sourd-muet a appris les moyens d'échanger ses idées avec les personnes de son entourage, s'il n'a pas été tenu à l'écart de ce commerce des hommes qui justifie la présomption : nul n'est censé ignorer la loi pénale. En supposant qu'il ait végété dans une vie quasi-animale, son irresponsabilité pénale nous paraît certaine. L'art. 333, C. i. c., confirme cette solution : il prescrit de nommer pour interprète à l'accusé sourd-muet, qui ne sait pas écrire, la personne qui aura le plus d'habitude de converser avec lui. Le législateur considère donc virtuellement la poursuite comme impossible si le sourd-muet n'a pas appris les moyens d'échanger ses idées. Il faut observer d'ailleurs qu'en l'état actuel de notre civilisation, l'hypothèse où un sourd-muet pourrait être déclaré pénalement irresponsable est purement théorique.

136. Faut-il comprendre dans la démence certains états psychologiques, comme *les passions, la folie morale* ? La négative me paraît certaine. L'ardeur des passions produit parfois un égarement de la raison, que les lois pénales ne peuvent absoudre, puisqu'elles ont pour objet d'empêcher les passions des hommes de devenir nuisibles à autrui. Le législateur l'a d'ailleurs nettement indiqué, en faisant de la colère et de la jalousie une simple excuse atténuante dans les hypothèses les plus favorables (art. 321, 324, 325, C. p.). — Il faut donner la même solution pour la « folie morale », c'est-à-dire pour la démoralisation produite par des habitudes vicieuses ; le juge peut en tenir compte au point de vue des circonstances atténuantes ; mais elle ne peut jamais constituer une cause de non-imputabilité.

137. D'autres états psychologiques, au contraire, nous paraissent

---

décidé que le président des assises pouvait refuser de poser au jury la question d'ivresse, parce que l'ivresse n'est pas une excuse. En cela elle a raison ; mais elle a aussi décidé quelquefois que ce n'était pas une cause de non-imputabilité ; elle est même allée jusqu'à approuver l'interdiction faite au défenseur de soutenir que l'ivresse avait occasionné chez l'accusé une démence passagère. Voir les arrêts dans Blanche, II, 242 et s. Ces décisions, évidemment contraires aux principes du *Droit*, ne sont pas suivies dans la pratique actuelle : on admet sans difficulté le défenseur à discuter toutes les causes qu'il allègue pour établir que l'accusé n'a pas eu, au temps de l'action, la conscience de ses actes.

(1) Certains spécialistes sont allés jusqu'à dire que l'éducation ne développe pas le sens moral chez le sourd-muet ; il l'aurait autant que les autres hommes. Éd. Morel, *Gaz. des Trib.*, 12 déc. 1838.

devoir être assimilés à la démence ; ce sont : 1° *l'ignorance de la loi pénale résultant de l'impossibilité matérielle de la connaître*, 2° *l'ignorance ou l'erreur portant sur les éléments matériels de l'infraction*. L'une et l'autre, en effet, mettent obstacle à l'exercice de la faculté de vouloir, en ôtant à l'agent soit le sentiment de la violation de la loi, soit même le sentiment du fait accompli. Ces deux causes de suppression de l'élément moral sont l'objet d'une controverse assez obscure.

138. *a*) Et d'abord l'*ignorance de la loi pénale* est-elle une cause de non-imputabilité ? On décide généralement la négative par application de l'adage : « nul n'est censé ignorer la loi ». Mais cet adage n'établit qu'une présomption de culpabilité ; or une présomption de ce genre comporte la preuve contraire. Faut-il conclure de là que cette preuve sera toujours possible ? Non certainement ; le bon sens indique la nécessité d'une distinction entre l'ignorance *excusable* et l'ignorance *inexcusable*. Toute infraction, en effet, suppose une faute : il n'y a pas de *délit nécessaire*. L'ignorance de la loi pénale est une faute quand elle est inexcusable ; elle laisse donc subsister l'imputabilité. Il n'en est pas de même de l'ignorance excusable, du moins quand l'excuse qu'on invoque est l'impossibilité matérielle où l'on a été de connaître la loi pénale.

Ainsi, nous repousserons un système qui prétend que le *défaut absolu d'instruction* peut être invoqué pour écarter l'adage : nul n'est censé ignorer la loi pénale. — Son point de départ est faux ; car si l'instruction est nécessaire pour acquérir une connaissance *approfondie* des lois pénales, il suffit d'avoir une *notion sommaire* de ce que la loi prescrit ou défend pour être tenu de la respecter. La thèse contraire, poussée à ses dernières conséquences, paralyserait à chaque instant la justice sociale.

Nous admettrons au contraire un système qui soutient que l'ignorance de la loi n'est pas imputable à l'agent s'*il a été dans l'impossibilité matérielle de la connaître*, en le restreignant cependant aux lois nouvelles. Les lois s'apprennent, en effet, par les relations sociales. Leur promulgation et leur application font l'objet des conversations de chaque jour. Aussi, quand l'homme arrive à l'âge du discernement, il est censé connaître toutes les lois qui existent depuis quelque temps dans la législation de son pays. Mais des circonstances exceptionnelles peuvent avoir supprimé les relations sociales d'un individu, ou d'un groupe d'individus, depuis la promulgation d'une loi nouvelle. Ce sera, par exemple, une interruption des communications par une inondation, la neige ou la guerre, un voyage à l'étranger et surtout un voyage en mer. Pourrait-on, sans injustice, appliquer la loi nouvelle à celui qui a été privé par ces événements extraordinaires des moyens habituels qui la font connaître ? Appliquera-t-on *tout de suite* au passager qui descend du navire la loi promulguée pendant son absence? Le sens intime proteste; l'inculpé pourra donc, en faisant la preuve de l'événement extraordinaire qui a causé son ignorance de la loi nouvelle, détruire l'imputabilité de cette ignorance.

Mais après quel délai depuis la reprise des relations sociales l'exception d'ignorance de la loi nouvelle ne sera-t-elle plus recevable? — Le décret du 5 novembre 1870, art. 4, trace à cet égard une règle qu'il suffit d'appliquer par analogie. L'exception d'ignorance peut être accueillie « si la contravention a lieu dans le délai de trois jours francs *à partir de la promulgation* ». Cette limite, indiquée pour les cas ordinaires où la promulgation aurait dû produire son effet normal, doit être transportée, *mutatis mutandis*, aux cas extraordinaires que nous examinons. La reprise des relations sociales équivaut à une promulgation pour les lois nouvelles que les événements extraordinaires, cités plus haut, ont empêché de connaître. L'infraction devra donc avoir été commise dans le délai de trois jours francs à partir de la reprise des relations sociales, pour que l'exception d'ignorance soit admissible.

Certains auteurs acceptent cette solution à l'égard des délits de convention sociale, mais ils la rejettent pour les délits d'immoralité. La conscience, disent-ils, avertit suffisamment l'agent de ne pas commettre un acte immoral; il n'a pas besoin de savoir qu'une loi positive l'incrimine. La promulgation des lois réprimant des faits immoraux est dans la conscience. — C'est la théorie des *délits naturels* que nous avons déjà réfutée. Quelque immorale que soit l'action, si la loi pénale qui la prohibe n'a pu être connue de l'agent, cette loi n'est pas obligatoire pour lui (1).

139. *b) L'ignorance ou l'erreur de fait portant sur les éléments matériels de l'infraction suppriment l'imputabilité de ces éléments.* — On ne peut, en effet, imputer à un individu une violation de la loi quand le fait du délit a été accompli par lui sans le savoir ou dans la croyance qu'il en accomplissait un autre. Conséquemment, si l'ignorance ou l'erreur portent sur l'élément matériel principal, l'infraction disparaît; si elles portent sur une circonstance aggravante, cette circonstance aggravante doit être écartée. *Exemples*: Un homme veut reprendre sa propre chose qu'un tiers détient injustement. Il se trompe et soustrait la chose d'un autre; le vol n'existe pas. — Un domestique, croyant voler la chose d'un étranger, vole celle de son maître: il n'est coupable que de vol simple (2).

L'application de cette règle a paru souffrir quelque difficulté dans les

---

(1) En sens divers, sur l'ignorance de la loi pénale: HAUS, I, 704 et s.; LAINÉ, 204, 206; GARRAUD, I, 236. On assimile généralement l'*ignorance de la loi pénale* à l'*erreur de droit*.

(2) *Sic*: C. italien, art. 52.

infractions non intentionnelles, parce qu'on ne s'est pas fait une idée nette de ce qui constitue pour elles l'élément moral. Ces infractions sont de deux sortes : dans les unes, la loi incrimine un fait ou une omission, abstraction faite de ses conséquences ; dans les autres, elle incrimine le fait ou l'omission à raison du dommage qui en est résulté. Pour les infractions de la première classe, l'élément moral consiste à n'avoir pas fait usage de sa faculté de vouloir en vue d'éviter l'acte ou l'abstention défendue ; pour celles de la seconde classe, il consiste à n'avoir pas fait usage de cette faculté en vue d'éviter les conséquences préjudiciables d'un acte ou d'une abstention licite en soi. Dans les deux cas l'infraction suppose une faute. L'agent pourra donc invoquer comme cause de non-imputabilité toutes les circonstances qui prouveront qu'il a pu, *sans faute*, ignorer le fait qu'il accomplissait, ou ne pas prévoir le dommage qui pouvait en résulter (1). « Le mal commis par une ignorance ou par une erreur nullement imputables, n'est ni prévu ni volontaire. Il n'y a pas délit, c'est ce que nous appelons un malheur, un accident, un cas fortuit » (2). — « La mesure de la *culpabilité* s'arrête aux faits connus et ne s'étend pas aux faits inconnus, sauf l'imputabilité de la négligence à titre de faute non intentionnelle, dans les cas où elle a lieu » (3).

Telle est l'étendue de cette cause de non-imputabilité qu'on qualifie de *démence*, mais qu'il serait plus correct d'appeler *le défaut de volonté par suite du défaut d'intelligence de l'agent*. Examinons maintenant ses effets.

140. Effets de la démence et des états de l'intelligence qui lui sont assimilés. — Les troubles de l'intelligence chez le délinquant, à quelque époque qu'ils se produisent, mettent obstacle à l'exercice du droit de punir. La démence au temps de l'action détruit l'imputabilité ; — survenue pendant le procès pénal, elle arrête la poursuite ; — après la condamnation, elle empêche l'exécution de la peine corporelle et celle de la contrainte par corps. L'art. 64 du Code pénal prévoit seulement la première hypothèse. Les deux autres doivent être réglées par analogie. Quoiqu'elles s'écartent du sujet que nous traitons actuellement, nous indiquerons sommairement, pour ne pas scinder la matière, les effets de la démence dans ces deux cas.

141. La cause de non-imputabilité résultant de la privation de l'intelligence au temps de l'action est générale, malgré les termes en ap-

---

(1) *Sic* : En matière de délits de chasse et de transport de gibier, Cass., 9 déc. 1859 ; 16 nov. 1866. — En matière de délit de douanes, Montpellier, 15 fév. 1884 et ma note, *Rev. crit.*, 1885, p. 256 et s. — Voir un exemple analogue dans la loi du 2 nov. 1892, art. 26, § 3.

(2) Rossi, I, p. 53.

(3) Ortolan, I, 387. Je substitue le mot *culpabilité* au mot *criminalité* que le savant auteur a probablement employé par inadvertance.

parence restrictifs de l'art. 64 : « *Il n'y a ni crime ni délit* ». Elle s'applique en effet aux contraventions comme aux deux autres classes d'infractions, et il n'y a pas lieu de distinguer si le crime, le délit ou la contravention sont prévus par le Code pénal ou par une loi spéciale. La rédaction de l'art. 64 s'explique par le défaut presque absolu dans notre Code pénal de cette partie générale où doivent se trouver les règles communes à toutes les infractions. Il appartient à la doctrine de dégager ces règles des articles qui les appliquent et de les généraliser (1).

142. La cause de non-imputabilité supprimant le délit, son examen appartient aux juridictions d'instruction comme aux juridictions de jugement. En Cour d'assises, la loi ne prescrit pas de poser au jury une question spéciale sur l'état mental de l'accusé au temps de l'action, car la question de culpabilité ne peut être résolue affirmativement sans que cet état ait été examiné. Néanmoins il n'est pas défendu au président de le faire. La question de culpabilité se trouve, en ce cas, dédoublée en ses deux éléments : 1° l'accusé a-t-il commis le fait ; — 2° ce fait lui est-il imputable (2). La Cour de cassation ne rentrant point dans l'examen des faits, peut seulement vérifier si les faits constatés par l'arrêt attaqué donnent la preuve de la démence au temps de l'action.

143. Les causes de non-imputabilité ne suppriment, en principe, que la responsabilité pénale. Quant à la responsabilité civile, tantôt elle est supprimée, tantôt elle persiste, tantôt elle est déplacée et reportée sur certaines personnes qui avaient mission de surveiller l'agent du délit. C'est là une question étrangère au Droit pénal. Il s'agit de savoir si, l'infraction une fois écartée, le dommage causé peut être imputé à faute à quelqu'un. Ainsi on a décidé que l'individu qui a commis des actes de violence dans le délire de l'alcoolisme devait être condamné à des dommages-intérêts, parce que la perturbation de son intelligence était la conséquence d'excès volontaires dont il aurait dû prévoir les suites dangereuses pour les tiers (3). La même solution peut être donnée pour la manie intermittente ou partielle et pour le somnambulisme, lorsque

---

(1) Tous les Codes modernes récemment rédigés ont généralisé la disposition de notre art. 64. Ainsi l'art. 71, C. belge, porte : « Il n'y a pas *d'infraction* lorsque l'accusé ou le prévenu était en état de démence au moment du fait. » — L'art. 51, C. allemand : « Il n'y a pas d'acte punissable lorsque son auteur était, lors de la perpétration de cet acte, privé de connaissance ou dans un état mental qui excluait le libre exercice de sa volonté. » — L'art. 40, C. des Pays-Bas : « Quiconque commet un fait qui ne peut lui être imputé, à cause du développement incomplet ou du trouble maladif de son intelligence, n'est pas punissable. » L'art. 46, C. italien : « N'est pas punissable celui qui, dans le moment où il a commis le fait, était dans un état d'infirmité d'esprit propre à lui enlever la *conscience* ou la *liberté* de ses actes. » Ce dernier code admet en outre une demi-responsabilité (art. 47).

(2) Cass., 4 janv. 1817. — Le projet de la commission de revision (1893) prescrit de poser la question de démence (art. 55).

(3) Rouen, 17 mars 1874 (D. 74, 2, 190).

l'agent connaissant son état n'a pas pris contre lui-même les mesures nécessaires en vue de se rendre inoffensif pendant la crise ; pour l'hypnotisme, lorsque l'hypnotisé s'est volontairement laissé endormir.

144. La démence de l'inculpé survenue depuis l'infraction suspend l'exercice de l'action publique, car elle rend l'inculpé incapable de se défendre. Or, si la défense est arrêtée, la poursuite l'est également ; accusation et défense sont, en effet, deux termes corrélatifs. Cette proposition déduite des principes généraux est acceptée en doctrine et en jurisprudence ; mais il ne faut pas exagérer sa portée. Sont seulement suspendus les actes de *poursuite personnelle* et les décisions des juridictions soit d'instruction, soit de jugement ; les actes *d'instruction* proprement dits (*constatations matérielles et enquête*) restent possibles, parce qu'ils n'impliquent point la culpabilité d'un individu déterminé (1).

145. Si la démence survient après que la condamnation est devenue définitive, elle met obstacle à l'exécution des peines qui atteignent le condamné dans sa personne ; elle empêche cette exécution de commencer ou de continuer. La peine, en effet, ne serait pas réformatrice, puisque le condamné ne saisirait pas la relation du traitement qu'on lui fait subir avec son délit. D'un autre côté l'exécution d'un insensé produirait dans le public des sentiments absolument contraires à ceux qu'on veut provoquer par l'exemplarité de la peine.

La démence n'apporte au contraire aucun obstacle à l'exécution des peines pécuniaires sur le patrimoine. Le motif, assez contestable d'ailleurs, est que la sentence opère dans la nature du droit une sorte de novation, qui transforme la peine en une dette du patrimoine.

Quant aux peines privatives de droits, elles restent en dehors de la controverse, car elles ont été pleinement exécutées par la diminution de capacité qui s'est opérée *ipso jure* au moment où la condamnation est devenue irrévocable, c'est-à-dire avant que le condamné fût atteint de démence.

146. La démence arrête enfin l'exercice de la contrainte par corps, parce qu'elle rend cette voie de recouvrement inefficace en vue du double objet qu'elle poursuit. Si on l'envisage en effet comme une épreuve de solvabilité, il est impossible d'admettre qu'on puisse l'exercer quand les troubles de l'intelligence empêchent le contraignable de savoir ce qu'il possède. Si on la considère comme un emprisonnement remplaçant pour les insolvables la peine pécuniaire, elle ne peut être exécutée

---

(1) On les appelle, pour ce motif, actes de *poursuite réelle* ou *in rem*. — Comp. sur les effets de la démence au point de vue de la procédure : ORTOLAN, II, 1753-1756. Les maladies graves qui mettraient obstacle à la défense personnelle du prévenu suspendraient aussi l'exercice de l'action publique dans les limites indiquées au texte.

contre un dément, par la raison qui s'oppose à l'exécution des peines corporelles.

147. Preuve de la démence. — Tous les moyens de preuve sont admissibles pour établir la démence ; mais, lorsque le trouble de l'intelligence est présenté comme le résultat d'une maladie mentale, il est naturel de recourir à une expertise médico-légale. L'opinion des médecins experts ne lie pas le juge.

Pourrait-on prouver la démence en invoquant l'interdiction dont l'agent aurait été frappé avant le délit ? — Non, certainement, car l'interdiction n'établit qu'une présomption légale de démence ; or l'art. 64 exige que la preuve de la démence soit rapportée *en fait*. La présomption de démence résultant de l'interdiction ne concerne d'ailleurs que le patrimoine : la preuve en est dans l'art. 174 du Code civil qui exige la démence de fait pour mettre obstacle au mariage, c'est-à-dire à un acte qui engage la personne. Or en droit pénal, la personne est toujours engagée. Ce n'est pas à dire que l'interdiction soit dépourvue de tout effet, mais son effet ne se fait sentir que dans l'ordre de la preuve.

Théoriquement la preuve de la démence incombe à l'agent. Après seize ans révolus l'homme est présumé pleinement responsable de ses actes ; les fous sont des exceptions. Il suit de là que c'est au prévenu qui allègue sa démence au temps de l'action, à en rapporter la preuve. Mais dès qu'il est prouvé qu'à l'époque où l'infraction a été commise, l'inculpé était atteint d'une maladie mentale, la présomption est renversée et c'est à l'accusation de démontrer que l'agent se trouvait au moment de l'acte dans un intervalle lucide, c'est-à-dire en pleine jouissance de ses facultés mentales. L'interdiction produira ce renversement de la preuve : elle établit en effet l'état *habituel* de démence (art. 489, C. civ.). Ce sera donc au ministère public à prouver que l'accusé a agi dans un intervalle lucide quand le délit a été commis postérieurement au jugement d'interdiction.

148. L'acquittement ou la décision de non-lieu motivés par la démence au temps de l'action n'ont point pour conséquence nécessaire la mise en liberté du prévenu. Les préfets peuvent ordonner d'office le placement dans un établissement d'aliénés de tout individu dont la folie compromet l'ordre public ou la sûreté des personnes. Cette mesure grave suppose la persistance de la maladie mentale et doit cesser avec la guérison (L. 30 juin 1838, art. 18, 20, 29).

§ 3. — De la contrainte.

149. Définition de la contrainte. — Ses diverses espèces. — Le législateur n'a point défini la contrainte ; il s'est borné à indiquer son effet sur l'imputabilité et le degré d'intensité qu'elle devait atteindre ;

« Il n'y a ni crime ni délit, porte l'article 64, lorsque le prévenu a été contraint par une force à laquelle il n'a pas pu résister. »

La contrainte est l'oppression de la volonté par une *force extérieure*. Dans les états physiologiques que nous avons étudiés sous le nom de démence, il y a parfois oppression de la volonté sans suppression de la raison morale, mais la cause qui opprime la volonté est toujours *intérieure*, c'est-à-dire dans l'esprit de l'agent. — La démence détruit en général le premier facteur de la volonté, *l'intelligence* ; la contrainte détruit toujours le second, la *liberté* ; l'homme contraint comprend le mal qu'il va commettre, mais il n'est pas libre de ne point l'accomplir.

150. La contrainte est *physique* ou *morale* suivant la liberté qu'elle supprime. — La première existe quand la force extérieure s'exerce sur le corps de l'agent. Elle peut résulter d'une violence, comme lorsqu'un homme vous prenant la main, vous fait tracer votre signature au bas d'un acte, ou bien lorsqu'il vous pousse sur une autre personne pour la faire tomber. Elle peut aussi résulter d'une force majeure, d'un événement de la nature : l'ouragan éteint par exemple les lanternes d'une voiture circulant la nuit sur une route et empêche de les rallumer (1). La tempête jette sur les côtes de France un Français banni (2). Le ballon qui emporte un aéronaute, atterrit dans un champ préparé et ensemencé (3). Il y a dans toutes ces hypothèses une suppression de la liberté physique qui fait de l'homme contraint l'instrument plutôt que l'agent du délit. La culpabilité disparaît, car un fait accompli malgré soi n'est pas imputable.

A côté de la contrainte physique qui exclut la volonté, il y a la contrainte morale qui ne fait que l'altérer. Celle-ci résulte d'une menace qui met l'individu menacé dans l'alternative, ou de subir un mal, ou de commettre un délit. Sa volonté n'est pas entièrement supprimée, car elle peut encore s'exercer dans le choix limité qui lui est laissé ; mais il s'agit de savoir si la liberté restreinte à cette alternative est suffisante pour qu'il soit punissable. Les jurisconsultes n'ont jamais repoussé d'une manière absolue la non-imputabilité des faits accomplis sous l'empire d'une crainte légitime ; mais ils se sont montrés plus ou moins difficiles pour la gravité de la menace susceptible de produire ce résultat. Les jurisconsultes romains, presque tous stoïciens, voulaient que la menace fût de nature à ébranler l'homme *le plus ferme* (4). C'était exiger l'héroïsme. Le Droit moderne est moins rigoureux : il suffit, aux termes de l'article 1112 du Code civil, que la crainte soit de nature à faire impression sur l'esprit d'une *personne raisonnable* et l'on doit tenir compte en cette matière de

---

(1) Cass., 20 février 1860.
(2) Arrêté des Consuls du 18 frimaire an VII, cité *suprà*, n° 84.
(3) Cass., 14 août 1862.
(4) Fr. 6 et fr. 5, D. *Quod metus causa*, 4, 2.

l'*âge*, du *sexe*, et de la *condition* des individus. Cette règle mérite d'être transportée du Droit civil dans le Droit criminel, car elle est l'expression d'un principe de bon sens, savoir : qu'il faut juger humainement les choses humaines, et ne point exiger d'une personne plus de fermeté qu'elle n'en peut avoir, étant donné le milieu où elle vit. L'article 1112 du Code civil marque donc le degré auquel la contrainte devient *irrésistible* au sens de l'article 64 du Code pénal.

151. D'autres textes du Code civil méritent d'être appliqués par analogie. Ainsi l'art. 1112 résout affirmativement la question de savoir si la crainte d'un dommage aux biens peut constituer la contrainte morale. On a fort discuté sur la question (1). Tout, pour nous, est dans la question de mesure. Le juge doit dans chaque espèce comparer le mal commis avec celui qu'on voulait éviter et se demander ce qu'aurait fait une personne raisonnable, de l'âge, du sexe et de la condition de l'agent (2).

La crainte révérentielle envers les ascendants n'est pas en Droit civil une cause de nullité des contrats (art. 1114). De même en Droit pénal elle doit être considérée comme une contrainte insuffisante.

Mais il n'est pas nécessaire que l'acte préjudiciable dont on est menacé regarde personnellement la personne à qui s'adresse la menace. Par analogie de l'art. 1133, on décidera qu'il y a contrainte même lorsque le mal doit être réalisé sur notre conjoint, sur nos ascendants ou sur nos descendants (3). Ce n'est pas à dire que, si le péril concerne d'autres personnes qui nous sont chères, nous ne puissions prétendre avoir été moralement contraints, mais les juges auront à apprécier si l'affection que nous portons à ces personnes était suffisante pour que le danger qui les menaçait exerçât sur nous une contrainte.

152. Comme la contrainte physique, la contrainte morale peut provenir de la pression exercée soit par un homme, soit par un événement de la nature qui restreint notre liberté entre un mal à subir ou un délit à commettre. Ainsi, dans un péril commun, tel qu'un naufrage, un incendie, les plus forts écrasent les plus faibles, ou les rejettent au-devant du danger afin de se sauver eux-mêmes : il y a contrainte morale, car l'instinct de la conservation opprime à ce point la volonté de l'agent qu'il ne con-

---

(1) La négative paraît avoir triomphé en Droit romain : « Talem metum probari oportet, qui salutis periculum vel cruciatum corporis contineat. » L. 13, C. *De transact.* — Telle est aussi en Droit moderne l'opinion de certains auteurs : Chauveau et Hélie, I, 277 ; Trébutien, I, p. 137 ; Haus, I, 694, mais avec certaines restrictions.

(2) *Sic* : Ortolan, I, 357 ; Lainé, 197 ; Garraud, *Dr. pén. franç.*, I, 223 ; Cass., 2 déc. 1871.

(3) En appliquant cet article aux matières pénales on ne modifie ni l'hypothèse, ni la règle qu'il contient ; on formule simplement une nouvelle conséquence de la règle. — L'art. 52, C. p. allemand, établit expressément une présomption analogue à celle de l'art. 1112 de notre Code civil.

serve plus la faculté de choisir un parti plus moral que celui de son salut personnel.

On agite la question de savoir si la nécessité pour l'inférieur d'obéir au commandement de son supérieur constitue un cas de contrainte morale. Il serait prématuré de l'examiner ici. On doit en effet se demander au préalable si le commandement du chef hiérarchique rend légitime, pour l'inférieur, l'acte illégal qui lui est ordonné. Une fois la négative adoptée sur cette première question, on peut rechercher si la liberté morale de l'inférieur qui exécute l'ordre dont il comprend l'illégalité, a été détruite par la crainte du châtiment qui suivrait sa désobéissance ; — ou s'il peut seulement faire valoir comme excuse l'interprétation que son supérieur, censé mieux éclairé que lui, donnait à la loi. C'est donc à ce triple point de vue d'un fait justificatif, d'une cause de non-imputabilité et d'une excuse absolutoire, qu'il convient d'examiner cette question ; nous la traiterons dans la théorie des faits justificatifs.

153. Effets. — La contrainte produit, au point de vue pénal, les mêmes effets que la démence : elle efface l'imputabilité du délit accompli sous l'oppression de la volonté. Mais l'application de cette formule théorique aux infractions non intentionnelles comporte la même restriction que lorsque ces infractions ont été accomplies inconsciemment (1) : il faut rechercher si l'agent n'est pas en faute au point de vue des faits qui ont amené sa contrainte. L'homme qui dirige imprudemment un fusil chargé vers un autre individu peut être déclaré coupable d'homicide involontaire si, par une cause étrangère à sa volonté, le fusil part et tue la personne vers laquelle il était dirigé. La cause de cet accident est en effet plutôt dans la direction qui a été donnée imprudemment à l'arme, que dans l'événement qui a fait partir le coup (2). — Quant à la responsabilité civile, la contrainte la supprime, la maintient ou la déplace en la reportant sur les individus qui ont opprimé la volonté de l'agent. Il s'agit de savoir, comme pour la démence, si, l'infraction une fois écartée, le dommage causé peut être imputé à faute à quelqu'un. Ainsi, dans les délits intentionnels la contrainte exclut toujours la responsabilité pénale ; mais on pourrait relever une faute de l'agent dans les faits qui ont amené la contrainte pour le déclarer *civilement* responsable du préjudice causé.

154. Preuve. — Les événements humains ou naturels d'où résulte la contrainte étant exceptionnels, il est évident que c'est à l'inculpé d'en rapporter la preuve. Il détruit ainsi la présomption de responsabilité qui s'attache aux actes des majeurs de seize ans, parce que ces actes sont en général le résultat d'une volonté libre. C'est la même règle que pour la démence. D'ailleurs pour toutes les questions de détail

---

(1) V. *suprà*, n° 139.
(2) Comp. sur le principe : ORTOLAN, I, 378.

relatives à la preuve de la contrainte, il suffit d'appliquer les principes ci-dessus exposés à propos de la preuve de la démence (1).

§ 4. — Du défaut d'intention.

155. Définition de l'intention. — Son rôle au point de vue pénal. — Pour certaines infractions il ne suffit point que l'agent ait pu exercer sa faculté de vouloir quant au fait ou à l'abstention constituant l'élément matériel du délit et quant à la violation de la loi pénale ; il faut encore qu'il ait effectivement voulu cette violation. C'est là ce qu'on appelle l'intention.

156. On a défini *l'intention*, la direction de la volonté vers la violation de la loi pénale, vers la perpétration de l'infraction ; — et plus brièvement, la volonté de violer la loi pénale, — la volonté de commettre le délit. Ces définitions sont théoriquement exactes ; mais il faut observer, au point de vue pratique, que l'intention porte tantôt sur un fait ou une abstention, tantôt sur leur résultat préjudiciable, cela dépend des conditions de l'incrimination. Parfois, en effet, la loi pénale incrimine certains actes et certaines omissions sans égard au préjudice qui en peut résulter ; d'autres fois au contraire, elle fait entrer dans les éléments constitutifs du délit le résultat préjudiciable. Dans ce dernier cas il faut que l'agent ait voulu le mal du délit (2) ; l'intention implique le *dol civil*, l'*intention de nuire* ; mais dans la première classe d'infractions intentionnelles elle s'en distingue nettement.

157. Aussi est-ce une terminologie vicieuse que d'employer ces expressions pour désigner l'intention (3). Elles sont de nature à la faire

---

(1) Pour le contrôle de la Cour de cassation sur les décisions des tribunaux en matière de contrainte, v. Cass., 2 mai 1878.

(2) Le législateur distingue généralement les délits intentionnels *de la première classe* des infractions non intentionnelles, en exprimant que le fait ou l'abstention doit avoir eu lieu *sciemment, avec connaissance, volontairement*. Il emploie au contraire les expressions *à dessein, dans la vue de nuire, méchamment, frauduleusement*, etc., pour indiquer les délits intentionnels *de la seconde classe*. Comp. art. 251, 317, 379, 407, 417, 419, 435, 437, 439, 443, 475-8°, 479-1° et 9°. La défense de l'agent pour les délits intentionnels de la première classe consistera à dire : « *Je ne croyais pas violer la loi.* » — Il dira au contraire pour les autres : « *Je n'ai pas fait exprès.* » — La distinction entre les délits non intentionnels et les délits intentionnels de la première classe est parfois très délicate, voyez les observations qui suivent dans le journal *La Loi*, un jugement du tribunal d'Avranches du 21 oct. 1886 (*La Loi*, 6 fév. 1887).

(3) L'expression *dol* est couramment employée en jurisprudence pour désigner l'intention. On la trouve dans les ouvrages des criminalistes de la première moitié de ce siècle et même dans les dernières éditions de Haus, I, 298 et s. — Chauveau et Hélie, III, 1097, ne parlent que de l'*intention de nuire*, de l'*intention criminelle*. Voir une bonne réfutation de ces expressions équivoques dans Gilardin, *Étude philosophique sur le droit de punir*, p. 84, note h. Au *dol* on oppose la *faute* qui fait l'imputabilité dans les infractions non intentionnelles. — Les auteurs les plus modernes préfèrent dire qu'il y a *faute intentionnelle* et *faute non intentionnelle* : Ortolan, I, 378, 381 ; Garraud, I, 228.

confondre avec le *motif* du délit. Qu'est-ce donc que le motif de l'infraction ? — Rarement on commet une infraction pour la seule satisfaction de violer la loi pénale ; on poursuit un autre but ; la violation de la loi pénale n'est qu'un moyen de l'atteindre. L'assouvissement des passions est le motif habituel des délits. Si l'on analyse les diverses tendances de l'agent dans la perpétration des infractions intentionnelles, on peut relever l'*intention* d'accomplir le fait défendu malgré la prohibition légale, l'*intention* de produire le mal résultant de ce fait, l'*intention* de satisfaire une passion. La première tendance est nécessaire et évidente dès qu'il est prouvé que l'auteur du fait défendu a pu exercer sa faculté de vouloir relativement à ce fait et à la violation de la loi. Elle constitue la *causa proxima delicti* : on lui réserve le nom d'*intention*. Les autres tendances sont contingentes et secrètes. Leur démonstration exige une preuve particulière, étrangère à celle de l'élément moral. Elles sont les *causæ remotæ delicti* : on les appelle les *motifs*, le *mobile* du délit. Quelques auteurs les qualifient d'*intention indirecte*, et ils établissent une comparaison entre la cause finale et le motif dans les obligations, et l'intention et le mobile dans les délits (1). Ce qu'il y a à retenir de ce rapprochement, c'est que le motif n'entre point dans les éléments essentiels du délit pas plus que dans ceux de l'obligation, du moins en règle générale. L'imputabilité pénale existe quelque bon ou mauvais que soit le motif de l'agent. Cependant, quand la loi a exigé, comme condition du délit, que l'agent ait voulu causer un mal, déterminé ou indéterminé peu importe, ce motif, mais ce motif seulement, fait partie de l'intention et devient ainsi une condition de l'imputabilité.

158. Preuve de l'intention. — Cette preuve incombe théoriquement au ministère public, puisque l'intention fait partie des éléments du délit ; mais pratiquement elle se renverse et c'est au prévenu d'établir son *défaut d'intention* quand le délit consiste uniquement dans un fait ou une abstention incriminés sans égard à leurs conséquences. La preuve de l'intention se confond alors, pour le ministère public, avec celle de l'élément moral. Dès qu'il est démontré, en effet, que le prévenu est l'auteur du fait, ce fait est réputé volontaire et de plus, grâce à la présomption : *nul n'est censé ignorer la loi*, il est censé accompli en connaissance de la prohibition, c'est-à-dire accompli avec l'intention de violer la loi. L'agent a donc à se disculper d'avoir eu ou l'élément moral ou l'intention. C'est dans cette preuve négative qu'apparaît la différence de ces deux faits psychiques. La preuve du défaut d'élément moral résultera des circonstances qui ont empêché l'agent d'exercer sa fa-

---

(1) Comp. Lainé, 197 ; Garraud, I, 229. — Voir, sur *la Cause finale dans les obligations*, l'Etude que j'ai publiée dans la *Revue générale du Droit*, année 1881, pages 344 et s.

culté de vouloir. Celle du défaut d'intention consiste au contraire à démontrer que l'agent a voulu l'acte sans vouloir cependant violer la loi. Tantôt le prévenu se défendra par des arguments directs : il prouvera, par exemple, que son acte n'était qu'une plaisanterie ; tantôt il se défendra par voie de conséquence en invoquant sa bonne foi, c'est-à-dire une erreur de droit.

159. *L'erreur de droit* ne se confond point avec l'ignorance de l'existence de la loi pénale. Celui-là commet une erreur de droit, qui sait qu'une loi pénale existe, mais qui en fait une fausse application. Sa faculté de vouloir a pu s'exercer quant à la violation de la loi pénale, et il l'a même exercée ; mais une erreur sur le sens de la loi l'a déterminé à accomplir le fait du délit. Il l'a cru licite. L'erreur de droit ne soulève pas une question d'élément moral, mais une simple question d'intention (1). Une faute non intentionnelle reste toujours à la charge de l'agent qui a commis le délit de *bonne foi* ; car il a à s'imputer d'avoir mal interprété la loi ou de s'être mal renseigné sur sa portée.

160. Comment le prévenu prouvera-t-il qu'il a commis une erreur de droit engendrant sa bonne foi ? — Il ne lui suffira point de dire qu'il s'est trompé : ce serait une allégation impossible à contrôler. Pourrait-il prétendre qu'il a été induit en erreur par le fait d'un tiers ? S'il s'agit de simples conseils, une telle défense ne serait généralement pas admissible, car rien ne prouve que l'agent a partagé l'avis qu'il a reçu. Cependant, si le tiers qui l'a induit en erreur était une autorité légitime, compétente pour fixer le sens de la loi, l'agent pourrait se dire de bonne foi, s'il a suivi l'interprétation donnée par cette autorité. Ainsi il pourrait invoquer l'inaction du ministère public qui a laissé sans poursuites des infractions de même nature fréquentes et notoires ; ou bien la jurisprudence qui jusqu'à la poursuite actuelle a considéré le fait comme licite ; ou bien encore l'ordre reçu de son supérieur hiérarchique, pourvu que cet ordre soit relatif à un objet du ressort de ce supérieur et régulier en la forme, et que la criminalité du fait ordonné ne soit point évidente (2).

161. La preuve du défaut d'intention ne devient nécessaire que

---

(1) L'erreur de droit est généralement confondue avec l'ignorance de l'existence de la loi pénale et traitée comme elle : aussi la jurisprudence française et la majeure partie des auteurs français n'en tiennent pas compte, sous prétexte que nul n'est censé ignorer la loi. Cass. (Chamb. réun.), 17 juill. 1839 ; Cass., 28 juill. 1862 ; — Rossi, II, p. 73 ; Ortolan, II, 388, 407 ; Garraud, I, 236 ; Villey, p. 117. — Ceux qui la distinguent, la considèrent comme supprimant l'élément moral si elle a été invincible, et comme supprimant seulement l'intention si l'agent est en faute de ne s'être pas mieux éclairé. *Sic* : Lainé, 206, et avec moins de netteté, Haus, I, 711. L'avant-projet du Code suisse (1894) en fait une circonstance atténuante, art. 12.

(2) Voir le développement de cette proposition et les restrictions qu'elle comporte, *infrà*, n° 171. — En mon sens : Haus, I, 711, 712.

lorsque l'élément moral est établi. Par conséquent toutes les causes qui paraissent avoir mis obstacle à l'exercice de la faculté de vouloir devront être prouvées avant celles qui ont simplement faussé cet exercice ; et si la preuve des premières réussit, l'examen des dernières deviendra inutile. Il suit de là que l'*erreur de fait* sera alléguée et prouvée avant l'*erreur de droit*. Parmi les erreurs de fait, il en est une qui a été souvent présentée en pratique comme supprimant l'intention : c'est l'erreur sur la victime du délit. L'assassin a tiré sur Paul qu'il a pris par erreur pour Pierre. Il n'y a pas de crime, ont dit les uns, car le fait ne peut être incriminé en tant que dirigé contre Paul qui était absent, et il ne peut l'être non plus en tant que dirigé contre Pierre, car l'agent n'avait pas l'*intention de lui nuire* (1). — D'autres au contraire ont vu dans ce fait unique deux crimes, une tentative d'assassinat de Paul et un assassinat tenté ou consommé de Pierre. — Il nous paraît certain d'abord qu'il n'y a qu'un crime, tous les actes internes étant dirigés vers un seul et même but ; et en second lieu, que Pierre, l'individu présent, peut seul être la victime de ce crime, car relativement à Paul, l'infraction était impossible (2). Cette controverse est le résultat de la mauvaise définition que certains criminalistes ont donnée de l'intention. Dire que la loi exige l'intention *de nuire*, c'est s'acheminer vers cette idée fausse qu'il faut avoir voulu nuire précisément à la personne qui a été victime du délit ; mais la loi incrimine les lésions du droit d'autrui quelle que soit la victime. L'erreur sur la victime du délit n'est en réalité qu'une erreur sur le *motif* de l'infraction et, par conséquent, elle est inopérante.

SECTION V. — DE L'ÉLÉMENT INJUSTE DE L'INFRACTION.

162. Notions générales. — Nous avons dit précédemment qu'un fait, habituellement défendu par la loi pénale, peut devenir licite dans certaines hypothèses, parce qu'il constitue, exceptionnellement dans ces cas, l'accomplissement d'un devoir ou l'exercice d'un droit. L'élément injuste d'une infraction consiste donc dans l'absence de toute loi posi-

---

(1) Certains acquittements en Cour d'assises paraissent avoir été inspirés par cette fausse théorie. V. notamment : Cour d'ass. Seine, 12 novembre 1893 (*La Loi*, 12 nov.). — Sur la question : CHAUVEAU et HÉLIE, III, 1052, 1085 et s.

(2) *Sic* : HAUS, I, 716. On remarquera l'abandon que cet auteur si recommandable fait de sa théorie sur le crime impossible. L'hypothèse actuelle est bien un cas d'impossibilité relative ou accidentelle suivant la formule qu'il a donnée, n° 461. Le Code pénal italien (art. 52) prévoit cette hypothèse et décide : 1° que la circonstance aggravante dérivant de la qualité de la personne réellement atteinte ne pourrait être relevée ; 2° que le coupable jouira des excuses qu'il aurait pu invoquer s'il avait blessé la personne qu'il voulait atteindre. Les mêmes solutions doivent être admises en droit pénal français.

tive qui impose ou qui autorise l'acte. Le moyen de défense, tiré de la loi qui contrarie les prescriptions de la loi pénale, reçoit dans la doctrine moderne le nom de *cause de justification* ou de *fait justificatif*, parce qu'il rend l'acte incriminé, juste, conforme au droit. — L'étude des faits justificatifs fera l'objet de cette section, comme celle des causes de non-imputabilité a fait l'objet de la section précédente. Le législateur a signalé, dans les art. 327 et 328 C. pén., deux faits justificatifs généraux, qui sont des applications de cette formule : « l'accomplissement d'un devoir ou l'exercice d'un droit ». Le premier est *l'ordre de la loi* ; le second *la légitime défense*. Comme ils produisent les mêmes effets et que leur preuve est soumise aux mêmes règles, nous exposerons d'abord ces points communs ; nous étudierons ensuite séparément leurs conditions d'existence ; nous examinerons enfin si notre formule ne reçoit point, en dehors de ces deux faits justificatifs, d'autres applications. Mais avant d'entrer dans le développement de ce programme, il est bon de dissiper certaines confusions qui existaient, il y a peu d'années, dans les ouvrages des criminalistes, et qui se retrouvent encore dans la jurisprudence actuelle.

163. L'analyse des *éléments de l'infraction*, c'est-à-dire des conditions nécessaires pour que l'agent d'un fait ou d'une abstention tombe sous le coup de la loi pénale, n'avait pas été faite jusque dans ces derniers temps d'une manière scientifique. On avait envisagé la question au point de vue des moyens de défense que l'accusé pouvait opposer à l'accusation ; et comme, dans le langage vulgaire, *justifier* ou *excuser* un fait signifie qu'on ne doit point, en considération de certaines circonstances exceptionnelles, appliquer la loi pénale à l'agent, les expressions, *causes de justification* ou *excuses*, étaient employées pour désigner tous les moyens de défense qui écartaient l'application de la peine malgré la culpabilité matérielle. Aujourd'hui les idées sont devenues plus précises et la terminologie s'en est ressentie ; on a dégagé les caractères et les effets de trois causes d'impunité qu'on appelle : les *causes de non-imputabilité*, les *faits justificatifs* et les *excuses absolutoires*, et qui étaient désignées autrefois par la même expression (1). Laissant de côté les excuses absolutoires qui ne touchent en rien aux éléments de l'infraction, nous allons comparer les causes de non-imputabilité et les causes de justification, afin de mieux marquer les différences qui les séparent et la nécessité de les désigner par des noms différents.

a) Elles s'attaquent les unes et les autres à un élément essentiel de l'infraction ; mais, tandis que les causes de non-imputabilité détruisent l'élément moral, les faits justificatifs effacent l'élément injuste. — *b*) L'effet de ces derniers est plus large théoriquement que celui des autres :

---

(1) V. p. la nouvelle terminologie : ORTOLAN, 1, 486 (bis), 1084, 1085 ; LAINÉ, 231 ; VILLEY, p. 74 ; GARRAUD, I, 196, 197.

on peut dire de l'agent qui a fait valoir une cause de non-imputabilité, *qu'il n'est pas en faute* : mais de celui qui a invoqué une cause de justification, il faut dire *qu'il était dans son droit*. — c) Cette différence théorique conduit à des effets distincts. Les causes de non-imputabilité ne suppriment en principe que la responsabilité pénale ; elles laissent subsister la responsabilité civile, soit à la charge de l'agent, soit à la charge des personnes qui avaient mission de le surveiller. Les faits justificatifs ont au contraire un effet absolu : l'acte devenant légitime ne peut engendrer de responsabilité d'aucune espèce. — d) Il suit de là une nouvelle différence : les causes de non-imputabilité constituent un moyen de défense purement *personnel*, qui ne peut être invoqué, s'il y a plusieurs participants, que par l'agent dans la personne duquel il se rencontre. Les faits justificatifs sont au contraire des *exceptions réelles*, susceptibles d'être invoquées du chef d'un des coparticipants par tous les autres.

A côté de ces différences si importantes, il faut noter les ressemblances qui ont facilité la confusion : 1° Les textes du Code emploient les mêmes expressions : « il n'y a ni crime ni délit » (art. 64, 327, 328), pour caractériser leur effet. — 2° Il suit de là que les unes et les autres peuvent motiver un renvoi d'instance, aussi bien devant les juridictions d'instruction que devant les juridictions de jugement. — 3° Qu'en Cour d'assises elles rentrent dans la question générale de culpabilité, sans qu'il y ait nullité si le président les soumet au jury par des questions spéciales. — 4° Leur preuve est à la charge de l'inculpé. — 5° Enfin, la Cour de cassation exerce le même contrôle sur les décisions judiciaires qui les accueillent.

164. Une autre confusion, qui dérive d'ailleurs de la précédente, consiste à présenter les causes de justification comme des cas de contrainte morale (1). La nécessité d'obéir à la loi ou de pourvoir à sa légitime défense détruit, dit-on, la liberté morale, contraint la volonté. — Cette manière de voir est inexacte, car si dans les deux cas on constate une certaine pression exercée sur la volonté, l'acte qu'on accomplit sous cette pression mérite une qualification bien différente, le mal que nous causons sous l'empire de la contrainte morale est injuste ; il tombe sur un innocent ; il est motivé seulement par notre intérêt. Celui que nous causons en obéissant à la loi ou en pourvoyant à notre légitime défense est légitime ; il atteint un coupable ; c'est l'accomplissement d'un devoir ou l'exercice d'un droit. Il ne faut pas s'étonner d'ailleurs de cette différence dans le caractère d'actes produits en apparence par la même cause, la pression exercée sur la volonté ; car, si l'on y regarde

---

(1) Rauter, I, p. 73 ; Trébutien, I, p. 132 et s. ; Le Sellyer, I, 94 ; Bertauld, p. 360 ; Boitard, art. 64, p. 194. Les criminalistes étrangers les confondent aussi sous cette expression, assez exacte d'ailleurs, d'*état de nécessité*.

de près, on voit que, dans la contrainte morale, cette pression est la cause efficiente de l'acte, tandis que dans les faits justificatifs elle n'en est que l'occasion.

165. Effet des causes de justification. — L'effet théorique des causes de justification est de rendre légitime l'acte habituellement incriminé et d'effacer, en conséquence, toute responsabilité pénale ou civile. Le Code pénal de 1791 indiquait expressément ce résultat par cette formule : « Il n'existe point de crime et il n'y a lieu à prononcer aucune peine ni aucune condamnation civile » (IIe part., tit. II, sect. I, art. 3, 6). Le Code pénal de 1810 ne s'est expliqué que sur la suppression de la responsabilité pénale : « *Il n'y a ni crime ni délit* » (art. 327, 328). Ce changement de rédaction n'indique pas, à notre avis, un changement de doctrine. Le législateur de 1810 a cru inutile, sans doute, d'expliquer dans un Code, consacré à la détermination des infractions et des peines, les conséquences à tirer, au point de vue civil, du caractère légitime de l'acte pour lequel on a fait valoir une cause de justification (1).

166. Les art. 327 et 328 méritent une critique plus sérieuse : à s'en tenir à leur *texte*, il semble que les faits justificatifs qu'ils énoncent ne s'appliquent qu'à deux sortes de crimes ou de délits : l'homicide et les coups et blessures. De plus, on pourrait induire de la *place* qu'ils occupent dans le Code, que ces actes doivent avoir été commis sur un simple particulier pour pouvoir être justifiés (2). — Mais on ne doit point s'arrêter à ces arguments de texte et de rubrique. Le législateur de 1810, comme celui de 1791, a été amené à traiter des faits justificatifs à propos des infractions qui donnent lieu de les invoquer le plus fréquemment. Il serait absurde que celui qui obéit à la loi ne fût point couvert dans tous les cas par la même cause de justification. Il serait également déraisonnable que celui à qui on reconnaît le droit de tuer et de blesser en état de légitime défense ne pût, dans la même situation, accomplir légitimement des lésions de droit moins graves, par exemple : exercer des violences légères sur l'agresseur, briser son arme ou l'enfermer. D'un autre côté, puisque la justification de l'infraction est dans un devoir ou un droit chez celui qui l'a commise, la qualité de la personne sur laquelle le fait a été accompli est sans importance. Il faut donc voir dans l'art. 328 l'application d'un principe qu'il convient de généraliser (3).

167. Preuve des causes de justification. — 1° *Qui doit la faire ?* — Celui qui invoque un fait justificatif prétend avoir été *exceptionnellement* en droit de faire ce qui est *habituellement* défendu ; il doit par con-

---

(1) BILLART, *Étude sur l'autorité, au civil, de la chose jugée au criminel*, p. 135 ; GARRAUD, *loc. cit.* ; Cass., 24 fév. 1886 (D. 86, 1, 438).
(2) BLANCHE, II, 168, 172 ; V, 61-71.
(3) Le C. allemand, art. 53, italien, art. 49 etc., ont opéré cette réforme.

séquent rapporter la preuve des circonstances susceptibles de changer le caractère de l'acte qui *a priori* semble être une infraction. Le fardeau de la preuve en cette matière pèse sur l'inculpé. Cela ne veut pas dire que les tribunaux ne puissent suppléer d'office ce moyen de défense dans l'intérêt du prévenu, car tout ce qui tient à l'application de la loi pénale est d'ordre public ; mais cela signifie que le doute sur l'existence du fait justificatif allégué, ou soulevé d'office, doit être interprété contre le prévenu.

2° *Comment se fait-elle?* — En établissant, par tous moyens, le droit ou le devoir qui détruit l'incrimination. Les détails de cette preuve rentrent dans les conditions d'existence des faits justificatifs que nous allons examiner.

§ 1. — Premier fait justificatif : l'ordre de la loi.

168. L'homicide commis par ordre de la loi portait dans le Code pénal de 1791 (2° part., tit. II, sect. I, art. 3, 4) le nom d'*homicide légal*, expression très exacte, qui avait de plus l'avantage d'indiquer la cause de justification qu'il fallait en induire au point de vue de l'agent. — Ces articles, dont les dispositions ont été résumées par l'art. 327, C. p., exigeaient comme celui-ci, à côté de l'ordre de la loi, le commandement de l'autorité légitime. L'utilité de ces deux conditions est certaine pour l'hypothèse où la loi est exécutée par des subordonnés : l'ordre de la loi prévient les violences arbitraires des agents de l'autorité ; le commandement de l'autorité légitime protège les individus contre l'application aveugle de la loi par les subalternes. Mais cette condition devient inutile toutes les fois que l'acte émane du fonctionnaire qui pourrait donner le commandement. C'est ainsi que les officiers de police judiciaire peuvent opérer eux-mêmes une arrestation au lieu de la faire opérer par un agent de la force publique.

169. Habituellement le commandement doit être spécial au cas dans lequel la loi va être exécutée. Les gendarmes, les geôliers, l'exécuteur des hautes œuvres ont besoin d'un ordre spécial pour procéder à l'exécution des jugements et arrêts. Quelquefois au contraire cet ordre est donné d'une façon générale dans des décrets ou règlements qui prévoient les cas où les subordonnés devront pourvoir à l'exécution de la loi sur leur propre initiative. Par exemple, les gendarmes puisent dans le décret sur l'organisation de la gendarmerie (D. 1er mars 1854, art. 297) l'ordre d'exécuter tous les actes de violence nécessaires pour conserver les prisonniers qu'on veut leur arracher.

170. Si le commandement de l'autorité légitime n'est qu'une condition accidentelle du fait justificatif, *a fortiori* ne peut-il remplacer la condition indispensable, c'est-à-dire le texte de loi qui ordonne l'acte. Donc, si l'inférieur obéit à un ordre illégal, il ne peut invoquer cet ordre comme cause de justification du crime qu'il a commis. La question est agitée, en droit abstrait, entre les autoritaires et les libéraux pour les inférieurs militaires (1). Deux systèmes sont en présence : 1°) celui de l'obéissance passive, autrement dit *de la consigne*, dont le général Saint-Arnaud donna la formule dans la séance de l'Assemblée nationale du 14 novembre 1851, par cette phrase célèbre : « Sous les armes, le règlement militaire est l'unique loi » ; 2°) celui de l'obéissance raisonnée ou *des baïonnettes intelligentes* qui a été principalement soutenu pour la garde nationale. — Au point de vue du droit positif, il faut constater que le législateur a formellement refusé de considérer un ordre illégal comme un fait justificatif. Dans l'élaboration de l'article 327, la commission du Corps législatif proposait de disjoindre les deux conditions auxquelles est subordonné le fait justificatif, en remplaçant la copulative *et* par la disjonctive *ou*, de telle sorte qu'une seule de ces conditions aurait suffi ; mais le Conseil d'État maintint la rédaction primitive (2). De nos jours, la question a été discutée incidemment à la Chambre des députés, à propos de l'article 25 de la loi sur la presse, et résolue dans le même sens (3).

171. L'ordre illégal émané de l'autorité légitime ne peut donc, à aucun titre, constituer le *fait justificatif*, mais est-ce à dire qu'il n'assurera pas l'impunité de l'inférieur en devenant pour lui une *cause de non-imputabilité* ou une *excuse absolutoire* ? Cette seconde question a été souvent mêlée à la précédente par suite de la confusion, sous une seule et même expression, des diverses causes d'impunité. Il y a deux hypothèses où le Code pénal admet une excuse absolutoire au profit des fonctionnaires qui ont obéi à l'ordre illégal de leur supérieur. Ce sont les cas prévus par les articles 114 et 190. Il s'agit : 1° d'attentats à la liberté individuelle, aux droits politiques des citoyens ou à la Constitution ; 2° de la réquisition ou de l'emploi de la force publique pour empêcher l'exécution des lois, décisions judiciaires et ordres de l'autorité légitime. L'agent subalterne est *exempt de peine*, s'il prouve qu'il a reçu un ordre du supérieur hiérarchique auquel il devait obéissance, et que cet ordre concernait un objet du ressort de ce supérieur (4). Cette excuse ne peut être

(1) On s'accorde à reconnaître qu'entre fonctionnaires *civils* ou entre *particuliers* dont l'un est investi d'une autorité légitime sur l'autre, l'ordre illégal ne peut être invoqué comme cause d'impunité. On raisonne par analogie de l'article final des lois du budget qui menace de poursuites pour concussion les employés des finances qui, obéissant aux ordres de leurs supérieurs, percevraient « des contributions directes ou indirectes autres que celles autorisées par la présente loi ».
(2) Locré, XXX, p. 454.
(3) V. Dutruc, *Loi sur la Presse*, 143.
(4) Ces textes n'exigent pas que l'agent ait ignoré la criminalité de l'ordre qu'il a exécuté, probablement parce qu'il s'agissait d'actes dont la légalité ou

étendue à d'autres délits à cause du principe écrit dans l'article 65 : « nul crime ou délit ne peut être excusé.... que dans les cas et dans les circonstances où la loi déclare le fait excusable ». Il faut donc demander la solution de la question aux principes généraux pour tous les cas non prévus par les articles 114 et 190.— Les auteurs anciens et modernes ont appliqué ici, avec plus ou moins de clarté, la théorie de la contrainte morale et celle de l'erreur de droit. Si le subordonné, tout en ayant conscience de la criminalité de l'acte qu'on lui ordonne, l'accomplit néanmoins parce qu'il craint, en refusant d'obéir, d'attirer sur sa personne ou sa fortune un dommage irréparable, l'ordre illégal devient pour lui une cause de non-imputabilité, quelle que soit l'infraction qu'il ait commise : c'est un cas de *contrainte morale*. — Si, au contraire, le subordonné prétend avoir ignoré la criminalité de l'acte commandé, s'il invoque sa bonne foi, il faudra rechercher, en fait, si l'ordre du supérieur civil ou militaire a pu conduire l'agent à la croyance raisonnée qu'il ne commettait pas un délit. L'ordre illégal pourra être considéré ainsi comme ayant engendré une *erreur de droit* supprimant pour l'inférieur l'imputabilité des infractions intentionnelles.

Mais à quelles conditions ? Il faut selon nous : 1° que l'ordre émane du supérieur hiérarchique auquel il doit obéissance ; 2° qu'il concerne quelque objet du ressort de ce supérieur ; 3° qu'il soit régulier en la forme ; 4° que la criminalité de l'acte ordonné ne soit point évidente. — Les deux premières conditions sont nécessaires à l'existence du commandement de l'autorité légitime. Les deux autres ont trait à sa validité apparente ; elles répondent au devoir qui s'impose à l'inférieur d'examiner s'il doit obéir, et par conséquent de vérifier la régularité de l'ordre en la forme et au fond. Ce n'est que dans l'examen de la criminalité de l'acte qu'il peut commettre une erreur de droit, si cette criminalité n'est pas évidente. Les anciens criminalistes formulaient cette quatrième condition en disant que l'ordre du chef justifiait les soldats pour les crimes légers, mais non pour les crimes atroces (1).

§ 2. — Deuxième fait justificatif. — La légitime défense.

172. Le pouvoir social a mission de protéger contre tout attentat la personne et les biens des particuliers ; mais la force sociale n'est pas toujours présente et, même présente, elle peut être impuissante à proté-

---

l'illégalité est le plus souvent difficile à apprécier et à l'égard desquels le subordonné n'a qu'à s'en rapporter à son supérieur.

(1) Le projet du C. p. russe (1895) ne couvre l'inférieur qui obéit à un ordre illégal que lorsque cet ordre émane d'une *autorité compétente*, qu'il est revêtu des *formes légales* et qu'il n'ordonne pas enfin une *infraction évidente*. Garçon, *Revue pénit.*, 1896, p. 709.

ger efficacement l'individu en danger. Il fallait autoriser dans ce cas la personne attaquée à repousser elle-même l'attaque. C'est cette défense personnelle qu'on qualifie de *légitime* lorsqu'elle réunit les conditions que nous allons étudier. Elle justifie les violences exercées sur l'agresseur pour le réduire à l'impuissance. — La légitime défense est de Droit naturel (1). Faut-il conclure de là que la loi n'a point à le réglementer ? Nous ne le pensons pas : la légitime défense est une forme inférieure de la justice et l'Etat a le droit d'empêcher par des limitations ce qu'elle aurait d'anti-social.

173. Conditions ordinaires de la légitime défense. — « Il n'y a ni crime ni délit, porte l'art. 328, lorsque l'homicide, les blessures et les coups étaient commandés par *la nécessité actuelle de la légitime défense de soi-même ou d'autrui* ». L'analyse de cette formule permet de dégager quatre conditions essentielles à l'existence du fait justificatif. Il faut, d'abord, qu'il y ait une défense et par conséquent *un intérêt menacé*. — Il faut, en second lieu, que cette défense soit légitime ; donc que *l'agression* soit *injuste*. — En troisième lieu, il faut qu'il y ait *nécessité de se défendre*. — Enfin cette nécessité doit être *actuelle*.

174. 1ʳᵉ *condition : un intérêt menacé*. — Il importe peu que l'intérêt menacé nous concerne personnellement ou concerne un tiers. Le Droit romain consacrait ce principe pour la défense des proches (2). Il a été développé sous l'influence des idées chrétiennes. On regarde aujourd'hui comme un devoir moral de porter secours à tout homme injustement attaqué. Aussi l'art. 328 admet expressément qu'il peut y avoir légitime défense d'*autrui* aussi bien que de *soi-même*.

175. Mais sa formule laconique éveille une autre idée : il semble que ces mots, *la défense de soi-même ou d'autrui*, visent uniquement la défense de la personne. De là est née la question de savoir s'il peut y avoir une légitime défense des biens. Certains auteurs tiennent pour la négative ; de sorte que la première condition de la légitime défense serait, non pas un intérêt quelconque menacé, mais uniquement celui de la sûreté personnelle ; il faudrait en d'autres termes une attaque contre la vie, le corps, ou la liberté d'une personne. On fait remarquer que, si l'art. 329 admet la défense légitime des biens, c'est uniquement dans deux cas exceptionnels, alors que le but de l'agression est encore douteux, ou que le danger couru par les biens se complique d'un danger couru par la personne. On ajoute que la légitime défense donne le droit

---

(1) Cicéron a donné un brillant développement à cette idée : « Est hæc non scripta, sed nata lex, quam non didicimus, accepimus, legimus ; verum ex natura ipsa arripimus, hausimus, expressimus ; ad quam non docti, sed facti ; non instituti, sed imbuti sumus : ut, si vita nostra in aliquas insidias, si in vim, in tela latronum aut inimicorum incidisset, omnis honesta ratio esset expediendæ salutis. » Cicero, *Pro Milone*, cap. 4.

(2) Fr. 1, § 4, *ad leg. Corn. de sicariis*.

de tuer l'agresseur ; or, dit-on, il y a défaut de proportion entre la vie d'un homme et un dommage aux biens, parce que ce dommage constitue un mal réparable (1).

Il est difficile de croire que le législateur ait résolu ainsi d'un mot une question de principe, sans qu'il en soit resté aucune trace dans les travaux préparatoires. Au point de vue des textes, la solution est douteuse : le double sens de l'art. 328 fait naître la question ; on ne peut donc invoquer cet article pour la résoudre. — Quant à l'art. 329, s'il fournit un argument, c'est plutôt en faveur de la légitime défense des biens qu'en faveur de la thèse inverse ; car ce qu'il contient d'exceptionnel ce n'est pas l'application du principe de la légitime défense à la protection des biens, mais, comme on le verra ci-dessous, la présomption de légitime défense qu'il établit, quand l'attaque se produit dans certaines conditions. — Le second argument de l'opinion contraire confond deux choses bien distinctes, l'existence du droit et la mesure de son exercice. On peut, tout en appliquant le principe de la légitime défense à la protection des biens, soutenir que cette dernière n'autorise pas des actes aussi graves que la protection de la personne. C'est la seule question qu'on agitait dans l'ancien Droit et que nous examinerons plus bas. Mais, de ce que le droit a une limite, il n'en faut pas conclure qu'il n'existe point. On verra d'ailleurs que la question de mesure s'élève aussi pour la défense de la personne. — Dire enfin que le dommage aux biens est un mal réparable, c'est supposer que l'agent du délit est solvable, ou qu'il est arrêté nanti encore des objets dont il s'est emparé. Or, que de fois les faits contrediront une pareille supposition ?

L'intérêt pratique de la question n'est pas aussi grand qu'on pourrait le croire ; car, même dans l'opinion que nous combattons, on est obligé d'admettre qu'on peut arrêter en flagrant délit tout individu qui commet ou tente de commettre un dommage aux biens. La plupart de ces attentats constituent en effet des crimes ou des délits qui autorisent l'arrestation. Comme conséquence, on admet aussi le droit d'employer la violence pour vaincre la résistance du malfaiteur ainsi arrêté. Pratiquement donc la question de la légitime défense des biens se réduit à savoir si l'on a le droit d'empêcher, par la force, la consommation de l'attentat quand l'arrestation n'est pas possible. Peut-on, par exemple, tirer sur le voleur qui fuit en emportant l'objet volé (2) ?

(1) ORTOLAN, I, 441 ; BLANCHE, V, 69 ; LAINÉ, 246.
(2) En notre sens : TRÉBUTIEN, I, p. 141 ; BERTAULD, p. 330 ; GARRAUD, I, 244. Parmi les législations étrangères, le Code russe est le seul qui n'admette point le principe de la légitime défense relativement aux biens (v. BERGE, *Rev. gén.*, 1879, p. 377). En Belgique la réforme de 1867 a introduit dans l'art. 417 du C. p. belge, correspondant à notre art. 329, un changement de rédaction qui a fourni un nouvel aliment à la controverse. L'opinion générale admet cependant la légitime défense des biens (NYPELS, *Code pénal interprété*, II, p. 406 et s. et les auteurs qu'il cite ; — *contrà* : HAUS, I, 617-620).

176. *2ᵉ condition : une agression injuste.* — *L'injustice* de l'agression fait la *légitimité* de la défense ; ces deux idées sont corrélatives. On doit donc considérer comme illégitime toute réaction violente contre une agression qui constitue l'exercice d'un droit ou l'accomplissement d'un devoir. Ainsi, il n'y a pas de légitime défense contre une légitime défense, ni contre les violences dont les agents de l'autorité usent légalement dans l'exercice ou à l'occasion de l'exercice de leurs fonctions. Ces conséquences logiques d'un principe incontestable ont soulevé quelques difficultés pratiques qu'il importe d'examiner.

177. *a) Peut-on opposer une légitime défense à une attaque qu'on a provoquée.* — La loi, nous le verrons bientôt, accorde l'excuse atténuante de la provocation à celui qui, victime de coups ou de violences graves tue ou blesse son agresseur (art. 321, C. p.). Mais il faut bien se garder de confondre cette situation avec celle de la légitime défense. La provocation ne légitime point la réaction violente du provoqué ; l'acte qu'il accomplit ne perd pas le caractère d'infraction ; la peine en est seulement abaissée. Puisque la réaction violente du provoqué est injuste, il est conséquent d'admettre que le provocateur peut lui opposer une légitime défense. Il faudra donc reconnaître le droit de se défendre à celui qui a souffleté un individu, si ce dernier dirige contre lui une arme pour le tuer (1) ; à la femme adultère et à son complice que le mari surprend en flagrant délit et menace d'une mort imminente (2). — Toutefois si la première agression, au lieu de constituer une simple provocation, avait placé la personne attaquée en état de légitime défense, il ne serait plus permis à l'agresseur d'opposer la force à la réaction violente de cette personne. Il ne pourrait chercher son salut que dans la fuite ; car les violences ou la mort dont il est menacé ont été légitimées par son agression. Le principe, qu'il n'y a point de légitime défense contre une légitime défense, recevrait ici son application.

178. *b) Peut-on opposer une légitime défense aux actes illégaux des agents de l'autorité?* — C'est une question vivement agitée, parce que des considérations étrangères au Droit ont souvent obscurci la solution qu'indiquent les principes. Au point de vue théorique, l'affirmative est certaine, pourvu bien entendu que toutes les autres conditions de la légitime défense se trouvent réunies. S'il y a doute en pratique, c'est qu'on veut s'affranchir de certaines de ces conditions afin d'arriver à une solution radicale dans un sens ou dans l'autre.

---

(1) Il faut naturellement excepter l'hypothèse où la provocation aurait été de la part du provocateur un moyen prémédité pour déguiser un assassinat sous l'apparence d'une légitime défense.

(2) *Sic* : Chauveau et Hélie, IV, 1335 ; Trébutien, I, p. 150 ; Haus, I, 633. — *Contrà* : dans l'ancien Droit, Jousse, III, p. 503 ; — dans le Droit moderne, Nypels, *op. cit.*, II, p. 403.

1er système. — Ainsi, les uns proclament la légitimité de la résistance violente à tout acte illégal des agents de l'autorité, bien que l'irrégularité soit minime, ou que le préjudice résultant de l'exécution de l'acte puisse être facilement réparé. On s'appuie sur l'art. 11 de la Déclaration des droits de l'homme : « Tout acte exercé contre un homme *hors les cas et sans les formes* que la loi détermine est arbitraire et tyrannique. Celui contre lequel on voudrait l'exécuter a le droit de le repousser par la force. » — Mais ce texte n'a d'autre valeur que l'affirmation d'un principe dont il s'agit d'organiser l'application. Appliquer ce principe sans tempérament, et particulièrement sans tenir compte du caractère de l'illégalité et de la nature du préjudice, c'est rendre toute administration impossible, en même temps que violer l'une des conditions essentielles de la légitime défense : *la nécessité de se défendre*.

2e système. — D'autres soutiennent que provision est toujours due au titre ou à la qualité du fonctionnaire qui agit : il n'y a pas de légitime défense contre les actes des fonctionnaires dans l'exercice ou à l'occasion de l'exercice de leurs fonctions. La place qu'occupe dans le Code pénal l'art. 328 prouve, dit-on, que l'homicide et les coups et blessures, qu'il déclare justifiés, sont dirigés contre de simples particuliers. Bien mieux, les violences contre les fonctionnaires sont incriminées comme crime ou délit de rébellion et d'outrage (art. 209 et s., art. 228 et s.). Le fonctionnaire d'ailleurs est responsable de ses abus de pouvoir ; les citoyens qui en ont été victimes pourront obtenir contre lui des dommages-intérêts (1). — Cette thèse a le grave inconvénient de mettre la liberté individuelle à la discrétion des derniers agents du pouvoir, et d'exposer les personnes et les biens à un préjudice qui sera souvent irréparable, à raison de sa nature ou à raison de l'insolvabilité du fonctionnaire. Son premier argument a déjà été réfuté : la place de l'art. 328 et sa formule restreinte s'expliquent par un défaut de méthode, qui existe aussi pour l'art. 327 ; et, ce qu'il y a de plus étrange, c'est que ceux-là mêmes qui argumentent dans un sens restrictif de la place occupée dans le Code par l'art. 328, ne font aucun cas de cet argument lorsqu'ils interprètent dans le sens le plus large l'art. 327. — C'est faussement d'ailleurs, qu'on soutient que la résistance violente à l'acte illégal d'un agent de l'autorité constitue les crimes et délits prévus par les art. 209 et s., 228 et s. du Code pénal ; car ces textes supposent expressément ou implicitement que l'acte accompli par le fonctionnaire est un acte légal.

3e système. — Voyons donc dans quels cas on devra admettre la légitime défense contre les actes illégaux des représentants du pouvoir. « Il faut distinguer, disait Barbeyrac (2), les injustices douteuses ou sup-

---

(1) Blanche, IV, 132 et les arrêts qu'il cite.
(2) Barbeyrac, *Notes s. Grotius*, tome 1, p. 171. — Comp. Grotius, I, p. 69 ; Farinacius, *quæst*. 32, n° 88 ; Jousse, IV, p. 79.

portables et les injustices manifestes et insupportables : on doit souffrir les premières, mais on n'est pas obligé de souffrir les autres. » Cette formule résumait l'opinion courante dans l'ancien Droit. Elle est généralement adoptée par les criminalistes modernes ; il s'agit seulement de déterminer dans quels cas l'abus de pouvoir du fonctionnaire devra être considéré comme une injustice de la première ou de la seconde classe. Il suffit pour cela d'appliquer, en les généralisant, les textes relatifs à la rébellion et à l'exécution des jugements ou des mandats de justice : art. 209, 120, C. p. ; 97, 232, 242, 608, 609, C. i. cr. On devra admettre en principe la légitimité de la résistance violente contre un acte illégal : 1° si cet acte émane d'un fonctionnaire sans qualité pour l'accomplir ; 2° si le fonctionnaire agit sans ordre, dans les cas où il n'est pas mandataire direct du pouvoir, ou s'il refuse de produire cet ordre, ou s'il produit un ordre irrégulier en la forme ; 3° si l'acte est défendu par un texte précis de loi (1).

179. 3° *condition* : *nécessité de se défendre*. — Pour que la défense soit légitime, il ne suffit pas que le droit de défense existe, il faut encore qu'on ait été dans la *nécessité de se défendre*. Cette troisième condition marque la mesure de l'exercice du droit. La question est de savoir quel mal il est permis de faire à l'agresseur en se défendant. La solution doit être donnée plutôt d'après l'équité que d'après le droit. On peut poser en principe : qu'il est permis de faire à l'agresseur tout le mal qu'on croit nécessaire pour le réduire à l'impuissance, mais rien au delà. Ainsi, un homme vigoureux attaqué par un vieillard débile pourrait se contenter de le terrasser pour se rendre maître de lui ; s'il préfère l'assommer, il y a excès dans l'exercice de la défense.

180. On s'est demandé s'il était permis de faire usage des armes contre un individu qui attaque avec ses poings ? Cette question trouve sa solution dans notre formule : il faut rechercher si la personne atta-

---

(1) Dans les deux premiers cas le citoyen résiste à un individu sans qualité ; or l'art. 209 du Code pénal, en définissant la rébellion, suppose que l'acte est en rapport avec la fonction de l'agent de l'autorité. — La nécessité de produire un ordre écrit résulte de plusieurs textes qui protègent la liberté individuelle (art. 120, C. p., 97, 232, 242, 608, 609, C. i. c,). Si l'écrit n'est pas revêtu des formes légales, son authenticité est douteuse ; dès lors le fonctionnaire, chargé de l'exécuter, a le devoir de suspendre son exécution et les particuliers ont corrélativement le droit de s'y opposer. — Enfin, en supposant que l'acte soit régulier en la forme et rentre dans les fonctions de l'agent, la résistance est légale si cet acte constitue une illégalité certaine, c'est-à-dire s'il est expressément défendu par la loi. L'art. 209 décide en effet qu'il y a rébellion si le fonctionnaire agit *pour l'exécution* des lois et non par conséquent lorsqu'il les viole. — La légitime défense sera donc possible dans ces trois cas contre l'acte illégal d'un agent de l'autorité, parce que l'injustice est *manifeste* ; mais il ne faut pas se hâter d'affirmer qu'elle existera nécessairement ; car, si les deux premières conditions de la légitime défense sont remplies, les deux autres peuvent faire défaut ; ce sont ces deux dernières qui rendront, comme l'exigeaient nos anciens auteurs, l'injustice *insupportable Sic* : TRÉBUTIEN, I, p. 450 ; HAUS, I, 631.

quée pouvait raisonnablement penser qu'il était nécessaire de recourir aux armes pour repousser l'attaque.

181. On s'est demandé encore si l'exercice du droit de défense était légitime lorsqu'on pouvait se soustraire au danger par la fuite ? Il faut voir à notre avis si la fuite fera cesser le danger dont on est menacé. Pour ceux qui n'admettent d'autre légitime défense que celle de la personne, la possibilité de fuir supprime la nécessité de se défendre, si la personne attaquée peut espérer qu'elle ne sera point poursuivie et atteinte par l'agresseur. Pour ceux, au contraire, qui admettent la légitime défense des biens, la fuite laisse en général subsister le danger, car il faudrait pouvoir emporter avec soi les choses convoitées par l'agresseur pour les soustraire à son attaque (1).

182. On peut rattacher à la nécessité de se défendre la question de savoir si dans la défense des biens il est permis de frapper, blesser ou tuer l'agresseur. — La controverse était vive dans l'ancienne jurisprudence. Les uns assimilaient absolument la légitime défense des biens et celle de la personne. D'autres pensaient qu'on ne pouvait pas aller jusqu'à l'homicide. D'autres enfin ne permettaient pas de blessures graves (2). — Ces solutions si variées venaient de l'assimilation qu'on croyait nécessaire d'établir entre le mal dont on est menacé et celui qu'on est en droit de faire pour repousser l'attaque. On cherchait à appliquer la loi du talion, en qui se résumait alors le droit de punir. — Mais le principe de cette assimilation était faux, et son application souvent impossible. La légitime défense ne procède pas comme le droit de punir : elle permet de tuer un fou que la loi pénale ne peut atteindre ; elle autorise le meurtre d'un homme pour empêcher l'accomplissement d'un crime qui n'aurait entraîné que la prison. Ces différences viennent de ce que la légitime défense prévient le mal, tandis que le droit de punir le réprime. D'un

---

(1) La controverse que soulevait cette question dans l'ancien Droit s'est continuée de nos jours. Entre les deux opinions extrêmes, il y en avait autrefois une troisième qui distinguait d'après la qualité de la personne attaquée : la fuite était considérée comme déshonorante pour les nobles et les militaires ; eux seuls, dans cette opinion intermédiaire, étaient autorisés à résister violemment quand ils auraient pu fuir. — Cette distinction est contraire au principe moderne de l'égalité des citoyens devant la loi. Aussi les partisans d'un système éclectique proposent aujourd'hui de distinguer d'après la qualité de l'agresseur : devant un insensé ou devant les personnes auxquelles on doit le respect (ascendants, conjoint, fonctionnaires publics), la fuite serait un devoir pour la personne injustement attaquée. On pourrait au contraire légitimement préférer la lutte à la fuite en dehors de ces hypothèses. *Sic*, avec plus ou moins de restrictions : Trébutien, I, p. 151-153 ; Chauveau et Hélie, IV, 1329 ; Haus, I, 626. L'opinion radicale dans l'autre sens nous paraît préférable. La légitimité de la défense est en effet absolument indépendante de la qualité de l'agresseur.

(2) Voir, dans le premier sens : *La Glose, s. la loi 3, ad legem Corneliam de sicariis* ; Farinacius, *Quæst.* 125, n⁰ˢ 212, 213 ; Grotius, 1. 2, ch. I, § II ; — dans le second sens : Muyart de Vouglans, p. 32 ; Jousse, III, p. 501 ; — dans le troisième sens : Puffendorf, II, ch. 5, § 32.

autre côté, dans les attentats avec violence contre l'honneur d'une femme ou contre la liberté individuelle, dans les crimes contre les biens, où trouver entre l'attaque et la défense la similitude du mal ? Un point trop oublié, c'est que dans cette lutte entre le droit d'une part et la violation du droit de l'autre, il est juste que force reste en définitive au droit. L'équité doit seulement tempérer les solutions trop rigoureuses. Il faut donc éviter deux conclusions également exagérées, savoir : 1° qu'on peut tuer un homme pour repousser la plus légère agression dirigée contre la personne ; 2° qu'on ne peut jamais tuer un voleur. Dans la défense de la personne, comme dans celle des biens, on doit comparer la gravité des intérêts compromis par l'agression aux actes qu'il serait nécessaire d'accomplir pour la repousser et imposer, s'il le faut, à la personne attaquée un sacrifice équitable (1).

183. 4° *condition* : La nécessité de se défendre doit être *actuelle*. — Cela revient à dire que le danger doit être *présent*. Il n'y a pas de légitime défense s'il est passé ou futur. Dans le premier cas, c'est une vengeance (2) ; dans le second, il existe d'autres moyens de se défendre qu'une réaction violente : on peut recourir à l'autorité, appeler à l'aide. Ce n'est que si le secours devait ne pas arriver à temps qu'on serait en droit d'engager la lutte (3). — Il va de soi que la nécessité d'un danger actuel n'oblige point à recevoir le premier coup : la défense serait souvent inefficace si on exigeait cette condition. On peut donc frapper dès qu'on est l'objet d'une menace dont la réalisation paraît imminente.

184. Nous avons raisonné jusqu'à présent dans l'hypothèse d'un danger réel ; mais que décider s'il était purement imaginaire ? — Nous n'admettrions pas le fait justificatif ; car, si un danger *futur* ne suffit point pour légitimer la réaction violente, *à fortiori* doit-il en être de même d'un danger *imaginaire* : l'un et l'autre n'existent pas. — Mais il faut observer que c'est à la personne qui se croit attaquée d'apprécier la réalité du danger. Or il pourrait arriver que certaines circonstances lui fissent croire à une attaque imminente, alors qu'elle n'était nullement menacée. Quand de telles circonstances auront exercé sur elle une contrainte morale suffisante, on devra reconnaître à son profit une cause de non-imputabilité, mais non un fait justificatif.

(1) Trébutien, I, p. 141 ; Haus, I, 622 ; Ortolan, I, 422, 424, 425 ; Garraud, I, 245.
(2) Fr. 45, § 4, *ad leg. acquil.* (9, 2) ; fr. 3, § 9, *de vi* (43, 16).
(3) C'est avec ce tempérament qu'on doit accepter cette formule employée par Garraud, I, 246, « que le danger doit être *imprévu* ». Sans doute l'application que mon savant collègue en fait au duel est exacte, mais il est facile de supposer maintes circonstances où l'on a un intérêt légitime à affronter un danger *prévu*. Les seules questions qui puissent se poser dans ce cas sont les suivantes : 1° était-il possible de détourner à temps le danger en faisant intervenir l'autorité ? — 2° L'intérêt qu'on avait à le braver était-il considérable et urgent ?

185. Cas où la loi présume la légitimité de la défense.
— Après avoir énuméré dans l'art. 328 les conditions ordinaires de la légitime défense, le législateur prévoit dans l'article suivant deux hypothèses où la réunion de certaines circonstances constituera l'état de légitime défense. Il n'y a pas à douter, bien que des auteurs considérables aient soutenu le contraire, que ce texte ne crée deux présomptions de légitime défense. Les faits connus sont les circonstances constitutives de chacune de ces hypothèses ; le fait inconnu est l'état de légitime défense ; la loi conclut de l'un à l'autre (art. 1349, C. civ.).

La première de ces présomptions repose sur ces trois circonstances : 1° que l'auteur de la réaction violente a agi en *repoussant* l'escalade ou l'effraction ; 2° d'une maison ou d'un appartement *habité* ou de leurs dépendances ; 3° pendant la *nuit*. — La seconde part de ces deux faits connus : 1° qu'il y a eu *violence* contre les personnes (1) ; 2° dans un but *de vol ou de pillage*.

186. L'effet de ces présomptions est de rendre inutile la preuve des conditions habituelles de la légitime défense en la remplaçant par celle des faits sur lesquels la présomption est fondée. De plus cette présomption est irréfragable, car l'art. 329 déclare que dans les deux cas qu'il prévoit il y a légitime défense (arg. : *sont compris*...), et par conséquent qu'il n'existe ni crime ni délit : « il dénie l'action en justice » (art. 1352, C. civ.). Il suit de là qu'on ne pourra rechercher s'il y a eu excès dans la défense ni, ce qui est plus grave, si l'auteur de la défense a pu croire à un danger pour sa personne ou pour ses biens. Cette dernière conséquence conduit à un résultat pratique très rigoureux dans la première hypothèse : il sera permis de tuer un homme qui pénètre la nuit et avec escalade dans une maison habitée ou dans ses dépendances, bien qu'on sache pertinemment qu'il n'y vient pas dans une intention criminelle (2).

Touchés de ce résultat, certains auteurs n'ont voulu voir dans l'art. 329 que le développement de l'art. 328 : le législateur indiquerait deux hypothèses qui *peuvent donner lieu à la légitime défense*, sans rien changer aux conditions habituelles auxquelles est subordonné ce fait justificatif. L'auteur de la réaction violente aurait donc à prouver,

---

(1) L'art. 329 ne mentionne pas expressément que les violences doivent avoir été dirigées contre les personnes, mais l'esprit de la loi est d'établir une présomption de légitime défense dans l'hypothèse d'une agression qui menace à la fois les personnes et les propriétés : aussi n'hésite-t-on pas à compléter ainsi le texte. L'art. 517 du C. p. belge a précisé formellement ce point.

(2) Voir sur ce point les causes célèbres *de Jeufosse* et *de Pochon* (C. d'assises de l'Eure, audiences des 14 à 18 déc. 1857, *Le Droit*, n°s des 15 à 19 déc.; — C. d'assises de la Moselle, audience du 27 fév. 1858, *Le Droit*, n° du 3 mars). Le C. p. belge a ajouté à son art. 427 une restriction destinée à empêcher ce fâcheux résultat. — GARRAUD, I, 248, propose, dans le même but, de considérer les présomptions de l'art. 329 comme des présomptions *simples*. Mais l'article 1352, C. civ., s'y oppose.

dans ces deux cas, que sa défense réunissait toutes les conditions que nous avons précédemment étudiées. Il faut écarter cette explication ; d'abord, parce qu'elle rend inutile l'art. 329, et ensuite, parce que les termes mêmes de ce texte : « *sont compris dans les cas de nécessité actuelle de défense les deux cas suivants* », prouvent bien que ces deux hypothèses réunissent les conditions exigées pour qu'il y ait légitime défense.

187. On doit évidemment n'appliquer les présomptions de légitime défense que si les conditions de l'art. 329 sont rigoureusement remplies ; car les présomptions sont de droit étroit, et ne peuvent être étendues d'un cas à un autre. Par exemple, l'art. 329 ne protégerait pas celui qui tue l'individu *déjà entré* dans la maison, puisque ce texte ne donne le droit de le tuer qu'en *repoussant l'escalade* ; ni celui qui le tue *en plein jour* bien qu'en repoussant l'escalade ou l'effraction d'une maison habitée, puisque l'article exige la condition de *nuit*. L'auteur de l'homicide qui n'est pas exactement dans l'une des deux hypothèses prévues par l'art. 329, doit prouver que les conditions ordinaires de la légitime défense étaient réunies (1).

188. Il faut observer, sur le second cas de légitime défense prévu par l'art. 329, que les violences dont il est question n'ont pas le caractère d'une *agression* qui donnerait lieu, d'après le Droit commun, à une légitime défense. Il s'agit d'actes de contrainte physique exercés sur les personnes pour arriver à perpétrer le vol ou le pillage. Ces violences peuvent ne mettre en péril ni la santé, ni la vie de la personne qui en est l'objet. On comprend dès lors l'utilité de la présomption établie par la loi : elle évite toute investigation sur la proportion du danger couru, et du mal accompli pour réagir. Le droit de tuer le voleur ne pourra par conséquent être contesté à l'individu contre lequel est tenté un vol avec violence, sous prétexte que le bien qu'il avait à défendre était de minime importance ou que les violences exercées sur lui ne lui faisaient courir aucun danger sérieux (2).

189. De l'excès dans la légitime défense. — Si notre Code pénal était une œuvre méthodique, on aurait indiqué comment devait être traité l'auteur de la défense quand les conditions qui la rendent légitime sont incomplètes ou insuffisamment remplies. Cette situation intermédiaire entre l'acte licite et l'infraction aurait dû faire l'objet de dispositions spéciales placées immédiatement après celles relatives à la

---

(1) *Sic* : GARRAUD, I, 248, A ; — *Contrà* : CHAUVEAU et HÉLIE, IV, 1339 ; BLANCHE, V, 72 ; — Cass., 11 juill. 1844 (*Lacore*).

(2) *Sic* : HAUS, I, 647. — La question a été bien étudiée lors de la réforme du C. p. belge en 1867 et résolue dans le sens indiqué au texte (V. le rapport de M. PIRMEZ, *Légis. crim. de la Belgique*, t. III, p. 542, n° 22). M. GARRAUD, après avoir contesté cette explication, *Dr. pén. franç.*, I, 248, B, l'a reconnue exacte. *Précis*, 153 (5e édit.).

légitime défense. On ne peut cependant pas reprocher au législateur de l'avoir absolument négligée, car les art. 321 à 325 paraissent s'y rapporter. — Ces articles admettent l'excuse de la provocation : 1° pour le cas où des violences, que la loi caractérise, auraient été dirigées contre une personne sans la placer néanmoins dans le cas de légitime défense ; 2° pour celui où une agression avec escalade ou effraction aurait été dirigée, *pendant le jour*, contre une maison ou un appartement habité ou ses dépendances. L'examen de ces dispositions rentre dans la théorie des excuses. Il suffit de noter ici que dans ces circonstances la réaction violente ne perd point son caractère d'infraction ; mais la peine qu'elle mérite est abaissée. — Cela n'empêche pas d'examiner si la crainte de l'attentat n'a point exercé sur la volonté de l'auteur de la réaction une contrainte morale qui efface sa culpabilité. — En résumé, quand la défense n'est pas absolument légitime, l'agent peut échapper encore à la peine s'il est en droit d'invoquer la cause de non-imputabilité tirée de la contrainte, ou n'encourir qu'une peine moindre au moyen de l'excuse de la provocation.

§ 3. — Faits justificatifs spéciaux motivés par l'accomplissement d'un devoir ou par l'exercice d'un droit.

190. La formule que l'infraction est légitimée par l'accomplissement d'un devoir ou par l'exercice d'un droit reçoit des applications spéciales ; en voici quelques exemples : 1° le devoir d'éducation dont sont tenus les père et mère envers leurs enfants, leur permet d'user à leur égard de certains moyens de contrainte qui constitueraient des arrestations et des séquestrations illégales s'ils étaient employés contre d'autres personnes ; 2° la diffamation, c'est-à-dire l'imputation d'un fait qui porte atteinte à l'honneur ou à la considération d'un individu, devient légitime lorsque le prévenu prouve la vérité du fait diffamatoire, pourvu qu'elle soit dirigée contre des fonctionnaires, des ministres des cultes, des corps constitués, des directeurs ou administrateurs d'entreprises industrielles, commerciales ou financières, faisant publiquement appel à l'épargne ou au crédit, et qu'il s'agisse de faits relatifs à leurs fonctions ou à leurs entreprises (art. 31 et 35, L. 29 juill. 1881, *sur la Presse*). On a objecté que le fait justificatif n'était, dans ce cas, autre chose que l'absence d'un élément constitutif du délit : la loi en d'autres termes punirait la calomnie (1). Nous ne pensons pas que tel soit le sens de la loi, car le prévenu n'aurait pas à se disculper en prouvant la vérité du fait diffamatoire, ce serait au contraire à la partie poursuivante à faire la preuve de la *fausseté du fait*, puisque cette fausseté constituerait un élément du délit.

(1) GARRAUD, I, 239.

191. Le *consentement de la victime du délit* est-il un fait justificatif ? Il faut distinguer suivant que le consentement s'applique à une chose dont la victime a ou non le droit de disposer. En partant de ce principe, on peut dire qu'en général le consentement de la victime efface la criminalité des infractions qui s'attaquent aux biens et qu'il laisse subsister au contraire celles des infractions dirigées contre la personne. La question a été surtout agitée pour ces dernières. Il paraît d'abord certain que la vie, la santé, l'intégrité du corps sont des choses indisponibles. On décide, en conséquence, que l'homicide conventionnel est un crime. Celui, par exemple, qui tuerait, sur sa demande, un individu qui n'ose point se suicider, commettrait un assassinat (1). — Mais que fallait-il décider à l'égard des délits qui s'attaquent à la pudeur d'une personne, ou qui corrompent ses mœurs ? La moralité, la pudeur sont des qualités de la personne qui peuvent exister pleinement, s'affaiblir, disparaître même. Si elles n'existent point chez la personne que vise l'agent du délit, comment pourrait-il y porter atteinte ? En présence de cette difficulté pratique, le législateur a pris un sage parti : jusqu'à un certain âge, il considère le consentement comme inopérant. C'est treize ans pour l'attentat à la pudeur sans violence, seize ans pour l'enlèvement de mineure, vingt et un ans pour l'excitation à la débauche (art. 331, 334, 356, C. p.). Après cet âge le consentement de la victime efface le délit ; pourvu bien entendu qu'il soit pur de vices (art. 354).

192. Il faut faire la même réserve lorsqu'il s'agit d'un délit dirigé contre les propriétés auquel la victime paraît avoir consenti : par exemple, dans l'escroquerie, la personne trompée est réputée ne pas s'être volontairement dépouillée, quoiqu'il y ait eu de sa part remise volontaire des valeurs à l'escroc (art. 405, C. p.). — Le consentement doit aussi précéder le délit. S'il survenait après, il se confondrait avec le pardon de la victime qui ne peut effacer l'infraction.

193. Conformément à ces principes, on ne doit pas admettre que l'homicide ou les blessures commis en duel puissent être couverts par le consentement de la victime. Elargissons le débat : *Le duel est-il puni par notre législation* ?

L'on conçoit deux manières de réprimer le duel : 1° pour lui-même et abstraction faite de ses résultats ; 2° uniquement en considération des suites qu'il a eues. Le premier genre de répression n'existe pas dans nos lois. Reste à savoir si l'homicide et les blessures commis en duel peuvent être rangés parmi les crimes ou délits de cette nature prévus par le

---

(1) *Sic* : Bertauld, p. 383 ; Lainé, 230 ; Garraud, I; 240 ; Cass., 23 juin 1838 ; 21 août 1851 ; novembre 1888, C. d'assises de Constantine, aff. *Chambige* ; — *Contrà*. Chauveau et Hélie, III, 1097, qui définissent l'intention « la volonté de nuire ». Certaines législations étrangères prononcent dans ce cas une peine moindre ; C. allemand, § 216 ; C. hongrois, § 282 ; C. danois, § 196.

Code pénal. — L'étude des précédents historiques est nécessaire pour résoudre la question. Le duel, tel que nous le connaissons, est un moyen de tirer vengeance des injures privées. Il substitue des voies de fait à l'action normale de la justice. A ce titre, il doit être proscrit par la législation de toute nation policée. Aussi, après l'abolition du *duel judiciaire* qui était employé dans les Cours féodales comme moyen de preuve, on vit les rois de France s'efforcer de restreindre l'usage du duel, puis le défendre absolument (1). Dans le dernier état de l'ancien Droit, la législation sur le duel se composait de deux édits de Louis XIV (édits de septembre 1651 et d'août 1679) (2), et d'un édit de Louis XV (édit de février 1723). C'était une législation complète : elle punissait les combattants, les témoins, ceux qui avaient porté les lettres de défi et même les spectateurs. Les faits incriminés étaient : 1° l'appel en duel, 2° l'acceptation de cet appel, 3° le combat, quelles qu'en eussent été les suites. La législation intermédiaire ne contient pas de dispositions spéciales sur le duel. Le 4 février 1791, l'Assemblée constituante avait chargé ses comités de lui présenter un projet de loi sur la matière. Le 29 messidor an II, la Convention donna le même mandat à la commission du recensement et de la rédaction complète des lois. Entre temps avaient été promulgués le Code pénal du 25 septembre 1791, qui restait muet sur la question, et une loi d'amnistie (D. 17 septembre 1792) portant que : « tous procès et jugements contre des citoyens, depuis le 14 juillet 1789, sous prétexte de *provocation au duel*, sont éteints et abolis. » On arrive ainsi à l'élaboration du Code pénal de 1810. Dans son rapport au corps législatif, Monseignat déclara officiellement que le duel était compris dans les dispositions sur l'homicide (3). Depuis cette époque, des projets de loi sur le duel ont été bien souvent présentés, mais ils ont tous échoué (4). — En

---

(1) De Laurière rapporte que Philippe le Bel se réserva d'autoriser le combat. Même réserve dans l'édit de 1609.

(2) M. Dupin, dans son réquisitoire cité plus bas, a soutenu que les édits de Louis XIV n'étaient pas applicables aux roturiers, sauf cependant en ce qui concernait la provocation en duel. Cette interprétation des édits paraît erronée. Il y avait dans cette législation deux sortes de dispositions : les unes, *préventives*, qui ne concernaient que les nobles ; les autres, *répressives*, qui s'appliquaient à tous les délinquants.

(3) V. séance du 17 février 1810.

(4) Ces projets furent présentés, en 1819 à la Chambre des députés, en 1829 et 1830 à la Chambre des pairs, en 1832 au Conseil d'État, en 1845 à la Chambre des députés, en 1849 et 1850 à l'Assemblée nationale, en 1877 au Sénat. Il faut lire le rapport remarquable que M. Valette fit sur les projets de 1849 et 1850 (VALETTE, *Mélanges*, II, p. 625 et s.). Le projet présenté par M. Hérold, en 1877, a été rejeté, le 10 mars 1883, à l'unanimité moins *trois* voix. — La difficulté à laquelle se heurtent les lois qui veulent incriminer le duel pour lui-même, abstraction faite de ses conséquences, c'est de trouver une peine appropriée au délit. M. Valette avait voulu tarir la source d'un grand nombre de duels en proposant la *perte des droits politiques*. — Les législations plus récentes que la nôtre contiennent toutes des dispositions particulières sur le duel : C. belge, art. 423-

présence de ces documents législatifs faut-il conclure : 1° que les édits sur le duel sont encore en vigueur ? 2° Ou bien qu'ils ont été remplacés par les dispositions du Droit commun sur l'homicide et les blessures ? 3° Ou bien encore que les suites du duel ne sont pas punies ?

La première solution doit être écartée. L'article final du Code pénal de 1791 abrogea, en effet, toutes les lois pénales antérieures qui établissaient des crimes. Il semble cependant que les tribunaux ne comprirent point la portée de cette abrogation, car les procès pour *provocation au duel* continuèrent. Ainsi s'explique l'amnistie de 1792 qui vint mettre un terme à ces procès et réparer les erreurs judiciaires qui avaient été commises. Avec les édits disparut la répression du duel incriminé en lui-même et abstraction faite de ses conséquences. Il n'y avait plus désormais qu'à choisir entre les deux autres solutions relativement à ses suites (1).

Pour soutenir que les suites du duel ne sont point punies par notre législation, on dit d'abord que l'homicide et les blessures commis dans cette circonstance ont un caractère propre qui ne permet point de les confondre avec ces mêmes délits, commis dans les conditions où le Code pénal les incrimine. — Il y a, de plus, état de légitime défense pour chaque combattant vis-à-vis de l'autre, ou bien consentement antérieur de chacun d'eux à l'homicide ou aux blessures qui pourront lui être faites par l'adversaire. — Enfin la loi ne pouvait assimiler les suites d'un duel loyal aux crimes et délits de Droit commun sans violer les règles du Droit abstrait ; il faut donc supposer qu'elle ne l'a point fait (2).

On peut répondre que le législateur ayant suffisamment manifesté

---

433 ; C. allemand, art. 210 ; C. russe ; C. des Pays-Bas, art. 152-156 ; projets de C. espagnol de 1884, 1885 ; C. italien, art. 237-245. — La législation anglaise fait rentrer les suites du duel sous les dispositions de la loi commune (BLAKSTONE, *Com., de l'homicide*). Les législations modernes sur le duel prévoient : les injures qui ont donné lieu à la provocation ; — la provocation ; — le combat sans suites ou avec telles ou telles suites ; — le cas où l'un des adversaires n'aurait pas fait usage de son arme ; — les excitations au duel venant des tiers.

(1) Cette question a donné lieu à un grand revirement de jurisprudence. Aussitôt après l'entrée en vigueur du Code pénal de 1810, les parquets pensèrent que les suites du duel étaient punies par ses dispositions sur l'homicide et les blessures volontaires : une poursuite eut lieu devant la Cour d'assises de la Seine et le ministre de la justice, le grand juge comme on l'appelait alors, se prononça pour la répression (C. d'ass. de la Seine, 26 déc. 1811 ; Lettre min. au Proc. général d'Amiens, 25 mars 1812). Mais, dans la même année, Merlin, procureur général près la Cour de cassation, adressait un avis tout contraire à un chef de parquet qui l'avait consulté à ce sujet. La question ne fut portée devant la Cour de cassation qu'en 1818. Cette Cour, par onze arrêts rendus de 1818 à 1828, adopta l'opinion de son procureur général. Dix ans s'écoulèrent pendant lesquels le silence se fit sur la question. Mais en 1837 elle fut de nouveau soumise à la Cour suprême qui décida, sur le savant réquisitoire de M. Dupin, que l'homicide et les blessures commis en duel tombaient sous le coup des dispositions du C. p. Elle a persisté depuis dans cette seconde jurisprudence.

(2) CHAUVEAU et HÉLIE, III, 1104-1187 ; GARRAUD, IV, 296 ; VILLEY, p. 85.

son intention de comprendre les suites du duel dans les dispositions sur l'homicide et les blessures volontaires, il ne faut point restreindre par d'ingénieux raisonnements l'application de textes généraux. A vrai dire, il n'y a pas de légitime défense, car les deux adversaires se sont offerts sans nécessité au danger, en venant sur le terrain. Et même, une fois le combat commencé, aucun d'eux ne peut invoquer ce fait justificatif, car l'un et l'autre attaquent ; or pour être en état de légitime défense il ne faut pas avoir légitimé par son agression la violence contre laquelle on réagit. — Quant au consentement antérieur de la victime, il ne peut être invoqué comme cause de justification, parce qu'il s'agit d'actes attentatoires à la vie ou à l'intégrité du corps. — Le silence gardé sur le duel par le Code pénal de 1791 s'explique par l'abrogation des édits qui punissaient le duel comme délit spécial, et par une de ses dispositions qui faisait rentrer les suites du duel dans l'homicide et les blessures volontaires. En effet, après quelques articles consacrés à l'homicide par imprudence, à l'homicide légal et à l'homicide légitime, l'art. 7 (sect. I, tit. II, part. II) ajoute : « Hors les cas déterminés par les précédents articles, TOUT homicide commis volontairement envers QUELQUES PERSONNES, avec quelques armes ou instruments, et par quelque moyen que ce soit, sera qualifié et puni ainsi qu'il suit... » L'homicide commis en duel est compris dans cette formule générale. Par analogie, il fallait décider que les blessures faites en duel étaient punies par les dispositions du Droit commun relatives à ce genre d'infractions. — Quant au Code pénal de 1810, pour douter qu'il applique aux suites du duel ses dispositions sur l'homicide et les blessures volontaires, il ne faudrait tenir compte ni de la généralité des textes, ni de l'explication officiellement donnée par Monseignat, ni enfin du droit abstrait qui exige la répression des voies de fait commises dans cette circonstance. On ne peut critiquer par conséquent l'interprétation donnée aux textes du Code par la jurisprudence actuelle, dont le Sénat s'est montré satisfait en écartant la dernière proposition de loi sur le duel (1).

(1) L'application du Droit commun aux suites du duel aura les conséquences suivantes : 1° *si les duellistes ont eu l'intention de se donner la mort*, le survivant des combattants, tous deux s'ils survivent, ainsi que les témoins pourront être poursuivis (art. 2, 302, 59 et 60, C. p.). — 2° *Si les duellistes n'ont pas eu l'intention de se donner la mort, mais que cependant le combat ait été suivi de mort, de mutilations ou d'infirmité permanente*, mêmes solutions (art. 2, 309, 310, 59 et 60, C. p.).— 3° *Si les duellistes n'avaient pas l'intention de se donner la mort et que le combat n'ait eu pour suite que des blessures moins graves*, le duel est un simple délit (art. 311, C. p.) dont la tentative n'est pas punissable ; seul l'auteur des blessures et les témoins peuvent être poursuivis.— L'autorité militaire autorise parfois les duels, parfois même les impose. En 1876, une pétition fut adressée au Sénat par un certain nombre de pères de famille pour demander la suppression de cet abus. Le Sénat la rejeta sur un rapport qui explique « que, dans l'armée, le duel est un moyen de prévenir les rixes ;

CHAPITRE II

CLASSIFICATION DES INFRACTIONS.

194. L'utilité de la classification des infractions se fait sentir dans l'application des règles de fond et de forme : tel groupe d'infractions comporte l'application de certaines règles que tel autre groupe repousse. On peut classer les infractions :
1° D'après la peine qui les réprime ;
2° D'après leurs éléments constitutifs ;
3° D'après le but de l'agent ;
4° D'après la nature de la loi pénale qui les prévoit.

Section I. — Classification d'après la peine.

195. Cette classification est indiquée par l'art. 1er du Code pénal. L'infraction que les lois punissent de peines de police est une *contravention*. — Celle que les lois punissent de peines correctionnelles est un *délit*. — Celle que les lois punissent d'une peine afflictive ou infamante est un *crime*. — Nous avons répondu aux critiques qu'a soulevées cette classification. L'art. 1er, C. p., n'a point pour objet de définir les infractions, il donne un simple critérium à l'aide duquel on déterminera le *nom commun* de l'infraction qu'on examine et, par suite, les règles de fond et de forme qui lui sont applicables.

qu'il est nécessaire pour maintenir les principes d'honneur et de courage, de respect les uns pour les autres ; que c'est un usage qu'on s'efforcera de restreindre, mais qu'il est impossible de couper brusquement le mal ». — Ces considérations n'effacent point l'illégalité des duels autorisés ou imposés par les colonels. En fait, le coupable pourra jouir de l'impunité, parce que l'autorité militaire, qui est seule chargée de la répression, peut s'abstenir de poursuivre ; mais il n'échappera point à l'action civile que le blessé ou les tiers lésés par son délit pourront exercer contre lui devant les tribunaux civils, et, si le duel a été imposé, la responsabilité atteindra le colonel lui-même. *Sic* : Auzouy, *Rev. pratique*, 1877, p. 20. — Haus, I, 648, rejette l'action civile du blessé à raison du consentement qu'il a donné au duel ; mais il paraît contradictoire de dire que ce consentement n'efface pas le délit pénal et fait disparaître au contraire le délit civil.

Si l'on entre dans les détails, on voit que l'intérêt pratique de cette division apparaît :

1º *Au point de vue des juridictions de jugement.* — Trois sortes de tribunaux ont été organisés pour appliquer les peines : les tribunaux de simple police connaissent des contraventions ; les tribunaux correctionnels, des délits ; les Cours d'assises, des crimes. La distinction tripartite des infractions est donc en premier lieu *indicative de compétence*.

2º *Au point de vue de l'instruction préparatoire.* — L'instruction préparatoire n'a pas lieu quand un fait apparaît, dès le début, comme une simple contravention. Elle est facultative et n'a lieu, sauf le cas d'appel, qu'à un degré, s'il s'agit d'un délit. Elle est obligatoire et a lieu à deux degrés s'il s'agit d'un crime.

3º *Au point de vue de la prescription.* — Le droit de poursuivre l'auteur d'une contravention dure un an ; celui de poursuivre l'auteur d'un délit, trois ans ; celui de poursuivre l'auteur d'un crime, dix années.

Pour achever de marquer l'importance de cette division il suffit de rappeler l'utilité de la division tripartite des infractions quand il s'agit d'appliquer la loi pénale hors du territoire, ou les règles de la tentative et de renvoyer aux principales théories du Droit pénal qui seront exposées ci-après : *solidarité des amendes,* — *récidive,* — *non-cumul des peines,* — *complicité,* — *revision,* etc.

196. Sous l'impression des critiques que certains auteurs ont dirigées contre l'art. 1er, C. p., la jurisprudence s'est efforcée pendant longtemps de restreindre l'étendue d'application du critérium qu'il indique. — Elle l'admettait sans restriction pour toutes les infractions prévues par le Code pénal et pour celles que les lois spéciales punissent de peine criminelle ou de simple police. — Mais s'il s'agissait d'une infraction punie de *peine correctionnelle par une loi spéciale*, elle ne voyait dans la peine qu'une simple *indication de compétence*. Quant aux autres règles de fond et de forme, telles que celles de la *complicité*, du *non-cumul*, de la *prescription*, de l'*instruction préparatoire*, elle ne les appliquait que lorsque l'infraction se rapprochait des *délits* par d'autres éléments que la peine. Mais depuis un arrêt du 23 février 1885 elle paraît traiter à tous les points de vue comme des délits toutes les infractions passibles d'une peine correctionnelle (1).

197. Nous aurons à examiner ultérieurement si la substitution d'une peine correctionnelle à une peine criminelle, par l'effet des excuses ou

---

(1) V. sur la première jurisprudence, BLANCHE, I, 4 et s. ; et sur son revirement : VILLEY, *France judic.* : « Fin des délits contraventionnels », 1886, p. 865 ; GARDEIL, *Rev. crit.*, 1889, nº 1; Cass., 21 mars, 9 janvier 1890 (*Lois nouv.*, 90,2, 62) ; 13 juin 1890 (B. 66,125) ; Paris, 4 juin 1894 (*Lois nouv.*, 94, 2, 220) ; Cass. civ., 18 mars 1895 (*Gaz. Trib.*, 20 mars) ; Cass. cr., 20 juin 1896 (*Lois. nouv.*, 96, 2, 228).

des circonstances atténuantes, produit *un déclassement de l'infraction*, la transforme de crime en délit.

Section II. — Classification d'après les éléments constitutifs.

198. Par leurs éléments constitutifs les infractions se divisent en : 1° *intentionnelles* et *non intentionnelles* ; — 2° *instantanées* et *continues* ; — 3° *simples* et *collectives*.

199. 1° *Infractions intentionnelles et non intentionnelles*. — Cette division repose sur l'élément intellectuel qui est plus accentué dans les premières que dans les secondes. — Elle est l'œuvre de la doctrine, car aucun texte ne la constate. Cependant le législateur l'a implicitement reconnue en réunissant dans le même livre du Code pénal les crimes et les délits, qui sont très généralement des infractions intentionnelles, et en faisant un livre spécial pour les contraventions (1).

L'intérêt pratique de cette distinction apparaît au point de vue des *causes de non-imputabilité*. Elle entraîne aussi certaines modifications dans l'application des règles de la *complicité*.

200. 2° *Infractions instantanées et infractions continues*. — Cette division est tirée de la durée de l'infraction. On nomme *instantanées* les infractions dans lesquelles la violation du droit s'accomplit et s'épuise en un moment. Le délit est terminé aussitôt que commis. Telles sont l'homicide et ses variétés, les coups et blessures, le vol, l'escroquerie, etc. — On nomme *continues* (ou *permanentes* ou *successives*) les infractions dans lesquelles la violation du droit, une fois accomplie, se prolonge pendant un temps plus ou moins long, quelquefois même indéfini. Telles sont : la séquestration des personnes, le port illégal de costume ou de décoration, et toutes les incriminations du recel comme délit spécial : recel des espions, recel des cadavres, détention d'armes de guerre, détention de faux poids ou de fausses mesures, recel des objets contrefaits, etc.

L'intérêt pratique de cette distinction apparaît : 1° pour le *point de départ de la prescription*. L'infraction ne commence à se prescrire que lorsqu'a cessé l'état permanent de criminalité qu'elle avait créé ; — 2° pour *la compétence ratione loci* et *l'extension de la loi pénale hors*

---

(1) Berlier en présentant le Code pénal au Corps législatif reconnaissait la nature identique des crimes et des délits, car il expliquait la différence de pénalité par des circonstances *extrinsèques* qui s'ajoutent souvent au fond de l'infraction ; mais il ne donnait point la raison qui fait l'identité de nature entre ces deux premières classes d'infractions. La distinction de l'élément moral et de l'intention, n'était pas encore dégagée, quoique sentie et voulue par le législateur. Locré, t. 29, p. 423.

du territoire. Les juges d'instruction de tous les arrondissements où s'est continué le délit sont aussi compétents pour en connaître que celui de l'arrondissement où il a été accompli en premier lieu. S'il s'agit d'une infraction continue commencée à l'étranger et continuée en France, l'infraction tout entière est réputée commise sur notre territoire à raison de son indivisibilité ; — 3° pour la *procédure*, le délit continu étant un délit unique, tous les actes matériels par lesquels il s'est manifesté doivent être réunis dans la même poursuite. Il y a entre eux une *indivisibilité* qui motive l'unité d'instruction ; — 4° enfin pour la *chose jugée* qui s'applique au fait dans toutes ses manifestations, comprises ou non dans la poursuite.

201. On distingue les infractions instantanées des infractions continues, en s'attachant avant tout à la définition légale de l'infraction. Ainsi les art. 342 et 343, C. p., tiennent compte de la durée de la séquestration pour la fixation de la peine ; ils impliquent donc que ce fait doit avoir une durée. — De même le complot est une infraction continue, puisque l'art. 89, C. p., dit qu'il y a complot *dès que* la résolution d'agir a été arrêtée entre plusieurs personnes. Le crime s'accomplit par la réunion des volontés criminelles et se continue tant que l'union des volontés persiste. — La coalition de fonctionnaires, art. 123 et s., est aussi un délit continu, parce que dans les articles qui l'incriminent il est tenu compte de circonstances qui supposent une durée. — Le sens grammatical du nom de l'infraction ne doit être pris en considération qu'à défaut de toute définition légale ou de toute indication d'un sens contraire. Par exemple, on ne pourrait pas faire de la bigamie une infraction continue en se fondant sur la définition donnée par le dictionnaire de l'Académie, car, d'après l'art. 340, le crime consiste dans le fait de contracter un second mariage avant la dissolution du premier.

Dans la recherche des délits continus il faut éviter : 1° de prendre pour le délit les conséquences de l'infraction, qui généralement sont durables et souvent perpétuelles (1) ; de prendre pour la continuité d'un fait, la réitération de ce fait en vue d'accomplir un projet criminel unique. Ce dernier genre d'infraction est une variété de délits collectifs que nous allons étudier. Pratiquement, les règles des délits continus lui sont applicables, mais théoriquement il y a cette différence, que les délits continus sont *permanents*, tandis que les autres sont *successifs*. On les confond souvent sous cette dernière expression.

Les délits qui consistent dans des faits, comme ceux qui consistent dans une abstention peuvent constituer les délits continus. Tout dépend de la durée qu'implique l'élément matériel de l'infraction (2).

---

(1) V. *Exemple* : Cass., 3 novembre 1870 (D. 70, 1, 438).
(2) Voir des exemples d'abstentions constituant des infractions continues dans les art. 616, C. i. c., et 119, 345 § 4, 411, 459, 471 § 1er, C. p.

202. 3° *Infractions simples et infractions collectives*. — Les infractions qui consistent dans un fait *unique*, instantané ou continu peu importe, sont dites *simples*. Celles qui supposent une réunion de faits *distincts* sont appelées *collectives* ou *complexes*. Il y a plusieurs espèces de délits collectifs. La seule que le législateur français ait prévue expressément, c'est le *délit d'habitude*. Les autres sont des créations de la doctrine. Deux éléments caractérisent l'infraction collective : la pluralité des faits et l'unité de délit.

203. Dans les délits d'habitude la loi n'incrimine point les faits matériels mais seulement l'habitude vicieuse qu'ils dénotent. Telles sont : l'habitude d'usure (L. 3 sept. 1807, art. 4 ; L. 19 déc. 1850, art. 2) ; l'habitude d'excitation de mineurs à la débauche (art. 334, C. p.). — Il importe de distinguer ces délits des infractions instantanées et des infractions continues : 1° pour fixer le *point de départ de la prescription*. Elle ne court ni du premier fait, ni du dernier, mais du fait qui, réuni aux précédents, forme le groupe exigé par la loi pour démontrer l'habitude ; — 2° *au point de vue de l'action civile*. Cette action n'existe pas dans les délits d'habitude, car l'habitude ne peut léser les particuliers. S'ils éprouvent un préjudice, c'est par les faits matériels ; mais les faits matériels ne sont point incriminés. Ils peuvent donc exercer, à raison de ces faits, l'action en dommages-intérêts de l'art. 1382 du Code civil, mais non pas l'action civile ; — 3° *quant à la compétence à raison du lieu du délit (forum delicti)*. Dans les infractions instantanées il n'y a qu'un juge compétent par le lieu du délit, puisque l'infraction ayant été commise et finie en un seul moment, sa perpétration s'est nécessairement accomplie dans un seul lieu. Dans les infractions continues il y a autant de juges compétents que d'arrondissements dans lesquels le délit s'est continué. Dans les délits d'habitude on peut n'en rencontrer aucun, car pour qu'on puisse dire que le délit s'est commis dans tel arrondissement, il est nécessaire que le nombre légal des faits révélateurs de l'habitude s'y soit produit.

204. Les autres infractions collectives sont composées de faits distincts qui pris séparément constitueraient autant d'infractions, mais qui réunis forment juridiquement un seul délit, parce qu'ils sont l'exécution d'une seule et même résolution criminelle et qu'ils tendent au même but. On les appelle, pour ce motif, *délits collectifs par l'unité de résolution et de but* (1). C'est une *modalité* qui transforme en délit collectif un groupe de délits simples : l'unité des actes in-

---

(1) D'autres disent : l'unité de *projet*, l'unité de *conception* et de but. Ce qu'il importe de marquer, c'est que l'ensemble des faits externes ne forme qu'une seule *entreprise*, parce qu'il y a unité de plan ; mais à prendre un des faits internes d'où résulte cette unité de plan, il est préférable de s'attacher au dernier de ces actes, la *résolution*.

ternes qui les précèdent les fait considérer comme des phases diverses de l'exécution d'un même délit. Certaines variétés de ces délits collectifs ne présentent qu'un intérêt théorique : c'est une manière d'expliquer scientifiquement certains cas de complicité ou de circonstances aggravantes (1). Il en est une plus intéressante qui consiste dans la réitération du même délit, par le même agent. Ces faits réitérés en exécution de la même résolution criminelle et en vue d'atteindre le même but sont des délits *successifs sans permanence* ; mais cette circonstance, qui n'est point essentielle, n'empêche pas de les soumettre aux mêmes règles que les infractions permanentes. Pourrait-on voir en effet plusieurs délits là où le projet criminel et le but poursuivi sont uniques ? Il est à remarquer d'ailleurs que la pluralité des faits matériels n'est qu'une modalité accidentelle qui tient à l'insuffisance des moyens d'action dont dispose l'agent. — Comme exemple de ces délits, on peut citer une rixe dans laquelle le même individu porte successivement plusieurs coups à la même personne, — le vol de tous les meubles d'une maison accompli en plusieurs voyages, — la banqueroute frauduleuse perpétrée par une série de détournements, — la banqueroute simple résultant de l'emploi de moyens ruineux de se procurer des fonds (art. 591 et 585, 3°, C. com.), — plusieurs tentatives de corruption faites successivement sur le même fonctionnaire en vue d'obtenir sa connivence à un certain genre de fraude, — la violation de la même prescription réglementaire à l'égard du même ouvrier pendant plusieurs jours consécutifs, — l'entreprise de fabrication ou d'introduction en France d'un certain nombre d'objets contrefaits. Des réitérations *quotidiennes ou périodiques* constituent le critérium caractéristique de l'unité de résolution et de but lorsque dans l'intervalle de ces réitérations aucune circonstance, telle qu'un procès-verbal, une saisie, une arrestation ne sont venus forcer l'agent à réfléchir et à renouveler la résolution criminelle qu'il exécutait en répétant le fait du délit (2).

La distinction des délits collectifs par l'unité de but offre un intérêt pratique dans toute circonstance où on arrive à un résultat différent en réunissant tous les faits matériels en un seul délit, au lieu de les considérer comme autant d'infractions distinctes. Cet intérêt apparaîtra principalement dans les théories de la *prescription*, de l'*indivisibilité*, de l'*amnistie* et du *non-cumul* des peines.

---

(1) V. Haus, I, 376.
(2) V. sur les délits collectifs par l'unité de résolution et de but composés de faits de même nature, réitérés par la même personne : Ortolan, I, 758-760 ; Haus, I, 377-386 ; Garraud, I, 91 ; Cass., 14 août 1871 (D. 71, 1, 282) ; Trib. corr. Seine, 2 mai 1895 (*Lois nouv.*, 95, 2, 242) et mon *Examen doctrinal*, Rev. crit., 1896, p. 77 et s.

Section III. — Classification d'après le but de l'agent.

205. D'après le but de l'agent, les crimes et délits se divisent : 1° en crimes et délits *contre la chose publique* et crimes et délits *contre les particuliers* ; 2° en infractions *de droit commun* et infractions *politiques*.

La première de ces divisions, expressément consacrée par le Code pénal, correspond à l'ancienne distinction des délits publics et des délits privés. Dans notre Droit actuel, elle n'a plus d'intérêt ; le ministère public peut en effet poursuivre sans plainte préalable tous les crimes et délits contre les particuliers, sauf de rares exceptions. Aussi le Code pénal ne dit point quelle différence il entend établir entre les crimes et délits contre la chose publique et les crimes et délits contre les particuliers. C'est une distinction inutile.

206. Infractions de droit commun. — Infractions politiques. — Cette distinction n'a généralement lieu, comme la précédente, que pour les crimes et les délits ; elle se rattache en effet à l'intention de l'agent. Les infractions politiques comprennent un certain nombre de crimes et de délits contre la chose publique. — Ce qui les caractérise, c'est le mobile de l'agent. Le fait tend à troubler l'ordre politique à l'intérieur ou à l'extérieur. La victime est l'État envisagé au point de vue de ses institutions politiques ou de ses relations internationales. L'ancien Droit, mesurant la grandeur de l'outrage à l'importance de l'offensé, édictait les peines les plus sévères contre les crimes politiques, et les États renonçaient volontiers dans cette matière au droit d'asile qu'ils accordaient aux malfaiteurs de droit commun. Le Droit moderne est imbu d'idées absolument différentes. La peine de mort a été supprimée en matière politique par la Constitution de 1848 ; l'extradition y est toujours refusée (1).

---

(1) Les causes de ce changement paraissent être multiples. L'abolition des classes entre les citoyens a diminué l'importance des chefs de parti. On ne croit plus aujourd'hui supprimer un parti en frappant le chef. De plus, la fréquence des changements de gouvernement, surtout en France, a amené peu à peu l'opinion publique à considérer les crimes politiques comme de purs délits de convention sociale. Des criminalistes protestent contre cette qualification, mais ils sont obligés de convenir que l'immoralité des infractions politiques est d'un genre tout spécial, « qu'elle n'est ni aussi *claire* ni aussi *immuable* que celle des crimes privés, qu'elle *varie* selon les temps, les événements, les droits et les mérites du pouvoir..., que la *criminalité* des crimes politiques *expire aux frontières d'un Etat...*, que la *légitimité* de la loi politique est purement *conventionnelle* et n'est point immuable comme les lois de la conscience, etc. ». — Guizot, *De la peine de mort en matière politique*; Chauveau et Hélie, II, 310. — La science nous paraît exiger plus de précision : ce caractère variable,

L'intérêt pratique de la distinction que nous étudions apparaît : 1° Pour les *crimes*, au point de vue de l'application de la peine de mort. Et en effet, ni la Constitution de 1848, qui a aboli cette peine en matière politique, ni la loi du 8 juin 1850, qui l'a remplacée par la déportation dans une enceinte fortifiée, n'ont dit quels étaient parmi les crimes capitaux ceux qu'on devait considérer comme politiques ; — 2° Pour les *délits*, au point de vue de l'emploi de la procédure sommaire établie par la loi du 20 mai 1863 : elle n'est pas applicable aux délits politiques (art. 7) ;—3° L'*extradition* n'a pas lieu pour les infractions politiques. Cet usage sert à interpréter les traités d'extradition, et à régler la conduite du gouvernement en l'absence de traité ; — 4° L'*amnistie* s'applique au contraire presque exclusivement aux infractions politiques. Mais c'est là un simple *fait* à constater. Le législateur, tout puissant en cette matière, peut étendre l'amnistie à des infractions de droit commun et il l'a fait souvent pour des délits de peu d'importance ; —5° La *relégation* n'est jamais la conséquence de condamnations pour crimes et délits politiques ou pour crimes et délits qui leur sont connexes (L. 27 mars 1885, art. 3) ; — 6° La *condamnation* pour crimes et délits politiques n'empêche d'obtenir ni de conserver le bénéfice du sursis (L. 26 mars 1891).

207. *Quelles sont les infractions politiques?* — Une loi du 8 octobre 1830 déférait à la Cour d'assises les infractions politiques et les énumérait. Cette loi a été abrogée par le décret du 25 février 1852. On ne peut donc l'appliquer (1) ; mais peut-on l'invoquer comme une autorité doctrinale? Nous ne le pensons point. C'était en effet une simple loi de compétence ; l'énumération qu'elle contenait n'impliquait pas une solution absolue sur le caractère des infractions énumérées. C'était de plus une énumération par renvoi (2), procédé vicieux qui englobait dans l'énumération certains délits sans caractère politique (par exemple, *l'association non autorisée de plus de vingt personnes*, art. 291, C. p.), et qui omettait des délits ayant ce caractère (par exemple, *l'immixtion sans titre dans les fonctions publiques*, art. 258, C. p.). — Pour distinguer les infractions politiques, on ne peut pas davantage s'attacher aux divisions du Code pénal et considérer comme ayant le caractère politique

---

relatif, accidentel de l'*immoralité* des délits politiques ne peut se concilier avec l'idée qu'éveille cette expression. Qu'on cesse donc de se payer de mots ! Si l'on ne trouve dans les délits politiques aucun des caractères des délits d'immoralité, c'est qu'ils constituent des délits de convention sociale. Et si à ce titre on les traite moins sévèrement que dans l'ancien Droit, c'est qu'on a banni de la répression l'idée d'expiation qui se mêlait autrefois à l'idée d'utilité.

(1) *Sic* : GARRAUD, I, 96 (note) ; LAINÉ, 116 ; — *Contrà* : CHAUVEAU et HÉLIE, II, 310 ; Cons. de revision de Paris, 14 août 1871.

(2) L'article 7 visait les crimes et délits prévus et punis : 1° par les chapitres Ier et II, livre III du Code pénal ; — 2° par les paragraphes 2 et 4, sect. III et par la section VII, chap. III, liv. III ; — 3° par l'art. 9 de la loi du 25 mars 1822.

tous *les crimes et délits contre la chose publique*; car parmi ces infractions il y a *le faux*, ainsi que *les soustractions et les concussions* commises par des fonctionnaires, qui sont certainement des infractions de droit commun. — Le critérium que nous cherchons doit donc être œuvre de doctrine.

On distingue trois sortes d'infractions touchant à la politique : les *délits purement politiques*, — les *délits mixtes*, — et les *délits connexes* à des faits politiques (1).

208. La première classe comprend les infractions qui portent *uniquement* atteinte à l'ordre politique. Pour avoir ce caractère, il faut que le fait trouble ou mette en péril l'ordre politique et qu'il ne contienne pas en lui-même les éléments d'une infraction de droit commun. Ce sont là les véritables infractions politiques, délits de pure convention sociale. L'ordre politique comprend, *à l'extérieur* : l'indépendance de la nation, l'intégrité de son territoire, ses relations internationales (2). Tous les crimes énumérés par les articles 75 et suivants du Code pénal sous cette rubrique, *Crimes contre la sûreté extérieure de l'État*, y portent atteinte et n'ont point en eux-mêmes d'autre cause d'incrimination. Ils constituent par conséquent des crimes politiques. Il faut y joindre les délits prévus par la loi sur l'espionnage (L. 18 avril 1886) et les délits d'offense et d'outrage envers les chefs d'État et agents diplomatiques étrangers (art. 36, 37, L. s. la Presse). *A l'intérieur*, l'ordre politique comprend : la forme du gouvernement, l'organisation et les rapports des pouvoirs publics, les droits politiques des citoyens. Rentrent donc dans la classe des infractions purement politiques : 1° tous les crimes prévus par les articles 87 à 94 du Code pénal placés sous cette rubrique : *Crimes contre la sûreté intérieure de l'État* ; — 2° les crimes et les délits *relatifs à l'exercice des droits civiques* (art. 109 à 113, C. p.) ; les *fraudes électorales*, prévues par le *Décret organique* du 2 février 1852, titre IV, et l'article 23 de la loi du 30 novembre 1875 ; les infractions relatives aux *réunions publiques électorales* (L. 30 juin 1881) ; les infractions à la loi *sur les candidatures multiples* (L. 17 juillet 1889) ; *la lacération des affiches électorales* (art. 17, L. s. la Presse) (3) ; — 3° les *délits de presse* qui visent l'ordre politique ou l'exercice des fonctions publiques (art. 24 à 27, art. 30, 31, 33, § 1er, L. s. la Presse) ; — 4° la *coalition de fonctionnaires* (art. 123 à 126, C. p.) ; les *empiétements des autorités*

---

(1) Haus, I, 345 et s.
(2) La notion des crimes sociaux se dégage aujourd'hui de celle des crimes politiques et l'on tend à faire rentrer dans le droit commun, comme *crimes sociaux*, cette première catégorie de crimes politiques (projet de loi sur *la trahison et l'espionnage*, voté par la Chambre le 6 juillet 1895).
(3) Cet article offre un exemple de *contravention* politique lorsque l'auteur de la lacération est un simple particulier ; mais il faut observer que c'est une contravention intentionnelle.

administratives et judiciaires (art. 127 à 131, C. p.); les *troubles apportés à l'ordre public par les ministres du culte dans l'exercice de leur ministère* (art. 199 à 208, C. p.); *l'immixtion, sans titre, dans les fonctions publiques* (art. 258, C. p.).

209. On appelle *délits mixtes* ou *complexes* les délits de droit commun commis *dans un but politique.* Tels sont l'assassinat du chef de l'État dans le but de renverser le gouvernement et non par esprit de cupidité ou de vengeance individuelle, le pillage de la boutique d'un armurier pour se procurer des armes, l'incendie d'édifices publics ou privés dans le but de nuire au parti que l'on combat, le massacre d'ennemis sans armes. — Les délits mixtes rentrent dans les infractions de droit commun ou dans les infractions politiques, suivant que les circonstances rendent prépondérant l'un de leurs éléments sur l'autre. Commis isolément, en pleine paix, le crime mixte sera traité comme un crime de droit commun. S'il est commis pendant une insurrection ou une guerre à laquelle il se rattache, on distingue suivant qu'il viole ou non le Droit des gens. Dans le premier cas on le traite comme un crime de droit commun ; dans le second, comme un crime politique (1). L'application de la première de ces distinctions est facile, car il est aisé de voir si l'on est en état de paix ou de guerre (2) ; celle de la seconde suit les fluctuations de l'opinion sur l'étendue des droits des belligérants (3).

210. On appelle enfin *délits connexes à des faits politiques*, les infractions de droit commun commises au cours d'événements politiques et sans rapport direct avec ces événements. De tels délits n'ont aucun élément politique. L'abandon des propriétés, l'éloignement des représentants de l'autorité, le désordre produit par l'insurrection ou la guerre fournissent à des malfaiteurs l'*occasion* de commettre des crimes, qui

---

(1) *Sic* : Ortolan, I, 730, 731 ; Lainé, 117. — Chauveau et Hélie, II, 312, considèrent que dans les délits mixtes l'élément de droit commun est toujours prépondérant. — Morin, *Rép.*, v° *Déportation*, n° 19, assimile au contraire dans toute hypothèse les délits mixtes aux délits politiques. — La controverse s'est accentuée dans ces derniers temps à propos de l'extradition des régicides. Une clause de la plupart des traités d'extradition, conclus depuis 1856, semble faire du régicide un crime de droit commun ; mais ses termes ne sont pas suffisamment explicites pour que le gouvernement ne puisse l'entendre avec la distinction que fait notre système. Certains auteurs proposent de n'accorder l'extradition des régicides qu'en exigeant qu'ils seront jugés et punis comme s'ils avaient commis un homicide volontaire sur un simple particulier (Renault, *Des crimes politiques en matière d'extradition*, n° 32. *Journ. du Dr. intern. privé*, 1880 ; Teichmann, *Le régicide et l'extradition*, Rev. du Dr. internat., 1879, p. 512, 513).

(2) On n'hésite point, par exemple, à qualifier de crimes de droit commun les crimes des anarchistes. Ces actes isolés ne constituent pas l'état de guerre civile.

(3) Comment qualifier, par exemple, la guerre de partisans, la soustraction de plan des places fortes, le complot formé pour renverser le Gouvernement d'un pays ennemi ?

n'ont avec les événements politiques aucun rapport de cause à effet. Leur nature intrinsèque n'est pas modifiée par cette coïncidence ; il y a donc lieu de les considérer toujours comme des infractions de droit commun.

211. Le critérium qui sert à distinguer le délit *mixte* du délit *connexe* est dans le motif de l'agent : la cupidité, la vengeance personnelle ont inspiré le dernier ; l'agent avait un but plus noble en commettant le premier. Cette différence, quoique très réelle, dépend d'une appréciation que les passions humaines peuvent égarer. C'est pourquoi les traités refusent en général l'extradition pour *les faits connexes à des délits politiques* (1) ; mais il n'y a rien à conclure de cette clause, inspirée par la prudence dans les relations internationales, quand il s'agit de déterminer la nature intrinsèque des délits connexes.

Section IV. — Classification des infractions d'après la nature de la loi pénale qui les prévoit.

212. On divise encore les infractions en *ordinaires*, ou prévues par le Code pénal, et *spéciales* ou prévues par une loi particulière. L'intérêt pratique de la distinction apparaît : 1° dans la *théorie des circonstances atténuantes*, s'il s'agit d'un délit ou d'une contravention. Les textes qui formulent cette théorie visent en effet uniquement les infractions de cette nature *prévues par le Code pénal* (art. 463 et 483, C. p.) ; — 2° dans celle de la *compétence*. Certains délits spéciaux sont déférés à la Cour d'assises (délits de presse énumérés par l'art. 45 de la loi sur la presse) ; d'autres sont de la compétence des tribunaux d'exception.

213. Nous laissons de côté d'autres divisions fondées sur de simples *modalités* qui affectent ou qui peuvent affecter tous les délits en général, ce sont : les infractions *connexes* ou *non connexes*, *flagrantes* ou *non flagrantes* ; nous les retrouverons dans la procédure pénale.

214. La peine est le châtiment que la loi établit dans un intérêt social contre l'auteur de l'infraction. On sait quels sont les caractères généraux d'une bonne peine en droit abstrait ; ils serviront à apprécier la valeur du système pénal actuellement en vigueur. — La peine ne doit pas être confondue avec certaines rigueurs établies également dans un intérêt social, non comme châtiment du coupable, mais pour arriver à l'application de la loi pénale. L'arrestation provisoire de l'inculpé, sa détention

---

(1) Une raison analogue a fait exclure les condamnations prononcées pour ces crimes ou délits connexes du nombre de celles qui sont susceptibles de compter pour la relégation. L. 27 mai 1885, art. 3.

préventive, la saisie des pièces à conviction sont des mesures rendues nécessaires pour le fonctionnement de la justice pénale ; elles ne se confondent pas avec la peine, laquelle ne commence qu'après le jugement du coupable. L'on verra cependant que, par un motif d'humanité, on impute la détention préventive sur la durée des peines privatives de la liberté fixée par le juge.

215. L'infraction qui lèse un intérêt privé entraîne aussi contre son auteur, ou contre les personnes civilement responsables de ses actes, une condamnation à des *réparations civiles,* qui consistent soit dans le rétablissement de l'ordre de choses troublé par le délit (*restitutions*), soit dans une indemnité destinée à compenser le dommage éprouvé (*dommages-intérêts*). Le procès pénal occasionne enfin des *frais* dont l'auteur de l'infraction est responsable. Ces condamnations civiles étant les conséquences plus ou moins directes de l'infraction, le Code pénal et le Code d'instruction criminelle y consacrent plusieurs articles. Leur étude viendra naturellement après celle des peines.

LIVRE SECOND

DE LA

PEINE ET DE LA RÉPARATION CIVILE

CHAPITRE PREMIER

ORGANISATION DES PEINES.

216. Le Code pénal divise les peines en trois classes correspondant aux trois catégories d'infractions : peines *en matière criminelle,* peines *en matière correctionnelle* et peines *de police* (art. 6, 9, 464, C. p.). — Cette division tripartite est la seule qui soit expressément indiquée. Cependant les lois pénales révèlent, dans leurs détails d'application, une autre division tripartite absolument indépendante de la précédente, et qui se rattache à la manière dont les peines sont encourues. A ce point de vue elles se divisent en *principales, complémentaires* et *accessoires.* Les premières peuvent être prononcées isolément ; les secondes ne peuvent être prononcées qu'avec d'autres ; les dernières sont encourues de plein droit sans être prononcées.

Nous étudierons l'organisation des peines dans l'ordre de la division tripartite expressément indiquée par le législateur ; mais en y ajoutant deux sections pour les peines communes à deux classes ou aux trois classes d'infractions ; nous terminerons enfin cet exposé par un tableau général présentant l'ensemble des peines et de leurs divisions.

Section première. — Des peines propres aux crimes.

217. L'art. 6, C. pén., divise les peines propres aux crimes en afflictives et infamantes ou en infamantes seulement ; puis les art. 7 et 8 énumèrent les peines de l'une et de l'autre catégorie en descendant de la plus grave à la plus faible. C'est l'*échelle générale* des peines criminelles. Elle ne contient que des peines principales. Son utilité apparaît pour l'application de certaines théories pénales qui exigent l'appréciation comparative de la gravité de deux peines (*conflits de lois, concours d'infractions, récidive, circonstances atténuantes*). — Les peines à la fois *afflictives et infamantes* sont : 1° la mort ; 2° les travaux forcés à perpétuité ; 3° la déportation dans une enceinte fortifiée ; 4° la déportation simple ; 5° les travaux forcés à temps ; 6° la détention ; 7° la réclusion. — Puis viennent les peines simplement *infamantes*, savoir : 8° le bannissement ; 9° la dégradation civique (1).

Depuis les réformes opérées en 1832 et 1850, l'échelle des peines criminelles principales s'est dédoublée, on peut le dire, en deux échelles parallèles, l'une contenant les peines affectées aux *crimes de droit commun* ; l'autre, celles des *crimes politiques*. La première comprend : 1° la mort ; 2° les travaux forcés à perpétuité ; 3° les travaux forcés à temps ; 4° la réclusion ; — la seconde : 1° la déportation dans une enceinte fortifiée ; 2° la déportation simple ; 3° la détention ; 4° le bannissement ; 5° la dégradation civique. L'utilité pratique de cette double échelle apparaîtra dans la théorie des causes d'aggravation et d'atténuation.

Chaque peine criminelle principale entraîne un certain nombre de peines accessoires dont nous parlerons plus tard.

Avant d'entrer dans l'étude détaillée de chacune des peines principales, examinons le sens des deux adjectifs que la loi emploie pour les désigner. Le nom de peines *afflictives* vient de ce que ces peines atteignent le condamné dans sa personne physique en le privant de la vie ou de la liberté. L'expression *peine infamante* ne répond point à l'idée qu'elle éveille. L'infamie dans son sens étymologique est le contraire de l'estime, de la considération, de l'honneur. Jeter l'infamie sur un condamné serait donc lui enlever ces biens purement moraux. Le législateur a-t-il ce pouvoir ? Évidemment non. Tout au plus pourrait-il désigner au public l'homme qui mérite son mépris. Cette qualification, donnée par la loi à certaines peines, a été l'objet de critiques acerbes (2), mais sans portée, car le

---

(1) Les peines criminelles établies par les codes de justice militaire sont les mêmes, sauf que la dégradation civique est remplacée par la *dégradation militaire*.

(2) V. Rossi, III, p. 127 ; Chauveau et Hélie, I, 42 et s.

législateur n'a point eu l'intention qu'on lui suppose. L'expression de peine infamante était devenue synonyme de peine emportant privation des droits politiques, et c'est avec cette acception qu'elle est passée dans le Code pénal (1). Le bannissement du territoire français était classé autrefois parmi les peines afflictives, parce qu'il « *afflige l'homme en sa liberté* » (2). Le législateur moderne en a fait une peine simplement infamante, parce qu'il a probablement confondu la qualité de Français, qui donne le droit de résider sur le territoire, avec la qualité de citoyen. — Quant aux peines afflictives, elles sont en même temps infamantes parce qu'elles entraînent, à titre de peine accessoire, la dégradation civique (art. 18, 28, C. p. ; L. 31 mai 1854, art. 2), c'est-à-dire la perte des droits politiques. Cette perte n'est pas d'ailleurs encourue seulement à titre de peine criminelle ; elle est, avec plus ou moins d'étendue, le complément ou l'accessoire de peines correctionnelles. Nous allons maintenant étudier en détail les peines afflictives ou infamantes, en suivant l'ordre de l'échelle spéciale à chacune d'elles.

§ 1. — Peines de droit commun.

218. I. Peine de mort. — La peine de mort est historiquement la plus ancienne de toutes les peines. A l'origine des sociétés, le Droit criminel ne comprend que les infractions les plus graves ; la mort apparaît logiquement comme leur châtiment. Cette peine a été souvent appliquée avec cruauté sous l'empire des deux idées qui dominaient les anciennes législations pénales : l'idée d'expiation et l'idée d'exemplarité. Le développement progressif de la civilisation a réduit ses cas d'application et adouci son mode d'exécution. En France, elle ne consiste plus, quel que soit le crime, que dans la seule privation de la vie. Cette peine est depuis longtemps l'objet de critiques. Aux XIIe, XIIIe et XIVe siècles, alors que la religion et la politique étaient confondues, il y eut d'ardentes polémiques sur sa légitimité entre les docteurs catholiques et ceux des sectes dissidentes (3). Au siècle dernier Beccaria (4) apporta, le premier, un argument d'une apparence juridique à la thèse de l'abolition en contestant que l'homme avait pu faire marché de sa vie dans le Contrat social, qu'il considérait comme l'origine du droit de punir. J.-J. Rousseau (5) se bornait à critiquer l'inutilité de la peine capitale : « on n'a le droit de tuer un ennemi, disait-il, que quand on ne peut pas le faire esclave ». Mais

---

(1) V. Locré, XXIX, p. 109.
(2) V. *suprà*, n° 46 et Pothier, *Proc. crim.*, sec. V, art. II, § 6.
(3) Comp. Molinier, *Rev. de l'Académie de législat.*, t. X (1861), p. 492 et s.
(4) *Traité des délits et des peines*, ch. XVI, XXVIII.
(5) *Le Contrat social*, liv. II, ch. V.

Filangieri répondait : « la société a hérité du droit d'infliger la mort que l'homme isolé puise dans la légitime défense » (1). Le Code pénal de 1791 maintint la peine capitale, mais il la réduisit à la simple privation de la vie et il soumit tous les condamnés au même genre de supplice (art. 2 et 3, part. I, tit. I). Une chose digne de remarque c'est que les abolitionistes du siècle dernier étaient partisans du maintien de la mort en matière politique. Ainsi les conventionnels les plus farouches demandaient son abolition pour les crimes de droit commun (2) et la Convention la vota dans sa dernière séance, en ajournant toutefois cette réforme à la publication de *la paix générale*. Cette promesse fut rapportée par la loi du 8 nivôse an X, et les législations postérieures ont jugé bon de maintenir la peine de mort. Le Code pénal de 1810 l'aggrava même de l'amputation du poing droit pour les parricides. Mais cette cruauté inutile a été supprimée en 1832. A cette époque, on réduisit beaucoup le nombre des crimes punis de mort et on reconnut au jury le droit d'écarter cette peine par une déclaration de circonstances atténuantes. Enfin la Constitution de 1848 (art. 5) l'abolit en matière politique. — Depuis cette époque le parti abolitioniste n'a plus fait de progrès en France (3). L'opinion publique reconnaît la nécessité de la peine de mort pour la répression des crimes les plus graves ; mais il s'est produit un revirement remarquable dans son application. Au siècle dernier, on proposait d'abolir la peine de mort pour les crimes de droit commun et de la maintenir pour les crimes politiques. Aujourd'hui, en matière politique, la peine de mort nous répugne ; sa légitimité au contraire nous paraît incontestable pour les crimes de droit commun. Deux causes ont contribué à produire ce résultat : la modération du jury et l'usage fréquent du droit de grâce. Quelques chiffres permettront d'apprécier les modifications produites depuis 1810 par les efforts combinés du législateur, du jury et du chef de l'État : sous le Code pénal de 1810 la peine de mort s'appliquait à 115 crimes ; après la réforme de 1832 ce chiffre était réduit à 37 ; l'abolition partielle accomplie en 1848 l'a réduit à 15 ; le jury l'écarte 9 fois sur 10 ; enfin la grâce enlève à l'exécution les 5/6 des condamnés (4).

(1) *Science de la législat.*, liv. III, part. II, ch. V.
(2) LABOULAYE, *Rev. des cours littér.*, t. II, 1864-1865, p. 782 et s.
(3) Les plus célèbres propositions qui ont été faites depuis cette époque en faveur de l'abolition, celles de JULES FAVRE en 1855, de JULES SIMON en 1870, de SCHŒLCHER en 1872, de LOUIS BLANC en 1876, ont été repoussées.
(4) Sous la présidence de M. Grévy la grâce intervenait au profit des 5/6 des condamnés. Cette indulgence excessive alarmait l'opinion publique. Ses successeurs se sont montrés plus sévères. Les statistiques donnent les proportions suivantes : En 1879, 23 condamnés, 4 exécutés ; en 1883, 25 condamnés, 3 exécutés. En 1888, sur 239 condamnés qui avaient encouru la peine de mort, cette peine a été écartée pour 211 par l'admission des circonstances atténuantes, et sur les

219. La légitimité de la peine de mort est assurément une question théorique des plus graves, mais elle ne peut faire doute pour ceux qui, comme nous, fondent le droit de punir sur la défense indirecte de la Société. L'être social, comme l'homme isolé, a incontestablement le droit de faire tout ce qui est nécessaire pour sa défense ; la question de légitimité se confond à nos yeux avec celle d'utilité. Target, dans son rapport, posa la question sur son véritable terrain : « La peine de mort, dit-il, est-elle légitime ? est-elle nécessaire ? Ces deux questions n'en font qu'une : sans nécessité cette peine ne serait pas légitime ; et, si elle est nécessaire, sa légitimité est incontestable. » — La vie de l'homme est inviolable, objecte-t-on ; et chacun développe ce thème suivant ses croyances religieuses, ou ses idées philosophiques, Mais à vrai dire, l'on ne voit pas pour quel motif la vie de l'homme serait plus inviolable que sa liberté. Personne n'a jamais nié, d'ailleurs, et ne niera jamais la légitimité d'une guerre défensive. Or le droit de défense cesserait-il parce que le danger, au lieu de venir du dehors, viendrait de l'intérieur, et par exemple de l'insécurité causée par des crimes que le châtiment suprême peut seul arrêter ? — C'est donc l'utilité seule de la peine de mort qu'on pouvait contester. On l'a fait en disant que la Société avait d'autres moyens de défense, par exemple, la privation perpétuelle de la liberté. On a ajouté que la peine de mort était inefficace parce qu'on remarquait, chez les grands coupables auxquels elle est destinée, une certaine affectation à la braver.

— Ces objections n'émanent que de théoriciens. En France et à l'étranger, tous les hommes que leurs fonctions mettent à même de juger la chose de près s'accordent pour reconnaître la terreur salutaire qu'inspire la peine capitale. Une peine perpétuelle laisse toujours au condamné l'espoir d'une évasion ou d'une grâce. Elle n'effraie pas autant que la mort (1).

Les meilleures critiques qu'on ait dirigées contre la peine capitale sont d'abord le défaut dans cette peine de certains caractères auxquels on reconnaît une bonne pénalité. Par exemple, elle n'est ni *réformatrice* ni *réparable*. — A cela on peut répondre que ces caractères ne sont pas

---

28 contre qui elle a été prononcée, 19 ont été graciés, 9 exécutés.
A l'étranger le mouvement abolitionniste est en progrès. Tantôt la peine de mort a cessé d'être appliquée en fait (Belgique), tantôt elle a été législativement abolie (Toscane, 1859 ; Portugal, 1866 ; Hollande, 1870, 1881 ; Italie, 1889). En Suisse, la Constitution fédérale du 29 mai 1874 (art. 65) l'avait supprimée ; mais à la suite de pétitions pour son rétablissement, cet article fut révisé en ce sens qu'il était permis à chaque canton de rétablir la peine de mort pour les crimes de droit commun. Les cantons de Zurich, de Lucerne et de Zug profitèrent de cette faculté. Le projet du Code pénal fédéral (1894) l'abolit.

(1) Je conseille à ceux qui nient la terreur qu'inspire la peine de mort de lire dans les journaux le récit de l'exécution de la femme Thomas à Romorantin, le 25 janv. 1887, de Jardry à Périgueux, le 21 déc. 1889 ; de Redt à Bar-le-Duc, le 26 juin 1893.

essentiels. Une peine réservée à un malfaiteur incorrigible qui s'est rendu coupable, en dernier lieu, d'un crime grave, n'a pas besoin d'être réformatrice. — Une critique plus juste à adresser au législateur, serait d'avoir considéré uniquement la gravité des faits auxquels il attachait la peine de mort, au lieu de tenir compte, même pour ces crimes, des antécédents de l'agent. On concevrait une réforme en ce sens.

L'objection tirée de l'irréparabilité de la peine de mort est plus sérieuse. Mais ce défaut se rencontre également dans les peines privatives de la liberté. En supposant, en effet, une législation assez généreuse pour accorder une indemnité pécuniaire à toutes les victimes d'une erreur judiciaire, compensera-t-on jamais les souffrances physiques et morales qu'une longue détention a fait endurer ? Rendra-t-on jamais l'équivalent de la liberté perdue, de la santé compromise, de la vie abrégée par le changement de régime et le bouleversement des habitudes ? Il faut donc prendre son parti de l'irréparabilité du préjudice causé par les erreurs judiciaires. C'est un mal sans remède. On ne s'en émeut point quand il s'agit d'intérêts purement civils ; on doit l'accepter aussi en matière pénale, parce qu'il répond à un bien dont on ne saurait se passer : le fonctionnement de la justice avec les moyens dont l'homme dispose.

On a dit enfin que la peine de mort était démoralisante pour le public, parce qu'elle développe les instincts sanguinaires. Cette objection ne vise point la peine elle-même, mais son mode d'exécution. Nous l'examinerons plus loin.

220. La peine de mort s'exécute par la décapitation, si la condamnation émane d'une Cour d'assises (art. 12, C. p.) ; par la fusillade, si elle émane d'un conseil de guerre (art. 187, C. j. m. A. T.). Celle prononcée par un tribunal maritime s'exécute tantôt par l'un, tantôt par l'autre mode (art. 239, C. j. m. A. M.). La décapitation est opérée à l'aide d'un instrument qui fonctionne automatiquement (D. 20 mars 1792). C'est la *guillotine*, ainsi nommée en souvenir du docteur Guillotin qui la proposa (**1**). Les parricides sont conduits au lieu de l'exécution, en chemise, nu-pieds et la tête couverte d'un voile noir. Ils restent exposés sur l'échafaud pendant qu'un huissier fait au peuple lecture de l'arrêt de condamnation (art. 13, C. p.). On devrait supprimer ces formalités qui aggravent ou prolongent inutilement le supplice. La Chambre des députés a voté cette suppression, le 19 mai 1894, mais la loi est restée inachevée. Le corps du supplicié est délivré à sa famille, si elle le ré-

---

(1) La machine fut exécutée par Schmidt, sous la direction du docteur Louis, secrétaire perpétuel de l'Académie de chirurgie. Elle fonctionna pour la première fois le 27 avril 1792. Ce genre de décapitation était usité déjà dans des pays voisins, notamment en Allemagne (V. Dubois, *La guillotine et la Révolution française*, Rev. des cours littér., 1865, t. III, p. 761; *Annuaire de législation étrangère* 1882, p. 259).

clame, à la charge par elle de le faire inhumer sans aucun appareil (art. 14, C. p.). La loi n'exclut point la cérémonie religieuse des inhumations ; mais elle ne veut point de la pompe d'un convoi qui aurait l'apparence d'une protestation contre l'œuvre de la justice. — L'art. 26 pose le principe de la publicité de l'exécution : « L'exécution se fera sur une place publique du lieu qui sera indiqué par l'arrêt de condamnation. » La désignation de la ville regarde la Cour d'assises ; celle de la place publique, l'autorité municipale (1). Si la Cour d'assises omettait de faire la désignation qui lui est prescrite par la loi, l'exécution aurait lieu, de droit, dans la commune où la condamnation a été prononcée (2). L'exécution ne peut avoir lieu les jours de fêtes religieuses ou nationales, ni les dimanches (art. 25). « Si une femme condamnée à mort *se déclare* (3) *et s'il est vérifié* qu'elle est enceinte, elle ne subira sa peine qu'après sa délivrance » (art. 27). Hors ce cas, l'exécution doit avoir lieu aussitôt que l'arrêt de condamnation est devenu irrévocable (art. 375, C. i. c.) ; mais cette disposition de la loi n'est pas suivie en pratique : une circulaire du ministre de la justice, du 27 septembre 1830, prescrit aux procureurs généraux de surseoir à l'exécution jusqu'à la décision du chef de l'État. L'instruction administrative qui précède cette décision est celle du recours en grâce. On peut même dire qu'il y a un recours en grâce formé d'office en faveur du condamné à la peine capitale (4).

---

(1) Cass., 6 juin 1861.
(2) Cass., 3 août 1843. — Une circulaire du ministre de la justice (24 juin 1874) prescrit aux membres du ministère public de requérir formellement que l'exécution de la peine ait lieu dans la ville où la condamnation est prononcée. Il est à peine utile d'ajouter que cette circulaire, inspirée par l'esprit d'économie, n'abroge pas la loi. La Cour d'assises conserve donc le droit de fixer le lieu de l'exécution dans la commune où le crime a été commis, si elle estime que cette désignation donnera plus d'exemplarité à la peine.
(3) Il vaudrait mieux dire « paraît enceinte ».
(4) La publicité organisée par le Code de 1810 pour les exécutions à mort a été l'objet des critiques des adversaires de la peine de mort, qui voient dans la suppression de la publicité de l'exécution un acheminement vers la suppression de la peine elle-même. Nous croyons cependant qu'on peut séparer les deux questions. Les moyens de publicité ont tellement changé depuis 1810, qu'on peut se dispenser aujourd'hui d'offrir au gros public un spectacle sanguinaire. La publicité directe serait avantageusement remplacée par *l'annonce et le récit de l'exécution* dans les journaux. Il suffirait donc de convier largement les représentants de la presse aux exécutions à mort qu'on ferait dans l'intérieur des prisons. Il conviendrait aussi de ne négliger aucun des signes extérieurs susceptibles d'annoncer au public que tel jour à telle heure le condamné aura subi sa peine (affiches, drapeau noir hissé sur la prison, glas funèbre, etc.). L'exécution dans l'intérieur des prisons, devant un public choisi, est en vigueur dans beaucoup de législations modernes : Angleterre, États-Unis, Allemagne, Autriche-Hongrie, Suède, Russie, Mexique, etc. V. *Annuaire de législation étrangère*, 1882, p. 259 et 614. En France il y a eu plusieurs projets ou propositions de loi en ce sens : projet Dufaure (Chambre, 20 mars 1879); prop. Bardoux (votée par le Sénat le 19 mai 1885). Mais la Chambre des députés a rejeté cette réforme le 19 mai 1894. Le projet de la commission de revision (1893) prescrit l'exécution dans

221. II et III. Travaux forcés à perpétuité et à temps. — Ces deux peines s'exécutant de la même manière, nous les exposerons parallèlement pour éviter des renvois de pure forme.

222. Les travaux forcés à perpétuité soulèvent la question de la légitimité des *peines perpétuelles*. Le Code pénal de 1791 les avait supprimées comme conséquence de l'abolition du droit de grâce. Elles sont de nature, en effet, à enlever au condamné tout désir de s'amender si on ne lui laisse pas l'espérance de voir récompenser sa bonne conduite par une abréviation du châtiment. L'expérience a démontré que le droit de grâce, et les peines perpétuelles étaient dignes de figurer dans une bonne législation. Le sénatus-consulte du 16 therm. an X rétablit le droit de grâce, et le Code de 1810, les peines perpétuelles. Elles forment une transition utile entre la peine de mort et les peines temporaires.

223. La durée des travaux forcés à temps est de cinq à vingt ans. Elle peut être élevée jusqu'à quarante par l'effet de la récidive (art. 19 et 56, C. p.).

224. La peine des travaux forcés portait dans l'ancien Droit le nom de peine des *galères* et dans le Droit intermédiaire celui de peine des *fers*. A l'origine les condamnés étaient employés comme rameurs sur les galères du roi. Au XVIe siècle ils furent utilisés dans les ports pour les travaux les plus pénibles. On les détenait sur des pontons appelés *bagnes*, nom qui désigna plus tard les prisons qui leur furent affectées. Le Code pénal de 1791 (art. 7, part. I, tit. I) dit que les condamnés traîneront à l'un des pieds un boulet attaché avec une chaîne de fer. De là vint la seconde dénomination de cette peine. Ce Code posa aussi le principe que les travaux imposés aux condamnés pourront être des travaux exécutés au dehors et profiteront exclusivement à l'État (art. 6). La première de ces dispositions passa dans l'art. 15 du Code pénal de 1810, qui ajouta même que les condamnés seraient attachés deux à deux avec une chaîne lorsque la nature du travail auquel ils seront employés le permettra. Les autres y sont virtuellement sous-entendues (art. 15 et 16 ; arg. art. 21, C. p.). — Il est à remarquer que l'exécution des travaux forcés en la forme qui vient d'être décrite n'a jamais concerné que les *hommes* dans la force de l'âge. Les femmes et, d'après le Code pénal de 1810, les septuagénaires subissent cette peine sous la forme de la réclusion (art. 9 et 10, C. p. 1791 ; art. 16, C. p. 1810).

225. Avec l'expansion de notre puissance coloniale on songea à débarrasser des forçats la France continentale : un décret du 27 mars 1852 introduisit la transportation à la Guyane française à titre d'essai. Plus tard, la loi du 30 mai 1854 substitua définitivement le régime de la trans-

---

l'intérieur de la prison, et une nouvelle proposition de loi déposée à la Chambre la demande (*Prop.* Guynard, 23 oct. 1894).

portation à celui des bagnes. La peine des travaux forcés est subie, depuis cette époque, dans les colonies, sauf quelques exceptions. Il nous faut étudier ce nouveau mode d'exécution au point de vue : 1° du lieu, 2° du régime.

a) Les *lieux* de transportation sont des possessions françaises autres que l'Algérie, désignées par un simple décret (art. 1er, L. 1854). La Guyane et la Nouvelle-Calédonie sont actuellement les seules colonies (1) affectées, en principe, à l'exécution de cette peine (D. 27 mars 1852; D. 2 sept. 1863). Mais l'administration peut envoyer temporairement des détachements de forçats (*sections mobiles*) dans d'autres colonies pour y effectuer des travaux de colonisation ou d'utilité publique.

L'insalubrité du climat de la Guyane avait fait renoncer, en 1867, à y envoyer des convois de forçats de race européenne; on les dirigeait vers la Nouvelle-Calédonie. Depuis 1889, on ne distingue plus les condamnés d'après leur race, mais d'après leurs antécédents : les condamnés primaires et ceux dont on peut espérer le relèvement sont envoyés à la Nouvelle-Calédonie. Les autres vont à la Guyane. L'envoi de chaque forçat est l'objet d'une décision spéciale de l'administration des colonies, prise après avis de la commission permanente du régime pénitentiaire colonial (**D.** 16 nov. 1889 ; D. 4 sept. 1891, art. 7).

b) Le *régime* de la transportation comporte une liberté relative si on le compare à celui que le Code pénal avait organisé pour les travaux forcés. La chaîne et le boulet ont disparu comme élément ordinaire de la peine ; ils sont devenus de simples peines disciplinaires d'après la loi de 1854 (art. 3) ; plus tard même ils ont été remplacés, à ce dernier titre, par les fers de la marine, autrement dit *la boucle* (D. 4 sept. 1891, art. 16, 17).

Le régime de toute peine privative de la liberté comporte des moyens moralisateurs et une discipline.

1° *Moyens moralisateurs.* — Pour encourager le condamné à s'amender pendant la durée de sa peine, et pour favoriser son reclassement dans la colonie après sa libération, la loi de 1854 permettait d'accorder aux forçats l'autorisation de travailler chez l'habitant, des concessions de terrain, des remises plus ou moins larges des incapacités encourues à titre de peines accessoires. L'administration exagéra ces faveurs ou bien les accorda avec trop de facilité. Il s'ensuivit un énervement de la répression tel que la peine de la transportation perdit le caractère d'intimidation et d'exemplarité que la loi avait entendu lui attribuer. Bientôt même des crimes furent commis dans les prisons

---

(1) Les colonies d'Obock (D. 2 décembre 1886) et du Gabon (D. 1er décembre 1887) ont été aussi désignées, mais la désignation de la première de ces colonies a été depuis expressément rapportée (D. 11 août 1896), et l'on ne paraît pas avoir utilisé la seconde.

par des réclusionnaires ou des correctionnels uniquement en vue de se faire condamner aux travaux forcés et transporter à la Nouvelle-Calédonie. Une loi du 25 décembre 1880 a coupé court à ce genre de crimes, en prescrivant l'exécution de la peine des travaux forcés dans la prison même où le crime avait été commis. Plus tard une série de décrets rendus de 1889 à 1895 sont venus réglementer avec plus de sévérité le régime de la transportation (1).

Le *salaire* que l'administration payait illégalement aux forçats a subi une transformation qui peut le faire considérer comme supprimé. On ne donne plus au forçat qui travaille et se conduit bien que des bons de cantine dont la valeur, s'ils ne sont pas consommés le jour même, est versée au pécule du condamné (D. 4 sept. 1891, art. 12). Le forçat qui n'accomplit pas sa tâche n'a droit qu'au pain et à l'eau.

Les condamnés sont divisés en *trois classes*. L'avancement d'une classe à l'autre a été ralenti. Ceux de la 1re classe peuvent seuls obtenir la faveur de travailler chez l'habitant (*assignation individuelle*) et des concessions de terrains ; seuls aussi, régulièrement, ils peuvent profiter d'une libération conditionnelle ou d'une grâce (D. 4 sept. 1891 ; D. 13 déc. 1894 ; D. 18 janv. 1895).

Les concessions ont été entourées de garanties destinées à en faire sentir la valeur au condamné et à empêcher qu'elles ne deviennent la proie des spéculateurs aussitôt après que le condamné en a acquis la libre disposition. — Elles ne sont plus gratuites. Le concessionnaire doit une rente annuelle et on exige de lui un dépôt de garantie. Provisoires au début, elles ne deviennent définitives qu'après cinq ans, dont deux au moins écoulés depuis la libération. — Les *concessions provisoires* sont tantôt retirées de plein droit et tantôt peuvent être retirées pour diverses causes, notamment : une condamnation nouvelle pour crime ou délit, l'évasion, le non-payement de la rente, le défaut de culture des terres, etc. Il est défendu de les vendre, de les hypothéquer et de les affermer à des tiers. — Les *concessions définitives* peuvent être aliénées à titre gratuit ou onéreux, mais alors le capital de la rente devient exigible. D'un autre côté la rente peut être rachetée aussitôt que la concession est devenue définitive. Le payement de la rente et son remboursement sont garantis à l'Etat par un privilège. Les concessions définitives, bien qu'étant de libre disposition, sont insaisissables pour des créances antérieures autres que les frais de justice. — Les droits du conjoint et des héritiers du concessionnaire sont réglés. Au cas de retrait de la

---

(1) D. 5 octobre 1889, *sur l'application des lois pénales dans les colonies pénitentiaires*. On pourrait l'appeler le Code pénal des forçats. — D. 4 septembre 1891, *sur le régime disciplinaire des établissements de travaux forcés aux colonies*. C'est le code disciplinaire. — D. 13 décembre 1894, *sur l'emploi de la main-d'œuvre des condamnés aux travaux forcés*. — D. 18 janvier 1895, *sur les concessions accordées aux transportés dans les colonies pénitentiaires*.

concession provisoire, le conjoint et les enfants du condamné, résidant dans la colonie, peuvent obtenir pour eux-mêmes la concession sans nouveau dépôt de garantie.

2° *Discipline.* — Les peines disciplinaires sont énergiques et cependant n'ont rien de trop cruel ni de dégradant. Le *fouet*, que l'art. 10 de la loi de 1854 avait maintenu par un renvoi discret fait aux anciens règlements, est aboli depuis 1880 (D. 18 juin 1880, art. 11, *sur le régime disciplinaire*). La mise au pain sec et à l'eau, une certaine contrainte personnelle (*prison, cellule, cachot avec boucle*), la rétrogradation de classe, le retrait de la concession provisoire constituent les peines disciplinaires. Elles sont appliquées par une sorte de tribunal domestique, la Commission disciplinaire du pénitencier, sauf la dernière que le gouverneur de la colonie prononce sur la proposition du directeur de l'administration pénitentiaire (D. 4 sept. 1891, art. 22 et s. ; D. 18 janv. 1895, art. 18).

Situation des forçats au point de vue pénal. — Les forçats qui commettent des crimes et des délits sont justiciables d'un tribunal maritime spécial établi dans la colonie (L. 1854, art. 10 ; D. 4 oct. 1889).

Les lois pénales ordinaires leur sont en général applicables quant à la définition des infractions (1), mais les peines qu'ils encourent pour leurs *crimes* et leurs *délits* sont réduites à trois, savoir : la *mort*, la *réclusion cellulaire* et l'*emprisonnement cellulaire*. Ces deux dernières peines ont une durée de 6 mois à 5 ans. La *confiscation* et l'*amende* leur sont aussi applicables, mais seulement en matière fiscale. Ces peines sont immédiatement exécutées. Le sursis habituel à l'exécution de la peine capitale n'a lieu que si deux voix dans le Conseil privé de la colonie l'ont demandé. Dans les autres cas le gouverneur apprécie (2). La réclusion et l'emprisonnement cellulaires sont subis dans les locaux des pénitenciers et suspendent l'exécution de la peine des travaux forcés qui était en cours (3). Les contraventions de police commises par les forçats sont réprimées par voie disciplinaire conformément à l'art. 369, C. just. mil. A. M.

226. De la transportation appliquée aux femmes. — L'adminis-

(1) Voir des exceptions : 1° pour l'évasion après l'embarquement pour la colonie pénitentiaire (L. 1854, art. 7) ; 2° pour les voies de fait contre les gardiens (D. 5 octobre 1889, art. 6) ; 3° pour le refus persistant de travailler (*Ibid.*, art. 7).
(2) *Les institutions pénit. de la France en* 1895 (Léveillé), p. 279.
(3) Ainsi renforcée la peine de la *transportation* a-t-elle retrouvé en fait la sévérité que la loi voulait lui attribuer ? On peut en douter. La réclusion subie dans une maison centrale, surtout si l'on y ajoutait la cellule, serait plus intimidante. On a proposé de faire subir 6 ans de cellule aux condamnés à mort dont la peine a été commuée en celle des travaux forcés à perpétuité, avant de les transporter (Proposition Bérenger, votée par le Sénat le 21 mars 1888, rapportée à la Chambre le 5 août 1890). Puis cette idée a été généralisée par la commission de revision du Code pénal : la transportation serait précédée, dans tous les cas, d'un emprisonnement cellulaire de jour et de nuit pendant un an au moins et 3 ans au plus.

tration a la faculté de ne pas appliquer la transportation aux femmes condamnées aux travaux forcés (L. 1854, art. 4). En fait elle ne transporte que les filles assez jeunes pour contracter mariage avec des forçats près d'obtenir leur libération ou la liberté. Un décret du 26 mars 1866 a facilité la conclusion de ces mariages en supprimant des formalités. L'administration transporte aussi dans le même but les filles réclusionnaires qui le demandent.

227. Dispenses de la transportation. — Les articles 70 et 73, C. p., établissaient une *cause de mitigation de peine* au profit des septuagénaires condamnés aux travaux forcés. Ils ont été modifiés par l'article 5 de la loi de 1854 qui dispense de la transportation tout individu âgé de soixante ans accomplis au moment du jugement. La réclusion devient pour ces condamnés le mode d'exécution de la peine des travaux forcés.

228. Résidence obligée des forçats libérés. — La loi de 1854 (art. 6) a soumis les forçats libérés à une résidence obligée dans la colonie pénale pendant un temps égal à la peine prononcée si elle est inférieure à 8 ans, et à perpétuité si elle est supérieure. Les condamnés aux travaux forcés à perpétuité qui ont été graciés de la peine principale rentrent dans cette deuxième catégorie.

Cette résidence obligée est une peine *accessoire* qui s'ajoute aux incapacités qu'entraîne la condamnation.

Les libérés n'étant astreints à aucun travail retombaient fatalement à la charge de l'État, en même temps qu'ils étaient un objet d'effroi pour la colonie. Des décrets des 30 janvier 1888 et 29 septembre 1890 ont cherché à remédier à cette situation par des mesures préventives et répressives. On a rétabli pour les forçats libérés une surveillance analogue à celle de la haute police abolie dans le Droit commun. Ils sont tenus de répondre à des appels et de ne pas changer de résidence sans prévenir l'autorité. Ils sont traités comme vagabonds s'ils ne justifient point de moyens d'existence ou d'un sérieux engagement de travail. Au moment de leur libération ils reçoivent un livret sur lequel l'on constatera leur présence aux divers appels et le contrôle de l'autorité sur leurs moyens d'existence ou engagements de travail. Ils sont obligés de le représenter à première réquisition de l'administration pénitentiaire et des officiers de police judiciaire. Toute infraction à ces dispositions réglementaires est un délit puni d'emprisonnement et d'amende.

A part cette surveillance et l'évasion de la colonie pour laquelle ils sont justiciables du tribunal maritime spécial comme les forçats en cours de peine, le droit pénal commun est applicable aux libérés.

229. IV. Réclusion. — Aux termes de l'art. 21, C. p., le condamné à la réclusion est « renfermé dans une *maison de force*, et employé à des travaux dont le produit *pourra être en partie appliqué à son profit*, ainsi qu'il sera réglé par le gouvernement. — La durée de cette peine sera au moins de *cinq* années et de *dix* ans au plus ». Cet article détermine le lieu, le régime et la durée de la peine. La pratique l'a presque confondue aux points de vue du lieu et du régime avec l'emprisonnement correctionnel de longue durée. Nous ferons connaître son organisation actuelle en traitant ci-dessous des prisons de France et d'Algérie.

La réclusion a une double fonction : elle est d'abord la peine des crimes de Droit commun les moins graves ; elle sert en second lieu de mode d'exécution pour les travaux forcés, habituellement pour les femmes (art. 4, L. 1854 ; art. 16, C. p.), et toujours pour les individus, de l'un ou de l'autre sexe, âgés de soixante ans accomplis au moment du jugement (art. 5, L. 1854 ; art. 70, C. p.). Dans ce cas sa durée est perpétuelle, ou de cinq à vingt ans, comme la peine qu'elle remplace. Mais il est bon de noter que ce n'est qu'au point de vue de l'exécution qu'elle tient lieu des travaux forcés ; à tous les autres points de vue l'individu doit être considéré comme ayant encouru les travaux forcés à temps ou à perpétuité. L'observation est importante pour les peines accessoires, la récidive, les circonstances atténuantes, la règle du non-cumul des peines.

§ 2. — Peines politiques.

230. I et II. Déportation dans une enceinte fortifiée et déportation simple. — La *déportation* est la transportation suivie d'internement perpétuel dans une colonie lointaine. Cette peine nous vient de la législation romaine. Elle n'existait pas dans l'ancien Droit. Elle apparut avec son caractère de peine politique dans les décrets des 10 mars 1793 et 27 germ. an II, et fut appliquée aux crimes contre-révolutionnaires. De là elle passa dans le Code pénal de 1810.

Elle est, dans son essence, simplement restrictive de la liberté : elle n'impose en effet au condamné d'autre obligation que celle de ne pas quitter le territoire où il a été transporté. On ne l'astreint pas au travail. S'il se livre à un métier ou à une industrie, il en garde pour lui tous les produits.

231. Le Code pénal de 1810, après avoir posé le principe de la peine, était resté muet sur son organisation (1). Pour remplacer la peine de

---

(1) L'art. 17 laissait au gouvernement le soin de désigner les lieux de déportation. Il n'en désigna point et se borna pendant les premiers temps à détenir les condamnés dans une forteresse (Ord. 2 avril 1817, sur les maisons centrales). La réforme de 1832 vint faire de ce mode d'exécution une peine nouvelle, *la détention*. De plus elle confirma la pratique illégalement suivie jusqu'alors, en décidant que la nouvelle peine servirait de mode d'exécution à la déportation tant que les lieux de déportation ne seraient point désignés, ou bien lorsque les communications seraient interrompues entre ces lieux et la métropole. Enfin elle enleva au Gouvernement la désignation des lieux de déportation pour l'attribuer au législateur. — En 1835, nouvelle réforme de l'art. 17 : on donne aux juges le

mort abolie en matière politique autant que pour donner à la déportation l'organisation qu'elle attendait depuis 1810, fut votée la loi du 8 juin 1850. Elle crée un degré plus rigoureux de déportation pour les crimes politiques anciennement punis de mort, la *déportation dans une enceinte fortifiée*, et désigne le lieu où sera subie la nouvelle peine (art. 1er et 4).
— Elle désigne aussi la colonie affectée à l'exécution de la déportation établie par l'art. 17 du Code pénal, qui, depuis cette époque, a pris le nom de *déportation simple* (art. 2. L. 1850). Des lois et décrets postérieurs ont désigné de nouveaux lieux et complété l'organisation du régime (L. 23 mars 1872, D. 31 mai 1872, L. 25 mars 1873, L. 9 fév. 1895).

232. Caractères généraux des deux déportations. — La déportation dans une enceinte fortifiée et la déportation simple sont deux peines afflictives et infamantes, perpétuelles, affectées aux crimes politiques les plus graves. Elles s'exécutent normalement par la transportation suivie d'internement dans une colonie lointaine. Par exception, quand il n'y a point de lieux de déportation désignés par une loi, ou que les communications sont interrompues, la peine s'exécute sous la forme de la détention ; mais, dans le premier cas, l'arrêt de condamnation peut exiger que l'exécution de la peine ait lieu dans une forteresse des colonies, tandis que dans le second, la peine est subie dans une forteresse de la France continentale (art. 17, §§ 4, 5, art. 20, C. p.).

233. Lieux affectés à la déportation. — Ce n'est plus un simple décret, comme pour la transportation, c'est une loi qui les désigne. L'enceinte fortifiée n'est ni un bagne ni une prison, mais une enceinte spacieuse comprenant des terrains dont les condamnés ont l'usage et où ils peuvent s'ingénier à vivre. Autrefois la vallée de Vaithau, dans l'une des Marquises, aujourd'hui la presqu'île Ducos, dans la Nouvelle-Calédonie et les îles du Salut, ont été affectées à l'exécution de la déportation dans une enceinte fortifiée. — Pour la déportation simple, le lieu est moins resserré. Il a été d'abord l'île de Noukahiva, puis l'île des Pins et l'île Maré.

234. Régime de la déportation. — En principe les condamnés jouissent dans le lieu de déportation de toute la liberté compatible avec la nécessité d'assurer la garde de leur personne et le maintien de l'ordre (art. 1er, L. 1850 ; art. 4, 5, L. 1872 ; art 1er, L. 1873). Ils doivent se soumettre à certaines mesures de police et de surveillance. Les peines édictées par le Code pénal pour l'évasion leur sont appliquées lorsqu'ils sortent ou tentent de sortir du territoire de la déportation (art. 3, L.

---

droit d'ordonner que la déportation, exécutée sous la forme de la détention, sera subie dans une forteresse soit de la France continentale, soit des colonies qui sera déterminée par la loi. — On était encore dans cette situation provisoire quand la Constitution de 1848 abolit la peine de mort en matière politique.

25 mars 1873). S'ils rentrent en France, ils encourent la peine des travaux forcés à perpétuité ; cette peine doit leur être infligée *sur la seule preuve de leur identité* (art. 17, § 2, C. p.), c'est-à-dire à la suite d'une *reconnaissance d'identité*, procédure particulière (art. 518 à 520, C. i. c.) qui suppose la présence de l'inculpé. La peine des travaux forcés à perpétuité ne peut donc être prononcée par contumace contre l'évadé.

Les déportés sont assimilés aux marins au point de vue pénal. Leurs crimes et délits sont punis d'après le Code de justice militaire de l'armée de mer. Ils sont jugés par les conseils de guerre et de revision permanents établis dans les colonies. L'infraction aux règlements édictés pour maintenir l'ordre et assurer la surveillance leur fait encourir les peines disciplinaires de la marine, qui leur sont infligées par le préfet maritime, le gouverneur ou le commandant en chef (art. 1er, 2, L. 25 mars 1873 ; art. 8, D. 21 juin 1858).

Les déportés ont droit à l'oisiveté. Le Gouvernement détermine les moyens de travail qui leur sont donnés *s'ils le demandent* (art. 6, L. 1850). Il pourvoit à l'entretien de ceux qui ne subviennent point à cette dépense avec leurs propres ressources. — La loi de 1873 contient un ensemble de mesures destinées à décider le déporté à se fixer définitivement dans la colonie : 1° *On facilite au condamné l'acquisition de la propriété foncière* : des concessions de terrains lui sont faites, d'abord à titre provisoire. Elles peuvent être retirées pour inconduite, indiscipline, défaut de mise en culture, évasion consommée ou tentée, condamnation nouvelle à une peine criminelle ou correctionnelle (art. 12). — 2° *On reconstitue sa famille* : on accorde au conjoint et aux enfants du déporté le droit d'aller le rejoindre aux frais de l'Etat, pourvu que le condamné soit en mesure de subvenir à leurs besoins (art. 7, 14). — 3° *On fait participer les membres de la famille, ainsi reconstituée, aux concessions et on les leur transmet, alors même qu'on les retire au condamné* (art. 10 à 14). Le conjoint survivant du déporté est mieux traité que dans le Droit commun, même depuis la loi du 9 mars 1891 : il a un droit de succession en pleine propriété sur les biens concédés ou acquis par le déporté dans la colonie et il arrive en meilleur rang. — 4° *On relève les déportés de beaucoup d'incapacités qui sont les conséquences de la peine principale* (art. 3, L. 1850). Certaines cessent de plein droit ; pour d'autres il faut une décision gracieuse du Gouvernement (1).

---

(1) V. *infrà*, n°^{s} 266 et s. Ainsi organisée, la déportation présente plusieurs avantages. Elle paraît, en premier lieu, bien appropriée aux crimes qu'elle punit : elle impose en effet l'expatriation à des hommes qui ont tenté de s'emparer par des moyens illégaux du gouvernement de leur pays. De plus elle est préservatrice : elle purge la France continentale d'un élément menaçant. Enfin elle est favorable au développement colonial. Malheureusement ces avantages sont compensés par de graves inconvénients, ou n'existent, comme le dernier, qu'en théorie. C'est d'abord une charge très lourde pour le Trésor. En second lieu elle

235. Un âge avancé modifie dans notre Droit l'exécution de toutes les peines qui exigent la transportation du condamné aux colonies : travaux forcés, déportation, relégation. Cet âge est soixante-dix ans accomplis au moment du jugement, s'il s'agit de la déportation (art. 70, C. p.), et soixante ans pour les autres peines (art. 5, L. 30 mai 1854 ; art. 6, L. 27 mai 1885). Cette différence n'a pas de raison d'être.

236. III. Détention. — Cette peine introduite en 1832 a une double fonction : 1° elle est appliquée aux crimes politiques de gravité moyenne. Elle correspond alors par sa durée, qui est de cinq à vingt ans, à la peine des travaux forcés à temps. Elle occupe aussi un degré correspondant dans l'échelle spéciale des peines politiques. — 2° Elle est parfois le mode d'exécution des peines de la déportation et du bannissement. Sa durée dans ce cas est différente.

237. Cette peine est subie dans une forteresse du territoire continental de la France, désignée par un décret rendu en Conseil d'État (art. 20, C. p.). On a désigné successivement la citadelle de Doullens, celle de Belle-Isle-en-Mer, celle de Corte, et enfin le fort de Ste-Marguerite (1).

238. Le régime de la peine consiste uniquement dans la privation de la liberté sans obligation au travail. Le condamné sera *renfermé....* dit l'art. 20, et il ajoute : « Il communiquera avec les personnes placées dans l'intérieur du lieu de la détention ou avec celles du dehors conformément aux règlements de police établis par *décret.* » Le décret du 25 mai 1872 a réglé ces communications. Deux arrêtés ministériels des 26 mai 1872 et 3 novembre 1873 ont déterminé le régime économique, moral et disciplinaire des condamnés à la détention.

239. Toutes les fois que la déportation ne peut s'exécuter, soit parce que les lieux manquent, ou que les communications sont interrompues, ou que le condamné est âgé de soixante-dix ans accomplis au moment du jugement, elle est remplacée, en la forme, par la détention, qui dans ce cas est perpétuelle (art. 17, 70, 71, C. p.). — Toutes les fois aussi que le bannissement ne peut s'exécuter parce que les pays étrangers refusent de recevoir le banni, le condamné subit sa peine en France sous la forme de la détention, dont la durée, dans cette hypothèse, égale celle du bannissement qui avait été prononcé. — Dans cette seconde fonction, la détention n'a pas son caractère propre, elle est simplement le *mode d'exécution* d'une autre peine ; par conséquent à tous autres points de vue le

---

n'intimide pas, parce qu'elle comporte trop de liberté et de bien-être. Enfin la possibilité d'une évasion, l'espoir d'une amnistie, qui ne fait jamais défaut, encouragent le déporté à attendre sa libération dans l'oisiveté au lieu de s'appliquer par son travail à fonder un établissement dans la colonie.

(1) V. Ord. 22 janv. 1835, D. 28 juil. 1850, D. 17 mars 1858, D. 16 janv. 1874.

condamné doit être considéré comme ayant encouru la peine qu'elle remplace (1).

240. IV. Bannissement. — Le bannissement est l'interdiction du territoire français. Cette peine était très usitée dans l'ancien Droit où elle avait plus ou moins d'étendue. On bannissait tantôt du royaume, tantôt du ressort d'une justice. L'ancien bannissement a fourni la peine actuelle et les interdictions de séjour dont il sera traité plus bas. Autrefois on l'appliquait indifféremment aux crimes politiques et aux crimes de droit commun. L'Assemblée constituante l'abolit sous prétexte qu'il aboutissait à un échange de malfaiteurs entre les États. Le Code pénal de 1810 l'a rétabli comme peine politique, parce qu'un mauvais citoyen n'est qu'un danger local (2). On l'appliqua cependant à certains crimes de droit commun (faux dans les passeports, dans les feuilles de routes, dans certains certificats, art. 155, 156, 157, 148, 160, C. p.). La réforme de 1863 l'a remplacé dans ces hypothèses par un emprisonnement correctionnel ; mais cette anomalie existe encore dans l'art. 229. Elle soulève la question suivante : le bannissement appliqué à un crime de droit commun perd-il le caractère de peine politique ? Nous l'examinerons à propos de la dégradation civique où ces applications anormales d'une peine politique sont plus nombreuses.

241. La durée du bannissement est de cinq à dix ans. Il correspond dans l'échelle des peines politiques à la réclusion. Il s'exécute par la conduite sous escorte à la frontière. Si le banni rentre en France, il *enfreint son ban* et encourt la détention ; mais la durée de cette détention n'est plus celle indiquée par l'art. 20 ; son minimum est le temps qui restait à courir jusqu'à l'expiration du bannissement ; et son maximum, le double de ce temps (art. 33). Cette peine est prononcée *sur la seule preuve*

---

(1) La détention est certainement une peine préservatrice ; mais elle n'est pas proportionnée à la gravité des crimes qu'elle réprime. Son régime est en effet beaucoup plus dur que celui de la déportation, surtout depuis les lois récentes qui ont amélioré le sort des déportés. Elle lui est inférieure sans doute par la durée, mais les amnisties, si fréquentes de nos jours, empêchent de prendre au sérieux la perpétuité des peines politiques. On peut donc signaler ici le même défaut d'harmonie qu'on signale entre les travaux forcés d'un côté et la réclusion ou l'emprisonnement de longue durée de l'autre. Cette partie de notre législation pénale appelle une réforme.

(2) LOCRÉ, t. XXIX, p. 205, 222. On a critiqué le bannissement à un autre point de vue. Ce n'est pas, a-t-on dit, une peine préservatrice, car le condamné peut nuire du dehors par ses intrigues et sa correspondance. Ce n'est pas non plus une peine intimidante, surtout pour les étrangers. Ce n'est pas enfin une peine égale, car suivant les individus elle peut être ou très pénible ou presque insignifiante, à raison de la diversité des sentiments et des intérêts. Il faut reconnaître cependant que c'est une peine bien appropriée aux crimes qu'elle réprime. Le banni d'ailleurs ne perd pas la qualité de Français, par conséquent les crimes et les délits politiques qu'il pourra commettre contre le gouvernement de son pays pendant la durée de son exil tombent sous l'application de la loi française (art. 5, C. i. c.).

de l'identité du condamné (1). — L'exécution du bannissement suppose que les États limitrophes veulent bien recevoir ou laisser passer le condamné. En cas de refus et jusqu'à ce que le banni trouve un pays qui veuille lui donner asile, il est soumis sur le territoire français à une incarcération de garde, que la pratique a qualifiée de *détention* (2), mais qui emprunte seulement à cette peine le lieu et le régime. La durée de cette détention diminue d'autant celle du bannissement (art 23) (3).

242. V. Dégradation civique. — Origine et fonction. — L'ancien Droit connaissait une *dégradation de noblesse*, peine tantôt principale, tantôt accessoire. Le Code pénal de 1791 organisa une *déchéance des droits politiques*, avec ce double rôle. Encourue comme peine principale, cette déchéance nécessitait des mesures d'exécution matérielle et était suivie de la peine complémentaire du carcan (4). Comme peine acces-

(1) Comp. *suprà*, n° 234.
(2) V. Ord. 2 av. 1817, art. 3, et rapport de M. DE BASTARD à la Chambre des pairs, séance du 8 mars 1832.
(3) Il faut rapprocher du bannissement les interdictions de séjour sur le territoire français par mesure administrative et politique. La loi du 3 déc. 1849 *sur la naturalisation et le séjour des étrangers en France*, art. 7, 8, 9, autorise l'expulsion des étrangers, même de ceux qui ont été autorisés à établir leur domicile en France. L'expulsion est régulièrement ordonnée par le ministre de l'intérieur, et elle peut l'être dans les départements frontières par le préfet. La mesure cesse de plein droit d'avoir effet à l'égard des étrangers domiciliés après un délai de deux mois, si l'autorisation qu'ils avaient d'établir leur domicile en France n'est point rapportée dans ce délai. La loi de 1849 n'a fait que généraliser le droit d'expulsion que l'art. 272, C. p., consacrait à l'égard de l'étranger vagabond. — Le même droit d'expulsion a été donné à l'administration sur les Français condamnés par application de l'art. 3, L. 14 mars 1872, sur certaines associations internationales. — Enfin des lois de proscription ont été souvent rendues contre les membres des familles qui avaient exercé le pouvoir suprême avant l'établissement du gouvernement sous lequel ces lois étaient votées. La loi du 12 janv. 1816 bannit la famille de Bonaparte, celle du 10 av. 1832 bannit la branche ainée des Bourbons, celle du 26 mai 1848 bannit la branche cadette, celle du 22 juin 1886, actuellement en vigueur, interdit par une formule générale le territoire de la République « aux chefs des familles ayant régné en France et à leurs héritiers directs par ordre de primogéniture ». Elle autorise en outre le Gouvernement à étendre cette interdiction « aux membres de ces familles ». Ces interdictions de séjour prononcées par l'autorité administrative ou par le pouvoir politique ne touchent au Droit pénal que par leur sanction. Le retour sur le territoire français est une sorte d'infraction de ban, punie de peines correctionnelles. — Très différente est l'interdiction temporaire ou indéfinie du territoire français prononcée par les tribunaux correctionnels contre les travailleurs étrangers qui ont enfreint dans certaines conditions la loi du 8 août 1893 *sur la protection du travail national* : c'est une véritable peine correctionnelle.

(4) Le condamné était conduit sur une place publique du siège du tribunal criminel. Le greffier proclamait à haute voix sa déchéance en ces termes : « Votre pays vous a trouvé convaincu d'une action infâme ; la loi et le tribunal vous dégradent de la qualité de citoyen français. » Le condamné était ensuite mis au carcan et il y restait pendant deux heures, ayant au-dessus de sa tête un écriteau où étaient tracés en gros caractères : ses noms, son domicile, sa profession, le crime qu'il avait commis et le jugement prononcé contre lui. Si le condamné n'avait pas la jouissance des droits politiques (femme ou fille, étranger, repris de justice), il était seulement condamné au carcan. L'exécution avait lieu de la

soire, elle était la conséquence légale de toutes les peines emportant l'exhibition publique du condamné sur un échafaud pendant un temps plus ou moins long (1). La première portait le nom technique de dégradation civique. Ces deux sortes de peines passèrent dans le Code pénal de 1810 (art. 34 et 28 anciens), sauf que la dégradation civique prononcée comme peine principale fut dépouillée de toute mesure d'exécution matérielle et nettement distinguée du carcan et de l'exposition publique, même avant l'abolition de ces deux peines par la loi de revision de 1832 et le décret du 12 avril 1848. Les caractères de la dégradation civique sont d'être une peine criminelle privative des droits politiques, tantôt principale, tantôt accessoire. En tant que peine principale elle est appliquée aux crimes politiques les moins graves. En tant que peine accessoire elle est la conséquence légale de la condamnation à toute autre peine criminelle. Nous l'étudierons plus loin sous ce second aspect.

243. Incapacités qui la constituent. — L'art. 34 du Code pénal et quelques autres dispositions législatives énumèrent les incapacités dont l'ensemble forme la peine privative de droits qui nous occupe. On peut diviser en trois groupes les déchéances qu'entraîne la condamnation à la dégradation civique.

1° *Déchéance des droits politiques et de certains droits assimilés.* — Le condamné perd les droits électoraux : droits de vote, d'éligibilité et d'élection ; — le droit d'occuper une fonction, un emploi ou un office publics ; — le droit de tenir école et d'être employé dans un établissement d'instruction à titre de professeur, maître ou surveillant ; — le droit d'être juré, expert, témoin dans les actes ; — le droit d'être gérant d'un journal ou d'un écrit périodique (art. 6, L. 29 juillet 1881) ; — le droit de servir dans l'armée française quand elle est prononcée pour corruption de fonctionnaires (art. 177, C. p. ; L. 15 juillet 1889, art. 34) (2).

2° *Déchéance de certains droits publics* : — droit de porter une décoration ; — droit de déposer en justice sous la foi du serment ; — droit de port d'armes, et par suite, droit d'avoir un permis de chasse (art. 34, § 5 et L. 3 mai 1844, art. 8).

---

même manière, sauf qu'on supprimait la phrase : « la loi et le tribunal... etc. » (art. 31, 32, 33, 1ʳᵉ part., tit. I, C. p. 1791).

(1) V. art. I, 1ʳᵉ part., tit. IV.

(2) Cette exclusion était générale d'après l'art. 34, § 5, C. p. Mais cette disposition a été corrigée par la loi sur le recrutement du 15 juillet 1889. Sont aujourd'hui exclus de l'armée, mais mis, soit pour leur temps de service actif, soit, en cas de mobilisation, à la disposition du ministre de la marine et des colonies qui déterminera par des arrêtés spéciaux les services auxquels ils peuvent être affectés : 1° les condamnés à une peine afflictive et infamante, ou à un emprisonnement de deux ans et au-dessus, pour crimes et délits de droit commun non connexes à des faits politiques ; 2° les condamnés à la dégradation civique *dans le cas prévu par l'art.* 177, C. p. ; 3° les relégués collectifs (art. 4, 6).

3° *Déchéance de certains droits de famille* : — droits de tutelle, *sensu lato*, excepté sur ses propres enfants et sur l'avis conforme de la famille ; — droit pour le mari d'autoriser sa femme (art. 221, C. civ.) (1).

244. Ces déchéances peuvent être inefficaces, soit parce que le condamné paraît ne pas tenir aux droits que la dégradation civique lui enlève, soit parce qu'il en est déjà déchu, soit parce qu'il n'est pas apte à en jouir ; aussi l'art. 35, C. p., ajoute-t-il à la dégradation civique, prononcée comme peine principale, un emprisonnement complémentaire dont il fixe le maximum à cinq années ; le minimum, dont l'art. 35 ne dit rien, doit être fixé à 6 jours (art. 40, § 2). Cette peine complémentaire est facultative, lorsqu'il s'agit d'un Français jouissant de ses droits politiques ; elle est obligatoire, lorsqu'il s'agit d'un étranger ou d'un Français déchu de ses droits civiques. La distinction que l'art. 35 fait pour les Français s'applique aux femmes ; car, si elles n'ont pas tous les droits que fait perdre la dégradation civique, elles en ont un grand nombre, et dès lors on ne peut pas dire qu'à leur égard cette peine est inefficace.

245. Nature de la dégradation civique peine principale. — Comme peine principale la dégradation civique est appliquée à un petit nombre de crimes politiques (art. 111, 114, 119, 122, 126, 127, 130, C. p.) et à quelques crimes de droit commun, savoir : certains cas de forfaiture (art. 167, 183), certains cas de corruption de fonctionnaires (art. 177, 179), les coups portés à un ministre d'un culte dans ses fonctions (art. 263). Cette application de la dégradation civique à des crimes de droit commun a fait surgir la question de savoir s'il convient de placer cette peine au dernier échelon des deux échelles. Certains auteurs émettent cette opinion (2) ; mais ils n'osent pas accepter les conséquences logiques qui en dérivent. Par exemple, en cas de récidive, ils ne passent pas de la dégradation civique à la réclusion pour les crimes de droit commun auxquels elle est exceptionnellement appliquée. — D'autres auteurs ne classent la dégradation civique ni dans l'une ni dans l'autre échelle (3). — Ces deux opinions sont contraires à l'art. 56 qui prouve, ainsi que nous le démontrerons dans la théorie de la récidive, que la dégradation civique est toujours une peine politique, même lorsqu'elle réprime un crime de droit commun. Ces derniers cas sont des anomalies. On peut en signaler une semblable pour le bannissement dans l'art. 229. La même question surgit donc aussi pour cette peine ; et ce qu'il y a d'étrange, c'est que les auteurs qui comprennent la dégradation civique

---

(1) Cette dernière déchéance est controversée. Dans l'opinion générale, l'article 221, C. civ. ne viserait que le bannissement par cette expression, *peine infamante*.

(2) Ortolan, II, 1629 ; Villey, 446 ; Lainé, 325, 326 ; Garraud, *Précis*, p. 274.

(3) V. Bertauld, p. 386.

dans les deux échelles, ou qui l'excluent de l'une et de l'autre, considèrent le bannissement comme étant, dans tous les cas, une peine politique.

246. Exécution, point de départ, durée, causes d'extinction. — La condamnation à la dégradation civique opère de plein droit une diminution de capacité chez le condamné, à compter du jour où elle est devenue irrévocable, si elle est contradictoire, et à compter du jour de l'exécution par effigie, si elle est par contumace. Telle est la règle écrite dans l'art. 28, C. p., pour la dégradation civique peine accessoire ; elle doit être étendue par analogie à la dégradation civique peine principale. La diminution de capacité est, à proprement parler, l'exécution de la dégradation civique ; elle a lieu sans mesures matérielles. Il ne faut pas la confondre avec la radiation des listes électorales ou des cadres de la Légion d'honneur, ni avec l'expulsion de l'assemblée politique, la fermeture de l'école, la destitution de la tutelle, etc. Ces mesures matérielles sont les suites de l'exécution, mais non l'exécution elle-même. L'observation que nous faisons ici est commune à toutes les peines privatives de droit ; son utilité pratique apparaîtra à propos de la prescription et de la grâce.

247. La durée de la dégradation civique est, en principe, perpétuelle. Elle ne cesse que s'il survient une cause qui efface la condamnation : réhabilitation, amnistie, revision du procès. Comme toutes les peines qui ne nécessitent pas de mesures d'exécution matérielle, elle n'est susceptible ni de prescription, ni de grâce ; cependant toutes les lois qui ont organisé la transportation aux colonies pour l'exécution de certaines peines, ont admis la remise plus ou moins large aux transportés, sur le territoire de la colonie, des droits perdus par l'effet de la dégradation civique. Nous allons étudier l'étendue de ces remises gracieuses en exposant les peines accessoires en matière criminelle (1).

§ 3. — Peines accessoires.

248. La condamnation à une peine criminelle entraîne virtuellement

---

(1) La dégradation civique est une peine très défectueuse : elle est inégale, car les droits qu'elle enlève sont indifférents à certains condamnés et très chers à d'autres ; elle n'est pas intimidante, car en privant de certains droits elle dispense de certains devoirs corrélatifs qui sont de véritables charges ; elle n'est pas personnelle, car lorsqu'elle enlève au condamné le droit d'être expert ou témoin, elle atteint les tiers ; son indivisibilité la rend enfin peu appropriée, dans certains cas, à l'infraction commise. Il existe en matière correctionnelle une peine privative de droits comprenant presque toutes les incapacités de la dégradation civique et bien supérieure à celle-ci par sa divisibilité. Une bonne législation n'aurait qu'une seule peine privative de droits, essentiellement divisible, toujours complémentaire et jamais accessoire afin que le juge intervienne et l'applique avec discernement.

un certain nombre d'incapacités qui sont les peines accessoires en matière criminelle. Dans notre législation actuelle, toute peine criminelle, autre que la *dégradation civique*, emporte cette peine à titre de peine accessoire ; toute peine afflictive emporte en plus l'*interdiction légale* ; enfin les peines afflictives perpétuelles entraînent, outre les deux peines accessoires précédentes, la *double incapacité* de disposer et de recevoir à titre gratuit. — La dégradation civique étant connue, il suffit d'exposer ici l'organisation des deux autres peines. Nous verrons ensuite comment et dans quelle mesure les peines accessoires peuvent cesser au profit des condamnés qui exécutent leur peine principale par la transportation dans une colonie.

249. Interdiction légale. — **Origine et fonction.** — Cette peine n'a pas de précédents dans l'ancien Droit. Elle a été créée par le Code pénal de 1791 (1re part., tit. IV, art. 2). L'art. 29, C. p. de 1810 l'attacha aux peines afflictives temporaires. Les lois du 8 juin 1850 et du 31 mai 1854 l'étendirent aux peines afflictives perpétuelles ; de sorte qu'aujourd'hui *toutes les peines afflictives*, perpétuelles ou temporaires, emportent cette peine accessoire.

Les art. 29, 30, 31, C. p. disent en quoi consiste l'interdiction légale. On peut la qualifier à la fois de *mesure de précaution*, ayant pour but de rendre efficace l'exécution de la peine principale, et de *mesure de protection* pour le patrimoine du condamné. Le condamné est mis en tutelle pendant la durée de la peine principale. Ses biens lui seront rendus quand elle aura pris fin, et le tuteur lui devra compte de son administration. Tant que dure la peine principale, l'interdiction légale empêche le condamné de toucher ses capitaux et ses revenus. On veut par là lui retirer les moyens d'améliorer le régime de la peine afflictive qu'il exécute et de corrompre ses gardiens (1). Ces deux motifs échappent presque à l'analyse ; cependant on ne peut les négliger, car ils montrent le principe de la différence entre l'interdiction légale et l'interdiction judiciaire ; celle-ci n'est qu'une mesure de protection ; celle-là est avant tout une mesure de précaution, et si elle devient une mesure de protection pour le patrimoine du condamné, c'est le résultat fortuit de son organisation. Il ne faudra donc pas s'inspirer de son second caractère pour résoudre les difficultés que soulève l'incapacité de l'interdit légal.

250. Condition de l'interdit légal. — Elle ressemble beaucoup à celle de l'interdit judiciaire (art. 489 et s., C. civ.). Tous deux sont en tutelle ; le personnel de la tutelle est le même ; les pouvoirs du tuteur ne diffèrent point ; l'incapacité qui frappe l'interdit est de même nature : c'est une incapacité d'exercice. Mais il y a des différences : 1° quant à

---

(1) Exposé des motifs de Treilhard (Locré, XXIX, p. 208).

l'emploi des revenus ; — 2° quant à l'étendue de l'incapacité de l'interdit ; — 3° quant à la sanction de cette incapacité.

251. 1° *Emploi des revenus.* — Tandis que les revenus de l'interdit judiciaire doivent être essentiellement employés à adoucir son sort (art. 510, C. civ.), il ne peut être remis à l'interdit légal, pendant la durée de sa peine, « aucune somme, aucune provision, aucune portion de ses revenus » (art. 31, C. p.). Le but de l'interdiction légale explique cette différence.

252. 2° *Incapacité de l'interdit légal.* — A prendre le texte des art. 29 à 31, C. p., il semble que l'interdiction légale ne différerait de l'interdiction judiciaire qu'au point de vue de la mission du tuteur ; l'incapacité qui résulte des deux interdictions serait la même.

Certains auteurs ont accepté cette solution. Pour eux, la question de savoir quelle est l'étendue de l'incapacité de l'interdit légal se confond avec la même question posée pour l'interdit judiciaire. Il suffit de noter ici sommairement la difficulté que soulève cette incapacité : est-elle absolue ? s'étend-elle aux actes qui ne comportent pas la représentation par le tuteur, tels que le mariage, la reconnaissance d'un enfant naturel, le consentement au mariage des enfants, le testament, la donation entre vifs, les conventions matrimoniales ? Si l'on reconnaît à l'interdit judiciaire le droit de faire ces actes *exclusivement personnels* dans un intervalle lucide, il faut reconnaître le même droit à l'interdit légal. Si au contraire on admet que l'incapacité de l'interdit judiciaire est absolue, on doit admettre que l'interdit légal ne peut faire aucun de ces actes. — A côté de ces deux systèmes, un troisième détermine l'étendue de l'incapacité par les expressions dont se servent les art. 29 et 31 pour déterminer la mission du tuteur. L'interdit légal pourrait tout faire, sauf administrer ses biens, toucher ses capitaux et ses revenus. Ainsi, il pourrait vendre ; mais le tuteur livrerait la chose vendue et recevrait le prix.

On doit écarter les deux premiers systèmes, parce qu'ils établissent entre l'interdiction judiciaire et l'interdiction légale une analogie qui ne peut pas exister. Comment comparer en effet un insensé à un homme qui jouit de son bon sens ? Une mesure de *protection* pour l'incapable à une mesure de *précaution* prise contre lui ? Quant au troisième, il mérite d'être rejeté parce qu'il laisse au condamné le moyen de corrompre ses gardiens et qu'il méconnaît ainsi le but de l'interdiction légale. Cette critique pourrait être adressée aussi au premier.

Il faut, selon nous, laissant de côté toute autre préoccupation, déterminer l'incapacité de l'interdit légal en s'inspirant du but en vue duquel a été organisée la mesure qui le frappe. Nous lui retirerons par conséquent le droit de faire tous les actes par lesquels il pourrait corrompre ses gardiens ; mais les autres lui seront permis. Il est vrai que pour les actes personnels ce système aura un inconvénient qu'on rencontre aussi dans le second système, c'est de transformer une incapacité d'exercice en incapacité de jouissance ; mais on peut répondre à cette critique que l'interdiction légale est une mesure d'ordre public, prise contre l'incapable, et qu'il n'y a pas lieu dès lors de s'étonner des solutions rigoureuses qu'elle commande. — Le résultat pratique de notre solution sera de faire déclarer l'interdit légal capable de tous les actes intéressant exclusivement ou principalement sa personne, et incapable des actes relatifs à ses biens. Il pourra se marier, reconnaître un enfant naturel, consentir au mariage de ses enfants (1). Il ne pourra point s'obliger, aliéner à titre onéreux, ni faire de donation. Néanmoins le testament lui sera permis, parce qu'il ne confère au légataire qu'un titre révocable, sur lequel il ne peut compter ; ce n'est pas dès lors un moyen suffisant pour le corrompre (2). L'institution contractuelle au contraire rentre dans la règle générale applicable aux actes relatifs aux biens, à cause de l'irrévocabilité du titre qu'elle confère, quoique par l'éventualité de l'émolument elle se rapproche des legs.

253. 3° *Sanction de l'incapacité.* — L'incapacité de l'interdit judiciaire est établie uniquement dans son intérêt ; les personnes capables qui ont contracté avec lui ne peuvent l'opposer (art. 1125, C. civ.). Cette règle ne peut être étendue à l'interdiction légale, parce qu'elle est la conséquence du caractère de mesure de protection, qui est essentiel dans l'interdiction judiciaire. L'interdiction légale étant au contraire une mesure de précaution dans l'intérêt social, sa sanction doit être une nullité d'ordre public, c'est-à-dire absolue, ouverte à tous les intéressés.

254. Point de départ, durée, causes de suspension, causes d'extinction. — Pour fixer le point de départ, la durée, les causes de suspension et les causes d'extinction de l'interdiction légale, il faut rechercher d'abord de quoi l'interdiction légale est l'accessoire. Un point certain d'après les textes, c'est qu'à la différence des autres peines accessoires, elle est attachée non pas à la condamnation, mais à son exécution. Reste à savoir si elle est l'accessoire *du fait de l'exécution* ou bien *du droit d'exécution* de la peine principale. Suivant qu'on lui donnera l'un ou l'autre de ces caractères, l'interdiction légale suivra les vicissitudes ou de l'exécution matérielle ou du droit d'exécution. Sous le Code de 1810, la question ne présentait de l'intérêt qu'au point de vue des condamnés évadés après leur condamnation contradictoire et des condamnés par contumace. L'*évadé*, le *contumax* étaient-ils en état d'interdiction

---

(1) Une loi du 20 juin 1896 assimile à un ascendant qui ne peut manifester sa volonté « l'ascendant subissant la peine de la relégation ou maintenu aux colonies en conformité de l'art. 6 de la loi du 30 mai 1854 sur la peine des travaux forcés ». Mais à ce moment l'interdiction légale a cessé, la question reste donc entière pour les condamnés en cours de peine afflictive.

(2) Cass., 27 fév. 1883 (S. 84,1,61).

légale ? Non, si l'on faisait de l'interdiction légale l'accessoire de l'exécution matérielle ; — oui, si l'on en faisait l'accessoire du droit d'exécution. Depuis la loi du 31 mai 1854, abolitive de la mort civile, l'intérêt pratique a surgi pour le condamné à mort : est-il, depuis que sa condamnation est devenue définitive jusqu'à son exécution, en état d'interdiction légale ? Non, dans la première opinion ; — oui, dans la seconde.

De ces deux systèmes le meilleur en législation est assurément le dernier. Il donne en effet un moyen de contrainte contre l'évadé et le contumax. Mais, si l'on consulte les travaux préparatoires du Code pénal de 1810, on peut dire, sans hésitation, que le premier système était seul dans l'intention du législateur. Priver le condamné qui exécute sa peine des ressources que lui procurerait la gestion de son patrimoine, tel a été l'unique but du législateur. Il n'a point appliqué l'interdiction légale au condamné qui ne subit pas sa peine. L'art. 29, écrit en vue des peines afflictives temporaires, porte en effet que le condamné sera, *pendant la durée de sa peine*, en état d'interdiction légale. L'art. 30 ajoute : « Les biens du condamné lui seront remis *après qu'il aura subi* sa peine. » Ces deux textes, qui visent le commencement et la fin de l'interdiction légale, en font l'accessoire de l'exécution matérielle de la peine principale, et non celui du droit d'exécution. — La loi du 31 mai 1854 n'a rien changé à cette interprétation : elle attache en effet aux condamnations à des peines afflictives perpétuelles « l'interdiction légale *établie par les articles* 28, 29 *et* 31 *du Code pénal* ». C'est donc qu'elle se réfère au Code de 1810 pour tout ce qui concerne cette peine. Il faut considérer par conséquent l'interdiction légale comme l'accessoire de l'*exécution matérielle* de toute peine afflictive et accepter les déductions logiques de ce système. L'interprète n'a pas mission de refaire la loi (1).

255. Cette solution permet de fixer par la formule suivante le point de départ, la durée, les causes de suspension et l'extinction normale de l'interdiction légale : « Cette peine accessoire suppose une condamnation contradictoire à une peine afflictive ; elle commence quand cette condamnation est devenue irrévocable ; elle est suspendue par toutes les causes qui suspendent l'exécution matérielle de la peine principale ; elle cesse avec celle-ci. »

256. A l'égard des condamnés qui subissent une peine donnant lieu à la transportation, l'interdiction légale cesse isolément avant l'expiration de la peine principale, tantôt de plein droit, tantôt par l'effet d'une remise gracieuse ; mais les effets de cette extinction ne se font sentir que sur le territoire de la colonie. Nous l'étudierons plus loin (2).

---

(1) Le projet de la commission de revision opère cette réforme, art. 50 : « L'interdiction légale est encourue du jour où la condamnation est devenue définitive. »
(2) L'interdiction légale est une mesure qui, au point de vue pénal, n'a pas de raison d'être et qui est mal appliquée d'ailleurs par notre législation. Un bon

257. Double incapacité de disposer et de recevoir à titre gratuit. — Origine et fonction. — Cette peine est une des incapacités qui constituaient autrefois la *mort civile*. L'ancien droit attachait la mort civile aux peines afflictives perpétuelles (1). Elle disparut avec ces peines dans le Code pénal de 1791. Puis elle fut rétablie comme accessoire de la peine de mort par l'art. 23 du Code civil, et comme accessoire des peines des travaux forcés à perpétuité et de la déportation par l'art. 18 du Code pénal.

258. La mort civile était une fiction de mort qui entraînait un ensemble d'incapacités. Le condamné perdait d'abord tous les droits politiques proprement dits et assimilés (2). Il perdait en outre ses droits de famille et la plupart de ses droits civils : 1° Sa succession était ouverte et dévolue à ses héritiers *ab intestat*. — 2° Son mariage était dissous. — 3° Il devenait incapable de *succéder*, et, s'il acquérait des biens, il était incapable de les *transmettre* ; l'Etat prenait sa succession à titre de déshérence. — 4° Il était frappé de l'incapacité de disposer et de recevoir à titre gratuit. — 5° Enfin, comme on ne pouvait lui interdire les acquisitions à titre onéreux faites avec le produit de son travail, car c'eût été favoriser la mauvaise foi et le vol, on l'humiliait en lui refusant le droit de plaider en personne relativement aux biens ainsi acquis ; il devait se faire représenter par un curateur. — La plupart des conséquences de cette fiction de mort étaient immorales quand elles n'étaient pas illusoires. Seule l'incapacité de disposer et de recevoir à titre gratuit méritait d'être conservée pour annuler les donations et les legs dictés uniquement par le mépris de la condamnation d'où résultait cette incapacité.

259. La loi du 8 juin 1850 supprima la mort civile attachée aux deux degrés de déportation qu'elle instituait, et la remplaça par la dégradation civique et l'interdiction légale. La loi du 31 mai 1854 acheva son abolition. Mais cette suppression laissait une lacune. Il ne suffisait pas d'étendre aux peines afflictives perpétuelles, comme l'avait fait par-

---

choix des gardiens, une surveillance suffisante exercée sur eux, des peines sévères établies contre ceux qui se laisseraient corrompre, suffiraient à prévenir le danger auquel on veut parer par l'interdiction légale. Ce danger existe aussi pour l'emprisonnement correctionnel de longue durée ; cependant on n'a pas essayé d'y remédier par l'interdiction légale. On comprendrait l'emploi de cette mesure comme moyen de contrainte à l'égard des condamnés en liberté qui refusent de se présenter pour subir une peine corporelle ; mais précisément elle n'a pas été faite pour cette situation. A ce point de vue, il vaudrait même mieux ne pas y recourir et généraliser l'institution du séquestre. L'interdiction légale pourrait alors être maintenue comme une simple mesure de protection pour le patrimoine d'un condamné à une peine privative de la liberté de longue durée ; ce serait une institution purement civile.

(1) Ord. 1670, tit. XVII, art. 29 ; Ord. 1747, tit. I, art. 24.
(2) L'art. 25 n'en mentionnait que quelques-uns, mais on n'hésitait pas à le généraliser à tous les autres, car le mort civil ne conservant pas ses droits de famille ne pouvait *a fortiori* conserver ceux de cité.

tiellement la loi de 1850, les incapacités qui étaient déjà l'accessoire des peines afflictives temporaires, il fallait en créer de nouvelles ; car plus s'élève la gravité de la peine principale, plus graves aussi doivent être ses conséquences. Pour ce motif, la loi de 1854 emprunta à la mort civile la double incapacité de disposer et de recevoir à titre gratuit et en fit, avec la dégradation civique et l'interdiction légale, la peine accessoire des peines afflictives perpétuelles (1).

260. Étendue et nature de cette incapacité. — Cette peine accessoire prive le condamné *du droit* de recevoir des donations et des legs et de disposer aux mêmes titres. Ce n'est pas seulement l'exercice du droit qui est perdu, comme dans l'interdiction légale, mais le droit lui-même ; l'incapacité est de *jouissance*. Conséquemment le testament fait par le condamné en temps de capacité est nul. La loi de 1854 a cru devoir le dire expressément (art. 3), mais c'était inutile : le testament est un acte de dernière volonté qui suppose la capacité de jouissance chez le disposant au moment de son décès. Nul ne peut prétendre laisser un testament valable, s'il meurt dépouillé du droit d'*avoir* un testament. L'interdiction légale, même pour ceux qui admettent que l'interdit ne peut tester, n'aurait pas produit ce résultat. Il est de principe en effet que le testament, fait en temps de capacité par celui qui plus tard perd seulement l'exercice du droit de tester, reste valable (arg. art. 503, C. civ.).

261. Point de départ, condition du contumax. — Les condamnations contradictoires emportent la double incapacité du jour où elles sont devenues définitives, et les condamnations par contumace cinq ans après leur exécution par effigie (art. 3, L. 31 mai 1854). La mort civile au contraire était toujours attachée à l'exécution réelle ou par effigie (art. 26, 27, C. civ.).

La condition du contumax mérite d'être envisagée dans trois situations qui se présentaient autrefois pour la mort civile et qui se reproduisent aujourd'hui pour la double incapacité. Le condamné peut être arrêté, soit dans les cinq ans qui suivent son exécution par effigie, — soit après les cinq ans, mais avant la prescription de la peine, — soit après la prescription de la peine.

262. S'il est *arrêté pendant la première période*, il purge sa contumace. Sa condamnation est rétroactivement anéantie. En conséquence, il reprenait autrefois l'exercice de ses droits que l'incapacité d'exercice établie par l'art. 28 du Code civil avait paralysés. Aujourd'hui cette incapacité d'exercice n'existe plus, mais le séquestre qui frappait les

---

(1) Le conflit des lois du 8 juin 1850 et du 31 mai 1854 entre elles et avec la législation antérieure donnait lieu à des questions transitoires qui ne doivent plus avoir aujourd'hui d'intérêt pratique. Elles sont réglées par les art. 5 et 6 de la loi du 31 mai 1854.

biens du contumax est levé ; par suite tous les actes que le condamné a pu faire depuis sa contumace et ceux qu'il fera avant sa condamnation définitive pourront s'exécuter sur ses biens (art. 29, C. civ. ; art. 476, C. i. c.). Si le condamné meurt pendant cette première période, il meurt dans l'intégrité de ses droits, la double incapacité n'étant point encore encourue (art. 31, C. civ., et arg. art. 3, § 3, L. 31 mai 1854).

263. Supposons-le *arrêté pendant la seconde période* : il purge encore sa contumace ; sa condamnation est anéantie et il devra passer de nouveau en jugement (art. 476, § 1, C. i. c.) ; mais la double incapacité qui l'a frappé cinq ans après l'exécution par effigie est-elle rétroactivement anéantie, ou ne cesse-t-elle que pour l'avenir ? — L'art. 30 du Code civil et l'art. 476, § 2, du Code d'instruction criminelle maintenaient la mort civile dans le passé. Certains auteurs soutiennent qu'on doit décider de même aujourd'hui pour la double incapacité. C'est en effet, disent-ils, *un débris* de la mort civile, une incapacité qui lui a été empruntée et qui dès lors doit être appliquée dans les mêmes conditions (1). — L'opinion générale est en sens contraire, et nous la croyons fondée. L'emprunt fait à la mort civile était forcé du moment qu'on voulait ériger en peine accessoire une incapacité de jouissance : la mort civile en effet les comprenait toutes. Il n'y a donc rien à conclure de cet emprunt. — Disons mieux : le législateur de 1854 a voulu abroger la disposition qu'on invoque. Ce qui le prouve, c'est l'abrogation absolue et sans restriction de la mort civile par l'art. 1er. — L'esprit de la loi du 31 mai 1854, nettement accusé par ce texte, est de faire table rase de la mort civile pour la remplacer par une institution nouvelle. Ce procédé exclut toutes les règles de l'ancienne pénalité que le législateur n'a pas expressément reproduites. On reste donc sous la règle générale formulée par l'art. 476, § 1er, savoir : que la représentation du contumax avant la prescription de la peine anéantit la condamnation et toutes ses conséquences. L'exception du paragraphe 2 a été abrogée.

Si le condamné meurt pendant cette seconde période, il meurt frappé de l'incapacité de disposer et de recevoir à titre gratuit ; car sa mort rend impossible la réalisation de l'événement qui aurait pu résoudre sa condamnation.

264. *Le contumax est arrêté pendant la troisième période*, c'est-à-dire plus de vingt ans après sa condamnation. Celle-ci est devenue définitive en même temps que la prescription éteignait la peine principale ; mais l'incapacité de disposer et de recevoir à titre gratuit persiste, parce qu'elle est imprescriptible comme toutes les peines privatives de droits.

265. Durée. — Causes d'extinction. — La double incapacité dont nous traitons est perpétuelle. De plus elle survit au droit d'exécution

---

(1) Ortolan, II, 1894 ; Garraud, II, 49.

de la peine afflictive perpétuelle à laquelle elle est jointe, parce qu'elle est l'accessoire de la condamnation à cette peine et non de son exécution. Elle n'est donc pas éteinte indirectement, comme l'interdiction légale, par la grâce de la peine principale, ni par sa prescription. Mais elle disparaît quand la condamnation est effacée (amnistie, revision, réhabilitation). Comme les autres peines privatives de droits, elle n'est pas susceptible d'être remise directement par voie de grâce ; nous allons voir cependant que les lois spéciales ont autorisé sa remise gracieuse aux condamnés qui exécutent leur peine par la transportation dans une colonie.

266. Remise gracieuse ou légale des peines accessoires au profit des condamnés transportés dans une colonie. — Toutes les lois qui ont organisé la transportation de certains condamnés aux colonies ont admis à leur profit, tantôt de plein droit, tantôt par faveur administrative, une remise plus ou moins large des peines privatives de droits. Le but de ces lois a été de favoriser le développement de la colonie, l'amendement des condamnés et le reclassement des libérés dans la société nouvelle. Notre législation en cette matière manque d'harmonie et de vues d'ensemble, parce qu'elle a été faite d'apports successifs. Il serait utile de la remanier. On pourrait diviser les remises des incapacités en deux classes, suivant leur objet. Les unes, relatives au développement de la colonie, devraient s'appliquer sans distinction à tous les condamnés, parce qu'ils rendent le même service au point de vue de la colonisation. Les autres, au contraire, relatives à l'amendement et au reclassement, nécessiteraient qu'on distinguât suivant la nature des crimes qui ont motivé la condamnation, parce que ces crimes dénotent le genre de perversité du condamné, ses instincts, ses habitudes : autant d'éléments dont il faut tenir compte quand il s'agit de l'amender et de le reclasser.

Pour exposer clairement notre législation sur cette matière, nous allons prendre successivement chaque peine privative de droits et étudier les conditions de sa remise aux diverses catégories de condamnés transportés. Les lois qui s'y rapportent sont : la loi du 30 mai 1854, *sur l'exécution de la peine des travaux forcés* ; celle du 31 mai de la même année, *portant abolition de la mort civile* ; celle du 25 mars 1873, *sur la condition des déportés* ; celle du 27 mai 1885, *sur les récidivistes*. Nous emprunterons à cette dernière, dont l'explication viendra plus tard, seulement son art. 17 relatif à la remise aux relégués des incapacités qu'ils ont encourues à titre de peine complémentaire ou accessoire. Ces incapacités peuvent être : 1° l'interdiction légale pour les relégués réclusionnaires que le Gouvernement a transportés sur le territoire de la relégation avant l'expiration de la peine de la réclusion (art. 12) ; — 2° la dégradation civique pour tous les récidivistes relégués après leur libération d'une peine criminelle ; — 3° certaines incapacités encourues comme peines correctionnelles, complémentaires ou accessoires ; — 4° l'incapacité de disposer et de recevoir à titre gratuit, si le relégué est un condamné à une peine afflictive perpétuelle libéré de cette peine par la grâce ou par la prescription. — Le caractère commun de toutes les remises dont il va être question, c'est de s'appliquer seulement aux condamnés *transportés*; les mêmes condamnés restés sur le territoire continental de la France ne sont pas appelés à en jouir.

267. I. Remise de l'incapacité de disposer et de recevoir à titre gratuit. — Cette peine accessoire atteint : 1° les déportés, 2° les condamnés aux travaux forcés à perpétuité, 3° les condamnés à mort dont la peine a été commuée même en une peine afflictive temporaire ou qui se trouveraient affranchis de leur peine soit par une grâce complète soit par la prescription. On sait qu'elle est perpétuelle.

a) Comment cesse cette incapacité. — Ordinairement, par une grâce spéciale (art. 4, § 1er, L. 31 mai 1854) et, par exception, de plein droit au profit des déportés, mais pour leur permettre uniquement de disposer de leurs biens en faveur du conjoint qui est venu habiter avec eux dans la colonie pénale (art. 13, § 4, L. 25 mars 1873).

b) Quelle est l'étendue de la remise ? — L'effet de la remise est absolu. Le condamné recouvre sa capacité : les dispositions qu'il fera s'exécuteront en quelque lieu que soient situés ses biens. Il recueillera les legs et les donations qui lui seront adressés même de France, et portant sur des biens situés même hors du territoire de la colonie. Ce caractère absolu de la remise avait pu être mis en doute sous l'art. 4 de la loi du 31 mai 1854, parce que son troisième paragraphe semblait limiter à certains biens les effets des actes juridiques accomplis par le condamné ; mais cette restriction ne concernait, suivant l'opinion générale, que les effets des actes juridiques paralysés par l'interdiction légale, dont la remise est traitée dans le paragraphe deuxième. L'art. 13, § 4, de la loi du 25 mars 1873 a d'ailleurs fait cesser le doute pour la remise légale qu'il établit, et l'on doit étendre par analogie cette solution à la remise gracieuse.

Cet article résout de plus, implicitement, une question qui jusqu'alors était restée indécise. Le condamné a recouvré sa *capacité de jouissance* du droit de disposer à titre gratuit par la remise dont nous traitons ; mais a-t-il également recouvré sa *capacité d'exercice* ? L'interdiction légale a-t-elle partiellement cessé, de manière à rendre possible l'accomplissement, par le condamné, de l'acte de disposition ? Pourra-t-il, par exemple, doter lui-même son enfant ? L'art. 13 de la loi du 25 mars 1873 accorde sans restriction au déporté le droit de disposer en faveur de son conjoint « *par dérogation à l'article 16 de la présente loi* ». Or l'art. 16 vise l'obstacle apporté au droit de disposer soit par la double incapacité soit par l'interdiction légale. Il y a donc remise de celle-ci dans la mesure de celle-là. Cette solution, donnée par la loi de 1873 pour la remise légale, doit encore être étendue par analogie à la remise gracieuse.

268. II. Remise de l'interdiction légale. — Rappelons que l'interdiction légale atteint tout condamné à une peine afflictive et qu'elle existe seulement pendant la durée de la peine principale : il ne peut donc s'agir que d'une remise accordée à un condamné en cours de peine.

a) Comment cesse-t-elle ? — Il faut distinguer à cet égard les déportés simples des autres condamnés. Pour les premiers, l'interdiction légale cesse de plein droit dès qu'ils sont arrivés dans le lieu de déportation (art. 16, § 2, L. 25 mars 1873). Pour les seconds (déportés dans une enceinte fortifiée, forçats à perpétuité ou à temps, réclusionnaires relégués), elle ne cesse que par une grâce spéciale (art. 12, § 1ᵉʳ, L. 30 mai 1854 ; art. 4, § 2, L. 31 mai 1854 ; art. 16, § 1ᵉʳ, L. 25 mars 1873 ; art. 12 et 17, L. 27 mai 1885).

b) Étendue de la remise. — Les effets de la remise de l'interdiction légale sont quelquefois limités à l'administration et à la disposition de certains biens. Dans ce cas les obligations contractées par le condamné ne peuvent être exécutées que sur ces biens. Il se produit un dédoublement du patrimoine, comme pour la femme mariée sous le régime dotal : capable sur une partie, le condamné est incapable sur l'autre (1). D'autres fois les effets de l'interdiction légale cessent d'une manière absolue. Les lois ont divisé à cet égard les condamnés en trois classes : — 1° *Les forçats à perpétuité*. Leurs actes peuvent engager seulement les biens qu'ils ont acquis à titre onéreux depuis leur condamnation. Ceux qu'ils possédaient avant et ceux qu'ils ont acquis (2) depuis à titre gratuit restent soumis au régime de l'interdiction légale (art. 4, §§ 2, 3, L. 31 mai 1854). — 2° *Les forçats à temps et les déportés*. Pour ces condamnés il faut distinguer deux situations. S'il y a simplement remise de l'interdiction légale, leur condition ne diffère point de celle des forçats à perpétuité. Si le Gouvernement leur fait remise en outre de certains biens, ou même de tous les biens composant le patrimoine indisponible, leur capacité s'étend aux biens restitués, ou ils la recouvrent complètement

---

(1) Cette manière de s'exprimer a longtemps choqué les jurisconsultes. Il ne peut pas y avoir, disait-on, de capacité *restreinte à certains biens* ; c'est une *indisponibilité*. Mais la loi du 10 juillet 1850 est venue la confirmer par la rédaction qui fut intentionnellement donnée par Valette au paragraphe additionnel de l'art. 1391, C. civ.

(2) Le texte cité dit : « qui leur sont *échus* », parce qu'il suppose que le condamné ne jouit que de la capacité de succéder *ab intestat* ; mais si la capacité de recevoir un legs lui avait été restituée, il faudrait assimiler les biens ainsi reçus aux biens recueillis dans une succession (arg. art. 12, § 3, L. 30 mai 1854). Cette observation s'applique à tous les condamnés frappés de la double incapacité de disposer et de recevoir à titre gratuit.

(art. 16, §§ 3, 4, L. 25 mars 1873 ; art. 12, §§ 2, 3, L. 30 mai 1854). — 3° *Les réclusionnaires relégués*. L'art. 17 de la loi du 27 mai 1885 n'apporte aucune restriction au droit qu'il reconnaît au Gouvernement d' « accorder aux *relégués* l'exercice, sur les territoires de la relégation, *de tout ou partie* des droits civils dont ils auront été privés par l'effet des condamnations encourues ». Il faut conclure de là que, si le Gouvernement transporte aux colonies un réclusionnaire, condamné à la relégation, avant l'expiration de la peine principale, il pourra lui faire remise partielle ou totale de l'interdiction légale. Ce qui distingue ces condamnés de ceux de la classe précédente, c'est qu'une seule décision suffit pour effacer complètement les effets de l'interdiction légale ; de telle sorte qu'une remise pure et simple de l'interdiction légale rend au condamné l'administration et la disposition de tout son patrimoine, sauf le cas de réserve expresse dans le décret de grâce.

269. III. Remise de la dégradation civique et des incapacités, peines correctionnelles. — La dégradation civique atteint tout condamné à une peine criminelle, et elle est perpétuelle. Les incapacités, peines correctionnelles, sont tantôt perpétuelles, tantôt temporaires. Les forçats, les déportés, les réclusionnaires ont nécessairement encouru la dégradation civique. Les relégués qui ont dans leurs antécédents une condamnation criminelle se trouvent dans le même cas ; mais le plus souvent ils n'auront encouru que les incapacités, peines correctionnelles. Les conditions de la remise de ces peines privatives de droits sont les mêmes.

a) A quel moment peut avoir lieu la remise ? — Pour les *forçats*, elle n'est possible qu'après leur libération (art. 12, § 4, L. 30 mai 1854). Ce texte écrit pour les forçats à temps qui ont subi leur peine, doit être étendu par analogie aux forçats à perpétuité qui ont été graciés. — Pour les *déportés*, la loi ne distingue pas : elle admet la remise en cours de peine, comme après la libération (art. 16, § 5, L. 25 mars 1873). Ce serait restreindre arbitrairement la portée de ce texte que de l'appliquer seulement aux déportés graciés, d'autant mieux qu'après la grâce ils ne sont pas astreints, comme les forçats, à une résidence obligée dans la colonie pénale sur le territoire de laquelle les effets de la remise doivent se faire sentir. — Quant aux *relégués*, l'art. 17 de la loi du 27 mai 1885 ne s'est pas expliqué sur le moment précis où pourrait intervenir la remise ; mais, comme il s'agit de condamnés pour crimes ou délits de droit commun, il paraît logique de les assimiler aux forçats, c'est-à-dire de n'admettre la remise à leur profit de la dégradation civique et des incapacités, peines correctionnelles, qu'après leur libération de la peine principale qui précède immédiatement l'exécution de la relégation.

b) Comment a-t-elle lieu ? — Toujours par une grâce spéciale (art. 12, § 4, L. 30 mai 1854 ; art. 16, § 5, L. 25 mars 1873 ; art. 17, L. 27 mai

1885). Pour les déportés cette grâce doit être précédée d'un « avis du gouverneur de la colonie, *en conseil* ».

c) Quelle est son étendue ? — La remise de la dégradation civique et des incapacités peines correctionnelles comporte certaines restrictions quant au nombre des droits restitués et quant aux lieux où ces droits pourront être exercés. Pour les *déportés*, rien n'enchaîne la liberté d'appréciation du Gouvernement, la remise peut être totale (art. 16, § 5, L. 25 mars 1873). — Aux *relégués*, le Gouvernement peut restituer tous les droit perdus, sauf les droits électoraux (art. 17, L. 27 mai 1885) (1). — Quant aux *forçats libérés*, ils peuvent obtenir seulement la remise de certains droits politiques assimilés (droit d'être juré, expert, témoin dans les actes et de déposer en justice avec prestation de serment), et des droits de tutelle (art. 12, § 4, L. 30 mai 1854).

Les droits restitués, quels que soient d'ailleurs les condamnés auxquels s'adresse la remise, ne peuvent être exercés que dans la colonie (2).

Section II. — Des peines propres aux délits.

270. Les peines propres aux délits sont : 1° l'emprisonnement correctionnel ; 2° l'interdiction de certains droits civiques, civils et de famille ; 3° certaines incapacités établies par les lois spéciales. La première de ces peines est ordinairement principale et quelquefois complémentaire ; les autres sont complémentaires ou accessoires. L'art. 9 du Code

---

(1) Ce texte ne parle, il est vrai, que de la remise des droits *civils*, mais cet adjectif a été ajouté, en seconde délibération, pour empêcher seulement la remise des *droits électoraux*. Tous les autres droits politiques purs ou assimilés peuvent donc être restitués (V. Débats parlem., Sénat, 1884, annexes, p. 531, 535).

(2) Avant de passer aux peines correctionnelles, il est bon de noter certaines peines criminelles qui existaient dans le Code pénal de 1810 et que les réformes postérieures ont abolies, savoir : l'*amputation du poing* pour le parricide (L. 28 avril 1832), la *marque* (id.), la *confiscation générale* (Charte de 1814, art. 66), le *carcan* et l'*exposition publique* (L. 28 avril 1832, D. 12 avril 1848), la *mort civile* (L. 31 mai 1854). On sait en quoi consistaient la première et la dernière de ces peines. La *marque* était l'impression au fer rouge d'un certain nombre de lettres sur l'épaule du condamné aux travaux forcés (art. 20, C. p.). C'était à la fois une flétrissure et un moyen de constater la récidive. Elle a été avantageusement remplacée dans cette dernière fonction par l'institution du casier judiciaire. La *confiscation générale* portait sur tout le patrimoine. Elle était la peine complémentaire des crimes graves contre la sûreté ou le crédit de l'Etat. Le *carcan* et l'*exposition publique* consistaient dans l'exhibition du condamné sur un échafaud pendant un certain nombre d'heures. Dans la première, le condamné était plus étroitement attaché à un poteau que dans la seconde. Le Code pénal de 1791 les contenait toutes les deux. Celui de 1810 ne recueillit que le carcan. La réforme de 1832 remplaça le carcan par l'exposition publique qu'elle rendit facultative. Le décret du 12 avril 1848 abolit celle-ci.

pénal énumère seulement les deux premières qui sont les plus usuelles. L'ordre dans lequel est faite cette énumération marque la gravité respective des deux peines. C'est une partie de l'échelle des peines correctionnelles (1).

La distinction des peines de droit commun et des peines politiques n'existe point en matière correctionnelle. La pratique administrative y remédie en adoucissant pour les condamnés politiques le régime de l'emprisonnement.

I. — Emprisonnement correctionnel.

271. L'emprisonnement correctionnel diffère peu de la réclusion. Il consiste, comme elle, dans la privation de la liberté avec assujettissement au travail. Sa durée est moindre, mais par l'effet de l'aggravation de la récidive il peut s'élever à dix ans comme la peine criminelle. Il réprime les délits les plus graves.

272. Le lieu d'exécution de l'emprisonnement est une maison de correction. Son régime consiste dans l'assujettissement au travail, mais le condamné a le choix parmi les travaux organisés dans la prison. Le produit de son travail lui est en partie réservé. Ce n'est plus une faveur, comme pour le réclusionnaire, mais un droit (art. 40, 41, C. p.).

273. La durée de l'emprisonnement correctionnel est régulièrement de six jours au moins et de cinq ans au plus, « sauf les cas de récidive ou autres, où la loi aura déterminé d'autres limites » (art. 40, § 2). Il faudra donc revenir à la règle toutes les fois qu'une loi, prononçant l'emprisonnement correctionnel, aurait omis d'en fixer le maximum ou

---

(1) Le Code pénal de 1810 avait une quatrième peine spéciale aux délits, la *réparation honorable* ; c'était la peine complémentaire de certains délits d'outrage. Il faut reconnaître qu'elle était fort mal appliquée : ne pouvant l'être aux outrages les plus graves et pouvant l'être à ceux de la plus minime gravité. En fait, elle était presque tombée en désuétude. Elle disparut du C. belge en 1867. En France la loi du 28 décembre 1894 l'a supprimée en abrogeant les art. 226 et 227, C. p. (V. sur cette peine la 1re édit. de cet ouvrage, nos 332 et s.). Les peines correctionnelles, édictées par les Codes de justice militaire, sont pour l'armée de terre : 1º La destitution, contre les officiers, entraînant la privation du grade ou du rang, mais laissant la capacité de servir dans l'armée (art. 192) ; 2º les travaux publics de 2 à 10 ans (art. 193) ; 3º l'emprisonnement de 6 jours à 5 ans (art. 194) ; 4º l'amende, que les tribunaux militaires peuvent remplacer par un emprisonnement de 6 jours à 6 mois (art. 195). Pour l'armée de mer il y a, outre les peines précédentes : la privation de commandement de 3 à 5 ans (art. 247) ; l'inaptitude à l'avancement pour 6 mois ou pour un an, toujours accompagnée d'une retenue de solde et du cachot (art. 248) ; la réduction de grade ou de classe, remplacée pour les novices et apprentis marins par le cachot (art. 249) ; le cachot ou la double boucle pour 5 jours au moins et 30 jours au plus avec suspension de solde (art. 250). Ces quatre peines prennent rang entre l'emprisonnement et l'amende.

le minimum (1). — Le législateur a généralement usé de la divisibilité de la peine, pour attacher à chaque délit un emprisonnement en rapport avec sa gravité ; mais il a laissé aux tribunaux la faculté d'en fixer la durée entre le minimum et le maximum spécialement indiqués pour le délit. Ce n'est plus comme pour les peines criminelles où le maximum et le minimum sont déterminés une fois pour toutes, quels que soient les crimes. Le système suivi pour les peines correctionnelles est préférable.

L'art. 40 fixe à vingt-quatre heures la durée d'*un jour* d'emprisonnement, et à trente jours la durée d'*un mois* d'emprisonnement Ces deux délais doivent donc se compter d'heure à heure, et le dernier, en outre, sans le secours du calendrier grégorien. Ce sont là des exceptions au mode de comput habituel. Il faut donc revenir à la règle dans toute autre hypothèse : ainsi la durée d'une peine de plusieurs mois, d'une année ou de plusieurs années d'emprisonnement, devra être comptée de quantième à quantième selon le calendrier grégorien ; sans cela on n'arriverait pas à faire cadrer une condamnation à douze mois avec une condamnation à une année ; alors que cependant dans l'esprit du juge ces deux condamnations ont dû être équivalentes (2). Le point de départ sera, également d'après les principes généraux, le minuit qui suit l'entrée en prison, la fraction du premier jour où le condamné aura commencé à subir sa peine étant exclue du délai (3).

II. — Interdiction de certains droits civiques, civils et de famille.

274. Caractères généraux. — Incapacités qui la composent. — Cette peine privative de droits se compose de presque toutes les incapacités qu'entraîne la dégradation civique. Sa différence essentielle avec celle-ci, c'est qu'elle est divisible. On peut ainsi infliger au condamné une incapacité analogue à la faculté dont il a mésusé. Tantôt le législateur a fait usage de cette divisibilité (art. 335, C. p.) ; tantôt il s'en est remis à l'appréciation du juge (art. 362, 364, 366, 368, etc.). L'élasti-

(1) Cass., 11 octobre 1855, B. n° 345.
(2) *Sic* : Décisions du ministre de la justice du 12 décembre 1835 et du 16 mai 1840. GARRAUD II, 34. Plusieurs auteurs acceptent le calcul de quantième à quantième, lorsqu'il s'agit d'une condamnation *à une ou plusieurs années* d'emprisonnement, mais ils le rejettent s'il s'agit d'une condamnation *à plusieurs mois* (V. BLANCHE, I, 179 ; HAUS, II, 738 ; LAINÉ, 377, etc.). Le projet de la commission de revision fait cesser toute difficulté, art. 42 : « Chaque jour de prison est de 24 heures. Le mois et les années se comptent de date à date. »
(3) Cette dernière proposition ne paraît pas acceptée par la pratique. Généralement un condamné est élargi à l'heure correspondant à celle de son écrou. La logique veut cependant que le calcul de la durée de la peine ait lieu de jour à jour en dehors de l'hypothèse exceptionnelle prévue par l'art. 40, § 4.

cité que la divisibilité donne à cette peine correctionnelle la rend bien supérieure à la dégradation civique.

Elle diffère encore de celle-ci en ce qu'elle n'est ni *principale*, ni *accessoire*, mais toujours *complémentaire*. Elle est d'ailleurs tantôt obligatoire (art. 109, 171, 335, etc.), tantôt facultative (art. 362, 364, 366, etc.). Mais si un texte spécial ne l'a ni ordonnée, ni autorisée pour tel délit déterminé, le juge ne peut la prononcer (art. 43). Ce n'est donc pas une peine complémentaire pour tous les délits.

L'art. 9 du Code pénal l'énumère dans l'échelle des peines correctionnelles ; l'art. 52 indique les incapacités dont elle peut se composer.

275. Durée et point de départ. — En principe, cette peine est temporaire (art. 9, C. p.). Dans deux cas cependant la loi la prononce à perpétuité (art. 171, 175). Dans deux autres elle a omis de fixer sa durée (art. 89, 91). Quels seront les pouvoirs du juge dans ces deux hypothèses ? On dit généralement qu'ils sont absolus et que les tribunaux pourraient fixer une interdiction perpétuelle *sans violer aucune loi* (1). — Nous pensons au contraire que l'on violerait ainsi l'art. 9 où se trouve la règle. L'omission de la durée de l'interdiction dans les art. 89 et 91 donne lieu d'interpréter, dans ces hypothèses, la pensée du législateur ; mais c'est méconnaître les principes les plus certains de l'interprétation doctrinale que de trancher le doute en faveur de l'exception, au lieu de le faire par un retour à la règle. L'interdiction devra donc être temporaire dans ces deux cas ; mais quel terme adopter ? Quand la loi détermine la durée de cette peine, elle fixe comme maximum de durée : 5, 10 et 20 ans (art. 86, 109, 112, 113, 123, 185, 187, 197, 335, 388, 400, 401, 405, 410). Le juge pourra donc, *sans violer la loi*, adopter le plus long de ces termes, mais il ne pourrait aller au delà ; d'autant mieux que dans notre législation le terme maximum des peines temporaires les plus graves est de vingt ans.

Le point de départ de cette peine n'est pas difficile à fixer lorsqu'elle est jointe à une amende (art. 113, 185). On suit alors la règle commune à toutes les peines privatives de droits : l'incapacité est encourue au moment même où la condamnation devient irrévocable. Mais lorsqu'elle est jointe à un emprisonnement, son point de départ soulève des difficultés. Plusieurs textes disent que le condamné « sera interdit des droits mentionnés en l'art. 42... à compter du jour où il aura subi sa peine » (art. 197, 388, 400, 401, 405, 406). D'autres ne fixent pas le point de départ (art. 89, 91, 109, 112, 171, 175, 187, 335). On décide généralement qu'il faut prendre les premiers de ces textes au pied de la lettre et laisser, dans le second cas, la fixation du point de départ à l'appréciation arbitraire du juge (2). — Ces deux propositions nous paraissent aussi

---

(1) Blanche, I, 181 ; Faustin Hélie, *Prat. crim.*, II, 49 ; Garraud, I, 351.
(2) Blanche, I, 181 ; Faustin Hélie, *Prat. crim.*, II, 49.

mal fondées l'une que l'autre : la première viole le principe que les peines privatives de droits opèrent une diminution de capacité au moment même où la condamnation devient irrévocable. Elle aboutit de plus à ce résultat absurde, que le condamné jouira pendant la durée de l'emprisonnement des droits dont il va être privé aussitôt après son élargissement. — La seconde laisse à l'arbitraire du juge un point de l'organisation des peines qui est toujours réglé par la loi. L'interprétation judaïque n'est pas commandée par les principes généraux du Droit pénal ; on peut, sans tomber dans l'interprétation extensive, rechercher dans une disposition expresse de la loi une disposition qui s'y trouve sous-entendue, parce qu'elle a été considérée comme évidente. Le législateur nous paraît avoir considéré que l'exécution de l'emprisonnement constituait un obstacle matériel *à l'exercice* des droits interdits ; dès lors il a cru suffisant de régler la durée de l'interdiction après l'élargissement. Le sens des articles 197, etc., est donc que « le condamné sera *pendant la durée de son emprisonnement* ET *pendant cinq, dix ou vingt ans à compter du jour où il aura subi sa peine*, interdit des droits mentionnés en l'art. 42 » (1). Si tel est le sens des textes qui fixent le point de départ de l'interdiction de certains droits civiques, civils et de famille, il faut adopter, par analogie, la même interprétation pour les textes qui ne le fixent pas. La même peine appliquée à des délits différents peut bien varier quant à sa durée, mais, comme sa fonction est la même, elle doit produire effet à partir du même moment. Cette interprétation a acquis une utilité pratique considérable depuis l'introduction des condamnations avec sursis (L. 26 mars 1891) ; car si les interdictions prononcées ne doivent commencer qu'à l'expiration de la peine d'emprisonnement, c'est-à-dire à la fin du sursis, le condamné en serait affranchi pendant le sursis, contrairement au vœu de la loi (art. 2).

III. — Incapacités établies par les lois spéciales.

276. Les lois spéciales ont tantôt multiplié les cas d'application des incapacités prévues par l'art. 42, C. p., tantôt ajouté à ces incapacités. Parmi les incapacités spéciales, on peut citer : 1° la perte des droits électoraux (D. 2 fév. 1852, art. 15, 16, 17 ; L. 20 nov. 1873, art. 22) ; 2° celle du droit d'être juré (art. 396, C. i. c. ; L. 21 nov. 1872, art. 2) ; 3° celle du droit d'enseigner et d'exercer des fonctions administratives dans les établissements d'enseignement primaire, secondaire ou supé-

---

(1) *Sic* : C. belge, art. 34 ; C. italien, art. 41 ; GARRAUD, II, 46. Le projet de la commission de revision résout cette difficulté et la précédente par une formule assez simple. Art. 33 : « La durée de cette interdiction sera de 5 ans au moins et pourra être élevée jusqu'au double de celle de la peine principale. Elle aura effet du jour où la condamnation sera devenue définitive. »

rieur, publics ou privés (L. 15 mars 1850, art. 26, 65 ; L. 12 juill. 1875, art. 8) ; 4° celle du droit de faire partie de l'armée (L. 15 juill. 1889, art. 4, 6) ; 5° celle du droit d'obtenir un permis de chasse (L. 3 mai 1844, art. 6, 8, 18) ; 6° celle de la puissance paternelle qui est parfois aussi l'accessoire de condamnations criminelles (L. 24 juill. 1889, art. 1er). — Ces incapacités ont le caractère de peines tantôt accessoires, tantôt complémentaires. Leur durée est, suivant les cas, perpétuelle ou temporaire.

Section III. — Des peines communes aux crimes et aux délits.

277. Sous le Code de 1810 il n'y avait qu'une seule peine de ce genre, la *surveillance de la haute police*. Elle s'appliquait à des libérés particulièrement dangereux. Son organisation avait été souvent remaniée. Depuis le Code pénal on comptait quatre réformes (1832, 1851, 1870, 1874), mais le législateur n'évitait un écueil que pour tomber dans un autre. Voulait-il rendre la surveillance efficace, il la faisait trop rigoureuse. Voulait-il adoucir sa rigueur, il la rendait inefficace. Dans le dernier état du Droit, la surveillance donnait au Gouvernement la faculté de déterminer la résidence du libéré, s'il ne la choisissait pas lui-même. Elle obligeait le libéré à résider six mois au moins dans la commune qu'il avait choisie, ou qui lui avait été assignée. Un déplacement avant ce terme pouvait cependant être autorisé par le ministre de l'intérieur ou par le préfet. Avant de quitter sa résidence, le surveillé devait prévenir le maire huit jours à l'avance. On lui remettait un passeport avec itinéraire obligé. Dans les vingt-quatre heures de son arrivée à sa nouvelle résidence, il devait se présenter à la mairie. — Ces mesures destinées à assurer l'action de la police administrative se combinaient avec l'interdiction de certains séjours (1).

La loi du 27 mai 1885 sur les récidivistes, art. 19, a *réduit* la surveillance à ce dernier élément. Ce texte semble indiquer une réforme plus complète : « La peine de la surveillance de la haute police est *supprimée*. Elle est *remplacée* par la défense faite au condamné de paraître dans les lieux dont l'interdiction lui sera signifiée par le Gouvernement avant sa libération. » Mais la suite de l'article démontre que cet élément de l'ancienne surveillance, qui devient la nouvelle peine, s'applique dans les mêmes *conditions*, et a la même *durée*, les mêmes *causes d'extinction*, la même *sanction*. La réforme ne porte donc que sur le nombre des obligations que l'ancienne pénalité imposait au condamné. Par

---

(1) Il existe dans notre législation d'autres interdictions de séjour ayant une moindre importance. Il en sera traité ci-après.

suite, toutes les difficultés que soulevait autrefois la surveillance de la haute police surgissent aussi pour l'interdiction de séjour, car le législateur de 1885 ne les a point résolues. — A côté de l'interdiction de séjour remplaçant la surveillance, la loi de 1885 a établi une peine plus efficace, la *relégation*, qui consiste dans un internement perpétuel hors du territoire continental de la France. Ces deux peines sont communes aux crimes et aux délits.

I.— Interdiction de séjour.

A. — *Interdiction de séjour remplaçant la surveillance.*

278. Notions générales. — L'interdiction de séjour est une peine (1) qui consiste dans la faculté donnée à l'autorité administrative d'interdire au libéré le séjour dans certaines localités. Une circulaire du ministre de l'intérieur aux préfets, du 1er juillet 1885, a interdit d'une manière générale à tous les condamnés : Nice, Cannes, Marseille, Bordeaux et sa banlieue, St-Etienne, le Creusot, Nantes, Lille, Pau, Lyon et l'agglomération lyonnaise. D'autres localités peuvent être interdites à titre spécial.

279. D'après notre définition l'interdiction de séjour consiste dans *la faculté d'interdire* au libéré certaines localités, et non dans *les interdictions signifiées*. On a souvent confondu les deux choses, mais il importe de les distinguer ; car suivant la solution qu'on donnera à cette question préalable, l'interdiction de séjour sera *prescriptible* ou *imprescriptible*. Les difficultés qu'on a soulevées sur ce point n'auraient pas dû naître en présence du texte très clair de l'art. 44, C. p. : « L'effet du renvoi sous la surveillance de la haute police sera *de donner au gouvernement le droit* de déterminer les lieux dans lesquels il sera interdit au condamné de paraître après qu'il aura subi sa peine. » L'art. 19 de la loi

---

(1) En affirmant que l'interdiction de séjour est une peine, je résous une question qui avait été fortement controversée pour la surveillance. Certains considéraient la surveillance comme une mesure administrative, parce que son but était de prévenir les délits en écartant des grands centres les malfaiteurs connus comme trop portés à les commettre; on argumentait encore en un sens de textes qui permettent ou ordonnent souvent de prononcer cette peine contre un accusé absous (Sic : CHAUVEAU et HÉLIE, I, 76, 77; Cass., 1er mai 1837). A mon avis le *caractère pénal* de la surveillance, et aujourd'hui de l'interdiction de séjour, ne peut être sérieusement contesté. Les textes d'abord les appellent des peines (art. 11, C. p. ; art. 620, § 3, C. i. c. ; art. 19, § 2, L. 27 mai 1885). Sans doute *dans leur but* elles ont un caractère préventif, mais *dans leur essence* ce sont des peines. Elles apportent en effet une restriction à la liberté d'aller et de venir, tantôt prononcée directement par les tribunaux de répression, tantôt attachée par la loi à certaines condamnations pénales ; mais frappant toujours un individu *reconnu coupable* d'une infraction. Comment ne pas reconnaître à tous ces indices leur caractère de peine ?

du 27 mai 1885 a une rédaction analogue : « La peine de la surveillance... est remplacée par *la défense faite au condamné* de paraître dans les lieux *dont l'interdiction lui sera signifiée.* » La nouvelle peine consiste donc, comme l'ancienne, dans une mise à la disposition de l'autorité administrative opérée, expressément ou virtuellement, par le jugement de condamnation et tout à fait indépendante des mesures matérielles que l'administration est autorisée à prendre (1).

280. Caractères de cette peine. — L'interdiction de séjour a les différents caractères que la loi de 1874 avait donnés à la surveillance : c'est une peine tantôt *accessoire*, tantôt *complémentaire*, tantôt à la fois *accessoire et complémentaire*, tantôt *principale*.

a) Elle est d'abord l'*accessoire* des peines afflictives perpétuelles. Son effet matériel se fera sentir après la grâce ou la prescription de la peine principale (art. 46, § 4 ; art. 48, § 4). Dans cette hypothèse, le juge n'a le pouvoir ni de la prononcer ni d'en réduire la durée. C'est une conséquence légale de la condamnation principale (2).

b) Elle est purement *complémentaire* quand elle est ajoutée à l'emprisonnement (art. 49 et 50). Peu importe d'ailleurs que cet emprisonnement soit prononcé pour un crime dont la pénalité ordinaire a été modifiée par l'effet d'une excuse ou des circonstances atténuantes (art. 49, 50, 46 et 47, *a contrario*, comb.), ou pour un délit proprement dit. L'interdiction de séjour n'est pas d'ailleurs le complément habituel de l'emprisonnement pour crime ou délit : pour qu'elle puisse être prononcée, il faut qu'un texte spécial l'attache à tel crime ou à tel délit déterminé (art. 50). Par exception l'art. 49 en fait, d'une manière générale, la peine complémentaire des crimes et des délits qui intéressent la sûreté intérieure ou extérieure de l'État.

c) L'interdiction de séjour est *à la fois l'accessoire et le complément* des peines criminelles temporaires (*travaux forcés à temps, détention, réclusion, bannissement*). Les textes d'où résulte ce double caractère contiennent trois propositions : 1º l'interdiction de séjour est encourue de plein droit et pour vingt années (art. 46, § 2 ; art. 47, § 1, 1re phrase) ; 2º le juge est autorisé à la réduire et même à la remettre complètement (art. 46, § 3 ; art. 47, § 1, 2e phrase) ; 3º mention de la délibération sur l'interdiction de séjour doit être faite dans l'arrêt (*cour d'assises*) ou le jugement (*conseil de guerre*), quand le juge n'a pas usé de la faculté qui lui était donnée (art. 47, § 2). La première de ces propositions marque le caractère accessoire de la peine. La seconde en fait une peine complémentaire facultative. Quant à la troisième, c'est une précaution

---

(1) Cass., 31 janv. 1884, B. nº 39. — V. sur la question BLANCHE, I, 208, 209 ; RENAULT, *Rev. crit.*, 1874, p. 6.

(2) Cass., 1er octobre 1874, 27 mars 1880.

contre l'oubli du juge (1). Le législateur a bien fait de s'en préoccuper, car un oubli de ce genre aurait pour conséquence de laisser à l'interdiction de séjour son maximum de durée. Pareil danger ne serait pas à craindre si la peine était simplement complémentaire, car les peines complémentaires que le juge néglige de prononcer ne sont point encourues par le condamné (2).

d) L'interdiction de séjour devient enfin une peine *principale* lorsque, par l'effet de certaines *excuses*, la peine principale, à laquelle elle était jointe, se trouve écartée (art. 100, 108, 138, 144, 213, 271, C. p.). Une particularité remarquable de cette peine principale c'est qu'elle est *facultative* (3) : le juge est libre d'en affranchir complètement le condamné. Il semble que le législateur ait pensé qu'il allait trop loin en accordant l'impunité à certains coupables, et qu'il ait voulu, pour que cette impunité fût complète, que le juge s'associât à son indulgence.

L'interdiction de séjour peine principale est, selon nous, une peine correctionnelle, alors même qu'elle remplacerait une peine criminelle (V. *infra* la théorie des excuses et arg. art. 326, C. p.).

281. Durée et point de départ. — La durée maxima de l'interdiction de séjour est fixée à 20 ans par une disposition absolue de la loi de 1874. « *En aucun cas*, porte le nouvel art. 46, la durée de la surveillance ne pourra excéder *vingt années*. » Les art. 108, 138, 144, qui prononçaient l'interdiction de séjour *à vie*, se trouvent donc implicitement corrigés. Mais depuis, le législateur paraît avoir oublié cette règle. Trois cas d'interdiction de séjour à vie ont été créés, savoir : l'un par l'art. 8 de la loi du 27 mai 1885 pour remplacer la relégation à l'égard de certains condamnés ; les autres dans deux cas d'excuse : art. 435 (L. 2 av. 1892), art. 267 (L. 18 décembre 1893). — Le maximum de vingt ans est appliqué : 1° aux condamnés à une peine afflictive perpétuelle qui ont été graciés ou qui ont prescrit leur peine (art. 46 § 4 ; art. 48 § 4) ; 2° aux condamnés à une peine afflictive temporaire lorsque le juge n'a pas réduit la durée de la peine accessoire-complémentaire (art. 46 §§ 2, 3). — Pour les condamnés au bannissement, la loi fixe la durée de l'interdiction de séjour à *un temps égal à la durée de la peine qu'ils auront subie*. Il faudra donc s'attacher non au bannissement *prononcé*, mais au bannis-

---

(1) V. Cass. 3 sept. 1874, B. 79. Les termes relatant cette délibération n'ont rien de sacramentel, mais ils doivent dénoter qu'il y a eu une délibération *spéciale* sur la peine accessoire complémentaire (Cass. 11 fév. 1875, D. 75, 1, 495).

(2) Il faut supposer, dans les deux cas, que la condamnation est devenue irrévocable ; car si le ministère public ou le condamné s'aperçoivent de l'oubli du juge quand les voies de recours sont encore ouvertes, ils peuvent, en les exerçant, faire réparer l'omission (Cass. 4 av. 1874 ; Cass. 25 juil. 1885).

(3) Il en est ainsi même dans le cas de l'art. 271, malgré la formule impérative de ce texte (*ils* SERONT *renvoyés*...), parce que l'interdiction de séjour peut toujours être écartée, lorsqu'il s'agit d'un délit, au moyen des circonstances atténuantes.

sement *exécuté*. La grâce de la peine principale réfléchit dans ce cas sur l'interdiction de séjour. — En matière correctionnelle les textes fixent d'une manière variable, suivant les délits, la durée de l'interdiction de séjour ordinairement entre 5 et 10 années (1).

La durée de l'interdiction de séjour, *peine principale*, compte, conformément au principe général de l'art. 23, du jour où la condamnation est devenue irrévocable. Celle de l'interdiction de séjour, peine *accessoire-complémentaire*, compte seulement du jour où le condamné a subi ou prescrit la peine principale (art. 46 §§ 2, 4 ; art. 48 §§ 3, 5) (2). Le législateur a pensé, en effet, que l'interdiction de séjour n'est réellement utile que lorsque le condamné a recouvré sa liberté. La jurisprudence a conclu de là que la durée de l'interdiction de séjour serait prorogée par l'exécution de toute peine d'emprisonnement subie depuis qu'elle a commencé (3).

282. Causes d'extinction. — L'interdiction de séjour s'éteint normalement par l'arrivée du terme qui lui a été assigné par la loi ou par le juge. — Elle s'éteint encore par les causes qui suppriment la condamnation : amnistie, revision, réhabilitation. — La prescription ne l'atteint pas isolément, parce qu'elle est dans son essence une peine privative de droits. Elle ne disparaît pas non plus par voie de conséquence, lorsque la peine principale est prescrite (art. 48 §§ 3, 4, 5) ; étant destinée, en effet, à un condamné qui a subi sa peine, il faut qu'elle survive au droit d'exécution de cette peine. — Son essence s'oppose enfin à ce qu'elle soit remise par voie de grâce : aussi a-t-il fallu un texte formel dans la loi de 1874 pour lui appliquer cette cause d'extinction. Cette loi a organisé deux sortes de remises gracieuses : l'une définitive et irrévocable, qui est accordée par le Président de la République : c'est *la*

---

(1) On n'est pas d'accord sur la durée de cette peine, prononcée pour un délit contre la sûreté de l'Etat (art. 49). La difficulté naît de ces expressions : « Devront être renvoyés *sous la même* surveillance... », dont le sens est équivoque. Cet article, avant la réforme de 1874, venait immédiatement après l'art. 47 actuel, relatif à la surveillance accessoire du bannissement. Dans un premier système, on disait : *la même surveillance...* signifie une surveillance de *même durée* que celle dont il est question dans l'article précédent, c'est-à-dire égale à la durée de la peine principale. Dans un second système, on soutenait que ces expressions, *la même surveillance*, visaient une surveillance de *même nature* que celle organisée par les articles précédents. On remontait ainsi, pour fixer sa durée, à l'art. 46 qui édictait la surveillance *à vie*. C'était là l'opinion dominante et la plus raisonnable. Il faut la suivre aujourd'hui, *mutatis mutandis* : par conséquent, la durée maxima de l'interdiction de séjour sera de 20 ans dans l'hypothèse de l'art. 49. RENAULT, *loc. cit.*, p. 585.

(2) Comp. tous les textes relatifs à l'interdiction de séjour en matière correctionnelle.

(3) *Sic* : Cass. (ch. réunies) 19 mai 1841, B. 146. L'exactitude de cette solution est douteuse ; car pour être logique il faudrait aller jusqu'à dire que la durée de l'interdiction de séjour sera prorogée même par une détention préventive ; or personne ne l'admet. BLANCHE, I, 203, 204.

grâce proprement dite ; l'autre provisoire et révocable, qui émane du ministre de l'intérieur : c'est *la suspension par mesure administrative* (art. 48 §§ 1,-2).

283. Sanction. — L'infraction à l'interdiction de séjour est punie d'un emprisonnement de six jours à cinq ans (art. 40, 45, C. p. ; art. 19, L. 1885).

B. — *Autres interdictions de séjour.*

284. I. Interdiction de séjour autorisée par l'art. 229 du Code pénal. — La loi protège énergiquement les magistrats contre les violences dont ils peuvent être l'objet dans l'exercice ou à l'occasion de l'exercice de leurs fonctions. Une des peines qui peuvent être prononcées contre l'auteur de ces violences est l'*interdiction de séjour dans le lieu où siège le magistrat et dans un rayon de deux myriamètres.* — La durée de cette interdiction est de cinq à dix années. C'est la peine complémentaire-facultative d'autres peines correctionnelles. Jointe à l'emprisonnement, elle commence après que le condamné a subi *ou a prescrit* cette peine (arg. art. 48). — Sa sanction est le bannissement. L'infraction à cette interdiction de séjour est donc un crime (1).

285. II. Interdiction de séjour ordonnée par l'art. 635 du Code d'instruction criminelle. — La prescription de la peine principale, en matière criminelle, laisse parfois le condamné sous le coup d'une interdiction de séjour qui ne se confond point avec celle qui a remplacé la surveillance. C'est l'interdiction de séjourner « dans le département où demeureraient (2) soit celui sur lequel ou contre la propriété duquel le crime aurait été commis, soit ses héritiers directs ». Le gouvernement peut en outre « assigner au condamné le lieu de son domicile ». Cette double disposition de l'art. 635, C. i. c. ne s'applique que s'il s'agit d'un crime dirigé contre les personnes ou les propriétés privées. De cette particularité et de l'absence de toute pénalité indiquée comme sanction, on a conclu, avec raison, que cette interdiction de séjour n'est qu'une réparation civile. Le ministère public ne peut pas poursuivre le condamné qui enfreint l'interdiction ; les intéressés peuvent seulement le faire ex-

---

(1) *Sic* : CHAUVEAU et HÉLIE, III, 861; GARRAUD, III, 435. — *Contrà* : CARNOT, qui considère l'interdiction de séjour édictée par l'art. 229 et le bannissement lui servant de sanction comme des mesures prises dans un intérêt privé.

(2) Certaines éditions des Codes Tripier portent, « où demeuraient » ; mais le texte officiel paraît être : « où demeureraient « (V. DALLOZ, *Rép.*, V° *Prescription crim.*, n° 17, note 2). — Il a été expliqué en effet dans les travaux préparatoires que si la victime du crime ou ses héritiers venaient à changer de département, « le nouveau département serait interdit au condamné, excepté cependant s'ils étaient venus s'établir dans le département où le condamné a sa résidence obligée » (LOCRÉ, t. 28, p. 132 et s.). Or la difficulté qu'on a voulu résoudre par cette observation ne peut surgir qu'en supposant que le texte porte : « où demeureraient ».

pulser *manu militari* du département interdit, et l'actionner en dommages-intérêts (1).

II. — Relégation.

286. La seconde peine commune aux crimes et aux délits est la relégation. Elle consiste dans la transportation aux colonies ou possessions françaises, avec obligation d'y résider à perpétuité. Elle emporte assujettissement au travail au profit de l'Etat, pour les relégués qui n'ont pas de moyens d'existence dûment constatés. Cette peine est appliquée aux repris de justice qui, à raison du nombre ou de la gravité de leurs récidives, ne paraissent pas devoir se reclasser dans la France continentale. C'est pour eux le *complément obligatoire* des peines privatives de la liberté, temporaires et de Droit commun, en matière criminelle et correctionnelle (*travaux forcés à temps, réclusion, emprisonnement*) (2).

La relégation est apparue pour la première fois avec cette fonction dans le Code pénal du 25 septembre 1791 et dans les lois des 24 vendémiaire et 11 brumaire an II, sous le nom de déportation. Les guerres maritimes empêchèrent l'exécution de ces lois. La déportation des récidivistes fut remplacée par la marque et par la surveillance de la haute police (D. 23 flor. an X ; D. 19 vent. an XIII ; S. N. C. 28 flor. an XII). On y a eu recours de nouveau dans ces dernières années, quand les statistiques criminelles ont démontré que l'internement à perpétuité dans la colonie pénale, imposé aux forçats libérés par l'art. 6 de la loi du 30 mai 1854, avait réduit considérablement la grande criminalité dans la France continentale. On a pensé que cette mesure pouvait être employée pour réduire aussi la criminalité moyenne dont le chiffre allait toujours en augmentant. La loi du 27 mai 1885 a organisé en conséquence la relégation des récidivistes condamnés à des peines temporaires qui dénotent des infractions de gravité moyenne. Cette loi énumère *les cas de relégation* et elle ébauche *l'organisation de la nouvelle peine* que des décrets réglementaires ont complétée (3). Nous ne traiterons

---

(1) *Sic* : F. HÉLIE, *Tr. de l'Inst. crim.*, VIII, 4117 ; RENAULT, *Rev. crit.*, 1864, p. 591 et s. — *Contrà* : DALLOZ, *Rép.*, v° *cit.*, n° 31 ; LAINÉ, 422. Des interdictions de séjour il faut rapprocher le droit d'expulsion accordé aux consuls et résidents de France dans les pays hors chrétienté ou de protectorat (Edit de 1778, art. 82, 83 ; L. 28 mai 1836, art. 82 ; L. 8 juil. 1852, art. 16, 17 ; L. 18 mai 1858, art. 2 ; L. 19 mars 1862 ; D. 8 mars 1886, art. 13, 14). Ce droit d'expulsion ne s'exerce que sur les Français. En revanche, dans ces pays, les Français échappent au droit d'expulsion que les autorités locales pourraient exercer sur eux. FÉRAUD-GIRAUD, *Rev. de Dr. int.*, 1887, t. 19, p. 1 et s.

(2) Elle est aussi, depuis la loi du 18 déc. 1893 (nouvel art. 266), la peine complémentaire facultative de l'association ou entente de malfaiteurs.

(3) Ces décrets sont actuellement au nombre de onze. Le premier et le plus général est celui du 26 novembre 1885. Il organise deux sortes de relégations : la relégation collective et la relégation individuelle, et il prescrit des mesures

ici que de cette organisation. L'étude des cas de relégation viendra dans la théorie de la récidive.

287. Caractères de la relégation. — La relégation est une peine tantôt criminelle, tantôt correctionnelle, parce qu'elle emprunte le caractère de la peine principale dont elle est le complément; cette observation a de l'intérêt au point de vue de la prescription (1). — Par son but, elle ressemble beaucoup à l'interdiction de séjour; aussi peut-on se demander si c'est réellement une peine ou bien une mesure administrative. Nous déciderons que c'est une peine, à l'aide des mêmes arguments qui nous ont servi à démontrer le caractère pénal de l'interdiction de séjour. Mais à la différence de celle-ci, la relégation ne consiste point dans une *mise* du condamné à la disposition de l'autorité administrative : elle nécessite en effet une mesure matérielle, la transportation aux colonies. Aussi, quoique son exécution commence en France, on ne doit pas la considérer comme une faculté donnée à l'administration de transporter le condamné. Pareille disposition existe, comme on l'a vu, pour la déportation (art. 17 § 5, C. p.) (2).

Il nous faut étudier l'organisation de la relégation dans ses deux éléments : le *lieu* et le *régime*. Les décrets réglementaires ont créé deux sortes de relégation : l'*individuelle* et la *collective*. Elles diffèrent l'une de l'autre à ces deux points de vue.

288. Lieux de relégation. — Ils sont déterminés par des décrets

---

d'exécution en France et aux colonies. — Cinq autres ont trait à la *relégation collective* : D. 20 août 1886 et D. 24 mars 1887, relatifs aux *lieux* affectés à cette relégation ; — D. 22 août 1887, relatif à son régime disciplinaire ; — D. 5 septembre 1887, organisant les dépôts d'arrivée pour les relégués collectifs ; — D. 18 février 1888, organisant les *groupes* ou *détachements* de relégués collectifs destinés à être envoyés temporairement dans d'autres colonies. — La *relégation individuelle* a son organisation dans le D. du 25 novembre 1887. — Enfin quatre décrets contiennent des *dispositions communes* aux deux relégations savoir : D. 11 juillet 1887, relatif à la curatelle d'office des successions et biens vacants des relégués ; — D. 11 novembre 1887, relatif au mariage des relégués. Celui-ci cependant ne paraît applicable aux relégués individuels que s'ils se trouvent dans les *établissements pénitentiaires* des colonies affectés aux relégués collectifs ; — D. 26 novembre 1888, relatif à la situation des relégués au point de vue militaire ; — D. 9 juillet 1892, relatif à la remise judiciaire de la relégation. — *Observation* : Dans le langage de ces décrets, le mot *relégable* désigne le condamné à la relégation qui n'a pas encore commencé l'exécution de cette peine suivant le mode qu'ils déterminent, et le mot *relégué*, celui qui l'a commencée suivant ce mode.

(1) Le premier rapporteur des divers projets de loi sur cette matière, M. Waldeck-Rousseau, avait émis l'opinion « que la relégation devait être une peine prenant rang dans l'échelle générale entre la réclusion et le bannissement ». C'était faire de la relégation une peine principale criminelle, qui aurait été appliquée à une infraction d'un nouveau genre : *l'état de récidive*. Mais cette opinion a été rejetée. La récidive a continué à être envisagée comme une *modalité de l'infraction*, et la relégation est devenue le complément de la peine encourue pour cette infraction.

(2) Par conséquent la relégation est prescriptible. *Contrà* : GARRAUD, II, 73, *b*.

rendus en Conseil d'État (Loi, art. 1ᵉʳ). Toutes les colonies et possessions françaises peuvent être affectées à l'exécution de la relégation individuelle. La relégation collective ne s'exécute au contraire qu'à la Guyane ou à la Nouvelle-Calédonie (D. 1885, art. 4). Comme ces deux colonies servent également de lieu d'exécution pour les travaux forcés, il est défendu de réunir dans les mêmes établissements et les mêmes circonscriptions territoriales les relégués collectifs et les forçats (*ibid.*, art. 5) (1). On peut envoyer *temporairement* sur le territoire des diverses colonies des groupes de relégués *collectifs*, destinés à être employés sur les chantiers de travaux publics (*ibid.*, art. 4) (2). — En outre des lieux de relégation, il fallait créer des lieux *de dépôt*, soit en France, pour y garder les relégués qui attendent leur embarquement, soit aux colonies, pour les recevoir à leur arrivée et les préparer à leur nouvelle existence. En France les lieux de dépôt sont des *pénitenciers spéciaux* (Loi, art. 12 ; D. 1885, art. 15 § 3) (3). Le gouvernement est autorisé à y faire subir la peine principale dont l'exécution doit précéder immédiatement celle de la relégation. Il peut aussi devancer l'époque du transfèrement du relégué aux colonies. La durée du voyage compte alors pour l'exécution de la peine principale (Loi, *ibid.*, D. 1885, art. 27 § 2).

Sur les territoires affectés à la relégation collective il existe des *dépôts d'arrivée et de préparation* (D. 1885, art. 31 ; D. 5 sept. 1887). Ils peuvent comprendre des ateliers, chantiers et exploitations où sont placés les relégués pour une période d'épreuve et d'instruction.

289. Régime. — Le régime de la relégation est organisé en vue d'opérer le reclassement du libéré dans la société coloniale. Les relégués qui ont justifié de moyens honorables d'existence, notamment par l'exercice de professions ou de métiers, ceux qui sont reconnus aptes à recevoir des concessions de terre, ceux qui sont autorisés à contracter des engagements de travail ou de service pour le compte de l'Etat, des colonies ou des particuliers, sont, *après examen de leur conduite* (D. 1885, art. 2 § 2 ; D. 25 novembre 1887, art. 2), admis au bénéfice de la *relégation individuelle*. Cette situation leur permet de vivre en liberté dans la colonie qui leur est assignée, sauf à se conformer à certaines

---

(1) L'île des Pins, à la Nouvelle-Calédonie, a été spécialement affectée aux relégués collectifs (D. 20 août 1886). A la Guyane, le décret du 24 mars 1887 a fixé les limites respectives de la transportation et de la relégation.

(2) On les appelle en style administratif les *sections mobiles*, D. 18 fév. 1888.

(3) Par motif d'économie on s'est borné jusqu'à présent à affecter au dépôt des relégués la maison centrale de Landernau, puis le dépôt des forçats de St-Martin de Ré. Pour le même motif, on maintient en dépôt dans les établissements pénitentiaires de Droit commun, où ils ont subi leur peine, les relégués qui paraissent susceptibles d'être dispensés de la relégation pendant le temps que dure l'instruction sur les causes de dispense, et pendant la durée des dispenses provisoires dont il sera parlé ci-après (D. 1885, art. 18).

mesures d'ordre et de surveillance (1). Ils sont soumis au Droit commun et relèvent des juridictions ordinaires (D. 1885, art. 2 § 1). — Mais, avant d'arriver à cette situation éminemment favorable, tous les relégués sont soumis à une période d'épreuve et de préparation qu'on appelle la *relégation collective* (2). C'est la condition ordinaire des relégués. La préparation à la vie coloniale commence dans les pénitenciers spéciaux qui servent en France de lieux de dépôt (D. 1885, art. 15). Elle se continue dans les dépôts d'arrivée et de préparation des colonies (D. 1885, art. 31 ; D. 5 sept. 1887). Le triage des relégués admis à la relégation individuelle se fait soit au moment de l'embarquement, soit plus tard, suivant une procédure qui sera exposée ci-dessous (D. 1885, art. 3).

La relégation collective emporte privation de la liberté et assujettissement au travail (Loi, art. 12 ; D. 1885, art. 19, 31, 32, 33, 36). L'Etat, pour compenser les dépenses que lui occasionne l'entretien des relégués collectifs, garde pour lui une partie du salaire qu'il leur paie. Cette retenue ne peut excéder le tiers. Le restant du salaire est divisé en deux portions égales : l'une constitue le pécule disponible du relégué ; l'autre, son pécule de réserve, qui sera mis à sa disposition quand il quittera la relégation collective (D. 1885, art. 35 ; D. 5 sept. 1887). — Les relégués individuels qui se trouvent dans l'impossibilité de pourvoir à leur subsistance peuvent demander à être employés temporairement dans les établissements de travail affectés à la relégation collective. Ils sont alors soumis au régime disciplinaire de ces établissements (D. 1885, art. 34 ; D. 5 sept. 1887). Ce régime disciplinaire a été organisé sur le modèle de celui des maisons centrales dont il sera question ci-après (D. 22 août 1887).

290. Compétence et procédure pour l'admission à la relégation individuelle (D. 1885, art. 6, 7, 8, 9). — L'autorité qui admet un relégué au bénéfice de la relégation individuelle est le ministre de l'intérieur, si le condamné est encore en France, et le ministre des colonies, s'il a été transporté (3). — La procédure a trois phases. a) *On prend d'abord l'avis de certaines autorités.* Si le relégué est en France on consulte : 1º le parquet près la Cour ou le Tribunal qui a prononcé la relégation ; 2º le préfet du département où résidait le relégué avant sa dernière condamnation ; 3º le directeur soit de l'établissement, soit de la

---

(1) Les relégués individuels sont nantis d'un livret et soumis à des obligations analogues à celles qu'imposait la surveillance de la haute police sous la loi de 1874 (D. 25 nov. 1887, art. 4, 6, 7).

(2) La statistique de la relégation de 1886 à 1890 (*J. off.*, 23 mai 1895) montre que sur 3997 condamnés transportés aux deux colonies, 137 seulement, le 31 décembre 1890, étaient soumis à la relégation individuelle.

(3) L'administration des colonies a été détachée du ministère *de la marine et des colonies*, dont parlent les décrets, et érigée en ministère spécial par la loi du 20 mars 1894.

circonscription pénitentiaire où le relégué se trouvait détenu en dernier lieu ; 4° des médecins désignés par le ministre de l'intérieur. — Si le relégué est aux colonies, on prend l'avis du gouverneur et l'avis du conseil de santé. — *b) La demande est soumise ensuite à la commission de classement.* — *c) La décision du ministre compétent* termine cette instruction administrative. — Si la demande est rejetée, un délai de six mois doit nécessairement s'écouler avant qu'elle puisse être renouvelée (D. 25 nov. 1887, art. 1er).

291. Dispositions communes au régime des deux relégations. — Elles sont relatives : 1° au service militaire, 2° aux dispenses de la relégation, 3° aux autorisations de quitter le territoire de la relégation et aux évasions, 4° aux moyens moralisateurs.

1° *Service militaire dû par les relégués* (Loi, art. 7 et 18 § 1). — La relégation collective n'emporte point par elle-même exclusion de l'armée, mais les condamnés sont mis, soit pour leur temps de service actif, soit en cas de mobilisation, à la disposition du ministre *de la marine* qui détermine par des arrêtés les services auxquels ils peuvent être affectés. Les relégués individuels, que leur condamnation à d'autres peines n'ont pas rendus indignes de servir dans les armées françaises, restent soumis au service militaire. Ils sont incorporés dans les corps de disciplinaires coloniaux (D. 26 nov. 1888 ; L. 15 juill. 1889, art. 4).

2° *Dispenses de la relégation* (Loi, art. 18 § 3 ; D. 1885, art. 11). — Il peut être sursis à la transportation du relégué pour cause de maladie ou d'infirmités. On distingue à cet égard la *dispense provisoire,* le *renouvellement* et la *dispense définitive.* La première est accordée par le ministre de l'intérieur, sur le rapport du directeur de la circonscription ou de l'établissement pénitentiaire et après avis des médecins chargés du service de santé. Sa durée est d'un an au plus. Pour la *renouveler* le ministre doit prendre l'avis de la commission de classement, sans être tenu d'ailleurs de le suivre. Il ne peut accorder de dispense définitive que sur l'avis conforme de cette commission et après l'instruction spéciale exigée pour l'admission à la relégation individuelle. — La loi du 14 août 1885 sur les moyens de prévenir la récidive a créé une nouvelle cause de dispense, provisoire d'abord, puis définitive, au profit des condamnés pour lesquels elle a organisé *la libération conditionnelle,* institution nouvelle, dont il sera traité plus bas. Cette dispense échappe au contrôle de la commission de classement (1).

(1) Que deviennent les relégués dispensés administrativement de la relégation ? L'art. 18 du décret du 26 novembre 1885 dit « qu'ils sont maintenus en dépôt pendant l'instruction sur les causes de dispense et pendant la durée *des dispenses accordées à titre provisoire* ». Il faut décider de même pour les *renouvellements.* Le gouvernement n'a pas renoncé à transporter ces relégués. Ils doivent attendre, par conséquent, dans les lieux de dépôt, l'époque de leur embarquement, pour laquelle la loi n'a pas fixé de délai *a priori* (arg. art. 12 § 2,

3° *Autorisations de quitter le territoire.* — *Évasions.* — Le ministre des colonies peut accorder aux relégués des autorisations temporaires soit de quitter le territoire affecté à la relégation, soit de rentrer en France. Elles ne dépassent pas six mois (Loi, art. 13). — L'art. 245 du Code pénal est applicable aux évasions ; mais on n'exige pas que l'évasion ait eu lieu par bris de prison. On assimile en outre à l'évasion le fait de quitter sans permis le territoire de la relégation, la désobéissance aux conditions imposées par le permis, la rentrée en France sans autorisation (Loi, art. 14). On a attribué compétence pour juger ce délit au tribunal correctionnel du lieu d'arrestation de l'évadé et à celui du lieu de relégation. La procédure à suivre est celle en reconnaissance d'identité, qui suppose l'évadé repris et présent.

4° *Reclassement des relégués.* — *Moyens moralisateurs* (Loi, art. 15, 16, 17, 18 § 3 ; D. 1885, art. 10, 36 ; D. 25 nov. 1887, art. 2, 8 ; D. 9 juil. 1892). — Pour favoriser l'amendement des relégués et leur reclassement dans la colonie, la loi annonce une série de faveurs, qui peuvent être retirées par mesure administrative si le relégué ne s'en montre plus digne.

Les faveurs sont : 1° des concessions de terrains d'abord provisoires, puis définitives ; — 2° des avances pour les faire fructifier ; — 3° l'autorisation accordée aux relégués collectifs de travailler en dehors des établissements de travail, pour le compte des particuliers ; — 4° la relégation individuelle ; — 5° la reconstitution de la famille autour du relégué sur le territoire de la relégation ; — 6° la remise gracieuse des droits perdus à titre de peine accessoire ou complémentaire ; — 7° la grâce ou la remise judiciaire de la relégation. — Si l'on rapproche les conditions d'admission à la relégation individuelle des causes de son retrait, on voit que les décrets ont fait entrer en ligne de compte, dans les deux cas, *la conduite* du relégué. L'administration a ajouté ainsi à la loi, qui considère comme une condition nécessaire et suffisante, pour *donner droit* à la relégation individuelle, les « *moyens d'existence dûment constatés* ». Elle s'est peut-être montrée plus sage que le législateur en transformant en faveur susceptible d'être retirée ce dont le premier avait voulu faire un droit ; mais en cela elle paraît avoir dépassé les limites du pouvoir réglementaire que lui ont reconnu les art. 1er et 18 de la loi du 27 mai 1885.

292. Causes d'extinction. — La relégation est en principe perpétuelle, mais elle peut cesser : 1° par une dispense définitive, 2° par

Loi). Quant à ceux qui ont obtenu une dispense définitive, il est impossible de les garder aux dépôts ; ce serait changer administrativement la relégation en emprisonnement perpétuel. Il faut donc les mettre en liberté, et cette liberté sera sans restriction ni limite ; ils échapperont au contrôle de l'administration. C'est là une imperfection de la loi.

l'amnistie ou la revision du procès, 3° par la remise judiciaire (Loi, art. 16), 4° par la grâce (Loi, art. 15), 5° par la prescription. — La première de ces causes d'extinction est connue par les explications qui précèdent. — L'amnistie et la revision éteignent la relégation parce qu'elles effacent la condamnation. — La réhabilitation produit un résultat analogue depuis la loi du 14 août 1885 (art. 632, C. i. c.). Mais, au moment où la loi du 27 mai fut discutée, elle n'avait pas cet effet, et d'ailleurs les conditions exigées pour rendre la demande en réhabilitation recevable étaient impossibles à remplir dans la plupart des colonies (1). Pour étendre cette cause d'extinction à la relégation, on créa la *remise judiciaire* (2). « Le relégué pourra, à partir de la sixième année de sa libération, introduire devant le tribunal de la localité une demande tendant à se faire relever de la relégation, en justifiant de sa bonne conduite, des services rendus à la colonisation et de moyens d'existence » (Loi, art. 16). Les formes et les conditions de la demande ont été établies par le décret réglementaire du 9 juillet 1892, sur le modèle de la réhabilitation en matière correctionnelle.

La relégation s'éteint enfin par la prescription de cinq ou de vingt ans, suivant qu'elle a été prononcée en même temps qu'une peine criminelle ou correctionnelle dont elle emprunte le caractère (art. 635, 636, C. i. c.).

293. La relégation est applicable aux femmes comme aux hommes, quoiqu'en pratique elle paraisse devoir être appliquée le plus souvent à ces derniers. Il n'y a lieu de signaler pour les femmes que « les maisons d'assistance et de travail », où sont reçues, aux colonies, celles qui ont été admises à la relégation individuelle, « jusqu'à ce qu'elles aient trouvé à s'engager ou à s'établir dans des conditions suffisantes de bon ordre et de moralité ». Le placement dans ces maisons a lieu d'office ou sur la demande des réléguées ; mais leur sortie ne peut s'effectuer, que si la condition sus-mentionnée est remplie (D. 1885, art. 28).

294. L'âge du relégable influe sur l'application de la nouvelle peine.

---

(1) Comment justifier par exemple les conditions de résidence exigées par l'art. 621 qui suppose le territoire divisé administrativement en départements, arrondissements et communes ?

(2) Le rapporteur de la loi au Sénat a qualifié, avec raison, cette remise d'*espèce de réhabilitation partielle* ; ainsi, en effet, que la réhabilitation dont la réforme était à l'étude, elle *efface la condamnation* et par suite elle met fin à la relégation ; mais elle ne l'efface que *pour partie*, en ce sens que le chef du jugement de condamnation relatif à la peine principale est maintenu. — M. GARRAUD, *Précis*, 186, a vu dans cette remise une *grâce judiciaire*. S'il en était ainsi, la loi du 27 mai serait inconstitutionnelle, car le droit de grâce appartient exclusivement au Président de la République, et une simple loi n'aurait pu en restreindre l'exercice. — La question d'ailleurs est purement théorique, car la condamnation antérieure, étant maintenue au point de vue de la peine principale, pourra servir à faire appliquer de nouveau la relégation au relégué qui en a été affranchi par la remise judiciaire.

Ne peuvent être condamnés à la relégation, les individus qui auraient moins de 21 ans ou plus de 60 ans à l'expiration de la peine principale. La relégation est remplacée, pour les premiers, par une détention dans une maison de correction jusqu'à leur majorité, et, pour les seconds, par l'interdiction perpétuelle de séjour (Loi, art. 6, 8). Nous retrouverons ces dispositions, qui soulèvent dans leur application certaines difficultés, quand nous étudierons les cas de relégation.

295. Pour les forçats condamnés à la relégation, le régime de cette peine complémentaire se combine avec celui de la *résidence obligée* dans la colonie pénale après la libération de la peine des travaux forcés (art. 4, 1° L. 27 mai 1885 : « sans qu'il soit dérogé... etc. »). Par conséquent la relégation devra être subie dans la colonie pénale où le forçat libéré est tenu de résider en vertu de l'art. 6 de la loi du 30 mai 1854. Cette disposition de la loi de 1885 a eu pour objet de mettre fin au vagabondage légal des forçats libérés, à la vie oisive aux frais de l'Etat que leur permettait de mener la loi de 1854. Il serait à désirer que la réforme fût complétée et qu'*en toute hypothèse* la relégation remplaçât la résidence obligée. Elle deviendrait ainsi la peine *accessoire* des travaux forcés.

Section IV. — Des peines propres aux contraventions.

296. L'emprisonnement de simple police est la seule peine qui soit spéciale aux contraventions. Sa durée est de un à cinq jours (art. 465, C. p.). Ces minimum et maximum ne sont jamais dépassés.

Cette peine est subie dans des prisons municipales ou cantonales, lorsqu'elles sont organisées pour l'exécution des peines (*Arrêté*, 20 oct. 1810, art. 3). Mais comme elles ne sont le plus souvent que des lieux de dépôt, un quartier de la *maison d'arrêt* du chef-lieu d'arrondissement les remplace (D. 11 nov. 1885, s. *les prisons de courtes peines*, art. 27, 28).

Le régime consiste dans la simple privation de la liberté, sans obligation au travail. Le condamné n'est pas astreint au port d'un costume pénal.

APPENDICE

THÉORIES PÉNITENTIAIRES

De leur influence sur l'organisation pratique des prisons et sur les institutions favorisant le reclassement des libérés.

297. I. Peines à améliorer. — Types divers d'emprisonnement cellulaire. — Dans les quatre sections précédentes nous avons exposé l'organisation des peines privatives de la liberté qui s'exécutent par l'emprisonnement, sans dire en quoi la pratique avait modifié, sur certains points, et complété, sur d'autres, les règles formulées par le législateur de 1810. Le Code pénal ne contenait en effet que très peu de détails d'organisation. Des décrets et des arrêtés réglementaires, émanés du pouvoir exécutif, essayèrent d'abord de combler ces lacunes. Plus tard des lois spéciales sont venues poser des règles plus fixes. L'esprit général de ces règlements et de ces lois a été de combattre le développement de la récidive par une meilleure organisation des peines, d'empêcher un criminel d'*accident* de devenir un criminel d'*habitude*. Pour cela on a eu recours à deux moyens : 1° la transportation suivie d'internement perpétuel ou de longue durée dans une colonie lointaine ; — 2° une organisation nouvelle des prisons de France en vue d'obtenir l'amendement du condamné. Ces deux procédés, empruntés à deux écoles rivales, ne sont pas destinés à s'exclure ; ils trouvent leur place dans toute bonne législation. La transportation débarrasse le pays des libérés que la gravité de leurs antécédents rend suspects au public et qui ne réussiraient pas à se reclasser. C'est un procédé d'*élimination*. Un bon régime pénitentiaire est susceptible de réformer les condamnés à des peines de gravité moyenne, surtout s'ils n'ont pas d'autre antécédent judiciaire. C'est un procédé de *correction*. Le premier de ces moyens est assurément le plus efficace et le plus prompt ; mais le côté défectueux de la transportation est de ne pouvoir faire le fond du système pénitentiaire d'une nation, que pendant un certain temps et à deux conditions : il faut d'abord que cette nation ait des colonies peu habitées ; il faut en outre que dans ces colonies afflue une population d'émigrants, assez nombreuse pour former les cadres de la nouvelle société, donner du travail aux transportés et enfin les confondre dans elle après leur libération. La transportation provoque et favorise ce mouvement d'émigration ; mais, peu à peu, la population de la colonie devient trop dense ; il arrive un moment où l'on ne peut plus continuer à lui envoyer des repris de justice, sans créer pour elle le danger dont on cherche à affranchir la métropole. L'Angleterre l'a éprouvé pour l'Australie. Une nation qui n'aurait d'autre moyen de combattre la récidive que la transportation est fatalement condamnée à une politique de conquêtes. — Avec une bonne organisation des peines, un pays peut réussir à absorber ses libérés (1).

(1) BIBLIOGRAPHIE : DE BLOSSEVILLE, *Histoire des colonies pénales de l'Angleterre* (1857) ; D'HAUSSONVILLE, *Les établissements pénitentiaires en France et aux colonies* (1875). *Les institutions pénitentiaires de la France en 1895* (Tableau dressé par la *Société générale des prisons* à l'occasion du V° Congrès pénitentiaire international). Le *Bulletin de la Société des prisons* (Bibliographie pénitentiaire) a publié, en 1892, une *bibliographie pénitentiaire* extraite de la « Bibliographie de la France ». Elle comprend tous les ouvrages parus depuis 1842. Chaque année, le Bulletin se propose de la tenir au courant.

298. Dans notre législation actuelle, la transportation est le mode d'exécution des *travaux forcés*, de la *déportation* et de la *relégation*. Les peines privatives de la liberté qui s'exécutent en France sont la *détention*, la *réclusion* et l'*emprisonnement*. Le régime de la détention n'a guère été critiqué : les condamnés politiques auxquels elle s'applique ne doivent pas être réputés *a priori* des hommes pervertis, mais simplement des citoyens dangereux. A leur égard, un simple emprisonnement de garde paraît suffire. L'emprisonnement de simple police est également hors de cause, à raison soit de la brièveté de sa durée, soit de la nature des infractions qu'il réprime. L'attention des criminalistes s'est portée au contraire sur le régime de la réclusion et de l'emprisonnement correctionnel. Ces peines sont attachées en effet à des infractions qui dénotent des vices susceptibles d'amener des récidives. Il faut nécessairement corriger le condamné, ou en débarrasser le pays s'il est incorrigible. Les moyens de correction ont été empruntés aux théories pénitentiaires de l'école de l'emprisonnement.

299. L'emprisonnement en commun était le régime des anciennes prisons de France. Il est mauvais pour le présent comme pour l'avenir. Pendant l'exécution de la peine, il favorise les désordres disciplinaires ; il entraîne la corruption par le contact ; il rend la peine inégale pour les détenus qui n'ont point perdu tout sentiment de honte. Cette promiscuité est surtout funeste après la libération. Les libérés que la prison n'a point réformés débauchent les autres, les intimident par la menace de révéler leurs antécédents et finissent presque toujours par les ramener au crime.

300. Pour remédier à ces inconvénients et rendre la prison moralisante, on a proposé la *séparation par quartiers* et la *séparation individuelle*. — Le premier système consiste à répartir les détenus en diverses classes qu'on parquera dans des quartiers différents. Mais ce triage est difficile. Où trouver le *critérium* qui dénote le degré d'immoralité et les chances d'amendement? D'un autre côté il est presque impossible d'empêcher les conversations entre détenus du même quartier. En Angleterre on recourt au fouet pour obtenir le silence. Mais ce moyen cruel et dégradant répugne à nos mœurs. Enfin le système des quartiers exige la création de locaux considérables, souvent inoccupés, et l'entretien d'un personnel nombreux.

301. Le système de la *séparation individuelle*, mieux connu sous le nom d'emprisonnement cellulaire, paraît plus susceptible de réaliser l'amendement du condamné. Isoler le condamné, c'est d'abord un moyen de l'empêcher de se dépraver davantage par ses conversations avec les vétérans du crime. L'isolement produit bientôt l'ennui, et l'ennui engendre le goût du travail, l'agent de moralisation par excellence. — On a élevé contre ce système des objections très vives : 1º il contrarie, dit-on, un besoin impérieux de la nature humaine, la sociabilité. Mais c'est précisément en cela qu'il punit. 2° Il pousse à la folie et au suicide. L'observation est exagérée ; elle a été combattue, peut-être avec un peu trop de passion (1) ; mais en admettant qu'elle eût quelque fondement, elle ne serait vraie que si l'on transformait la cellule en cachot et l'isolement en séquestration absolue. La détention en cellule ne doit pas empêcher les communications avec les personnes capables de relever le moral du détenu, savoir : le personnel de l'administration des prisons, l'aumônier, les membres de la famille et des sociétés de patronage qui s'occuperont du condamné après sa libération. Fermer au détenu toutes les communications moralement dangereuses, lui ouvrir au contraire toutes celles qui sont utiles et moralisatrices, tel est le programme. La détention en cellule doit aussi se combiner avec des exercices hygiéniques, au grand air, dans le préau. Les détenus ne sont point en effet condamnés à la maladie ni à une mort lente. — 3° On dit enfin que ce système est coûteux et qu'il rend difficile l'organisation du travail. Il est moins coûteux cependant que le système de la séparation par quartiers ; car s'il exige une dépense de premier aménagement il est suivi d'une économie sur le personnel. La société d'ailleurs est intéressée à faire les dépenses nécessaires pour assurer sa sécurité. Quant au travail des prisonniers, il faut bien se pénétrer de cette idée, qu'il doit être organisé uniquement en vue de produire l'amendement du condamné et de faciliter son reclassement après sa libération. Critiquer le système de la séparation individuelle parce qu'il rend le travail des prisonniers moins productif pour l'Etat que dans l'emprisonnement en commun ou la séparation par quartiers, c'est faire appel à des idées mercantiles qui ne sont pas de mise ici. Nous reviendrons bientôt sur cette question. — Le côté véritablement défectueux du système cellulaire, c'est de ne point préparer les détenus à la reprise des relations sociales. Ce n'est point, en effet, en ôtant au condamné l'habitude et jusqu'à l'occasion de la lutte qu'on peut le fortifier contre les tentations de la liberté. Cet inconvénient a fait apporter au régime de la cellule certains tempéraments dont quelques-uns sont devenus des *institutions complémentaires du système pénitentiaire*.

302. L'emprisonnement cellulaire a été pratiqué sous trois formes différentes, qui ont pris le nom des lieux où elles ont été expérimentées pour la première fois ou de leur inventeur. Elles constituent des types qui servent à désigner l'organisation particulière de cet emprisonnement à laquelle on veut faire allusion. Il y a : 1° le régime d'*Auburn* ; 2° le

---

(1) V. FERRUS, *Des prisonniers, de l'emprisonnement et des prisons* (1849) ; CERFBERR, *Rapport sur les prisons d'Italie* (1839) ; MOREAU CHRISTOPHE, *De la mortalité et de la folie dans le régime pénitentiaire*, mémoire lu devant l'Académie, en 1839 ; D'HAUSSONVILLE, p. 190-194.

régime de *Philadelphie* ou de *Pensylvanie* ou de *Cherry-Hill* ; 3° le régime *Irlandais* ou de *Walter Crofton*.

Le premier est un système à demi cellulaire ; il n'applique la cellule que pendant la nuit. Le jour, les détenus travaillent dans des ateliers communs où l'on s'efforce de faire régner le silence. Ce système, expérimenté en 1823 à Auburn dans l'Etat de New-York, n'est pas très moralisateur. — Le second est le système cellulaire dans toute sa rigueur. Il fut établi dans la prison de Cherry-Hill, à Philadelphie, en 1829. Il mérite le reproche de ne rien faire pour ménager la transition de l'emprisonnement à la liberté. — Le troisième est un système *progressif* qui adoucit le régime de la peine à mesure que l'on constate l'amendement du coupable, et qui prépare son reclassement. Walter Crofton, inspecteur des prisons, l'appliqua pour la première fois en Irlande en 1856. Il réunit aujourd'hui presque tous les suffrages des partisans de l'emprisonnement. Après un premier temps passé en cellule, le détenu est admis à travailler en commun, pour le compte de l'administration. S'il se conduit mal, on le réintègre en cellule. Si au contraire il se conduit bien, il entre dans des prisons intermédiaires, où il obtient une demi-liberté. On lui permet de travailler au dehors pour le compte des particuliers, et de se nourrir avec le produit de son travail. La prison l'entretient s'il ne trouve pas à s'occuper. Puis vient la *libération conditionnelle* : elle consiste dans un élargissement anticipé qui fait jouir le condamné d'une liberté complète, mais révocable pendant un certain délai au moindre sujet de plainte. Ce système atteint le but qu'on se propose ; mais dans sa troisième période il fait aux condamnés une condition plus favorable qu'à l'ouvrier libre. Aussi la législation anglaise, qui l'a définitivement adopté en 1864, a supprimé les prisons intermédiaires, pour arriver tout de suite à la libération conditionnelle. Les sociétés de patronage peuvent en effet remplacer, pendant la troisième phase, l'administration pénitentiaire : l'exécution de la peine est finie ou suspendue, l'œuvre du reclassement commence (1).

303. II. Applications de l'emprisonnement cellulaire en France. — La substitution de l'emprisonnement cellulaire à l'emprisonnement en commun, proposée à l'époque de la Révolution française par les publicistes et les philosophes, n'est entrée dans le domaine du fait qu'avec la Restauration. Une ordonnance du 9 septembre 1814, qui d'ailleurs ne fut pas exécutée, prescrivit la création, à Paris, d'une prison sur le modèle de celle de Philadelphie. L'idée nouvelle fut appliquée seule-

---

(1) V. sur la législat. anglaise : GLASSON, *Histoire du droit et des institutions de l'Angleterre* (Paris, 1881-83), t. VI, p. 802 ; BABINET, *Annuaire de législat. étrang.*, 1878, p. 13 et s.; MORRISON, *Le crime et ses causes* (traduit de l'anglais). Sur le syst. irlandais : MOLINIER, *Rec. de l'Acad. de légis.*, 1873, p. 11 ; RIVIÈRE, *Le syst. irlandais comparé au système pénitentiaire*, *Bull. Soc. gén. des prisons*, t. VI, 1885, p. 468 et s.

ment sous le règne de Louis-Philippe. Mais on prit malheureusement la question au rebours : on proposait la cellule pour l'exécution des peines les plus longues, sous prétexte que les individus les plus sévèrement condamnés avaient le plus besoin d'être corrigés ; on ne remarquait pas que les peines très longues dénotent ordinairement des condamnés *incorrigibles* et à l'égard desquels il n'y a à prendre que des mesures d'élimination. D'un autre côté, il est vrai de dire que la cellule n'est efficace que si elle dure un certain temps ; c'est donc aux peines d'une durée moyenne qu'il convient d'appliquer ce régime d'emprisonnement. Quoi qu'il en soit, l'œuvre législative poursuivait son cours. Elle avait été précédée de rapports intéressants, publiés à la suite de missions officielles, celle de MM. de Beaumont et de Tocqueville en 1831 et celle de MM. Demetz et Blouet en 1836 (1). La révolution de 1848 arrêta l'élaboration de la loi.

Escomptant son vote, le Gouvernement avait, depuis 1836, fait construire ou aménager des prisons en vue de l'application du régime cellulaire ; mais en 1853 M. de Persigny, ministre de l'intérieur, renonça à cette réforme pour revenir au régime de la séparation par quartiers. L'œuvre législative fut reprise en 1872 et aboutit à la loi du 5 juin 1875 qui substitue *en principe* le régime de la *séparation individuelle* à celui de la *séparation par quartiers*. Nous l'expliquerons ci-après. Puis est venue la loi du 14 août 1885 *sur les moyens de prévenir la récidive*, qui s'occupe du reclassement des libérés. — En même temps, l'école de la transportation poursuivait parallèlement son œuvre : elle dotait le pays de la loi du 27 mai 1885 *sur les récidivistes*, qui tend à débarrasser la France continentale des libérés non susceptibles de s'y reclasser. Cette loi, dont la rédaction mérite assurément de graves critiques, est très vivement attaquée par l'école de l'emprisonnement ; mais elle était désirée par l'opinion publique ; on se plaint même qu'on n'en fasse pas une assez large application. Elle complète le système de législation qui convient à la France, grâce à ses colonies, et qu'on peut résumer en ces termes : aux condamnés susceptibles d'être corrigés et reclassés, l'emprisonnement cellulaire avec les institutions complémentaires destinées à opérer leur reclassement en France ; aux incorrigibles et aux *irréclassables*, la relégation dans une colonie lointaine, avec le travail forcé au début et les adoucissements progressifs que comporte cette peine jusqu'à leur reclassement dans la société coloniale (2).

(1) V. DE BEAUMONT et DE TOCQUEVILLE, *Du système pénitentiaire aux Etats-Unis en France* (1833); DEMETZ et BOUET, *Rapport sur les pénitenciers des Etats-Unis* (1839).
(2) Le congrès pénitentiaire tenu à Paris en 1895 a reconnu l'utilité de la transportation « soit pour l'exécution des longues peines pour les grands crimes, soit pour la répression des criminels d'habitude et des récidivistes obstinés » (*Rev. pén.*, 1895, p. 992 et s.).

304. III. Organisation actuelle des prisons de France. — Cette organisation doit être étudiée au triple point de vue : 1° des locaux et des prisonniers qu'ils reçoivent ; 2° du régime ; 3° de la direction et de la surveillance (1).

305. Locaux des prisons. — Détenus qu'ils reçoivent. — Les prisons se divisent en *maisons centrales* et *prisons départementales* (2). — Les maisons centrales sont la propriété de l'État. Il y en a quinze en France. Deux pénitenciers agricoles situés en Corse, ainsi que deux dépôts de forçats ou de relégués, sont assimilés aux maisons centrales. Ces prisons servent : 1° de *maison de force* pour l'exécution de la peine de la réclusion, peu importe qu'elle soit prononcée comme peine directe du crime ou pour remplacer la peine des travaux forcés (art. 21, 16, C. p. ; art. 5, L. 30 mai 1854 ; L. 25 déc. 1880) ; — 2° de *maison de cor-*

---

(1) Avant d'entrer dans son examen, il faut observer que l'incarcération d'un individu n'a pas toujours le même caractère : elle constitue tantôt un emprisonnement *de garde*, tantôt un emprisonnement *de peine*, tantôt un emprisonnement *d'éducation correctionnelle*.

Les incarcérations DE GARDE existent soit dans un intérêt civil, soit dans un intérêt de police administrative, soit dans un intérêt de procédure pénale. Les premières sont : 1° celle des faillis (art. 455, C. com.) ; 2° celle des débiteurs contraints par corps (L. 22 juill. 1867). Le local devrait être *la maison d'arrêt pour dettes*. — Les secondes comprennent : le placement d'office des fous dangereux dans les *asiles d'aliénés* (L. 30 juin 1838, art. 25 et s.) ; le dépôt au *poste de police* des individus trouvés en état d'ivresse manifeste dans des lieux publics, jusqu'à ce qu'ils aient recouvré la raison (L. 23 janv. 1873, art. 11) ; la détention provisoire nécessitée par l'exécution de *l'extradition* ou de *l'expulsion* des étrangers. Les principes indiquent qu'elles doivent se faire dans des *lieux de dépôt*. — Les troisièmes sont *l'arrestation provisoire* et la *détention préventive des inculpés*. On arrête provisoirement les auteurs présumés de crimes ou de délits flagrants, et aussi les auteurs de contraventions flagrantes dont on ne connait pas l'identité. Ces arrestations provisoires n'ont d'autre but que de conduire l'inculpé devant un officier supérieur de la police judiciaire qui a qualité pour exercer contre lui l'action publique. L'*arrestation provisoire* entraîne souvent une détention momentanée dans des *lieux de dépôt*, lorsque les circonstances s'opposent au transfèrement de l'inculpé ou à son interrogatoire immédiat par le magistrat. La *détention préventive* commence par un mandat de dépôt ou d'arrêt, ordre écrit émané de l'autorité judiciaire. Elle a pour but de faciliter l'instruction préparatoire par la présence constante de l'inculpé dans le lieu où elle se poursuit, et de l'empêcher de se soustraire par la fuite à la peine qui l'attend. Elle doit être subie dans les *maisons d'arrêt* ou *de justice*.

Les incarcérations PÉNALES sont celles par lesquelles s'exécute une peine privative de la liberté.

Quant à l'emprisonnement D'ÉDUCATION CORRECTIONNELLE, c'est une incarcération d'un caractère mixte, appliquée : 1° aux mineurs de seize ans acquittés pour défaut de discernement et envoyés en correction ; 2° aux mineurs détenus par voie de correction paternelle (L. 5 août 1850). — D'après la lettre et l'esprit de la loi, les locaux affectés à ces diverses incarcérations devraient être différents, mais des nécessités budgétaires ont obligé, en fait, l'administration à affecter les mêmes établissements à des incarcérations de plusieurs sortes, et les lois de finances ont implicitement confirmé une pratique qui, au début, n'avait pas été légale.

(2) V. pour leur organisation : D. 16 juin 1808 ; Ord. 2 avril 1817, 6 juin 1830.

rection pour les condamnés à l'emprisonnement correctionnel de plus d'un an et un jour (L. 5 juin 1875, art. 2) (1). — Les détenus des maisons centrales vivent en commun le jour et même en général la nuit. Cette promiscuité, jointe à la difficulté de la surveillance par suite de l'entassement des détenus, font de ces prisons des foyers de dépravation. On s'est efforcé d'y remédier en créant un quartier spécial pour les *jeunes adultes*, et un quartier dit de *préservation et d'amendement* où l'on introduit les détenus qui paraissent disposés à s'amender. Les condamnés des deux sexes sont naturellement séparés. Il existe même trois maisons exclusivement réservées aux femmes. Certaines maisons sont en outre plus spécialement affectées à l'emprisonnement correctionnel et d'autres à la réclusion.

306. Les *maisons* ou *prisons départementales*, qu'on appelle aussi *prisons de courtes peines* (2), sont la propriété des départements. Un décret du 9 avril 1811 leur en fit cadeau, pour dégrever de leur entretien le budget de l'État. Cette situation eut pendant la première moitié de ce siècle des conséquences très fâcheuses. En 1855 on aboutit à une transaction : la loi des finances mit à la charge de l'État l'entretien des prisonniers, et laissa à la charge des départements celui des immeubles. — La France continentale compte 380 prisons départementales. En général il y en a une par arrondissement, toujours située au chef-lieu judiciaire. — Elles sont utilisées pour plusieurs genres d'incarcération : 1° Elles sont principalement affectées à l'exécution de l'emprisonnement correctionnel, lorsque sa durée ne dépasse point un an et un jour (L. 5 juin 1875, art. 2). — 2° Elles servent encore presque partout à l'exécution de l'emprisonnement de simple police. — 3° Elles peuvent devenir le lieu d'exécution de la peine des travaux forcés à temps ou à perpétuité, dans l'hypothèse prévue par la loi du 25 décembre 1880. — 4° et 5° Elles reçoivent les mineurs de 21 ans détenus par voie d'autorité paternelle, les mineurs de 16 ans condamnés à six mois d'emprisonnement au plus, ou renvoyés pour six mois au plus dans une maison de correction. — 6° et 7° Elles servent à l'exécution de la détention préventive et remplacent ainsi les *maisons d'arrêt* et *de justice* prescrites par l'art. 603 du Code d'instruction criminelle. — 8° Elles tiennent lieu de *maisons d'arrêt pour dettes* à l'égard des débiteurs contraints par corps et des

---

(1) Elles avaient, jusqu'à ces derniers temps, un quartier spécial destiné à recevoir les jeunes détenus condamnés à plus de deux ans ou expulsés pour insubordination des colonies pénitentiaires. Ces quartiers remplaçaient les colonies correctionnelles agricoles, prescrites par la loi du 5 août 1850, art. 10, qui n'avaient pas été organisées. Mais on les a supprimés depuis la création récente de la colonie d'Eysses (Rapport à la Chambre des députés sur le budget des services pénitentiaires, 1896).

(2) La loi du 5 juin 1875 emploie indifféremment les deux premières expressions. La troisième a paru pour la première fois dans le D. du 11 novembre 1885.

faillis. — 9° Enfin elles servent de lieu de dépôt pour les individus arrêtés par mesure de police, les inculpés non interrogés et les condamnés en transfèrement (*passagers*) (1).

307. Cette agglomération, dans les mêmes locaux, d'individus incarcérés à des titres aussi différents, aurait été absolument illégale, si l'on n'avait pas établi des séparations entre eux. L'ordonnance du 30 octobre 1841, puis le décret du 11 novembre 1885 se sont occupés de ce point. Les art. 27, 29, 30 et 32 de ce décret prescrivent des locaux séparés pour *onze* catégories de prisonniers. A défaut de locaux distincts il prescrit l'*isolement par groupes* (art. 28). Les catégories dans ce cas sont un peu moins nombreuses. Ces mesures provisoires dureront jusqu'à l'aménagement des prisons de courtes peines en vue de l'application du régime de la séparation individuelle prescrit par la loi du 5 juin 1875, dont voici les principales dispositions.

Cette loi ne s'applique qu'aux prisons départementales (2) et aux détenus en état de détention préventive ou condamnés à l'emprisonnement. Pour les premiers la séparation individuelle est *obligatoire* (art. 1er) La logique et les convenances l'imposent, puisqu'on les présume innocents. Les condamnés correctionnels sont divisés en deux classes : 1° ceux qui ont été condamnés à un emprisonnement inférieur à un an et un jour ; 2° ceux au contraire qui ont été condamnés à plus d'un an et un jour. La séparation individuelle est prescrite impérativement pour les premiers. Les seconds au contraire n'y sont soumis qu'à deux conditions : *a*) qu'ils le demandent (3) ; *b*) que l'administration y consente (art. 2, 3). L'exécution de la peine sous la nouvelle forme réduit d'un quart sa durée (4). Mais cette réduction ne s'opère pas « sur les peines de trois mois et au-dessous » (art. 4). Le but de cette disposition est de ne pas énerver la répression en abrégeant la durée d'une peine déjà très courte.

L'emprisonnement individuel n'est pas destiné à être appliqué immé-

---

(1) *Circ. min. intér.*, 30 janvier 1894.

(2) Ses promoteurs voulaient étendre la réforme aux maisons centrales ; mais le ministre des finances s'y opposa sous prétexte : 1° que la charge serait trop lourde pour l'Etat ; 2° que les détenus des maisons centrales étaient des incorrigibles. Le premier de ces motifs est ridicule : on n'a pas trouvé la charge trop lourde pour les départements ! Le second, est contestable.

(3) On ne devrait donc pas considérer comme ayant droit à la réduction, le détenu qui, *à titre de peine disciplinaire* (art. 614, C. i. cr.), aurait été transféré dans une prison cellulaire : C. Paris, 8 fév. 1876 (D. 76, 2, 107). — Une loi récente a refusé cette réduction aux individus condamnés pour certains crimes ou délits anarchistes : L. 28 juil. 1894, art. 4.

(4) Comp. *L. belge*, 4 mars 1870 ; *L. autrichienne*, 1er avril 1874. Mais dans ces législations la réduction n'est pas seulement *proportionnelle* à la durée de la peine ; elle est encore *progressive*, c'est-à-dire que son taux devient plus fort chaque année.

diatement partout, mais seulement au fur et à mesure de la transformation des prisons départementales en prisons cellulaires (art. 8) (1).

308. Régime des prisons. — Le régime des prisons doit être envisagé au quadruple point de vue de l'*hygiène*, de la *discipline*, du *travail* et des *moyens moralisateurs*. — Ce régime concerne surtout les *condamnés*. Nous allons l'exposer en nous plaçant exclusivement à leur point de vue ; puis nous indiquerons les dérogations que ce régime subit à l'égard des autres prisonniers.

309. *a) L'hygiène* des détenus comprend la nourriture, le vêtement, le coucher, l'exercice au grand air, les soins de propreté corporelle. Quand on l'envisage au point de vue des condamnés qui subissent leur peine, le problème à résoudre est de ne pas blesser les règles de l'humanité en imposant aux détenus des privations trop rigoureuses et, d'un autre côté, de ne pas faire de la prison un séjour relativement attrayant dont les conditions d'existence seraient pour eux moins rudes que celles de la vie quotidienne. L'alimentation a une base scientifique. Elle a pour but unique d'empêcher la déperdition des forces. Les détenus ont le droit de disposer de certaines sommes prélevées sur le produit de leur travail, avec lesquelles il leur est loisible, en principe, de

---

(1) Cette disposition laissait l'avenir de la réforme à la discrétion des conseils généraux, car les dépenses nécessitées pour la transformation des prisons n'étaient pas obligatoires. A la fin de l'année 1894, 25 seulement avaient été transformées. Une loi du 4 février 1893 a eu pour but de remédier à cette situation, mais on n'a pas encore senti son effet. Cette loi porte : « Toute maison d'arrêt, de justice ou de correction qui ne satisfait pas aux conditions indispensables d'hygiène, de moralité, de bon ordre et de sécurité peut être déclassée... Le déclassement est prononcé, sur avis du conseil supérieur des prisons, par décret rendu en la forme de règlement d'administration publique » (art. 2). — « Le déclassement a pour effet de mettre le département en demeure de faire procéder aux travaux d'appropriation ou de reconstruction prévus par l'art. 6 de la loi du 5 juin 1875 » (art. 3). Et ces dépenses sont « obligatoires... En conséquence, à défaut par les conseils généraux de prendre les mesures nécessaires pour l'exécution des travaux ou de voter les ressources dans un délai d'un an à partir de la mise en demeure qui leur est adressée, il y est pourvu d'office en vertu d'un décret rendu en Conseil d'Etat » (art. 7). — « Les départements peuvent être exonérés d'une partie des charges qui leur sont imposées par la loi du 5 juin 1875, s'ils rétrocèdent de gré à gré à l'Etat la propriété de leurs maisons d'arrêt, de justice et de correction » (art. 1er). Le département qui, sur la mise en demeure résultant du déclassement de la prison, « exécute volontairement les travaux, a droit au *maximum* de la subvention de l'Etat dans les conditions fixées par l'art. 7 de la dite loi » (art. 3 § 2). — La loi autorise enfin la création de *prisons interdépartementales* « en vue de la mise en pratique du régime de l'emprisonnement individuel ». « Deux ou plusieurs conseils généraux » peuvent s'entendre à ce sujet (art. 4). L'Etat redevenu propriétaire d'une ou plusieurs prisons d'un département, en vertu de la rétrocession, a le même droit (art. 6). Une subvention de l'Etat peut être accordée pour la construction de ce nouveau genre de prisons (art. 5). La dépense nécessitée par leur construction ainsi que les dépenses ordinaires d'entretien et de réparation des prisons qui restent la propriété des départements ont le même caractère obligatoire et la même sanction que celles énoncées ci-dessus (art. 7).

se procurer un supplément de nourriture. A côté de l'hygiène des *détenus* il y a celle des *bâtiments*. Il y est pourvu par les inspections régulières du service de santé. Tous ces points sont l'objet de prescriptions minutieuses (art. 38, 41, 53, 54, 57, 58, 61, 62, 64, 65, 69, 74, 76, 84, 85, D. 11 nov. 1885). Chaque maison centrale et la plupart des prisons départementales ont une infirmerie. Le régime des détenus qui y sont admis est déterminé en partie par les règlements et en partie par les prescriptions du médecin (art. 77 à 83, *ibid.*). S'il n'y a pas d'infirmerie, les malades sont transférés à l'hôpital où ils sont traités dans une salle spéciale (D. 11 nov. 1885, art. 77 §§ 2, 3 ; L. 4 vend. an IV, art. 16 ; D. 8 janv. 1810, art. 12).

310. *b*) La *discipline* réglemente l'emploi du temps, la tenue de la personne, les communications des détenus. Le *temps* des prisonniers est employé partie au travail, partie au repos, partie aux exercices corporels, partie à tous les exercices intellectuels qui constituent les moyens moralisateurs dont nous parlerons bientôt (1).

La *tenue de la personne* comprend le port du costume pénal, la taille de la barbe et des cheveux. Il y a plusieurs exceptions à la règle dans les prisons de courtes peines (art. 60, 65, D. 11 nov. 1885). Les *communications* des détenus entre eux ou avec leurs gardiens sont généralement interdites ; mais la loi du silence est théoriquement plus rigoureuse dans les maisons centrales que dans les prisons départementales. Dans ces dernières elle n'est imposée que pendant le travail ; hors de là on ne proscrit que les conversations bruyantes (Comp. art. 1, 2, arrêté min. 10 mai 1839 et art. 37, D. 11 nov. 1885).

Les *peines disciplinaires* consistent soit dans une aggravation du régime, soit dans la suppression de certaines faveurs (2). L'autorité qui applique ces peines est, dans les maisons centrales, le *prétoire de justice disciplinaire*, sorte de tribunal domestique composé du directeur, comme président, et des principaux employés de la prison comme assesseurs. L'audience est tenue avec une certaine solennité et la décision est prise après avoir entendu contradictoirement le rapport du gardien et les explications du détenu. Au besoin une enquête a lieu sur le fait qui est l'objet de la plainte. Dans les prisons départementales, c'est le directeur ou gardien-chef qui inflige la punition, sauf à en rendre

(1) V. p. les prisons de *courtes peines*, art. 38, 41, 44, 66, 87, 89, D. 11 nov. 1885. Pour les maisons centrales l'arrêté du 10 mai 1839 est beaucoup plus sommaire, mais il est complété par des arrêtés préfectoraux qui établissent des règles analogues. D'ailleurs le D. du 11 nov. 1885 permet aux préfets « par addition aux dispositions générales contenues dans le présent règlement » de déterminer « les mesures d'ordre intérieur et de police locale et les détails de service qu'il sera nécessaire de prescrire dans chaque prison ».

(2) V. art. 9, arrêté min. 10 mai 1839 ; art. 52, D. 11 nov. 1885 ; art. 614, C. i. c.

compte au directeur de la circonscription pénitentiaire dans son rapport du jour (1).

311. c) Le *travail* dans les prisons a un but multiple ; c'est : 1° une mesure d'ordre, 2° un moyen moralisateur, 3° une préparation au reclassement après la libération, 4° une économie pour l'État, 5° une sévérité du régime de la peine. — Rappelons que le travail n'est légalement obligatoire que pour les condamnés à l'emprisonnement correctionnel, à la réclusion et aux travaux forcés. Les premiers devraient avoir le choix entre les divers travaux organisés dans la maison de correction. En fait ce choix n'existe pas le plus souvent, parce qu'un seul genre de travail y est mis en œuvre. Quant au produit du travail, les forçats n'y auraient aucun droit ; les réclusionnaires pourraient en profiter à titre de faveur ; seuls les correctionnels auraient le droit d'en exiger une partie. En fait, tous profitent partiellement du produit de leur travail : les forçats reçoivent les trois dixièmes ; les réclusionnaires, les quatre dixièmes ; les correctionnels, trois, quatre, cinq dixièmes suivant leurs antécédents. Cette proportion peut être augmentée par des gratifications et diminuée par des retenues (2). — Les dixièmes attribués au détenu constituent son *pécule*. Ce pécule se divise en deux parties : l'une immédiatement disponible, l'autre réservée pour être remise au prisonnier le jour de sa libération. Cette dernière s'appelle la *masse* (3). — L'organisation du travail se présente sous deux formes différentes : la *Régie* et l'*Entreprise*. Dans le premier cas, c'est l'État qui joue le rôle d'entrepreneur. Il nourrit les prisonniers, fournit les matières premières et dispose des produits. Dans le second cas, l'État paie tant par journée de détenu à un entrepreneur qui prend sa place. Les dixièmes attribués aux prisonniers sont payés par l'État, dans le premier système ; ils le sont par l'entrepreneur, dans le second. Les détenus des prisons de courtes peines sont autorisés à continuer l'exercice de leur métier ou profession s'il se concilie avec l'hygiène, l'ordre, la sûreté et la discipline. Ils peuvent travailler pour un patron ou pour leur propre compte. On leur alloue une partie de leur salaire ou du produit de leur travail, proportionnelle aux dixièmes qui leur seraient acquis s'ils étaient employés aux travaux organisés dans la prison ; le surplus revient à l'entrepreneur ou à l'État (art. 70, D. 11 nov. 1885). — Des deux systèmes d'organisation du travail, celui de l'entreprise est le plus suivi ; ce n'est

---

(1) V. arrêté min. 8 juin 1842, sur *les prétoires de justice disciplinaire dans les maisons centrales* ; art. 52 § ult. D. 11 nov. 1885.

(2) V. Ord. 2 avril 1817, Ord. 27 déc. 1843 étendues des maisons centrales aux maisons départementales par Arrêté min. du 17 mars 1844 ; Arrêté min. 25 mars 1854 ; art. 72, D. 11 nov. 1885 ; D. 23 nov. 1893.

(3) Le pécule disponible peut être saisi par les créanciers ; la masse est insaisissable, comme ayant un caractère alimentaire, Req. 18 fév. 1895 (*Gaz. Pal.*, 20 fév.)

guère que dans les maisons centrales qu'on trouve la régie. L'entreprise est cependant un système très défectueux : l'entrepreneur est un industriel qui n'a d'autre but que de réaliser de gros bénéfices. Il pousse à l'extrême la division du travail qui lui permet de produire mieux et plus vite. Aussi n'enseigne-t-il à aucun détenu un métier complet. Le travail des prisons devient par là inutile au reclassement des libérés. La régie serait préférable : l'État, écartant toute idée de lucre, pourrait organiser le travail des prisons de manière à donner aux détenus un moyen d'existence après leur libération. Mais le système de l'entreprise est souvent plus avantageux au point de vue financier, et c'est ce qui le fait préférer(1).

312. L'organisation du travail dans les prisons a été l'objet des critiques des théoriciens et des réclamations de l'industrie privée. Deux courants contraires se sont manifestés parmi les théoriciens : les uns ont dit qu'imposer le travail aux prisonniers, c'était rétablir l'esclavage ; les autres ont soutenu que le prisonnier ne devait pas être payé, sans cela le travail cessait d'être une peine. — Ces deux critiques ont le même point de départ ; elles ne voient dans le travail des condamnés qu'une aggravation du régime de la peine, et chacun apprécie cette aggravation à sa manière. Sans doute, dans l'emprisonnement en commun, le travail peut revêtir ce caractère ; mais avec le régime de la séparation individuelle, il s'offre bientôt au prisonnier comme un remède contre l'ennui ; il devient pour lui une faveur. A ce titre, c'est un moyen moralisateur. — Quant au salaire du prisonnier, on le lui accorde pour donner au travail plus d'attrait et encourager, par ce stimulant, la persévérance dans la bonne conduite. — Envisagée comme mesure d'ordre, l'organisation du travail dans les prisons est très utile, on pourrait même dire indispensable ; l'expérience s'est chargée de le démontrer. En 1848, on suspendit le travail dans les prisons ; il s'ensuivit des désordres effrayants. Un mois après on fut obligé de le rétablir (2). — Ses avantages, au point de vue du reclassement des libérés et du bénéfice qu'il procure au Trésor, sont évidents ; il est inutile d'y insister. — Restent les réclamations de l'industrie privée : elle se plaint de la concurrence de la production et de l'avilissement des salaires. Pour donner satisfaction à la première réclamation,

---

(1) Dans presque tous les pays d'Europe, le travail des prisons est organisé en régie. Dans certaines prisons des Etats-Unis on a conservé l'entreprise, mais en substituant le paiement *aux pièces* au paiement *à la journée*. L'administration pénitentiaire reste ainsi maîtresse absolue de l'emploi du temps, elle est sûre que la moralisation du condamné ne sera pas sacrifiée au travail. D'un autre côté elle n'assume point les risques commerciaux de l'entreprise. Ce système a été introduit en France sous le nom de régie mixte dans les maisons centrales qui avaient conservé encore le régime de l'entreprise, mais on prévoit qu'à la fin de l'année 1897 la régie pure et simple sera organisée dans toutes ces grandes prisons. Astor, *Le budget des services pénitentiaires* (*Rev. pén.*, déc. 1896, p. 1358 et s.).

(2) V. D. 24 mars 1848 ; — Circ. 12 avril 1848.

on a inventé, en Angleterre, des travaux improductifs (*Tread-mill, Shotdrill, Crank-Wheel*, etc.), inventions barbares, qui sont de nature à faire haïr le travail et à détruire par conséquent son effet moralisateur. — Dans d'autres pays on a cru désintéresser l'industrie privée, en faisant absorber par l'État les objets manufacturés dans les prisons. En France, la loi du 9 janvier 1849 eut recours à cet expédient. Mais ce n'est là qu'un trompe-l'œil. Il est évident, en effet, que si l'État se fournit dans les prisons, il demandera d'autant moins à l'industrie privée ; le prix des produits et le taux des salaires se ressentiront de cette diminution dans la demande. Il faut donc oser envisager la question en face et la résoudre radicalement dans un sens ou dans l'autre. C'est ce que fit le décret du 25 février 1852 qui établit, sans aucune restriction au droit de l'État, le travail dans les prisons. Cette solution mérite d'être approuvée : il est incontestable en effet que les frais, non pas de l'organisation, mais de l'*exécution* des peines sont recouvrables contre le condamné, parce qu'ils constituent un dommage distinct et spécial qui est la suite de son délit. En appliquant au paiement de cette dette le produit du travail que le régime de la peine impose au condamné, l'État use d'un droit légitime. Le jurisconsulte n'a pas dès lors à se préoccuper des conséquences : le droit de l'État pourra léser un intérêt ; il ne lésera jamais un droit ! En fait, d'ailleurs, la concurrence est nulle : une enquête très sérieuse eut lieu en 1849, sur une pétition des ouvriers tailleurs de Paris. Il fut établi que sur 15,000 ouvriers se livrant dans Paris à cette branche de l'industrie, 60 seulement étaient en prison. Un document plus récent, qui réglemente le travail dans les maisons centrales, où il produit davantage que dans les autres prisons, l'arrêté ministériel du 15 avril 1882, constate que les 24,000 détenus peuplant à cette époque les maisons centrales, fournissaient la même somme de travail que 16,000 ouvriers libres ; qu'est-ce que ce chiffre en présence des *neuf millions* d'ouvriers (dénombrement de 1886) qu'occupe l'industrie française? D'ailleurs n'y a-t-il pas lieu de tenir compte du travail que pourraient produire, s'ils étaient libres, les condamnés qu'on fait travailler en prison? Est-il démontré qu'ils vivraient dans l'oisiveté ? — Les réclamations de l'industrie privée sont mieux fondées quand elle se plaint de l'avilissement des salaires, surtout dans un certain rayon autour des prisons, transformées ainsi en foyers de production. L'administration y remédie par des règlements destinés à maintenir la balance égale : toute espèce de travail, tout procédé nouveau de fabrication ne peuvent être mis en œuvre qu'après avoir été autorisés par le ministre, qui fixe en outre le nombre des prisonniers qui seront employés à chaque industrie et le tarif de la main-d'œuvre (1).

---

(1) Même Arrêté du 15 av. 1882, rendu applicable aux prisons départementales par l'art. 71 du D. du 11 nov. 1885, sauf quelque simplification quand la maison contient moins de cent prisonniers. Le tarif de la main-d'œuvre a pour

313. *d) Les moyens moralisateurs* sont : 1° le travail, 2° l'enseignement religieux, 3° l'instruction, 4° les communications avec certaines personnes du dehors, 5° la perspective de la libération conditionnelle ou d'une grâce partielle. Cette partie du régime des prisons a été l'objet de dispositions d'ensemble dans le décret du 11 novembre 1885 relatif aux prisons de courtes peines. Elle fait l'objet de dispositions de détail moins bien connues pour les maisons centrales ; aussi nous les exposerons en nous plaçant seulement au point de vue des prisons de la première classe.

L'enseignement religieux se manifeste par les cérémonies essentielles et par l'action particulière des ministres des cultes sur chaque détenu. — Le culte catholique est le seul qui soit partout organisé. Toutes les prisons ont une chapelle catholique et un aumônier. Plusieurs ont des chapelles protestantes, mais pas de pasteur attitré. Les ministres de tous les cultes reconnus sont admis d'ailleurs à visiter leurs coreligionnaires. — La liberté de conscience est scrupuleusement respectée. A son entrée dans la prison, le détenu doit déclarer à quelle religion il appartient et s'il veut en suivre les exercices. L'assistance aux offices religieux n'est pas obligatoire pour ceux qui ont déclaré ne pas vouloir les suivre. Les détenus n'ont d'entretien particulier avec le ministre de leur religion que s'ils en font, chaque fois, une demande spéciale (art. 91, 92, 93, D. 1885) (1).

L'instruction comprend l'enseignement primaire, des conférences et des lectures. — L'enseignement primaire est obligatoire pour tous les condamnés âgés de moins de quarante ans, illettrés ou bien sachant seulement lire ou imparfaitement écrire. — Des conférences pour « instruire et moraliser » les détenus peuvent être faites par des personnes de l'administration ou par des personnes du dehors, dûment autorisées à cet effet. — Les lectures se divisent en lectures à haute voix et en lectures particulières. Elles ont toutes le même objet que les conférences ; mais les premières ont aussi une autre utilité : elles servent à remplacer le travail « les dimanches et jours fériés et pendant les veillées en cas de chômage » (art. 87 à 90, D. 1885).

base celui de l'industrie libre, mais il lui est inférieur de 1/5. Il faut considérer, en effet, que l'entrepreneur des prisons n'est pas libre de choisir ses ouvriers et qu'il les perd souvent au moment où ils commencent à devenir habiles. En 1896, il n'y avait plus dans les maisons centrales que 6,442 hommes répartis entre 52 industries, et 895 femmes travaillant dans 8 industries (Rapport sur le budget des services pénitentiaires).

(1) Il est peu logique d'exiger cette demande spéciale : on oblige, en effet, le détenu à commencer lui-même et sans le secours de personne son propre amendement. Il vaudrait mieux lui permettre, après un certain temps d'expérience, de refuser expressément de recevoir l'aumônier. Dans tous les cas il ne faudrait point provoquer par des questions indiscrètes posées au moment de l'entrée en prison des réponses négatives, inspirées par la colère ou le respect humain et que le détenu regrettera plus tard, mais sur lesquelles il n'osera pas revenir.

Les *communications avec les personnes du dehors* s'établissent par des visites reçues dans la prison ou par la correspondance (art. 47, 50, D. 1885). Les visites ne peuvent avoir lieu qu'en vertu d'un permis délivré par le ministre de l'intérieur, le préfet ou le sous-préfet. Les jours, la durée et l'heure des visites sont déterminés pour chaque prison départementale par arrêté préfectoral. En principe, et sauf dispense expresse dans le permis, l'entretien doit avoir lieu en présence de gardiens (art. 47, D. 1885). — La correspondance des détenus est « lue et visée à l'arrivée et au départ par le directeur ou gardien-chef de la prison, à l'exception cependant des lettres que les détenus adressent à l'autorité administrative ou judiciaire, aux avocats et avoués chargés de leur défense ».

Les communications qui s'établissent ainsi de vive voix ou par correspondance, soit avec les représentants des sociétés de patronage, soit avec la famille, facilitent l'amendement du condamné. Enfin la libération conditionnelle et la grâce, que nous étudierons plus tard, apparaissent comme la récompense de cet amendement et deviennent pour lui un nouveau stimulant.

314. Détenus auxquels le régime des prisons ne s'applique qu'en partie. — Ces détenus sont, en premier lieu, les *mineurs* de vingt et un ans *détenus par voie d'autorité paternelle* et les mineurs de seize ans *acquittés* comme ayant agi sans discernement. On les détient pour leur donner *une éducation correctionnelle*; leur place n'est pas légalement dans des prisons affectées à l'emprisonnement pénal. Aussi l'art. 29 du décret de 1885 prescrit de les enfermer dans des chambres ou quartiers spéciaux, et à défaut, de les soumettre à l'isolement individuel. — Pour les mineurs de seize ans, *condamnés* parce qu'ils ont agi avec discernement, l'exécution de la peine doit se combiner avec l'éducation correctionnelle. Nous avons exposé ci-dessus les distinctions théoriques que la loi du 5 août 1850 a introduites entre les jeunes détenus, et les modifications qu'y a apportées la pratique.

315. En second lieu, le régime des prisons ne s'applique que partiellement aux détenus subissant un emprisonnement de garde et notamment aux individus en état de *détention préventive ou contraints par corps*. Les moyens moralisateurs ne les concernent point, et ils sont affranchis de certaines mesures qui touchent autant à la discipline qu'à l'hygiène : ils ne portent point le costume pénal, ils sont dispensés de la promenade, de la coupe des cheveux et de la barbe (art. 32, 38, 59 et arg. art. 65, D. 1885). Ils ne sont point astreints au travail et, s'ils travaillent, tout le produit est pour eux, sous réserve d'une certaine somme représentant les frais de leur entretien (art. 73, *ibid.*). Ils peuvent faire venir, à leurs frais, des vivres du dehors, sauf quelques restrictions logiques en ce qui concerne les détenus pour dettes. Ils peuvent réclamer, au prix du tarif, *la pistole*, sorte de chambre garnie dans la prison. C'est un moyen pour eux d'échapper, *mais à leurs propres frais*, à la promiscuité dans les prisons qui ne sont pas encore transformées (art. 68, *ibid.*). Il leur est loisible de recevoir des visites et d'écrire des lettres chaque jour ; mais les communications des prévenus et accusés sont à la discrétion de l'autorité judiciaire : les permis de communiquer ne peuvent être exécutés s'ils ne sont point revêtus de la signature du magistrat actuellement saisi de l'affaire ; la correspondance de ces détenus, à l'arrivée comme au départ, est remise, selon les cas, au procureur de la République, au juge d'instruction ou au président des assises (art. 47, 50, *ibid.*). — Les punitions disciplinaires sont, à peu de chose près, les mêmes pour tous les détenus sans distinction : mais une question s'élève relativement aux individus en état de détention préventive : quelle est l'autorité qui appliquera ces peines ? — La pratique et le décret de 1885 (art. 52) ne font aucune différence entre ces détenus et les autres. — Dans un système plus rationnel, on confie l'application des peines disciplinaires au magistrat qui constitue ou qui représente la juridiction actuellement saisie de l'affaire. On tire argument en ce sens : 1° de l'art. 611, C. instr. crim. qui prescrit au juge d'instruction de visiter chaque mois la *maison d'arrêt*, et au président des assises de visiter la *maison de justice* dans le cours de chaque session ; 2° de l'art. 614, *ibid.* qui paraît faire dépendre de ces autorités la mise aux fers ou au cachot. Mais l'art. 611 prescrit aussi au préfet de visiter les maisons d'arrêt et de justice comme les autres prisons, et l'art. 614 est très vague. La question ne peut être résolue qu'à l'aide des principes ; or les principes exigent qu'on adopte le second système. Logiquement, en effet, la haute main sur les prévenus et accusés doit appartenir à l'autorité judiciaire, comme elle appartient à l'autorité administrative sur les condamnés. Tout ce qu'on peut reconnaître au directeur ou gardien en chef, c'est le droit de prendre provisoirement ces mesures, sauf à en référer immédiatement au magistrat qui les maintiendra ou les lèvera (1).

316. Les condamnés à l'emprisonnement pour délits politiques ont toujours été l'objet de faveurs particulières, inspirées par le désir de remédier administrativement à l'absence de peines correctionnelles politiques. Un règlement du 9 février 1867, fait pour la prison de Ste-Pélagie, a été appliqué, jusqu'à ces derniers temps, dans toutes les prisons départementales. La situation dont il fait jouir ces condamnés est analogue à celle des détenus pour dettes. L'art. 99 du décret de 1885 annonce un règlement spécial qui n'est pas encore fait. En attendant, la condition de ces condamnés doit être rigoureusement la même que celle des condamnés de Droit commun (art. 26 et 98, comb.). Il en était

---

(1) Sic : FAUSTIN-HÉLIE, *Prat. crim.*, I, 1058 ; DALLOZ, *Rép.*, v° *Prisons*, n° 95. Comp. C. proc. pénale allemand (1877), art. 116.

d'ailleurs ainsi pour les condamnés politiques subissant l'emprisonnement dans les maisons centrales (arrêté min. 14 janv. 1873).

317. Après l'exposé détaillé que nous venons de faire des locaux et du régime des prisons, si l'on jette un coup d'œil rétrospectif sur l'ensemble des peines privatives de la liberté, l'on voit que ces peines, si diverses dans le Code de 1810, peuvent être ramenées aujourd'hui à deux types : 1° la transportation suivie d'internement perpétuel dans une colonie lointaine, 2° l'incarcération temporaire dans une prison. Cette tendance de notre législation vers la simplification n'a rien que de très normal. C'est en effet un phénomène digne d'attention, qu'à mesure que le droit s'épure, les châtiments corporels tendent à se fondre en une peine unique ; tandis que leur diversité marque l'enfance du Droit criminel. Des préjugés nous font encore maintenir dans les deux types de peines privatives de la liberté une distinction entre les condamnés politiques et les condamnés de Droit commun : les premiers ont droit à l'oisiveté, les seconds sont astreints au travail. Cette distinction devrait disparaître, car elle repose sur cette idée fausse que le travail est simplement une aggravation du régime de la peine. Nous avons démontré son utilité à quatre autres points de vue (1).

318. Une différence plus remarquée est celle qui résulte du régime des peines privatives de la liberté subies en France, comparé au régime de celles qui s'exécutent par la transportation : il semble que ces dernières soient moins sévères, quoiqu'elles occupent un rang supérieur dans l'échelle des peines. Bien des crimes commis dans les prisons n'ont eu d'autre but que d'obtenir la substitution de la peine des travaux forcés à celles de la réclusion ou de l'emprisonnement correctionnel de longue

---

(1) La plupart de ces réformes ont été ou sont sur le point d'être opérées dans les Codes les plus modernes. Le Code italien, le projet de Code suisse, celui de la commission de revision de notre Code pénal imposent le travail sans distinction à tous les condamnés à une peine privative de la liberté d'une certaine durée. Si ce dernier projet est voté la réforme de notre système pénitentiaire sera profonde, car il ne conserve en matière criminelle et correctionnelle que deux types de peines privatives de la liberté : *l'emprisonnement* et la *détention*. Le premier est la peine ordinaire ; la seconde est une peine exceptionnellement réservée aux infractions politiques ou peu déshonorantes. L'emprisonnement peut être perpétuel ; sa durée quand il est temporaire est, comme celle de la détention, de 15 à 20 ans, sauf le cas de récidive. L'exécution a lieu sous le régime de la séparation individuelle de jour et de nuit pour l'emprisonnement, et de nuit seulement, sauf volonté contraire de la part du condamné, pour la détention. Après 3 ans de cellule le condamné qui s'est bien conduit obtiendra d'être employé à des travaux extérieurs sans contact avec la population libre. Puis viendra soit la libération conditionnelle, soit le transfert aux colonies, où une résidence obligée, très longue ou perpétuelle, suivra l'exécution de la peine abrégée par la libération conditionnelle ou la grâce. La relégation est conservée comme peine des récidivistes plusieurs fois condamnés à l'emprisonnement. Les *arrêts de police* de 1 à 14 jours et une peine accessoire, spéciale pour les vagabonds, le *placement dans une maison de travail* pour 3 mois au moins et 3 ans au plus complètent l'ensemble des peines privatives de la liberté.

durée. L'on sait qu'une loi du 25 décembre 1880 a mis un terme à ces désordres. Il suffit de noter ici que *l'emprisonnement cellulaire* qu'elle permet d'ordonner, ne doit pas être confondu avec la *séparation individuelle* organisée par la loi du 5 juin 1875 ; ce n'est autre chose que la mise au cachot dont il est question dans l'art. 614, C. i. c.

319. Direction et surveillance des prisons. — L'administration des prisons de France et d'Algérie relève du ministre de l'intérieur. A la tête de chaque maison centrale se trouve un directeur entouré d'un personnel nombreux. Dans les prisons départementales il y a, suivant l'importance de la maison, un directeur avec des gardiens, ou un gardien-chef, qui est parfois gardien unique.

320. La surveillance est purement administrative dans les maisons centrales. Une ordonnance du 5 novembre 1847 crée une commission de surveillance auprès de chacune de ces maisons ; mais ces commissions n'ont pas été organisées. Il n'y a donc d'autre contrôle sur les directeurs de ces prisons que celui des préfets, qui est purement nominal, et celui, beaucoup plus sérieux, des inspecteurs généraux (1). Malheureusement ces fonctionnaires dépendent, comme ceux qu'ils inspectent, du ministère de l'intérieur ; leur contrôle est fait dans le même esprit que l'administration elle-même, et par conséquent il n'est guère susceptible de révéler les défauts des pratiques que l'administration trouve bonnes. — Dans les prisons départementales la surveillance est à la fois administrative, judiciaire et (si l'on peut s'exprimer ainsi) *consultative*. La première est exercée par les inspecteurs généraux des prisons, le directeur de la circonscription pénitentiaire (2), les préfet, sous-préfet et maire du département, de l'arrondissement et de la commune où la prison est située (art. 611, 612, C. i. c.). La seconde s'exerce par les visites prescrites au juge d'instruction et au président des assises ; mais elle ne porte que sur les individus détenus préventivement (art. 611, C.i.c.). La troisième est celle des commissions de surveillance (Ord. 9 av. 1819, tit. III), qui, si elles étaient composées d'hommes versés dans l'étude des questions pénitentiaires et jaloux de bien remplir leur mission, pourraient rendre d'utiles services. On constate avec regret qu'elles ne sont point organisées partout, et que là où elles existent leur rôle est insignifiant. La faute en est aux règlements qui n'ont pas énuméré d'une manière précise les objets soumis à leur contrôle. La loi du 14 août 1885 leur a donné une attribution spéciale en matière de libération conditionnelle. Un *Conseil*

---

(1) Dalloz, *Rép.*, v° *Prisons*, n° 67.
(2) Un décret du 31 mai 1871 a divisé la France en 45 circonscriptions pénitentiaires. Les directeurs de ces circonscriptions portaient auparavant le nom de *directeurs départementaux* (D. 15 août 1856). Cette nouvelle fonction est remplie par le directeur de la maison centrale ou de la prison départementale la plus importante de la circonscription. Pour leurs attributions, voir. D. 11 nov. 1885, art. 1 à 3.

supérieur des prisons a été institué par la loi du 5 juin 1875 « auprès du ministre de l'intérieur pour veiller, d'accord avec lui, à l'exécution de la présente loi » (art. 9). Ses attributions et sa composition ont été déterminées par des décrets (D. 3 nov. 1875 ; 3 et 15 janv. 1881 ; 26 janv. 1882). En même temps, une société privée, reconnue actuellement comme établissement d'utilité publique, a été fondée en 1877, sous le nom de *Société générale des prisons* : elle publie un Bulletin qui contient des renseignements précieux sur les questions pénitentiaires, tant en France qu'à l'étranger. Ces deux institutions sont de nature à favoriser l'amélioration constante de notre législation pénitentiaire.

321. IV. Reclassement des libérés. — Le régime pénitentiaire le plus rationnellement organisé en vue de produire l'amendement du condamné, risque de demeurer stérile s'il n'est pas complété par des institutions qui facilitent la rentrée du libéré dans la société, son *reclassement*, pour employer l'expression consacrée. Il ne suffit pas en effet de moraliser le détenu ; il faut encore, après l'expiration de sa peine, ne pas l'exposer brusquement et sans transition à toutes les difficultés de l'existence, à toutes les tentations de la liberté. Ménager cette transition, vaincre la suspicion dans laquelle le public tient habituellement les libérés, tel est le but des institutions complémentaires du régime pénitentiaire. Ce côté de la question pénitentiaire n'avait pas été aperçu par le législateur de 1810. Il s'était uniquement occupé de rendre la peine exemplaire. En 1818 l'administration commença à s'occuper de l'*amendement*. Parmi les moyens moralisateurs apparaît la grâce, fonctionnant d'une manière périodique pour remettre aux détenus les plus méritants une partie de leur peine (ord. du 6 fév.). En 1832 l'idée de *reclassement* vient s'ajouter à l'idée d'amendement. Une circulaire du 9 déc. 1832 recommande, pour la première fois, la libération conditionnelle des jeunes détenus, sous le nom de « mise en apprentissage ». Cette institution passa dans la loi du 5 août 1850 qui y ajouta celle du patronage. Plus tard on s'occupa du reclassement dans les colonies des condamnés qui y étaient transportés pour subir une peine privative de la liberté. — Enfin la loi du 14 août 1885 a créé des institutions destinées à favoriser le reclassement des libérés adultes en France et en Algérie.

Cette loi organise : 1° la *libération conditionnelle*, 2° le *patronage*, 3° la *réhabilitation*. Les deux premières institutions favorisent le reclassement ; la troisième le constate, et, comme récompense, efface la condamnation. Nous traiterons de cette dernière à propos de l'extinction des peines.

322. Libération conditionnelle (L. 14 août 1885) (1). — Cette

---

(1) Cette institution d'origine anglaise se retrouve dans plusieurs Codes récents : V. notamment C. allemand (1870), C. hongrois (1878), C. hollandais (1881), C. italien (1889), Loi belge du 31 mai 1888 ; C. finlandais (1889).

libération consiste dans un élargissement anticipé, mais révocable, destiné à permettre à un détenu, qui paraît amendé, de faire un essai de la liberté. Elle devient définitive, si elle n'a point été révoquée avant l'expiration du temps que devait durer la peine (art. 2 § 4).

Tout condamné qui subit dans un établissement pénitentiaire de France ou d'Algérie une peine temporaire privative de la liberté est apte à l'obtenir (art. 1er, 2 § 1). Peu importe quelle soit cette peine : un forçat à temps, maintenu dans un des établissements précités, peut l'obtenir aussi bien qu'un individu condamné à la détention, à la réclusion, ou à l'emprisonnement. La loi en effet ne distingue pas d'après les condamnés, mais d'après les établissements où ils subissent leur peine : elle est faite pour les *établissements pénitentiaires de France et d'Algérie* (art. 1er). Elle suppose cependant une peine temporaire ; mais on pourrait l'appliquer aux condamnés à une peine perpétuelle dont la peine aurait été commuée en peine temporaire.

La libération conditionnelle est une faveur *imposée* au détenu à la suite de « la constatation journalière de sa conduite et de son travail » (art. 1er). Il ne pourrait la refuser, pas plus qu'il ne peut l'exiger. Elle ne peut être obtenue qu'après un certain temps passé en prison, art. 2 §§ 1, 2). Ce temps varie suivant le *taux* de la condamnation et les *antécédents* du condamné : il est de la moitié de la peine, sans pouvoir cependant descendre au-dessous de trois mois, si le détenu n'est pas récidiviste ; il est des deux tiers de la peine, sans pouvoir cependant descendre au-dessous de six mois, si le détenu a été condamné comme récidiviste, soit par application des art. 56, 57 et 58 (*texte ancien pour ce dernier*) (1) du Code pénal, soit en vertu de la loi du 27 mai 1885.

Le libéré conditionnel reçoit un permis de libération énonçant certaines conditions spéciales auxquelles il doit se conformer ; il est en outre soumis à un mode de surveillance qui sera déterminé par un règlement d'administration publique lequel n'est pas encore fait. L'administration est autorisée à confier cette surveillance aux sociétés de patronage (art. 2 § 3 ; art. 6). Si le libéré est un condamné à la relégation, la libération conditionnelle autorise un sursis que la loi du 14 août 1885 ne subordonne à aucune condition. La dispense de la relégation devient définitive si elle n'a pas été révoquée « dans les dix ans qui auront suivi la date d'expiration de la peine principale » (art. 2 §§ 5, 6) (2).

---

(1) Il faut interpréter, en effet, l'expression *récidive légale* employée par l'art. 2 § 2 de la loi de 1885, d'après le texte de l'art. 58 en vigueur à cette époque, c'est-à-dire que la petite récidive créée par la loi du 26 mars 1891 n'est pas une cause de prolongation du délai. *Contra* : Instr. des ministres de l'intér... et de la just., 20 mai 1896 (*Lois nouv.*, 97,3,94).

(2) Ce délai de dix ans est une *prescription* de la relégation dans l'hypothèse où le condamné a obtenu sa libération conditionnelle, sans qu'on ait à distinguer si cette peine complémentaire est criminelle ou correctionnelle. Il remplace les délais ordinaires de cinq ans et de vingt ans.

« La mise en liberté peut être révoquée en cas d'inconduite habituelle et publique ou d'infraction aux conditions spéciales exprimées dans le permis de libération » (art. 2 § 3). L'effet de cette révocation est la réintégration du libéré conditionnel en prison « pour toute la durée de la peine non subie au moment de la libération » (art. 5 § 1).

C'est le ministre de l'intérieur qui accorde ou qui révoque la libération conditionnelle, après une instruction administrative. S'il s'agit de la mise en liberté, il prend l'avis du préfet, du directeur de l'établissement ou de la circonscription pénitentiaire, de la commission de surveillance de la prison et du parquet près le Tribunal ou la Cour qui a prononcé la condamnation. — S'il s'agit de la révocation, il consulte le préfet et le procureur de la République de la résidence du libéré (art. 3). — L'arrestation provisoire du libéré peut être ordonnée « par l'autorité administrative ou judiciaire », c'est-à-dire par le préfet ou le procureur de la République (1), à la charge d'en donner immédiatement avis au ministre de l'intérieur. Le ministre prononce la révocation s'il y a lieu. — L'effet de la révocation remonte au jour de l'arrestation. Le temps passé en état d'arrestation provisoire compte ainsi pour l'exécution de la peine (art. 4, 5 § 2) (2).

Une disposition transitoire (art. 9) autorise le ministre à accorder la libération conditionnelle, trois mois après la promulgation de la loi, sans attendre que les règlements d'administration publique, prévus par les art. 1er et 6, aient été faits. C'est en vertu de cette disposition que la nouvelle institution a pu fonctionner jusqu'à ce jour.

323. Patronage des libérés. — La loi du 14 août 1885 est très sobre de détails sur cette institution (art. 7, 8 et 6 § 2). Le patronage des libérés soulève une question théorique qui divise les meilleurs esprits. On se demande si l'État doit, ou non, intervenir dans l'œuvre du patronage. Les uns, argumentant de l'insuffisance constatée de la charité privée, veulent réserver à l'État un grand rôle comme initiative et comme organisation. Les autres écartent au contraire, à l'origine du patronage, l'initiative et l'impulsion de l'État : organisées, dit-on, sous l'influence du gouvernement, composées de fonctionnaires qui n'apporteront à l'œu-

---

(1) Une circ. du Garde des sceaux, du 28 juin 1888, reconnait aussi ce droit aux juges de paix, probablement à raison de leur qualité d'officiers de police judiciaire auxiliaires du Procureur de la République (art. 48, C. i. c.).

(2) Qu'arriverait-il, si l'arrestation provisoire n'ayant pas été maintenue, le libéré conditionnel venait plus tard à être arrêté de nouveau, et, cette fois, maintenu en prison : l'emprisonnement, qu'il aurait subi lors de sa première arrestation, compterait-il pour l'exécution de sa peine ? — Non, semble-t-il, par argument *a contrario* de l'art. 5 § 2. Ce paragraphe, dans le projet voté par le Sénat, résolvait au contraire la question dans un sens favorable au libéré. Mais, à la Chambre des députés, on ne sait trop pourquoi, l'on modifia sa rédaction pour lui faire exprimer exactement, quoique sous une autre forme, l'idée énoncée au paragraphe 3 de l'art. 4.

vre qu'un zèle de commande, les sociétés de patronage auront une existence officielle ; mais elles n'entreront pas dans les mœurs. Le premier de ces systèmes a été suivi pour le patronage des jeunes détenus. Le second a été adopté, du moins en principe, pour le patronage des libérés adultes. — La formation des sociétés de patronage est abandonnée à l'initiative privée. Il en est de même de leurs moyens d'action. Si elles veulent obtenir une subvention de l'État, elles doivent se faire agréer par l'administration. La subvention est annuelle et en rapport avec le nombre des libérés réellement patronés. L'administration peut se décharger sur ces sociétés de la surveillance des libérés. La subvention dans ce cas se trouve augmentée.

SECTION V. — DES PEINES COMMUNES AUX TROIS CLASSES D'INFRACTIONS.

324. La *publication du jugement* de condamnation, la *confiscation* spéciale et l'*amende* sont des peines que le législateur français a appliquées plus ou moins largement dans les trois classes d'infractions.

I. — Publication du jugement de condamnation.

325. La publicité des audiences où se rend la justice est un principe fondamental de notre Droit moderne. Il en résulte pour tout le monde, le droit de publier dans les journaux le compte-rendu des procès criminels ou civils. Quelques restrictions peuvent être apportées à ce droit de publication relativement aux *débats* de l'affaire, mais jamais pour les *jugements* (art. 39 ; 41 § 3, L, s. la Presse, 29 juill. 1881).

A côté de ces publications dues à l'initiative des particuliers, le législateur a organisé la publication officielle et à titre de *peine* des jugements ou arrêts de condamnation en matière pénale. Ainsi l'art. 36 du Code pénal dispose que tous les arrêts criminels seront imprimés et affichés par extrait dans les communes où il est plus particulièrement utile que la condamnation soit connue. Dans ce cas c'est une peine *accessoire*. — Les lois spéciales offrent de nombreux exemples de publication du jugement, ordonnée en matière correctionnelle ou de police, à titre de peine *complémentaire*. — Elle peut aussi être ordonnée par les tribunaux, sur la demande de la partie lésée, à titre *de réparation civile*. Il n'y a pas de texte légal qui s'en explique formellement, mais la loi n'ayant point limité à des condamnations pécuniaires la réparation civile, la jurisprudence en a conclu, avec raison, que le juge pouvait faire consister cette réparation dans la publication du jugement.

La jurisprudence, par application de l'art. 1036 du Code de procédure civile, reconnaît aux tribunaux de répression comme aux tribunaux civils le droit d'ordonner d'office la publication de leur jugement lorsqu'ils ont à réprimer des abus du droit de défense, pour lesquels ils prononcent des *injonctions*, *suppriment des écrits* ou les *déclarent* calomnieux. La publication prend ainsi le caractère de *peine disciplinaire* rentrant dans les pouvoirs des tribunaux pour la police des audiences (1).

Toutes les fois que les tribunaux sont autorisés à ordonner l'*impression et l'affiche* de leur jugement, on admet qu'ils peuvent remplacer l'affiche par l'insertion dans les journaux (2).

II. — Confiscation spéciale.

326. Caractères divers. — La confiscation qui existe dans notre législation mérite le nom de *spéciale,* parce qu'au lieu de porter sur l'ensemble du patrimoine, comme la confiscation abolie par la Charte de 1814, elle ne porte que sur des objets individuellement déterminés. De plus elle ne frappe que des meubles. En effet, la confiscation d'un immeuble est prohibée par le sens usuel de l'expression *confiscation des biens* employée dans la formule abolitive de la Charte de 1814.

La confiscation spéciale n'est pas toujours une *peine*. Quelquefois le législateur la prononce à titre de *réparation civile*, d'autres fois à titre de *mesure de police*. Aucun texte général n'a distingué ces trois genres de confiscation ; c'est une imperfection de nos lois. Cette distinction, d'un grand intérêt pratique, est œuvre de doctrine et de jurisprudence. — En tant que peine, la confiscation se rencontre dans les trois classes d'infractions (art. 11, 464, C. p.). C'est une peine complémentaire.

327. A quels signes reconnaîtra-t-on que la confiscation a tel ou tel caractère ? Il faut envisager en premier lieu son résultat final : l'*attribution de l'objet confisqué*. Si cet objet doit être remis à la victime de l'infraction, la confiscation est une réparation civile ; s'il doit être attribué au Trésor, c'est une peine ou une mesure de police. Pour distinguer maintenant la confiscation pénale de la confiscation mesure de police, il faut examiner *la raison d'être* de la confiscation. Porte-t-elle sur un objet dont l'existence ou la possession par un particulier est prohibée, c'est une mesure de police. S'applique-t-elle au contraire à un objet dont l'existence ou la possession par un particulier est licite, c'est une peine. Dans ce cas, en effet, la loi punit l'usage ou la provenance de la chose.

328. L'intérêt pratique de ces distinctions apparaîtra par la comparaison qui va suivre :

---

(1) Voir la controverse à laquelle a donné lieu cet art. 1036 dans le rapport de M. Accarias sous Cass. 8 déc. 1894 (*Le Droit,* 22 déc. et *Rev. crit.*, 1895, p. 166).
(2) Cass. 14 juin 1854 (S. 54, 1, 611).

La confiscation *peine* suppose : 1° une condamnation pour une infraction ; — 2° un texte qui l'ordonne ou qui l'autorise expressément ; — 3° en matière correctionnelle elle peut être écartée par les circonstances atténuantes (*controversé*) ; — 4° elle est prescriptible ; — 5° elle ne peut être prononcée après le décès du prévenu, ni contre les personnes civilement responsables ; — 6° elle peut régulièrement être écartée par l'absence de toute faute imputable au propriétaire de l'objet quand un tiers est l'auteur du délit.

Les confiscations *réparation civile* ou *mesure de police* : 1° peuvent être prononcées même en cas d'acquittement ; — 2° même après le décès du prévenu et contre les personnes civilement responsables ; — 3° elles ne sont point susceptibles d'être écartées par les circonstances atténuantes ; — 4° ni par le défaut d'intention ou d'élément moral chez le propriétaire de l'objet à confisquer.

La confiscation *réparation civile* a pour caractère particulier de se prescrire par 30 ans comme toutes les condamnations civiles (art. 642, C. i. c. et 2262, C. civ.).

La confiscation *mesure de police* se distingue des deux autres : 1° en ce qu'elle peut être indirectement ordonnée par la loi : il suffit, en effet, d'un texte qui prohibe l'existence de l'objet ou sa possession par un particulier, pour que le juge ait le devoir d'en prononcer la confiscation ; — 2° en ce qu'elle est imprescriptible (1).

La confiscation mesure de police, étant toujours prononcée sans égard à la culpabilité ou à la non-culpabilité du détenteur ou du propriétaire de l'objet, est souvent appelée *réelle*, par opposition à la confiscation pénale qu'on qualifie de *personnelle*. Cette terminologie est incorrecte, car la confiscation purement pénale peut être réelle, comme on le verra à propos de la confiscation de l'instrument du délit.

---

(1) Voici quelques exemples de ces trois sortes de confiscation : *a*) Les lois protectrices de la propriété industrielle, littéraire ou artistique édictent des confiscations à titre de réparation civile (L. 25 juillet 1844, art. 49, *Brevets d'invention* ; L. 23 juin 1857, art. 14, *Marques de fabrique* ; L. 30 avril 1886, art. 5, *Médailles et récompenses industrielles* ; art. 425-429, C. p.). — *b*) La confiscation constitue une mesure de police lorsqu'elle porte sur des écrits, livres et gravures obscènes (art. 287 et 477, C. p.), sur des denrées alimentaires et boissons falsifiées par des mixtures nuisibles à la santé (L. 27 mars 1851, art. 5), sur des engins prohibés (L. 3 mai 1844, art. 16, *Chasse*), sur des armes ou munitions de guerre des modèles réglementaires (art. 314, C. p., L. 14 août 1885 ; L. 24 mai 1834, art. 4), sur toutes les marchandises dont l'État a le monopole, ou dont la possession par des particuliers est soumise à des formalités qui n'ont pas été remplies (Ex. : approvisionnement excessif de poudre de chasse ou de mine, explosifs, engins meurtriers ou incendiaires etc., L. 1834 ; L. 18 déc. 1893) ; — *c*) Enfin les art. 176, 180, 410 du Code pénal qui prononcent la confiscation des marchandises dont certains fonctionnaires ont fait un commerce à eux interdit, des cadeaux qu'on leur a faits pour les corrompre, des enjeux et du mobilier des maisons de jeu etc., visent des cas de confiscation purement pénale.

329. Conditions d'application. — La confiscation réparation civile suit les règles des « restitutions ». Les deux autres ont des règles communes : 1° elles doivent être autorisées par un texte de loi, *directement* s'il s'agit d'une confiscation pénale ; *directement* ou *indirectement*, s'il s'agit d'une confiscation mesure de police. 2° Il faut que les objets à confisquer soient *saisis*, ou *décrits* dans un procès-verbal. La saisie est la mise d'un objet sous la main de la justice. Elle n'est pas nécessaire en général et peut être remplacée par une description dans un procès-verbal de constat. Mais cette description est indispensable. En effet le juge ne pourrait pas réaliser le transport de propriété que comporte la confiscation, si une description antérieure n'avait point individualisé l'objet, qui est toujours une chose de genre. — En outre des deux conditions précédentes, la confiscation *pénale* suppose : 1° la possibilité théorique d'une condamnation à une peine principale, puisqu'elle est peine complémentaire (1) ; 2° l'auteur du délit vivant au moment où la condamnation à la confiscation devient irrévocable (art. 2, C. i. c.). Mais si la condamnation à la confiscation est devenue irrévocable du vivant du condamné, l'exécution de cette peine peut être poursuivie contre ses héritiers. Nous expliquerons ce point avec plus de détails à propos de l'amende.

330. Objets qui peuvent être confisqués. — Les art. 11 et 470 du Code pénal énumèrent les objets sur lesquels porte la confiscation, sans cependant obliger ni autoriser le juge à la prononcer dans tous les cas. C'est une sorte de programme que le législateur se trace à lui-même et qu'il appliquera d'une manière plus ou moins complète dans les textes relatifs aux diverses infractions. C'est donc à ces textes spéciaux qu'il faut se reporter pour savoir quels objets sont confiscables et si leur confiscation est obligatoire ou facultative. Les art. 11 et 470 n'ont d'autre utilité pratique que d'indiquer, suivant la nature de l'objet à confisquer, les personnes que la confiscation peut atteindre.

Avant de toucher à ce point, expliquons la terminologie du Code. Les objets confiscables sont : le *corps*, le *produit*, l'*instrument* du délit. — On appelle « corps du délit » (art. 11), « choses saisies en contravention » (art. 470), l'objet sur lequel a porté le délit et qui en devient la preuve matérielle. Ce sont, par exemple : les armes prohibées dans le délit de port d'armes prohibées (art. 314, C. p.) ; le gibier vendu ou transporté en temps prohibé (art. 12 § 4, L. 3 mai 1844) etc. — Le *produit du délit* est la somme ou la chose procurée par l'infraction. Tels sont les présents faits à un témoin ou à un fonctionnaire public pour les corrompre (art. 364, 180, C. p.) ; les recettes qu'un entrepreneur de spectacles a

---

(1) En fait, la confiscation est prononcée sans la peine principale quand le délinquant est inconnu.

réalisées par des représentations illicites (art. 421, C. p.). — L'*instrument du délit* désigne « les choses qui ont servi ou qui ont été destinées à le commettre ». La clarté de cette définition dispense de commentaire. — La différence entre les trois catégories de choses sujettes à la confiscation n'est pas toujours bien tranchée. Ainsi le *corps* et le *produit* du délit se confondent dans la fabrication des armes de guerre des modèles réglementaires sans déclaration préalable (art. 314, C. p. modifié p. L. 14 août 1885), dans la contrefaçon industrielle (L. 5 juillet 1844, art. 49; L. 23 juin 1857, art. 14; L. 30 avril 1886, art. 5), dans la falsification de substances alimentaires ou médicamenteuses destinées à être vendues (art. 1er, 5, L. 27 mars 1851) etc.

Dans ces hypothèses, le bon sens, plus encore que la loi, indiquera qu'il faut traiter la chose, dont la confiscation est ordonnée, tantôt comme *corps,* tantôt comme *produit* du délit. Cette appréciation sera nécessaire à cause d'une condition dont il va être parlé, et à laquelle la loi subordonne la confiscation pour les crimes et les délits.

331. Personnes que la confiscation peut atteindre. — En principe, la loi prescrit la confiscation sans distinguer si le prévenu sur lequel la chose est saisie en était, ou non, propriétaire ; la confiscation est *réelle* : elle atteint des tiers non poursuivis. Par exception, l'art. 11 admet une règle inverse pour la confiscation du *corps du délit* en matière criminelle et correctionnelle. L'art. 470 ne reproduit pas cette exception en matière de contravention. Le motif de cette distinction échappe à l'analyse. Il semble que le législateur n'ait songé qu'aux crimes et délits tendant à l'appropriation de la chose d'autrui (vol, escroquerie, abus de confiance, etc.). Alors en effet, il est évident qu'il faut rendre le *corps du délit,* trouvé en la possession du prévenu, à son propriétaire ; sans quoi ce dernier se trouverait détroussé par le fisc, après l'avoir été par le voleur. Mais la solution ne devrait-elle pas être la même pour l'*instrument* et pour le *produit* du délit dont le délinquant n'est pas propriétaire ? Pourquoi d'ailleurs admettre que la confiscation du corps du délit est personnelle en matière de crime et de délit, et réelle en matière de contravention ? L'incohérence de cette disposition a tellement choqué certains auteurs qu'ils proposent de déplacer la phrase incidente : « *quand la propriété en appartient au condamné* » et de la reporter à la fin de l'art. 11. Avec cette correction, ce texte signifierait que la confiscation est *personnelle* pour les trois choses en matière de crime et de délit ; tandis qu'elle serait *réelle* pour les trois choses en matière de contravention. Mais on n'est pas plus avancé, car on ne trouve pas d'explication à cette différence. Nous sommes donc en présence d'une disposition peu justifiée, mais très claire ; il faut appliquer le texte à la lettre. Seulement les principes généraux sur l'élément moral permettront de corriger ce qu'aurait d'excessif, à l'égard du propriétaire de l'instrument du délit, la confiscation de cet objet que l'auteur de l'infraction lui a peut-être soustrait pour la commettre. Toute peine supposant un délit et par conséquent une faute, nous admettrions le propriétaire de l'instrument du délit à prouver que ce n'est point par sa faute que cet objet s'est trouvé à la disposition de l'auteur de l'infraction, et, s'il fait cette preuve, il évitera la confiscation.

332. Effet et suites de la confiscation. — Le jugement qui prononce la confiscation transfère à l'Etat ou à la partie lésée la propriété de l'objet confisqué. Le juge ne pourrait pas autoriser le condamné à remplacer la remise en nature de cet objet par le paiement de sa valeur. Ce serait en effet ajouter à la confiscation une amende subsidiaire destinée à en tenir lieu. Les principes généraux disent assez que le juge ne peut ni se dispenser de prononcer la peine légale, ni en créer une nouvelle.

Que deviennent les objets confisqués? Si leur existence est prohibée, ils seront détruits (art. 477, C. p.; art. 16 § 1, L. 3 mai 1844, Chasse; art. 41 § 1, L. 15 avril 1829, Pêche; etc.). — Si leur possession par des particuliers est simplement illicite, ils seront utilisés par l'Etat. On réintégrera, par exemple, dans les arsenaux, les armes et munitions de guerre. — Dans toute autre hypothèse, la partie qui obtient les objets confisqués est libre d'en disposer comme il lui plaît. L'Etat les fait vendre et le prix en est versé au Trésor (art. 41 § 2, L. 15 avril 1829) (1).

III. — Amende.

333. Diverses sortes d'amende. — **Caractères de l'amende pénale.** — L'amende est indiquée comme une peine généralement appliquée en matière correctionnelle et de simple police par les art. 9 et 464 du Code pénal. Des textes isolés nous la montrent également appliquée en matière criminelle, par exemple en matière de faux (art. 164), de concussion (art. 174), de corruption de fonctionnaires (art. 177, 181), etc.

Cette peine oblige le condamné à payer une certaine somme à l'Etat. Elle diffère de la confiscation en ce que celle-ci rend l'Etat propriétaire, tandis que l'amende le rend créancier.

Dans l'ancien Droit, l'amende n'avait pas un caractère purement pénal. Elle servait à indemniser l'Etat « des frais qu'il était obligé de faire pour la poursuite des criminels » (2), en même temps qu'elle était un

---

(1) Le projet de la commission de revision (1893) ne touche pas à la *confiscation* ni à *l'amende* ; ces peines sont indiquées mais non organisées. Si c'est là un oubli des critiques que ces deux peines ont soulevées, on doit s'en étonner; si c'est une approbation de ce qui existe, l'optimisme de la commission a de quoi surprendre.

(2) MUYART DE VOUGLANS, *Lois crim.*, p. 84.

châtiment pour le coupable. Il faut arriver à la législation intermédiaire pour voir l'amende se distinguer nettement des frais de justice. C'est la loi du 18 germinal an VII qui prescrivit « la condamnation aux frais de tout individu condamné à une peine quelconque par un tribunal criminel, correctionnel ou de police ». Depuis lors, l'amende en matière pénale a perdu son caractère de réparation civile (1).

L'amende est toujours une peine principale en matière de contravention ; elle est tantôt principale, tantôt complémentaire en matière de délit ; elle a toujours ce dernier caractère en matière de crime.

L'amende *pénale* doit être soigneusement distinguée de certaines sanctions pécuniaires attachées à la violation d'un droit ou d'un devoir par la *convention des parties* ou par les *lois civiles, fiscales* et *disciplinaires*. On qualifie ces sanctions d'amendes, faute d'expression mieux appropriée ; mais voici les caractères distinctifs de l'amende pénale : — 1° Elle est toujours édictée par des lois, ou des règlements faits par l'autorité administrative en vertu d'une délégation expresse du pouvoir législatif. Ceci la distingue de la *clause pénale*, établie conventionnellement par les parties. — 2° Elle est toujours appliquée par les tribunaux après une déclaration préalable de la culpabilité du délinquant. En cela elle diffère de certaines amendes fiscales, celles d'enregistrement et de timbre, qui sont encourues de plein droit par le seul fait de la contravention et qui donnent lieu, non pas à une action tendant à les faire appliquer (art. 1er, C. i. c.), mais à une action en recouvrement. Une décision judiciaire intervient sans doute pour celles-ci, mais sur l'opposition des redevables à la *contrainte* délivrée contre eux, c'est l'administration qui inflige l'amende. — 3° L'amende pénale est toujours prononcée à raison d'une *infraction*, c'est-à-dire d'un fait incriminé par une loi pénale. Cette particularité la distingue des amendes civiles et disciplinaires (2). Il ne suit pas de là que l'amende pénale soit toujours prononcée par un tribunal de répression. C'est là sans doute le cas le plus ordinaire, mais l'amende ne cesse pas d'être pénale parce qu'elle est prononcée par une juridiction civile, si elle réunit les caractères sus-énoncés (Exemple : art. 409, C. p.).

334. Particularités relatives à certaines amendes pénales. — Toute peine étant établie dans un intérêt social, la partie lésée par l'in-

---

(1) L'amende est-elle une bonne peine ? — Elle a trois avantages évidents elle est divisible, réparable, adéquate à la faute dans les délits qui ont pour mobile la cupidité. Mais on lui reproche de n'être ni exemplaire, ni réformatrice, ni égale. On peut répondre au premier de ces reproches, qu'elle n'est jamais la peine unique des infractions graves. Elle ne mérite pas le second lorsqu'on l'applique aux délits inspirés par la cupidité. Quant au troisième, il est fondé et malheureusement sans remède, car, si pour y remédier on essaie de proportionner l'amende à la fortune du délinquant, on tombe dans les peines arbitraires.

(2) V. sur ces amendes : DALLOZ, *Rép.*, v° *Peines*, n°s 735 et s.

fraction ne peut ni requérir l'amende, ni en profiter, et sa transaction avec le délinquant n'empêche ni de la prononcer, ni de la recouvrer. Il en serait différemment s'il s'agissait de réparations civiles. Pour ce motif, on controverse le caractère des amendes qui répriment les infractions à certaines lois fiscales telles que les *douanes*, les *contributions indirectes* et les *octrois*. Ces amendes sont requises par l'administration figurant au procès comme partie civile ; elles sont recouvrées par elle ; la transaction de l'administration avec l'auteur de l'infraction met obstacle au jugement ou à l'exécution de la sentence ; elles sont susceptibles d'être prononcées non seulement contre les auteurs de l'infraction, mais encore contre certaines personnes civilement responsables : « Les propriétaires des marchandises seront *responsables civilement* du fait de leurs facteurs, agents, serviteurs ou domestiques, en ce qui concerne les droits, confiscations, *amendes*, et dépens », porte la loi du 6 août 1791, titre XIII, art. 20 (1). D'un autre côté cependant ces amendes fiscales présentent les caractères essentiels des amendes pénales. Quelle est donc leur nature (2) ? L'intérêt pratique de la question apparaîtra par les conséquences divergentes des systèmes proposés pour la résoudre.

1er *système*. — La jurisprudence déclare que ces amendes « ont une nature mixte qui permet de les traiter tantôt comme des peines, tantôt comme des réparations civiles ». Voici la part qu'elle fait aux deux idées.
— A) *Ces amendes ont d'abord le caractère de réparations civiles.*
1° Pour ce motif, toutes les personnes qui d'après les principes généraux répondent du fait d'autrui (art. 1384, C. civ.), seront tenues des amendes de ce genre encourues par les individus placés sous leur surveillance. On étend ainsi la liste des personnes énumérées comme civilement responsables des amendes par la loi de 1791. — 2° On appliquera en cette matière le principe de la non-rétroactivité des lois dans toute sa rigueur, comme en matière civile ; c'est-à-dire que si la loi nouvelle prononce une peine moins forte que l'ancienne, le prévenu ne jouira pas du bienfait de la loi nouvelle. — 3° Si plusieurs délits fiscaux sont relevés à la charge du même prévenu, il y aura lieu de lui infliger autant d'amendes qu'il aura commis de délits, parce que chaque infraction a causé un préjudice distinct qui doit être intégralement réparé ; l'art. 365, C. i. c. qui prohibe le cumul des peines n'est pas applicable. — 4° Si le même délit fiscal a été commis par plusieurs participants, il n'y aura lieu de prononcer qu'une seule amende, parce que la pluralité des délinquants n'a pas augmenté l'étendue du préjudice. — 5° On refuse enfin aux tri-

---

(1) Dispositions analogues : L. 4 germ. an II, tit. III, art. 8 ; L. 1er germ. an XIII, art. 35.— La loi du 28 avril 1816 sur les douanes, art. 56, tit. V, comprend aussi les amendes dans les *condamnations civiles*.

(2) La même question s'agite pour la *confiscation* en ces matières, quand elle ne présente pas le caractère de mesure de police.

bunaux le droit d'ordonner le sursis à l'exécution de ces amendes (L. 26 mars 1891) etc. — B) *Ces amendes ont en outre le caractère pénal.* On en conclut : 1° Qu'elles ne peuvent être prononcées contre les héritiers de l'auteur du délit ou des personnes civilement responsables. — 2° Qu'elles sont susceptibles d'être recouvrées par la contrainte par corps, mais seulement contre l'auteur de l'infraction. — 3° Que la prescription criminelle leur est applicable. — 4° Que si l'auteur du délit est une femme mariée, on n'a pas besoin pour la poursuivre de l'autorisation de son mari ou de justice. — 5° Que le défaut de discernement doit faire relaxer le prévenu mineur de 16 ans (1).

2ᵉ *système.* — « Ces amendes ont un caractère pénal, même lorsqu'elles atteignent des tiers improprement déclarés *civilement* responsables. » L'expression « *civilement* responsables » est employée, dit-on, comme synonyme de « *pécuniairement* responsables », parce qu'une responsabilité civile est toujours pécuniaire ; mais en réalité cette responsabilité est pénale : les maîtres et les commettants ont un défaut de surveillance à s'imputer quand leurs agents commettent une infraction. La loi a pu ériger cette négligence en délit (2). — Cette explication ingénieuse trouve un appui dans d'autres textes pour lesquels elle est universellement acceptée (arrêté 27 prairial an XI, s. les postes ; art. 45 et 46, C. for.). — Dans ce système il faudrait écarter la plupart des conséquences que la jurisprudence déduit, par interprétation, du caractère de réparation civile. — Mais ce second système a le tort de changer absolument le sens de l'expression « *responsables civilement* » employée par les lois qui suscitent la controverse. D'un autre côté, on peut admettre que le législateur ait voulu faire produire aux amendes de douane, de contributions indirectes et d'octroi certains effets des réparations civiles (3), sans cependant tomber dans les déductions arbitraires du prétendu caractère mixte que la jurisprudence leur attribue. C'est ce que fait le système suivant :

3ᵉ *système.* — « Ces amendes ont un caractère pénal prépondérant. » Donc, en dehors de certains effets des réparations civiles que les lois spéciales leur ont *expressément* attribués, elles ne produisent jamais que les effets des peines. On donne ainsi satisfaction aux textes, tout en maintenant le principe que l'amende, dans notre Droit moderne, a

---

(1) V. le résumé de cette jurisprud. dans ma *Revue de la jurisp. sur la loi Bérenger* (*Rev. crit.*, 1892, p. 213). — Ajoutez Cass. 22 déc. 1892 (*Lois Nouv.*, 93, 2, 15). Ce dernier arrêt semble ébaucher un nouveau système, savoir, que ces amendes auraient un caractère *civil prépondérant.*

(2) LAINÉ, 432-436 ; GARRAUD, I, 354.

(3) La loi sur l'hygiène et la sécurité des travailleurs, 12 juin 1893, art. 7, rend ainsi les chefs d'industrie *civilement* responsables des amendes prononcées contre leurs préposés ; même disposition dans l'art. 26 de la loi du 2 nov. 1892 s. le travail des enfants et des femmes.

un caractère exclusivement pénal. Des lois récentes ont démontré l'exactitude de ce système, en étendant l'application de l'art. 463 du Code pénal, sur les circonstances atténuantes, aux délits et contraventions en matière de contributions indirectes (L. 30 mars 1888, art. 42 ; L. 26 déc. 1890, art. 12 ; L. 29 mars 1897, art. 19).

335. L'amende étant une peine, est en principe *individuelle* : c'est-à-dire que si plusieurs individus participent à la même infraction, il y aura lieu de prononcer contre chaque agent une amende distincte. On dit cependant que certaines amendes sont *collectives* ou *réelles*, parce qu'une *seule* amende, dont le taux est déterminé par l'étendue du préjudice, semble devoir être prononcée contre tous les co-auteurs ou complices du même délit. La jurisprudence voit dans ces amendes de simples réparations civiles (1). Elles ont à nos yeux le caractère pénal. Leur taux, sans doute, est calculé d'après le préjudice, mais il n'est pas défendu au juge d'atteindre ce taux en prononçant autant d'amendes distinctes qu'il y a de condamnés, de manière que chacun soit puni suivant le degré de sa culpabilité. Cette répartition n'empêchera pas le Trésor de recouvrer, s'il lui plaît, le total des amendes contre un seul des condamnés, à cause de la solidarité dont nous parlerons bientôt, mais elle permettra à celui des condamnés qui aura fait l'avance de recourir contre les autres et elle fixera le taux de ce recours (2).

336. L'amende peut-elle être recouvrée contre les héritiers ? — (*Même question pour la confiscation.*) — Toute peine étant personnelle, il semble que l'amende, pas plus que la confiscation, ne devrait atteindre les héritiers du coupable. Cependant on admet en général que si le jugement rendu contre l'auteur de l'infraction est devenu irrévocable de son vivant, les peines pécuniaires peuvent être recouvrées contre ses héritiers. — L'État, dit-on, poursuit l'exécution d'un jugement qui l'a rendu créancier ou propriétaire. Le droit qu'il avait contre la personne est devenu, par l'effet de ce jugement, un droit contre le patrimoine ou sur un objet du patrimoine. Il s'est opéré une sorte de novation. — Les héritiers ne sont atteints qu'en apparence ; car ils n'avaient, du vivant de leur auteur, aucun droit à ses biens, et ils les recueillent théoriquement diminués de la propriété ou de la créance acquise à l'État. — C'était d'ailleurs la solution de l'ancien Droit. Elle a été adoptée au Conseil d'État dans la discussion de l'art. 2 du Code d'instruction criminelle et elle résulte *a contrario* des termes mêmes de cet article : s'il fait éteindre, en effet, l'action publique par la mort du prévenu, il vise uniquement

---

(1) Cass. 19 août 1836 ; 5 déc. 1863.
(2) Voy. des exemples de ces amendes : art. 144, 192, 194, C. for.; art. 19, L. 28 av. 1816 s. les contrib. ind. ; art. 104, 172, 175, 406, C. p. On trouverait une autre source d'amendes collectives dans les délits commis par plusieurs agents d'une personne morale, si l'on admettait qu'un être fictif peut délinquer. V. BLANCHE, I, 280.

l'action qui tend « *à l'application de la peine* » et non celle qui tend à l'*exécution* de là peine (1).

Ces deux derniers arguments ne permettent guère de douter que la solution généralement suivie ne soit conforme à la volonté du législateur ; mais elle n'en reste pas moins une anomalie. Si l'explication théorique qu'on en donne était fondée, les condamnations à des peines pécuniaires devraient être traitées, non seulement au point de vue spécial du recouvrement, mais à tous les points de vue, comme des condamnations civiles. On les soumet cependant aux règles de la prescription *des peines* (art. 635, 636, 639, C. i. c.), on les inscrit au casier judiciaire ; on leur applique l'amnistie, la grâce, la réhabilitation, parce qu'on reconnaît qu'elles ont conservé, *même après le jugement*, leur caractère pénal. Le droit de les recouvrer contre les héritiers du condamné, supposant le contraire, n'est donc qu'une réminiscence malheureuse du caractère mixte qu'elles avaient avant la loi du 18 germinal an VII ; c'est vainement qu'on a essayé de le justifier : un anachronisme se constate, mais ne se justifie pas (2).

337. Taux de l'amende. — Sauf en ce qui concerne l'amende de simple police, cette partie de la législation de l'amende manque de vue d'ensemble. En matière criminelle, cette peine étant peu usitée, la loi fixe pour chaque cas un taux particulier. — En matière correctionnelle, un texte bizarrement placé au Code d'instruction criminelle (art. 179) indique son minimum habituel : 16 francs. — En matière de simple police, l'art. 466 du Code pénal fixe d'une manière générale le minimum à 1 franc et le maximum à 15 francs ; puis, pour les trois catégories de contraventions dont le Code pénal s'occupe, les art. 471, 475 et 479 fixent des amendes de 1 à 5 francs, de 6 à 10 francs, de 11 à 15 francs. Il résulte de l'ensemble de ces dispositions que dans la graduation des amendes il n'entre pas de fractions de franc.

Les lois spéciales offrent parfois des exemples d'amendes qui, par leur minimum, semblent être de simple police et, par leur maximum, être correctionnelles. Telles sont, par exemple, les amendes de 5 à 30 francs, de 3 à 50 francs (L. 30 mai 1851, s. *la police du roulage*, art. 4 et 9). Il ne faut pas hésiter à les qualifier de correctionnelles, même lorsque le juge n'applique que leur minimum. La loi, en effet, lorsqu'elle fixe le maximum et le minimum d'une amende, établit *une seule* peine ; or cette peine n'est certainement pas de simple police, puisque son maximum dépasse 15 francs.

On trouve dans l'ensemble de notre législation des amendes fixes, des amendes à maximum et minimum fixes, des amendes à maximum

---

(1) BLANCHE, I, 300 ; CHAUVEAU et HÉLIE, I, 87 ; LOCRÉ, XXV, p. 118.
(2) Le C. p. hollandais, art. 75, les projets du C. p. espagnol de 1884-85, art. 122, ont évité cette incorrection.

et minimum variables (art. 174, 175, C. p.), des amendes à minimum fixe et maximum variable (art. 164, 177, C. p.). Elles ne soulèvent pas de difficultés, la loi ayant déterminé la base du calcul à faire pour trouver la partie du taux laissée indécise. — Mais quel serait le *minimum* d'une amende dont la loi aurait simplement fixé le maximum ? Il faut distinguer : si le maximum est de 16 francs ou supérieur à 16 francs, c'est une peine correctionnelle, fixe dans le premier cas, et dont le minimum sera 16 francs dans le second cas (art. 179, C. i. c.). Si au contraire le maximum indiqué ne dépasse pas 15 francs, c'est une peine de simple police dont le minimum sera de 1 franc (1). — Il faudrait déterminer par un procédé analogue le *maximum* de l'amende dont la loi aurait simplement indiqué le minimum : supposons que ce minimum fût inférieur à 15 francs, la peine serait de simple police et par conséquent son maximum serait de 15 francs, par application de l'article 466 du Code pénal ; mais si le minimum indiqué était de 15 francs, ou davantage, l'amende, en apparence divisible, serait une amende fixe (2).

338. Destination de l'amende. — L'amende, d'après le Code de 1870, revenait à l'Etat, en matière criminelle et correctionnelle ; à la commune, en matière de simple police (art. 466, C. p. et arg. de ce texte). L'État s'est relâché de son droit. Les lois du Budget changent souvent la destination des amendes (3).

---

(1) Lainé, 430 ; Garraud, I, 354. — Suivant d'autres auteurs le minimum serait dans les deux cas, 1 fr. Dalloz, *Rép.*, v° *Peine*, 797. Ce système n'a pas de base juridique.

(2) Que décider si le législateur, tout en établissant l'amende comme peine d'une infraction, avait omis absolument d'en fixer le taux ? Il faudrait rechercher à d'autres indices le caractère de l'infraction : s'il apparaissait que la loi a voulu punir une contravention, l'amende serait de 1 à 15 francs ; s'il apparaissait au contraire qu'elle a voulu réprimer un délit, et *à fortiori* un crime, la peine pécuniaire serait une amende fixe de 16 francs. Cass. 28 août 1832 (*Ch. réun.*) pour l'exercice illégal de la médecine sans s'attribuer aucun grade sous la loi du 19 vent. an XI. Aujourd'hui cette question ne peut plus se poser dans cette hypothèse (L. 30 nov. 1892, art. 18). *Contrà* Dalloz, *loc. cit.*, 798.

(3) D'après la loi du 28 avril 1893, actuellement en vigueur, le *principal* des amendes en matière pénale ordinaire, prononcées dans chaque département, se divise de la manière suivante : 20 0/0 pour l'Etat, 80 0/0 pour le département. L'Etat garde en outre les *décimes* et aussi les confiscations (V. *infrà*, n° 453, ce qu'on entend par *décimes*). Sur le fonds commun des amendes revenant au département sont prélevés : 1° les frais de recouvrement tombés en non-valeur ; — 2° les primes accordées parfois aux agents verbalisateurs ; — 3° les droits dus aux greffiers. Le restant est attribué : 1/4 au service des enfants assistés, 3/4 aux communes suivant la répartition faite par la commission départementale (L. 28 avril 1893, art. 45). — Les amendes d'un caractère mixte poursuivies à la requête des administrations fiscales sont affectées : 1/4 au trésor, 1/4 au service des pensions civiles ; les deux autres quarts sont à la disposition du gouvernement pour être répartis par décrets (L. 26 juil. 1893, art. 32). — Le projet suisse (1894) permet au juge d'attribuer à la partie lésée l'amende, le prix de vente des objets confisqués, ainsi que la moitié du pécule du détenu, à-compte sur l'indemnité qui lui est due (art. 28).

339. — TABLEAU GÉNÉRAL DES PEINES

I
PEINES PROPRES AUX CRIMES

A. *Principales.*

I. Échelle générale......
- Afflictives et infamantes...
  - 1. Mort..................... ⎫
  - 2. Travaux forcés à perpétuité.. ⎬ Perpétuelles.
  - 3. Déportation dans une enceinte fortifiée............ ⎬
  - 4. Déportation simple.......... ⎭
  - 5. Travaux forcés à temps...... ⎫
  - 6. Détention................. ⎬ Temporaires.
  - 7. Réclusion .... ⎭
- Infamantes..
  - 8. Bannissement............. temporaire.
  - 9. Dégradation civique........ perpétuelle.

II. Échelle des peines de Droit commun.....
- 1. Mort.
- 2. Travaux forcés à perpétuité.
- 3. Travaux forcés à temps.
- 4. Réclusion.

III. Échelle des peines politiques...........
- 1. Déportation dans une enceinte fortifiée.
- 2. Déportation simple.
- 3. Détention.
- 4. Bannissement.
- 5. Dégradation civique.

B. *Accessoires.*

A toutes les peines criminelles................ : Dégradation civique.
Aux peines afflictives..... : Interdiction légale.
Aux peines afflictives perpétuelles................. : Double incapacité de disposer et de recevoir à titre gratuit.

II
PEINES PROPRES AUX DÉLITS

1. Emprisonnement correctionnel...... } Peine principale ou complémentaire.
2. Interdiction des droits civiques, civils et de famille, mentionnés en l'art. 42, C. p...... } Peine complémentaire.
3. Incapacités spéciales..... } Peines accessoires ou complémentaires.

III
PEINES COMMUNES AUX CRIMES ET AUX DÉLITS

1. Interdiction de séjour..... } Peine accessoire ou complémentaire.. ou accessoire et complémentaire. ou principale.
2. Relégation.. Peine complémentaire.

IV PEINES PROPRES AUX CONTRAVENTIONS		V PEINES COMMUNES AUX TROIS CLASSES D'INFRACTIONS	
Emprisonnement de simple police.	Peine complémentaire pour toutes les contraventions punies par le Code pénal s'il y a récidive.	1. Amende.	Peine principale ou complémentaire.
		2. Confiscation spéciale.	Peine complémentaire.
		3. Publication du jugement ou de l'arrêt de condamnation.	Peine accessoire ou complémentaire.

340. L'examen de ce tableau montre la solution que nous donnons à certaines questions de classement assez controversées.

1re *Difficulté*. — La déportation dans une enceinte fortifiée doit-elle prendre rang dans l'échelle générale *après* ou *avant* la peine des travaux forcés à perpétuité ? — On a soutenu qu'elle devait passer *avant*, parce qu'elle tient lieu de la peine de mort, en matière politique. — L'intérêt pratique de la controverse apparaît dans trois hypothèses où il est utile de connaître la gravité respective des travaux forcés à perpétuité et de la déportation dans une enceinte fortifiée, savoir : le conflit des lois, le concours d'infractions et la récidive. — Quelque puissant que soit l'argument tiré de la fonction de la nouvelle peine, nous croyons qu'elle doit prendre rang dans l'échelle générale après les travaux forcés à perpétuité. On a vu en effet que l'évasion d'un déporté, suivie de retour en France, était punie des travaux forcés à perpétuité (art. 17 § 2, C. p.); l'art. 198 § 5 du Code pénal emploie aussi cette dernière peine pour réprimer un crime, habituellement puni de la déportation, quand l'agent doit subir une aggravation de peine à raison de sa qualité de fonctionnaire : par ces deux textes, le législateur montre qu'il considère les travaux forcés à perpétuité comme plus graves que la déportation. Ces textes sont, il est vrai, antérieurs à la création du second degré de déportation, mais comme ils n'ont pas été modifiés lors de la revision du Code pénal en 1863, l'argument qu'on en tire a toute sa valeur. Le législateur de 1863 a d'ailleurs bien montré ce qu'il pensait du rang que la nouvelle peine politique occupe dans l'échelle générale des peines, puisqu'il l'énumère dans le nouvel article 463 immédiatement après les travaux forcés à perpétuité (1).

2e *Difficulté*. — La dégradation civique doit-elle figurer seulement

---

(1) On pourrait objecter que le § 7 de l'art. 463 énumère la réclusion avant la détention ; mais c'est là une étourderie imputable au législateur de 1832 et qui n'infirme pas l'argument tiré de la réforme opérée en 1863 dans les premiers paragraphes de cet article.

dans l'échelle des peines politiques, ou bien faut-il la comprendre aussi dans l'échelle des peines de Droit commun ? Nous nous sommes décidé pour le premier parti, et nous avons exposé (n° 245 *supra*), les raisons qui doivent la faire considérer dans tous les cas comme une peine politique.

3e *Difficulté*. — Existe-t-il une échelle des peines correctionnelles ? — On l'a nié sous prétexte que l'art. 9 du Code pénal ne contenait pas une énumération complète de ces peines. On a allégué aussi son inutilité parce qu'on s'est borné à envisager l'effet de la récidive ou des circonstances atténuantes sur ces peines. A ces points de vue, en effet, l'échelle des peines correctionnelles n'a qu'un intérêt théorique, le législateur ayant tout réglé expressément ; mais on découvre cette utilité dans les théories du conflit des lois et du concours d'infractions. Quant au premier reproche, il pourrait être adressé à l'échelle des peines criminelles, car elle ne comprend, si l'on s'en tient au texte des art. 7 et 8 du Code pénal, ni la déportation dans une enceinte fortifiée, ni l'interdiction de séjour prononcée comme peine principale. Cela n'empêche pas d'utiliser l'échelle incomplète fournie par le législateur toutes les fois qu'il est nécessaire de connaître la valeur respective de deux peines qui s'y trouvent énumérées.

Tel est l'ensemble des peines applicables dans notre législation actuelle. Avant d'étudier les conditions de leur application, il nous faut exposer la théorie des réparations civiles auxquelles peut donner lieu le dommage résultant de l'infraction. Ces réparations sont en effet, comme les peines, les conséquences du délit.

CHAPITRE II

ORGANISATION DES RÉPARATIONS CIVILES.

341. « Tout fait quelconque de l'homme, qui cause à autrui un dommage, oblige celui par la faute duquel il est arrivé à le réparer » (art. 1382, C. civ.). Ce principe s'applique aussi bien aux délits de Droit pénal qu'aux simples délits civils. L'*infraction*, qui cause à autrui un préjudice, donne lieu à la fois à la peine et à la réparation civile. Il semble au premier abord que le Droit pénal ne devrait pas s'occuper de cette dernière : n'a-t-elle pas en effet sa cause dans le délit ou le quasi-délit civil qui se cache sous l'infraction ? Mais en réalité le délit civil n'est qu'une pure abstraction. Le même fait matériel qui, envisagé au point de vue social, donne lieu à l'application de la peine, envisagé au point de vue de la personne qui en éprouve un dommage, donne lieu à la réparation civile. La communauté d'origine des deux actions qui en dérivent a fait établir des règles communes à leur exercice, ainsi que des garanties et des voies de recouvrement communes aux condamnations pécuniaires que ces actions font obtenir. — La réparation civile comprend les restitutions, les dommages-intérêts et les frais.

342. I. Les *restitutions* (art. 10, C. p.) consistent dans le rétablissement de l'état de choses antérieur à l'infraction. Ce sera la remise à la victime du délit de l'objet volé ou escroqué (art. 379, 505), la destruction des actes extorqués (art. 400), la reconstitution des actes falsifiés (art. 145 et s.), la destruction de la *besogne mal plantée*, suivant l'expression de l'Edit de 1607, s'il s'agit de constructions élevées contrairement aux règlements de voirie, etc.

343. II. Les restitutions constituent la meilleure réparation civile ; mais c'est une réparation parfois incomplète et souvent impossible. Force est alors de recourir à une indemnité pécuniaire. Cette indemnité porte le nom de *dommages-intérêts* (art. 10, 51, C. p.). Notons les différences qui existent entre ces deux genres de réparation : 1° Les restitutions constituent la réparation directe et nécessaire du dommage causé par l'infraction. Les dommages-intérêts en sont au contraire la réparation indirecte, complémentaire ou subsidiaire. — 2° Les pouvoirs du juge sont plus larges à l'égard des restitutions que des dommages-intérêts : il peut ordonner d'office les restitutions (art. 365, C. i. c.). Il ne peut au contraire accorder des dommages-intérêts à la partie lésée que « si elle le requiert » (art. 51, C. p.) ; celle-ci doit par conséquent intervenir au procès comme partie civile et conclure expressément à des dommages-intérêts. — 3° Les tribunaux d'exception, par exemple les conseils de guerre, ne peuvent ordonner que des restitutions, ils sont incompétents pour statuer sur une demande en dommages-intérêts (art. 56, C. J. M. A. T.). — 4° L'action par laquelle la victime du délit poursuit des restitutions est souvent une action réelle (*action en revendication*). Son action en dommages-intérêts est dans tous les cas une action personnelle. — 5° La contrainte par corps ne s'applique pas toujours au recouvrement des restitutions ; tandis qu'elle est toujours susceptible de s'appliquer à celui des dommages-intérêts.

344. L'art. 51 se termine par une disposition qui défend aux tribunaux d'ordonner, « même du consentement de la partie lésée, l'application à une œuvre quelconque » des condamnations civiles qu'ils prononcent. On a voulu empêcher ainsi les juges d'exagérer les dommages-intérêts en considération des œuvres de bienfaisance auxquelles on veut les appliquer, et la partie lésée de renoncer par amour-propre à une indemnité dont elle a besoin.

345. III. Tout procès, pénal ou civil, donne lieu à des dépenses que l'on qualifie de *dépens* ou de *frais*. Il ne faut pas confondre les *frais particuliers du procès* avec les *frais généraux de justice criminelle*. Ceux-ci sont relatifs à l'entretien des juridictions, à celui des locaux et du personnel nécessaire à l'exécution des peines (1). Ces frais généraux sont une dette de la société envers ses membres. Ils sont faits en prévision des délits qui pourront être commis. Personne n'en peut être déclaré responsable. Aussi, quand on envisage seulement ces frais généraux, on peut dire que « la justice est gratuite ». — Les frais du procès pénal se rattachent au contraire à l'infraction qui y a donné lieu. Ils constituent un dommage distinct et spécial, que l'auteur du délit doit réparer. Ce sont les seuls dont nous devons nous occuper ici. — Ces frais comprennent les frais *de poursuite* et les frais *de défense*. Deux questions se posent : 1° Qui en fera l'avance ? — 2° Qui les supportera définitivement.

346. Dans l'ancien Droit, quand la poursuite avait lieu à la seule requête du ministère public, les frais de poursuite se confondaient avec les frais généraux de justice criminelle. Il n'intervenait jamais de condamnation aux dépens. Les amendes et les confiscations étaient considérées comme

---

(1) Il serait plus exact de distinguer dans l'exécution des peines les frais de leur *organisation* (entretien des locaux et des gardiens) et ceux de leur *exécution* (hospitalisation et transport du condamné). Ces derniers devraient être classés parmi les frais recouvrables. En fait, l'État les recouvre indirectement par le travail des prisonniers.

destinées à indemniser l'État de toutes les dépenses qu'il faisait pour la justice criminelle. L'avance et le support définitif des frais de poursuite regardaient donc exclusivement l'État. Quant aux frais de défense, ils étaient avancés et supportés définitivement par l'accusé, à moins qu'il ne fût indigent. Dans ce cas, ils se confondaient avec les frais de poursuite que l'État prenait à sa charge. — S'il y avait partie civile en cause, le ministère public paraissait se désintéresser de la poursuite. C'était à la partie civile de faire l'avance des frais et de les recouvrer contre le condamné. La loi du 18 germinal an VII distingua les dépens des frais généraux de justice criminelle. « Tout jugement d'un tribunal criminel, correctionnel ou de police, portant condamnation à une peine quelconque, prononcera en même temps, au profit de la République, le remboursement des frais auxquels la poursuite et punition des crimes et délits aura donné lieu » (art. 1er). Celle du 5 pluviôse an XIII accentua la réforme en ne tenant plus compte pour l'avance, du moins dans les procédures criminelles, de la présence de la partie civile. « En toute affaire *criminelle*, la partie publique... fera l'avance des frais d'instruction, expédition et signification des jugements, du remboursement desquels ceux qui se seront constitués parties civiles seront personnellement tenus, sauf dans tous les cas le recours des parties civiles contre les *prévenus* et *accusés* qui auraient été condamnés » (art. 4 § 2). Ces deux principes forment la base de la législation actuelle, qui se compose principalement des art. 162, 194 et 368 du Code d'instruction criminelle et du décret du 18 juin 1811.

347. Frais de poursuite. 1re Hypothèse : *Le ministère public poursuit seul.* — a) L'avance est faite par l'État. b) Le recouvrement a lieu sur le condamné. c) L'accusé acquitté n'est jamais condamné aux frais. Ces trois propositions résument les art. 162, 194 et 368, C. i. c. Mais la rédaction de ces textes laisse subsister des doutes sur la situation de l'individu *absous*. Peut-il être condamné aux dépens ? C'est une question controversée que nous examinerons plus bas.

348. 2e Hypothèse : *Il y a partie civile en cause.* — a) L'avance est toujours faite par l'État, si la matière est criminelle. Dans les autres matières, il semble au contraire que l'avance soit toujours imposée à la partie civile, à qui l'on prescrit même une consignation. « En matière de police correctionnelle, porte l'art. 4 § 1, L. 5 pluviôse an XIII, ceux qui se constitueront parties civiles seront personnellement chargés des frais de poursuite, instruction et signification des jugements. » — « En matière de police simple ou correctionnelle, dit l'art. 160, D. 18 juin 1811, la partie civile, qui n'aura pas justifié de son indigence, sera tenue, avant toutes poursuites, de déposer au greffe ou entre les mains du receveur de l'enregistrement la somme présumée nécessaire pour les frais de la procédure. » Ces deux textes sont trop absolus. Pris à la lettre, ils permettraient à la partie civile d'entraver les poursuites du ministère public en retardant sa consignation. D'un autre côté ils gêneraient dans son exercice le droit absolu, reconnu à la partie lésée, de citer directement devant les tribunaux correctionnels et de simple police l'auteur d'un délit ou d'une contravention, et son droit non moins absolu de se constituer partie civile, en tout état de cause, au cours de la poursuite intentée par le ministère public (art. 145, 182 et 67, C. i. c.). Aussi les dispositions précitées ont été restreintes à l'hypothèse unique où la partie lésée *se constitue dans une plainte*. Mais quand elle procède par voie de citation directe devant les tribunaux correctionnels ou de police (1), ou par voie d'intervention (2), elle n'est tenue d'aucune consignation préalable. — La partie civile qui ne consigne pas fait uniquement l'avance des frais des actes qu'elle accomplit (citation à prévenu, citation aux témoins qu'elle appelle, acte d'intervention, signification du jugement à sa requête, etc.). — L'obligation de faire l'avance s'apprécie en fait, d'après le caractère que l'infraction présente au début de la poursuite. Mais si ce caractère vient à se modifier, il pourra arriver que la partie civile aura consigné alors qu'elle n'était pas tenue de le faire. Dans ce cas, l'art. 368 § 3, C. i. c. ordonne que les frais consignés seront restitués si la partie civile n'est pas condamnée à les supporter définitivement.

349. *b*) L'Etat *recouvre* les frais avancés savoir : 1° Devant les tribunaux *correctionnels ou de simple police*, contre le condamné et la partie civile, sans distinguer si celle-ci a triomphé ou succombé. L'Etat a deux débiteurs, la partie civile et le condamné. — 2° Devant la Cour d'assises contre le condamné ou contre la partie civile qui a succombé. L'Etat n'a plus qu'un débiteur (art. 157, D. 18 juin 1811 ; art. 368, C. i. c.). Cette distinction résulte de deux changements de législation depuis 1808. Les textes primitifs du Code d'instruction criminelle appliquaient en toute matière cette règle aussi simple que logique : « la partie qui succombe est condamnée aux dépens » (art. 162, 194, 368). Le décret réglementaire du 18 juin 1811 déclara, au contraire, les parties civiles responsables, à tout événement, des dépens *envers l'Etat*. « Ceux qui se seront constitués parties civiles, porte l'art. 157, *soit qu'ils succombent ou non*, seront personnellement tenus des frais, sauf leur recours, etc. » C'était rendre la partie civile responsable de l'insolvabilité du condamné. Cette charge était lourde dans les affaires portées devant la Cour d'assises où les frais sont élevés. Aussi, pour cette juridiction, la loi de revision du 28 avril 1832 voulut rétablir l'ancienne

---

(1) *Sic* : Cass. (ch. réun.) 4 mai 1833 ; Lyon, 27 janv. 1885 (*Gaz. des Trib.*, 15 fév.); Cass. 1er juin 1893 (*Gaz. Trib.*, 2 juin) et ma note, *Rev. crit.*, 1894, p. 21. — *Contrà* : Cass. 14 juill. 1831 (Sir. 31,1,430).

(2) Cass. 3 juill. 1881 (Sir. 82, 1, 95) ; Cass. 22 janv. 1887 (*Gaz. du Palais*, 15 juin 1888).

règle. Au texte de l'art. 368 virtuellement modifié par le décret de 1811, on ajouta : « Dans les affaires soumises au jury, *la partie civile qui n'aura pas succombé* ne sera jamais tenue des frais » (art 368 § 2). Ce texte rend mal la pensée du législateur savoir, que dans toute procédure *devant la Cour d'assises*, la partie civile n'encourt la condamnation aux frais que si elle succombe. La nature de l'infraction est indifférente ; le jugement par le jury n'est même pas nécessaire. L'esprit de la loi doit servir à compléter et corriger le texte : l'affranchissement des frais accordé à la partie civile est motivé par la nature de la juridiction : *en Cour d'assises* la partie civile n'est condamnée aux frais que si elle succombe (1).

350. La condamnation aux *frais de poursuite* soulève plusieurs controverses.

1re *Question*. — « L'individu absous peut-il être condamné aux dépens ? » La jurisprudence présente sur cette question des solutions très divergentes, variant souvent suivant les cas d'absolution (2). Ces variations tiennent à deux causes. La première, c'est que la terminologie usuelle n'est pas en harmonie avec le sens théorique de ces deux expressions, *absolution* et *acquittement*. Théoriquement l'acquittement est « le renvoi de la poursuite à raison de la solution négative de la question de culpabilité ». Cela suppose, ou que le fait matériel n'est pas établi, — ou qu'il ne constitue pas une infraction, — ou que l'accusé n'en est pas l'auteur, — ou qu'il ne lui est pas imputable, — ou qu'il est justifié. L'absolution au contraire suppose théoriquement la culpabilité établie, et le coupable échappant à la peine par une raison étrangère à la solution de la question de culpabilité : c'est le renvoi de la poursuite motivé par une excuse absolutoire, — par la prescription de l'action publique, — par l'amnistie, — par la chose jugée (3). — Pratiquement, les expressions absolution et acquittement ne sont employées que dans la procédure devant la Cour d'assises. Toute sentence d'un tribunal correctionnel ou de police, qui prononce un renvoi de la poursuite, est qualifiée *jugement* ou *arrêt de relaxe*, quelles que soient les causes qui

---

(1) Cass. 7 décembre 1837. DALLOZ, *Rép.*, V° *Frais et Dépens*, 989. — Une loi de circonstance, faite pour lever un obstacle qu'une jurisprudence nouvelle apportait à la poursuite d'une grande diffamation (Publication de la liste des députés ou sénateurs prétendus corrompus dans l'affaire du Panama), a donné expressément cette solution pour la poursuite de certains délits de diffamation et d'injure de la compétence de la cour d'assises, quand la partie civile n'est qu'intervenante : L. 3 avril 1896. Mais elle n'a pas résolu la difficulté en dehors de l'hypothèse qu'elle prévoit. V. mon *Examen doctrinal*, Rev. crit., 1897, p. 71 et s.

(2) V. les arrêts dans BLANCHE, I, 328, 332 et s.

(3) Ou bien encore par la règle du *non-cumul des peines*, dans un système très suivi, suivant lequel la poursuite pour l'infraction punie de la peine la moins grave doit aboutir à une simple déclaration de culpabilité sans peine prononcée.

la motivent. De plus on ne sait pas toujours exactement dans les matières criminelles la distinction théorique des sentences d'acquittement et d'absolution. Tout verdict du jury qui contient une déclaration *pure et simple* de non-culpabilité donne lieu à une ordonnance d'acquittement ». Tout verdict qui ne se borne pas à cette affirmation pure et simple de la non-culpabilité nécessite un arrêt d'absolution (1). — Cette terminologie est vicieuse. Le législateur l'emploie, il est vrai, au point de vue de la procédure, c'est-à-dire pour déterminer la forme de la sentence et les voies de recours dont elle est susceptible ; mais elle ne doit point être suivie, précisément parce qu'elle est vicieuse, lorsqu'il s'agit de résoudre une question de fond, comme la question des dépens. C'est là une distinction que les arrêts cherchent à faire au milieu de nombreux tâtonnements.

Une deuxième cause des variations de la jurisprudence est dans les faux principes auxquels elle a cherché à rattacher la condamnation aux dépens. Tantôt, s'inspirant de l'art. 1er de la loi du 18 germinal an VII, elle a considéré qu'une *condamnation à une peine* était nécessaire pour que l'accusé ou le prévenu pût être condamné aux frais. Tantôt elle a fait dépendre la condamnation aux dépens de la solution d'une *question de faute* : si l'on peut dire, par exemple, de l'individu absous ou relaxé qu'il a commis une faute pouvant expliquer la poursuite, cette faute, bien qu'insuffisante pour le faire condamner à une peine, suffirait pour le faire condamner aux dépens (2), *Dedit locum inquirendi*, disent les arrêts. — Nous ne mentionnons que pour mémoire les stériles discussions de mots qui se sont élevées sur les art. 162, 194 et 398 : « La partie qui *succombera* sera condamnée aux frais. » — « Tout jugement de *condamnation* rendu *contre* le prévenu... le condamnera aux frais. » — « L'accusé... qui *succombera* sera condamné aux frais. » — Il faut écarter cette logomachie, car, si les expressions de la loi ont suscité la controverse à raison de leur peu de clarté, elles ne peuvent servir à la résoudre.

Le principe qui domine la condamnation aux frais c'est qu'elle est l'accessoire d'une condamnation principale. L'art. 123, C. instr. crim., ordonne, pour ce motif, la restitution à l'accusé *absous* de la partie du cautionnement qu'il a dû verser pour obtenir sa liberté provisoire et qui était affectée au paiement des frais. Rendrait-on cette partie du cautionnement si une condamnation aux dépens pouvait être prononcée contre l'individu *absous* ? La suite du texte prouve que le législateur n'a pas songé à l'hypothèse où la partie civile obtiendrait au cas d'absolution des dommages-intérêts, car cette condamnation principale doit produire au point de vue des dépens le même effet qu'une condamnation à une

(1) V. F. Hélie, VIII, 3798.
(2) Garraud, *Précis*, 567.

peine. Dans les deux cas il est vrai de dire que l'accusé *succombe*, car la procédure instruite contre lui a pour résultat le succès de l'action publique ou de l'action civile *auxquelles elle est commune*. Il doit donc être condamné aux dépens (1). Suivons dans ses détails l'application de notre système.

a) « L'échec de l'action publique est motivé par l'absence d'un élément *essentiel* de l'infraction » (élément général ou spécial, peu importe). — Quel que soit le nom que mérite la sentence au point de vue des règles de la procédure, qu'on l'appelle absolution ou acquittement, aucune condamnation aux frais ne peut intervenir, si le ministère public poursuit seul ; mais s'il y a partie civile en cause et qu'elle obtienne des dommages-intérêts, l'accusé devra nécessairement être condamné envers elle aux dépens. — La jurisprudence admet ce système pour la condamnation aux dépens envers l'État; mais elle n'admet point que la Cour d'assises, qui alloue des dommages-intérêts à la partie civile, soit *obligée* de lui accorder un recours contre l'accusé pour les frais dont elle est responsable envers le Trésor. Elle *permet* seulement de lui allouer ces frais comme un supplément d'indemnité (2).

(1) Le système, qui fait de la condamnation de l'accusé aux dépens la conséquence de la condamnation à une peine, est exact, lorsque le ministère public et l'individu poursuivi sont seuls en présence dans le procès ; mais s'il y a partie civile en cause, il devient inexact si celle-ci obtient des dommages-intérêts contre l'accusé acquitté ou absous. Il y a dans cette hypothèse une condamnation *principale* qui a pour conséquence la condamnation *accessoire* aux dépens. — Le système qui rattache la condamnation aux dépens à une question de faute ne peut être adopté, parce qu'il méconnait le caractère *accessoire* de cette condamnation qui ne va pas sans une principale. Il aboutit d'ailleurs à des contradictions choquantes : on admet, par exemple, que l'accusé absous parce que l'élément légal de l'infraction fait défaut, ne peut être condamné aux dépens (BLANCHE, I, 338, 339). On admet au contraire que l'accusé absous parce que l'action publique est prescrite, peut y être condamné (BLANCHE, I, 341 et F. HÉLIE, *Prat. crim.*, I, 500). Entre les deux situations il y a sans doute une différence ; mais au point de vue *des frais de la poursuite*, ne doivent-elles pas être assimilées ? Dans les deux cas le ministère public n'a-t-il pas eu tort de poursuivre un fait qui ne pouvait être puni ? — *Autre contradiction* : on condamne aux frais le mineur de seize ans renvoyé de la poursuite comme ayant agi sans discernement ; on n'admet pas au contraire la condamnation aux dépens de l'individu renvoyé de la poursuite pour démence au temps de l'action (BLANCHE, I, 342, 340). Dans les deux cas cependant l'impunité de l'agent a pour cause son défaut de raison morale au moment du délit. Comment donc cette impunité peut-elle aboutir à deux résultats si différents ? — Enfin si la théorie de la faute était exacte, on devrait l'appliquer non seulement à l'accusé *absous*, mais encore à l'accusé *acquitté*, toutes les fois qu'on peut dire de lui : *dedit locum inquirendi*. Or, on refuse absolument de condamner aux dépens, envers l'Etat, l'individu *acquitté*, lorsqu'il n'y a point partie civile en cause. La Cour de cassation est allée jusqu'à admettre qu'un chasseur, qui avait simulé n'avoir point de permis de chasse et qui obtenait son relaxe en exhibant ce permis à l'audience, ne pouvait être condamné aux frais. Cependant, dans ce cas, la poursuite n'avait eu lieu que par sa faute (Cass. 13 fév. 1845 ; 6 mars 1846).

(2) *Sic* : Cass. 1ᵉʳ déc. 1855 (D. 56, 1, 177) ; C. d'assises de la Seine, affaire

b) « L'échec de l'action publique est motivé par *l'amnistie*, la *prescription*, la *chose jugée*. » — On fera la même distinction. D'après la jurisprudence, s'il s'agit de l'absolution motivée par la prescription, il faudrait distinguer suivant que le fait a conservé sa qualification primitive ou a changé de nature aux débats. Dans ce dernier cas, l'accusé devrait être condamné aux frais, parce qu'il aurait à s'imputer d'avoir commis un fait dont la gravité apparente suffisait pour autoriser la poursuite au moment où elle a été intentée. « *Dedit locum inquirendi* » (1).

c) « L'action publique échoue, parce que l'accusé a fait admettre une excuse absolutoire. » On suivra encore la même règle. Ici notre système est en désaccord complet avec la jurisprudence, parce que l'excuse laisse nécessairement subsister contre l'individu absous une faute qui, d'après la jurisprudence, justifie sa condamnation aux frais envers l'État.

351. 2ᵉ *Question.* — « Qui doit supporter les frais des voies de recours ? » — Le Code d'instruction criminelle ne contient sur cette question générale que des solutions de détail : art. 162, auquel renvoient les art. 176 et 211, pour l'appel des jugements de simple police et correctionnels ; — art. 187 et 208 comb., pour l'opposition aux jugements et arrêts correctionnels par défaut ; — art. 478, pour l'arrêt d'absolution ou la sentence d'acquittement rendus au profit d'un contumax qui a purgé sa contumace ; — art. 436 pour le pourvoi en cassation. Plusieurs de ces textes contiennent une formule ambiguë. Deux cependant, ceux relatifs au défaut et à la contumace, font nettement l'application de la théorie de la faute. « Les frais de l'expédition, de la signification du jugement par défaut et de l'opposition pourront être laissés à la charge du prévenu » (art. 187). « Le contumax, qui après s'être représenté obtiendrait son renvoi de l'accusation, *sera toujours* condamné aux frais de sa contumace » (art. 478). Les mesures de publicité, qui ont précédé l'arrêt que le contumax fait rétracter, expliquent la différence des deux dispositions ; mais au fond, elles partent du même principe, savoir que les frais de la voie de recours, nécessitée par une non-comparution imputable à l'individu poursuivi, doivent être laissés à sa charge.

Faut-il résoudre avec le même principe toutes les questions de frais dans les voies de recours ? — L'affirmative ne ferait pas doute si la théorie de la faute était la base de la condamnation aux dépens. On déciderait en conséquence : 1° que le ministère public qui, sur son ap-

---

Clovis Hugues, Gaz. Trib., 10 janv. 1885. La question n'est donc pratiquement intéressante que lorsque la Cour d'assises alloue à titre de dommages-intérêts une somme inférieure aux dépens.

(1) BLANCHE, I, 341.

pel, n'obtient pas une aggravation de peine, est en faute, et par suite que les frais de cet appel ne doivent pas être mis à la charge du prévenu ; — 2° que le prévenu qui fait réduire en appel la peine ou la contrainte par corps doit être déchargé des frais de son appel, parce qu'il a eu raison d'appeler. — Mais la théorie de la faute conduirait logiquement à condamner aux dépens le ministère public qui échoue dans son appel. Or c'est un principe, dont on verra plus bas le développement à propos des frais de défense, que le ministère public ne peut jamais être condamné aux dépens. Ce principe fait obstacle ici au fonctionnement régulier du système que nous avons combattu et achève sa réfutation. On est donc forcément obligé de se rattacher au *caractère accessoire* de la condamnation aux dépens et de décider, conformément à notre principe, que les frais d'appel restent toujours à la charge du prévenu qui n'obtient pas son relaxe, sans qu'on ait à rechercher de qui émane l'appel ni si la condamnation prononcée en première instance a été adoucie ou aggravée. Du moment que cette condamnation est maintenue même pour une faible partie, elle entraîne nécessairement la condamnation accessoire aux dépens (**1**).

352. 3ᵉ *Question.* — « Quand l'accusé renvoyé de l'accusation est condamné à des dommages-intérêts envers la partie civile, celle-ci doit-elle être condamnée aux dépens envers l'État ? » — Non, selon nous, parce que la partie civile n'encourt pas de condamnation principale. C'est l'opinion généralement enseignée en doctrine, mais par un simple argument de texte : la partie civile *triomphe*, dit-on, au point de vue de ses intérêts civils; s'il y a échec, c'est uniquement pour l'action publique, c'est-à-dire pour le ministère public (arg. art. 368). La jurisprudence, au contraire, considère que la partie civile *succombe* et la condamne aux frais envers l'État, sauf à lui accorder, à titre de dommages-intérêts, un recours pour les frais contre l'individu acquitté (2).

---

(1) Cette solution a été d'abord admise par la jurisprudence : Cass. 21 mai 1813 (B. 111), 22 août 1828 (B. 244), 15 oct. 1830 (B. 233) ; mais elle y a depuis apporté un tempérament : lorsque le jugement est *confirmé* sur l'appel relevé par le ministère public, le prévenu *qui n'a pas appelé* ne peut être condamné aux frais résultant de cette voie de recours : Cass. chamb. réu. 22 nov. 1828 (B. 310). C'est une décision de faveur que l'administration étend au *pourvoi* en cassation du ministère public, en matière de simple police, quand le prévenu ne s'est pas pourvu (Le Poittevin, *Dict. form. des Parquets*, V° *Frais de justice*, 34). La jurisprudence de la Chambre criminelle fondée par l'arrêt du 21 mai 1813 et maintenue par trois arrêts postérieurs : Cass. 31 déc. 1813 (B. 266), 4 sept. 1824 (B. 111), 24 sept. 1824 (B. 119), était plus juridique.

(2) *Sic* : Cass. 1ᵉʳ déc. 1855 (D. 56, 1, 177) ; Cass. 5 déc. 1861 ; 13 fév. 1862 ; C. d'assises de la Seine, Aff. Clovis Hugues, *Gaz. Trib.* 10 janvier 1885, etc. L'*action civile* proprement dite échoue, disent les arrêts, car l'acquittement effaçant le caractère pénal du fait, la condamnation à des dommages-intérêts qui intervient ne porte pas sur l'action civile (art. 1ᵉʳ, C. i. c.), mais sur l'action née du délit civil (art. 1382, C. civ.) que la partie lésée est autorisée exceptionnellement à faire juger par la Cour d'assises (art. 366, C. i. c.). — Cette raison

353. *4° Question.* — « Lorsque plusieurs délits ou plusieurs inculpés ont été compris dans la même poursuite, et qu'il n'y a condamnation que sur un seul délit ou contre un seul prévenu, le condamné doit-il supporter tous les frais de la poursuite, ou seulement ceux qui ont été nécessaires pour établir sa culpabilité dans le délit retenu ? » — La difficulté doit se résoudre par une distinction entre les faits indépendants les uns des autres, et les faits indivisibles ou connexes. Tous les actes de participation à la même infraction formant un tout indivisible, les frais faits pour établir la culpabilité de chaque participant sont utiles aux autres, car ils démontrent la part de responsabilité pénale et civile qui incombe à chacun d'eux. Il est juste dès lors que le condamné les supporte tous. On dit en ce sens que l'indivisibilité des actes de participation entraîne l'indivisibilité des frais de la preuve. — Si les faits poursuivis constituent des délits distincts, mais *connexes*, il faut décider de même, car il est utile d'établir la physionomie complète de l'infraction (1). Ce n'est que lorsque les faits non retenus constitueront des délits distincts sans rapport de connexité avec l'infraction, que le condamné devra être affranchi des frais de leur preuve.

354. Frais de défense. — La défense de l'individu poursuivi, soit pendant l'instruction préparatoire, soit pendant le procès devant la juridiction de jugement, présente des particularités qui la distinguent de la défense dans les procès purement civils, et qui exigent des règles spéciales. L'inculpé est un défendeur forcé : il ne peut échapper à l'action publique par un acquiescement ; il ne peut non plus éviter les frais souvent considérables que le ministère public et les juridictions croient utile de faire pour établir les conditions de l'infraction et le degré de sa culpabilité. De plus, sous peine d'entraver les poursuites, il était nécessaire d'affranchir, en principe, le ministère public des condamnations que le demandeur encourt, d'après le Droit commun, lorsqu'il échoue. Une bonne législation devrait pourvoir à la défense des individus poursuivis, mettre à la charge du Trésor les frais nécessités par cette défense quand l'action publique échoue, accorder même une indemnité au prévenu relaxé, toutes les fois du moins qu'on ne peut lui imputer à faute le fait qui a motivé sa poursuite (2). Le Code d'instruction criminelle n'a pas

---

est spécieuse : la procédure suivie devant la Cour d'assises est commune à toutes les actions de la partie lésée susceptibles d'être portées devant cette haute juridiction ; or, comme dans notre Droit moderne les actions sont innommées, le demandeur *triomphe* toutes les fois qu'il obtient l'objet de sa demande, quelle que soit d'ailleurs la cause pour laquelle elle est accueillie.

(1) Cass. 15 et 18 janv. 1875 (D. 75, 1, 283 ; 77, 1, 239) ; 4 août 1881 (D. 82, 1, 238).

(2) La Chambre des députés a voté cette réforme mais seulement au profit des individus qui, après une détention préventive, ont été renvoyés de la poursuite par un acquittement ou une décision de non-lieu (7 avril 1892). Le Sénat l'ayant

rempli ce programme. Il a été complété sur certains points par d'autres lois. Notamment, la défense d'office des individus poursuivis devant les juridictions de jugement, organisée par le Code de 1808 pour les accusés traduits en Cour d'assises (art. 294), a été étendue aux prévenus traduits devant les tribunaux correctionnels, lorsqu'ils peuvent encourir la relégation (L. 27 mai 1885). Mais cette défense d'office se borne à la désignation d'un avocat, qui devra plaider pour l'accusé ou le prévenu sans avoir reçu par provision ses honoraires. La citation et la taxe des témoins à décharge, les frais de recherche et de production des pièces que l'inculpé croit nécessaires à sa défense, doivent en principe être avancés par lui, à moins que la juridiction saisie de la cause n'ordonne la citation des témoins et l'apport des pièces qu'il indique. Les *indigents* sont mieux traités : ils ont toujours droit à un défenseur d'office devant les tribunaux correctionnels « lorsqu'ils sont poursuivis à la requête du ministère public ou détenus préventivement (1) ». Ce défenseur d'office leur est désigné par les présidents des tribunaux correctionnels. Ces magistrats, ainsi que les présidents des Cours d'assises, « *pourront* » aussi, « même avant le jour fixé pour l'audience, ordonner l'assignation des témoins qui leur seront indiqués par l'accusé ou le prévenu indigent, dans le cas où la déclaration de ces témoins serait jugée utile pour la découverte de la vérité. — Pourront également être ordonnées d'office toutes productions et vérifications de pièces. — Les mesures ainsi prescrites seront exécutées à la requête du ministère public » (art. 29, 30, L. 22 janv. 1851). — Dans ces cas, les frais de défense ayant été avancés par le Trésor se confondent avec les frais de poursuite. Mais, si l'individu poursuivi a été obligé de les avancer, ils restent toujours à sa charge quand le ministère public est seul en cause. On ne prononce pas, en effet, de condamnation aux dépens contre le ministère public. Son action est présumée désintéressée. Ce n'est pas à dire que, si un officier du ministère public avait exercé des poursuites, *sachant qu'elles ne devaient pas aboutir*, l'individu injustement poursuivi ne pourrait point lui demander des dommages-intérêts ; mais il ne peut les obtenir par le jugement ou l'arrêt qui le renvoie de la poursuite : il doit recourir à la procédure de *prise à partie* (art. 505-506, C. proc. civ.). S'il y a partie civile en cause, on revient à l'application des principes généraux. Les frais que l'accusé ou le prévenu avance pour sa défense sont compris dans la condamnation aux dépens prononcée contre la partie qui succombe. Le renvoi de la poursuite donne en outre à l'individu injustement poursuivi le droit de former contre la partie civile une

---

rejetée, elle a été l'objet de nouvelles propositions de loi déposées à la Chambre par M. Michelin, le 13 octobre 1894 et par M. Chiché, le 8 avril 1897.

(1) En pratique, tout détenu qui désire un avocat d'office n'a qu'à écrire au bâtonnier de l'Ordre qui le désigne parmi les stagiaires.

demande reconventionnelle en dommages-intérêts, sur laquelle statue la juridiction de répression qui vient de prononcer l'acquittement ou le relaxe (art. 366, 191, 159, C. i. c.). Cette indemnité est fixée à forfait à 150 francs, quand la partie civile échoue dans son pourvoi en cassation (art. 436, *ibid.*).

355. Comment sont encourus les dépens ? — Les dépens ne sont pas encourus de plein droit ; les Cours et tribunaux doivent condamner expressément telle ou telle partie à les supporter, et donner ainsi à la partie qui a gagné le procès le droit de recouvrer ses dépens personnels contre la partie qui a succombé. L'omission de la condamnation aux dépens aurait pour résultat de laisser définitivement à la charge de chaque partie les frais dont elle a fait l'avance. Ce résultat étant celui auquel on doit aboutir quand le ministère public est seul en cause et que l'action publique échoue, il est inutile dans ce cas de statuer sur les dépens (1).

(1) Malgré les termes formels de l'art. 436, C. instr. crim., la Cour de cassation s'est longtemps abstenue, en rejetant certains pourvois, de condamner le demandeur aux frais. En fait, les frais étaient toujours recouvrés contre la partie qui succombait. Depuis peu la Cour de cassation est revenue sur cette pratique : Cass. 7 mai 1880 (*Sir.* 81, 1, 45) ; 14 mars 1885 (*Gaz. Trib.*, 25 mars).

CHAPITRE III

EXÉCUTION DES CONDAMNATIONS PÉNALES ET CIVILES
PRONONCÉES PAR LES TRIBUNAUX RÉPRESSIFS.

356. Les règles générales, que nous allons exposer ici, sont pour la plupart des règles de compétence ou de procédure qui sembleraient peut-être mieux à leur place dans la deuxième partie de cet ouvrage consacrée au Droit pénal sanctionnateur ; mais il nous a paru plus profitable d'en traiter immédiatement après avoir exposé l'organisation détaillée des peines, car elle la fait supposer très présente à la mémoire. Il rentre d'ailleurs parmi ces règles bon nombre de questions de fond, surtout dans les théories des voies et garanties de recouvrement qui en font partie. Ces questions ont toujours trouvé place dans les Codes du droit déterminateur (art. 52-55, 467-469, C. p. ; art. 2123, 2059-2070, 2204-2218, C. civ.). Nous examinerons successivement : 1° les règles générales de l'exécution des condamnations prononcées par les tribunaux répressifs ; — 2° les voies et garanties de recouvrement des condamnations pécuniaires qui ont pour cause le délit.

SECTION I. — RÈGLES GÉNÉRALES.

357. A quel moment l'exécution peut-elle être poursuivie ? — C'est un principe général, auquel il est rarement dérogé, qu'une condamnation peut être exécutée du jour où elle est devenue irrévocable (art. 173, 203, 375, C. i. c.) (1). A partir de ce moment le ministère public et la partie civile peuvent poursuivre, chacun en ce qui le concerne, l'exécution des jugements et arrêts rendus par les tribunaux de répression.

Le corollaire naturel du principe sus-énoncé serait qu'une condam-

---

(1) Les exceptions résultent des art. 27, C. p. ; 379, 444, C. i. c. et de la loi du 26 mars 1891 : exécution capitale d'une femme enceinte, découverte d'un crime plus grave que celui qui a motivé la condamnation, revision demandée, sursis judiciaire.

nation ou, d'une manière plus générale, qu'un jugement ne fût point susceptible d'exécution avant d'avoir acquis son irrévocabilité. Régulièrement il en est ainsi. Cependant il existe des exceptions favorables et nous allons en rencontrer une en déterminant le point de départ des peines privatives de la liberté (1).

358. Point de départ des peines privatives de la liberté. — Pour les peines privatives de droit, nous avons vu que l'irrévocabilité de la condamnation se confondait avec le point de départ de la peine. Pour celles privatives de la liberté, elle ouvre simplement le droit d'exécution. Le point de départ de la peine est tantôt postérieur à cette date, et tantôt antérieur à raison de l'exception favorable que nous avons annoncée. Distinguons deux hypothèses auxquelles s'appliquent les articles 23 et 24 du Code pénal, réformés par la loi du 15 nov. 1892 (2).

359. 1er cas. « Le condamné est en liberté au moment de l'exécution. » — On l'arrête en vertu du jugement de condamnation. Quel sera le point de départ de sa peine : son arrestation ? ou bien son écrou dans l'établissement pénitentiaire où il doit être enfermé ? L'article 23 répond que c'est à compter du jour où il est « *détenu* » en vertu de la condamnation devenue irrévocable qui prononce la peine. *Détenu* signifie arrêté, car il n'est fait aucune allusion au local. On a voulu clore ainsi une ancienne controverse. On se demandait, en effet, s'il fallait tenir compte au condamné à l'emprisonnement du temps passé dans des lieux de dépôt en France ou à l'étranger. Le rapporteur à la Chambre des députés a affirmé que ce temps compterait (3). Rien n'est plus juste, car toute privation de la liberté imposée au condamné pour arriver à lui faire subir sa peine exige une compensation (4).

Le condamné en liberté au moment de l'exécution peut avoir été détenu préventivement, soit une fois, soit à plusieurs reprises, pendant le procès pénal. On imputera, dans ce cas, toute la détention préventive sur la peine, suivant la règle que nous indiquerons ci-dessous pour le

---

(1) Les autres sont des cas d'exécution provisoire de certains jugements et arrêts (art. 206, 229, 188, C. i. c.).

(2) *Bibliographie* : MESNARD, *De l'imputation de la D. P.* (Lois Nouv., 1893, I, 1 et s.); CAPITANT, *Des moyens de remédier aux inconvénients de la D. P.* (Grenoble, 1893) ; VIDAL, *Imputation de la D. P.* (1893) ; LASSERRE et VILLANOVA, *De l'imputation de la D.P.* (1893) ; NAQUET, *Circ. proc. génér. d'Aix* (Lois Nouv., 1893, III, 63 et s.) ; mes *Examens doctrinaux*, Rev. crit., 1894, p. 1 et s.; 1896, p. 65 et s.

(3) *Sic* : Rapport GRAUX (Chambre, Doc. parl., 1892, p. 2237) ; LASSERRE et VILLANOVA, p. 83 ; VIDAL, p. 18, mais avec une distinction que je repousse. Voir d'ailleurs sur la controverse, ma 1re édit., n° 449 et Cass. 23 fév. 1833, 17 déc. 1850.

(4) C'est en ce sens que M. Graux a dit : « La D. P. comprend *trois périodes* : celle antérieure au jugement ; celle qui s'étend du jugement à la date où la condamnation devient irrévocable ; *celle qui est postérieure à l'irrévocabilité de la condamnation* » (*loc. cit.*, p. 2236).

condamné qui est détenu au moment de l'exécution. L'article 24, en effet, qui prescrit cette imputation, n'exige pas que la détention préventive ait été continue, ni qu'elle ait duré jusqu'au moment de l'exécution de la peine.

Faut-il ajouter aux conditions expressément exigées par le texte que, pour être imputable, la détention préventive doit être relative au fait qui a motivé la condamnation ? Cette condition était expressément indiquée dans le texte de la proposition de loi voté en première lecture par la Chambre et par le Sénat (1) ; mais elle a disparu de la rédaction définitive et l'on peut induire de cette suppression que le législateur y a renoncé.

La détention préventive se rapporte au fait qui a motivé la condamnation : 1° Quand ce fait a été compris dans la même poursuite ; 2° Quand ce fait, poursuivi séparément, est connexe avec celui qui a motivé la condamnation. Nous croyons qu'il suffit qu'elle soit *antérieure* à l'exécution effective de la peine (2).

360. 2° *cas.* « Le condamné est détenu préventivement au moment de l'exécution. » Il faut, à son égard, distinguer deux périodes dans la détention préventive : celle qui précède la condamnation prononcée, et celle qui s'écoule de la condamnation prononcée à la condamnation irrévocable.

361. — 1re *période* : « Détention préventive qui précède la condamnation prononcée. » — Son imputation sur la peine est *légale, mais non obligatoire* pour le juge (3). S'il veut que *toute* la détention préventive soit déduite de la peine, il n'a rien à dire ; s'il veut, au contraire, écarter l'imputation pour le tout ou pour partie, il doit l'ordonner par disposition spéciale et motivée » (art. 24 § 1, C. p.) (4).

A quel moment commence cette première période de la détention préventive : est-ce au jour de l'arrestation par mesure de police ? Est-ce au jour

---

(1) Proposition *Félix Le Roy* et *de La Batie* (Chambre, 11 juin 1888) ; — discussion à la Chambre, 14 mai 1889 ; — discussion au Sénat, 3 déc. 1889.

(2) Les législations étrangères se partagent entre ces deux systèmes. Le Code belge (art. 30) exige que la détention préventive à imputer soit relative au délit qui a motivé la condamnation. Le Code des Pays-Bas (art. 57) ne l'exige point. — La jurisprudence française ne paraît pas encore fixée sur la question : V. mon *Examen doctrinal*, Rev. crit., 1897, p. 71 et s. *En mon sens* : Vidal, p. 78. — *Contrà* : Mesnard, 11.

(3) *Législation comparée.* Tous les Codes modernes admettent l'imputation de la D. P. ; mais, dans certains, elle s'opère par le seul effet de la loi, elle est *légale et obligatoire* : C. Belge (1867), C. Italien (1890) ; dans d'autres elle doit être ordonnée par le juge, elle est *judiciaire et facultative* : C. Pays-Bas, 1881, C. Russe, etc. — Le législateur français a combiné ces deux systèmes.

(4) L'omission des motifs dans la disposition de l'arrêt qui refuserait l'imputation de la D. P. entraînerait la cassation *totale* de la condamnation, afin que la Cour de renvoi pût délibérer non seulement sur la question d'imputation, mais encore sur le taux de la peine. Cass. 11 mars 1893 (V. mon *Examen doctrinal*, Rev. crit., 1894, p. 11).

de l'arrestation en exécution du mandat de dépôt ou d'arrêt? Ou même seulement au jour de l'écrou dans la maison d'arrêt en vertu de ce mandat? L'esprit de la loi, nettement accusé dans les travaux préparatoires, permet de faire remonter l'imputation de la détention préventive à l'arrestation par mesure de police. Il était, en effet, dans l'intention du législateur d'accorder au condamné une compensation pour « toute privation de la liberté qui se rattache à la poursuite du délit ou à l'exécution de la peine et qui n'est pas la peine ». Il a donné, en cette matière, à l'expression *détention préventive* une extension qui dépasse le sens technique (1).

362. 2º *Période* : « Détention préventive qui s'écoule de la condamnation prononcée à la condamnation irrévocable. » — C'est la période du procès pénal consacrée à l'exercice des voies de recours ou au délai pour les exercer. L'imputation de la détention préventive pendant cette période reste en principe légale et non obligatoire sauf deux cas où le juge ne peut l'empêcher, savoir : 1º si le condamné n'a pas exercé de recours contre le jugement ou l'arrêt; 2º si ayant exercé un ou plusieurs recours il a fini par obtenir une réduction de peine (art. 24 § 2).

Au début de l'application de la loi de 1892, on a douté que l'imputation pût avoir lieu en dehors des deux cas énoncés au texte ; on disait que rien n'avait été changé à l'art. 24 (texte de 1832) pour la deuxième période de la détention préventive, et l'on citait à l'appui l'opinion du rapporteur à la Chambre des députés, M. Graux. Mais c'était dans l'élaboration législative du nouvel art. 24, au Sénat, qu'il fallait chercher le sens du second paragraphe. On l'ajouta pour ne pas rendre la réforme de 1892 moins favorable que celle de 1832. Or celle-ci, tout en accordant l'imputation légale et obligatoire de la détention préventive pour la deuxième période, ne l'accordait que dans deux cas. On a respecté cette disposition sans déroger dans tous les autres cas à la règle que l'imputation se fait de plein droit si le juge ne l'a pas expressément écartée. En résumé, dans la deuxième période de la détention préventive comme dans la première, l'imputation est légale mais non obligatoire pour le juge, sauf les deux cas favorables de la deuxième période où le juge ne peut l'écarter (2).

363. Examinons de plus près l'imputation pendant la deuxième période de la détention préventive.

---

(1) La Cour de cassation s'est prononcée pour l'opinion la plus rigoureuse : Cass. 16 mars 1893. V. sur la question ma note, *Lois nouvelles*, 93, 2, 53, et mon *Examen doctrinal*, Rev. crit., 1894, p. 7 et s. L'art. 258 du Code de justice maritime (L. 13 avril 1895) paraît plutôt conforme à mon interprétation : « Est réputé en état de D. P. tout individu *privé de sa liberté* sous l'inculpation d'un crime ou d'un délit. »

(2) *Sic* : Vidal, p. 51 ; Capitant, p. 30 ; mon *Examen doctrinal*, Rev. crit., 1892, p. 1 et s.; Cass. 18 mai 1893 et sur renvoi, Amiens, 28 juillet 1893.—*Contrà* : Mesnard, 18, 19, 45 ; Lasserre et Villanova, p. 48 ; Naquet, *op. cit.*, p. 68 et 69 ; C. Douai, 11 avr. 1893.

A. « *Le condamné n'a pas exercé de recours.* » — L'imputation est absolument obligatoire pour la deuxième période. Peu importe que le ministère public ait attaqué ou non la condamnation. On ne rend point le condamné responsable des retards occasionnés par les recours de son adversaire (art. 24 § 2, 1°).

364. B. « *Le condamné a exercé un seul recours.* » — Remarquons que quel que soit ce recours la situation sera la même ; le texte, il est vrai, ne vise que l'*appel* et le *pourvoi en cassation*, mais c'est dans la suite de la phrase et après avoir formulé l'hypothèse d'une manière plus large ; il faut donc l'appliquer aussi à *l'opposition*.

Si, sur son recours, le condamné obtient une réduction de peine, le résultat sera le même que s'il eût accepté sa condamnation (art. 24 § 2, 2°). La loi le récompense de son succès en lui accordant l'imputation obligatoire pour la deuxième période de sa détention préventive.

S'il échoue au contraire dans sa voie de recours, le principe de l'imputation légale, mais non obligatoire, régit la seconde période comme la première. En conséquence le juge qui statue en dernier lieu pourra accorder l'imputation de la détention préventive que le premier juge avait écartée, et à l'inverse la retirer quand le premier juge l'avait accordée. Toutefois cette seconde proposition trouve une exception dans une règle de l'appel qui défend à la Cour de réformer le jugement dans un sens défavorable au condamné, lorsque le ministère public n'a pas appelé de son côté. Il faudra donc que l'appel du ministère public se joigne à celui du prévenu pour que la Cour puisse user contre le condamné de son pouvoir d'appréciation ; sinon la situation au point de vue de l'imputation de la détention préventive restera réglée par le jugement de première instance (1).

365. C. « *Le condamné a exercé successivement plusieurs recours.* » — L'hypothèse ne paraît pas avoir été prévue par le législateur. L'art. 24, 2°, porte en effet: « Si ayant exercé un recours la peine a été réduite sur son appel ou sur son pourvoi. » Il faut donc s'inspirer de son esprit pour trouver la solution. Il ne peut d'ailleurs y avoir difficulté que si le condamné échoue dans certains de ses recours et réussit dans d'autres.

1° Supposons qu'il ait *gagné au début et perdu à la fin*. — Exemple: il aura obtenu une réduction de peine en appel ; mais son pourvoi en cassation a été rejeté. Il jouira de l'imputation obligatoire pour la sous-demi-période de la détention préventive écoulée depuis le jugement jusqu'à l'arrêt de la Cour d'appel. — Pour tout le reste l'imputation sera légale mais non obligatoire.

On a objecté que le texte se contentait d'un succès sur l'appel *ou* sur

---

(1) *Sic*: mon *Examen doctrinal*, Rev. crit., 1894, p. 5 et s.; Cass. 24 juin, 4 août 1893. — *Contra*: Caen, 14 juin 1893.

le pourvoi pour accorder au condamné le bénéfice de l'imputation obligatoire. Mais c'est mal raisonner que d'invoquer le texte en vue d'une hypothèse que le législateur n'a pas vue. L'esprit de la loi est de récompenser par l'imputation obligatoire le succès du condamné dans ses voies de recours. Il faut donc, pour rester fidèle à cet esprit, appliquer l'imputation obligatoire à la sous-demi-période qui précède le recours qui a réussi et ne pas l'appliquer à celle qui précède le recours qui a échoué (1).

2° Supposons que le condamné ait *perdu au début et gagné à la fin*. — Exemple : son appel a été rejeté ; mais il a fait casser l'arrêt, et la Cour de renvoi lui a accordé une réduction de peine. Malgré l'échec de sa première voie de recours, il jouira de l'imputation obligatoire pour *toute* la seconde période de la détention préventive. Le succès final couvre l'échec du début. Du moment, en effet, qu'il a fini par obtenir une réduction de peine, on ne peut pas lui reprocher d'avoir exercé mal à propos ses voies de recours (2).

366. *Question.* — Comment faut-il traiter le condamné qui s'est désisté de son recours après l'avoir intenté ? — Assurément comme un condamné qui a échoué, car il n'a pas accepté sa condamnation et il n'a pas non plus réussi à la faire réformer. Il n'est donc ni dans l'un ni dans l'autre cas où l'imputation est obligatoire et purement légale. Par conséquent, si le jugement ou l'arrêt attaqué lui a laissé le bénéfice de l'imputation, il en jouira pour la deuxième période : il en sera privé au contraire, si ce bénéfice lui a été retiré par la décision attaquée. La situation reste encore dans ce cas réglée par le jugement de première instance (3).

367. Par tout ce qui précède, on voit que la détention préventive est devenue l'équivalent légal des peines privatives de la liberté. En conséquence, si elle a été subie sous le régime de la séparation individuelle, elle sera considérée comme l'équivalent de l'emprisonnement cellulaire et elle comptera pour la réduction du quart accordée par l'art. 4 de la loi du 5 juin 1875 aux condamnés qui subissent plus de 3 mois d'emprisonnement sous ce régime (4).

(1) *Sic* : CAPITANT, p. 34. — *Contra* : VIDAL, p. 69.
(2) *Sic* : VIDAL, p. 68. Comp. sur ces deux points ma 1re édit., n° 437.
(3) *Sic* : VIDAL, p. 71. Antérieurement à la loi de 1892, la jurisprudence faisait une distinction entre le désistement de l'appel et celui du pourvoi. Pour le premier elle adoptait cette solution : Cass. 22 nov. 1855 ; pour le second au contraire elle considérait qu'il rétroagissait et qu'il replaçait le condamné dans la situation d'un individu ayant accepté sa condamnation : Cass. 26 mai 1853 ; Circ. min. intér. 6 juil. 1868 (D. 69, 3, 22). On disait qu'il ne fallait pas coter grief au condamné d'un pourvoi téméraire, à cause de la brièveté du délai (3 jours) accordé pour le former. C'était une solution d'équité ; mais elle n'avait rien de juridique. La jurisprudence maintiendra-t-elle sa distinction sous la loi nouvelle ?
(4) *Sic* : Paris, 1er juil. 1893 et mon *Examen doctrinal, op.cit.*, p.12. — *Contra* : NAQUET, *op. et loc. cit.*, p. 66.

Nous verrons ultérieurement comment l'imputation de la détention préventive se combine avec le sursis judiciaire à l'exécution de la peine (L. 26 mars 1891).

368. *Question commune à tous les cas d'imputation.* — L'imputation de la détention préventive se fait-elle aussitôt la peine prononcée ou bien seulement quand la condamnation est devenue irrévocable ? — L'intérêt pratique de la question apparaît lorsque la durée de la détention préventive égale déjà celle de la peine appliquée au moment du prononcé de la condamnation, ou bien lorsqu'elle achève de l'égaler pendant le délai ou pendant l'exercice des voies de recours. Faut-il élargir immédiatement le condamné dès que la peine prononcée est censée subie, sauf à le reprendre après la fin du procès pénal si les recours exercés par le ministère public aboutissent à lui faire appliquer une peine plus longue ? Ou bien faut-il attendre que la condamnation soit devenue irrévocable pour le faire jouir de l'imputation ? La Cour de cassation a jugé que l'imputation se faisait seulement quand la condamnation était devenue irrévocable (1). Elle suppose que l'art. 24 contient une exception à la règle générale exprimée par l'art. 23 et elle raisonne ainsi : la durée d'une peine commence seulement lorsque le condamné est détenu en vertu de la condamnation devenue irrévocable (art. 23). Donc l'imputation de la détention préventive qui reporte en arrière ce point de départ (art. 24) ne peut se faire qu'à ce moment.

Ce raisonnement serait irréprochable si la loi de 1892 n'avait pas changé le procédé d'imputation admis par la loi de 1832. Autrefois l'imputation se faisait par un *report fictif du point de départ* de la peine au moment où la détention préventive devenait susceptible d'être imputée (2). Aujourd'hui elle se fait en *déduisant la détention préventive de la peine prononcée.* L'ancien procédé faisait de la disposition de l'art. 24 une exception à la règle générale sur le point de départ de la durée des peines écrite dans l'art. 23, et le mot « néanmoins » qui commençait l'art. 24 annonçait l'exception. — Le nouveau procédé rompt toute relation entre les deux articles. Leurs dispositions absolument distinctes et indépendantes l'une de l'autre n'ont pas besoin d'être conciliées.

Qu'on ne prétende point que nous tirons de trop graves conséquences d'un simple changement de rédaction ; car le nouveau procédé a été combattu, discuté et finalement a triomphé devant la commission du Sénat malgré l'opposition du rapporteur, M. Morellet. Les travaux pré-

---

(1) Cass. 30 juin 1895 et la note de M. Sarrut sous cet arrêt (D. 95, 1, 325).
(2) Blanche, I, 121.

paratoires le prouvent (1). On n'y trouve point, il est vrai, une solution précise pour la question actuelle ; mais il appartient à l'interprétation doctrinale de déduire d'une règle nouvellement introduite dans la législation toutes les conséquences qu'elle est susceptible de produire. Or, si l'ancien procédé opérait l'imputation sur une peine *qui avait eu son point de départ* et qui, par conséquent, était *irrévocable*, le nouveau procédé l'opère au contraire sur une *peine simplement prononcée* et par conséquent *avant que la condamnation ait acquis son irrévocabilité*.

L'argument sur lequel s'appuie l'opinion contraire conduirait à décider que l'imputation ne peut même pas se faire encore au moment où la condamnation acquiert son irrévocabilité ; il faudrait attendre que la durée de la peine c'est-à-dire son exécution eût commencé. Etrange et pénible à la fois serait, dans ce système, la situation du condamné qui aurait été mis en liberté avant le jugement après avoir été en détention préventive : il faudrait l'arrêter à nouveau, le conduire en prison, l'écrouer même, pour le relâcher aussitôt après, si la détention préventive qu'il a subie absorbait la peine prononcée ; parce qu'alors, mais alors seulement, l'imputation pourrait produire son effet.

Ce système gêne enfin la liberté de la défense en obligeant le condamné à une courte peine à prolonger inutilement sa détention préventive s'il veut user des voies de recours. Pour éviter de garder prison, il n'aurait d'autre ressource que de demander sa *mise en liberté provisoire*, c'est-à-dire d'essayer d'obtenir par faveur ce qui, d'après nous, lui revient de droit (2).

369. *Principe de la continuité d'exécution.* — Toute peine privative ou restrictive de la liberté dont l'exécution a commencé doit être subie sans interruption jusqu'à ce que sa durée soit épuisée ou qu'elle ait été abrégée par une grâce. Tout élargissement anticipé est un fait illégal s'il n'affecte pas la forme de la *libération conditionnelle* (L. 14 août 1885). Suit-il de là que le condamné, illégalement élargi par erreur ou par une faveur administrative qu'il n'a pas sollicitée, puisse être toujours repris pour subir le restant de sa peine ? Nous ne le pensons pas et nous croyons

---

(1) M. Morellet, dans son rapport du 3 juil. 1891 (*J. off.*, *doc. parl.*, Sénat., p. 221) rend compte en ces termes de l'abandon de l'ancien procédé d'imputation : « Dans le cas très exceptionnel où l'art. 24 actuel admet l'imputation de la détention préventive, il l'organise *en reportant le point de départ de la durée de la peine* d'autant de jours dans le passé qu'il y a de jours de détention préventive à imputer... *Cette manière de faire l'imputation se rattache à la détermination du moment où commence à courir la peine...* Dans le projet dont M. Morellet a saisi la commission, *il concevait l'imputation de la même manière...* Mais l'auteur du contre-projet reconnaît que si l'imputation peut avoir lieu *par changement du point initial de la durée de la peine*, elle peut aussi bien être effectuée *par simple soustraction sur le chiffre de la peine prononcée*, sans changement du point initial de la peine. »

(2) V. pour plus de détails mon *Examen doctrinal*, *Rev. crit.*, 1896, p. 65 et s.

que, même avant que la peine soit prescrite, l'exécution ne peut plus être reprise si l'époque où la peine devait normalement prendre fin est passée. En d'autres termes, un élargissement anticipé imposé au condamné n'empêche pas la peine de courir. Le texte du nouvel art. 23 favorise cette solution (1).

370. I. Exécution des condamnations par contumace et de certaines condamnations par défaut. — Les condamnations par contumace doivent être considérées, selon nous, comme affectées d'une condition résolutoire. L'événement *in conditione* est l'arrestation du contumax avant l'expiration du délai de la prescription de la peine, c'est-à-dire pendant les vingt années qui suivent sa condamnation. Si l'on accepte cette idée (2), la révocabilité de la condamnation par contumace n'empêche pas le recouvrement des peines pécuniaires, des réparations civiles et des frais sur le patrimoine du condamné. Nous avons vu précédemment que les peines privatives de droits atteignaient aussi le contumax, savoir : la dégradation civique à compter de l'exécution par effigie, et la double incapacité de disposer et de recevoir à titre gratuit, cinq ans après cette exécution. Seules, les peines corporelles ne sont point susceptibles d'exécution, parce qu'elles supposent la présence du condamné sous la main de la justice, c'est-à-dire l'événement qui résout la condamnation.

L'opposition aux jugements par défaut, prononcés par les tribunaux correctionnels contre un prévenu *qui n'a pas reçu signification du jugement à personne*, est recevable « jusqu'à l'expiration des délais de la prescription de la peine.... s'il ne résulte pas d'actes d'exécution du jugement que le prévenu en a eu connaissance » (art. 187, C. i. c.). La situation de ces condamnés est analogue à celle du contumax : le jugement qui les frappe est susceptible d'exécution, quoiqu'il puisse être résolu par une opposition formée, après l'expiration du délai ordinaire de cette voie de recours, mais dans les conditions prescrites par la loi.

371. II. Par qui et comment l'exécution est-elle poursuivie. — L'exécution des peines exige à la fois le concours du ministère public près le tribunal qui a prononcé la condamnation et celui des agents de l'administration (art. 165, 197, 376, C. i. c.). Il appartient au ministère public de porter la condamnation à la connaissance de ces agents et de mettre, s'il y a lieu, le condamné à leur disposition. Il se fait délivrer à cet effet un extrait du jugement ou de l'arrêt de condamnation et le remet avec ses réquisitions aux gendarmes, au gardien-chef de la maison

---

(1) V. *Rev. crit.*, 1896, p. 17 et s., mon *Examen doctrinal* d'un arrêt de Cass. 9 mars 1894, qui ne résout pas nettement la question, et la note de M. Villey sous cet arrêt (S. 95, 1, 4).

(2) Garraud, *Questions pratiques sur la contumace. Rev. crit.*, 1878, p. 379 et s. ; Dijon, 5 mai 1871 (D 73, 1, 17).

d'arrêt ou de justice, à l'exécuteur des arrêts criminels, aux employés de l'administration des finances, suivant les cas. — Il lui appartient également de veiller à ce que les incapacités qui ont atteint un condamné produisent leur effet pratique. Il adressera en conséquence l'extrait du jugement ou de l'arrêt de condamnation à l'autorité administrative pour faire rayer le condamné des listes électorales, ou des cadres de la Légion d'honneur, pour faire fermer son école, pour l'empêcher d'obtenir un permis de chasse ou lui faire retirer celui dont il est porteur, etc.

La partie civile de son côté poursuit l'exécution des condamnations prononcées à son profit. C'est à ce titre que les régies des administrations fiscales poursuivent le recouvrement des amendes prononcées en ces matières spéciales, et dont elles sont comptables envers le Trésor public (art. 158, D. 18 juin 1811).

372. L'exécution a lieu *réellement* ou *par effigie*. Le premier mode consiste à soumettre effectivement le condamné à la peine prononcée contre lui. Le second résulte d'une publicité officielle donnée à la condamnation par l'insertion d'un extrait de l'arrêt dans un journal du département du dernier domicile du condamné, et par trois affiches apposées : 1° à la porte de son dernier domicile ; 2° à celle de la maison commune du chef-lieu d'arrondissement où le crime a été commis ; 3° à celle du prétoire de la Cour d'assises (art. 472, C. i. c.). Ce mode d'exécution est employé pour les condamnations par contumace (1).

373. III. Compétence pour les questions contentieuses soulevées par l'exécution des peines. — Toute décision du ministère public ou de l'administration pénitentiaire relative à l'exécution de la peine soulève, si elle n'est pas acceptée par le condamné, un incident contentieux qui est de la compétence de l'autorité judiciaire. Mais à quel tribunal faudra-t-il s'adresser ? Par analogie de ce qui a lieu en matière civile (art. 472 et 554, C. proc. civ.), la jurisprudence décide qu'il faut porter le débat devant la juridiction qui a prononcé la condamnation, sauf, s'il y a urgence, à faire ordonner par le tribunal correctionnel du lieu de l'exécution des mesures provisoires (2).

---

(1) Son nom lui vient de l'usage où l'on était, dans l'ancien Droit, d'exposer sur l'échafaud un tableau représentant le supplice du criminel condamné à mort par contumace. L'exécution par effigie des condamnations à d'autres peines consistait dans l'affichage par le bourreau d'un extrait du jugement de condamnation sur un poteau dressé au milieu d'une place publique. Ce second mode fut seul adopté par le Code d'instruction criminelle. Il a été remplacé en 1850 par le mode actuel (L. 2 janv. 1850).

(2) Cass. 23 fév. 1833 (Dalloz, *Rép.*, v° *Peine*, 242) ; 27 juin 1845 (D. 45,1,288) ; 9 mars 1859 (*J. du Droit crim.*, art. 6815) ; 9 juil. 1859 (B. 171) ; 9 janv. 1862 (B.26) ; 2 juin 1893 (D. 95,1,372). Certains auteurs ont proposé dans tous les cas le tribunal correctionnel. *Sic* : GARRAUD, II, 23, qui d'ailleurs ne peut pas rester fidèle à sa doctrine, II, 178, p. 298 ; d'autres, le tribunal civil (Réquisitoire de M. DUPIN

374. Cependant il faut faire une réserve quant aux peines pécuniaires : leur transformation en dettes civiles par l'effet de la condamnation a pour conséquence de rendre les tribunaux civils compétents pour juger toutes les difficultés que soulève leur exécution. Ils sont *à fortiori* compétents pour tout ce qui concerne l'exécution des réparations civiles prononcées par les juridictions pénales.

SECTION II. — VOIES ET GARANTIES DE RECOUVREMENT DES CONDAMNATIONS PÉCUNIAIRES.

375. La transformation des peines pécuniaires, par l'effet de la condamnation, en droits sur le patrimoine du condamné a pour résultat de les assimiler, en général, aux réparations civiles au point de vue des voies et garanties de recouvrement. Il y a néanmoins des différences de détail qui ressortiront de l'étude que nous allons faire. Ces voies et garanties de recouvrement sont : 1° la contrainte par corps ; 2° la solidarité ; 3° le privilège ; 4° l'hypothèque.

A. — Contrainte par corps (1).

376. I. Notions générales. — L'incarcération du débiteur, pour le contraindre à payer sa dette, est une voie d'exécution que toutes les lé-

---

(D. 50,1,343) ; TRÉBUTIEN, I, p. 279 ; VILLEY, p. 467 ; BERTAULD, p. 314. On a soutenu enfin que pour les arrêts de Cour d'assises il fallait s'adresser, entre les sessions, à la Chambre d'accusation : GARRAUD, *Précis*, 2ᵉ édit., p. 414. Il faut écarter cette dernière solution, parce que si la Chambre d'accusation concentre tous les pouvoirs de la Cour d'appel en matière criminelle, cela n'est exact qu'au point de vue de l'instruction (art. 9, C. i. c.). L'exécution des peines a trop d'analogie avec l'application des peines, pour ne pas exiger, relativement aux questions contentieuses qu'elle soulève, les mêmes garanties d'un débat contradictoire, oral et public qu'on accorde à celle-ci. Or ce débat n'existe pas devant la Chambre d'accusation. — Les auteurs, qui attribuent dans tous les cas compétence au tribunal correctionnel ou au tribunal civil du lieu de l'exécution, se décident par l'avantage qu'offre la proximité de ce tribunal. Ils objectent aussi que la Cour d'assises n'est pas permanente. Les partisans de la compétence du tribunal civil ajoutent que le tribunal correctionnel n'a pas la plénitude de juridiction. Ces deux objections sont peu sérieuses. La composition des tribunaux civils se modifie, et néanmoins les questions d'interprétation des jugements civils sont portées devant le tribunal qui les a rendus, bien que les juges ne soient plus les mêmes. Le tribunal correctionnel n'est d'ailleurs qu'une section du tribunal civil, lorsqu'il n'est point constitué par le tribunal tout entier. Si l'on acceptait la compétence absolue du tribunal du lieu de l'exécution, il faudrait le préférer au tribunal civil, parce que c'est un tribunal de répression. Mais le premier système paraît être plus logique ; c'est le seul d'ailleurs qui trouve un appui dans les textes.

(1) BIBLIOGRAPHIE : DARBOIS, *Tr. de la contr. p. corps* (1880).

gislations anciennes ont connue. Un moment supprimée par la législation intermédiaire (D. 17 mars 1791 ; D. 25 août 1792 ; D. 9 mars 1793), elle fut promptement rétablie, en matière pénale d'abord (D. 19 juil. 1791, tit. I, art. 16 et tit. II, art. 41) ; puis en matière civile et commerciale (L. 15 germin. an VI). Le Code civil (art. 2059-2070) et le Code pénal (art. 52, 53, 467, 469) la consacrèrent, et sa procédure fut organisée dans le Code de procédure au titre *de l'emprisonnement*. La législation de la contrainte par corps a été trois fois remaniée depuis cette époque par les lois du 15 avril 1832, du 13 décembre 1848 et du 22 juillet 1867. Cette dernière nous régit aujourd'hui. La contrainte par corps n'existe plus que pour les condamnations pécuniaires qui ont leur cause dans une infraction : amendes, réparations civiles et dépens. Son avantage sur les autres voies d'exécution, c'est d'être très prompte : elle force le débiteur à découvrir lui-même ses ressources et à faire usage de son crédit. On a imprudemment nié son utilité, en 1867. L'expérience l'a bientôt fait ressortir. L'art. 2 de la nouvelle loi avait rejeté la contrainte par corps pour les dépens dus à l'État. Il en résulta aussitôt une perte de 32 0/0 sur les frais recouvrables, et l'on fut obligé de la rétablir pour cet objet (L. 19 déc. 1871). Ce qu'on peut contester avec quelque raison, c'est sa légitimité. La liberté de l'homme n'est pas dans le commerce ; il ne peut donc consentir à l'aliéner pour sanctionner plus efficacement ses obligations conventionnelles. Mais l'objection tombe lorsque le législateur attache cette sanction aux obligations nées d'un délit et surtout d'un délit pénal. En cette matière, la contrainte par corps est une rigueur nécessaire ; car, sans elle, les insolvables jouiraient de l'impunité pour toutes les infractions punies simplement d'une amende. — Elle se justifie par l'origine de la créance, quand elle est accordée pour les réparations civiles. — On comprend enfin qu'elle s'étende aux dépens, parce que les frais du procès ne sont que les conséquences de la mise en œuvre du droit ; ils augmentent le chiffre de la créance à laquelle ils se rattachent, plutôt qu'ils ne constituent une créance nouvelle.

377. Cette analyse nous conduit à reconnaître à la contrainte par corps un caractère mixte : c'est à la fois une épreuve de solvabilité et une peine. La loi fait elle-même la part des deux idées. Au premier aspect se rattachent : 1° le droit accordé aux agents du Trésor et à la partie civile de la requérir (art. 3, 4) ; 2° son extinction quand le débiteur trouve une caution (art. 11) ; 3° la persistance de la dette bien qu'elle soit subie ; — au second aspect : 1° le droit de l'exercer contre les insolvables pour la moitié de sa durée (art. 10) ; 2° son application restreinte aux auteurs ou complices de l'infraction (art. 2, 4) ; 3° la défense de l'exercer plus d'une fois pour la même dette.(art. 8, 12) ; 4° la règle du *non-cumul* des contraintes imitée du *non-cumul* des peines (art. 365, C. i. c. ; art. 12, L. 1867).

378. Il faut même ajouter, avec l'exposé des motifs de la loi nouvelle, que le caractère pénal de la contrainte par corps est *prépondérant*.

Conséquemment il faut décider : 1° qu'elle peut être exercée pour la moitié de sa durée contre un condamné dont l'insolvabilité est établie avant son incarcération (1) ; 2° qu'elle n'est plus éteinte par la cession de biens (2) ; 3° que l'état de faillite ne suspend point son exercice (3) ; 4° que l'amnistie et la réhabilitation privent la partie civile de cette voie de recouvrement (4). — On a voulu éviter ces solutions en disant que la contrainte par corps avait exclusivement le caractère d'épreuve de solvabilité, quand elle était requise par la partie lésée. C'est oublier qu'elle a été abolie en matière civile, et que son extension aux réparations civiles a lieu moins en vue de l'intérêt privé, que pour compléter le châtiment (5).

379. Certaines législations étrangères ont un emprisonnement subsidiaire destiné à remplacer l'amende lorsqu'elle n'est pas payée dans le délai légal (6). La contrainte par corps n'a plus alors que le caractère d'épreuve de solvabilité. Cet emprisonnement subsidiaire existe dans nos Codes de justice militaire (art. 195, A. T. ; art. 251, A. M.), et même, d'après la pratique, dans le Code forestier (art. 213, Décis. min. des fin., 2 nov. 1829).

---

(1) *Sic* : Pratique constante des Parquets. Comp. la discussion qui eut lieu à ce sujet au Corps législatif, séance du 20 mars, D. 67, 4, 86. — *Contrà* : CHAUVEAU et HÉLIE, I, 128 ; LAINÉ, 409.

(2) *Sic* : DARBOIS, 460 ; AUBRY et RAU, VIII, § 782, p. 511. — *Contrà* : DEMOLOMBE, XVIII, 217 ; COLMET DE SANTERRE, V, 213 *bis*.

(3) *Contrà* : C. Paris, 27 juin 1881. — Il ne faut pas confondre le droit qu'a le tribunal de commerce d'ordonner, en déclarant la faillite, le dépôt du failli à la maison d'arrêt pour dettes ou sa garde par un officier de police, un huissier ou un gendarme (art. 455, C. co.) avec la contrainte par corps que la partie civile ou le Trésor peuvent avoir à exercer contre le failli. Il ne s'agit ici que de cette dernière.

(4) *Sic*, pour l'amnistie : C. Alger, 27 fév. 1882 (S. 83, 2, 17) ; DUTRUC, *Com. de la loi s. la Presse*, 460 ; LAIR, *Rev. crit.*, 1883, p. 417. — *Contrà* : C. Paris, 30 mars 1882 (S. 82, 2, 158). — On suppose bien entendu que la partie lésée a obtenu ses dommages-intérêts par un jugement passé en force de chose jugée avant la loi d'amnistie, sinon la question ne ferait pas doute ; mais la préexistence de ce jugement fait naître la question de savoir s'il faut respecter, ou non, le *droit acquis* à la contrainte par corps. — Même observation pour la réhabilitation. La question naîtra surtout en cette matière pour la *réhabilitation de plein droit* qui s'opère après une condamnation avec sursis (L. 26 mars 1891).

(5) *Sic* : Exposé des motifs, n° 24 (D. 67, 4, 81) ; GARRAUD, *Précis*, p. 827, n. 2. Faute d'avoir dégagé ce caractère prépondérant, presque tous les civilistes donnent sur des questions de détail des solutions qui constituent de véritables anachronismes. La jurisprudence est divisée.

(6) *Sic* : C. pén. belge, art. 40, 41 ; C. pén. allemand, art. 28, 29 ; C. pén. des Pays-Bas, art. 23, 34 ; C. proc. pén. autrichien, art. 7, 266 ; C. pén. italien, art. 19, 24.

380. II. Créances recouvrables et condamnés contraignables par corps. — La contrainte par corps s'applique au recouvrement des condamnations à une somme d'argent, motivées par l'infraction, et peut être exercée seulement contre les agents du délit qui ont encouru ces condamnations après déclaration préalable de leur culpabilité par un tribunal de répression. — Reprenons chacun des termes de cette formule pour les commenter et expliquer en même temps les expressions parfois équivoques de la loi.

381. *a)* Il faut d'abord *une condamnation à une somme d'argent.* Les amendes, les dommages-intérêts et les frais dus, soit à l'Etat, soit à la partie civile, rentrent dans cette formule (art. 3, 4, 5, L. 1867 ; L. 19 déc. 1871) ; mais les textes (art. 52, C. p.; art. 3, L. 1867) citent encore comme recouvrables au moyen de la contrainte par corps les *restitutions,* qui ne le sont pas toujours, et omettent les *confiscations,* qui le sont quelquefois. Etablissons le principe : la contrainte par corps suppose que l'objet de la dette est une somme d'argent. Sa durée, en effet, est calculée sur l'importance de la somme à recouvrer (art. 9), et elle est réduite de moitié sur la preuve de l'insolvabilité du contraignable (art. 10). Ces textes excluent la possibilité d'appliquer la contrainte par corps à l'obligation de payer autre chose que de l'argent. Ce ne sera donc qu'à la condition que les restitutions et les confiscations porteront sur une somme d'argent, que la contrainte par corps leur sera applicable.

382. Mais les tribunaux ne pourraient-ils pas tourner la difficulté en donnant une estimation aux objets confisqués ou à restituer ? Non, parce que l'art. 9 fixe la durée de la contrainte par corps d'après le taux des *condamnations.* Ce n'est donc qu'à la condition de *condamner* à payer l'estimation au lieu de la chose elle-même, que les tribunaux pourraient étendre la contrainte par corps aux restitutions et confiscations de choses. Or cette condamnation n'est pas toujours possible : elle suppose, pour les restitutions, la présence au procès et les conclusions conformes de la partie lésée, car elle transforme les restitutions en dommages-intérêts. Pour les confiscations, elle suppose un texte qui l'autorise expressément, car elle transforme les confiscations en amende, c'est-à-dire en une peine qui ne peut être prononcée sans texte (**1**).

383. Les lois de finances ont augmenté les amendes d'un quart par des décimes de guerre : l'individu condamné à 100 francs d'amende est tenu de payer 125 francs. Cette augmentation doit-elle être considérée comme un impôt, ou comme une partie de l'amende, susceptible par conséquent d'être recouvrée au moyen de la contrainte par corps ? Ce second point

---

(1) *Contrà* : DARBOIS, 136, 143. — Bien entendu, s'il s'agissait de la confiscation, réparation civile, la règle serait la même que pour les restitutions.

de vue nous paraît exact. Sans doute, c'est dans un but fiscal qu'a été décrétée l'addition des décimes, mais le résultat de cette addition est une surélévation du taux de l'amende et non un changement dans sa nature; la somme entière constitue l'amende. Décider le contraire serait prendre la raison qu'on prête à la loi pour la loi (1).

384. *b*) Toute condamnation à l'amende ou à des dommages-intérêts ne donne pas lieu à la contrainte par corps; il faut encore *que cette condamnation ait pour cause une infraction*. Cette voie de recouvrement n'existe en effet « qu'en matière criminelle, correctionnelle et de simple police » (art. 2). Les amendes d'enregistrement et de timbre, les amendes disciplinaires ou civiles, les dommages-intérêts prononcés pour un délit ou un quasi-délit civil, qui ne constitue pas en même temps une infraction à la loi pénale, n'en jouissent point.

385. *c*) La contrainte par corps peut être exercée seulement *contre les auteurs ou complices de l'infraction*. On ne saurait l'étendre aux autres débiteurs des condamnations prononcées contre le coupable, savoir : sa caution, ses héritiers, les personnes civilement responsables. C'est là une conséquence du caractère pénal de la contrainte par corps et de son abolition en matière civile. Aussi ne faut-il pas entendre *in abstracto* les expressions « matière criminelle, correctionnelle ou de police ; — crime, délit ou contravention » employées par les art. 2, 3, 4, 5, mais *in concreto*, c'est-à-dire dans leur rapport avec l'individu condamné (2).

386. *d*) La contrainte par corps est encourue par l'individu *déclaré coupable d'une infraction*, mais il n'est pas nécessaire qu'il y ait eu condamnation à une peine (arg. art. 5). Ainsi, l'accusé reconnu coupable de plusieurs crimes ou délits, encourt seulement la peine la plus forte, et, dans l'usage, on ne prononce que cette peine, tout en constatant la

---

(1) *Sic* : Cass. ch. réun. 16 janv. 1872. — *Contrà* : Naquet, *Rev. crit.*, 1872, p. 737; Garraud, II, p. 68. Voir un exposé complet de la question au point de vue de la jurisprudence dans les conclusions du procureur général sur l'arrêt de cassation du 13 avril 1894, cité *infrà*, n. 1180.

(2) On a soutenu le contraire relativement aux dépens dus à l'Etat : l'art. 174, D. 18 juin 1811, établissait, dit-on, la contrainte par corps sans égard à la qualité du débiteur et uniquement à raison de l'objet de la dette. Or cet article, un instant abrogé par la loi de 1867 (art. 18), a été remis en vigueur par la loi du 19 décembre 1871. — Interpréter ainsi la loi de 1871, c'est la mettre en contradiction avec l'esprit général de la loi de 1867, c'est méconnaître le caractère pénal prépondérant de la contrainte par corps. La loi de 1871 a rétabli la contrainte par corps pour les dépens dus à l'Etat, mais seulement contre l'agent du délit. Cette loi ayant été votée sans discussion, la pensée du législateur se trouve tout entière dans l'exposé des motifs et le rapport qui ont précédé le vote, or ces deux documents ne parlent jamais que du *coupable*. Concluons-en que la loi de 1871 a étendu la contrainte par corps à un nouvel objet, mais n'a point modifié sa nature. *Sic* : Cass. 25 mars 1881 (D. 81, 1, 391) ; Cass. 25 avril 1884 (D. 85, 1, 96). — *Contrà* : Darbois.

culpabilité de l'accusé pour les faits punis d'une peine inférieure. Cependant la contrainte par corps s'appliquera au recouvrement des réparations civiles ordonnées à raison de ces derniers faits. — Nous admettons la même solution à l'égard de l'individu *absous* ou *relaxé*, quand l'absolution ou le relaxe sont fondés sur une cause qui laisse subsister l'infraction, telle que la chose jugée ou une excuse absolutoire (1). Mais si l'absolution ou le relaxe étaient motivés par l'absence d'un élément essentiel de l'infraction, le délit pénal disparaissant, il ne pourrait plus être question de contrainte par corps pour les condamnations pécuniaires prononcées à raison du délit civil qui peut rester. D'ailleurs, dans cette hypothèse, la sentence, considérée au point de vue pénal, est un acquittement au sens technique du mot; or l'individu acquitté n'est point contraignable par corps.

387. A *fortiori* ne pourrait-on appliquer la contrainte par corps au recouvrement des condamnations pécuniaires prononcées contre la partie civile, soit au profit de l'accusé renvoyé de la poursuite, soit au profit de l'État (art. 159, 191, 366, C. i. c.; 157, D. 18 juin 1811)? Ce n'est point en effet la juridiction qui rend la matière criminelle, correctionnelle ou de simple police; c'est le fait à juger et la culpabilité du condamné par rapport à ce fait : or la partie civile n'est reconnue coupable que d'un délit civil (2).

388. *e)* La déclaration de culpabilité doit enfin *émaner d'un tribunal de répression*, et *précéder* les condamnations pécuniaires prononcées contre l'agent du délit (art. 5). Cette condition un peu arbitraire accentue le caractère pénal prédominant de la contrainte par corps. Supposons en effet que les réparations civiles aient été obtenues devant les tribunaux civils avant toute poursuite criminelle; la condamnation de l'agent du délit par les tribunaux de répression, intervenant après coup, ne les rendra point recouvrables au moyen de la contrainte par corps. Si au contraire l'action civile a été jointe à l'action publique ou portée, après l'exercice de celle-ci, devant les tribunaux civils, les condamnations pécuniaires, qui interviendront sur cette action, jouiront de cette voie de recouvrement. Les réparations civiles deviennent dans cette seconde hypothèse une suite du châtiment (3). — En écrivant l'art. 5, le législateur voulait terminer une controverse; mais il l'a mal comprise et il a dépassé le but. On discutait autrefois la question de savoir si les tribu-

---

(1) L'hypothèse de la chose jugée à laquelle nous faisons allusion, se produit quand la partie civile fait réformer, sur son appel, un jugement de relaxe dont le ministère public n'a pas appelé (art. 202, C. i. c.). Il y a dans ce cas reconnaissance de la culpabilité et condamnation à des réparations civiles, mais non peine prononcée. *Sic* : BLANCHE, I, 363; GARRAUD, II, 42; — *Contrà*, DARBOIS, 100.

(2) Cass. 8 nov. 1878 (D. 79, 1, 387); 25 av. 1885 (S. 85, 1, 137); 25 janv. 1885 (D. 85, 1, 130). Comp. n° 385 ci-dessus et la note.

(3) V. *Exposé des motifs*, n° 24.

naux civils pouvaient *prononcer la contrainte par corps* avant une déclaration préalable de la culpabilité par les tribunaux de répression. La négative triomphait en jurisprudence (1), et le législateur de 1867 voulait la consacrer. Mais pour cela il suffisait de dire que la contrainte par corps sanctionnerait les réparations civiles « à la condition que l'infraction et la culpabilité auraient été reconnues par la juridiction de répression ». Il n'était pas nécessaire d'exiger que la créance de dommages-intérêts *fût liquidée après cette constatation*. Autre chose est la créance, autre chose le titre qui donne droit à la contrainte par corps. Le jugement du tribunal civil constate la créance et en fixe le montant ; celui du tribunal de répression donne le titre. Rationnellement il est indifférent que celui-ci ait précédé celui-là, car il faut les réunir tous les deux pour avoir droit à la contrainte par corps. Quoi qu'il en soit, le texte de l'art. 5 et l'exposé des motifs ne laissent pas de doute sur la nécessité de la double condition que nous venons d'examiner.

389. III. Comment est encourue la contrainte par corps. — Sa durée. — La contrainte par corps est encourue de plein droit pour un minimum légal, mais le juge peut élever sa durée jusqu'à un maximum déterminé par la loi. Elle joue le rôle d'une peine à la fois *accessoire et complémentaire*. La mission du juge n'est pas de la prononcer, mais de modifier sa durée s'il n'accepte pas le taux qu'elle aurait de plein droit. Justifions ce double caractère et déduisons ses conséquences :

a) Le principe, que la contrainte par corps est encourue de plein droit sans être prononcée, ressort des art. 52, 467, 469 du Code pénal qui en font l'accessoire légal des condamnations pécuniaires.

b) Du moment qu'elle était encourue de plein droit, elle devait l'être aussi pour une durée légale ; mais on pouvait réserver aux tribunaux la faculté de modifier cette durée dans des limites fixées également par la loi. C'est ainsi qu'a procédé le législateur pour *l'interdiction de séjour* attachée aux peines criminelles temporaires (art. 46 §§ 2, 3 ; art. 47 § 1, C. p.) ; seulement il y a une différence dans l'application du procédé : tandis que l'interdiction de séjour se trouve légalement fixée au maximum et que le juge a sur elle un pouvoir d'atténuation ou de dispense, la contrainte par corps, au contraire, se trouve fixée de plein droit au minimum de sa durée légale, et le pouvoir du juge s'exerce en vue de son aggravation. L'art. 9 fixe en effet la durée de la contrainte d'après l'importance de la somme à recouvrer, et dans cette fixation il indique d'abord le minimum pour lequel elle est encourue, puis le maximum auquel elle peut être portée. Si l'on combine cette disposition avec le principe que la contrainte par corps est encourue de plein droit, il faut dire que

---

(1) V. Cass. 18 nov. 1834 et DALLOZ, *Rép.*, v° *Cont. p. c.*, 641 ; *Exposé des motifs*, n° 27.

si le juge n'use pas de la faculté d'élever la durée de la contrainte par corps, elle reste fixée au minimum. Le silence du jugement fait d'ailleurs supposer que le juge a approuvé la fixation de la durée au minimum (1).

Le principe que la contrainte par corps est *encourue* de plein droit n'est pas contesté ; mais certains auteurs soutiennent que sa durée doit toujours être fixée par le juge, et par conséquent, s'il a omis cette fixation, qu'on devra revenir devant lui pour lui faire réparer cette omission. Il n'y a pas dans ce système de *fixation* de plein droit (2). — Si on leur objecte la chose jugée, ils répondent qu'elle n'existe pas sur la durée de la contrainte, puisque le juge a omis de statuer. — Cette réponse est un sophisme : la décision du juge sur ce point est implicite. Il pouvait élever la durée de la contrainte du minimum au maximum ; il ne l'a pas fait : c'est donc qu'il a accepté le minimum. — Le caractère pénal prédominant de la contrainte par corps recommande notre solution. Peut-on en effet ajouter une peine complémentaire facultative, une fois que la condamnation qui l'a omise est devenue irrévocable ? La négative est certaine. Eh bien ! l'élévation de la durée de la contrainte au-dessus du minimum légal est une peine de ce genre. L'oubli du juge doit profiter au condamné. Cet argument a dû frapper la Cour de cassation, car après avoir adopté, dans ses premiers arrêts, le système que nous critiquons, elle décide aujourd'hui qu'on devra, sans doute, revenir devant le juge pour lui faire compléter sa sentence, mais que le juge ne pourra pas prononcer plus que le *minimum* (3). Cette formalité nous paraît absolument inutile.

390. Voici maintenant quelle est l'échelle progressive de la durée de la contrainte par corps. 1°) *En matière criminelle et correctionnelle,* elle est : « de *2 à 20 jours*, lorsque l'amende et les autres condamnations n'excèdent pas 50 francs ; — de *20 à 40 jours,* lorsqu'elles sont supérieures à 50 francs et qu'elles n'excèdent pas 100 francs ; — de *40 à 60 jours*, lorsqu'elles sont supérieures à 100 francs et qu'elles n'excèdent pas 200 francs ; — de *2 mois à 4 mois*, lorsqu'elles sont supérieures à

---

(1) *Sic* : Pratique presque générale des Parquets ; *Inst. du minist. des finances*, 20 sept. 1875, art. 226 ; plusieurs arrêts de Cours d'appel ; Darbois, p. 75, note.

(2) *Sic* : Blanche, I, 369 ; Garraud, II, p. 69, etc. Ce système abonde en inconvénients pratiques : dix ans, vingt ans après une condamnation, il faudra apprécier le taux de la contrainte par corps qu'il convenait d'appliquer. Mais les juges seront changés et il faudra examiner à nouveau l'affaire pour voir si le condamné était ou non digne d'intérêt. — De plus, ses partisans ne peuvent s'accorder ni sur l'*autorité* qui statuera, ni sur la *procédure* à suivre. On ne saurait surtout trop critiquer l'opinion de Blanche qui permet à la partie poursuivante de faire fixer la durée de la contrainte par corps sans débat contradictoire avec le condamné, sans même le prévenir de ce qu'elle trame contre lui.

(3) Cass. 31 mai 1872 ; 31 janv. 1873.

200 francs et qu'elles n'excèdent pas 500 francs ; — de *4 mois à 8 mois*, lorsqu'elles sont supérieures à 500 francs et qu'elles n'excèdent pas 2000 francs ; — de *1 an à 2 ans*, lorsqu'elles s'élèvent à plus de 2000 francs (art. 9 § 1). — 2°) *En matière de simple police*, de *2 jours* (1) *à 5 jours*, quelle que soit la somme (art. 9 § 1, 2° phrase et § 2, comb.). — 3°) *En matière forestière et de pêche fluviale*, de *8 jours à 6 mois*, quelle que soit aussi la somme (art. 18 § 3).

391. Pour déterminer la durée de la contrainte par corps, il faut additionner toutes les condamnations pécuniaires prononcées par le jugement, et appliquer à la somme totale les taux indiqués par les art. 9 et 18. On ne pourrait séparer, soit les chefs de prévention, soit les diverses condamnations afférentes au même chef pour dépasser le maximum légal applicable au total de la somme à recouvrer. — On ne pourrait pas non plus diviser entre les divers intéressés la contrainte prononcée à leur profit pour l'ensemble des condamnations. Le Trésor et les personnes qui se sont portées parties civiles pour des délits distincts compris dans la même poursuite peuvent invoquer, chacun pour le tout, la contrainte fixée par le jugement (2) ; mais aussi, une fois subie à la requête d'un des ayants droit, elle ne peut plus l'être à la requête des autres. C'est la situation des créanciers solidaires (art. 1197, C. civ.). Cela n'a point d'inconvénient à cause de la faculté accordée à tout ayant droit à la contrainte par corps de *recommander* le contraignable déjà incarcéré sur la poursuite d'un autre créancier. Le détenu ne sera élargi qu'après avoir payé les deux dettes.

392. Ce procédé de fixation exige que la liquidation des frais et des dommages-intérêts soit faite dans le jugement ; sans cela le juge ne connaîtrait pas le taux de contrainte applicable et serait embarrassé pour fixer exactement sa durée. C'est pourquoi, lorsqu'il ordonne que les dommages-intérêts seront *fournis par état*, il peut renvoyer à une audience ultérieure la fixation de la durée de la contrainte par corps (3). Sauf cette hypothèse, la liquidation des condamnations pécuniaires est toujours possible au moment du jugement, et le vœu de la loi est qu'elle se fasse à ce moment ; mais dans la pratique il est rare que les greffiers

---

(1) On remarquera que le minimum de la contrainte par corps en matière de simple police est supérieur au minimum de l'emprisonnement dans la même matière. Cette anomalie a échappé au législateur ; mais on ne peut la corriger, car la loi est claire. *Sic* : Cass. 17 avril 1874.

(2) Le texte de l'art. 9 (lorsque *l'amende et les autres condamnations* n'excèdent pas... etc.) ne permet pas de mettre en doute cette solution. Elle est confirmée d'ailleurs par l'*Exposé des motifs*, n° 31. *Sic* : Cass. 2 av. 1874 et le rapport de M. Barbier ; Cass. 13 mai 1882. — *Contra* : Cass. 20 avril 1882 ; GARRAUD, II, p. 67.

(3) Cass. 28 déc. 1872.

l'aient préparée (1). Le tribunal ignore donc au moment où il rend son jugement à quelle somme s'élèveront les dépens.

393. Pour éviter des lenteurs, l'usage s'est introduit de fixer, par avance, dans le jugement, la durée de la contrainte par corps *au maximum* ou *au minimum*, sans indiquer précisément le nombre de jours ou de mois qu'elle durera. Cette fixation est-elle légale ? — On l'a contesté sous prétexte qu'elle n'était point faite en connaissance de cause. — La critique est exagérée. Les débats ont donné en effet au juge tous les éléments de conviction : il sait s'il doit se montrer indulgent ou sévère. Sa décision est donc suffisamment éclairée lorsque, sans connaître la somme à recouvrer, il applique le maximum ou le minimum de la contrainte par corps (2).

394. Y a-t-il lieu de fixer la durée de la contrainte par corps dans l'arrêt qui prononce contre le condamné une peine afflictive perpétuelle ? — La Cour de cassation résout négativement cette question par une jurisprudence constante. Elle affirme qu'il est contradictoire de prononcer une peine perpétuelle et en même temps la contrainte par corps, laquelle suppose, pour son exercice, un condamné ayant recouvré sa liberté. Elle ajoute qu'il n'appartient pas au juge de prévoir les éventualités qui pourraient faire cesser la peine perpétuelle. Dans ce système, la contrainte par corps serait toujours réduite, pour ces condamnés, au minimum de sa durée. Son caractère serait purement accessoire, exactement comme celui de l'interdiction de séjour attachée aux peines afflictives perpétuelles (art. 46 § 4, C. p.). — Cette jurisprudence s'est formée sur l'art. 40 de la loi de 1832 qui, loin de l'autoriser, fournit un argument à l'opinion contraire, et elle s'est maintenue depuis la loi de 1867 (3). Elle est généralement critiquée. Rien dans les textes, rien dans les principes n'autorise une exception au droit absolu des tribunaux de fixer, dans les limites du minimum au maximum, le taux de la contrainte par corps applicable au recouvrement des condamnations pécuniaires qu'ils prononcent (Arg. art. 52, C. p.; art. 3, 9, 13, L. 1867). La Cour de cassation confond le *droit* avec l'*exercice du droit* : il y aurait contradiction à ordonner l'exercice de la contrainte par corps en même temps que l'exécution de la peine ; mais fixer la durée de la contrainte par corps, ce n'est pas en ordonner l'exercice. Pourquoi ne pour-

---

(1) Les frais d'exécution de la contrainte par corps (signification du jugement, commandement, capture) ne peuvent entrer en ligne de compte pour déterminer la durée de la contrainte par corps. Cependant le détenu ne peut obtenir son élargissement avant le délai fixé, sans les rembourser (Art. 798, C. pr. ; DARBOIS, 205).

(2) *Sic* : GARRAUD, II, p. 69 ; Cass. 14 mars, 17 juil. 1885 (*Gaz. Trib.*, 25 mars ; D. 86, 1, 273). — *Contrà* : LAINÉ, 464 ; C. Paris, 2 fév. 1870 (D. 70, 2, 94).

(3) Voir les arrêts antérieurs à 1867 dans BLANCHE, I, 386, 387 ; — *junge* : trois arrêts en 1876, un en 1877, un en 1879, un en 1882, etc. (D. 77, 1, 406 ; 79, 5, 100 ; 82, 5, 129), et 19 janv. 1894 (*Gaz. Trib.*, 27 janv.).

rait-on pas supposer l'extinction éventuelle de la peine perpétuelle, et fixer la durée de la contrainte par corps en vue de cette hypothèse ? S'il en est différemment en matière d'interdiction de séjour, c'est qu'un texte formel a retiré au juge le droit de statuer sur cette peine en la rendant purement accessoire, afin que le condamné à une peine afflictive perpétuelle soit plus sévèrement traité, au point de vue de l'interdiction de séjour, que le condamné à une peine temporaire, et qu'il encoure toujours son maximum. Défendre au juge de statuer sur la durée de la contrainte par corps, c'est au contraire faire jouir le condamné à une peine perpétuelle de toute la faveur de la loi, puisqu'à défaut de fixation par le juge, la contrainte par corps se trouve de plein droit fixée au minimum légal (1).

395. IV. Causes d'extinction, de dispense, de suspension, de réduction. — *a*) La contrainte par corps s'éteint par *voie de conséquence* ou *directement*. Elle s'éteint de la première manière quand disparaît la créance qu'elle garantit. Elle subit donc le contre-coup de toutes les causes d'extinction des obligations. Mais le paiement partiel de la dette ne diminuerait pas proportionnellement la durée de la contrainte par corps. C'est en effet, comme l'hypothèque, une garantie indivisible (2). Il suit de là que la prescription de l'amende laissera subsister la contrainte par corps, pour le recouvrement des réparations civiles et des dépens, telle qu'elle a été fixée par le jugement, sans aucune réduction.

396. L'extinction directe de la contrainte par corps se produit : 1° par le défaut de consignation d'aliments, lorsqu'elle est exercée par la partie civile (art. 6, 7) ; — 2° par l'acceptation volontaire ou forcée d'une caution (art. 11) ; — 3° par le consentement du créancier à l'élargissement de son débiteur (art. 800, C. pr. civ.).

Dans le premier cas l'extinction est définitive (3) ; mais l'absence d'un texte aussi précis que l'art. 8 de la loi de 1867, pour les deux autres cas,

---

(1) *Sic* : BLANCHE, I, 388 ; SOURDAT, *Tr. de la responsab.*, 208 *bis*. — *Contrà* : PONT, *Petits contrats*, II, 988 ; DARBOIS, 208. — Les auteurs qui admettent que les tribunaux peuvent statuer, après s'être dessaisis de l'affaire, sur la durée de la contrainte par corps qu'ils ont omis de prononcer, décident qu'on reviendra devant le juge, quand la peine perpétuelle aura cessé, pour lui demander cette fixation : GARRAUD, II, 43.

(2) Arg. art. 798 et 800 § 2, C. proc. civ. Ces textes exigent que *les causes* de l'emprisonnement, *les sommes dues* soient payées ou consignées, pour que le débiteur obtienne son élargissement. Ce ne serait pas remplir la condition légale que de payer *une partie* des causes de l'emprisonnement... *Une partie* des sommes dues.

(3) Elle était aussi définitive au cas de *cession de biens* (art. 1370, C. civ.). Mais cette cause d'extinction que certains auteurs maintiennent pour les condamnations motivées par les infractions non intentionnelles, me paraît virtuellement abolie en conséquence du caractère pénal prépondérant de la contrainte par corps.

fait qu'on discute si l'élargissement du débiteur a pu être valablement subordonné à la condition, expresse ou tacite, qu'il paierait sa dette; de telle sorte que le défaut de paiement au terme fixé, effaçant la cause de son élargissement, permettrait de reprendre contre lui l'exercice de la contrainte par corps. — Nous ne croyons pas que ces réserves, expresses ou tacites, soient valables, à cause du caractère pénal prédominant de cette voie d'exécution. La contrainte par corps est offerte pour toute sa durée au créancier. Il peut en user ou y renoncer ; mais il ne peut pactiser sur elle. C'est pour ce motif que l'acceptation de la caution peut lui être judiciairement imposée. Dira-t-on dans ce cas qu'il a fait des réserves ? C'est inadmissible, puisqu'il n'était pas libre de refuser. L'art. 12 confirme notre solution : ce texte détermine les conditions auxquelles on peut, après l'élargissement, incarcérer le débiteur *pour une autre dette*. Il suppose donc implicitement qu'une nouvelle incarcération est impossible *pour la même dette*. Or il ne distingue pas entre les causes qui ont motivé l'élargissement ; il vient même après l'art. 11 qui vise l'élargissement du débiteur qui a donné caution ; par conséquent, même dans ce cas, l'élargissement est définitif (1).

397. *b*) Les *dispenses* sont absolues ou relatives : 1°) Les mineurs de seize ans « à l'époque des faits qui ont motivé la poursuite » n'encourent point la contrainte par corps (art. 13). — 2°) Elle ne peut être « *prononcée ou exercée* » contre le débiteur au profit de son conjoint, de ses ascendants ou descendants, et de certains collatéraux rapprochés ou alliés au même degré (art. 15).

398. *c*) Les causes de *suspension* apportent un obstacle momentané à l'exercice de la contrainte par corps : 1° Elle ne peut être exercée simultanément contre le mari et la femme (art. 16). Ce sursis est légal et obligatoire. — 2° Les tribunaux *peuvent* accorder un sursis d'un an au plus au débiteur qui a des enfants mineurs ; mais ils doivent le faire dans le jugement de condamnation et non après coup (art. 17). Ce sursis est judiciaire et facultatif. — 3° L'état de démence du débiteur suspend aussi son incarcération (2). — 4° Le sauf-conduit accordé au débiteur pour venir déposer en justice empêche son arrestation pendant le temps qu'il indique (art. 782, C. pr. civ.) (3).

399. *d*) La durée de la contrainte par corps est *réduite* à la moitié du temps fixé par le jugement ou par la loi, au profit des insolvables et des individus qui ont commencé leur soixantième année (art. 10, 14). L'insolvabilité et l'âge produisent distinctement leur effet, de telle sorte que si

---

(1) *Contrà* : C. Paris, 19 juin 1888 (*La Loi*, 28 juin). — Voir sur la question : DARBOIS, 478 et s.
(2) V. *suprà*, n° 146.
(3) La cont. p. c. peut-elle être exercée pendant la libération conditionnelle ? V. en sens différents : Trib. civ. Seine, 25 fév. 1897 et C. Paris, 22 mars 1897, (*Gaz. Trib.*, 15 avril).

le condamné se trouve à la fois dans sa soixantième année et insolvable, la contrainte par corps est réduite au quart de sa durée primitive.

Une réduction implicite résulte de la prohibition du cumul des contraintes par l'art. 12. On suppose que le même individu est sous le coup de deux jugements emportant contre lui la contrainte par corps : on n'ajoutera pas l'une à l'autre les deux contraintes, mais on lui fera subir la plus longue. Si donc il a été emprisonné d'abord pour la plus courte, il ne pourra être incarcéré, après son élargissement (*ou recommandé* s'il est encore en prison) que pour l'excédent de la plus longue sur celle qu'il a subie. C'est la conséquence du principe du non-cumul des contraintes que prévoit implicitement le texte et qu'il applique expressément à la première hypothèse. La même raison d'humanité, qui a fait établir le non-cumul des peines, a fait étendre cette règle du concours d'infractions au concours des contraintes par corps (1).

400. V. Procédure d'exécution de la contrainte par corps. — La loi de 1867 ne prévoit qu'un certain nombre de points de cette procédure. Elle doit être complétée par les dispositions des art. 780 à 805, C. proc. civ. qui ne sont point incompatibles avec les nouvelles (art. 18).
— Cette procédure d'exécution comprend quatre phases : 1° les formalités préalables à l'arrestation ; 2° l'arrestation ou la recommandation ; 3° l'incarcération ; 4° l'élargissement. A chacune d'elles correspondent des incidents contentieux qui sont de la compétence exclusive des tribunaux civils.

401. *a) Formalités préalables.* — Elles comprennent : le commandement, la demande d'incarcération et le réquisitoire d'arrestation.

Le commandement est un acte d'huissier par lequel on enjoint au débiteur de payer sa dette, sous peine d'y être contraint par un mode déterminé d'exécution ; ici, par la contrainte par corps. Le commandement invoque un titre exécutoire ; ici, le jugement. La signification du jugement doit avoir précédé le commandement. Si elle n'a pas été faite, le commandement porte en tête un extrait de ce jugement contenant le nom des parties et le dispositif (art. 3 §§ 1, 3).

La demande d'incarcération émane du percepteur, pour les condam-

---

(1) *Sic* : Exposé des motifs, n° 34. Les instructions des ministres des finances et de la justice ont méconnu l'art. 12. Elles prescrivent en effet d'additionner les contraintes par corps prononcées par plusieurs jugements, rendus contre le même individu, pour les faire subir intégralement (Instruct., 20 sept. 1875 ; lettre, 25 janv. 1875, *Bull. off. du min. de la justice*, 1876, p. 186, 187). Ces instructions n'ont que la valeur d'une prétention élevée par l'administration contre le condamné. Il appartiendra à celui-ci de la combattre devant les tribunaux. *Sic* : DARBOIS, 217. *Contra* : Trib. civ. Seine, 8 mai 1895 (*Gaz. Trib.*, 9 mai). Ce jugement, sans tenir compte des travaux préparatoires où le principe du non-cumul des contraintes, déduit de celui du non-cumul des peines, a été affirmé, restreint l'application de l'art. 12 à l'hypothèse, expressément prévue par le texte, de deux contraintes par corps séparées par un élargissement.

nations envers l'Etat ; de la partie civile et des régies qui lui sont assimilées, pour les condamnations prononcées à leur profit. Elle est adressée au procureur de la République, s'il s'agit d'exécuter un jugement correctionnel ou de simple police ; au parquet de la Cour d'appel ou du chef-lieu d'assises, si la condamnation émane de ces juridictions (art. 197, 376, C. i. c. et arg. de ces textes).

Le ministère public ne peut refuser de déférer à cette demande lorsqu'elle est régulière. Il inscrit au pied de la requête l'ordre aux agents de la force publique et aux huissiers d'arrêter le débiteur et de le conduire à la maison d'arrêt. C'est le réquisitoire d'arrestation.

Le débiteur peut prévenir son arrestation en formant opposition au commandement devant le tribunal civil de l'arrondissement où a été rendu le jugement (arg. art. 780 § 3, C. pr.).

402. *b) Arrestation ou recommandation.* — Elle ne peut avoir lieu que cinq jours au moins après le commandement (art. 3 § 1). Le débiteur ne peut être arrêté : avant le lever et après le coucher du soleil, — ni les jours de fête légale, — ni dans les édifices consacrés au culte, pendant les exercices religieux, — ni dans le lieu et pendant la tenue des séances des autorités constituées, — ni dans une maison quelconque, même dans son domicile, à moins qu'il n'ait été ainsi ordonné par le juge de paix du lieu, lequel juge devra, dans ce cas, se transporter dans la maison avec l'officier ministériel ou déléguer un commissaire de police (art. 781, C. pr.).

Le débiteur qui proteste contre son arrestation a le droit de se faire conduire devant le président du tribunal civil de l'arrondissement où il est arrêté. Ce magistrat statue en référé sur sa réclamation. Il est prescrit à l'agent chargé de l'arrestation d'obéir à cette réquisition, sous peine de mille francs d'amende, sans préjudice des dommages-intérêts (art. 22, L. 1832).

Si le débiteur est en prison au moment où le créancier veut exécuter contre lui la contrainte par corps, l'arrestation est remplacée par la *recommandation*. On peut définir celle-ci : l'acte par lequel un créancier déclare au directeur ou gardien de la prison, dans laquelle son débiteur est détenu, qu'il s'oppose à son élargissement, parce qu'il entend le contraindre par corps (art. 792, C. pr.). La recommandation peut être faite immédiatement après le commandement (art. 3 § 5). — Elle peut donner lieu à un référé comme l'arrestation.

403. *c) Incarcération.* — Elle commence dès que le débiteur est écroué dans la prison où il doit subir la contrainte par corps (1). Cette

---

(1) Les lois fiscales ordonnent quelquefois une *détention préventive* qui n'est autre chose que l'exercice anticipé de la *contrainte par corps*. Dans cette hypothèse la contrainte par corps commence avant le jugement qui fixe sa durée,

prison (art. 788, C. pr.) est la maison d'arrêt de l'arrondissement où l'arrestation a été faite (maison d'arrêt pour dettes, s'il en existe ; maison d'arrêt des prévenus ou inculpés, dans le cas contraire). — Si la contrainte par corps a lieu à la requête d'un particulier, le créancier doit remettre au gardien, au moment de l'écrou, une somme, à titre de *consignation d'aliments* pour trente jours au moins (art. 6, L. 1867 ; art. 791, 793, C. pr.).

L'incarcération peut donner lieu à une *demande en nullité de l'emprisonnement pour dette*, qui doit être portée devant le tribunal civil du lieu où le débiteur est détenu, si elle est fondée sur l'inobservation des formalités, et devant le tribunal *de l'exécution du jugement* (1) si elle est fondée sur des moyens de fond (art. 794, 805, C. pr.).

404. *d) Elargissement.* — Il est de droit pour le débiteur, dès qu'il survient une cause d'extinction, de dispense, de suspension, ou de réduction de la contrainte par corps. Il est définitif ou provisoire, suivant les cas. Les demandes en élargissement, requérant célérité, sont toujours portées au tribunal civil dans le ressort duquel le débiteur est détenu, et jugées d'après une procédure rapide (art. 805, C. pr.). — L'annulation de l'incarcération pour inobservation des formalités ajoute une nouvelle cause de suspension à celles précédemment exposées, car le débiteur ne peut être arrêté de nouveau qu'*un jour* au moins après sa sortie de prison (art. 797, C. pr.).

B. — Solidarité.

405. I. Notions générales. — Lorsque plusieurs individus ont été condamnés pour la même infraction, ils sont de plein droit et sans que le juge ait besoin de le dire, débiteurs solidaires des amendes, restitutions, dommages-intérêts et frais. L'effet principal de la solidarité est de permettre au créancier de considérer chaque débiteur comme seul tenu de l'intégralité de la dette, et par conséquent de le poursuivre pour le tout. Elle rend le recouvrement plus facile et plus prompt. Elle protège en outre le créancier contre l'insolvabilité de ses débiteurs, en les rendant,

---

en vertu d'une sorte d'imputation analogue à celle de la détention préventive sur les peines privatives de la liberté. — V. *p. la contrebande des tabacs* : L. 28 av. 1816, art. 222, 224, 225 ; L. 12 fév. 1835, art. 5 ; — *p. certaines fraudes aux droits d'octroi* : L. 29 mars 1832, art. 9 ; L. 24 mai 1834, art. 9 ; L. 21 juin 1873, art. 12 ; — *p. les atteintes au monopole de l'Etat sur les cartes à jouer* : L. 28 av. 1816, art. 169, — *sur les poudres à feu* : L. 25 juin 1841, art. 25, — *sur les allumettes chimiques* : L. 16 avril 1895, art. 19, 20. Aussi dans ces hypothèses calcule-t-on la durée de la contrainte par corps à compter de la date de l'arrestation antérieure au jugement : Circ. min. just. et finances, 20 mars 1866.

(1) C'est-à-dire devant le tribunal qui a prononcé la condamnation pécuniaire, car c'est lui qui est normalement compétent pour statuer sur les difficultés que soulève l'exécution de son jugement : GARÇONNET, *Tr. de proc. civ.*, IV, 884.

pour ainsi dire, cautions les uns des autres. Il faudrait les supposer tous insolvables pour que le créancier ne fût pas payé. La solidarité est donc à la fois un moyen et une garantie de recouvrement. — Le co-débiteur, qui a payé en entier la dette solidaire, a son recours contre les autres, à concurrence de la part que chacun doit supporter dans la dette (art. 1200 et s., C. civ.) (1).

La solidarité existe : 1° entre individus condamnés pour un même crime ou un même délit, quant aux *amendes, restitutions, dommages-intérêts* et *frais* (art. 55, C. p.) ; — 2° entre individus condamnés pour la même contravention, quant aux *frais* seulement (D. 18 juin 1811, art. 156). Dans la législation intermédiaire, elle existait aussi pour les *amendes de simple police* (D. 19 juil. 1791, tit. II, art. 42). On ne saurait l'étendre aujourd'hui ni à ces amendes, ni aux réparations civiles dues à raison d'une contravention, que le législateur de 1810 paraît avoir oubliées, parce que la solidarité existe seulement dans les cas où elle a été établie par la loi ou par la convention des parties (art. 1202, C. civ.). — Mais ne serait-il pas loisible au juge de donner au créancier action pour le tout contre chacun des condamnés, entre lesquels son jugement répartit les condamnations pécuniaires qui ne donnent pas lieu à la solidarité légale ? On l'admet dans une certaine mesure. Nous étudierons les conditions et les effets d'une condamnation de ce genre, que la doctrine appelle *obligation in solidum*, après avoir exposé la solidarité légale, telle qu'elle résulte des art. 52 du Code pénal et 156 du décret du 18 juin 1811 combinés avec les principes du Code civil.

Quelle est la raison d'être de la solidarité légale entre co-délinquants ? Pour les restitutions, les dommages-intérêts et les frais, elle se justifie par la perpétration en commun du délit et par la difficulté qu'il y a, le plus souvent, à déterminer la part que chacun y a prise. Pour l'amende elle n'est pas rationnelle : l'amende est une peine, comme l'emprisonnement ; or viendrait-il jamais à l'esprit de personne, quand deux individus ont été condamnés, chacun à tant de mois de prison, de faire subir toute la peine à l'un et rien à l'autre, sous prétexte qu'ils ont perpétré en commun le délit ? On a dit que la solidarité des amendes était une aggravation de peine correspondant à l'aggravation de l'infraction par l'association (2). Mais si l'association doit produire une aggravation de la

---

(1) Quelle sera cette part? Ce sera la part virile, à moins que le jugement n'ait réparti inégalement la dette entre les condamnés. Cette répartition peut être tacite : elle résultera, par exemple, de la condamnation des prévenus à des amendes inégales ; ou bien, s'il s'agit des réparations civiles, de la condamnation d'un des prévenus à *sa part de dépens pour tous dommages-intérêts*. Dans ce dernier cas, la partie lésée pourra réclamer tous les dommages-intérêts et tous les frais au prévenu ainsi condamné ; mais celui-ci aura recours contre les autres pour tout ce qu'il aura payé au delà de sa part contributoire dans les dépens : BLANCHE, I, 435 ; LAROMBIÈRE, *Oblig.*, art. 1202, n° 23.

(2) BERTAULD, p. 285.

peine, elle devrait être égale pour tous. La solidarité au contraire la fait uniquement porter sur celui que le créancier force à faire l'avance. Cette disposition anormale ne se justifie pas, mais elle s'explique historiquement par le caractère de réparation civile qu'avait anciennement l'amende (1).

406. II. Conditions. — Pour exister, la solidarité légale, dont nous traitons, exige la réunion des conditions suivantes : 1° la pluralité des délinquants, — 2° une condamnation pour l'un des objets indiqués par la loi, — 3° l'unité d'infraction, — 4° l'unité d'objet.

a) La pluralité des délinquants est la condition même de l'hypothèse où l'on peut se demander si une obligation est conjointe ou solidaire. Nous en parlons uniquement pour noter que le degré de participation des co-délinquants est indifférent. La solidarité existe aussi bien entre co-auteurs qu'entre auteur principal et complice. Elle s'étend d'ailleurs aux personnes civilement responsables pour les condamnations pécuniaires qui font l'objet de leur responsabilité, car elles sont les cautions solidaires des prévenus dont elles répondent (art. 156, D. 18 juin 1811).

407. *b*) La solidarité n'existe en second lieu que pour les objets *limitativement* énumérés par la loi, savoir : pour les amendes, les restitutions, les dommages-intérêts et les frais, *s'il s'agit d'un crime ou d'un délit* ; pour les frais seulement, *s'il s'agit d'une contravention* (2). Nous avons indiqué plus haut la raison juridique de cette condition. Notons qu'il importe peu que les condamnations civiles émanent d'un tribunal civil ou d'un tribunal de répression, et que le fait ait été ou non l'objet d'une poursuite pénale ; c'est le caractère du fait qui motive la solidarité.

408. *c*) Il faut, en troisième lieu, que les divers condamnés l'aient été pour *une infraction* et que cette infraction soit *la même* : c'est là ce que nous appelons l'*unité d'infraction*.

Le *délit pénal* est le seul pour lequel le législateur établit la solidarité. Sa gravité explique le traitement plus sévère des débiteurs, et, par contre, la position plus favorable du créancier. — Il n'y aurait donc pas solidarité entre deux individus condamnés à des réparations civiles pour le même fait, dont l'un serait acquitté et l'autre condamné à une peine, parce qu'à l'égard du premier, le fait ne constitue qu'un simple délit civil (3). Mais l'individu *absous*, au sens technique du mot, est

---

(1) La solidarité des amendes a été supprimée en Belgique par le Code pénal de 1867, art. 39, 50. En Allemagne elle n'existe que pour les dépens (C. proc. pénale de 1877, art. 498). En Autriche il n'y a même, quant aux frais, qu'une simple *obligation in solidum* (C. proc. pén., art. 389).

(2) Comment faut-il traiter à cet égard les *délits-contraventions*, c'est-à-dire les délits non intentionnels prévus par les lois spéciales ? — La C. de cass. les traite comme des délits ; cependant la question a fait difficulté en jurisprudence : Cass. 5 déc. 1872 (D. 72, 1, 432, et la note).

(3) La solidarité réfléchira néanmoins contre la personne civilement respon-

solidaire quant aux réparations civiles avec ses co-auteurs ou complices condamnés à une peine. L'absolution n'efface en effet ni l'infraction, ni la culpabilité.

Il ne suffirait pas d'un autre côté qu'il y eût condamnation de plusieurs délinquants envers la même personne ; il faut en effet que l'infraction soit *la même*. — Si les délits sont *distincts,* il ne peut intervenir de condamnation solidaire. Et cette circonstance, qu'on les aurait réunis dans la même poursuite, n'entraînerait pas la solidarité même pour les dépens (1). — Mais si des faits distincts, qui pris isolément constitueraient chacun un délit, forment par leur réunion un *délit indivisible*, il y aurait solidarité entre les divers individus condamnés pour ces faits distincts, parce qu'il y a juridiquement unité d'infraction. — Quant aux délits distincts mais *connexes*, ils ne peuvent engendrer la solidarité que pour les dépens et à la condition d'avoir été réunis dans la même poursuite. Les frais sont en effet occasionnés par la recherche des circonstances de l'infraction ; or la connexité entre deux délits étant une de ces circonstances, tous les frais relatifs à la preuve de l'un s'appliquent, dans une certaine mesure, à la preuve de l'autre ; dès lors ils sont dus solidairement par les auteurs des deux délits (2).

409. *d*) Il faut enfin, pour qu'il y ait solidarité, que les condamnations prononcées contre chaque co-délinquant aient le même objet (art. 1200, C. civ.), c'est-à-dire qu'ils soient tous condamnés à l'amende, tous condamnés aux dommages-intérêts, tous condamnés aux frais. C'est en cela que consiste l'*unité d'objet.* — Cette condition ne ressort pas de l'art. 55, et beaucoup d'auteurs ne l'exigent point : dans leur opinion il y aurait solidarité entre deux co-délinquants condamnés, l'un à l'emprisonnement, l'autre à l'amende. De sorte que le premier serait exposé à subir non seulement la peine à laquelle il a été personnellement condamné, mais encore celle de son complice (3).

Ce résultat est choquant. Il se produit sans doute entre plusieurs individus condamnés à l'amende ; mais c'est une anomalie due à l'extension, non justifiée, de la solidarité aux amendes. Il ne faut pas l'aggraver en l'appliquant à une hypothèse que le législateur paraît ne pas avoir eu en vue. « *Quod contra rationem juris introductum est, non est producendum ad consequentias.* » Les principes du Droit obligent à restreindre la solidarité des amendes aux seuls co-délinquants condamnés à cette

---

sable du délinquant, parce qu'elle est tenue des réparations civiles et des frais dans la même mesure que le délinquant lui-même.

(1) Cass. 16 août 1861 (B. 312); 12 mai 1888 (*Le Dr. Ind.*, 1890, p. 143, 154).
(2) La jurisprudence paraît assimiler les délits connexes aux délits indivisibles : Cass., 1er juil. 1880 (S. 81, 1, 237). Blanche, II, 419-420.
(3) Garraud, II, p. 59 ; Demolombe, *Traité des contrats*, III, n° 267; Trib. civ. Seine, 13 janvier 1897 (aff. Baïhaut, Blondin, de Lesseps), *Gaz. Trib.*, 14 janv. 1897.

peine. La solidarité, en effet, étant une modalité de l'obligation, suppose que l'obligation existe ; or l'obligation de payer l'amende n'a pas d'existence avant le jugement de condamnation : la circonstance que la loi punit de l'amende tel délit déterminé ne fait pas que les agents de ce délit en soient tenus ; c'est le jugement seul qui crée cette obligation, et il ne la crée qu'à l'encontre des co-délinquants qu'il condamne à l'amende. Maintenant dans quelle mesure en sont-ils tenus ? La doivent-ils conjointement ou solidairement ? C'est à cette question que répond l'art. 55. Il suppose par conséquent plusieurs individus condamnés à l'amende. Ses termes en apparence absolus ne nous arrêtent point, parce qu'il a pour objet non pas de modifier les règles générales de la solidarité, mais simplement d'indiquer un nouveau cas de solidarité légale. Or, il est indispensable, pour qu'il y ait solidarité entre les débiteurs, que tous soient obligés « à une même chose » (art. 1200, C. civ.). — Très différente est la situation des co-délinquants au point de vue des réparations civiles et des frais. Ici l'obligation a une cause antérieure au jugement, savoir : le préjudice causé, les actes de la procédure. Le jugement qui condamne à payer les réparations civiles ou les frais constate seulement l'existence de la dette et la liquide : il est *déclaratif* d'une obligation que la loi rend solidaire. Celui qui condamne à l'amende, au contraire, *crée* l'obligation : il est *attributif* (1).

Est-il nécessaire que les co-délinquants aient été condamnés *par le même jugement* ? On l'a soutenu d'une manière absolue et nié de même (2). A notre avis, il faut distinguer entre les amendes et les réparations civiles d'un côté, et les frais de l'autre. La solidarité des premières a uniquement pour raison d'être la perpétration en commun de l'infraction. Il importe peu dès lors que les co-délinquants aient été reconnus coupables dans la même instance ou dans des instances séparées. La solidarité des dépens, au contraire, a pour cause non seulement l'unité de délit, mais encore l'unité de poursuite. Une instruction commune profite à tous les agents du délit contre qui elle est dirigée ; il ne faut pas que le supplément de frais, occasionné par la poursuite séparée de l'un d'eux, puisse être exigé des autres ; car il est en réalité, ou réputé être le résultat d'une faute postérieure au délit et personnelle à l'agent qui a été poursuivi isolément (arg. art. 1205, C. civ.) (3).

410. III. Effets. — En dehors du droit pour le créancier de demander à chaque condamné le tout, et du droit pour le condamné qui a

---

(1) *Sic* : RAUTER, I, 173 ; Consultation de MM. Le Poittevin et Lyon-Caen (aff. Baïhaut).

(2) En sens divers : CHAUVEAU et HÉLIE, I, 190 ; GARRAUD, *Précis* (3ᵉ édit.), p. 790, note) ; VILLEY, p. 474 ; BLANCHE, I, 430, 431.

(3) C. p. belge, art. 50 ; GARRAUD, II, p. 59. Mais le co-délinquant condamné en dernier lieu peut être condamné aux frais de la première poursuite : Cass. 25 mars 1875 (B. 102).

payé toute la dette d'exercer son recours contre les autres, la solidarité légale des co-délinquants produit-elle tous les effets de la solidarité conventionnelle ? — C'est là une question de Droit civil que nous ne discuterons pas, mais qu'il faut signaler, pour marquer la différence de la solidarité légale établie par les art. 55, C. pén. et 156, D. 18 juin 1811, avec l'*obligation in solidum* que le juge peut établir entre co-délinquants, pour d'autres objets. Les plus récents commentateurs du Code civil admettent, avec raison, que la solidarité conventionnelle ou légale, peu importe, produit toujours les mêmes effets. Il faudra donc faire produire à la solidarité légale des co-délinquants toutes les conséquences du mandat que, dans la solidarité conventionnelle, les co-débiteurs sont censés s'être réciproquement donné pour se représenter vis-à-vis du créancier *ad perpetuendam et minuendam obligationem, non ad augendam*. La prescription interrompue contre l'un le sera pour tous ; — la mise en demeure de l'un s'étendra aux autres ; — la demande d'intérêts formée contre l'un les fera courir contre tous, etc. (art. 1205, 1206, 1207). — Dans une autre opinion, on soutenait que ces effets n'étaient pas produits par la solidarité légale des co-délinquants ; aussi la qualifiait-on d'*imparfaite*. Certains auteurs la confondaient même avec l'*obligation in solidum* (1) dont nous allons parler. En cela ils avaient tort ; car si les effets de la solidarité imparfaite sont les mêmes que ceux de l'obligation *in solidum*, les conditions auxquelles est subordonnée l'existence de ces deux modalités sont différentes.

411. IV. Obligation in solidum. — Qu'est-ce donc que cette *obligation in solidum* ? — Lorsqu'un dommage a été causé en commun par plusieurs individus *et qu'il est impossible de déterminer la part de préjudice imputable à chacun d'eux*, l'équité veut que chaque participant puisse être considéré comme responsable de tout le dommage (2). L'action pour le tout est justifiée contre chacun, et, si l'un paie intégralement le créancier, il aura son recours contre les autres. A ces deux points de vue les effets de l'obligation *in solidum* sont les mêmes que ceux de l'obligation solidaire. — Mais cette obligation *in solidum* ne produira pas les effets de la solidarité qui ont leur principe dans le mandat réciproque des co-débiteurs envers le créancier. — Observons aussi que la solidarité légale des co-délinquants existe, *alors même que le juge pourrait déterminer la part de préjudice que chacun a causé*. On ne pourrait au contraire établir l'obligation *in solidum* dans cette hypothèse.

A l'égard de quelles créances cette condamnation au tout peut-elle être admise ? Ce sera pour les réparations civiles en matière de contraven-

---

(1) BLANCHE, I, 422, 423.
(2) Trib. Seine, 19 déc. 1895 (*La Loi*, 8 fév. 1896).

tion, ou en matière de délit purement civil. Mais on ne pourrait l'établir pour les amendes de simple police : le principe de la personnalité des peines s'y oppose.

C. — Hypothèque. — Privilège.

Classement des condamnations pécuniaires par ordre de préférence.

412. L'hypothèque judiciaire (art. 2123, C. civ.) résulte de tout jugement qui déclare une personne créancière d'une autre. Elle appartient directement à l'État ou à la partie civile envers qui le délinquant a été condamné à l'amende, à des dommages-intérêts ou aux frais. — Un privilège est accordé au Trésor pour les frais de justice en matière pénale (L. 5 sept. 1807). Il passe par subrogation à la partie civile qui a payé ces frais dont elle est tenue, solidairement avec le condamné, envers l'État (art. 1251, 3°, C. civ.). — Le privilège et l'hypothèque assurent au créancier un droit de préférence, dont le rang est déterminé par le droit civil quand il y a concours entre les condamnations pécuniaires motivées par l'infraction et des créances ayant une autre cause; mais s'il y a simplement concours entre les premières, la loi pénale indique l'ordre de leur classement. En premier rang seront payés les *frais dus à l'État* (1); en second rang viendront les créances de la partie civile ; en troisième, les amendes (art. 55, 468, C. p. et arg. 114, C. i. c.). — Observons qu'il ne peut être question d'un concours entre le droit de propriété conféré par un jugement prononçant une confiscation ou une restitution en nature d'un corps certain et déterminé et les privilèges qui grèvent cet objet mobilier. Les deux droits de préférence ne peuvent en effet se rencontrer, l'un portant sur la chose elle-même, l'autre sur son prix. Le Trésor et la partie civile feront distraire de la saisie, à leur profit exclusif, les objets confisqués ou à restituer (art. 608, C. pr.).

---

(1) Déduction faite cependant des *sommes dues pour la défense personnelle du condamné*, qui ont un privilège préférable à celui du Trésor (L. 5 sept. 1807, art. 2 § 2, art. 4 § 5). — L'attribution de l'amende à la partie lésée par le jugement de condamnation, quand le condamné est peu solvable, est une simplification de la procédure qu'il serait désirable de voir introduire en France. *Sic* : Projet Suisse, art. 28.

TITRE DEUXIÈME

DE L'APPLICATION DES PEINES

413. Les tribunaux peuvent avoir à appliquer la peine : 1° à l'agent unique d'une seule infraction ; — 2° à plusieurs participants du même délit ; — 3° à l'agent unique de plusieurs infractions. Ces trois hypothèses feront l'objet de trois chapitres distincts. Dans chacune d'elles il faut résoudre un problème qui s'impose également au législateur et au juge, savoir : de proportionner la peine au délit, le châtiment à la faute. Ce problème est même la seule difficulté que présente la première hypothèse ; dans les autres il se complique des difficultés soulevées par les *conditions* mêmes de l'hypothèse. Pour ce motif, nous placerons dans le premier chapitre l'étude complète et détaillée de la théorie des causes d'aggravation et d'atténuation, qui sert à résoudre le problème sus-énoncé, en réservant cependant certains détails relatifs à l'hypothèse où la même infraction a été commise par plusieurs participants ; ces détails feront l'objet du chapitre quatrième. Dans les deuxième et troisième chapitres, nous étudierons exclusivement les conditions de l'hypothèse où se présente le problème de l'application de la peine.

CHAPITRE PREMIER

DE L'APPLICATION DE LA PEINE A L'AGENT UNIQUE D'UNE SEULE INFRACTION.

414. Pour proportionner la peine au délit, il faut tenir compte de la gravité du fait en lui-même, *de la criminalité*, et de la situation particulière de l'agent, *de la culpabilité*. (Certains auteurs disent : *gravité objective* et *gravité subjective*.) Mais les circonstances qui influent sur la criminalité ou sur la culpabilité sont tellement nombreuses et d'une nature si variable, qu'il est impossible au législateur de les prévoir toutes. Aussi la tâche de proportionner le châtiment à la faute se partage nécessairement entre le législateur et le juge. — L'ancien droit se bornait en général à indiquer la peine, en laissant au juge le soin de l'aggraver ou de l'atténuer suivant les circonstances : c'était l'arbitraire du juge. Le Code pénal de 1791 établit des peines fixes en matière criminelle : c'était l'arbitraire de la loi. — Le Code pénal de 1810 a suivi un système mixte : 1° la loi détermine d'abord la peine en vue de l'infraction dépouillée de toutes les circonstances qui peuvent l'aggraver ou l'atténuer ; puis elle indique un certain nombre de causes d'aggravation ou d'atténuation, avec leur résultat précis. 2° Elle laisse au juge la possibilité de profiter de la divisibilité de la plupart des peines pour en fixer le taux dans les limites du minimum au maximum. — La réforme de 1832, en développant les circonstances atténuantes, a permis de plus au juge de changer la peine légale. — Enfin la loi du 26 mars 1891 l'a autorisé dans certains cas à ne prononcer qu'une condamnation conditionnelle s'il s'agit d'un délinquant primaire. Lorsqu'on compare les tendances du législateur moderne qui s'accusent dans cette loi de 1891 et celle de 1885 sur les récidivistes, on voit que l'on revient aux pénalités fixes pour les délinquants d'habitude, et à l'arbitraire des peines, mais seulement dans le sens de l'indulgence, pour les délinquants primaires (1).

(1) Sous le nom de *sentences indéterminées*, des néo-criminalistes voudraient aujourd'hui remettre à l'administration pénitentiaire le soin de fixer la durée des peines privatives de la liberté entre le maximum et le minimum établis par la loi. Le juge ne ferait plus qu'indiquer la peine ; l'administration déterminerait son taux. Je ne puis souscrire, pour ma part, à cet abandon d'une des réformes les plus utiles de la Révolution française, d'une de celles qui tiennent le plus au cœur des citoyens, *la certitude des peines*. Le système de l'ancien Droit serait aggravé ; car la fixation arbitraire de la peine ne serait plus l'œuvre du

Section I. — Des causes d'aggravation. — Circonstances aggravantes. — Causes d'aggravation générales.

415. Les causes d'aggravation sont légales ou judiciaires, — inhérentes à l'infraction ou attachées à la personne, — générales ou spéciales.

a) Légales ou *judiciaires*. — C'est-à-dire déterminées par la loi ou par le juge. Ces dernières ne peuvent faire l'objet d'une étude particulière, parce que l'appréciation du juge, en ce qui les concerne, échappe à tout contrôle. Il peut les prendre, ou dans la *criminalité* du fait (étendue du dommage, nombre des victimes, moyens employés), ou dans la *culpabilité* de l'agent (antécédents judiciaires insuffisants pour le constituer en état de récidive légale, immoralité, mauvais instincts, mobile honteux ou cupide, etc.), ou enfin dans d'autres circonstances, telles que la nécessité de l'exemple suivant les temps et les lieux.

Certaines causes d'aggravation légales modifient le *nom propre* de l'infraction, par exemple : le *meurtre* (homicide volontaire) prend, à raison de certaines circonstances, le nom spécial *d'assassinat*, de *parricide*, *d'infanticide* (art. 295, 299, 300). — D'autres modifient son *nom commun*, en transformant le délit en crime, ou la contravention en délit. Celles-ci opèrent un *déclassement* de l'infraction. Telles sont les violences, l'escalade, l'effraction, les fausses clefs employées pour commettre le vol, la qualité chez le voleur de domestique de la victime (art. 401 et 382, 384, 386, C. p., comb.). D'autres enfin semblent ne toucher qu'à la peine. Tel est l'effet normal de la récidive (art. 56, 57, 58, C. p.). Au fond, la raison d'être de ces trois causes d'aggravation est la même : c'est parce que le législateur constate un degré de plus dans la criminalité ou dans la culpabilité qu'il aggrave la peine. Il suit de là, qu'en cour d'assises, toutes les causes d'aggravation légales doivent faire l'objet d'une *question au jury*, parce qu'on doit lui soumettre toutes les circonstances qui influent sur la criminalité et sur la culpabilité. En général cependant on admet qu'il n'est pas nécessaire de questionner le jury sur l'état de récidive ; nous examinerons ultérieurement si cette exception est fondée.

juge, mais celle de l'administration. Le maximum légal ne convient pas d'ailleurs à toutes les situations. Il appartient au juge de déterminer le taux que mérite le coupable eu égard à la criminalité de l'acte et à sa culpabilité au moment du délit. S'il s'amende en prison, l'administration abrégera la peine prononcée par le juge. Mais ce serait une interversion des rôles aussi dangereuse que peu juridique, que de lui permettre d'en fixer le taux *a priori*, car elle ne peut apprécier qu'un des deux éléments du calcul, la *culpabilité* ; — l'autre élément, la *criminalité*, lui échappe absolument. Consultez sur *les sentences indéterminées*, Frédéric Lévy (thèse Paris, 1896).

416. *b) Inhérentes à l'infraction ou attachées à la personne.* — Les premières se rapportent aux éléments matériels de l'infraction ; elles augmentent la criminalité ; le fait devient *plus grave.* Comme elles sont empruntées aux circonstances de fait dans lesquelles l'infraction a été commise, on les appelle aussi *intrinsèques* et *objectives.* Comme elles aggravent habituellement la peine, non seulement de celui des participants qui les a ajoutées à l'infraction, mais encore de ses co-auteurs ou complices, on les appelle *réelles.* — Les secondes se rattachent à la personne de l'agent, à sa qualité, à ses antécédents, à des faits psychiques essentiellement personnels ; elles augmentent la culpabilité ; le fait reste le même, mais l'agent est *plus coupable.* On les nomme aussi, pour ce motif, *extrinsèques,* c'est-à-dire prises en dehors du fait, *subjectives,* c'est-à-dire provenant d'un sujet de l'infraction. Apportées dans l'infraction par l'un des participants, elles sont incommunicables à ses co-auteurs ou complices ; de là leur nom de *personnelles.* La terminologie que nous employons est préférable à ces diverses appellations, parce qu'elle fait pressentir l'utilité juridique qu'on peut retirer de cette distinction en deux classes des causes d'aggravation, dans l'hypothèse où il y a unité d'infraction et pluralité d'agents.

417. *c) Générales ou spéciales.* — Suivant qu'elles sont applicables à un groupe plus ou moins considérable d'infractions, ou applicables seulement à une infraction déterminée, les causes d'aggravation sont dites générales ou spéciales. Nous suivrons dans leur exposé cette dernière classification.

418. I. Circonstances aggravantes. — Les causes d'aggravation légales, qui sont spéciales à une infraction déterminée, portent le nom de *circonstances aggravantes.* Elles sont prises tantôt dans des faits qui ont précédé l'infraction (préméditation, guet-apens), tantôt dans des faits concomitants (qualité de l'agent ou de la victime, nombre des délinquants, mode d'exécution, temps et lieu du délit), tantôt dans des faits postérieurs (meurtre suivi d'un autre crime, suites ou résultats préjudiciables du délit) (1).

Les circonstances aggravantes doivent être soigneusement distinguées des *éléments constitutifs spéciaux* des infractions, qu'on appelle souvent *circonstances constitutives.* L'utilité pratique de la distinction apparaît au point de vue de la rédaction des questions à poser au jury. Tous les éléments constitutifs d'un crime peuvent être englobés dans une seule question. Il suffit en effet que le jury estime qu'un seul de ces éléments fait défaut, pour affirmer que l'accusé n'est pas coupable. Chaque circonstance aggravante au contraire exige la position d'une question spéciale. — Quel est le principe de la distinction ? On s'accorde à recon-

---

(1) Voir le tableau qu'en a dressé Ortolan, I, 1077 (note).

naître que les circonstances aggravantes sont des éléments accidentels de l'infraction, qui peuvent en être détachés ; tandis que les éléments constitutifs sont des éléments essentiels, absolument inséparables. Par conséquent si la suppression d'une circonstance, sur laquelle repose l'incrimination légale, entraîne l'impunité du fait, cette circonstance est constitutive et non pas simplement aggravante.

419. Mais on ne s'accorde pas sur l'application du principe aux circonstances dont l'addition ou la suppression a simplement pour résultat *d'augmenter* ou de *diminuer* la pénalité. Un premier système enseigne que la circonstance est constitutive, lorsqu'elle modifie le *nom propre* de l'infraction. Telles seraient : la préméditation dans l'assassinat, le rapport de filiation dans le parricide, la qualité de la victime dans l'infanticide ; car toutes ces variétés de l'homicide volontaire portent un nom spécial, différant du nom technique de meurtre qu'on donne à l'homicide volontaire dépouillé des circonstances sus-mentionnées (art. 295, 206, 299, 390, C. p.) (1). — D'après un second système, la circonstance est constitutive si elle modifie le *nom commun* de l'infraction, si par exemple elle la transforme de délit en crime. Le rapport de domesticité entre le voleur et la victime, l'escalade, l'effraction, les fausses clefs seraient des circonstances constitutives du vol qualifié, parce que, ajoutées au vol simple, elles entraînent un déclassement de l'infraction (art. 384, 386 et 401, C. p. comb.). Au contraire, les circonstances de nuit, de pluralité d'agents, de maison habitée, prises isolément, ne faisant qu'augmenter la sévérité de la peine criminelle attachée à un vol qualifié (art. 381, 385, 386, C. p.), seraient des circonstances aggravantes (2).

Un troisième système paraît préférable ; il distingue les éléments constitutifs des circonstances aggravantes, en recherchant si telle cir-

---

(1) La jurisprudence paraît adopter ce système ; F. HÉLIE, *Prat. crim.*, II., 508, 509, 719.

(2) TRÉBUTIEN, II, p. 428 et s. — Ces deux systèmes appliquent un critérium absolument factice. L'assassinat, le parricide, l'infanticide ne sont au fond que des homicides volontaires, plus sévèrement punis à raison d'une circonstance accidentelle. Il n'y a point de motif pour qualifier autrement cette circonstance que les circonstances accidentelles d'effraction, d'escalade, de nuit, de maison habitée, etc., qui peuvent s'ajouter au vol : dans les deux cas, selon nous, il y a circonstance aggravante. — Le second système veut employer, pour distinguer les éléments constitutifs et les circonstances aggravantes, le critérium de l'art. 1er du Code pénal, qui sert à distinguer les trois classes d'infractions. Mais un critérium ne peut servir qu'à l'objet spécial auquel il est destiné : il n'énonce pas en effet une vérité absolue. Ce second système établit d'ailleurs une distinction arbitraire entre des circonstances de même nature : l'effraction, l'escalade, les fausses clefs seraient des éléments constitutifs ; la nuit, la pluralité d'agents, la maison habitée seraient au contraire des circonstances aggravantes. Mais on remarquera que toutes ces circonstances ont une cause commune, les conditions de la perpétration du crime ; qu'elles ont toutes le même effet, une aggravation de la criminalité ; dès lors, comment admettre que leur nature puisse être différente ?

constance modifie ou non le fond de l'infraction. — Prenons le vol : il résulte de sa définition légale (art. 379, C. p.) que trois conditions sont nécessaires pour qu'il y ait vol, savoir : la *soustraction*, la *chose d'autrui*, l'*intention frauduleuse*. Ce sont là ses éléments constitutifs : toute circonstance, qui viendra s'y ajouter, pourra augmenter la criminalité du fait ou la culpabilité de l'agent, mais ne changera point sa nature. On devra donc considérer comme des circonstances aggravantes toutes les circonstances accidentelles du vol que le second système qualifie tantôt de circonstances aggravantes, tantôt d'éléments constitutifs. — Prenons le meurtre : il résulte de sa définition légale (art. 295, C. p.), qu'il exige deux conditions : 1° l'homicide, 2° l'intention de tuer. Voilà ses éléments constitutifs. Si à ces conditions, qui se retrouvent nécessairement dans toutes les variétés de l'homicide volontaire, vient s'ajouter une circonstance accidentelle, telle que la préméditation ou le guet-apens, un rapport de filiation entre la victime et l'agent, la qualité d'enfant nouveauné chez la victime, le crime sera plus sévèrement puni et changera même de nom ; mais il ne changera point de nature, son fond étant toujours le même. Les termes qu'emploie le législateur pour définir l'assassinat, le parricide, l'infanticide viennent à l'appui de cette démonstration : « Tout *meurtre* commis avec préméditation ou guet-apens est qualifié assassinat » (art. 296). « Est qualifié parricide le *meurtre* des père et mère, etc. » (art. 299). « Est qualifié infanticide le *meurtre* d'un enfant nouveau-né » (art. 300). — A l'inverse, si l'on supprime un élément constitutif, le fait change de nature. Sans la soustraction, l'appropriation injuste de la chose d'autrui pourra être punie comme escroquerie ou abus de confiance, mais ce ne sera plus le vol. Sans l'intention de donner la mort, l'homicide pourra constituer le crime prévu par l'art. 309 § 4 du Code pénal ou le délit puni par l'art. 319, mais il n'y aura pas meurtre. Le fond de l'infraction est modifié.

420. II. Causes d'aggravation générales. — Les causes d'aggravation légales, applicables à un groupe plus ou moins étendu d'infractions, sont : 1° *pour les crimes entraînant la peine des travaux forcés* : la circonstance d'avoir été commis dans une prison en vue de faire substituer la peine des travaux forcés à celle de la réclusion ou de l'emprisonnement (L. 25 déc. 1880) ; — 2° *pour les crimes et délits des fonctionnaires et officiers publics* : la circonstance que l'infraction est au nombre de celles que ce fonctionnaire était chargé de surveiller ou de réprimer (art. 198, C. p.) ; 3° *pour les infractions commises par un repris de justice* : l'état de récidive (art. 56-58, C. p.).

a) La première de ces causes d'aggravation a été introduite par une loi nouvelle dont nous avons indiqué l'utilité. C'est une loi de circonstance, destinée à disparaître si la réforme du Code pénal, actuellement à l'étude, aboutit à une refonte générale des peines privatives de la liberté. Le résultat de cette cause d'aggravation est de faire subir la peine des travaux forcés dans la prison même où le crime a été commis, avec faculté pour les juges d'infliger la cellule de punition pendant un an au plus. Elle exige la réunion des conditions suivantes : 1° que le crime ait été commis dans une prison ; 2° par un détenu subissant la peine de la réclusion ou de l'emprisonnement ; 3° pour se soustraire au régime de ces peines par une condamnation aux travaux forcés à temps ou à perpétuité. Les deux premières conditions sont indiquées par le texte, la troisième résulte de son esprit. Cette cause d'aggravation doit faire l'objet d'une question au jury, comme les autres circonstances aggravantes spéciales (1).

421. *b*) La qualité de fonctionnaire ou d'officier public chez l'agent devient une cause d'aggravation dans tous « les crimes et délits qu'il était chargé de surveiller ou de réprimer, hors les cas où la loi règle spécialement la peine encourue par le fonctionnaire » (art. 198, C. p.). Les modifications que cette cause d'aggravation apporte à la peine ordinaire du crime ou du délit ne paraissent pas dériver d'un système bien défini. *En matière correctionnelle*, le coupable doit être condamné au maximum de la peine. *En matière criminelle*, tantôt on élève la peine d'un degré : c'est ainsi qu'on transforme la réclusion en travaux forcés à temps, et les travaux forcés à temps en travaux forcés à perpétuité (§§ 4, 5) ; tantôt on substitue à la peine politique la peine de Droit commun correspondante : les travaux forcés à perpétuité remplacent, en effet, la déportation ; les travaux forcés à temps remplacent la détention (§§ 5, 4) ; tantôt les deux modes d'aggravation se combinent : ainsi on substitue la réclusion au bannissement et à la dégradation civique (§ 3). Au delà des cas qui viennent d'être exprimés, la peine ordinaire est appliquée sans aggravation (§ 6). Le système de la loi est non seulement indécis et incomplet, mais encore, dans un cas, contradictoire. Ainsi on ne passe point de la détention à la déportation, parce que la substitution d'une peine perpétuelle à une peine temporaire serait une aggravation trop forte, et cependant on passe des travaux forcés à temps aux travaux forcés à perpétuité. — Le texte ne s'explique pas non plus sur le genre de déportation qu'il a en vue ; mais comme il date de 1810, c'est à la déportation simple, la seule connue à cette époque, qu'il s'applique. De là naît la question de savoir s'il ne faut pas monter de la déportation simple à la déportation dans une enceinte fortifiée, et réserver les travaux forcés à perpétuité pour les crimes punis de la déportation dans une enceinte ? La question à notre avis doit être résolue en ce sens.

422. *c*) La récidive est la cause d'aggravation la plus générale, car

---

(1) Cass. 3 av. 1886 (*Gaz. Trib.*, 18 av.) ; Cass. 14 janv. 1887 (*J. du Dr. crim.*, 1887, p. 179).

elle s'applique aux trois classes d'infractions. Dans son sens étymologique, le mot récidive signifie rechute : on appelait autrefois les récidivistes des *relaps* ; mais cette rechute ne constitue à proprement parler la récidive, que lorsqu'elle se produit après une condamnation irrévocable pour une première infraction. Sans cette condition, il y aurait simplement *concours d'infractions* (1) Nous étudierons cette seconde situation en traitant de l'application de la peine à l'agent unique de plusieurs délits. — Envisagée dans son rapport avec la seconde infraction, la récidive dénote une aggravation de culpabilité qu'il est juste de réprimer par une aggravation de peine. Ce point de vue a été celui du législateur de 1810 : la récidive est une circonstance aggravante. Ce système de répression n'est pas mauvais ; mais l'imprévoyance de nos lois, qui ont négligé de s'occuper du reclassement des libérés, a fait naître un danger social de la répression même de la récidive. Plus fortes ont été les peines, plus nombreuses ont été les condamnations, et plus le libéré a de difficulté pour se faire accepter dans la Société de la France continentale, trop dense et trop civilisée pour ne pas regarder aux antécédents d'un homme. Le défaut de reclassement des libérés est devenu un danger social auquel il a fallu parer. La loi du 27 mai 1885 a créé, dans ce but, la peine de la relégation et l'a appliquée à certaines récidives. Ce nouveau genre de répression de la récidive diffère du précédent en ce qu'il fait abstraction du châtiment que mérite l'agent dans la seconde infraction pour n'envisager que le danger social résultant du défaut ou de l'impossibilité de son reclassement. Il n'abroge pas d'ailleurs l'ancien système de répression, mais se combine avec lui.

Section II.— De la récidive punie par le code pénal (2).

423. I. Notions générales et théoriques. — S'il suffisait d'établir l'ancienneté d'une institution pour démontrer sa légitimité, on pourrait invoquer, à titre de précédents, toutes les législations anciennes pour légitimer l'aggravation de la peine à raison de la récidive (3). L'idée de justice, qui inspirait d'une manière exclusive ou prédominante les an-

---

(1) Ces deux situations ont été souvent confondues par les jurisconsultes romains, voir notamment : fr. 28 § 10, *de pœnis*; fr. 8, *ad legem Jul. de vi* ; C. 3, *de episcopali audientia*. D'autres textes font cependant la distinction ; voir : fr. 28 § 16 ; fr 10 § 1, *de pœnis*. — Elle était admise d'ailleurs par nos anciens criminalistes : comp. Farinacius, *Quæst*. 18, n° 9.

(2) Bibliographie : Fernex de Montgex, *Étude sur la récidive* (Chambéry, 1868) ; Bertauld, *Rev. prat.*, t. V, p. 278 ; Bazot, *De la récidive d'après la loi des 13 et 18 mai 1863* (Paris, 1864) ; Locard, *Comm. de la loi du 26 mars 1891* (Paris, 1891).

(3) Hérodote, I, 13 ; VII, 194. — Aristote, *Rhétorique*, I, 14.

ciennes législations, commande cette aggravation. L'intérêt social, base de notre droit moderne, ne l'exige pas moins. La récidive dénote en effet chez certains criminels une résolution arrêtée et persistante d'enfreindre la loi pénale ; chez d'autres, un penchant à se laisser entraîner au mal par la passion ; chez d'autres enfin, une habitude d'imprévoyance ou de négligence. Il faut réagir énergiquement contre ces tendances et élever la peine du nouveau délit, parce que la rechute dans l'infraction malgré la condamnation antérieure prouve que les moyens ordinaires sont impuissants. On a objecté qu'on violait ainsi d'une manière détournée la règle, *non bis in idem* (1). C'est une erreur : l'aggravation de peine ne réprime pas une seconde fois la première infraction, qui est irrévocablement jugée ; elle réprime, dans la seconde infraction, une aggravation de la culpabilité résultant du mépris de l'agent pour l'avertissement de la justice. — On a contesté que les récidivistes fussent plus coupables que les délinquants primaires. La récidive, a-t-on dit, démontre l'habitude ; or l'habitude facilite l'acte, diminue la liberté morale de l'agent et par suite sa responsabilité (2). Si l'objection était fondée, il faudrait dire que la récidive, loin d'être une cause d'aggravation, devrait être une cause d'atténuation ! L'habitude sur laquelle on discute est supposée volontaire, sinon ce serait une *manie* ; elle est donc punissable. — On objecte encore que la loi n'a pas à regarder aux antécédents d'un homme ; qu'elle doit mesurer l'intérêt de la répression uniquement à la gravité du fait qu'elle incrimine. Mais cette objection tendrait à réduire le rôle du législateur, dans la détermination des peines, à l'examen de la criminalité ; or, à moins d'admettre un système de répression purement matérialiste, il faut lui reconnaître le droit de s'occuper aussi de la culpabilité, et de même qu'en prévision d'une diminution de culpabilité, il doit pouvoir abaisser la peine, de même en prévision d'une aggravation de culpabilité, il doit pouvoir l'élever. La légitimité de l'aggravation légale à raison de la récidive est donc démontrée. Le principe une fois admis, son application soulève plusieurs difficultés de détail.

424. 1re *Question* : « Doit-on punir seulement la récidive *spéciale*, ou punir aussi la récidive *générale* ? » — On appelle récidive spéciale la rechute dans le même genre d'infraction. Elle dénote ordinairement avec évidence l'aggravation de la culpabilité. C'est pourquoi les législations pénales des peuples les moins civilisés l'ont réprimée. Sa répression est « l'enfance de la pénalité » (3) On nomme récidive générale la rechute

---

(1) CARNOT, p. 196, n° 1.
(2) BOURDON, *Rev. de légist.*, 1856, p. 450 ; TISSOT, I, 107-117.
(3) Historiquement, la théorie de la récidive spéciale apparaît bien avant celle de la récidive générale. L'aggravation croissante de la peine à mesure que s'accroît le nombre des récidives est la caractéristique de ce système. Une ordonnance du 9 mars 1310 prévoyait jusqu'à huit aggravations. La théorie de la réci-

dans une infraction quelconque. L'aggravation de la culpabilité est alors moins saillante ; cependant on ne peut négliger le mépris qu'a fait l'agent de l'avertissement de la justice ; il est même possible de concevoir des hypothèses où la récidive générale sera certainement *plus coupable* que la récidive spéciale (1). On ne peut donc faire de réponse absolue. La répression de la récidive générale paraît mieux appropriée aux délits de convention sociale (2). — Ce système fonctionnait tant bien que mal dans notre Droit avant la loi du 26 mars 1891 : on réprimait la récidive générale pour les crimes et délits prévus par le Code, qui sont presque tous des infractions d'immoralité ; on ne réprimait au contraire que la récidive spéciale dans les contraventions et pour les délits spéciaux, probablement parce que la plupart d'entre eux sont des infractions de convention sociale. Les art. 57 et 58, C. p. modifiés par la loi du 26 mars 1891, exigent maintenant la *spécialité* pour la récidive de *délit à délit* ; on aurait mieux fait de perfectionner le système du Code que de le changer.

425. 2ᵉ *Question* : « Doit-on tenir compte de toute condamnation antérieure, ou seulement de celles qui présentent une certaine gravité ? » — De ces dernières seulement, lorsqu'on veut faire de la récidive une cause d'aggravation de la culpabilité de l'agent dans la seconde infraction. L'importance de l'avertissement judiciaire résultant de la condamnation antérieure est en raison directe de l'importance de cette condamnation. — Il en est ainsi dans notre Droit quand fonctionne le système de la récidive générale : on exige que la condamnation antérieure ait non seulement une gravité *absolue* (qu'elle porte une peine criminelle, ou l'emprisonnement), mais encore, une gravité *relative* par rapport à la seconde infraction ; ainsi la récidive de délit à crime n'est pas punissable.

426. 3ᵉ *Question* : « Faut-il exiger que la seconde infraction se produise

---

dive générale n'apparut que beaucoup plus tard : Ord. d'août 1670, art. 12 ; Décl. d'août 1701 et de mars 1724. Celle-ci surtout organisa pour les crimes graves un système de répression presque aussi large que celui du Code pénal de 1810. Les écrits des jurisconsultes avaient favorisé d'ailleurs le développement de la nouvelle théorie. V. FARINACIUS, *Quæst.* 23, n° 32 ; MUYART DE VOUGLANS, *Lois crim.*, II, ch. I, § 1, n° 8.

(1) HAUS, II, 878, *note*, cite le cas suivant : « Un voleur, à peine libéré, va trouver le témoin qui avait déposé contre lui et le blesse gravement. Un voleur sorti de prison, signalé à la défiance des maîtres et des ouvriers, ne trouve du travail nulle part. Pour nourrir sa famille, plongée dans la misère, il va, la nuit, voler quelques provisions dans les champs. Lequel des deux est le plus coupable ? »

(2) Il semble aussi qu'on devrait tenir compte du caractère politique ou non politique de l'infraction, surtout s'il s'agit d'un crime. Les peines criminelles politiques différant, en effet, des peines criminelles de Droit commun, la nature de l'avertissement qui résulte d'une première condamnation change suivant la nature de la peine prononcée.

dans un certain délai à compter de la condamnation antérieure ? » — Si la récidive augmentait la criminalité de la seconde infraction, on pourrait dire que cet élément, emprunté à la condamnation précédente, est susceptible de se prescrire, car les faits matériels s'affaiblissent et s'oublient avec le temps. Mais la récidive est une cause d'aggravation subjective ; elle dénote un surcroît de perversité déterminé par un fait psychologique, que la prescription ne peut atteindre. — Le législateur de 1810 avait appliqué ces principes d'une façon assez judicieuse. Dans les crimes et les délits, il ne tenait pas compte du délai qui sépare les deux termes de la récidive. Il exigeait au contraire que ces deux termes ne fussent pas séparés par un intervalle de plus d'un an, s'il s'agissait de contraventions. La raison de cette distinction venait probablement de l'importance plus grande de l'élément intellectuel dans la première classe d'infractions, que dans la seconde : quand l'élément matériel prédomine, on peut à la rigueur faire prescrire l'avertissement résultant d'une condamnation antérieure ; mais c'est une exagération d'imposer un délai pour toutes les récidives correctionnelles, comme l'a fait la loi du 26 mars 1891, car la plupart des délits exigent l'intention, c'est-à-dire l'élément intellectuel le plus étendu (1).

427. 4e *Question* : « L'aggravation de la peine résultant de la récidive doit-elle être obligatoire ou facultative ? » — L'aggravation obligatoire de la peine se comprend dans la récidive spéciale. Elle répond en effet à une aggravation de culpabilité que le législateur a pu apprécier exactement d'avance. Mais dans la récidive générale, ce système serait trop rigoureux. L'examen du législateur n'ayant porté que sur le premier terme de la récidive, il ne faut pas priver le prévenu de l'appréciation que peut faire le juge des circonstances qui atténuent sa culpabilité dans la seconde infraction. — Notre législation a suivi la solution la plus douce. En matière criminelle, elle admet la combinaison de la récidive avec les excuses et les circonstances atténuantes. En matière cor-

---

(1) La tendance générale des législations les plus récentes est cependant d'exiger cette condition de temps pour la répression de la récidive, quelle que soit l'infraction. Tantôt le point de départ de ce délai est la condamnation antérieure ; tantôt, ce qui est plus logique, l'expiration de la peine prononcée par cette condamnation. *Comp.* C. belge, art. 56 § 2 ; C. allemand, art. 245 ; C. des Pays-Bas, art. 421-423 ; projets de C. p. espagnol de 1884-85 ; C. italien, art. 80, etc. — La même condition de temps était souvent exigée dans nos lois spéciales, sans égard au caractère intentionnel ou non intentionnel de l'infraction : L. 5 juil. 1844, s. les brevets d'invention, art. 43 ; L. 23 juin 1857, s. les marques de fabrique, art. 11 ; L. 14 mars 1887, s. la répression des fraudes commises dans la vente des beurres, art. 5, 10 ; L. 4 fév. 1888, s. la répression des fraudes dans le commerce des engrais, art. 1, 2, 3. — D'autres lois récentes ne faisaient pas mention de cette condition de temps : L. 18 av. 1886, s. l'espionnage ; L. 30 av. 1886, s. l'usurpation des médailles et récompenses industrielles ; L. 14 août 1885, s. la fabrication et le commerce des armes et munitions, etc. Elle s'y trouve introduite aujourd'hui par la réforme de l'art. 58, C. p.

rectionnelle et de police, elle permet au juge d'écarter complètement, par les circonstances atténuantes, l'aggravation résultant de la récidive. C'est trop d'indulgence ; nous le démontrerons plus loin.

428. 5⁰ *Question* : « Comment faut-il punir la récidive ? » — La récidive, aggravant la culpabilité de l'agent sans toucher à la criminalité du fait, ne doit pas théoriquement modifier le genre de la peine. La répression doit consister dans une aggravation du taux de cette peine ou de son mode d'exécution (1). — Ce principe dégagé seulement de nos jours pénètre peu à peu dans notre législation pénale. Le Code pénal de 1810 n'admettait pas qu'on passât d'une peine correctionnelle à une peine criminelle (2) ; après la réforme de 1832, on n'a plus admis la gradation d'une peine afflictive temporaire à une peine afflictive perpétuelle, et jamais, sauf un cas qu'on aurait dû supprimer, la gradation à la peine de mort ; enfin, depuis la loi du 8 juin 1850 sur la déportation, on peut soutenir qu'on ne passe point d'une peine politique à une peine de Droit commun.

429. Le Code pénal modifié par la loi du 26 mars 1891 contient trois théories de la récidive : l'une pour les crimes, l'autre pour les délits, l'autre pour les contraventions. Il existe aussi, soit dans le Code pénal, soit dans les lois spéciales, des règles particulières à certains cas exceptionnels de récidive. Mais toutes ces dispositions ont ceci de commun qu'elles envisagent la récidive comme une aggravation de la culpabilité de l'agent dans la seconde infraction. Aussi sont-elles soumises à un ensemble de règles communes que nous allons exposer ; nous étudierons ensuite successivement les règles spéciales à chaque groupe.

430. II. Conditions générales de la récidive. — La récidive suppose une condamnation antérieure et une nouvelle infraction : ce sont là ses deux *termes*. Les conditions générales de la récidive s'appliquent à chacun d'eux.

431. A. Conditions relatives au premier terme de la récidive. — La condamnation qui le constitue doit être : *a)* antérieure à la nouvelle infraction, *b)* pénale, *c)* irrévocable, *d)* émanée d'un tribunal français.

a) Antérieure à la nouvelle infraction, et non pas seulement à sa poursuite ou à son jugement. — La loi voit dans cette condamnation antérieure un avertissement pour le condamné de ne pas commettre un nouveau délit ; le mépris de cet avertissement aggrave sa culpabilité dans la seconde infraction. Il suit de là que cet avertissement doit avoir précédé la nouvelle faute.

432. *b)* La condamnation doit être *pénale*. — Ainsi l'exige le texte

---

(1) Rossi, III, p. 114 ; Haus, II, 879 ; C. italien, art. 81, 82.
(2) Sauf l'exception de l'art. 200 pour un cas de récidive spéciale.

même des art 56, 57 et 58. L'avertissement judiciaire résulte de la peine appliquée ; par conséquent tout jugement ou arrêt qui se bornerait à constater la culpabilité matérielle ou même l'imputabilité pénale, sans prononcer de peine proprement dite, ne constituerait point le premier terme de la récidive, alors même qu'il aurait ordonné ou motivé certaines mesures de correction. Ni le mineur de seize ans envoyé dans une maison d'éducation correctionnelle, ni le fou placé d'office dans un établissement d'aliénés après son acquittement, ni l'individu renvoyé indemne par l'effet d'une excuse absolutoire, ne sont à considérer comme ayant le premier terme de la récidive (1). Il en est différemment du condamné avec sursis.

433. *c*) La condamnation antérieure doit être *irrévocable*, c'est-à-dire passée en force de chose jugée, au moment où l'agent commet la seconde infraction. — On ne peut en effet l'obliger à tenir compte d'un jugement qu'il attaque ou qu'il peut attaquer. Ne sauraient donc constituer le premier terme de la récidive : 1° le jugement ou l'arrêt par défaut, tant que l'opposition est recevable ou n'est pas rejetée ; 2° le jugement susceptible d'appel, ou dont l'appel n'est pas jugé ; 3° l'arrêt ou le jugement susceptibles d'un pourvoi en cassation, ou frappés d'un pourvoi ; 4° la condamnation par contumace, tant que la prescription de la peine n'est pas acquise (2). — Il importe peu d'ailleurs que, postérieurement à la seconde infraction, le condamné ait échoué dans le recours qu'il exerçait contre sa condamnation antérieure : car, en supposant que la condamnation dût être considérée, par fiction, comme irrévocable à dater du jour où elle a été rendue, cet effet rétroactif ne peut modifier l'appréciation qu'en a faite l'agent au moment de commettre la seconde infraction. Cette appréciation en effet est *res facti* ; or les fictions n'opèrent que sur les *res juris*. — Il n'est pas utile non plus que la peine ait été subie. Les art. 55, 57, 58, 483 placent l'avertissement dans la *condamnation* et non dans l'exécution de la peine (3). Il suit de là que ni la prescription de la peine,

---

(1) Il en serait de même, dans l'opinion courante sur l'application de la règle du non-cumul des peines, du jugement ou de l'arrêt qui se bornerait à constater la culpabilité du prévenu ou de l'accusé quant au délit puni de la peine la moins grave, sans prononcer cette peine : Cass. 1er mars 1888 (*Gaz. des Trib.* 9 mars).

(2) Cass. du 10 mai 1861 (D. 61, 1, 239) et la note. Ce qui pourrait faire doute pour les condamnations par contumace, c'est qu'elles produisent provisoirement la chose jugée au point de vue de l'*exécution* sur les biens et de la *prescription*. La même difficulté a été soulevée pour les jugements correctionnels par défaut après le délai d'appel et pendant le délai exceptionnel d'opposition (art. 187, C. i. c.). ROUGIER, *Des jug. corr. par défaut* (Thèse Lyon, 1893, n° 129 et s.). Mais la raison que je donne au texte a paru décisive pour ne pas les compter jusqu'à l'expiration du délai de 5 ans qui les rend inattaquables : Riom, 3 janv. 1896 (V. mon *Examen doctrinal*, Rev. crit., 1897, p. 80 et s.).

(3) V. dans GARRAUD, II, 189, note 5, le tableau des législations étrangères

ni sa remise par voie de grâce n'empêchent la condamnation de compter comme premier terme de la récidive. Toutes les causes au contraire qui effacent la condamnation (l'amnistie, la revision, la réhabilitation) suppriment cette condamnation comme premier terme de la récidive.

434. *d*) Il faut enfin que la condamnation antérieure émane d'un *tribunal français*. — Cette condition, non formulée par les textes, est la conséquence du principe de la territorialité des lois pénales : la loi française n'a pas à tenir compte de condamnations prononcées par les tribunaux étrangers. Vainement l'on objecterait que depuis la loi du 27 juin 1866 (nouvel art. 5, C. i. c.), les jugements étrangers empêchant la poursuite en France des infractions commises par les Français hors de notre territoire, doivent, du moins pour les Français, servir de premier terme à la récidive. Cette disposition, répondrons-nous, est exceptionnelle et par conséquent ne peut servir de base à un argument d'analogie. L'extension de l'autorité des lois pénales françaises aux infractions commises hors du territoire déroge au principe de la territorialité ; on a pu dès lors la subordonner à cette condition que le fait n'ait pas été jugé définitivement à l'étranger. Mais il ne faut pas induire de là que le jugement étranger pourra constituer en France un terme de la récidive. Ce serait lui reconnaître l'autorité de la chose jugée ; or les principes généraux s'y opposent, et de plus, cela aurait des inconvénients pratiques très graves quand les deux législations diffèrent sur le genre de répression.

435. Du moment que la condamnation émane d'un tribunal français il importe peu que ce soit d'un tribunal ordinaire ou d'une juridiction d'exception : cela résulte de la réserve que l'art. 56 § 8 fait pour certaines condamnations émanées des conseils de guerre : « Toutefois l'individu condamné par un tribunal militaire ou maritime ne sera, en cas de crime ou délit postérieur, passible des peines de la récidive, qu'autant que la première condamnation aurait été prononcée pour des crimes ou délits punissables d'après les lois pénales ordinaires. »

436. On s'est demandé si le juge de la seconde infraction pouvait se livrer à un examen plus approfondi de la condamnation antérieure, vérifier, par exemple, si le tribunal français qui l'a prononcée était *régulièrement composé et compétent*, s'il *a appliqué la loi*, etc. Nous ne l'admettons pas : ce serait *reviser* cette condamnation qui a acquis l'autorité de la chose jugée. Or le juge de la seconde infraction n'est pas compétent pour faire cette revision, qui, d'ailleurs, est irrecevable au fond et dans la forme (art. 443-447, C. i. c.) (1).

437. Mais, à notre avis, le juge de la seconde infraction devrait exa-

qui placent le principe de l'aggravation de la peine à raison de la récidive dans l'exécution de la peine.
(1) *Sic* : BLANCHE, I, 481. — *Contrà*, Cass. 30 déc. 1825 ; 16 sept. 1830.

miner si la loi, que le juge du premier délit a appliquée, n'est pas actuellement abrogée ou modifiée. Il ne revise pas ainsi la condamnation antérieure, il apprécie sa valeur dans son rapport avec l'infraction actuelle. Or cette appréciation ne peut être faite que par lui et selon la législation en vigueur au moment du jugement de l'infraction prétendue commise en récidive. Si à ce moment le fait qui a motivé la condamnation antérieure a cessé d'être punissable, il serait irrationnel de considérer cette condamnation comme une cause d'aggravation *légale* de la peine applicable à l'infraction actuelle (1). Les conséquences pratiques de notre système sont très importantes : 1° si le fait qui a motivé une condamnation antérieure à une peine criminelle n'est plus puni que de l'emprisonnement, au moment du jugement de la seconde infraction, la première condamnation ne pourra servir de premier terme à la récidive criminelle ; — 2° si l'incrimination de ce fait a disparu, ou bien si c'est un délit actuellement puni d'une simple amende, la condamnation antérieure, fût-elle à une peine criminelle, ne peut servir de premier terme à la récidive correctionnelle. Il suffit pour le moment de formuler ces conséquences ; elles seront mieux comprises quand nous aurons exposé les conditions spéciales de la récidive en matière de crimes et de délits.

438. B. Conditions relatives au second terme. — Le deuxième terme de la récidive consiste dans une seconde infraction, — qui doit être indépendante de la première condamnation, — et de même nature que l'infraction primitive.

a) Indépendante de la première condamnation. — L'infraction à l'interdiction de séjour et l'évasion ne satisfont pas à cette condition, s'il n'y a d'autre condamnation antérieure que celle à l'exécution de laquelle le prévenu a tenté de se soustraire. Elles ne manifestent pas en effet l'incorrigibilité du coupable, mais seulement son désir d'éviter l'exécu-

---

(1) Le législateur a reconnu, en effet, que l'incrimination était vicieuse, que le fait devait rester impuni, peut-être qu'il était licite, peut-être même honorable ; et l'on voudrait qu'une condamnation motivée par ce fait, condamnation dont il réprouve le principe, aggravât, *à ses yeux*, la culpabilité de l'agent ! Cette solution, trop facilement acceptée par les criminalistes français, confine à l'absurde. La loi du 23 floréal an X prévoyait la question et la résolvait expressément dans mon sens ; on peut l'invoquer par analogie. — On objecte qu'une loi nouvelle supprimant ou réduisant une peine ne peut profiter à ceux qui ont été condamnés définitivement sous l'empire de la loi ancienne. L'objection serait fondée s'il s'agissait d'arrêter l'exécution de la condamnation antérieure, parce qu'on reviendrait alors sur une situation définitivement acquise ; mais il s'agit ici de faire produire à la condamnation antérieure un effet absolument nouveau, un effet qui suppose une comparaison de cette condamnation antérieure avec l'infraction actuelle ; or cette comparaison ne peut se faire, sans tenir compte du nouveau point de vue auquel la législation en vigueur au moment du jugement de la seconde infraction envisage le fait qui a motivé la première condamnation. *Sic* : Haus, II, 899, 900.— *Contrà* : Cass. 19 août 1830 (S. 31,1,185); Blanche, I, 483 ; Garraud, II, 189, B.

tion de la peine qu'il subit. Il ne faut pas croire d'ailleurs que ces deux délits ne puissent être commis en récidive. Pour qu'il en soit ainsi, il suffit en effet de supposer que le coupable a encouru une condamnation antérieure, autre que celle qui a prononcé contre lui l'interdiction de séjour ou la peine privative de la liberté (1).

b) De même nature que l'infraction primitive. — La division tripartite des infractions en crimes, délits et contraventions est absolument factice ; en réalité, si l'on considère leurs éléments constitutifs, les infractions se divisent en deux classes : celles qui exigent l'intention, celles qui ne l'exigent point. La récidive étant une cause d'aggravation qui se rattache à l'élément interne, on concevrait un système de législation qui établirait deux théories différentes : l'une pour les infractions intentionnelles, l'autre pour les infractions non intentionnelles. C'était à peu près le système du Code de 1810 : il y avait une théorie de la récidive pour les crimes et les délits, et une autre pour les contraventions. La loi du 26 mars 1891 a méconnu l'identité de nature des crimes et des délits en imposant à la récidive correctionnelle des conditions de *délai* et de *spécialité* qui ne sont pas exigées pour la récidive criminelle. Aujourd'hui il existe trois théories de la récidive correspondant aux trois classes d'infractions. Nous allons les étudier en détail.

439. III. Conditions spéciales de la récidive criminelle. — Le premier terme de cette récidive est une condamnation antérieure « *à une peine afflictive ou infamante* » (art. 56, *texte de 1832).* Le Code pénal de 1810 disait une condamnation « *pour crime* », ce qui semblait faire reposer le principe de la récidive sur la qualification abstraite du fait qui avait motivé la condamnation précédente, plutôt que sur la peine réellement prononcée. Mais, puisque cette condamnation est considérée par la loi comme un avertissement donné au coupable, il était logique de mesurer la portée de cet avertissement à la gravité de la peine prononcée. Aujourd'hui, plus de doute : le premier terme de la récidive est une condamnation antérieure à une *peine afflictive ou infamante*.

Le second terme de cette récidive est une infraction « *punissable d'une peine afflictive ou infamante* ». L'art. 56 parcourt l'échelle générale des peines criminelles, en remontant de la plus faible à la plus forte, et il indique, pour chacune d'elles, l'aggravation qu'entraîne la récidive. — Pour faire cette énumération le législateur emploie la formule suivante: si le second crime « *emporte* » telle peine, le coupable sera condamné à telle autre peine. Cette formule a suscité une grave controverse, savoir : à quel moment doit-on se placer pour dire que la nouvelle infraction *emporte* telle peine ? Faut-il envisager cette infraction *in abstracto*, c'est-à-

---

(1) BLANCHE, I, 224 ; GARRAUD, II, 192 ; Cass. 4 déc. 1886 (D. 87, 1, 239) ; Cass. 19 décembre 1891.

dire dépouillée de toutes les circonstances qui peuvent augmenter ou diminuer la peine qui lui est normalement applicable? Faut-il au contraire la considérer *in concreto*, avec toutes les causes d'aggravation et d'atténuation que l'on rencontre dans l'espèce, et dire que la peine, sur laquelle porte l'aggravation résultant de la récidive, est celle qui est déterminée après l'application de toutes ces causes d'aggravation et d'atténuation ? Telle est théoriquement l'étendue du problème. Pratiquement, il se restreint au conflit de la *récidive* avec les *excuses* et les *circonstances atténuantes* : dans quel ordre faut-il faire fonctionner cette cause d'aggravation et ces deux causes d'atténuation ? On trouvera plus bas sa solution.

440. IV. Conditions spéciales de la récidive correctionnelle. — Les nouveaux art. 57 et 58 (L. 26 mars 1891) prévoient trois cas de récidive correctionnelle qui se distinguent par leur premier terme, savoir :

1° La récidive après une condamnation supérieure à un an d'emprisonnement pour crime ;

2° La récidive après une condamnation supérieure à un an d'emprisonnement pour délit ;

3° La récidive après une condamnation à un emprisonnement de moindre durée pour délit.

Les deux premiers cas constituent ce qu'on a appelé dans les travaux préparatoires la *grande récidive correctionnelle* ; le dernier, la *petite récidive*.

Il y a une condition commune à ces trois cas de récidive, c'est la condition de *délai*. Il y en a une toujours exigée dans le troisième cas et qui peut se rencontrer dans le deuxième, c'est la *spécialité*.

a) *Condition de délai*. — Les deux termes de la récidive doivent se rencontrer dans le même délai de cinq ans augmenté du temps employé à l'exécution de la condamnation antérieure ou à sa prescription. « Quiconque, porte en effet l'art. 57, auquel se réfère l'art. 58 §§ **1, 2,** ayant été condamné... aura, dans un délai de cinq années après l'*expiration* de cette peine ou sa *prescription,* commis un délit... »

Au moyen de cette formule, le législateur a voulu simplement limiter dans l'avenir le temps après lequel une deuxième infraction ne pourrait plus être considérée comme commise en récidive. Concluons de cette observation que le délai s'augmente, comme nous l'avons dit, du temps employé à exécuter ou à prescrire la peine antérieurement prononcée. Donc si le condamné, tout en exécutant ou en prescrivant sa première condamnation, commettait un nouveau délit, il serait sûrement en état de récidive (1). — Pour la même raison, les condamnations *avec sursis*

---

(1) *Contra* : Cass. 30 janv., 25 fév. 1897 (*Gaz. Trib.*, 5 fév., 6 mars). L'application littérale du texte, faite par ces deux arrêts, modifie pour la récidive cor-

fournissent le *premier* terme de la récidive pendant toute la durée du sursis.

Ce délai d'épreuve court-il à partir de la libération conditionnelle? Nous ne le pensons pas. La peine, en effet, n'est pas expirée ; elle est suspendue. L'énoncé de la prescription montre d'ailleurs qu'il faut entendre par *l'expiration de la peine*, non pas la fin de l'exécution matérielle, mais celle du droit d'exécution.

b) Spécialité de la récidive. — La récidive de *délit à délit* n'est punissable que si elle est *spéciale*, c'est-à-dire si l'agent est retombé *dans le même délit* (art. 58) (1). Pour rendre plus fréquente l'application de la loi, on a groupé certains délits. Le *vol*, l'*escroquerie*, l'*abus de confiance* sont considérés, au point de vue de la récidive, comme étant un même délit. Il en est de même du vagabondage et de la mendicité (art. 58 §§ 3, 4) (2).

441. *1er Cas de récidive correctionnelle* (art. 57). — Son *premier terme* est constitué par « une condamnation à une peine supérieure à une année d'emprisonnement pour crime ». Cette formule comprend à la fois la condamnation *à une peine afflictive ou infamante* et la condamnation *à un emprisonnement de plus d'un an* pour crime excusé ou atténué (art. 67, 326, 463 §§ 6, 7, C. pén.). Elle fut substituée, en 1863, à la rédaction primitive, qui semblait ne comprendre que la première hypothèse, afin de lui faire embrasser aussi la seconde. On pourrait la critiquer, parce qu'elle paraît se rapporter exclusivement à celle-ci. Mais les travaux préparatoires de la loi de revision de 1863 ne permettent pas de douter qu'elle englobe les deux.

Le *second terme* de cette récidive est « un délit ou un crime devant être puni de l'*emprisonnement* ». Avant la loi du 26 mars 1891, le texte

---

rectionnelle le principe de l'aggravation, en le plaçant dans l'exécution de la condamnation antérieure, alors que le système du législateur français le place dans le fait même de cette condamnation : V. *supra*, n°s 433 et 429, note. Rien dans les travaux préparatoires de la loi de 1891 n'autorise à croire qu'on ait voulu faire un tel changement. Il apporterait d'ailleurs le désordre dans les conditions générales de la récidive que sur un autre point le législateur de 1891 a manifesté l'intention d'unifier.V. *infra*, n° 443.

(1) Pour exercer son contrôle sur la réunion des deux nouvelles conditions de la récidive correctionnelle, la Cour de cassation exige que les arrêts fassent connaître « *l'objet*, la *cause* et la *date* » de la condamnation antérieure : Cass., 8 fév. 1896 (*Lois nouv.*, 96, 2, 63).

(2) Ce groupement paraît emprunté au Code italien, art. 82, 83 ; mais les groupes de délits assimilés y sont beaucoup plus nombreux. Le dernier groupe est mal composé, car il n'existe aucun rapport entre le vagabondage et la mendicité, bien qu'ils soient souvent réunis par les circonstances. La composition du premier groupe indique l'intention d'assimiler des délits inspirés par le même mobile ; mais, en partant de cette idée, il aurait fallu faire de plus nombreux groupes de délits et en élargir les cadres : toute infraction commise sous la même impulsion, telle par exemple que la cupidité ou la vengeance, devrait être prise en considération dans la répression de la récidive.

portait : « un délit ou un crime qui devra n'être puni que de *peines correctionnelles* ». La réforme mérite d'être approuvée, car elle met le second terme de la récidive en harmonie avec le premier. On verra plus bas que cette réforme se répercute sur la peine.

442. *2e cas de récidive correctionnelle* (Art. 58 § 1). — Une condamnation « à un emprisonnement de plus d'une année, pour délit » constitue son *premier terme*. — « Un crime devant être puni de l'emprisonnement, ou le *même* délit », forme le *second*. Ici apparaît la condition de la *spécialité* lorsqu'il y a récidive de *délit à délit*, mais l'on sait quel sens il faut donner à cette expression *le même délit* (art. 58 §§ 3, 4).

Dans ce cas de récidive, comme dans le précédent, la phrase qui indique comment un crime peut fournir le second terme de la récidive : « un crime *devant être puni* de l'emprisonnement » soulève la même controverse que celle qu'a suscitée cette phrase de l'art. 56 : « un crime *qui emporte....* ». Il nous suffit ici de la signaler.

443. *3e cas de récidive correctionnelle* (art. 58 § 2). — Le *premier terme* est une condamnation « à un emprisonnement de moindre durée pour délit » ; le *second terme* « le même délit ». — Ainsi, *quelle que soit sa durée*, fût-elle d'un seul jour, une peine d'emprisonnement antérieurement prononcée suffit pour constituer le premier terme de la récidive. C'est là une heureuse réforme de la loi du 26 mars 1891 ; pratiquement elle étend l'aggravation légale à de nombreuses récidives qui constituaient auparavant de simples faits de moralité (1). Au point de vue législatif elle supprime une anomalie : aucun taux, en effet, n'était exigé dans la condamnation antérieure pour la récidive criminelle ou de simple police (art. 56, 483) ; en matière correctionnelle, au contraire, les anciens art. 57 et 58 exigeaient une *condamnation supérieure à un an* d'emprisonnement. Mais en abrogeant ce taux, la loi nouvelle maintient la nécessité d'une peine antérieure *d'emprisonnement*, parce qu'une simple amende n'a point paru constituer, en matière de délit, un avertissement suffisant.

Le crime excusé peut-il fournir le premier et le second terme de ce nouveau cas de récidive ? — Cela dépend de la nature juridique qu'on reconnaît au crime excusé. Si, comme nous, on en fait un délit, il ne faut pas hésiter à punir la *petite récidive* de crime excusé à crime excusé ; mais, bien entendu, pour observer la règle de la *spécialité*, on doit exiger que le second terme de cette récidive soit le *même crime excusé*. La provocation, par exemple, est une excuse commune à la castration et au meurtre ; mais les deux crimes diffèrent avant comme après

---

(1) En 1887, les récidives correctionnelles après condamnation antérieure ne dépassant pas un an représentaient 30 pour cent du nombre total des récidives.

l'admission de l'excuse. Il ne pourra donc pas y avoir récidive punissable de meurtre excusé à castration excusée.

444. V. Conditions spéciales de la récidive de simple police. — « En matière de contraventions, il y a récidive, porte l'art. 483, C. p., dans tous les cas *prévus par le présent livre*, lorsqu'il a été rendu contre le contrevenant, *dans les douze mois précédents*, un premier jugement pour contravention de police *commise dans le ressort du même tribunal*. » Trois conditions résultent de ce texte.

1° *Condition de temps.* — La condamnation antérieure, qui sert de premier terme à la récidive, ne doit pas être séparée de plus de douze mois de la contravention actuelle, son second terme. La loi ne fixe pas le point de départ du délai d'un an. Mais les principes généraux comblent cette lacune : c'est le jour où la condamnation antérieure est devenue irrévocable. L'opinion contraire, soutenue par certains auteurs, se fonde sur le silence du texte pour l'interpréter de la manière la plus favorable au prévenu. Mais ces auteurs ne s'aperçoivent point qu'ils se contredisent, car ils interprètent comme visant une condamnation irrévocable les expressions analogues des art. 56, 57, 58, sur lesquelles on pourrait soulever la même controverse (1).

2° *Condition de lieu.* — Les deux contraventions doivent avoir été commises dans le ressort du même tribunal de police, c'est-à-dire *dans le même canton*. La récidive des infractions de minime importance n'a qu'une gravité locale.

3° *Condition d'incrimination.* — Les deux contraventions doivent être *prévues par le Code pénal*. La théorie de la récidive en cette matière n'est pas une théorie générale comme pour les crimes et les délits. L'intention n'étant pas un élément essentiel des contraventions, leur incrimination dépend de raisons souvent très différentes. Le législateur de 1810 a pensé qu'il ne pouvait bien apprécier l'aggravation de culpabilité résultant de la récidive que pour les contraventions qu'il prévoyait expressément dans le Code. A l'égard des contraventions prévues par les lois spéciales, la récidive n'est punissable que si elle est expressément incriminée par ces lois, et suivant les règles particulières qu'elles édictent. Ces règles particulières doivent d'ailleurs être complétées par les règles générales de la récidive.

Les trois conditions que nous venons d'énumérer paraissent être les seules conditions *spéciales* auxquelles est subordonnée la répression de la récidive pour les contraventions prévues par le Code pénal.

On a soutenu cependant qu'il en fallait une quatrième, savoir : « que les deux contraventions appartinssent à la même classe », c'est-à-dire qu'elles fussent prévues toutes deux ou par l'art. 471, ou par l'art. 475,

---

(1) *Sic* : GARRAUD, II, 191 ; — *Contrà* : CHAUVEAU et HÉLIE, VI, 2731.

ou par l'art. 479. — Ce système organise trois théories de la récidive pour les contraventions prévues par le Code pénal, alors qu'il résulte clairement de l'art. 483 qu'il n'y en a qu'une seule. Ni les art. 474, 478 § 1 et 482 qui posent le principe de la répression de la récidive, ni l'art. 483 qui indique ses conditions, n'exigent que les deux contraventions appartiennent à la même classe (1). Sauf dans le cas exceptionnel prévu par l'art. 478 § 2.

445. VI. Peines de la récidive. — La récidive, envisagée comme une circonstance aggravant la culpabilité de l'agent dans l'infraction actuelle, est réprimée par une aggravation de la peine qu'entraîne cette infraction. Elle ne fait pas l'objet d'une répression distincte. Le système d'aggravation varie, suivant que la peine à aggraver est criminelle, correctionnelle ou de simple police.

1° *Aggravation des peines criminelles.* — Elle se fait tantôt en remplaçant la peine ordinaire par celle du degré supérieur dans l'échelle à laquelle elle appartient, tantôt en élevant son taux. Le premier procédé est prescrit toutes les fois que la peine du degré supérieur est de même nature que celle qu'il faut aggraver, par exemple si elles sont toutes deux temporaires (2). On monte ainsi de la *dégradation civique* au bannissement, du *bannissement* à la détention, de la *réclusion* aux travaux forcés à temps (art. 56 §§ 1, 2, 3). On a recours au second procédé si la peine à aggraver est temporaire, et celle du degré supérieur, perpétuelle. C'est ainsi qu'on porte la *détention* et les *travaux forcés à temps* à leur maximum, avec faculté pour le juge de les élever jusqu'au double (*ibid.* §§ 4, 5). Enfin, comme il y a une différence de nature entre la peine de mort et les autres peines afflictives perpétuelles, on ne passe que dans un cas exceptionnel à la peine de mort : il ne suffit pas, en effet, que la peine à aggraver soit celle des *travaux forcés à perpétuité*, il faut encore que la condamnation antérieure ait été une condamnation à la même peine (*ibid.* § 7).

446. Dans l'énumération des peines afflictives et infamantes dont nous venons d'indiquer l'aggravation, nous avons laissé de côté *les deux déportations*. Leur aggravation paraît réglée de la manière suivante par le paragraphe 6 de l'art. 56 : « Si le second crime emporte *la peine de la déportation*, il sera condamné aux travaux forcés à perpétuité ». Ce texte date d'une époque où la déportation *simple* existait

---

(1) *Sic* : BLANCHE, VII, 525 ; GARRAUD, II, 191 ; Cass. 3 juin 1875 (D. 76, 1, 334) ; — *Contrà* : ORTOLAN, I, 1228. — Il faut observer d'ailleurs que la contravention prévue par l'art. 478, 2, peut être prise en considération pour le premier comme pour le second terme de la récidive générale en matière de contraventions, bien qu'elle soit d'un autre côté l'objet d'une récidive spéciale.

(2) Au point de vue de la récidive, la dégradation civique est considérée comme une peine temporaire, peut-être à cause de l'emprisonnement qui peut ou doit l'accompagner suivant les cas (art. 33, C. p.).

seule dans notre législation. Depuis que la loi du 8 juin 1850 a créé un degré plus sévère de déportation, la question est de savoir : si le genre d'aggravation indiqué par le paragraphe 6 s'applique à la déportation simple ? — ou bien s'il doit être réservé pour la déportation dans une enceinte fortifiée ? — ou bien même s'il ne s'applique ni à l'une ni à l'autre ? Ces trois solutions ont leurs partisans. La jurisprudence n'a pas eu l'occasion de se prononcer.

1ᵉʳ système. — « Le paragraphe 6 s'applique aux deux déportations. » La loi du 8 juin 1850 n'a pas modifié, dit-on, l'aggravation de la déportation au cas de récidive, et cette réforme de l'art. 56, qui aurait pu être faite lors de la loi de revision du 13 mai 1863, ne l'a pas été. Il n'y a donc qu'une manière d'aggraver soit la déportation simple, soit la déportation dans une enceinte fortifiée : c'est de les remplacer par les travaux forcés à perpétuité (**1**).

2ᵉ système. — « Le paragraphe 6 s'applique seulement à la déportation dans une enceinte fortifiée. » — C'est, dit-on, faute d'une peine d'un degré supérieur dans l'échelle des peines politiques, que le Code de 1810 prescrivait le remplacement de la déportation simple par les travaux forcés à perpétuité. Depuis la loi du 8 juin 1850, ce degré existe. On invoque en outre, par analogie, l'effet des circonstances atténuantes sur la déportation dans une enceinte fortifiée (art. 2, L. 8 juin 1850 ; art. 463, C. P. réformé en 1863), qui est de faire descendre à la déportation simple. Or, l'atténuation à raison des circonstances atténuantes est la contre-partie de l'aggravation à raison de la récidive : on abaisse ou on élève la peine dans l'échelle à laquelle elle appartient. Il faut donc, en cas de récidive, monter de la déportation simple à la déportation dans une enceinte fortifiée, et réserver les travaux forcés à perpétuité pour l'aggravation de cette dernière peine (2).

3ᵉ système. — « Les travaux forcés à perpétuité ne peuvent remplacer, au cas de récidive, ni la déportation simple, ni la déportation dans une enceinte fortifiée. » — Le paragraphe 6 de l'art. 56 a été implicitement modifié par la loi du 8 juin 1850 ; la déportation dans une enceinte fortifiée a été substituée aux travaux forcés à perpétuité dont il est question dans le paragraphe 6. Le second degré de déportation est devenu ainsi le mode d'aggravation de la déportation simple. Mais ce second degré de déportation, n'est lui-même susceptible d'aucune aggravation, et cela pour plusieurs raisons : la première c'est que l'esprit général des réformes opérées en 1832 et en 1863 dans les art. 56 et 463 s'oppose à ce qu'on remplace une peine politique par une peine de Droit commun

---

(1) *Sic* : Blanche, I, 488 ; Chauveau et Hélie, I, 202.
(2) *Sic* : Bertauld, p. 444 ; Garraud, II, 195, note. Mais ces auteurs ne se prononcent pas sur l'aggravation que pourrait mériter la déportation dans une **enceinte fortifiée.**

lorsqu'il s'agit de l'aggraver ou de l'atténuer. La seconde, c'est que la déportation dans une enceinte ayant remplacé la peine de mort en matière politique, ne comporte, comme celle-ci, aucune aggravation. La troisième, c'est que la peine des travaux forcés à perpétuité n'a pu être édictée par le législateur de 1810 pour aggraver celle de la déportation dans une enceinte fortifiée, qu'il ne connaissait pas. Vainement on alléguerait qu'ayant été établis pour aggraver la déportation simple, les travaux forcés à perpétuité doivent *a fortiori* servir de mode d'aggravation à la déportation dans une enceinte fortifiée. Ce raisonnement, en effet, n'est pas recevable en matière pénale, où les lacunes et l'obscurité de la loi doivent toujours être interprétées en faveur de l'accusé. — Ce dernier système, assurément le plus juridique, mérite d'être adopté (1).

447. Dans l'exposé de l'organisation des peines, nous avons vu que le législateur avait parfois puni de la dégradation civique ou du bannissement, peines politiques, des crimes de Droit commun. Plusieurs de ces anomalies ont été corrigées par les lois de revision de 1832 et 1863. On peut cependant citer encore les crimes prévus par les art. 167, 177, 179, 183, 229, 263. Faut-il, dans ces hypothèses, lorsqu'il y a récidive, considérer la dégradation civique ou le bannissement comme formant exceptionnellement un dernier échelon de l'échelle des peines de Droit commun, et monter à la réclusion ? — Nous ne le pensons pas. L'aggravation à raison de la récidive se fait en tenant compte de la nature de la peine et non de celle de l'infraction. La solution contraire serait d'ailleurs trop rigoureuse ; elle violerait les principes d'interprétation des lois pénales.

448. On remarquera qu'en matière criminelle l'aggravation du chef de la récidive ne porte que sur les peines *afflictives* ou *infamantes*. Les peines complémentaires ne subissent aucune aggravation. Il en est ainsi même pour l'interdiction de séjour, prononcée seule à la suite d'une excuse, et jouant, exceptionnellement dans cette hypothèse, le rôle de peine principale. Quant aux peines accessoires, elles subissent par contre-coup les effets de la récidive, puisqu'elles suivent le sort de la peine principale dont elles sont les conséquences légales. L'observation d'ailleurs n'a d'importance pratique que pour l'interdiction légale qui se trouve encourue lorsqu'on passe du bannissement à la détention.

449. 2° *Aggravation des peines correctionnelles.* — Il faut distinguer la grande récidive de la petite. La *grande récidive* oblige le juge à prononcer le maximum de l'emprisonnement applicable au délit, et lui

---

(1) MOLINIER, *Rev. crit.* I, p. 19. — Mais je n'étendrai point cette solution à l'aggravation du nouveau degré de déportation par la *qualité de fonctionnaire* (art. 198, C. p.) ; parce que l'esprit de ce texte est de passer d'une échelle à l'autre quand on ne peut plus élever la peine dans l'échelle à laquelle elle appartient.

donne la faculté de l'élever jusqu'au double. Elle ajoute aussi aux peines de l'infraction la peine complémentaire-facultative de l'interdiction de séjour pendant 5 à 10 années (art. 57, 58 § 1). La *petite récidive* oblige le juge à prononcer un emprisonnement non inférieur au double de celui précédemment prononcé, et lui donne la faculté d'élever au double le maximum de l'emprisonnement applicable au second délit (1). Elle n'ajoute pas de peine complémentaire (art. 58 § 2).

Ces dispositions donnent lieu à deux observations :

a) Avant la loi du 26 mars 1891, l'aggravation portait sur *toutes les peines* du délit ; aujourd'hui il n'y a plus d'aggravé que l'emprisonnement. Bien qu'en effet on ait conservé pour la *grande récidive* la formule de l'ancien art. 57, ces expressions : « sera condamné au maximum de *la peine prononcée par la loi...* » ont pris un sens différent, par suite de la modification introduite dans la phrase qui précède, et ne désignent plus que l'*emprisonnement*. Les travaux préparatoires prouvent que tel est le sens de la loi (2) ; et d'ailleurs c'est logique : puisqu'en effet l'emprisonnement applicable au second délit détermine la répression de la récidive, il est conséquent de ne faire porter l'aggravation que sur l'emprisonnement. Les principes généraux recommandent cette interprétation restrictive, car, dans les lois pénales, ce qui est douteux doit toujours être résolu dans le sens le plus favorable au prévenu. Enfin la disposition expresse de l'art. 58 § 2, qui restreint

---

(1) D'après la Cour de cassation l'élévation de la peine au-dessus du maximum normalement applicable au second délit ne pourrait être le résultat que *du doublement de la condamnation antérieure* : Cass. 9 fév. 1894 (*Lois nouv.* 94, 2, 71). Cette interprétation est universellement critiquée. Elle est d'abord contraire au sens naturel de l'art. 58 § 2 : « ...... seront condamnés à UNE PEINE D'EMPRISONNEMENT qui ne pourra être inférieure au double de celle précédemment prononcée, sans toutefois qu'ELLE puisse dépasser le double de la peine encourue ». Le pronom *elle* fait rapporter la limitation à la peine que le juge arbitre et par conséquent à son pouvoir d'appréciation. Pour avoir le sens que lui donne la Cour de cassation, ce texte devrait porter : « Sans toutefois que *le doublement* puisse dépasser ». Elle est en second lieu contraire au système général de répression de la récidive correctionnelle, pour laquelle les art. 57 et 58 § 1 établissent une pénalité divisible. Seul en effet le *troisième cas* dérogerait à la règle ! La Cour de cassation croit répondre à cette dernière objection en faisant observer que le juge pourra se mouvoir entre le double de la peine précédemment prononcée et le maximum de l'emprisonnement normalement applicable au second délit. Mais d'abord, il faut, pour qu'il en soit ainsi, que le double de la peine antérieurement prononcée n'atteigne pas le maximum de l'emprisonnement applicable au second délit. Puis, dans cette hypothèse, la réponse repose sur une équivoque ; car si le juge jouit d'une certaine latitude dans le sens de la sévérité, il la doit à l'article du Code pénal qui punit le délit et non point à l'aggravation résultant de la récidive. *En mon sens* : Nègre et Gary, p. 125 ; Brégeault (*Lois nouv.* 91, 1, 341); Mahoudeau (*Journal des Parquets*, 93, 1, 123) ; Garraud, *Précis*, 314 ; Nancy, 27 déc. 1893 (arrêt cassé); Riom, 13 juin 1894 (*Lois nouv.* 94, 1, 193).

(2) Rapport à la Chambre, *J. off.* Doc. parl. 1890, p. 467 col. 1.

l'aggravation à l'emprisonnement pour la petite récidive, fournit un puissant argument d'analogie (1).

b) La base de l'aggravation de l'emprisonnement n'est pas la même pour la *petite récidive*. On a voulu se montrer moins sévère. Aussi n'a-t-on pas imposé au juge de prononcer le maximum de la peine encourue, mais simplement le double de la peine précédemment prononcée. Conséquemment, si en doublant la condamnation antérieure on dépassait le double du maximum de l'emprisonnement encouru, il faudrait reconnaître au juge le droit de ne prononcer que ce maximum. Il serait, en effet, contraire à l'esprit de la loi qu'une disposition moins sévère que la précédente produisît plus de sévérité. Pratiquement une déclaration de *circonstances atténuantes* permet de tourner la difficulté.

Qu'arriverait-il si, dans les cinq ans qui précèdent, on trouvait plusieurs condamnations non supérieures à un an pour le même genre de délit ; quelle est celle qui devrait être doublée à raison de la récidive ? La dernière, car l'art. 58 § 2 établit pour la petite récidive une répression progressive prenant pour base la condamnation qui a immédiatement précédé l'infraction actuelle, de manière que la répression suive toutes les vicissitudes de la perversité du coupable (2).

450. 3° *Aggravation des peines de simple police.* — Les contraventions de police prévues par le Code pénal sont toujours réprimées d'une amende et peuvent l'être parfois d'un emprisonnement (art. 471, 473, 475, 476, 479, 480). La récidive rend l'emprisonnement *obligatoire*, et fixe son maximum savoir : à trois jours pour la première classe de contraventions, et à cinq jours pour les deux autres (art. 474, 678, 482).

451. Résumé des récidives punissables et non punissables d'après le Code pénal.

A. *Récidives punissables.*

Le 1er terme est une condamnation à une peine afflictive ou infamante.

1° Récidive de crime puni de peine afflictive ou infamante — à crime puni de mêmes peines (art. 56).

2° Récidive de crime puni de peine afflictive ou infamante — à crime devant être puni de l'emprisonnement (art. 57).

3° Récidive de crime puni de peine afflictive ou infamante — à délit (art. 57).

---

(1) M. GARRAUD qui avait combattu mon système dans la 4e édition de son *Précis*, n° 318, s'y est rallié dans la 5e, n° 311, p. 385 note 1.
(2) *Sic* : Douai, 11 nov. 1891 (*Lois nouv.* 92, 2, 14) ; Nancy, 10 mai 1893 (S. 94, 2, 294) ; Bourges, 16 janv. 1896 (*Lois nouv.* 96,2,123). — *Contrà* : Cass. 13 février 1896 (S. 96, 1, 376) ; Orléans, 24 mars 1896 (S. 96, 2, 232). V. sur la question, mon *Examen doctrinal*, Rev. crit. 1897, p. 87 et s.

{Le 1er terme est une condamnation à l'emprisonnement.

4° Récidive de crime puni d'un emprisonnement de plus d'un an — à crime devant être puni de l'emprisonnement (art. 57).
5° Récidive de crime puni d'un emprisonnement de plus d'un an — à délit (art. 57).
6° Récidive de délit puni d'un emprisonnement de plus d'un an — à même délit (art. 58 § 1).
7° Récidive de délit puni d'un emprisonnement de plus d'un an — à crime devant être puni de l'emprisonnement (art. 58 § 1).
8° Récidive de délit puni d'un emprisonnement de moindre durée — à même délit (art. 58 § 2).

Le 1er terme est une condamnation à une peine de simple police.

9° Récidive de contravention réprimée par le C. pénal — à contravention réprimée par le C. pénal (art. 483).

B. *Récidives non punissables.*

1° Récidive de délit — à crime puni de peine afflictive ou infamante.
2° Récidive de crime puni d'emprisonnement — à crime puni de peine afflictive ou infamante.
3° Récidive de crime réprimé uniquement par les Codes de justice militaire — à crime de Droit commun.
4° Récidive de crime puni de toute autre peine afflictive ou infamante que les travaux forcés à perpétuité — à crime puni des travaux forcés à perpétuité.
5° Récidive de crime à crime, quand la peine applicable au second crime est la peine de *mort* ou *la déportation dans une enceinte fortifiée* (controversé).
6° Récidive de délit à délit différent.
7° Récidive de délit à délit quand la condamnation antérieure ou le second délit n'emportent point l'emprisonnement.
8° Récidive de crime ou délit — à contravention, — et réciproquement.
9° Récidive de contravention punie par le Code pénal — à contravention prévue par une loi spéciale, — et réciproquement.

452. VII. Conditions et effets exceptionnels de certaines récidives. — Le Code pénal a réprimé par un déclassement de l'infraction deux récidives spéciales : 1° celle du délit de célébration du mariage religieux sans qu'il soit justifié de la célébration du mariage civil (art. 199, 200) ; 2° celle de la contravention de jeux de hasard sur la voie publique (art. 175 § 5 ; 178 § 2). Il substitue des peines correctionnelles aux peines de police, dès la première récidive, pour la contravention prévue par l'art. 175 § 5, et une peine criminelle aux peines correctionnelles, à la seconde récidive, pour le délit prévu par l'art. 199. Ce déclassement de l'infraction, par l'effet de la récidive, est contraire aux principes. De plus, l'aggravation produite dans ces deux cas par la récidive spéciale se cumule avec l'aggravation résultant de l'état de récidive générale où peut se trouver l'agent ; les deux systèmes de répression se superposent, mais ne se remplacent point. Il s'ensuit une nouvelle exagération de la peine. — Dans quel ordre doivent fonctionner ces deux causes d'aggravation ? A notre avis, l'aggravation à raison de la récidive spéciale devrait être calculée avant celle résultant de la récidive générale.

Dans les lois en dehors du Code, tantôt le système de la récidive spéciale organisé par ces lois s'applique seul, tantôt il se cumule avec celui du Code ; il y en a même qui excluent toute aggravation à raison de la récidive.

Section III. — De la récidive punie par la loi du 27 mai 1885 (1).

453. Envisageant la récidive dans son rapport avec le reclassement, le législateur de 1885 devait surtout se préoccuper du critérium auquel on reconnaîtrait que le condamné n'est ni reclassé, ni reclassable. Ce critérium a été cherché dans le *nombre* et le *rapprochement* des condamnations antérieures, combinés avec la *nature des peines* prononcées et *des délits* qui les ont motivées. Certaines conditions de la récidive devaient aussi être modifiées. Les règles édictées par la loi du 27 mai 1887 *remplacent les conditions spéciales* de la récidive en matière de crimes et de délits, mais elles *n'excluent aucune des conditions générales de la récidive* ; la loi nouvelle n'y apporte que des modifications de détail. Il est bon de noter ces modifications avant d'entrer dans l'étude des conditions absolument nouvelles.

454. I. Conditions d'application de la relégation. — A. *Conditions de la récidive conservées ou modifiées par la loi du 27 mai 1885.*

a) La récidive est, comme dans la législation antérieure, un rapport à *deux termes*. Le premier terme se compose tantôt d'une, *tantôt de plusieurs* condamnations antérieures, pénales, irrévocables, prononcées par des tribunaux français. La pluralité des condamnations, exigée dans certains cas pour former le premier terme, est une innovation.

---

(1) Bibliographie : Tournade, *Loi sur les récidivistes* (*Lois nouvelles*, 1885) ; Garçon, *Dans quels cas la relégation doit être prononcée* (1885, p. 275 et s.); ma Revue de jurisprudence (*La Loi*, 22 mai 1886) ; Jambois, *Code pratique de la relégation* (Paris, 1886) ; Depeiges, *Commentaire de la loi sur les récidivistes* (Paris, 1886) ; Berton, *Code de la relégation* (Paris, 1887).

Le second terme se compose d'une nouvelle *condamnation*. Le législateur de 1885 a remplacé l'infraction nouvelle par la condamnation qu'elle entraînait. Ce changement s'explique par le nouvel aspect de la récidive. Sans doute, le nombre et la nature des délits qu'a pu commettre un homme mettent obstacle à son reclassement, mais cet obstacle n'existe qu'à partir du jour où l'individu a été condamné, et sa gravité est en proportion de la peine prononcée. Jusqu'alors le public a pu ignorer les délits et conserver des relations avec le coupable. Envisager l'infraction et non la condamnation qu'elle entraîne, c'eût été appliquer le système ancien, réprimer la récidive à raison de l'aggravation qu'elle dénote dans la culpabilité, mais non comme un obstacle au reclassement.

b) La loi de 1885 punit la *récidive* ou un groupe de récidives. Le texte et les travaux préparatoires ne laissent pas place au doute. Il est impossible par conséquent de l'appliquer à la *réitération*. Il suit de là : 1° que toutes les condamnations *formant le premier terme de la récidive* doivent être irrévocables, avant la perpétration du dernier délit qui va entraîner la condamnation formant le second terme ; — 2° que si le premier terme se compose de plusieurs condamnations, la seconde de ces condamnations doit avoir été prononcée pour un délit commis *après que la première est devenue irrévocable,* la troisième, pour un délit commis *après que la seconde est devenue définitive*, et ainsi de suite (1).

c) Pas plus que le Code pénal, la loi de 1885 n'exige, pour qu'il y ait récidive, que la peine soit subie. Aussi, les condamnations qui auront été l'objet d'une *grâce, commutation ou réduction* de peine seront néanmoins comptées en vue de la relégation » (art. 5). Il en serait de même des condamnations *prescrites*, parce que la grâce, sous ses diverses formes, et la prescription suppriment la peine sans toucher à la condamnation. La *réhabilitation*, l'*amnistie*, la *revision*, empêchent au contraire la condamnation de compter pour la relégation, parce qu'elles *effacent* la condamnation.

d) La loi de 1885 imitant, mais d'assez loin, l'art. 56 § 8 du Code pénal, fait une réserve pour les condamnations prononcées par les juridictions *spéciales et exceptionnelles.* « La relégation, porte l'art. 2, ne sera prononcée que par les cours et tribunaux *ordinaires*, comme conséquence des condamnations *encourues devant eux.....* Ces cours et tribunaux pourront toutefois tenir compte des condamnations prononcées par les tribunaux militaires et maritimes, *en dehors de l'état de siège ou de guerre, pour les crimes ou délits de Droit commun spécifiés à la présente loi.* » Il résulte de cette disposition : 1° qu'en principe, les condamnations émanées des tribunaux ordinaires comptent seules pour la

---

(1) *Sic* : GARRAUD, II, 205, note 13 ; LOUIS SARRUT, D. 87, 1, 145 ; mes articles dans *La Loi*, nos des 22 mai 1886, 4-5 août 1888; Cass. (*Ch. réun.*) 26 fév. 1889 ; Cass. 31 août 1893. — *Contra* : VILLEY, *Précis*, p. 519.

relégation ; 2° que, par exception, les condamnations émanées des conseils de guerre, en dehors de l'état de siège ou de guerre, *peuvent* être comptées ; 3° que les condamnations émanées de toute autre juridiction spéciale et exceptionnelle, ou des conseils de guerre en dehors de l'hypothèse prévue au texte, ne doivent pas être comptées.

455. B. *Conditions spéciales et nouvelles résultant de la loi du 27 mai 1885.* — En outre des conditions générales de la récidive, maintenues avec ou sans modification et que nous venons d'exposer, l'application de la relégation exige quatre conditions spéciales et nouvelles, savoir :

1° *Condition d'âge.* — « La relégation n'est pas applicable aux individus qui seront âgés de plus de 60 ans ou de moins de 21 ans *à l'expiration* de leur peine » (art. 6 § 1). Elle est remplacée, pour les premiers, par l'interdiction de séjour à perpétuité, et, pour les seconds, par un envoi en correction jusqu'à leur majorité (art. 8). Le juge doit déterminer la date de la libération en tenant compte de la peine qu'il prononce, de la détention préventive qu'il impute et des peines que le condamné aurait à subir avant l'exécution de celle-ci. Mais il n'a point à prévoir l'éventualité de la grâce, ni la réduction de durée de l'emprisonnement par son exécution en cellule (L. 5 juin 1875, art. 4), ou par la libération conditionnelle (L. 14 août 1885, art. 2) ; ce sont là des éventualités dont l'effet est impossible à prévoir d'avance.— De même, pour le calcul de la durée de la peine, il serait impossible au juge de fixer son point de départ s'il était obligé de prendre soit le moment où commencera, en fait, son exécution, soit le moment où la condamnation sera devenue irrévocable, parce qu'il est impossible de prévoir à l'avance la date exacte de l'un ou de l'autre de ces événements. Or, il est évident qu'en imposant un calcul au juge, le législateur n'a pas voulu le charger de résoudre un problème insoluble. Il doit donc calculer la durée de la peine à compter du jour où il la prononce, en imputant s'il y a lieu la détention préventive. On rend ainsi la relégation indépendante *de l'exercice des voies de recours*, c'est-à-dire qu'on l'empêche d'être à la discrétion du ministère public ou du prévenu, ce qu'en bonne législation il faut surtout éviter (1).

Les condamnations encourues par le mineur de 21 ans, quelque nom-

---

(1) Voici le danger à craindre dans les deux premiers systèmes : un prévenu âgé de 20 ans a été condamné à onze mois d'emprisonnement et affranchi en conséquence de la relégation. Il dépendrait du ministère public, en faisant appel, d'obliger la Cour, qui rendrait son arrêt *un mois après le jugement*, à prononcer la relégation ou à abaisser la peine sans autre motif que celui de ne pas modifier la situation qu'avait le prévenu en 1re instance. — A l'inverse, si un prévenu âgé de 59 ans était condamné à onze mois d'emprisonnement et à la relégation, il lui suffirait de faire appel pour obliger la Cour, statuant *après le même délai*, à l'affranchir de la relégation. M. GARRAUD qui avait combattu ce système (*Dr. pén.*, II, 202), s'y est aujourd'hui rallié, *Précis*, 5e édit., 318.

breuses qu'elles soient, ne peuvent lui faire encourir la relégation ; mais elles comptent pour l'application de cette peine, si, après sa majorité, il encourt une ou plusieurs condamnations nouvelles (art. 6 § 2). Sa situation est analogue à celle des récidivistes majeurs qui ont encouru des condamnations avant la loi nouvelle (art. 9).

456. 2ᵉ *Condition* : *un certain nombre de condamnations.* — Les art. 3 et 4 exigent un nombre variable de condamnations aux *travaux forcés*, à la *réclusion* ou à l'*emprisonnement*, pour infractions de Droit commun, *non connexes à des infractions politiques*. On a voulu éviter par cette réserve que, sous un prétexte quelconque, on pût appliquer à des condamnés politiques, qui n'ont point mérité la déportation, une peine qui lui ressemble. Rien n'empêche d'ailleurs de poursuivre séparément les deux faits connexes.

Les condamnations aux travaux forcés donnent lieu à deux remarques : 1° il faut observer qu'une condamnation aux travaux forcés à perpétuité peut bien entrer dans le premier terme de la récidive, mais ne peut figurer dans le second : s'il est défendu en effet de prononcer la relégation contre un individu qui aura plus de 60 ans à l'expiration de sa peine, *a fortiori* ne peut-on la prononcer contre un individu qu'on frappe d'une peine perpétuelle (1). — 2° La résidence obligatoire dans la colonie pénale, après l'expiration de la peine, n'empêche pas de prononcer la relégation contre un condamné aux travaux forcés à temps : le régime de la peine accessoire et celui de la peine complémentaire se combinent (art. 4, 1° « Sans qu'il soit dérogé... etc. »).

457. 3° *Condition* : *délai de dix ans.* — Pour être rélégable, le récidiviste doit avoir encouru, *depuis moins de dix ans*, toutes les condamnations qui forment les deux termes de la récidive. La période décennale qui précède l'application de la relégation est un délai d'épreuve pendant lequel l'accumulation des condamnations prouve le défaut de reclassement. Mais, pour que l'épreuve soit décisive, ce temps doit avoir été passé en liberté. Aussi le délai s'augmente « de la durée de toute peine subie » (art. 4). Trois condamnations, par exemple, à 4 mois d'emprisonnement, toutes intégralement subies, porteront le délai à 11 ans. — Pour calculer ce délai, il faut prendre le jugement ou l'arrêt qui prononce la relégation et remonter en arrière dix ans ou plus, suivant le cas.

458. Mais à quelle date faut-il compter soit *la plus ancienne* des condamnations qui entre dans le premier terme de la récidive, soit la condamnation *actuelle* qui lui sert de second terme, et par laquelle le récidiviste est condamné à la relégation ? On peut hésiter entre le jour où ces condamnations ont été *prononcées*, et celui où elles sont

---

(1) GARÇON, *op. cit.*, n° 23 ; Cass. 26 juin 1886, S. 86, 1, 396. — Mais en graciant le condamné aux travaux forcés à perpétuité, le gouvernement pourrait le soumettre à la relégation : c'est une commutation de peine.

devenues *irrévocables*. Les principes semblent recommander cette seconde date (1). Mais d'un côté ce système rend difficile, pour le juge, le calcul du délai de dix ans, car les condamnations sont inscrites au casier judiciaire à la date du jour où elles ont été prononcées. D'un autre côté, il aboutit parfois à faire dépendre l'application de la relégation de l'exercice même des voies de recours. Supposons en effet que la plus ancienne des condamnations soit près de la limite du délai de dix ans, il suffira au relégable de faire appel de la condamnation actuelle pour placer la plus ancienne en dehors du délai d'épreuve et éviter la relégation. Aussi vaut-il mieux se rattacher à la date même où la condamnation a été *prononcée*, soit qu'il s'agisse de la plus ancienne des condamnations, soit qu'il s'agisse de la condamnation actuelle. Ce mode de calcul s'inspire de l'esprit de la loi. On a voulu imposer au juge un calcul à faire avec les éléments qui sont en sa possession, c'est-à-dire avec l'extrait du casier judiciaire et sa propre décision. L'obliger à compter la plus ancienne des condamnations à la date où elle est devenue définitive, ce serait lui imposer de longues recherches qui nuiraient à la prompte expédition des affaires. L'obliger à compter la condamnation par laquelle il prononce la relégation au jour où elle passera en force de chose jugée, ce serait le charger de résoudre un problème actuellement insoluble. Après tout, aucune raison juridique n'a déterminé la durée du délai d'épreuve ; pourquoi voudrait-on déterminer par des considérations juridiques son commencement et sa fin (2) ?

459. Les *peines subies* dont la durée augmente le délai de dix ans sont les peines *privatives de la liberté*, même celles qui auraient été prononcées pour délits politiques : l'incarcération d'un condamné empêche en effet l'épreuve de son reclassement. Mais il ne faudrait pas déduire du délai la durée des peines simplement *restrictives de la liberté*, telles que le bannissement, l'interdiction de séjour, ou la résidence obligée : le

---

(1) Garçon, 5-8.
(2) *Sic* : Villey, *Précis*, p. 507 ; note dans *Sirey*, 1886, 1, 329 ; Cass. 17 oct. 1889 (B. 311). Ce système radical me paraît être le seul qui mérite d'être adopté, si l'on écarte le précédent. En sens divers : Tournade, p. 27, 29 ; Garraud, II, 202. — La jurisprudence compte bien comme moi la plus ancienne condamnation à la date où elle a été prononcée, mais elle calcule en général le délai de dix ans à partir du *délit* qui motive la dernière condamnation : Cass. 11 mars, 28 mai, 10 juillet 19 et 26 août 1886 ; 4, 19 fév. 1887 (S. 86, 1, 329-393 ; D. 87, 1, 283). Ce sytème a l'avantage de ne pas faire dépendre l'application de la relégation du plus ou moins de diligence que le ministère public et les juridictions mettront à poursuivre, instruire ou juger. Le mien n'évite que les inconvénients résultant de l'exercice des voies de recours, mais il est plus conforme au texte et à l'esprit de la loi. La plupart des auteurs qui ont écrit sur la matière ont réfuté l'interprétation de la jurisprudence : Jambois, p. 36 ; Tournade, p. 27 ; Berton, p. 44 ; Garçon, n° 6 ; Garraud, II, 204, note 10 ; et ma *Revue de jurisprud.*, *loc. cit.*, p. 498.

reclassement peut en effet s'opérer là où le condamné a le droit de résider.

460. 4° *Condition : un cas de relégation*. — Les condamnations qui constituent les deux termes de la récidive doivent en outre former, par leur nombre, leur nature et leur taux, un des *quatre cas de relégation* énumérés par l'art. 4.

461. II. Des cas de relégation. — Règles communes. — Avant d'entrer dans l'analyse détaillée des cas de relégation, dégageons les règles qui leur sont communes :

Première règle : « L'ordre dans lequel ont été prononcées les condamnations constituant le cas de relégation est indifférent » (art. 4, 1re *phrase*). Par exemple, la condamnation la plus grave aurait été prononcée après la condamnation la moins grave, les deux n'en compteraient pas moins pour l'application de la nouvelle peine.

Deuxième règle : « La relégation doit être prononcée en même temps que la dernière condamnation qui complète le groupe constitutif d'un cas de relégation. » Vainement l'on objecterait que la relégation n'est encourue qu'après un certain nombre de condamnations *définitives*, car elle ne sera définitivement encourue que lorsque l'arrêt ou le jugement sera devenu irrévocable au point de vue de la peine principale prononcée en même temps que la relégation. Elle aura bien alors sa base dans un groupe de condamnations définitives. Le système contraire aurait pour résultat d'exiger toujours une condamnation en sus du nombre légal (1).

Troisième règle : « Le nombre des condamnations nécessaires pour chaque cas de relégation n'est qu'un nombre minimum ; mais l'omission de cette peine complémentaire, lors de la dernière condamnation, ne peut être réparée que si la condamnation nouvelle est susceptible de remplacer l'une des précédentes dans le cas de relégation primitif, ou de former avec elles un autre cas de relégation. » L'oubli du juge profite toujours au condamné lorsqu'il s'agit d'une peine *complémentaire*, parce qu'une peine de ce genre n'est encourue que si le juge la prononce. Cette omission pourra être réparée, sans doute, lors de la condamnation nouvelle, mais à la condition que celle-ci forme avec les précédentes un cas de relégation (2).

Quatrième règle : « Les condamnations pour *complicité* ou *tentative* comptent pour l'application de la relégation comme celles pour crime ou délit consommé. » Ce sont là, en effet, de simples *modalités* de l'infraction. Or, toutes les fois que dans le langage juridique on emploie cette expression « une condamnation pour *telle* infraction », on comprend

---

(1) Cass. 26 mars 1886.
(2) C. Paris, 1er fév. 1887 (D. 87, 2, 197) ; Cass. 17 oct. 1891 (D. 92, 1, 40).

la condamnation intervenue pour toutes ses modalités punissables.

462. Premier cas de relégation (art. 4, 1°). — Ce premier cas se compose de « *deux* condamnations aux travaux forcés ou à la réclusion » (1). Il est réservé aux grands criminels. Il se rapproche le plus des conditions de la récidive ordinaire par la composition de ses deux termes. — Nous avons examiné plus haut les difficultés que soulèvent les condamnations aux travaux forcés à perpétuité.

463. Deuxième cas de relégation (art. 4, 2°). — Il se compose de « *trois* condamnations, savoir : *une* aux travaux forcés ou à la réclusion, et *deux* à plus de trois mois d'emprisonnement pour crime ou pour certains délits spécifiés ». Ici le premier terme de la récidive comprend deux condamnations. Ce cas soulève plusieurs difficultés.

1° On remarquera d'abord que nous complétons le texte en exigeant le même taux dans l'emprisonnement prononcé *pour crime*, que celui exigé expressément par l'article dans l'emprisonnement prononcé pour les délits spécifiés. L'article aurait pu être plus explicite, mais on a dit : « Il n'y a pas de condamnation, pour faits qualifiés crimes, qui soit inférieure à un an de prison (2). » Évidemment le rapporteur qui donnait cette explication pensait uniquement à l'effet des circonstances atténuantes (art. 463 §§ 6, 7). Mais l'admission d'une excuse permet de descendre parfois à six mois, et même au-dessous si l'excuse se combine avec les circonstances atténuantes (art. 326 et 463 § 9). L'effet de l'excuse n'a donc pas été prévu par le législateur. Aussi l'on se demande à quelle condition une condamnation à l'emprisonnement pour crime *excusé* peut être comptée en vue de la relégation. Trois solutions sont possibles : *a*) compter cette condamnation *quelle que soit la durée* de l'emprisonnement prononcé ; — *b*) *ne la compter dans aucun cas* ; — *c*) la compter *si elle est supérieure à 3 mois*. — Le premier système a pour lui le texte. Mais un texte en contradiction avec l'esprit de la loi doit être restrictivement interprété. — Le second système part d'un principe que nous croyons exact, savoir : « Que le crime excusé est un délit ». Ce principe posé, on raisonne ainsi : c'est un délit qui ne rentre point dans les délits spécifiés par l'art. 4 ; donc la relégation est inapplicable. — Mais ce raisonnement méconnaît le texte de l'art. 4 et son esprit qui est d'attacher la relégation au *crime* passible d'emprisonnement. Reste à savoir quel taux exige *implicitement* le législateur dans les condamnations à l'emprisonnement pour crime. Ce taux nous paraît être le même que celui qu'il fixe pour les délits spécifiés ; car s'il ne l'a pas

---

(1) Un nouveau cas de relégation composé seulement de *deux* condamnations a été créé pour les individus condamnés par application de la loi *sur les menées anarchistes* : L. 28 juil. 1894, art. 3.

(2) V. Séance du Sénat du 10 fév. 1885. *J. off.* Débats parlem. Sénat, p. 101.

indiqué, c'est qu'il le croyait toujours supérieur à celui-ci. Nous exigerons donc une condamnation *à plus de trois mois* (1).

2° *Quels sont les délits spécifiés ?* — L'art. 4 § 2 en énumère sept : vol, — escroquerie, — abus de confiance, — outrage public à la pudeur, — excitation habituelle de mineurs à la débauche, — vagabondage et mendicité *qualifiés* (art. 277, 279, C. p.). Cette énumération est essentiellement limitative (2).

464. Troisième cas de relégation (art. 4, 3°). — Il comprend : « *quatre* condamnations à plus de trois mois d'emprisonnement pour crime ou pour les délits spécifiés au paragraphe 2 ». — Le premier terme de la récidive s'augmente d'une unité : il englobe trois condamnations. Ce cas de relégation, uniquement composé de récidives correctionnelles, est le plus fréquemment appliqué. Il soulève, pour l'emprisonnement prononcé pour crime, la même difficulté que nous avons étudiée dans le cas précédent ; aussi nous nous bornons à donner sa constitution par une formule qui résume la solution que nous avons adoptée.

465. Quatrième cas de relégation (art. 4, 4°). — Ce cas est constitué par « *sept* condamnations à l'emprisonnement réparties en trois groupes », de sorte que le *premier terme* de la récidive comprend *six* condamnations inégalement réparties en trois groupes dont l'un, resté incomplet, sera complété par la *septième* condamnation qui forme le *second terme*.

a) Le *premier groupe* comprend « *deux* ou *trois* condamnations prévues par les trois paragraphes précédents » (3). S'il y en a deux, *une seule* peut être aux travaux forcés ou à la réclusion ; sinon, on retomberait dans le premier cas. — S'il y en a trois, elles doivent être *toutes trois* à l'emprisonnement ; sinon on retomberait dans le deuxième cas. — Enfin il ne peut y en avoir *plus de trois* à l'emprisonnement ; sinon on retomberait dans le troisième cas. Cette formule « deux ou trois » est donc plus exacte que la formule « deux au moins » employée par le texte.

b) Le *second groupe* comprend « *deux* condamnations supérieures à trois mois d'emprisonnement pour vagabondage ou infraction à l'interdiction de séjour ». Il ne peut y entrer de condamnation pour vagabondage *qualifié*, à moins que le premier groupe ne contienne que deux condamnations à l'emprisonnement. Dans ce cas il peut y en entrer

---

(1) V. pour le premier système, Garraud, II, 210 ; p. le second, Garçon, 24 ; Garraud, *Précis*, 322.

(2) Elle a soulevé plusieurs difficultés de détail que le cadre restreint de cet ouvrage ne me permet pas d'examiner. M. Garçon en a fait une remarquable analyse. La jurisprudence a confirmé généralement ses solutions. — V. p. le délit de *grivellerie*, Cass. 5 juin et 9 juillet 1886 (S. 86, 1, 395).

(3) Le 4° de l'art. 4 ne renvoie qu' « aux deux paragraphes précédents » ; mais le 2° de cet article renvoie au 1°.

une. Toute autre combinaison ferait retomber dans le deuxième ou dans le troisième cas de relégation.

c) *Le troisième groupe* se compose de « deux ou trois condamnations à l'emprisonnement (1), sans condition de taux, pour infraction à l'interdiction de séjour ou vagabondage *simple*, ou non supérieures à trois mois pour vagabondage *qualifié* ». — Le texte, traitant pêle-mêle des condamnations du deuxième et du troisième groupe, ne précise pas quand elles doivent être motivées par le vagabondage simple ou par le vagabondage qualifié ; mais ici on peut indifféremment admettre les unes et les autres si elles ne dépassent pas trois mois, parce qu'elles ne peuvent jamais former avec les précédentes un des trois cas de relégation déjà expliqués. La composition du troisième groupe varie suivant la composition du premier ; il comprend deux condamnations s'il y en a trois dans le premier, et trois, si le premier en contient deux.

466. Ce dernier cas de relégation est réservé aux *vagabonds*. Les condamnations pour vagabondage ou pour infraction à l'interdiction de séjour, délit qui se rapproche du précédent et qui en est souvent la conséquence, sont le signe caractéristique de la récidive que le législateur entend réprimer. Ce serait donc méconnaître à la fois et le *texte* et l'*esprit* de la loi, que d'admettre, par argument *a fortiori*, qu'elles peuvent être remplacées par des condamnations *non supérieures à 3 mois* pour vol, escroquerie etc. ou autres délits spécifiés. La question cependant est controversée (2).

---

(1) Le texte ne disant point *expressément* que les condamnations qui constituent le troisième groupe doivent être à l'emprisonnement, certains auteurs en ont conclu qu'elles pouvaient être des condamnations à l'amende. C'est une erreur. Le législateur, d'abord, n'a pu supposer qu'on condamnerait un vagabond à l'amende. Puis, l'ensemble de l'article présente la relégation comme le complément de peines privatives de la liberté. Enfin le texte dit *implicitement* ce qu'on lui reproche de n'avoir point dit expressément. En précisant en effet que, par exception, deux des condamnations prises en dehors du premier groupe doivent être *supérieures à trois mois d'emprisonnement*, le législateur montre qu'il raisonne sur des condamnations *à l'emprisonnement*. L'exception révèle la règle. *Sic* : Tournade, p. 41 ; — *Contrà* : Garçon, 67 ; Garraud, II, 212.

(2) *Sic* : Garçon, 59-62 ; Jambois, p. 28 ; Garraud, II, 212, D.; Villey, *Précis*, p. 513; Paris, 8, 10, 12 avril 1836 ; Orléans, 9 fév. 1886 ; Bourges, 21 janv. 1886; Bordeaux, 30 août 1893 ; Lyon, 21 mai 1893 etc. — *Contrà* : Cass. 13 mars, 25 juin 1886 (S. 86, 1, 333-393), 21 mars 1887 (D. 87, 1, 413) ; 2 juin, 6 juil. 1893, (*Lois nouv.* 93, 2, 141 ; *La Loi*, 23 juillet). — On est arrivé, dans le système de la cour de cassation, à reléguer un individu qui avait une seule condamnation pour vagabondage et six condamnations pour vol non supérieures à 3 mois, V. la critique de cette jurisprud. dans mon *Examen doctrinal*, Rev. crit. 1895 ; et dans ma note, *Lois nouv.* 94,2,65.

467. Tableau synoptique des quatre cas de relégation (1).

PREMIER CAS 2 condamnations	DEUXIÈME CAS 3 condamnations	TROISIÈME CAS 4 condamnations	QUATRIÈME CAS 7 condamnations
aux travaux forcés ou à la réclusion.	une aux T. F. ou à la réclusion et 2 à plus de 3 mois d'emprisonnement pour crime excusé ou atténué, ou délits spécifiés à l'article 4, 2°.	à plus de 3 mois d'emprisonnement pour crime excusé ou atténué, ou délits spécifiés à l'article 4, 2°.	**A** une aux T. F. ou à la réclusion, et avec elle une, ou sans elle deux ou trois à plus de 3 mois d'emprisonnement pour crime excusé ou atténué, ou pour délits spécifiés à l'article 4, 2°. **B** deux à plus de 3 mois d'emprisonnement pour vagabondage *simple* (2) ou infraction à l'interdiction de séjour. **C** trois ou deux à l'emprisonnement *sans condition de taux* pour vagabondage simple ou infraction à l'interdiction de séjour,...... ou *non supérieures à 3 mois* p* vagabondage qualifié.

468. III. Disposition transitoire (art. 9). — Sous peine de retarder beaucoup trop l'application de la nouvelle loi, il convenait de tenir compte des condamnations encourues par les récidivistes antérieurement à sa promulgation (3). Néanmoins il ne fallait pas sacrifier absolument le principe de la non-rétroactivité. Le législateur a donné satisfaction

---

(1) Dans le tableau de M. Jambois, p. 11, et de M. Garraud, II, 213, on relève une confusion entre le 4e et le 3e cas de relégation, faute par ces auteurs d'avoir précisé que les condamnations du 3e groupe ne peuvent être que des condamnations à plus de trois mois pour vagabondage simple. Il y a aussi entre leur tableau et le mien des différences matérielles qui résultent de nos divergences sur certaines questions controversées.

(2) Cependant *l'une* de ces condamnations pourrait être pour vagabondage qualifié, si le premier groupe n'était composé que de *deux* condamnations à plus de trois mois d'emprisonnement pour délits spécifiés.

(3) La promulgation de la loi du 27 mai 1885 n'a été complète qu'après celle du *décret réglementaire* du 26 nov. suivant, inséré au *Journal officiel* du 27 nov 1885.

aux deux intérêts en présence en décidant : 1° que les condamnations antérieures à la loi nouvelle *compteraient* pour l'application de la relégation ; 2° qu'*elles ne suffiraient jamais à elles seules* pour la faire appliquer. Cette seconde situation mérite quelques explications. On suppose qu'un récidiviste a encouru, sous l'ancienne législation, les condamnations qui constituent un cas de relégation. Il n'y sera soumis, dit le texte, « qu'en cas de condamnation nouvelle *dans les conditions ci-dessus prescrites* ». Sur ce texte a surgi la question de savoir : « Si cette condamnation nouvelle peut être prononcée pour n'importe quel *délit* et porter n'importe quelle *peine* ? » La distinction, que nous avons faite, des deux termes de la récidive donne la solution. Dans l'art. 9, le législateur admet que le cas de relégation où se trouve le récidiviste, quoique complet en apparence, est *incomplet d'une unité*. Il manque le *second terme de la récidive*, qui doit être acquis par une condamnation encourue sous la loi nouvelle. Il faut donc que la condamnation encourue sous la loi nouvelle soit susceptible, par le titre de la prévention, la nature et le taux de la peine, de remplacer une des condamnations exigées pour le cas de relégation qu'on examine, ou de former avec elles un nouveau cas de relégation. Par exemple, un récidiviste qui compte quatre condamnations antérieures à plus de trois mois d'emprisonnement pour délits spécifiés sera relégable, si, sous la loi nouvelle, il encourt une condamnation du même genre ou une condamnation à la réclusion (3e ou 2e *cas de relégation*) ; mais il ne serait pas relégable s'il encourait une condamnation pour vagabondage *simple*, ou tout autre délit *non spécifié* (1).

469. IV. **Règles de compétence et de procédure.** — La loi du 27 mai 1885 a apporté quelques dérogations aux règles de la compétence et de la procédure. Elles constituent des garanties pour le prévenu. Elles ont trait aux points suivants :

1° *Tribunaux compétents* (art. 2). — « La relégation ne sera prononcée que par les cours et tribunaux ordinaires... à l'exclusion de toutes juridictions spéciales et exceptionnelles. » Néanmoins (art. 20), « en Algérie, les conseils de guerre prononceront la relégation contre les indigènes des territoires de commandement qui auront encouru, pour crimes et délits de Droit commun, les condamnations prévues par l'art. 9 ci-dessus ».

470. 2° *Prohibition de la procédure des flagrants délits* (art. 11

---

(1) V. mes observations dans *La Loi*, nos du 10 fév. et du 10 mars 1886 et ma *Revue de jurisprud.*, loc. cit., p.477. Comp. : Cass. 13 mars 1886 (*Thurot*) ; 16 avril 1886 (*Le Berre*) ; 22 avril 1884 (*Castaouet*) etc. (V. *Pandectes périodiques*,1886,1, 105 ;et 2, 118). — *Junge* : GARRAUD, II, 215 ; VILLEY, p. 520. — La rétroactivité de la loi du 27 mai 1885 soulève d'autres questions de détail sur lesquelles on pourra consulter ma *Revue de jurisprudence* et les ouvrages spéciaux.

§ 1). — La loi du 20 mai 1863 a organisé une procédure rapide pour instruire et juger les flagrants délits correctionnels. *a)* L'instruction préparatoire est rudimentaire. *b)* Elle est faite par le ministère public. *c)* La détention préventive est de courte durée ; mais elle résulte d'un mandat de dépôt décerné par le procureur de la République. *d)* Le délai de la citation devant le tribunal correctionnel est abrégé. Il peut même y avoir conduite immédiate du prévenu à la barre du tribunal, sans citation préalable. — Quelle est l'étendue de la prohibition de cette procédure ? A prendre l'art. 11, il semble qu'elle soit absolue : « Il ne pourra jamais être procédé dans les formes édictées par la loi du 20 mai 1863 »(1).

Cette prohibition absolue a de grands inconvénients pratiques : elle oblige d'abord à saisir le juge d'instruction, c'est-à-dire à ajouter des lenteurs et des frais, sans augmenter les garanties de la liberté individuelle, sans apporter plus de certitude dans la recherche des antécédents. De plus, elle rend légalement impossible la conduite du prévenu en état d'arrestation devant le juge d'instruction compétent, après le jugement qui annule le mandat de dépôt en vertu duquel il était détenu. Cet inconvénient est surtout sensible lorsque l'annulation de la procédure a lieu en appel.

Pour y remédier, un *second système* restreint les effets de l'annulation *aux actes qui ont saisi le tribunal*. Il laisse ainsi subsister le mandat de dépôt décerné par le procureur de la République (2). — Mais ce système doit être écarté, car, si toutes les formes de la loi du 20 mai 1863 sont proscrites, le mandat de dépôt décerné conformément à cette loi ne peut être maintenu.

Un *troisième système*, s'inspirant des travaux préparatoires, réduit la prohibition édictée par l'art. 11 à *l'abréviation des délais de la citation*. La disposition de l'art. 11 résulte, en effet, d'un amendement accepté sans discussion sur les explications de son auteur, qui ne lui donnait point une autre portée (3). Avec ce système, la découverte des condamnations antérieures qui doivent entraîner la relégation aura pour unique effet de faire renvoyer la cause à une audience ultérieure, séparée de l'audience où le prévenu comparaît en flagrant délit par le délai ordinaire de la citation (3 jours francs). Ce système maintient non seulement le mandat de dépôt, mais encore la saisine du tribunal (4).

(1) *Sic* : Cass. 18 mars 1886 (*Pand. périod.* 86, 1, 112) ; JAMBOIS, p. 80 ; TOURNADE, p. 70 ; GARRAUD, II, 220.
(2) *Sic* : Bordeaux, 13 janv. 1886 (S. 86, 2, 65). — *Contrà* : Cass. 10 juin, 15 juillet (*St-Sever*), 1886, etc. (*Pandect. périod.* 86, 1, 133-142-189).
(3) *Amendement Jullien*, Chambre, séance du 28 juin 1883.
(4) *Sic* : DEPEIGES, 4. Voir cependant la distinction qu'il convient de faire suivant la manière dont le tribunal a été saisi, *infrà* n° 1099. Pour arriver au même résultat lorsque l'irrégularité de la procédure se découvre en appel, la Cour de cassation admet que la Cour d'appel doit *évoquer le fond*. Mais l'évocation en

471. 3° *Nomination d'un défenseur d'office* (art. 11 § 2). — La gravité de la peine de la relégation et surtout les difficultés que peut soulever l'étude des antécédents ont motivé l'application en cette matière de la défense d'office devant les tribunaux correctionnels, telle qu'elle existe en Cour d'assises ; mais le législateur ayant oublié de dire *par qui serait nommé le défenseur d'office* et *quel délai lui serait accordé pour l'étude du dossier,* il faudra appliquer par analogie l'art. 274, C. i. c. Le défenseur d'office sera donc désigné par le président, et le *délai* pour préparer la défense sera celui même de la citation, c'est-à-dire trois jours francs. Cette désignation est inutile quand le prévenu comparaît assisté d'un défenseur de son choix, et aussi lorsqu'il est jugé par défaut (1).

472. 4° *Rédaction des jugements ou arrêts prononçant la relégation* art. 10 § 2). — On doit viser expressément, dans la rédaction des jugements et arrêts prononçant la relégation, les condamnations antérieures par suite desquelles cette peine est applicable. Ce visa est exigé pour obliger le juge à ne pas prononcer la relégation à la légère et pour faciliter le contrôle de la Cour de cassation. Il constitue *les motifs* de la condamnation à la relégation. — *Viser* les condamnations, c'est les préciser *une à une,* par leur *date,* l'*indication de la juridiction,* la *nature* et *la date du délit,* la *nature* et la *durée de la peine.* Le visa doit porter non seulement sur les condamnations qui comptent pour la relégation, mais encore sur celles dont la peine subie doit être déduite du délai de dix ans (2).

Section IV. — Preuve de la récidive.

473. I. Quand doit-elle être faite. — La répression de la récidive consiste dans une aggravation de la peine applicable à la dernière infraction ou dans l'addition, à cette peine, d'une pénalité complémentaire. Il suit de là que la preuve de l'état de récidive est recevable, tant que la

---

cette hypothèse est absolument illégale. V. ma *Revue de jurisprud.*, p. 478 et *infrà*, n° 1167; Garraud, II, 220. — *Contrà* : Jay, note (S. 86, 2, 65) ; Cass. 2 juil., 23 juil. 1886. Cette évocation obligatoirement imposée aux Cours d'appel autorise d'ailleurs la pratique à ne tenir aucun compte de l'art. 11. On suivra, en effet, la procédure des flagrants délits, on ne pourvoira point le prévenu d'un défenseur ; la loi sera violée, mais qu'importe ! La Cour réparera tout par l'évocation : Cass. 19 oct. 1893 (*Lois nouv.* 93, 2, 39).

(1) Sauvel, *De la nomination d'un avocat d'office au prévenu en matière de relégation* (*J. du Dr. crim.*, art. 11639). Cette désignation est nécessaire même dans les cas où la relégation devrait être remplacée, à raison de l'âge du prévenu, soit par l'envoi en correction, soit par l'interdiction perpétuelle de séjour : Cass. 25 mars 1887.

(2) Cass. 18 mars, 10 juillet 1886 ; et de nombreux arrêts en 1889 (*B. cr.*); Garraud, II, 217.

condamnation pour la dernière infraction peut être réformée. Elle pourra donc être faite en appel ou, après cassation, devant la Cour de renvoi.

474. II. Devant qui doit-elle être faite. — Il faut, selon nous, résoudre cette question par une distinction entre la récidive du Code pénal et la récidive punie de la relégation. La première a pour principe une aggravation de culpabilité. Il appartient donc au juge de la culpabilité de la constater. La seconde est un état de l'infracteur où la culpabilité de l'agent ne joue aucun rôle, mais qui doit motiver contre lui une peine complémentaire. Dès lors c'est au juge qui applique la peine d'en vérifier l'existence. — L'intérêt pratique de cette distinction apparaît devant la Cour d'assises. La question de la récidive doit-elle être posée au jury chargé de résoudre la question de culpabilité, ou doit-elle être résolue par la Cour chargée d'appliquer la peine ? Il n'est pas douteux que la Cour doive constater seule, sans le concours du jury, les conditions de la relégation. Mais il faut, selon nous, décider le contraire pour la récidive prévue par le Code pénal. — D'après la pratique, on ne devrait jamais consulter le jury (1).

(1) « Il n'y a pas de texte, dit-on, qui prescrive de poser au jury une question sur l'état de récidive. » — Pas de texte spécial à la question de récidive, soit ; mais il n'y en a pas non plus pour telle ou telle circonstance aggravante déterminée, par exemple : la nuit, la maison habitée, les qualités de fonctionnaire, de domestique, etc. ; en revanche il y a des textes généraux qui prescrivent de questionner le jury « *sur toutes les circonstances qui peuvent aggraver la peine* » (art. 241, 327, 338, C. i. c. ; art. 1er, L. 13 mai 1836). Or cette formule, ou son équivalent « sur toutes *les circonstances aggravantes* », comprend dans sa généralité toutes les causes d'aggravation. Les deux lois qui ont régi la procédure devant le jury, avant le Code d'instruction criminelle, confirment cette interprétation : elles ordonnaient de poser au jury des questions sur « *toutes* les circonstances indépendantes les unes des autres, sans qu'il soit nécessaire de commencer par les moins aggravantes » ; puis, énumérant ces circonstances d'une manière purement énonciative (L. 16 sept. 1791, part. II, tit. 7, art. 27 : *Telles que...* » ; C. brum. an IV., art. 375 : *Comme...* »), elles désignaient nominativement *la récidive*. Le Code d'instruction criminelle a supprimé cette énumération qui paraissait inutile ; mais il a employé une formule générale qui englobe toutes les circonstances énumérées à titre d'exemple par les deux lois antérieures. — « L'état de récidive, objecte-t-on, n'est pas, comme les circonstances aggravantes, une circonstance *de l'infraction* ; c'est un *état de l'infracteur* qui influe directement sur la peine. » Législativement, l'objection a de la valeur ; elle a même inspiré, en 1885, le nouveau système de répression de la récidive ; mais ce n'est point l'idée du Code. Punir en effet la récidive d'une aggravation de peine quand on réprime la seconde infraction, c'est la considérer comme une circonstance aggravante de cette infraction. Si l'on veut, au contraire, l'envisager comme un état de l'infracteur agissant directement sur la peine, il faut l'ériger en délit spécial, ou tout au moins lui appliquer une peine distincte de celle de l'infraction qui constitue son second terme. — On dit encore : « La récidive est légalement constatée par la production de l'expédition authentique de l'arrêt de condamnation ; il serait absurde d'exposer la foi de cet acte aux incertitudes d'une délibération du jury, de mettre en problème une vérité irréfragable. » L'art. 342, C. i. c. répond à cette objection. L'authenticité d'un acte n'est pas une raison pour ne pas soumettre au jury le fait que cet acte constate. Juge de la criminalité et de la culpabilité, le jury doit en apprécier toutes les circonstances qui influent sur elles,

475. III. Par qui doit-elle être faite. — Éléments et moyens de preuve. Casier judiciaire. — La preuve de la récidive doit être faite en principe par le ministère public, comme celle des autres éléments de la culpabilité. Mais il appartient aussi aux juridictions de la rechercher d'office, en vertu d'un principe que nous exposerons plus tard, savoir : qu'il n'est pas au pouvoir du ministère public d'arrêter par son abstention l'exercice de l'action publique devant la juridiction qui en est régulièrement saisie.

La preuve de la récidive comprend : 1° celle de la condamnation antérieure, 2° celle de l'identité du prévenu avec l'individu précédemment condamné. Cette dernière preuve est rejetée sur l'accusé ; c'est à lui en effet de combattre la présomption qui s'induit d'une condamnation inscrite sous son nom. La reconnaissance de l'identité se fait par la procédure décrite dans les art. 518 à 520, C. i. c. (1). Elle ne doit être ordonnée que si les dénégations de l'accusé sont appuyées de quelques faits qui les rendent vraisemblables.

La preuve de la condamnation antérieure se fait soit par *l'expédition authentique* de l'arrêt ou du jugement de condamnation, soit par *l'extrait du casier*, que viennent corroborer les *témoignages*, les *pré-*

---

et précisément l'art. 342 trace leur devoir aux jurés en présence d'un acte qui ferait foi jusqu'à inscription de faux ou jusqu'à preuve contraire s'il était produit devant une autre juridiction. Aussi, personne ne conteste que le jury ne soit juge de l'*âge*, de la *filiation*, du *mariage* de l'accusé, bien que ces faits soient attestés par des actes authentiques, dans les accusations d'attentat à la pudeur, de viol, de parricide, de bigamie, ou si l'accusé allègue sa minorité de seize ans au moment du crime : Cass. 1er oct. 1834 ; 1er mars 1838 ; 4 mai 1839 ; 26 sept. 1856 ; 12 août 1880. Pourquoi donc, lorsqu'il s'agit de constater la récidive, l'authenticité de l'acte empêcherait-elle de poser une question au jury ? — Enfin on fait valoir cette considération : « Les causes d'aggravation spéciales, empruntées à la personne de l'agent, ont un caractère *mixte*, que n'a point la récidive : elles réfléchissent sur l'infraction, augmentent sa criminalité, font en quelque sorte partie du fait, et dès lors doivent être soumises au jury. La récidive au contraire est absolument *extrinsèque* à l'infraction. » Nous réfuterons plus tard, en traitant des peines de la complicité, ce prétendu caractère mixte. Constatons seulement ici que la conclusion qu'on en tire conduit à considérer la récidive comme un *état de l'infracteur* absolument étranger à la seconde infraction. On retombe par conséquent dans le premier argument qui a été réfuté. *En mon sens* : CARNOT, s. l'art. 337, C. i. c. ; HAUS, II, 883. La jurisprudence sur cette question est passée par trois phases : elle a d'abord décidé que la question de la récidive *devait être posée au jury* : Cass. 5 av. 1793 ; 13 mess. an IV ; 11 niv. an VI ; 15 pluv. an VIII (D. *Rép.*, V° *Peine*, 245, 6° ; V° *Inst. crim.*, 2600, 2601) ; — puis, *qu'elle pouvait être posée au jury* : Cass. 10 mai 1809 (D. *Rép.*, V° *Inst. crim.*, 2601). — Enfin, *qu'elle ne devait pas être posée au jury* : Cass. 11 juin 1812 ; 3 janv. 1828 ; 18 juin 1829 (D. *Ibid.*, 2600 ; V° *Peine*, 397).

(1) Aujourd'hui les signalements anthropométriques donnent une preuve irrécusable de l'identité. Ils réduiront forcément dans un avenir prochain à une simple question d'expertise cette vieille procédure dont le résultat n'a rien de scientifiquement certain. V. *suprà*, n° 21.

somptions, *l'aveu* (1). Examinons la valeur de ces moyens de preuve :

L'expédition de l'arrêt ou du jugement de condamnation est une preuve légale. On n'y a ordinairement recours que s'il s'élève une contestation sur les condamnations portées au casier.

On appelle *extrait du casier* le relevé des extraits de jugements de condamnation, concernant le même individu, déposés au casier judiciaire. Ceci nécessite quelques explications. Pour faciliter la recherche des antécédents, les art. 600 et 601 du Code d'instruction criminelle avaient prescrit de tenir, au greffe des tribunaux correctionnels et des Cours d'assises, un registre dont on devait envoyer, tous les trimestres, deux copies, l'une au ministère de la justice, l'autre à celui de la police. C'était l'institution des *sommiers judiciaires*. Son utilité fut de courte durée. Bientôt en effet l'amoncellement des documents dans le même dépôt et la similitude des noms rendirent impossible l'extraction de ces registres, en temps opportun, des renseignements individuels que les parquets demandaient. Après quelques tâtonnements, on conçut l'idée de décentraliser ces documents pour les localiser au greffe du tribunal de l'arrondissement natal de chaque condamné. C'était le moyen de rendre les recherches plus faciles et plus promptes par la division du travail. Des circulaires ministérielles, notamment celles du 6 novembre 1850 et du 30 août 1855, réalisèrent cette idée en instituant les *casiers judiciaires*. Dans une armoire fermée, divisée en autant de cases qu'il y a de lettres de l'alphabet, on dépose un dossier spécial pour chaque condamné, sous la lettre initiale de son nom. Ce dossier contient les extraits de tous les jugements qui le concernent. Les greffiers rédigent ces extraits au fur et à mesure des condamnations ; les magistrats des parquets les vérifient et les envoient au casier de l'arrondissement natal du condamné, et s'il est inconnu, ou si le condamné est né à l'étranger, au casier central, tenu au ministère de la justice. Dans la pratique on donne le nom de *bulletins n° 1* à ces extraits de jugement. — Veut-on maintenant connaître les antécédents judiciaires d'un individu ? Il faut s'adresser au greffier dépositaire des bulletins n° 1, qui dresse un état récapitulatif de tous les extraits de condamnations déposés au casier sous le nom de cet individu : c'est l'*extrait du casier* ou *bulletin n° 2*. Souvent il arrive qu'on ne trouve rien au casier ; alors le greffier complète la recherche des antécédents par celle de l'acte de naissance (art. 43, C. c.), et, au cas où l'acte de naissance ne serait pas retrouvé, il inscrit sur le bulletin n° 2 : *pas d'acte de naissance applicable*. Cette mention indique que l'individu poursuivi a probablement pris un faux nom. Les magistrats aviseront en conséquence pour découvrir par ailleurs l'identité et les antécédents de l'inculpé.

(1) Le *serment* est le seul mode de preuve emprunté au droit civil que nos lois criminelles repoussent. Il a été aboli (D. 8 oct. 1789, art. 12).

476. Quelle est la *force probante* de l'extrait du casier ? — Cet extrait est la copie de l'extrait d'un acte authentique, c'est-à-dire une copie qui ne réunit point les conditions exigées par les art. 1334 et suivants du Code civil pour faire foi en justice. L'extrait du casier n'a donc que la valeur d'un simple renseignement. Il sert à faciliter la recherche des antécédents, mais il ne les prouve pas par lui-même. Aussi la jurisprudence la plus récente lui dénie-t-elle toute force probante dès qu'il est contesté. Elle va même plus loin, car elle exige, à peine de nullité, que le prévenu ait été mis en demeure de reconnaître l'existence des condamnations qui y sont portées. Mais cette décision paraît se rattacher à un autre ordre d'idées : la nécessité d'assurer la liberté de défense (1).

477. Le casier judiciaire n'a été institué qu'en vue de la récidive criminelle ou correctionnelle (2). En matière de contravention il était inutile, à cause des conditions de *lieu* et de *temps*. Puisque la récidive n'est punissable que si le contrevenant a été condamné dans les douze mois précédents pour contravention de police, commise dans le même canton, le greffier du tribunal de simple police trouvera aisément dans ses archives la condamnation antérieure.

478. Les témoignages, les simples présomptions, l'aveu peuvent corroborer l'extrait du casier judiciaire et dispenser de représenter l'expédition du jugement ou de l'arrêt de condamnation. On pourra entendre comme témoins les gardiens de la prison où le condamné a subi sa peine, invoquer les mentions du registre d'écrou, etc. Tous les moyens de preuve sont en effet recevables, car il s'agit de prouver un fait (3).

---

(1) Cass. 4 et 17 février, 11 mars 1887 (D. 87, 1, 233-413) ; 23 février 1888 (*Gaz. Trib.*, 27 fév.). Ces arrêts ont été rendus en matière de relégation. Lorsqu'il s'agit de la récidive punie par le Code pénal, la Cour de cassation n'exige point que le prévenu ait expressément reconnu ou ait été mis en demeure de reconnaître les condamnations inscrites à son casier : Cass. 6 mars 1874 (D. 74, 1, 277) ; 10 avril 1880 (S. 81, 1, 91) ; 21 sept. 1882 (D. 82, 1, 488). La distinction qui résulte de ces deux séries d'arrêts n'a rien de juridique. Quelles que soient en effet les conséquences qu'on se propose de tirer de l'état de récidive, la preuve de cet état ne peut varier. Il vaut donc mieux voir dans les arrêts de 1887 et 1888 un changement de jurisprudence, favorisé d'ailleurs par quelques précédents. Comp. Cass. 4 février 1860 (D. 61, 1, 93) ; 7 juillet 1876 (D. 76, 1, 94).

(2) On dépose au casier : 1° tout jugement ou arrêt contradictoire ou par défaut, *en matière correctionnelle*, devenu définitif ; — 2° tout arrêt *criminel* par contumace ou par défaut rendu par les Cours d'assises ; — 3° toute décision émanant des *Tribunaux militaires* ou *maritimes*, définitive ; — 4° tout jugement *déclaratif de faillite*, également définitif ; — 5° certaines *peines disciplinaires* appliquées aux avocats et aux officiers ministériels et publics ; — 6° les condamnations prononcées par la Haute Cour de justice ; — 7° toute *réhabilitation criminelle, correctionnelle* ou *commerciale*. V. DESPATYS, *Tr. théor. et pratique du casier judic.* etc. (1870); LE POITTEVIN, *Tr. des casiers judic.* (1880). — Il est question de restreindre beaucoup les inscriptions au casier, et de les faire disparaître après un certain temps.

(3) Ainsi l'a décidé la Cour de cassation après avoir longtemps hésité sur l'aveu isolé : Cass. 10 avril 1880 (S. 81, 1, 91). — *Comp.* : Cass. 18 août 1853

Section V. — Des causes d'atténuation.

I. Notions générales. — **Causes d'atténuation proprement dites.** — **Causes d'exemption.** — **Causes de mitigation des peines.** — **Sursis à l'exécution.**

479. L'expression *causes d'atténuation*, prise dans son sens le plus large, comprend toutes les causes qui modifient, dans un sens favorable à l'individu judiciairement reconnu coupable d'une infraction, la peine ordinaire de cette infraction. Dans cette première acception elle désigne : 1° les *excuses atténuantes* et les *circonstances atténuantes* qui sont les causes d'atténuation proprement dites ; 2° les *causes d'exemption de peine*, qu'on appelle aussi *excuses absolutoires* ou *péremptoires* ; 3° les causes de *mitigation de peine* ; 4° le *sursis à l'exécution* (1).

Dans un sens plus restreint, les causes d'atténuation ne comprennent que les excuses atténuantes et les circonstances atténuantes. Ces deux causes d'atténuation seront, de notre part, l'objet d'une étude plus approfondie, parce que leur généralité les fait rentrer dans le cadre de cet ouvrage.

a) Les *excuses atténuantes* sont « des circonstances de fait limitativement prévues par le législateur et considérées par lui comme ayant un caractère atténuant ». Le rôle du juge se borne à constater si la preuve de leur existence est ou non rapportée.

b) Les *circonstances atténuantes* sont « toutes les circonstances de fait dont le juge est libre d'apprécier la valeur concrète ». Son rôle ne se borne pas à constater leur existence ; il peut leur refuser ou leur reconnaître un caractère atténuant. Étant souverain en cette matière, on ne lui demande pas de motiver sa décision. Seulement, comme les circonstances atténuantes proprement dites produisent cet effet considérable de changer la peine, on exige que le juge *affirme expressément* leur existence.

(B. 413) ; 1ᵉʳ avril 1853 (B.115) ; 9 août 1855 (B.281) ; F. Hélie, *Tr. de l'inst. crim.*, VIII, 4001.

(1) Cette importante matière, qui devrait faire l'objet de vues d'ensemble et d'une série de dispositions bien ordonnées, placées dans la partie générale du Code pénal, n'y est pas traitée. Un texte assez large, mais ne visant par ses termes que les crimes et délits, l'art. 65, pose le principe que les *excuses* et les *causes de mitigation* de peine ne peuvent être étendues d'un cas à un autre, et encore moins créées de toutes pièces par interprétation. La divisibilité de beaucoup de peines et les art. 463 et 483 nous révèlent deux catégories de causes d'atténuation judiciaires : les unes innommées, les autres qualifiées de circonstances atténuantes. Enfin la comparaison de divers textes : art. 67, 321 à 326 ; — 100, 101, 138, 144, 213, 266, 267, 271, 380, 435, montre que les excuses se divisent en deux classes, savoir : les *atténuantes* et les *absolutoires*.

En cela elles diffèrent des causes d'atténuation judiciaires que nous avons qualifiées d'*innommées*, et par lesquelles le juge se décide à fixer la peine entre le maximum et le minimum. Cette fixation n'a besoin d'aucune explication.

c) Les *excuses absolutoires* sont « des circonstances de fait, définies par le législateur, qui assurent l'impunité à un individu judiciairement reconnu coupable d'une infraction ». Par leur raison d'être, elles diffèrent absolument des causes d'atténuation. Celles-ci résultent d'un état de fait qui diminue la culpabilité de l'agent au moment où il commet l'infraction ; celles-là sont motivées par des circonstances qui sans amoindrir moralement la culpabilité rendent l'impunité préférable à la répression. Ces causes d'exemption de peine ressemblent beaucoup moins à des *excuses* qu'à certaines fins de non-recevoir contre l'action publique qu'on appelle *exceptions péremptoires*, parce qu'elles repoussent cette action d'une manière définitive et permanente ; comme, par exemple, la prescription, l'amnistie, le défaut d'extradition dans l'hypothèse de l'art. 7, C. i. c. Aussi, quelque qualificatif qu'on ajoute au mot excuses pour les caractériser, qu'on les appelle *excuses absolutoires* ou *péremptoires* (1), l'expression éveille une idée inexacte qu'on éviterait en les nommant simplement *causes d'exemption de peines*. — Leur résultat, d'un autre côté, ne se confond point avec celui des exceptions péremptoires. Ces fins de non-recevoir empêchent d'entrer dans l'examen de l'affaire, et par conséquent si elles sont découvertes au début de la procédure, elles arrêtent la poursuite et laissent indécises l'infraction et la culpabilité. Les excuses absolutoires supposent au contraire l'infraction et la culpabilité prouvées ; aussi elles n'arrêtent point la poursuite tant que ces deux points ne sont pas établis.

d) Les *causes de mitigation* des peines sont motivées par la relation de l'état physique du condamné avec le régime de la peine encourue. Aussi leur appréciation appartient exclusivement, en Cour d'assises, aux magistrats chargés d'appliquer la peine ; elles ne sont pas soumises au jury. Le *sexe*, la *vieillesse*, la *minorité de* 21 *ans*, constituent ces causes de mitigation. Nous les avons exposées à propos de l'organisation des peines et particulièrement des travaux forcés, de la déportation et de la relégation. Il suffira de s'y reporter.

Le *sursis à l'exécution* (L. 26 mars 1891) permet aux tribunaux de suspendre pendant cinq ans l'exécution de l'emprisonnement et de l'amende qu'ils prononcent contre certains délinquants primaires. Passé ce délai, sans nouvelle condamnation dans les conditions prévues par la loi, les peines qui ont fait l'objet du sursis sont purgées et la con-

---

(1) Cette dernière qualification leur a été donnée par Riboud, rapporteur au Corps législatif. Locré, t. XIX, p. 282.

damnation elle-même est réputée non avenue. Dans le cas contraire, l'exécution de ces peines est poursuivie. Le sursis est le dernier mot de l'indulgence du juge.

Les causes d'atténuation *sensu lato*, prises dans leur ensemble, présentent les mêmes caractères que les causes d'aggravation ; elles sont : légales ou judiciaires, réelles ou personnelles, générales ou spéciales.

II. — Excuses absolutoires.

480. L'étude détaillée de ces excuses rentre dans la partie spéciale du Code pénal, et par conséquent ne doit pas trouver place ici ; mais nous devons faire connaître leurs *causes* et leurs *effets*.

I. Les *causes* d'excuses absolutoires sont très variables. 1° Les unes se rattachent à l'idée *d'un service rendu à la société*. C'est ainsi qu'on accorde l'impunité aux révélateurs dans des crimes attentatoires à la sûreté, au crédit et aux monopoles de l'Etat, ou à la sécurité publique (art. 108, 138, 144, 266, 267, 435, C. p. ; 4, L. 4 germin. an II, tit. IV, *Douanes*,etc.) ; ou qu'on récompense ceux qui se sont retirés, au premier avertissement de l'autorité, des bandes ou attroupements en cas de sédition ou de rébellion (art. 100, 213, C. p.). — 2° D'autres tiennent à cette idée que *le mal du délit a été réparé ou arrêté*. Telle est l'excuse établie par l'art. 247, C. p. en faveur des gardiens coupables d'avoir laissé évader par négligence les détenus, quand l'évadé est repris dans un certain délai. — 3° D'autres sont inspirées par le *désir de maintenir l'obéissance et la prompte exécution des ordres dans la hiérarchie administrative* (art. 114, 190). — 4° D'autres viennent de *certaines relations de parenté ou d'alliance* (art. 248, 380).

481. II. L'*effet* des excuses absolutoires consiste matériellement dans une exemption de peine. Cette exemption porte toujours sur la peine principale. Elle n'écarte pas toujours la peine accessoire de l'interdiction de séjour, mais elle en abrège la durée et la rend facultative. Parfois même cette peine facultative devient la seule peine de l'infraction (art. 100, 108, 138, 144, 213, 271, 435). — Juridiquement, l'excuse absolutoire suppose l'infraction et la culpabilité établies (1). En cela elle diffère absolument des *faits justificatifs* et des *causes de non-imputa-*

---

(1) Faut-il en conclure que les excuses absolutoires ne pourront être accueillies par les juridictions d'instruction ? — *Non*, si l'excuse absolutoire écarte à la fois la peine principale et toute peine complémentaire. A quoi bon, en effet, ordonner un renvoi devant la juridiction du jugement s'il doit aboutir à une déclaration platonique de culpabilité ? *Oui*, dans le cas contraire. — *Sic* : GARRAUD, II, 130, A, B, et la pratique sur l'art. 380 du Code pénal. — *Contrà* : BLANCHE, II, 609 ; DESJARDINS, *Rev. crit.* 1881, p. 177.

bilité, quoique au point de vue du résultat matériel l'effet soit le même. Nous allons les comparer (1).

a) Le renvoi de la poursuite, motivé par ces trois causes d'impunité, *n'a point la même raison d'être* : les faits justificatifs effacent l'infraction ; les causes de non-imputabilité effacent la culpabilité. Ces deux premières causes d'impunité n'agissent pas directement sur la peine ; elles ne l'écartent que par voie de conséquence. L'effet de l'excuse absolutoire se produit au contraire directement sur la peine.

b) La *responsabilité civile* disparaît absolument, quand il y a fait justificatif. Elle n'est souvent que déplacée et reportée de l'auteur du délit sur les personnes civilement responsables, s'il y a cause de non-imputabilité. Elle persiste toujours et reste à la charge du délinquant, au cas d'excuse absolutoire.

c) La *nature de la décision* qui accueille ces trois causes d'impunité est différente. Les deux premières entraînent un *acquittement*, au sens technique du mot. L'excuse absolutoire donne lieu à une *absolution*.

d) En Cour d'assises, les excuses absolutoires *doivent* faire l'objet d'une *question au jury* (art. 339, C. i. c.). Cette question n'est pas prescrite pour les faits justificatifs ni pour les causes de non-imputabilité.

e) Enfin on peut constater que, dans notre législation, les causes de non-imputabilité et les excuses absolutoires sont généralement des moyens de défense *personnels*, incommunicables ; tandis que les faits justificatifs sont des exceptions *réelles*, communicables aux co-délinquants.

482. L'effet juridique des excuses absolutoires étant connu, il importe d'examiner ici une question controversée que nous avons laissée intentionnellement de côté, en traitant *de la condition du mineur de seize ans*, c'est celle de savoir « si le défaut de discernement chez le mineur de seize ans est une cause de non-imputabilité ou une excuse absolutoire » ? Trois opinions se sont fait jour :

1er *système* : « C'est une excuse absolutoire ». — *a*) On ne questionne pas en effet le jury sur les causes de non-imputabilité ; on lui soumet au contraire les excuses : or la loi prescrit la position d'une question pour le discernement, comme pour une excuse (art. 339, 340, C. i. c.). — *b*) Les juridictions d'instruction peuvent motiver une décision de non-lieu par une cause de non-imputabilité ; elles ne peuvent point la fonder sur une excuse absolutoire : or la minorité de seize ans, bien qu'établie, motive toujours un renvoi devant la juridiction du jugement. C'est donc une excuse absolutoire (2).

---

(1) V. *suprà*, n° 163, la comparaison des faits justificatifs avec les causes de non-imputabilité.
(2) BLANCHE, I, 342 ; II, 386.

Nous repoussons cette manière de voir. Le discernement, ou raison morale, est en effet la partie de l'intelligence sans laquelle il n'y a pas d'imputabilité. Or, sans imputabilité, pas de culpabilité. Comment dès lors confondre le défaut de discernement avec l'excuse absolutoire ? Celle-ci suppose la culpabilité ; celui-là l'écarte. — La nécessité d'un renvoi devant la juridiction du jugement s'explique par l'envoi en correction, mesure qui peut être prise après l'acquittement du mineur (art. 66, C. p.). — Quant à l'argument de texte, il trouvera plus bas sa réfutation.

2ᵉ *système* : « Le défaut de discernement a un caractère mixte. Il tient à la fois de la cause de non-imputabilité et de l'excuse absolutoire. » — L'art. 66 du Code pénal dit en effet que le mineur sera *acquitté*. Or cette expression suppose un renvoi de la poursuite motivé par la solution négative de la question de culpabilité. Mais ce texte n'emploie point, pour caractériser la situation juridique du mineur, la formule énergique à laquelle on reconnaît la cause de non-imputabilité : « Il n'y a ni crime, ni délit » (art. 64). Cette différence de rédaction est l'indice d'une différence dans les effets. Partant de ce raisonnement, ce système adopte tantôt les conséquences du système de l'excuse absolutoire, tantôt celles du système de la cause de non-imputabilité, que nous allons exposer (1).

Nous repoussons encore cette opinion, qui d'ailleurs n'arrive à rien de précis. La différence de rédaction entre les art. 66 et 64 s'explique par les effets différents que peut entraîner la solution de la question de discernement. Est-elle résolue négativement ? La minorité de seize ans devient une cause de non-imputabilité. L'est-elle affirmativement ? Elle constitue une excuse atténuante. On devait donc poser la question de discernement au jury, puisque sa solution affirmative reconnaît implicitement l'existence d'une excuse. Ainsi se trouve écarté l'argument tiré des art. 339 et 340, C. i. c. dont se prévalent également les deux premiers systèmes. Mais, objecte-t-on, « la question de discernement ne peut se poser que si l'on a résolu affirmativement la question de culpabilité ; or il est contradictoire d'affirmer que le mineur est coupable et puis de déclarer qu'il est moralement irresponsable ». — Cette objection repose sur une équivoque. Le mot *coupable* n'a pas la même signification, dans la réponse affirmative du jury, quand l'accusé est majeur, que lorsqu'il est mineur. Dire d'un majeur qu'il est coupable, c'est affirmer à la fois qu'il est l'auteur matériel du fait et que ce fait lui est imputable. Le majeur en effet est présumé avoir agi librement et dans la plénitude de sa raison. Un verdict de culpabilité résout implicitement contre lui la question d'imputabilité. Pour le mineur, au contraire, la

---

(1) Lainé, 225 ; Garraud, I, 204, B.

non-imputabilité étant présumée, dire qu'il est coupable, c'est affirmer seulement sa culpabilité *matérielle*. Sa culpabilité morale devra faire l'objet d'une affirmation expresse et distincte. Il n'existe donc aucune contradiction entre le verdict affirmatif sur la culpabilité du mineur et le verdict négatif sur son discernement.

3° *système* : « Le défaut de discernement est une cause de non-imputabilité. » Nous avons admis ce système, sans le discuter, dans l'exposé de la condition du mineur de seize ans. Il faut en effet le préférer, car c'est le seul qui soit à la fois conforme aux principes et au texte de l'art. 66 qui prescrit l'acquittement du mineur. Sans doute cet acquittement présente deux différences avec celui d'un majeur : le mineur pourra être interné dans une maison d'éducation correctionnelle, son acquittement sera prononcé par arrêt de la Cour d'assises et non par ordonnance du président ; mais ces différences, résultant de textes formels, s'expliquent sans avoir recours à l'idée d'une excuse absolutoire. Il faut donc se garder de créer *par interprétation* de nouvelles différences, en appliquant les effets de l'excuse absolutoire à cette cause d'impunité (1).

III. — Excuses atténuantes.

483. I. Causes d'excuses atténuantes. — Parmi les causes d'excuses atténuantes, la plus générale est la *minorité de seize ans*, quand le mineur est déclaré avoir agi avec discernement (art. 67, 69, C. p.). Elle atténue la peine de tous les crimes et délits. — Puis vient l'excuse de la *provocation*, qui s'applique à certains crimes ou délits contre les personnes commis en réagissant contre une agression du même genre (art. 321-326, C. p.) (2). — Il faut encore ranger, à notre avis du moins, dans les excuses atténuantes, les excuses *à demi absolutoires* qui réduisent la peine de l'infraction à une interdiction de séjour facultative.

484. II. Effets. — Les excuses de la minorité et de la provocation produisent, *au point de vue matériel*, un effet analogue, sauf quelques différences de détail.

En matière criminelle, un emprisonnement correctionnel plus ou moins long est substitué à la peine principale, avec addition de la peine complémentaire facultative de l'interdiction de séjour pendant 5 à

---

(1) La jurisprudence admet que le mineur acquitté pour défaut de discernement doit être condamné aux frais : Cass. 10 février 1876 (D. 76,1,415). Cette solution peut se concilier avec le premier comme avec le second système. V. *suprà*, n° 350.

(2) En matière d'*injure*, publique ou non publique, proférée contre des particuliers, la provocation est aussi une excuse absolutoire (art. 471 § 11, C. p. art. 33, L. 29 juillet 1881 *s. la presse*).

10 ans (art. 326 §§ 2, 3, 4 ; art. 67 §§ 2, 3, 4). Par suite, toutes les peines *accessoires* à la peine criminelle se trouvent écartées ; mais les peines *complémentaires*, telles que l'amende, la confiscation, la relégation, doivent être prononcées. — Les différences de détail entre l'excuse de la minorité et celle de la provocation consistent *dans la durée de l'emprisonnement*. Pour la provocation, il est d'un à cinq ans lorsque la peine écartée est afflictive perpétuelle ; de six mois à deux ans, dans toute autre hypothèse. — Pour la minorité, il est de dix à vingt ans, si la peine est afflictive perpétuelle. Il est « égal au tiers au moins et à la moitié au plus de celui pour lequel il (le mineur) aurait pu être condamné » si la peine est afflictive temporaire. Cette formule oblige le juge à se demander d'abord quel taux il donnerait à la peine si l'accusé était majeur de seize ans, puis à opérer la réduction indiquée par la loi. S'il eût appliqué au majeur le *minimum*, il infligera au mineur une peine variant entre le tiers et la moitié de ce minimum. — Enfin l'emprisonnement est d'un an à cinq ans si la peine écartée est simplement infamante. Notons aussi une différence entre la minorité et la provocation au point de vue de l'*interdiction de séjour* : elle ne peut pas être prononcée contre le mineur qui a encouru une peine infamante (art. 67 §§ 4, 5) ; elle peut l'être contre le majeur provoqué (art. 326 § 4).

En matière correctionnelle, le taux de toutes les peines est réduit de moitié par l'effet de l'excuse de la minorité. L'emprisonnement seul est réduit par l'effet de l'excuse de la provocation ; son taux est de six jours à six mois. Voilà l'effet matériel de l'excuse atténuante.

485. Quel est maintenant son *effet juridique* ? En transformant la peine criminelle en peine correctionnelle, change-t-elle aussi la nature de l'infraction ? Le crime excusé devient-il un délit ? Il faut résoudre cette question : 1° pour fixer le délai de la *prescription de l'action* : il sera de trois ans si le crime excusé est un délit, de dix ans si c'est un crime ; — 2° pour fixer le délai de la *prescription de la peine* : il sera de vingt ans, bien qu'il s'agisse d'un emprisonnement, si la matière est criminelle. Il sera de cinq ans si l'admission de l'excuse a transformé le crime en délit ; — 3° pour savoir si le jury conserve le droit d'accorder des *circonstances atténuantes* : il a ce droit si le fait reste crime ; il perd ce droit si le fait devient délit (art. 341, C. i. c.) ; — 4° le crime excusé pourra fournir enfin le premier et le second termes de la petite récidive, s'il faut le considérer comme un délit ; il ne le pourra point, s'il conserve le caractère de crime (art. 58 § 2, C. p.).

1ᵉʳ *Système* : « Le crime excusé reste un crime. » — a) Aucun texte n'indique, dit-on, le déclassement de l'infraction ; bien mieux, la rubrique sous laquelle sont placés les art. 321 et suivants, parle de *crimes excusables*. — b) Si l'on admettait que l'*excuse atténuante* produit cet effet juridique, il faudrait en dire autant des *circons-*

tances atténuantes. Or personne ne l'admet. — *c)* L'infraction n'est pas déclassée, parce que l'excuse ne modifie que la peine. Ce qui sert, en effet, au législateur à qualifier une infraction, c'est la gravité sociale du fait et non la peine qu'il applique. — *d)* L'excuse n'a trait qu'à la criminalité subjective ; la gravité sociale du fait, la gravité objective reste la même (1).

Nous rejetons ce système. — *a)* Il est inexact de dire qu'il n'y a pas de texte indiquant le déclassement de l'infraction par le résultat de l'excuse. En effet, puisque l'abaissement de la peine qu'elle produit est l'œuvre exclusive de LA LOI, puisque l'excuse est une *hypothèse spéciale* où LA LOI punit moins sévèrement l'infraction que dans l'*hypothèse ordinaire*, pourquoi ne pas voir le texte, qui détermine la nature juridique du crime excusé, dans l'art. 1er § 2, C. p. ? « L'infraction que LES LOIS punissent de peines correctionnelles est un délit. » — C'est vainement qu'on argumente de cette expression « *crime excusable* » ; d'abord, ce n'est qu'un argument de rubrique ; or les rubriques du Code n'ont point été l'objet d'une discussion, ni d'un vote. Puis, parler d'un crime *excusable*, c'est se placer avant l'admission de l'excuse, et par conséquent ne rien décider sur la nature du crime *excusé*. — *b)* On ne peut raisonner par analogie de l'effet des circonstances atténuantes à celui de l'excuse. Le juge ayant mission de *définir* les circonstances atténuantes, la transformation de la peine est son œuvre ; tandis que dans l'excuse, la transformation de la peine est uniquement l'œuvre de la loi. — *c)* Le troisième argument n'a aucune portée. Le jurisconsulte n'a point à refaire l'œuvre du législateur. Ce qui lui révèle la gravité légale d'un fait et sa qualification, c'est la peine que la loi y attache, soit dans l'hypothèse ordinaire soit dans un cas particulier. — *d)* Le quatrième argument suppose que le législateur détermine la peine, dans l'hypothèse ordinaire, en considérant uniquement la *gravité objective*, c'est-à-dire la criminalité du fait, et qu'il l'atténue par l'excuse, en considérant uniquement sa *gravité subjective*, c'est-à-dire la culpabilité de l'agent. C'est là une erreur, au moins pour l'hypothèse ordinaire. Qu'importe d'ailleurs la raison qui a déterminé l'indulgence du législateur dans le cas de l'excuse ? Ce cas étant prévu par la loi, la qualification se reconnaît à la peine que la loi attache au fait dans cette circonstance.

2° *Système* : « Le crime excusé est un délit. » — C'est à cette solution qu'on doit logiquement aboutir par l'application des principes et des textes. La *nature* de l'excuse et l'art. 1er du Code pénal ont fourni, pour la réfutation du premier système, des arguments qu'il est inutile de répéter. — Les art. 57 et 58, C. p., réformés en 1863 et 1891, en fournissent un nouveau et des plus puissants. Le crime *qui* DEVRA *n'être*

---

(1) *Sic* : BERTAULD, XVIIe leçon, p. 390 ; MOLINIER, *Rev. crit.*, 1851, p. 425 ; VILLEY, p. 479.

puni que de peines correctionnelles ou bien *le crime qui* DEVRA *être puni de l'emprisonnement*, dont parlent ces textes, est certainement le crime excusé ; or ce crime, au point de vue de la récidive, est traité comme un délit. Voilà une application qui révèle la règle. — Enfin un argument d'analogie recommande cette solution : personne n'hésite à qualifier crime l'infraction dont la peine est transformée de correctionnelle en criminelle par l'effet d'une *cause d'aggravation légale* ; pourquoi hésiterait-on à qualifier délit l'infraction dont la peine est transformée de criminelle en correctionnelle par l'effet d'une *cause d'atténuation légale* ? Pour bien faire ressortir la rigueur de cette analogie, il suffit de comparer à l'excuse atténuante une cause d'aggravation *subjective* produisant le déclassement de l'infraction, telle que la qualité de domestique dans le vol (art. 386 § 9), ou la récidive dans l'hypothèse de l'article 200 § 3 (1).

3º *Système* : On distingue entre l'excuse de la minorité et celle de la provocation. La première transformerait le crime en délit, la seconde lui laisserait le caractère de crime. — Ce troisième système reproduit le premier, en y apportant toutefois une exception pour l'excuse de la minorité. Cette exception se fonde sur la compétence attribuée aux tribunaux correctionnels pour juger les crimes des mineurs (L. 25 juin 1824, *nouvel art*. 68, C. p.). Ainsi, un changement de juridiction modifierait la nature de l'infraction ! Piètre argument ! car si on le serrait de près, il faudrait dire que le crime du mineur reste crime quand, à raison de la présence de complices majeurs, il est jugé par la Cour d'assises. De ce que la Cour d'assises juge le crime excusé par la provocation, il ne faut pas conclure que ce fait a conservé son caractère primitif, pas plus qu'il ne faut conclure de la compétence attribuée, *dans certains cas*, aux tribunaux correctionnels pour juger le crime du mineur de seize ans, que ce fait est devenu délit. Il y a dans les deux hypothèses une exception aux règles habituelles de la compétence qui s'explique par des raisons absolument étrangères à la nature de l'infraction (2).

(1) GARRAUD, II, 143.
(2) La Cour de cassation adopte ce système mixte ; mais sa jurisprudence est pleine de choquantes contradictions. Ainsi pour la PROVOCATION, elle décide que l'admission de l'excuse ne change pas la durée de la prescription ; ce qui suppose que le fait reste *crime* : Cass. 17 janv. 1833 ; 10 déc. 1869 (motifs de l'arrêt) ; — mais en même temps elle retire au jury le droit d'accorder les circonstances atténuantes ; ce qui suppose que le fait devient *délit* : Cass. 22 juil. 1852 ; 20 juin 1867. — Pour l'excuse de la MINORITÉ, elle décide que l'admission de l'excuse modifie la durée de la prescription, parce que le fait devient *délit* : Cass. 25 août 1864, 10 déc. 1869 ; 12 août 1880 ; — mais elle conserve au jury le droit d'accorder les circonstances atténuantes ; ce qui ne peut s'expliquer qu'en disant que le fait reste *crime* : Cass. 1er août 1866. Un peu plus de logique serait désirable. — Plus récemment la C. de cassation a décidé que la prescription de la peine d'un crime excusé par la minorité durait 20 ans : Cass. 9 juil. 1891 (S. 91, 1, 432). Elle unifie ainsi sa jurisprudence au point de vue de l'excuse de la minorité.

486. III. Particularités de l'excuse de la minorité. — L'art. 69 du Code pénal a donné lieu à plusieurs difficultés de détail.

a) En matière correctionnelle, est-il exact de dire, comme nous l'avons affirmé, que l'excuse de la minorité réduit le taux de *toutes* les peines ? On l'a contesté pour la confiscation et pour l'interdiction des droits mentionnés en l'art. 42 du Code pénal. Ces peines, a-t-on dit, sont matériellement irréductibles ; de plus ce sont des peines complémentaires qui ont un but particulier ; elles constituent le châtiment spécial du délit (1). — *Réfutation* : L'interdiction de certains droits est toujours réductible dans sa durée. Quant à la confiscation, elle est matériellement irréductible si elle porte sur un objet impartageable, mais il est toujours possible de rendre la moitié de sa valeur. Enfin la distinction qu'on établit entre les peines principales et les peines complémentaires est tout à fait arbitraire en présence de l'art. 69 du Code pénal qui exige la réduction de *la peine qui sera prononcée*, c'est-à-dire de l'ensemble des peines que le juge prononce.

b) En matière correctionnelle, l'excuse de la minorité permet-elle seulement d'abaisser la peine jusqu'à la moitié du minimum fixé pour le délit, ou bien encore de descendre au minimum des peines correctionnelles ? *Exemple* : un délit est passible, au minimum, de 1 an d'emprisonnement et de 50 francs d'amende. Les juges devront-ils prononcer 6 mois et 25 francs ? Ou bien pourront-ils descendre jusqu'à 6 jours et 16 francs ? — Cette dernière solution prévaut dans la pratique, et avec raison. L'art. 69 ne fixe en effet que le maximum de la peine correctionnelle applicable au mineur. Quant au minimum de cette nouvelle peine, ce n'est pas celui de l'ancienne réduit de moitié, mais le minimum habituel des peines correctionnelles, par application des dispositions générales des art. 179, C. i. c., 40 § 2, 463, 466, C. p. (2).

c) En matière correctionnelle, l'excuse de la minorité permet-elle de prononcer la moitié du minimum, lorsque par suite de cette réduction l'emprisonnement et l'amende vont tomber au-dessous du minimum habituel des peines correctionnelles ? *Exemple* : Le minimum de la peine d'un délit est 6 jours d'emprisonnement et 16 francs d'amende. Les juges pourront-ils infliger 3 jours et 8 francs ? — On en a douté, parce qu'on s'est figuré que la peine réduite à ce taux serait une peine de simple police. C'est là une erreur, le taux de 6 jours ou de 16 francs constitue seulement le minimum *ordinaire* de l'emprisonnement et de l'amende en matière correctionnelle. D'ailleurs le caractère d'une peine se détermine uniquement par son maximum, or ce maximum dépasse celui

---

(1) Garraud, II, 134, *b*.
(2) Cass. 3 fév. 1849 (B. 28).

des peines de police. Il n'y a donc pas de motif sérieux pour ne pas appliquer à la lettre l'article 69 (1).

487. IV. Particularités de l'excuse de la provocation. — La provocation résulte de certains crimes ou délits dirigés contre les personnes et appelant des représailles immédiates. La loi tient compte de l'injustice de l'agression pour excuser ces représailles lorsqu'elles ont été exercées dans le feu de la colère ou de l'indignation. Cette excuse s'applique tantôt à des actes de vengeance, tantôt à des actes qui ne peuvent être innocentés par la légitime défense, parce que les conditions de ce fait justificatif ont été incomplètes ou insuffisamment remplies, ou qu'il y a eu excès dans la défense.

Etudions quelques particularités de cette excuse :

a) L'excuse de la provocation est-elle générale ; peut-elle être invoquée pour excuser les coups portés à un agent de l'autorité dans l'exercice de ses fonctions ? — La négative est admise en jurisprudence sous prétexte : 1° que les art. 321 et suivants, à raison de la place qu'ils occupent dans le Code, n'excusent que les crimes et délits commis contre les particuliers ; 2° que les agents de l'autorité doivent être présumés ne faire, dans l'exercice de leurs fonctions, que juste ce que la loi permet. — Nous avons déjà réfuté cet argument de rubrique, à propos de la légitime défense, et nous avons démontré que l'illégalité *évidente* et *intolérable* de l'acte autorisait le fait justificatif. Sous la même réserve il faudra admettre l'excuse de la provocation (2).

b) La loi écarte dans deux cas l'excuse de la provocation à raison de la qualité de l'agresseur : l'un est le parricide, l'autre le meurtre d'un époux par son conjoint. Art. 323 : « Le parricide n'est jamais excusable. » — Art. 324 § 1 : « Le meurtre commis par l'époux sur l'épouse, ou par celle-ci sur son époux n'est pas excusable, si la vie de l'époux ou de l'épouse qui a commis le meurtre n'a pas été mise en péril dans le moment même où le meurtre a eu lieu. » Ces exceptions doivent être restreintes à leurs termes : 1° Elles ne visent que le *meurtre* ; par conséquent les *coups et blessures* restent excusables, quelles qu'en aient été les suites. — 2° Elles n'excluent pas la légitime défense. L'art. 324 le dit expressément à propos du meurtre du conjoint ; mais c'était inutile, car provocation et légitime défense sont deux situations qui n'ont rien de

---

(1) Cass. 9 av. 1875 (D. 77, 1, 508.) L'intérêt pratique de ces deux dernières questions n'apparaît que devant la Cour de cassation et lorsque l'arrêt ou le jugement, objet du pourvoi, a réduit la peine au taux contesté sans déclarer l'existence de circonstances atténuantes. En appliquant en effet l'art. 463 du Code pénal les juges ont toujours le moyen d'éviter la difficulté.

(2) *Sic* : Carnot, I, p. 564 ; Chauveau et Hélie, III, 1281 ; Trébutien, I, p. 160 ; Garraud, II, 136 ; Haus, II, 833. — *Contrà* : Cass. 13 mars 1817 ; 8 avril 1826 ; 30 avril 1847 ; Blanche, IV, 131.

semblable (1). — 3° L'exception relative au parricide s'applique seulement aux deux cas de provocation prévus par les art. 321 et 322. L'esprit de la loi, aussi bien que la place matérielle de l'art. 323 qui formule l'exception, commandent cette solution. Le parricide reste donc excusable si l'agent est mineur de seize ans (art. 67), ou s'il y a provocation par flagrant délit d'adultère (art. 324).

488. *Causes de provocation.* — Elles sont au nombre de quatre : 1° les coups et violences graves envers les personnes (art. 321) ; — 2° l'escalade ou l'effraction, *pendant le jour*, des clôtures, murs et entrée d'une maison ou d'un appartement habité ou de leurs dépendances (art. 323) ; — 3° le flagrant délit d'adultère de la femme dans la maison conjugale (art. 324) ; — 4° un outrage violent à la pudeur, pour le crime de castration (art. 225). — Les deux dernières causes méritent seules quelques explications.

Le mari ne peut invoquer l'excuse, s'il était lui-même convaincu d'avoir entretenu une concubine dans la maison conjugale. Telle est la portée du renvoi fait par l'art. 324 à l'art. 336. — De plus, cette excuse n'est établie qu'à son profit. La femme qui tuerait son mari surpris dans une situation semblable ne pourrait s'en prévaloir, car les excuses sont de droit étroit (art. 65).

La castration est *excusée*, lorsqu'elle est infligée comme représailles immédiate d'un outrage violent à la pudeur. Mais elle serait *justifiée*, si elle avait été accomplie en repoussant la perpétration d'un crime de cette nature. Ce serait en effet, dans ce cas, un acte de légitime défense.

489. *Caractère.* — L'excuse de la provocation est-elle *réelle* ou *personnelle* ? — On dit généralement, en doctrine, qu'elle est réelle dans les trois cas de provocation prévus par les art. 321, 322 et 323, et personnelle dans l'hypothèse de l'art. 324. Les premiers cas de provocation sont en effet des dégénérescences de la légitime défense et constituent comme elle une exception réelle. L'adultère au contraire étant un délit *privé*, un délit *entre les époux*, comme on l'a qualifié dans les travaux préparatoires, n'est susceptible de provoquer que le mari outragé.

A notre avis, l'excuse de la provocation est toujours personnelle. Il n'en peut être autrement, puisqu'elle est empruntée à un fait psychologique forcément personnel à chaque individu. Mais certains événements sont susceptibles d'exciter la même indignation, le même désir de vengeance chez tous les individus qui en sont témoins. Dans ces hypothèses, l'excuse semble être *réelle*, parce que chaque participant au crime commis en représailles du fait de provocation peut l'invoquer ;

---

(1) *Sic* : ORTOLAN, I, 447, 1106 ; GARRAUD, *op. et loc. cit.* — *Contrà* : MORIN, v° *Provocation* et v° *Légit. défense.*

mais, en réalité, elle ne se communique point d'un participant à l'autre, et chacun l'invoque de son propre chef. Elle est donc personnelle. L'intérêt pratique de cette observation apparaîtra pour les questions à poser au jury.

IV. — Circonstances atténuantes.

490. I. Notions générales. — Le système des circonstances atténuantes consiste à donner au juge la faculté d'infliger au coupable une peine déterminée par la loi, mais plus douce que la peine ordinaire de l'infraction, à raison de circonstances ne relevant que de son appréciation souveraine. — Cette institution présente une utilité évidente quand la peine est fixe ; cependant elle n'est point inutile même avec les peines divisibles. Le législateur ne peut en effet prévoir *a priori* tout ce qui pourra diminuer la *criminalité* de l'infraction ou la *culpabilité* de l'agent. Il est bon par conséquent de laisser aux tribunaux un pouvoir d'atténuation plus considérable que celui qui consiste dans l'abaissement de la peine au minimum. Mais, dans l'organisation pratique des circonstances atténuantes, le législateur français n'a pas seulement permis au juge de puiser ces circonstances dans les *éléments de fait* du procès pénal ; il l'a autorisé encore à les employer : 1° pour rectifier des incriminations qu'il jugerait trop rigoureuses, telles par exemple que l'assimilation de la tentative à l'infraction consommée, de la complicité à la participation principale ; 2° pour écarter l'application d'une peine qu'il ne croirait plus d'accord avec les mœurs, comme la peine de mort (1). Les circonstances atténuantes sont ainsi détournées de leur véritable objet qui consiste, tout en tenant pour justes l'incrimination et la peine légales, à corriger la sévérité de la peine en considération du fait et de l'individu à juger. On transforme les tribunaux en législateurs, puisqu'on les convie à préparer, par l'admission des circonstances atténuantes d'une manière constante dans certaines hypothèses, la réforme de la législation pénale.

491. Du principe que le juge est souverain dans la constatation des circonstances atténuantes découlent les conséquences suivantes :

a) Il n'a point à *motiver* sa déclaration ; il lui suffit d'affirmer « qu'il existe des circonstances atténuantes ». — *b*) Il peut les prendre où il lui plaît ; aucune règle ne limite la liberté de ses recherches (2). — *c*) L'atté-

---

(1) V. l'exposé des motifs et le rapport de M. Dumon à la Chambre des députés, lors de la réforme du Code pénal en 1831.

(2) La réforme de l'art. 463, C. p., en 1832, a virtuellement abrogé le § 5 de l'art. 342, C. i. c., qui défendait au jury de se préoccuper de la peine, et, par contre-coup, elle a autorisé la lecture et la discussion de la loi pénale devant le jury. BEUDANT, *De l'indication de la loi pénale dans la discussion devant le jury* (1861).

nuation de la peine par l'effet des circonstances atténuantes est *judiciaire* ; dès lors elle ne modifie point la qualification que mérite le fait, d'après la peine qui lui est applicable en l'absence de cette cause d'atténuation (1).

492. Le système des circonstances atténuantes n'existait, dans le Code pénal de 1810, qu'en matière correctionnelle et à la condition que le préjudice n'excédât pas 25 francs. Succédant au Code pénal de 1791, où toutes les peines criminelles étaient fixes, le Code de 1810 réalisait, disait-on, un progrès suffisant en matière criminelle, en rétablissant la divisibilité des peines temporaires (2). Cette trop grande rigueur motiva des acquittements, à la suite desquels la loi du 25 juin 1824 introduisit au grand criminel le système des circonstances atténuantes. Mais elle fit des restrictions pour certains crimes et pour certains accusés. De plus, la faculté de déclarer des circonstances atténuantes était attribuée, non pas au jury, mais aux magistrats de la Cour d'assises. Les acquittements continuèrent, car le jury entendait rester maître de la situation. Il le devint en 1832 ; on lui accorda le droit de reconnaître les circonstances atténuantes. Cependant on ne réduisit pas les magistrats de la Cour d'assises à exécuter seulement sa décision ; on créa en effet deux degrés d'abaissement de la peine : l'un obligatoire, l'autre facultatif. Par le premier la Cour exécute la décision du jury. Par le second elle abaisse la peine de sa propre autorité ; *elle accorde elle-même des circonstances atténuantes*. La réforme de 1832 élargit en outre le système des circonstances atténuantes en matière correctionnelle et l'appliqua avec sa nouvelle étendue aux matières de simple police (art. 483, C. p.). Cette loi de 1832 constitue le fond de la législation qui nous régit. Il y a bien eu, en 1863, une réforme tendant à limiter les pouvoirs d'atténuation du juge correctionnel ; mais elle a été effacée par le décret du 27 novembre 1870.

---

(1) On a fait une objection : « la loi, a-t-on dit, règle *l'effet* des circonstances atténuantes comme celui des excuses, c'est la loi qui dans les deux cas édicte une peine *correctionnelle*, donc dans les deux cas il y a *délit*. » Nous répondons que la loi ne règle pas les *causes* de circonstances atténuantes ; c'est le juge qui apprécie souverainement si tel fait est ou n'est pas atténuant. Une fois admises, les circonstances atténuantes ont sans doute un effet légal qui *matériellement* ressemble à celui de l'excuse. Mais *l'effet juridique* est différent, la matière reste criminelle, le crime atténué n'est pas un délit, parce que le législateur n'a pas connu les faits pour lesquels il permet au juge de prononcer une peine habituellement correctionnelle. Il est faux de dire que cette peine conserve ce caractère, car la matière étant criminelle, l'emprisonnement devient dans ce cas exceptionnel une peine criminelle. — *Contrà* : GAUTIER, *La réforme pénale en France et en Suisse* (1894), p. 51.

(2) Dans la législation intermédiaire, le système des circonstances atténuantes existait à l'état d'exception pour certains crimes politiques (L. 27 germinal an IV), et la jurisprudence essayait de le généraliser à toutes les matières criminelles, en équivoquant sur l'expression *excuse*, employée par l'art. 647 du Code du 3 brum. an IV (ORTOLAN, I, 1115).

En 1888 une loi a complété sur un point de détail l'application des circonstances atténuantes en matière correctionnelle et de simple police. — Malgré sa généralisation, la théorie des circonstances atténuantes n'est pas absolue ; nous verrons en effet que son application en matière correctionnelle et de police est régulièrement restreinte aux délits et contraventions prévus par le Code pénal.

493. De nombreuses critiques ont été dirigées contre notre législation sur les circonstances atténuantes. — 1° Les unes viennent des ennemis absolus de cette théorie qui tend, dit-on, à rétablir les peines arbitraires. — En supposant l'objection fondée, il faut observer que l'arbitraire qu'elles rétablissent, c'est l'arbitraire dans l'indulgence et non dans la sévérité. L'inconvénient est beaucoup moins grave. Il peut d'ailleurs être évité en fixant une limite à l'atténuation du juge. Cette limite existe dans notre législation, mais seulement pour les peines criminelles (1). — 2° Les autres critiques viennent des ennemis du jury : *a*) On a proposé d'accorder aux magistrats de la Cour d'assises le droit exclusif de déclarer les circonstances atténuantes. C'est le système du Code de procédure pénale autrichien (1873). Il a été expérimenté en France, de 1824 à 1832, et n'a point réussi. — *b*) D'autres proposent d'exiger que le juge, quel qu'il soit, motive sa déclaration. C'est contraire, pour le jury, au système de l'intime conviction qui affranchit son verdict de tout motif. C'est contraire aussi à la nature indéfinissable des circonstances atténuantes. Ce système, suivi par la législation autrichienne, aboutit à des motifs tels que ceux-ci : *antécédents, jeunesse, repentir*, qui deviennent promptement des clauses de style. — *c*) On propose encore d'autoriser les juridictions d'instruction à reconnaître les circonstances atténuantes pour correctionnaliser un crime. C'est un expédient inventé pour déférer aux tribunaux correctionnels des crimes que le jury refuserait de réprimer, parce que, même après une déclaration de circonstances atténuantes, la peine est encore trop sévère eu égard au

---

(1) En matière correctionnelle, la réforme de 1863 avait eu précisément pour objet d'empêcher une atténuation excessive de la peine. Elle limitait l'abaissement au minimum ordinaire des peines correctionnelles, *six jours* et *seize francs*, lorsque le minimum de la peine applicable, abstraction faite des circonstances atténuantes, n'était pas inférieur *à un an* et *à cinq cents francs*. Il est regrettable que cette disposition additionnelle de l'art. 463 ait été abrogée. On ne pouvait lui reprocher que d'être trop restreinte. L'atténuation de la peine par l'effet des circonstances atténuantes n'entraînant point un déclassement de l'infraction, il était logique de fixer, comme limite extrême de l'abaissement des peines correctionnelles, ainsi que le faisait la loi de 1863, le minimum ordinaire de *six jours* et de *seize francs*. ORTOLAN, II, 1660 ; MOLINIER, *Rec. de l'Acad. de législat.*, t. XI, p. 139-192 ; GARRAUD, *Dr. pén. franç.*, II, 156. Comp. C. italien, art. 59. — Un effort a été fait dans les travaux préparatoires de la loi du 16 mars 1891 pour limiter l'atténuation de la peine à l'égard des récidivistes. Cette réforme excellente, votée par le Sénat, fut rejetée par la Chambre. Elle a reparu dans le projet de la commission de revision du Code pénal (1893), art. 64, 65.

peu de gravité du fait. Ce système suivi en Belgique est irrationnel. Les juridictions d'instruction n'ont pas mission d'apprécier *le degré* de la culpabilité du prévenu ; elles examinent seulement si cette culpabilité est suffisamment établie pour motiver un renvoi devant la juridiction de jugement compétente. — *d)* Enfin on s'est efforcé de rendre moins fréquentes les déclarations de circonstances atténuantes par le jury, en exigeant une majorité plus forte pour le verdict qui les accorde que pour un verdict négatif sur la question de culpabilité. On empêche ainsi le jury d'énerver la répression. Ce tempérament existe dans notre législation.

494. II. Pour quelles infractions et par qui peuvent-elles être déclarées ? — La théorie des circonstances atténuantes organisée dans les art. 463 et 483, C. p. est une théorie *générale* en matière criminelle : elle s'applique à tous les crimes prévus soit par le Code pénal, soit par une loi spéciale. Elle est *spéciale* au contraire en matière correctionnelle et de police et ne s'applique qu'aux infractions de cette nature prévues par le Code pénal. Les délits et contraventions incriminés par les lois en dehors du Code étant pour la plupart de simples délits de convention sociale, que des raisons d'utilité et souvent un intérêt fiscal ont fait punir de peines sévères, on a craint en ces matières l'indulgence du juge et l'on s'est réservé d'autoriser par un texte exprès de la loi spéciale l'application des circonstances atténuantes (1).

C'est également pour ce motif que, dans les codes de l'armée de terre et de l'armée de mer, le crime ou le délit militaire, commis par un militaire, est toujours puni sans atténuation, tandis que s'il s'agit de faits incriminés à la fois par la loi spéciale et par le Droit commun, plusieurs dispositions de ce code autorisent l'application de l'art. 463 (2).

495. Par qui maintenant les circonstances atténuantes devront-elles être déclarées ? — La question ne présente de l'intérêt qu'en Cour d'assises parce que la mission du juge se partage, dans cette juridiction, entre les magistrats et le jury : celui-ci, chargé de déclarer la culpabilité ; ceux-là, chargés d'appliquer la peine. Logiquement, les circonstances atténuantes pouvant êtres prises *partout*, il appartient aussi bien à la Cour qu'au jury de les déclarer. C'est pour ce motif qu'on n'a pas retiré aux

---

(1) L'esprit public est peu favorable à ces restrictions. Les lois du budget du 30 mars 1888, art. 42, et du 26 déc. 1890, art. 12, remplacées aujourd'hui par celle du 29 mars 1897, art. 19, ont étendu l'art. 463, C. p. aux délits de contributions indirectes lorsqu'il n'y a pas récidive et que la bonne foi du contrevenant est dûment établie. Cette dernière loi astreint de plus les juges à motiver leur décision sur l'admission de circonstances atténuantes. V. Thisse, *Comm. de la loi du 29 mars* 1897 (Lois nouv. 97, 1, 265 et ss.).

(2) La loi sur le recrutement, du 15 juillet 1889, a étendu largement le système des circonstances atténuantes aux infractions militaires commises par des hommes de la *réserve de l'armée active* et par ceux de l'*armée territoriale ou de sa réserve.* Art. 52, 79, 80.

magistrats de la Cour d'assises le droit de participer à la déclaration des circonstances atténuantes ; seulement on a donné au jury l'*initiative* de cette déclaration. Si le jury n'accorde pas de circonstances atténuantes, la Cour ne peut en accorder. S'il en accorde, la Cour peut se borner à exécuter sa décision en abaissant la peine d'un degré, ou s'associer à son indulgence en abaissant la peine d'un second degré. Les textes qui indiquent le mécanisme de cette double atténuation supposent implicitement que la Cour juge *un crime avec le concours du jury*. Mais, comme cette proposition n'est pas expressément formulée, leur rédaction a donné naissance à deux controverses.

496. 1re *Question* : « La Cour d'assises, jugeant un contumax *sans le concours du jury*, peut-elle lui accorder des circonstances atténuantes? »

La *négative* triomphe en jurisprudence sous prétexte : 1° que les magistrats de la Cour d'assises ne peuvent prendre l'initiative de la déclaration des circonstances atténuantes ; — 2° que l'existence de ces circonstances doit être reconnue après un débat oral, qui n'a pas lieu dans la procédure par contumace ; — 3° que le contumax n'est pas digne d'indulgence (1).

L'*affirmative* au contraire est justement suivie en doctrine. Le premier des arguments du système opposé tombe devant cette observation, que la distinction des rôles du jury et de la Cour dans la déclaration des circonstances atténuantes suppose implicitement que la Cour juge une affaire criminelle *avec le concours du jury*. Conclure du rôle secondaire attribué aux magistrats dans cette hypothèse qu'ils ne peuvent prendre l'initiative de reconnaître des circonstances atténuantes lorsqu'ils jugent seuls un contumax, c'est leur refuser également ce droit lorsqu'ils jugent *sans le concours du jury* un crime d'audience ; c'est le refuser aussi à la Cour de cassation et à la Cour d'appel dans la même hypothèse (art. 507-508, C. i. c.) ; c'est le refuser au Sénat constitué en Cour de justice (art. 12, L. const. 16 juil. 1875) ; c'est enfin le refuser aux conseils de guerre remplaçant les tribunaux ordinaires dans l'état de siège. Or la pratique permet sans difficulté à n'importe laquelle de ces juridictions d'appliquer l'art. 463. La contradiction est manifeste, puisque dans toutes ces hypothèses il n'y a point de jury. Pour les conseils de guerre dans l'état de siège l'art. 198, C. J. M. A. T. consacre même expressément notre opinion et fournit en sa faveur un puissant argument d'analogie. — La rédaction de l'art. 463, C. p. s'explique historiquement. Sa réforme en 1832 avait principalement pour objet, dans les matières criminelles, de conférer au jury un pouvoir qu'il n'avait pas. C'est ce qui fait qu'on a prévu seulement l'hypothèse ordinaire ; l'attention ne s'est pas arrêtée sur les cas exceptionnels où le jury n'intervient

---

(1) Cass. 4 mars 1842 ; 14 sept. 1843 ; BLANCHE, VI, 674.

pas. L'argument de texte n'est donc pas une raison pour limiter les pouvoirs des magistrats de la Cour d'assises lorsqu'ils composent à eux seuls toute la juridiction. Les principes d'ailleurs exigent qu'*une règle de fond*, comme celle des circonstances atténuantes, ne puisse être écartée par un changement fortuit de juridiction. — La prétendue nécessité d'un débat oral préalable ne résulte ni des textes, ni des principes. Admettons un instant que l'objection soit fondée : pour qu'il y ait débat oral facilitant la déclaration des circonstances atténuantes, il faudra qu'il ait porté ou sur la criminalité du fait, ou sur la culpabilité de l'agent, ou sur la trop grande sévérité de la peine. Mais il peut arriver que l'accusé se soit borné à plaider un *alibi*. Peut-on dire dans ce cas qu'il y ait eu débat oral sur les circonstances atténuantes ? Non, et cependant on ne refusera pas au jury ni à la Cour le droit de les déclarer. — Enfin l'argument tiré de l'indignité du contumax suppose que les circonstances atténuantes sont uniquement motivées par l'examen de la culpabilité. C'est là une erreur. Elles servent aussi, dans notre législation, à corriger, en fait, des incriminations et des pénalités vicieuses. Or quelque indigne d'indulgence que soit un contumax, le juge a le devoir de mesurer la peine à la gravité réelle du fait et non à sa gravité abstraite ; il a aussi le droit de faire connaître, par une déclaration de circonstances atténuantes, le jugement qu'il porte sur la valeur même de la loi (1).

497. 2º *Question* : « Auquel des deux éléments de la Cour d'assises appartient-il de déclarer les circonstances atténuantes pour les délits déférés au jury ? » — Observons d'abord que le jury peut être appelé de trois manières à se prononcer sur l'existence d'un délit : 1º lorsqu'il transforme un crime en délit en écartant les circonstances aggravantes ou en accueillant une excuse ; — 2º lorsqu'il statue sur un délit qui lui a été déféré par l'arrêt de mise en accusation comme délit connexe ; — 3º lorsqu'il juge un délit de presse. Dans toutes ces hypothèses, le jury déclare la culpabilité et la Cour applique la peine ; mais le pouvoir de déclarer les circonstances atténuantes se partage-t-il entre les deux éléments de la Cour d'assises, comme s'il s'agissait d'un crime ? — La *négative* est généralement enseignée, et l'on réserve à la Cour le droit exclusif de statuer sur l'existence de ces circonstances. Nous acceptons cette solution, sauf pour les délits de presse. Et d'abord, l'art. 341,

---

(1) La jurisprudence n'évite pas les contradictions en restreignant sa thèse au contumax. Elle admet, en effet, qu'un tribunal correctionnel peut accorder des circonstances atténuantes au prévenu *défaillant*. Elle sacrifie, dans ce cas, l'argument tiré de l'indignité de l'accusé qui se soustrait à l'action de la justice et celui tiré de la nécessité d'un débat oral (Cass. 1er déc. 1842 ; 10 avril 1844). Bien mieux, elle admet que la Cour d'assises jugeant un contumax peut accueillir une excuse et, à cette condition, lui accorder des circonstances atténuantes. Cass. 29 juil. 1813, BLANCHE, VII, 703. — *En mon sens* : CH. BERRIAT-SAINT-PRIX, *Rev. de législ.*, 1842, t. 9, p. 522 et tous les auteurs.

C. i. c. prouve qu'en règle générale le jury ne participe à la déclaration des circonstances atténuantes que si la matière est criminelle. Or, bien que contraire aux principes, l'argument de texte est ici prépondérant, parce qu'il est confirmé par les travaux préparatoires (1).

Mais il faut adopter la solution contraire pour les délits de presse : l'art. 64 de la loi du 29 juillet 1881, éclairé par les travaux préparatoires, suppose en effet, à n'en pas douter, que la Cour doit tenir compte de la déclaration du jury sur les circonstances atténuantes (2).

498. III. Système d'atténuation. — Théoriquement que doit-il être ? S'il était vrai, comme on l'a écrit, que les circonstances atténuantes dénotent seulement une diminution de culpabilité, il faudrait dire que l'atténuation devrait uniquement porter sur le *taux* de la peine ; mais, comme elles sont indéfinissables et qu'elles se prennent partout, l'atténuation peut se traduire aussi bien par un changement dans la *nature* de la peine. Le devoir du législateur se borne à fixer une limite à l'indulgence du juge. Permettra-t-il de substituer une peine correctionnelle à une peine criminelle ? Pourquoi non ? Toutefois il faut observer que cette transformation étant purement *judiciaire*, la nature de l'infraction n'en sera pas changée. — Notre législation doit être interprétée à l'aide de ces principes. Pour comprendre le système d'atténuation qu'elle organise, il importe de distinguer suivant le genre des peines qu'il s'agit d'atténuer.

499. Atténuation des peines criminelles. — L'art. 463, C. p. ne s'est occupé que des peines *principales* en matière criminelle. Il crée deux degrés d'atténuation, l'un *obligatoire* pour les magistrats de la Cour d'assises, parce qu'il constitue l'exécution du verdict du jury ; l'autre *facultatif*, parce qu'il représente la part que ces magistrats sont libres de prendre à la déclaration des circonstances atténuantes. Ce double abaissement se produit dans l'échelle à laquelle la peine appartient. Telle est la règle. Elle s'applique sans exception aux peines afflictives perpétuelles : 1° la mort, 2° les travaux forcés à perpétuité, 3° la dépor-

---

(1) La loi du 8 octobre 1830 avait déféré au jury les délits politiques ; lorsqu'en 1832 on généralisa le système des circonstances atténuantes, on craignit pour ce genre d'infractions la trop grande indulgence du jury. Aussi l'on admit seulement le jury à déclarer les circonstances atténuantes « en toute matière *criminelle* » après avoir rejeté un amendement qui proposait de substituer à ces mots : « en toute matière *soumise au jury* ». Il est vrai qu'en interprétant rigoureusement le texte par les motifs qui ont inspiré sa rédaction, ce serait uniquement pour les délits politiques que le jury n'aurait pas le droit de déclarer les circonstances atténuantes ; on comprend néanmoins qu'en vue de poser une règle uniforme, le législateur ait étendu cette exception en dehors de l'hypothèse à laquelle s'appliquait la raison qui la fit admettre. Tel fut le sentiment général au lendemain de la loi du 28 avril 1832.

(2) V. *infrà*, n° 595. C'était également la solution donnée par l'art. 23 de la loi sur la presse du 27 juillet 1849.

tation dans une enceinte fortifiée, 4° la déportation simple (art. 443 §§ 2, 3, 4, 5) (1). Mais ce procédé ne pouvait être suivi pour les peines qui se trouvent au dernier ou même à l'avant-dernier échelon de chaque échelle. D'un autre côté il existe plus d'affinité entre les peines afflictives temporaires et l'emprisonnement de longue durée qu'entre ces peines et les peines infamantes. Il fallait enfin tenir compte de la surélévation du taux de la peine que produit la récidive. Pour toutes ces raisons, le Code a apporté à son système quatre exceptions qui ne sont pas toutes également justifiées.

1re *Exception* (art. 463 §§ 6, 7) : Les peines correctionnelles de l'art. 401 (c'est-à-dire un emprisonnement d'un an à cinq ans, une amende de 16 à 500 francs, plus les peines complémentaires facultatives de l'interdiction de certains droits civiques, civils et de famille et de l'interdiction de séjour pendant 5 à 10 années), servent de second degré d'atténuation aux *travaux forcés à temps*, et de seul et unique degré d'atténuation à la *réclusion* et à la *dégradation civique*. Cette exception se justifie par le premier motif que nous avons indiqué.

2° *Exception* (art. 463 § 7) : Les peines correctionnelles de l'art. 401 servent encore de seul et unique degré d'atténuation au *bannissement* et à la *détention*, quoiqu'il fût possible de descendre d'un ou de deux degrés dans l'échelle des peines politiques. Cette exception s'explique en partie par le second motif.

3° *Exception* (art. 463 § 8) : « Dans le cas où le Code prononce le maximum d'une peine afflictive » (c'est l'hypothèse de la récidive quand la peine normale est la plus élevée des peines afflictives temporaires), le premier degré d'atténuation est le minimum de la peine ; le second, la peine inférieure. Cette exception trouve son explication dans le troisième motif.

4° *Exception* (art. 463 § 4) : Pour deux crimes politiques très graves (art. 96, 97, C. p.), il n'y a qu'un degré d'atténuation, celui que produit nécessairement le verdict du jury ; le pouvoir d'atténuation attribué aux magistrats de la Cour est supprimé. Cette exception ne se justifie pas.

Comme on le voit, les peines de l'art. 401 sont destinées à remplacer les travaux forcés à temps, la détention, la réclusion, le bannissement et la dégradation civique. Ces cinq peines criminelles étant de gravité différente, il était logique de fixer un taux différent pour l'emprisonnement qui les remplace. L'art. 463 §§ 6, 7, l'a fait en fixant à *deux ans* le minimum de l'emprisonnement qui peut être substitué aux *travaux*

(1) Peines à abaisser	1er *degré*	2e *degré*
Mort	Travaux forcés à perpét.	Travaux forcés à temps
Travaux forc. à perp.	Travaux forcés à temps	Réclusion
Déport. dans une enc.	Déportation simple	Détention
Déportation simple	Détention	Bannissement

forcés à temps, et à un an celui de l'emprisonnement qui remplace les quatre autres peines criminelles (1).

500. Atténuation des peines correctionnelles (art. 463 § 9). — Le procédé d'atténuation des peines afflictives ou infamantes ne pouvait être appliqué aux peines correctionnelles, d'abord parce que devant les tribunaux correctionnels la mission du juge n'est point dédoublée, et en second lieu parce que les peines usuelles en matière correctionnelle sont seulement au nombre de deux : l'emprisonnement et l'amende. Il fallait donc simplifier le système d'atténuation. L'art. 463 ne s'occupe expressément que de l'atténuation de ces deux peines. 1° Il permet d'abaisser l'emprisonnement et l'amende au minimum des peines de simple police : c'est-à-dire de prononcer *un jour* de prison et *un franc* d'amende ; — 2° si le délit est puni à la fois de ces deux peines, il autorise le juge à écarter l'emprisonnement et à prononcer simplement l'amende, même en la réduisant aux proportions précitées ; — 3° enfin, quand le délit n'est puni que de l'emprisonnement, il permet de substituer à cette peine une amende de 1 à 3,000 fr. (art. 463 §§ 9 et 10, L. 26 oct. 1888, comb.). On discutait quel était ce maximum avant la loi de 1888. La jurisprudence le fixait à 16 fr., c'est-à-dire au minimum des peines correctionnelles, ne pouvant aller au delà sans tomber dans l'arbitraire (2). L'innovation de la loi de 1888 est bonne en elle-même, mais elle est trop restreinte, et dans son application elle peut conduire à un résultat choquant. Supposons en effet un grave délit de coups et blessures passible de deux à cinq ans d'emprisonnement et de 50 à 500 fr. d'amende (art. 311 § 2) : le tribunal, décidé à écarter la prison, ne pourra prononcer plus de 200 fr. d'amende. S'il s'agit au contraire d'un délit plus léger, mais puni seulement d'emprisonnement, par exemple le délit de fabrication d'armes prohibées (art. 314 § 1) dont l'emprisonnement va de 6 jours à 6 mois, le tribunal pourra porter l'amende à 3,000 fr. Il aurait fallu permettre au juge d'élever l'amende à 3,000 fr., aussi bien lorsqu'il la prononce seule que lorsqu'il la substitue à l'emprisonnement (3).

---

(1) On peut critiquer le législateur de n'avoir pas aussi limité à deux années le minimum de l'emprisonnement qui remplace la *détention*, puisque cette peine est, dans l'échelle politique, la peine correspondant aux travaux forcés à temps, dans l'échelle de Droit commun. Il a été question d'*ajouter* au système d'atténuation des peines afflictives ou infamantes, un nouveau degré d'atténuation résultant d'une déclaration de *circonstances très atténuantes*, qui réduirait toutes les peines criminelles à un emprisonnement de 3 mois à 2 ans. Une proposition de loi en ce sens fut présentée au Sénat le 4 mai 1885, par M. Bozérian et soumise à l'examen de l'autorité judiciaire, qui ne s'y montra pas favorable. Cette proposition, renvoyée à la commission extra-parlementaire de la revision du Code pénal, n'a plus reparu dans le projet qu'elle a présenté (D.1889, 4, 3. Note). V. pour la critique des circonstances très atténuantes : *l'avis de la Cour de cass*. (*Gaz. Trib*., 20 mai 1887) et BERTHEAU (*La Loi*, 24 mars 1886).

(2) BLANCHE, VI, 706,

(3) Ce paragraphe additionnel formait l'art. 2 de la proposition BOZÉRIAN sur

501. Atténuation des peines de simple police. — C'est le même système d'atténuation qu'en matière correctionnelle (art. 484), mais seulement l'amende qui remplace l'emprisonnement aura ici un maximum de 15 francs (arg. art. 466). Cela ne faisait aucun doute avant la loi du 28 octobre 1888. Aujourd'hui, l'argument de texte conduirait à décider que l'amende de 3,000 fr. peut être substituée à un emprisonnement de simple police (art 463 § 10, et 482 § 2, comb.). Mais on ne doit pas s'y arrêter. Le bon sens dit assez que le juge ne peut pas, sous prétexte d'indulgence, remplacer une peine de simple police par une amende correctionnelle, c'est-à-dire aggraver au lieu d'atténuer. Le législateur de 1888 ne voulait innover que pour les matières correctionnelles; on doit préférer l'esprit de la loi à son texte.

502. *Questions controversées.* — L'art. 463 passant complètement sous silence, du moins en matière criminelle, les peines *accessoires* et *complémentaires* (1), on s'est demandé quel était à leur égard l'effet des circonstances atténuantes ?

La question ne pouvait faire difficulté pour les peines *accessoires* : le juge, n'ayant pas le droit de les *appliquer*, n'a pas celui de les atténuer; mais, en écartant par les circonstances atténuantes les peines principales auxquelles elles sont attachées, il les écarte virtuellement. Aucune difficulté ne peut surgir non plus quant aux peines *complémentaires facultatives*, puisque le juge est libre de les prononcer ou de les écarter sans donner de raison.

Mais une difficulté sérieuse s'élève pour les peines *complémentaires obligatoires*. Selon nous, il faut distinguer : en matière criminelle l'atténuation de ces peines est impossible; au contraire en matière correctionnelle elle est possible, réserve faite cependant de la relégation (2).

---

les *circonstances très atténuantes*. Il fut voté sans discussion, toute l'attention s'étant portée sur l'art. 1er. Le projet de la Com. de revision (1893) supprime cette anomalie, art. 24 et 62 § 5.

(1) M. Garraud (II, 159) ajoute : les peines *additionnées*, pour désigner par cette expression, qu'il oppose aux deux autres, l'amende peine *complémentaire obligatoire* en matière criminelle. Nous ne voyons pas l'utilité d'une nouvelle classification.

(2) La première de ces propositions est généralement acceptée : Cass. 23 septembre 1880 (S. 81, 1, 390). Elle s'appuie sur l'esprit de l'art. 463 qui ne comprend aucune peine complémentaire dans l'exposé du système d'atténuation des peines criminelles. — Une raison inverse justifie la seconde : l'emprisonnement et l'amende sont en effet tantôt des peines principales, tantôt des peines complémentaires ; or l'art. 463 admet leur atténuation « dans tous les cas ». On raisonne par analogie de ce texte pour les peines simplement complémentaires. — Cependant on fait en général une réserve pour la *confiscation spéciale*. Cette réserve provient d'une confusion. La confiscation *mesure de police* ou *réparation civile* n'est certainement pas influencée par une déclaration de circonstances atténuantes ; mais il n'y a aucune raison de refuser aux tribunaux le droit de réduire ou d'écarter une confiscation purement *pénale*. On dit bien que « l'art. 463 permet de *transformer* la peine correctionnelle en peine de simple

La relégation est, en effet, une peine qui s'applique à un état de l'infracteur apprécié souverainement par le législateur et que le juge doit se borner à constater. Elle peut néanmoins subir *indirectement* l'effet des circonstances atténuantes, parce qu'elle est le complément obligatoire d'autres peines, qu'une déclaration de circonstances atténuantes permet d'écarter.

En résumé l'on voit qu'il appartient à l'interprète de combler la lacune que le législateur a laissée dans la théorie des circonstances atténuantes pour les peines accessoires et les peines complémentaires. On comprendrait à l'égard de ces dernières un système de législation qui, sans permettre de les écarter absolument, autoriserait à réduire leur taux. Elles ont, en effet, ordinairement un rapport plus direct avec le genre de l'infraction que la peine principale ; si on les supprime, l'infraction ne paraît plus avoir la répression qui lui convient. Cet aperçu a été exploité par la jurisprudence pour soustraire ces peines à l'application de certaines théories pénales ; mais bien qu'il soit fondé théoriquement, il paraît avoir été ignoré du législateur. Il ne faut donc pas en tenir compte, ni dans la théorie actuelle, ni dans d'autres ; ce serait prendre la raison qu'on prête à la loi pour la loi.

503. En matière correctionnelle l'abaissement de la peine rest-t-il facultatif pour le juge après une déclaration de circonstances atténuantes ? — La majeure partie des auteurs et la jurisprudence admettent l'affirmative, parce qu'ils appliquent à la lettre la phrase de l'art. 463 § 9 : « Si les circonstances paraissent atténuantes, les tribunaux correctionnels *sont autorisés*... à réduire l'emprisonnement... » Il n'y aurait donc pas contradiction à déclarer qu'il existe des circonstances atténuantes, et à ne pas abaisser la peine au-dessous du minimum fixé pour le délit (1).

Ce système, disent d'autres auteurs, est anti-juridique. Pas n'est besoin, en effet, d'une déclaration de circonstances atténuantes pour prononcer une peine variant du maximum au minimum. Il résulte d'ailleurs de l'exposé des motifs du Code pénal qu'une déclaration de circonstances

police et que la confiscation n'est pas incompatible avec des peines de simple police, tandis que l'interdiction de séjour ou celle des droits mentionnés en l'art. 42, C. P. sont écartées par la substitution d'une peine de police à une peine correctionnelle ». Mais la prémisse de ce raisonnement est fausse ; l'emprisonnement et l'amende applicables au délit, dont on abaisse le minimum à un jour ou à un franc, ne sont pas des peines de police, puisque leur maximum dépasse cinq jours et seize francs. Ce n'est donc point par une prétendue inconciliabilité de la peine complémentaire obligatoire avec la peine principale prononcée après l'admission des circonstances atténuantes que la question doit être résolue. L'argument général qui permet d'écarter toutes les peines complémentaires obligatoires en matière correctionnelle reste donc sans réfutation.

(1) Blanche, VI, 698, 699 et les arrêts qu'il cite. *Junge* : Cass. 10 août 1877 ; — Chauveau et Hélie, VI, 2702 ; Trébutien, 2ᵉ édit. I, 613 ; Garraud, II, 156.

atténuantes signifie, qu'aux yeux du juge, « le minimum de la peine est trop élevé ». Est-il possible que le législateur, après avoir expliqué la portée d'une telle déclaration, l'ait laissée sans effet légal ? On se croit lié par le texte ; mais le texte a été mal compris. Il établit en effet deux degrés d'abaissement, l'un nécessaire, l'autre facultatif : le premier est le minimum ordinaire de l'emprisonnement et de l'amende en matière correctionnelle (6 jours, 16 francs) ; il existe toutes les fois que la loi fixe un minimum supérieur pour le délit poursuivi : le second est le taux de l'emprisonnement et de l'amende en matière de simple police ; or c'est le second seul que le texte vise expressément et rend facultatif en ces termes : « Si les circonstances paraissent atténuantes, les tribunaux correctionnels sont autorisés... à réduire l'emprisonnement *même au-dessous de 6 jours* et l'amende *même au-dessous de seize francs*... » Cette expression *même* fait supposer, dit-on, que jusqu'à 6 jours et jusqu'à 16 francs l'abaissement est obligatoire (1).

Ce système ingénieux a pour objectif d'appliquer aux peines correctionnelles l'abaissement à deux degrés, que les premiers paragraphes de l'art. 463 établissent en matière criminelle. Mais ce parallélisme n'a pas sa raison d'être, puisque dans les tribunaux correctionnels la mission du juge ne se dédouble pas comme en Cour d'assises. — De plus, le fonctionnement de ce système n'est possible qu'à l'égard des délits pour lesquels le minimum de l'emprisonnement et de l'amende est fixé au-dessus de six jours et de seize francs. — Enfin on ne voit pas comment il pourrait fonctionner pour les contraventions prévues par le Code pénal ; or si le législateur a voulu appliquer aux peines correctionnelles les deux degrés d'atténuation, il n'y a pas à douter qu'il ait également voulu l'établir pour les peines de simple police, puisque l'art. 483 renvoie purement et simplement à l'art. 463. Il est donc préférable de s'en tenir au premier système, qui, s'il n'est point à l'abri de toute critique, rend la disposition de l'art. 463 § 9 susceptible de s'appliquer *sans exception* à tous les délits et contraventions. — Il a été de plus implicitement accepté comme exact par le législateur de 1881 ; l'art. 64 de la loi sur la presse, en effet, a pour objet d'y déroger : « L'art. 463 du Code pénal, dit ce texte, est applicable *dans tous les cas prévus par la présente loi*. LORSQU'IL Y AURA LIEU DE FAIRE CETTE APPLICATION, la peine prononcée ne pourra excéder la moitié de la peine édictée par la loi. » Or *il y a lieu de faire application* de l'art. 463, comme l'a expliqué le rapporteur de la loi, lorsque le jury a déclaré l'existence des circonstances atténuantes. On a voulu obliger la Cour à tenir compte de son verdict sur ce point, *dans tous les cas*, c'est-à-dire même lorsqu'il s'a-

---

(1) HAUS, II, 846, note 6 ; DESJARDINS, *Rev. crit.* 1876, t. XV, p. 6 et 7. Comp. LOCRÉ, t. XXXI, p. 163.

gissait d'un délit (1). On peut conclure *a contrario* de cette exception, qu'en règle ordinaire, une déclaration de circonstances atténuantes n'oblige pas le juge correctionnel ou de police à descendre au-dessous du minimum.

Section VI. — Concours des causes d'aggravation et d'atténuation.

504. Il est possible que, pour le même crime et à l'égard du même accusé, concourent à la fois des causes d'aggravation et d'atténuation ; elles ne sont pas, en effet, exclusives les unes des autres : les art. 341, C. i. c. et 463, C. p. le disent même expressément pour la récidive et les circonstances atténuantes, et les art. 57, 58, C. p. règlent, comme nous le démontrerons plus bas, le conflit des excuses avec la récidive. La question est donc de savoir dans quel ordre ces diverses causes d'aggravation et d'atténuation doivent produire leur effet sur la peine. Trois concours principaux ont été réglés d'une manière uniforme par la doctrine et la jurisprudence. Trois autres donnent encore lieu à des controverses.

A. — *Concours dont le règlement n'est pas contesté.*

505. Concours des circonstances aggravantes avec la récidive ou les causes d'atténuation. — Les circonstances aggravantes passent les premières. — Cela ne pouvait faire doute d'abord pour les circonstances aggravantes *objectives*. Il est rationnel en effet de déterminer en premier lieu la criminalité du fait. *Prius de re quam de reo inquirendum.* Quant aux circonstances aggravantes *subjectives*, leur examen vient immédiatement après, parce qu'elles sont spéciales au délit et empruntées à *l'hypothèse* où l'infraction a été commise. Elles rentrent dès lors dans l'ordre des circonstances qu'on examine ; puis viendra l'examen de la récidive ou des causes d'atténuation.

506. Concours de la récidive avec les excuses. — Les excuses passent les premières. — Les art. 57 et 58, C. p., font eux-mêmes ce classement pour la récidive de *crime à délit* et de *délit à délit*. Ils supposent en effet que le second terme de la récidive est « un crime qui devra être puni de l'emprisonnement », c'est-à-dire que l'excuse a fonctionné, et ils ordonnent l'aggravation de cette peine à raison de la récidive. — Il n'y aurait aucun motif de procéder autrement dans l'hypothèse de l'art. 56. Les expressions qui y sont employées pour désigner le second terme de la récidive : « un second crime *emportant* .... si le second crime *emporte* », s'appliquent au crime *non excusé*. L'excuse fonctionne

---

(1) Débats parlem. Chambre, séance du 1er fév. 1881.

donc avant la récidive, et si elle existe, elle écarte l'application de l'art. 56. — A l'argument fourni par les art. 57 et 58, on peut ajouter, pour les excuses autres que la minorité, la raison qui fait attribuer le premier rang aux circonstances aggravantes, savoir : qu'elles sont empruntées à *l'hypothèse* où l'infraction a été commise.

507. Concours des causes d'atténuation générales (minorité ou circonstances atténuantes) avec les excuses spéciales. — Les excuses spéciales passent les premières, par la raison particulière que nous venons de rappeler.

En résumé l'on voit que, pour ces trois conflits sur le règlement desquels on s'accorde, deux principes déterminent le classement :

a) Les causes d'aggravation et d'atténuation spéciales produisent leur effet avant les générales.

b) Si les causes d'aggravation et d'atténuation sont de même nature, l'on aggrave avant d'atténuer.

B. — *Concours dont le règlement est controversé.*

508. Concours de la récidive et des circonstances atténuantes. — Faut-il calculer l'aggravation à raison de la récidive avant ou après l'atténuation résultant des circonstances atténuantes ? — Si la peine est afflictive perpétuelle, la question n'intéresse que l'application de l'art. 56 ; si elle est afflictive temporaire ou infamante, elle met en jeu l'application des art. 56, 57 et 58. Attachons-nous à cette seconde hypothèse, qui par ses complications est la plus intéressante, et distinguons trois cas.

1ᵉʳ CAS : « Un individu, condamné antérieurement à une peine afflictive ou infamante, commet un second crime puni des travaux forcés à temps. » — *a*) *On aggrave avant d'atténuer* : la Cour d'assises aura le choix entre 5 ans de travaux forcés (*abaissement obligatoire*) et 5 à 10 ans de réclusion (*abaissement facultatif*, art. 56 § 5 ; 463 § 8). — *b*) *On atténue avant d'aggraver* : la Cour aura le choix entre 5 à 20 ans de travaux forcés (*abaissement obligatoire*, art. 463 § 6 ; 56 § 3) et 5 à 10 ans d'emprisonnement, plus les autres peines de l'art. 401 (*abaissement facultatif*, art. 463 § 6 et 57). Dans ce premier cas l'intérêt de l'accusé est de voir atténuer avant d'aggraver, s'il mérite beaucoup d'indulgence.

2ᵉ CAS : « Un individu condamné antérieurement à une peine afflictive ou infamante commet un second crime puni de la réclusion. » — *a*) *On aggrave avant d'atténuer* : la Cour a le choix entre 5 à 10 ans de réclusion (*abaissement obligatoire*), et 2 à 5 ans d'emprisonnement, plus les autres peines de l'art. 401 (*abaissement facultatif*, art. 56 § 3 ; 463 § 6). — *b*) *On atténue avant d'aggraver* : la Cour prononcera au moins le maximum des peines de l'art. 401, c'est-à-dire 5 ans d'emprisonnement, et elle aura la faculté de les porter au double (art. 463 § 7 et 57). Dans ce second cas l'intérêt de l'accusé est de voir aggraver avant d'atténuer, toujours s'il est digne de beaucoup d'indulgence.

3º CAS : « Un individu, condamné antérieurement à un emprisonnement de plus d'une année, commet un crime puni de la réclusion. » — *a) On aggrave avant d'atténuer* : il n'y a point de récidive punissable. La Cour applique les peines de l'art. 401 : 1 an à 5 ans d'emprisonnement, etc. (art. 463 § 7). — *On atténue avant d'aggraver* : il y aura récidive correctionnelle. La Cour devra nécessairement prononcer le maximum de l'emprisonnement de l'art. 401, 5 ans d'emprisonnement, et aura la faculté de l'élever jusqu'au double (art. 463 § 7 ; 57 ; 58). Dans ce cas l'intérêt de l'accusé est de voir aggraver avant d'atténuer, quelles que soient les dispositions des magistrats. L'intérêt pratique de la controverse étant ainsi dégagé, entrons dans son examen.

A) 1ᵉʳ *Système* : « L'atténuation à raison des circonstances atténuantes doit précéder l'aggravation à raison de la récidive. » — *a)* La formule des art. 57 et 58 : « un crime qui devra être puni de l'emprisonnement » s'applique aussi bien au crime atténué par l'effet des circonstances atténuantes que par l'effet de l'excuse. Or le texte montre que le calcul de la récidive a lieu après cette atténuation. — *b)* La récidive est une cause d'aggravation motivée par les antécédents du condamné : c'est un élément absolument étranger au délit. Il semble donc que cette aggravation doive se produire en dernier lieu. — *c)* Enfin dans la discussion de la loi de revision du 13 mai 1863, ce classement a été formellement admis par certains orateurs (1).

B) 2ᵉ *Système* : « L'effet de la récidive doit être calculé avant celui des circonstances atténuantes. » Le principe, que dans notre législation les circonstances atténuantes n'ont pas de causes déterminées, conduit nécessairement à les considérer comme le dernier moyen à employer pour proportionner la peine au délit. — Les travaux préparatoires de la loi de revision de 1832 les montrent même comme étant destinées à atténuer la rigueur des peines de la récidive : cela suppose bien qu'elles fonctionnent après elle. — Les arguments de texte sont plus nombreux et plus concluants en faveur de cette opinion. L'art. 463 § 1 dit que l'effet des circonstances atténuantes est de modifier « les peines prononcées par la loi ». Or les peines prononcées par la loi sont non seulement celles que la loi attache à l'infraction pour l'hypothèse ordinaire, mais encore celles qui sont le résultat d'une cause d'aggravation légale, comme la récidive. Bien mieux le paragraphe 8 vise une hypothèse où la peine qu'il s'agit d'atténuer a déjà été aggravée par l'effet de la récidive (comp. art. 56 §§ 4 et 5). Donc il est certain que, dans cette hypothèse au moins,

---

(1) V. le rapport, nᵒˢ 62 et 63 et la discussion entre PICARD et LACAZE (D. 63, 4, 86-98).

les circonstances atténuantes doivent être appliquées en dernier lieu. Pourquoi en serait-il différemment dans d'autres hypothèses ? Enfin un paragraphe du même article ajouté en 1863 et que le décret du 27 novembre 1870 a supprimé, faisait expressément fonctionner la récidive avant les circonstances atténuantes *en matière correctionnelle*. Il n'y a aucune raison pour ne pas adopter le même mode de fonctionnement *en matière criminelle*. — Que peut, en présence de ce texte, l'avis contraire émis au cours des travaux préparatoires ? Il n'est point passé dans la loi. Quant à l'abrogation du paragraphe de l'art. 463 qui fournit ce puissant argument, elle n'en diminue point la valeur, car elle a eu uniquement pour but de supprimer la limite que ce paragraphe imposait à l'indulgence du juge (1).

(1) On a objecté que notre opinion aboutissait dans le troisième cas à un résultat choquant : l'individu, précédemment condamné à un emprisonnement de plus d'une année, qui commet un crime emportant la réclusion n'encourt pas les peines de la récidive, alors que s'il avait commis un simple délit il en serait frappé. — Mais nous ferons remarquer que le premier de ces individus ne peut voir descendre sa peine au-dessous d'un an d'emprisonnement, tandis que pour le second l'emprisonnement peut être abaissé à un jour et même complètement écarté (art. 463 § 9). Il faut reconnaître cependant que, si le juge veut se montrer sévère, il pourra prononcer 10 ans de prison contre le second, tandis qu'il ne peut dépasser 5 ans contre le premier.

Touchée de ce résultat, la jurisprudence, qui adopte en principe notre système (Cass. 26 mars 1864; 5 av. 1866; 15 mai 1874; 9 juin 1877; 6 nov. 1879; 29 juill. 1880; 3 juill. 1884), y apporte dans le troisième cas le tempérament suivant : elle applique en deux fois la déclaration du jury sur les circonstances atténuantes et elle intercale au milieu l'application de la récidive. Elle commence, en effet, par appliquer le verdict pour transformer la réclusion en emprisonnement (art. 463 § 7). Puis elle fait fonctionner l'art. 58 et porte ainsi le taux de cet emprisonnement entre 5 et 10 ans. Enfin, reprenant l'art. 463 § 7, elle permet à la Cour de réduire cet emprisonnement à un an (Cass. 26 mai, 15 sept. 1864; 3 juill. 1890. — Chauveau et Hélie, t. VI, *Appendice*, n° 2603). — Ce procédé ingénieux a pour résultat d'établir le même maximum à l'égard de l'individu qui a commis le crime emportant la réclusion qu'à l'égard de celui qui a commis un simple délit, tout en mettant entre eux une différence dans le minimum de l'emprisonnement qu'ils encourent. Cette jurisprudence sera peut-être la législation de l'avenir. Mais pour le moment elle mérite plusieurs critiques : — 1° Elle méconnaît l'esprit des lois de revision de 1832 et de 1863 en calculant l'aggravation de la récidive après l'application des circonstances atténuantes. — 2° Elle établit pour les crimes prévus par l'art. 463 § 7 deux degrés d'atténuation que ce paragraphe repousse. Le *premier* serait la substitution de l'emprisonnement à la peine criminelle, le *second*, la réduction du taux de cet emprisonnement à un an. Rien dans la loi n'indique un tel système. — 3° Elle considère que l'ordre matériel, dans lequel le jury et la Cour statuent sur les circonstances atténuantes, influe sur l'ordre dans lequel doit fonctionner la récidive et cette cause d'atténuation. Mais c'est résoudre ainsi par une raison de procédure une question de fond qu'en toute autre hypothèse on résout par une raison de principe. L'ordre matériel des décisions du jury et de la Cour est forcé, du moment que notre procédure pénale n'appelle pas le jury et la Cour à délibérer ensemble ; cet ordre matériel par conséquent ne préjuge rien. En présence d'un verdict affirmatif sur la culpabilité et sur les circonstances atténuantes, il appartient à la Cour d'appliquer la peine et c'est à elle *seule* que se pose le problème du concours des causes d'aggravation et d'atténuation. Dire

509. Concours de la minorité de seize ans avec les circonstances atténuantes. — Il s'agit de savoir s'il faut distinguer la minorité de seize ans des excuses spéciales, lesquelles passent toujours avant les circonstances atténuantes, et la faire venir en dernier lieu. — Certains auteurs confondent cette question avec la suivante : « Par qui, en Cour d'assises, les circonstances atténuantes doivent-elles être accordées au mineur ? » Ceux qui reconnaissent ce droit au jury placent l'effet des circonstances atténuantes *avant* celui de la minorité ; ceux au contraire qui l'attribuent exclusivement aux magistrats de la Cour d'assises le placent *après* (1). — Mais il faut éviter cette confusion. Qu'importe en effet par qui auront été déclarées les circonstances atténuantes ; on aura toujours à examiner si l'atténuation qui en résulte doit passer avant ou après celle de la minorité. L'ordre matériel, dans lequel sont intervenues les déclarations relatives à l'existence de ces deux causes d'atténuation, n'est pas une raison décisive pour dire que leur effet se produira dans un ordre identique. — La controverse, débarrassée de cette équivoque, a donné lieu à deux systèmes :

1er *Système* : « Les circonstances atténuantes passent avant la minorité. » — On croit trouver cet ordre virtuellement indiqué par les art. 67 et 69, C. p. — La minorité de seize ans, ajoute-t-on, n'est pas une excuse empruntée à l'hypothèse de l'infraction ; elle a une généralité qui prouve que son effet doit se produire sur la peine après le fonctionnement de toutes les causes d'aggravation et d'atténuation (2).

2e *système* : « La minorité passe avant les circonstances atténuantes. » On répond d'abord à l'argument de texte. Ces expressions des art. 67 et 69 « *le temps pour lequel..... la peine à laquelle il aurait pu être condamné s'il avait eu seize ans* » prouveraient, dit-on, que le juge doit déterminer d'abord la peine qu'il appliquerait à un majeur en tenant compte de toutes les causes d'aggravation et d'atténuation, puis faire fonctionner l'excuse de la minorité. — Mais si cet argument peut être invoqué pour faire passer les excuses avant la minorité, on ne peut, sans commettre un anachronisme, l'appliquer aux circonstances atténuantes. Celles-ci, en effet, n'existaient pas en matière criminelle dans le Code pénal de 1810 ; comment donc l'article 67, qui date de 1810, pourrait-il faire allusion à l'atténuation qui en résulte ? L'argument tiré de la généralité de l'excuse de la minorité peut être combattu par la généralité des circonstances atténuantes. Il s'agit de

---

qu'après le verdict du jury le crime n'est plus qu'une infraction passible d'emprisonnement, c'est reconnaître que le jury a appliqué la peine, alors qu'il a simplement donné à la Cour les éléments de son application.

(1) V. cette confusion dans CHAUVEAU et HÉLIE, I, 338 ; F. HÉLIE, *Prat. crim.*, II, 125 ; Cass. 2 avril 1864 ; 10 août 1866 ; 5 mai 1888.

(2) BLANCHE, 325 ; VI, 693 ; GARRAUD, *Précis* (1re édit.), 567.

savoir quelle est la plus générale de ces deux causes d'atténuation. Or il semble que ce soient les circonstances atténuantes. Elles existent en effet en toutes matières ; la minorité au contraire n'est pas une excuse pour les contraventions. Les pouvoirs du juge sont plus larges quand il s'agit des circonstances atténuantes : il lui suffit d'affirmer qu'elles existent ; il est obligé au contraire de motiver sa décision quand l'âge du mineur est contesté. — Enfin le rapport de M. Dumon, si souvent invoqué en cette matière, donne une raison décisive pour faire passer toujours en dernier lieu l'atténuation résultant des circonstances atténuantes : celles-ci, en effet, ont été présentées comme *le dernier moyen* offert au juge d'abaisser une pénalité qu'il trouve trop sévère (1).

510. « **Concours de la minorité de seize ans, de la récidive et des circonstances atténuantes.** » — Ce concours doit être réglé dans l'ordre même où nous venons d'énumérer ces trois causes d'atténuation et d'aggravation (2). Il n'a guère été examiné, et la jurisprudence, si elle avait un jour à le régler, serait en peine pour mettre d'accord sa décision avec ses solutions précédentes. Elle admet, en effet : 1° que la minorité passe avant la récidive ; — 2° que la récidive passe avant les circonstances atténuantes ; — 3° que les circonstances atténuantes passent avant la minorité. Comment combiner ces trois solutions dans le concours actuel ? Dira-t-on, comme nous : *minorité, récidive, circonstances atténuantes* ? On viole la troisième solution. — Dira-t-on : *circonstances atténuantes, minorité, récidive* ? On viole la seconde. — Dira-t-on enfin : *récidive, minorité, circonstances atténuantes* ? On viole à la fois la première et la troisième. Les faux principes finissent toujours par aboutir à des difficultés insolubles.

En résumé la règle qui préside à ces classements controversés est la suivante : « Dans le concours des causes d'aggravation et d'atténuation générales, celles qui ont le caractère de généralité le plus marqué passent les dernières. »

Section VII. — Sursis a l'exécution de la peine (3).

511. Notions générales. — En condamnant à l'emprisonnement ou à l'amende un délinquant primaire, le juge peut ordonner qu'il sera sursis à l'exécution de la peine, et, si dans les cinq ans qui suivent, le con-

---

(1) Ortolan, II, 1666 ; Bertauld (4e édit., p. 417) ; Garraud, II, 163 ; Villey, *Précis*, p. 500.
(2) Garraud, II, 163, 164.
(3) Bibliographie : Brégeault, *Comment.* etc. (Lois nouv. 1891) ; mes *Questions pratiques s. la loi du 26 mars* 1891 (Lois nouv. 1891); Nègre et Gary, *La loi Bérenger* (1892) ; Locard, *Commentaire*, etc. (1891) ; Treppoz, *Les condam. condit.* (1894) etc. ; Mesnard, appendice à Boitard (1896).

damné n'encourt pas de nouvelle condamnation, il se trouve définitivement dispensé de subir sa peine et même sa condamnation est effacée. L'institution du sursis introduite en France par la loi du 26 mars 1891 a été rattachée législativement aux causes d'atténuation (*Loi sur l'atténuation et l'aggravation des peines*). Elle apparaît ainsi comme le dernier mot de l'indulgence du juge. Elle ressemble cependant par son effet aux excuses absolutoires et même aussi par sa cause, car ce n'est pas uniquement le degré de culpabilité de l'agent qui détermine le juge à accorder le sursis, c'est également et plus encore peut-être les circonstances qui, au point de vue moral et social, doivent faire préférer à l'exécution effective de la peine une condamnation théorique se rapprochant beaucoup de l'impunité.

Cette institution a été empruntée aux législations américaine et anglaise (1), mais avec une conception différente. Dans ces législations le juge est autorisé à suspendre le jugement jusqu'à une nouvelle infraction. Chez nous au contraire il prononce la peine et suspend seulement son exécution. Ce procédé est préférable parce qu'il évite le dépérissement des preuves. Pendant qu'on poursuivait en France l'élaboration de la loi, la Belgique l'imita en y ajoutant un élément nouveau, la réhabilitation de plein droit par l'effet de la bonne conduite jusqu'à l'expiration du sursis. A son tour le projet français emprunta cette réhabilitation de plein droit à la loi belge, de sorte qu'il existe entre les deux législations de grandes ressemblances (2).

Tout en étant une institution de faveur pour le délinquant primaire, le sursis contribue au relèvement de la pénalité et constitue un moyen préventif de la récidive. Il est certain, en effet, que le juge sera disposé à se montrer plus sévère dans la fixation du taux de la peine, du moment qu'il est autorisé à suspendre son exécution. Il prononcera, par exemple, plusieurs mois de prison là où sans le sursis il n'aurait prononcé que quelques jours ; il appliquera l'emprisonnement, là où il n'aurait appliqué que l'amende. On évite ainsi de discréditer l'incrimination aux yeux du public. De plus, tout en se montrant indulgent pour le pré-

---

(1) L'Etat de Boston inaugura le sursis en 1870 pour les jeunes délinquants et l'étendit en 1880 à tous les délinquants primaires. La loi anglaise est du 7 août 1887, la loi belge du 31 mai 1888. Le C. p. italien (1889) a admis aussi le sursis. On le retrouve dans d'autres législations étrangères à côté de la *réprimande* et du *pardon*. Il est souvent désigné sous le nom de *condamnation conditionnelle* à cause de la condition à laquelle est subordonnée l'exécution de la peine. — Sur l'origine historique du sursis, V. GAUTIER, *A propos de la condamnation conditionnelle* (Berne, 1890) et LOEFFLER, *Question de la cond. condit.* (*Bul. Union int. de dr. pén.* 1893, p. 66).

(2) Le projet de la commission de revision (1893) organise le *sursis* d'une manière moins large que la loi de 1891 et admet à côté le *pardon* toutes les fois que le juge est autorisé à n'appliquer qu'une amende. Il n'admet pas la réhabilitation de plein droit.

sent on déploie pour l'avenir une plus grande sévérité car la condamnation théoriquement sévère qui est prononcée pourra tantôt servir de premier terme à la récidive, tantôt compter pour la relégation. Par suite le condamné se trouve vivement engagé à ne pas récidiver.

512. Condamnés qui peuvent obtenir le sursis. — Le sursis a été institué pour les délinquants primaires ; mais l'art. 1er leur assimile les condamnés qui n'ont pas de condamnation antérieure à la prison (ou, sous-entendu, à une peine plus grave) pour crime ou délit de droit commun. Les condamnations à l'amende ne rendent donc jamais indigne du sursis ; il n'y a point de parallélisme entre les condamnations qui empêchent d'obtenir le sursis et celles auxquelles il s'applique. Le législateur a voulu simplement refuser le bénéfice du sursis aux condamnés qui avaient le premier terme de la récidive (1).

a) Il suit de là que la condamnation antérieure doit réunir les caractères généraux que nous avons exigés plus haut pour le premier terme de la récidive ; elle doit donc être : 1° *française*, — 2° *pénale* (un simple envoi en correction serait insuffisant), — 3° *irrévocable* avant l'infraction actuelle (2).

b) Pas plus d'ailleurs qu'en matière de récidive, il n'est utile que la peine soit subie. Le texte dit bien : « si l'inculpé n'a pas *subi de condamnation antérieure*...... ». Mais subir une condamnation ce n'est pas l'exécuter, c'est en être frappé.

c) La condamnation antérieure à l'emprisonnement ou à une peine plus grave doit avoir été prononcée « pour crime ou (3) délit de *droit commun* ». Cette expression exclut évidemment les infractions politiques et les infractions militaires. Mais il semble qu'elle doive exclure en outre les délits spéciaux. Le législateur, en effet, voulant priver du sursis les récidivistes, a dû s'inspirer non seulement des dispositions du

---

(1) Il n'a pas cependant poussé cette idée jusqu'à ses dernières conséquences, puisque, après cinq ans, la condamnation antérieure bien que ne servant plus de premier terme à la récidive correctionnelle, rend cependant indigne du sursis ; — et que d'un autre côté le sursis est refusé à des condamnés qui ne seraient pas traités comme récidivistes à raison de la différence entre le premier et le second délit.

(2) Certains auteurs soutiennent qu'il suffirait qu'elle fût devenue irrévocable avant le jugement de cette infraction, parce que, disent-ils, elle fournit suffisamment au juge la preuve de l'indignité du coupable. Mais ils apportent ainsi une exception aux principes de la récidive, quand tout indique qu'on a voulu les respecter. Ils assimilent de plus le prévenu de plusieurs délits concurrents au prévenu en récidive, alors que leur culpabilité et par suite leur indignité sont bien différentes. Il faut observer enfin que le sursis a été surtout institué pour prévenir le danger moral de l'emprisonnement ; il n'a donc pas d'utilité pour le récidiviste qui a déjà l'expérience de la prison ; il conserve au contraire toute son utilité pour le prévenu de délits concurrents. En mon sens : LOCARD, 22 ; — *Contrà* : TREPPOZ, 141 ; GARRAUD, *Précis*, 332.

(3) Le texte de l'art. 1er tel qu'il a été voté porte ou ; le mot ET paraît être une erreur de copiste qui d'ailleurs ne peut pas changer le sens.

Code pénal, mais encore de la loi du 27 mai 1885. Or, d'après cette loi, aucune condamnation pour délit spécial ne peut compter pour la récidive-relégation ; de même ces condamnations ne doivent pas rendre le condamné légalement indigne du sursis (1).

513. Peines auxquelles le sursis s'applique. — Le sursis s'applique à l'emprisonnement (2) et à l'amende (art. 1er). Il ne s'applique pas aux autres peines de l'infraction ni aux condamnations civiles qu'elle motive (art. 2). Le juge en prononçant à la fois l'emprisonnement et l'amende peut d'ailleurs n'accorder le sursis que pour l'une ou l'autre de ces peines (3) ; mais il ne faudrait pas conclure de là qu'il peut l'accorder pour une partie de l'emprisonnement ou de l'amende, car s'il lui est loisible d'accorder ou de refuser le sursis, il ne peut, quand il l'accorde, modifier son effet légal (4).

Dans notre législation le taux de la peine pour laquelle on veut ordonner le sursis n'est pas à considérer. Certaines lois étrangères, au contraire, n'autorisent le sursis que pour des peines légères d'emprisonnement ou d'amende. Le système français nous paraît préférable, parce que l'état de démoralisation de l'agent n'est pas toujours en rapport avec la gravité objective de l'infraction.

514. *Le principe*. — La loi ayant subordonné le sursis aux antécédents du condamné et à la nature de la peine applicable, il n'y a pas lieu de se préoccuper de la nature des infractions que la condamnation conditionnelle réprime, ni des juridictions qui prononcent, sauf l'exception de l'art. 7 dont nous déterminerons bientôt la portée. Cette proposition, contestée par certains auteurs et par des arrêts, se fonde sur le texte général de l'art. 1er et sur cette règle de droit qu'une exception doit toujours être expresse lorsqu'il s'agit d'une disposition favorable. Ainsi nous déciderons que le sursis peut être accordé toutes les fois que l'emprisonnement et l'amende sont prononcés, sans distinguer s'il s'agit d'un délit de droit commun, d'un délit politique, ou d'un délit spécial, — ou d'un crime, — ou d'une contravention. — Ainsi nous dirons encore que le sursis peut être accordé sans distinction par les tribunaux de simple police, — les tribunaux correctionnels, — les cours d'assises, — les juridictions d'exception, comme les conseils de préfecture jugeant un délit de grande voirie (L. 29 flor. an X, art. 1er ; L.

---

(1) *Sic* : De Forcrand, Delalande, Bernard, Dalloz, *Rép.* Supplément, v° *Peine*, 230. — *Contra* : Nègre et Gary, Locard, Treppoz, Garraud, *Précis*, 332, et avec certaines restrictions : Delalande, Mesnard.

(2) Cette expression ne comprend pas d'autre peine privative de la liberté et notamment *la réclusion*. Cass. 20 janvier 1893 (D. 93, 1, 300).

(3) *Nec obstat.* : «... qu'il sera sursis à l'exécution *de la peine* » (art. 1er § 1), puisque le même texte autorise le sursis pour l'emprisonnement ou pour l'amende. Cass. 14 mai 1892 (L. N. 92, 2, 154).

(4) Lyon 20 fév. 1893 (L. N. 93, 2, 50).

31 mai 1851, art. 17), — les tribunaux maritimes commerciaux jugeant un délit de collision en mer (D. 24 mars 1862 ; L. 11 mars 1891) (1), — même par le conseil de guerre, si l'on entend l'exception de l'art. 7 comme se rapportant à la nature des infractions et à la qualité des prévenus plutôt qu'à l'ordre des juridictions. Plusieurs de ces applications font l'objet de vives controverses.

515. On a dit que le sursis ne s'appliquerait pas à l'emprisonnement complémentaire de la dégradation civique, parce qu'il ne suspend pas les peines *accessoires* (art. 2) (2) ; parce que ne s'appliquant point à la dégradation civique il ne doit pas s'appliquer à son complément ; parce que le sursis serait fait exclusivement pour les matières correctionnelles (Arg. de la deuxième partie de la loi). — Aucune de ces raisons n'est satisfaisante. Les peines accessoires dont parle l'art. 2 sont des peines privatives de droits qu'on ne peut comparer à l'emprisonnement. L'induction que l'on tire de la deuxième partie de la loi est divinatoire, puisque le sursis présente pour l'emprisonnement la même utilité, quelle que soit la matière où il est prononcé. Aussi a-t-on admis dans les travaux préparatoires qu'il serait applicable à l'emprisonnement prononcé pour crime atténué, c'est-à-dire à un cas où la matière reste criminelle (3). Enfin il est contraire aux principes généraux de l'interprétation doctrinale de restreindre par des considérations plus ou moins conjecturales un texte général qui contient une disposition favorable (4).

516. On a prétendu qu'il ne s'appliquait pas aux peines de simple police. Puis, en rapprochant cette seconde restriction de la précédente, on est arrivé à soutenir que le sursis serait seulement applicable en matière de délit (5). On reproduit ici certains arguments employés dans la controverse précédente et l'on y ajoute les suivants : 1° Il n'a pas été question des contraventions dans les travaux préparatoires. 2° Plusieurs dispositions de la loi ne trouveraient pas leur application : ainsi c'est une condamnation antérieure pour crime ou délit qui fait obstacle au sursis ; c'est une condamnation ultérieure pour crime ou délit qui en fait déchoir ; or jamais une condamnation de simple police ne pourra remplir ces conditions ; par conséquent l'impunité serait assurée à tous ceux qui ne commettraient que des contraventions. Ainsi encore, l'inscription au casier judiciaire ne serait pas possible ; la réhabilitation de plein droit serait inutile ; le délai du sursis ne serait pas le même que celui de la prescription.

---

(1) Cir. min. marine sur avis conforme du Garde des Sceaux, 12 août 1891.
(2) L'art. 2 emploie cette locution vicieuse pour désigner les peines complémentaires.
(3) Rapport Barthou, 6 déc. 1890, Chambre, *Doc. parl.*, p. 466, col. 1.
(4) *Sic*: Locard, 39 ; Garraud, *Précis*, 333.— *Contrà*: Mahoudeau, 15 ; Treppoz, 167.
(5) Cass. 20 janv. 1893 (D. 93, 1, 300), motifs de l'arrêt.

Aucun de ces arguments n'est sans réplique. On cherche à prouver d'abord par l'organisation pratique du sursis que le législateur *n'a pas songé* à l'appliquer en matière de contravention. Et quand cela serait! n'y aurait-il pas lieu d'invoquer ici le principe de l'interprétation extensive, puisqu'il s'agit d'une institution favorable? Nous ne prétendons pas qu'on ne puisse jamais restreindre la portée d'une institution de ce genre ; mais encore faudrait-il trouver dans les travaux préparatoires la preuve certaine que le législateur *voulait* cette restriction. Or quelle que soit la matière, le sursis a toujours son utilité principale ; il est donc logique et conforme au vœu de la loi de l'appliquer à *tous* les emprisonnements et à *toutes* les amendes, puisque l'art. 1er l'établit sans restriction pour l'une et l'autre de ces peines ; le reste n'est qu'un détail négligeable. — On cherche à établir, en second lieu, un parallélisme entre les condamnations auxquelles s'applique le sursis et celles qui empêchent de l'obtenir ou qui en font perdre le bénéfice. Mais oublie-t-on que le sursis s'applique aux amendes et qu'une condamnation à l'amende n'empêche pas d'obtenir le sursis et n'en fait pas déchoir? On pourrait dire du délinquant qui se cantonne dans le domaine des délits punis d'amende juste ce que l'on dit de celui qui reste dans le domaine des contraventions. L'impunité d'ailleurs n'est jamais assurée, puisque le sursis est facultatif pour le juge. — On objecte vainement encore que le sursis ne cadrera plus avec la prescription. Et en effet n'en est-il pas ainsi lorsque le sursis est appliqué à l'emprisonnement d'un crime *atténué* (*prescription de* 20 *ans*) et même, d'après la jurisprudence, à l'emprisonnement d'un crime *excusé* ! (1). Cadre-t-il d'ailleurs, à raison de son point de départ, avec la prescription en matière de délits? Pas le moins du monde (art. 636, C. i. c.). Les arguments de l'opinion contraire sont donc des critiques de loi ; ils ne peuvent faire modifier la portée d'un texte *absolu* qui contient une institution favorable (2).

517. La pratique a longtemps hésité à appliquer le sursis aux peines des *délits spéciaux*. Entre l'affirmative et la négative absolues, un système mixte, rattachant le sursis aux circonstances atténuantes, proposait d'en faire l'application dans les lois spéciales qui admettent l'art. 463, C.p. et de ne pas l'appliquer dans celles qui le repoussent. La distinction paraît judicieuse et pourrait être proposée en législation ; mais l'interprétation juridique s'oppose à cette distinction aussi bien qu'à la solution négative. L'art. 1er est général ; il permet le sursis sans égard à la nature des infractions et uniquement en considération du genre de peine. Aussi

(1) Cet inconvénient disparait même si l'on admet avec la jurisprudence, que les *obstacles de droit* suspendent la prescription, *infrà*, n° 932.
(2) *Sic* : BRÉGEAULT, *loc. cit.*, p. 321 ; BERNARD, 35 ; MAHOUDEAU, 20 ; CAPITANT, 12 ; LOCARD, 52. — *Contrà* : CARRÉ, *Mon. des juges de paix*, 1891 ; NÈGRE et GARY, p.75 ; TREPPOZ, 160 ; GARRAUD, *Précis*, 335 et la jurisprud. de la C. de cass. 5 mars 1892 (D. 92, 1, 398) ; 27 oct. 1894 (*Gaz. Pal.*, 15 nov.).

doit-il s'appliquer aux délits spéciaux, comme aux délits ordinaires (1).

518. *Exception de l'article 7.* — Aux termes de l'art. 7, le sursis n'est pas applicable « aux condamnations prononcées par les tribunaux militaires ». Quelle est la portée de cette exception ? Il serait absurde de prendre le texte au pied de la lettre, car on transformerait en règle de compétence une règle de l'application des peines ; ces règles suivent la matière devant toutes les juridictions où elle est portée. On ne peut donc comprendre l'exception de l'art. 7 qu'en la rattachant soit à la *nature de l'infraction* soit à la *qualité du coupable*.

En rédigeant l'art. 7, le législateur paraît avoir eu uniquement en vue le cas le plus fréquent, celui où les tribunaux militaires statuent sur une *infraction militaire* et contre un *prévenu* soumis à la *discipline militaire*. Les travaux préparatoires tendent à le démontrer. L'art. 7 a été introduit par voie d'amendement ; sa rédaction n'a pas été bien méditée. A la séance du Sénat du 3 juin 1890, *M. de l'Angle Beaumanoir* demanda si les conseils de guerre pourraient appliquer le sursis. Le rapporteur de la loi, M. Bérenger, répondit en indiquant d'abord les solutions dont la question était susceptible et il termina son discours en ces termes : « Dans mon opinion de jurisconsulte, le militaire poursuivi *même devant la juridiction militaire* pour un *fait de droit commun*, devrait participer au bénéfice de la loi. » A la séance suivante (10 juin), le général *Robert* présenta sous forme d'amendement l'art. 7 qui fut voté sans discussion.

Cet article a-t-il traduit l'opinion exprimée par le rapporteur ? ou bien est-ce un article d'attente qui réserve l'application du sursis par les tribunaux militaires jusqu'à une nouvelle loi ? La première solution est préférable. On ne peut pas, en effet, s'en tenir au texte, sinon il faudrait dire que les tribunaux ordinaires jugeant un militaire exceptionnellement attiré devant leur juridiction par un complice civil pourraient lui accorder le sursis même pour un délit militaire. Or si l'on doit substituer le raisonnement au texte, c'est l'opinion de M. Bérenger qu'il faut adopter, parce qu'elle est la plus rationnelle. La discipline ne souffrira pas de l'application du sursis, les faits de droit commun auxquels il est applicable étant des crimes et des délits pour lesquels les codes militaires permettent d'appliquer les circonstances atténuantes (art. 267, C.A.T. ; art. 364, C.A.M.). L'exception de l'art. 7 peut donc se formuler en ces termes : le sursis n'est pas applicable aux militaires et assimilés condamnés pour crime ou délit militaire. Les conseils de guerre peuvent au contraire accorder le sursis, non seulement aux civils qu'ils ju-

---

(1) La jurisprudence a fini par accepter cette solution, sauf une restriction quant aux amendes fiscales et forestières pour lesquelles elle a repoussé le sursis en leur reconnaissant, dans cette hypothèse, un caractère prépondérant de réparation civile. V. ma *Revue de la jurisprudence sur la loi Bérenger*, n⁰ˢ 7 à 22 (*Rev. crit.*, 1892, p. 211 et s.) ; mon *Examen doctrinal de la jurisp. crim.* (*Rev. crit.*, 1894, p. 14 et s.) ; Treppoz, p. 130, note.

gent par exception (étranger complice d'un militaire, assistant qui trouble l'audience, art. 77, 115, C.A.T. ; 104, 145, C.A.M. ; toutes personnes pendant l'état de siège), mais encore aux militaires et assimilés lorsqu'ils sont poursuivis pour crime ou délit de droit commun (1).

Dans une opinion plus rigoureuse on prend d'abord le texte au pied de la lettre : les tribunaux militaires ne pourront jamais accorder le sursis, pour n'importe quelle infraction, à n'importe quel prévenu. De plus les tribunaux ordinaires ne pourront l'accorder aux militaires pour les crimes et délits qui rentrent dans la compétence habituelle des conseils de guerre (2). — Ces deux propositions se contredisent, car la seconde ne respecte pas le texte dont la première implique le respect. On fait d'ailleurs dépendre le sursis, *pour les civils*, de la nature des juridictions, chose qu'on trouve absurde quand il s'agit des militaires, et l'on tombe ainsi dans une deuxième contradiction.

519. Peines et condamnations auxquelles le sursis ne s'applique pas. — Le sursis est limité à l'emprisonnement et à l'amende. La condamnation sera donc exécutée en ce qui touche les autres peines de l'infraction (3) et les condamnations civiles (art. 2). Elle sera inscrite au casier judiciaire.

Le sursis appliqué à l'emprisonnement déplace le point de départ des peines accessoires ou complémentaires qui ne devaient prendre cours qu'après l'expiration de la peine principale. Elles courront dans ce cas du jour où la condamnation avec sursis sera devenue irrévocable.

La *contrainte par corps* ne sera point suspendue puisqu'elle garantit le recouvrement des dommages-intérêts et des dépens qui demeurent exigibles, mais il serait logique d'en fixer la durée sans tenir compte du montant de l'amende tant que cette peine ne pourra pas être ramenée à exécution. La *solidarité* au contraire subira l'effet du sursis accordé pour l'amende, en ce sens qu'on ne pourra ni demander au condamné qui a obtenu le sursis de payer pour les autres, ni aux autres de payer pour lui (4).

(1) En pratique la question n'a encore surgi que pour des militaires attirés devant les tribunaux ordinaires par la présence d'un complice civil et prévenus d'un délit militaire. On a refusé le sursis : C. Besançon, 10 juin 1891 (L. N. 91, 2, 137) ; Cass. 13 avril 1894 (L. N. 94, 2, 81). — Comp. Cass. belge, 13 mai, 8 juill., 21 déc., 1895 (*Pasicrisie*, 1895, 1, 176 et 239 ; 1896, 1, 8).

(2) Treppoz, 156-159, 177 ; Garraud, *Précis*, 334 ; conclusions de M. le proc. gén. Manau, sous Cass. 13 avril 1894.

(3) Cette suspension partielle de la pénalité de l'infraction a été critiquée. En Belgique toutes les peines sont suspendues. Je préfère le système français. Le maintien des incapacités est nécessaire pour empêcher le public de confondre le sursis avec un acquittement. Appliqué à l'emprisonnement et à l'amende, c'est une mesure d'indulgence qui rentre dans les pouvoirs du juge ; mais si on l'étendait aux incapacités, on semblerait reconnaître aux tribunaux le droit d'amnistier conditionnellement le condamné. — Au point de vue du service militaire, une loi du 1er mai 1807 a étendu le sursis aux incapacités spéciales établies par la loi sur le recrutement.

(4) Locard, 43, 70 ; Treppoz, 192, 201.

520. Durée et point de départ du sursis. — Le sursis dure « cinq ans à dater du jugement ou de l'arrêt » qui l'accorde (art. 1er § 2). Il n'est pas nécessaire que cette décision ait acquis l'autorité de la chose jugée. Cette durée est invariable et fixée par la loi. Le système français diffère en cela des lois étrangères qui tantôt abandonnent absolument la fixation du sursis à l'appréciation du juge (L. anglaise), tantôt se bornent à fixer son maximum (L. belge ; C. italien). Il nous paraît préférable, surtout si l'on tient compte de cette observation faite dans les travaux préparatoires, que le sursis est « une sorte de prescription de la peine par la bonne conduite ». La prescription, en effet, a toujours une durée légale (1).

521. Le premier jour du délai est, selon nous, le jour même de la décision qui accorde le sursis. La formule « à dater du jugement ou de l'arrêt » réveille en effet une vieille controverse que nous retrouverons pour le délai de la prescription ; il suffit pour le moment d'y renvoyer. Cette difficulté est la seule que soulève le point de départ du délai quand le procès pénal s'est terminé par la décision qui ordonne le sursis, hypothèse que paraît prévoir le texte.

522. Mais si dans la même affaire le sursis a été accordé successivement par plusieurs jugements ou arrêts, on peut se demander s'il doit courir de la première décision qui l'accorde ou seulement de la dernière ? — A notre avis, c'est de la première, alors même qu'une décision intermédiaire l'aurait retiré au condamné. *Exemple* : le jugement du tribunal correctionnel accordait le sursis ; sur l'appel du ministère public la Cour l'a retiré ; mais l'arrêt a été cassé et la Cour de renvoi l'a de nouveau accordé. Le sursis court du jugement primitif (2). Cette solution est absolument rationnelle si l'on admet, comme nous le démontrerons plus bas, que l'élargissement du condamné doit suivre immédiatement le prononcé du sursis. L'épreuve pouvant commencer aussitôt après la première décision qui ordonne la suspension de la peine, on ne voit pas pourquoi le délai de cette épreuve ne courrait pas du même moment.

---

(1) Mais cette durée aurait-elle dû être invariable ? Il semble que non, étant donné que le sursis est un délai d'épreuve et que l'épreuve pour être concluante exige que le condamné ait passé ce temps en liberté. Peut-être le législateur a-t-il momentanément oublié que toute condamnation ultérieure ne faisait pas déchoir du sursis. Quoi qu'il en soit, il n'a pas augmenté le délai du sursis de la durée de toute peine subie, comme il l'avait fait en 1885 pour la relégation.

(2) *Sic* : Theppoz, 204 ; Garraud, *Précis*, 343. Mais, supposant deux décisions et le sursis *accordé par la dernière seulement*, ces deux auteurs me critiquent en me prêtant une opinion que je n'ai jamais soutenue, savoir : que le sursis courrait *dans ce cas* de la première décision. Leurs distinctions ne sont au fond que l'amplification de la formule concise, mais assez claire pour éviter toute équivoque, par laquelle j'avais résolu la question dans mes *Quest. prat.* (*loc. cit.*, p. 408) et dans ma première édition (*Appendice*, n° 32). — *Contrà* : Brégeault, *loc. cit.*, p. 323 ; Locard, 92 ; et avec certaines distinctions : Mesnard, 894, Delalande.

523. Expiration et déchéance du sursis. Conséquences. — Le sursis prend fin normalement à l'expiration du terme de cinq ans, si dans l'intervalle le condamné n'a pas encouru sa déchéance. A ce moment le condamné se trouve définitivement affranchi de l'emprisonnement et de l'amende dont la suspension avait été ordonnée et de plus sa condamnation est comme non avenue (art. 1er § 2). Il s'opère, a-t-on dit dans les travaux préparatoires, une *prescription de la peine par la bonne conduite* et une *réhabilitation de plein droit*. La première expression n'est pas heureuse, car c'est plutôt une dispense définitive de l'exécution de la peine qu'une prescription ; mais la seconde caractérise ingénieusement les conséquences de la bonne conduite du condamné pendant le délai d'épreuve. — L'art. 1er indique l'effet essentiel de cette réhabilitation de plein droit, savoir : la remise des incapacités encourues à titre de peine accessoire ou complémentaire. L'art. 4 § 2 montre une de ses conséquences secondaires : la condamnation ne devra plus être inscrite dans les extraits du casier délivrés aux parties (Comp. art. 633, C. i. c.). Il faut y ajouter tous les autres effets de la réhabilitation judiciaire, notamment : 1° la condamnation effacée cesse d'être le premier terme de la récidive et ne compte plus pour la relégation ; 2° le condamné, s'il commet un nouveau délit, pourrait de nouveau obtenir le sursis. Légalement, en effet, pour ce second délit, il doit être considéré comme un délinquant primaire (1).

On s'est demandé s'il pourrait renoncer au sursis avant son expiration pour obtenir plus tôt sa réhabilitation judiciaire et si, dans le même but, le président de la République pourrait lui faire grâce de la peine à l'exécution de laquelle il a été sursis. La négative nous paraît devoir être suivie ; nous nous expliquerons au siège de ces deux matières.

524. La *déchéance du sursis* est encourue par une condamnation à l'emprisonnement ou à une peine plus grave pour crime ou délit de droit commun, — commis depuis l'obtention du sursis, — et prononcée pendant le délai d'épreuve (art. 1er § 2).

a) Entre la condamnation qui fait déchoir du sursis et celle qui rend indigne de l'obtenir il y a une corrélation parfaite : des deux côtés, il faut une condamnation à l'emprisonnement ou à une peine plus grave

---

(1) Le réhabilité de plein droit peut-il se faire délivrer gratuitement un extrait de son casier judiciaire purgé de la condamnation ? Le ministère public doit-il laisser porter sur le *bulletin n° 2* la condamnation effacée par la réhabilitation de plein droit lorsqu'il poursuit le réhabilité pour un nouveau délit ? A-t-il le droit de la révéler au tribunal en dehors du cas où le débat s'engagerait sur l'opportunité d'un second sursis ? — Ces questions sont controversées, mais il n'y a pas de raison pour les résoudre différemment qu'en matière de réhabilitation judiciaire. Il serait illogique d'établir des différences dans les effets secondaires des deux réhabilitations, du moment que leurs effets essentiels sont les mêmes. Le silence de l'art. 4 sur les points secondaires ne peut être mis que sur le compte d'un oubli.

pour crime ou délit de droit commun. Le sens de ces expressions a été expliqué ci-dessus. A notre avis, le législateur français ne s'est pas montré assez sévère surtout pour accorder la réhabilitation de plein droit. Du moment qu'il empruntait cette institution critiquable à la législation belge, il aurait dû au moins exiger comme elle l'absence de toute espèce de condamnation. Avec notre loi de 1891 une condamnation à l'amende quelle que soit l'infraction, et une condamnation à la prison pour délit politique ou spécial ou pour contravention ne font pas déchoir du sursis.

525. *b)* La déchéance n'est encourue que si le crime ou le délit a été commis depuis l'obtention du sursis. Il s'agit en effet d'une récidive. Un délit simplement concurrent qui serait l'objet d'une poursuite séparée après l'obtention du sursis n'en ferait pas perdre le bénéfice. Les juges auraient la faculté d'étendre le sursis à la peine de ce second délit, mais il ne s'y étendrait pas de plein droit (1).

En cette matière on doit considérer comme une récidive le délit commis après le prononcé du sursis, mais avant que le jugement qui l'accorde soit devenu irrévocable. Ce jugement reçoit en effet l'exécution provisoire par l'élargissement immédiat du condamné. Or, du moment que l'épreuve a commencé, on comprend qu'un nouveau délit fasse encourir sa déchéance.

526. *c)* La condamnation pour le nouveau délit doit enfin avoir été *prononcée* pendant le délai du sursis ; mais il n'est pas nécessaire qu'elle soit devenue irrévocable avant l'expiration de ce délai. En substituant cette formule à celle de la loi, nous prenons parti sur une grande controverse soulevée par la formule équivoque de l'art. 1er : « Si, pendant le délai de cinq ans... le condamné n'a encouru aucune poursuite suivie de condamnation ». On s'est demandé ce qui devait être réalisé dans le délai d'épreuve : Est-ce seulement le nouveau délit ? Est-ce un commencement de poursuite ? Est-ce la condamnation elle-même ? La première de ces solutions serait sûrement la plus rationnelle : l'indignité résulte, en effet, du délit. On peut invoquer à l'appui un discours de M. Fallières (Sénat, 3 juin 1890), et le sens grammatical de ces mots « *encourir une poursuite* ».— Mais le texte ne s'en tient pas à ces mots, il ajoute ceux-ci : ... *suivie de condamnation*. Il faut donc qu'il y ait dans le délit d'épreuve quelque chose de plus que le délit et ce *quelque chose* n'est pas seulement un *commencement de poursuite*, c'est la *condamnation elle-même*. Cette interprétation est confirmée par l'art. 4 : « Si aucune poursuite suivie de condamnation... n'est intervenue dans le délai de cinq ans ». C'était de plus le sens indiscutable de la proposition de loi dans sa première rédaction : « En cas de nouvelle condamnation dans le délai de cinq ans (2) »,

---

(1) Cass. 20 avril 1893 (L. N. 93, 2, 87).
(2) Sénat session de 1884, *Doc. parl.* n° 159 et 1er rapport de M. Bérenger,

rédaction qui est devenue celle de la loi belge. Il est vrai qu'on a modifié le texte dans la suite de l'élaboration législative, mais sans qu'on ait expliqué la raison du changement ; par conséquent, on ne peut en tirer argument comme on le fait dans le second système, pour n'exiger dans le délai d'épreuve que le délit et un commencement de poursuite. Enfin les travaux préparatoires relativement au sursis se sont terminés au Sénat et à la Chambre sur les rapports et discours de MM. Bérenger et Barthou affirmant l'un et l'autre la volonté expresse du législateur de faire peser seulement *cinq ans de menace* sur le condamné, c'est-à-dire d'exiger que la nouvelle condamnation qui résout le sursis fût prononcée pendant le délai d'épreuve (1).

527. La déchéance du sursis entraîne l'exécution de la première peine, sans qu'elle puisse se confondre avec la seconde, et s'il y a lieu, l'application des peines de la récidive (art. 1er § 3). Trois points sont à noter :

1° La déchéance a lieu de plein droit. L'article prescrit l'exécution de la peine ; il s'adresse donc au ministère public. Aucune procédure n'est nécessaire pour faire prononcer la révocation du sursis. Si le condamné conteste la déchéance, il élèvera un incident contentieux sur l'exécution de la peine et portera la question sous cette forme devant les tribunaux compétents.

2° La peine dont l'exécution avait été l'objet du sursis ne pourra point se confondre avec celle de l'infraction qui a entraîné sa déchéance. Cette solution est normale si le second délit a été commis depuis que la condamnation avec sursis est devenue irrévocable. Dans ce cas les juges appliqueront la peine en tenant compte de l'état de récidive pouvant résulter de la condamnation antérieure (2) dont la suspension vient d'être révoquée (art. 3). Cette solution au contraire est exceptionnelle si le second délit a été commis avant que la condamnation avec sursis ait acquis l'autorité de la chose jugée. Contrairement en effet à l'art. 365, C. i. c., les juges ne pourront pas ordonner la confusion des deux peines,

n° 27, p. 33. Cette rédaction a été maintenue sans modification sensible jusqu'au vote du Sénat du 23 mai 1890.

(1) M. Bérenger, rapport, 6 mars 1890 ; discours, 23 mai, 3 juin 1890 (Sénat, *Doc. parl., J. off.*, p. 68, col. 2, 3 ; *Déb. parl., J. off.*, p. 490, col. 3 ; p. 529, col. 2). M. Barthou, rapport, 6 déc. 1890 ; discours, 8 mai 1891 (Chambre, *Doc. parl., J. off.*, p. 464, col. 2 ; p. 465, col. 2, 3 ; *Déb. parl.*, p. 493, col. 3). Sic : Nègre et Gary, p. 95 ; Garraud, *Précis*, 346. — *Pour la 1re solution* : Capitant, 22 ; Brégeault, p. 324. — *Pour la 2° solution* : Mahoudeau, 27 ; Locard. 99 ; Treppoz, 218 ; Mesnard, 895.

(2) On remarquera que si l'on admet, contrairement à mon opinion (v. *suprà*, n° 440) que le nouvel art 57, C. pén., exige comme second terme de la récidive une infraction postérieure « à l'expiration » de la première peine ou « à sa prescription », on est bien forcé d'admettre, dans l'hypothèse prévue au texte, une exception à ce prétendu principe. *Sic* : Rouen, 13 déc. 1894 (L. N. 96, 2, 23).

bien qu'il s'agisse de délits concurrents. La disposition finale de l'art. 1ᵉʳ n'a d'utilité que pour cette seconde hypothèse ; elle prouve une fois de plus que le sursis doit courir, non pas du jour où le jugement qui le prononce est devenu irrévocable, mais du jour même de ce jugement. Elle prouve en outre qu'un délit commis avant que la condamnation avec sursis soit devenue irrévocable entraîne la déchéance du sursis.

3° La loi prescrit enfin l'exécution de la première peine avant la seconde. Mais en écrivant cette disposition le législateur n'avait probablement en vue que les peines privatives de la liberté et on doit le restreindre à ces peines. On ne comprendrait pas, en effet, qu'un retard de plusieurs mois, peut-être même de plusieurs années fût apporté à l'exécution d'un condamné à mort. Ce retard aboutirait en fait à une commutation de peine et le récidiviste, contre qui la loi est dirigée, se trouverait mieux traité que le délinquant primaire. On ne comprendrait pas davantage, que le condamné pût retarder l'exécution de la seconde peine en refusant de payer l'amende (1).

Le sursis ne met aucun obstacle à l'imputation de la détention préventive que le condamné avait subie lors de la première poursuite. Mais elle se fera sur la peine qui avait été suspendue et non sur celle du second délit.

528. Formalités de procédure. — Ces formalités sont relatives au prononcé du sursis, — à un avertissement à donner au condamné, — à son élargissement.

1° Le sursis doit être ordonné par le même jugement et par décision motivée (art. 1ᵉʳ). — *a) Par le même jugement.* On a voulu éviter que les juges fussent assaillis de sollicitations individuelles après qu'ils auraient prononcé la condamnation (Disposition analogue, L.22 juill. 1867, art. 17, s. la contr. p. corps). D'ailleurs, le jugement rendu, le tribunal est dessaisi. — *b) Par décision motivée.* C'est l'application de l'art. 7 de la loi du 10 avril 1810. Mais quel genre de motif est-on obligé de donner? Un motif de droit paraît suffisant, puisque le juge est souverain appréciateur de l'opportunité du sursis dès que le condamné est en situation de l'obtenir. On pourra donc se contenter d'un motif ainsi conçu : « Attendu que le condamné n'a pas subi de condamnation antérieure à l'emprisonnement ou à une peine plus grave pour crime ou délit de droit commun » (2). Mais en donnant ce motif de droit, le juge ne doit pas

---

(1) *Sic* : GARRAUD, *Précis*, 347. J'abandonne ici, pour la raison donnée au texte, l'opinion que j'avais émise dans mes *Quest. prat.* (*loc. cit.*, p. 411), savoir, que la contrainte par corps pour le paiement de l'amende serait subie avant l'emprisonnement du second délit. Mais je ne puis adhérer à l'opinion de plusieurs commentateurs qui soutiennent qu'on ne doit pas appliquer l'art. 1ᵉʳ § 3, quand la peine de la seconde infraction est perpétuelle. — *Contra* : NÈGRE et GARY, p. 98 ; LOCARD, 110 ; TREPPOZ, 228.

(2) *Sic* : NÈGRE et GARY, p. 88. — *Contra* : LOCARD, 66 ; TREPPOZ, 185.

laisser entendre qu'il se croit obligé d'accorder le sursis, car le motif de droit révélerait alors une erreur sur l'étendue de ses pouvoirs. — Ces deux conditions du jugement ordonnant le sursis sont substantielles.

2° Après avoir prononcé le sursis, le président doit avertir le condamné des conditions de sa déchéance et des conséquences qu'elle peut avoir (art. 3). L'omission de cet avertissement n'entraînerait pas de nullité (1), parce que cette sanction n'y est pas expressément attachée, et que la loi pénale étant censée connue de tous, ce n'est pas une nullité substantielle (arg. *a contrario* des art. 296 et 297, C. i. c.) Il suit de là que le sursis peut être ordonné par jugement par défaut.

3° Le jugement ou l'arrêt qui prononce le sursis reçoit l'exécution provisoire par l'élargissement du condamné. L'art. 206, C. i. c., doit en effet être étendu à ce cas. L'exécution de la peine étant subordonnée à une condition purement potestative dépendant du condamné, on ne comprendrait pas que le ministère public pût le traiter autrement que s'il était relaxé (2).

(1) *Sic* : Treppoz, 184 ; Garraud, *Précis*, 339. — *Contrà* : Locard, 67.
(2) *Sic* : Nègre et Gary, p. 71 ; Chesney (*Rev. crit.*, 1892, p. 107) ; Trib. cor. Lille, 13 avril 1892 (*Gaz. Trib.*, 21 avril) ; V. *infrà*, n° 1334. — *Contrà* : Locard, 82 ; Treppoz, 188 ; Garraud, *Précis*, 341 ; Chambéry, 4 juin 1892 (D. 92, 2, 297).

CHAPITRE II

DE L'APPLICATION DE LA PEINE QUAND IL Y A PLURALITÉ D'AGENTS ET UNITÉ DE DÉLIT.

Section I. — Théorie de la participation criminelle.

529. Quand plusieurs individus ont pris part à la même infraction, leurs rôles peuvent avoir été différents. Ceux-ci n'ont participé, par exemple, qu'aux actes internes : au projet, à la résolution. Ceux-là ont accompli en outre des actes externes : actes préparatoires, actes d'exécution. Le rôle des uns a pu être principal ; celui des autres secondaire. Pour résoudre le problème de l'application de la peine aux divers agents du délit, trois questions législatives se posent :

1° Quelles distinctions faut-il établir *a priori* entre les divers agents de l'infraction ?

2° Dans quel genre de délits ces distinctions doivent-elles être faites ?

3° Quelles sont les peines applicables suivant le degré de la participation ?

530. *a*) Le droit abstrait et le droit positif s'accordent pour diviser les agents du délit en deux classes : l'une comprenant ceux qui ont joué un rôle principal (*auteurs et coauteurs*) ; l'autre comprenant ceux dont le rôle a été simplement secondaire (*complices*). Mais on n'est plus d'accord quand il s'agit de déterminer le critérium auquel on reconnaîtra le rôle principal et le rôle secondaire.

En droit abstrait, Rossi (1) a soutenu qu'il y avait un auteur *intellectuel* et un auteur *matériel*, lorsque deux individus avaient joué le rôle principal, l'un dans les actes internes, l'autre dans les actes extérieurs. Dans ce système, le provocateur qui n'aurait en rien participé aux actes externes devrait être qualifié d'auteur. — D'après le Code pénal, la distinction de l'auteur principal et du complice se fait uniquement pour la participation aux actes matériels. Quelque prépondérant qu'ait été le rôle d'un agent dans les actes internes, cet agent n'est qu'un complice. Le droit positif ne reconnaît pas l'auteur intellectuel. — De ces deux théories quelle est la plus juridique ?

---

(1) *Op. cit.*, II, ch. 34, p. 184 et s.

En général c'est celle du Code (1). — Assimiler en effet l'agent qui a provoqué au crime à celui qui l'a exécuté, c'est méconnaître la différence toujours signalée entre la justice absolue et la justice sociale. — D'un autre côté l'auteur des actes d'exécution n'est pas simplement un bras qui exécute. S'il n'a pas le premier projeté et résolu le crime, il s'est associé au projet ou à la résolution d'un autre, et de plus, il l'a exécutée. Son rôle est principal parce qu'il y a eu de sa part des actes internes et des actes externes, tandis que de la part du provocateur il n'y a eu que les premiers. Si sa participation paraît moins intense à un certain point de vue, elle a été plus étendue à d'autres. — Il faut reconnaître cependant que la distinction de Rossi est exacte quand l'auteur matériel est un être dépourvu de raison, un enfant, un fou, poussé au crime par un homme raisonnable. Dans cette hypothèse le rôle principal est joué par l'auteur intellectuel, parce que l'auteur matériel disparaît, grâce à la cause de non-responsabilité dont il jouit ; mais lorsque ce dernier a conscience de ses actes, son rôle prime toujours celui du provocateur.

531. *b*) La distinction des auteurs et des complices semble, au premier abord, ne pouvoir être faite que dans les infractions intentionnelles et préméditées, car elle suppose une entente préalable entre les coparticipants et une distribution des rôles. Cependant le Code formule les règles de la complicité d'une manière absolue pour tous les crimes et délits. Il appartient à la doctrine de déterminer les différences de détail que comporte l'application de ces règles aux crimes et délits non intentionnels ou non prémédités. — Dans les contraventions notre législation ne punit pas en général la participation accessoire. La raison, sur laquelle nous reviendrons, n'est pas le caractère d'infractions non intentionnelles qu'ont la plupart des contraventions ; c'est leur peu de gravité.

532. *c*) En théorie, l'opinion générale est que la peine de la complicité doit être fixée par la loi, et qu'elle doit être inférieure d'un degré à celle de la participation principale. Il en est ainsi dans la plupart des législations modernes (2). Notre Code pénal au contraire pose en principe l'égalité de traitement entre l'auteur principal et le complice (art. 56). Par exception, il punit la complicité d'une peine plus douce (art. 63,

---

(1) Sic : BERTAULD, p. 207 ; RAUTER, I, p. 110 ; CARMIGNANI, *Teoria delle legi della sicurezza sociale*, II, p. 365 et s. — *Contrà* : C. allemand (art. 48) ; C. russe (art. 117) ; C. hollandais (art. 47) ; projet de C. espagnol ; C. italien (art. 63). Mais ces Codes étrangers n'acceptent le système de Rossi qu'avec certaines restrictions.

(2) C. belge (art. 69) ; — C. allemand (art. 48, 49) ; — C. espagnol (art. 63, 64) ; — C. des Pays-Bas (art. 49) ; — Projets de C. espagnol, 1884-1885 ; C. italien (art. 64) etc., etc. Le C. russe gradue avec le plus grand soin la peine des complices, parce qu'il n'admet pas les circonstances atténuantes. — Dans ces législations étrangères, la complicité et la tentative entraînent en général une égale diminution de peine. Il y a en effet diminution de la culpabilité dans un cas, et, dans l'autre, diminution de la criminalité.

267, 268 etc.) ; parfois il la réprime plus sévèrement que le délit (art. 441). — Cette égalité de traitement a été vivement critiquée. Elle est *injuste,* car le complice est généralement moins coupable que l'auteur principal. Elle est *impolitique,* parce qu'elle supprime les difficultés qui pourraient surgir entre les coparticipants sur la distribution des rôles, difficultés qui peuvent les faire renoncer au délit projeté. Elle est *contraire au droit rationnel* : une différence existe en effet *a priori* dans la criminalité des actes de participation principale et de participation accessoire ; elle doit dès lors se trouver dans la peine qui les réprime. — Depuis 1832, la théorie des circonstances atténuantes largement appliquée remédie, en fait, à l'incorrection de la loi ; mais elle ne la met point à l'abri de la critique, car toute différence qui existe *a priori* dans la criminalité ou la culpabilité, doit se traduire par une différence dans la peine.

533. Le Code pénal, laissant de côté les coauteurs, s'est attaché à déterminer la condition des complices. Les règles qui leur sont applicables se dégageront implicitement de l'étude que nous allons faire de la théorie de la complicité. Que la participation soit principale ou accessoire, elle a toujours en effet un fonds commun. — Avant d'entrer dans les détails, il importe de dégager l'idée générale qui domine la matière et qui doit servir à son interprétation. Cette idée générale est que les actes de complicité n'ont qu'une criminalité d'emprunt ; à raison de leur caractère accessoire, ils prennent la criminalité du fait principal auquel ils se rattachent. Isolés, ces faits pourraient être incriminés comme délits spéciaux, et parfois ils le sont ; mais quand le fait principal a été accompli, il s'établit un tel rapport d'indivisibilité entre eux et les actes de participation principale, que la criminalité de ceux-ci absorbe la leur. Ce principe a servi de guide au législateur pour déterminer les conditions de la complicité punissable et les peines de la complicité.

SECTION II. — CONDITIONS DE LA COMPLICITÉ PUNISSABLE.

On peut les résumer dans cette formule : « Il faut avoir participé à un fait principal punissable, — qualifié crime ou délit, — sciemment, — et de la manière accessoire définie par la loi. »

534. 1ʳᵉ CONDITION : *Un fait principal punissable.* — Le fait de participation accessoire, sans criminalité propre, devient criminel dès qu'il se rattache à un fait principal punissable. — A l'inverse, il reste impuni, si le fait principal n'est *pas* ou n'est *plus* susceptible d'être puni. C'est pour ce motif qu'échappent à toute répression la complicité du suicide, celle du meurtre ou des blessures accomplis en état de légitime défense, celle d'une infraction couverte par la prescription ou par une amnistie.

535. Cette première condition reçoit encore des applications intéressantes quand le fait de complicité a été accompli en France et le crime à l'étranger, ou réciproquement. Voici les principales :

a) La poursuite devant les tribunaux français du fait de complicité, commis en France, est-elle soumise aux conditions exigées par les art. 5 et 7, C. i. c., quand le fait principal a été perpétré à l'étranger? Oui, car les faits de complicité ayant une criminalité d'emprunt, il faut examiner à quelles conditions l'action publique est recevable contre le fait principal (1).

b) A l'inverse, si le crime a été commis en France et l'acte de complicité à l'étranger, la poursuite du complice est-elle possible devant nos tribunaux, sans tenir compte des dispositions des art. 5 et 7 ? — D'après les principes il faudrait encore répondre oui d'une manière absolue ; mais le texte de l'art. 7 oblige à répondre non, *quand le complice est un étranger* (2).

c) Enfin si le crime et le fait de complicité ont été commis tous deux hors du territoire français, théoriquement c'est la nationalité de l'auteur principal qui devrait déterminer les conditions de la poursuite en France. — Cette solution est acceptée si l'auteur principal est un étranger et le complice un français ; on ne pourra poursuivre ce français que dans les conditions de l'art. 7. Mais ce texte, en soumettant aux mêmes conditions la poursuite d'un étranger auteur principal ou complice, ne nous permet pas de dire que si l'auteur principal est français, le complice étranger pourra être poursuivi en France dans les conditions de l'art. 5 (3).

536. Dans les délits d'habitude, la nécessité d'un fait principal punissable conduit à exiger l'habitude chez l'auteur principal et non chez le complice.

537. Par application de la même idée il faut exiger que l'exécution du fait principal ait atteint le degré où elle devient punissable pour que la complicité puisse être incriminée. Il peut y avoir, par exemple, complicité d'un crime *consommé*, comme d'une tentative punissable. Pour le même motif le désistement dans l'exécution du fait principal rend le fait

---

(1) Cass. 20 av. et 8 nov. 1888.

(2) *Contrà* : Cass. 13 mars 1891 (*Gaz. Pal.* 1er avril). Cet arrêt, rompant avec la jurisprudence antérieure, restreint *utilitatis causa* l'application de l'art. 7 au cas où le fait principal et le fait de complicité ont été commis tous deux à l'étranger.

(3) La loi belge du 19 av. 1878 (*Titre préliminaire du C. de proc. pén.*) offre, à la différence de la nôtre, un ensemble de dispositions parfaitement harmonieux. L'extension de la loi belge aux infractions commises hors du territoire est déterminée par la nature des délits. Pour les crimes contre la sûreté ou le crédit de l'Etat belge, la nationalité de l'agent est indifférente. Pour les autres il est nécessaire qu'un belge y ait participé ; mais l'étranger coauteur ou complice du belge peut être poursuivi (art. 6-11).

secondaire non punissable, alors même que le complice aurait fait tous ses efforts pour empêcher l'auteur principal de se désister.

Mais le complice pourrait-il s'assurer l'impunité par son propre désistement quand l'auteur principal accomplit le délit? — Il est certain qu'un simple repentir ne suffirait point. Les regrets les plus sincères ne peuvent empêcher l'acte de complicité d'avoir facilité le délit. Mais si le complice s'emploie activement et réussit à détruire l'effet de son acte de complicité avant la perpétration du crime, sa participation accessoire disparaissant, l'immunité lui est assurée. *Exemple* : Pierre a promis de l'argent à Paul pour assassiner Jacques ; il lui a remis une arme pour commettre le crime. Plus tard il déconseille le crime et retire sa promesse ; il reprend l'arme qu'il avait fournie : son acte de participation accessoire est effacé. En dehors de cette hypothèse, son désistement n'a point d'effet.

— Le résultat si différent du désistement de l'auteur principal et de celui du complice est souvent exprimé par cette formule : « La *tentative de complicité* reste impunie, tandis que la *complicité de la tentative* est punissable ». Il y a tentative de complicité lorsque les actes de l'auxiliaire tendant à pousser au crime ou à faciliter son exécution n'ont pas été suivis d'effet. L'agent qui devait jouer le rôle principal n'aura, par exemple, ni commis, ni tenté le crime, ou bien il l'aura accompli sans profiter de l'acte de complicité : il aura négligé les instructions qu'il avait reçues ; il se sera servi d'une autre arme que celle qu'on lui avait remise. Que reste-t-il ? Ou bien un fait accessoire destiné à se rattacher à un fait principal qui ne s'est pas produit, ou bien un fait sans relation avec l'infraction commise. La tentative de complicité n'est donc pas punissable comme un *commencement de l'infraction* à laquelle on voulait s'associer ; mais on peut l'incriminer comme *délit spécial*. On verra ci-après des provocations *non suivies d'effet*, c'est-à-dire des tentatives de complicité, érigées en délits spéciaux à raison de leur gravité exceptionnelle; l'art. 60 § 3 y fait une allusion.

538. 2° Condition: *Un fait principal qualifié crime ou délit*. —Cette seconde condition résulte du texte des art. 59 et 60 du Code pénal, qui font de la complicité une théorie générale en matière de *crimes* et de *délits*, et de l'absence de toute disposition analogue pour les *contraventions*. En cette dernière matière, la complicité n'est incriminée que par exception (*Exemple* : art. 479, 8°). Quel est le motif de la différence ? A notre avis, c'est le peu de gravité des contraventions. Pour ces infractions de minime importance, on a pensé qu'il suffisait d'incriminer les actes de participation principale, de même qu'on n'incrimine que l'infraction consommée. — Certains auteurs ont donné une autre explication : « La complicité, disent-ils, suppose un concert frauduleux préalable et par conséquent une infraction intentionnelle, telle qu'un crime ou un délit. Les contraventions repoussent la théorie de la complicité, parce que l'intention n'est pas un de leurs éléments constitutifs. » — Cette explication est peu satisfaisante, car le Code pénal contient environ vingt-huit délits non intentionnels (1), auxquels on devrait refuser logiquement d'appliquer la théorie de la complicité, ce qu'on ne peut faire sans restreindre arbitrairement la portée des art. 59 et 60, dont la disposition est absolue. De plus, elle a fait distinguer arbitrairement en délits et contraventions des infractions punies de peines correctionnelles par les lois spéciales : on a qualifié de délits celles de ces infractions qui sont intentionnelles et on leur a appliqué la théorie de la complicité ; on a qualifié au contraire de contraventions celles qui sont non intentionnelles et on a refusé d'en punir les complices (2). Nous avons critiqué cette distinction parce qu'elle est contraire au texte absolu de l'art. 1er du Code pénal : « L'infraction que *les lois* punissent de peines correctionnelles est un délit. » — Reste à savoir quelles différences de détail comportera l'application de la théorie de la complicité dans les infractions non intentionnelles ; nous les indiquerons en expliquant la troisième et la quatrième conditions.

539. Les infractions non préméditées semblent aussi exclure la complicité à raison de la nécessité du concert frauduleux préalable. Cependant ce concert peut résulter d'une adhésion instantanée à la résolution de l'auteur principal. *Exemple*: Un homme est provoqué ; il frappe le provocateur, que d'autres personnes maintiennent pour lui permettre de le frapper. Dans cette espèce il n'y a préméditation ni de l'auteur principal, ni des complices. — On pourrait supposer aussi que l'auteur principal, ayant prémédité le crime, a été aidé dans l'exécution par des complices qui ont adhéré instantanément à sa résolution criminelle au moment où il l'exécutait. Il y aurait alors des complices sans préméditation d'une infraction préméditée. L'absence de préméditation n'est donc pas incompatible avec la complicité (3).

540. 3º Condition : *Le concert frauduleux*. — Le Code emploie les

(1) Perrot de Chezelles, *Rev. crit.*, XIV, p. 70.
(2) *Sic*: Blanche, II, 70. — La jurisprudence a commencé par considérer comme des contraventions, au point de vue de la théorie de la complicité, toutes les infractions punies de peines correctionnelles par les lois spéciales (Dalloz, *C. p. annoté*, art. 59-60, nos 36 à 53). Très vivement critiquée dans une note de M. Villey sous un arrêt de Cass. du 11 fév. 1876 (*J. Pal.*, 1876, p. 547), elle a adopté la distinction de Blanche (Cass. 23 juin 1883. *Bontoux*). — Enfin dans des arrêts plus récents : Cass. 23 fév. 1884 (D. 86, I, 147) ; Cass. 28 fév. 1885 (D. 85, I, 329) elle paraît se ranger à l'opinion généralement suivie en doctrine. On lit en effet dans l'un de ces arrêts que « *toute* infraction punie de peines correctionnelles, même par une loi spéciale, est un *délit* et comporte l'application des règles de la complicité ». Sur les variations de la jurisprudence, voir Desjardin, *Rev. crit.*, 1885, p. 81 à 91.
(3) Il faut conclure de là que la question de préméditation doit être posée au jury distinctement pour le complice et pour l'auteur principal. *Sic*: Haus, I, 197, note ; Delpech, *Rev. gén.*, 1879, p. 125 ; *infrà* nº 1260.

expressions, *sciemment*, *avec connaissance*, ou d'autres expressions analogues pour marquer que le complice a dû s'associer à l'élément interne qui rend le fait imputable à l'auteur principal. Il faudra donc que le complice connaisse l'infraction et s'associe à l'intention ou à l'élément moral, suivant la nature du crime ou du délit (1). Il est évident, en effet, que les conditions de l'imputabilité ne changent point à raison de cette circonstance qu'il y a plusieurs codélinquants au lieu d'un seul, ou à raison de celle-ci, que la participation des uns a été principale, tandis que celle des autres était accessoire. Dans les délits non intentionnels la négligence ou l'imprudence devront être communes à l'auteur principal et au complice, car il est nécessaire que l'un et l'autre aient pu exercer leur faculté de vouloir relativement à cette négligence ou à cette imprudence qui est le fond du délit. — Théoriquement le concert frauduleux ne peut être que *préalable* ou *concomitant* ; cependant dans la complicité par recel le Code a puni même un concert frauduleux *postérieur*.

541. 4º CONDITION : *Un fait de complicité*. — Il faut avoir participé *de la manière accessoire définie par la loi*. Le législateur aurait pu laisser au juge le soin de déterminer les actes de participation punissables. Il a préféré les définir lui-même. Ce système est plus conforme à l'esprit général de notre Droit qui exclut l'arbitraire de la détermination des infractions et des peines. Cette quatrième condition donne lieu à la théorie des faits de complicité (2).

SECTION III. — FAITS DE COMPLICITÉ.

542. Les art. 60, 61 et 62 énumèrent cinq faits de complicité, savoir : 1º La *provocation* au délit par certains moyens déterminés. — 2º Les *instructions* données pour le commettre. — 3º La *fourniture de l'instrument du délit*. — 4º L'*aide et l'assistance* dans les faits qui ont préparé, facilité ou consommé l'action (3). — 5º Le *recel*.

Ces faits ou modes de complicité ont pour caractère commun de cons-

(1) Le Code pénal de 1791 (part. I, tit. III, art. 1ᵉʳ) faisait ressortir ces deux conditions : « Quiconque sera convaincu d'avoir *sciemment et dans le dessein du crime*, procuré au coupable des armes... aidé ou assisté le coupable etc. »
(2) La complicité du crime de banqueroute frauduleuse est soumise à des règles particulières relativement à cette quatrième condition (art. 593, 594, C. com.).
(3) La jurisprudence ne fait qu'un seul mode de complicité de ces quatre premiers faits énumérés par l'art. 60 ; elle en conclut qu'on peut les réunir dans la même question posée au jury. BLANCHE, II, 74, 78, 86, 711. Elle a imaginé le mode de complicité *par coopération* pour désigner l'ensemble de ces faits. Mais toute complicité implique une coopération ! On ne peut conclure de cela que les faits par lesquels se réalise cette coopération se confondent.

tituer des faits *positifs*. Une abstention, quelque blâmable qu'elle soit au point de vue de la morale, ne constitue point un fait de complicité. On verrait, par exemple, commettre un crime qu'on pourrait empêcher et l'on s'abstiendrait d'intervenir ; on n'en sera point réputé complice. Il existe cependant une exception : l'art. 616, C. i. c. punit, comme complices de détention arbitraire, certains officiers de police judiciaire qui se sont abstenus de faire mettre en liberté une personne illégalement détenue. Rien ne justifie cette exception ; l'abstention dont il s'agit est la violation d'un devoir professionnel ; elle aurait dû être incriminée comme délit spécial.

543. I. Complicité par provocation. — La provocation, fait de complicité, est un *conseil* ou un *ordre* accompagné de « dons, promesses, menaces, abus d'autorité ou de pouvoir », ou une *suggestion* résultant de « machinations ou artifices coupables » (art. 60). — L'ordre émané d'un particulier investi d'une autorité légale ou de fait sur une autre personne, comme le père sur l'enfant, le maître sur le domestique, le magnétiseur sur l'hypnotisé, constitue un abus d'autorité. S'il émane d'un fonctionnaire civil ou militaire ou d'un ministre du culte, il y a abus de pouvoir (1).

Les machinations ou artifices coupables sont des fraudes ou des ruses qui ont pour résultat de faire naître dans l'esprit de l'agent une erreur qui sera une des causes déterminantes du crime.

544. La provocation doit être *directe*. L'art. 60 ne le dit pas expressément, mais cela résulte de son interprétation. Et d'abord, la provocation par dons, menaces, promesses, abus d'autorité ou de pouvoir est nécessairement directe : il y a en effet un conseil ou un ordre d'accomplir le crime, conseil ou ordre aggravé par des circonstances accessoires. Le doute pourrait naître pour la provocation par des machinations ou artifices coupables. Certaines manœuvres frauduleuses peuvent ne constituer qu'une provocation indirecte. En fait, les tribunaux auront à rechercher si le provocateur a suffisamment indiqué le crime à commettre et déterminé le provoqué à agir (2).

---

(1) Le conseil, auquel s'ajoutent les dons, promesses ou menaces, est le *consilium vestitum* des anciens criminalistes, qu'ils appelaient ainsi par opposition au *consilium nudum*. Ce dernier ne constituait point un fait de complicité. Comp. fr. 36, fr. 50 § 3, *de furtis*, 47, 2. — La loi du 28 avril 1816 sur les douanes punit comme fait de complicité la provocation à l'aide d'une promesse d'un genre particulier : celle qui se manifeste par l'assurance contre les chances du délit de contrebande (art. 53).

(2) Le Code belge a introduit le mot *directement* dans son art. 66 correspondant à notre art. 60 ; mais, comme on l'a fait judicieusement observer, il n'y a dans la loi belge que l'expression d'une idée implicitement contenue dans la nôtre. V. les conclusions de l'av. gén. dans l'affaire Cyvoct. Cass. 11 janv. 1884.

545. La provocation réprimée comme fait de complicité par l'art. 60 du Code pénal est *individuelle*, c'est-à-dire adressée à un individu déterminé. La loi sur la presse réprime la provocation *collective*, ou *anonyme*, c'est-à-dire adressée au public, pourvu qu'elle se produise par certains moyens déterminés de publicité : « *discours, cris* ou *menaces* proférés dans des lieux ou réunions publics, — *écrits, imprimés* vendus ou distribués, mis en vente ou exposés dans des lieux ou réunions publics, — *placards, affiches* exposés aux regards du public ». Celui qui aura *directement* provoqué par l'un de ces moyens à commettre un crime ou un délit sera puni comme complice, si la provocation *a été suivie d'effet* (art. 23, L. 29 juil. 1881), c'est-à-dire, comme l'explique le dernier alinéa du même article, si le crime auquel on a provoqué a été commis, ou a été tout au moins l'objet d'une tentative punissable. Cette provocation est beaucoup plus large que celle prévue par l'art. 60, C. p. : le simple conseil de commettre le crime devient un fait de complicité s'il se produit avec la publicité voulue ; par exemple les cris : *A mort ! Tuez-le !* proférés dans la rue, contre un homme qu'une foule poursuit, constituent une provocation punissable. — Comme les discours pouvaient contenir de simples insinuations, l'art. 25 dit expressément que la provocation doit être *directe* (1).

Si cette provocation n'a pas été *suivie d'effet*, l'art. 24 l'incrimine à titre de délit spécial lorsqu'il s'agit de provocation à certains crimes graves, et l'incrimine même lorsqu'elle est *indirecte* (parag. addit. L. 12 déc. 1893, réprimant *l'apologie*).

La proposition non agréée de former un complot, punie par l'art. 89, auquel renvoie le dernier alinéa de l'art. 60, C. p., la tentative de corruption de fonctionnaires (art. 179, C. p.) sont encore des provocations, non suivies d'effet, incriminées et punies comme délits spéciaux.

546. Pour constituer le fait de complicité, la provocation individuelle ou collective n'a pas besoin d'avoir donné naissance à la résolution criminelle de l'agent ; elle est punissable alors même qu'elle aurait eu seulement pour résultat de corroborer un projet déjà formé. Il y a cependant entre ces deux situations une nuance dont le juge tiendra compte pour l'application de la peine.

547. La complicité par provocation est possible dans les délits non intentionnels. Il suffit de supposer en effet une provocation à l'acte d'imprudence qui a eu pour conséquence le délit. Un maître, par exemple, donne à son cocher l'ordre de presser ses chevaux dans une rue fréquentée. Cette allure rapide est, à raison du lieu, une imprudence que la loi punit lorsqu'elle a eu pour résultat un homicide ou des blessures

---

(1) *Sic* : C. Paris, ch. d'acc., 9 fév. 1883 (*Manifeste du prince Napoléon*).

involontaires (art. 319, 320, C. p.). Le maître sera considéré comme complice de ces délits qu'il a provoqués par abus d'autorité (1).

548. II. Complicité par instructions. — Les instructions données pour commettre le crime sont des renseignements fournis en connaissance du but auquel ils doivent servir (2). Cette condition est la conséquence du concert frauduleux qui s'établit entre les coparticipants.

L'objet des instructions varie suivant la nature des délits. Dans les infractions intentionnelles elles portent sur l'exécution du crime projeté. Dans les délits non intentionnels, elles sont relatives à l'acte d'imprudence ou à la négligence qui cause le délit. *Exemple* : un domestique révèle étourdiment à des individus, dont il ignore les projets, le lieu où son maître cache son argent, les moyens de pénétrer dans la maison, le moment propice pour commettre un vol. A la suite de ces renseignements le vol est commis. Le domestique ne peut être incriminé comme complice, bien qu'il ait une imprudence à se reprocher, parce que le vol étant un délit intentionnel, il ne s'est pas associé à l'intention des voleurs. — Supposons à l'inverse un délit non intentionnel, tel qu'un homicide involontaire causé par la manœuvre imprudente d'une machine : si l'ingénieur-constructeur a indiqué cette manœuvre, il sera complice par instructions de l'homicide involontaire commis par l'usinier, parce qu'il a voulu, comme ce dernier, l'acte imprudent qui fait le fond du délit.

549. III. Complicité par fourniture de l'instrument du délit. — On appelle instrument du délit tout moyen *matériel* de le commettre. L'art. 60 § 2 oppose l'instrument du délit aux instructions, qui sont des moyens intellectuels. Les armes dans l'homicide, les outils dans le vol, le manuscrit de l'écrivain dans les délits de presse constituent l'instrument du délit. — La fourniture d'un objet matériel n'ayant par elle-même aucune signification précise, l'art. 60 § 2 exige qu'elle ait été faite *sachant que cet objet devait servir au délit*. Cette condition devra être exprimée dans la question à poser au jury.

Ce troisième mode de complicité est-il possible dans les infractions non intentionnelles ? Nous n'hésitons pas à le croire. Il suffit de supposer que celui qui a fourni l'instrument du délit est en faute de n'avoir pas prévu l'usage imprudent qui en serait fait. Tel serait, par exemple, le loueur de chevaux qui aurait confié un cheval trop vif à un individu qu'il savait incapable de le maîtriser. Il sera complice de l'homicide ou des blessures involontaires imputables au cavalier.

---

(1) Comp. Cass. 8 sept. 1831.
(2) Il est donc inutile d'expliquer dans la question posée au jury que le complice, accusé d'avoir donné des instructions pour commettre le crime, *savait qu'elles devaient y servir*, ou qu'il les a données *dans le dessein de faciliter son exécution*. Cass. 12 août 1872.

550. IV. Complicité par aide ou assistance. — Ce fait de complicité n'existe qu'à deux conditions : 1° il faut qu'il y ait eu aide ou assistance dans les faits qui ont *préparé*, *facilité* ou *consommé* l'action ; — 2° il faut que l'aide et l'assistance aient été fournies, *avec connaissance* (art. 60 § 3).

On comprend aisément que le participant qui n'a fait que préparer ou faciliter le crime soit un complice : son rôle est évidemment accessoire ; mais il paraît moins facile de distinguer le coauteur du complice dans les faits qui ont consommé l'action. Certains auteurs et la jurisprudence vont jusqu'à nier que la distinction soit possible : tous ceux qui ont pris part aux faits qui ont consommé l'action seraient des coauteurs (1).

Cette opinion corrige arbitrairement le texte de l'art. 60. Elle est le résultat d'une mauvaise définition de la complicité. On a dit que la complicité était une participation *indirecte* ; dès lors on a été conduit à considérer comme coauteurs tous les participants aux faits qui ont consommé l'action, parce que leur participation est directe. — Mais cette définition est inexacte : le complice est un auxiliaire ; son rôle est *secondaire*, *accessoire*. On peut le rencontrer même dans la consommation de l'infraction. Supposons, par exemple, un vol commis par deux individus : celui qui appréhende l'objet est l'auteur principal ; celui qui reçoit cet objet des mains du premier et l'emporte est le complice. S'il s'agit d'un assassinat : celui qui frappe la victime joue le rôle principal ; celui qui la tient pour permettre à l'autre de la frapper joue le rôle secondaire. Le critérium auquel on reconnaîtra le complice, c'est qu'il n'accomplit pas le fait constitutif du délit (2). — L'intérêt pratique de la distinction apparaît d'abord au point de vue de la qualification légale du fait et des peines qui en dérivent, quand la qualification est déterminée par la personne de l'agent. Supposons qu'un tiers ait coopéré accessoirement à la consommation de l'homicide qu'une personne accomplit sur elle-même : il importe de dire que ce tiers n'est que complice, car la complicité du suicide n'est pas punissable. Si on le considérait comme un coauteur, il y aurait suicide d'un côté, et de l'autre meurtre ou assassinat. — Supposons qu'un fils ait tenu son père pendant qu'un étranger le frappait : il n'y aura point, selon nous, parricide de la part du fils, et meurtre de la part de l'étranger, mais seulement ce dernier crime, parce que le rôle du fils dans les faits de consommation n'a été qu'accessoire. Enfin dans les contraventions, la complicité n'étant pas régulièrement punissable, la distinction des coauteurs et des complices

---

(1) V. BLANCHE, II, 20 et les arrêts qu'il cite. *Sic* : Projet de la commission de revision du Code pénal (1893), art. 80.

(2) GARRAUD, II, 259, dit avec raison que les actes qui constitueraient une tentative punissable sont des actes de coauteur. Mais l'application qu'il en fait à l'escalade et à l'effraction extérieure doit être repoussée si l'on admet avec nous (*supra*, n° 98) que ces faits ne constituent jamais que des actes préparatoires.

dans les faits qui ont consommé l'action assure aux complices l'impunité.

Ce mode de complicité est-il possible dans les infractions non intentionnelles ? — Nous ne voyons point d'où pourrait venir le doute : l'aide ou l'assistance s'appliquera à l'acte imprudent qui constitue le fond du délit. Tous ceux qui ont participé à cet acte commettent le délit d'imprudence que la loi punit, et ils seront coauteurs ou complices suivant le degré de leur coopération (1).

551. V. Complicité par recel. — Le recel est l'acte par lequel un tiers soustrait aux recherches de la justice la personne du coupable ou les choses provenant du crime ou du délit. Il est difficile d'expliquer théoriquement comment le recel peut constituer un acte de complicité ; on ne participe pas à une infraction déjà consommée. Cependant si le recel avait été convenu d'avance, le recéleur rentrerait dans les fauteurs du crime ; le service qu'il offre à l'agent du délit est de nature à le pousser à l'accomplir. Mais s'il n'a pas été convenu d'avance, ou si l'on ne peut supposer cette convention à raison de l'habitude du recéleur, le recel ne peut être incriminé qu'à titre de délit spécial. Cette distinction, indiquée par le droit abstrait, se rencontre dans plusieurs Codes étrangers (2). Mais elle n'a pas été aperçue du législateur français.

On distingue le recel des personnes et le recel des choses. Le recel des personnes peut porter sur des personnes vivantes ou sur des cadavres.

552. Recel des personnes. — Le recel des personnes vivantes est puni comme fait de complicité par l'art. 61, C. p. dans une hypothèse rigoureusement déterminée. Cette complicité n'existe que si les cinq conditions suivantes se trouvent réunies : — 1° Il faut d'abord que le recel porte sur des malfaiteurs exerçant des *brigandages* ou des *violences* contre la sûreté de l'État, la paix publique, les personnes ou les

---

(1) V. sur l'application générale des règles de la complicité aux délits non intentionnels : Cass. 21 mars, 13 juin 1890 (B. 66, 125).

(2) Le Code allemand distingue le recel dans l'intérêt de l'auteur ou du complice et le recel dans l'intérêt du recéleur. Le premier prend le nom d'*assistance subséquente*. C'est à propos de ce recel qu'est faite la distinction indiquée au texte (art. 257, 259). On trouve aussi cette distinction dans les Codes hongrois (art. 69), italien (art. 64) etc. Ces législations n'ont point osé incriminer le recel comme fait de complicité à raison de l'habitude du recéleur ; elles se sont contentées de faire de l'habitude une circonstance aggravante du recel, délit spécial ; *Comp*. Code allemand, art. 261. Code hongrois, art. 372 ; Code hollandais, art. 417 ; Code italien, art. 421.

Le projet de la commission de revision du Code pénal (1893) paraît faire du recel dans toute hypothèse un délit spécial ; il n'en est plus question, en effet, dans les articles relatifs à la complicité. — La jurisprudence a longtemps dénié au recel son caractère légal d'acte de complicité (V. les arrêts dans BLANCHE, II, 117). Elle a fini cependant par le reconnaître : Cass. 26 juin 1873 ; 20 avril 1888 ; 13 mars 1891.

propriétés. Cette formule vise les crimes les plus graves ; elle exclut naturellement les vols simples prévus par l'art. 401. — 2° Il faut que le recéleur leur ait fourni un logement, lieu de retraite ou de réunion, c'est-à-dire un *asile*. Le fait d'avoir fourni des aliments ne suffirait pas. — 3° Le recéleur doit avoir eu connaissance de la *conduite criminelle* des malfaiteurs pendant qu'il leur fournissait asile. — 4° L'*habitude* des brigandages et des violences spécifiés par le texte doit se rencontrer chez les malfaiteurs, et celle du recel chez le recéleur. — 5° Il faut que le crime soit un de ceux qui rentraient dans les vues des malfaiteurs lorsque le recéleur leur a fourni asile. Si, par exemple, les malfaiteurs hébergés se tuaient ou se volaient entre eux, le logeur ne serait pas réputé complice de ces crimes inattendus. Cette cinquième condition résulte de l'esprit de la loi.

Le recel prévu par l'art. 61 est une complicité *présumée* et *générale*. Du fait que le logeur connaissait la conduite criminelle des malfaiteurs et que néanmoins il leur fournissait habituellement asile, la loi induit que l'asile a été fourni en vue de favoriser l'exécution des crimes projetés. Cette complicité repose donc sur une présomption légale. De plus, elle est générale, car elle s'applique à tous les crimes que les malfaiteurs pourront commettre, même à l'insu du logeur. Ce sont des crimes déterminés dans leur genre, mais indéterminés dans leur individualité. — Par ces deux caractères, le recel dont s'occupe l'art. 61 est exceptionnel. Il faut donc exiger rigoureusement la réunion de toutes les conditions formulées par le texte.

553. Le recel des personnes vivantes est puni comme délit spécial quand il porte sur des insoumis (L. 15 juillet 1889, art. 74) ; — sur des espions (art. 83, C. p. ; L. 18 avr. 1886, art. 9) (1) ; — sur des bandes armées (art. 99) ; — sur un individu qui a commis un crime emportant peine afflictive (art. 248) ; — sur des malfaiteurs associés ou reliés par une entente (art. 267, modifié par la loi du 18 décembre 1893).

Le recel du cadavre d'une personne homicidée ou morte des suites de ses blessures est réprimé à titre de délit spécial (art. 359).

554. Recel des choses. — Le recel des choses est incriminé comme *fait de complicité* par l'art. 62 s'il réunit les quatre conditions suivantes : 1° Il faut qu'il porte d'abord sur des choses *enlevées*, *détournées*, *obtenues* à l'aide d'un crime ou d'un délit. Ces trois expressions semblent viser plus particulièrement le vol, l'abus de confiance et l'escroquerie, qui sont les délits par lesquels on s'approprie habituellement la chose d'autrui ; cependant la formule de la loi est assez large pour comprendre tous les délits contre les personnes ou les propriétés qui

---

(1) L'art. 83, C. p. punit le recel des espions en temps de guerre ; l'art. 9, L. 18 avril 1886, reçoit son application en temps de paix.

auraient eu pour résultat de faire tomber la chose d'autrui aux mains du délinquant (1).

2° Il faut en second lieu que la chose ait été *reçue* par le recéleur. Peu importe qu'il ait agi dans son intérêt personnel ou dans celui de l'auteur du délit. Peu importe ce qu'il en a fait : il y a recel par exemple quand il l'a mangée avec le voleur (2). Enfin il n'est pas nécessaire qu'il l'ait cachée : c'est la détention qui fait le recel.

3° En troisième lieu le recéleur doit avoir agi *sciemment*, c'est-à-dire de mauvaise foi, en connaissance de la provenance frauduleuse de l'objet. A quel moment sa mauvaise foi est-elle exigée ? — Au moment de la prise de possession ; c'est en effet une règle de droit, que le caractère de la possession s'apprécie au jour où elle a commencé. L'art. 63 § 2 démontre en outre que cette règle est applicable à la possession du recéleur, puisque celui-ci ne souffre, dans certains cas, de l'aggravation de peine résultant des circonstances aggravantes de l'infraction que lorsqu'il en a eu connaissance *au temps du recélé*, ce qui signifie évidemment : au moment de la réception des objets. — Dans une opinion plus rigoureuse on soutient que la mauvaise foi survenue après coup suffit pour rendre le recel punissable. On argumente de l'art. 1938 du Code civil qui oblige le dépositaire, aussitôt qu'il apprend que la chose a été volée et qu'il connaît le propriétaire, à prévenir ce dernier avant de rendre la chose au déposant, sous peine d'engager sa responsabilité. — Mais le manquement à cette obligation ne constitue qu'un délit civil ; transformer ce manquement en *recel* punissable, c'est créer une infraction par interprétation (3).

4° Enfin il est nécessaire que le recéleur ait eu l'intention de priver de la chose le propriétaire. Cet élément intellectuel, qui ne se confond pas avec la mauvaise foi, sera prouvé d'une manière indirecte lorsqu'on aura établi que le recel a eu lieu dans l'intérêt du recéleur ou dans celui de l'auteur du délit (Comp. art. 380 § 2, C. p.).

555. Le recel des choses apparaît comme *délit spécial* dans plusieurs lois en dehors du Code : L. 24 mai 1834, s. les détenteurs d'armes et de munitions de guerre ; L. 27 mars 1851, art. 3, qui punit la détention, dans les magasins et ateliers, de faux poids et de fausses mesures ; L. 5 juillet 1844, s. les brevets d'invention, art. 41. On en trouve aussi un exemple dans l'art. 380, C. pén., suivant l'interprétation qu'on en donne.

---

(1) Le Code pénal de 1791, 2ᵉ part., tit. III, art. 3, ne visait que le recel des choses volées ; mais l'exposé des motifs du Code pénal de 1810 explique le changement de rédaction par l'intention de donner à l'art. 62 la portée d'application indiquée au texte.
(2) Cass. 24 déc. 1869 (D. 70, 1, 382) ; Cass. 16 déc. 1871 (S. 72, 1, 254).
(3) **En notre sens** : Chauveau et Hélie, I, 213 ; Trébutien, I, p. 188 ; Garraud, *Précis*, 317 ; Cass. 5 avril 1889 (*Le droit ind.*, 90, 138) ; — *en sens contraire* : Le Sellyer, *Tr. de la crim.*, II, 413 ; Blanche, II, 154 ; Cass. 10 août 1878.

Disons d'abord que l'art. 380, écrit sous la section *vols*, dispose que les soustractions commises par certains proches parents ou alliés de la victime *ne pourront donner lieu qu'à des réparations civiles*. Puis il ajoute : « A l'égard de tous autres individus qui auraient recélé ou appliqué à leur profit tout ou partie des objets *volés*, ils seront punis comme coupables de vol ». — Si l'on explique l'immunité pénale accordée aux parents et alliés par l'idée d'une *copropriété de famille*, ces soustractions ne constituent pas des vols. Dès lors il faut admettre les propositions suivantes qui découlent logiquement de cette explication : 1° le recel des choses, dans l'hypothèse prévue par l'art. 380, est un délit spécial ; — 2° le recéleur sera puni des peines du vol simple, bien que la soustraction ait été accompagnée de circonstances aggravantes ; — 3° les autres complices ne seront point punissables ; — 4° ces soustractions ne constitueront pas la circonstance aggravante du meurtre prévue par l'art. 304, C. p. ; — 5° l'immunité pénale de l'art. 380 devra être étendue aux vols entre communistes et entre associés.

Mais on peut expliquer l'art. 380 par une *raison de convenance* : on a voulu éviter le scandale d'une poursuite criminelle exercée contre un parent ou un allié très rapproché pour un délit qui ne lèse qu'un intérêt pécuniaire. Avec ce motif on verra dans l'immunité pénale édictée par l'art. 380 une *excuse absolutoire*. Dès lors on aboutira à cinq conséquences opposées. Cette seconde interprétation paraît préférable. La copropriété de famille n'existe point dans notre Droit ; une phrase de l'exposé des motifs peut bien être invoquée à l'appui de cette idée, mais la raison de convenance s'y trouve développée avec plus de détails ; elle paraît avoir été le motif déterminant de la disposition. D'ailleurs, le § 2 de l'art. 380 parle d'*objets volés* ; c'est donc que le législateur considère ces soustractions comme des vols pour lesquels il crée au profit de certains parents et alliés une excuse absolutoire.

Certains auteurs expliquent encore l'art. 380 en disant qu'il établit, par raison de convenance, *une fin de non-recevoir de l'action publique* d'un caractère tout personnel, au profit des parents et alliés qu'il énumère. Ce système ne se distingue pas pratiquement du précédent, si l'on admet, avec nous, que les excuses absolutoires peuvent être accueillies par les juridictions d'instruction (V. *suprà*, n° 481) ; mais le système de l'excuse absolutoire est plus conforme à l'esprit du Code pénal, où il n'est question nulle part de ces sortes de fin de non-recevoir (1).

---

(1) 1er *syst.* : CHAUVEAU et HÉLIE, V, 1750-1759 et sur ses trois premières conséquences : Cass. 8 oct. 1818 ; 15 avril 1825 ; 1er oct. 1840 ; 2 janv. 1877 ; Toulouse, 27 av. 1877. — 2e *syst.* : TRÉBUTIEN, I, p. 193 et sur sa quatrième conséquence : Cass. 21 déc. 1837 ; Cass. (ch. ré.) 25 mars 1845. — 3e *syst.* HAUS, I, 559.

Section IV. — Peines de la complicité.

556. « Les complices d'un crime ou d'un délit seront punis de la même peine que les auteurs mêmes de ce crime ou de ce délit, sauf les cas où la loi en aurait disposé autrement (1) » (art 59, C. p.). En formulant une disposition en apparence très simple, le législateur croyait probablement résoudre d'un mot tous les problèmes que soulève l'application de la peine aux coparticipants. Mais il ne suffit pas de fermer les yeux sur les difficultés pour les supprimer ; l'application littérale de l'art. 59 conduirait à un résultat inique et absurde, contre lequel le législateur nous a lui-même mis en garde par l'organe de son rapporteur. — Il importe de fixer d'abord le sens de l'art. 59 ; nous étudierons ensuite ses détails d'application.

Ce texte ne signifie point qu'une peine *unique* sera prononcée contre tous les participants, puis répartie entre eux. Il ne dit pas en effet : « seront punis *d'une seule et même* peine ». Une peine unique se comprendrait si le châtiment était une réparation civile calculée d'après l'étendue du préjudice causé par l'infraction ; mais les peines, sauf de rares exceptions, sont individuelles, calculées sur le degré de la culpabilité personnelle de chaque agent, distinctes pour chacun d'eux.

Il est donc nécessaire de prononcer des peines distinctes contre chaque coparticipant. Mais ces peines doivent-elles être *exactement pareilles*? Est-ce là le sens de ces mots : *la même peine* ? — Littéralement le texte a cette signification ; il paraît viser *la peine appliquée par le juge* à l'auteur principal, et ordonner que le complice subira le même traitement. Cette interprétation supprimerait toute difficulté ; mais elle est inacceptable. Elle forcerait à traiter le participant le moins coupable aussi rigoureusement que le plus coupable. Riboud, rapporteur de la loi au Corps législatif, l'a repoussée. Il a dit expressément que le juge pouvait prononcer des peines différentes contre l'auteur et contre le complice, en usant soit de la divisibilité des peines, soit des circonstances atténuantes (2).

Puisque la peine appliquée aux divers agents du délit peut varier selon le degré de leur culpabilité, l'art. 59 doit signifier que la peine *déterminée d'après la criminalité de l'acte de participation* est la même,

---

(1) On peut citer comme exemples, l'art. 63 § 1 qui porte que la peine de mort ne sera jamais appliquée aux receleurs ; les art. 266, 267, relatifs à l'association de malfaiteurs, qui punissent les auteurs principaux des travaux forcés à temps et les complices, de la réclusion.

(2) Rapport n° 12, Dalloz, *Rép.*, v° *Complicité*, p. 450.

sans qu'on ait à distinguer si cet acte de participation est principal ou accessoire. La rédaction de l'art. 59 contient une métonymie : les mots *complices*, *auteurs*, ont été employés pour ceux de *complicité* et de *crime*. Il faut le lire comme s'il portait : « La complicité d'un crime ou d'un délit sera punie de la même peine que ce crime ou que ce délit. » Cette assimilation dans le châtiment a paru être la conséquence logique du principe que la complicité n'a qu'une criminalité d'emprunt. Mais on a oublié que cette criminalité de l'acte de complicité tout en étant de même nature, était moins accentuée. Dès lors, même en n'envisageant que la criminalité, il aurait fallu faire une différence entre l'auteur principal et le complice.

Une troisième interprétation de l'art. 59 a été proposée ; on le lit de la manière suivante : « les complices d'un crime ou d'un délit seront punis de la même peine que *s'ils étaient eux-mêmes* les auteurs de ce crime ou de ce délit. » — Avec cette correction, le texte laisserait absolument de côté la fixation de la peine d'après la criminalité des faits de participation, et s'occuperait uniquement de la déterminer d'après la culpabilité respective de chaque agent. Cette lecture s'écarte beaucoup trop du sens évident de l'art. 59 pour pouvoir être admise. Il est clair en effet que le texte, en visant le complice et l'auteur, compare deux personnes différentes et non pas le complice à lui-même pour le cas où il serait l'auteur principal. — En droit abstrait cependant, il faut reconnaître que punir le complice comme s'il était lui-même l'auteur de l'infraction est de bonne justice, surtout si l'on corrige la rigueur de la répression en abaissant la peine d'un degré à raison de la criminalité inférieure qu'a toujours un acte de participation accessoire comparé à un acte de participation principale. Ce système, avec ce correctif, a été adopté par plusieurs codes étrangers modernes (1).

557. En résumé, il faut s'en tenir à la seconde lecture : « La complicité d'un crime ou d'un délit sera punie de la même peine que ce crime ou que ce délit. » — L'application de cette disposition ne soulève aucune difficulté si l'on se trouve en présence d'une infraction simple, c'est-à-dire réduite à ses éléments constitutifs : il sera vrai de dire dans ce cas que le complice et l'auteur principal encourent *légalement* la même peine. Mais que va devenir le principe de l'assimilation quand l'infraction se complique de causes d'aggravation, d'atténuation ou d'impunité, non pas judiciaires, mais légales ? La peine de l'infraction va-t-elle se trouver modifiée à l'égard de tous les participants, ou seulement à l'égard de celui par le fait ou dans la personne duquel ces causes d'aggravation,

---

(1) C. belge (art. 69) ; C. portugais (art. 47) ; C. espagnol de 1870 (art. 69) et Projets de 1884-1885 ; C. allemand (art. 50) ; C. hongrois (art. 74) ; C. hollandais (art. 50) ; C. italien (art. 65-66) ; projet de C. russe (V. Dareste, *Bull. de la Soc. de législ. comp.*, 1883 ; Desjardin, *Rev. crit.*, 1884).

d'atténuation ou d'impunité se sont produites ? Il faut résoudre la question en appliquant un principe déjà connu : toute cause d'aggravation, d'atténuation et d'impunité, qui ne s'explique point par une raison personnelle à l'agent qui l'apporte dans le délit, est inhérente à l'infraction, augmente, diminue, efface sa *criminalité*, et par conséquent nuit ou profite à tous les participants. A l'inverse, si elle s'explique par un motif personnel à cet agent, elle ne produit d'effet que pour lui ; car elle n'influe que sur sa *culpabilité*.

558. I. Causes d'aggravation. — A. Circonstances aggravantes empruntées aux éléments matériels de l'infraction. — Ces circonstances augmentent la criminalité de l'infraction ; par suite elles aggravent les peines de tous les participants. — Telles sont les circonstances de nuit, de maison habitée, d'escalade, d'effraction, de fausses clefs, de violences et de réunion dans le vol : — de tortures corporelles dans la séquestration, etc. Le coauteur et le complice subiront l'effet de ces circonstances aggravantes, bien qu'ils n'y aient point participé, sans qu'on ait à rechercher s'ils les ont connues ou ignorées. On doit présumer en effet qu'ils ont consenti d'avance à l'emploi de tous les moyens propres à réaliser le crime qu'ils avaient concerté. — L'art. 63 § 2, C. p., implique cette présomption : il exige en effet, mais par exception, pour l'application aux receleurs des peines des travaux forcés à perpétuité et de la déportation, qu'ils aient connu, au temps du recélé, les circonstances entraînant l'aggravation de peine. Par cela même il démontre qu'en thèse ordinaire cette preuve n'est pas nécessaire (1).

559. Nous admettrions cependant que les coauteurs ou complices restés étrangers à la circonstance aggravante ne doivent point en subir les conséquences, si cette circonstance n'a pu entrer dans leurs prévisions, — ou bien si l'ayant prévue ils l'ont expressément exclue : par exemple, s'ils n'ont consenti à prendre part au crime qu'à la condition que le moyen constituant la circonstance aggravante ne serait pas employé (2). Ces restrictions sont commandées par l'application des principes généraux sur l'imputabilité. L'ignorance d'une circonstance matérielle de l'infraction supprime l'imputabilité de cette circonstance. Sans doute, en présence de crimes concertés, la loi a pu présumer que toutes les circonstances de l'exécution auront été prévues et voulues par les divers participants ; mais il n'y a pas en droit pénal de présomption irréfragable de culpabilité : or prouver qu'il était impossible de prévoir ces circonstances aggravantes, ou qu'on les a prévues pour

---

(1) Cass. 23 mai 1877 (S. 81, 1, 141) et les arrêts cités par BLANCHE, II, 11 à 15.

(2) BERTAULD, p. 509 ; HAUS, I, 571 ; GARRAUD, II, 281, *a*.

les exclure, c'est combattre la présomption légale par la preuve contraire (1).

560. B. Causes d'aggravation prises dans la personne d'un des participants. — Rentrent dans cette seconde classe : la récidive, les qualités de fonctionnaire, d'officier public, de domestique, d'ascendant ou de descendant de la victime, la préméditation.

Leur application aux coparticipants donne lieu à une grande controverse.

1er *Système*. — Ces causes d'aggravation, à raison même de leur origine, ne doivent exercer leur influence que sur la peine applicable à celui des participants dans la personne de qui elles se trouvent. Prises en dehors de l'infraction, elles ne modifient point la criminalité ; elles sanctionnent toutes, au contraire, un devoir personnel à l'un des agents, et par conséquent elles n'aggravent que sa culpabilité. Comment pourrait-on les étendre aux autres participants la culpabilité n'est-elle pas personnelle ? — Tel est le système soutenu par beaucoup d'auteurs (2), et qui nous paraît devoir être suivi. Il a reçu deux applications dans les codes de justice militaire (art. 196, A. T. ; art. 353, A. M.) ; les complices non militaires d'infractions militaires ne subissent, sauf exception, que les peines de Droit commun. C'est qu'en effet les devoirs militaires ne s'imposant point aux personnes étrangères à l'armée, leur violation ne devient pas pour elles une circonstance aggravante. — Voici les conséquences de ce système :

a) Si les causes d'aggravation personnelles se rencontrent dans un coauteur, elles élèveront la peine applicable à ce coauteur, mais non celle des autres.

b) Si elles se rencontrent dans l'auteur principal, elles aggraveront sa peine, sans toucher à celle du complice.

Mais il ne faut pas pousser plus loin et dire que le complice souffrira des causes d'aggravation qui se rencontrent dans sa personne. Cette proposition est vraie seulement pour son état de récidive. Les circonstances aggravantes personnelles au complice (qualité de fonctionnaire, de domestique, etc.) n'ont aucune influence ni sur le sort de l'auteur principal, ni sur le sort du complice. — Traiter le fils, complice du meurtre de son père, comme un parricide ; traiter le domestique, complice d'un vol commis par un étranger au préjudice de son maître, comme complice d'un vol domestique, ce serait punir le complice, *comme s'il était lui-même l'auteur du crime ou du délit*. On arriverait ainsi à

---

(1) *Sic* : C. hongrois (art. 73) ; C. hollandais (art. 47-49) ; C. italien (art. 66) ; Projets de C. espagnol, etc.

(2) Chauveau et Hélie, I, 209 ; Haus, I, 585 ; Villey, p. 171 ; Garraud, II, 281, *b*. Comp. C. allemand (art. 50) ; C. de Genève (art. 47) ; Projets de C. espagnol.

appliquer la peine du meurtre ou de l'assassinat au complice du suicide ! — Telle n'est pas certainement la portée de l'art. 59. Le caractère accessoire de la participation du complice oblige le juge à donner au fait une qualification unique, et à prendre cette qualification dans la personne de l'auteur principal. Cette règle annihile la circonstance aggravante qui se rencontre dans la personne du complice. — Sous une autre forme, on peut dire qu'en faisant de certaines qualités, chez l'agent, des circonstances aggravantes, le législateur avait en vue l'hypothèse où cet agent commettait le délit comme auteur principal, et non celle où il y participait comme complice. On peut argumenter en ce sens du procédé suivi par le législateur dans l'énumération des crimes et délits et des peines qu'ils entraînent : il procède toujours comme si le crime émanait d'un seul agent. Or on ne peut comparer au complice cet agent unique qui accomplit nécessairement le fait principal de l'infraction (1).

561. 2° *Système.* — Certains auteurs et la jurisprudence, tout en acceptant les autres solutions du précédent système, soutiennent que les circonstances aggravantes personnelles, autres que la récidive, se communiquent de l'auteur principal au complice, et d'un coauteur à un autre coauteur (2).

On dit que les circonstances aggravantes personnelles à l'auteur principal réfléchissent sur l'infraction, en augmentent *la criminalité* : il serait plus grave de s'associer à un parricide, à un vol domestique, que de prendre part à un meurtre ou à un vol simple. — C'est une erreur, ou plutôt une confusion entre la criminalité et la culpabilité. L'acte est le même, mais l'un des agents est plus coupable, parce qu'il viole un devoir personnel. Il n'y a pas de justice à punir de la peine applicable au fils parricide, au domestique infidèle, l'étranger complice d'un parricide ou d'un vol domestique, alors surtout qu'on n'applique que les peines du meurtre et du vol simple au fils complice du meurtre de son père, au domestique complice du vol commis au préjudice de son maître. — D'ailleurs, s'il est vrai que les circonstances aggravantes personnelles à l'auteur principal ou à un coauteur augmentent la criminalité de l'infraction, pourquoi n'admet-on pas que, personnelles au complice, elles produisent le même effet ? Distingue-t-on, à l'égard des circonstances aggravantes prises dans les éléments matériels, de qui elles viennent ? Dans ce sys-

---

(1) *Sic* : BERTAULD, p. 514 ; ORTOLAN, I, 1304 ; BLANCHE, II, p. 36-43 ; GARRAUD, II, 280 ; Cass. 5 octobre 1871 (S. 72, 1, 255). — *Contrà* : CHAUVEAU et HÉLIE, I, 210, p. 352.

(2) *Sic* : BLANCHE, II, 61-66 ; Cass. 9 juin 1848 ; 23 août 1877 et la note de M. VILLEY (*J. Pal.* 84, 1, 851). — Comp. ORTOLAN, I, 1285, 1286 ; TRÉBUTIEN, I, p. 198 ; mais ces auteurs ne donnent point à ce système erroné une complète approbation. Ortolan ne l'admet qu'en vue d'une législation qui établirait pour la complicité une peine inférieure à celle du crime. Comp. C. italien, art. 65. Trébutien, qui discute sur le terrain du droit positif, élude la question en transformant plusieurs circonstances aggravantes personnelles en *éléments constitutifs* empruntés à la personne de l'auteur principal.

tème les circonstances aggravantes personnelles ne seraient ni absolument subjectives, ni absolument objectives ! Il est vrai que ces circonstances influent sur *le titre* de l'infraction, parce que le titre de l'infraction se détermine en considération de l'agent qui a joué le rôle principal ; mais conclure de là que les circonstances aggravantes personnelles à cet agent se répercutent sur le complice, c'est lire l'art. 59 comme s'il portait : « Le complice sera puni exactement de la même peine que celle qui sera appliquée à l'auteur principal. »

Le système que nous critiquons fait surgir de nouvelles difficultés : *a*) La circonstance aggravante, personnelle à l'auteur principal, doit-elle être reconnue contradictoirement avec lui pour être étendue au complice ? *b*) Le complice ne doit-il pas être admis à prouver qu'il a ignoré la qualité de l'auteur principal qui fait la circonstance aggravante ? Nos adversaires ne s'accordent pas sur ces questions.

Nous avons discuté le système de la jurisprudence dans son application à l'auteur principal et au complice ; il est curieux de voir au prix de quels efforts d'argumentation on arrive à l'étendre aux coauteurs. Qu'on laisse à toutes les circonstances aggravantes personnelles et spéciales leur caractère de circonstances aggravantes, ou qu'on transforme certaines d'entre elles en éléments constitutifs, on se heurte à cette objection, que le titre de l'infraction se prend dans la personne de l'auteur principal. Donc s'il y a deux auteurs principaux, c'est-à-dire deux coauteurs, l'infraction aura deux titres différents : le meurtre du père sera un parricide pour le fils, et un simple meurtre pour son coauteur ; le vol au préjudice du maître sera un vol qualifié pour le coauteur domestique, et un vol simple pour le coauteur étranger. — La jurisprudence accepte théoriquement cette double qualification ; mais en comparant le traitement qui va en résulter pour le coauteur, et le traitement qu'elle fait subir au complice, elle s'aperçoit que l'étranger, coauteur d'un parricide ou d'un vol domestique, sera puni moins sévèrement que s'il en était complice. Et en effet : *coauteur*, il encourrait les peines du meurtre et du vol simple ; *complice*, celles du parricide et du vol domestique. Pour éviter ce résultat choquant, elle imagine de dire : « le coauteur aide nécessairement l'autre coupable dans les faits qui consomment l'action et devient par la force des choses un complice ». C'est là une nouvelle erreur et même un non-sens : car l'acte de participation accompli par l'étranger ne peut pas être en même temps *principal* et *accessoire* ; c'est l'un ou l'autre. Peut-être, dira-t-on, que la forme donnée par la Cour suprême à son objection est seule fautive et qu'il faut la formuler ainsi : « Le coauteur mérite *a fortiori* la peine du complice. » — A cela on peut répondre qu'on ne crée pas des peines par interprétation (1).

(1) *Sic* : Haus, I, 509, note 3. — *Contrà* : Cass. 9 juin 1848.

562. II. Causes d'impunité. Nous réunissons sous cette expression les faits justificatifs, — les causes de non-imputabilité, — les excuses absolutoires, — et certaines fins de non-recevoir temporaires ou perpétuelles contre l'action publique.

Ici le principe qui domine la matière reçoit une application absolue : ces causes d'impunité profitent à un seul agent ou se communiquent à tous, suivant qu'elles sont inhérentes à la personne ou inhérentes à l'infraction ; et cela sans distinguer si elles se produisent dans la personne de l'auteur principal ou d'un coauteur, ou si elles se réalisent dans la personne du complice ; car, s'il faut un fait principal punissable pour que le complice puisse être puni, son impunité peut se concilier avec la punition de l'auteur principal. Les *faits justificatifs* profiteront par conséquent à tous les participants, parce qu'ils s'attaquent à la criminalité du fait. — A l'inverse, les *causes de non-imputabilité* et les *excuses absolutoires* pourront être invoquées seulement par l'agent chez lequel elles se trouvent, parce qu'elles effacent sa culpabilité, ou parce qu'elles se justifient par une raison toute personnelle. — Quant aux *fins de non-recevoir contre l'action publique*, elles seront tantôt communicables, tantôt incommunicables suivant leur raison d'être : *a*) Si elles ont été établies en considération d'une qualité ou de la situation personnelle d'un délinquant, elles seront inhérentes à sa personne, incommunicables. Telles sont, par exemple : l'immunité des agents diplomatiques, — la chose jugée motivée par la non-culpabilité de l'agent poursuivi, — le refus d'autorisation de poursuites d'un sénateur ou d'un député, — la démence. — *b*) Si elles tiennent à une autre cause, elles sont inhérentes à l'infraction, communicables. Telles sont : l'amnistie, — la prescription, — la chose jugée motivée par l'inexistence du délit, — les questions préjudicielles, — le défaut de plainte, etc.

563. III. Excuses atténuantes. — Les coparticipants profitent-ils de l'excuse atténuante établie au profit de l'un d'eux ? — On résout généralement la question à l'aide du même principe. Mais nous avons fait observer *suprà*, n° 489, que toutes les excuses atténuantes étaient *personnelles*, bien que celle de la provocation puisse être invoquée par chaque agent, parce qu'elle naît en sa personne sous l'influence du même événement qui la fait naître chez ses codélinquants. Cela dit sur le sens qu'il faut donner à l'expression *excuse réelle* souvent employée pour la provocation, il faut la considérer comme communicable dans les cas prévus par les art. 321, 322 et 325, et incommunicable dans l'hypothèse de l'art. 324 § 2 (1).

(1) *Sic* : BERTAULD, p. 515 ; HAUS, I, 575 ; GARRAUD, II, 282. — La jurisprudence est hésitante sur le caractère de l'excuse de la provocation. Elle la déclare incommunicable s'il s'agit de coauteurs : Cass. 19 janv. 1838, et communicable au contraire de l'auteur principal au complice : Cass. 12 oct. 1882 (*J. Pal.* 84, 1, 850, et la note).

CHAPITRE III

DE L'APPLICATION DE LA PEINE A L'AGENT UNIQUE DE PLUSIEURS INFRACTIONS.

Théorie du concours d'infractions et du non-cumul des peines.

564. L'hypothèse. — Quand le même agent a commis plusieurs infractions avant d'avoir été condamné irrévocablement pour l'une d'elles, on dit qu'il y a *concours* ou *cumul d'infractions*, ou bien *réitération*. Ces expressions sont synonymes. La dernière est assez mal choisie ; il vaut mieux l'éviter : elle éveille en effet l'idée de deux infractions *semblables*, deux vols, deux meurtres, par exemple. Mais le concours de délits existe alors même que les infractions seraient différentes.

L'hypothèse du concours d'infractions ne doit pas être confondue avec celle de la récidive. Dans l'un et l'autre cas on voit un individu ayant commis plusieurs délits, deux au moins. Mais il n'y a récidive que si une condamnation irrévocable est intervenue sur le premier délit avant que le second fût commis. Le concours d'infractions suppose au contraire que le premier délit n'a pas été poursuivi, ou tout au moins qu'une condamnation irrévocable n'est pas intervenue quand le second s'accomplit. Ainsi, un prévenu outrage les magistrats qui viennent de le condamner : il n'y a point récidive, mais concours entre l'outrage et le délit qui a fait l'objet de la condamnation, car les voies de recours étaient encore ouvertes contre cette condamnation quand l'outrage a été commis (1).

Il ne faut pas confondre non plus le concours d'infractions avec les délits *complexes* commis par un seul et même agent. Dans ces délits, comme dans le concours d'infractions, on trouve plusieurs faits matériels distincts à la charge du même prévenu, mais tous ces faits ne constituent qu'une infraction, soit parce qu'ils révèlent une habitude que la loi punit (*délits d'habitude*), soit parce qu'ils constituent l'exécution d'une seule et même résolution criminelle (*délits collectifs par l'unité de résolution et de but*).

---

(1) Cass. 22 juillet 1880 (*J. Pal.* 80, 1, 182). — Pour la même raison, le délit commis après un jugement correctionnel de condamnation par défaut non signifié à *personne* et pendant le délai exceptionnel d'opposition (art. 187, C. i. c.) est un délit concurrent : Cass. 29 août 1889 (B. cr. 297).

565. Droit abstrait. — L'influence du cumul des délits sur la peine applicable à l'agent est théoriquement inférieure à celle de la récidive. Dans les deux cas on remarque une tendance à violer la loi pénale ; mais l'avertissement de la justice, qui aggrave la culpabilité du récidiviste, manque dans le concours d'infractions. Cette situation mérite donc d'être traitée avec plus d'indulgence. Les législations anciennes et modernes nous montrent trois systèmes de répression fonctionnant côte à côte sans s'exclure et parfois se combinant.

Le premier est celui de l'*addition* : « A chaque délit, sa peine. » — Ce système paraît conforme à l'idée de justice absolue, parce qu'il établit une réparation adéquate à la faute. Mais il est impraticable si les deux peines sont perpétuelles ; il est inhumain pour les autres. L'addition indéfinie des amendes aboutirait pratiquement à la confiscation générale ; celle des peines privatives de la liberté transformerait, en fait, les peines temporaires en peines perpétuelles. D'un autre côté, si l'on comprend qu'il soit matériellement possible de faire exécuter une peine perpétuelle après une peine temporaire, l'humanité recommande de ne pas le faire. Admettrait-on, par exemple, l'exécution d'un condamné à mort après dix ans de réclusion ? Enfin la justice absolue, qui a fait le fond des législations pénales anciennes, n'est plus l'idéal de nos lois : la peine est suffisante si elle assure la défense de la société. Ce n'est qu'à l'égard des peines peu importantes que le système de l'addition peut être suivi. Dans toute autre hypothèse il convient de lui préférer un second système : celui de l'*aggravation*. — Ce système répond en effet à l'augmentation de la culpabilité de l'agent et du danger social par le nombre des infractions. L'aggravation ne doit pas être aussi sévère que pour la récidive, parce que la culpabilité est moindre ; on ne changera point la nature ni le degré de la peine la plus grave ; on se contentera de l'appliquer en élevant son maximum. Ce genre de répression compte aujourd'hui le plus d'adhérents (1). — Il existe un troisième système qui ne fait point du concours d'infractions une cause d'aggravation *légale* de la peine. L'application de la plus grave des peines encourues constitue aux yeux du législateur une répression suffisante de tous les délits concurrents. Il laisse au juge le soin de profiter de la divisibilité de la plupart des peines, pour châtier l'agent coupable de plusieurs infractions plus sévèrement que celui qui en est encore à sa première faute. Ce système, appelé système de l'*absorption* ou du *non-cumul* des peines, n'est pas suffisamment répressif. L'agent n'a aucun intérêt à s'arrêter dans l'accumulation de ses délits, s'il sait qu'on ne dépassera jamais contre lui le

---

(1) *Comp.* : Ortolan, I, 1157 ; Villey, p. 142 ; Garraud, II, 168 ; Haus, II, 910 ; — C. belge, art. 60, 61, 72 ; C. allemand, art. 74 ; C. italien, art. 67 et s. ; Projets de C. p. espagnol de 1884-1895, *Rev. de Dr. intern.* 1885, p. 588 ; Projet de la commission de revision du C. p. (1893), art. 86.

maximum de la peine la plus forte. Ce système marque en outre une défaillance du législateur en présence d'un problème difficile à résoudre.

566. Précédents historiques. — Le Droit romain suivit le système de l'addition pour les délits privés (1), parce qu'il est tout à fait conforme à l'idée d'indemnité qui prédomine en cette matière : mais à l'égard des vrais délits de droit pénal, le système de l'aggravation fut souvent préféré (2). — L'ancien Droit français pratiqua aussi le système de l'addition. Les principes d'expiation et d'intimidation, dont s'inspirait la loi pénale, devaient y conduire. On déclarait cependant certaines peines incompatibles. Le fouet, par exemple, ne pouvait être cumulé avec la peine de mort ou des galères (3).

Les idées d'humanité qui pénétrèrent en 1789 notre législation pénale amenèrent, par réaction contre la gémination des peines dont avait abusé l'ancienne jurisprudence, le triomphe de la règle du non-cumul. Cependant le législateur de l'époque intermédiaire, confondant le fond et la forme, écrivit cette règle dans les lois sur la procédure (L. 16-29 sept. 1791, 2ᵉ part., tit. 7, art. 40 ; Code du 3 brum. an IV, art. 456). Elle est passée de là dans le Code d'instruction criminelle, art. 365, où elle n'est certainement pas à sa place, car le concours de délits est une modalité des infractions, et fait partie, à ce titre, du droit pénal déterminateur (4).

Dans les lois spéciales, on trouve quelquefois le système de l'absorption combiné avec celui de l'addition : le premier appliqué aux délits antérieurs au premier acte de poursuite, le second appliqué aux délits commis depuis cette époque. Nous expliquerons ultérieurement le motif judicieux de cette combinaison. — D'autres fois on a adopté un système d'addition limitée qui rappelle celui de l'aggravation.

567. Caractère de la règle du non-cumul. — **Principe d'interprétation.** — La règle du non-cumul des peines encourues pour des infractions concurrentes détermine la peine applicable à l'agent dans un cas où sa culpabilité paraît aggravée par une circonstance particulière. Il faut donc lui reconnaître le caractère de règle de fond, et étendre son application en dehors de l'hypothèse pour laquelle la loi l'a formulée. La doctrine et la jurisprudence se sont prononcées après quelques hésitations pour cette extension. C'est dans cet esprit qu'il faudra interpréter l'article 365, en tenant compte cependant des matières pour lesquelles la règle a été posée.

568. Concours idéal ; concours réel. — Le concours d'infractions

---

(1) Fr. 2, *de privat. delictis* (47, 1).
(2) Fr. § 5, *de accusat.* (48, 2) ; fr. 1 § 5, *nihil innovari appellatione* (49, 7) ; fr. 5 § 2, *de re militari* (49, 16).
(3) Jousse, *Traité de la Just. crim.*, II, 280-228 ; Loysel, *Max. cout.*, liv. 6, tit. 2, max. 38 ; certaines coutumes (*Cout. général de Richebourg*, III, p. 906).
(4) Le projet de la commission de revision du C. p. (1893) l'insère dans la partie générale du C. p., art. 85-91.

dont nous avons parlé jusqu'ici, le seul d'ailleurs dont s'occupe l'art. 65, est celui qui s'établit entre infractions résultant de faits matériels distincts et indépendants l'un de l'autre. On l'appelle concours *réel, formel, matériel, successif*. Mais il est un autre concours qui s'établit entre infractions résultant de la violation simultanée de plusieurs lois pénales par le même fait matériel. Par exemple, à l'aide d'un faux titre de créance un individu se fait payer une somme d'argent par le prétendu débiteur ; il y a, suivant la manière dont on envisage le fait, usage de faux ou escroquerie. On appelle cette accumulation de délits concours *idéal* ou *intellectuel*. On doit lui appliquer d'une manière absolue la règle du non-cumul des peines, quel que soit d'ailleurs le système adopté pour régler le concours successif. On ne peut en effet punir deux fois un fait matériel unique, surtout s'il est accompli en exécution d'une seule résolution criminelle. Ce fait unique prend sa qualification dans l'infraction la plus grave et doit être puni de la peine qui y est attachée. Cette solution, sur laquelle tout le monde est d'accord, se trouve appliquée par l'art. 4 de la loi du 19 déc. 1850 au concours idéal de l'usure et de l'escroquerie. Ce texte attache à ce fait complexe les peines de l'escroquerie (1) qui est le plus grave des deux délits qu'il réunit ; il faut aussi l'appliquer au concours idéal des contraventions qui échappent à la règle du non-cumul des peines pour le concours réel.

I. — INFRACTIONS DONT LE CONCOURS RÉEL DONNE LIEU AU NON-CUMUL DES PEINES.

569. La loi a établi la règle du non-cumul des peines pour le concours des *crimes* et des *délits* (art. 365). Elle n'exige ni que les infractions soient les mêmes, ni qu'elles soient de même nature. Un crime peut concourir avec un autre crime ou avec un délit. Deux délits peuvent concourir entre eux.

Cette dernière combinaison fera surgir le plus souvent le concours d'infractions devant les tribunaux correctionnels : la règle du non-cumul des peines recevra-t-elle son application devant cette juridiction ? La négative a été d'abord suivie en jurisprudence. On invoquait la place qu'occupe l'art. 365 dans le Code d'instruction criminelle, au titre « des affaires qui doivent être soumises au jury ». C'était confondre la *règle* du non-cumul avec l'*hypothèse* où l'art. 365 l'applique. Une règle de fond

---

(1) Sauf cependant l'amende qu'il remplace par l'amende spéciale de l'usure; mais c'est là une exception qui ne pourrait être étendue au concours idéal de l'usure avec un autre délit, par exemple avec l'abus des besoins et faiblesses des mineurs (art. 406, C. p.) ou avec la tenue de la maison de prêt sur gage (art. 411), *Sic* : VILLEY, *J. Pal.* 1881, 1, 788 ; comp. C. hongrois, art. 95 ; C. hollandais, art. 55 ; C. italien, art. 78. — Le projet de la commission de revision prévoit le concours idéal et lui applique le non-cumul des peines (art. 91).

tient à la matière ; elle doit recevoir son application devant toutes les juridictions appelées à juger les mêmes faits. Une jurisprudence plus récente et presque tous les auteurs se sont prononcés, avec raison, dans ce dernier sens (1).

570. Le concours d'une *contravention* soit avec une autre contravention, soit avec un crime ou un délit, ne donne pas lieu à l'application de l'art. 365. Le texte ne vise en effet que les crimes et les délits ; or son silence à l'égard de la troisième classe d'infractions est significatif, car la Cour d'assises peut être appelée à juger une contravention tout aussi bien qu'un délit, quoiqu'elle soit la juridiction ordinaire des crimes. Appliquer la règle du non-cumul au concours des contraventions, ce serait transporter cette règle *à une autre matière* et non *à une autre hypothèse*. Le système de l'addition n'a pas d'ailleurs d'inconvénients pour les peines de simple police à cause de leur peu de gravité (2).

571. La règle du non-cumul reçoit-elle application dans le concours d'infractions punies de peines correctionnelles par les lois spéciales ? — L'affirmative ne peut faire doute, si l'on décide avec nous que ces infractions constituent des *délits* (arg. art. 1er, C. p.). — Une opinion diamétralement opposée repousse toute application de l'art. 365 dans les lois spéciales. Mais elle se heurte au texte de l'art. 365 qui distingue d'après la nature des infractions et non d'après la nature des lois qui les répriment. — Une troisième opinion propose d'appliquer l'art. 365 aux infractions punies de peines correctionnelles par des lois postérieures au Code pénal, et de laisser au contraire sous l'ancien système de l'addition les mêmes infractions lorsqu'elles sont prévues par des lois antérieures. On tire argument de l'art. 484, C. pén. qui a maintenu les lois et règlements antérieurs, relativement aux matières spéciales qu'il n'a point réglées. — Enfin on a proposé d'appliquer ou d'écarter la règle du non-cumul, suivant que ces infractions étaient intentionnelles ou non intentionnelles. Nous repoussons toutes ces distinctions, la dernière surtout, qui, si elle devait servir de *critérium* pour l'application des règles de fond aux infractions punies de peines correctionnelles, devrait s'appliquer même aux délits non intentionnels prévus par le Code (3).

---

(1) *Sic* : Cass. 13 déc. 1832 ; 22 fév. 1877. — *Contrà* : Cass. 15 juin 1821 ; 14 nov. 1832.

(2) *Sic* : Ortolan, I, 1172 ; Bertauld, p. 338 ; Trébutien, I, p. 326 ; Garraud, II, 173 etc. — *Contrà* : Chauveau et Hélie, VI, 240. — La jurisprudence a varié : de 1835 à 1852 elle a décidé que l'art. 365 s'appliquait même aux contraventions ; depuis un arrêt du 7 juin 1842 (ch. ré.) elle a adopté l'opinion contraire. Comp. Cass. 29 mars 1878.

(3) La jurisprudence a passé successivement par les cinq phases indiquées au texte. 1º Elle a d'abord décidé que l'art. 365, C. i. c., ne pouvait être appliqué aux infractions punies de peines correctionnelles par les lois spéciales : Cass. 3 janv. 1856 ; — 2º puis elle a distingué les lois spéciales antérieures au Code pénal et les lois postérieures : Cass. 3 mai 1866 ; — 3º puis elle a appliqué l'art. 365

572. En résumé la règle est générale ; le concours des crimes et des délits, quelle que soit la loi qui les punit, quels que soient leurs éléments constitutifs, donne lieu au non-cumul des peines. On ne doit admettre d'autres exceptions que celles qui résultent de textes formels. — Nous citerons comme exemples : le concours de l'évasion des détenus avec le crime ou le délit qui faisait l'objet de leur détention préventive (art. 245, C. p.), la rébellion des mêmes individus (art. 220), le concours du meurtre avec un autre crime ou avec un délit ayant entre eux un certain rapport de temps ou de causalité (art. 304, C. p.), etc... Dans ce dernier cas le concours d'infractions devient une circonstance aggravante. — Les lois spéciales ont souvent combiné d'une façon judicieuse le système de l'absorption et celui de l'addition relativement à des délits très profitables au délinquant, et pour lesquels la détention préventive n'est pas possible ou n'est pas usitée. Les peines applicables aux infractions antérieures au premier acte de poursuite se fondent dans la plus grave, tandis que celles des infractions postérieures au premier acte de poursuite se cumulent. On évite ainsi que le délinquant multiplie ses délits dès qu'il se voit découvert, sachant qu'on ne pourra dépasser contre lui le maximum de la peine. C'est le système suivi en matière de délits de chasse, de contrefaçon industrielle, de délits électoraux, de contraventions à la police des chemins de fer (1). — D'autres fois le législateur a admis l'addition des amendes jusqu'à un certain chiffre, c'est-à-dire une sorte d'aggravation. Il en est ainsi pour les délits prévus par la loi du 9 septembre 1848, art. 4, sur les heures de travail, pour les contraventions aux prescriptions réglementaires touchant l'hygiène et la sécurité des travailleurs dans les établissements industriels (L. 12 juin 1893, art. 7).

II. — PEINES AUXQUELLES S'APPLIQUE LA RÈGLE DU NON-CUMUL.

573. L'art. 365 formule la règle du non-cumul des peines en considération des infractions et sans y apporter aucune restriction à raison

---

dans toutes ces lois sans distinction : Cass. 28 janv. 1876 ; 16 nov., 1er déc. 1877 ; — 4° puis elle a distingué les infractions intentionnelles des infractions non intentionnelles : Cass. 27 janv. 1883 ; — 5° enfin elle parait avoir renoncé à cette distinction pour se ranger à l'opinion que nous enseignons : Cass. 13 juil. 1884 (S. 86, 1, 234) ; Cass. 22 av. 1887 (S. 88, 1, 397) ; Cass. 22 déc. 1893 (*Gaz. trib.* 29 déc.) ; Cass. 20 juin 1896 (Lois nouv. 96, 2, 228).

(1) L. 3 mai 1844 sur la police de la chasse, art. 17 ; L. 5 juillet 1844, sur les brevets d'invention, art. 42 ; L. 15 juillet 1845, sur la police des chemins de fer, art. 27 ; D. 2 fév. 1852, sur les élections, art. 49 ; L. 23 juin 1857, sur les marques de fabrique, art. 10. — Ce mode de répression du concours d'infractions avait été introduit d'abord dans la législation de la Presse (L. 9 sept. 1835, art. 12 ; L. 16 juillet 1850, art. 9). Aujourd'hui les délits de presse comportent l'application pure et simple de la règle du non-cumul (L. 29 juill. 1881, art. 63).

des peines qui les répriment. Il faut conclure de là que toutes les peines criminelles et correctionnelles subissent la règle du non-cumul, sans distinguer les peines principales des peines accessoires ou complémentaires. — On a soulevé des difficultés à l'égard de ces deux dernières. La règle du non-cumul ne concernerait, d'après l'opinion générale, que des peines principales (1).

574. Cependant on est bien obligé d'admettre que les peines *accessoires* subissent *indirectement* la règle du non-cumul. Elles sont en effet les conséquences légales d'une peine principale. Or si le juge écarte celle-ci en appliquant l'art. 365, il écarte implicitement celles-là. Il serait plus exact de dire qu'il est oiseux de se poser la question du non-cumul pour les peines accessoires, que d'affirmer qu'elles font exception à cette règle.

575. La difficulté est plus sérieuse pour les peines *complémentaires*. En général on admet leur cumul avec la peine principale qui remplace celle dont elles sont le complément. L'argument qui paraît le plus décisif est que la règle du non-cumul suppose une appréciation exacte de la gravité respective des deux peines : ici l'on est sans *critérium*, vu que les peines complémentaires ne sont point mentionnées dans l'échelle des peines criminelles et correctionnelles (2).

576. 2ᵉ *Système.* — Nous repoussons cette opinion parce qu'elle apporte une restriction arbitraire à l'application de l'art. 365 (3). L'absence

(1) Voy. : Ortolan, II, 1644 ; Blanche, I, 201, 206 ; Bertauld, p. 338 et 341 ; Trébutien, I, p. 322, 323 ; Villey, p. 146 ; Garraud, II, 172, *b*. — Mais, par une contradiction bien remarquable, la Cour de cassation, qui admet le cumul des peines complémentaires correctionnelles, applique au contraire la règle du non-cumul à l'amende, peine complémentaire criminelle. Cass. 30 juin 1881 (B. 165) ; Cass. 12 mai 1881 (B. 121) ; Cass. 11 janv. 1883 (B. 11) ; Cass. 26 janv. 1888 (*Gaz. Trib.* 30 janv.).

(2) On dit encore dans cette opinion ces peines sont *accessoires à l'infraction* plutôt qu'à la peine principale. Or si la peine principale de l'infraction la plus grave absorbe celle de l'infraction la plus faible, cette infraction persiste cependant à la charge du prévenu. — Ces peines, ajoute-t-on, ont été considérées par le législateur comme le moyen le plus efficace de réprimer l'infraction. Elles sont en rapport avec sa nature ; ce sont des mesures de protection sociale plus encore que des peines, et l'on ne comprendrait pas que la société fût privée du bénéfice qu'elles sont appelées à lui procurer, parce que le coupable aura commis un autre délit.

(3) Tous les arguments sur lesquels se fonde ce système généralement suivi sont des pétitions de principe, ou des considérations sans valeur au point de vue de l'interprétation juridique. Et d'abord, que veut-on dire quand on affirme sentencieusement que ces peines sont *accessoires à l'infraction* ? Cela peut signifier ou bien que ces peines sont attachées à l'infraction, qu'elles en sont les conséquences, ou bien qu'elles paraissent les mieux appropriées à la nature des faits qu'il s'agit de réprimer. La première de ces propositions est une banalité : toutes les peines sont en effet les conséquences de l'infraction. La seconde tend à établir entre les peines spéciales à un petit groupe d'infractions et celles relatives à un groupe plus étendu une différence injustifiable. Peut-on supposer en effet que le législateur édicte une pénalité qu'il ne croirait pas en rapport avec le fait qu'il incrimine ? Où s'arrêtera-t-on si l'on se met ainsi à rechercher

de critérium pour déterminer la valeur relative des peines complémentaires, n'est qu'une difficulté à vaincre et il faut bien la résoudre pour appliquer l'art. 4, C. p., quand une loi nouvelle vient substituer une peine complémentaire à une autre peine complémentaire. — Ce critérium existe d'ailleurs pour l'*interdiction de certains droits civiques, civils et de famille*, puisqu'elle est énumérée dans l'échelle des peines correctionnelles (art. 9). Quant aux autres, on peut dire, en se fondant sur leur caractère de peines *complémentaires*, que leur gravité ne dépasse jamais celle de la peine principale à laquelle elles sont ajoutées. Donc, si cette peine est écartée, elles le sont elles-mêmes *a fortiori*.

Notre système aboutit à traiter, au point de vue du non-cumul, les peines complémentaires comme les peines accessoires. Il comporte cependant une exception pour la *relégation*. Cette peine en effet s'applique à un état constitué par plusieurs condamnations; elle ne peut donc être absorbée par la peine du délit qui motive l'une de ces condamnations.

Il faut observer, en outre, que la *publication du jugement* et la *confiscation* échappent à la règle du non-cumul quand elles n'ont pas un caractère pénal. La jurisprudence en affranchit, pour le même motif, les amendes en matière de douanes, de contributions indirectes, d'octroi et de forêts (1). Mais nous avons démontré que le caractère prédominant de ces amendes était pénal; il faut donc leur appliquer la règle du non-cumul, en l'absence d'un texte exprès qui y déroge.

577. La jurisprudence admet aussi le non-cumul de certaines peines complémentaires, sous prétexte qu'elles sont *incompatibles*. Elle décide, par exemple, que la relégation est incompatible avec l'interdiction de séjour : « attendu que la relégation étant une peine perpétuelle à subir » *hors de France*, il n'y a pas lieu de statuer sur l'interdiction de rési- » dence en certains lieux *de France* » (2). Cette jurisprudence est bien imprudente : supposons que le relégué obtienne une dispense définitive de la relégation pour cause d'infirmités (art. 18, L. 27 mai 1885 ; art. 11, D. 26 nov. 1885); il se trouvera affranchi de l'interdiction de séjour,

---

quelles peines paraissent plus ou moins appropriées à l'infraction ? N'existe-t-il pas, par exemple, une différence profonde entre un crime politique et un crime de Droit commun? Les peines qui les répriment ne sont-elles point, chacune de leur côté, appropriées au fait incriminé ? Faudra-t-il donc cumuler, sous ce prétexte, la peine politique et la peine de Droit commun, la réclusion et la détention, par exemple ? Cet argument se réfute donc par ses conséquences. — On insiste en disant que les peines complémentaires sont des mesures de protection sociale plus encore que des peines. Nous avons combattu précédemment cette opinion à propos de l'interdiction de séjour. Toutes les peines sont des mesures de protection sociale quand on considère la raison qui les a fait établir; mais si l'on envisage les conditions dans lesquelles elles sont appliquées, on voit tout de suite la différence qu'il faut faire entre les mesures de police préventive et les peines proprement dites.
(1) Cass. 28 janvier 1876 ; 21 nov. 1878.
(2) Cass. 8 avril 1886 (*Pand. franç.* 86, 1, 110) ; 17 fév. 1893 (D. 94, 1, 32).

parce qu'il est impossible de le soumettre administrativement à cette peine, et que, d'un autre côté, les tribunaux ont perdu le droit de la lui infliger, leur juridiction étant épuisée. D'ailleurs, si l'incompatibilité alléguée existe au point de vue de l'*exécution*, on ne voit point pour quel motif on ne prononcerait pas en même temps la relégation et l'interdiction de séjour, en subordonnant l'exécution de cette dernière peine à l'inexécution de l'autre.

III. — EFFET ET FONCTIONNEMENT PRATIQUE DE LA RÈGLE DU NON-CUMUL.

578. L'art. 365 exprime cette idée que l'accusé reconnu coupable de crimes et délits concurrents sera *condamné à subir* seulement la peine la plus grave. Mais sa formule : « la peine la plus forte (1) sera *seule prononcée* », prête à l'équivoque. Quel est le sens de cette disposition ? Oblige-t-elle le juge à passer absolument sous silence la peine la plus faible, et à fixer seulement la durée ou le taux de la plus forte des peines encourues par le condamné ? — Ou bien signifie-t-elle que le juge appliquera à chaque infraction la peine qu'elle mérite, puis ordonnera que la plus forte des peines prononcées sera seule subie ? — En pratique la première interprétation est généralement suivie lorsque les délits concurrents sont compris dans la même poursuite. On suit au contraire la seconde quand chacun de ces délits est l'objet d'une poursuite séparée (2). Ce dernier procédé est préférable, et nous croyons qu'il doit être suivi dans les deux cas, malgré les termes en apparence contraires de l'art. 365.

1re HYPOTHÈSE : *Les infractions concurrentes sont comprises dans la même poursuite.*

579. Ce cas ne soulève pas d'autre difficulté que celle que nous venons de signaler. Montrons d'abord l'intérêt pratique de la question. Il apparaît en premier lieu *au point de vue de l'amnistie*. Deux crimes, par exemple, sont compris dans la même poursuite ; l'un entraîne la détention, l'autre la réclusion. Le juge prononce seulement la détention. Qu'il survienne plus tard une amnistie pour le fait politique, le condamné jouira de l'impunité quant au crime de Droit commun dont cependant il a été reconnu coupable (3). — On a proposé de ressaisir la Cour d'assises pour lui faire prononcer la réclusion (4) ; mais ce procédé viole la chose jugée. Le juge a perdu le droit de statuer. L'omission de la peine la plus faible profite au condamné, tout comme lui profiterait l'omission

---

(1) V. *suprà*, n° 66, à quels signes on reconnaît la plus forte peine.
(2) DE NEYREMAND, *Journ. du Dr. crim.* 1879, p. 313 et s.
(3) Paris, 7 juin 1851 (D. 52, 2, 81).
(4) LAIR, *Rev. pratique*, t. X, p. 27.

d'une peine complémentaire. Dans tous les cas il paraît impossible de ressaisir le juge si, depuis la condamnation, le temps nécessaire pour la prescription du délit le moins grave s'est écoulé.

L'intérêt de la question apparaît en second lieu *au point de vue de la récidive*. Supposons que, dans l'espèce précitée, l'amnistie vienne effacer la condamnation à la détention ; l'amnistié n'aura point le premier terme de la récidive. — *Autre exemple* : un délit militaire puni des travaux publics concourt avec un délit de Droit commun puni de l'emprisonnement ; si la première de ces peines est seule prononcée, parce qu'elle est la plus forte, cette condamnation ne comptera point pour la récidive, bien que, dans l'opinion du conseil de guerre, le condamné méritât l'emprisonnement pour le délit de Droit commun (1).

Même intérêt *au point de vue de la relégation*. Dans les deux espèces que nous avons prises comme exemple, la condamnation restreinte à la peine la plus forte comptera-t-elle pour l'application de la relégation ? Évidemment non (art. 3, 4, L. 27 mai 1885) ; et cependant si l'on avait prononcé la réclusion et l'emprisonnement, puis déclaré que ces peines seraient absorbées, la condamnation compterait. On pourrait multiplier les exemples de ce genre.

580. La pratique admet couramment que si les infractions concurrentes, comprises dans la même poursuite, entraînent le même genre de peine avec une simple différence dans le taux, deux peines d'emprisonnement par exemple, il est loisible au tribunal d'indiquer dans son jugement quelle est la durée de l'emprisonnement qu'il prononce pour chaque délit. S'il omet de faire cette répartition, la peine qu'il prononce s'applique *d'une manière indivisible* à chaque infraction dont le prévenu a été reconnu coupable. — Mais si les peines des infractions concurrentes diffèrent par leur nature ou par leur degré, on ne prononce jamais que la plus grave. On ne condamnera point, par exemple, à cinq années de détention et à cinq ans de réclusion, en ajoutant que la première de ces peines sera seule subie (2).

Ce système mixte ne peut se justifier : la peine la plus forte est non

---

(1) C. Douai, 18 juillet 1871 (D. 74, 5, 419) ; C. Alger, 5 juillet 1877 (D. 78, 5, 394). — Cass. 1er mars 1888 (*Gaz. Trib.* 9 mars).

(2) V. en faveur du premier procédé : Cass. 24 av. 1859 (*Annales pro. ind.* 59,161) ; Cass. 9 nov. 1878 (D. 79, 1, 378). Mais on ne doit pas dire qu'on emprunte à la pénalité de l'infraction la moins grave la peine qu'on applique à celle-ci, les tribunaux, d'après la Cour de cassation, ne disposant que de la pénalité de l'infraction la plus grave pour la répression des deux infractions : Cass. 10 janv. 1896. — En faveur du second : Cass. 27 mai ; 10, 25, 26 juin 1886.
— L'idée que la peine unique s'appliquait d'une manière indivisible aux délits concurrents a été admise par la Cour de cassation pour favoriser l'application de la relégation ; mais elle rencontre une certaine opposition de la part des Cours d'appel. V. les notes sur les arrêts précités, *Pand. franç.* 1886,1,138, et ma *Revue de jurisprud. La Loi,* 22 mai 1886.

seulement celle qui est supérieure à l'autre par sa *nature* ou par son *degré*, mais encore celle qui lui est supérieure par son *taux*. Il faut nécessairement choisir entre les deux systèmes radicaux, c'est-à-dire ne prononcer jamais que la plus forte peine, ou prononcer toujours les deux peines, en ajoutant que la plus forte sera seule subie. Si l'on admet ce second procédé quand les délits concurrents font l'objet de poursuites séparées, il n'y a pas de raison pour ne point s'y conformer lorsque ces mêmes délits sont réunis dans une seule poursuite. La procédure ne peut modifier, en effet, l'application d'une règle de fond. — Admettons un instant qu'on doive prononcer seulement la peine la plus forte ; qu'arrivera-t-il lorsque les poursuites ayant été divisées, l'infraction punie de la peine la plus grave aura été poursuivie la première ? Il faudrait dire que la seconde poursuite aboutira simplement à une déclaration de culpabilité, sans peine prononcée. Or ce résultat, nous le verrons bientôt, est généralement repoussé. Cette inconséquence des auteurs et de la jurisprudence condamne leur système. — L'utilité pratique de la condamnation aux deux peines recommande le second procédé ; et, quoi qu'on dise, il n'est pas contraire au sens de l'art. 365. Cette disposition est nouvelle et sans précédents dans la législation antérieure. La loi des 16-29 septembre 1791, et le Code du 3 brumaire an IV n'avaient prévu que la poursuite séparée des délits concurrents. De plus, la loi de 1791 semblait faire du *non-cumul* une règle de *l'exécution* des peines. L'art. 365 du Code d'instruction criminelle a eu un double objet : 1° prévoir le concours de délits dans la même poursuite ; 2° faire de la règle du *non-cumul* une règle de *l'application* des peines, c'est-à-dire une règle qui s'impose aux tribunaux et non au ministère public. C'est pour cela que le texte porte : « En cas de conviction de plusieurs crimes ou délits, la peine la plus forte sera seule *prononcée*. » Mais si l'art. 365 modifie l'autorité chargée de faire respecter la règle du non-cumul, il ne modifie point le procédé suivi dans la législation intermédiaire pour appliquer la peine à l'accusé reconnu coupable de deux délits concurrents. Or, sous la loi de 1791 et le Code de l'an IV, les deux peines devaient être prononcées ; il doit donc en être de même aujourd'hui. L'unique différence consiste en ce que c'est à la juridiction qui prononce, et non au ministère public d'ordonner que la plus forte des peines sera seule subie (1). Le législateur de 1808 a envisagé, peut-on dire, le résultat pratique de la condamnation : il sous-entend dans l'art. 365 le mot *efficacement*. Or cette formule « la peine la plus forte sera seule *efficacement* prononcée » exprime bien cette idée que le juge, à qui s'impose désormais la règle du non-cumul, doit *condamner à subir* seulement la peine la plus forte (2).

(1) Comp. art. 40, L. 16-29 sept. 1791, 2ᵉ part., tit. 8 et art. 365, C. i. c.
(2) Certaines personnes trouvent qu'il serait oiseux et même contradictoire de

2ᵉ Hypothèse : *Les infractions concurrentes ont été l'objet de poursuites séparées.*

581. Il convient d'examiner quelques détails d'application de la règle du non-cumul dans les trois cas suivants :

1ᵉʳ cas : *La peine la moins grave a été prononcée sur la première poursuite.* — La seconde poursuite aboutira toujours à une condamnation efficace. Les seconds juges devront dire que la peine qu'ils prononcent dispensera d'exécuter la peine précédemment prononcée. — Cette idée est exprimée en pratique de deux manières différentes : tantôt les seconds juges disent que la peine actuellement prononcée absorbera la condamnation précédente ; tantôt ils déclarent que la première condamnation se confondra avec la condamnation actuelle.

582. 2ᵉ cas : *La peine applicable aux deux infractions concurrentes poursuivies séparément est la même.* — Il s'agit, par exemple, de deux crimes entraînant la réclusion. Dans ce cas, la seconde poursuite aboutira à une condamnation efficace si les premiers juges n'ont pas atteint le maximum. Supposons que le premier arrêt ait infligé six ans de réclusion, le second arrêt pourra élever la peine à dix années : on prononcera, par exemple, quatre ans de réclusion, en déclarant qu'ils s'ajouteront aux six ans déjà prononcés ; ou bien on prononcera dix années de réclusion, en ordonnant que la présente condamnation absorbera la précédente.

On a contesté la légalité de cette solution en critiquant successivement ces deux procédés. Le premier, dit-on, viole l'art. 21 du Code pénal qui fixe à cinq ans le minimum de la réclusion. Le second empiète sur les droits du ministère public qui a mission de faire exécuter les jugements (arg. art. 165 et 197, C. i. c.) (1). — Ce sont là des sophismes : la violation de l'art. 21 du Code pénal n'est qu'apparente. Le premier procédé est une manière d'indiquer le résultat pratique d'une seconde condamnation qui atteint le maximum et se combine avec la condamnation précédente. La critique du second procédé part de cette idée que la règle du non-cumul est une règle de l'*exécution* des peines. Mais depuis le Code d'instruction criminelle c'est au contraire une règle de leur *application*.

583. 3ᵉ cas : *La peine la plus grave a été prononcée sur la pre-*

---

prononcer la peine la plus faible, quand la plus forte est perpétuelle ; mais l'éventualité de la grâce ou de l'amnistie et les conditions d'application de la relégation prouvent l'intérêt qu'il y a à agir ainsi. La Haute Cour de justice allemande (*Tribunal de l'empire siégeant à Leipzig*) n'a pas craint d'encourir le reproche d'inconséquence en condamnant, le 22 décembre 1884, Reinsdorff à mort et à 15 ans de réclusion ; et le conseil de guerre de Barcelone a bien aussi condamné, le 12 juillet 1894, l'anarchiste Salvador à mort et à 17 ans de bagne.

(1) De Molènes, *De l'humanité dans les lois criminelles*, p. 163, 178.

mière *poursuite*. — La seconde poursuite n'aboutira jamais à une condamnation efficace. Cela est évident si les premiers juges ont prononcé le maximum de la peine la plus grave. Voici, par exemple, deux crimes entraînant, l'un, les travaux forcés à temps, l'autre, la réclusion. Le coupable a été condamné sur la première poursuite à 20 ans de travaux forcés. Il est clair que la peine de la réclusion prononcée par la seconde Cour d'assises n'ajoutera rien à la première.

Mais ce résultat s'imposerait-il si les premiers juges n'avaient pas atteint le maximum ; si, par exemple, ils n'avaient prononcé que 15 ans de travaux forcés ? La seconde Cour d'assises pourrait-elle ajouter à la peine de la réclusion les 5 ans de travaux forcés que les premiers juges ont laissés disponibles ? — S'ils avaient ce droit, ce serait un moyen de rendre efficace la seconde condamnation ; et il semble que cela est juste, car si les premiers juges avaient connu le second crime, ils se seraient montrés plus sévères. — Mais cette considération est sans valeur parce que la *chose jugée* empêche d'accueillir la solution qu'elle recommande. Il y a un disponible, sans doute, mais sur la peine applicable au premier crime ; or ce crime étant définitivement jugé, le coupable ne peut voir aggraver la peine prononcée de ce chef contre lui (1).

584. Dans l'examen des difficultés qui précèdent, nous avons supposé : 1° que la seconde poursuite était possible quoiqu'elle ne dût pas entraîner une condamnation pénale efficace ; 2° que, dans cette hypothèse, la seconde poursuite devait aboutir, non pas à une simple déclaration de culpabilité, mais à l'application d'une peine, sauf à déclarer cette peine confondue avec la précédente. Ces deux points sont controversés. — Certains auteurs soutiennent que si la poursuite du second fait ne doit point aboutir à une condamnation pénale efficace, cette poursuite est impossible. L'*épuisement de la pénalité* par la première condamnation devient, dans ce système, une cause d'extinction de l'action publique relativement au second fait (2). — D'autres auteurs considèrent la seconde poursuite comme possible ; mais à la condition qu'elle n'aboutira, au point de vue pénal, qu'à une déclaration de culpabilité : les seconds juges déclareront le prévenu coupable, le condamneront aux frais envers l'Etat, et, s'il y a lieu, aux frais et à des réparations envers la partie civile, sans prononcer aucune peine (3).

(1) Cass. 8 nov. 1824 ; 28 mars 1829 ; 27 janv. 1881 ; BERTAULD, p. 301, 302 ; ORTOLAN, II, 1167 ; GARRAUD, II, 177, p. 294.
(2) MANGIN, *Traité de l'act. pub. et de l'act. civ.*, II, 457, 458 ; LE SELLYER, *Traité de l'act. pub. et de l'act. priv.*, 1, 356 ; COLLET, *Rev. crit.*, 1867, p. 385 ; THIERRET, *Rev. de législ.*, t. XIII, p. 483. Bien que cette controverse se rattache à la théorie de l'action publique, il m'a paru utile de la rapprocher de l'exposé de la règle du non-cumul qui lui sert de base. Ce rapprochement la fera mieux comprendre et évitera des redites.
(3) DE NEYREMAND, *loc. cit.*, p. 313, et les arrêts qu'il cite ; F. HÉLIE, II, 1092 et suiv.

585. Ces deux systèmes ont leur point de départ dans l'interprétation vulgairement donnée à l'art. 365. S'il est vrai que ce texte défende au juge de prononcer la peine la plus faible, la seconde poursuite aboutira seulement à une déclaration de culpabilité : c'est pour ce motif que le premier système déclare cette poursuite irrecevable. L'action publique, disent ses partisans, a pour objet *l'application de la peine* (art. 1er, 2, C. i. c.) ; s'il est certain qu'elle ne doit pas atteindre ce résultat, elle est éteinte. — L'action publique, répondent les partisans du second système, a deux objets : la déclaration de culpabilité et l'application de la peine ; l'épuisement de la pénalité ne supprime que le dernier ; l'exercice de l'action publique reste donc possible à raison du premier. Ils font valoir en outre l'intérêt pratique que présente la seconde poursuite : 1° pour la partie lésée, à qui elle conserve la faculté de porter son action civile devant les tribunaux de répression ; 2° pour l'inculpé, à qui elle donne le moyen de se justifier d'une accusation quelquefois plus infamante que celle qui a entraîné contre lui la peine la plus grave.

S'il fallait choisir entre ces deux systèmes, il vaudrait mieux adopter le dernier ; mais nous croyons qu'on doit les rejeter tous les deux, car leur point de départ est faux. On croit trouver la justification du premier système dans les art. 361 et 379, C. i. c. D'après ces textes, lorsqu'une infraction concurrente a été découverte au cours des débats devant la Cour d'assises, sa poursuite doit être ordonnée s'il y a *acquittement*, ou si le nouveau fait doit amener une condamnation *plus grave*. Quel est le motif de cette disposition ? C'est, dit-on, que la seconde poursuite aboutira à une condamnation efficace. Donc, dans le cas contraire, une seconde poursuite n'est pas licite. — Cet argument n'est que spécieux. On fonde tout un raisonnement, non point sur la disposition des art. 361 et 379, mais sur l'explication qu'on en donne. Or cette explication dénature le sens de ces textes. L'art. 361 prescrit une mesure à prendre (mandat de comparution, d'amener, ou d'arrêt) contre l'accusé *acquitté* que le ministère public se réserve de poursuivre à raison d'un fait nouveau révélé au cours des débats. Rien n'indique que, s'il avait été *condamné*, il n'aurait pas pu être poursuivi à raison de ce fait nouveau. Rien n'indique non plus que le crime qui était l'objet de la première poursuite fût plus ou moins grave que l'infraction qui s'est révélée au cours des débats. L'art. 361 laisse donc entière la question de savoir si la poursuite du délit le moins grave est possible après la condamnation intervenue sur le délit le plus grave. — Quant à l'art. 379, il suppose un crime découvert au cours des débats qui ont été suivis d'une condamnation, et il a pour objet *d'enlever au ministère public la faculté de ne pas le poursuivre* : 1° si ce fait nouveau est plus grave que celui qui a motivé la condamnation ; 2° ou si, pour ce fait, le condamné a des complices en état d'arrestation. Il est absolument divinatoire d'induire de ce texte qu'après une première poursuite suivie de condamnation, le ministère public *n'a plus la faculté de poursuivre un fait moins grave* révélé au cours des débats. Le véritable argument *a contrario* à tirer de l'art. 379, c'est que, *en dehors des deux hypothèses qu'il prévoit, le ministère public est libre d'exercer ou de ne pas exercer de poursuites* (1). Concluons que, malgré la condamnation encourue pour un délit concurrent, la poursuite à raison d'un autre délit concurrent est licite, et de plus qu'elle doit entraîner l'application de la peine de ce délit, alors même que cette peine serait inférieure à celle précédemment prononcée, sauf, bien entendu, à la déclarer confondue avec celle-ci (2).

IV. — SANCTION DE LA RÈGLE DU NON-CUMUL.

586. Quelle est l'autorité chargée de faire respecter la **règle du non-cumul** ? — La réponse à cette question dépend du caractère qu'on

---

(1) L'origine historique de l'art. 379 démontre au surplus la légalité de la seconde poursuite et d'une condamnation pénale sur cette seconde poursuite, quelle que soit d'ailleurs la gravité respective des deux infractions concurrentes. L'art. 40 de la loi du 16 sept. 1791 (2ᵉ part., tit. 8) était ainsi conçu : « Si l'accusé est déclaré convaincu du fait porté dans l'acte d'accusation, *il pourra encore être poursuivi pour raison du nouveau fait* ; mais s'il est déclaré convaincu du second délit, *il n'en subira la peine* qu'autant qu'elle serait plus forte que celle du premier, auquel cas il sera sursis à l'exécution du jugement. » — L'art. 446 du Code du 3 brum. an IV n'a modifié cette disposition que pour retirer aux magistrats, lorsque le fait découvert au cours des débats est plus grave que le premier, la liberté de ne pas poursuivre ce fait. « Lorsque pendant les débats qui ont précédé le jugement de condamnation l'accusé a été inculpé... sur d'autres faits que ceux portés dans l'acte d'accusation, LE TRIBUNAL CRIMINEL *ordonne qu'il sera poursuivi à raison de ces nouveaux faits*..., mais seulement dans le cas où ces nouveaux faits méritent *une peine plus forte* que les premiers. — Dans ce cas le TRIBUNAL sursoit à l'exécution de la première peine, jusqu'après le jugement sur les nouveaux faits. » — Il suffit de rapprocher de ce texte l'art. 379, C. i. c. pour voir que le législateur de 1808 l'a fidèlement reproduit, en ajoutant toutefois un nouveau cas où le ministère public perdra sa liberté d'appréciation pour la seconde poursuite, et en changeant l'autorité chargée d'ordonner le sursis. « Lorsque, pendant les débats qui auront précédé l'arrêt de condamnation, l'accusé aura été inculpé... sur d'autres crimes que ceux dont il était accusé, si ces crimes nouvellement manifestés méritent une peine plus grave que les premiers, *ou si l'accusé a des complices en état d'arrestation*, la Cour ordonnera qu'il sera poursuivi à raison de ces nouveaux faits... Dans ces deux cas *le procureur général* surseoira à l'exécution de l'arrêt qui a prononcé la première condamnation, jusqu'à ce qu'il ait été statué sur le second procès. » — Il résulte du rapprochement de ces trois textes que le principe formulé par la loi de 1791 n'a pas été modifié par les dispositions de détail des Codes de l'an IV et de 1808.

(2) La jurisprudence a adopté successivement les trois systèmes : elle a commencé par décider qu'après l'application de la peine la plus grave, la poursuite des délits concurrents était impossible : Cass. 15 oct. 1825, 14 juill. 1832. — Puis, par une série d'arrêts, rapportés par M. de Neyremand, *loc. cit.*, elle a déclaré que la seconde poursuite était possible, mais ne devait pas aboutir à une condamnation pénale. — Aujourd'hui elle s'est rangée au dernier système : Cass. 13 février, 29 juillet, 23 décembre 1880. En ce sens : ORTOLAN, II, 1818 et s. ; BERTAULD, p. 332, 333 ; GARRAUD, II, 177, p. 299 ; HAUS, II, 925, 1267.

attribue à cette règle : si l'on en fait une règle de *l'application* des peines, c'est aux tribunaux qu'il appartient de l'observer ; si l'on en fait une règle de l'*exécution* des peines, son observation regarde le ministère public. — Les deux systèmes aboutissent au même résultat dès qu'il surgit un incident contentieux entre le ministère public et le condamné sur l'exécution des deux peines. Si en effet le ministère public élève la prétention de faire subir les deux peines l'une après l'autre, et que le condamné soutienne qu'elles doivent être confondues, l'incident viendra nécessairement devant les tribunaux. Mais la divergence entre les deux systèmes apparaît lorsque le condamné n'élève aucune réclamation. L'officier du ministère public qui estime que la règle du non-cumul a été violée pourra-t-il, de sa propre autorité, dispenser le condamné de subir la peine qui aurait dû être absorbée? — La négative nous paraît certaine : l'art. 365 s'adresse au juge : «... la peine la plus forte sera seule *prononcée* ». Il formule une règle de *l'application* des peines. Au juge donc il appartient d'ordonner que telle condamnation ne sera pas exécutée. — Les principes confirment l'argument de texte : le ministère public est l'agent du tribunal lorsqu'il poursuit l'exécution d'un jugement. Sans doute il tient sa qualité de la loi, mais la loi ne lui donne point le pouvoir d'interpréter ni de corriger le jugement dont l'exécution lui est confiée. Il doit, si le sens est douteux, demander au tribunal de le préciser. A cet effet, il se conformera aux règles précédemment exposées pour le règlement des questions contentieuses soulevées par l'exécution des peines. Il doit, si le sens est certain, exécuter la sentence, quelque opinion qu'il ait sur le bien ou le mal fondé de la décision. Le seul moyen auquel il puisse recourir pour empêcher l'exécution de la peine qu'un jugement passé en force de chose jugée a cumulée à tort, c'est de former d'office un recours en grâce. En reconnaissant au ministère public le droit de décider de sa propre autorité qu'une peine prononcée ne sera pas subie, on transporte aux officiers des parquets le droit de grâce que la Constitution réserve au chef de l'État (1).

Tels sont les devoirs du ministère public en présence d'une condamnation contenant une violation évidente ou douteuse de la règle du non-cumul ; reste à déterminer maintenant dans quels cas la violation doit être considérée comme évidente ; dans quels autres, comme douteuse. — La violation de la règle du non-cumul est évidente, lorsque les deux peines, qui auraient dû être confondues, ont été prononcées par le même arrêt, soit que les juges aient ordonné qu'elles se cumuleraient, soit qu'ils aient omis de déclarer qu'elles seraient confondues. — Elle est en-

---

(1) *Sic* : Bertauld, p. 310 et s. ; Villey, p. 158; Garraud, II, 178 ; Cass. 22 juillet 1880 et la note. — *Contrà* : Le Sellyer, *Tr. de la criminalité*, I, 260 ; Circul. min. de l'intérieur 12 nov. 1867 (D. 68, 3, 20) ; Le Poittevin, *Dict. des Parq.*, v° *Peines*, 9.

core évidente, lorsque ces peines ont été prononcées par deux arrêts distincts qui ordonnent expressément leur cumul. — Elle est douteuse, lorsque les deux peines qui auraient dû être confondues résultent de deux arrêts distincts, si rien n'indique que les juges aient voulu les cumuler ou les confondre (1).

(1) A quel moment le condamné peut-il demander aux tribunaux de décider qu'une des deux condamnations prononcées contre lui ne doit pas être subie ? D'après la Cour de cassation ce serait au moment où le ministère public élève la prétention de lui faire subir la peine qu'il repousse (Cass. 23 déc. 1880). — Cette solution serait logique si la règle du non-cumul était une règle de *l'exécution des peines*. Mais elle n'a point ce caractère. Il y a d'ailleurs beaucoup d'inconvénients à attendre. Peut-être l'arrêt de 1880 veut-il dire seulement qu'un pourvoi formé entre la seconde condamnation doit être rejeté lorsque l'arrêt n'a rien jugé sur la question du non-cumul qui ne lui avait pas été soumise. Mais pour motiver cette décision juste en soi, la Cour de cassation a eu tort de paraître ajourner, jusqu'au moment où il plaira au ministère public de faire exécuter la seconde peine, l'examen de la question de savoir quel sens le juge qui a prononcé sur la deuxième poursuite donnait à son jugement.

TITRE TROISIÈME

DE L'EXTINCTION DES PEINES

587. Les peines s'éteignent normalement par leur exécution. Leurs causes d'extinction exceptionnelles sont : 1° le décès du condamné, 2° la prescription, 3° l'amnistie, 4° la grâce, 5° la réhabilitation.

Le *décès* du condamné met fin à l'exécution des peines corporelles ; mais les peines pécuniaires peuvent être recouvrées contre ses héritiers (v. *supra*, n° 336).

La *prescription* éteint la peine, il serait donc logique de la traiter ici ; mais elle éteint aussi l'action qui tend à faire appliquer la peine, l'action publique ; et comme il importe de faire des rapprochements entre ces deux branches de la prescription pénale, nous renvoyons son étude au moment où nous traiterons de *l'extinction de l'action publique et de l'action civile*. — Il ne nous reste par conséquent à traiter ici que de l'*amnistie*, de la *grâce* et de la *réhabilitation*. Ces trois causes d'extinction des peines ont certains points communs qu'il faut d'abord dégager. Nous étudierons ensuite leurs règles propres.

CHAPITRE PREMIER

CARACTÈRES GÉNÉRAUX DE L'AMNISTIE, DE LA GRACE ET DE LA RÉHABILITATION. — PRÉCÉDENTS HISTORIQUES.

588. Il appartient au pouvoir social, pour des motifs d'intérêt général ou d'humanité, de jeter l'oubli sur une infraction, de renoncer à l'exécution d'une condamnation pénale, d'effacer cette condamnation au profit du condamné qui a subi sa peine et qui s'est amendé. Au premier cas, il proclame une amnistie ; au second, il accorde une grâce ; au troisième, il constate une réhabilitation. L'amnistie, la grâce et la réhabilitation sont à la fois des actes de souveraineté et de clémence.

L'*amnistie* ne justifie point les faits auxquels elle s'applique, mais elle efface toutes leurs conséquences pénales. Si donc les faits amnistiés n'ont pas encore été suivis d'une condamnation irrévocable, l'action publique est éteinte. Au cas contraire, la condamnation est réputée non avenue, et, par suite, la peine est éteinte. — Ce qui caractérise l'amnistie, c'est sa généralité. Elle s'applique à un genre déterminé d'infractions, quels qu'en soient les auteurs. Ce serait en fausser l'esprit que de la rendre individuelle. C'est ordinairement une mesure politique prise dans un but d'apaisement, après une insurrection ou des troubles graves. D'autres amnisties ont pour objet de compléter l'effet rétroactif d'une loi nouvelle qui supprime une infraction, en effaçant la condamnation irrévocable que cette infraction a motivée avant la promulgation de la nouvelle loi (V. *suprà*, n° 63).

La *grâce* consiste dans la remise de l'exécution de la peine. Elle suppose une condamnation irrévocable et une peine corporelle ou pécuniaire. Au point de vue de l'étendue, c'est tantôt une *remise*, tantôt une *réduction*, tantôt une *commutation* de peine. Le caractère propre de la grâce est d'être une mesure de pure clémence et une mesure individuelle. Le droit de grâce, que la tradition historique fait considérer comme un attribut de la souveraineté, a perdu par son organisation pratique tout caractère arbitraire et tend de plus en plus à devenir un droit bureaucratique, fonctionnant régulièrement comme moyen moralisateur au profit des condamnés qui exécutent une peine privative de la liberté. C'est, à ce point de vue, une institution complémentaire du régime pénitentiaire. Il sert encore à maintenir l'égalité de la répression pour le même genre de crime entre les divers tribunaux. C'est enfin le palliatif des erreurs judiciaires qui ne sont point susceptibles d'être réparées par une procédure de revision.

La *réhabilitation* est la constatation officielle de l'amendement et du reclassement d'un condamné libéré. Elle fait cesser pour l'avenir toutes les conséquences pénales de la condamnation : elle l'empêche donc de constituer le premier terme de la récidive et met fin aux incapacités qu'elle avait entraînées. C'est le couronnement des institutions complémentaires du régime pénitentiaire. Étant uniquement motivée par le mérite du condamné, il va sans dire qu'elle constitue une mesure essentiellement individuelle.

589. Bien qu'avant leur obtention l'amnistie, la grâce et la réhabilitation soient des mesures de faveur, une fois accordées, elles sont irrévocables. Aussi a-t-il fallu des textes formels pour permettre au Gouvernement de revenir sur certaines grâces (L. 25 mars 1873, art. 15 : L. 23 janv. 1874, art. 48, C. p.). Cependant il pourrait y avoir intérêt à limiter la grâce à un seul objet et, par exemple, à ne faire remise de la capacité perdue qu'en vue de permettre au condamné de doter ses enfants. Rien n'empêche, à notre avis, le chef de l'État d'accorder une remise restreinte à ces termes ; mais si le décret ne contient pas de réserve la remise accordée est absolue.

590. Unies par certains caractères communs, l'amnistie, la grâce et la réhabilitation le sont aussi par les précédents historiques. Dans notre ancienne jurisprudence elles émanaient directement du roi. L'amnistie était accordée par édit, sous le nom d'*abolition générale*, aux villes ou aux provinces dont on avait réprimé l'insurrection (1). — La grâce l'était par lettres patentes qu'on appelait suivant les cas : *lettres d'abolition individuelle*, *lettres de pardon*, *lettres de commutation de peine* (Ord. 1670, tit. 16). Les premières intervenaient quelquefois avant la sentence ; la grâce avait alors le caractère d'une amnistie individuelle. — Enfin le souverain accordait des *lettres de réhabilitation* pour relever de la mort civile et de l'infamie (2). Par ces mesures se manifestait l'exercice du droit de *dispenser* de l'application de la loi quant à une personne ou à un fait déterminé, droit qu'on reconnaissait au roi considéré comme incarnant la souveraineté (3).

La Révolution française, ayant supprimé la justice retenue, rendit

---

(1) Le mot amnistie est d'origine grecque (α *privatif et* μνᾶσθαι *ou* μνῆστις : *sans mémoire*, sans souvenir). Valère Maxime (lib. IV, C. I, n° 4) rapporte que le premier acte d'amnistie fut voté par les Athéniens sur la proposition de Trasybule après l'expulsion des trente tyrans. Le mot *abolition* est d'origine romaine.

(2) Il y avait aussi des *lettres de rémission*, que certains auteurs présentent à tort comme une variété des lettres de grâce. Ces lettres avaient pour objet de permettre à une personne accusée d'homicide volontaire d'opposer l'exception de légitime défense. C'était une mesure purement fiscale.

(3) Esmein, *Eléments de droit constitut.*, p. 527 (Paris, 1896).

nécessaire une nouvelle organisation de ces trois institutions. La grâce disparut, abolie par le Code pénal de 1791 (1re part., tit. VI, art. 13) « pour tous crimes poursuivis par voie de jurés ». L'amnistie au contraire et la réhabilitation furent maintenues. Le caractère temporaire de toutes les peines impliquait, croyait-on, l'abolition de la grâce. C'était là une erreur que l'expérience condamna bientôt. La grâce fut rétablie d'abord pour les délits politiques (D. 23 nivôse an III), puis en toutes matières (Sén.-cons. 16 therm. an X, art. 86).

Les lois postérieures ont placé l'amnistie, tantôt dans les attributions du pouvoir exécutif, tantôt dans celles du pouvoir législatif. Elles ont étendu la grâce à certaines peines privatives de droits. La réhabilitation a été l'objet de modifications plus profondes, qui ont étendu son champ d'application et l'ont rendue plus facile à obtenir (D. 18 avril 1848 ; L. 3 juil. 1852, L. 19 mars 1864, L. 14 août 1885, L. 26 mars 1891) (1). Actuellement elle est encore l'objet d'une proposition de loi qui tend à en élargir l'accès (Prop. *Michelin*, votée par la Chambre des députés le 16 mars 1896).

(1) Cette dernière loi a créé la réhabilitation de plein droit comme conséquence de l'expiration du *sursis à l'exécution* sans condamnation nouvelle. Il en a été traité *suprà*, n° 523.

CHAPITRE II

DE L'AMNISTIE.

591. Autorité qui accorde l'amnistie. — L'amnistie, dans notre Constitution actuelle, ne peut être accordée que par une *loi* (L. const. 25 fév. 1875, art. 3). Il en était ainsi sous la loi organique du 17 juin 1871 et sous la Constitution de 1848. Elle était au contraire accordée par *décret* ou *ordonnance* sous le sénatus-consulte du 16 therm. an X, les Chartes de 1814 et de 1830 et le sénatus-consulte du 25 décembre 1852. Ces deux systèmes ont leurs avantages et leurs inconvénients : reconnaître au pouvoir législatif le droit de proclamer une amnistie est logique, puisqu'il s'agit de suspendre l'effet de la loi dans un cas particulier. Mais les discussions auxquelles donne lieu l'élaboration d'une loi sont de nature à raviver les passions qu'on se propose de calmer. Il paraît donc plus utile de laisser au pouvoir exécutif le soin de prendre vite, quand le moment paraît opportun, cette mesure d'apaisement. Mais n'est-ce pas lui permettre de sortir de ses attributions ?

592. Étendue de l'amnistie. — L'amnistie n'a d'autres limites que celles qui lui sont assignées par la loi qui la proclame. On peut formuler seulement en cette matière des principes que le législateur est libre de suivre ou de négliger. En règle, les restrictions que comporte une loi d'amnistie ne doivent pas avoir de caractère personnel : on exceptera, par exemple, tous les individus coupables d'un genre de délits ; mais il ne serait pas correct d'amnistier pour ces délits certains coupables et d'exclure les autres (1).

Le législateur peut-il mettre des conditions à l'amnistie ? Oui, pourvu qu'elles n'aient point de caractère pénal, car il n'a pas le pouvoir d'infliger une peine (2).

593. Effets de l'amnistie. — En général l'amnistie ne produit d'effets qu'au point de vue pénal : elle efface toutes les conséquences pénales de l'infraction. Par suite, l'action publique s'éteint ; la peine ne peut plus être exécutée ; les incapacités sont effacées ; la condamnation est réputée non avenue ; elle cesse ainsi de servir de premier terme à la

---

(1) Voir des exemples de ces restrictions *impersonnelles*: art. 70, L. sur la presse ; art. 1er § 2, L. d'amnistie, 1er fév. 1895.
(2) Cass. 1er mai 1837 (motifs de l'arrêt).

récidive, et le bulletin n° 1 qui la constate doit être retiré du casier judiciaire. — A l'inverse, au point de vue civil, l'amnistie ne produit en général aucun effet : l'action civile persiste, les droits acquis aux tiers par l'effet de la condamnation sont maintenus. Mais il pourrait arriver que dans l'intérêt général le législateur crût devoir anéantir ces droits acquis. Il y aurait, dans ce cas, une sorte d'expropriation pour cause d'utilité publique et il serait équitable que l'État se chargeât d'indemniser les tiers du préjudice qui en résulte. — Il appartient d'ailleurs à l'autorité judiciaire d'interpréter et d'appliquer les lois d'amnistie comme les autres lois.

594. L'amnistie empêche-t-elle le recouvrement des amendes et des frais (1) dus au Trésor ? Oblige-t-elle le Trésor à restituer les amendes et les frais qui lui ont été payés ? La difficulté naît de la prétendue transformation des amendes en dettes du patrimoine par le jugement qui les prononce, et du caractère de réparations civiles des frais. Il semble dès lors qu'on doive les traiter comme les réparations civiles proprement dites sur lesquelles l'amnistie est sans effet. Mais si l'on observe que l'amende et les frais de l'action publique ont pour cause unique *l'infraction*, tandis que les réparations civiles ont pour cause le *délit civil* caché sous l'infraction, on comprend que l'amnistie, en supprimant toutes les conséquences que le fait produit *en tant qu'infraction*, supprime la cause de l'amende et des frais dus à l'État et efface rétroactivement le titre de leur perception. Il faut donc admettre que les amendes et les frais ne peuvent pas être recouvrés après l'amnistie et que, s'ils ont été payés, ils peuvent être répétés par les intéressés comme un paiement fait sans cause (2).

595. L'action disciplinaire a une telle analogie avec l'action publique qu'on doit admettre que l'amnistie rend au condamné les fonctions et les distinctions honorifiques dont il a été privé à raison de sa condamnation pour le fait amnistié, réserve faite des droits acquis aux tiers, ainsi que du droit incontestable pour le Gouvernement de maintenir la destitution d'un fonctionnaire amovible. L'individu amnistié recouvrera donc ses décorations à tout événement ; car ce ne sont point *ses décora-*

---

(1) La question serait la même pour la confiscation quand elle a exclusivement le caractère de peine.

(2) *Sic* : Haus, II, 994 ; Garraud, II, 84. — *Contrà* : Dalloz, *Rép.*, v° *Amnistie*, n° 150. La question est peu étudiée. On admet généralement en pratique que les amendes ne peuvent plus être *recouvrées* après l'amnistie. Le Conseil d'État a étendu la même solution aux frais : *Cons. d'Ét.*, 7 mai 1880 (D. 81, 3, 7). — On soutient au contraire que des règles de comptabilité s'opposent à la *restitution* des amendes et des frais légalement recouvrés à l'origine. Cette prétention a été combattue par M. Batbie, rapporteur au Sénat de la loi d'amnistie du 2 avril 1878 (D. 78, 4, 20). — *Question subsidiaire* : L'amnistie supprime-t-elle la *contrainte par corps* pour le recouvrement des condamnations pécuniaires qu'elle laisse subsister ? V. *suprà*, n° 378.

tions qui ont pu être attribuées à un autre ; un maire destitué reprendra ses fonctions si l'on n'a point procédé à l'élection de son remplaçant ; il en sera de même d'un juge destitué que le Gouvernement n'a pas encore remplacé. A l'inverse, un magistrat du ministère public, un préfet, ne pourront reprendre leurs fonctions qu'avec l'agrément du Gouvernement. — On a voulu faire en cette matière une distinction : on admet bien notre solution si la peine disciplinaire a été encourue de plein droit, ou prononcée sans examen sur le vu du jugement de condamnation pour le délit amnistié, mais on soutient au contraire que cette peine doit être maintenue, malgré l'amnistie, si la décision qui la prononce a été rendue après examen du fait par la juridiction disciplinaire. Nous repoussons cette distinction, parce qu'en pratique il suffirait d'un simple motif inséré avant le dispositif de la sentence disciplinaire pour paralyser l'effet de l'amnistie. Ce motif deviendrait bientôt de style, avec la tendance qu'ont les juridictions disciplinaires à envisager les faits d'une manière plus étroite que le législateur. Il ne faut pas qu'une différence aussi profonde dans les effets de l'amnistie puisse être la conséquence d'une question de mots (1).

(1) V. sur ces questions : *Cons. d'État*, 12 mai 1881 (D. 82, 3, 97) ; GARRAUD, II, 85.

CHAPITRE III

DE LA GRACE.

596. Autorité qui accorde la grâce. — Le droit de grâce appartient au Président de la République, et il l'exerce sans contrôle (art. 3, L. const. 25 fév. 1875) (1). La procédure des recours en grâce n'est assujettie à aucune forme légale. En fait, des circulaires ministérielles ont établi certains usages dont la violation peut faire écarter par les bureaux un recours en grâce qui ne serait pas directement adressé au Président de la République ; mais celui-ci a toujours la faculté d'accorder une grâce sans instruction préalable. Ces usages n'ont donc rigoureusement rien d'obligatoire. En voici le résumé : 1° la grâce n'est pas accordée d'office ; on attend une demande du condamné, ou bien une proposition des magistrats ou de l'administration pénitentiaire ; 2° l'affaire est instruite dans la forme administrative par les soins de la Direction des affaires criminelles et des grâces, qui dépend du ministère de la justice ; — 3° si la peine est temporaire, on n'accueille le recours que lorsque la moitié de la peine est subie ; il est tenu compte de la conduite du détenu dans la prison. Si la peine est pécuniaire, on exige que le condamné ait payé les frais ou justifié de son indigence ; — 4° le Président de la République ratifie sans examen les propositions des bureaux ; — 5° le décret qui accorde la grâce est exécuté par le parquet, qui veille à ce que mention en soit faite en marge de l'arrêt ou du jugement de condamnation ; — 6° le recours en grâce n'entraîne un sursis obligatoire qu'autant que le parquet en a été avisé par la Chancellerie et qu'il s'agit de peines pécuniaires ou d'une peine d'emprisonnement inférieure à 3 mois dont l'exécution n'a pas commencé. — Ces règles ordinaires sont modifiées s'il s'agit d'*un condamné à mort* : 1° on n'attend point la demande du condamné et le sursis à l'exécution est de droit jusqu'au rejet du recours en grâce ; — 2° le Président de la République statue par lui-même,

---

(1) Ce contrôle a existé sous certaines de nos constitutions. V. Sén.-cons. 17 therm. an X ; Constitut. 4 nov. 1848 ; L. 17 juin 1871, p. les crimes de la commune (*commission des grâces*). Aujourd'hui le garde des sceaux statue après avis du *conseil d'administration du ministère de la justice*, qui n'est qu'un rouage administratif, et soumet seulement au Président de la République les dossiers des condamnés à mort et ceux des autres condamnés pour lesquels il donne un avis favorable. LE POITTEVIN, *Dict. des parquets* (1895), v° *Grâce*, n° 24.

sur la proposition du ministre de la justice, et après examen du dossier ; — 3° la grâce est accordée par *lettres patentes* soumises à l'entérinement de la Cour d'appel, en audience solennelle (1). Cette formalité n'a d'ailleurs aucune importance ; car les Cours d'appel ne peuvent, comme les anciens Parlements, refuser d'enregistrer la grâce et adresser des remontrances au chef de l'État, ni prononcer une peine contre l'individu gracié.

597. A quel moment peut intervenir la grâce ? — Il faut et il suffit que la condamnation soit devenue irrévocable. La grâce ne pourrait intervenir avant, sans rétablir dans notre Droit moderne les *lettres d'abolition individuelle* qui ont disparu avec la justice retenue. Il suit de là que la grâce ne peut s'appliquer au contumax ; car, tant que dure la prescription de la peine, sa condamnation n'est pas irrévocable, et une fois la prescription accomplie, il ne peut pas être question de renoncer au droit d'exécution qui n'existe plus. — Elle ne s'applique pas non plus au condamné avec sursis bien que sa condamnation soit irrévocable. Ne pouvant faire exécuter la condamnation, le Président de la République n'a pas le droit d'en faire grâce ; le droit d'exécution et son corollaire le droit de grâce sont affectés de la même condition suspensive ; ils ne peuvent être exercés ni l'un ni l'autre tant que dure le sursis. On peut encore dire ici : avant l'expiration du sursis, c'est trop tôt pour gracier ; après, c'est trop tard (2).

598. Étendue de la grâce. — La grâce peut être totale ou partielle. La première porte le nom de *remise* ; la seconde, de *réduction* ou de *commutation* de peine (L. 23 janv. 1874, art. 46, 48, C. p.). La situation du condamné ne peut jamais être aggravée sous prétexte de commutation de peine ou de condition mise à sa grâce (3).

---

(1) D. 6 juillet 1810, art. 20 ; Le Poittevin, *op. et loc. cit.*, 17 et s.

(2) J'abandonne, pour la raison donnée au texte, l'opinion contraire que j'avais admise dans ma 1re édition, d'après ce qui avait été dit dans les travaux préparatoires de la loi. — *Sic* : Treppoz, 207.

(3) Si le condamné prétend que sa situation a été aggravée par la décision gracieuse, a-t-il un recours, et quel est ce recours ? Les uns, s'attachant *au principe en vertu duquel la grâce est accordée*, présentent les conditions qui sont imposées comme un acte de souveraineté pouvant seulement être critiqué pour inconstitutionnalité devant les Chambres, si ces conditions violent les règles de notre Droit public. — D'autres, partis de la même idée, admettent un recours pour excès de pouvoir devant le Conseil d'État. — D'autres enfin, s'attachant *au résultat des conditions imposées* par le décret de grâce, y voient la prétention, élevée par le chef du pouvoir exécutif, de faire subir au condamné une peine différente de celle qui a été prononcée, ou d'en modifier le régime. Cette prétention, lorsque le condamné refuse de s'y soumettre, fait naître une question contentieuse sur l'exécution de la peine qui rentre dans la compétence de l'autorité judiciaire. Cette dernière manière de voir me paraît être la plus exacte. Qu'on dise que la grâce est un acte de souveraineté pour expliquer que le chef du pouvoir exécutif puisse dispenser de l'exécution des peines prononcées par l'autorité judiciaire, cela est bon ; mais tout autre est le caractère

599. Bien que le droit de grâce soit attribué sans aucune restriction au Président de la République, il est des peines sur lesquelles il ne peut l'exercer : ce sont les peines privatives de droits. Aussi a-t-il fallu des textes formels pour autoriser dans certains cas, évidemment exceptionnels, la remise gracieuse de ces peines. Par conséquent, dans toute autre hypothèse il faut décider que la grâce ne les atteint pas. On ne trouverait pas en effet le moment précis où la grâce pourrait intervenir : les peines privatives de droits opèrent une diminution de capacité qui s'accomplit juste au moment où la condamnation devient irrévocable. Or la grâce ne peut intervenir ni avant cet instant, parce que la condamnation n'est pas encore définitive, ni après, parce qu'elle est complètement exécutée. Il ne faut pas confondre en effet l'incapacité, qui est l'exécution de la condamnation, avec les conséquences de cette incapacité, c'est-à-dire les actes qu'elle empêchera, les mesures matérielles qu'elle autorisera à prendre. — Étendre la grâce aux peines privatives de droits, ce serait en second lieu rendre inutile la réhabilitation qui a précisément pour objet d'en relever le condamné. — Enfin cette remise touche à la capacité des personnes. Or les questions de capacité sont de la compétence exclusive des tribunaux judiciaires. C'est pour ce motif que les textes du Code d'instruction criminelle et des lois postérieures ne permettaient au chef de l'État d'accorder une réhabilitation que sur l'avis *conforme* de la Cour d'appel ; c'est encore pour ce motif que la dernière loi sur la matière, celle du 14 août 1885, a confié à la Cour d'appel le soin de statuer définitivement sur les demandes en réhabilitation (1).

600. Dans une opinion radicalement opposée on argumente de la généralité des termes par lesquels la Constitution confère le droit de grâce au Président de la République, ainsi que des nombreuses lois qui ont admis la remise gracieuse des incapacités dans certains cas déterminés (2), pour soutenir que les peines privatives de droits peuvent régulièrement être remises par voie de grâce. — Mais il est facile de répondre que la Constitution n'organise point l'exercice du droit de grâce ; elle se borne à désigner l'autorité qui graciera. Quant aux textes qu'on invoque, ils auraient été inutiles si la grâce se fût appliquée normalement aux peines privatives de droits ; ils sont donc exceptionnels.

---

de l'acte par lequel, *après cette dispense*, il prétend porter atteinte aux biens, aux droits ou à la liberté des particuliers. Cet acte lèse en effet des intérêts qui sont sous la protection des tribunaux ordinaires. Il constitue en outre une immixtion dans l'exécution du jugement de condamnation. En sens divers : VILLEY, p. 532 ; — GARRAUD, II, 192. — Le Cons. d'État s'est déclaré incompétent, 30 juin 1893 (D. 94, 3, 61).

(1) AUBRY et RAU, I, 336 ; DEMOLOMBE, I, 235 ; ORTOLAN, II, 1923 ; BERTAULD, p. 464 ; GARRAUD, II, 90.

(2) V. L. 30 mai 1854, art. 12 ; L. 31 mai 1854, art. 4 ; L. 25 mars 1873, art. 16 ; L. 23 janv. 1874 (nouvel art. 48, C. p.) ; L. 27 mai 1885, art. 17.

601. La Chancellerie paraît suivre un système éclectique : s'agit-il d'une peine privative de droits *prononcée* par le juge comme peine principale ou complémentaire, on considère que sa remise par voie gracieuse est possible. S'agit-il au contraire d'une peine privative de droits *résultant virtuellement de la condamnation à une autre peine*, c'est-à-dire d'une peine accessoire, on fait une distinction : sa remise par voie de grâce est possible si la grâce intervient avant que l'exécution de la peine principale ait commencé ; elle est impossible si la décision gracieuse intervient au cours de l'exécution de cette peine. — Toutes ces distinctions sont arbitraires et peu juridiques. Qu'importe d'abord de quelle manière la peine privative de droits ait été encourue, qu'elle le soit virtuellement par l'effet de la condamnation à une autre peine, ou qu'elle le soit par une sentence directe, elle s'exécute dans les deux cas de la même manière, c'est-à-dire qu'elle diminue de plein droit la capacité du condamné quand la condamnation devient irrévocable ; dès lors on ne voit point à quel moment pourrait intervenir la grâce. Quant à la sous-distinction qu'on fait relativement aux incapacités encourues à titre de peines accessoires, c'est un vieux souvenir des effets de la grâce sur la mort civile qui n'a plus de raison d'être. La mort civile était encourue à compter du jour de l'exécution réelle ou par effigie (art. 26, C. civ.). Donc si une grâce, commuant une peine perpétuelle en peine temporaire, intervenait avant que l'exécution de la peine perpétuelle eût commencé, elle rendait cette exécution impossible et écartait par voie de conséquence la mort civile. Que si au contraire elle intervenait après ce moment, la mort civile avait été encourue et la grâce n'agissait point sur elle. Mais aujourd'hui toutes les incapacités qui ont le caractère de peines accessoires sont encourues au moment où la condamnation contradictoire devient définitive (art. 3, L. 31 mai 1854 ; art. 28, C. p.). Donc pour ces incapacités, comme pour les peines privatives de droits que le juge prononce, on ne peut trouver le moment où pourrait utilement se placer la grâce. Avant que la condamnation soit devenue irrévocable, c'est trop tôt. Après, c'est trop tard : l'incapacité est encourue, l'exécution de la condamnation est complète, la grâce n'a plus rien à faire.

602. On doit accepter cependant la solution de la Chancellerie pour l'interdiction légale. Cette peine accessoire, ayant pour unique objet d'assurer l'exécution d'une peine afflictive, ne peut subsister seule s'il est fait remise de la peine principale, ni devenir l'accessoire d'une peine simplement infamante ou correctionnelle s'il y a commutation en ce genre de peine.

603. Effets de la grâce. — La grâce arrête simplement l'exécution de la peine. Elle laisse subsister la condamnation avec toutes ses conséquences au point de vue pénal, civil et disciplinaire. Cette condamnation pourra donc servir de premier terme à la récidive, et le bulletin n° 1 qui la constate devra être maintenu au casier judiciaire.

604. On a agité la question de savoir si la grâce et l'amnistie pouvaient être refusées par le condamné. En fait, on ne comprendrait guère comment le condamné pourrait contraindre l'administration à exécuter contre lui la peine, quand celle-ci veut arrêter l'exécution. Le droit ici confirme le fait : la grâce et l'amnistie ne sont pas offertes, mais imposées ; le pouvoir social renonce d'une manière plus ou moins large au droit de punir ; il ne doit compte à personne de son acte. Que décider cependant si l'amnistie intervenait quand les poursuites sont commencées ? La loi d'amnistie ne violerait elle pas un droit acquis si on l'appliquait au fait poursuivi ? Le prévenu n'est-il pas fondé à dire : « Vous pouviez ne pas me poursuivre ; mais une fois la poursuite entamée, vous ne pouvez m'empêcher de me justifier ? » — Ce raisonnement invoque un intérêt, mais non un droit : l'action publique n'appartient pas à l'inculpé ; or ce serait lui permettre d'en disposer que de lui reconnaître le droit d'exiger des magistrats la continuation des poursuites (1).

605. Du droit de grâce il faut rapprocher : le droit du mari de reprendre sa femme condamnée à l'emprisonnement pour adultère (art. 337, C. p.) et les transactions des administrations fiscales, intervenues après condamnation, pour les peines pécuniaires (art. 159, C. for. ; art. 15, L. 21 juin 1873).

---

(1) Pour la grâce, la question fut discutée par M. de Peyronnet, ministre de Charles X, gracié par Louis-Philippe (*Pensées d'un prisonnier*, p. 146). Pour l'amnistie, la Cour de cassation a d'abord admis le raisonnement d'un prévenu qui refusait l'amnistie intervenue après le commencement des poursuites : Cass. 25 novembre 1826 ; mais elle est revenue plus tard sur sa jurisprudence : Cass. 10 juin 1831, 22 janvier et 12 mai 1870. La Chancellerie admet que le condamné peut refuser d'exécuter un décret de grâce qui commue la peine de l'emprisonnement en celle de l'amende. LE POITTEVIN, *op.* et *loc. cit.*, 27, 32.

CHAPITRE IV

DE LA RÉHABILITATION.

606. Autorité qui accorde la réhabilitation (1). — Sous le Code pénal de 1791, les municipalités accordaient la réhabilitation ; le tribunal criminel n'intervenait que pour la solenniser. Elle dépendait par conséquent d'une assemblée politique. Le Code d'instruction criminelle enleva ce rôle prépondérant aux municipalités, et les réduisit, ainsi que la Chambre d'accusation, à donner de simples avis ; la réhabilitation fut accordée par décret, elle dépendait par conséquent de l'autorité administrative. La loi du 14 août 1885 l'a placée dans les attributions de l'autorité judiciaire. La Chambre d'accusation rend un *arrêt de réhabilitation* ; c'est elle qui réhabilite. Elle a hérité du pouvoir souverain d'appréciation qu'on reconnaissait autrefois au chef de l'Etat : elle peut, si les conditions légales sont remplies, accorder la réhabilitation, malgré les avis défavorables des autorités consultées pour l'instruction de la demande ; elle peut, dans la même hypothèse, la refuser, malgré les avis favorables. Ce qui excéderait ses pouvoirs, ce serait de dispenser des formalités légales, en dehors des cas où elle est autorisée à le faire, ou d'en ajouter d'autres. Le pouvoir souverain de la Cour résulte surtout de cette raison pratique qu'elle statue sur un point de fait, savoir, si l'impétrant est ou non digne d'être réhabilité. Enfin les avis des autorités que l'on consulte cesseraient d'être des avis pour devenir des ordres, si la Cour était obligée de s'y conformer (2).

607. Quels condamnés peuvent être réhabilités ? — La réhabilitation peut être accordée à tout condamné à une peine criminelle ou

---

(1) Bibliographie : Billecocq, *De la réhabilitation en matière criminelle, correctionnelle et disciplinaire* (Paris, 3e édit. 1886) ; Sarraute, *Traité théorique et pratique de la réhabilitation des condamnés* (Paris, 1884) ; Brégeault et Delagarde, *Traité théorique et pratique de la réhabilitation des condamnés* (Paris, 1887) ; H. Prudhomme, *De la réhabilitation* (*La France judiciaire*, 1886, p. 249 et s.).

(2) Il faut donc se garder de prendre au pied de la lettre cette phrase à effet du rapporteur, M. Gomot : « La réhabilitation cesse d'être une faveur pour devenir un droit. » En réalité, rien n'est changé dans les pouvoirs de l'autorité qui statue ; on a simplement changé cette autorité. Avant la réforme opérée par la loi nouvelle, le Président de la République lui-même n'aurait pas pu réhabiliter un condamné qui n'était point dans les conditions légales pour obtenir sa réhabilitation. Restait à savoir de quel recours son décret illégal était susceptible. Voir la même question pour la grâce irrégulièrement accordée (*supra*, n° 598, note).

correctionnelle. L'ancien art. 634 déclarait indignes d'être réhabilités deux catégories de récidivistes ; ces exceptions ont disparu : la loi nouvelle s'est bornée à rendre plus sévères, dans ces deux cas, les conditions de recevabilité de la demande. — La réhabilitation a été étendue aux greffiers, notaires et officiers ministériels destitués par mesure disciplinaire (L. 19 mars 1864). Ils l'obtiennent dans les mêmes conditions que les condamnés correctionnels. — On controversait autrefois la question de savoir si la réhabilitation pouvait être demandée pour toutes les condamnations correctionnelles, ou seulement pour celles qui entraînaient des incapacités. Le but même de la réhabilitation, qui était de faire cesser « *les incapacités* résultant de la condamnation » (anc. art. 634), favorisait la seconde solution. La première cependant était suivie en jurisprudence. Elle ne peut plus faire doute aujourd'hui, car le nouvel art. 634 ajoute aux effets de la réhabilitation celui d'*effacer la condamnation* (1), et la rend ainsi utile dans tous les cas.

608. Est-il nécessaire que le condamné soit vivant, ou bien la réhabilitation peut-elle être accordée à sa mémoire ? Avant la loi nouvelle, on ne doutait pas que l'existence du condamné fût une condition essentielle pour que la réhabilitation pût être accordée : après le décès du condamné, elle aurait été inutile puisqu'elle avait pour unique objet de faire cesser dans l'avenir ses incapacités. De plus, un amendement présenté dans les travaux préparatoires de la loi de 1852, en vue d'autoriser la réhabilitation de la mémoire du condamné, avait été repoussé (2). Cette solution nous paraît devoir être maintenue sous la loi nouvelle, bien que les effets de la réhabilitation aient été élargis. La mémoire survivant à l'individu et héritant de ses droits est une fiction qu'on ne peut admettre sans texte ; or ce texte n'existe pas pour la réhabilitation. Réhabiliter la mémoire, ce serait en réalité réhabiliter les héritiers du condamné ; la loi n'admet pas cette réhabilitation qui n'a pas de raison d'être (D. 21 janv. 1790, art. 2, *suprà*, n° 49). D'ailleurs, toute la procédure de la réhabilitation suppose la présence du condamné, et son résultat, bien que pouvant être poursuivi dans un intérêt purement moral, a été présenté, dans les textes et dans les travaux préparatoires, comme s'appliquant uniquement à un condamné vivant (3).

609. Conditions de recevabilité de la demande. — Quatre conditions sont nécessaires pour rendre la demande recevable :

1° « La peine privative de la liberté doit avoir été subie ou remise

---

(1) *Sic* : Cass. 29 av. 1865 ; *junge* : rapp. Gomot, *Chambre des députés, J. Pal.*, 1885, *Lois*, p. 1405. Mais on n'avait jamais songé à organiser une voie de recours contre la décision rejetant une demande en réhabilitation.

(2) Amendement Beauverger rejeté sur les observations de O'Quin et Rouher (D. 1852, 4, 168).

(3) *Sic* : Prudhomme, *loc. cit.*, n° 25. — *Contrà* : Garraud, II, 97.

par voie de grâce » (art. 619). La réhabilitation est en effet une récompense accordée au condamné qui a expié sa faute et qui s'est reclassé. Elle ne pourrait être obtenue par celui qui a prescrit sa peine ; on ne récompense pas l'individu qui n'a cessé d'être en état de rébellion contre la loi (1). Cependant l'esprit de l'art. 619 commande une exception au profit du condamné qui a ignoré sa condamnation et qui, par suite de cette ignorance, a laissé s'accomplir la prescription de la peine (2).

610. 2° « Le condamné doit être libéré des condamnations pécuniaires ou de la contrainte par corps » (art. 623). Il est à remarquer que l'exécution de la contrainte par corps tient lieu ici de paiement. — Le texte indique comme mode de libération, tant de la créance que de la voie de recouvrement, le *paiement*, la *remise* et la *prescription* ; mais cette énumération n'est pas limitative ; il n'y aurait en effet aucune bonne raison de repousser l'impétrant qui prouverait qu'il est libéré par novation ou par compensation. Relativement à la contrainte par corps, l'art. 623 exige que le temps *déterminé par la loi* ait été subi, mais c'est plutôt celui déterminé par le juge ; on a voulu indiquer seulement que le condamné profitera des causes de réduction et de dispense survenues depuis le jugement. — Avant la loi de 1885 on n'admettait pas que l'impétrant pût invoquer la prescription pour se dispenser d'acquitter les frais et les dommages-intérêts ; ce moyen peu délicat semblait exclu par l'idée que la réhabilitation est une récompense accordée à un condamné redevenu digne de la considération et de l'estime de ses concitoyens. — Le législateur de 1885 a accueilli ce mode de libération par suite d'une erreur de droit que personne n'a relevée (3). — Quoi qu'il

(1) Cette sévérité de la loi est excessive : l'état de rébellion n'est en effet le plus souvent qu'un état d'inertie. Peut-on humainement reprocher à un homme de ne pas s'offrir lui-même au châtiment ? La proposition *Michelin* (*suprà*, n° 590) a pour objet principal d'étendre la réhabilitation aux condamnés qui ont prescrit leur peine. La jurisprudence avait déjà admis à la réhabilitation celui qui a prescrit sa peine par suite de la négligence du ministère public. Aix, 8 nov. 1888. Le Poittevin, *Dict. des Parquets*, v° *Réhabilitation*, V, n° 6.

(2) *Sic* : Orléans, 14 av. 1886 (S. 86, 2, 212) pour un condamné correctionnel jugé par défaut. *Contrà* : Douai, 9 nov. 1893 (*J. des Parq.* 95, 2, 50). Faudrait-il admettre la même solution pour le contumax ? Nous le pensons. Les mesures de publicité dont est entourée la condamnation par contumace rendent, sans doute, peu vraisemblable l'ignorance alléguée par le condamné ; mais ce n'est là qu'une présomption de fait qui doit tomber devant la preuve contraire, pour laquelle on devra évidemment se montrer sévère.

(3) « La prescription, a-t-on dit, a un caractère absolu et d'ordre public. Il n'est plus possible au condamné de payer... (S'il ne pouvait l'invoquer) il en résulterait pour lui l'impossibilité de se faire réhabiliter » (Disc. de M. Mazeron, Chambre, séance du 18 mai 1885. *J. Pal.*, *loc. cit.*, p. 1414). Ce raisonnement serait juste si la prescription applicable aux condamnations à des *dommages-intérêts* et aux *frais* était la prescription criminelle ; mais ces créances sont précisément soumises à la prescription civile (art. 642, C. i. c.). Or, en Droit civil, la dette persiste, bien que le délai fixé pour la prescription soit écoulé, tant qu'elle n'est pas invoquée par le créancier (art. 2223, C. c.). Aucun

en soit, il ne faudrait pas reconnaître à la Chambre d'accusation, à raison de son pouvoir souverain d'appréciation, le droit d'imposer à l'impétrant le paiement des créances prescrites pour se rendre digne d'être réhabilité : ce serait tourner la loi.

Malgré les termes généraux des paragraphes 1er et 2 de l'art. 623, la prescription n'est pas susceptible d'être invoquée pour l'*amende*, ni pour les *confiscations* ayant un caractère pénal. Le condamné qui a prescrit sa peine ne peut en effet être réhabilité (arg. art. 619). Il devra donc les payer ou obtenir leur remise (1).

611. Aux frais et aux dommages-intérêts, qui sont les deux chefs habituels des réparations civiles, s'ajoute, en cas de condamnation pour banqueroute frauduleuse, « le passif de la faillite en capital, intérêts et frais ». Ce nouveau chef de réparations civiles comporte les mêmes modes de recouvrement que les précédents (§ 3).

612. Si le demandeur justifie qu'il est hors d'état de se libérer des *frais de justice*, la Chambre d'accusation peut lui accorder la réhabilitation dans le cas même où ces frais n'auraient pas été payés ou ne l'auraient été qu'en partie (§ 4). Cette disposition de la loi nouvelle a été écrite dans l'intérêt des débiteurs du Trésor, parce que ses agents ne peuvent faire aucune remise des frais, et refusent souvent, pour ne pas ajouter au perdu, d'exercer la contrainte par corps contre un insolvable. On était alors juridiquement enfermé dans une impasse dont la grâce elle-même n'aurait pas permis de sortir, car elle ne s'applique qu'aux peines. — Il faut étendre par analogie cette disposition aux *condamnations pécuniaires prononcées au profit de la partie civile*, quand celle-ci ne veut ni en faire remise ni exercer la contrainte par corps.

613. En cas de condamnation solidaire l'impétrant peut se contenter de payer sa part « des frais de justice, des dommages-intérêts et du passif de la faillite ». Cette part est déterminée par la Chambre d'accusation, si elle ne l'a pas été dans le jugement ou l'arrêt de condamnation (§ 5). On a prévu le cas où la partie lésée refuserait de recevoir et celui où elle ne pourrait être retrouvée : dans ces deux hypothèses le demandeur doit déposer à la caisse des dépôts et consignations la somme qu'il est obligé de payer pour rendre sa demande recevable. Elle y reste pendant cinq ans à la disposition de la partie lésée. Passé ce délai, elle est restituée au déposant sur sa simple demande (§ 6) (2).

---

obstacle légal n'empêchait donc un payement qu'on a fort inexactement considéré comme impossible. — Quant aux *amendes*, s'il est vrai que le Trésor ne peut réclamer le payement une fois la prescription accomplie, il peut toujours le recevoir à titre de *restitution anonyme*.

(1) *Contrà* : GARRAUD, 97. — L'extension de l'art. 619 aux amendes me paraît être la conséquence logique de l'extension de la réhabilitation aux condamnations pécuniaires.

(2) Toutes les dispositions de l'art. 623 relatives aux réparations civiles sont écri-

614. 3° « Un délai d'épreuve doit avoir précédé la demande ». — Ce délai varie suivant la nature de la peine et les antécédents du condamné. Il est de *cinq ans* pour les peines criminelles et de *trois ans* pour les peines correctionnelles, s'il s'agit d'un condamné primaire (1). Il est de *six ans* pour les récidivistes qui n'ont jamais été condamnés qu'à des peines correctionnelles, et pour les réhabilités qui demandent une seconde réhabilitation après avoir encouru, depuis la première, une seule condamnation correctionnelle. — Il est de *dix ans* pour les récidivistes condamnés à des peines criminelles, et pour les réhabilités qui ont encouru depuis leur réhabilitation soit une peine criminelle, soit plusieurs condamnations à des peines correctionnelles (art. 620 et 634).

615. Ce délai court du jour où le condamné a été *libéré* de la peine corporelle ou pécuniaire par l'exécution complète ou par la grâce, et pour la dégradation civique ou l'interdiction de séjour prononcées sans peine privative de la liberté, du jour où la condamnation est devenue irrévocable (art. 620). Cette distinction prête à la critique, car le reclassement s'opère au profit du condamné qui vit dans la société, alors même qu'il serait en cours de peine. Partant de cette idée, on aurait dû faire courir le délai d'épreuve pour les condamnés à une peine privative de la liberté à compter de la *libération conditionnelle* (L. 14 août 1895, art. 2), et à compter du jour où la condamnation est devenue irrévocable, pour les condamnés à l'amende. Mais ce n'est point l'idée du législateur ; aussi faut-il décider que le délai d'épreuve ne commence utilement qu'après la libération définitive et après le paiement de l'amende.

tes en vue de l'hypothèse où ces réparations ont été déterminées contradictoirement avec la partie lésée avant la demande en réhabilitation. Que décider dans l'hypothèse inverse ? Antérieurement à la loi du 14 août 1885, quelques praticiens conseillaient aux Parquets d'arbitrer la réparation qui était due et d'imposer à l'impétrant l'obligation de l'offrir à la partie lésée ; ou bien, si celle-ci ne pouvait être retrouvée ou refusait de recevoir, d'en faire un emploi charitable. Un amendement a été présenté pour abolir cet usage, mais il a été écarté. Certains auteurs concluent de son rejet que l'usage en question a été maintenu. Nous pensons au contraire qu'il a été aboli. L'amendement en effet a été écarté comme inutile. Du moment que la loi précise les conditions de recevabilité de la demande, comment serait-il licite d'en ajouter de nouvelles ? La réhabilitation cesserait d'être un *droit* pour devenir une *faveur* ; l'esprit de la loi nouvelle serait violé. L'emploi charitable de la réparation rétablirait d'ailleurs la peine de l'*aumône* justement écartée par notre droit moderne. Sic : LELOIR, *La France jud.*, 1885-86, I, p. 132. LE POITTEVIN, *op. et verb. cit.* — Contrà : GARRAUD, II, 98 ; PRUDHOMME, *op. cit.*, n° 25.

(1) Le condamné correctionnel avec sursis n'obtient la *réhabilitation de plein droit* qu'après *cinq ans*. Pourrait-il renoncer au sursis et exécuter sa peine pour se faire *réhabiliter expressément* avant cette époque ? Je ne la pense point. Le sursis en effet ne lui est pas offert, mais imposé. La société en attend un effet normal dont le condamné ne peut la priver. On a bien songé à tourner la difficulté en faisant gracier le condamné avec sursis ; mais on a vu ci-dessus que les principes s'opposent à ce que la grâce intervienne en sa faveur (*suprà*, n° 597). — Sic : Rennes, 5 déc. 1895 (*Lois Nouv.* 96, 2, 138) ; Lettre min. just., 20 mars 1896 (*Lois Nouv.* 96, 3, 131).

La résidence obligée dans la colonie pénale après l'expiration de la peine des travaux forcés n'empêche pas le délai de courir. Cette exception au principe que la peine doit être subie est exprimée par la formule obscure de l'art. 11 de la loi du 14 août 1885 : « La présente loi est applicable aux colonies, sous réserve des dispositions des lois ou règlements spéciaux relatifs à l'exécution de la peine des travaux forcés » (1).

616. 4° « Certaines conditions de résidence pendant le délai d'épreuve ». — Le temps de l'épreuve doit avoir été passé tout entier dans le même arrondissement, et ses deux dernières années, dans la même commune (art. 621 §§ 1, 2). Sans ces conditions de résidence il serait impossible de constater le reclassement. Mais ces conditions ne sont point rigoureusement exigées : 1° pour les condamnés qui ont passé tout ou partie de ce temps sous les drapeaux ; — 2° pour ceux que leur profession oblige à des déplacements inconciliables avec une résidence fixe (2). La Chambre d'accusation qui statue sur la demande peut les affranchir de la quatrième condition s'ils justifient, les premiers, d'attestations satisfaisantes de leurs chefs militaires, les seconds, de certificats de leurs patrons ou chefs d'administration constatant leur bonne conduite (*Ibid.* §§ 3, 4).

617. Procédure. — La procédure de la réhabilitation comprend deux parties : 1° l'instruction de la demande ; 2° la décision de la Cour d'appel.

1° L'instruction de la demande est confiée au procureur de la République de l'arrondissement où l'impétrant est domicilié. L'intéressé dépose une demande, écrite sur papier timbré, dans laquelle il indique la date de sa condamnation et tous les lieux où il a résidé depuis sa libération (art. 622). Il y joint les quittances attestant le paiement des condamnations pécuniaires ou le certificat de consignation qui en tient lieu ; au besoin il indique les causes qui le dispensent de payer (art. 623). — Sur cette demande, le procureur de la République provoque les attestations des maires des communes, les avis des juges de paix des cantons et ceux des sous-préfets des arrondissements où l'impétrant a résidé (art. 624). Les attestations demandées aux maires sont à la fois des *certificats* sur l'époque et la durée de la résidence dans la commune, la conduite, les moyens d'existence du condamné, et des *avis* sur le mérite de sa demande (3). — Si le demandeur prétend avoir été en situation d'invoquer

---

(1) V. Discours de M. Bérenger, Sénat, séance du 1ᵉʳ avr. 1885 (*J. Pal.*, loc. cit., p. 1421).

(2) On assimile à ces individus le mineur obligé de résider chez son père. Poitiers, 3 juin 1891 (L. N. 92, 2, 86).

(3) Autrefois le certificat était demandé au Conseil municipal et l'avis au maire. La loi nouvelle a voulu éviter une publicité fâcheuse pour l'impétrant

la dispense de la résidence pendant le délai d'épreuve, le procureur de la République provoque les *attestations* des chefs militaires et les *certificats* des patrons dont il a été parlé (art. 621 § 4). On n'a pas voulu charger le condamné de procurer ces pièces afin d'assurer leur sincérité.

Le procureur de la République complète le dossier par : 1° une expédition de l'arrêt ou jugement de condamnation ; 2° un extrait des registres des lieux de détention où la peine privative de la liberté a été subie, constatant quelle a été la conduite du condamné ; 3° l'extrait de naissance et l'extrait du casier judiciaire et il transmet le tout, avec son avis, au procureur général (art. 625).

618. 2° La Cour est saisie par le dépôt du dossier fait à son greffe (art. 626). La section qui statue est la Chambre d'accusation. L'affaire doit y être rapportée dans les deux mois du dépôt (art. 627 § 1). Autrefois la décision intervenait sur les conclusions écrites du procureur général, sans que l'impétrant fût appelé à soutenir sa demande. La loi nouvelle a introduit un débat oral et contradictoire entre le procureur général et la partie ou son conseil (art. 628) ; mais l'audience reste secrète : la publicité aurait pu être préjudiciable à l'impétrant. — La Cour peut rendre trois sortes de décisions : ordonner un supplément d'instruction, rejeter la demande, l'accueillir. Le supplément d'instruction ne doit pas retarder la décision définitive pendant plus de six mois (art. 627 § 2). Le rejet de la demande empêche le condamné de la renouveler avant deux années (art. 629). Son admission est suivie de l'exécution de l'arrêt de réhabilitation. A cet effet, « un extrait de l'arrêt est adressé par le procureur général à la Cour ou au tribunal qui a prononcé la condamnation, pour être transcrit en marge de la minute de l'arrêt ou du jugement. Mention en est faite au casier judiciaire. Les extraits délivrés *aux parties* ne doivent plus relever la condamnation. Le réhabilité peut se faire délivrer sans frais une expédition de la réhabilitation et un extrait du casier judiciaire purgé de la condamnation » (art. 633).

619. La loi ne dit point si l'arrêt de la Cour peut être attaqué par une voie de recours. Les principes généraux doivent le faire considérer comme susceptible d'un *pourvoi en cassation* pour violation, fausse interprétation ou fausse application de la loi. — Si le demandeur n'a pas comparu devant la Chambre d'accusation, pourrait-il recourir par la voie de *l'opposition* ? Nous ne le pensons point, parce que le débat contradictoire introduit par la loi nouvelle n'est pas de l'essence de la procédure.

---

en supprimant l'intervention du Conseil municipal ; elle a chargé en conséquence le maire de délivrer le certificat. Il n'y est plus question de l'avis, cependant il n'est pas probable qu'on ait voulu le supprimer ; c'est d'ailleurs la conclusion que l'officier qui délivre le certificat tire des constatations qu'il contient.

(1) Cass. 21 nov. 1895 (D. 96, 1, 167). Le condamné qui se pourvoit doit consigner l'amende exigée par l'art. 420, C. i. c. : Cass. 16 déc. 1893.

620. Effets. — « La réhabilitation efface la condamnation et fait cesser pour l'avenir toutes les incapacités qui en résultaient » (art. 634). L'ancien texte ne contenait que le second membre de phrase relatif aux incapacités. Le législateur de 1885 a voulu élargir les effets de la réhabilitation ; mais, en déclarant la condamnation effacée, il ne se place qu'au point de vue pénal. Cette condamnation ne pourra plus servir, par exemple, de premier terme à la récidive. Au point de vue civil elle persiste, et par conséquent la partie lésée, dont l'indemnité n'aurait pas été déterminée contradictoirement avant la réhabilitation, pourrait invoquer la chose jugée résultant de cette condamnation sur les questions communes à l'action civile et à l'action publique.

621. La réhabilitation ne fait cesser les incapacités que pour l'avenir. Elle ne rend donc pas au condamné les décorations dont il a été privé par mesure disciplinaire ; elle lui rend seulememt l'aptitude à être décoré. Elle ne le relève pas de la déchéance de la puissance paternelle, elle le rend apte à en être relevé (1). — Il faut noter que l'arrêt de réhabilitation ne produit son effet qu'à partir du jour où il a été rendu et non à partir de la demande, car il est, de sa nature, attributif de droits.

622. Bien que la condamnation ne puisse servir, après la réhabilitation, de premier terme à la récidive, le bulletin n° 1 reste au casier. Il peut être utile en effet au cas où le réhabilité, ayant subi une nouvelle condamnation, formerait plus tard une seconde demande en réhabilitation. Mais il semble, *a contrario* de l'art. 633 § 1 *in fine*, que le ministère public peut, dans toute circonstance où il a intérêt à faire connaître les antécédents du réhabilité, exiger que la condamnation effacée par la réhabilitation soit portée sur les bulletins n° 2 qu'on lui délivre (2).

623. La réhabilitation peut-elle être partielle, c'est-à-dire demandée et accordée seulement pour une seule des condamnations encourues par l'impétrant ? La jurisprudence s'est prononcée, avec raison, pour la négative (3). La réhabilitation est en effet « la constatation judiciaire de

---

(1) Cons. d'Et. 1er mars 1890 (D. 90, 3, 52); L. 29 juil. 1889, art. 15.

(2) Il a même été dit, dans la discussion au Sénat, que s'il poursuivait le réhabilité pour une nouvelle infraction il pourrait faire *connaître secrètement* cet antécédent judiciaire au tribunal. Je repousse cette solution qui mettrait en opposition l'art. 633 avec l'art. 634. Si la condamnation est effacée au point de vue pénal, on ne doit pouvoir l'invoquer ni comme cause d'aggravation légale, ni comme fait de moralité. De plus, cette communication faite secrètement au juge serait contraire aux principes de notre Droit public, qui veulent qu'en matière pénale le débat soit public, oral et contradictoire devant les juridictions de jugement. — Ce n'est donc pas en vue d'une seconde poursuite, mais pour aider à déterminer les conditions d'une *deuxième réhabilitation* pénale ou pour faire repousser une *réhabilitation commerciale* que le bulletin n° 1 est conservé au casier.

(3) C. Orléans, 19 juillet 1887, *J. du min. pub.*, 1887, p. 191. — La réhabilitation de plein droit est au contraire nécessairement partielle.

la régénération morale du condamné et sa restauration dans son premier état » ; il est conforme à sa nature qu'elle ne puisse être fractionnée.

624. Le Code de commerce a organisé une *réhabilitation commerciale* pour les faillis. Il en exclut les faillis condamnés pour banqueroute frauduleuse, vol, abus de confiance et pour certains délits civils (art. 612, C. com.). L'art. 634 du Code d'instruction criminelle nous prévient que la réhabilitation pénale n'entraîne pas la réhabilitation commerciale.

625. Comparaison de l'amnistie, de la grâce et de la réhabilitation. — Il est bon, après avoir étudié les particularités de ces trois institutions, de les réunir de nouveau, comme nous avons fait en commençant, afin de mieux fixer, par leur comparaison, leurs ressemblances et leurs différences.

A. *Ressemblances.* — 1° Elles constituent des actes à la fois de souveraineté et de clémence. — 2° Dans l'ancien Droit elles émanaient directement du roi et étaient accordées en vertu de la justice retenue. — 3° Mesures de faveur avant leur obtention, elles constituent une fois obtenues un droit irrévocable, sauf quelques exceptions pour la grâce.

B. *Différences.* — Elles diffèrent : 1° *par leur raison d'être* : l'amnistie est une mesure dictée par des motifs politiques ; la grâce l'est par l'humanité ; la réhabilitation par l'équité ; — 2° *par leur caractère* : l'amnistie est une mesure collective ; la grâce et la réhabilitation sont individuelles ; — 3° *par l'autorité qui les accorde* : l'amnistie émane du pouvoir législatif ; la grâce, du chef du pouvoir exécutif ; la réhabilitation, de l'autorité judiciaire ; — 4° *par le moment où elles interviennent* : l'amnistie peut intervenir avant comme après la condamnation ; la grâce intervient après que la condamnation est devenue irrévocable ; la réhabilitation, après l'expiration de la peine ; — 5° *par leurs effets* : l'amnistie réagit sur l'infraction ; la réhabilitation efface la condamnation ; la grâce arrête l'exécution de la peine.

DEUXIÈME PARTIE

DROIT PÉNAL SANCTIONNATEUR
(CODE D'INSTRUCTION CRIMINELLE)

I. — LES ACTIONS
II. — LES JURIDICTIONS ET LA PROCÉDURE

DEUXIÈME PARTIE

ORGANISATION SANCTIONNATRICE
(DISTRIBUTION CRIMINELLE)

I. — LES ACTEURS
(JURIDICTIONS ET LA PROCÉDURE)

INTRODUCTION HISTORIQUE

626. Dans l'étude du droit pénal *déterminateur* nous avons demandé à la philosophie d'abord, à l'histoire ensuite, les notions indispensables pour nous permettre d'apprécier, au fur et à mesure de son exposé, la valeur de notre législation actuelle. Dans celle du Droit pénal sanctionnateur la philosophie est d'un faible secours. Deux grands intérêts sont en présence : celui de la société qui recherche le coupable, celui de l'accusé qui se défend. Le but à atteindre est la conciliation de ces deux intérêts. Le Droit abstrait peut bien le signaler ; il peut encore se prononcer sur la distinction fondamentale des deux actions qui naissent de l'infraction, l'action publique et l'action civile ; mais l'organisation des juridictions et la procédure pénale lui échappent. Elles sont en effet trop intimement liées à l'organisation politique de l'État pour ne pas varier avec elle. Les notions théoriques en cette matière se réduisent nécessairement à l'exposé des précédents historiques et à une étude de législation comparée.

627. Les programmes universitaires ont fait au Code d'instruction criminelle une place trop exiguë pour que nous puissions étendre cette étude au delà des législations qui ont immédiatement précédé l'organisation actuelle du Droit pénal sanctionnateur et qui lui ont fourni la plupart de ses éléments. Nous examinerons en premier lieu *l'état du Droit pénal sanctionnateur à la veille de la Révolution française* ; nous verrons ensuite *les réformes opérées par la législation intermédiaire* ; nous analyserons enfin sommairement les *modifications apportées par le Code d'instruction criminelle et les lois postérieures*.

1. — État du droit pénal sanctionnateur à la veille de la Révolution française (1).

628. L'ordonnance criminelle de 1670 était le Code de procédure pénale qui régissait la France à la veille de la Révolution de 1789. Cette ordonnance avait complété et définitivement réalisé dans tout le royaume

---

(1) Bibliographie : Du Boys, *Histoire de la proc. crim. en France* (1874) ; Esmein, *Histoire de la proc. crim. en France* (1882).

l'unification des règles de la matière que les ordonnances de 1498 et de 1539 avaient entreprise, sans toutefois réussir à étouffer partout les pratiques contraires. L'ordonnance de 1670 n'organisa point les juridictions ; elles s'étaient formées pendant la période de transition qui s'était écoulée depuis le XIIIe siècle. Elle s'occupa seulement de leur compétence, des actions qui tendent à la répression du délit et surtout de la procédure. Elle a fourni à notre Droit moderne la procédure de l'instruction préparatoire.

629. Organisation et compétence des juridictions. — Au point de vue de l'autorité au nom de laquelle se rend la justice, les juridictions se divisaient en *laïques* et *ecclésiastiques*, et les premières en juridictions ou *justices royales, seigneuriales* et *municipales*. Au point de vue de la gravité des infractions dont elles pouvaient connaître, on distinguait les *hautes*, les *moyennes* et les *basses justices*. — A l'époque où nous nous plaçons, l'existence des juridictions *seigneuriales, municipales* et *ecclésiastiques* n'est guère plus que théorique : une série d'empiétements avait dépouillé les juges seigneuriaux et les juges d'église au profit des juges royaux (1). Quant aux communes, elles avaient perdu leur souveraineté en se soumettant au pouvoir royal, et leurs justices ne fonctionnaient que sous la présidence d'un *prévôt* nommé par le roi. L'organisation des juridictions royales mérite seule d'arrêter notre attention.

Ces juridictions étaient les unes *ordinaires*, les autres *d'exception*. Les *prévôts*, les *lieutenants criminels* (2) et les *présidiaux* constituaient les juridictions ordinaires de première instance. Ceux-ci étaient des tribunaux de neuf membres, dont faisait partie le lieutenant criminel, chargé des fonctions de juge d'instruction. Ils étaient établis dans les principaux bailliages ou sénéchaussées. Ailleurs, le lieutenant criminel jugeait seul. Une chambre du *Parlement*, à Paris la *Tournelle*, constituait le juge d'appel. — De nombreuses juridictions d'exception s'ajoutaient aux juridictions ordinaires. Leur compétence était déterminée, tantôt uniquement par la nature des infractions (douanes, monnaies, eaux et

(1) Les plus remarquables furent l'institution des *cas royaux*, des *cas privilégiés* et des *délits communs*. Dès le XIIIe siècle, les infractions les plus graves sont considérées comme menaçant les intérêts généraux dont le roi a la garde. Leur poursuite est en conséquence réservée à ses juges. La liste de ces *cas royaux*, ainsi qu'on les appelait, n'était jamais close et les ordonnances qui les énuméraient se terminaient par cette formule, destinée à encourager de nouveaux empiétements : « et autres cas touchant au droit royal ». — Les *cas privilégiés* étaient les cas royaux appliqués aux juridictions ecclésiastiques ; on leur enleva ainsi la connaissance des crimes des clercs. — Les *délits communs* étaient des crimes contre la foi que les rois réprimèrent afin de permettre aux juges royaux de s'immiscer dans leur jugement.

(2) Sous-entendu, des *baillis* et *sénéchaux*. Ceux-ci furent à l'origine des juges royaux, puis leur titre devint purement honorifique, et leurs fonctions passèrent aux *lieutenants* qu'ils s'étaient donnés.

forêts, délits des marchands relatifs à leur commerce, etc.), tantôt à la fois par la nature des infractions et la qualité des prévenus (1). Parmi ces dernières il faut citer les *prévôts des maréchaux* et leurs lieutenants (*lieutenants criminels de robe courte, vice-baillis, vice-sénéchaux*) qui jugeaient sommairement les vagabonds, repris de justice, traînards des armées, voleurs de grand chemin. — Il y avait aussi des juridictions ordinaires qui devenaient, *honoris causa*, pour certaines personnes, des juridictions d'exception. Telles étaient : 1o le Parlement de Paris, transformé en *cour des Pairs* par l'adjonction des pairs de France, qui avait compétence pour juger les grands dignitaires du royaume ; 2o la grand'-Chambre de chaque parlement qui remplaçait les autres juridictions pour les membres de l'ordre judiciaire.

Enfin au-dessus de toutes les juridictions était le roi, qui, en vertu du principe de la *justice retenue*, pouvait réformer toutes les sentences, dessaisir d'un procès les autres juridictions pour le faire juger par des commissaires spécialement nommés à cet effet, arrêter même complètement le cours de la justice (*Recours au Conseil, Droit d'évocation, Lettres d'abolition*). Le recours au Conseil s'exerçait même contre les sentences des cours souveraines, quand, laissant de côté le point de fait, il se fondait uniquement sur la violation de la loi. Dans cette fonction il est l'origine du pourvoi en cassation.

630. Actions et procédure. — *A*. En France, la poursuite des infractions s'est présentée historiquement sous trois formes : d'abord, la victime ou ses héritiers ont poursuivi, dans leur propre intérêt, la répression du délit : c'est le système de l'*accusation privée*. Puis le juge s'est saisi lui-même de la connaissance des crimes les plus graves et les a poursuivis dans l'intérêt général : c'est la *poursuite d'office*. Enfin un corps de fonctionnaires a été institué pour rechercher les infractions, en saisir le juge et en requérir la répression. C'est le système de l'*accusation publique*, et ce corps de fonctionnaires est le *ministère public*. Ces trois formes de l'action qui tend à la répression du délit se sont succédé sans s'exclure. Seulement la dernière a empiété sur les deux autres, a réduit leurs cas d'application et a fini même par changer le caractère de l'une d'elles : l'action de la partie privée est devenue ainsi une simple demande en dommages-intérêts pour la réparation du préjudice causé par le délit ; on l'a appelée l'*action civile*. Tandis que l'action du juge et celle du ministère public ont continué de tendre à l'application de la peine et se sont confondues sous le nom d'*action publique*.

631. Arrêtons-nous un instant sur l'institution du ministère public, qui a favorisé le développement des juridictions royales par les empiétements incessants de ses officiers, et qui distingue de la manière la plus

---

(1) MUYART DE VOUGLANS, *Inst. crim.*, p. 158, 159.

frappante la justice pénale de la justice civile. Aucun coutumier du XIIIe siècle ne fait mention des *procureurs du roi*; cependant, en 1302, Philippe le Bel réglemente leurs fonctions dans des termes qui permettent de supposer qu'ils existaient déjà depuis longtemps. Il est probable qu'à l'origine les *procureurs du roi* ou *des seigneurs* furent simplement des hommes d'affaires chargés de surveiller la poursuite des délits, pour assurer le recouvrement des confiscations et amendes qui alimentaient le Trésor. De là l'expression de *fiscal* ou *procureur fiscal*, employée surtout dans les justices seigneuriales pour les désigner. Ils ne jouaient alors au procès que le rôle de partie jointe. Mais à mesure que s'accrut la liste des délits publics et surtout grâce à l'usage de plus en plus fréquent de la procédure inquisitoriale, ils devinrent partie principale. Leur rôle fut en effet de dénoncer les délits et de provoquer l'enquête, en se constituant partie au procès pour surveiller et seconder le juge dans la poursuite (*inquisitio cum promovente*).

A l'époque où nous nous plaçons, la partie lésée ne procède pas autrement. L'ordonnance de 1670 a bien conservé l'ancienne accusation privée (*accusation par partie formée*); mais elle n'est pas pratiquée. Le plaignant se borne à porter le fait à la connaissance du juge, et s'il désire figurer comme partie au procès, c'est uniquement en qualité de *partie civile*, pour demander la réparation pécuniaire du préjudice qu'il a éprouvé (*la restitution de son Châtel*). L'ordonnance distingue nettement la *dénonciation*, qui émane d'un tiers, la *plainte* et la *constitution de partie civile*, qui émanent du particulier lésé par l'infraction. Dans les délits privés le rôle de la victime est prépondérant, car l'action publique ne peut commencer sans sa plainte et elle est arrêtée par son désistement.

Le juge se saisit d'office dans le cas de *flagrant délit* et même de *commune renommée*.

632. — *B*. La *procédure* est dite *ordinaire* lorsque l'action criminelle est intentée comme un procès civil, c'est-à-dire portée directement en audience publique devant la juridiction de jugement, instruite et plaidée contradictoirement par la partie poursuivante et l'individu poursuivi. Elle est alors *accusatoire*, *contradictoire*, *publique*, *orale*, et elle comporte l'assistance d'un défenseur. Cette forme n'est suivie que si le délit est léger.

Tout crime donne lieu à la procédure *inquisitoire* qui présente des caractères tout opposés. Elle se divise en deux phases. La première comprend l'*information*, les *décrets*, l'*interrogatoire*, et le *règlement de la procédure*. Ce règlement consiste à décider si le procès continuera à être instruit inquisitorialement ou s'il prendra la voie de la procédure ordinaire. Dans le premier cas, on règle le procès *à l'extraordinaire*; dans le second, on le *civilise*, c'est-à-dire qu'on le ramène à la forme des procès civils. Si l'on prend le premier parti, la procédure inquisitoriale a une seconde phase dont les principaux actes sont : les *recolements, confrontations et accarements*, un *interrogatoire* devant le tribunal au complet, enfin la *sentence* précédée souvent de *l'admission de l'inculpé à ses faits justificatifs* ou de la *question*. Reprenons, avec quelques détails, les actes de cette procédure.

633. L'*information* est une enquête secrète, écrite, non contradictoire, faite par le juge d'instruction saisi de l'affaire, dans le but de réunir la preuve du délit et de la culpabilité. Il s'y ajoute parfois des *monitoires*, sortes de publications faites au prône de la messe pour inviter les personnes qui connaîtraient les auteurs ou complices du crime à les dénoncer.

Les *décrets* sont les ordres du juge d'instruction concernant la personne de l'inculpé. Ils étaient de trois sortes : le décret *d'assigner pour être ouï*, celui *d'ajournement personnel* et celui de *prise de corps*. Le premier était une simple assignation à comparaître. Le second avait le même objet, mais il emportait de plus contre l'inculpé l'interdiction provisoire d'exercer toute fonction publique. Le troisième servait à le constituer en *détention préventive*. L'inculpé pouvait obtenir, après l'interrogatoire, la *liberté provisoire* ; mais la détention préventive était nécessairement reprise à partir du règlement à l'extraordinaire.

L'*interrogatoire* se faisait, comme tous les actes de cette procédure, sans contradiction et en secret. L'inculpé prêtait serment de dire la vérité.

Avant de procéder au *règlement de la procédure*, le juge communiquait le dossier aux parties poursuivantes pour prendre leurs conclusions sur la suite à donner au procès. Si le fait ne méritait qu'une peine infamante ou correctionnelle, on civilisait le procès. S'il paraissait devoir entraîner une peine afflictive, on réglait l'affaire à l'extraordinaire.

634. Le juge d'instruction entendait alors une seconde fois les témoins (*recolement*) ; il les présentait à l'inculpé pour leur faire répéter leur déposition et provoquer les réponses de ce dernier (*confrontation*).

Le témoin qui avait maintenu sa première déposition lors du recolement, et qui n'y persistait pas lors de la confrontation, encourait les peines du faux témoignage. Le juge mettait en présence les inculpés du même crime pour relever leurs contradictions (*accarement, affrontation*). Puis le procès était dit *instruit*. On le communiquait de nouveau aux parties poursuivantes pour prendre leurs conclusions quant à l'application de la peine et aux réparations civiles. Elles devaient être données par écrit et déposées au greffe ; celles du ministère public, sous pli cacheté. Le dossier passait alors aux mains du juge rapporteur chargé d'exposer les résultats de l'instruction préparatoire au tribunal assemblé. Habituellement, le lieutenant criminel qui avait fait l'instruction était chargé de ce soin. La visite du procès avait lieu à huis-clos, en dehors de la présence de toutes les parties en cause. Cet examen était suivi de l'ouverture du pli cacheté contenant les conclusions du ministère public. Puis venait l'interrogatoire. Il avait lieu sur la *sellette*, siège d'infamie, si le ministère public concluait à une peine afflictive, derrière le barreau, dans le cas contraire. Ce moment était solennel, car c'était la seule fois que le tribunal voyait l'individu qu'il allait juger. C'était aussi pour l'inculpé la seule occasion qu'il pouvait saisir de formuler « ses défenses et justifications ». Si l'inculpé n'avouait pas son crime le tribunal rendait un interlocutoire et décidait, suivant l'état des charges, qu'il serait soumis à la *question*, ou admis à faire la preuve de *ses faits justificatifs*.

635. La torture, ou *question*, se divisait, au point de vue de l'intensité des tourments, en *ordinaire* et *extraordinaire*, et, au point de vue du but poursuivi, en *préparatoire* et *préalable*. La question préalable était appliquée au condamné à mort, avant l'exécution, afin d'obtenir ses dernières révélations. La question préparatoire au contraire était celle à laquelle on soumettait un accusé ; nous ne parlons que de celle-ci. Elle pouvait être ordonnée *avec* ou *sans réserve des preuves*. L'inculpé qui la subissait sans confesser son crime purgeait l'accusation et était rendu à la liberté. Aussi la classait-on parmi les peines afflictives Le plus souvent les preuves étaient réservées ; mais si la question n'amenait pas l'aveu, ces preuves ne pouvaient étayer une condamnation à mort. La question préparatoire n'était possible qu'à trois conditions : il fallait que le crime fût constant, qu'il méritât une peine capitale et qu'il existât des *demi-preuves* de la culpabilité de l'accusé.

636. L'*admission de l'inculpé à ses faits justificatifs* se rattache aux *preuves légales*, les seules qui fussent admises pour établir la culpabilité dans la procédure inquisitoriale. Les tribunaux qui n'assistent pas aux dépositions des témoins, à leur confrontation avec l'accusé, et qui lisent seulement la pâle relation qu'en fait un juge, ne peuvent ressentir ces impressions indéfinissables qui déterminent la conviction. Ils sont dès lors fatalement amenés à apprécier la force probante de telle ou telle preuve d'après des règles formulées d'avance par la loi ou par la doctrine, et non d'après leur rapport avec les faits du procès. Ils apprécient leur valeur *in abstracto*, et non *in concreto*. Avec ce système, la perte ou le gain du procès dépend de la question de savoir si la preuve tarifée d'avance est ou non rapportée. C'est en cela que consiste le système des preuves légales. Dans notre ancien Droit, il était œuvre de doctrine et de jurisprudence ; l'ordonnance de 1670 ne le formulait point, mais elle le supposait admis. La théorie des preuves légales n'a trait qu'à la *force probante* ; elle est indépendante des *moyens* par lesquels la preuve est rapportée. Ces moyens ou *modes* de preuve sont : les témoignages, les écrits, les présomptions, l'aveu. Au point de vue de la force probante, on divisait les preuves en trois classes : les preuves complètes, les indices prochains, les indices éloignés. — La *preuve complète* était exigée pour prononcer la peine capitale. Elle résultait de témoignages ou d'écrits dont les conditions étaient rigoureusement déterminées, et de certaines présomptions que l'on qualifiait d'invincibles. Quant à l'aveu, les auteurs n'étaient point d'accord : Jousse le considérait comme la preuve par excellence et la plus complète. Mais dans l'opinion générale on faisait une distinction. S'agissait-il d'un crime emportant la peine de mort, l'aveu isolé ne suffisait point pour faire prononcer cette condamnation ; mais il était une preuve suffisante pour prononcer toute autre peine (1). — Les *indices prochains*, ou demi-preuves, autorisaient l'emploi de la torture pour obtenir l'aveu, avec lequel ils formaient une preuve complète. Ils permettaient aussi de prononcer une peine autre que la mort. D'ailleurs, en ordonnant la question, le juge donnait à toutes les preuves antérieurement recueillies le caractère de demi-preuves. Il n'aurait pu en effet, sans se contredire, considérer après coup comme complètes des preuves qu'il avait jugées incomplètes, puisqu'il avait essayé de les corroborer en recherchant l'aveu. Un témoin *de visu*, mais unique, un écrit sous seing privé non reconnu de l'accusé, des témoins qui ne relevaient que des charges, l'aveu isolé en matière capitale, etc., constituaient cette seconde classe de preuves. — Les *indices éloignés* étaient moins encore. Ils autorisaient le juge à prononcer des peines pécuniaires ou un plus ample informé, ou à civiliser le procès.

La théorie des preuves légales avait cette autre conséquence, qu'une fois la preuve rapportée, il n'était plus permis à l'inculpé de la combattre par de simples dénégations ; il ne pouvait faire appel à la conviction du juge en démontrant l'invraisemblance de l'accusation, en produisant des témoins à décharge qui auraient démenti les faits affirmés par des témoins non reprochés, recolés et confrontés. Sa défense ne peut se produire sous cette forme négative. Il faut qu'il affirme des faits *positifs* de nature à détruire les faits établis ou à supprimer leur criminalité. C'est là ce qu'on appelle, à cette époque, les *faits justificatifs*. Tels sont l'alibi, la représentation de la personne qu'on croyait morte, la démence, la contrainte, la légitime défense, etc. Parmi les faits allégués, le tribunal choisissait ceux qui lui paraissaient susceptibles d'ébranler les preuves recueillies et en ordonnait la preuve. Les témoins indiqués par l'inculpé étaient assignés à la requête du procureur du roi et entendus par le juge d'instruction hors de la présence de toutes parties.

---

(1) *Sic* : LOUET, lettre C, n° 34 ; MUYART DE VOUGLANS, p. 339 ; ROUSSAUD DE LACOMBE, p. 372 ; SERPILLON, p. 1012. — *Contrà* : JOUSSE, p. 434.

637. Le dossier revenait alors devant le tribunal qui allait prononcer la sentence. Celle-ci pouvait être une *condamnation*, une *absolution* ou un *plus ample informé*.

Pour la condamnation, le partage des voix profitait à l'accusé. La simple majorité suffisait pour l'avis le plus sévère quand la sentence était sujette à l'appel ; mais si le jugement était en dernier ressort, une majorité de deux voix était exigée.

Il y avait deux sortes de sentences d'absolution : la *mise hors cours* et le *congé*. — La première laissait entendre que l'accusation n'était pas dépourvue de tout fondement. Cette sentence empêchait l'accusé d'obtenir des dommages-intérêts contre la partie civile. Le congé ou *décharge de l'accusation* attestait au contraire l'innocence de l'accusé. Il était ordinairement accompagné d'une condamnation à des dommages-intérêts contre la partie civile.

Entre une absolution ou une condamnation immédiates, un troisième parti s'offrait au juge, c'était *le plus ample informé*. Cette décision supposait qu'il n'y avait point de preuves suffisantes pour la condamnation de l'accusé, et que la nature du crime ou de la preuve ne permettait pas non plus d'ordonner la question préparatoire. Le plus ample informé était un jugement interlocutoire susceptible de se transformer en absolution s'il ne survenait pas de nouvelles preuves pendant le délai fixé par le juge. Il n'excluait pas l'application de peines légères. Les juges pouvaient élargir l'accusé ou le maintenir en prison jusqu'à l'expiration du délai. Dans les crimes énormes, le plus ample informé pouvait être *indéfini* et placer perpétuellement l'accusé sous la menace d'une nouvelle poursuite. C'est par ces sortes d'arrêts que certains crimes devenaient imprescriptibles. Aucun de ces jugements n'était motivé. Les juges inférieurs devaient seulement énoncer la cause de la condamnation. Les parlements se contentaient de cette formule vague : « l'accusé est condamné pour les cas résultant du procès ».

Les condamnés à mort devaient être exécutés le jour même. Seulement on différait l'exécution des femmes enceintes jusqu'après leur accouchement.

638. La procédure inquisitoriale et l'esprit public au XVI⁰ siècle. — La procédure anglaise. — Quand on examine avec nos idées modernes les odieuses rigueurs de cette procédure inquisitoriale, qui supprime toutes les garanties de la défense pour découvrir plus facilement les preuves d'une culpabilité dont on est convaincu d'avance, on est tenté de se demander comment elle a pu être tolérée pendant près de trois siècles par l'opinion publique. C'est que les ordonnances de 1498, 1579 et 1670 réalisaient deux grands progrès : elles établissaient d'abord l'uniformité de la législation, elles organisaient ensuite une procédure rapide et sûre pour arriver à la répression. Sans doute pour atteindre ce dernier résultat elles sacrifiaient les droits de l'individu ; mais les garanties qu'elles donnaient pour le succès de la poursuite firent longtemps accepter ce sacrifice. Seuls quelques esprits d'élite, comme Ayrault et Dumoulin, avaient fait entendre des protestations au nom de l'humanité ; mais ils devançaient leur temps. Il faut attendre les écrits des philosophes du XVIII° siècle pour voir se produire contre la procédure inquisitoriale une réaction qui amena sa ruine avec le triomphe de la Révolution française. Montesquieu, Beccaria, Voltaire surtout, furent les promoteurs de la Réforme (1). L'exemple d'un peuple voisin était d'ailleurs d'un enseignement remarquable. L'Angleterre, grâce à sa situation topographique, avait échappé à l'invasion de la procédure inquisitoriale qui avait pénétré toutes les législations du continent. Elle avait conservé la procédure accusatoire et l'avait perfectionnée à ce point que la procédure anglaise était devenue un type nouveau qu'il importe de connaître, car il fut l'objectif des philosophes du XVIII° siècle, avant d'être adopté, presque sans changement, par les lois de la Révolution.

639. Le droit anglais connaissait la procédure accusatoire sous deux formes. La première (*appeal*) était l'*accusation privée*, empruntée au Droit germanique et aux coutumes féodales. La seconde, qualifiée de jugement par le pays (*inquest of the country*), était l'œuvre originale de cette législation. Elle rappelle l'*accusation populaire* du Droit romain. Le premier venu peut se porter accusateur ; il n'est pas nécessaire d'être lésé (2). Cette procédure comportait trois phases : au début, un interrogatoire précédé ou suivi d'une instruction préparatoire très rudimentaire. Cet interrogatoire était fait par l'accusateur devant le juge de paix, principal officier de police judiciaire, qui délivrait à cet effet un ordre d'arrestation. Ce magistrat était tenu d'avertir l'accusé qu'il n'était pas obligé de répondre et de bien peser ses réponses parce qu'elles feront preuve contre lui. Cette première phase de la procédure pouvait être secrète. Si les preuves paraissaient tout à fait insuffisantes, le prisonnier était mis en liberté et déchargé de la poursuite. Si au contraire elles étaient sérieuses, on le maintenait en état d'arrestation, ou on le mettait en liberté sous caution jusqu'au jugement. — La seconde phase était la mise en accusation par le *grand jury*. Les officiers de la cou-

---

(1) MONTESQUIEU, *Esprit des lois*, liv. VI, ch. 2, 3, 8, 17, 22 ; liv. XII, ch. 22 ; — BECCARIA, *Traité des délits et des peines*, ch. 6, 7, 8, 9, 10, 11 ; VOLTAIRE : l'*A. B. C.* ; *Mémoire p. Calas* ; *Relation de la mort du chevalier de la Barre* ; *La méprise d'Arras* ; *Histoire d'Elisabeth Canning* ; *Procès criminel du sieur Montbailly et de sa femme* ; *Commentaire sur le « Traité des délits et des peines » de Beccaria* ; *Traité de la tolérance* ; *Prix de la justice et de l'humanité*.

(2) L'institution du ministère public a pénétré seulement en 1879 dans la procédure anglaise et encore son action a-t-elle des applications très restreintes. (V. L. 3 juil. 1879. *Ann. lég. étrang.* 1880, p. 13).

ronne dressaient un acte d'accusation (*indictment*) et le présentaient, au nom du roi, mais à la requête des particuliers, à un jury composé de 12 à 23 notables (*freeholders*). Ce jury décidait souverainement s'il y avait lieu, ou non, d'autoriser la poursuite, et il inscrivait son verdict au dos de l'*indictment* (*a true bill*, ou *not found*). — La mise en accusation une fois prononcée, on procédait au débat devant le *petit jury* ou *jury de jugement*. C'était la troisième phase. Le petit jury était composé de 12 notables tirés au sort. Les récusations étaient admises.

L'audition des témoins pour et contre avait lieu contradictoirement entre l'accusateur et l'accusé. La défense était libre. Après les plaidoiries, les jurés recevaient du président les instructions nécessaires et toutes les explications qu'ils demandaient pour former régulièrement leur verdict, et ils se retiraient pour délibérer. L'unanimité dans un sens ou dans l'autre était exigée pour que le verdict fût valable. On avait recours à un moyen indirect de contrainte, l'occlusion des portes, pour forcer les jurés à se mettre d'accord. — Le verdict rendu, le magistrat n'avait plus qu'à y conformer sa sentence. Une seule voie de recours était ouverte contre la décision, le pourvoi en cassation (*Writ of error*) pour fausse application de la peine ou omission d'une formalité essentielle.

La partie faible de cette procédure libérale était l'organisation de la poursuite et l'instruction préparatoire.

640. Dans les dernières années de la monarchie, le grand mouvement d'opinion déterminé par les écrits de philosophes poussa la royauté à introduire dans notre procédure criminelle des réformes excellentes en elles-mêmes, mais insuffisantes pour satisfaire l'opinion publique, savoir : l'abolition de la question préparatoire (Décl. 24 août 1780), puis de la question préalable et de l'usage de la sellette (Édit, 1er mai 1788). — Le même édit ordonnait que les sentences seraient motivées, qu'une majorité de trois voix serait nécessaire pour la condamnation à mort, et qu'il serait sursis pendant un mois à l'exécution, afin de donner au roi le temps d'examiner s'il devait gracier le condamné. — Cet édit arrivait trop tard. Il rencontra une grande opposition dans les parlements et ne fut pas appliqué.

II. — *Droit intermédiaire.*

641. Juridictions. — La législation intermédiaire comprend toutes les lois promulguées depuis 1789 jusqu'au 1er janvier 1811, date où sont entrés en vigueur le Code d'instruction criminelle et la loi organique du 20 avril 1810. Elle a fourni à notre Droit moderne les principaux éléments de ses juridictions et la procédure du jugement.

Une des premières œuvres de la Révolution fut la réforme judiciaire.

La loi du 8 août 1789 supprima les justices seigneuriales. Celles des 16-24 août 1790, 10-15 mai, 19-22 juillet, 16-29 septembre 1791 créèrent les *tribunaux de police municipale et de police correctionnelle*, et les *tribunaux criminels*. Une *haute cour* de justice compléta cette organisation des juridictions pénales (1). Ce qui la caractérise, c'est la séparation absolue de la justice criminelle et de la justice civile. Chacune a une organisation à part et un personnel tout à fait distinct. Le motif de cette séparation fut le désir d'amoindrir l'autorité des nouveaux corps judiciaires pour éviter les abus dont la toute-puissance des parlements avait été la cause. Au-dessus des juridictions judiciaires de tout ordre était le *tribunal de cassation*, chargé de maintenir l'unité de jurisprudence au point de vue de l'interprétation de la loi. Cette organisation a persisté pendant toute la période intermédiaire.

642. Procédure. — Les cahiers des États-Généraux demandaient tous : 1° la suppression des abus criants de l'ancienne procédure ; 2° l'établissement de la procédure par jurés. C'est ainsi que procéda la Constituante. — Un décret du 8 octobre 1789 réforma profondément l'instruction préparatoire. Ces réformes ne devaient être que transitoires, mais elles présentaient un ensemble si harmonieux que, lors de la rédaction du Code d'instruction criminelle, certains esprits auraient voulu revenir à cette première loi de la Révolution, et aujourd'hui que le législateur s'occupe de réformer l'instruction préparatoire organisée par le Code de 1808, on peut encore lui faire d'utiles emprunts. — La procédure commence par une information secrète. Lorsqu'on cherche les preuves, il est opportun et presque nécessaire de ne pas donner l'éveil aux intéressés. Mais le juge d'instruction n'agit plus seul et sans contrôle. On lui donne des *adjoints*. Ce sont des citoyens désignés par les municipalités. Ils prêtent serment de garder un secret inviolable sur les actes auxquels ils vont assister. Ils sont tenus de faire au juge toutes les observations, tant à charge qu'à décharge, qu'ils croient utiles. Ils remplacent le public et le conseil de l'accusé. — Aussitôt après l'arrestation de l'inculpé, la procédure devient publique et contradictoire. L'assistance d'un défenseur est obligatoire. Toutes les pièces recueillies dans l'information précédente sont communiquées. Le défenseur assiste aux recolements et aux confrontations, mais sans pouvoir parler au nom de l'accusé, ni lui suggérer des déclarations ou des réponses. — Devant la

---

(1) Cette juridiction exceptionnelle, déterminée par l'importance des accusés et des crimes, s'est maintenue dans notre Droit moderne. Sous les Chartes de 1814 et de 1830, c'était la Chambre des pairs qui était ainsi constituée en Cour criminelle. Sous les Constitutions de 1847 et de 1852, elle était composée de conseillers à la Cour de cassation et de jurés pris parmi les membres des conseils généraux. Un instant supprimée par le décret du 4 nov. 1870, elle a reparu avec la loi constitutionnelle du 16 juil. 1875, art. 42 et se compose du Sénat. La loi du 10 avril 1889 a organisé sa procédure.

juridiction de jugement les réformes sont moins profondes, le procès continue à être jugé sur les pièces, mais le défenseur de l'accusé peut plaider sa cause et il a la parole le dernier.

643. La loi du 16-29 septembre 1791 organisa la procédure par jurés. Elle se divise en trois phases : instruction sommaire devant l'officier de police judiciaire du canton ; débat secret au chef-lieu du district devant le jury d'accusation ; puis, si l'accusation est admise, débat public devant le tribunal criminel au chef-lieu du département. Le *juge de paix* était le magistrat de sûreté par excellence. Il procédait aux premiers actes de l'information et à l'arrestation de l'inculpé. L'affaire passait de ses mains au *directeur du jury d'accusation*. Ce magistrat était un des membres du tribunal de district désigné à tour de rôle. Il pouvait compléter l'instruction et, quand il la jugeait complète, il rédigeait l'acte d'accusation de concert avec le plaignant ou le dénonciateur civique. Cet acte, revêtu du visa du *commissaire du roi* (plus tard, commissaire *du pouvoir exécutif*), était soumis avec le dossier au *jury d'accusation*, composé de huit citoyens tirés au sort. Ce jury procède à huis-clos, lit les pièces, entend le plaignant, le dénonciateur civique et les témoins qu'ils produisent, mais non l'inculpé. Si l'accusation est admise, l'affaire passe au tribunal criminel composé : 1° de douze jurés statuant sur *le fait*. Ils sont tirés au sort en présence de l'accusateur et de l'accusé qui peuvent exercer des récusations ; 2° d'un président et de trois juges statuant sur l'application de la peine. Auprès de ce tribunal les fonctions du ministère public sont dédoublées. Le commissaire du roi prend les réquisitions ; l'accusateur public développe les moyens de l'accusation. La procédure est orale et publique ; la publicité s'étend même au vote des jurés et des juges. — Les jugements du tribunal criminel étaient sans appel, mais un pourvoi en Cassation, pour violation de la loi, était possible. Ils étaient aussi *définitifs*, car la Constitution de 1791 avait aboli les arrêts de *plus ample informé*.

644. Les tribunaux de police correctionnelle ou municipale furent composés chacun de trois membres, juges de paix ou assesseurs dans les premiers ; officiers municipaux dans les seconds. L'organisation du droit de poursuite et la procédure à suivre devant ces tribunaux sont passées presque sans changement dans notre Droit moderne, après avoir été complétées sur certains points de détail par le Code du 3 brumaire an IV.

645. Ce Code, conçu dans le même esprit que la loi de 1791, constituait cependant un retour à la tradition. Ses premiers articles font revivre la distinction fondamentale de l'action publique et de l'action civile qui s'était un peu obscurcie. Le mandat de comparution, simple assignation de l'accusé, s'ajoute aux mandats d'amener et d'arrêt.— Le directeur du jury, qui n'était jusque-là qu'un juge d'instruction du second degré, reçoit dans certains cas le droit de saisir directement des crimes qui viennent à sa connaissance. — La liste des officiers de police judiciaire s'augmente. Sous la loi de 1791 elle ne comprenait que les juges de paix et les officiers de la gendarmerie ; le Code de brumaire y ajoute les commissaires de police, les gardes champêtres et forestiers.

Le Code de l'an IV était un chef-d'œuvre de théorie qui se trouva défectueux dans la pratique. Les formalités y étaient protectrices, mais trop multipliées et trop minutieuses. Il fut cause de nombreuses erreurs du jury. Une réaction se produisit autant contre cette institution que contre la nouvelle procédure criminelle, et ce fut sous l'empire de cette réaction que parurent les lois du *Consulat*.

646. La Constitution de l'an VIII rendit au gouvernement le droit de nommer la plupart des magistrats de l'ordre judiciaire, et fit cesser la décomposition des fonctions du ministère public devant le tribunal criminel. Le nouveau magistrat prit le nom de *commissaire du gouvernement*.

La loi du 6 pluviôse an IX lui rendit la poursuite. Elle créa dans chaque arrondissement un *substitut du commissaire du gouvernement*, nommé, comme lui, par le Premier Consul et révocable. Il a mission de rechercher et de poursuivre les crimes et les délits. Tous les officiers de police judiciaire, à part le directeur du jury, lui sont subordonnés. Plus tard, ces substituts changeront de nom, et deviendront les *procureurs impériaux, du roi, de la République* ; mais leurs attributions ne seront pas modifiées. Tout individu arrêté est conduit devant eux. Ils le font détenir provisoirement au moyen d'un nouveau man*d*at appelé *de dépôt*, et à la condition de saisir le directeur du jury dans les 24 heures.

L'arrestation du prévenu ne fait plus cesser le secret de l'instruction préparatoire. Les témoins doivent être entendus séparément et hors de sa présence. L'interrogatoire n'est plus précédé de la communication des charges ; mais elle a lieu immédiatement après, et le prévenu peut demander à être interrogé de nouveau. — Devant le jury d'accusation la procédure écrite est substituée à la procédure orale. — Pour réprimer le brigandage, le Premier Consul organisa des colonnes mobiles suivies de commissions militaires chargées de juger les individus qu'elles arrêtaient. La loi du 18 pluv. an IX substitua bientôt à ces commissions des tribunaux criminels spéciaux, dont la compétence rappelle celle des anciennes cours prévôtales. Ils jugeaient comme elles sans appel, ni pourvoi en cassation.

Le Tribunat fit une opposition très vive à cette restauration d'une des institutions les plus décriées de l'ancien régime. Le rétablissement de la procédure écrite et secrète dans l'instruction préparatoire souleva moins d'objections. L'opinion publique était prête à accepter, comme une transaction entre les principes anciens et les nouveaux, une procédure criminelle qui emprunterait les règles de l'instruction préparatoire à l'ordonnance de 1670 et celles du jugement aux lois de la Révolution.

III. — Code d'instruction criminelle et législation postérieure.

647. Élaboration du Code d'instruction criminelle. — Nous avons dit précédemment comment un arrêté des consuls du 7 germinal an IX chargea une commission de jurisconsultes d'élaborer un projet de Code criminel qui devait comprendre l'ensemble de la législation pénale ; comment ce projet composé de 1169 articles fut discuté au Conseil d'État, du 5 juin 1804 au 20 décembre suivant ; comment l'élaboration législative s'arrêta pendant quatre ans ; puis lorsqu'elle fut reprise, comment on divisa les articles du projet en deux groupes qui formèrent le Code d'instruction criminelle de 1808 et le Code pénal de 1810 ; comment enfin ces deux Codes entrèrent en vigueur le 1er janvier 1811, après la loi organique de l'ordre judiciaire du 20 avril 1810. — La cause qui motiva cet arrêt de quatre années dans l'élaboration de la loi fut la question du jury. Une vaste enquête avait été ouverte parmi les corps judiciaires. Elle révéla, surtout dans les hautes sphères, une grande hostilité contre cette institution. Néanmoins, tout en attaquant la nouvelle procédure, il y eut des principes sur lesquels on resta d'accord : la publicité, l'oralité du débat, l'assistance d'un conseil furent considérées comme des progrès définitivement acquis. On ne discuta plus que sur le moment précis où la publicité deviendrait nécessaire et où le défenseur pourrait intervenir. La division des opinions sur l'institution du jury avait fait suspendre l'élaboration du Code criminel. Quand la discussion fut reprise, on se décida à remplacer le jury d'accusation par une section de la Cour d'appel ; mais on maintint le jury de jugement.

La suppression du jury d'accusation contribuait par son résultat à la réalisation d'une réforme poursuivie déjà depuis plusieurs années : la réunion, au point de vue du personnel, de la justice criminelle et de la justice civile. C'était chose faite pour les tribunaux de police correctionnelle et municipale depuis les lois du 27 vent. an VIII et du 29 vent. an IX. La mise en accusation, confiée à une section de la Cour d'appel, rentrait donc dans ce programme. Le tribunal criminel faisait seul exception à la règle. Mais on modifia profondément son organisation. Au tribunal permanent furent substituées des assises trimestrielles présidées par un conseiller de la Cour d'appel siégeant avec des assesseurs. Cette organisation, qui s'est maintenue, était bonne : le siège de la juridiction n'était pas changé et on augmentait son prestige en la faisant présider par un magistrat d'un rang élevé.

648. Réformes opérées par le Code d'instruction criminelle et par les lois postérieures. — Ces réformes sont de deux sortes, les unes portent sur le jugement, les autres sur l'instruction préparatoire. Nous citerons les principales.

A. *Procédure du jugement.* — L'organisation des juridictions est restée en dehors du Code d'instruction criminelle qui se borne à déterminer leur compétence et leur procédure. Cependant ce Code organisait deux juridictions : l'une criminelle et d'exception, *les cours spéciales* (art. 583-599) ; l'autre de simple police et de Droit commun, le *tribunal de police des maires* (art. 166-171). Elles ont disparu depuis : Charte 1814, art. 62 (1) ; L. 27 janv. 1873, art. 2.

La composition du jury, que le Code d'instruction criminelle abandonnait complètement aux préfets et au ministre de l'intérieur, a été l'objet de plusieurs réformes successives (art. 381 et s. ; L. 2 mai 1827 ; L. 2 juillet 1828 ; L. 19 avril 1831 ; D. 7 août 1848 ; L. 4 juin 1853 ; D. 14 oct. 1870 ; L. 21 nov. 1872). Il ne faut pas s'étonner de ces changements : la composition du jury est trop intimement liée à l'organisation politique du pays pour ne pas ressentir le contre-coup de toutes les modifications qu'elle éprouve.

D'autres réformes ont porté sur la manière de formuler les questions à poser au jury (L. 9 sept. 1835 ; L. 13 mai 1836) ; — sur le nombre de voix auquel la décision doit être prise (L. 4 mars 1831 ; L. 9 mars 1835 ; D. 6 mars 1848 ; D. 11 oct. 1848 ; L. 10 juin 1853) ; — sur le mode de votation (L. 9 sept. 1835 ; L. 13 mai 1836).

Une dernière réforme, la suppression du résumé du président après les plaidoiries (L. 19 juin 1881), complète la liste des modifications qu'a subies la procédure du jugement devant la Cour d'assises, du moins quand elle est contradictoire. Dans la procédure par contumace les magistrats de la Cour d'assises jugent sans le concours du jury.

Pour les tribunaux correctionnels il faut noter la loi du 13 juin 1856 qui a centralisé à la Cour les appels de tous les tribunaux du ressort.

Les voies de recours contre les sentences des juridictions de jugement ont été l'objet de réformes libérales. La *revision* a été admise dans des cas nouveaux et à des conditions plus faciles (L. 29 juin 1867, L. 8 juin 1895). Le *pourvoi en cassation* a été affranchi de l'obligation rigoureuse de *se mettre en état*, c'est-à-dire de se constituer prisonnier, pour les condamnés à l'emprisonnement dont la peine ne dépasse pas 6 mois (L. 28 juin 1877). Le délai de l'opposition aux jugements par défaut en

---

(1) L'art. 63 réservait au pouvoir législatif le droit de créer des cours prévôtales *si leur rétablissement était jugé nécessaire.* Ces nouveaux tribunaux d'exception furent créés par la loi du 20 déc. 1815, mais leur existence ne fut que temporaire ; elle prit fin avec la législature où la loi avait été votée. La Charte de 1830, art. 53, 54, prohiba leur rétablissement. Nul n'a pu être depuis légalement distrait de ses juges naturels.

matière correctionnelle a été prorogé au profit des prévenus qui n'ont pas été touchés par la citation (L. 27 juin 1866). La forme des appels de simple police a été fixée (L. 6 avril 1897).

649. B. *Procédure de l'instruction préparatoire.* — Cette procédure a été empruntée presque exclusivement à l'ordonnance de 1670. Elle porte aussi la trace de son origine. Elle est écrite, secrète, non contradictoire et n'autorise point l'assistance d'un défenseur. Elle a subi plusieurs réformes de détail. La loi du 17 juillet 1856 a supprimé *la Chambre du Conseil,* comme juridiction d'instruction du premier degré, et transporté ses attributions au juge d'instruction. En même temps elle a précisé les conditions d'exercice de l'opposition aux ordonnances rendues par ce magistrat. — Deux lois ont réglé à nouveau la détention préventive et la liberté provisoire : L. 4 av. 1855 ; L. 14 juill. 1865. — Une loi du 20 mai 1863 a abrégé l'instruction des flagrants délits correctionnels en supprimant l'intervention du juge d'instruction.

650. Actuellement on élabore une revision complète de l'instruction préparatoire. Un projet de loi, présenté au Sénat le 27 novembre 1879, a subi depuis lors une partie des épreuves parlementaires. L'idée générale est de relever les droits de la défense, complètement sacrifiés par le Code d'instruction criminelle. Rendre l'instruction contradictoire, sans nuire au secret qui est nécessaire à la recherche des preuves ; permettre à la défense de la suivre pas à pas, de requérir des actes d'instruction, de contrôler les expertises, d'exercer en un mot une surveillance qui, d'après le Code d'instruction criminelle, est le privilège exclusif du ministère public ; créer un tribunal indépendant du juge d'instruction pour vider les conflits qui peuvent s'élever entre le magistrat et les parties en cause, et pour cela rétablir, avec une composition différente et des attributions plus étendues, la Chambre du Conseil ; prémunir enfin l'inculpé en détention préventive contre l'abus de cette mesure, tel est à grands traits le programme que des esprits libéraux avaient conçu et que le projet du gouvernement a formulé. Ce projet n'a pas trouvé d'abord auprès du Sénat l'accueil qu'il méritait. Les réformes les plus équitables ont été écartées, notamment l'égalité qu'on voulait établir entre l'accusation et la défense. De plus on exagéra le droit de poursuite du ministère public aux dépens des droits traditionnels de la partie civile et des juridictions.

Ainsi défiguré par le vote du Sénat du 5 août 1882 le projet revint devant la Chambre des députés qui lui substitua en première délibération, dans le courant de l'année 1884, un projet beaucoup plus libéral et différant peu du projet présenté par le gouvernement en 1879. Mais la législateur prit fin avant la deuxième délibération, et depuis l'on peut dire que, malgré les dépôts dont le projet a été l'objet dans les trois législatures suivantes, le travail législatif s'est arrêté au remarquable rapport déposé le 2 janvier 1887 par M. Bovier-Lapierre (Chambre, Doc. parl., p. 103 et s.). Jamais, en effet, la Chambre n'a eu assez de quiétude d'esprit pour aborder la discussion des 258 articles qui composent ce grand projet.

Cependant les idées libérales ont fait leur chemin au Sénat. Le 10 avril 1895, profitant de l'émotion produite par des méfaits récents de la procédure inquisitoriale, un sénateur, M. Constans, pensa qu'une réforme moins étendue aurait plus de chances d'aboutir. Il réunit dans une proposition de loi composée de six articles les modifications les plus importantes et sur lesquelles l'accord pouvait se faire entre les deux Chambres. Le 12 décembre 1895, le Sénat vota la réforme la plus caractéristique de ce projet restreint ; l'assistance de l'avocat aux interrogatoires. Aussitôt le gouvernement saisit le Sénat d'un projet analogue et la commission sénatoriale nommée pour les examiner proposa à son tour un troisième projet qui différait peu de la proposition Constans. Aussi le public lui a conservé très justement le nom de son promoteur.

Ce projet Constans a été voté par le Sénat en mai 1897 et transmis à la Chambre des députés. Le gouvernement et la commission nommée pour la préparation du grand projet de réforme toujours en suspens se sont montrés favorables à son adoption pure et simple en attendant que les circonstances permissent d'aborder la discussion de leur grand projet. M. Bovier-Lapierre a déposé le 22 juin un rapport en ce sens.

Prévoyant que le projet Constans pourra être voté sans modifications avant la fin de cette législature (31 mai 1898), nous allons donner ici d'abord une analyse sommaire de ses dispositions ; puis nous les reprendrons en détail, en note, au fur et à mesure de nos explications sur le Code d'instruction criminelle pour indiquer les changements qu'il apporte aux lois et usages actuellement suivis.

Ce projet organise en premier lieu la défense de l'inculpé pendant l'instruction préparatoire aussitôt après son premier interrogatoire et fait cesser, à partir du même moment, le secret de la procédure au profit du défenseur.

En second lieu, il garantit l'inculpé contre la pression morale que le juge d'instruction peut exercer sur lui soit dans le tête à tête écrasant des interrogatoires, soit par l'abus de l'interdiction de communiquer.

Il exclut en troisième lieu le juge d'instruction du jugement des affaires qu'il a instruites et réalise ainsi dans l'application la séparation des trois pouvoirs de poursuivre, d'instruire et de juger qui est dans l'esprit du droit moderne.

Il contient enfin une disposition libérale concernant la liberté provisoire de l'accusé lorsqu'une affaire portée en cour d'assises est l'objet d'un renvoi à une autre session.

TITRE PREMIER

DES ACTIONS QUI NAISSENT DE L'INFRACTION

651. Action publique, action civile. — Le Droit pénal sanctionnateur organise les actions qui ont pour *but* ou pour *résultat* de faire appliquer la peine à l'auteur de l'infraction. Il y en a deux : 1° l'action publique, qui tend directement à cette application ; 2° l'action civile qui la procure par occasion. Il convient de les étudier d'abord dans leur principe, ce sera l'objet de ce titre. Au titre suivant nous étudierons leur fonctionnement. — Avant d'entrer en matière, une comparaison sommaire des deux actions fera comprendre l'importance de leur distinction.

652. Caractères distinctifs de l'action publique et de l'action civile. — Ces actions diffèrent :

1° *Quant à leur cause efficiente* : — Leur fait générateur est sans doute l'infraction, mais l'infraction envisagée à deux points de vue différents : l'action publique naît du trouble social causé par le délit ; l'action civile naît du préjudice qui en résulte pour un particulier. Cela explique que toute infraction ne donne pas naissance à l'action civile.

2° *Quant à leur objet* : — L'action publique tend à l'application de la peine ; l'action civile tend à des restitutions ou à des dommages-intérêts. Mais comme elle ne peut atteindre ce résultat qu'à la condition que le tribunal de répression statue en même temps sur l'action publique (art. 3, C. i. c.), elle procure par occasion l'application de la peine.

3° *Quant aux personnes qui les exercent* : — L'action publique appartient à la société ; son exercice est confié au ministère public. L'action civile appartient aux particuliers lésés par l'infraction, au point de vue de sa propriété comme de son exercice.

4° *Quant aux personnes contre qui elles sont exercées* : — L'action publique peut être dirigée seulement contre les auteurs ou complices de l'infraction. L'action civile peut être exercée en outre contre leurs héritiers et contre les personnes que la loi déclare civilement responsables du fait d'autrui. Nous rencontrerons encore d'autres différences, quant aux *modes d'extinction* des deux actions et quant à la *compétence*.

CHAPITRE PREMIER

DES SUJETS ACTIF ET PASSIF DES ACTIONS PUBLIQUE ET CIVILE.

Section I. — Du sujet actif de l'action publique.

I. — Participation du Ministère public, des administrations publiques, des particuliers et des tribunaux à l'exercice de l'action publique (1).

653. L'art. 1er, C. i. c., porte : « L'action pour l'application de la peine n'appartient qu'aux fonctionnaires auxquels elle est confiée par la loi. » Ces fonctionnaires sont les magistrats du ministère public ; mais l'article est mal rédigé : pour se rendre compte des droits que le ministère public, les particuliers et les tribunaux ont sur l'action publique, il faut distinguer la *disposition*, l'*exercice* et l'*impulsion* de cette action.

Le ministère public, d'après les textes, aurait la *disposition* de l'action publique : elle lui *appartient*. C'est là une erreur. L'action publique appartient à la Société. Elle en *dispose* lorsqu'elle proclame une amnistie, ou lorsqu'elle édicte une prescription. La délégation des magistrats du ministère public porte sur l'*exercice* de l'action, et non sur l'action elle-même. Le Code de brumaire an IV disait en très bons termes : « L'action publique... *appartient* essentiellement au peuple. Elle est *exercée* en son nom par des fonctionnaires spécialement établis à cet effet » (art. 5). L'art. 1er, C. i. c., a la même portée, sauf cette observation, que sous la loi de brumaire la délégation était directe, le peuple nommant directement les magistrats, tandis qu'aujourd'hui elle est indirecte, parce qu'elle est faite par le gouvernement issu lui-même, plus ou moins directement, du suffrage populaire. Le ministère public, n'ayant point la disposition de l'action publique, ne peut y *renoncer*. Cela ne signifie point qu'il soit obligé de poursuivre toutes les infractions, même les plus insignifiantes, même les plus douteuses : il a en effet un

---

(1) Pour la législation comparée, voir: Nourrisson, *De la participation des particuliers à la poursuite des crimes et des délits* (Paris, 1893), mémoire couronné par l'Académie des sciences morales et politiques ; Roux, *Le ministère pub. et la partie lésée* (th. doct. Paris, 1893) ; H. Robert, *Du droit des particuliers dans l'exercice de l'act. pub.* (th. doct. Paris, 1895).

pouvoir d'appréciation ; mais cela signifie qu'il n'est point lié par la promesse qu'il ferait de ne pas poursuivre. Par exemple, son acquiescement à un jugement de relaxe ne l'empêcherait point d'en relever appel. Il ne peut non plus, pour le même motif, *transiger* sur l'action publique, c'est-à-dire convenir avec le délinquant qu'il ne le poursuivra point, si ce dernier indemnise la victime de l'infraction, fait une aumône ou s'impose tout autre sacrifice (1). — Le ministère public peut au contraire *exercer* l'action publique. L'*exercice* comprend : tous les actes qui tendent à saisir de l'action les juridictions compétentes ; — la réquisition devant ces juridictions de toutes les mesures utiles à l'instruction de l'affaire ; — la réquisition de la peine applicable au prévenu ; — l'exercice des voies de recours.

654. Le ministère public n'a point le monopole de l'exercice de l'action publique. Pour les délits forestiers et les infractions à certaines lois fiscales sanctionnées par une peine, les administrations exercent l'action publique concurremment avec lui et quelquefois même par préférence à lui.

655. Les particuliers lésés par l'infraction ont aussi le droit de saisir de l'action publique les juridictions de répression, afin de mettre ces juridictions à même de statuer sur leur action civile, qu'ils peuvent poursuivre « en même temps et devant les mêmes juges que l'action publique » (art. 3, C. i. c.). Mais en général ils ne peuvent faire un second acte d'exercice de l'action publique. Aussi, pour qualifier leur droit sur cette action, on dit qu'ils ont un droit d'*impulsion*.

656. Enfin les juridictions pénales ont la faculté, tantôt de se saisir elles-mêmes d'une infraction de leur compétence (*poursuite d'office*) ; — tantôt de saisir de la poursuite une autre juridiction (*droit d'impulsion*). Or l'action publique, une fois intentée devant une juridiction pénale, s'exerce par le fait de cette juridiction sans que le ministère public, qui désapprouverait la poursuite, puisse arrêter sa marche.

Cette participation du ministère public, des particuliers et des juridictions à l'exercice de l'action publique s'explique historiquement par les phases diverses qu'a traversées le droit de poursuite. Elle constitue une des plus belles conceptions de notre procédure criminelle, car elle est la garantie la plus sûre que le crime ne restera pas impuni.

---

(1) On dit encore que le ministère public ne peut pas se *désister* de l'action publique, c'est-à-dire y renoncer après l'avoir intentée (*Comp.* GARRAUD, *Précis*, 356), mais cette proposition n'ajoute rien à celle qui déclare nulle sa *renonciation*. De plus elle donne une fausse idée du désistement en le présentant comme éteignant l'*action*, tandis qu'il n'éteint que l'*instance* (V. *infrà*, n° 750). Sans doute le ministère public ne peut pas plus éteindre l'instance que l'action elle-même, mais son impuissance, quant à l'extinction de l'instance, est l'effet de la participation des juridictions pénales à l'exercice de l'action publique et non du défaut de la faculté d'en disposer.

II. — Droit du ministère public.

657. Organisation du ministère public. — Auprès de chaque juridiction pénale il y a un groupe de fonctionnaires chargés des fonctions du ministère public. Ce groupe s'appelle le *Parquet*.

Pour le tribunal de simple police, l'art. 144 du Code d'instruction criminelle, réformé par la loi du 27 janvier 1873, distingue deux classes d'officiers du ministère public : 1° ceux que la loi investit directement de ces fonctions ; — 2° ceux que le procureur général peut désigner. Les premiers sont : le commissaire de police du chef-lieu de canton, et, en cas d'empêchement ou à défaut, les maire, adjoints et conseillers municipaux, dans l'ordre du tableau, dudit chef-lieu. Les seconds peuvent être un des commissaires de police du chef-lieu de canton, s'il y en a plusieurs, et à défaut de commissaire de police au chef-lieu, un commissaire de police résidant dans une autre localité du canton, un suppléant du juge de paix, un maire ou un adjoint de n'importe quelle commune du canton, y compris le chef-lieu. Le procureur général peut choisir qui il lui plaît dans ces trois classes de fonctionnaires ou de dignitaires, sans être obligé de préférer ceux de la première à ceux de la seconde, et ceux de la seconde à ceux de la troisième. — Supposons la désignation faite par le procureur général, le parquet du tribunal de police sera ainsi composé : 1° le commissaire ou l'un des commissaires du chef-lieu ; 2° le membre désigné par le procureur général à défaut de commissaire de police au chef-lieu ; 3° les maire, adjoints et conseillers municipaux du chef-lieu. Cette organisation a été établie par la loi du 27 janv. 1873, dans le but de permettre au procureur général d'écarter les maire et adjoints du chef-lieu de canton qui, ayant cessé d'être nommés par le gouvernement, ne peuvent être acceptés sans examen pour remplir les fonctions du ministère public.

Auprès du tribunal correctionnel il y a le parquet du tribunal de première instance, composé régulièrement d'un *procureur de la République*, avec ou sans *substituts* (1). Le procureur de la République peut y attacher d'une manière permanente un juge suppléant du tribunal (L. 10 déc. 1830, art. 3) ; et le procureur général peut y déléguer temporairement un substitut ou un juge suppléant d'un autre tribunal du ressort de la Cour d'appel (L. 30 août 1883, art. 6). En cas d'empêchement momentané, ces magistrats sont remplacés par l'un des juges du siège, titulaire ou suppléant, désigné par le tribunal (art. 26, C. i. c. ; D. 18 août 1810, art. 20). La Cour d'appel, dont la chambre *des appels correctionnels* et celle *des mises en accusation* constituent des juridic-

---

(1) V. le tableau B, annexé à la loi du 30 août 1883.

tions pénales, a un parquet composé d'un *procureur général*, d'*avocats généraux* et de *substituts*. — La Cour d'assises, qui est une dépendance de la Cour d'appel, a le même parquet dans les départements où siège la Cour d'appel (art. 252, C. i. c.). Dans les autres départements son parquet habituel est celui du tribunal du chef-lieu (art. 253, C. i. c.) ; mais le procureur général a le droit d'y venir porter la parole ou d'y déléguer un membre du parquet de la Cour d'appel (art 271, 284, 265, C. i. c. ; L. 20 av. 1810, art. 47 ; D. 6 juil. 1810, art. 42) (1).

Enfin à la Cour de cassation, qui complète la hiérarchie des tribunaux judiciaires, le parquet comprend un procureur général et des avocats généraux.

658. Prérogatives et caractères du ministère public.— Pour faciliter au ministère public l'accomplissement de sa haute mission sociale, la tradition et la loi lui ont reconnu trois prérogatives : l'*indépendance*, l'*irresponsabilité* et l'*irrécusabilité*, et deux caractères : l'*unité* et l'*indivisibilité*. Les prérogatives protègent le ministère public contre la juridiction dont il fait partie et contre les individus qu'il poursuit. Les caractères rendent la poursuite des infractions uniforme dans toute la France et accélèrent sa marche.

659. 1° *Indépendance*. — Le ministère public est indépendant de la juridiction dont il est membre. Il ne peut recevoir d'elle ni injonction, ni blâme. Ce caractère est intimement lié à l'origine historique de l'institution. Les procureurs fiscaux postulaient autrefois près des juridictions pénales ; ils enlevèrent par leurs empiétements le droit de poursuite aux magistrats qui jugent. Devenus membres de la juridiction, ils ont continué d'exercer l'action publique en vertu d'une prérogative personnelle. La juridiction n'a donc point à critiquer l'usage qu'ils font de leur droit. L'indépendance augmente le prestige du ministère public et favorise en même temps la répression ; mais elle peut avoir des abus : la faculté d'exercer librement l'action publique ne doit pas autoriser des poursuites vexatoires inspirées par des rancunes personnelles. La faculté de s'abstenir ne doit pas dégénérer en acte de favoritisme, ni en déni de justice. La surveillance des supérieurs hiérarchiques et la procédure de *prise à partie* (art. 505-518, C. proc.) (2) parent au premier de ces dangers. Le second est conjuré par la surveillance des Cours d'appel

---

(1) Le Code d'instruction criminelle instituait un magistrat spécial chargé des fonctions du ministère public près la Cour d'assises dans les chefs-lieux de départements qui n'étaient pas siège de Cour d'appel. C'était un substitut du procureur général qui prenait le titre de « *procureur impérial criminel* » (art. 253, 284 et s., C. i. c.). La loi du 25 décembre 1815 supprima cette fonction.

(2) Cette procédure semble, d'après ces textes, n'avoir été organisée que pour les *juges* ; mais ce mot est synonyme de *membre de la juridiction*. D'ailleurs les art. 112, 271, 358, 483 et 486 comb., C. i. c., disent expressément ou implicitement que la prise à partie est possible contre le ministère public.

et par la participation des particuliers et des juridictions à l'exercice de l'action publique. Il importe de donner ici un aperçu des moyens par lesquels se manifestent cette surveillance et cette participation instituées pour remédier aux défaillances des magistrats du parquet : — 1° le procureur général, chef hiérarchique des officiers de police judiciaire du ressort de la Cour d'appel, est placé sous la surveillance de cette Cour qui peut lui enjoindre de poursuivre (L. 20 av. 1810, art. 11) ; — 2° les particuliers lésés ont la faculté de donner à l'action publique l'impulsion que néglige ou refuse de lui donner le ministère public. Ils le font en citant l'auteur de l'infraction devant les tribunaux correctionnels ou de police, ou en se constituant *partie civile* dans une plainte adressée au juge d'instruction (art. 145, 182 et 63, C. i. c.) ; — 3° ce magistrat, qui constitue à lui seul la juridiction d'instruction du premier degré, peut se saisir d'office des *crimes flagrants*. La Chambre d'accusation, qui constitue la juridiction d'instruction du second degré, peut « instruire ou faire instruire » d'office sur tous les *crimes et délits qui lui sont révélés par une procédure dont elle est saisie* (art. 59, 135, C. i. c.) ; — 4° les juridictions de jugement sont investies d'un droit d'impulsion analogue à celui des particuliers pour les *crimes et délits qui se découvrent au cours des débats* (art. 160, 182, 193, 214, 361, 379, 494, C. i. c.) ; — 5° si une infraction *se commet* à leur audience, tantôt elles s'en saisissent d'office et la jugent séance tenante, tantôt elles en saisissent le juge compétent (art. 181, 504-509, C. i. c.) ; — 6° enfin, il ne dépend pas du ministère public d'arrêter une poursuite commencée avec ou sans sa participation : la juridiction d'instruction ou de jugement rendra malgré lui sa décision sur le fond après avoir instruit le procès. Il pourra sans doute négliger de porter à la connaissance de la juridiction de jugement une affaire renvoyée à celle-ci par la juridiction d'instruction ou par toute autre juridiction compétente pour l'en saisir ; il arrêtera ainsi *en fait* l'action publique au milieu de son exercice ; mais, s'il y a partie civile en cause, cette obstruction ne sera pas de longue durée ; une simple menace de *prise à partie pour déni de justice* en aura certainement raison. Nous reviendrons plus tard en détail sur tous ces points.

660. 2° *Irresponsabilité*. — Cette seconde prérogative protège le ministère public contre les individus qu'il poursuit. Ceux-ci, quand l'action publique échoue, ne peuvent obtenir contre lui, ni leurs dépens, ni des dommages-intérêts. Ils pourraient cependant, au cas de poursuite vexatoire, prendre à partie l'officier du ministère public qui les aurait malicieusement poursuivis et le faire condamner à leur payer une indemnité (1).

---

(1) La jurisprudence étend l'irresponsabilité du ministère public à tous les officiers de police judiciaire, même les plus infimes, et elle décide qu'on ne peut leur demander des dommages-intérêts à raison des actes de leur fonction sans

661. 3° *Irrécusabilité.* — Si l'on avait permis au prévenu de récuser l'officier du ministère public qui le poursuit, on aurait compromis souvent le succès de l'action publique en la faisant exercer par des suppléants d'occasion, moins capables ou moins zélés que les officiers titulaires. Aussi l'art. 381, C. proc. civ. a posé le principe que le ministère public n'est pas récusable lorsqu'il est *partie principale*. Or, devant les tribunaux de répression, il a toujours cette qualité. La distinction a sa raison d'être indépendamment de son utilité. Partie jointe, le ministère public donne un avis qui, *a priori*, doit paraître désintéressé. Le tribunal peut donc être enclin à le suivre. Partie principale, c'est un plaideur ordinaire. On ne récuse pas un adversaire (1).

Telles sont les trois prérogatives du ministère public. Quant à ses deux caractères, l'*unité* et l'*indivisibilité*, ils ont été présentés dans les travaux préparatoires de la loi du 20 avril 1810 comme ayant deux objets distincts (2). Néanmoins certains auteurs les confondent ; d'autres, après les avoir distingués théoriquement, leur attribuent les mêmes effets (3). Il importe, croyons-nous, de les distinguer même dans leurs effets, ne serait-ce qu'au point de vue de la netteté des idées.

662. 4° *Unité.* — Quand on dit que le ministère public est UN, on fait allusion à l'*unité dans la direction*. Le ministère public est un corps de fonctionnaires reliés hiérarchiquement les uns aux autres, bien qu'ayant souvent un pouvoir propre, *subordonnés* mais non *délégués*. Comme subordonnés ils doivent obéir. L'art. 274, C. i. c. en donne un exemple : « Le procureur général, soit d'office, soit par les ORDRES du ministre de la justice, CHARGE le procureur de la République de poursuivre les délits dont il a la connaissance. » Mais, investis d'un pouvoir propre pour la poursuite des infractions (art. 274, 22, 9 et s., C. i. c.), ils peuvent agir sans avoir reçu de leurs supérieurs l'ordre de poursuivre, et même après avoir reçu l'ordre de s'abstenir. La désobéissance à un ordre d'abstention est un devoir pour l'inférieur, s'il juge la poursuite utile. Sans doute il pourra payer de sa place cette désobéissance qui détruit l'unité dans la direction, mais là n'est pas la question : l'action publique aura été régulièrement engagée par le magistrat investi du pouvoir propre, et elle suivra son cours bien qu'il ait été désavoué par ses supérieurs.

Jusqu'où va le devoir d'obéissance dans la hiérarchie du ministère

---

recourir à la procédure de prise à partie : Cass. 28 mai 1879, 4 mai 1880 ; C. Nancy. 25 janv. 1884 (D. 85, 2, 63).

(1) *Sic* : F. HÉLIE, II, 592, 593, M. GARRAUD, *Précis*, 378, 3ᵉ édit., qui paraissait admettre la récusation de certains membres du même parquet, semble s'être rallié aujourd'hui à la négative absolue, *Précis*, V (5ᵉ édit.).

(2) V. LOCRÉ, XXV, p. 655, 669 ; XXIV, p. 490.

(3) V. dans le premier sens : ORTOLAN, II, 2035 ; dans le second : VILLEY, p. 174.

public? Il est de tradition que « la plume est serve et la parole libre ». Cette règle a été formulée à l'époque où le ministère public se composait de *procureurs* qui tenaient la plume, et d'*avocats* qui portaient la parole. Le dernier vestige de cette division a disparu par la réunion des fonctions d'*accusateur public* à celles de *commissaire du gouvernement* (Const. 22 frim. an VIII, art. 63). Néanmoins la règle traditionnelle a été maintenue (1). Tenir la plume, c'est faire un acte de procédure, et par exemple : requérir une information, un mandat, un acte d'instruction quelconque, un renvoi devant la juridiction du jugement, c'est encore citer le prévenu devant le tribunal correctionnel ou de police. L'inférieur qui reçoit ces ordres doit obéir, surtout s'il s'agit d'un acte de poursuite : la plume est serve ! Mais, à l'audience, le magistrat du ministère public ne relève plus que de sa conscience ; il peut donc, après avoir poursuivi pour obéir aux ordres de son supérieur, signaler au tribunal l'injustice de la poursuite et conclure au relaxe de l'individu qu'il a été forcé de traduire devant lui : la parole est libre ! L'indépendance de la parole est une garantie pour la défense, comme la combinaison de l'obéissance et du pouvoir propre est une garantie pour la répression.

663. A quels supérieurs les membres des divers parquets sont-ils subordonnés ? — On peut formuler la réponse à cette question en quatre règles :

1re *Règle* : « Tous les membres du ministère public relèvent du ministre de la justice qui exerce sur eux un droit d'*impulsion* et de *surveillance* et un *pouvoir disciplinaire* » (L. 26 av. 1791, art. 5 ; Sén.-cons. 16 therm. an X, art. 81 ; L. 20 av. 1818, art. 60, 61 et arg. de ces textes). Le ministre n'exerce pas l'action publique, mais il la fait exercer en ordonnant des poursuites : c'est en cela que consiste son droit d'impulsion sur le ministère public. De plus il se fait rendre compte de la manière dont elle est exercée : c'est là son droit de surveillance. Enfin il a un pouvoir de discipline pour réprimer les écarts de conduite, les abus du pouvoir propre, l'insubordination qui nuirait à l'unité de direction. Ce pouvoir peut aller jusqu'à la révocation, laquelle est prononcée par décret, sur la proposition du ministre.

664. 2e *Règle* : « Tous les membres du ministère public dans le ressort d'une Cour d'appel relèvent du procureur général, et dans l'arrondissement, du procureur de la République. » Le procureur général a aussi un droit d'impulsion et de surveillance et un pouvoir disciplinaire sur ses subordonnés ; mais ce dernier est moins étendu (L. 20 av. 1810, art. 60). Ses droits sont de même nature que ceux du ministre, parce que, suivant l'expression de Treilhard, il est *l'œil du gouvernement dans*

---

(1) V. LOCRÉ, XXIV, p. 406.

le ressort. — De plus que le ministre il a mission d'exercer l'action publique en matière de *crimes* et de *délits* devant la juridiction dont il est membre (1) (art. 135, 202, 381 et 413 etc., C. i. c.). — Pour la poursuite des contraventions, il n'a pas d'autres droits que le ministre.

Le procureur de la République a sur les officiers du ministère public près les tribunaux de simple police un droit d'impulsion et de surveillance pour assurer la répression des contraventions *régulièrement constatées* (2). Comme membre de la juridiction d'appel des tribunaux de police, il a en outre la mission légale de faire certains actes d'exercice de l'action publique en cette matière.

665. 3e *Règle* : « La Cour d'appel exerce, en matière de crimes et de délits, un droit d'impulsion et de surveillance sur le procureur général. » La loi du 20 avril 1810, art. 11, donne à la Cour d'appel, toutes Chambres réunies, le droit *d'enjoindre* au procureur général de poursuivre les crimes et délits qui lui sont dénoncés par un de ses membres, et de se faire *rendre compte* des poursuites qui seraient commencées. L'action publique n'est pas mise en mouvement par cette injonction. C'est un simple stimulant pour le ministère public et un appui moral. « Il faut, « a-t-on dit, si le ministère public néglige ses devoirs, que la Cour cri- « minelle puisse le mander et lui ordonner de poursuivre... Il s'agit de « former de grands corps judiciaires, forts de la considération que donne « la science civile, forts de leur nombre, au-dessus des craintes et des « considérations politiques, qui fassent pâlir les coupables, quels qu'ils « soient, et qui communiquent leur énergie au ministère public » (3). Il pourrait arriver que, d'accord avec le ministre, le procureur général méprisât l'ordre de poursuivre qu'il a reçu de la Cour. A cette situation extrême il n'y aurait d'autre remède que le renversement du ministère par les représentants du pays.

(1) Une jurisprudence parisienne reconnaît au procureur général le droit de saisir directement le juge d'instruction au lieu de le faire saisir par le procureur de la République (Voir le rapport sous l'arrêt de Cass. du 5 juin 1893, *aff. du Panama*, *Gaz. trib.* 16 juin). Cette opinion qui se fonde sur un texte très vague de la loi de 1810 est manifestement contraire aux principes et doit être rejetée.

(2) Mais ni le procureur général ni le procureur de la République ne peuvent donner des ordres aux commissaires de police pour faire *constater* les contraventions. Cela regarde le maire. Leur droit d'impulsion et de surveillance ne se manifeste qu'après qu'un procès-verbal a été dressé. Ils doivent empêcher *l'escamotage* des procès-verbaux. — Le droit d'impulsion et de surveillance s'induit par le raisonnement des art. 144, 167, 178, 249, C. i. c.

(3) Napoléon, au Cons. d'État, 1er brum. an XIII. — Certains auteurs reconnaissent à tort à la Cour d'appel, Chambres réunies, le droit de saisir la Chambre d'accusation. *Sic* : F. Hélie, V, 2167, 2169. — Le texte de l'art. 11, aussi bien que les travaux préparatoires (*Rapport de* Noailles : Locré, t. 25, p. 658) prouvent que le droit d'impulsion de la Cour s'exerce, non point sur l'action publique, mais sur le ministère public. — Le projet de réforme de la commission de la Chambre des députés (art. 230) consacre législativement le système de ces auteurs, qui est en effet bien préférable à celui du Code de 1810, comme on peut le voir par l'inconvénient que nous signalons à la fin de ce numéro.

666. 4° *Règle* : « Les procureurs généraux sont sous la surveillance du procureur général près la Cour de cassation au point de vue de l'interprétation de la loi. » — Le principe de cette surveillance a été posé par l'art. 84 du sénatus-consulte du 16 therm. an X, mais elle n'a point été organisée. Le ministère public près la Cour de cassation n'étant, sauf des cas exceptionnels (1), que partie jointe, la surveillance du procureur général s'exerce seulement à l'occasion des affaires déférées par des pourvois à la Cour de cassation. Si dans ces procédures il remarque qu'une fausse interprétation a été donnée à la loi par les procureurs généraux près les Cours d'appel, il peut leur adresser des circulaires pour redresser leur erreur. Cette surveillance n'est plus exercée de nos jours. L'abondance des recueils de jurisprudence, où l'on publie souvent en outre des arrêts de cassation les conclusions du ministère public, l'a rendue inutile.

667. 5° *Indivisibilité*. — Nous avons vu qu'auprès de chaque juridiction les fonctions du ministère public peuvent être remplies par plusieurs magistrats différents ; mais, à la pluralité des membres, correspond l'*indivisibilité de la fonction*. Chaque membre d'un parquet est apte à faire tous les actes que le chef du parquet a le pouvoir de faire. Cette aptitude n'implique pas le pouvoir propre. Ce pouvoir n'appartient qu'au chef du parquet (art. 22, 271, C. i. c.). Les avocats généraux et les substituts sont de simples délégués (L. 20 av. 1810, art. 47 ; D. 6 juil. 1810, art. 42 ; Ord. 15 janv. 1826, art. 46). — La question est controversée pour les substituts du procureur de la République : on soutient qu'ils ont le pouvoir propre, en vertu des art. 9, C. i. c. et 43, L. 20 av. 1810. Mais ces textes ne sont pas suffisamment explicites, et ils seraient d'ailleurs contredits par l'art. 22, C. i. c., qui accorde le pouvoir propre au procureur de la République, combiné avec l'art. 26 qui l'accorde « en cas d'empêchement, au substitut le plus ancien » (2). — D'après certains auteurs cette controverse est sans intérêt ; car, disent-ils, « si le procureur de la République est présent, sa volonté est la règle, et, s'il est absent ou empêché, son substitut peut faire tous les actes à sa place » (3). — L'objection repose sur une pétition de principe. Il est faux de dire que si les substituts *ont un pouvoir propre*, la volonté du procureur de la République ou du substitut le plus ancien *est la règle*. Si ceux-ci en effet ne veulent pas agir, les autres pourront faire un acte de poursuite malgré leur opposition. Ils auront les uns à l'égard des autres la même situation que le procureur de la République a vis-à-vis du procureur général. Aussi certains auteurs, partisans du système que nous

---

(1) V. art. 441, 442, 444, 486, 491, 532, 542, C. i. c.
(2) *Sic* : Le Sellyer, *Act. publ. et privée*, I, 250 et note 1, p. 342 ; Mangin, I, 94 ; — *Contrà* : Faustin Hélie, I, 496.
(3) Garraud, *Précis*, 357, III.

critiquons, admettent que sur le refus du procureur de la République de faire un acte, on peut s'adresser à son substitut. Ils sont logiques dans les déductions d'un principe erroné.

668. La délégation n'empêche point l'indépendance de la parole. L'hypothèse où les avocats généraux différeraient d'avis avec le procureur général est prévue par les art. 48 et 49, D. 6 juil. 1810. Le procureur général doit laisser parler l'avocat général selon sa conscience, ou porter lui-même la parole. Il peut aussi faire soutenir son opinion par un autre avocat général qui la partage, en l'attachant à la Chambre où l'affaire est pendante (art. 44, *ibid.*). Ces dispositions doivent être appliquées, par analogie, aux substituts du procureur général et du procureur de la République.

III. — Droit des administrations publiques.

669. Certaines administrations publiques sont chargées de poursuivre les infractions qui lèsent les intérêts confiés à leurs soins. Telles sont les administrations des *forêts*, des *douanes* et des *contributions indirectes*. Leur droit sur l'action publique est plus étendu que celui du ministère public, car elles peuvent en disposer par une transaction. Trois questions sont à examiner pour chacune de ces administrations : 1° Leur droit de poursuite exclut-il celui du ministère public ou s'exerce-t-il concurremment avec lui ? — 2° N'y a-t-il pas des cas où le ministère public peut poursuivre à l'exclusion de l'administration ? — 3° Quel est l'effet de la transaction dans ces hypothèses ?

L'administration forestière puise dans les art. 19, 182, 202, C. i. c., 159, 183, 184, C. f., le droit de poursuivre *concurremment* avec le ministère public les contraventions et délits forestiers, quelle que soit la peine applicable. Ces textes répondent aux deux premières questions. Quant aux effets de la transaction, l'art. 159, C. f., modifié par la loi du 18 juin 1859, distingue : si elle intervient *avant jugement* elle éteint l'action publique alors même que le délit entraînerait l'emprisonnement ; *après jugement*, au contraire, elle ne peut éteindre que les peines et les réparations pécuniaires.

En matière de contributions indirectes (1) et de douanes, l'administration exerce l'action publique au point de vue des amendes et des confiscations : elle les requiert, elle peut interjeter appel pour les faire prononcer ou en faire augmenter le chiffre. Mais ce droit exclut-il, quant à ces peines pécuniaires, la poursuite par le ministère public ?

---

(1) Les *octrois* qui ont été jusqu'en 1852 (abolition du prélèvement du dixième au profit de l'État) une branche des contributions indirectes, sont soumis en général aux mêmes règles.

L'affirmative n'est guère contestée s'il s'agit des contributions indirectes. Elle a été admise comme chose décidée par le rapporteur de la loi du 21 juin 1873 (1). Pour les douanes, les textes établissent ce droit exclusif de l'administration quant aux infractions passibles simplement de *peines pécuniaires de la compétence du juge de paix*. Mais à l'égard de celles qui entraînent, *en outre* des confiscations et amendes, *l'emprisonnement correctionnel ou des peines afflictives*, on pourrait soutenir que les lois du 28 avril 1816 et du 21 avril 1818 ont rendu au ministère public le droit de requérir *toutes* les peines applicables à l'infraction, aussi bien les peines pécuniaires que les peines corporelles (2). De telle sorte que l'administration aurait pour les amendes applicables aux crimes et aux délits punis de peines corporelles un droit simplement parallèle à celui du ministère public. La tendance générale est cependant d'admettre le droit exclusif de l'administration, à cause du prétendu caractère de réparations civiles de ces confiscations et amendes (3).

Quant à la transaction intervenue avec l'administration des contributions indirectes ou des douanes, elle empêche en général de prononcer l'amende et l'emprisonnement, si elle a lieu avant jugement, mais elle ne fait plus remise que des peines pécuniaires, si elle a lieu après (4). Il faut cependant pour cela que la peine corporelle soit motivée uniquement par la fraude aux lois fiscales et non par un délit de droit commun connexe au fait de fraude. Exceptionnellement pour certains délits de contributions indirectes passibles d'emprisonnement et d'amende, la transac-

---

(1) Ce rapport sert de commentaire à l'art. 15 de cette loi (S. *Lois annotées*, 1873, p. 421). — Comp. Cass. 2 juil. 1878 (D. 79, 1, 381 et la note); 10 juin 1882 (S. 84, 1, 246); 14 nov. 1883 (S. 85, 1, 419); 12 déc. 1885 (S. 88, 1, 80). — *Contrà* : F. Hélie, I, 505. Pour les délits punis d'amende et d'emprisonnement par une loi fiscale, l'administration tout en reconnaissant au ministère public le droit exclusif de requérir et de faire exécuter la peine corporelle, lui conteste l'initiative des poursuites et l'exercice des voies de recours à cause de son droit absolu de transaction. Bertrand et Deschamps, *Contr. indir.*, II, 1417 (Paris, 1894). — *Contrà*, Dijon, 29 janv. 1877 (D. 77, 2, 182).

(2) Ces deux lois abolirent les cours prévôtales auxquelles étaient déférées ces infractions, pour rétablir à leur égard la compétence des tribunaux correctionnels et des cours d'assises. Ce retour au Droit commun pour la compétence n'implique-t-il pas un changement analogue pour le fond du droit, c'est-à-dire la poursuite par le ministère public? Et ce retour au Droit commun, en se combinant avec la faculté qu'a l'administration de requérir les peines pécuniaires, ne produit-il pas ce droit parallèle que nous indiquons au texte? — V. en sens divers : F. Hélie, 1, 507; Dalloz, *Rép.* v° *Douanes*, 869 et s.

(3) C. Nancy, 27 fév. 1878 (D. 79, 2, 46).

(4) V. sur le droit de transaction de l'administration des Douanes: *Arrêté* 14 fruct. an X; Ord. 27 nov. 1816, art. 9: Ord. 30 janv. 1822, art. 10 (Dalloz, *op. et V° cit.*, 1012). Sur celui de l'administration des contributions indirectes : *Arrêté* 5 germ. an XII, art. 23; D. 16 mars 1813, art. 6; Ord. 3 janv. 1921, art. 10; L. 21 juin 1893, art. 15 et s. Sur celui de l'administration des postes : L. 4 juin 1859, art. 9; L. 12 av. 1892, art. 4.

tion n'est autorisée qu'*après jugement* et seulement *sur le montant des condamnations pécuniaires* (L. 21 juin 1873, art. 15). Cette distinction judicieuse mériterait d'être généralisée.

IV. — Droit des particuliers et des tribunaux.

670. Le droit de donner l'*impulsion* à l'action publique n'appartient, sauf une seule exception, qu'aux particuliers lésés par l'infraction. Les autres peuvent *dénoncer* le fait ; mais la dénonciation n'a pas d'effet sur l'action publique, c'est un simple stimulant pour le ministère public. Lorsque cette dénonciation émane de la victime du délit, elle prend le nom de *plainte* ; mais ce n'est pas encore là l'usage du droit d'impulsion sur l'action publique. Cette impulsion se manifeste seulement par la *constitution de partie civile* ajoutée à une plainte adressée au juge d'instruction, ou résultant d'une citation du prévenu devant la juridiction de jugement. La constitution de partie civile, sous quelque forme qu'elle se manifeste, saisit de l'action civile la juridiction pénale devant laquelle elle a lieu (1) (art. 145, 182, 183, 63, 64, 66, C. i. c. *comb.*), et elle porte en même temps devant elle l'action publique, car les juridictions pénales doivent être saisies de celle-ci pour pouvoir statuer sur celle-là (art. 3, C. i. c.). Aussi les textes qui reconnaissent *sans restriction* à la victime du délit le droit de se constituer partie civile devant une juridiction d'instruction ou de jugement, lui donnent implicitement le droit de saisir cette juridiction de l'action publique, sans quoi leur disposition cesserait d'être *absolue* et ne s'appliquerait que si le ministère public poursuivait de son côté. Les particuliers font donc le premier acte d'exercice de l'action publique, ils en saisissent la juridiction pénale. Pour ce motif, on qualifie leur participation à son exercice de *droit d'impulsion*, ou de *droit de mise en mouvement*. — Un second acte d'exercice leur était inutile, puisqu'aussitôt saisie la juridiction pénale peut statuer sur l'action publique, dans la mesure de sa compétence, malgré l'abstention du ministère public ; aussi le leur a-t-on refusé (2).

(1) Des auteurs ont soutenu que la constitution de partie civile saisissait les juridictions d'instruction seulement de l'*action publique*, parce que ces juridictions ne peuvent statuer sur le fond du droit (*Sic* : Curet, *Du conflit en mat. crim., France judic.*, 1881, p. 385-398). C'est là une erreur ou plutôt une confusion. La partie civile ne demande au juge d'instruction rien de plus, rien de moins que le ministère public, savoir de qualifier le fait et d'en saisir, s'il y a lieu, la juridiction de jugement. Les décisions des juridictions d'instruction s'appliquent nécessairement aux deux actions, parce qu'elles résolvent des questions qui leur sont communes. *Sic* : Trébutien, II, p. 38 et s.; F. Hélie, *Inst. crim.*, I, 520. Cependant ce dernier auteur, *op. cit.*, V, 2295, paraît avoir penché vers l'opinion soutenue plus tard par M. Curet.

(2) Cette règle reçoit exception pour les recours que la partie civile est autorisée à exercer contre les ordonnances ou arrêts des juridictions d'instruction

Il est un cas exceptionnel où le droit d'impulsion sur l'action publique appartient à des particuliers non lésés par l'infraction: L'art. 123 de la loi électorale du 14 mars 1849, non abrogé par les lois postérieures, admet la poursuite des crimes et délits électoraux par les électeurs du collège électoral où ils ont été commis (1). C'est là un véritable cas *d'accusation populaire*, car l'intérêt général est le seul mobile de cette action. Aussi le texte a-t-il soin de dire que « le défaut d'action (*des électeurs*) ne portera aucun préjudice à l'action *publique* » (c'est-à-dire à la poursuite du ministère public).

671. Nous ne traiterons pas ici du droit des tribunaux sur l'action publique, cela nécessiterait un long résumé de plusieurs parties de la procédure pénale et nous nous exposerions à des redites ; il suffit de noter qu'il se manifeste : 1° par la nécessité pour les juridictions pénales de statuer sur l'action publique, dès qu'elles en sont saisies, malgré tout désistement du ministère public et de la partie civile ; — 2° par le droit qu'ont les tribunaux de répression de se saisir d'office de certaines infractions de leur compétence ; — 3° pour certaines autres, par le droit d'en saisir la juridiction compétente.

Section II. — Du sujet passif de l'action publique.

672. L'action publique peut être dirigée, au point de vue de la peine et des frais, contre les *auteurs* et *complices* de l'infraction ; au point de vue des frais, elle peut atteindre encore les *personnes civilement responsables* des agents du délit (art. 194, C. i. c. et arg. de ce texte). On oublie souvent de citer ces personnes parmi les sujets passifs de l'action publique. Elles sont ses défendeurs accessoires ; car il ne faudrait pas croire qu'en poursuivant leur condamnation aux frais on exerce contre elles l'action civile. Cette action en effet a pour objet la réparation du dommage causé par l'infraction ; or la condamnation aux dépens, dans le jugement rendu sur l'action publique, répare non pas le préjudice causé par le délit, mais celui causé par la poursuite. C'est donc bien l'action

---

(art. 135, 539). De quoi lui servirait en effet de pouvoir faire réformer ou casser ces décisions, si la voie de recours ne devait pas aboutir à un renvoi des *deux* actions devant la juridiction de jugement, puisque cette juridiction ne peut être saisie valablement de l'action civile sans l'être en même temps de l'action publique (art. 3) ?

(1) Cass. 16 mars 1878 (D. 78, 1, 142). Il se produit actuellement un mouvement très vif d'opinion en faveur de la poursuite de certains délits par des associations formées en vue de leur répression. V. *Rev. crit.*, 1894, p. 157, mon *Examen doctrinal* et la note ; H. Joly, *Les associations et l'Etat dans la lutte contre le crime*, *Rev. parl.*, 1895, p. 430 et s. ; Discussion à la Société générale des prisons, *Rev. pénit.*, 1896, p. 510 et s., 649 et s.

publique qui est dirigée *quant aux frais* contre les personnes civilement responsables. Seulement, s'il y a partie civile en cause, la qualité de défendeurs accessoires à l'action publique n'apparaît pas nettement chez ces personnes, parce que les frais de la procédure étant communs aux deux actions, elles se trouvent avoir la qualité de défendeurs accessoires à l'une et à l'autre.

La mise en cause des personnes civilement responsables est une application de la *théorie de l'intervention* que le Code d'instruction criminelle a passée sous silence. Nous saisissons cette occasion de l'exposer dans son entier.

673. Théorie de l'intervention. — Personnes qui peuvent intervenir ou être appelées en cause. — On peut définir l'intervention : l'introduction d'un nouveau demandeur ou d'un nouveau défendeur dans une instance liée entre deux parties. Elle est *volontaire* ou *forcée*; celle-ci est souvent qualifiée d'*appel en cause*.

L'intervention ne reçoit pas en Droit pénal toutes les applications qu'elle comporte en Droit civil, où elle n'est fondée que sur l'intérêt (art. 339, 341, C. proc.).

1° *Du nouveau demandeur*. — Si l'on recherche qui peut devenir dans le procès pénal l'auxiliaire du ministère public contre le prévenu, et quel est le caractère de cette intervention, on ne trouve que la *partie civile* et l'on remarque que son intervention est nécessairement *volontaire*. Tout tiers non lésé par l'infraction, qui voudrait poursuivre le prévenu, agirait dans un intérêt social et usurperait les fonctions du ministère public. D'un autre côté on ne comprendrait pas l'intervention forcée de la partie civile. Le ministère public est sans intérêt et le prévenu est sans droit pour l'appeler en cause. Ce n'est pas que ce dernier ne puisse être intéressé à voir statuer dans une seule et même instance sur l'action publique et sur l'action civile, mais il n'a pas le droit d'enlever à la personne lésée la faculté de porter son action devant la juridiction civile, ni celle de l'exercer quand elle le jugera convenable.

2° *Du nouveau défendeur*. — Le tiers, qui dans le procès pénal peut devenir l'auxiliaire du prévenu contre la partie poursuivante, doit être un individu en position d'être condamné pour le délit qui fait l'objet de la poursuite ; sinon il ne serait pas apte à jouer le rôle de nouveau défendeur. Ce sera un coauteur, ou un complice, ou la personne civilement responsable. Mais on ne comprendrait pas l'intervention d'un ami, d'un parent, qui pour défendre le prévenu demanderait à devenir partie au procès. Cette intervention est inutile, car les arguments que l'intervenant voudrait fournir en faveur du prévenu seront développés par l'avocat, ou par l'intervenant lui-même s'il se fait appeler comme témoin à décharge, ou autoriser par le président à présenter la défense de son protégé. — Devrait-on admettre l'intervention d'un tiers qui a commis un délit semblable à celui qui est actuellement poursuivi ? *Exemple* : un négociant est poursuivi, en vertu de la loi du 27 mars 1851, pour une falsification. Un autre négociant, qui a commis une falsification semblable, peut-il intervenir pour démontrer que le fait est licite ? Son intérêt est évident : il veut empêcher de se former un préjugé qu'il aurait plus tard de la peine à détruire. Mais son intervention est irrecevable, car il n'a point participé au délit actuellement poursuivi. C'est un délit différent qu'il a commis. Or l'intervention suppose que la cause est la même ; elle consiste seulement dans l'addition d'une nouvelle partie (1).

L'intervention du nouveau défendeur peut être *volontaire* ou *forcée*.

674. De qui peut émaner l'appel en cause ? — Les juridictions d'instruction ont le droit d'étendre d'office la poursuite à tous les individus qui ont participé à l'infraction dont elles sont saisies. L'instruction préparatoire a lieu *in rem*, sur le crime, et non pas simplement sur la culpabilité des individus désignés au juge d'instruction par le ministère public ou par la partie civile (art. 8, 47, C. i. c.). L'extension des poursuites à d'autres individus est une *mise en cause d'office*. — *L'appel en cause* émane aussi régulièrement d'une des parties poursuivantes, ministère public ou partie civile ; c'est un moyen pour eux d'exercer des poursuites contre un nouveau défendeur.

Mais peut-il émaner du *prévenu*, et, d'un autre côté, la mise en cause d'office peut-elle être ordonnée par une juridiction *de jugement* ? Nous répondons négativement à ces deux questions. Quel but pourrait en effet poursuivre le prévenu ? Se faire défendre par le tiers qu'il appelle en cause ? Mais il obtiendra aussi bien ce résultat en appelant le tiers comme témoin ; il n'est pas utile de le rendre partie au procès. — Le faire condamner à une peine ? Mais seule la victime du délit peut mettre ainsi en mouvement l'action publique. — Se faire indemniser par l'intervenant des condamnations qu'il va encourir lui-même ? Mais cette garantie n'est pas due, et eût-elle été promise, l'obligation serait entachée d'une nullité d'ordre public.

Quant aux juridictions de jugement, elles ne peuvent étendre les poursuites à des coauteurs ou complices qui ne sont pas traduits devant elles. Elles sont chargées seulement de punir les individus que leur « livre » la partie poursuivante (art. 8, 145, 182, 271). L'instruction définitive qu'elles font a lieu *in personam*. De quelle utilité d'ailleurs serait cette mise en cause qui, si elle n'est pas acceptée par le ministère public ou la partie civile, ne saurait aboutir à une condamnation ? Ce serait, dit-on, de faciliter l'instruction du procès par le concours de l'intervenant. Mais, ce concours, le tribunal peut l'obtenir en faisant

---

(1) *Comp.* Jousse, III, p. 86.

comparaître comme témoin le tiers dont le témoignage paraît nécessaire, si c'est une personne physique, et en consultant ses titres, si c'est une personne morale (1).

675. Formes de l'intervention. — L'intervention *volontaire* se réalise par une déclaration qui n'est assujettie à aucune forme spéciale. Des conclusions prises par l'intervenant dans le sens de la condamnation ou du relaxe suffisent. L'art. 67, C. i. c., qualifie cette déclaration d'*acte subséquent* lorsqu'il s'agit de la partie civile, parce qu'il suppose que la victime du délit a commencé par déposer une plainte avant de se rendre partie au procès ; mais il n'était pas dans l'intention du législateur de refuser à ceux qui n'ont pas porté plainte le droit d'intervenir en se constituant partie civile (2).

Pour l'*appel en cause* il faut recourir aux actes de procédure susceptibles de saisir la juridiction contre le nouveau défendeur. La citation est en général nécessaire et suffisante. Devant la Cour d'assises ce moyen n'est possible que pour les délits de presse ; en toute autre matière, il faut un *arrêt de renvoi* rendu par la Chambre d'accusation. On devra donc suivre la filière de l'instruction préparatoire à deux degrés pour mettre un nouveau coauteur ou complice en situation d'être appelé en cause devant cette juridiction. La mise en cause se réalisera alors par la jonction des *actes d'accusation* (art. 307, C. i. c.). — L'appel en cause des personnes civilement responsables a lieu devant toutes les juridictions de jugement au moyen d'une citation.

676. Effets de l'intervention. — L'effet direct et immédiat de l'intervention est de rendre l'intervenant partie au procès. Il pourra donc encourir ou voir prononcer à son profit une condamnation. Mais cette condamnation est-elle toujours possible ? Elle l'est certainement quand il s'agit de l'intervention volontaire de la partie civile ou de l'appel en cause d'un nouveau prévenu par la partie civile ou par le ministère public. L'acte qui réalise en effet l'intervention saisit en outre le tribunal de l'action publique et de l'action civile quant à l'intervenant, et rend possible dès lors une condamnation à son profit ou contre lui. Mais l'intervention volontaire d'un tiers en faveur du prévenu ne produit pas ce

---

(1) Des opinions très diverses se sont produites sur l'intervention en matière pénale. Les uns repoussent toute autre intervention que celle de la partie civile (VENTE, *Rev. crit.*, 1852, p. 676). — D'autres distinguent suivant que la poursuite est intentée par le ministère public ou par la partie civile, et dans ce dernier cas ils admettent l'intervention d'une manière aussi large que dans la procédure civile (DALLOZ, *Rép.* v° *Intervention*, n° 167). — La jurisprudence n'a point de système bien défini : elle admet l'intervention de tout individu qui, à un titre quelconque, peut être condamné *en même temps* ou *à la place* du prévenu. Elle admet son intervention volontaire, son appel en cause, même par le prévenu, et sa mise en cause d'office par le tribunal. V. F. HÉLIE *Prat. crim.*, I, 275, 276.

(2) *Sic* ; Cass. 16 oct. 1812 ; F. HÉLIE, VI, 1713.

résultat. Il ne dépend pas en effet d'une personne de se faire poursuivre. L'acte qui réalise l'intervention ne saisit pas le tribunal de l'action publique ni de l'action civile contre l'intervenant. Il faudra donc que l'intervention soit acceptée par l'une des parties poursuivantes pour que la condamnation de l'intervenant soit possible. Cette acceptation, jointe à la déclaration d'intervention, équivaut à une *comparution volontaire* (1).

SECTION III. — DU SUJET ACTIF DE L'ACTION CIVILE.

677. Objet précis de l'action civile. — Il importe de préciser d'abord quelle action on entend désigner par cette expression, *action civile*. Au sens large, elle est synonyme d'*action privée*. Mais toutes les actions privées qui se rattachent à l'infraction ne sont pas l'action civile au sens strict du mot. Ainsi l'assassinat d'une personne par son héritier présomptif donne lieu à l'action en exclusion de la succession pour ingratitude. Les coups et blessures portés au donateur ou au testateur peuvent motiver l'action en révocation d'une donation ou en déchéance d'un legs pour le même motif. L'adultère peut être le principe d'une demande en séparation de corps, en divorce, ou en désaveu de paternité, etc. Ces actions privées ont avec le délit un rapport moins direct que l'action civile. Leur *cause* est dans un manquement à des devoirs. L'infraction a été simplement l'*occasion* de ce manquement. Elles ne naissent pas non plus de toute infraction. — Il y a au contraire une action privée, conséquence nécessaire de toute infraction portant préjudice à un particulier : c'est le délit envisagé par son côté préjudiciable qui lui donne naissance, qui est sa *cause efficiente* ; celle-ci est, au sens strict et usuel du mot, l'action civile. L'art. 1er, C. i. c., la définit : « L'action en réparation du dommage causé par un crime, par un délit, ou par une contravention. » Mais le *délit civil* peut, comme l'*infraction*, donner naissance à une action « en réparation du dommage » (art. 1382, C. civ.), laquelle ressemble à l'action civile par son but comme par son origine. On peut dire en effet que l'infraction n'engendre l'action civile qu'à la condition de contenir un délit civil. Cependant, comme elle en diffère à plusieurs points de vue, nous la désignerons toujours sous le nom d'*action en dommages-intérêts*. Notons en passant leurs principales différences pour faire comprendre l'utilité de les distinguer.

Elles diffèrent : 1° au point de vue de la *compétence* : l'action en

---

(1) GARRAUD, *Précis*, 360. — Voir sur les conditions de la comparution volontaire : Cass. 4 mars 1848 (B. 51) ; 23 nov. 1837 (B. 408).

dommages-intérêts ne peut être portée que devant les tribunaux civils. L'action civile peut de plus être portée devant les tribunaux de répression (art. 3, C. i. c.). — 2° L'action en dommages-intérêts fait reconnaître et liquider une créance dépourvue de garanties spéciales. L'action civile aboutit à une condamnation garantie par la solidarité légale et la contrainte par corps. — 3° L'action en dommages-intérêts se prescrit par 30 ans (art. 2262, C. civ.). L'action civile est soumise à la même prescription que l'action publique (art. 2, 637, 638, 640, C. i. c.).

678. Droits du titulaire de l'action civile. — Quand on se demande quel est le *sujet actif* de l'action civile, la question est complexe : elle comprend la détermination du *titulaire* de l'action, puis celle de sa *capacité* pour l'exercer. Ce second côté de la question mérite un simple renvoi au Code civil, car aucune modification n'est apportée par le Code d'instruction criminelle aux dispositions qu'il contient sur l'exercice des actions appartenant à des incapables (1). L'art. 1er § 2, C. i. c., résout au contraire le premier point en ces termes : « L'action en réparation du dommage causé par un crime, par un délit ou par une contravention *peut être exercée* par tous ceux qui ont souffert de ce dommage. » Cet article est mal rédigé ; il est visible en effet qu'une transposition accidentelle de mots s'est produite entre le premier et le second paragraphe. L'expression *peut être exercée*, ne marque pas toute l'étendue du droit de la victime du délit sur l'action civile ; de même que l'expression *appartient*, dans le premier paragraphe, donne une idée exagérée des droits du ministère public sur l'action publique. Il faut lire le texte comme s'il portait : l'action pour l'application des peines *ne peut être exercée* que par les magistrats auxquels elle est confiée par la loi. L'action en réparation du dommage causé par un crime, par un délit ou par une contravention *appartient* à tous ceux qui ont souffert de ce dommage » (Comp. C. brum. an IV, art. 6). La personne lésée par l'infraction est en effet créancière de la réparation. Titulaire de la créance, elle l'est aussi de l'action qui tend à la faire reconnaître et liquider. Elle a donc non seulement l'*exercice*, mais encore la *disposition* de l'action civile. Par suite, elle peut *céder* son action (art. 1689 et s., C. civ.), y *renoncer* (art. 1282 et s.), *transiger* sur elle (art. 2044) (2). Ses créanciers ont le droit de l'exercer si elle néglige de le faire (art. 1166).

---

(1) Les termes absolus de l'art. 16, C. civ. ne permettent pas d'affranchir l'étranger demandeur de la caution *judicatum solvi*, qu'il agisse par voie de citation directe ou par voie d'intervention devant un tribunal répressif : Cass. 12 fév. 1846 (D. 46, 1, 128).

(2) La transaction sur l'action civile née d'un faux ne peut être *exécutée* qu'après avoir été homologuée en justice et communiquée préalablement au ministère public (art. 249, C. proc.) ; mais elle est parfaite sans cette homologation qui a seulement pour but de mettre le ministère public en mesure d'exercer des poursuites.

Enfin cette action passe avec son patrimoine à ses héritiers (art. 724). Ces deux dernières propositions comportent des exceptions.

a) L'art. 1166 refuse aux créanciers l'exercice des actions qui sont « exclusivement attachées à la personne ». Et dans l'opinion générale l'action civile aurait ce caractère lorsqu'elle naît d'un délit dirigé contre les personnes (1). Mais il nous paraît plus exact de dire que l'action civile est toujours susceptible d'être exercée par les créanciers pour faire réparer un *préjudice pécuniaire*, et ne l'est jamais pour faire réparer un *dommage moral*. Dans ce système les créanciers ont le droit d'exercer l'action civile, même pour les délits dirigés contre la personne de leur débiteur, à la condition de justifier qu'ils en éprouvent un préjudice pécuniaire (2).

b) L'action civile est intransmissible si le fond du délit est une *injure* que le silence gardé par la victime jusqu'à sa mort doit faire réputer pardonnée. Cette exception, admise en Droit romain pour l'action *injuriarum* (*Inst. Just.* IV, XII § 1), est devenue traditionnelle. Les auteurs l'appliquent en matière de diffamation, d'injure et d'adultère (3).

679. Qui peut intenter l'action civile ? — L'art. 1er, C. i. c., accorde l'action civile aux personnes « qui ont souffert du dommage causé par l'infraction ». Les principes généraux exigent en outre que ce dommage soit actuel et direct. Quatre conditions par conséquent sont nécessaires et suffisantes pour intenter l'action civile :

1re *condition*: « Avoir éprouvé un dommage. » — Peu importe la nature de ce dommage ; la loi ne précise rien : il peut être *matériel*, c'est-à-dire atteindre les biens ou la personne physique ; il peut être *moral*, c'est-à-dire léser l'honneur, la réputation, la considération. La difficulté d'apprécier, dans ce dernier cas, la nature et le taux de la réparation ne doit pas arrêter ; car la publication du jugement est toujours susceptible d'être ordonnée à titre de réparation civile ; c'est même la seule qu'on devrait prononcer lorsque l'atteinte à l'honneur ne paraît pas avoir porté préjudice à des intérêts pécuniaires (4).

680. 2e *condition* : « Le dommage doit *résulter de l'infraction.* » — Pour ce motif les délits d'habitude n'engendrent point l'action civile. Ils donnent lieu simplement à l'action en dommages-intérêts. On peut être lésé en effet par des prêts usuraires mais on ne l'est point par l'habitude de prêter à usure. — Et il importe peu que la série de faits constitutifs de l'habitude aient été accomplis au préjudice de la même per-

---

(1) SOURDAT, *Responsabilité*, I, 73 et s.
(2) LABBÉ, note, S. 1881, 1, 21.
(3) Pour la *diffamation* et l'*injure*, v. CHASSAN, II, 1195 ; BARBIER, *Code expliqué de la presse*, II, 864. — Pour l'adultère, v. *infrà* , n° 789 ; Comp. *Inst. Just.* IV, XII § 1.
(4) HAUS, II, 1368.

sonne ou de personnes différentes : le délit résulte, en effet, de l'habitude chez le délinquant (1).

681. 3° *condition* : « Le dommage doit être *actuel*. » — Mais il n'est pas nécessaire qu'il se traduise par une perte actuelle d'argent ; la perte d'un droit suffit. Ainsi, on fait une différence entre le père et le cousin de la personne assassinée : celui-ci n'a l'action civile que s'il était assisté en fait par la victime à l'époque du crime. Celui-là au contraire, étant au nombre des ayants droit à la pension alimentaire (art. 203 et s., C. civ.), aura l'action civile, alors même qu'au temps du crime il ne serait pas assisté. Il perd un droit en perdant son fils. Bien entendu nous ne parlons ici que de l'action civile que le père ou le cousin peuvent exercer de leur propre chef, en se disant personnellement lésés par l'infraction : nous examinerons plus bas s'ils ne pourraient pas exercer l'action civile appartenant au défunt, en leur qualité d'héritiers.

682. 4° *condition* : « Le dommage doit être la conséquence *directe* de l'infraction. » — Ainsi la personne sur laquelle se sont égarées les recherches de la justice ne peut réclamer des dommages-intérêts à l'auteur du délit. — Il n'est pas d'ailleurs nécessaire que l'auteur de l'infraction ait eu l'intention d'atteindre celui qui en souffre. Les délits dirigés contre la chose publique ou contre un tiers, du moment que nous en éprouvons un préjudice, donnent lieu à notre profit à l'action civile, tout comme les délits dirigés contre nous-mêmes. Le mari par exemple est généralement atteint par tous les délits qui diminuent le patrimoine de sa femme ; il est même souvent lésé par ceux qui atteignent son honneur. Les créanciers, qui n'ont d'autre sûreté que l'industrie de leur débiteur, sont personnellement atteints par l'infraction qui cause sa mort ou qui le rend impropre à exercer son industrie. Ils peuvent intenter l'action civile de leur propre chef, comme aussi, dans notre opinion, du chef de leur débiteur en exerçant ses droits (art. 1166).

683. Questions controversées. — 1re *Question* : « Le délit de concurrence illicite donne-t-il naissance à l'action civile, et qui peut l'exercer ? » — Il y a des professions monopolisées en ce sens qu'elles sont accessibles seulement aux personnes ayant justifié de leur aptitude et de leur capacité. L'exercice illégal de ces professions constitue la *concurrence illicite* : infraction dont la peine varie suivant les lois spéciales qui ont organisé ces monopoles. Telle est par exemple l'exercice illégal de la médecine (L. 30 nov. 1892) ou de la pharmacie (Arr. Parlem. 23 juil. 1748). Ce délit donne-t-il lieu à l'action civile, et qui peut l'exercer ? Un point certain, c'est que la collectivité (2) n'ayant point d'exis-

---

(1) Cass. ch. réun. 21 juillet 1841 ; Cass. 8 juillet 1881, D. 82,1.41).
(2) On l'appelle par habitude la *corporation*, quoique les corporations soient abolies (L. 2 mars 1791).

tence légale, puisqu'elle n'est pas une personne morale, ne peut être lésée. Seuls les membres de la collectivité qui exercent leur profession peuvent se plaindre chacun dans un intérêt personnel, d'un détournement de clientèle. La nature toute spéciale de ce préjudice rend difficile sa constatation. Pour nous, c'est une question de fait. Dans une petite ville, l'exercice illégal de la médecine ou de la pharmacie causera un préjudice appréciable aux médecins et pharmaciens qui y sont établis ; nous leur accorderons par conséquent l'action civile. Dans une grande ville, le préjudice étant problématique, nous la leur refuserons. A *fortiori* refuserions-nous cette action aux pharmaciens d'une ville pour le délit commis dans une autre ville, à moins que le plaignant ne soit le fournisseur des pharmaciens diplômés établis dans la ville où le délit a été commis (1). — La jurisprudence accorde sans restriction l'action civile à tous les membres de la collectivité, quelque éloignés qu'ils soient du lieu du délit (2). C'est une exagération. — A l'inverse certains auteurs soutiennent que ce délit n'engendre jamais l'action civile. Le préjudice, d'après eux, n'existe pas. Qui peut se flatter en effet de conserver une clientèle ? Rien ne prouve que les personnes qui se sont adressées au concurrent sans diplôme seraient venues trouver le plaignant (3). — Nous répondons qu'il y avait une chance dont la valeur est appréciable dans les petites localités. La loi sur les syndicats professionnels (L. 21 mars 1884), paraît d'ailleurs fournir le moyen de résoudre dans tous les cas la difficulté. En groupant les intérêts d'un grand nombre de personnes qui exercent dans une grande ville ou dans une région de la France la même profession monopolisée, les associations professionnelles rendent le préjudice appréciable, et si l'action civile n'appartient pas individuellement à chaque membre syndiqué, elle appartient du moins au syndicat qui constitue une personne morale (4). Il y a lieu d'observer seulement que la jurisprudence hésite à

---

(1) GARRAUD, *Précis*, 366.
(2) TRÉBUTIEN, II, p. 26. LE SELLYER, *Act. pub. et priv.*, I, 269. — Cass. ch. réun. 15 juin 1833 ; Lyon, 21 déc. 1883 (S. 85, 2, 41 et la note).
(3) F. HÉLIE, *Inst. crim.*, I, 564 ; HOFFMAN, *Quest. préj.*, 1, 33 ; HAUS, II, 1061.
(4) *Sic* : Paris, 20 janv. 1886 (*Gaz. Trib.* 26 janv.). — *Contrà* : Aix, 26 janv. 1887, sur la consultation de M. WALDECK-ROUSSEAU (*Rec. de proc. civ.*, 1887, p. 49 et s.). Pour refuser aux syndicats professionnels le droit d'intenter l'action civile on dit : « qu'ils ne peuvent pas exercer une action qui se trouve dans le patrimoine de leurs membres, parce qu'ils personnifient des intérêts qui, n'étant le patrimoine d'aucun des sociétaires, ne peuvent être exercés par aucun d'eux ».
— Mais c'est précisément pour cette raison qu'on accorde au syndicat l'action civile du délit de concurrence illicite, lorsqu'il est impossible d'apprécier le préjudice qu'en éprouve personnellement chacun des membres syndiqués. Dira-t-on que dans cette hypothèse « l'action existe en germe dans le patrimoine de chacun ». C'est pure subtilité. On ne peut soutenir en effet qu'il y ait incertitude seulement sur le chiffre du préjudice, lorsque cette incertitude est telle que la

appliquer la loi du 24 mars 1884 aux professions libérales (1) ; mais la loi du 30 nov. 1892 a admis les syndicats de médecins à poursuivre l'exercice illégal de la médecine (art. 13, 17). Sa solution mérite d'être généralisée.

684. 2° *Question* : « Les diffamations et injures dirigées contre l'armée, les corps constitués et les administrations publiques, donnent-elles lieu à l'action civile ? » — Ces collectivités sont protégées par une sanction pénale contre ces deux délits (art. 30, 33, L. s. la Presse). Il s'agit de savoir si une sanction civile correspond à la sanction pénale. La négative nous paraît certaine. A qui appartiendrait en effet l'action civile, puisque ces collectivités n'ont pas de patrimoine ? Distribuerait-on les dommages-intérêts entre tous les membres de la collectivité ? Mais aucun n'a éprouvé personnellement de préjudice ; c'est l'honneur du corps qui a souffert ; or cet honneur n'intéressant que la chose publique, dont le corps fait partie, c'est par la sanction pénale, poursuivie dans l'intérêt social, que l'infraction se trouve entièrement réparée (2).

685. 3° *Question* : « L'infraction qui a causé la mort instantanée de la victime donne-t-elle naissance à l'action civile, et à quel titre ses héritiers l'exercent-ils ? » — Il est certain que si les héritiers étaient personnellement lésés par la mort de leur auteur, ils auraient action de leur propre chef ; mais le cas sera rare, car généralement les héritiers auront gagné à cette mort qui les fait hériter plus tôt ; s'ils sont lésés, c'est uniquement dans leur affection. — Cet intérêt d'affection avait paru suffisant dans l'ancien Droit pour accorder l'action civile aux parents très rapprochés et au conjoint survivant : on disait qu'ils agissaient *propter causam doloris*. Quant aux autres parents, ils n'avaient l'action civile qu'à la condition d'être héritiers, c'est-à-dire qu'ils étaient réputés l'avoir recueillie du défunt et qu'ils l'exerçaient du chef de ce dernier. La jurisprudence et certains auteurs modernes font encore cette distinction (3). — D'autres auteurs soutiennent que les infractions de cette nature n'engendrent point l'action civile : elle ne naît pas en effet directement au profit des héritiers, parce qu'ils ne sont point lésés, et ils ne peuvent l'exercer du chef de leur auteur, puisque, le crime ayant causé sa mort, elle n'a pu lui appartenir et par conséquent leur être

---

lésion elle-même paraît incertaine. En droit, *presque rien* doit être assimilé à *rien*. Or s'il n'y a pas de lésion, il n'y a point d'action civile.

(1) Cass. 27 juin 1885 ; Paris, 20 janv. 1886 ; Trib. Seine, 10 mars 1890. GARRAUD, *Dr. pén. franç.*, IV, p. 177.

(2) Sic : GARRAUD, *France jud.*, VII, 1, 358. — *Contrà* : BARBIER, *Code de la presse*, II, 471. Mais cet auteur est obligé de convenir que l'action civile de ces collectivités pourra aboutir seulement à la *publication du jugement* à titre de réparation civile.

(3) F. HÉLIE, *Inst. crim.*, I, 557 ; LE SELLYER, *op. cit.*, I, 263 ; Cass. franç. 21 mai 1881 (D. 82, 1, 391) ; Cass. belge, 17 mars 1881 (S. 81, 4, 9 et la note).

transmise (1). — Enfin une partie de la doctrine enseigne que cette action fait partie de la succession et passe à ce titre aux héritiers et autres successeurs universels (2). C'est à cette opinion que nous nous rallions.

Il est certain en effet que rien ne peut compenser l'affection qu'on avait pour une personne. L'affection est un sentiment, ce n'est pas un bien dont la perte puisse être qualifiée de *dommage* (art. 1er, C. i. c.). Sa preuve ne peut émaner que de la personne qui l'invoque. On ne saurait l'admettre sans violer la règle que nul ne peut se créer un titre à soi-même. Les atteintes à l'honneur, à la considération, à la réputation font éprouver un préjudice moral, d'une évaluation difficile sans doute, mais non impossible, car pour l'établir on fait appel à l'opinion des tiers. Il faut donc rejeter la prétention des héritiers qui voudraient exercer l'action civile de leur propre chef, *propter causam doloris*. Mais l'ont-ils du chef du défunt, en leur seule qualité d'héritiers? Assurément, si elle leur a été transmise. Toute la difficulté est d'expliquer cette transmission.

Notons d'abord que le préjudice causé à la personne physique par la perte de la vie est absolument irréparable : de ce chef les héritiers n'ont le droit de rien réclamer. Mais ils peuvent du moins demander compte du dommage que la mort de leur auteur cause à son patrimoine, à la condition de prouver l'*existence* de ce préjudice *et son étendue*. — Certains auteurs affirment que la mort d'un individu cause toujours un préjudice à sa fortune. C'est là une supposition gratuite. Mais si les héritiers prouvent que le patrimoine était en voie de développement, que le défunt faisait des économies, qu'il était engagé dans des entreprises desquelles il pouvait espérer la fortune, qu'il aurait probablement recueilli certains héritages si le crime n'eût pas hâté sa mort, la preuve du préjudice causé au patrimoine sera faite et l'action civile, née au profit du patrimoine qui représente la personne, passera à ceux qui le recueillent, proportionnellement à la part héréditaire de chacun d'eux (3).

686. 4º *Question* : « A quelles conditions la diffamation envers les morts est-elle un délit? — Envers qui est-il commis? — A quel titre les héritiers exercent-ils l'action civile? » — C'était autrefois une question célèbre que de savoir si la diffamation envers les morts, abstraction faite de toute atteinte à l'honneur des héritiers, était un délit! Pour l'affirmative on disait : c'est un délit envers la personne décédée ; la mémoire survit à la personne physique et la représente. La loi admet

---

(1) Villey, p. 185 (5e édit.) ; Trébutien, II, p. 29, 30.
(2) Haus, 1, 1373 ; Garraud, *Précis*, 366.
(3) En ce sens, mais avec l'extension que je critique : Labbé, note, S. 81, 2, 21 ; Garraud, *loc. cit.* V. sur la jurisprud. mon *Examen doctrinal*, Rev. critique, 1894, p. 25.

cette fiction dans la procédure de revision, puisqu'après la mort du condamné prétendu victime d'une erreur judiciaire, elle prescrit de nommer un curateur à sa mémoire (art. 446, C. i. c.) ; par analogie, il faut considérer les héritiers comme les curateurs légitimes à la mémoire de leur auteur, quand ils poursuivent la diffamation dirigée contre lui après sa mort (1). — On répondait, avec raison selon nous, qu'on ne doit pas élargir les délits : l'art. 367, C. p., qui réprimait la calomnie, avait sans doute été remplacé par la loi de 1819 punissant la diffamation, mais la répression de ce délit devait avoir lieu seulement dans la même hypothèse. Or l'article 367 supposait que la calomnie était dirigée contre une personne vivante. On faisait valoir en outre les droits de l'histoire (2). — L'art. 34 de la loi du 29 juillet 1881 a mis fin à cette controverse : aujourd'hui la diffamation et l'injure envers les morts ne constituent des délits que si l'agent *voulait atteindre et a atteint* les héritiers. La fiction de la mémoire survivant à la personne physique a été rejetée. Ce qu'on punit sous le nom de diffamation et d'injure envers les morts, c'est la diffamation et l'injure *indirectes* envers les héritiers. Mais l'art. 34 établit au profit des héritiers une faveur dont ne jouissent pas, d'après le Droit commun, les personnes qui poursuivent une diffamation indirecte. Régulièrement, en effet, ils devraient prouver deux choses : l'*intention* et le *résultat* ; par exception, l'art. 34 les dispense de la preuve du résultat ; ils sont présumés atteints par la diffamation dirigée contre leur auteur ; ils n'ont plus dès lors à prouver qu'une chose, savoir : que le diffamateur avait l'intention de les atteindre.

En résumé, voici quelle est la situation faite aux parents du défunt dont la mémoire est diffamée : 1° *les parents non héritiers* doivent prouver qu'ils ont été atteints personnellement par la diffamation ou l'injure et que le délinquant avait l'intention de les atteindre ; — 2° *les parents héritiers* n'ont à faire que cette dernière preuve.

Mais tous sans exception pourraient relever le quasi-délit civil (art. 1382, 1383, C. c.), s'ils démontraient que l'agent les a atteints sans intention. Dans ce dernier cas les parents héritiers jouiraient-ils de la présomption édictée à leur profit par l'article 34 ? Non évidemment, car on est en dehors de l'hypothèse pour laquelle elle a été établie : ils devraient donc rapporter la preuve du résultat (3).

---

(1) V. la célèbre affaire Dupanloup, Cass. 24 mai 1869. *Junge* : Cass. 12 nov. 1867 ; 5 juin 1869.

(2) « Primam historiæ legem, ne quid falsi dicere audeat ; deinde, ne quid veri non audeat. » Cicéron, *De orat.*, 2, 15.

(3) Cass. 27 mai 1881 (S. 83, 1, 41). — V. sur la matière : Garraud, *De la responsabilité civile en matière de délits de presse* (*France jud.*, VII, 1, 854).

Section IV. — Du sujet passif de l'action civile.

687. Pour dire contre qui l'action civile doit être dirigée, il faut déterminer d'abord la personne qui est tenue de réparer le dommage, puis la capacité qui lui est nécessaire pour défendre au procès. Seule, la première de ces questions touche au Droit pénal, et nous ne parlerions pas de la seconde, si l'on n'avait cru trouver sa solution dans l'art. 2, C. i. c.

688. I. Qui doit réparer le dommage ? — Cette obligation pèse : 1° sur les agents de l'infraction ; — 2° sur les personnes civilement responsables ; — 3° sur les héritiers des uns et des autres.

Les explications que nous avons données plus haut sur les causes de non-imputabilité, les faits justificatifs et la solidarité, nous dispensent d'exposer à quelles conditions et dans quelle mesure les agents de l'infraction sont tenus des réparations civiles. Il est inutile aussi d'expliquer comment et dans quelle mesure cette obligation passe aux héritiers ou autres successeurs. C'est là une question de Droit civil. Nous indiquerons seulement quelles sont les personnes civilement responsables et quelle est l'étendue de leur responsabilité.

689. Le texte général qui contient l'énumération des personnes civilement responsables est l'art. 1384, C. civ. ; il cite les père et mère, les maîtres et les commettants, les instituteurs et les artisans, chacun dans des conditions qu'il précise. On remarquera sa disposition finale : elle permet aux père et mère, instituteurs et artisans de s'affranchir de la responsabilité en prouvant qu'ils n'ont pu empêcher le fait qui y donne lieu. Mais ce moyen de défense n'est pas susceptible d'être invoqué par les maîtres et commettants ; ils ne peuvent décliner la responsabilité des actes de leurs domestiques ou préposés. — D'autres textes établissent des cas de responsabilité spéciale. Les art. 1952 à 1954, C. civ., rendent les hôteliers et aubergistes responsables civilement des meubles de toute nature apportés chez eux par un voyageur. — L'art. 73, C. p., étend leur responsabilité à tous les *crimes* et *délits* commis par les individus qu'ils hébergent, si dans les 24 heures de leur arrivée ils n'ont pas inscrit leurs noms sur leur registre. (Cette négligence constitue en outre une contravention, art. 475, 2°, C. p.). — Le mari est déclaré responsable des délits ruraux et forestiers et des délits de pêche de sa femme (L. 28 sept.-16 oct. 1791, tit. II, art. 7 ; art. 206, C. f. ; L. 28 av. 1829, art. 74). — Les greffiers le sont des crimes et délits commis par leurs commis-greffiers dans l'exercice de leurs fonctions (L. 6 juil. 1810, art. 59 ; D. 18 août 1810, art. 27). — Les communes répondent des délits commis à force ouverte sur leur territoire par des attroupements ou rassemblements qu'elles auraient pu empêcher, quand elles ne sont pas en mesure d'en désigner les auteurs (L. 5 av. 1884, art. 106-108). — Les propriétaires des journaux ou écrits périodiques sont responsables des délits commis par la voie de la presse (L. 29 juil. 1881, art. 44), etc.

Il importe d'observer que la responsabilité du fait d'autrui déroge au Droit commun ; par conséquent toute énumération en cette matière est limitative, aussi bien quant aux personnes que relativement aux condamnations qui en sont l'objet (1).

690. A défaut de texte augmentant ou diminuant son étendue, la responsabilité du fait d'autrui comprend les restitutions, les dommages-intérêts et les frais (art. 73, C. p. et arg. de ce texte). Mais elle ne comprend point l'amende. Parfois cependant les lois fiscales l'y étendent. Leur disposition est doublement exceptionnelle, d'abord à raison du principe que nous venons de formuler, et ensuite à raison du caractère pénal prédominant que nous avons reconnu à ces amendes.

691. II. Quelle capacité doit avoir la personne tenue du dommage pour défendre à l'action civile ? — L'art. 2, C. i. c., porte que l'action civile peut être exercée contre le prévenu et contre « *ses représentants* ». On a pu croire que la question était résolue par ce texte en l'interprétant de la manière suivante : « L'action civile peut être exercée contre le prévenu (s'il est capable) et contre ses *représentants* (s'il est incapable). » Mais tel n'était pas le sens de l'article correspondant du Code du 3 brumaire an IV (art. 7) : « L'action publique s'éteint par la mort du coupable. L'action civile peut être exercée contre ses héritiers. » Il contenait une antithèse entre les deux actions au point de vue de la *transmissibilité*. Il est probable qu'on a voulu la reproduire dans les deux premiers paragraphes de l'art. 2, C. i. c. Le mot *représentants* est donc synonyme d'héritiers ; il ne résout pas la question de capacité (2).

---

(1) Rouen, 18 nov. 1878 (S. 80, 2, 316) ; Chambéry, 29 oct. 1889 (S. 91, 2, 10).
(2) Cette question, de pur droit civil, soulève une controverse dont nous nous bornerons à poser les termes en indiquant la solution qui paraît préférable. Il faut examiner d'abord la difficulté relativement à la femme mariée, pour laquelle il y a un texte, et se demander ensuite si la solution qu'on adopte doit être étendue aux autres incapables. L'art. 216, C. civ. dispense la femme mariée de l'autorisation maritale lorsqu'elle est « poursuivie en matière criminelle et de police ». Ce texte ne vise-t-il que l'action publique, ou vise-t-il aussi l'action civile portée devant un tribunal de répression, ce qu'on appelait autrefois l'action criminelle (art. 327, C. civ.) ? La jurisprudence l'applique aux deux. Elle reconnaît, en conséquence, que la femme poursuivie devant une juridiction pénale, soit par le ministère public, soit par la partie civile, n'a pas besoin d'autorisation pour ester en justice. C'était l'opinion de JOUSSE (Com. s. l'Ord. *Préamb.*, p. 18) ; la solution se recommande donc par la tradition. Cette solution une fois admise, on la transporte au mineur et à l'interdit. — Il nous paraît difficile d'admettre cette interprétation, et nous croyons que l'art. 216 doit être restreint à l'action publique. La tradition n'a plus d'autorité, parce que le rôle de la partie civile s'est modifié : aujourd'hui elle poursuit en vue de ses intérêts civils seulement. Aucune bonne raison d'ailleurs ne justifie cette prétendue influence d'un changement de juridiction sur la capacité de la femme :

CHAPITRE II

DE L'EXERCICE DES ACTIONS PUBLIQUE ET CIVILE.

692. Le principe qui domine l'exercice de l'action publique et de l'action civile, c'est l'indépendance des deux actions. Quoique nées du même fait et soumises souvent aux mêmes règles, elles ne dépendent point en général l'une de l'autre. Ainsi l'action civile peut s'exercer *séparément* devant les tribunaux civils pendant que l'action publique reste inactive (art. 3, C. i. c.). Ainsi encore l'une des actions peut s'éteindre en laissant subsister l'autre (art. 2 §§ 1, 2 ; art. 4, C. i. c. ; art. 2046, C. c.). — Cette indépendance existe également dans les rapports de l'action publique et de l'action civile avec toute autre action. Ainsi la poursuite du délit devant les juridictions de répression ne sera point arrêtée par la nécessité de juger au préalable une question qui sort de la compétence habituelle de ces juridictions : par exemple, la question de propriété mobilière dans le vol, la question de contrat dans l'abus de confiance (art. 379, 406-408, C. p.). — Il ne faut pas confondre l'indépendance de l'action publique avec celle du ministère public. Nous avons étudié plus haut la limite de celle-ci. Les obstacles dont nous allons parler maintenant se dressent devant l'action publique. Ces

---

incapable de défendre, sans autorisation, à l'action civile portée devant un tribunal civil, elle deviendrait capable d'y défendre devant un tribunal de répression ! Ceux qui prônent ce système paraissent avoir confondu la défense que la femme oppose à l'action publique, mise en mouvement par la citation de la partie civile, et la défense proprement dite qu'elle oppose à l'action civile. La femme peut bien soutenir, sans autorisation, que le fait matériel n'existe pas, ou qu'elle n'en est pas l'auteur; et si elle triomphe sur l'un ou l'autre de ces points, elle aura défendu, sans autorisation, à l'action civile ; mais pourquoi ? Parce que ces questions étant communes aux deux actions, la défense qu'elle propose sur l'action publique s'étend virtuellement à l'action civile. — Elle pourra encore démontrer, en vue d'obtenir des circonstances atténuantes, que le préjudice est minime, et proposer ainsi une défense qui lui profitera pour sa condamnation envers la partie civile. Mais pourrait-elle, sans autorisation, faire un acte de défense exclusivement dirigé contre l'action civile, par exemple, relever appel de la condamnation qu'elle a encourue sur cette action ? Nous ne le pensons pas. En résumé, la controverse a moins d'intérêt pratique qu'on le croirait tout d'abord, parce que le droit d'impulsion des particuliers sur l'action publique oblige le prévenu à présenter, sans le concours de ses représentants légaux, des moyens de défense à cette action qui détruiront le principe ou qui modifieront l'étendue de sa condamnation envers la partie civile. Cette remarque ne parait pas, jusqu'à présent, avoir été faite.

obstacles sont : 1° la démence de l'inculpé ; 2° le défaut de plainte de la partie lésée ou de dénonciation par l'autorité compétente ; 3° la garantie politique ; 4° le défaut d'extradition préalable ; 5° les questions préjudicielles. Le second de ces obstacles a amené la confusion que nous signalons. Du moment en effet que la poursuite du délit dépend de la volonté de la partie lésée, l'indépendance du ministère public semble être atteinte, puisque son droit de poursuite est paralysé tandis que le droit d'impulsion des particuliers lésés reste libre. Mais ce n'est là qu'une apparence due à la nature même de l'obstacle. Si le droit d'impulsion reste libre, c'est qu'il se manifeste dans ces hypothèses par l'acte même qui rend la liberté à l'action publique. L'indépendance du ministère public n'est pas supprimée, car il a la faculté de ne pas poursuivre malgré le dépôt d'une plainte simple, et de ne pas conclure quand la partie civile use de son droit d'impulsion. L'action publique s'exercera sans sa participation, voilà tout (1).

Section I. — De l'exercice de l'action publique.

693. Nous venons d'énumérer les obstacles qui peuvent arrêter l'action publique ; ils constituent autant de causes de suspension de son exercice. L'obstacle une fois levé, l'indépendance de l'action publique reparaît : elle *peut* s'exercer. Nous ne parlerons pas ici de la démence de l'inculpé dont nous avons examiné le rôle dans tout le Droit pénal à propos des causes de non-imputabilité ; notre examen se bornera donc aux autres obstacles. Faisons, au préalable, une observation qui leur est commune : toutes les fois que l'action publique est arrêtée, l'action civile portée devant les tribunaux de répression l'est également ; ces tribunaux ne peuvent en effet juger celle-ci sans celle-là. Les obstacles à l'action publique sont donc des obstacles à ce qu'on appelait autrefois l'*action criminelle*, c'est-à-dire à la poursuite du délinquant devant la juridiction pénale, soit par le ministère public, soit par la partie civile.

I. — Cas où la poursuite est subordonnée à une plainte ou à une dénonciation préalable.

694. Dans ces hypothèses la répression du délit est laissée à la discrétion de la partie lésée. Ces cas étaient fréquents dans l'ancien Droit, car ils comprenaient presque tous les délits correctionnels actuels. La victime du délit avait à leur égard la disposition de l'action publique :

---

(1) F. Hélie, *Inst. crim.*, II, 567.

non seulement la poursuite était subordonnée à sa plainte, mais encore elle pouvait être arrêtée par son désistement. C'était la théorie des délits privés. Il en existe encore trois dans notre Droit moderne : l'adultère, la diffamation et l'injure envers les particuliers, les délits de contributions indirectes et de douane punis simplement de peines pécuniaires. Régulièrement le droit de paralyser l'action publique par le défaut de plainte ne va pas jusqu'à pouvoir l'arrêter par le désistement. On ne saurait conclure de l'un à l'autre, car l'obstacle qui résulte de la nécessité d'une plainte faisant exception au droit de poursuite d'office du ministère public, qui est le Droit commun, il faut se garder d'aggraver cette exception (1).

Examinons les particularités de l'action publique pour certains délits de l'une et de l'autre classe.

695. De l'exercice de l'action publique dans les délits privés. — 1° *De l'adultère.* — Il est peu de délits qui aient été l'objet d'appréciations aussi diverses, et il n'existe aucune uniformité dans les législations. Le jurisconsulte doit faire abstraction de ses sentiments personnels, et, sous peine de s'égarer, il doit envisager l'adultère comme l'a fait le législateur de 1810. A cette époque on sortait d'une période où l'adultère n'avait été frappé que de peines civiles (2). Le législateur, tout en l'érigeant en infraction, crut suffisant d'en faire un délit privé, un délit « *entre les époux* » pour employer l'expression plus énergique de l'orateur du gouvernement. Cette idée conduit aux conséquences suivantes : 1° L'adultère ne peut être poursuivi que sur la plainte du conjoint offensé (art. 336, 339, C. p.). — 2° Le désistement du plaignant

---

(1) V. cependant Rauter, p. 297 et la loi belge du 17 av. 1878, art. 2, pour le cas où le désistement intervient avant tout acte de poursuite.

(2) Bien que le droit canonique assimilât l'adultère du mari à celui de la femme (V. Walter, *Man. de dr. ecclés.*, § 314), celui-ci seul paraît avoir été puni dans notre ancienne jurisprudence. Serpillon, *C. crim.*, I, p. 113, en donne cette raison très juste, savoir, qu'au point de vue social, l'infidélité de la femme a des suites plus graves que celle du mari. — Dans le droit intermédiaire, l'adultère ne fut l'objet d'aucune répression spéciale. La loi du 20-25 sept. 1792, art. 5, enlevait seulement à la femme, dont le dérèglement de mœurs notoire avait causé le divorce, ses droits dans la communauté ou dans la société d'acquêts. Le Code civil (art. 298, 308) prononça contre la femme, dans la même hypothèse, la peine de 3 mois à 2 ans d'emprisonnement. Le Code pénal s'appropria cette répression (art. 337), et de plus il inaugura la répression de l'adultère du mari, auquel il n'appliqua qu'une amende (art. 339). Cette inégalité dans la sanction du devoir de fidélité qui s'impose aussi impérieusement à l'un qu'à l'autre des époux, s'explique par la raison que donnait Serpillon. La même raison explique aussi que des faits isolés d'adultère soient punissables chez la femme, tandis que, pour le mari, il faut qu'il y ait entretien d'une concubine dans la maison conjugale (Comp. art. 337 et 339). La loi du 27 juill. 1884 a effacé toute distinction entre les époux pour l'adultère considéré comme cause de séparation de corps ou de divorce ; mais elle n'a rien changé aux conditions d'incrimination de l'adultère du mari au point de vue pénal.

arrête la poursuite (1). — 3° La mort du plaignant produit le même résultat (2). — 4° Le délit d'un des époux compense le délit de l'autre, et aucun ne peut être puni (art. 336) (3). — 5° La connivence du plaignant à l'adultère de son conjoint rend sa plainte irrecevable (4). — 6° La plainte ne peut émaner que de l'époux outragé ; son représentant légal est sans qualité pour la déposer (5). — 7° Le divorce, détruisant la qualité d'époux, rend inutile la répression : désormais la plainte est irrecevable et la poursuite commencée est éteinte (6). — 8° On peut enfin rattacher à la même idée le droit de grâce du mari envers la femme condamnée à l'emprisonnement (art. 336, § 2) (7). Toutes ces solutions sont repoussées par les Codes étrangers qui ont fait de l'adultère un délit social, notamment par le Code belge (8). Cela démontre leur exactitude, car pour arriver à des solutions contraires il a fallu partir d'un principe entièrement différent de celui qui les domine.

(1) Arg. *a fortiori* de l'art. 244 (anc. 272, l. 1886), C. civ. — Il n'est pas nécessaire que la vie commune soit reprise : Cass. 30 juil. 1885. L'époque de la procédure dans laquelle se produit le désistement importe peu, pourvu qu'il intervienne avant que le jugement ait acquis l'autorité de la chose jugée : Dijon, 30 mai 1877 (D. 79, 2, 216).

(2) La jurisprudence admet l'extinction de la poursuite, à l'égard du complice, par le décès de l'époux coupable : Cass. 8 mars 1850, 8 juin 1872 ; mais elle n'admet pas son extinction par le décès du plaignant : Cass. 28 août 1848, 6 juin 1863.

(3) « Paria delicta mutua compensatione solvuntur. » Cette compensation admise par le Droit romain, les anciens auteurs et les spécialistes qui ont écrit sur la matière (comp. : fr. 39 solut. matrim. ; Farinacius, *Quæst.* 142, n°s 39, 43 ; Damhouder, *Praxis*, n° 40 ; Jousse, *Just. crim.*, III, 226 ; Bédel, *De l'adultère*, n° 21) est critiquée par les auteurs qui s'efforcent de transformer l'adultère en délit social.

(4) « Volenti non fit injuria. » L'ancienne jurisprudence autorisait dans ce cas la poursuite par le ministère public. Cette disposition fut reproduite dans les travaux préparatoires ; mais on l'écarta par application du principe que l'adultère est un délit entre les époux. Presque tous les auteurs admettent en conséquence que cette fin de non-recevoir est opposable au ministère public comme au mari. *Sic* : Le Sellyer, *Act. pub. et priv.*, I, 199 et la note ; Caen, 1er fév. 1855 (D. 56, 2, 289). — *Contrà* : Caen, 29 nov. 1855 (D. 56, 1, 290); Besançon, 24 juil. 1889 (S. 89, 2, 190).

(5) *Sic* : Bedel, *op. cit.*, 9 ; F. Hélie, *Inst. crim.*, II, 777.

(6) Aussi le Code civil et la loi de 1884 sur le divorce suspendaient l'action en divorce fondée sur des faits donnant lieu à une poursuite criminelle jusqu'après la décision de la juridiction répressive (art. 235). Cette disposition a disparu avec la nouvelle rédaction qu'a reçue ce texte par la loi du 18 avril 1886. — *Contrà* : Trib. Seine, 3 mai 1885 (*France jud.* 1885, p. 29).

(7) Faut-il permettre au mari de remettre aussi l'amende à la femme. Faut-il, par analogie, donner à la femme le droit de gracier le mari ? La solution affirmative de ces deux questions serait une conséquence logique du principe que l'adultère est un délit entre les époux.

(8) Comp. Haus, II, 1162 et s. — Beaucoup d'auteurs français demandent cette réforme, mais l'opinion publique ne s'y montre pas favorable. Rien n'a changé depuis le rapport de Monseignat au Corps législatif : « L'opinion semble excuser ce que la loi doit punir ; une espèce d'intérêt accompagne le coupable ; les railleries poursuivent la victime. » — Contre la répression de l'adultère, V. A. Gautier, *Rev. pén. suisse* (1894).

696. 2° *De la diffamation et de l'injure envers les particuliers.* — « Toute allégation ou imputation d'un fait qui porte atteinte à l'honneur ou à la considération... est une diffamation. Toute expression outrageante, terme de mépris ou invective qui ne renferme l'imputation d'aucun fait est une injure » (art. 29, L. s. *la Presse*). La publicité est une circonstance aggravante de la diffamation et de l'injure : *publiques* elles constituent des délits ; *non publiques*, des contraventions (art. 33 et arg. de ce texte) (1). La diffamation et l'injure envers les particuliers sont des délits privés : la poursuite ne peut commencer sans la plainte, et elle est arrêtée par le désistement (art. 60 §§ 1, 3 et arg. de ces textes) (2).

Nous avons traité ci-dessus n° 669 des délits de contributions indirectes et de douane auxquels la jurisprudence reconnaît le caractère de délits privés : il nous suffit de renvoyer aux explications que nous avons données.

697. Cas où l'action publique ne peut commencer que sur une plainte, sans pouvoir cependant être arrêtée par le désistement du plaignant. — Les délits de cette seconde classe sont beaucoup plus nombreux que ceux de la précédente. Voici les principaux :

1° *La diffamation et l'injure envers l'armée, les corps constitués et les personnes chargées d'un service ou d'un mandat public* (V. leur énumération dans les art. 30 et 31, L. s. la Presse). — La loi exige la plainte de la personne ou du corps diffamé. Mais, pour pouvoir formuler cette plainte, le corps doit avoir le droit de se réunir en assemblée générale. Aussi, pour les corps qui n'ont pas ce droit, la loi exige la plainte du chef de corps ou du ministre dont il relève. Pour la diffamation envers les citoyens chargés d'un service ou d'un mandat public (autres que les témoins, les jurés, les sénateurs et les députés) la plainte du ministre peut remplacer celle de la victime du délit. C'est là une mesure très sage destinée à faire la lumière sur des faits que les fonctionnaires pourraient avoir intérêt à tenir cachés (art. 47 §§ 1-4).

2° *L'outrage et l'offense envers les agents diplomatiques et chefs d'État étrangers.* — La loi n'a pas défini l'outrage. Il comprend des faits indéterminés, laissés à l'appréciation du juge, qui pourraient ne pas rentrer dans la définition de la diffamation et de l'injure. Il se

---

(1) Voir sur la diffamation et l'injure par correspondance télégraphique ou postale à découvert : L. 11 juin 1887. — La diffamation non publique se confond avec l'injure sans publicité : Cass. 2 juil. 1856. — On distinguait autrefois l'injure qui contenait l'imputation d'un *vice* déterminé, du simple terme de mépris ou invective. Cette distinction a disparu dans la loi de 1881.

(2) Le caractère de délits privés, reconnu à l'adultère, à la diffamation et à l'injure envers les simples particuliers, modifie aussi les règles ordinaires de l'*appel* et du *pourvoi en cassation*. V. Cass. 5 août 1841, 31 août 1855 ; F. HÉLIE, II, 760-767 ; et *infrà*, n°ˢ 1159, 1192.

caractérise par son but et par son résultat. Nous le définirons : « tout fait offensant pour une personne revêtue d'un caractère public, qui a pour but et pour résultat de diminuer le respect dû à cette personne à raison de ses fonctions ou de sa qualité ». L'outrage vise le fonctionnaire, le dignitaire, plutôt que l'individu. Adressé à un souverain, l'outrage prend le nom d'*offense*.

L'outrage envers les agents diplomatiques accrédités près du gouvernement français, et l'offense envers les chefs d'État étrangers sont des délits susceptibles de n'être poursuivis que sur la plainte du personnage offensé. L'art. 60, 1°, qualifie cette plainte de *demande*. Elle est adressée au ministre des affaires étrangères et par celui-ci au ministre de la justice qui la transmet au ministère public. Les agents diplomatiques et souverains étrangers pourraient aussi prendre l'initiative des poursuites en se *constituant partie civile*, suivant la forme ordinaire (1).

3° *Les délits correctionnels commis par un Français à l'étranger.* — Les conditions d'incrimination de ces délits ont été indiquées ci-dessus n°s 85 et s. Leur poursuite en France est subordonnée à la *plainte* de la partie lésée ou à la *dénonciation officielle* du délit par l'autorité du pays où il a été commis. Cela n'exclut pas, avons-nous dit, la constitution de partie civile incidente.

4° *La chasse sur le terrain d'autrui sans le consentement du propriétaire, quand il est dépouillé de récoltes et ne forme pas un enclos attenant à une habitation* (art. 26, L. 3 mai 1844). — L'intérêt privé est seul en jeu dans cette hypothèse, car on suppose que la chasse est ouverte et que le chasseur est nanti d'un permis (2).

5° *La contrefaçon des inventions brevetées* (L. 5 juil. 1844, art. 45). — La raison qui a fait exiger la plainte du titulaire du brevet est purement pratique. Il serait difficile au ministère public d'exposer en quoi consiste la contrefaçon. Aussi ne trouve-t-on pas de disposition analogue pour la poursuite des contrefaçons qu'on découvre facilement sans connaissances techniques (*contrefaçon des dessins et modèles de fabrique, des marques de fabrique nominales et emblématiques, des œuvres littéraires et artistiques*).

---

(1) La loi du 16 mars 1893 a rétabli pour ces délits la compétence des tribunaux correctionnels ; en conséquence elle a transporté la disposition qui précède de l'art. 47, qui est relatif à la poursuite en Cour d'assises, dans l'art. 60 qui traite de la poursuite devant les tribunaux correctionnels et de police.

(2) Faut-il également subordonner au dépôt d'une plainte la poursuite des délits de pêche dans les eaux d'autrui quand la pêche est régulière à tous les autres points de vue ? L'*affirmative* invoque les travaux préparatoires. Sic : MANGIN, I, 159 ; GARRAUD, *Précis*, 381 ; VILLEY, p. 198. La *négative* invoque le principe général de l'indépendance de l'action publique, et l'absence de tout texte venant le restreindre. Sic : ORTOLAN, II, 1735 ; LE SELLYER, *Act. pub. et priv.*, I, 191 ; F. HÉLIE, *Inst. crim.*, II, 818.

698. Règles communes aux deux classes de délits dont la poursuite exige une plainte préalable. — 1° En subordonnant la poursuite de l'action publique à une plainte ou à une dénonciation préalable, la loi n'exige point que la victime du délit devienne partie au procès. Elle n'a donc pas besoin de se constituer partie civile.

2° La dénonciation et la plainte ne peuvent limiter les poursuites du ministère public à tel ou tel participant du délit, elles portent en effet sur le délit lui-même. Aussi faut-il considérer comme non avenue toute limitation de ce genre, et le ministère public comme pleinement investi de l'action publique par une plainte limitée : *utile per inutile non vitiatur*.

3° La dénonciation et la plainte rendent au ministère public la faculté de poursuivre, mais elles ne l'obligent pas à le faire. Il pourra donc, usant de son pouvoir d'appréciation, rester dans l'inaction. La partie lésée, qui veut la répression du délit, sera alors obligée de se constituer partie civile.

4° La dénonciation et la plainte, auxquelles l'exercice de l'action publique est subordonné, sont des *actes de procédure*, elles doivent donc être régulières en la forme, c'est-à-dire rédigées suivant les prescriptions des art. 31 et 63, C. i. c. et remises au procureur de la République, à ses auxiliaires ou au juge d'instruction (art. 30, 48, 50, 53, 63, *ibid.*). — Cette règle, niée par quelques auteurs, nous paraît très juridique : d'un côté, en effet, il est impossible d'assimiler le cas où la plainte sert de simple renseignement au ministère public à celui où elle lui rend la liberté d'agir, et d'un autre côté, les règles du Code d'instruction criminelle, qui tendent à donner aux plaintes un caractère de *personnalité*, de *spontanéité* et d'*authenticité*, n'auraient pas de raison d'être, si elles n'avaient pas de sanction dans l'hypothèse qui nous occupe (1).

II. — Cas où la poursuite est subordonnée à une autorisation préalable.

699. L'exercice de l'action publique peut rencontrer un obstacle dans une qualité du délinquant qui oblige d'obtenir l'autorisation de le poursuivre. Avant le décret du 19 septembre 1870, on reconnaissait

---

(1) *Sic* : F. Hélie, *Inst. crim.*, II, 751 et s. ; Trébutien, II, p. 55 ; Haus, II, 1158, 1159 ; Villey, p. 199 ; Garraud, *Précis*, 380. — *Contrà* : Le Sellyer, *op. cit.*, I, 244. — Cette seconde opinion est celle de la Cour de cassation en matière de diffamation : V. les arrêts cités par Le Sellyer ; *junge* : Cass. 20 juin 1873 (S. 73, 1, 488) ; 29 mai 1886 (*Gaz. trib.*, 7-8 juin), et celle de certaines cours d'appel dans d'autres hypothèses : *Comp.* : En matière de chasse, Caen, 5 janv. 1871 (D. 72, 1, 170) ; en matière d'adultère, Dijon, 30 juin 1858 (*J. du droit crim.*, art. 1024).

généralement trois cas de ce genre. Ils constituaient ce qu'on appelait les *garanties politique, administrative et religieuse*. Ce décret a abrogé la garantie administrative. La garantie religieuse, qu'on créait par interprétation, est depuis fort discutée. Il n'y a de certaine que la garantie politique.

I. **Garantie politique.** — « Aucun membre de l'une ou de l'autre Chambre ne peut, *pendant la durée de la session*, être *poursuivi* ou *arrêté* en matière *criminelle* ou *correctionnelle*, qu'avec l'autorisation de la Chambre dont il fait partie, *sauf le cas de flagrant délit*. — La *détention* ou la *poursuite* d'un membre de l'une ou de l'autre Chambre est *suspendue*, pendant la session et pour toute sa durée, si la Chambre le requiert » (art. 14, L. const. 16 juill. 1875). Cette garantie nous vient de l'Angleterre. On n'a pas voulu qu'il fût permis d'enlever à leur banc les membres d'une Chambre pour changer la majorité. Ce motif détermine ses conditions d'application et ses effets.

1°) *Elle ne s'applique d'abord qu'en matière criminelle et correctionnelle* ; — parce qu'en ces matières seulement il peut y avoir arrestation et détention préventives, ainsi qu'obligation de comparaître en personne devant les juridictions pénales.

2°) *Elle n'existe que pendant la durée de la session.* — C'est alors en effet que la poursuite et l'arrestation d'un membre du parlement pourraient nuire à l'exercice de son mandat. Hors session, les sénateurs et députés sont soumis au Droit commun ; mais la Chambre dont ils font partie peut, aussitôt la session commencée, exiger leur élargissement et la suspension des poursuites (art. 14 § 2).

3°) *Elle n'empêche point tout exercice de l'action publique, mais seulement les actes d'instruction ou de poursuite qui exigent la présence de l'inculpé.* — Les mandats, les interrogatoires, les perquisitions chez l'inculpé, sa citation devant le tribunal correctionnel rentrent dans cette catégorie. Restent possibles au contraire : l'audition des témoins, les expertises, les perquisitions et procès-verbaux de constat partout ailleurs qu'au domicile de l'inculpé.

La garantie politique n'existe point au cas de *flagrant délit*, et elle cesse quand l'autorisation de poursuivre est accordée. Le flagrant délit doit s'entendre en cette matière du délit qui se commet actuellement ou qui vient de se commettre (art. 41 § 1, C. i. c. ; 121, C. p.). Il rend possibles l'*arrestation* et la *poursuite* (1).

La garantie politique couvre les membres des deux Chambres à partir

---

(1) Sous la constitution du 4 nov. 1848, art. 37, le flagrant délit autorisait seulement l'*arrestation* ; mais le texte de l'art. 14 de la loi constitutionnelle du 16 juillet 1875 ne permet pas de douter qu'il n'autorise aussi la poursuite. *Sic* : Poitiers, 1ᵉʳ juillet 1883, affaire *Baudry d'Asson* (*Le Temps*, 2 juil.). Voir aussi discussion à la Chambre, poursuite du député *Toussaint*, 8 mai 1894.

de leur élection, et non pas seulement à partir de la vérification des pouvoirs. Ainsi le décidait la Constitution du 5 fruct. an III (art. 119); ainsi le veulent les principes : l'erreur, la fraude, la violence, qui entachent une élection, rendent en effet le mandat *annulable*, mais elles ne le suppriment point de plein droit. Or un mandat annulable produit, tant qu'il n'est pas annulé, tous les effets d'un mandat valable. Provision est due au titre. L'opinion contraire aurait en outre les plus graves inconvénients au cas d'élections générales (1).

La sanction de la garantie politique est dans l'art. 121, C. p., qui punit de la *dégradation civique* : « Tout officier de police judiciaire, tous procureurs généraux ou de la République, tous substituts, tous juges qui auront provoqué, donné ou signé un jugement, une ordonnance ou un mandat tendant à la poursuite personnelle ou accusation.... d'un membre *du Sénat*, de la Chambre des députés..., ou qui, hors les cas de flagrant délit ou de clameur publique, auront sans les mêmes autorisations donné ou signé l'ordre ou le mandat de.... les saisir ou arrêter. »

700. II. Garantie administrative. — Nous n'en parlerons, puisqu'elle a été supprimée, que pour déterminer la portée de sa suppression. L'art. 75 de la Constitution de l'an VIII défendait de poursuivre les agents du gouvernement pour des faits relatifs à leurs fonctions, sans une autorisation préalable du Conseil d'État. C'était la garantie administrative. Elle se combinait avec le principe de la séparation des pouvoirs, qui défend aux tribunaux judiciaires de connaître des actes administratifs (L. 14 déc. 1789, art. 61; L. 16 août 1790, art. 13 ; L. 7 oct. 1790, art. 1er). En autorisant les poursuites, le Gouvernement désavouait l'acte et le fonctionnaire, ou tout au moins séparait son fait personnel de l'acte administratif. Comme conséquence, l'Ord. du 1er juin 1828, art. 1er et 2, défendait aux préfets d'élever le *conflit*, c'est-à-dire de revendiquer la connaissance de l'affaire pour les tribunaux administratifs (2). Les fonctionnaires protégés par cette garantie étaient ceux de l'administration active : préfets, sous-préfets, commissaires de police, etc. : trente fonctionnaires environ. Elle ne s'étendait pas aux membres de l'ordre judiciaire, ni à l'armée, ni au clergé. Cette garantie empêchait toute poursuite devant les tribunaux judiciaires, aussi bien devant les juridictions

---

(1) *Sic* : HAUS, II, 1150. — *Contrà* : Cass. 10 avril 1847. En pratique, les membres des deux Chambres jouissent de leur permis de circulation sur les chemins de fer avant toute vérification de pouvoirs. On leur reconnaît donc l'exercice d'une prérogative attachée à une qualité susceptible d'être annulée.

(2) D'une manière absolue en matière criminelle, et généralement, sauf deux cas, en matière correctionnelle. Ces deux cas sont : 1º celui où la connaissance du délit est exceptionnellement de la compétence des tribunaux administratifs ; 2º celui où sa répression soulève une question préjudicielle administrative. Dans le second, le conflit ne pouvait être élevé que sur la question préjudicielle.

civiles que devant les juridictions de répression. Elle avait beaucoup d'adversaires. Elle fut supprimée par le décret du 19 sept. 1870.

701. Quelle est la portée de cette suppression? La garantie administrative ne concernait que les faits *relatifs aux fonctions*. Ce caractère est facile à démêler si l'acte, qu'on prétend être un délit du fonctionnaire, a été accompli par lui *en dehors de l'exercice de ses fonctions*. Par exemple, un sous-préfet qui va à la chasse n'est certainement pas dans l'exercice de ses fonctions, et par conséquent s'il a violé le droit du propriétaire ou du fermier du droit de chasse, son délit n'a pas le caractère d'une faute administrative. De même il est visible qu'un fonctionnaire, qui refuse de faire acte de ses fonctions lorsqu'il en est requis, se rend coupable d'un fait négatif relatif à ses fonctions. Dans les deux cas surgit la question de savoir : si le délit du fonctionnaire forme avec l'acte administratif un tout indivisible, ou s'il lui est simplement connexe. Sa solution est d'un grand intérêt pratique, car s'il y a indivisibilité la compétence est administrative pour le tout, tandis que s'il y a seulement connexité elle est judiciaire pour le délit, et administrative pour l'acte qui s'y rattache. Reste à savoir qui résoudra cette question. Une première jurisprudence donnait à l'autorité judiciaire le droit de la résoudre. Dans ce système l'abrogation de la garantie administrative avait pour conséquence une abrogation implicite de la défense faite aux tribunaux judiciaires de connaître des actes administratifs, en tant du moins qu'il s'agissait d'y rechercher une faute personnelle engageant la responsabilité du fonctionnaire (1). Mais bientôt la jurisprudence changea et il fut décidé que le décret de 1870 supprimait simplement l'autorisation nécessaire pour poursuivre le fonctionnaire, sans toucher au principe de la séparation des pouvoirs. L'administration conserve donc la faculté, une fois la poursuite entamée, de l'arrêter brusquement en élevant le conflit (2). C'est logique, dit-on, car l'administration n'a pas été mise à même de désavouer l'acte. Cependant il semble que ce résultat n'ait pas été prévu par les auteurs du décret de 1870 ; aussi le système qu'avait suivi en premier lieu la jurisprudence compte beaucoup

(1) Cons. d'Ét., 7 mai 1871 (D. 72, 3, 17) ; Cass. 3 juin 1872 (D. 72, 1, 390); Cass. 25 janv. 1873 (D. 73, 1, 289).

(2) Cette jurisprudence est apparue en 1873. Elle s'est accentuée en 1877 et 1878 dans l'affaire du *Bulletin des communes*, et en 1880 et 1881 dans les poursuites dirigées contre les fonctionnaires qui avaient exécuté les décrets du 19 mars contre les congrégations religieuses non autorisées. V. Cass. 9 déc. 1880 ; *Trib. conflits*, 5, 13, 17, 20 nov. 22 déc. 1880 ; 12, 19, 26 fév. 12 mars, 2 avril 1881. Elle devrait avoir pour conséquence logique de faire considérer l'ord. de 1828 comme abrogée. Cependant le Tribunal des conflits la maintient toutes les fois du moins que le ministère public a pris l'initiative des poursuites, ou fait un acte d'exercice de l'action publique. Dans les affaires que les Parquets ne veulent pas poursuivre, l'arrêté de conflit reste le bouclier de l'administration contre les poursuites intentées par les parties lésées. Cette distinction repose sur une erreur que nous avons réfutée, *suprà*, n° 670.

de partisans (1). Dans l'état actuel de la pratique, tant que le conflit n'est pas élevé, le Droit commun régit les fonctionnaires pour les actes relatifs à leurs fonctions : le ministère public et la partie civile peuvent les poursuivre ; l'instruction et le jugement suivent leur cours normal ; la partie de l'art. 129, C. p., qui sanctionnait la garantie administrative, a disparu avec elle. Mais dès que l'arrêté de conflit est notifié, les autorités judiciaires doivent suspendre toute procédure et élargir l'inculpé, s'il est arrêté, sous peine d'encourir, suivant les cas, la dégradation civique ou une amende ; les art. 127 et 128, C. p., qui sanctionnent le principe de la séparation des pouvoirs, sont encore en vigueur.

702. III. Garantie religieuse. — On entend formuler par cette garantie le droit qu'auraient les ministres des cultes reconnus (2) de n'être poursuivis, à raison des délits commis par eux dans l'exercice de leur sacerdoce, qu'après une déclaration préalable d'abus par le Conseil d'État. L'*appel comme d'abus* est une vieille procédure, maintenue par le concordat du 18 germin. an X dans les rapports de l'Etat avec les ministres des cultes. Elle a pour but de faire décider s'il y a abus de la part du clergé dans les actes du sacerdoce qui contreviennent aux lois et règlements de l'autorité civile, ou abus de la part de l'autorité civile dans ceux de ses actes que l'autorité religieuse prétend être contraires au libre exercice du culte. La question est de savoir si cette procédure est le préalable obligé de la poursuite des ecclésiastiques pour les délits commis dans l'exercice du sacerdoce.

a) L'affirmative a été soutenue d'une manière absolue, quel que soit le rapport qui rattache l'infraction à l'acte du sacerdoce. Que cette infraction soit *indivisible* ou *connexe* avec cet acte, peu importe. — On argumente : 1° de l'art. 6 de la loi du 18 germinal an X qui met au nombre des cas d'abus : « la contravention aux lois et règlements de la République.... toute entreprise ou tout procédé qui dans l'exercice du culte peut compromettre l'honneur des citoyens,.... dégénérer contre eux en.... injure ou scandale public » ; — 2° d'une observation de Cambacérès dans la discussion, au Conseil d'Etat, des art. 204-206 du Code pénal.

b) Dans un sens diamétralement opposé, on a dit que les cas d'abus

---

(1) Sur cette question voir en sens divers : Garraud, III, 45 et s. ; Molinier (*Rec. de l'Acad. de législat.*, t. IX, 1870, p. 400) ; Corentin-Guyho (*Rev. prat.*, 1874, t. XXXVI, p. 439) ; Bernard (*Rev. crit.*, 1877, p. 17, 29, 474) ; De Saint-Girons, *Essai sur la séparat. des pouvoirs* (Paris, 1881), p. 412 et s. ; A. Rendu (*France judic.*, t. V, p. 487).— L'abolition de la garantie administrative aboutit, en effet, avec la jurisprudence actuelle, à un résultat bien minime : autrefois c'était la *qualité du prévenu* qui arrêtait la poursuite; aujourd'hui, c'est la *qualification d'acte administratif* que le préfet peut donner arbitrairement au délit.

(2) Elle ne s'étend pas, en effet, aux ministres des cultes simplement *tolérés*. Etablie par une loi organique du culte catholique, cette garantie a été appliquée par analogie aux autres cultes reconnus, mais pas à d'autres.

visent l'excès de pouvoir, mais non des délits caractérisés (1). Quant à l'observation de Cambacérès qui favoriserait l'affirmative, elle a été réfutée, dit-on, par Berlier (2).

c) Dans une troisième opinion, on distingue suivant que le délit forme avec l'acte du culte un tout *indivisible*, ou lui est simplement *connexe*. Au premier cas, la poursuite de l'infraction ne peut avoir lieu sans une déclaration préalable d'abus. Au second cas, elle est libre de tout obstacle. S'il y a en effet indivisibilité, il devient nécessaire d'apprécier l'acte du sacerdoce ; or cette appréciation rentre dans la police des cultes qui appartient au gouvernement. — Que si au contraire le délit est distinct de l'acte du sacerdoce, s'il lui est simplement connexe, sa poursuite ne devant entraîner aucune appréciation de l'acte du culte, il n'y a plus de raison de déroger au principe de l'indépendance de l'action publique. Le ministère public et la partie civile pourront donc poursuivre le délit connexe sans déclaration préalable d'abus. — Comme exemple d'infractions *indivisibles* avec l'acte du culte on peut citer : les critiques, censures ou provocations dirigées contre l'autorité publique dans un écrit pastoral (art. 204, 206, C. p.), la célébration du mariage religieux avant le mariage civil (art. 199, C. p.), la contravention à un arrêté municipal qui interdit les processions sur la voie publique, l'emploi pour une cérémonie du culte d'une société musicale dissoute par un arrêté municipal, etc. (art. 471, 150, C. p.). Et comme infractions *connexes* : dans une procession sur la voie publique, les violences exercées par un des officiants sur un spectateur qui ne s'était pas découvert (art. 314, C. p.) ; la diffamation, l'injure, l'outrage ou l'offense dans un sermon, etc. (3).

---

(1) Dans l'ancien Droit, l'appel comme d'abus réprimait les empiétements des officialités sur les juridictions laïques, ou réciproquement les empiétements de celles-ci sur celles-là ; il ne visait point les actes individuels des ecclésiastiques et par conséquent leurs délits. Après l'abolition des officialités l'abus s'est *individualisé*, en ce sens qu'il s'est appliqué aux actes individuels des membres du clergé ; mais il n'a point changé de nature, c'est toujours l'excès de pouvoir et non les délits caractérisés qui constituent les cas d'abus.

(2) On proposait de faire juger les délits des ecclésiastiques par une commission du Conseil d'Etat : « C'est inutile, dit Cambacérès, l'affaire vient nécessairement au Conseil d'Etat, puisque c'est ce Conseil qui autorise la mise en jugement. » Cette observation reposait sur une erreur. Ou bien en effet Cambacérès, considérant les ecclésiastiques comme des fonctionnaires, supposait que leur mise en jugement devait être autorisée par le Conseil d'Etat, en vertu de l'art. 75 de la Constitution de l'an VIII ; — ou bien il supposait que l'appel comme d'abus aboutissait à une mise en jugement. La première de ces deux idées fut réfutée par Berlier. Mais la seconde, bien qu'elle n'ait pas été réfutée n'en était pas moins fausse : la déclaration d'abus n'aboutit pas en effet à une mise en jugement ; le *renvoi aux autorités compétentes*, prescrit par l'art. 8, n'est qu'une formule banale qui signifie simplement que le Conseil d'Etat se déclare incompétent pour juger l'acte qui lui est déféré.

(3) Le 1er et le 3e systèmes ont pour conséquence pratique d'obliger le juge de répression à se dessaisir d'office ; savoir le 1er système, dans tous les cas, et le 3e système, seulement dans le cas où le délit est indivisible avec l'acte du sacer-

703. IV. Immunités de juridiction. — Des cas où l'exercice de l'action publique est suspendu par la nécessité d'obtenir une autorisation préalable, il est bon de rapprocher l'obstacle qu'il peut rencontrer dans les immunités de juridiction. Nous avons vu (*suprà*, n° 77) que le Président de la République dans tous les cas, et les ministres pour les infractions par eux commises dans l'exercice de leurs fonctions devaient être accusés par la Chambre des députés et jugés par le Sénat (art. 12, L. const. 16 juill. 1875). Cette immunité de juridiction a pour résultat de dépouiller le ministère public, les particuliers et les tribunaux du droit d'exercice et du droit d'impulsion quant à l'action publique. Si la Chambre des députés n'accuse pas, les particuliers lésés par l'infraction ne peuvent saisir de l'action civile que les tribunaux civils.

Les membres de l'ordre judiciaire et certains hauts fonctionnaires ou dignitaires jouissent d'une immunité de juridiction analogue (art. 479 et s., C. i. c. ; L. 20 av. 1810, art. 10) (1). On l'appelle quelquefois la *garantie judiciaire*. Elle consiste : *pour les délits*, 1° à remplacer les tribunaux correctionnels par la première Chambre de la Cour d'appel ; 2° à supprimer l'instruction préparatoire ; 3° à réserver exclusivement au procureur général le droit de mettre en mouvement l'action publique (2). *Pour les crimes*, à confier la poursuite et l'instruction à des magistrats d'un rang plus élevé, ou à des magistrats désignés par eux. Dans le premier cas, les particuliers lésés par l'infraction perdent leur droit d'impulsion sur l'action publique ; mais ils conservent celui de se porter partie civile (3) dès que l'action publique est exercée par le

---

doce. — Le 2ᵉ système ne l'oblige pas à surseoir d'office ; mais si le prévenu *excipe de l'abus,* le sursis devient nécessaire jusqu'à ce que le Conseil d'Etat ait décidé qu'il y a ou qu'il n'y a point abus dans l'arrêté de police auquel le prévenu a contrevenu par l'acte de son sacerdoce. La jurisprudence parait aujourd'hui accepter le 2ᵉ système avec ce tempérament : Circ. min. just. 18 août 1886 ; Cass. 31 mars 1881 (D. 81,1,393) ; 11 août 1881 (D. 81,1,395) ; 19 décembre 1891 (D. 92,1,438) ; Trib. pol. Roubaix, 25 avril 1895 ; Trib. pol. Lille, 4 mai 1895 (*Gaz. Trib.*, 28 avril, 6 mai 1895).

(1) L'art. 160, D. 15 nov. 1811, *permet* aux Cours d'appel, sur la réquisition du procureur général, d'étendre la garantie judiciaire aux *membres de l'Université* et aux *étudiants*, pour les crimes et délits commis dans l'intérieur des établissements universitaires. Ce texte reçoit application sans difficulté pour les *délits*, parce qu'il renvoie à l'art. 479, C. i. c. ; mais pour les *crimes* revient-on au Droit commun, ou faut-il sous-entendre un renvoi à l'art. 480 ? J'admettrais volontiers cette dernière solution. Le même décret établit pour les injures, diffamations et voies de fait *entre membres de l'Université* la compétence spéciale de l'Université (aujourd'hui Conseil supérieur de l'instruction publique). Il établit aussi la juridiction de l'Université pour les délits commis dans l'intérieur des établissements universitaires par les élèves des lycées et collèges mineurs de 16 ans. Si les père et mère ou tuteur s'opposent à l'exécution des peines prononcées, l'élève est exclu de tous les établissements universitaires et renvoyé, le cas échéant, à la justice ordinaire.

(2) Cass. 15 juin 1893 et ma note, *Rev. crit.*, 1894, p. 17.

(3) Certains auteurs refusent même la voie civile aux personnes lésées par le délit tant que le ministère public n'agit pas. *Sic* : Cardot, *Action civile contre les*

procureur général. Dans le second, rien n'est changé à leur droit d'impulsion, seulement la juridiction devant laquelle ils doivent se constituer partie civile est différente (1).

III. — Cas où la poursuite est subordonnée à une extradition préalable.

704. Théorie de l'extradition (2). — L'hypothèse où l'exercice de l'action publique est subordonné à une extradition préalable est prévue par l'art. 7 du Code d'instruction criminelle. Il s'agit d'un crime attentatoire à la sûreté de l'Etat ou au *crédit* de la France (contrefaçon du sceau de l'Etat, de monnaies nationales ayant cours, de papiers nationaux, de billets de banque), commis hors du territoire français par un étranger. Ce crime peut être poursuivi et jugé en France si le coupable est arrêté sur notre sol ou si le gouvernement obtient son *extradition*. C'est là une application de la théorie de l'extradition qu'il importe d'exposer dans tout son ensemble.

705. Notions générales et historiques. — Législation comparée. — Cette matière fait partie du *Droit international public* : elle met en effet deux nations en rapport à l'occasion d'un malfaiteur, justiciable d'un Etat, qui s'est réfugié sur le territoire d'un autre Etat. Aussi n'existe-t-il pas sur la matière de loi proprement dite, mais seulement des usages et des traités. — On appelle *Etat requérant* celui qui demande l'extradition de son justiciable et *pays de refuge* ou *Etat requis* celui sur le territoire duquel il est venu se réfugier et à qui la demande d'extradition est adressée. Par conséquent, l'extradition peut être définie : « l'acte par lequel le pays de refuge livre à l'Etat requérant un justicia-

---

magistrats (*Rev. crit.*, 1867, p. 257) ; Merville (*Rev. prat.*, t. IX, p. 281), Paris, 31 janv. 1860 (S.60,2,307) ; Cass.16 déc.1867 (*Journ. du dr. crim.*, art.8550). — De cette théorie il faut rapprocher l'opinion émise par M. HUMBERT, ministre de la justice (Chambre des députés, 4 mai 1882), sur l'effet de l'immunité de juridiction des ministres. Il y a là une théorie du gouvernement qui tend à subordonner à l'assentiment du pouvoir exécutif ou législatif la responsabilité civile des fonctionnaires. Elle me paraît contraire au décret du 19 sept. 1870 qui n'abroge pas seulement la garantie administrative résultant de l'art. 75 de la Constitution de l'an VIII, mais encore « toutes les dispositions des lois générales ou spéciales ayant pour objet d'entraver les poursuites dirigées contre les fonctionnaires publics de tout ordre ». Comp. BRÉMOND, *Comp. adm.*, 629 (*Rép.* FUZIER-HERMANN, V° et n° cit.) ; ESMEIN, *Dr. constit.*, p. 635.

(1) Toutes les immunités de juridiction sont contraires au principe démocratique de *l'égalité devant la loi*. La Chambre des députés a voté leur suppression (Prop. DUPUY-DUTEMPS, 12 nov. 1892).

(2) BIBLIOGRAPHIE : BILLOT, *Tr. de l'extradition*, 1874 ; P. BERNARD, *Tr. théor. et prat. de l'extradition*, 1882 ; WEISS, *Etude sur les condit. de l'extradition*, Th. Doct., Paris, 1880 ; DELOUME, *Principes gén. de dr. internat. en matière criminelle*, Paris, 1882.

ble de celui-ci, pour le faire juger ou pour lui faire subir sa peine ».

L'extradition a sa raison d'être dans l'utilité réciproque qu'elle présente pour les deux Etats. Elle se trouve limitée par cette utilité même. Elle entretient les bons rapports entre les nations en constituant entre elles une assurance mutuelle contre le crime.

706. Telle que nous la concevons, c'est une théorie moderne encore en voie d'élaboration. Grotius, il est vrai, a cru en trouver des exemples dans l'antiquité (Samson livré aux Philistins ; des Athéniens livrés à Philippe) ; mais on ne peut voir, dans ces faits, des applications de l'extradition, parce qu'ils dérogent à une règle fondamentale de la matière savoir : que l'extradition ne s'applique pas aux crimes politiques. Au moyen âge le droit d'asile était largement pratiqué. Mais à mesure que les rapports internationaux sont devenus plus fréquents et les voies de communication plus rapides, les Etats ont compris qu'ils avaient intérêt à se protéger mutuellement contre les malfaiteurs qui, après avoir commis un crime dans un pays, se hâtaient de passer la frontière. Aujourd'hui le droit d'asile n'est plus pratiqué que pour les crimes et délits politiques et pour les infractions de Droit commun de minime importance (1).

707. Suivant le cas, l'extradition est dite facultative, obligatoire ou volontaire. Elle est *facultative*, s'il n'existe pas de traité, ou si l'extradition est demandée pour un cas non prévu au traité. Si au contraire elle est réclamée pour un cas prévu au traité, elle est *obligatoire* ; le refus du pays de refuge serait un *casus belli*. Enfin elle est *volontaire*, lorsque le justiciable de l'Etat requérant, arrêté dans le pays de refuge, consent à être livré. Cette remise du justiciable est un acte matériel sans conséquence juridique : l'extradé volontaire est réputé s'être livré spontanément à l'autorité du pays requérant ; rien ne limite contre lui l'exercice de l'action publique (2). Très différente est la situation du véritable extradé c'est-à-dire de celui qui ne consent pas à son extradition : sa remise a lieu en exécution d'un contrat qui intervient entre l'Etat requérant et l'Etat requis ; ce fait juridique limite l'exercice de l'action publique contre l'extradé aux infractions que les deux Etats ont eues en vue (art. 1163, C. civ.). Nous ne parlerons que de cette dernière.

---

(1) L'extradition est un acte de souveraineté qui rentre par sa nature dans les attributions du pouvoir exécutif. Les traités qui s'y rapportent sont donc valables dès qu'ils ont été signés par le Président de la République et contresignés par un ministre (art. 3 § 5, L. const. 25 fév. 1875 ; art. 8, L. const. 16 juil. 1875) ; cependant il est d'usage de ne les considérer comme définitifs qu'après qu'ils ont été votés par les Chambres. Sic : op. du rapporteur, D. 75, 4, 115).

(2) Bard, *Précis de droit intern.*, p. 107 ; Cass. 4 et 26 juill. 1867 (S. 67,1,409). L'extradition, dans cette hypothèse, a lieu sans décret, aussitôt après l'interrogatoire, par les soins de l'autorité administrative. Le Poittevin, *Dict. form. des Parquets*, V° *Extradition*, 12.

708. Depuis 1833 la France a conclu plusieurs traités d'extradition qui ont été presque tous renouvelés dans ces dernières années (1) ; nous en extrairons les règles que nous allons exposer. Certains Etats (l'Angleterre, les Etats-Unis, la Belgique, la Hollande) ont ce qu'on appelle une loi *intérieure d'extradition*. Les traités qu'on fait avec eux doivent prendre nécessairement pour base cette législation intérieure. C'est un programme qui trace la limite extrême des concessions que le pouvoir exécutif de ces Etats peut faire aux autres Etats. Il est question d'établir en France cette législation intérieure ; un projet de loi fut présenté par le gouvernement en 1878 et voté par le Sénat en 1879, puis abandonné. Repris le 2 avril 1892 par sa présentation à la Chambre il n'a pas encore été discuté. Il détermine : 1° les personnes et les délits pour lesquels le gouvernement pourra promettre l'extradition par les traités à venir ; 2° les pouvoirs du gouvernement pour l'extradition facultative ; 3° la procédure de l'extradition. Il est regrettable que ce projet n'ait pas encore été voté. Il est de nature en effet à éviter des difficultés dans les rapports de la France avec les autres nations. Un gouvernement qui invoque sa loi intérieure pour refuser de comprendre certains faits dans un traité d'extradition ou pour refuser l'extradition facultative, ne doit pas craindre de blesser par son refus l'Etat requérant. De plus ces lois intérieures sont autant d'appoints pour la législation internationale en cette matière. Elles contribuent à unifier le droit et à supprimer l'arbitraire.

709. Conditions. — Les conditions de l'extradition sont relatives aux *faits* et aux *personnes*.

A. — Les faits sont toujours de *nature grave*. Autrefois l'extradition n'était accordée que pour les crimes. Depuis que la loi de revision de 1863 a correctionnalisé plusieurs crimes, ces nouveaux délits ont été mis au nombre des cas d'extradition par les traités postérieurs. — Ils constituent en outre des infractions de *Droit commun*. Les crimes et délits politiques ne soulèvent pas en effet une réprobation universelle, parce qu'ils ne blessent pas la morale. De plus le pays de refuge n'a pas d'intérêt à les réprimer. Enfin il est à craindre que leur répression dans l'Etat requérant ne dégénère en vengeance. La question devient délicate pour les délits *mixtes* et les délits *connexes*. Nous avons indiqué plus haut le caractère qu'il fallait théoriquement leur attribuer. Dans les traités d'extradition ils sont généralement assimilés aux infractions purement politiques. On a fait parfois une exception pour l'assassinat du chef de l'Etat (2) ; mais, quelque larges que soient les termes des traités,

---

(1) V. notamment : Tr. avec la Belgique, *J. off.* 30 janv., 21 mars, 7 avril 1875 ; — Tr. avec le Luxembourg, *J. off.* 13, 16 janv. 1876 ; — Tr. avec le Pérou, *J. off.* 26 janv. 1876 ; — Tr. avec le Danemark, *J. off.* 26 juin 1877, 5 av. 1878 ; — Tr. avec l'Angleterre, *J. off.* 10 av. 1878 ; — Tr. avec l'Espagne, *J. off.* 7 juill. 1878.

(2) V. Convent. avec la Belgique, 22 sept. 1856 et traités postérieurs.

il faut restreindre cette exception au cas où, dans ce crime mixte, l'élément de droit commun l'emporte sur l'élément politique. — Ne donnent pas lieu non plus à l'extradition les *délits militaires* tels que la désertion ou l'insoumission. Cette exception se justifie par des motifs analogues à ceux qui ont fait exclure de l'extradition les infractions politiques. On admet cependant l'extradition des matelots déserteurs, parce que l'intérêt réciproque des nations maritimes est d'empêcher qu'un navire soit brusquement abandonné par son équipage dans un port étranger. On a même rendu les formes de cette extradition plus expéditives. — La désertion est souvent connexe à un crime de Droit commun, tel que le vol ou le meurtre. Qui décidera si l'extradition doit ou non être accordée? L'absence d'un juge supérieur à l'État requérant et à l'État requis fait que cette question, comme toutes celles qui touchent à l'interprétation des traités, ne peut être théoriquement résolue que d'un commun accord par l'État requérant et le pays de refuge. Mais, pour éviter tout conflit, les traités donnent à ce dernier le droit de prendre la décision. — Il peut arriver aussi que la prescription étant plus courte dans l'État requis que dans l'État requérant, le malfaiteur serait assuré de l'impunité si l'on supposait qu'il a commis le crime ou qu'il a été condamné dans le pays de refuge. Dans ce cas l'extradition n'est pas accordée parce que l'État requis n'a pas d'intérêt à la répression.

710. *B.* — Au point de vue des personnes, deux règles ressortent des traités, savoir : 1° qu'un État ne livre pas ses nationaux ; — 2° qu'un État ne livre pas ses justiciables.

1. *Un État ne livre pas ses nationaux.* — Ce principe a été inséré dans les traités d'extradition depuis 1830. On le trouve formulé comme un principe de Droit public coutumier dans une circulaire ministérielle du 5 avril 1841, dans l'exposé des motifs de la loi du 27 juin 1866 (art. 5, C. i. c.), et dans l'art. 3 du projet de loi intérieure voté par le Sénat en 1879. Ce principe, aujourd'hui, est très critiqué par les auteurs de Droit international. Ils partent de cette idée que le juge naturel est celui du territoire sur lequel l'infraction a été commise (*forum delicti commissi*), quelle que soit la nationalité de l'agent. Ils ajoutent que si la justice du pays de refuge nous paraît bonne pour un étranger, il n'y a pas de raison pour ne point la croire suffisante pour un Français (1). — La distinction généralement acceptée peut cependant se justifier. Avant d'accorder l'extradition, l'État requis doit se préoccuper non seulement des lois criminelles de l'État requérant, mais encore de l'impartialité de ses juges. Or s'il peut apprécier *in abstracto* le premier point, il ne peut sainement juger le second que pour ses nationaux. Nous convenons que si dans un traité l'extradition des nationaux avait été stipulée, l'État

---

(1) D'OLIVI, *Rev. génér.*, 1886, et les auteurs qu'il cite.

requis n'aurait plus le droit de la refuser par crainte de la partialité du juge ; mais c'est précisément pour éviter cette conséquence qu'il est bon de ne pas accorder, dans les traités, l'extradition des nationaux : les sentiments d'une nation envers une autre sont sujets en effet à trop de variations, pour qu'on puisse engager ainsi l'avenir. De là faut-il conclure que cette extradition est contraire aux principes du droit public ? Nous ne le croyons pas ; mais il faut qu'elle soit essentiellement *facultative*.

711. 2. Le droit de refuser l'extradition d'un national a pour correctif son jugement dans son pays d'origine. Il ne faut pas en effet que la protection qu'un État accorde à ses nationaux ait pour résultat de leur assurer l'impunité. Il leur doit seulement des juges impartiaux. Ce système fonctionne assez régulièrement en France depuis la loi du 27 juin 1866. Cependant il y a des lacunes. Nous en avons signalé une en étudiant les conditions d'application de nos lois pénales françaises aux infractions commises par des Français à l'étranger (*suprà*, n° 92). En voici une autre : un étranger, qui a commis une infraction hors du territoire de la France, devient Français avant d'avoir été jugé ou d'avoir subi sa peine. Faudra-t-il le livrer à l'État dont il était justiciable avant son changement de nationalité, ou bien devra-t-il être jugé et emprisonné en France ? L'acquisition de la nationalité française doit-elle rétroagir et le faire considérer comme ayant été Français au jour du crime, ou comme ayant été jugé par un tribunal français ? — Les traités qui ont prévu la difficulté adoptent tantôt la première solution, tantôt la seconde (1). Mais que décider dans le silence du traité ? L'opinion générale est pour l'extradition de ce nouveau Français. On considère la naturalisation comme non avenue, parce qu'elle a eu lieu, dit-on, en *fraude de la loi* (2). — Nous sommes aussi d'avis qu'il faut accorder l'extradition, sauf à justifier cette solution par une meilleure raison. La fraude à la loi est, en effet, dans certains cas, une supposition gratuite. Admettra-t-on, par exemple, qu'une femme étrangère, qui devient française par son mariage, commet une fraude à la loi si le mariage est sérieux, s'il a été suivi de cohabitation, s'il a donné des enfants ? Dira-t-on qu'il a été contracté dans le but de soustraire un coupable à la justice ?

---

(1) V. dans le 1er sens : Tr. d'extrad. entre la France et l'Angleterre, 14 août 1876, art. 2 ; — Tr. d'extrad. entre l'Italie et le Brésil, 12 nov. 1872, art. 2 ; — Tr. d'extrad. entre l'Italie et l'Angleterre, 5 fév. 1873, art. 4. — Et dans le 2e sens : C. p. allemand, art. 4 ; L. belge, s. l'extrad., 15 mars 1874, art. 10 ; C. p. des Pays-Bas, art. 5 ; Proj. C. p. espagnol (1884-1885), art. 9, 10. — *Rev. du Dr. intern.*, 1885, p. 565. Généralement dans ce second système on applique au coupable la loi la plus douce entre celle du pays où l'infraction a été commise et celle du pays de refuge.

(2) V. Renault, *Ét. sur l'extrad. en Angleterre*, Paris, 1870, p. 403 ; Deloume, *op. cit.*, p. 406 ; Garraud, I, 172, *in fine*. — Comp. en sens divers : Bernard, *op. cit.*, 2e part., p. 102 ; Dalloz, *Rép.*, V° *Tr. internat.*, 282 et s.

Mais ce n'est là jamais le but essentiel du mariage, et pour faire une telle supposition il faudrait qu'il s'agît d'une pure cérémonie suivie de séparation immédiate et convenue d'avance. — D'un autre côté il est impossible de faire rétroagir, au point de vue pénal, une acquisition de nationalité qui, au point de vue civil, ne produit d'effet que dans l'avenir. On est donc obligé d'en arriver à l'extradition d'un individu qui certainement est français. Mais comment la justifier ? On le peut, en disant que l'extradition *facultative* des nationaux n'est pas contraire aux principes de notre Droit public, et qu'il faut y avoir recours toutes les fois que le refus de l'extradition assurerait l'impunité au coupable. Un décret du 23 octobre 1811 admettait la possibilité d'extrader les Français dans cette hypothèse. On a dit qu'il avait été abrogé par la désuétude et par ce principe de Droit public moderne : *Nul ne peut être distrait de ses juges naturels* (1). C'est là une double erreur. La désuétude d'abord n'abroge pas les lois. C'est du moins l'opinion générale. Et, en supposant qu'il fallût décider le contraire, on peut dire qu'elle n'existe point : on cite en effet des extraditions accordées par la France postérieurement même à l'insertion dans la Charte de 1814 (art. 63) du principe qui les prohiberait (2). Que veut dire enfin ce principe ? C'est qu'en France il n'y aura plus de tribunaux d'exception. Il visait l'abolition des *cours spéciales* (art. 553-599, C. i. c.). L'invoquer pour revendiquer au profit des tribunaux français le jugement d'un national qui a commis une infraction à l'étranger, c'est en fausser le sens ; car, les lois pénales étant territoriales, le juge naturel est celui du pays où l'infraction a été commise (3).

712. *B*) Si, conformément à notre opinion, on admet l'extradition facultative des nationaux du pays de refuge quand le refus de l'extradition aboutirait à leur impunité, il n'existe plus qu'une règle qui limite l'extradition pour les personnes ; c'est la seconde : « *Un État ne livre pas ses justiciables* ». Cette règle tend généralement à faire préférer le *forum delicti* à tous les autres. Elle permet en outre au pays de refuge, dont la loi pénale n'est pas absolument territoriale, de retenir le jugement de ses nationaux et des étrangers dont l'extradition est demandée, lorsqu'il peut les juger (4). C'est en vertu de cette seconde règle que la France refusera l'extradition : 1° de tout individu, sans distinction de nationalité, qui a commis une infraction en France (art. 3, C. civ.) ; —

---

(1) V. Charte 1814, art. 63 ; Charte 1830, art. 64 ; Trav. préparat. de la loi de 1866, exposé des motifs, n° 5 (D. 1866, 4, 75).
(2) V. D. 20 déc. 1812 ; D. 25 fév. 1813 ; Ord. 13 déc. 1820.
(3) Il est à remarquer que les États dont la loi pénale est absolument territoriale s'engagent en général à livrer leurs nationaux. — V. Heurteau, *Bull. Soc. législ. comp.*, 1880, p. 192.
(4) Voir une intéressante application de cette proposition : Trib. féd. suisse, 17 av. 1896 (*Gaz. trib.* 23 mai).

2º d'un Français qui a commis à l'étranger une infraction susceptible d'être poursuivie devant les tribunaux français (L. 27 juin 1866) ; — 3º d'un étranger qui a commis hors du territoire français un crime attentatoire à la sûreté de l'État ou au crédit de la France (art. 7, C. i. c.).

713. Procédure. — La demande d'extradition est adressée au pays de refuge par la voie diplomatique (1). La procédure à laquelle elle donne lieu dans le pays requis comprend trois phases : l'arrestation du réfugié, la décision qui accorde l'extradition, la remise de l'extradé. Ces trois points ne sont pas réglés d'une manière uniforme dans les divers États. — 1º Dans le système le plus communément suivi, la procédure de l'extradition est l'œuvre exclusive de l'autorité administrative. Un acte du pouvoir exécutif (*Décret*) admet provisoirement la demande après examen de la qualification donnée au fait. Cet examen est de pure forme : on recherche seulement si la qualification est une de celles prévues au traité, et non si elle s'applique au fait exposé. L'ordre d'arrestation est aussitôt donné. Puis un délai moral, ordinairement de 15 jours, est accordé à l'État requérant pour produire les pièces prescrites par le traité. En général, le mandat d'arrêt est seul exigé. Le contrôle de l'État requis ne porte encore que sur la forme extérieure des pièces. Si elles sont jugées régulières, le décret d'extradition est exécuté par la remise de l'extradé. — Ce système a été suivi en France jusqu'en 1875. A cette époque, une circulaire des Ministres de la justice et de l'intérieur (Circ. 12 oct. 1875) a inauguré la procédure suivante : 1º l'arrestation par ordre de l'autorité administrative ; 2º un interrogatoire du réfugié par le procureur de la République suivi de l'avis de ce magistrat et du procureur général ; 3º une décision du Garde des sceaux en forme de décret soumis à la signature du Président de la République. L'examen de la demande est sorti ainsi des attributions du ministère de l'intérieur pour entrer dans celles du ministère de la justice ; mais c'est toujours une œuvre administrative. — 2º En regard de ce système est le système anglais, qui fait de l'extradition l'œuvre exclusive de l'autorité judiciaire. Le gouvernement n'intervient que pour exécuter la décision. En Angleterre, il est de principe qu'une personne ne peut être arrêtée qu'en vertu d'un mandat délivré par un magistrat anglais, après enquête. Le juge anglais examine non seulement si le fait pour lequel l'extradition est réclamée rentre dans le cas prévu au traité ; mais encore si les charges sont suffisantes, et il n'accorde l'extradition que si, en supposant le fait commis en Angleterre, il y aurait lieu de suivre (2). Il y a peu

---

(1) Dans plusieurs Etats voisins, les traités ou l'usage *autorisent* l'arrestation provisoire sur l'avis télégraphique qu'il y a mandat d'arrêt donné par le procureur de la République aux magistrats étrangers, et réciproquement nous procédons de même sur l'avis télégraphique des magistrats de ces pays. LE POITTEVIN, *op. et loc. cit.*, 6, 7.

(2) V. les débats de l'extradition d'Arton et le jugement rendu par la Cour du

d'années encore, le magistrat anglais élevait la prétention de refaire l'enquête faite dans l'Etat requérant. Puis, il se contenta d'entendre l'officier de police judiciaire qui avait recueilli les témoignages. Enfin, depuis 1870, la loi intérieure d'extradition l'a autorisé à ajouter foi aux enquêtes des magistrats étrangers pourvu que leur signature, apposée au bas des procès-verbaux, soit légalisée par le sceau d'un ministre de leur pays. — 3° Entre ces deux systèmes absolus se place un système mixte suivi en Belgique et en Hollande, et qui laisse au gouvernement le soin de prendre la décision, tout en chargeant l'autorité judiciaire de la préparer. L'arrestation provisoire du réfugié précède l'examen de la demande et a lieu administrativement. Puis un débat public et contradictoire s'ouvre devant les tribunaux, entre le ministère public et le réfugié, sur l'identité de l'individu et l'application du traité à la demande d'extradition, mais non sur les charges. L'autorité judiciaire émet un avis qui ne lie point le gouvernement (1). Ce système est celui du projet de loi voté par le Sénat en 1879. Le débat sur la demande d'extradition aurait lieu devant la chambre d'accusation. Ce système mixte paraît bien supérieur aux deux autres. Le premier n'est pas suffisamment protecteur de la liberté individuelle. Le second entre dans l'examen decharges qui n'intéressent que le pays requérant. Le troisième au contraire confie aux tribunaux, juges habituels de toutes les questions qui touchent à la liberté individuelle, le soin d'examiner au fond et en la forme la demande d'extradition ; en même temps il réserve au gouvernement le droit de prendre la décision. Or cela est logique : d'abord, parce que l'extradition facultative est souvent de bonne politique, et puis parce que les réfugiés qu'on peut extrader sont généralement des étrangers que le gouvernement pourrait expulser par simple mesure administrative.

Il peut arriver que plusieurs Etats demandent en même temps l'extradition du même individu ; comment faut-il procéder ? — Si parmi les Etats requérants se trouve le pays d'origine, on le préfère aux autres. En pratique même, on provoque officieusement sa demande, et si elle se produit avant que l'extradition ait été consommée, il obtient la préférence. — Au cas où le pays d'origine ne réclame point le réfugié, l'extradition est accordée à celui des Etats requérants qui, le premier, a formé sa demande, en réservant que l'extradé sera livré aux autres Etats requérants après avoir été jugé ou après avoir subi sa peine.

714. Effets. — *a)* L'acte d'extradition est un contrat qui met l'extradé à la disposition de l'Etat requérant, mais qui limite l'exercice du droit de

---

Banc de la Reine présidée par le Lord-Chief de Justice, le 8 fév. 1896 (*Journ. dr. int. priv.*, 1896, p. 95, 100, 115).

(1) Le C. p. italien, art. 9, ne permet pas au Gouvernement d'accorder une extradition que l'autorité judiciaire repousse. — *Contra* : L. belge, 15 mars 1874, L. hollandaise, 5 av. 1875.

punir aux faits pour lesquels l'extradition a été accordée. L'autorité judiciaire chargée d'appliquer cette convention doit déclarer irrecevables toute action et toute voie d'exécution relatives à des infractions ou à des jugements non mentionnés dans la demande d'extradition. S'il s'agit d'un inculpé, on admet cependant qu'il peut être jugé pour des infractions qui sont les dégénérescences de la qualification primitive, parce qu'elles ont dû entrer dans les prévisions de l'Etat requis. Et il importerait peu que le traité n'autorisât point l'extradition pour le fait matériel avec sa qualification nouvelle, car l'Etat requis aurait dû faire des réserves ; l'extradition dans ce cas est maintenue comme extradition facultative (1). Nous n'admettrions pas cependant qu'on pût la maintenir si la loi intérieure du pays de refuge n'autorisait point l'extradition facultative pour le fait ainsi qualifié : le droit des gens s'oppose à ce qu'un Etat encourage les attentats d'un gouvernement contre les lois de son pays. Les sociétés modernes placent les lois au-dessus de ceux qui les appliquent.

b) L'extradé peut prétendre que le pays de refuge n'a point voulu le livrer pour l'infraction qui fait l'objet du procès. Il y a lieu dans ce cas d'interpréter l'acte d'extradition. Cette interprétation n'appartient pas à l'autorité judiciaire, car les actes d'extradition sont des actes administratifs. Théoriquement elle devrait être faite d'un commun accord par les deux Etats parce qu'il s'agit d'un acte international dans lequel les deux Etats sont intéressés (2) ; mais pratiquement le dernier mot reste au gouvernement de l'Etat requérant qui tient l'extradé.

c) L'extradé pourrait-il consentir à être jugé sur d'autres faits que ceux pour lesquels il a été livré ? On l'admet, pourvu que son consentement soit libre. Théoriquement la solution est bonne ; mais, en fait, l'extradé est en état de détention préventive lorsqu'on lui demande ce consentement, et cette détention préventive n'a d'autre limite que la prescription de l'action ou de la peine, suivant qu'il a été condamné contradictoirement ou par contumace. Peut-on dire que dans ces circonstances son consentement soit libre ? Ne faudrait-il pas au moins que l'inculpé fût averti avant de consentir que, s'il refuse, il sera immédiatement rendu à l'autorité du pays de refuge (3) ?

---

(1) Cass. 10 déc. 1858 (S. 59, 1, 632) ; 31 mai 1877 (S. 78, 1, 233) ; 2 août 1883 (S. 85, 1, 509) ; Garraud, *Dr. pén. franç.*, I, 175 et les auteurs qu'il cite.
(2) Cass. 25 juill. 1867 (D. 69, 1, 281) ; mais la justice n'est pas obligée de surseoir quand l'acte d'extradition lui paraît suffisamment clair (même arrêt).
(3) V. s. la question : Cass. 4 juill. 1867 ; 31 mai 1877 ; Haus, II, 966 ; Garraud, I, 174, B ; Desjardins, *Bull. Soc. législ. comp.*, 1877, p. 126.

IV. — Cas où la poursuite est subordonnée au jugement préalable d'une question préjudicielle.

715. Le quatrième obstacle à l'exercice de l'action publique est celui qui résulte de la nécessité de faire juger par l'autorité compétente une *question préjudicielle*. On appelle ainsi une question dont l'examen est nécessaire pour établir l'infraction, mais que la juridiction de répression ne peut résoudre incidemment. Elle nécessite une instance séparée, et elle suspend l'exercice ou le jugement de l'action publique jusqu'à sa solution.

716. Questions préjudicielles et questions préalables. — Il importe d'abord d'éviter une confusion entre les questions *préjudicielles* et les questions *préalables*. Très souvent la poursuite d'une infraction soulève deux questions dont l'une doit être résolue avant tout examen de l'autre ? Y a-t-il question préjudicielle ou question préalable ? Cela dépend de la manière dont la question doit être résolue. Si sa solution appartient à la juridiction pénale saisie de l'infraction, et doit être donnée incidemment dans la même instance, il y a question préalable. Si au contraire une autre juridiction doit en être saisie, ou bien s'il est nécessaire d'intenter une action distincte et spéciale devant la même juridiction, il y a question préjudicielle, parce qu'il y a lieu à deux instances dont l'une doit intervenir avant l'autre (*præjudicium*). La dualité des instances explique la terminologie et donne un critérium facile à appliquer ; voici une autre différence : la question préjudicielle se rattache à un élément de l'infraction ; la question préalable peut n'avoir trait qu'à la recevabilité de l'action publique. Les questions préjudicielles diffèrent donc des questions préalables : — 1° en ce qu'elles portent toujours sur le fond du procès pénal, tandis que les autres portent soit sur le fond, soit sur la forme ; — 2° en ce qu'elles exigent une instance distincte et principale, tandis que les autres sont résolues incidemment.

L'obstacle que les questions préjudicielles apportent à l'exercice de l'action publique n'est pas toujours de la même nature. Les unes en effet l'empêchent de commencer ; les juridictions ne peuvent être saisies : on les appelle *questions préjudicielles à l'action*, ou même simplement *questions préjudicielles*. Les autres n'empêchent pas de saisir le juge de répression, mais elles mettent obstacle à son jugement ; l'action publique peut commencer, mais elle ne peut pas aboutir : on les appelle *questions préjudicielles au jugement* ou *exceptions préjudicielles*.

717. Caractères des questions préjudicielles. — Principe d'interprétation. — Les questions et exceptions préjudicielles dérogent aux règles ordinaires de la compétence. Il est de principe en effet que tout tribunal saisi d'une question principale de sa compétence a qualité pour juger toutes les questions accessoires qui s'y rattachent, alors même qu'il serait incompétent pour ces dernières si elles lui étaient proposées séparément. « Le juge de l'action est également celui de l'exception. » Ce principe très ancien (1) a été admis par raison d'utilité publique : les procès seraient interminables et coûteux, si le juge devait s'arrêter lorsqu'il rencontre une question incidente qui sort de sa compétence. On n'hésite pas à maintenir ce principe, par tradition, dans notre Droit moderne ; il faut donc un texte formel pour y déroger. De là ce corollaire : « Pas de questions préjudicielles sans texte. » Conséquemment, « on ne peut étendre par analogie les textes qui les formulent. » Telle est la règle d'interprétation à suivre dans cette matière. Il ne faut pas cependant trop étendre son application. Le principe que le juge de l'action est aussi celui de l'exception, vise seulement un conflit entre deux tribunaux du même ordre et de droit commun. Entraînant, en effet, une prorogation de compétence pour le jugement de la question incidente, il suppose, chez le tribunal saisi du fond, une mission générale de juger qu'on a restreinte à certaines matières en vue de la bonne administration de la justice, mais qui reparaît quand le même intérêt qui l'avait fait restreindre exige qu'elle revive. Aussi n'est-il pas besoin d'un texte formel pour rendre préjudicielle une question d'état qui surgit incidemment devant un tribunal d'exception comme le conseil de guerre (2).

718. Division des questions préjudicielles. — D'après la nature de l'intérêt qui est en jeu, les questions préjudicielles se divisent en *pénales, disciplinaires, administratives* et *civiles*. — D'après leur effet sur l'action publique, elles sont préjudicielles à l'*action* ou préjudicielles au *jugement*. Ces dernières sont les plus nombreuses. On ne trouve en effet de questions préjudicielles à l'action que parmi les questions civiles.

719. Questions préjudicielles pénales. — Toutes ces questions sont préjudicielles au jugement. On en trouve un exemple dans le délit de *dénonciation calomnieuse*, lorsque le fait dénoncé est une infraction (art. 373, C.p.) (3). Les éléments de ce délit sont : 1° la fausseté du fait imputé ou de l'imputation, 2° la mauvaise foi. Le jugement du second point appartient certainement au tribunal correctionnel saisi de la poursuite en dénonciation calomnieuse. Mais avant d'y procéder il faut que le premier point ait été établi dans une poursuite spécialement dirigée

---

(1) C. 1, 3, *de ordine jud.*, C. Just. 3, 8.
(2) Comp. p. la question de nationalité soulevée devant le tribunal correctionnel les arrêts cités *infrà*, sous le n° 734, — et pour la même question soulevée devant le conseil de guerre : Cass. 25 juin, 30 juill. 1885 (D. 86, 1, 479).
(3) Le mot dénonciation n'est pas pris ici dans son sens technique, il comprend la *dénonciation proprement dite*, qui est l'œuvre d'un tiers désintéressé et *la plainte*, qui est l'œuvre d'une personne ayant souffert du délit. Cass. 14 mai 1869 (D. 70, 1, 437).

contre l'individu dénoncé, soit par le ministère public, soit par la prétendue victime du délit. Cette question préjudicielle résulte de l'art. 372, C. p. qui porte : « Lorsque les faits imputés seront punissables suivant la loi, et que l'auteur de l'imputation les aura dénoncés, il sera, durant l'instruction sur les faits, *sursis à la poursuite et au jugement du délit de calomnie.* » Ce texte, malgré la substitution du délit de diffamation au délit de calomnie (L. 17 mai 1819), est resté en vigueur pour la dénonciation calomnieuse, parce qu'elle faisait partie des dispositions du Code pénal sur la calomnie. Sa raison d'être est que : 1° l'examen de la question incidente aurait retardé l'expédition des affaires correctionnelles, en greffant ainsi un procès pénal sur un autre ; 2° que cet examen aurait pu amener le tribunal correctionnel à résoudre incidemment une question beaucoup plus grave que celle du délit de dénonciation calomnieuse pour lequel il a compétence. Ce sont là d'ailleurs les deux raisons qui expliquent la plupart des questions préjudicielles.

Par qui et *comment* sera résolue la question préjudicielle pénale dont nous parlons ? Sa nature même exige que la solution émane d'une juridiction de répression, soit d'instruction, soit de jugement, car toutes ont mission de statuer sur l'infraction et sur la culpabilité. Mais pour saisir cette juridiction du fait dénoncé, il faut que le ministère public ou la prétendue victime du fait dénoncé s'y prête. Ni le dénonciateur, s'il n'est pas en même temps un *plaignant*, ni l'individu dénoncé n'ont le droit de mettre en mouvement l'action publique, et ils peuvent se heurter à un refus de poursuite de la part de ceux-là qui pourraient agir. Dans cette hypothèse, il ne reste, en général, à la personne qui se prétend calomnieusement dénoncée, que l'action en diffamation. Par exception, le refus de poursuite, émané du ministère public, devrait être considéré comme équivalant à une ordonnance de non-lieu, si la personne dénoncée était au nombre de celles, qu'aux termes de l'art. 479, C. i. c., le ministère public peut seul poursuivre. Dans tous les cas, l'aveu par le dénonciateur de l'inexactitude du fait dénoncé lèverait la difficulté.

720. Questions préjudicielles disciplinaires. — Le même délit de dénonciation calomnieuse et les mêmes textes (art. 372, 373, C. p.) fourniront un exemple d'une question de ce genre, si l'on suppose que le fait dénoncé était seulement susceptible d'une répression disciplinaire. La fausseté du fait ou de l'imputation devra être déclarée par l'autorité disciplinaire ; la mauvaise foi, par le tribunal correctionnel.
— La décision de l'autorité disciplinaire n'est, en général, assujettie à aucune forme particulière. Il faut et il suffit qu'elle présente le caractère d'une décision officielle. On exige qu'elle soit écrite, expresse, prise par le fonctionnaire investi de l'autorité disciplinaire et agissant en cette qualité.

721. Questions préjudicielles administratives. — Elles sont toutes, comme les précédentes, préjudicielles au jugement. L'autorité administrative est exclusivement compétente pour interpréter les actes administratifs. Cette interprétation lui a été réservée soit par des textes spéciaux, soit par les textes généraux qui ont formulé le principe de la séparation des pouvoirs. Les questions préjudicielles résultant de ce principe sont très nombreuses. Par exemple, dans la poursuite pour détournement de deniers publics imputé à un comptable (art. 169-172, C. p.), la question de savoir s'il y a *débet* rentre dans cette catégorie ; de même, dans la poursuite pour contravention de petite voirie, la question d'alignement. L'on peut dire que pour les questions de la compétence habituelle des tribunaux administratifs la règle, *le juge de l'action est aussi celui de l'exception*, se trouve écartée par le principe de la séparation des pouvoirs. Il est cependant une catégorie d'actes administratifs pour lesquels elle reprend son empire : ce sont les arrêtés de police. Le juge de répression (1) devant qui sont poursuivies les contraventions à ces arrêtés a le droit et le devoir d'examiner leur légalité (art. 475, 15° C. P.).

722. Questions préjudicielles civiles. — Les unes sont préjudicielles à l'action, les autres préjudicielles au jugement.

A. QUESTIONS DE DROIT CIVIL PRÉJUDICIELLES A L'ACTION. — L'art. 327, C. civ. en établit une : c'est la question de *filiation* dans la poursuite du *délit de suppression d'état* (2). Il nous faut examiner : 1° ce qu'on entend par le délit de suppression d'état ; — 2° pourquoi la question de filiation est préjudicielle à la poursuite de ce délit ; — 3° quels sont les effets de la question préjudicielle sur l'action publique ; — 4° s'il y a d'autres questions préjudicielles à l'action publique que la question de filiation dans l'hypothèse du délit de suppression d'état.

723. 1° *Qu'est-ce que le délit de suppression d'état ?* — Cette expression est à la fois abrégée et générique. Elle est *abrégée*, car on ne supprime pas l'état d'une personne. L'état résulte de faits accomplis qu'il est impossible d'effacer. Ce qu'on peut supprimer, c'est la preuve de ces faits. Correctement, il faudrait dire : délit de suppression de la preuve de l'état ; par abréviation, l'on dit : délit de suppression d'état. Elle est *générique*, car il n'y a pas dans nos lois pénales un délit particulier de suppression d'état. C'est une catégorie d'infractions désignées

---

(1) La jurisprudence applique cette exception formulée par l'art. 475, 15°, C. p., à tous les arrêtés de police, même individuels, même entraînant des peines correctionnelles, tel que l'arrêté d'expulsion d'un étranger, et à l'action civile née de l'infraction à ces arrêtés portée devant les tribunaux civils. BRÉMOND, *Comp. administ.*, 80, 86, 92.

(2) Art. 327 : « L'action criminelle contre un délit de suppression d'état (*d'enfant*) ne pourra commencer qu'après le jugement définitif sur la question d'état (*d'enfant*).

par leur résultat. Il s'y rencontre des crimes et des délits. — Remarquons que l'art. 327 ne vise point tous les éléments de l'état d'une personne, par exemple sa *nationalité*, son *mariage* ; il ne s'occupe que de sa *filiation*. Ainsi le prouvent le titre du Code dans lequel il se trouve et la suite des idées entre les textes qui le précèdent et ceux qui le suivent. Ce sont donc les infractions qui ont pour résultat de supprimer la preuve de la filiation qui mériteront la qualification générique de *délit de suppression d'état*.

Quelles sont ces infractions? Les modes de preuve de la filiation légitime différant de ceux de la filiation naturelle, la question doit être examinée séparément pour chacune de ces filiations. Avant d'entrer dans son examen, observons que le délit de suppression d'état se caractérise par le *résultat atteint* et non par le *but poursuivi*. De là deux conséquences : 1° l'intention de l'agent est indifférente ; 2° la tentative et le crime manqué ne pourront jamais constituer le délit de suppression d'état.

724. *a*) La filiation légitime se prouve par l'acte de naissance, par la possession d'état et par témoins (art. 319, 320, 323, C. civ.). Le délit de suppression d'état ne peut s'attaquer qu'aux deux premiers modes de preuves, parce que seuls ils constituent des preuves légales sur lesquelles l'enfant a le droit de compter. La preuve testimoniale est une preuve de conviction abandonnée à l'appréciation du juge qui peut la rejeter comme incomplète ou incertaine, qui peut la suppléer et la contredire par de simples présomptions (art. 1353). De plus, elle est exceptionnelle en cette matière et non recevable *de plano* (art. 323). Pour ces motifs, le délit de suppression d'état ne peut porter sur la preuve testimoniale de la filiation. Que supprimerait-on, d'ailleurs ? Un témoin. Mais la suppression d'un témoin même unique ne fait pas perdre tous les avantages de la preuve testimoniale. — Le délit de suppression d'état d'enfant légitime comprendra donc toutes les infractions qui ont pour résultat d'*empêcher* l'enfant d'*acquérir* la preuve de sa filiation légitime, soit par l'acte de naissance, soit par la possession d'état, ou qui *détruiront* cette preuve quand elle est acquise.

Il faut observer, d'ailleurs, qu'il ne suffit point que l'infraction ait fait disparaître l'une de ces deux preuves, si l'autre subsiste et peut servir. Il n'y a en effet suppression d'état que si l'enfant ne peut invoquer, par suite du délit ou de circonstances qui se combinent avec le délit, aucune preuve légale de sa filiation. *Exemples* : 1° un faux commis dans l'acte de naissance donne à l'enfant une filiation contraire à la véritable : il était fils de *Primus* et de *Prima* ; on l'a inscrit comme fils de *Secundus* et de *Secunda*. Ce crime entraîne la suppression d'état, alors même que l'enfant aurait en fait sa possession d'état véritable, parce qu'il ne peut invoquer cette seconde preuve, contredite qu'elle est par la première (1). — 2° A l'inverse, un faux détruit dans l'acte de naissance la preuve de la filiation véritable, mais n'attribue point à l'enfant une autre filiation : on aura inscrit l'enfant légitime comme fils de père et mère inconnus. Le crime, dans ce cas, ne produira la suppression d'état que si d'autres circonstances ont empêché l'enfant d'acquérir la possession d'état à laquelle il a droit, parce que la possession d'état n'étant plus contredite ici par l'acte de naissance fait preuve de la filiation. — 3° Il en est de même de l'inscription de l'acte de naissance sur une feuille volante (art. 192, C. p.). L'acte ne fait plus preuve de la filiation, puisqu'il n'est pas « inscrit sur les registres de l'état civil » (art. 319, C. civ.) ; mais il ne prouve pas non plus une filiation fausse ; il ne contredit point la preuve que l'enfant pourrait puiser dans sa possession d'état. Il faut donc que celle-ci ait été elle-même altérée pour que la suppression d'état existe. — 4° Enfin tous les crimes qui s'attaquent directement à la possession d'état, l'*enlèvement*, le *recélé* ou la *suppression* d'enfant, la *substitution* d'un enfant à un autre, la *supposition* d'un enfant à une femme qui n'est pas accouchée (art. 345, C. p.) (2), tous ces crimes ne produisent la suppression d'état que si l'enfant n'a point dans son acte de naissance la preuve de sa véritable filiation. La possession d'état est en effet une preuve subsidiaire qu'on peut invoquer seulement quand la preuve principale fournie par l'acte de naissance fait défaut.

725. *b*) L'enfant naturel n'ayant d'autre preuve légale de sa filiation que l'*acte de reconnaissance*, toute infraction qui aura pour résultat de l'empêcher d'acquérir ce titre ou de l'en priver une fois acquis, constituera la suppression d'état. Étant donné le caractère exceptionnel de l'art. 327, C. civ., on pourrait hésiter à l'étendre au délit de suppression d'état d'enfant naturel, parce qu'il est écrit dans un chapitre intitulé : « Des preuves de la filiation des enfants *légitimes* ». Mais il faut remarquer qu'à partir de l'art. 326 le législateur ne s'occupe plus de ce sujet : il édicte des règles de *compétence*, de *prescription*, de *transmissibilité* pour l'action en réclamation d'état d'enfant, et il n'y aurait au-

---

(1) *Arg.* : art. 319 et 320 comb. « La filiation des enfants légitimes se prouve par les actes de naissance..... *à défaut de ce titre*, la possession constante de l'état d'enfant légitime suffit. »

(2) La supposition d'enfant ou de part (*partus*) doit réunir deux conditions pour produire la suppression d'état : 1° elle doit porter sur un être réel et non sur un être imaginaire ; — 2° elle doit être accompagnée de l'introduction matérielle de l'enfant dans la famille à laquelle il n'appartient pas. La supposition d'un enfant qui n'a jamais existé est une fraude assez usitée pour révoquer les donations (art. 953, C. civ.). Mais il faut que l'enfant supposé existe réellement pour que sa supposition puisse produire la suppression d'état. Le néant, en effet, n'a pas d'état. — L'introduction matérielle de l'enfant dans la famille à laquelle il n'appartient pas consomme la suppression d'état, parce qu'elle donne à cet enfant une possession d'état contraire à la véritable.

cune bonne raison de les considérer comme spéciales à la filiation légitime (1).

726. 2° *Motifs de cette question préjudicielle.* — Deux motifs ont été donnés dans les travaux préparatoires (2) pour expliquer que la question de filiation devait être préjudicielle à la mise en mouvement de l'action publique dans le délit de suppression d'état, savoir : 1°) qu'il fallait empêcher de faire *de plano*, devant la juridiction criminelle, la preuve testimoniale de la filiation ; — 2°) qu'il fallait empêcher un préjugé de se former sur la question de filiation, parce que dans le délit de suppression d'état cette question avait plus d'importance que la question pénale. Le premier de ces motifs est sans valeur : les règles de la preuve tiennent à la matière ; elles ne sont point modifiées par un changement de juridiction. On aurait supprimé la question préjudicielle, que devant les juridictions pénales, comme devant les tribunaux civils, la preuve testimoniale de la filiation aurait été soumise aux mêmes conditions de recevabilité (3). Le second motif aurait pu décider le législateur à rendre la question de filiation préjudicielle *au jugement*; et cela suffisait pour sauvegarder l'intérêt qu'on avait en vue ; il était absolument inutile d'en faire une question préjudicielle à l'*action*. La difficulté de trouver une explication raisonnable à l'art. 327 commande une interprétation des plus restrictives.

727. 3° *Effets de cette question préjudicielle.* — L'obstacle qu'elle apporte à l'action publique est absolu : il arrête son *exercice* par le ministère public, comme son *impulsion* par la partie civile. C'est là ce qu'exprime l'art. 327 en ces termes : « *L'action criminelle*...... ne pourra commencer ». L'action criminelle n'est pas seulement l'action publique, c'est encore l'action civile portée devant les juridictions pénales ; en d'autres termes toute action qui a pour but ou pour résultat de procurer l'application de la peine. Tel était en effet le sens de cette expression dans l'ancien Droit (4), et il faut convenir qu'à l'époque de la rédaction du Code civil, l'action de la partie lésée devant les juridictions pénales méritait bien cette qualification, parce que la partie civile participait plus largement qu'aujourd'hui à l'exercice de l'action publique (C. 3 brum. an IV, art. 226, 227). Merlin cependant a soutenu que l'art. 327 n'avait pas pour effet d'empêcher la poursuite du délit par le ministère public. La raison qui le décide, c'est qu'il y aurait scandale à laisser le délit de suppression d'état impuni, si la partie lésée, qui seule a qualité pour intenter l'action en réclamation d'état, gardait le silence. Cette

---

(1) Cass. 29 mai 1873.
(2) V. Locré, VI, p. 161, 162, 203, 308.
(3) L'erreur que je signale était courante dans l'ancienne jurisprudence : Denizart, VIII, p. 33.
(4) Ord. s. la proc. civile de 1667, tit. XVIII, art. 2 ; comp. Jousse, *Just. crim.*, III, 4, 5, 21, 22.

considération est inopérante : il y avait en effet dans le projet du Code civil trois articles (art. 18, 19, 20) qui permettaient au ministère public, sous certaines conditions, d'intenter l'action criminelle pour la répression du délit de suppression d'état avant que la question de filiation eût été décidée par les tribunaux civils. Ces articles n'ont pas été votés, et par suite la prohibition de l'art. 226 est restée absolue (1). Mais la proposition de Merlin est exacte quand la preuve de l'infraction, d'où résulte la suppression d'état, peut se faire sans que la question de filiation soit agitée. Le ministère public pourra par exemple poursuivre librement la destruction totale ou partielle des registres de l'état civil, le défaut de déclaration de naissance, l'inscription de l'acte sur une feuille volante, ainsi que tous les crimes qui constituent à la fois un attentat contre la personne physique de l'enfant et une atteinte à son état civil. L'action de la partie lésée sera au contraire arrêtée par la question préjudicielle parce que, n'ayant intérêt à poursuivre ces délits que pour faire reconstituer la preuve légale de la filiation, elle est obligée d'établir cette filiation par témoins, par présomptions, par écrits autres que l'acte de naissance ou de reconnaissance ; or c'est précisément là ce que le législateur a voulu éviter.

L'art. 327 ne visant que l'*action criminelle*, l'exercice de l'action civile reste libre devant les tribunaux civils. Sans doute la question de filiation devra être résolue avant de statuer sur la réparation du préjudice causé par l'infraction ; mais ce ne sera qu'une question préalable, jugée par le tribunal saisi de l'action civile et dans la même instance.

Supposons l'action criminelle intentée, quel sera l'effet de la question préjudicielle sur la procédure ? L'art. 327 frappe la juridiction pénale d'une incompétence absolue jusqu'après le jugement définitif de la question d'état. Cette juridiction devra donc se dessaisir d'office, en déclarant son incompétence, et le prévenu, s'il est arrêté, sera remis en liberté par les soins du ministère public (2).

728. 4° *Existe-t-il d'autres questions préjudicielles à l'action ?* — Le principe d'interprétation restrictive que nous avons dégagé défend toute extension de l'art. 327, soit à une autre question, soit à une autre hypothèse. Ainsi les autres questions d'état, c'est-à-dire celle de *nationalité*, celle de *mariage*, et même la *question de filiation dans une autre hypothèse que la poursuite du délit de suppression d'état*, par exemple dans celle du parricide, ne seront point préjudicielles à l'action (3).

---

(1) *Sic* : Op. générale et Cass. 30 nov. 1876 (D. 77, 1, 459).
(2) Cass. 22 juin 1820.
(3) Un arrêt, dépourvu de motifs, a déclaré la question de filiation préjudicielle à *l'action* dans la poursuite, *devant le conseil de guerre*, du délit d'exemption frauduleuse du service militaire : Cass. 5 déc. 1885 (*Gaz. trib.* 13 déc.). Mais, en admettant qu'une juridiction pénale d'exception soit radicalement incompétente pour juger une *question d'état* comme question préalable, il n'était pas néces-

— Une controverse existe, en doctrine, pour la question de faillite dans la poursuite de la banqueroute. Quelques explications préalables sont nécessaires. La *faillite* est l'état d'un commerçant qui cesse ses paiements (art. 437, C. com.). Elle donne lieu à une procédure de liquidation qui commence par un jugement de *déclaration de faillite* rendu par le tribunal de commerce. Le délit ou le crime de banqueroute sont imputables au commerçant failli qui a consommé sa ruine par certaines imprudences ou négligences, ou par certaines fraudes énumérées par la loi. Les éléments de cette infraction sont indiqués par le Code de commerce (art. 585, 586, 591), et la peine par le Code pénal (art. 402). Voici maintenant la difficulté : on se demande si la poursuite de la banqueroute peut commencer avant la déclaration de faillite par le tribunal de commerce? Cela revient à fixer le sens de cette expression des articles 585, 586, 591, C. com. : « tout commerçant failli ». Vise-t-elle la cessation des paiements que toute juridiction peut constater incidemment, en vue d'en tirer des conséquences pour le procès dont elle est saisie? Ou bien vise-t-elle la déclaration de faillite, premier acte de la procédure de liquidation, qui est de la compétence exclusive du tribunal de commerce? Si on lui donne ce dernier sens, la question de faillite sera préjudicielle à l'action publique dans la poursuite du crime ou délit de banqueroute. Mais le premier sens est plus naturel. Pour éviter d'ailleurs une discussion philologique, admettons que l'expression, *tout commerçant failli*, soit équivoque, douteuse : on ne peut en induire l'institution d'une question préjudicielle, parce que le caractère exceptionnel de ces questions fait qu'elles ne peuvent résulter que de textes clairs et formels (1).

729. B. QUESTIONS DE DROIT CIVIL PRÉJUDICIELLES AU JUGEMENT. — Aucun article du Code civil ne s'occupe de ces questions. Aussi, peu de temps après sa promulgation, il s'éleva des difficultés dans la pratique. Pour y mettre un terme, la Cour de cassation approuva une sorte de consultation, rédigée par le président Barris, qui prépara une réforme législative. Elle est connue sous le nom de *Note secrète du 5 nov.* 1813 (2). La réforme a été accomplie en 1827 par le Code forestier, dont l'art. 182 rend préjudicielles au jugement les questions de *propriété immobilière* et de *droits réels immobiliers*. Deux ans plus tard, la loi du 15 avril 1829

---

saire de décider que la question de filiation serait préjudicielle *à l'action*, il suffisait de la déclarer préjudicielle *au jugement* de l'action publique.

(1) *Sic* : Cass. 30 nov. 1876 (D. 77, 1, 159) ; 10 août 1878 (S. 79, 1, 481) ; 23 déc. 1880 (S. 82, 1, 435) ; 5 déc. 1885 (D. 87, 1, 53). THALER, *De la faillite des agents de change* (1883), n° 51 ; GARRAUD, *Précis*, 437 ; NORMAND, *Traité élém.*, 870 ; — *Contrà* : HOFFMAN, *op. cit.*, II, 314 et s. ; TRÉBUTIEN, II, p. 68 et s. ; VILLEY, p. 206 ; GARRAUD, *Précis* (1re édit.), 759.

(2) Elle est rapportée dans MANGIN, I, 240 ; LE SELLYER, *Compétence*, II, 623 ; HOFFMAN, I, p. 353 ; LE POITTEVIN, *Dict. des Parquets*, V° *Quest. préjud.*

sur la pêche fluviale répétait cette disposition dans son art. 59. La raison d'être de ces questions préjudicielles est double : c'est, en premier lieu, l'importance que le législateur français a toujours attachée à la propriété foncière, et, en second lieu, la longueur habituelle des procès en cette matière ; la nécessité de juger ces questions incidemment aurait retardé l'expédition des autres affaires.

730. 1° *A quelles conditions la question préjudicielle arrête-t-elle le jugement?* — L'art. 182, C. for., en implique quatre :

a) Le prévenu doit *exciper* du droit réel. Le tribunal ne peut soulever la question d'office. C'est pour ce motif que le texte qualifie, avec raison, ces questions d'*exceptions préjudicielles*.

b) Il faut que la prétention du prévenu ait une certaine vraisemblance : qu'elle soit fondée sur un *titre apparent* ou sur des *faits de possession équivalents* à titre (1).

c) Il faut que ce titre ou ces faits de possession soient *personnels* au prévenu, c'est-à-dire qu'ils lui appartiennent, qu'il ait le droit de s'en prévaloir. Tel est le sens de ce mot « personnels », assez mal choisi du reste, puisque le prévenu peut invoquer non seulement le titre et les faits de possession qui émanent de lui-même, mais encore ceux qui émanent de son auteur (2).

d) Il faut enfin que le *droit allégué soit de nature à ôter au fait incriminé le caractère d'infraction*. Il serait inutile de surseoir au jugement si le droit allégué ne devait point innocenter complètement le prévenu. L'exception préjudicielle n'est pas nécessaire pour faire valoir un droit qui atténuerait simplement la culpabilité de l'agent. Le juge en effet est souverain au point de vue des circonstances atténuantes. Il peut apprécier sans inconvénient toutes les causes d'où l'on prétend les faire résulter, même lorsqu'elles sortent de sa compétence, puisqu'il n'a pas à faire connaître les raisons qui déterminent son indulgence.

Bien que les conditions de recevabilité de l'exception préjudicielle soient réunies, le tribunal n'est pas tenu de l'accueillir s'il doit relaxer le prévenu pour une autre cause. L'exception préjudicielle est un suprême moyen de défense qui fait dépendre le relaxe uniquement du droit allégué (3).

---

(1) C'est-à-dire sur la prescription, sur la possession annale : Cass. 22 mai 1863 (S. 63, 1, 455).

(2) L'art. 182 contient une métonymie : le *titre produit*, les *faits articulés* sont présentés comme ôtant au fait incriminé le caractère d'infraction, tandis qu'en réalité c'est le *droit réel* prouvé par ce titre ou par ces faits qui produit ce résultat. — Le prévenu pourrait-il, sans invoquer un droit *personnel*, se borner à nier que le plaignant soit propriétaire? Cette défense est possible contre les poursuites dirigées par la partie civile et même contre celles intentées par le ministère public quand l'action publique est subordonnée à la plainte. Mais ce n'est point une exception préjudicielle ; c'est une fin de non-recevoir tirée d'un défaut de qualité chez le plaignant.

(3) Haus, II, 1247.

731. 2° *Effets de l'exception accueillie.* — L'exception préjudicielle constitue à la fois une défense au fond et un moyen dilatoire. Une défense au fond, car si le droit allégué existe, l'élément injuste du fait incriminé disparaît et le relaxe s'impose. Un moyen dilatoire, car l'admission de l'exception emporte un sursis au jugement de l'action criminelle pendant le temps nécessaire pour faire juger la question préjudicielle.

Le tribunal de répression fixe « un bref délai dans lequel la partie qui a soulevé la question préjudicielle devra saisir les juges compétents de la connaissance du litige » (art. 182 § 2). Ainsi c'est au prévenu qu'est imposée l'obligation d'intenter, devant le tribunal civil, le procès sur la question préjudicielle, de jouer le rôle de demandeur et par conséquent de prouver le droit qu'il invoque. Cette décision est rigoureuse, si le plaignant est un homme de mauvaise foi, qui a imaginé le procès correctionnel pour intervertir les rôles que le prévenu et lui devaient jouer, dans le procès civil sur la question de possession ou de propriété. Des législations étrangères ont permis aux juges de répression de déjouer ce calcul en désignant, suivant les circonstances, quel est du prévenu ou du plaignant celui qui devra faire juger la question préjudicielle (1).

Quand le délai fixé est expiré, quatre situations peuvent se présenter : *a)* Le tribunal civil a reconnu l'existence du droit allégué. Le tribunal correctionnel doit alors relaxer. — *b)* Le tribunal civil a rejeté la prétention du prévenu. Le procès correctionnel reprend son cours comme si l'exception préjudicielle n'avait pas été soulevée. Il pourra y avoir relaxe, mais pour une autre cause. — *c)* Le tribunal civil n'a pas été saisi de la question préjudicielle. Le résultat est le même, le prévenu étant censé avoir renoncé à son exception. — *d)* Le tribunal civil a été saisi, mais il n'a pas encore statué. Le prévenu obtiendra du tribunal correctionnel une prolongation du sursis en justifiant de ses diligences. Sinon il sera passé outre. Toutefois, en cas de condamnation, on sursoira à l'exécution du jugement sous le rapport de l'emprisonnement, s'il était prononcé, et le montant des amendes, restitutions et dommages-intérêts sera versé à la caisse des dépôts et consignations, pour être remis à qui il sera ordonné par le tribunal qui statuera sur le fond du droit (art. 182 § 2). Ce sursis à l'exécution n'est pas perpétuel ; il ne s'étend même pas jusqu'au moment où la demande introduite devant le tribunal civil sera éteinte par la péremption d'instance. Après un délai moral, il dépendra de la partie civile et du ministère public de faire auprès du tribunal civil saisi de la question préjudicielle les diligences nécessaires pour obtenir un jugement par défaut qui rejettera la prétention du prévenu, et en vertu duquel chacun poursuivra en ce qui le concerne

---

(1) *Sic* : L. belge, 17 av. 1878, art. 19.

l'exécution des condamnations prononcées par le tribunal correctionnel (1).

Observation : Tout ce qui vient d'être dit sur la recevabilité et les effets des exceptions préjudicielles civiles s'applique aussi aux exceptions préjudicielles *pénales, disciplinaires* et *administratives*.

732. 3° *Existe-t-il d'autres questions civiles préjudicielles au jugement ?* — Malgré le principe d'interprétation restrictive qui domine cette matière, il faut admettre que les questions de propriété immobilière et droits réels immobiliers sont préjudicielles au jugement non seulement des délits forestiers et de pêche fluviale, mais encore de toute autre infraction. Les raisons qui ont fait établir ces questions préjudicielles tiennent en effet aux intérêts qu'elles mettent en jeu et non aux hypothèses en vue desquelles ont statué les lois de 1827 et de 1829. D'ailleurs ces deux lois n'ont fait qu'appliquer la note secrète de 1813 qui déclarait ces questions préjudicielles dans la poursuite de toute espèce d'infractions (2).

Cette classe de questions étant mise de côté, toute autre question de Droit civil, qu'il serait nécessaire de résoudre pour établir les éléments de l'infraction, ne constitue qu'une question préalable. Ainsi la *question de propriété mobilière* (3) dans le vol, les *questions de contrat* dans l'abus de confiance doivent être tranchées par le juge de répression. La note secrète, tout en indiquant cette solution, fait observer avec raison que les conditions de recevabilité de la preuve testimoniale sont les

(1) On a proposé de passer outre à l'exécution de l'*emprisonnement* sans prendre au préalable un jugement de défaut devant le tribunal civil, sauf, si le condamné résistait à l'exécution, à revenir devant le tribunal correctionnel pour faire statuer sur cet incident contentieux. *Sic* : DALLOZ, *Rép.*, v° *Quest. préjud.*, 194. — Mais cette procédure est contraire à l'esprit de l'art. 182, lequel suppose que le tribunal civil statuera nécessairement sur la question préjudicielle pour ordonner la remise des *amendes* et autres condamnations pécuniaires. Or, si au point de vue de ces condamnations on est obligé de suivre la marche que nous indiquons, on ne voit pas pourquoi on ne la suivrait pas en ce qui touche l'emprisonnement. La solution de la question préjudicielle n'est pas en effet un *incident de l'exécution* pour lequel il y aurait, au point de vue de la compétence, une différence entre les condamnations pécuniaires et celles à l'emprisonnement ; c'est la condition *sine qua non* de la condamnation. — Le ministère public, qui n'était que partie jointe dans le procès sur la question préjudicielle, interviendra comme partie principale, s'agissant d'un objet d'ordre public, pour faire lever l'obstacle à l'exécution de la condamnation pénale.

(2) *Sic* : VILLEY, p. 209 ; GARRAUD, *Précis*, 479, p. 557. Cass. 19 mars 1835, 15 janv. 1879 (D. 79, 1, 104) ; 22 juil. 1882 (D. 83, 1, 182) ; 26 av. 1883 (S. 85, 1, 510) ; — *Contrà* : DALLOZ, *loc. cit.*, 195, et les auteurs qu'il cite.

(3) Les questions de propriété d'un brevet d'invention ou d'une marque de fabrique, qui sont des questions de propriété mobilière, forment une classe à part : les tribunaux civils ont compétence exclusive pour les résoudre d'une manière *définitive* ; mais si elles se présentent au cours d'une poursuite pénale pour délit de contrefaçon, le tribunal correctionnel statue sur l'incident, sans que son jugement puisse produire la chose jugée autrement que pour le délit sur lequel il a statué. L. 5 juil. 1844, art. 46 ; L. 23 juin 1857, art. 16. Cass. 28 janv. 1881 (B. 22).

mêmes en ces matières devant les tribunaux répressifs que devant la juridiction civile. Ces deux solutions sont généralement acceptées. Restent les questions relatives aux divers éléments de l'état des personnes pour lesquelles il y a controverse.

733. *a)* « La *question de filiation* qui surgit au cours d'un procès pénal sur n'importe quel délit, autre que celui de suppression d'état, est-elle préjudicielle au jugement ? » — Il est certain d'abord que cette question est simplement préalable quand elle surgit à l'égard d'un *témoin* qu'on veut reprocher, ou de la *partie civile* à qui l'on conteste sa qualité. Dans ces cas en effet elle ne touche point aux éléments de l'infraction ; on se trouve par conséquent en dehors de l'hypothèse où l'on peut se demander si une question peut être préjudicielle (1). — Mais si cette question surgit à propos de l'accusé, alors des auteurs admettent qu'elle est préjudicielle au jugement (2). Par exemple, dans la poursuite du viol ou du parricide, la question de filiation entre l'agent et la victime devrait, si elle est contestée, motiver un renvoi à fins civiles. Laissons de côté les considérations qu'on fait valoir de part et d'autre ; elles n'ont aucune valeur au point de vue de l'interprétation juridique, puisque la règle que nous avons déduite du caractère exceptionnel des questions préjudicielles est celle-ci : « Pas de question préjudicielle sans texte » ! — Le nœud de la difficulté est dans les art. 326 et 327 du Code civil : ces textes contiennent-ils deux dérogations au Droit commun, ou bien sont-ils l'expression d'une pensée unique ? Les auteurs que nous critiquons voient, dans l'art. 326, une disposition qui rend les tribunaux civils exclusivement compétents pour juger la question de filiation, de quelque manière qu'elle se présente ; et, dans l'art. 327, une seconde disposition qui restreint encore plus la compétence des tribunaux répressifs, en rendant cette question préjudicielle à l'action publique dans le délit de suppression d'état. — Mais si l'on consulte les travaux préparatoires sur ces articles, on voit qu'une seule préoccupation a dicté leur disposition, savoir : d'empêcher que la question de filiation soit jugée par les juges de répression dans le délit de suppression d'état. L'art. 326 apparaît dès lors comme une conséquence naturelle de l'art. 327 : il indique les tribunaux devant lesquels sera portée la question préjudicielle dans l'hypothèse prévue par l'article suivant. Le principe d'interprétation restrictive qui nous sert de guide en cette matière doit faire préférer cette seconde interprétation, qui restreint la portée de textes dérogatoires au Droit commun, à la première, qui l'étend. C'était la solution de la note secrète de 1813 (3).

(1) Comp. Hoffman, II, 523 ; Bertauld, 115 ; Le Sellyer, *Compétence*, II, 663 ; Villey, p. 214.
(2) Trébutien, p. 100 ; Hoffman, II, 514 et s. ; Villey, p. 213 et s.
(3) *Sic* : op. générale ; note secrète 1813, n° 9 ; Le Sellyer, *Compét.*, II, 663 ; Garraud, *Précis*, p. 560. Cass. 6 mars 1879 (D. 79, 1, 316).

734. *b) Quid des questions de nationalité ?* — La note secrète ne s'en occupe point, et aucun texte de nos lois pénales n'y fait allusion. Pour soutenir qu'elles sont préjudicielles au jugement, il faudrait voir deux dispositions distinctes dans les art. 326 et 327, et donner au premier de ces textes une portée encore plus considérable que ne le fait l'opinion que nous avons critiquée dans la controverse précédente. Ce ne seraient pas seulement les questions de filiation, mais encore toutes les questions d'état qui seraient préjudicielles au jugement de l'action publique. — Cette interprétation extensive de l'art. 326 est *a fortiori* réfutée par les observations que nous avons présentées sur l'interprétation précédente (1).

735. *c) Quid de la question de mariage ?* — Le mariage peut être discuté d'une manière principale, dans le *délit de suppression d'état d'époux*, et incidemment dans l'*adultère*, la *bigamie* (2). — Le Code civil n'emploie point l'expression de délit de suppression d'état d'époux, mais elle est autorisée par l'art. 327, et les art. 198 à 200 s'y rapportent. Les infractions qui constituent ce délit sont celles qui s'attaquent à l'acte de mariage, preuve légale du mariage (3). Trois sortes d'infractions peuvent avoir détruit ou empêché d'acquérir la preuve résultant de ce titre : 1° le faux, 2° l'inscription de l'acte sur une feuille volante, 3° l'enlèvement ou la destruction des registres de l'état civil. — Dans ce dernier cas rien n'est changé au Droit commun : le rétablissement de l'acte de mariage est une *restitution* que les tribunaux de répression ordonnent d'office, que la partie lésée peut poursuivre à son choix devant la juridiction pénale saisie de l'infraction, ou devant les tribunaux civils, et pour laquelle la preuve testimoniale du mariage est reçue devant les deux ordres de juridictions (art. 46, C. civ.). — Dans les deux autres cas le Droit commun est modifié : la preuve du mariage ne peut se faire que par « le résultat d'une procédure criminelle » statuant sur l'infraction. L'inscription du jugement de répression remplacera l'acte de mariage (art. 198). Mais cet article, malgré ses termes absolus, n'est pas toujours applicable. Il suppose implicitement deux choses : 1° que l'auteur de l'infraction est connu et vivant ; 2° que l'action publique peut être exercée contre lui. — Après tout événement qui rend impossible la répression du délit pénal, on revient au Droit commun. Seulement l'action en rétablissement de la preuve du mariage doit être dirigée au civil par le ministère public, en présence des parties intéressées et sur leur dé-

---

(1) *Sic* : Cass. 7 déc. 1883 (D. 84, 1, 211) ; 19 mars 1891 (D. 92, 1, 197) ; 19 déc. 1891 (D. 93, 1, 329) ; 18 avril, 17 mai 1893 (*Pand. franç.*, 93, 1, 440 ; et 7, 74).
(2) Nous ne parlons plus de l'hypothèse où la question de mariage est soulevée à l'occasion d'un témoin ou de la partie civile. Tout le monde est d'accord pour en faire dans ce cas une simple question préalable.
(3) La possession d'état ne peut en effet être invoquée que par les enfants et après le décès de leurs père et mère (art. 195, 198).

nonciation » (art. 200). Quoi qu'il en soit de ces détails, il résulte de ces textes que la question de mariage n'est jamais qu'une question préalable dans le délit de suppression d'état. Faut-il en faire une question préjudicielle quand elle se présente incidemment? La difficulté a surgi en jurisprudence pour la bigamie et pour l'adultère (1).

736. 1° *Bigamie.* Est bigame, celui qui contracte un second mariage avant la dissolution du premier (art. 340, C. p.). Ce crime se compose de deux éléments : un premier mariage existant et valable ; puis un second mariage existant, et auquel il ne manque pour sa validité que d'avoir été contracté par deux personnes libres de toute union antérieure. Supposons que l'accusé conteste l'existence ou la validité du premier ou du second mariage ; qui jugera? La jurisprudence distingue : la question du premier mariage devra être portée devant les tribunaux civils, et pendant ce temps la Cour d'assises surseoira : c'est une question préjudicielle au jugement. La question du second mariage sera, au contraire, soumise au jury : c'est une question préalable (2). — Un second système déclare préjudicielle la question d'existence ou de validité des deux mariages. — Un troisième système la considère, dans les deux cas, comme préalable, et devant être soumise au jury, parce qu'en cette matière le fait est intimement lié au droit. Ce dernier système est le nôtre, car aucun texte ne limite, pour la question de mariage, le principe que le juge de l'action est aussi celui de l'exception. Bien mieux, l'art. 198, C. civ., suppose l'application de ce principe à cette question, puisqu'il reconnaît au jugement qui termine la procédure criminelle la vertu de remplacer l'acte de mariage. — La jurisprudence croit trouver, dans l'art. 189, C. civ., le texte qui rend préjudicielle la question du premier mariage. Elle fait valoir ensuite cette considération que le crime de bigamie consiste dans le second mariage et non dans la première union. — Son premier argument repose sur une équivoque. L'art. 189 vise une demande en nullité du second mariage, formée par le conjoint de l'époux bigame, et à laquelle on oppose la nullité de la première union : il décide « que la validité ou la nullité de ce (premier) mariage doit être jugée *préalablement* ». On en conclut : 1° que la question du premier mariage est *préjudicielle* au jugement de la demande en nullité du second, devant le tribunal civil ; 2° qu'il doit en être de même devant la

---

(1) Elle pourrait être soulevée à propos de l'excuse absolutoire dans le vol et dans le recel des criminels (art. 380, 248, C. p.).

(2) V. les nombreux arrêts cités par HOFFMAN, II, 437 ; MANGIN, I, 193 ; LE SELLYER, *op. cit.*, II, 678, 679 ; DALLOZ, *Rép.*, V° *Bigamie*, 33 et s.; Rennes, 23 janv. 1879 (S. 81, 2, 129). — La note de 1813 (n° 8) donnait aussi cette solution, mais en faisant une distinction antijuridique entre les nullités absolues et les nullités relatives, que la jurisprudence et tous les auteurs sont d'accord pour écarter. La seule différence qui existe entre ces deux genres de nullité, c'est que les *relatives* ne peuvent être invoquées par l'accusé que si elles lui sont *personnelles*.

Cour d'assises. Il suffit de relever la confusion de terminologie qui sert de base à cet argument pour détruire toute sa portée. *Préalablement* n'a jamais signifié *préjudiciellement*. On objectera peut-être que toutes les questions préjudicielles civiles deviennent devant les tribunaux civils des questions préalables. Sans doute ! Mais un texte qui déclare qu'une question de mariage, soulevée incidemment au cours d'un procès CIVIL, est *préalable* à la question principale de ce procès, ne permet pas de décider qu'elle devient *préjudicielle* lorsqu'elle surgit dans un procès PÉNAL. Quant à dire que la bigamie consiste dans le second mariage, c'est encore une équivoque. Le second mariage fait bien le crime, mais il ne le constitue pas à lui tout seul. Qui dit bigamie, dit deux mariages. Le premier et le second sont indispensables pour qu'il y ait crime. Si donc leur existence ou leur validité sont contestées, il faut soumettre cette question de droit civil pour chacun d'eux au jury ou la réserver pour chacun d'eux au tribunal civil. — Les partisans du second système acceptent ce raisonnement, mais ils font de la question soulevée pour le premier comme pour le second mariage une question préjudicielle, parce qu'ils hésitent à soumettre au jury cette question de droit civil, qu'il n'est peut-être pas apte à résoudre (1). Nous répondrons que cette considération est purement législative. Si l'on accepte le principe que le juge de l'action est aussi celui de l'exception, il faut savoir également accepter ses conséquences. Le raisonnement qu'on fait pour le jury à l'occasion des questions de Droit civil, pourrait se faire pour les tribunaux à l'occasion de toutes les questions d'industrie, de médecine et autres questions techniques qui leur sont soumises. Il n'y a donc de vrai, au point de vue de l'interprétation doctrinale, que notre système, parce qu'il applique purement et simplement un principe virtuellement contenu dans nos lois et accepté de nos adversaires, mais auquel ceux-ci veulent apporter une restriction arbitraire (2).

737. 2º *Adultère*. Une des raisons qui détermine la jurisprudence à considérer la question du premier mariage comme préjudicielle au jugement du crime de bigamie, la détermine aussi à attribuer ce caractère à la question d'existence ou de validité du mariage, soulevée dans la poursuite du délit d'adultère. Le mariage, dit-on, n'est qu'un élément extrinsèque de l'infraction (3). — Nous écartons ce raisonnement par le même motif que précédemment. Un premier mariage existant et valable est la condition sans laquelle le mot adultère n'a plus de sens. Vouloir enlever au tribunal correctionnel la connaissance de cet élément de l'infraction,

---

(1) *Sic* : MERLIN, *Rép.*, Vº *Bigamie*, nº 2 ; CARNOT, I, p. 23 et 84 ; TRÉBUTIEN, II, p. 96 ; VILLEY, p. 217.
(2) *Sic* : BONNIER, *Tr. des preuves*, nº 157 ; DEMOLOMBE, *Paternité*, nº 276 ; BERTAULD, *Questions préj.*, 86 ; HAUS, II, 1211 ; GARRAUD, IV, 540 ; NORMAND, 884, 885. La jurisprudence paraît flotter entre le 1er et le 2e syst.
(3) *Sic* : Cass. 18 avril 1867 ; CHAUVEAU et HÉLIE, IV, 1633 ; BLANCHE, V, 187.

c'est restreindre arbitrairement son droit, sans texte qui autorise cette restriction (1).

738. En résumé, parmi les questions civiles, *une seule question* et dans une *hypothèse unique* est préjudicielle à la mise en mouvement de l'action publique : c'est la question de filiation dans le délit de suppression d'état. — *Une seule classe de questions* est préjudicielle au jugement de l'action publique : ce sont les questions de propriété immobilière et de droits réels immobiliers.

Section II. — De l'exercice de l'action civile.

I. — Double compétence des juridictions pénale et civile quant à l'action civile. — Droit d'option.

739. Deux principes dominent l'exercice de l'action civile : 1° celui de la double compétence des tribunaux civils et des juridictions pénales ; — 2° celui du droit d'option de la partie lésée entre ces deux ordres de juridictions. L'infraction est la source de l'action publique comme de l'action civile : c'est le délit, envisagé à deux points de vue différents, qui leur donne naissance. Cette communauté d'origine engendre entre elles de nombreux points de contact. Leur jugement notamment soulève deux questions communes : l'infraction existe-t-elle ? — l'inculpé en est-il l'auteur ? Après la solution affirmative de ces deux questions, viendront les questions de responsabilité pénale et de responsabilité civile. Puisqu'il y a deux questions communes à résoudre, on comprend qu'il y ait utilité pratique à réunir les deux actions dans la même instance. C'est un moyen d'éviter la contrariété des décisions et de diminuer les frais : aussi, sans retirer à l'action civile la compétence des tribunaux civils à laquelle elle a droit normalement, le Code d'instruction criminelle a permis de l'intenter devant les tribunaux de répression. Art. 3 : « L'action civile peut être poursuivie *en même temps et devant les mêmes juges* que l'action publique. — Elle peut aussi l'être *séparément...* » (la suite du texte prouve que le législateur sous-entend : « devant les tribunaux civils »). Cette règle est générale et s'applique par conséquent à toutes les juridictions pénales, soit de droit commun soit d'exception. Il faudra donc pour y déroger un texte formel (2).

---

(1) *Sic* : Garraud, IV, 511 ; Haus, II, 1209 ; Nypels, art. 387 n° 7, art. 391 n° 8 ; Normand, 884, 885.

(2) Cette dérogation existe pour les conseils de guerre (C. J. art. 53, 54, A. T., art. 74, 75, A. M.), pour les conseils de préfecture (avis C. d'Etat, 20 nov. 1809),

La compétence des juridictions pénales quant à l'action civile est donc à la fois accessoire et facultative.

740. a) *Accessoire* : Elle n'existe en effet qu'à la condition que les tribunaux répressifs soient saisis *en même temps* de l'action publique. De là plusieurs conséquences :

1º « Les juridictions pénales ne peuvent en principe prononcer sur l'action civile quand elles ne relèvent aucun délit pénal » (1). A vrai dire, ce n'est plus l'*action civile*, mais l'*action en dommages-intérêts* qui se trouve intentée, dans ce cas, contre le prévenu ; or l'art. 3 n'établit la compétence des juridictions pénales que pour l'action civile. Par exception, la Cour d'assises conserve le droit de statuer sans relever de délit pénal sur la demande en dommages-intérêts (art. 358, 366, C. i. c.). Une raison d'utilité pratique l'a emporté sur les principes : on a voulu utiliser la procédure longue et coûteuse qui a été faite pour préparer le jugement de l'accusé par cette haute juridiction.

2º « Les personnes civilement responsables ne peuvent être jugées par les tribunaux de répression, que si l'auteur du délit est en même temps poursuivi. » — En effet, contre les personnes civilement responsables, il n'y a jamais d'exercé que l'action civile. Or cette action ne peut être portée isolément devant une juridiction pénale.

3º « Après l'extinction de l'action publique, l'action civile devient régulièrement de la compétence exclusive des tribunaux civils. » — Cette règle s'applique sans difficulté lorsque l'action publique s'éteint avant que l'action civile ait été portée devant la juridiction pénale ; mais *quid* dans le cas contraire ? Ne faut-il pas admettre qu'à un moment donné la compétence des juridictions de répression est définitivement acquise à l'action civile, et qu'elles en restent saisies malgré l'extinction de l'action publique ? La question est controversée. — Quels sont d'abord les événements qui éteignent l'action publique en laissant subsister l'action civile ? Ce sont : 1º le décès de l'inculpé ; 2º l'amnistie ; 3º l'abrogation de l'incrimination par une loi nouvelle ; 4º la chose jugée. — Un premier point paraît être hors de toute controverse : c'est que, si l'action publique s'éteint quand l'affaire est encore pendante devant les juridictions d'instruction, la compétence des tribunaux répressifs est

pour les tribunaux maritimes et commerciaux (L. 10 mars 1891, art. 21). Elle n'existe pas au contraire pour le Sénat érigé en cour de justice. Indépendamment en effet de l'argument de principe, l'art. 32 de la loi organique du 10 avril 1889 déclare applicables devant cette juridiction toutes les dispositions du Code d'instruction criminelle auxquelles il n'est point dérogé et par conséquent l'art. 3. *Sic* : Jurisprudence après quelques hésitations. DALLOZ, *Compét. crim.*, 696.

(1) Mais il n'est pas nécessaire que la juridiction pénale prononce une peine ; il suffit qu'elle ait le droit d'affirmer l'existence de l'infraction et la culpabilité. Par exemple, au cas d'excuse absolutoire, elle statue sur l'action civile sans prononcer de peine. Il en est de même, quand elle statue sur l'action civile dont elle est restée valablement saisie malgré l'extinction de l'action publique.

nécessairement perdue pour l'action civile. Ces juridictions en effet ne sont pas instituées pour prononcer sur le fond du procès. Elles ne peuvent que saisir les juridictions de jugement. Or cette saisine est rendue impossible dès que l'action publique est éteinte à raison du caractère accessoire de la compétence des tribunaux répressifs relativement à l'action civile. — Mais la difficulté devient sérieuse quand l'extinction de l'action publique se produit devant une juridiction de jugement saisie des deux actions. Trois systèmes divisent encore les auteurs et la jurisprudence.

1ᵉʳ *Système* : « A quelque phase de la procédure que se produise l'extinction de l'action publique, les tribunaux répressifs perdent le droit de statuer sur l'action civile. On ne doit admettre d'autre exception à cette règle que celle que l'art. 202, C. i. c. y apporte relativement à l'extinction par la chose jugée. » — Il faut, dans ce système, que les deux actions coexistent jusqu'à la fin du procès pour que l'action civile puisse être jugée par les tribunaux de répression. On argumente *a contrario* de l'art. 202, que l'on considère comme exceptionnel (1).

2º *Système* : « Dès que la juridiction de jugement a été saisie des deux actions, sa compétence est définitivement acquise à l'action civile. » — Dans ce système, il suffit que l'action publique existe au moment où l'on saisit une juridiction pénale de jugement de l'action civile, pour que désormais celle-ci vive de sa vie propre, et puisse être jugée par cet ordre de juridictions malgré les événements postérieurs qui supprimeraient l'action publique. Le principe de la compétence accessoire des juridictions de répression quant à l'action civile (art. 3, C. i. c.) a reçu, dit-on, une suffisante satisfaction par la coexistence des deux actions au moment de la saisine. L'art. 202 est exceptionnel en ce sens que, pour l'extinction par la chose jugée, il subordonne la persistance de la compétence des tribunaux répressifs à la condition qu'il ait été rendu une décision susceptible d'appel ; mais si on élimine, dit-on, cette condition nécessitée par l'hypothèse même où statuait ce texte, il prouverait que la coexistence des deux actions au moment de la saisine suffit (2).

3º *Système* : « La compétence de la juridiction pénale n'est acquise à l'action civile qu'après un jugement sur le fond du procès. » — Ce système voit dans l'art. 202 l'application d'un principe d'équité auquel il faut donner toute son étendue. Les jugements sur le fond modifient la situation des parties en cause, alors même qu'ils ne produiraient pas la chose jugée. Il en résulte un préjugé sur la question du procès ; les

---

(1) LEGRAVEREND, I, p. 67 ; Paris, 13 juin 1872 (S. 72, 2, 96) ; Rouen, 1ᵉʳ fév. 1872 (S. 72, 1, 230) ; Cass. 3 août 1883 (B. 201).
(2) CARNOT, I, p. 63 ; Lyon, 15 août 1880 (S. 81, 2, 75) ; Bourges, 24 nov. 1881 (S. 82, 1, 79) ; Cass. 16 mars 1882 (B. 75) ; 17 mars 1882 (B. 78) ; 3 août 1888 (D. 84, 1, 382).

choses ne sont plus entières. L'équité veut que le procès se termine par l'exercice des voies de recours dans l'ordre des juridictions pénales devant lesquelles il a commencé.

Le premier système, en traitant différemment l'effet de l'extinction de l'action publique, d'un côté par la chose jugée, et de l'autre par le décès, l'amnistie ou l'abrogation de l'incrimination, établit une différence injustifiable entre des situations juridiquement semblables. Il méconnaît en outre le principe d'équité qui a inspiré la disposition de l'art. 202. Enfin il a cet inconvénient pratique de rendre inutile toute la procédure qui a été faite avant l'événement qui supprime l'action publique.

Le second système méconnaît l'esprit de l'art. 202 en prenant pour les *conditions de l'hypothèse* où statue ce texte, une condition qui est *la raison d'être de sa disposition*. C'est en effet parce qu'il y a eu jugement sur le fond qu'il y aurait iniquité à ne plus maintenir au profit de l'action civile la compétence des juridictions de répression. Cette condition doit donc, *en toute hypothèse*, limiter la règle : que « l'extinction de l'action publique enlève à l'action civile la compétence des tribunaux de répression (1) ».

741. *b) Facultative* : La compétence des juridictions pénales est un avantage offert à la partie lésée ; elle peut y renoncer et choisir de préférence les tribunaux civils. En cela consiste son *droit d'option*, corollaire obligé du principe de la double compétence. Ce droit a une limite qu'il nous faut étudier.

742. Limite de l'option. Règle : « una via electa ». — La partie lésée a le droit de choisir entre les deux ordres de juridictions, mais elle ne peut choisir qu'*une fois* : elle ne peut revenir de la voie qu'elle a prise à celle qu'elle aurait pu prendre. Tel est, pour tout esprit non prévenu, le sens d'une règle traditionnelle qui limite l'option de la partie lésée et qu'on formule en ces termes : « *una via electa, non datur regressus ad alteram* ». L'origine de cette règle est dans le Droit romain, où elle se trouve appliquée aux délits privés (2). Nos anciens auteurs l'étendirent aux délits publics (3). Dans la législation actuelle un seul texte paraît s'y rapporter : c'est l'art. 5 de la loi du 25 mai 1838 sur la compétence des juges de paix ainsi conçu : « Les juges de paix connaissent..... 5° des actions civiles pour diffamation verbale et pour injures publiques ou non publiques, verbales ou par écrit autrement que par la voie de la presse, des mêmes actions pour rixes et voies de fait ; *le tout lorsque les parties ne se sont pas pourvues par la voie criminelle.* » Faut-

---

(1) Mangin, II, 282 ; Le Sellyer, *Compétence*, II, 1184 ; Trébutien, II, p. 42 ; Hoffman, *Quest. préj.*, 55 et s.; Garraud, *Précis*, 300 ; Villey, p. 225 ; Lair, *Rev. crit.*, 1883, p. 416 ; Desjardin, *ibid.*, p. 97. Cass. 18 nov. 1841 ; 10 mai 1872 (B. 110).

(2) *Inst. Just.*, § 16, *De obligat. quæ ex delicto*, 4, 1 ; C. 22, *de furtis*.

(3) Jousse, III, p. 11 et s.

il voir dans ce texte une application normale d'un principe non formulé, qu'on doit étendre par analogie ? Faut-il au contraire considérer cette disposition comme tout à fait exceptionnelle, et en conclure que la règle *una via* n'est pas reçue dans notre Droit moderne? Faut-il dire enfin que cette règle existe, mais qu'elle ne défend en principe que le retour de la voie civile à la voie criminelle, et que l'art. 5 précité est exceptionnel lorsqu'il défend le retour de celle-ci à celle-là ?

Le second de ces systèmes n'a point de partisans. La règle *una via...* est fondée en équité et en droit : l'équité s'oppose à ce qu'un demandeur renonce à la juridiction qu'il avait choisie lorsqu'il pressent qu'il va y perdre son procès ; le droit dit qu'une demande introduite devant une juridiction quelconque forme, à un moment donné, un quasi-contrat judiciaire qui ne peut être rompu par la volonté unilatérale de l'une des parties. Enfin la règle est traditionnelle ; il ne peut être question de l'écarter, mais seulement d'en déterminer l'application.

Le troisième système est celui de la jurisprudence (1). On fonde sa distinction sur cette idée que la règle *una via...* est une faveur pour le prévenu. Or, dit-on, le retour de la voie criminelle à la voie civile est toujours un bienfait pour lui. Empêcher ce retour par la règle *una via...* ce serait aller contre l'esprit de la règle. — En supposant que ce système fût exact, le droit d'abandonner la voie criminelle pour la voie civile devrait être exercé dans les 24 heures qui suivent la constitution de partie civile, car, nous allons le voir, ce retour doit être précédé d'un désistement qui ne peut se produire que dans ce délai (art. 66, C. i. c.).

Mais il faut aller plus loin et dire que, même dans ces étroites limites, le retour n'est pas possible. La règle *una via...* est absolue, elle empêche tout retour d'une voie à l'autre. — Puisqu'elle est traditionnelle, les précédents sont bons à consulter : or l'ancien Droit l'admettait avec cette largeur d'application. Ce fut aussi la portée que lui donna la pratique aussitôt après la promulgation du Code d'instruction criminelle (2). — La raison qu'on a invoquée plus tard pour la restreindre au passage de la voie civile à la voie criminelle n'est qu'une considération abstraite, presque toujours démentie par les faits : il est très probable en effet que si le demandeur renonce aux avantages que lui offre la voie criminelle, c'est qu'il pressent la perte de son procès devant cette juridiction. Est-il juste de priver le prévenu du bénéfice d'une telle situation ? — Le seul texte, d'ailleurs, qui applique la règle *una via...* dans notre Droit moderne (L. 25 mai 1838, art. 5) empêche le retour de la voie criminelle à la voie civile. Or sa rédaction n'indique pas une disposition ex-

---

(1) Cass. 21 nov. 1825 ; Paris, 5 déc. 1874 (S. 75, 2, 169) ; Montpellier, 10 mai 1875 (S. 75, 2, 328) ; F. Hélie, *Prat. crim.*, I, 15.

(2) *Ord.* 1667, t. XVIII, art. 2 ; Denisart, X, p. 108 ; note du président Barris, dans Merlin, *Rép.* V° *Délit*, § 1. — Cass. 29 mai 1811 (D. 68, 1, 42).

ceptionnelle, car la phrase : « *le tout*, etc. » arrive incidemment, comme l'énoncé d'une proposition qui découle normalement des principes. — Enfin, il est à remarquer qu'il n'était nullement nécessaire de formuler dans un texte précis la défense de revenir de la voie civile à la voie criminelle, tandis au contraire qu'il était nécessaire de défendre expressément le retour de celle-ci à celle-là. Et en effet, la règle *una via...* suppose, pour son application, que le demandeur s'est désisté de la demande qu'il avait introduite devant la juridiction choisie par lui en premier lieu ; sinon, devant la seconde juridiction, on lui opposerait simplement la *litispendance*. Or pour que le désistement soit valable devant les tribunaux civils, il faut qu'il soit *accepté* par l'adversaire (art. 404, C. pr.). On pouvait donc se dispenser d'exprimer que la règle *una via...* empêchait le retour de la voie civile à la voie criminelle, puisqu'il dépend du défendeur d'empêcher ce retour en refusant d'accepter le désistement du demandeur. Devant les juridictions pénales, au contraire, le désistement est valable dès qu'il est *signifié* (art. 66, C. i. c.). On comprend dès lors qu'un texte fût nécessaire pour défendre un retour de la voie criminelle à la voie civile, retour que le prévenu n'avait pas le moyen d'empêcher. C'est pourquoi, si l'on veut voir dans l'art. 5 § 5 de la loi du 21 mai 1838 la formule de la règle *una via...*, il faut l'appliquer même dans l'hypothèse que ne prévoit pas le texte (1).

743. La règle *una via....* marque donc la limite de l'option entre la voie criminelle et la voie civile. Certains auteurs et certains arrêts l'ont invoquée aussi pour marquer l'irrévocabilité de l'option entre deux juridictions pénales, l'une d'instruction, l'autre de jugement. Ainsi ce serait à raison de cette règle, que ni le ministère public, ni la partie civile ne pourraient se désister de la poursuite introduite devant le juge d'instruction, pour citer directement le prévenu devant le tribunal correctionnel, et réciproquement (2). Mais ces solutions, bien qu'exactes au fond, ne sont point des applications de la règle *una via...* Elles dérivent de cet autre principe qu'une juridiction pénale ne peut être dessaisie de l'action publique par les parties poursuivantes. Il n'appartiendrait pas en effet au prévenu, par exemple, de consentir à être jugé par la juridiction pénale de jugement pendant que la juridiction d'instruction est encore saisie ; tandis qu'il est libre d'opposer l'exception tirée de la litispendance et de la règle *una via...* lorsque l'action civile est transportée du tribunal civil au tribunal de répression.

---

(1) *Sic* : Trébutien, II, p. 35 et s. ; Haus, II, 1379 et s. ; Hoffman, II, 113 et s. ; Garraud, *Précis*, 388 ; Villey, p. 228 ; Normand, 893.

(2) Il importe peu d'ailleurs que la juridiction saisie en premier lieu l'ait été par le ministère public ou par la partie civile. Le choix fait par l'un, dit-on, consomme le choix de l'autre. F. Hélie, *Inst. crim.*, VI, 2815 ; Dalloz, V° *Inst. crim.*, 787-789. Cass. 18 juin 1812 (D. 49, 2, 39) ; Trib. corr. Seine, 9 juin 1886 (*Gaz. trib.* 12 juin).

744. Conditions d'application de la règle : una via... — La règle *una via...* n'est applicable qu'à trois conditions. Il faut : 1° que le choix ait été possible entre la voie civile et la voie criminelle au moment où la première juridiction a été saisie ; — 2° qu'il ait été fait en connaissance de cause ; — 3° que le prévenu oppose la règle, sous forme d'exception, *in limine litis*.

La première condition n'est pas remplie, lorsque la voie qu'on a prise était seule ouverte au moment où l'on a engagé le procès ; ou bien lorsque la juridiction saisie en premier lieu était incompétente (1). — La seconde condition n'est pas remplie lorsque le fait ne présentait pas le caractère de délit pénal au moment où la partie lésée a saisi le tribunal civil (2). — Enfin la règle *una via...*, étant fondée sur un motif d'utilité privée, ne peut motiver un dessaisissement prononcé d'office et à toute phase de la procédure : elle ne constitue qu'une *exception* opposable au début du procès (3).

745. L'exception tirée de la règle *una via...* ne doit point être confondue avec l'exception de *litispendance*. Celle-ci suppose deux tribunaux saisis en même temps du même procès. Celle-là suppose au contraire un abandon de la poursuite engagée devant un premier tribunal, pour recommencer le procès devant une autre juridiction. La litispendance peut être opposée, du moins en principe (4), aussi bien devant la juridiction saisie en premier lieu que devant la seconde. La règle *una via...* au contraire ne peut être invoquée que devant la juridiction saisie en second lieu.

746. Cas où la voie civile est seule ouverte. — Il est des cas, avons-nous dit, où la règle *una via...* n'empêche pas le retour d'une voie à l'autre, parce qu'il n'y a pas eu option, une seule voie étant ouverte au moment où l'on a saisi la juridiction qu'on veut plus tard abandonner. La *voie civile*, par exemple, est seule ouverte quand l'action publique est éteinte ou épuisée avant tout exercice de l'action civile. Le décès du coupable, l'amnistie, l'abrogation de l'incrimination éteignent l'action publique en laissant subsister l'action civile. Mais cette action perd nécessairement la compétence des juridictions de répression, parce qu'elles ne peuvent plus être saisies de l'action publique. — L'épuisement de l'action publique par *la chose jugée* produit le même résultat, pour la même raison. — Sans que l'action publique soit éteinte ni épuisée, l'action civile peut encore être privée de la compétence des juridictions pénales, parce que l'intervention de la partie civile est irre-

---

(1) Agen, 4 mars 1874 (D. 75, 2, 33).
(2) *Sic* : *Inst. Just. loc. cit.* ; note précitée du président Barris. — C'est dans cette hypothèse que statue également l'art. 250, C. pr.
(3) Arg. d'analogie, art. 169, C. pr.
(4) On verra plus bas qu'à raison de la règle *le criminel tient le civil en état*, l'examen de l'exception de litispendance revient à la juridiction répressive.

cevable comme tardive (*infrà*, n° 749). — Enfin, dans tous les cas où les particuliers sont dépouillés du droit d'impulsion sur l'action publique, la voie civile est leur seule ressource, tant que l'action publique n'est pas exercée par qui de droit. On sait que la garantie politique et les immunités de juridiction produisent ce résultat. Il se produira aussi en matière criminelle, tant que le ministère public n'agit point, pour ceux qui soutiennent que les simples particuliers ne peuvent pas saisir le juge d'instruction.

747. Cas où la voie criminelle est seule ouverte. — L'art. 46, L. 29 juill. 1881, met hors de controverse un cas de ce genre. C'est l'hypothèse de la diffamation envers les hommes publics et les corps constitués, énumérés ou définis par les art. 30 et 31. Ces personnes et ces collectivités (1) relevant plus particulièrement de l'opinion publique, on n'a pas voulu qu'elles puissent soumettre leurs griefs à d'autres juges qu'au jury, qui en est le représentant direct.

II. — Exercice de l'action civile devant la juridiction pénale.

748. L'exercice de l'action civile devant la juridiction pénale se manifeste principalement par l'acte qui en saisit cette juridiction. Cet acte est une *citation directe* ou une *constitution de partie civile* proprement dite. La citation directe n'est autorisée que devant les tribunaux correctionnels et de police. En Cour d'assises elle n'est employée que pour mettre en cause les personnes civilement responsables. A l'égard de l'accusé elle est inutile, parce que cette haute juridiction devant nécessairement être saisie de l'action publique par un arrêt de la chambre d'accusation, la citation ne vaudrait que comme acte d'intervention. Or il est plus simple d'intervenir en déposant des conclusions.

749. De la constitution de partie civile. — *a) Ses formes.* — On entend par constitution de partie civile : l'acte par lequel le particulier lésé se déclare partie au procès pénal pour faire statuer sur sa demande en réparations civiles. Elle est *virtuelle* dans la citation directe. Elle est *expresse ou tacite* dans la *plainte* et dans l'*acte subséquent*. On peut dire formellement, en effet, qu'on se porte partie civile, ou implicitement le faire supposer en demandant des dommages-intérêts. — La *plainte* est une dénonciation du délit faite à l'autorité compétente par la personne qui en a éprouvé un dommage. Elle ne rend pas le plaignant partie au procès si elle ne contient pas une constitution de partie civile (art. 66, C. i. c.) (2). L'*acte subséquent* est un acte de conclusions en dommages-

---

(1) Sur la question de savoir si les collectivités, qui ne constituent pas des personnes morales, ont l'action civile, V. *suprà*, n° 684.

(2) Sous la législation intermédiaire tout plaignant était réputé partie civile. Le Code d'instruction criminelle a rétabli la présomption inverse qui était celle de l'Ord. de 1670, tit. III, art. 5.

intérêts, qu'on suppose déposé par une personne ayant précédemment porté plainte. Mais cette observation, qui explique la terminologie, est purement de fait, et il n'en faut pas conclure que la victime du délit ne pourrait point intervenir comme partie civile dans une poursuite dont le ministère public aurait pris l'initiative. En effet, la constitution de partie civile est recevable « en tout état de cause jusqu'à la clôture des débats » (art. 67), c'est-à-dire jusqu'à l'ordonnance, l'arrêt ou le jugement par lequel la juridiction se dessaisit de l'affaire, excepté cependant en Cour d'assises où la clôture des débats fait l'objet d'une déclaration solennelle du président aussitôt après les plaidoiries (art. 335) (1). Il suit de là que la constitution de partie civile ne peut avoir lieu en appel. Cette intervention tardive aurait d'ailleurs pour inconvénient de priver l'inculpé du premier degré de juridiction sur la demande en réparations civiles (2).

750. *b) Ses effets.* — Par sa constitution de partie civile, la personne qui se prétend lésée devient partie au procès pénal ; de là plusieurs conséquences : 1°) tous les actes importants de la procédure doivent lui être signifiés, pourvu toutefois qu'elle ait son domicile réel ou élu dans l'arrondissement où se fait l'instruction (art. 68) (3) ; — 2°) son témoignage cesse d'être recevable (art. 316), et par suite il doit être tenu pour non avenu, quand elle s'est constituée partie civile après avoir déposé ; — 3°) elle devient responsable des dépens envers l'Etat et l'on peut même exiger d'elle une consignation dans les conditions que nous avons indiquées ci-dessus (4) ; — 4°) elle s'expose enfin à être condamnée à des dommages-intérêts envers le prévenu acquitté (art. 159, 191, 366).

751. Du désistement de la partie civile. — La constitution de partie civile peut avoir été une imprudence. Il est loisible au plaignant d'en prévenir les conséquences par son désistement. Ce désistement n'est soumis à aucune forme spéciale, mais il doit être signifié au ministère public et au prévenu (art. 66). Il n'est valable qu'à la condition d'intervenir avant le jugement et dans les 24 heures de la constitution de partie civile (art. 66, 67). — Son effet est d'anéantir la *constitution de partie civile*, c'est-à-dire d'éliminer le plaignant du procès. Par suite, celui-

---

(1) F. HÉLIE, VI, 2997 et les arrêts qu'il cite. *Junge* : Paris, 29 mars 1856 ; Cass. 16 juin 1860 (*Ann. de la prop. ind.*, 60, 267) ; 15 nov. 1889 (S. 91, 1, 42).

(2) La *mise en délibéré* de l'affaire, devant les autres juridictions, ne clôt point les débats, mais le commencement de la lecture du jugement ou de l'arrêt produit ce résultat ; il n'est pas nécessaire que cette lecture soit achevée. Cass. 17 janvier 1868 (D. 68, 1, 359) ; 28 mai 1870 (D. 70, 1, 313).

(3) L'art. 63 dit l'*arrondissement communal*. Quelques auteurs en ont conclu qu'il exigeait un domicile dans la commune du chef-lieu judiciaire de l'arrondissement. *Sic* : DALLOZ, *Rép.*, v° *Inst. crim.*, 538. Mais ce qualificatif n'ajoute rien au sens habituel du mot *arrondissement*, ainsi que le prouve l'ancien art. 55 : « Il y aura dans chaque *arrondissement communal* un juge d'instruction. » *Sic* : DALLOZ, *Supplément, Procéd. crim.*, 962.

(4) Art. 157, 160, D. 18 juin, 1811, v. *suprà*, n° 348.

ci se trouve affranchi de tous les frais ultérieurs ; mais il reste tenu des frais déjà faits et des dommages-intérêts envers le prévenu relaxé (art. 66). — Le désistement ne détruit pas les effets de la *plainte*, sauf pour les délits privés. Le ministère public pourra donc poursuivre, malgré le désistement, lorsque la loi a simplement subordonné l'exercice de l'action publique au dépôt d'une plainte. — Le désistement ne porte enfin que sur l'*instance* (arg. art. 403, C. pr. civ.) ; mais sa combinaison avec la règle *una via electa*, entendue comme nous l'avons fait dans un sens absolu, peut produire l'extinction de l'*action* (1). Supposons, en effet, qu'on se désiste devant la juridiction de jugement : l'action civile sera perdue, puisque, d'un côté, l'instance engagée devant la juridiction de répression, à laquelle on a renoncé, ne peut être renouvelée, l'action publique étant épuisée, et que, d'un autre côté, l'action civile ne peut être portée devant les tribunaux civils, à raison de la règle *una via*. Supposons au contraire qu'on se soit désisté devant une juridiction d'instruction : rien n'est compromis, car si l'instruction se termine par un renvoi devant la juridiction de jugement, la constitution de partie civile pourra être renouvelée dans cette seconde instance, et si elle se termine par un non-lieu, cette constitution pourra encore être renouvelée dans *l'instruction sur charges nouvelles* qui est une seconde instance devant la juridiction d'instruction ; aucun obstacle, dans les deux cas, ne viendra de la règle *una via electa*.

III. — Exercice de l'action civile devant la juridiction civile.

752. Règle : « le criminel tient le civil en état ». — Le rapport qui existe entre l'action publique et l'action civile se fait sentir parfois dans l'exercice de celle-ci devant les tribunaux civils. Distinguons trois hypothèses :

1re *Hypothèse* : « L'exercice de l'action civile s'est terminé devant les tribunaux civils avant que l'action publique ait été intentée. » — Dans ce cas l'action civile a été exercée suivant le Droit commun des autres actions privées. On pourrait se demander seulement si les tribunaux de

---

(1) *Sic* : GARRAUD, *Précis*, 392 ; F. HÉLIE, IV, 1743, 1744 ; VILLEY, p. 232. — *Contrà* : BOITARD, 593. Cet auteur attribue l'extinction de l'action au désistement même. Dans l'ancien Droit, MUYART, *Inst. du Dr. crim.*, p. 65, enseignait que le désistement éteignait l'action. JOUSSE, *Inst. crim.*, III, p. 79, admettait qu'on pouvait, par des réserves expresses, limiter son effet extinctif à l'instance, et son opinion a été reproduite par MERLIN, *Rép.* v° *Partie civ.*, 3 ; LEGRAVEREND, I, 201 ; BOURGUIGNON, I, 78, 201. Mais des réserves ne peuvent donner à celui qui les fait un droit qu'il n'a point ; elles ne peuvent *augmenter* les effets de l'acte qu'on accomplit. Il faudrait commencer par démontrer que le désistement, par lui-même et sans le secours de la règle *una via...*, détruit l'*action* pour que les réserves pussent réduire son effet extinctif à l'*instance*.

répression doivent tenir compte de la décision des juges civils sur les deux questions communes à l'action publique et à l'action civile : l'infraction existe-t-elle? l'accusé en est-il l'auteur? Mais il n'y a point entre les deux actions les conditions exigées par l'art. 1351 du Code civil pour produire la chose jugée. Aussi la juridiction pénale reste-t-elle libre d'apprécier le fait d'une manière absolument différente.

2e *Hypothèse* : « L'exercice de l'action civile a commencé devant les tribunaux civils après le jugement définitif de l'action publique. » — Dans ce cas l'action civile suit encore, pour son exercice, le Droit commun des actions privées ; mais on peut se demander si les juges civils doivent tenir compte de la décision des tribunaux de répression sur les deux questions communes? L'affirmative est généralement admise. C'est le principe jurisprudentiel de l'influence de la chose jugée au criminel sur le civil qu'on formule quelquefois en ces termes : « *Le criminel emporte le civil.* » Nous l'examinerons plus tard dans la théorie de la chose jugée.

3e *Hypothèse* : « L'action civile est exercée devant les tribunaux civils pendant que l'action publique est portée devant les tribunaux de répression. » — Alors se produit l'influence de l'exercice de l'action publique sur l'exercice de l'action civile. Celle-ci « est suspendue tant qu'il n'a pas été prononcé définitivement sur l'action publique » (art. 3 § 2, C. i. c.). « *Le criminel*, dit-on, *tient le civil en état.* »

753. Quel est le motif de cette suspension? A-t-on voulu prévenir l'influence que le jugement civil pouvait avoir sur la décision de la juridiction répressive? A-t-on voulu favoriser l'influence de la chose jugée au criminel sur le civil? — Avec le premier de ces motifs la règle de l'art. 3 se rattache à la théorie des questions préjudicielles ; elle en est pour ainsi dire la contre-partie. Dès que l'action publique est intentée, la question de responsabilité pénale devient plus importante que la question de responsabilité civile, et il convient d'éviter le préjugé fâcheux qui résulterait du jugement de celle-ci avant le jugement de celle-là Voilà pourquoi l'exercice de l'action publique impose à l'action civile portée devant les tribunaux civils un sursis analogue à celui que les questions préjudicielles apportent à l'action publique (1). — Avec le second motif la règle *le criminel...* emprunte son explication à la théorie

---

(1) Il y a cependant des différences de détail entre l'effet des questions préjudicielles et celui de la règle : le criminel tient le civil en état. 1°) Les questions préjudicielles au jugement n'ont point un caractère d'ordre public : le prévenu doit en exciper. La règle *le criminel...* a un caractère d'ordre public : elle peut être soulevée d'office. 2°) Les questions préjudicielles, qui laissent le juge de répression saisi de la poursuite, n'arrêtent que le *jugement* ; et celles qui arrêtent l'*exercice* de l'action publique le dessaisissent de la poursuite. La règle *le criminel...* laisse le juge civil saisi de l'action civile, et elle arrête cependant aussi bien l'exercice de cette action que son jugement.

de la chose jugée, et elle apparaît comme une conséquence du principe jurisprudentiel de l'influence de la chose jugée du criminel sur le civil. Il n'est pas d'ailleurs indifférent de rattacher la règle *le criminel...* au premier ou au second de ces motifs, comme on va le voir dans la question suivante.

754. A quelles actions privées s'applique-t-elle ? — Deux points sont hors de controverse, savoir : 1° que la règle s'applique à l'action civile *tout entière*, à ses deux chefs ; — 2° qu'elle s'applique, quelle que soit la personne contre qui l'action civile est dirigée. L'art. 3 suspend, en effet l'exercice de l'action sans aucune restriction quant à son objet ni quant à son défendeur. Ainsi, une demande en restitution des choses détournées ou obtenues à l'aide d'un délit sera arrêtée devant les tribunaux civils, parce que les restitutions sont un chef de l'action civile, bien qu'il ne soit point nécessaire de se constituer partie civile pour les obtenir devant les tribunaux répressifs. Ainsi encore, la poursuite des personnes civilement responsables est arrêtée devant les tribunaux civils par l'action publique exercée contre l'agent du délit devant les tribunaux de répression.

755. *Point controversé* : La règle *le criminel...* s'applique-t-elle à d'autres actions privées qu'à l'action civile ? Le texte sans doute ne parle que de celle-ci, mais ne doit-on pas l'étendre à toutes les actions où s'agite la question du délit ? La difficulté ne peut être résolue qu'en prenant parti sur le motif qui a inspiré la disposition de l'art. 3. Si l'on admet qu'elle a été écrite pour favoriser l'influence du criminel sur le civil, il faut la généraliser. Si l'on admet au contraire qu'elle a eu pour but de protéger le débat criminel contre le préjugé que pourrait faire naître une décision antérieure des tribunaux civils, il faut la restreindre à l'action civile, par application du principe d'interprétation restrictive qui domine la théorie des questions préjudicielles à laquelle on la rattache. Nous préférons cette dernière solution. Le législateur n'ayant point indiqué dans les travaux préparatoires la raison d'être de la règle *le criminel...*, il vaut mieux s'en tenir au texte qui parle seulement de l'action civile. L'étendre à d'autres actions, c'est prendre le motif qu'on prête arbitrairement à la loi pour la loi. D'ailleurs cette règle était formulée dans les mêmes termes par l'art. 8 du Code du 3 brum. an IV ; or, si elle atteignait toutes les actions privées qui naissent à l'occasion de l'infraction, l'art. 235, C. civ., rédigé sous l'empire de ce Code, l'aurait bien inutilement étendue à l'action en divorce fondée sur un fait qui donne lieu *à une poursuite criminelle* (1).

---

(1) Cette disposition de l'art. 235, maintenue par la loi du 27 juillet 1884, a disparu, sans qu'on ait donné d'explication à ce sujet, dans le remaniement de ce texte par la loi sur la procédure du divorce du 18 avril 1886. Pour savoir aujourd'hui si la demande en divorce, fondée sur une infraction reprochée par

756. Caractère et effets. — La règle *le criminel...* a un caractère d'ordre public. Les tribunaux civils doivent en conséquence surseoir d'office, dès qu'ils apprennent que l'action publique est intentée. Mais à *quel moment peut-on dire que l'action publique est intentée*? Il faut répondre, avec les principes généraux : « dès que cette action a reçu son impulsion des personnes ou des autorités qui ont le droit de la mettre en mouvement » (1). Si cette impulsion émane de la partie lésée, la règle *le criminel...* se combinera avec l'exception de *litispendance* ou avec celle tirée de la règle *una via...*

757. Voyons dans quel ordre vont fonctionner ces trois fins de non-procéder. Supposons que la partie civile ait saisi d'abord le tribunal correctionnel, puis, qu'elle ait signifié un désistement, et saisi en second lieu le tribunal civil. Devant le tribunal civil la règle : *le criminel...* va arrêter toutes procédures puisqu'elle oblige à surseoir d'office. — Alors, si l'on conteste la validité du désistement, le tribunal correctionnel aura à statuer sur ce point et résoudra ainsi la question de litispendance. — Supposons qu'il reconnaisse la validité du désistement ; l'affaire reprendra son cours devant le tribunal civil après le jugement définitif à l'action publique, et c'est à ce moment que sera examinée l'exception tirée de la règle : *una via electa...*

758. L'exercice de l'action civile reprend son libre cours devant les tribunaux civils « lorsqu'il a été prononcé définitivement sur l'action publique » (art. 3), c'est-à-dire lorsque le procès pénal est terminé par une sentence passée en force de chose jugée. A ce point de vue, il importe peu que l'autorité de la chose jugée attachée à la sentence soit définitive ou simplement provisoire. Certaines condamnations par défaut (art. 187, C. i. c.), les condamnations par contumace, les arrêts et ordonnances de non-lieu ne produisent que provisoirement la chose jugée, parce que le défaut ou la contumace peuvent être purgés, et que l'instruction préparatoire peut être reprise sur charges nouvelles ; néanmoins dès que les délais ordinaires des voies de recours sont expirés, il faut considérer le procès pénal comme terminé et lever le sursis imposé à l'action civile, sous peine d'aboutir à un déni de justice. Ces sentences en effet ne deviennent irrévocables que par la prescription de l'action publique ; or l'action civile se prescrivant dans le même délai, s'il fallait

---

le demandeur à son conjoint, est arrêtée par la règle *le criminel...*, on est obligé de fixer la portée de cette règle d'après les principes. — *Sic* : Cass. 22 juin 1850 ; 16 août 1851 ; 7 mai, 6 août 1852 (*Pal*. 52, 2, 385 et la note de F. Hélie). Comp. Cass. 4 janvier 1880 (*Pal.* 81, 1, 80) sur l'action disciplinaire. — *Contrà* : GARRAUD, *Précis*, 393.

(1) La jurisprudence exige qu'il y ait non seulement citation donnée devant le tribunal correctionnel ou de police, mais encore conclusions prises à l'audience par la partie civile ou par le ministère public : Cass. 24 mai, 6 juin 1890 (B. 109, 120), ou par le prévenu : Cass. 17 déc. 1889 (DALLOZ, *Rép.* v° *Inst. crim.*, 157).

attendre leur irrévocabilité, l'action civile se trouverait éteinte le jour où il serait permis de l'exercer. En outre de cette considération, on peut justifier juridiquement l'assimilation quant aux effets des deux sortes de sentence, en disant que celles qui produisent provisoirement la chose jugée sont affectées d'une condition résolutoire entraînant, *pendente conditione*, tous les effets d'une condamnation pure et simple (1).

(1) Comp. BIDART, *Étude sur la chose jugée* (Th. doct. Paris, 1865, p. 206),

CHAPITRE III

DE L'EXTINCTION DE L'ACTION PUBLIQUE ET DE L'ACTION CIVILE.

Section I. — Causes diverses d'extinction.

759. Causes d'extinction communes. — Il y a des causes d'extinction *communes* aux deux actions ; il y en a de *spéciales* à chacune d'elles. — Les premières sont : la chose jugée, la prescription, la transaction, l'amnistie.

a) La *chose jugée* est le résultat auquel aboutit l'exercice d'une action quelconque. C'est une cause d'extinction commune à l'action publique et à l'action civile. Nous n'en traiterons pas ici, parce que son exposé nécessite la connaissance préalable des diverses décisions que peuvent rendre les juridictions répressives. Mais au fur et à mesure que nous étudierons ces décisions, nous dirons à quelles conditions et dans quelle mesure elles produisent l'autorité de la chose jugée.

b) La *prescription* est l'extinction d'une action par son défaut d'exercice pendant un laps de temps déterminé par la loi. Nous allons traiter en détail de cette cause d'extinction qui est à ce point commune aux deux actions publique et civile, qu'elle se produit pour chacune d'elles exactement dans les mêmes conditions.

c) d) La *transaction* et l'*amnistie*, dont nous avons déjà traité, peuvent aussi être classées parmi les causes d'extinction communes, quoique la première soit exceptionnelle pour l'action publique (elle ne l'éteint qu'en matière de délits privés), et que la seconde soit exceptionnelle pour l'action civile, puisqu'il faut qu'elle y ait été étendue expressément par le législateur.

760. Causes d'extinction spéciales à l'action publique. — Le *décès de l'agent du délit* et, suivant quelques auteurs, l'*épuisement de la pénalité* sont des causes d'extinction spéciales à l'action publique.

a) La première produit l'extinction de cette action dans son acception la plus large : survenue avant que la sentence soit passée en force de chose jugée, elle empêche l'application de la peine ; survenue depuis, elle empêche son exécution. L'extinction est complète dans le premier cas : elle supprime le droit de prononcer même les amendes fiscales et de condamner aux frais. Il y a eu sur ce point quelques difficultés dans la pratique, parce que les frais sont des réparations civiles et que les amendes fiscales produisent parfois certains effets de ces réparations. Mais le caractère pénal prédominant des amendes fiscales et le caractère accessoire des frais ont fini par triompher de ces hésitations. — Le décès du condamné n'empêche pas l'exécution des confiscations et amendes, à cause de leur transformation en droits contre le patrimoine.

Le caractère de cette cause d'extinction est d'être, en général, *personnelle* à l'agent décédé. Par exception, il n'en est point ainsi pour le délit d'adultère : le décès du conjoint coupable couvre tous ses coparticipants. Le motif de cette solution, qu'on a souvent cherché fort loin, est que l'adultère, constituant un délit entre les époux, ne doit pas donner lieu à une poursuite pénale, lorsque l'époux coupable ne peut plus être puni (1).

b) Au cas de délits concurrents, l'épuisement de la pénalité par la condamnation à la peine la plus grave est-il un obstacle à la poursuite du délit puni d'une peine inférieure ? Nous avons exposé plus haut (n° 675) cette controverse et décidé la négative.

761. Causes d'extinction spéciales à l'action civile. — Une cause d'extinction spéciale à l'action civile est la *renonciation à l'action*, c'est-à-dire la remise de la dette de réparations civiles. Les règles de cette matière appartiennent exclusivement au Code civil. Il faut noter que cette cause d'extinction s'étend à l'action publique dans les délits privés.

On n'a pas oublié qu'en traitant des causes d'extinction des peines, nous avons cité la prescription et renvoyé son exposé au moment où nous traiterions de la prescription extinctive de l'action. Nous allons avoir ainsi à exposer dans son ensemble cette importante institution.

Section II. — De la prescription pénale (2).

762. Dans le chapitre consacré à la prescription (art. 635, 643), le Code d'instruction criminelle traite de trois prescriptions différant dans leur objet, savoir : celle de l'*action publique*, celle de l'*action civile* et celle de la *peine*. Il en énumère même une quatrième, celle des *condamnations civiles* (art. 642), mais c'est uniquement pour renvoyer aux règles du Code civil. Ce procédé indique que les trois autres sont régies

---

(1) Cass. 8 juin 1872.
(2) Bibliographie : Brun de Villeret, *Tr. de la prescription en matière crim.*, Paris, 1863 ; Cousturier, *Tr. de la prescription en matière crim.*, Bruxelles, 1849 ; Hoorebecke, *Tr. des prescriptions en matière pénale*, Bruxelles, 1847 ; Ch. Muteau, *De la prescription de l'action publique et de l'action civ. en matières pénales*, 1895.

exclusivement par les dispositions particulières du Code d'instruction criminelle. Elles se rattachent, en effet, à la poursuite et à la répression de l'infraction, et pour ce motif elles ont non seulement une législation spéciale, mais encore un ensemble de règles communes, ne différant entre elles que par les détails.

763. L'étude de ce sujet ne nécessite point de recherches historiques, parce que la prescription pénale n'a pas été considérée dans les anciennes législations comme une institution nécessaire ne comportant que peu ou pas d'exceptions. De plus, la raison philosophique du droit de punir, auquel se rattachent les trois prescriptions qui nous occupent, diffère trop dans notre Droit moderne de celle qu'on reconnaissait généralement autrefois, pour qu'on puisse invoquer par analogie les solutions des législations précédentes. Les travaux préparatoires sont eux-mêmes d'un faible secours. Ils appartiennent à une époque de transition où les idées modernes apparaissent mêlées aux souvenirs de l'antiquité. Il y a un choix à faire parmi les renseignements qu'on peut y puiser.

764. Ainsi, veut-on rechercher quel est le principe de la prescription pénale? Trois motifs se trouvent indiqués dans les travaux préparatoires : « l'infraction est expiée ; — les preuves ont dépéri ; — le fait est oublié ». Le premier de ces motifs repose sur une idée que nous avons écartée comme raison d'être du droit de punir. L'expiation morale ne remplace pas le châtiment matériel. Comment se produirait-elle d'ailleurs? Par le remords, a-t-on dit, et les inquiétudes du coupable pendant le délai de la prescription. Mais ce châtiment n'est pas exemplaire, car il échappe au public. Il est inégal, car le remords et la crainte n'agissent pas également sur tous les coupables. Enfin, il n'existe pas en général pour les délits de convention sociale qui ne laissent même souvent, lorsqu'ils réussissent, que le désir de recommencer (1). — Le second motif peut être donné pour la prescription de l'action si elle a une longue durée ; mais il est invraisemblable pour les courtes prescriptions ; il ne s'applique pas enfin à la prescription de la peine, parce que les minutes des jugements et arrêts de condamnation, soigneusement conservées dans les greffes, fournissent une preuve non susceptible de dépérir. — Seul le troisième motif donne une explication satisfaisante de la prescription pénale, parce qu'il la rattache à l'utilité sociale, véritable source du droit de punir : la société n'a aucun intérêt à réprimer une infraction dont le souvenir est effacé. La condamnation et l'exécution de la peine doivent être rapprochées du délit pour produire l'effet salutaire de l'intimidation par l'exemple et pour satisfaire la conscience publique ; tardives, elles provoqueraient peut-être un sentiment tout opposé. — Mais cette idée de l'oubli, qui justifie pleinement la pres-

---

(1) Voir la spirituelle critique qu'ORTOLAN (II, 1853) fait de cette idée du remords à propos des contraventions.

cription de l'action publique et celle de la peine, le législateur l'applique encore à la prescription de l'action civile, en établissant *une seule et même* prescription pour les deux actions. Cette assimilation ne peut s'expliquer que par une raison d'utilité pratique : on a voulu faire de la partie lésée l'auxiliaire de la répression. L'action civile a été traitée au point de vue de la prescription comme un accessoire de l'action publique. Ce système a des inconvénients pour le titulaire de l'action civile ; ils se compensent avec les avantages que lui procure la compétence des juridictions de répression. — L'intérêt social n'exigeait point qu'on assimilât la prescription des condamnations civiles à celle de la peine. Lorsque le coupable a été condamné, la société n'est plus intéressée qu'à l'exécution de la peine ; celle des condamnations civiles met en jeu seulement un intérêt privé. Aussi le législateur se borne-t-il à renvoyer au Code civil pour leur prescription (art. 642).

765. La prescription pénale a un caractère d'ordre public qu'elle emprunte à sa raison d'être. En cela elle diffère de la prescription civile, où l'intérêt général apparaît sans doute, mais dominé par l'intérêt du possesseur ou du débiteur. Il faut donc se garder de raisonner par analogie de l'une à l'autre, et laisser au contraire la prescription pénale exclusivement soumise aux règles formulées par le Code d'instruction criminelle et à celles qu'on peut déduire de son principe.

I. — De la prescription de l'action publique.

766. Durée et point de départ. — *a*) Il n'y a pas dans notre Droit moderne d'infraction imprescriptible ; mais le délai de la prescription varie suivant la gravité des infractions, parce que l'oubli arrive plus lentement pour les faits graves que pour les faits légers. Régulièrement c'est dix ans pour les crimes, trois ans pour les délits, un an pour les contraventions (art. 637, 638, 640). Par exception, dans les lois spéciales, on trouve des délais plus courts : un mois pour les délits ruraux (L. 28 sept.-6 oct. 1791, tit. I, sect. 7, art. 8), — trois mois pour les délits de chasse (L. 3 mai 1844, art. 29), les crimes et les délits électoraux (D. 2 fév. 1852, art. 50), les infractions prévues par la loi sur la presse (L. 29 juil. 1881, art. 65) ; — trois mois ou six mois pour les délits forestiers, suivant que le délinquant est ou n'est pas désigné dans le procès-verbal (C. for., art. 185) ; un mois ou trois mois, suivant la même distinction, pour les délits de pêche (L. 15 av. 1829, art. 62) etc...

767. Laissant de côté ces délais spéciaux, nous voyons que le législateur s'attache à la qualification donnée au fait pour déterminer la durée de la prescription. Cette qualification n'est certainement pas celle que lui ont donnée le ministère public et les juridictions d'instruction, mais celle qui résulte de l'examen définitif de la juridiction de jugement. Ainsi l'arrêt de renvoi et l'acte d'accusation relèveraient un vol qualifié, mais le verdict du jury, écartant les circonstances aggravantes, ne retiendrait qu'un vol simple : la prescription serait de trois ans et non de dix ans. La qualification donnée au début ou dans le cours de la poursuite n'est en effet que provisoire.

Mais que décider à l'égard de la qualification que mérite le fait après l'examen de la juridiction de jugement et suivant la peine applicable, quand il y a une excuse ou des circonstances atténuantes ? Si cette peine est correctionnelle, faut-il considérer le crime comme transformé en délit ? — Cette question nous ramène à l'effet des excuses et des circonstances atténuantes sur la qualification de l'infraction. Écartant deux opinions absolues, nous avons résolu la difficulté par une distinction : les circonstances atténuantes ne produisent aucun effet sur la qualification de l'infraction, parce qu'elles constituent une atténuation judiciaire de la peine ; à l'inverse, les excuses modifient la qualification du fait, parce qu'elles constituent une atténuation légale. Il faut donc décider que la prescription reste fixée à dix ans, malgré la substitution d'une peine correctionnelle à une peine criminelle par l'effet des circonstances atténuantes, tandis que le changement de pénalité par l'effet d'une excuse rend l'infraction prescriptible par trois ans (1).

768. *b*) La législation intermédiaire exigeait que le délit fût *connu et légalement constaté* pour qu'il pût se prescrire (2). C'était une erreur doctrinale qui supposait que la prescription était motivée par la négligence de ceux qui ont mission d'exercer ou de mettre en mouvement l'action publique. Mais puisque l'oubli est la raison d'être de la prescription, ne faut-il pas supposer qu'il doit se faire plus facilement pour les délits non révélés que pour les autres ? Le Code d'instruction criminelle est rentré dans le Droit en faisant courir la prescription du jour même de l'infraction (art. 636, 640) (3). Toutefois les expressions dont il se sert ont suscité une controverse.

---

(1) *Sic* : Ortolan, II ; Garraud, *Précis*, 403. — Certains auteurs étendent aux circonstances atténuantes la solution que nous donnons pour les excuses. V. Cousturier, 113 ; Haus, II, 1030, 1031 ; F. Hélie, II, 1057. — D'autres étendent aux excuses la solution que nous donnons pour les circonstances atténuantes : voir Bertauld, p. 621, 622 ; Brun de Villeret, 195-197 ; Le Sellyer, *Act. pub. et priv.*, II, 544 ; Haus, II, 1330 et 1331 : Cass. belge, 1er oct. 1881 (S. 83, 4, 1). — La jurisprudence n'a pas de système bien tranché. Elle suit notre opinion pour les circonstances atténuantes : Cass. 30 mai 1839 (Dalloz, *Rép.* V° *Prescr. crim.*, n° 48) et pour l'excuse de la *minorité* : Cass. 12 août 1880 (S. 81, 1, 385). Elle suit au contraire l'opinion de ces derniers auteurs pour l'excuse de la *provocation* : Cass. 17 janv. 1833 ; 10 déc. 1869 (S. 70, 1, 230). Cette distinction cependant tend à s'effacer, v. *infra* n° 919 note.

(2) C. 3 brum. an IV, art. 9, 10.

(3) Dans les lois spéciales, le point de départ de la prescription a parfois été retardé. Par exemple pour les crimes et délits électoraux, le déc. organ. du 2 fév. 1852, art. 50, fait courir la prescription *du jour de la proclamation du résultat*

769. Quel est le premier jour du délai ? Est-ce le jour du délit, ou le lendemain ? Les deux solutions ont leurs partisans, et de bons arguments sont présentés de part et d'autre ; mais la raison de décider ne paraît pas avoir encore été trouvée. Si l'on examine sans prévention les deux systèmes, on voit qu'ils aboutissent à un résultat également inexact. Celui qui exclut le jour du délit ajoute au délai de la prescription la fraction de jour qui s'est écoulée depuis le moment où l'infraction a été commise jusqu'au minuit suivant (1). — Celui qui compte le jour du délit abrège le délai légal de cette fraction de jour (2). Pour arriver à un résultat mathématiquement exact, il faudrait compter le délai *de momento ad momentum* et non *de die ad diem* ; mais ce mode de calcul n'est généralement pas admis par notre Droit, et il est même exclu par les termes des art. 637 et 640 : « A compter *du jour* où le crime aura été commis..... à compter *du jour* où la contravention aura été commise ». Il faut donc choisir entre les deux premiers systèmes celui qui, malgré l'inexactitude signalée, est le plus conforme aux principes. Le siège de la difficulté est dans cette expression *à compter*. Quel est son véritable sens ? Elle signifie *sans compter*, disent les partisans du premier système : elle signifie *en comptant*, disent les partisans du second (3). Pour nous elle est équivoque et nous le démontrons par un exemple : supposons qu'étant au mois de juin, un professeur dise à ses élèves : « A compter du 1ᵉʳ juillet, je ferai mon cours à 8 heures ». Aucun d'eux n'aura l'idée d'exclure le 1ᵉʳ juillet du délai. — Supposons qu'employant une autre formule, il ait dit : « A compter du 30 juin, je ferai mon cours à 8 heures ». Aucun d'eux certainement ne comprendra le 30 juin dans le délai. Pourquoi donc cette expression reçoit-elle ainsi deux sens différents aboutissant au même résultat pratique ? C'est que par elle-même elle est douteuse, et si elle se précise dans l'esprit des auditeurs, c'est qu'ils s'associent à la pensée du professeur qui est, quelle que soit la formule employée, de changer l'heure de son cours pour le mois de juillet. Quand les termes de la loi ne sont pas clairs, le devoir de l'interprète est de se rattacher aux principes : or les principes veulent qu'une action se prescrive dès qu'elle peut être exercée. L'exercice de l'action

---

de l'élection. — Sur le sens qu'il faut attribuer à ces expressions il y a eu quelque difficulté. V. Trib. corr. de Périgueux, 25 mai 1886 (*La Loi*, 7 juin).

(1) *Sic* : Cousturier, 100 ; Ortolan, II, 1859 ; Trébutien, II, p. 148 ; Villey, p. 236 et la jurisprudence : Cass. 10 janvier 1845, 2 février 1865, 25 juillet 1884.

(2) *Sic* : Brun de Villeret, 192 et s. ; Mangin, *op. cit.*, 319 ; Le Sellyer, *Act. pub. et privée*, II, 516 ; F. Hélie, II, 1067 ; Garraud, *Précis*, 405.

(3) Certains auteurs croient résoudre en ce sens la difficulté en disant que cette expression « à compter du jour du crime » ne signifie pas certainement « à compter *du lendemain* ». — Mais ce n'est là qu'un jeu de mots, car si le texte portait : à compter du lendemain du crime, la difficulté serait simplement déplacée : il s'agirait toujours de savoir, s'il faut compter ou exclure *le lendemain du crime* dans le calcul du délai.

publique pouvant commencer le jour même de l'infraction, ce jour doit être compté dans le délai. L'ancien Droit, il est vrai, suivait la solution contraire ; mais on comptait comme complet le dernier jour de la prescription dès qu'il était commencé ; de sorte que la fraction de jour, perdue pour l'inculpé au commencement du délai, se trouvait regagnée à la fin (1). Ce mode de calcul, emprunté aux règles de l'usucapion romaine, ne peut plus être suivi ; mais son emploi dans notre ancienne jurisprudence démontre qu'on ne peut, sans choquer la raison et l'équité, exclure du délai le jour du crime et exiger en même temps que le dernier jour du délai soit intégralement rempli (2).

770. La fixation du point de départ de la prescription soulève quelques difficultés dans les délits *continus*, dans les délits *collectifs par l'unité de résolution et de but*, et dans les délits *d'habitude*. Pour les délits continus, on pouvait hésiter entre le jour où le délit a commencé et celui où il a pris fin. Mais on a bien vite observé que, même avec la première idée, il fallait faire courir la prescription seulement du jour où l'infraction a cessé : la permanence du délit produit en effet une interruption incessante qui retarde le point de départ de la prescription jusqu'à cette dernière date. Cette solution permet d'atteindre des faits remontant au delà du délai de la prescription ; mais l'indivisibilité qui unit tous les actes d'exécution de ce genre d'infractions justifie juridiquement ce résultat (3).

Nous fixerons le même point de départ pour les délits collectifs composés de délits de même nature, réitérés par le même agent, en exécution de la même résolution criminelle et pour atteindre le même but. L'unité des actes internes doit faire considérer comme les éléments d'une seule infraction ces faits réitérés qui, pris isolément, seraient des délits distincts (4). — A l'égard des délits collectifs composés de faits accomplis par des agents différents, une distinction devient nécessaire : si ces faits sont tous principaux, la solution sera la même ; — si au contraire il y a un fait principal et un fait accessoire, la prescription courra du fait principal, même à l'égard du fait accessoire (5).

(1) V. Muyart de Vouglans, *Institut.*, p. 92 ; Serpillon, I, p. 828.
(2) Les législations étrangères ont adopté tantôt l'une tantôt l'autre solution ; leurs termes ne prêtent pas d'ailleurs à l'équivoque. « *Le jour* où l'infraction a été commise est compris dans le délai de la prescription », dit l'art. 24, titre prélim. du C. de proc. pénale belge (L. 17 avril 1878). — « La prescription commence à courir *le lendemain* du jour où le fait a été commis », porte l'art. 71, C. pén. des Pays-Bas.
(3) *Sic* : Ortolan, II, 748, 1863 ; Cousturier, 104 ; Haus, II, 1037 : Cass. 30 janv. 1877 (S. 82, 1, 41). — *Contrà* : Nypels, *C. p. interprété*, art. 371, n° 4 ; art. 434, n° 1.
(4) *Sic* : Haus, II, 1339 ; Cass. 14 août 1871 (D. 71, 1, 282) et beaucoup d'arrêts de Cours d'appel, en matière de contrefaçon industrielle où la question se présente souvent (v. les recueils spéciaux). — *Contrà* : Garraud, *Précis*, 405.
(5) Voir, pour plus de détails, la théorie de la complicité.

Pour les délits d'habitude, il est certain que la prescription ne peut commencer de courir du premier fait, puisque ce fait n'est pas constitutif de l'habitude ; mais dès que deux (1) faits sont réunis, le délit existe et peut se prescrire, bien qu'il soit susceptible d'être réitéré par des faits postérieurs. Ces deux solutions sont acceptées ; on discute seulement la question de savoir si les faits desquels on veut faire résulter l'habitude peuvent être séparés l'un de l'autre par un délai illimité, ou bien si ce délai a une limite et quelle est-elle ? Un premier système ne pose aucune limite : à quelque date éloignée qu'ait été commis un premier prêt usuraire, il suffirait d'un second prêt pour consommer le délit. Le délai de la prescription aurait pu s'écouler entre les deux faits ; peu importe ! Le délit n'existait pas avant le second fait ; par conséquent, dit-on, il n'a pu se prescrire (2). — Ce raisonnement est un sophisme. Supposons, en effet, qu'au lieu de deux prêts usuraires, il y en ait trois : deux très rapprochés l'un de l'autre, et le troisième espacé du second par le délai de la prescription. Aucune répression ne sera possible, parce que le délit d'habitude constitué par les deux premiers faits est prescrit et que, par suite, le troisième fait se trouvant isolé des autres, ne peut à lui seul constituer l'infraction. Supprimons maintenant le premier de ces faits, comment admettre sans contradiction que le second réuni au troisième deviendra punissable (3)?

Un second système exige que tous les faits constitutifs de l'habitude aient été commis dans les trois ans qui précèdent la poursuite, en supposant qu'il s'agisse d'un délit (4). — Ce système est le moins répressif. Il repose, comme le précédent, sur un sophisme. On veut que l'action publique soit recevable individuellement contre chacun des faits constitutifs de l'habitude, pour l'être contre tous. Mais alors, c'est que l'on considère chacun de ces faits comme des délits distincts ; or ils ne sont que les éléments d'un seul et même délit. Appliqué, ce système réduit l'action publique à un délai toujours inférieur à sa durée légale, car elle ne peut être intentée que dans les trois ans qui suivent le premier

(1) Sauf le cas où la loi aurait fixé un nombre supérieur.
(2) Brun de Villeret, 170-172, 176 ; Mangin, 327 ; Cass. 14 nov. 1862 (B. 15).
(3) Ce système traite les délits d'habitude comme des délits continus, et c'est là qu'est l'erreur ! Il n'y a aucune permanence dans les délits d'habitude, pas plus lorsqu'ils sont incomplets que lorsqu'ils ont reçu leur complément par la réunion de tous leurs éléments. Punir la réunion de deux faits matériels séparés par le délai de la prescription, c'est punir une habitude qui est prescrite ou bien deux faits non habituels. — Au délit d'usure peuvent se joindre d'autres délits connexes, notamment l'escroquerie. La Cour de cassation, considérant ces délits comme des circonstances aggravantes de l'usure, les soumet à la même prescription (même arrêt). C'est là une nouvelle erreur que ne justifie point l'art. 4 de la loi du 3 sept. 1807 sur lequel elle se fonde. Cet article, en effet, ne prévoit le concours des délits d'escroquerie et d'usure que pour régler le cumul des peines ; il n'a pas été écrit pour déroger aux règles de la prescription.
(4) F. Hélie, II, 689-690 ; Le Sellyer, II, 471.

fait, et seulement à compter du second. Il est donc théoriquement faux.

Un système intermédiaire nous paraît devoir être suivi. Il permet de réunir au fait que l'action publique peut atteindre tout fait antérieur qui n'est pas séparé de celui-ci par le délai de la prescription. Ainsi, pour les délits correctionnels, l'action publique intentée dans les trois ans à compter du dernier fait pourra atteindre des faits commis dans les six dernières années. Ce système évite les inconvénients des deux précédents. Il est judicieux et n'a rien d'arbitraire : les éléments de l'habitude se prescrivent par un délai égal à celui par lequel le délit se prescrit. La loi du 19 déc. 1850, art. 3 § 2, fournit en sa faveur un puissant argument : « Après une première condamnation pour habitude d'usure, dit ce texte, le nouveau délit résultera d'un fait postérieur, même unique, s'il est accompli dans les *cinq ans* à partir du jugement ou de l'arrêt de condamnation. » Ne faut-il pas conclure *a contrario* de cette disposition que le *délai normal* dans lequel doit se produire le second fait constitutif de l'habitude est trois ans s'il s'agit d'un délit, c'est-à-dire le délai même de la prescription (1) ?

771. Causes qui augmentent la durée de la prescription. — En Droit civil, deux causes peuvent modifier la durée normale de la prescription, ce sont l'*interruption* et la *suspension*. La première rend inutile le temps écoulé jusqu'au moment où surgit l'obstacle qui arrête le cours de la prescription. La seconde permet d'additionner ce temps avec celui qui s'est écoulé depuis que l'obstacle a cessé. La prescription *interrompue* est à recommencer ; la prescription *suspendue* reprend son cours après un temps d'arrêt. Ces deux causes de prorogation existent-elles en Droit criminel ? L'art. 637, C. i. c., auquel se réfère l'art. 638 et l'art. 640, organisent, sans la nommer, l'interruption de la prescription de l'action ; mais nulle part il n'est question de la suspension. Nous aurons à nous demander si cette théorie peut être transportée du Droit civil dans la législation pénale.

772. Interruption. — Actes interruptifs en matière de crimes et de délits. — Les règles de l'interruption sont généralement les mêmes, quelle que soit l'infraction. Cependant, au point de vue des actes interruptifs, il y a lieu de distinguer les crimes et délits d'un côté, et les contraventions de l'autre.

L'art. 637 attribue la vertu d'interrompre la prescription de l'action publique, en matière de crime et de délit, aux actes « d'*instruction* ou de *poursuite* », c'est-à-dire aux actes d'exercice de l'action publique. Opposés l'un à l'autre, ces mots, *actes d'instruction*, *actes de poursuite*, ont un sens différent : les actes d'instruction tendent à établir le fait et à rechercher le coupable d'une manière indéterminée ; les actes de pour-

---

(1) Trébutien, II, 151 ; Bertauld, p. 612 ; Haus, II, 1340 ; Garraud, *Précis*, p. 510 note ; Villey, p. 238, 239.

suite sont des actes d'exercice de l'action publique dirigés contre un individu déterminé. Prises isolément, ces deux expressions sont synonymes (arg. art. 61, C. i. c.). Aussi un auteur a pu dire, avec assez d'exactitude, qu'il y avait deux sortes d'actes de poursuites : les uns *in rem* (*actes d'instruction*), les autres *in personam* (*actes de poursuite*) (1). On doit qualifier d'actes de poursuites, au sens strict du mot : le réquisitoire introductif, les interrogatoires, les perquisitions au domicile de l'inculpé ou sur sa personne, les mandats, la citation devant les tribunaux correctionnels ou de police, l'acte d'accusation, la signification de l'ordonnance ou de l'arrêt portant renvoi devant une juridiction de jugement et celle de l'acte d'accusation, les ordonnances ou arrêts définitifs des juridictions de jugements. — Les actes d'instruction proprement dits sont : les procès-verbaux constatant l'infraction, l'audition des témoins et les actes qui s'y rattachent, les perquisitions et saisies chez des personnes non inculpées, les jugements préparatoires ou interlocutoires (2).

773. Faut-il considérer comme interruptif l'exercice des voies de recours *par le prévenu* ? La négative nous paraît certaine. Ces recours donnent lieu sans doute à des actes d'instruction ou de poursuite, mais, par eux-mêmes, ils n'ont pas ce caractère : ce sont des actes de *défense* et non des actes *d'exercice de l'action publique*. La prescription criminelle diffère sur ce point de la prescription civile (art. 2248). La jurisprudence n'a pas compris cette différence. Elle invoque l'art. 640, qui, en matière de contravention, fait recommencer la prescription interrompue par le jugement de condamnation *à compter de la notification de l'appel qui en aura été interjeté*, MÊME PAR LE PRÉVENU, ajoute-t-on, puisque le texte ne précise pas ! Mais ce texte ne dit pas que la notification de l'appel interrompe la prescription ; il proroge seulement l'interruption produite par le jugement de condamnation jusqu'à cette notification (3).

---

(1) RAUTER, 854. — Cette observation sert à résoudre une difficulté soulevée par la loi du 29 juil. 1881 sur la presse : l'art. 65 ne cite, comme produisant l'interruption, que les *actes de poursuite* ; faut-il en conclure que les *actes d'instruction*, en cette matière spéciale, ne sont pas interruptifs ? Non, puisque ces mots sont synonymes. *Sic* : *ma note, Gaz. Trib.*, 19 avril 1884, p. 379 ; LISBONNE, *Lois nouv.*, 84, 3, 5 ; BARBIER, *Code de la Presse*, II, 1012 ; Cass. 31 déc. 1885 ; 1er janv. 1896. — *Contrà* : Aix, 7 déc. 1883 ; 18 janvier 1884.

(2) Faut-il considérer comme *préparatoires* tous les jugements de remise de cause ? Au point de vue de l'interruption de la prescription, l'affirmative est suivie en jurisprudence : Cass. 4 avril 1873 ; 20 juin, 4 juil., 30 oct., 31 déc. 1885 ; 26 avril 1888. — V. sur la question *ma note, Gaz. Trib.*, 19 avril 1884.

(3) *Sic* : HAUS, II, 1342, 1349 ; GARRAUD, II, 65, note 20 ; DESJARDIN, *Rev. crit.*, 1885, p. 104. — *Contrà* : Cass. 26 janv. 1884 ; 7 fév. 1885 (S. 86, 1, 446-447) ; 16 mai, 30 nov. 1889 (D. 90, 1, 189-405). — Pour le pourvoi en cass. voir *infrà*, n° 783.

774. Conditions de leur validité.— Étendue de leur effet. — Pour être interruptifs de la prescription, les actes d'instruction ou de poursuite doivent : 1° émaner de l'autorité ou des particuliers qui ont qualité pour les faire ; 2° être réguliers en la forme. Ces deux conditions sont à la fois nécessaires et suffisantes. Ainsi il n'y a pas à regarder s'ils affirment ou s'ils dénient la culpabilité du prévenu : une ordonnance de non-lieu interrompt aussi bien la prescription de l'action publique qu'une ordonnance de renvoi devant le tribunal correctionnel (1). On s'est demandé s'il était nécessaire qu'ils fussent posés devant une juridiction compétente ? La règle que nous avons formulée donne la solution : si l'acte émane du particulier ou du membre du ministère public qui avait le droit de poursuivre, l'incompétence du tribunal est indifférente. Si au contraire l'acte émane de la juridiction, l'incompétence de cette juridiction le rend nul (2).

775. L'effet des actes interruptifs est *absolu*. La prescription se trouve interrompue à l'égard même des personnes qui ne seraient pas impliquées dans l'*acte d'instruction* ou de *poursuite* » (art. 637). Il faut attribuer le même effet, en matière de contravention, au *jugement de condamnation* prononcé contre un prévenu qui ne serait pas le contrevenant. Bien qu'il ne le dise pas expressément, l'art. 640 se prête à cette interprétation. C'est là une différence bien marquée entre la prescription pénale et la prescription civile. Elle s'explique par le caractère d'ordre public qui s'attache à la poursuite.

776. Durée de la prescription après l'acte interruptif. — Il est un principe dont les art. 637 et 640 font l'application, c'est que l'interruption force simplement à recommencer la prescription ; elle change son point de départ, mais elle ne modifie point sa durée. La prescription qui suit l'acte interruptif durera donc dix ans pour les crimes, trois ans pour les délits, un an pour les contraventions.

Faut-il apporter une exception à ce principe pour les courtes prescriptions édictées par les lois spéciales, et par exemple, faire recommencer pour trois ans la prescription d'un délit rural ou d'un délit de pêche, prescriptibles par un mois ? pour dix ans celle d'un crime de presse prescriptible par trois mois ? — On l'a soutenu, en invoquant par analogie l'effet de l'interruption des prescriptions de courte durée en matière civile. Ces délais abrégés ne seraient établis que pour intenter l'action. Après un premier acte de poursuite, le délai de droit commun, fixé par le Code d'instruction criminelle suivant la nature de l'infraction, remplacerait le délai abrégé fixé par la loi spéciale (3).

---

(1) Cass. 5 mai 1865.
(2) Comp. art. 2246, 2247, C. civ. — Cass. 18 janv. 1812 ; 15 janv. 1837 ; Dalloz, *Rép*. V° *Presc. crim.* 145.
(3) Mangin, *Act. pub.*, 358 ; — Cass. 17 mars 1866, 13 avril 1883, 29 mars 1884, p. les délits forestiers.

Ce système a une certaine valeur législative (1), mais, dans l'état de notre législation, il n'a point de base juridique. L'analogie tirée du Droit civil doit être repoussée, car les cas où la prescription civile recommence pour un délai différent après l'acte interruptif s'expliquent par une novation dans le titre de la créance ; or cette hypothèse est irréalisable en Droit criminel. — D'ailleurs, la prescription pénale repose sur l'oubli ; or il est absurde de supposer, comme on le fait en prorogeant le délai, que l'oubli se produira plus lentement après un acte de poursuite, déjà éloigné du fait, qu'à partir du fait lui-même. — On déroge enfin au principe appliqué par les art. 637 et 640, et cela sans texte exprès ; or, ce texte, le législateur l'avait, avec raison, jugé nécessaire pour établir une exception de ce genre (L. s. la Presse, 26 mai 1819, art. 29). On peut raisonner *a contrario* de ce précédent (2).

777. Des interruptions successives. — Dans l'ancien droit on ne connaissait point la théorie de l'interruption. La prescription, réserve faite des crimes imprescriptibles, s'accomplissait fatalement par vingt années, qu'il y eût eu, ou non, des poursuites exercées dans cet intervalle. La législation intermédiaire (C. p. 1791, 1re part., tit. VI, art. 1, 2 ; C. 3 brum. an IV, art. 9, 10) réduisit à trois ans le délai de la prescription ; mais en même temps elle admit la possibilité de l'interrompre. Un acte de poursuite, accompli à n'importe quelle période du délai de trois ans, doublait le délai ordinaire : l'action publique durait six ans. Le Code d'instruction criminelle s'est approprié la théorie de l'interruption ; mais il n'admet point que l'acte interruptif ait par lui-même cet effet de *doubler le délai* : il fait simplement *recommencer* la prescription. Chaque acte d'instruction ou de poursuite (art. 637), chaque jugement de condamnation, en première instance ou en appel (art. 640), donnent ainsi un nouveau point de départ à la prescription. C'est le système des *interruptions successives* que le législateur de 1808 substitue à celui de *l'interruption unique*.

778. Suit-il de là qu'une série *indéfinie* d'interruptions soit possible ?

---

(1) Une bonne législation doit éviter de créer des délits, et en même temps d'entraver leur poursuite par trop de restrictions. Il arrive souvent, pour les courtes prescriptions, que malgré toute sa diligence la partie poursuivante ne parvient pas à obtenir une condamnation définitive dans le délai légal. A cet inconvénient le législateur peut remédier en substituant, après l'acte interruptif un délai plus long au délai abrégé. C'est ce qu'avait fait la loi sur la Presse du 26 mai 1819, art. 29, et plus tard ce qu'a fait la loi belge du 1er avril 1878, art. 28 § 2. Mais ce procédé n'est pas à la portée du jurisconsulte. Je propose *infrà*, n° 783, un moyen juridique de parer à cet inconvénient.

(2) F. HÉLIE, III, 194, p. 735-737 ; BRUN DE VILLERET, 457-460 ; LE SELLYER, II, 622 ; COUSTURIER, 118 ; HAUS, II, 1345 ; GARRAUD, *Dr. pén.*, II, p. 105, note. — La jurisprudence admet mon système par une interprétation divinatoire de la volonté du législateur, savoir: pour les délits électoraux, Cass. 16 juin 1865 (B. 128), pour les délits ruraux, Cass. 28 juillet 1870 (D. 70, 1, 184) ; pour les délits de presse, Cass. 13 mai 1893 (*Lois nouv.* 94, 2, 12).

Nous ne le pensons point ; les interruptions successives, à notre avis, ont une limite, c'est le délai normal de la prescription après l'infraction. Ainsi entendu le système du Code d'instruction criminelle diffère peu dans son résultat pratique de celui des Codes de 1791 et de l'an IV : le délai de la prescription n'est plus nécessairement doublé par l'acte interruptif ; mais si cet acte se place à l'extrême limite du délai de dix ans pour les crimes, de trois ans pour les délits, d'un an pour les contraventions, la durée ordinaire de l'action publique sera doublée, comme sous la législation précédente. Voilà le résultat pratique qu'on peut atteindre par un acte d'interruption accompli en temps opportun, mais aussi celui qu'on ne peut dépasser. Les art. 637 et 640 imposent, en effet, une limite aux actes interruptifs en exigeant qu'ils soient accomplis « *dans l'intervalle* » des dix ans qui suivent le crime, ou dans l'année qui suit la contravention. Passé le délai ordinaire de la prescription, l'effet des actes interruptifs accomplis en temps utile se fait encore sentir, mais une nouvelle interruption est impossible (1). — Cette solution nettement indiquée par le texte des art. 637 et 640 n'a pas laissé de trace dans les travaux préparatoires, probablement parce qu'elle différait peu de celle que donnait la législation alors en vigueur. — Il est à remarquer d'ailleurs que du moment qu'on admettait les interruptions successives, il fallait leur fixer une limite, sous peine de rétablir les crimes imprescriptibles dont on ne voulait pas. En renouvelant en effet périodiquement l'acte interruptif on arriverait à poursuivre les crimes et les délits un siècle et plus après qu'ils auraient été commis (2). On dépasserait dans tous les cas le délai de la prescription de la peine, alors qu'il est visible que le législateur a voulu fixer pour cette prescription un délai plus long que pour celle de l'action (3).

(1) Ce système, fortement soutenu par les auteurs belges contrairement à la jurisprudence de leur Cour de cassation (16 av. 1860), a fini par être consacré par la loi belge du 17 avril 1878, art. 26-28. *Sic* : COUSTURIER, préface et p. 18 et s. ; HOOREBECKE, p. 64 et s. ; HAUS, II, 1343-1345. — En Italie, CARRARA, § 714, n° 718. — En France : LABROQUÈRE, *Rev. crit.*, 1861, t. XIX, p. 169 ; ORTOLAN, II, 1871 ; GARRAUD, II, 65 ; *ma note* sous un arrêt de Montpellier, *La Loi*, 30 juil. 1887. — Le Code italien n'admet qu'une interruption unique ou une prorogation limitée (art. 93).
(2) En matière de contravention, l'acte interruptif n'est pas, à raison de sa nature, susceptible d'être indéfiniment renouvelé. On ne peut, en effet, obtenir une série de condamnations contre le même prévenu pour la même contravention. Mais en matière de crimes et de délits il est toujours possible de faire un nouvel acte d'instruction ou de poursuite.
(3) M. Villey taxe d'exagérée la première partie de mon argument (Note, S. 1888, 2,161). Cependant, quand j'écrivais la note publiée dans *La Loi* du 30 juil. 1887, j'avais sous les yeux un arrêt récent de la Cour de Paris, en matière de diffamation où la prescription dure 3 mois, qui avait été rendu, à la suite d'interruptions successives, *deux ans et demi* après le délit. Le délai de la prescription était ainsi décuplé ! Cela ne revient-il pas à poursuivre les crimes cent ans après qu'ils ont été commis ? — L'opinion générale en France est favorable aux interruptions

779. A. Actes interruptifs en matière de contraventions. — La prescription n'est point interrompue, en matière de contraventions, par

successives à l'infini : Le Sellyer, II, 478 ; Brun de Villeret, 202 et s. ; Villey, 242, 243 ; et note dans S. 1888, 2, 161. — A l'argument de texte on répond que notre interprétation est *judaïque*, et que d'ailleurs les art. 637 et 640 ne pouvaient pas être autrement rédigés : il fallait bien exprimer que l'acte interruptif doit avoir été accompli avant que la prescription soit acquise ! — Puis on raisonne par analogie du Droit civil, où la faculté de renouveler l'interruption n'a pas de limite. — On ajoute que si la prescription criminelle a pour unique fondement l'oubli de l'infraction, l'interruption est une protestation contre l'oubli ; elle détruit donc la base même de la prescription ; dès lors il n'y a rien d'étonnant à ce que la prescription soit forcée de recommencer, quelque éloigné que soit le délit. — Enfin on fait valoir que l'intérêt pratique de la controverse se présente seulement dans les courtes prescriptions. Or pour les infractions auxquelles ces prescriptions s'appliquent, l'oubli c'est le pardon de la partie lésée, puisque leur poursuite ne peut avoir lieu sans son assentiment ; mais le renouvellement de l'interruption prouve que la victime n'a point pardonné.

Cette argumentation ne nous convainc pas. Notre interprétation est littérale, soit ! Mais, en droit pénal, il faut prendre au pied de la lettre tout texte clair qui donne une solution favorable. Or en imposant une limite aux interruptions successives de la prescription, les art. 637 et 640 rendent la situation de l'inculpé plus favorable que s'il n'y en avait pas. On ne doit pas détruire cette faveur en donnant à ces textes un sens différent. Aux auteurs qui prétendent que ces mots « *dans cet intervalle* » devaient nécessairement se trouver dans les art. 637 et 640, et qu'on n'en peut faire état, nous répondons que lorsqu'un texte de loi est susceptible de deux sens, on doit plutôt l'entendre de manière à lui faire produire quelque effet, que de manière à ne lui en faire produire aucun (arg. art. 1157, C. civ.). Or n'est-ce pas enlever aux mots « *dans cet intervalle* » tout sens utile, que de leur faire exprimer cette banalité, que l'interruption doit *se produire* avant que la prescription soit accomplie ? Il faut donc s'attacher à l'autre idée qu'ils expriment, savoir : que l'interruption ne peut plus être *renouvelée* après la période de dix ans qui suit le crime, de trois ans qui suit le délit, d'un an qui suit la contravention. — L'analogie tirée du Droit civil doit être repoussée, d'abord parce que le principe des deux prescriptions diffère. La prescription civile a sa raison d'être dans la négligence du titulaire du droit ; on conçoit dès lors que l'acte interruptif, écartant toute idée de négligence, force sans cesse la prescription à recommencer. En droit pénal, au contraire, l'oubli se fait par le laps du temps malgré les actes de poursuite. — Vainement l'on objecte que l'interruption est une protestation contre l'oubli. Jamais en effet cette protestation n'aura le retentissement qu'a eu l'infraction elle-même. Malgré les efforts de la partie poursuivante, l'émotion causée par le délit se calme, l'opinion publique se désintéresse de la répression, l'utilité d'une condamnation disparaît, et par là même cesse le droit social de punir une infraction qui ne relève plus désormais que de la conscience. — De plus, en droit civil, l'inconvénient pratique des interruptions successives à l'infini a un correctif dans la péremption d'instance. Supposez la prescription civile interrompue vers la fin du délai (la prescription trentenaire, par exemple, dans la vingt-neuvième année), l'interruption n'est plus soutenue que par l'instance engagée sur l'acte interruptif ; de sorte que si cette instance tombe en péremption, parce qu'on a laissé passer *trois ans* sans faire un acte de procédure, la prescription se trouvera acquise. En droit pénal, la péremption d'instance n'étant point organisée, la prescription sera toujours à recommencer pour un délai *aussi long que celui auquel elle aurait été soumise en l'absence d'acte interruptif*. Si donc on admettait les interruptions successives à l'infini, on aurait leur inconvénient sans le correctif qui les rend supportables. — Prétendre enfin que pour les délits auxquels s'appliquent les courtes prescriptions, l'oubli c'est le pardon de la partie lésée, parce que leur poursuite est subordonnée à sa plainte, c'est forles actes d'instruction ou de poursuite, mais seulement par un *jugement de condamnation*. — Recommence-t-elle le lendemain de ce jugement ? L'art. 640 répond négativement pour les jugements en premier ressort. Avant la loi du 6 avril 1897 qui a fixé la forme des appels de simple police, cette disposition soulevait une grave difficulté qui se trouve aujourd'hui restreinte aux jugements par défaut. L'appel de ces jugements est certainement recevable dès que le jugement est rendu ; mais l'intéressé n'est mis en demeure de le former que par la signification du jugement (art. 174). Visant sans doute les *jugements signifiés*, l'art. 640 dispose que la prescription reprendra son cours seulement « *à compter de la notification de l'appel qui en aura été interjeté* ». Cette disposition est généralement présentée comme apportant une double exception aux principes généraux, savoir : 1° à la règle que la prescription recommence aussitôt après l'acte interruptif ; — 2° à la règle que les actes émanés du prévenu ne produisent pas l'interruption. L'article, en effet, ne distingue pas de qui émane l'appel, si c'est du prévenu ou de la partie civile (1).

780. Mais on oublie qu'en matière de simple police l'appel *n'interrompt pas* la prescription ; il donne seulement à la prescription interrompue par le jugement de condamnation *son nouveau point de départ*. La particularité de la disposition consiste donc à proroger l'effet interruptif du jugement de condamnation jusqu'à la notification de l'appel. Cette prorogation est-elle exceptionnelle ? Nous l'examinerons plus bas, à propos de la suspension.

Observons pour le moment qu'en appliquant l'art. 640 aux jugements par défaut et en premier ressort non signifiés, on tomberait dans un cercle vicieux. D'un côté, le prévenu n'en relèverait pas appel parce qu'ils ne lui ont pas été signifiés et qu'il les ignore ; de l'autre l'interruption se prolongerait indéfiniment, faute d'appel interjeté. Les contraventions deviendraient ainsi imprescriptibles. Pour ce motif, on restreint généralement la disposition particulière de l'art. 640 aux *jugements signifiés*. Quant aux autres, la prescription recommence immédiatement après qu'ils sont rendus.

781. Le législateur mérite une plus grave critique : c'est de n'avoir

---

muler une proposition qui est inexacte pour la plupart d'entre eux. — Les interruptions successives à l'infini ont été admises en pratique comme un moyen d'éviter l'impunité du coupable dans les courtes prescriptions qui recommencent, après l'acte interruptif, pour le délai abrégé fixé par la loi spéciale. La pratique ne paraît pas d'ailleurs avoir compris la différence qu'il y a entre le système de l'interruption *unique*, qui n'est pas celui du code, et le système des interruptions *successives mais limitées* que je soutiens : C. Montpellier, 5 mai 1887 (*La Loi*, 30 juil. 1887 ; S. 88, 2, 161).

(1) Le ministère public n'a pas le droit d'appel en matière de simple police. V. *infrà*, n° 1139.

pas prévu l'effet du *pourvoi en cassation* contre les jugements *en dernier ressort*. La question est intéressante s'il y a relaxe : un an, en effet, pourra s'être écoulé depuis que la contravention a été commise (1) quand la Cour de cassation sera à même de statuer. L'action publique sera-t-elle prescrite ? — Dans l'état de l'art. 640, il ne faut pas hésiter à répondre affirmativement, la prescription des contraventions ne pouvant être interrompue que par un *jugement de condamnation* (2).

782. B. Suspension. — *Existe-t-il des causes de suspension de la prescription de l'action publique* ? La loi, avons-nous dit, est absolument muette sur les causes de suspension de la prescription criminelle. Néanmoins la jurisprudence en admet beaucoup par application de la maxime : « *Contra non valentem agere non currit præscriptio* ». L'ancien Droit avait fait un abus considérable de ce brocard. La routine le maintient encore de nos jours. Il est faux en droit civil, car les applications qu'on en trouve ont un caractère exceptionnel (art. 2251, C. civ.). En Droit pénal, il est manifestement contraire à la raison d'être de la prescription. Qu'importe en effet que le ministère public ou la partie lésée aient été dans l'impossibilité d'agir ; le temps a accompli son œuvre en amenant l'oubli. La prescription pénale n'étant point motivée par une négligence du demandeur, on ne peut l'écarter sous prétexte que le demandeur n'a pas de négligence à se reprocher.

La jurisprudence applique cet adage aux obstacles *de fait* comme aux obstacles *de droit*. La démence de l'inculpé survenue pendant le procès pénal, une invasion qui arrête le cours de la justice en désorganisant les pouvoirs publics sont des obstacles du premier genre. On les a considérés comme suspendant la prescription de l'action publique (3). La même solution a été appliquée aux obstacles de droit telle que la nécessité de faire juger une question préjudicielle ; — ou de faire procéder à un règlement de juges ; — au pourvoi en cassation ; — à la mise en délibéré de l'affaire après les plaidoiries ; — à l'offre en preuve de la vérité des faits diffamatoires, etc., en un mot à toute procédure autorisée par la loi qui est de nature à retarder le jugement du délit (4).

---

(1) Ou depuis que l'appel a été interjeté, si le prévenu, condamné en première instance, a été relaxé en appel.

(2) *Sic* : Haus, II, 1347 ; Garraud, II, 65, *b* ; Villey, 244, 245. — Cédant à des considérations pratiques, la jurisprudence attribue au pourvoi en cassation en matière de simple police un effet *interruptif et suspensif* et applique cet effet même au pourvoi formé *par le prévenu*. Cass. 21 juin 1879 (S. 79, 1, 89) ; 16 av. 1880 (S. 81, 1, 137) et la note. — V. *infrà*, n° 783.

(3) Cass. 22 av. 1813 ; Trib. de Lunéville, 13 juin 1871 et Cass. 9 déc. 1871 (D. 71, 3, 92 ; et 71, 1, 358).

(4) Cass. 7 mai 1851 (B. 167) ; — C. d'ass. de la Seine, 30 oct. 1882 (J. Pal. 1885, 1, 105) ; — Cass. 3 janv. 1884 (B. 2) ; Cass. 4 déc. 1885 ; Cass. 24 mai 1884 ; etc., etc.

En doctrine, la plupart des auteurs repoussent la suspension par suite des obstacles *de fait*, et, sur ce point, leur opinion est conforme à la tradition ; on jugeait, autrefois, que l'empêchement de fait provenant de la désorganisation des tribunaux par une guerre civile ne suspendait pas la prescription (1). Mais les auteurs admettent généralement la suspension provenant des obstacles *de droit*. Il serait déraisonnable, disent-ils, que la loi autorisât, prescrivît même certaines procédures de nature à retarder le jugement du délit et qu'en même temps elle fît prescrire l'action. Une raison pratique recommande en outre la théorie de la suspension pour les courtes prescriptions : si l'on admet, en effet, d'un côté, que la prescription recommence après l'acte interruptif seulement pour sa durée primitive, et si, d'un autre côté, on rejette le système des interruptions successives à l'infini, il faut admettre, dit-on, des suspensions pour empêcher le coupable d'obtenir l'impunité, presque dans chaque cas, par la prescription (2).

D'autres auteurs repoussent toute espèce de suspension. Le défaut de poursuites, quelle qu'en soit la cause, laisse l'oubli se faire, et par conséquent doit motiver la prescription. La raison d'être de toute suspension est l'adage *contra non valentem agere*... Or il ne peut faire échec à la prescription criminelle, parce qu'il ne touche pas à son principe (3). — Cette opinion nous paraît préférable. L'autre système ne repose, en effet, que sur une critique législative et sur un argument d'inconvénient. Le défaut de toute suspension est un stimulant pour la partie poursuivante ; il l'oblige à hâter l'expédition des affaires. C'est critiquer la loi que de s'attaquer à ce système, puisqu'aucun texte législatif ne consacre, dans son principe ou dans ses applications, la théorie de la suspension.

783. Enfin l'inconvénient signalé pour les courtes prescriptions peut être évité si l'on reconnaît à certains actes d'instruction ou de poursuite *un effet interruptif d'une certaine durée* (4). Pour ne pas tomber dans l'arbitraire, il faudrait n'attacher ce caractère qu'aux actes que la loi

---

(1) *Sic* : deux arrêts du Parlement de Paris de 1597 et de 1610, Brodeau, sur Louet, lettre C, § 47, cités par Le Sellyer, II, 518.

(2) Mangin, 335 ; Le Sellyer, II, 520 ; Brun de Villeret, 264, 265 ; Trébutien, II, p. 153 ; F. Hélie, II, 698, 699 ; Villey, p. 245 et s.

(3) Haus, II, 1359 ; Ortolan, II, 1873, 1874 ; Garraud ; II, 66. — La loi belge du 17 av. 1878, art. 21 à 27, les projets de Code pénal espagnol de 1884-1885, art. 126 à 128, le C. p. italien, art. 92, n'admettent de suspension que pour certains obstacles de droit. Le projet de la commission de revision de notre C. pénal (1893) l'admet pour tous les obstacles de droit.

(4) C'est là ce que la Cour de cassation appelle, dans un langage imagé mais incorrect, l'effet *interruptif et suspensif*, c'est-à-dire une interruption suivie d'un temps d'arrêt plus ou moins long avant que la prescription puisse recommencer (V. *ma note*, dans *La Loi*, 30 juillet 1887). Rappelons que la Cour de cassation avait voulu attribuer cet effet à l'instruction judiciaire elle-même.

prescrit d'accomplir dans un certain délai, ou qu'elle ne rend définitifs qu'après un certain délai. On peut dire en effet des premiers, que l'acte accompli à une période quelconque du délai rétroagit au commencement ; et des seconds, qu'ils se complètent à la fin du délai ; de sorte que la prescription serait interrompue, pour les premiers, depuis le commencement du délai jusqu'à l'acte, et qu'elle resterait interrompue, pour les seconds, depuis l'acte jusqu'à la fin du délai. Tels sont les jugements et arrêts susceptibles d'une voie de recours dans un délai déterminé qui a commencé de courir ; — les voies de recours dont l'exercice a commencé, parce que la loi fixe le délai dans lequel il doit y être statué (art. 151, 188, 208, 209, 425, 533, C. i. c.) ; — l'incident relatif à la preuve des faits diffamatoires, puisque la loi fixe le délai dans lequel cette preuve doit être rapportée (art. 53, L. s. la Presse) ; — la mise en délibéré, puisque la loi dit dans quel délai le jugement ou l'arrêt doivent être prononcés (art. 190, 211, C. i. c.), etc. Le procédé que nous proposons permettra dans bien des cas à l'action publique d'aboutir. Il ne heurte point les principes, car il ne suspend point la prescription après l'acte interruptif ; il détermine simplement la durée de cet acte. Il a enfin une base juridique, car l'art. 640 en fait l'application à un jugement de condamnation susceptible d'appel, pendant le délai qui suit sa signification (1).

784. Effets de la prescription accomplie. — La prescription accomplie crée une fin de non-recevoir fondée sur l'ordre public. En conséquence : 1°) le ministère public ne doit pas poursuivre si la date du délit étant d'ores et déjà certaine, le délai de la prescription s'est écoulé. — 2°) De plus, dans toute poursuite il incombe au ministère public de prouver la date du délit comme si elle était un élément de l'infraction. Cette preuve peut même être exigée de lui en premier lieu, puisque la recevabilité de la poursuite en dépend. — 3°) Les tribunaux, de leur côté, doivent se dessaisir d'office dès qu'ils découvrent que la prescription est accomplie, et dans toute affaire ils doivent examiner la date du délit préalablement aux autres circonstances. — 4°) L'inculpé enfin ne peut renoncer à la prescription accomplie. C'est pour lui un moyen de défense susceptible d'être proposé en tout état de cause, et même pour la première fois devant la Cour de cassation. — Néanmoins il faut observer que cette haute juridiction, ne rentrant point dans l'examen du fait, ne peut déclarer qu'il y a prescription, qu'en tenant

---

(1) Le projet de la commission de revision du C. pénal insère dans la partie générale de ce Code les dispositions relatives à la prescription qui étaient dans le C. d'inst. crim., mais sans résoudre presqu'aucune des difficultés qu'elles ont suscitées. La commission extra-parlementaire trouve-t-elle donc que tout est parfait dans les textes obscurs du Code de 1808 et dans les décisions si contestées de la jurisprudence ?

compte des constatations du jugement ou de la citation donnée au prévenu quant à la date du délit (1). Mais elle casserait pour défaut de motifs un jugement de condamnation, si la date de l'infraction n'était indiquée ni dans ce jugement, ni dans la citation qui s'y rapporte.

II. — De la prescription de l'action civile.

785. Principe de l'unité de prescription et conséquences qui en dérivent. — En traitant de la prescription de l'action publique, nous avons implicitement traité de celle de l'action civile. Il n'existe en effet qu'une seule prescription organisée en vue de l'action publique, mais qui se répercute sur l'action civile. Le législateur a considéré l'action civile, en cette matière, comme un accessoire de l'action publique : il l'a fait prescrire en même temps et dans les mêmes conditions. Cette théorie, vivement critiquée de nos jours et repoussée par certaines législations étrangères (2), nous vient de l'ancien Droit (3). Le Code de l'an IV la consacra (art. 9 et 10). De là elle est passée dans le Code d'instruction criminelle qui en affirme expressément les conséquences les plus rigoureuses (art. 637, 640). Il ne faut donc pas hésiter à accepter toutes celles dont le législateur a cru inutile de parler. Conformément à cette règle d'interprétation, nous dirons que la prescription de l'action civile : 1° a le même caractère d'ordre public ; — 2° la même durée et le même point de départ ; — 3° les mêmes causes d'interruption ; — 4° les mêmes causes de suspension (s'il en existe) que la prescription de l'action publique. — Nous dirons encore, — 5° qu'elle reste soumise aux règles du Code d'instruction criminelle, même lorsque l'action civile est portée devant les tribunaux civils ; — 6° même lorsqu'elle est exercée après l'extinction de l'action publique ; — 7° même lorsqu'elle est dirigée contre les personnes civilement responsables. Toutes ces déductions logiques du principe de l'*unité de prescription* ne sont point universellement acceptées ; nous allons les reprendre pour établir leur exactitude.

786. 1° *Même caractère d'ordre public.* — C'est un corollaire évident

---

(1) Cass. 6 juil. 1878 (S. 78, 1, 486) et la note ; 13 fév. 1880 (S. 80, 1, 485) ; 3 juillet 1880 (S. 81, 1, 482).

(2) L'unité de prescription est rejetée par les législations allemande, russe, italienne. Elle a été maintenue malgré de vives critiques dans la loi belge du 17 avril 1878. V. *Annuaire de législ. étrang.*, 1879, p. 455. — Nos Codes de justice militaire ayant laissé l'action civile de la compétence exclusive des tribunaux civils quand elle naît d'une infraction justiciable des conseils de guerre ou de l'autorité militaire, certains auteurs soutiennent que dans ce cas cette action se prescrit par 30 ans et suivant les règles du Code civil (arg. art. 184, C. J. M. A. T.). MOLINIER, *Études juridiques et pratiques s. le code de just. milit.* (Toulouse, 1860), p. 96.

(3) DUNOD, *Traité des prescript.*, p. 191 ; JOUSSE, *Traité de la just. crim.*, I p. 600 ; — MUYART, *Lois crim.*, p. 595.

de l'unité de prescription. Muyart de Vouglans faisait ressortir, en ces termes, le motif d'ordre public qui justifiait la fin de non-recevoir contre l'action civile : « On ne peut obtenir la réparation de l'accusé, sans le convaincre de son crime ; on ne peut le condamner, sans se mettre dans la nécessité de le punir. » Ce raisonnement n'est pas d'une exactitude irréprochable, mais il fait connaître l'opinion des anciens auteurs sur un point qui n'a pas été modifié par le Code d'instruction criminelle. Par suite il faut décider : a) que le défendeur à l'action civile ne peut renoncer à la prescription acquise ; — b) que les juges doivent l'appliquer d'office ; — c) qu'elle peut être proposée ou suppléée en tout état de cause (1).

787. 2° *Même durée et même point de départ.* — Le Code s'est expliqué sur cette conséquence (art. 637, 640). Elle est rigoureuse, car si la victime de l'infraction avait été lésée par un simple délit civil, elle aurait trente ans pour en poursuivre la réparation. L'action civile au contraire ne durera que dix ans, trois ans ou un an pour les infractions de Droit commun, six mois, trois mois ou un mois pour certaines infractions spéciales. Mais ce que la victime du délit perd en durée, elle le regagne en énergie dans les moyens de recherche et en rapidité dans la solution, si elle se constitue partie civile. C'est ainsi que l'unité de prescription stimule la partie lésée à devenir l'auxiliaire du ministère public (2).

788. 3° *Mêmes causes d'interruption.* — Les art. 637 et 640 indiquent suffisamment ce corollaire de l'unité de prescription, puisqu'après avoir fixé le même délai pour la prescription des deux actions, ils la font interrompre par les mêmes actes. — La question cependant est controversée. Ces articles, dit-on, ne précisent pas si les actes interruptifs doivent avoir été accomplis devant une juridiction *pénale* ou *civile* ; et, sur cette observation, plusieurs systèmes ont été formulés.

1er *système* : « La poursuite de l'action civile *devant les tribunaux ci-*

---

(1) *Sic* : Haus, II, 1433 ; Garraud, 460 ; Villey, p. 254 ; Paris, 24 février 1855 (D. 56, 2, 71) ; Cass. 13 mars 1886 (D. 86, 1, 474). — *Contrà* : Req. 28 fév. 1860 (D. 60, 1. 191) ; Cass. civ. 5 janv. 1892 (*La Loi*, 10 janv.).

(2) *Sic* : Req. 1er fév. 1882 (D. 82, 1, 454), et l'excellent rapport de M. le conseiller Lemaire, où sont résumées les principales conséquences de l'unité de prescription. — *Contrà* : Bertauld, p. 652 ; Grellet-Dumazeau, *De la diffamation*, 298 et s. ; P. Collet, *Rev. crit.* 1868, t. XXXIII, p. 1. Ces auteurs ont essayé de tourner la loi en relevant seulement dans l'infraction le délit civil. L'action en dommages-intérêts, fondée ainsi sur l'art. 1382, C. civ., serait de la compétence exclusive des tribunaux civils et durerait trente ans. — Mais cet expédient enlève tout sens utile à la disposition des art. 637 et 640 qui déclarent l'action civile prescrite en même temps que l'action publique. Il n'est pas en effet d'infraction donnant naissance à l'action civile qui ne contienne un délit civil ; si donc il était permis à la partie lésée de fonder son action sur le délit civil, les art. 637 et 640 n'auraient pas de sanction. Comment admettre en outre qu'un changement de juridiction puisse modifier l'application d'une règle de fond comme celle qui détermine la durée de la prescription ?

vils interrompt la prescription de cette action, sans interrompre celle de l'action publique. Les actes d'instruction ou de poursuite devant une juridiction pénale interrompent, au contraire, la prescription des deux actions » (1). — Cette distinction est contraire au principe de l'unité de prescription. Puisque une *seule et même* prescription s'applique aux deux actions, on ne peut admettre qu'il y ait des actes qui interrompent la prescription de l'une, sans interrompre celle de l'autre.

2e *système* : « La poursuite de l'action civile *devant les tribunaux civils* interrompt la prescription des deux actions » (2). — Ce système ne heurte pas le principe de l'unité de prescription ; il a même une certaine valeur législative ; mais il ne peut se concilier avec l'effet absolu que les art. 637 et 640 attribuent aux actes interruptifs. Cet effet absolu suppose un acte d'exercice de l'action publique, par exemple l'acte qui lui donne l'impulsion. Dans tous les cas c'est un acte accompli devant les juridictions de répression.

3e *système* : « Bien que la poursuite de l'action civile *devant les tribunaux civils* n'interrompe point la prescription, ces tribunaux ne perdent pas le droit de statuer sur une demande introduite en temps utile parce que la recevabilité d'une action doit être appréciée, non pas au moment où elle est jugée, mais au jour où elle a été introduite » (3). — Ce système est condamné d'abord par son résultat, puisqu'il aboutit, comme le premier, à faire survivre l'action civile à l'action publique éteinte par la prescription. De plus, il part d'une pétition de principe. Pour admettre en effet que la citation donnée au prévenu devant le tribunal civil conserve à ce tribunal le droit de statuer sur l'action civile, même après le délai de la prescription, il faudrait admettre préalablement que cette citation constitue un acte interruptif. Or, nous venons de démontrer le contraire en réfutant le second système.

La proposition que nous avons formulée en tête de cette discussion doit donc être considérée comme absolument exacte. Le silence gardé par les art. 637 et 640 sur la juridiction devant laquelle doit être accompli l'acte interruptif s'explique par cette considération toute simple que le Code d'instruction criminelle, s'occupant uniquement des juridictions pénales, ne peut viser que des actes de procédure posés devant ces juridictions ou des jugements rendus par elles (4).

---

(1) *Sic* : Bertauld, p. 652 ; Paul Collet, *Rev. crit.* 1868, t. XXIII, p. 1.
(2) *Sic* : Le Sellyer, II, 480 ; Hoorebeke, p. 126. — L. belge de 1878, art. 25. — *Contrà* : Cass. 28 juil. 1870.
(3) *Sic* : Brun de Villeret, 371 ; Garraud, 419 , Villey, 253.
(4) *Sic* : Cass. 28 juil. 1870 (S. 71, 1, 261) ; 4 avril 1873 (D. 73, 1, 221) ; — Req. (rejet), 1er fév. 1882 (D. P. 82, 1, 454-455). Mais depuis cet arrêt célèbre un revirement paraît se produire dans la jurisprudence : Req. 14 mai 1884 (*La Loi*, 1884, no 131) ; Paris, 27 mai 1891 (*Dr. ind.* 91, 244) ; Riom, 10 août 1891 (*La Loi*, 2 déc.) ; Douai, 7 mai 1894 (D. 94, 2, 15 et la note). D'après cette dernière

789. 4° *Mêmes causes de suspension (s'il en existe).* — La jurisprudence qui admet, contrairement à notre opinion, des causes de suspension de la prescription pour l'action publique, étend avec raison ces causes de suspension à l'action civile, et n'en admet pas d'autres. C'est ainsi qu'elle décide que la minorité de la partie lésée n'est point une cause de suspension de l'action civile (1). Il est conséquent, en effet, avec le principe de l'unité de prescription, qu'une cause ne puisse suspendre la prescription de l'une des deux actions sans suspendre en même temps celle de l'autre.

790. 5° *La prescription de l'action civile est régie par le Code d'instruction criminelle, même lorsque cette action est portée devant les tribunaux civils.* — L'unité de prescription constitue une règle de fond qu'un changement de juridiction ne saurait faire écarter. Aussi les art. 637 et 640 ne distinguent point suivant que l'action civile est portée devant les tribunaux de répression ou devant les tribunaux civils. Y introduire cette distinction, ce serait limiter arbitrairement leur application. De plus, l'art. 2 soumet l'action civile à la prescription du Code d'instruction criminelle, même lorsqu'elle est exercée contre les héritiers du coupable : or, dans cette hypothèse, elle est presque toujours de la compétence exclusive des tribunaux civils. L'art. 642 complète les arguments qu'on tire de ces textes, en prouvant *a contrario* que les trois prescriptions de l'action civile, de l'action publique et de la peine sont uniquement régies par le Code d'instruction criminelle. Enfin, si l'on décidait le contraire, on mettrait le principe de l'unité de prescription à la discrétion de la partie lésée, parce qu'elle peut porter à son choix l'action civile devant les tribunaux de répression ou devant les tribunaux civils (2).

791. 6° *La prescription de l'action civile est régie par le Code d'instruction criminelle, même lorsque l'action civile est exercée après l'extinction de l'action publique.* — Cette proposition est exacte, pourvu qu'on ne confonde point l'action civile avec l'action en dommages-intérêts de l'art. 1382, C. civ. Il faut, à cet égard, distinguer parmi les causes d'extinction de l'action publique celles qui font disparaître l'infraction et celles qui la laissent subsister. L'*amnistie*, l'*acquittement* effacent le délit pénal, et par conséquent transforment l'action civile en action en dommages-intérêts, laquelle se prescrit suivant les règles du

---

jurisprudence la durée de la prescription de l'action civile portée devant les tribunaux civils resterait sans doute fixée par le Code d'instruction criminelle, mais elle serait interrompue par tout acte de procédure accompli devant la juridiction civile. Cette distinction est condamnée par le texte même de l'art. 637 et manque de logique.

(1) Cass. 4 av. 1886 (S. 87, 1, 167).
(2) *Sic*: Opinion générale. Cass. 4 mars 1877 (S. 78, 1, 98). — *Contrà* : les auteurs cités *suprà*, n° 787, à la note.

Code civil. La *condamnation* du prévenu ou *son décès* épuisent, au contraire, ou éteignent l'action publique, mais en laissant subsister l'infraction. La demande de dommages-intérêts portée devant les tribunaux civils *après la condamnation ou le décès* du prévenu, est donc, à proprement parler, l'action civile ; elle doit, dès lors, se prescrire suivant les règles du Code d'instruction criminelle. Aussi les art. 637 et 640 ne distinguent point si l'action civile est exercée avant ou après l'extinction de l'action publique : la règle de l'unité de prescription est indépendante de l'époque où l'action civile est exercée, comme elle l'est des juridictions devant lesquelles cette action est portée. Les art. 2 et 642 fournissent d'ailleurs, à l'appui de notre thèse, le même argument que dans la controverse précédente (1).

792. 7° *La prescription de l'action civile est régie par le Code d'instruction criminelle, même lorsque l'action civile est intentée contre les personnes civilement responsables.* — La personne du défendeur à l'action civile est indifférente pour l'application du principe de l'unité de prescription. Dirigée contre les personnes civilement responsables, l'action civile restera soumise aux règles de la prescription criminelle, aussi bien que lorsqu'elle est exercée contre l'auteur de l'infraction. Le

---

(1) *Sic* : BRUN DE VILLERET, 335, 339 ; LE SELLYER, 482, 556 ; HAUS, II, 1433 ; MANGIN, 355 ; GARRAUD, 421 ; Cass. 4 déc. 1877 (S. 78, 1, 419) ; 9 janv. 1880 (S. 80, 1, 285) — *Contrà* : LABROQUÈRE (*Rev. crit.* 1861, p. 165) ; VILLEY (*Rev. crit.* 1875, p. 81). Ces auteurs ont essayé d'attaquer cette solution en raisonnant par analogie de l'amnistie et de l'acquittement. — L'analogie, nous venons de le démontrer, n'existe point. — L'art. 637 § 2 a fourni un argument plus spécieux. Ce texte, fait-on observer, ne soumet l'action civile née d'un crime à la prescription de dix ans, que s'il n'y a pas eu *de jugement sur l'action publique*. Donc, *a contrario*, si l'action publique est éteinte par un jugement ou par toute autre cause laissant subsister l'action civile, celle-ci n'est plus prescriptible que par trente ans (art. 2262, C. civ.). — Cet argument suppose d'abord que l'art. 637 vise uniquement un jugement qui met fin à l'action publique. Or, le texte ne précise pas ce point. Supposons donc un jugement qui n'éteigne pas l'action publique et refaisons l'argument en l'appliquant, cette fois, à l'action publique. (Le procédé est correct, puisque l'art. 636 formule des règles applicables à la prescription des deux actions.) Eh bien ! appliqué à l'action publique, le raisonnement aboutit à l'absurde. A quelle prescription en effet pourrait-on soumettre l'action publique après le jugement qui produit l'interruption, si ce n'est à la prescription criminelle ? Cette réfutation *per absurdum* démontre que l'art 637 § 2 est détourné de son véritable sens par nos contradicteurs. Selon nous, ce texte résout simplement la question de savoir à partir de quel moment la prescription interrompue reprend son cours ; et il décide que c'est « à compter du dernier acte d'instruction ou de poursuite... *non suivi de jugement* ». Pourquoi cette réserve ? Parce que si un jugement est intervenu il y a des distinctions à faire : tantôt, en effet, ce jugement est interruptif de la prescription de l'action ; tantôt, au contraire, il éteint l'action et sert de point de départ à la prescription de la peine et à celle des condamnations civiles. Pour éviter d'entrer dans les détails, le législateur s'est borné à formuler sa pensée sur le point de départ de la prescription qui suit l'acte interruptif, en faisant, pour l'hypothèse où il y a eu jugement, une réserve qu'il appartient à la doctrine d'expliquer.

principe dont nous poursuivons l'application tient en effet à la nature de l'action et non à la qualité des personnes qui sont en cause.

Aussi n'a-t-on pu contester l'exactitude de notre proposition, qu'en soutenant que la demande de dommages-intérêts dirigée contre les personnes civilement responsables n'était point l'*action civile*. La cause de leur responsabilité, a-t-on dit, n'est point dans l'infraction, mais dans un délit civil qui en est absolument distinct, savoir : un défaut de surveillance sur l'auteur de l'infraction (1). — Cette théorie n'est pas celle du Code, et l'on prend la raison qu'on prête à la loi pour la loi. L'art. 1er, C. i. c. définit l'action civile abstraction faite de la personne du défendeur : c'est *l'action en réparation du dommage causé par un crime, par un délit ou par une contravention*. Or, que demande la partie lésée, soit à l'auteur de l'infraction, soit aux personnes civilement responsables ? Exactement la même chose : la réparation du dommage causé par l'infraction. L'action qu'elle intente, dans les deux cas, est donc l'*action civile*. S'il était permis, d'ailleurs, de poursuivre les personnes civilement responsables après l'extinction de l'action civile contre l'auteur de l'infraction, ces personnes seraient privées de leur recours contre ce dernier (2).

793. Effets de la prescription accomplie. — Nous n'avons pas besoin d'énumérer ici les effets de la prescription de l'action civile une fois accomplie : ils sont les mêmes que ceux de la prescription de l'action publique. C'est là une conséquence du principe de l'unité de prescription. Mais il importe d'observer que, parmi toutes les actions où la question du délit peut s'agiter, l'action civile est la seule qui s'éteigne par la prescription de l'action publique. Les autres restent soumises à leurs prescriptions particulières, bien qu'elles aboutissent parfois au même résultat pratique que l'action civile. Cela explique que les tribunaux civils, saisis d'une demande en dommages-intérêts pour le préjudice causé par un délit pénal, puissent statuer sur cette demande après la prescription à l'action civile quand il y a eu de la part de l'auteur du délit reconnaissance expresse ou tacite du principe de la dette, cette reconnaissance ayant nové l'obligation née *ex delicto* (3).

Il faut observer également que la prescription n'éteint pas l'infraction, mais simplement l'action publique et l'action civile qui en dérivent. Il suit de là que la partie lésée conserve, bien que la prescription soit acquise, le droit d'opposer le délit par voie d'exception. Elle repoussera

---

(1) *Sic* : Beudant (D. 69, 1, 217, note); P. Collet, *loc. cit.*; Dalloz, *Rép.* V° *Prescr. crim.*, 103.

(2) *Sic* : Le Sellyer, II, 556, 1°; Haus, II, 1433; Villey, p. 251; Garraud, 418, *a*; Cass. 1er mai 1876 (S. 76, 1, 445); 10 janv. 1877 (S. 77, 1, 270); 12 fév. 1894.

(3) Cass. 9 janv. 1882 (D. 83, 1, 136); 4 juin 1883 (D. 83, 1, 385); 8 juil. 1885 (D 86, 1, 184); 3 juin 1893 (*La Loi*, 7 juillet).

ainsi les demandes fondées sur un titre extorqué, sur un blanc-seing dont on a abusé. C'est l'application de la règle : *Quæ temporalia sunt ad agendum, perpetua sunt ad excipiendum* (1).

III. — De la prescription de la peine.

794. Le Droit romain et l'ancienne jurisprudence n'avaient pas de règles particulières pour la prescription du droit de faire exécuter les condamnations pénales. L'*action judicati* de ces condamnations se prescrivait suivant le Droit commun, c'est-à-dire par *trente ans* (2). La législation intermédiaire créa la prescription de *vingt ans* pour les condamnations prononcées par les tribunaux criminels, contradictoirement ou par contumace (3). Le Code d'instruction criminelle a gradué la durée de la prescription suivant la gravité de la matière : *vingt ans*, pour les peines en matière criminelle ; *cinq ans*, pour les peines en matière correctionnelle ; *deux ans*, pour les peines en matière de simple police (art. 635, 636, 639).

795. Des peines prescriptibles. — A la différence des infractions, qui toutes sont susceptibles de se prescrire, il y a des peines qui échappent à la prescription : ce sont les peines privatives de droits. Ces peines s'exécutent sans mesures matérielles, par une diminution de capacité qui atteint le condamné au moment où la condamnation qui les prononce, ou dont elles sont la conséquence, devient irrévocable. Il ne faut pas confondre cette diminution de capacité, qui est la peine, avec les mesures matérielles destinées à empêcher l'exercice des droits perdus, et qui sont les conséquences de l'incapacité. Deux raisons expliquent l'imprescriptibilité de ces peines : 1° il est impossible de concevoir la perte par le laps du temps du droit de faire exécuter une peine, quand son exécution a eu lieu dans l'instant de raison qui suit le moment où la condamnation est devenue irrévocable ; 2° en supposant que le condamné ait exercé en fait les droits perdus, cette possession d'un état qu'il n'a plus est impuissante à le lui faire recouvrer : l'état des personnes n'étant susceptible de s'acquérir ni de se perdre par la prescription. — A l'inverse, les peines *corporelles* ou *pécuniaires* sont toutes prescriptibles. Il y a eu des difficultés pour certaines peines de l'une et de l'autre catégorie ; nous allons les examiner.

Les *peines pécuniaires* ont paru à certains esprits devoir être sou-

---

(1) Haus, II, 1434 ; Le Sellyer, II, 558 ; Garraud, 420 ; Villey, p. 252. Cette proposition comporte certaines exceptions à l'égard des tiers porteurs de bonne foi d'une lettre de change ou d'un billet à ordre.
(2) Jousse, I, p. 583.
(3) C. p. 25 sept. 1791, Iʳᵉ part., tit. VI, art. 3 ; L. s. la police de sûreté, 16-29 sept. 1791, IIᵉ part., tit. IX, art. 15 ; C. 3 brum. an IV, art. 480.

mises à la prescription de l'art. 2262, C. civ., parce qu'elles deviennent, à partir de la condamnation, une dette du patrimoine. Cette conséquence d'un principe que nous avons critiqué aurait été logique, mais le législateur a reculé devant elle. La preuve en est d'abord dans les termes généraux des art. 635, 636 et 639 qui soumettent indistinctement à la prescription criminelle toutes les peines, et ensuite dans l'art. 642, qui renvoie à la prescription du Code civil uniquement pour les condamnations civiles.

Parmi les peines privatives de droits, l'*interdiction légale* paraît susceptible de se prescrire, du moins en même temps que la peine afflictive dont elle est l'accessoire. Mais à vrai dire, elle subit le contre-coup de la prescription de cette peine, plutôt qu'elle ne se prescrit elle-même. N'existant en effet que pendant l'exécution de la peine principale, elle ne peut subsister quand cette exécution n'est plus possible.

L'*interdiction de séjour* est-elle prescriptible ? — La question avait été agitée pour la surveillance de la haute police ; elle se pose aujourd'hui dans les mêmes termes, puisque la nouvelle peine n'est qu'un élément de l'ancienne. Nous avons établi plus haut que ces deux peines consistaient dans un droit de contrôle donné à l'autorité sur la liberté d'aller et de venir du condamné, et non dans les mesures nécessaires pour organiser ce contrôle. Il y a donc là une peine privative de droits, imprescriptible comme toutes les peines de cette nature (1).

Très différente est la *relégation*. Elle nécessite en effet pour son exécution la transportation dans la colonie pénale (art. 1er et 12, L. 27 mai 1885), mesure matérielle qui la rend prescriptible. Sans doute le relégué subit sa peine dans les lieux de dépôt en attendant son transfèrement, mais cette forme qu'affecte l'exécution exige aussi une mesure matérielle. La situation du relégué dans cette hypothèse ressemble à celle du déporté quand les communications sont interrompues entre la métropole et le lieu d'exécution de la peine (art. 17 § 5, C. p.). Or, personne ne doute que la déportation ne soit prescriptible (2).

796. Durée de la prescription de la peine. — Elle est de *vingt*, de

---

(1) Il ne faudrait pas croire la question tranchée par le nouvel art. 48, C. p. Cet article décide bien que la surveillance (aujourd'hui l'*interdiction de séjour*) est imprescriptible en même temps que la peine principale, mais on pourrait se demander si elle ne peut pas se prescrire après celle-ci.

(2) *Contrà* : GARRAUD, *Droit pén. franç.*, I, 297. Il donne pour raison que la relégation est une peine *accessoire*. Nous répondons, d'abord, qu'elle n'est pas *accessoire*, mais *complémentaire*. Puis, le caractère principal, complémentaire ou accessoire d'une peine, ne peut en aucune façon faire décider qu'elle est ou non prescriptible. Sans doute la plupart des peines *accessoires* sont imprescriptibles dans l'état de notre législation, parce qu'elles consistent dans des *incapacités*, mais si une peine *accessoire* nécessite des mesures d'exécution, elle est certainement prescriptible. Doutera-t-on par exemple que l'affichage des arrêts de condamnation portant peine afflictive ou infamante, prescrit par l'art. 36, C. pén., soit susceptible de se prescrire ?

cinq ou de *deux* ans, suivant que la matière est criminelle, correctionnelle ou de police (art. 635, 636, 639). Le système de la loi consiste, en matière criminelle ou correctionnelle, à prendre le maximum de durée des peines temporaires privatives de la liberté, et en matière de police, à doubler le délai de la prescription de l'action. Avant la loi du 14 août 1885, il n'y avait pas, dans les lois spéciales, de délais particuliers pour la prescription de la peine. Cette loi a créé, pour la relégation, une prescription de dix ans à compter de l'expiration de la peine principale lorsque celle-ci a fait l'objet d'une décision de libération conditionnelle (art. 2 §§ 5, 6).

On remarquera la formule employée par les art. 635, 636 et 639 : « *Les peines portées par les arrêts ou jugements* (1) *rendus en matière criminelle..... Les peines portées par les arrêts ou jugements rendus en matière correctionnelle..... Les peines portées par les jugements rendus pour contraventions de police.* » Ce n'est pas vraisemblablement sans motif que le législateur a eu recours à cette périphrase. Il nous paraît certain d'abord que la prescription de vingt ans s'applique non seulement aux peines afflictives et infamantes, mais encore à toutes les peines complémentaires prononcées en matière criminelle, quand leur nature ne répugne pas à la prescription. Ainsi l'*amende*, la *confiscation*, la *relégation*, l'*emprisonnement*, additionnés à des peines criminelles principales, sont comme celles-ci prescriptibles par vingt années.

Mais quelle sera la durée de la prescription pour l'emprisonnement qui *remplace* une peine criminelle principale par l'effet d'une excuse ou des circonstances atténuantes? Ceci nous ramène à l'effet de ces deux causes d'atténuation sur la qualification de l'infraction. L'excuse, à notre avis, modifie la matière en modifiant la peine, parce qu'elle traduit l'appréciation du législateur (art. 1er, C. p.). Les circonstances atténuantes laissent au contraire sa qualification à la matière, parce qu'elles traduisent l'appréciation du juge. Nous déciderons donc : 1° que l'emprisonnement substitué à la peine criminelle par l'effet de l'excuse se prescrira par cinq ans. Le crime *excusé* est un *délit* ; — 2° et à l'inverse, que l'emprisonnement substitué à la peine criminelle par les circonstances atténuantes se prescrira par vingt années. Le crime *atténué* est un *crime*. — Deux solutions radicales ont été proposées : l'une faisant prescrire l'emprisonnement dans les deux cas par vingt ans (2) ; l'autre le

---

(1) L'expression *jugement* vise des condamnations prononcées par des tribunaux criminels autres que des *cours*.

(2) *Sic* : Brun de Villeret, 415 à 427 ; et la jurisprudence, F. Hélie, *Prat. crim.*, I, 1077 ; Cass. 9 juillet 1891 (S. 91, 1, 432). Ce dernier arrêt est relatif à la prescription de la peine d'un crime excusé par la minorité. Il semble indiquer l'abandon de la distinction que la jurisprudence faisait entre l'effet de cette excuse et celui de la provocation. V. *suprà*, n° 870 note.

faisant prescrire dans les deux cas par cinq ans (1). Nous venons de réfuter la proposition qui lui sert de base, en distinguant ci-dessus l'effet de l'excuse de l'effet des circonstances atténuantes (2).

797. Point de départ. — *A. Matières criminelles.* — Normalement les peines ne devraient se prescrire qu'à partir du moment où elles deviennent susceptibles d'exécution, puisque par cette expression, *prescription de la peine,* on entend celle du droit de les faire exécuter. Il y a cependant quelques dérogations à ce principe. Distinguons les peines prononcées en *matière criminelle* des peines prononcées en *matière correctionnelle ou de police.*

Pour les premières, la prescription court *à compter de la date des arrêts ou jugements* (art. 635). — Le délai du pourvoi en cassation et le pourvoi formé retardent l'exécution de la peine, mais ne l'empêchent pas de se prescrire. — Il importe peu d'ailleurs que la condamnation soit contradictoire ou par contumace : l'art. 635 ne distingue pas. Sans doute ces dernières ne sont point irrévocables, puisque l'arrestation du contumax suffit pour les faire tomber ; mais si l'on considère cet événement comme la condition résolutoire de leur irrévocabilité, il est régulier de les faire prescrire dans les mêmes conditions que les condamnations contradictoires : un droit sous condition résolutoire est traité, en effet, *pendente conditione,* comme un droit pur et simple ; par conséquent il doit se prescrire. Aussi les art. 476 et 641 disent-ils expressément que la prescription qui suit une condamnation par contumace est celle de la *peine ;* or cette prescription ne peut avoir d'autre point de départ que celui-là même que l'art. 635 fixe, sans distinction, pour tous *les jugements ou arrêts rendus en matière criminelle* (3).

---

(1) *Sic* : ORTOLAN, II, 1896 ; HAUS, II, 1030 ; GARRAUD, II, 74.
(2) On y ajoute des arguments de texte ou des considérations qui n'en relèvent pas le mérite. Les uns, invoquant les expressions de l'art. 635 : « *les peines portées par les arrêts ou jugements rendus en matière criminelle* se prescrivent par vingt années », croient y voir la preuve que la durée de la prescription est déterminée par la qualification donnée au fait punissable dans le jugement ou l'arrêt de condamnation. A ce titre, il faudrait dire que les juges rendent la matière criminelle ou correctionnelle suivant les expressions qu'ils emploient ! Mais on sait que la qualification d'une infraction dépend de la peine que *la loi* lui applique (art. 1er, C. pén.). — Les autres soutiennent que puisqu'il s'agit de la prescription de la peine, il faut considérer la peine prononcée d'une manière abstraite et sans rapport avec l'infraction. Ce système vaut mieux, mais il se heurte aux termes de la loi. Il était si facile de dire : les peines *criminelles* se prescrivent par... etc. », qu'on n'expliquerait pas pourquoi le législateur a eu recours à une périphrase s'il n'avait pas voulu exprimer une autre idée.
(3) Deux autres systèmes ont été proposés pour expliquer la prescription par vingt ans des condamnations par contumace. *a)* L'un dit : ce qui se prescrit, après ces condamnations, c'est l'*action,* dont la durée est prorogée jusqu'au délai de la prescription de la peine. — *b)* L'autre dit : sans doute c'est l'*action* qui se prescrit après une condamnation par contumace, *mais c'est aussi la peine,* parce que ces condamnations étant irrévocables sous la condition *suspensive* de la non-

798. Qu'arriverait-il si le contumax se représentait *dix ans ou plus* après sa condamnation ? On sait que la représentation du contumax fait revivre l'action publique en effaçant sa condamnation ; mais, puisque dix ans se sont écoulés depuis le dernier acte de poursuite, le condamné ne pourrait-il pas invoquer la prescription *de l'action* pour se dire libéré ? — La négative est certainement indiquée par l'esprit de la loi, quoique juridiquement elle soit inexplicable. Elle se justifie par une considération d'équité. Le législateur n'a pas voulu que le contumax, rebelle à la loi, fût mieux traité qu'un individu, condamné contradictoirement à une peine criminelle, qui se serait évadé. Or, celui-ci mettrait vingt ans à acquérir l'impunité par la prescription.

Conséquemment il faut dire que si le condamné, purgeant sa contumace *plus de trois ans* après sa condamnation, n'était reconnu coupable que d'un délit, il ne pourrait invoquer la prescription triennale pour se dire libéré ; car celui qui a été condamné contradictoirement en matière correctionnelle met cinq ans pour prescrire.

Mais que décider si dans cette dernière hypothèse il purgeait sa contumace *plus de cinq ans* après sa condamnation : ne pourrait-il pas se prévaloir de la prescription quinquennale, en invoquant la parité de sa situation avec celle du condamné par jugement correctionnel contradictoire ? — La jurisprudence et une partie de la doctrine acceptent ce raisonnement ; mais il nous paraît devoir être repoussé : il part en effet de cette supposition, que la peine correctionnelle, prononcée par le second arrêt, a été rétroactivement substituée à la peine criminelle, prononcée dans l'arrêt de condamnation par contumace ; or, cette fiction est juridiquement impossible : en effet pour juger le contumax, la seconde Cour d'assises est obligée de reconnaître qu'il a été condamné à *une peine criminelle non encore prescrite* (art. 641) ; comment pourrait-elle, sans flagrante contradiction, déclarer un moment après que cette peine était *une peine correctionnelle et qu'elle est prescrite* (1) ?

799. *B. Matières correctionnelles.* — Pour la prescription des peines

---

représentation du condamné dans les vingt années qui suivent, l'effet rétroactif de la condition accomplie doit faire considérer la condamnation comme irrévocable *ab initio*, et la peine comme prescrite dans les vingt années qui l'ont suivie. Le premier de ces systèmes se heurte au texte des art. 476 et 641 ainsi qu'à la tradition (V. Jousse, I, p. 583 ; L. 16-29 sept. 1791, titre IX, art. 15 ; C. 3 brum. an IV, art. 880). Le second substitue une fiction à ce que ces textes et la tradition présentent comme une réalité. De plus, ni l'un ni l'autre ne peuvent se concilier avec l'exécution *immédiate* des condamnations pécuniaires sur le patrimoine du contumax que tout le monde admet, bien qu'il n'y ait pas de texte, ni avec celle des peines privatives de droits, que suppose, en y dérogeant partiellement pour l'une d'elles, l'art. 3 § 3 de la loi du 31 mai 1854.

(1) *Sic* : Cousturier, 66 et 113 ; Haus, II, 1037 ; Garraud, II, 75, p. 132 ; Villey, p. 528, note ; *Cass. belge*, 13 mars 1838. — *Contrà* : Merlin, *Rép.* V° *Contumace*, § 5 ; Le Sellyer, II, 543 ; Rodière, p. 328 ; F. Hélie, VIII, 4108, 4109 ; *Cass. franç.*, 2 février 1827 ; 21 août 1865 ; 9 février 1854 ; 11 janvier 1861.

en matière correctionnelle et de police, le législateur paraît n'avoir envisagé la question du point de départ que relativement aux *condamnations contradictoires*. Ou bien cette condamnation est en dernier ressort et alors la règle est la même que pour les jugements et arrêts rendus en matière criminelle : le pourvoi en cassation, dont elle est susceptible, ne retarde point la prescription. Ou bien cette condamnation est sujette à appel, et alors la prescription ne commence que lorsque le jugement de première instance est devenu irrévocable par la forclusion de cette voie de recours (art. 636, 639). Dans ce dernier cas, le législateur revient au principe.

800. Que décider pour *les jugements et arrêts par défaut*? Il faut d'abord écarter l'hypothèse *où ils n'auraient pas été signifiés*. Ils ne font dans ce cas qu'interrompre la prescription *de l'action*, la signification étant nécessaire pour les rendre susceptibles d'exécution. — Supposons-les *signifiés* : aucune difficulté ne peut surgir sur le point de départ de la prescription de la peine, s'il s'agit d'un *jugement en premier ressort*. Deux voies de recours s'ouvrent en effet au condamné : l'opposition et l'appel. Le délai de la première est plus court que celui de la seconde (1), tout en ayant le même point de départ (la signification du jugement par défaut). Dès lors, il est oiseux de se demander si la prescription de la peine commence quand l'opposition n'est plus recevable, puisqu'il est certain qu'elle ne commence pas avant l'expiration du délai d'appel. — S'agit-il au contraire *d'un jugement en dernier ressort ou d'un arrêt*, la difficulté devient pratique : la prescription de la peine courra-t-elle de la condamnation par défaut, ou bien du jour où l'opposition ne sera plus recevable ? Nous déciderons que c'est seulement de cette dernière date, conformément au principe déjà rappelé, qu'une condamnation ne peut se prescrire avant d'être devenue susceptible d'exécution (2).

801. On compte le délai de la prescription de la peine comme celui de la prescription de l'action, c'est-à-dire de jour à jour. Aussi rencontret-on pour la détermination du *dies a quo* la difficulté que nous avons précédemment examinée (sens de l'expression : *à compter de...*).

802. Causes d'interruption. — Aucun texte ne traite de l'interruption de la prescription de la peine, mais les principes permettent de suppléer à cette lacune de la loi. Les peines se prescrivent, parce qu'elles ne sont pas exécutées dans le temps voulu. Donc, la prescription de la peine est nécessairement interrompue par un acte d'exécution, et ne

---

(1) Il ne s'agit ici que du délai ordinaire de l'opposition aux jugements correctionnels, celui de *cinq jours* ; car le délai de *cinq ans* accordé parfois au comdamné ne suspend pas l'exécution (art. 187).
(2) *Sic* : VILLEY, p. 529 ; F. HÉLIE, VIII, 4114. — *Contrà* : GARRAUD, II, p. 75,133 B, *c* ; HAUS, II, 1041. La question ne paraît pas avoir été soulevée en pratique.

peut être interrompue que par cet acte. Appliquons cette double formule.
— La peine de mort sera prescrite, si dans les vingt ans qui suivent l'arrêt de condamnation le condamné n'a pas la tête tranchée. Peu importe qu'il ait passé ce temps en liberté ou sous la main de la justice : l'incarcération n'est pas un acte d'exécution de la peine de mort. Il suit de là qu'une commutation de peine ne pourrait être imposée au condamné à mort en état d'arrestation, si elle intervenait plus de vingt ans après la condamnation : le condamné devrait être mis en liberté ; sa peine est prescrite (1). — Pour les peines privatives de la liberté, l'*arrestation* du condamné peut seule interrompre la prescription. L'avis d'avoir à se constituer prisonnier envoyé au condamné par le parquet, la réquisition adressée à la gendarmerie en vue de le faire arrêter, les perquisitions opérées en exécution de cet ordre d'arrestation ne sont point des actes d'exécution de la peine, et par conséquent ne produisent pas l'interruption. — Pour les peines pécuniaires, l'interruption résulte de la saisie et de la contrainte par corps. Ni les avis du percepteur, ni le réquisitoire du procureur de la République ordonnant l'arrestation, ni les recherches faites en exécution de ce réquisitoire ne peuvent la produire.

803. S'il y a eu exécution partielle, la prescription recommence pour le surplus à compter du jour où l'exécution s'est arrêtée. Cette solution est très dure pour le condamné à une peine privative de la liberté qui s'évade après avoir presque fini son temps (2). On a essayé de la corriger en soutenant que l'exécution de la peine *suspendait* simplement la prescription. L'intérêt pratique de cette opinion apparaît pour le condamné qui est arrêté longtemps après sa condamnation et qui s'évade avant d'avoir subi sa peine. Pourra-t-il joindre le temps qu'il a passé en liberté avant son arrestation au temps qui s'est écoulé depuis son évasion ? En faveur de l'affirmative on a invoqué les art. 635, 636 et 639 qui semblent fixer d'une manière invariable le point de départ de la prescription de la peine à la date des arrêts ou jugements. Mais ces articles, ne faisant point allusion à l'interruption, doivent être considérés comme statuant uniquement dans l'hypothèse où la prescription n'a pas été interrompue. L'oubli, qui est la raison d'être de la prescription criminelle, conduit d'ailleurs à ce résultat, que l'acte qui arrête le cours de la prescription rend inutile le temps écoulé en réveillant le souvenir de la condamnation, et devient par là même le point de départ d'une prescrip-

---

(1) Pour remédier à cet inconvénient, le C. p. belge fait interrompre la prescription de toutes les peines qui s'exécutent sur la personne par l'arrestation du condamné (art. 96). — Même disposition dans l'art. 99 du projet de la commission de revision du C. p.

(2) Il est en effet de condition pire que celui qui n'a pas cessé de se soustraire à l'exécution de la peine. Pour corriger cette inégalité, le C. p. belge impute sur la durée de la prescription une partie du temps pendant lequel l'évadé a subi sa peine (art. 95).

tion nouvelle. L'exécution de la peine produit donc l'interruption avec son effet normal. La seule observation à faire est que l'incarcération d'un condamné à une peine privative de la liberté interrompt la prescription tout le temps qu'elle dure, et ne lui permet de recommencer que lorsqu'elle a cessé. Mais il ne faut pas qualifier de suspension cet effet de l'acte interruptif. C'est la prorogation de l'interruption. Quand l'acte interruptif a une certaine durée, il est évident que la prescription ne peut recommencer qu'après que l'interruption a pris fin. On ne peut à la fois prescrire et exécuter.

804. L'arrestation du condamné n'interrompt la prescription de sa peine qu'à la condition qu'on l'ait opérée en vue de la lui faire exécuter. Conséquemment, la prescription continue au profit du condamné qui a été arrêté et mis en détention préventive pour un nouveau délit. — De même l'arrestation d'un contumax n'interrompt point la prescription de sa peine, puisqu'elle a uniquement pour objet de le soumettre à un débat contradictoire : elle anéantit la condamnation prononcée contre lui, sous la condition que cette condamnation sera remplacée par un arrêt contradictoire. Donc, si le contumax arrêté s'évade avant d'avoir été jugé contradictoirement, la condamnation par contumace revit et la prescription de la peine court toujours de cet arrêt. Donc, si ayant été arrêté vers la fin du délai de la prescription, ce délai s'accomplit avant qu'il ait pu être soumis à un débat contradictoire, la prescription lui est acquise, car la condition sous laquelle sa condamnation par contumace avait été anéantie ne peut plus utilement s'accomplir.

805. Mais, pourvu que l'arrestation du condamné ait été opérée en vue d'exécuter la peine, il n'y a pas à se préoccuper du genre de prison où il a été écroué. La question de *local* se rattache au régime de la peine ; on peut en tenir compte pour fixer le moment où l'incarcération devient utile en vue du temps à subir, mais pour interrompre la prescription l'arrestation suffit, parce qu'elle réveille le souvenir de la condamnation. Conséquemment, l'arrestation du condamné suivie de transfèrement, ou sa détention à l'étranger pendant l'instruction de la demande d'extradition sont des incarcérations qui interrompent la prescription, bien qu'on ait pu soutenir, avant la loi du 15 nov. 1892 (art. 24, C. p.), qu'elles ne comptaient point pour la durée de la peine (1).

806. Causes de suspension. — Existe-t-il des causes de suspension de la prescription de la peine ? Le ministère public peut-il alléguer qu'un obstacle de droit ou de fait l'a empêché de ramener à exécution la condamnation ? — C'est là une question peu étudiée. Les *obstacles de fait* ne paraissent pas d'abord devoir constituer une cause de suspension. N'est-ce pas en effet un obstacle de cette nature que crée le con-

---

(1) Comp. art. précité, projet de la com. de revision du C. pénal et *suprà*, 359.

damné lorsqu'il se soustrait aux recherches de la justice ? Et cependant la prescription s'accomplit ! Pourquoi en serait-il différemment pour les autres obstacles de fait, par exemple pour le refus d'extradition ? — La controverse ne peut donc porter que sur les *obstacles de droit*, par exemple sur *la démence* (1). Nous pensons, quant à nous, que la *suspension* est une théorie inconciliable avec la raison d'être de la prescription criminelle ; cette considération, que l'obstacle est de droit au lieu d'être de fait, n'est pas de nature à changer la solution (2).

807. Effets. — La prescription accomplie crée contre le droit d'exécution de la peine une fin de non-recevoir d'ordre public, à laquelle les fonctionnaires chargés de l'exécution ne pourraient déroger, même du consentement du condamné, qui parfois y aurait intérêt. Ses effets peuvent être comparés à ceux de la grâce : la condamnation n'est pas effacée ; les peines privatives de droit subsistent ; le condamné reste tenu des restitutions, dommages-intérêts et frais. Mais celui qui a prescrit sa peine est moins favorablement traité que celui qui a été gracié : 1° il ne peut obtenir sa réhabilitation (art. 619) ; — 2° s'il a été condamné *pour crime*, il « ne pourra résider dans le département où demeureraient soit celui sur lequel ou contre la propriété duquel le crime a été commis, soit ses héritiers directs ». Le gouvernement peut en outre lui « assigner le lieu de son domicile » (art. 635 §§ 2, 3) (3).

IV. — De la prescription des condamnations civiles.

808. Nous savons que le Code d'instruction criminelle se borne à renvoyer au Code civil pour la prescription des condamnations civiles (art. 642). C'est par le délai ordinaire de trente ans qu'elle s'accomplit (art. 2262, C. civ.). Il nous suffira de déterminer ici le sens de cette expression *condamnations civiles*, et le *point de départ* de cette prescription. — Opposées aux *peines*, les condamnations civiles comprennent les *restitutions*, les *dommages intérêts* et les *frais* dus soit à la partie civile, soit à l'État (4). — La prescription ne commence à courir, d'après l'art. 642, que du jour où les arrêts ou jugements prononçant ces condamnations *sont devenus irrévocables*. C'est le même principe qui déter-

---

(1) La démence est un obstacle *de fait* dans la prescription de l'action, parce que la poursuite suppose des interrogatoires auxquels ne peut se prêter l'accusé en état de démence. Quand il s'agit au contraire de faire exécuter la peine, le rôle du condamné étant purement passif, ce n'est que par une *raison de droit* que la démence devient un obstacle à cette exécution.
(2) Les projets de Code pénal espagnol (1884-1885) admettaient expressément la prescription de la peine pendant le sursis que la démence du condamné apporte à l'exécution.
(3) Voir *suprà*, n° 285, l'explication de cette disposition.
(4) *Sic* : Opinion générale. Instruct. du Minist. just. et du Min. fin. 20 sept. 1875, art. 245 ; Cass. 23 janv. 1828. — *Contrà*: E. Loison (*La Loi*, 16 juin 1882).

mine le point de départ de la prescription de la peine, bien qu'il y soit fait quelques exceptions. Nous rencontrons ici pour les condamnations par contumace la difficulté que nous avons examinée relativement aux peines pécuniaires : peut-on exécuter les condamnations civiles sur le patrimoine du contumax avant l'expiration du délai de la prescription de la peine ? L'affirmative doit être suivie, si l'on admet avec nous que les arrêts de contumace sont irrévocables sous la condition résolutoire de la représentation du condamné dans les vingt années qui suivent.

LIVRE SECOND

DES JURIDICTIONS & DES PROCÉDURES

PROLÉGOMÈNES

809. Exposé sommaire d'un procès criminel. — Avant de commencer l'étude de cette partie du Droit pénal sanctionnateur, il est bon de savoir comment un procès criminel se développe devant les diverses juridictions pénales, et à quelles procédures il donne lieu. — Un crime a été commis : entre le point de départ de l'action publique (*l'infraction*) et son point d'arrivée (*la chose jugée*), le procès pénal passe par cinq phases différentes.

1re Phase : *La phase policière*. — La police judiciaire en accomplit tous les actes. Elle signale le crime au procureur de la République. Elle peut arrêter provisoirement le coupable pris en flagrant délit. Hors ce cas, elle se borne à désigner l'individu *soupçonné*.

2e Phase : *L'instruction préparatoire*. — On l'appelle ainsi par opposition à l'instruction *définitive* qui aura lieu devant la juridiction de jugement. Elle commence par une ordonnance de *soit informé*, rendue par le juge d'instruction sur un réquisitoire du procureur de la République qui lui demande d'instruire sur l'infraction qu'il porte à sa connaissance. Le premier devoir du juge d'instruction est de vérifier sommairement le fait et sa compétence. S'il trouve au fait l'apparence d'un crime ou d'un délit, si l'action publique existe et s'il se reconnaît compétent pour en connaître, il se déclare saisi en rendant l'ordonnance de *soit informé*. — La plupart des actes que le juge d'instruction accomplira ressembleront beaucoup à ceux qui ont déjà été faits par la police judiciaire. Mais ils ont un autre but : les premiers tendaient à éclairer le ministère public et à préparer l'exercice de l'action publique ; les seconds tendent à éclairer la juridiction d'instruction et à préparer la mise en jugement. — Ils sont aussi plus nombreux et plus graves.

Il y aura des constatations, des saisies, des expertises, une enquête, des arrestations, des interrogatoires, une mise de l'individu poursuivi en état de détention préventive. — Son nom change pendant cette seconde phase : de soupçonné qu'il était, il devient *inculpé*. — L'instruction préparatoire est obligatoire et à deux degrés s'il y a crime ; facultative et normalement à un degré s'il y a délit. — Quand la culpabilité ou l'innocence de l'inculpé paraît suffisamment démontrée, ou bien lorsqu'il n'y a plus d'espoir de recueillir de nouvelles preuves, le juge d'instruction rend son ordonnance *définitive* ou *de clôture*. Suivant le cas, c'est la fin de la poursuite (ordonnance de *non-lieu*), ou une *mise en prévention* (ordonnance *de renvoi*) devant la juridiction de jugement (tribunal correctionnel ou de police, s'il y a délit ou contravention), et devant la juridiction d'instruction du second degré (Chambre d'accusation, s'il y a crime). A partir de cette mise en prévention l'inculpé prend le nom de *prévenu*. — Puisque nous raisonnons sur un crime, suivons le procès pénal devant la Chambre d'accusation. Cette section de la Cour d'appel va procéder à une deuxième visite du procès. Son examen une fois terminé, elle clôt par un arrêt l'instruction préparatoire et, suivant le cas, elle déclare *qu'il n'y a pas lieu de suivre*, ou elle *renvoie* le prévenu devant une juridiction de jugement pour y être jugé. L'arrêt de renvoi devant la Cour d'assises s'appelle, de son nom technique, un arrêt de *mise en accusation*. Aussi à partir de ce moment l'individu poursuivi devient un *accusé*.

3ᵉ PHASE : *La procédure intermédiaire*. — Cette troisième phase comprend le temps qui s'écoule entre la clôture de l'instruction préparatoire et la comparution de l'accusé à l'audience de la juridiction de jugement. Le délai est de cinq jours francs au minimum s'il y a renvoi en Cour d'assises. Son principal objet est l'organisation de la défense et la mise en état de l'affaire, c'est-à-dire la préparation du débat qui va s'ouvrir.

4ᵉ PHASE : *Le jugement*. — Le procès pénal est porté devant la juridiction chargée de juger l'individu poursuivi : devant la Cour d'assises s'il y a apparence de crime. Cette dernière partie de la procédure, qu'on appelle *le jugement*, comprend l'*instruction définitive* (ou *débat*) et la *sentence*. — La sentence est, suivant le cas, un arrêt de condamnation, une ordonnance d'acquittement ou un arrêt d'absolution.

5ᵉ PHASE: *Les voies de recours*. — Le procès pénal est terminé. Le point de fait est irrévocablement jugé ; mais le point de droit peut donner lieu à un pourvoi en cassation. Le délai pour se pourvoir, qui est de trois jours francs, et le pourvoi formé suspendent l'exécution de la sentence ; mais dès que ce délai est expiré sans qu'il y ait eu pourvoi, ou bien dès que le pourvoi a été évacué, il y a *chose jugée* ; l'action publique a atteint son but, et la condamnation, si elle a été maintenue, devient susceptible d'exécution. — Cependant des événements ultérieurs, assez rares et limitativement énumérés, peuvent démontrer que le juge s'est trompé en fait et a condamné un innocent : alors s'ouvre pour le condamné ou pour sa mémoire une autre voie de recours, la *demande en revision*. — Dans la procédure devant les tribunaux correctionnels et de police, les sentences qui terminent le procès pénal sont des jugements ou arrêts *de condamnation* ou *de relaxe*. On y trouve deux voies de recours ordinaires : l'*opposition* et l'*appel*, en outre du *pourvoi en cassation*. Quant au *recours en revision*, il existe pour les matières correctionnelles, mais non pour celles de simple police.

810. Prenant pour guide le procès pénal que nous venons d'esquisser, nous diviserons en six titres l'étude des juridictions et des procédures, savoir :

Titre I. De la police judiciaire ;
Titre II. De l'instruction préparatoire ;
Titre III. Des juridictions d'instruction ;
Titre IV. Des juridictions de jugement ;
Titre V. Des voies de recours extraordinaires ;
Titre VI. De l'autorité de la chose jugée.

L'organisation des juridictions est trop intimement liée à la procédure pour nécessiter un exposé à part. Il en est de même des voies de recours ordinaires : l'*opposition* et l'*appel*. Il en sera traité dans les titres II, III et IV.

TITRE PREMIER

DE LA POLICE JUDICIAIRE.

811. Notions générales. — L'œuvre de la justice criminelle s'accomplit avec le concours de deux pouvoirs distincts et indépendants l'un de l'autre : la *police* et la *justice*. A cette idée se rattache la division générale du Code d'instruction criminelle : le premier livre est relatif à la police, le second à la justice ; et bien que dans la distribution des matières cette distinction n'ait pas été toujours scrupuleusement observée, elle en est cependant la base. Le Code de l'an IV, qui avait parfois une certaine saveur doctrinale, avait pris le soin de définir la police et d'indiquer ses divisions et sa mission : « La police est instituée pour maintenir l'ordre public, la liberté, la propriété, la sûreté individuelle. Son caractère principal est la vigilance. La société, considérée en masse, est l'objet de sa sollicitude. — Elle se divise en police *administrative* et en police *judiciaire*. — La police administrative a pour objet le maintien habituel de l'ordre public dans chaque lieu et dans chaque partie de l'administration générale. Elle tend principalement à prévenir les délits... — La police judiciaire recherche les délits que la police administrative n'a pu empêcher de commettre, en rassemble les preuves et en livre les auteurs aux tribunaux chargés par la loi de les punir » (art. 16-20). Ces notions, qui n'ont été qu'imparfaitement reproduites par l'art. 8, C. i. c., sont toujours exactes ; mais, ce qui peut causer quelque confusion, c'est d'abord la réunion assez fréquente des pouvoirs de police administrative et judiciaire dans les mêmes mains, et en second lieu, le double sens dont est susceptible l'expression de police judiciaire. Tantôt, en effet, elle désigne tous les actes et tous les fonctionnaires auxquels font allusion l'art. 20, C. de l'an IV, et l'art. 8, C. i. c. ; c'est le sens large. Tantôt, au contraire, elle désigne seulement les constatations, les recherches, les mesures provisoires qui précèdent l'exercice de l'action publique et qui constituent la phase policière du procès pénal, ainsi que les fonctionnaires chargés de les accomplir ; c'est le sens strict et celui qu'on donne dans le langage courant à cette expression, *la police*. Cette confusion se complique de celle que peuvent faire naître les titres différents auxquels le même fonctionnaire participe à l'œuvre de la justice : tantôt simple agent de constatations et de recherches, tantôt membre d'une juridiction exerçant près d'elle une fonction définie par la loi, tantôt juridiction lui-même. Pour toutes ces causes, la classification des agents de la police judiciaire n'est qu'à peu près satisfaisante.

812. Classification et rôle des agents. — On distingue quatre classes d'officiers ou agents de police judiciaire, savoir : 1° les officiers supérieurs ; — 2° les officiers auxiliaires ; 3° les officiers inférieurs ; — 4° les agents spéciaux adjoints.

813. I. Officiers de police judiciaire supérieurs. — Il y en a deux dans chaque arrondissement : le *procureur de la République* et le *juge d'instruction*. Mais il faut rapprocher de ces magistrats les *préfets* des départements et le *préfet de police* de Paris, qui, sans avoir la qualité d'officiers de police judiciaire, sont investis de leurs fonctions.

1° Le *Procureur de la République* a les pouvoirs les plus étendus, sinon les plus puissants. Il réunit deux qualités : celle d'officier de police judiciaire et celle de membre du ministère public. — En sa première qualité il est chargé de rechercher et de poursuivre les *crimes* et les *délits* (art. 22). Il reçoit les dénonciations et les plaintes des particuliers, ainsi que les rapports et procès-verbaux des agents auxiliaires ou inférieurs dispersés sur tous les points de l'arrondissement (art. 18, 20, 29, 30, 53, 54). — Comme membre du ministère public, il est chargé d'exercer l'action publique devant le juge d'instruction et le tribunal correctionnel. S'il y a crime, il ne peut, en principe, que requérir le juge d'instruction d'informer. S'il y a délit, il a le choix entre la voie de l'instruction préparatoire et la citation directe du prévenu devant le tribunal correctionnel (art. 47, 64, 182). Dans tous les cas, d'ailleurs, il a la surveillance de l'instruction. Il peut, en conséquence, demander la communication de la procédure à toutes les époques de l'information, à la charge de rendre les pièces dans les vingt-quatre heures (art. 61 § 1). Le *flagrant délit* apporte quelques dérogations aux deux règles qui précèdent : si l'infraction flagrante est un crime, le procureur de la République a le droit de procéder à l'arrestation du coupable et de commencer l'instruction. Si c'est un délit, il peut faire arrêter l'inculpé, l'interroger et le mettre en détention préventive, à la condition de le faire comparaître devant le tribunal correctionnel le jour même ou le lendemain (art. 32-46, C. i. c. ; L. 20 mai 1863).

814. 2° Le *Juge d'instruction* est un juge titulaire ou suppléant du tribunal de première instance, désigné par décret pour faire l'instruction pendant trois ans. Ce mandat est indéfiniment renouvelable (art. 55, 56, C. i. c. ; L. 17 juil. 1856) (1).

---

(1) En cas d'empêchement momentané du juge nommé par décret, il suffira d'une simple désignation d'un autre juge par le tribunal pour le remplacer (art. 58). — Dans le projet *Constans*, le président du tribunal remplace de droit ou désigne le juge qui remplace le juge d'instruction (art. 2).

815. Le juge d'instruction a deux qualités : il est officier de police judiciaire pour la constatation des crimes et des délits et juridiction d'instruction du premier degré pour instruire sur les faits dont il est saisi (1).

Il importe de distinguer en quelle qualité il agit ; car si, comme officier de police judiciaire, il est sous la surveillance et à la censure du procureur général et de la Cour d'appel (art. 280, 281), en tant que juridiction d'instruction il ne peut recevoir de ces autorités ni injonction, ni blâme, mais il reçoit des réquisitions, statue sur elles par des ordonnances et ses décisions sont sujettes à appel. — En l'une ou l'autre de ses qualités il est chargé de faire, pour la poursuite des *crimes* et des *délits*, les actes que l'art. 8 détermine : « *rechercher* les crimes et délits, en *rassembler* les preuves, en *livrer* les auteurs aux tribunaux chargés de les punir ». L'art. 61 les qualifie d'*actes d'instruction ou de poursuite.* Cependant le juge d'instruction n'a point ce qui s'appelle à proprement parler *la poursuite*, car hors le cas de flagrant délit il ne peut se saisir lui-même de l'action publique (art. 61). Mais, une fois saisi, il n'a pas besoin en général des conclusions du procureur de la République pour faire les actes nécessaires à l'instruction de l'affaire, quoique l'art. 61 § 1 semble dire le contraire. Si l'on donnait en effet cette portée à ce texte, il serait en contradiction avec d'autres qui autorisent le juge d'instruction à faire de sa propre initiative les actes les plus graves : tels que délivrer un mandat d'amener ou de dépôt, opérer les perquisitions, les saisies (art. 61 § 2, 87, 88). Il serait absurde qu'il ne pût faire aussi dans les mêmes conditions des actes moins importants. On doit donc entendre l'art. 61 § 1 en ce sens qu'il défend seulement au juge d'instruction de commencer une information sans communiquer les pièces dont il est nanti au ministère public. Ainsi entendue, cette disposition a son utilité, lorsque le juge d'instruction est saisi par la partie civile. Cependant il y a deux actes d'instruction qui, même au cours de la procédure écrite, doivent toujours être précédés des conclusions spéciales du parquet, c'est l'émission du mandat d'arrêt et la main-levée d'office des mandats d'arrêt ou de dépôt (art. 94 §§ 2, 3).

Le juge d'instruction, comme officier de police judiciaire, peut recevoir les *dénonciations* et les *plaintes*, et les rédiger ou faire rédiger sous ses yeux (art. 63, 65, 31). S'il est compétent pour instruire sur le fait

---

(1) Cette distinction ne s'est bien accusée qu'après 1856 quand le juge d'instruction a hérité de la compétence de la Chambre du conseil. Certaines personnes le considèrent cependant comme ayant conservé ses anciennes fonctions d'officier de police judiciaire dans tout le cours de l'instruction et le traitent comme un agent que le ministère public dirige, lance et morigène à son gré. Cette manière de traiter le juge d'instruction est aussi contraire à la loi qu'à la dignité de la justice et à l'indépendance du magistrat. Dès qu'il est saisi, le juge d'instruction est une juridiction qui instruit l'action portée devant elle et qui prépare ainsi la décision qu'elle va rendre.

dénoncé il transmet la pièce au procureur de la République de son siège et attend les réquisitions qui le saisiront en tant que juridiction. Au cas contraire il la transmet aux magistrats compétents (art. 69, 70).

Il peut aussi recevoir, mais en qualité de juridiction d'instruction, une *constitution de partie civile* formulée soit dans la plainte, soit dans un acte subséquent (art. 66). Cette constitution le saisit de l'action civile et par contre-coup de l'action publique. Aussi, après avoir communiqué la plainte au procureur de la République pour prendre ses conclusions (art. 64), il doit statuer sur la demande de poursuites qui lui est adressée par la partie civile : il rend à cet effet une ordonnance de *non-lieu* ou de *soit informé*. Dans ce dernier cas il procède immédiatement aux actes d'instruction et de poursuite, quelles qu'aient été les conclusions du ministère public et même n'en eût-il pas donné (1) ; mais celui-ci peut faire suspendre l'instruction, momentanément du moins, en interjetant appel (*opposition*) de l'ordonnance de soit informé (art. 135).

816. *Le flagrant délit* donne aux pouvoirs du juge d'instruction une prorogation qui est la contre-partie de celle des pouvoirs du procureur de la République dans la même hypothèse : il peut, s'il y a *crime flagrant*, se saisir d'office et commencer l'instruction sans y être provoqué par le ministère public ou par la partie civile (art. 59). Il continue l'instruction commencée par les autres officiers de police judiciaire et il peut refaire les actes qui lui paraissaient incomplets (art. 60).

817. 3° Les *préfets des départements* et le *préfet de police à Paris*. — On ne leur a pas donné le titre d'officiers de police judiciaire afin de les soustraire à la surveillance du procureur général et de la Cour d'appel (2) ; mais ils en ont les pouvoirs (art. 10). C'est sur l'insistance de Napoléon Ier que ces pouvoirs leur furent attribués. Il ne voulait pas les leur donner en toute matière, mais seulement pour les crimes graves et flagrants qui leur seraient révélés par la police administrative, et en attendant que l'autorité judiciaire fût saisie. La rédaction de l'art. 10 a dépassé la pensée de celui qui l'avait conçu, car, sauf la dernière restriction, qui s'induit de la nature même des pouvoirs de police judiciaire des préfets, toutes les autres ont disparu. Précisons la portée de ce texte : il donne aux préfets la faculté, 1° de requérir les officiers de police judiciaire de faire acte de leurs fonctions ; 2° d'accomplir eux-mêmes (*faire personnellement*) ces actes.

818. Le droit de requérir les officiers de police judiciaire n'ajoute rien aux notions qui nous sont connues. Ceux-ci en effet, une fois requis, accompliront la mission que la loi leur a tracée. L'intervention du préfet se bornera donc à un avis officiel qu'un *crime*, un *délit* ou une

---

(1) Ce point est controversé ; nous y reviendrons.
(2) LOCRÉ, t. XXVI, p. 556, 562 ; t. XXV, 120, 200, 213.

contravention ont été commis, et à une demande de poursuites ; mais à partir de ce moment il ne prend plus part à l'œuvre de la police judiciaire ; il ne pourrait même pas se faire rendre compte de la marche de la procédure (1).

819. Le droit de faire personnellement les actes de la compétence des officiers de police judiciaire ajoute, au contraire, à la liste de ces officiers un fonctionnaire de l'ordre administratif, plus puissant qu'aucun d'eux pris individuellement, puisqu'il a tous les pouvoirs de chacun d'eux. Ces attributions exorbitantes des préfets sont inquiétantes pour la liberté individuelle, l'inviolabilité du domicile, le secret des lettres. En matière politique, leur action se substitue à celle de la justice pour faire des arrestations et des saisies d'une légalité douteuse, qu'un juge d'instruction refuserait d'ordonner (2). En matière de Droit commun, elle l'entrave, surtout à Paris, où le préfet de police abuse, assure-t-on, de son autorité sur les commissaires de police pour les empêcher de transmettre au parquet leurs procès-verbaux quand il ne lui plaît pas de laisser poursuivre les délinquants. Aussi d'excellents esprits ont essayé de restreindre le plus possible les pouvoirs des préfets, tandis que la jurisprudence, subissant l'influence d'un gouvernement autoritaire, leur donnait, en 1853, 1862 et 1866, une extension excessive (3).

820. Voici, selon nous, le caractère des pouvoirs de police des préfets : ils sont personnels ; — ils comprennent ceux du procureur de la République et du juge d'instruction ; — ils sont subsidiaires.

1°. *Ils sont personnels* : « Pourront faire *personnellement*... », porte en effet l'art. 10. De là deux conséquences : *a*) ces pouvoirs ne comportent pas de délégation. Le préfet ne pourrait charger un sous-préfet d'agir à sa place. Mais il ne faut pas aller jusqu'à dire qu'ils sont attachés à la personne du préfet ; c'est plutôt l'apanage de la fonction. Quel que soit donc le fonctionnaire qui remplisse momentanément les fonctions de préfet, il peut se prévaloir de l'art. 10 (4). — *b*) Si le préfet commet un officier de police judiciaire pour agir à sa place, il ne lui

---

(1) Circ. min. just. 12 mars 1812, 2 mars 1816 ; Déc. min. 31 juil. 1827 ; Duverger, *Man. des J. d'Inst.*, I, 85.

(2) Sur le caractère des saisies opérées par les préfets, en vertu de l'art. 10, Trib. des conf., 23, 25 mars 1889 (*Gaz. Trib.* 24, 26 mars).

(3) V. la consultation d'Odilon Barrot et l'arrêt de Cass. (*Ch. réunies*) du 21 nov. 1853, aff. *Coetlogon* (D. 1883, 1, 222-279). La commission extra-parlementaire qui prépara le projet de loi de revision du Code d'inst. crim. actuellement en élaboration législative avait proposé la suppression de l'art. 10 (séance du 8 juil. 1879). Il a été rétabli, mais avec certaines modifications, dans le projet voté par le Sénat. Le projet de la commission de la Chambre des députés supprime les fonctions d'officiers de police judiciaire des préfets des départements, et elle classe le préfet de police de Paris parmi les officiers de police auxiliaires (art. 85). C'est une transaction qui mérite d'être approuvée.

(4) Legraverend, I, p. 164 ; Bourguignon, I, p. 85 ; F. Hélie, III, 1012.

communique point sa compétence : ces officiers ne pourront agir que dans les limites que la loi leur assigne (1).

821. 2° *Ils comprennent ceux du procureur de la République et du juge d'instruction.* — L'art. 10 renvoie en effet à l'art. 8, qui définit l'œuvre de la police judiciaire au sens large du mot. D'ailleurs, le but même de la disposition étant de faire suppléer par le préfet tous les officiers de police judiciaire y compris le procureur de la République et le juge d'instruction, il fallait bien lui attribuer les pouvoirs de chacun d'eux. Mais il faut observer que le préfet les supplée seulement en tant qu'officiers de police judiciaire : il n'est point membre du ministère public, ni juridiction d'instruction. Par conséquent il ne pourrait citer directement le prévenu devant un tribunal correctionnel ou de police ; ni, après avoir fait l'instruction, rendre une ordonnance de clôture. Mais, bien qu'on l'ait nié, il peut faire tous les actes d'instruction et de poursuite qui n'impliquent chez les deux magistrats dont il remplit les fonctions d'autre qualité que celle d'officier de police judiciaire, tels que : constatations, perquisitions, saisies, expertises, enquêtes, interrogatoires, arrestation provisoire, mise en détention préventive. Le texte en effet ne contient aucune réserve ; il donne au préfet le droit de faire personnellement les mêmes actes que feraient, en vertu de leur pouvoir propre, les officiers de police judiciaire qu'il a le droit de requérir (2). Cette disposition n'est pas sans danger : certains de ces actes sont graves ; le procureur de la République et le juge d'instruction ne peuvent les faire que réunis, ou, s'ils agissent séparément, qu'avec l'assistance de témoins ; le préfet au contraire, cumulant dans sa personne les pouvoirs des deux magistrats, pourra les faire seul (3).

822. 3° *Ils sont subsidiaires.* — Le préfet n'a pas le droit d'instruire

---

(1) LEGRAVEREND, I, p. 167 ; MANGIN, p. 153 ; F. HÉLIE, III, 1015. — L'arrêt précité a admis la thèse contraire en validant une saisie de lettres faite à la poste par un commissaire de police agissant comme délégué du préfet hors du cas de flagrant délit, alors que par lui-même ce commissaire n'aurait pu y procéder que si le délit eût été flagrant (art. 32, 36, 49) ; *junge* : Cass. 16 août 1862 ; 19 janv. 1866.

(2) *Sic* : *Jurisprud.* (arrêts précités) ; BOITARD, 531 ; TRÉBUTIEN, II, p. 108 ; GARRAUD, 449, 469 ; VILLEY, p. 258, note 2.—*Contrà* : F. HÉLIE, III, 1210.—Les auteurs ne sont pas d'accord sur le genre de détention que les préfets peuvent imposer à l'inculpé : les uns l'autorisent à le placer seulement sous *mandat d'amener* (TRÉBUTIEN) ; d'autres sous *mandat d'amener* ou *de dépôt*, mais non sous mandat d'arrêt (GARRAUD) ; d'autres enfin ne font aucune distinction (BOITARD). C'est également mon avis, parce que tous les mandats sont délivrés par le juge d'instruction en qualité d'officier de police judiciaire. On objecte que le mandat d'arrêt affecte la forme d'un jugement. Sans doute, mais depuis que la loi du 14 juil. 1865 a autorisé sa main-levée par mesure d'instruction, cette forme n'est plus qu'une superfétation, et au fond le mandat est passé de la compétence de la juridiction d'instruction dans celle de l'officier de police judiciaire.

(3) Comp. art. 42 et 59. — La qualité d'officier de police auxiliaire, donnée au préfet de police par le projet de réforme, corrigera cette solution.

concurremment avec le procureur de la République, ni avec le juge d'instruction. Ses procès-verbaux étant destinés en effet à revenir à ces deux magistrats, il est naturel qu'il soit dessaisi dès qu'ils se saisissent de l'affaire. Les travaux préparatoires prouvent au surplus que le préfet n'a été investi des pouvoirs de police judiciaire qu'en attendant l'arrivée du procureur de la République ou du juge d'instruction sur le lieu du crime : il peut donc procéder en concurrence avec les juges de paix, officiers de gendarmerie et autres auxiliaires, mais non avec les deux officiers supérieurs (1).

823. II. Officiers de police auxiliaires du procureur de la République. — Les juges de paix, les officiers de gendarmerie, les maires et adjoints, et les commissaires de police ont cette qualité (art. 48, 50) (2). Ce sont d'abord des agents de *renseignement*, de *réception* et de *transmission*. Ils renseignent le procureur de la République sur les crimes et délits qui parviennent à leur connaissance (art. 29). Ils reçoivent les dénonciations et les plaintes relatives aux mêmes infractions (art. 48, 64), et ils les lui transmettent (art. 53, 54). — Leur participation à l'œuvre de la police judiciaire se manifeste en second lieu par l'exécution des délégations qu'ils peuvent recevoir du juge d'instruction (art. 83, 84). — Enfin, ils ont, comme le procureur de la République, le droit de procéder aux premiers actes de l'instruction préparatoire s'il y a *crime flagrant*. Mais, dès que le procureur de la République se saisit de l'affaire, ils perdent leur compétence et n'agissent plus que par délégation expresse de sa part (art. 49, 51, 52).

Les pouvoirs de police judiciaire des officiers auxiliaires ne diffèrent que par l'étendue *territoriale* de leur compétence. Le maire a ces pouvoirs dans sa commune ; le commissaire de police, dans sa circonscription qui comprend souvent plusieurs communes ; le juge de paix, dans son canton ; les officiers de gendarmerie, dans leur circonscription qui est habituellement l'arrondissement.

824. III. Officiers de police judiciaire inférieurs. — Cette troisième classe d'officiers est plus particulièrement chargée de rechercher et de constater les contraventions de police et les délits contre les propriétés rurales. Elle comprend des officiers qui n'ont que cette qualité : les *gardes champêtres* et *forestiers*, et d'autres qui ont en outre la qualité d'auxiliaires du procureur de la République : les *commissaires de police* et les *maires et adjoints*. — Leurs attributions ne sont pas toujours les

---

(1) V. Locré, t. XXV, p. 202-206 ; 238.
(2) L'art. 48 ajoutait les *commissaires généraux de police*, mais ils ont été supprimés (D. 28 mars 1815, art. 9). Il ne faut pas les confondre avec les *commissaires centraux* qui existent dans les grandes villes et qui ne sont que des commissaires de police investis d'une surveillance et d'une direction administratives sur les autres commissaires de la ville.

mêmes. Les gardes champêtres et forestiers (1) ont surtout pour mission de constater les délits et contraventions ruraux et forestiers (art. 16). Les premiers sont de plus chargés de la police municipale (art. 102, L. 5 av. 1884, s. *l'org. municip.*). Ils ont le pouvoir de dresser des procès-verbaux, de saisir les objets enlevés et d'arrêter les délinquants. Leur compétence pour tous ces actes est restreinte au territoire pour lequel ils ont été assermentés (art. 16, C. i. c. ; 160, C. for.). La saisie suppose la perquisition. Pour pénétrer dans le *domicile* (maison) ou *ses dépendances* (ateliers, bâtiments, cours et enclos adjacents), les gardes doivent se faire assister d'un officier de police auxiliaire : *juge de paix, commissaire de police, maire* ou *adjoint* du lieu (art. 16, C. i. c. ; 161, C. for.) (2). Ils arrêtent par mesure de police le délinquant surpris en flagrant délit, quand son identité n'est pas connue ou quand le fait est passible de l'emprisonnement ou de peine plus grave (art. 17, C. i. c. ; L. 20 mai 1873, art. 1er), sans qu'il y ait à distinguer si l'infraction était dirigée contre la chose publique, les personnes ou les propriétés privées. Les gardes doivent enfin, comme tous les fonctionnaires, donner avis au procureur de la République des crimes et délits dont ils acquièrent la connaissance dans l'exercice de leurs fonctions (art. 29).

825. Les commissaires de police et, dans les communes où il n'y en a point, les maires, et à défaut de ceux-ci, les adjoints sont chargés de rechercher et de constater les *contraventions de police*, même celles qui sont sous la surveillance spéciale des gardes champêtres et forestiers, à l'égard desquels ils ont « *concurrence et même prévention* » (art. 11). Cela signifie qu'ils peuvent faire des constatations et des recherches même après que les gardes sont saisis de l'affaire, et que d'un autre côté s'ils ont agi les premiers, les gardes n'ont plus le pouvoir propre de faire ces constatations et n'agissent plus qu'avec leur autorisation. Les commissaires ont donc un droit de préférence sur les gardes analogue à celui du Procureur de la République sur les officiers auxiliaires (art. 51), mais subordonné à cette condition, qu'ils auront été plus diligents qu'eux (3).

---

(1) Les gardes forestiers se divisent en gardes *de l'Etat, des communes* ou *des établissements* publics et en gardes *des particuliers*. — Les gardes champêtres, en gardes *des communes* et gardes *des particuliers*. — Ces distinctions tiennent au mode de nomination et à la nature des propriétés confiées à leur surveillance, mais elles ne changent rien à leurs pouvoirs.

(2) La sanction du devoir des gardes et des fonctionnaires chargés de les accompagner est dans les art. 184 et 234 du Code pénal.

(3) Bornier, sous l'ordonnance criminelle de 1670, art. 7, donne une définition très nette de ces deux expressions : « La concurrence est proprement le droit que divers juges ont de connaitre le crime ; et la prévention, le droit qu'un de ces juges a d'attirer à soi la connaissance du crime parce qu'il en a connu le premier. » — Faut-il étendre le droit de concurrence et de prévention des commissaires de police et des maires de la matière des contraventions aux DÉLITS

826. IV. Agents spéciaux adjoints à la police judiciaire. — Leur mission est de dresser des *procès-verbaux*, de faire des *rapports*, d'opérer des *arrestations par mesure de police* et de prêter *main-forte*. — La plupart des administrations publiques ont des agents assermentés, chargés de constater les infractions aux lois protectrices des monopoles de l'État ou de la partie du domaine public placée sous leur surveillance. Telles sont les administrations des douanes, des contributions indirectes, des postes, des ponts et chaussées, etc. Ces agents ont qualité pour dresser des *procès-verbaux* qui font foi, tantôt jusqu'à inscription de faux, tantôt jusqu'à preuve contraire. Souvent aussi ces agents ont qualité pour faire des perquisitions et des saisies, parce que le *corps du délit*, c'est-à-dire la marchandise trouvée en fraude, est trop facilement sujette à disparaître, ou bien parce que l'État a un droit sur elle à raison de son monopole. — Les *rapports* diffèrent des procès-verbaux par leur force probante. Ils ont seulement la valeur d'un renseignement. Ils émanent d'agents non assermentés, ou agissant en dehors des attributions pour lesquelles ils ont prêté serment. Les sergents de ville et officiers de gendarmerie, à l'égard des infractions qu'une loi spéciale ne les a pas chargés de constater par des procès-verbaux dont elle détermine la force probante, ne rédigent que des rapports. Il est d'ailleurs de règle qu'en matière pénale ordinaire les procès-verbaux, de quelque officier de police judiciaire qu'ils émanent, ne valent que comme renseignement. — Les officiers et agents de la police judiciaire ont le droit de requérir *main-forte* pour l'accomplissement de leurs opérations. Régulièrement la main-forte est prêtée par les *agents de la force publique*, c'est-à-dire la gendarmerie, les gardes champêtres et forestiers, les agents de police, les douaniers, l'armée. Exceptionnellement elle est due par le maire ou l'adjoint au garde champêtre pour arrêter en flagrant délit un individu qui a commis une infraction passible d'emprisonnement ou de peine plus grave (art. 26), et par toute personne s'il y a crime flagrant (art. 106). Le refus d'obéir à une réquisition régulière demandant main-forte est un délit s'il émane d'un commandant de la force publique, et une contravention dans les autres cas (art. 234, 475, 12º, C. p.).

827. Terminons cet aperçu du personnel de la police judiciaire et de ses attributions par deux observations :

1º Les officiers de police judiciaire supérieurs, auxiliaires et inférieurs sont, au point de vue de leur conduite personnelle, sous la surveillance du procureur général et de la Cour d'appel. En cas de négligence, le procureur général les avertit, et s'ils récidivent dans l'année, il les fait

---

ruraux et forestiers ? V. p. l'*affirmative*, BOURGUIGNON, *Inst. crim.*. p. 28 ; v. p. la *négative*, MANGIN, *Tr. des proc. verb.*, p. 166 ; F. HÉLIE, III, 1172.

citer devant la Cour, en la chambre du conseil, qui peut leur enjoindre d'être plus exacts à l'avenir et les condamner aux frais de cette poursuite disciplinaire (art. 279-282). Leurs fautes peuvent aussi donner lieu administrativement à la *révocation* et, pour certains d'entre eux, à un *déplacement*. Il ne faut pas confondre cette surveillance avec celle que la Cour d'appel exerce sur la poursuite des crimes et des délits (art. 9, 235, 250, C. i. c. ; art. 11, L. 20 av. 1810). Celle-ci s'applique aux actes et celle-là aux agents.

828. 2° Tout officier de police judiciaire, qui refuse de faire acte de ses fonctions sur la réquisition du particulier lésé par le délit, commet envers ce dernier un déni de justice et peut être *pris à partie* (art. 505 et s., C. pr. civ.). C'est même uniquement par cette procédure qu'il est possible d'obtenir contre lui une condamnation à des dommages-intérêts (1).

(1) *Sic* : Cass. 4 mai 1880 (*J. Pal.* 1881, 164).

TITRE DEUXIÈME

DE L'INSTRUCTION PRÉPARATOIRE JUSQU'AU RÈGLEMENT DE LA PROCÉDURE.

CHAPITRE PREMIER

DE LA COMPÉTENCE.

829. Nous examinerons successivement : 1° Les diverses espèces de compétence ; — 2° Les circonstances qui modifient les règles ordinaires de la compétence ; — 3° La manière de régler les conflits de compétence.

830. Diverses espèces de compétence. — La compétence doit être envisagée à trois points de vue, savoir :

1° Au point de vue de l'*infraction* ou *ratione materiæ* ;

2° Au point de vue de l'*infracteur* ou *ratione personæ* ;

3° Au point de vue du *territoire* sur lequel s'étend la juridiction du juge, ou *ratione loci*.

En matière de crimes et de délits, ces trois espèces de compétence existent non seulement pour l'instruction préparatoire, mais encore pour l'instruction définitive devant la juridiction de jugement. Les règles qui déterminent, en effet, la compétence du juge d'instruction chargé d'instruire, déterminent également celle du procureur de la République chargé de requérir dans la même affaire. Elles déterminent aussi par contre-coup celle du tribunal correctionnel et de la Cour d'assises. Pour les contraventions les règles sont moins compliquées.

831. Cette matière est fort importante. La compétence des officiers de police judiciaire et des tribunaux qui accomplissent l'œuvre de la justice criminelle est en effet la mesure du droit social de punir qui leur est imparti ; par suite elle est *d'ordre public*. L'exception d'incompétence peut donc être opposée par toutes les parties en cause (1) ; — le juge doit la suppléer d'office (art. 69, C. i. c.) ; — le consentement du

---

(1) Cass. 7 août 1874.

prévenu à laisser instruire ou juger des magistrats incompétents ne proroge point la compétence de ces magistrats (1). Il y a cependant des degrés dans l'incompétence, comme on le verra dans le règlement des conflits auxquels la compétence peut donner lieu.

832. *a) Ratione materiæ*, le juge d'instruction a une compétence générale pour tous les crimes et délits de Droit commun (art. 22, 47, 63). Cette circonstance que le crime est déféré à une juridiction exceptionnelle, par exemple à la Haute Cour ou aux conseils de guerre (2), ne l'empêche pas de procéder jusqu'à ce que cette juridiction le dessaisisse en se saisissant de l'affaire (arg. art. 12 § 4, L. const. 16 juillet 1875 ; art. 5, L. 10 av. 1889). Mais il n'a pas compétence pour les infractions contre le devoir militaire (3) ; ni pour les délits improprement qualifiés de contraventions de voirie déférés aux conseils de préfecture.

833. *b) Ratione personæ*, le juge d'instruction a une compétence générale, excepté à l'égard des militaires ou marins et des *assimilés* (4), ainsi que des personnes qui jouissent d'une immunité de juridiction, savoir : le président de la République et les ministres, les magistrats, fonctionnaires et dignitaires couverts par la garantie judiciaire. Nous avons dit (*suprà*, n° 703) en quoi consistait leur situation exceptionnelle. L'incompétence *ratione personæ* n'empêche pas le juge d'instruction de faire en sa qualité d'officier de police judiciaire les premières constatations.

834. *c) Ratione loci*, il y a trois juges d'instruction compétents : celui du lieu du délit, celui de la résidence de l'inculpé, celui du lieu de capture (art. 23, 63). Supposons qu'un individu, résidant habituellement à Marseille, commette un crime à Montpellier et soit arrêté à Toulouse : les juges d'instruction de Marseille, de Montpellier et de Toulouse seront également compétents pour instruire l'affaire. — La compétence déterminée par le *lieu du délit* est la plus naturelle et la seule conforme au

---

(1) Cass. 13 mai 1826.
(2) Le Sénat constitué en Cour de justice est compétent pour juger toute personne prévenue d'attentat contre la sûreté de l'État (art. 12 § 3, L. const. 16 juil. 1875). Dans l'état de siège, les conseils de guerre peuvent être saisis de la connaissance des crimes et délits contre la sûreté de l'État, contre la Constitution et contre la paix publique (art. 8, L. 9 août 1849). En temps ordinaire, ils jugent les étrangers coauteurs ou complices de leurs justiciables, le crime ou le délit fût-il de Droit commun (art. 77 § 2, C. J. M. A. T.).
(3) Ces infractions ne pouvant être commises que par un militaire avec ou sans la complicité d'un non-militaire, l'observation que je fais au texte n'a de l'importance que s'il s'agit d'un *Étranger* complice d'un militaire ; car si le militaire a pour complice un *Français*, tous les prévenus indistinctement sont traduits devant les tribunaux ordinaires (art. 76, C. J. M. A. T.).
(4) V. la définition des assimilés, art. 56, *ibid*. — La compétence des tribunaux militaires n'existe d'ailleurs que sur les hommes en activité de service présents au corps, ou placés dans un établissement surveillé par l'autorité militaire, ou détachés pour un service spécial (art. 56-59, C. J. M. A. T. ; Comp. L. 15 juil. 1889 s. le recrutement, art. 51, 52, 53, 57).

caractère territorial de la loi pénale. C'est là que sont faites les premières constatations. Elle rend l'instruction plus facile et plus prompte. Mais comment préciser le lieu du délit? En examinant où ont été accomplis les actes d'*exécution*. Pour les délits instantanés ce lieu est unique. Pour les infractions *continues*, la permanence du fait rend compétents tous les juges d'instruction des arrondissements où ce fait a été exécuté. Pour les infractions d'habitude, le lieu du délit est l'arrondissement où s'est produit un nombre de faits suffisants pour constituer l'habitude.

— La compétence déterminée par la *résidence* du prévenu favorise la découverte et l'appréciation de ses antécédents. — Celle déterminée par le *lieu de capture* permet de saisir les pièces à conviction dont il est porteur, c'est-à-dire les objets provenant du délit et les armes ou instruments qui ont servi à le commettre (1).

835. Circonstances qui modifient les règles ordinaires de la compétence. — Il y a des dérogations à la compétence *ratione loci* pour certaines instructions spéciales, telles par exemple que l'instruction sur les crimes et délits commis à l'étranger (art. 6), les renvois après cassation (art. 427, 429), le renvoi pour cause de sûreté publique ou de suspicion légitime (art. 542), la reconnaissance d'identité (art. 518), l'instruction sur un fait nouveau découvert au cours des débats devant la Cour d'assises (art. 361). Elles sont toutes motivées par l'utilité d'une bonne et prompte justice.

Les trois espèces de compétence peuvent en outre être prorogées par l'effet de l'*indivisibilité* et de la *connexité*. Il convient d'examiner ici ces modalités de l'infraction que nous n'avons fait qu'indiquer dans d'autres parties de cet ouvrage.

836. I. Indivisibilité. — On oppose les délits *complexes* et les délits *connexes* aux délits *simples*. Une infraction est simple, lorsqu'elle se compose d'un fait unique imputable à un seul agent. Dès qu'il y a pluralité de faits ou d'agents, l'infraction est complexe ou connexe. La première de ces modalités est constituée par un ensemble de faits, si étroitement liés les uns aux autres qu'ils ne constituent juridiquement qu'une infraction. La *connexité* laisse au contraire à chaque fait le caractère de délits différents, reliés entre eux par un rapport qui ne leur fait pas perdre leur individualité. Les délits complexes, qu'on appelle aussi *collectifs*, sont *indivisibles*. — Ces deux sortes de délits peuvent être l'œuvre soit du même agent, soit de plusieurs individus. Le concours idéal d'infractions, la complicité, la réitération du même fait en exécution d'une seule et même résolution criminelle et pour atteindre le même but, la concomitance de deux infractions dont l'une sert de

---

(1) La raison d'être de la compétence déterminée par le lieu de capture prouve qu'on ne peut considérer comme un lieu de capture celui où l'inculpé est détenu pour une autre infraction : Cass. 29 mars 1847 ; 18 janv. 1851.

circonstance aggravante à l'autre nous ont fourni des exemples de délits collectifs. L'unité de fait matériel dans le concours idéal, l'unité des actes internes dans les autres infractions collectives expliquent l'indivisibilité qui en est la conséquence : là en effet où existe l'une ou l'autre de ces unités il ne peut y avoir plusieurs infractions (1).

Le Code d'instruction criminelle n'a point défini les délits indivisibles ; il a essayé au contraire, dans l'art. 227, de donner une notion des délits connexes à l'aide de quelques exemples, qui ne sont pas tous bien choisis. De plus, dans les art. 226 et 501, il a indiqué une différence certaine entre l'effet de la connexité sur la jonction des procédures et celui de l'indivisibilité. La doctrine et la jurisprudence ont su tirer de textes obscurs et en apparence contradictoires une théorie assez nette de ces deux modalités de l'infraction. Nous ne les envisagerons ici qu'au point de vue de leurs effets sur la procédure et sur la compétence.

837. L'indivisibilité entraîne d'abord et nécessairement la *jonction des procédures* devant la juridiction d'instruction comme devant la juridiction de jugement. Il est en effet non seulement utile, mais même nécessaire, de porter en même temps devant le même juge tous les éléments de la même infraction. Cela est évident surtout pour les infractions indivisibles dont l'agent est unique, car, une fois le procès jugé avec certains de ses éléments, il serait souvent impossible de le recommencer en le fondant sur des éléments qu'on n'aurait pas examinés : on se heurterait à la chose jugée. Le prévenu pourrait ainsi bénéficier d'une indulgence que le juge lui aurait probablement refusée s'il avait connu l'étendue de sa culpabilité. S'il y a pluralité d'agents, on peut dire que chaque prévenu est vis-à-vis des autres un élément de preuve. Il apporte, soit en leur faveur, soit contre eux, ses appréciations, ses contradictions, ses réticences. L'unité d'instruction est donc favorable à la manifestation de la vérité. — La jonction des procédures motivée par l'indivisibilité est *obligatoire*, parce que l'unité d'infraction est un fait absolu qui n'admet ni le plus, ni le moins, et qui par conséquent exclut toute appréciation sur l'opportunité de la jonction (2). Dans l'ancien Droit il n'est pas douteux que tous les complices dussent être compris dans le même procès (3). L'art. 501 donne aussi cette solution dans une hypothèse où la qualité d'un des délinquants fait confier l'*instruction préparatoire* à la Cour de cassation. C'est bien une jonction obligatoire

---

(1) Haus, I, 406.

Disc. de M. Nicod, à la Chambre des députés, lors de la discussion de la célèbre loi de *disjonction*, qui avait pour objet, dans certains crimes commis par des complices civils et militaires, de faire juger les premiers par la Cour d'assises et les seconds par les Conseils de guerre. Cette loi fut rejetée pour la raison indiquée au texte. *Mon. univ.*, 2 mars 1837.

(3) Ord. 1670, tit. 1, art. 5, tit. II, art. 23 ; Décl. 1731, art. 20 ; Ayrault, II, 3, n° 17 ; Muyart de Vouglans, p. 186 ; Jousse, I, p. 518.

qu'il prescrit : « L'*instruction*... SERA *commune* etc. » L'art. 433, relatif à l'*instruction définitive* devant la Cour d'assises, s'exprime également en termes impératifs : « La Cour... COMMETTRA ». On peut enfin consulter dans le même sens les codes de justice militaire, art. 76, A. T. et 103, A. M. Il faut généraliser ces textes. Mais l'obligation de comprendre dans la même poursuite tous les coparticipants de la même infraction cesse lorsqu'un obstacle de *droit* ou de *fait* oblige à disjoindre à l'égard de certains d'entre eux : par exemple, si l'un des codélinquants est en fuite ou protégé par la garantie politique. A l'impossible nul n'est tenu (1).

838. L'indivisibilité produit en second lieu une prorogation de compétence toutes les fois que la juridiction, qui retient l'examen de tous les éléments du fait complexe, serait incompétente pour connaître isolément de certains d'entre eux. Cette prorogation pourra faire naître un conflit, si la juridiction compétente pour le fait auquel elle s'applique se saisit de ce fait. On verra à la section suivante la manière de le régler.

839. II. Connexité. — La connexité est le lien qui réunit plusieurs délits distincts. La pluralité d'infractions distingue les délits connexes des délits collectifs ; le lien commun les distingue des délits simplement *concurrents* ou *concomitants*.

En quoi peut consister ce lien commun ? — L'article 227 cite trois exemples où le lien commun consiste : 1er *cas*, dans un but commun ; — 2e *cas*, dans un concert préalable ; — 3e *cas*, dans un rapport de causalité.

1er *cas*. — « Les délits sont connexes, porte l'art. 227, 1°, lorsqu'ils ont été commis, en même temps, par plusieurs personnes réunies. » A prendre ce texte à la lettre (2), la pluralité d'agents et de délits avec l'unité de temps et de lieu engendreraient la connexité. C'est là une erreur : il y a simplement *concomitance*, rapprochement de délits qu'aucun lien logique ne réunit. Par exemple, au milieu du désordre produit par la brusque extinction de l'éclairage d'un théâtre, *Primus* commet un vol ; *Secundus*, un attentat à la pudeur ; *Tertius* outrage un agent. Ces faits, qui n'ont aucun rapport entre eux, ne sont certainement pas connexes, bien que la définition de l'art. 227, 1°, paraisse s'y appliquer. Cette définition a besoin, en effet, d'être complétée par une quatrième condition : *le but commun*, qu'indiquent les travaux préparatoires (3).

---

(1) La jonction des procédures étant obligatoire au cas d'indivisibilité, il suit que les prévenus ou accusés pourraient l'exiger, bien que l'art. 307 paraisse leur refuser ce droit. *Sic* : F. HÉLIE, V, 2357 ; GARRAUD, 430 ; ORTOLAN, I, 1248, 1251 ; LE SELLYER, *Compétence*, II, 1124, 1126.

(2) F. HÉLIE, V, 2361 ; GARRAUD, 474 (3e édit.).

(3) On a corrigé la rédaction primitive de l'art. 227, 1°, afin d'indiquer la nécessité du *but commun* (LOCRÉ, XXV, p. 432, 529) ; mais on n'a réussi qu'à lui

Tels sont, par exemple, les crimes et délits commis dans une émeute contre les propriétés publiques et les représentants de l'autorité, pourvu qu'ils n'aient pas été concertés, car le concert préalable va être la caractéristique du second cas de connexité. Ce premier cas comprend donc des délits *concomitants*, commis par *plusieurs individus*, dans un *but commun*, mais *non concertés* (1).

2ᵉ cas. — Sont encore connexes les délits qui « ont été commis par différentes personnes, même en différents temps et en divers lieux, mais par suite d'un concert formé à l'avance entre elles » (art. 227, 2°). Cette deuxième classe de délits connexes ressemble beaucoup aux délits indivisibles par l'unité de résolution et de but. Ce qui les distingue, c'est que le but commun n'est point l'accomplissement de la même infraction : toutes les fois que les actes commis par différents individus à la suite d'un concert préalable sont des actes de participation principale ou accessoire au même délit, il y a des coauteurs ou complices, et indivisibilité ; toutes les fois au contraire que les malfaiteurs se concertent pour accomplir chacun un délit différent, il y a connexité. Tels sont les vols commis par des malfaiteurs associés pour mettre en commun le produit de leurs rapines, mais agissant chacun de leur côté. Ce second cas de connexité comprend donc, comme le premier, des délits commis par *plusieurs individus* et *concertés dans un intérêt commun* (2). Qu'il y ait ou non concomitance, peu importe (arg. *même*).

3ᵉ cas. — Les délits sont enfin connexes « lorsque les coupables ont commis les uns pour se procurer les moyens de commettre les autres, pour en faciliter, pour en consommer l'exécution ou pour en assurer l'impunité » (art. 227, 3°). Ici il importe peu qu'il y ait un ou plusieurs délinquants, le rapport de causalité qui unit les différents délits les fait qualifier de connexes. Ce sont des infractions dérivées de la même cause ou engendrées les unes par les autres. La formule de la loi a besoin d'être rectifiée et expliquée. Il est certain d'abord que le crime commis pour *consommer l'exécution d'un autre crime* ne forme avec ce dernier qu'un tout indivisible. Par exemple le *faux* et l'*usage du faux* sont bien deux crimes distincts, en ce sens que l'agent qui fait usage du faux est punissable alors même qu'il ne serait pas l'auteur du faux. Mais si le falsificateur fait lui-même usage de la pièce falsifiée, il n'y aura qu'un

---

faire exprimer la différence des délits *concomitants* avec les délits *concurrents*. L'exemple par lequel la commission du Corps législatif chercha à expliquer sa pensée n'était pas mieux choisi, car il visait un cas d'*indivisibilité* plutôt que de *connexité* ; mais par cela même il exprimait plus énergiquement la nécessité du but commun. M. GARRAUD s'est rallié à cette théorie dans sa 5ᵉ édit., n° 430, 1°.

(1) MANGIN, II, p. 436 ; TRÉBUTIEN, II, p. 201 ; HAUS, I, 409. Cass. 14 av. 1827 ; 7 oct. 1808.
(2) F. HÉLIE, V, 2362, et mieux, HAUS, II, 409, 410. — Cass. 11 niv. an IX J. P. II, p. 72).

seul crime, parce que l'usage, en ce qui le concerne, consomme l'infraction, réalise le but qu'il voulait atteindre (1). Cette partie de la définition est donc à rejeter. D'un autre côté, le crime qui a été commis pour *faciliter* un autre crime ou pour en assurer l'impunité est connexe, pourvu qu'il ne soit point une circonstance aggravante de l'autre, car dans cette hypothèse il y aurait crime indivisible (*exemple* : art. 304 § 2). Tel est le crime d'incendie commis pour faciliter le vol ; tel est le crime de péculat commis pour se procurer les fonds destinés à fomenter un attentat contre la sûreté de l'Etat (2). Il faut éviter encore dans cette hypothèse de confondre avec des faits connexes deux faits qui se suivent, mais qui ne sont que l'exécution de la même résolution criminelle et qui tendent au même but. Par exemple, une société secrète se forme sans but bien défini (L. 28 juil. 1848, art. 13) ; plus tard elle complote de renverser le gouvernement (art. 89, C. p.) : il y a dans ces deux faits deux infractions connexes. Supposons au contraire que le complot ait été formé en premier lieu, et qu'en attendant le moment favorable les conjurés aient formé une société secrète : il n'y a qu'un seul crime, le complot. En résumé, ce troisième cas de connexité suppose *plusieurs délits* ayant entre eux *un rapport de causalité* ; mais il est inutile qu'il y ait concomitance, pluralité de délinquants et concert préalable.

L'énumération des cas de connexité faite par l'art. 227 n'est pas limitative ; le juge a donc à apprécier, en dehors des hypothèses prévues, le rapport qui peut exister entre plusieurs infractions.

840. La connexité entraîne, comme l'indivisibilité, la jonction des procédures et éventuellement la prorogation de la compétence, mais avec cette différence que la jonction est ici *facultative*, car elle est déterminée, non plus par la nécessité, mais par l'opportunité. L'art. 226, relatif à la connexité, ne prescrit d'ailleurs la jonction des procédures que lorsque les pièces « se trouvent en même temps produites devant la Chambre d'accusation », et il montre par là que cette réunion ne doit pas entraîner des retards préjudiciables à la bonne administration de la justice (3).

841. La jonction des procédures peut encore être ordonnée aux cas de délits non connexes, mais *concurrents* ou *concomitants*. Celle des délits concurrents a pour but de faciliter l'application de la règle du non-cumul des peines. Sa légitimité est reconnue implicitement par les art. 265 et 308. Celle des délits concomitants a pour objet d'accélérer l'expédition des affaires. On suppose que plusieurs personnes ont com-

---

(1) Haus, II, 381, 409 ; Garraud, *Dr. pén. franç.*, III, 57. — Comp. C. p. des Pays-Bas, art. 56 § 2.

(2) Haute Cour, 14 août 1889 (affaire *Boulanger*), *La Loi*, 15 août.

(3) F. Hélie, V, 2368 ; Ortolan, Le Sellyer, Garraud, *loc. cit*. — V. sur les effets différents de l'indivisibilité et de la connexité. Cass. 10 sept. 1868 ; 24 av. 1874 (D. 75,1,494).

mis et en même temps, dans le même lieu, des infractions distinctes et non connexes, constatées par les mêmes témoins ; pour abréger, on réunira souvent dans une même procédure tous ces délits et tous ces délinquants. Cette jonction ne produit aucun effet juridique (1). De plus, dans le second cas, elle peut léser l'intérêt respectable qu'ont certains prévenus à ne pas paraître associés, par cette instruction commune, à des malfaiteurs de la pire espèce ; aussi c'est un droit pour eux de s'y opposer.

842. Règlement des conflits de compétence. — Il y a conflit de compétence toutes les fois que deux juridictions saisies d'une même affaire croient devoir la retenir, ou à l'inverse, lorsqu'une affaire se trouve sans juge qui veuille en connaître. Au premier cas, on dit que le conflit est *positif*; au second, qu'il est *négatif*. — De plus, si les deux juridictions relèvent de l'autorité judiciaire, il y a *conflit de juridictions*; si au contraire l'une d'elles relève de l'autorité administrative et l'autre de l'autorité judiciaire, il y a *conflit d'attributions*. La procédure qui tend à faire cesser le conflit en décidant quel est celui des deux juges qui retiendra exclusivement l'affaire, s'appelle *le règlement de juges*.

A. — *Conflit de juridictions.*

843. A quelle juridiction faut-il accorder la préférence ? — Il y a lieu de distinguer à cet égard suivant la nature de la compétence qui est en jeu et la cause du conflit.

1° *Conflit relatif à la compétence ratione loci.* — Ce conflit ne met en présence que des juridictions ordinaires, et il peut être le résultat soit de la concurrence établie entre le juge du lieu du délit, celui de la résidence et celui du lieu de capture ; — soit de la prorogation de compétence motivée par l'indivisibilité ou la connexité. — Dans le second cas la logique veut que le juge saisi du fait le plus grave soit préféré (2); mais dans le premier cas, il nous semble que l'autorité chargée du règlement de juges doit avoir pleine liberté d'apprécier à quelle juridiction elle accordera la préférence. Ne sont-elles pas en effet toutes également compétentes ? La raison déterminante du choix ne peut donc être que l'opportunité (3).

Certains auteurs soutiennent cependant que c'est au juge qui le premier a lancé le mandat d'arrestation de garder l'affaire. Ils invoquent l'ancien Droit et le Code de l'an IV, art. 76-79, qui sont en effet conformes à leur opinion. C'est la théorie de la *prévention* au profit du juge le pre-

---

(1) V. les arrêts cités par LAROMBIÈRE, *Obligat.*, art. 1202, n° 19.
(2) F. HÉLIE, V, 2372 ; Cass. 18 janv. 1849 (D. 49,1,279).
(3) F. HÉLIE, IV, 1698, 1699 ; TRÉBUTIEN, II, p. 206 ; RODIÈRE, p. 446 ; Cass. 7 janv. 1830, 2 juin 1836, 10 juil. 1838, 12 août 1841.

mier saisi ; or l'on reconnaît, dit-on, l'antériorité de la saisine au mandat par lequel le juge force l'inculpé à comparaître devant lui (1). — Ce système doit être rejeté. Le Code d'instruction criminelle a abrogé la *prévention* en la passant sous silence. Il suffit pour s'en convaincre de comparer les art. 76 et 77 du Code de l'an IV, contenant les deux principes de la *concurrence* et de la *prévention*, avec les art. 23 et 63, C. i. c. qui maintiennent seulement le premier. La priorité du décret n'était pas d'ailleurs, dans la procédure de l'Ordonnance, le signe de la priorité de la saisine : c'était seulement « un moyen de reconnaître devant quel juge l'instruction était le plus avancée » (2). L'arrestation venait en effet après les constatations et l'enquête, et précédait immédiatement l'interrogatoire, dernier acte de la procédure avant son règlement. Sous le Code, elle peut être le premier acte de cette procédure.

A vouloir donc préférer le premier des juges saisis, il n'y aurait pas de raison aujourd'hui pour ne pas accorder la préférence à celui qui le premier a rendu, non pas le mandat d'arrestation, mais l'ordonnance de *soit informé*. Il vaut mieux cependant s'attacher à la raison d'opportunité qui apparaissait autrefois sous un semblant de formalisme et faisait préférer un juge à l'autre. L'autorité qui règle le conflit jouit donc d'un pouvoir absolu d'appréciation ; et c'est probablement pour ce motif que le Code d'instruction criminelle se borne à désigner cette autorité sans lui imposer aucune règle (art. 525 et s.). En fait, la préférence est généralement accordée au juge du lieu du délit : 1° parce qu'il lui est plus facile qu'à tout autre de réunir les preuves ; 2° parce qu'au point de vue de l'exemple, il importe que le coupable soit poursuivi et puni là où il a commis le crime (3).

844. 2° *Conflit relatif à la compétence ratione personæ.*— Ce conflit met en présence les juridictions ordinaires et les juridictions d'exception. Il s'agit de savoir si le prévenu, justiciable d'une juridiction spéciale à raison de sa qualité personnelle, attirera ses coauteurs ou complices devant cette juridiction, ou bien au contraire si c'est lui qui sera attiré par ces derniers devant la juridiction ordinaire. La question a été discutée avec beaucoup de passion et de préjugés. Des systèmes sans aucune base légale ont été proposés pour la résoudre. Cependant l'accord sur bien des points a fini par se faire. La loi, en effet, contient des indications qu'on ne peut négliger. Nous distinguerons deux hypothèses.

a) L'une des juridictions en conflit est hiérarchiquement supérieure à

---

(1) Sic : Les anciens auteurs, MERLIN, CARNOT, BOURGUIGNON, DUVERGER, BOITARD, 548 ; LE SELLYER, *Compétence*, II, 1623 ; et actuellement GARRAUD, 431, 1° Ce fut aussi la première jurisprudence de la Cour de cassation : Cass. 9 avril, 13 mars 1812, 17 av. 1828.
(2) JOUSSE, *Comm. s. l'Ord.*, t. I, art. 7, n° 3.
(3) V. Cass. 20 mai 1828, 7 janv. 1830. Comp. JOUSSE, *op. cit.*, tit. I, art. I, n° 6.

l'autre : il faut préférer *la plus élevée*. Cette solution est donnée par l'art. 501 pour une hypothèse où l'instruction préparatoire est confiée, à raison de la qualité d'un justiciable, à la Cour de cassation, et par l'art. 68, C. p. pour l'instruction définitive en Cour d'assises. Il faut la généraliser. Le lien hiérarchique se reconnaît aux voies de recours ; quand une juridiction est appelée à réformer les décisions d'une autre, elle doit lui être supérieure. La Cour d'assises étant une dépendance de la Cour d'appel est pour cette raison considérée comme supérieure au tribunal correctionnel. De plus que lui, elle a aussi la plénitude de juridiction. Le motif qui fait accorder la préférence à la juridiction supérieure est facile à saisir : par ses lumières, par sa situation, cette juridiction offre plus que l'autre les garanties d'une bonne justice. — En conséquence, si à raison de la qualité d'un des inculpés l'instruction est confiée au premier président de la Cour d'appel (art. 480, 484), ou si l'un des prévenus est justiciable pour ses délits de la première Chambre de la Cour (art. 479, 483), ses complices (*sensu lato*) seront attirés devant la juridiction exceptionnelle (1).

b) *Les juridictions ne sont point hiérarchiquement reliées l'une à l'autre.* — Il s'agit, par exemple, d'un conflit entre la juridiction ordinaire d'un côté et de l'autre le conseil de guerre compétent à raison de la qualité de militaire chez l'un des complices, ou bien entre le Sénat érigé en Cour de justice pour juger le président de la République ou les ministres et la Cour d'assises compétente à l'égard de leurs complices.

Le premier cas est complètement réglé par les Codes de justice militaire (art. 76 et 77 § 2, A. T. ; 103 et 104 § 2, A. M.) ; c'est la juridiction de Droit commun qui est préférée, à moins cependant, et cela est présenté comme une exception, que le complice des justiciables du conseil de guerre ne soit un étranger (2).

Le second cas, beaucoup moins pratique, paraît devoir être réglé suivant les mêmes principes. On comprendrait cependant une exception pour le complice du Président de la République à raison de la formule exclusive de l'art. 12 de la loi du 16 juillet 1875 : « Le Président de la Répu-

---

(1) Cette solution est acceptée en jurisprudence. Cass. 5 nov. 1874 (S. 75,1, 438). Parmi les auteurs : 1° les uns l'acceptent, parce qu'ils résolvent toujours le conflit au profit de la juridiction la plus élevée : Garraud, 431, II ; — 2° d'autres, parce qu'ils préfèrent la juridiction spéciale : Merlin, *Rép.* V° *Connexité*, § 4 ; — 3° d'autres, parce que, tout en préférant la juridiction de Droit commun, ils font exception à leur principe lorsque la juridiction d'exception leur paraît offrir plus de garanties à l'inculpé : Carnot, Bourguignon, Legraverend et Le Sellyer, II, 2043, 2044, qui cependant émet un doute ; — 4° d'autres, parce que les attributions exceptionnelles de la 1re chambre de la Cour d'appel, du premier président, ou de la Cour ne cassation de créeraient point une *juridiction exceptionnelle* mais seulement une *compétence exceptionnelle* : Villey, p. 166.

(2) Comp. art. 559, C. i. c., sur les Cours spéciales ; art. 15, L. 20 déc. 1815, sur les Cours prévôtales.

blique *ne* peut être mis en accusation *que* par la Chambre des députés, et *ne* peut être jugé *que* par le Sénat. » Dans cette hypothèse la juridiction d'exception serait préférée.

845. 3° *Conflit relatif à la compétence ratione materiæ.* — Ce conflit peut s'élever entre deux juridictions de Droit commun, ou bien entre une juridiction ordinaire et une juridiction spéciale. Il est produit par la prorogation de compétence à raison de la connexité ou de l'indivisibilité.

a) *Entre juridictions de Droit commun*, le fait le plus grave attire le moins grave. L'art. 365 contient implicitement cette solution, car il suppose que la Cour d'assises est appelée à prononcer contre un même accusé la peine d'un crime et celle d'un délit. Elle avait donc été saisie du fait le moins grave, parce qu'elle était compétente pour le plus grave. Ce premier point n'est pas contesté (1).

b) *Entre juridiction de Droit commun et juridiction d'exception*, le conflit doit être résolu d'après une distinction fondée sur la différence des effets de la connexité et de l'indivisibilité. — Si les deux infractions sont simplement *connexes*, il faut disjoindre et traduire en premier lieu le prévenu devant la juridiction compétente pour le fait le plus grave (arg., art. 60, C. J. A. T. ; art. 109, C. J. A. M.) ; on ne comprendrait pas en effet que la connexité fût un motif suffisant, puisqu'elle n'impose qu'une jonction *facultative*, pour troubler l'ordre des juridictions et surtout pour proroger, contrairement aux règles du Droit, une juridiction d'exception (2). — Mais s'il y a *indivisibilité*, force est bien de réunir les deux faits dans la même poursuite et d'en attribuer la connaissance à l'une des deux juridictions en conflit.

Quelle sera cette juridiction ? Ce devra être, à notre avis, celle qui est instituée spécialement pour juger le fait complexe. Il serait peu juridique d'isoler un élément de ce crime, sous prétexte qu'il peut constituer une infraction de Droit commun, et d'attirer pour ce motif le délit complexe devant la juridiction ordinaire. L'examen auquel va se livrer la juridiction spéciale n'a pas d'ailleurs d'inconvénient, car elle n'apprécie l'infraction de Droit commun qu'en tant qu'élément du crime qui rentre dans sa compétence (3). Un exemple de crime indivisible dont la connaissance appartient au Sénat, constitué en Cour de justice pour juger un attentat contre la sûreté de l'État, serait la dévastation, le pillage et

---

(1) F. Hélie, V, 2378 et les arrêts qu'il cite.
(2) Cette solution paraissait acceptée par la jurisprudence, même avant que les Codes de justice militaire de 1857 et 1858 soient venus la consacrer. V. les arrêts cités par F. Hélie, V, 2383 ; M. Garraud y a adhéré dans sa 5ᵉ édit., n° 431. — Néanmoins la Cour des pairs en plusieurs circonstances (V. Dalloz, *Compét. crim.*, n°ˢ 176 et 196) et le Sénat dans l'affaire *Boulanger* (14 août 1889, v. *La Loi*, 15 août), ont affirmé leur compétence à l'égard des infractions connexes.
(3) F. Hélie, V, 2381, et mieux, les arrêts qu'il cite.

le massacre tendant à troubler l'État (art. 91, C.p.). On ne comprendrait pas qu'on pût séparer du but politique l'intention de nuire à des particuliers qu'impliquent ces divers actes, pour déférer par le menu le fait complexe à la Cour d'assises, en le qualifiant de meurtre, assassinat, etc.

Le choix du juge, dans les conflits déterminés entre juridictions ordinaires et juridictions d'exception par la compétence *ratione personæ* ou *materiæ*, a donné lieu à des systèmes absolus qui ont la prétention de les résoudre, dans toutes les hypothèses, à l'aide du même procédé. — 1° Les uns, s'inspirant exclusivement de l'intérêt de la répression, accordent toujours la préférence à la *juridiction spéciale*, parce qu'elle est généralement instituée pour remédier aux défaillances des juridictions de Droit commun (1). — 2° D'autres, prenant pour seul objectif l'intérêt de la défense, préfèrent *celle des deux juridictions qui paraît offrir le plus de garanties aux accusés* (2) ; — 3°), 4°) D'autres, enfin, s'inspirant de certaines dispositions de la loi, mais en négligeant d'autres, préfèrent en toutes circonstances, soit la *juridiction de Droit commun* (3), soit la juridiction *la plus élevée* (4). — On peut reprocher aux deux premiers systèmes d'être des conceptions purement législatives, et aux deux autres, de n'avoir fait qu'une étude incomplète des lois. — Le second tombe dans l'arbitraire, et par exemple, ses partisans ne peuvent s'accorder lorsqu'il s'agit d'apprécier si le Sénat, Cour de justice, offre plus de garanties aux accusés que la Cour d'assises (5). — Le quatrième donne un critérium d'une application impossible lorsque le conflit s'élève entre une juridiction spéciale et une juridiction de Droit commun ; car entre ces juridictions il n'y a point de hiérarchie ; elles sont parallèles, mais non supérieures ou inférieures l'une à l'autre (6). — Enfin on peut reprocher à tous ces systèmes de ne pas tenir compte des effets différents de la connexité et de l'indivisibilité.

846. Du règlement de juges dans les conflits de juridictions. — La procédure pénale n'admet le règlement de juges que lorsque le conflit est définitif : il faut donc que les deux juridictions aient affirmé ou nié leur compétence par des décisions ayant force de chose jugée (art. 539, C. i. c.). Il faut de plus, si le conflit est négatif, qu'il apparaisse clairement que la connaissance du procès appartenait à l'une des juri-

---

(1) MERLIN, *Rép.*, V° *Connexité*, § 4, et la note du président BARRIS qu'il rapporte.
(2) LE SELLYER, *Compétence*, II, 1111 ; DALLOZ, *Rép.*, V° *Compét. crim.*, 170, 196.
(3) F. HÉLIE, V, 2378, 2379, 2381, 2382 ; VILLEY, p. 165.
(4) GARRAUD, *Précis*, 476 (3° édit.).
(5) En sens divers : LE SELLYER, II, 2039 ; DALLOZ, *loc. cit.*, 176.
(6) L'expression *Haute Cour*, usuellement employée pour désigner le *Sénat cour de justice*, ne peut même pas fournir un argument, puisque ce n'est pas sa dénomination légale et que la *Haute Cour* est abolie (comp. D. 5 nov. 1870. L. const. 16 juil. 1875, art. 12).

dictions dessaisies. C'est en effet l'interruption du cours de la justice qui motive le règlement de juges ; or, tant qu'on n'a pas saisi le véritable juge, le cours de la justice n'est pas arrêté, puisqu'on demeure libre de porter l'affaire devant lui.

847. L'autorité compétente pour faire le règlement de juges était, avant le Code d'instruction criminelle, la Cour de cassation (L. 27 nov. 1790, art. 2 ; L. 27 vent. an VIII, art. 76). Les art. 526 et 540 ont maintenu sa compétence, *sauf pour certains conflits positifs* : ceux qui surgissent entre les juges d'instruction et les tribunaux du ressort de la même Cour d'appel. Le règlement de ceux-ci a été *décentralisé* et confié à une autorité plus rapprochée des justiciables (1). Voici ces hypothèses : 1° conflit entre juges d'instruction ou tribunaux correctionnels du même ressort : le règlement est fait par la Cour d'appel ; 2° conflit entre tribunaux de simple police du premier degré appartenant au même ressort : le règlement est fait par le tribunal correctionnel, s'ils sont situés dans le même arrondissement ; par la Cour d'appel, s'ils sont situés dans deux arrondissements différents. Le règlement de *tous les conflits négatifs* et celui des conflits positifs *dans toute autre hypothèse* revient à la Cour de cassation.

Le jugement du conflit suppose toujours une juridiction supérieure aux deux juridictions saisies : par conséquent, si le conflit s'élevait entre un tribunal correctionnel et un tribunal de simple police du même ressort, ce serait la Cour d'appel qui devrait faire le règlement. De même il semblerait que si la Cour d'appel est saisie de la même affaire en même temps qu'un juge de son ressort, le règlement du conflit devrait appartenir à la Cour de cassation ; cependant l'art. 526 s'y oppose : il appartient dans ce cas à la Cour d'appel de dessaisir elle-même le juge inférieur pour faire cesser le conflit ; mais en faisant cela elle ne procède point à un règlement de juges, elle use simplement, d'office ou sur la demande d'une des parties, de son droit d'évocation (art. 235) (2).

Le jugement du conflit n'appartient pas indistinctement à toutes les Chambres de la Cour d'appel qui constituent des juridictions pénales, mais seulement à la Chambre d'accusation, parce qu'elle a la plénitude de juridiction en matière d'instruction.

848. La procédure est la même, quelle que soit la juridiction chargée de faire le règlement (art. 540). La demande en règlement peut être formée par toutes les parties en cause, mais non d'office par le juge (3).

---

(1) Le Code de procédure (art. 363) a introduit une restriction analogue pour les matières civiles.
(2) Rodière, p. 440 ; Trébutien, II, p. 606.
(3) *Sic* : Rodière, p. 441 ; Trébutien, II, p. 607, note. L'orateur du gouvernement a néanmoins affirmé le contraire (Locré, t. 27, p. 231) et son opinion est suivie par Bourguignon (s. l'art. 525).

Il est en effet de principe fondamental dans notre législation que le juge ne peut soumettre spontanément un point quelconque du procès à la juridiction supérieure, pas plus qu'il ne peut renvoyer la décision du litige au législateur. — La demande est instruite sommairement et *sur simples mémoires* (art. 525). Cela n'exclut pas cependant les plaidoiries (arg. art. 531) ; mais il n'est rien passé en taxe pour cet objet. — La juridiction à laquelle est soumise la demande peut procéder de deux manières : 1° elle peut statuer immédiatement, *sur requête*, c'est-à-dire sans provoquer les explications du défendeur. Celui-ci peut dans ce cas faire *opposition* au règlement s'il est partie privée, parce qu'à son égard ce règlement a eu lieu par défaut (art. 533). — 2° Elle peut aussi ordonner la communication de la requête et des pièces aux autres parties en cause. A cet effet elle rend un arrêt ou jugement de *soit communiqué*. La notification de cet arrêt aux parties, ainsi que l'opposition dans le cas précédent, emportent de plein droit sursis au jugement du procès, mais les actes d'instruction et les procédures conservatoires peuvent être continués (art. 531).

Le rejet de la demande en règlement de juges expose la partie privée qui l'a formée à une condamnation à une amende de trois cents francs au maximum, dont moitié est attribuée à l'autre partie privée (art. 541). — L'autorité qui procède au règlement d'un conflit positif maintient ou annule les actes faits par le juge qu'elle dessaisit. Elle jouit à cet égard d'un pouvoir souverain d'appréciation (art. 536) (1). — Au cas de *conflit négatif*, l'annulation du jugement ou de l'ordonnance par laquelle un des juges s'était mal à propos déclaré incompétent fait revivre de plein droit toute la procédure que cette décision avait anéantie.

Les voies de recours contre l'arrêt ou le jugement qui a fait le règlement de juges sont : l'opposition, si la décision est intervenue sur requête ; le pourvoi en cassation, si elle est intervenue après un *soit communiqué* ordonné par le tribunal ou par la Cour d'appel (2).

B. — *Conflit d'attributions.*

849. Ce conflit existe toutes les fois que l'autorité administrative revendique le droit de juger une affaire dont se trouve saisie l'autorité judiciaire : c'est le conflit *positif* ; — et toutes les fois aussi qu'une juridiction relevant de l'autorité judiciaire et une juridiction administrative se sont déclarées incompétentes relativement à une affaire qui rentre cependant dans la compétence de l'une ou de l'autre : c'est le conflit *négatif*. — Le règlement de juges est fait par un tribunal mixte,

---

(1) RODIÈRE, p. 446.
(2) RODIÈRE, p. 448.

le *tribunal des conflits* (L. 24 mai 1872, art. 25-28 ; règlement 28 oct. 1849).

850. 1° *Conflit positif.* — Dans l'ancien Droit le conflit positif pouvait être élevé pour protéger *la personne des administrateurs* contre l'autorité judiciaire, aussi bien que pour soustraire à cette autorité l'*appréciation d'un acte administratif* (1). La garantie administrative, formulée par l'art. 75 de la Constitution de l'an VIII et sanctionnée par l'article 129, C. p., réduisit ce conflit à la protection des actes du fonctionnaire. L'ordonnance du 1ᵉʳ juin 1828 a restreint son application en matière pénale : elle défend de l'élever si la matière est *criminelle* et ne l'autorise que dans deux cas en matière *correctionnelle*, savoir : 1° si la répression du délit est attribuée à l'autorité administrative (*exemple* : les contraventions de grande voirie, L. 30 mai 1851, art. 17) ; — 2° si le jugement à rendre par le tribunal correctionnel dépend de la solution d'une question préjudicielle administrative (*exemple* : dans un délit forestier, la question de *défensabilité* du bois ; dans un délit de pêche, la question de *navigabilité* de la rivière). — L'ordonnance de 1828 ne dit rien de la matière de simple police : on l'a jugée trop peu importante pour mériter un arrêté de conflit. Le conflit ne peut donc point être élevé en cette matière (2).

Les formalités prescrites pour élever le conflit, l'organisation du *tribunal des conflits* et la procédure devant ce tribunal font partie du Droit administratif.

L'arrêté de conflit pris par le préfet oblige le juge à surseoir, jusqu'à ce que le tribunal des conflits l'ait dessaisi au profit de l'autorité administrative, ou ait maintenu sa saisine en annulant l'arrêté du préfet (art. 27, L. 21 fruct. an III ; art. 12, Ord. 1828). La sanction de cette obligation est dans l'art. 128 du Code pénal (3).

851. 2° *Conflit négatif.* — Il ne donne pas lieu à un arrêté de conflit. Les parties intéressées forment la demande en règlement de juges ; mais dans cette procédure administrative, le ministre de la justice est au nombre des parties intéressées et peut en conséquence poursuivre le règlement du conflit (4).

---

(1) V. le Rapport de M. DE CORMENIN qui précède l'ord. de 1828.

(2) *Sic* : Cons. d'État, 16 juill. 1846. Cette ordonnance est-elle encore en vigueur ? ou bien les préfets ont-ils toute liberté d'élever le conflit en matière criminelle et correctionnelle comme en matière civile ? Nous avons déjà dit que cela dépendait de la portée qu'on donne au décret du 19 septembre 1870 par lequel a été abrogée la garantie administrative. *Suprà*, 701.

(3) Mais si l'on considère l'ordonnance de 1828 comme encore en vigueur, le juge n'est pas obligé de surseoir devant un arrêté de conflit qui serait pris contrairement aux dispositions de cette ordonnance.

(4) AUCOC, *Dr. adm.*, I, 414 ; Règl. 1849, art. 17.

CHAPITRE II

DE LA SAISINE DU JUGE D'INSTRUCTION.

852. Par qui et comment le juge d'instruction est saisi. — Le juge d'instruction est régulièrement saisi par le ministère public, ou par la partie civile, exceptionnellement par le renvoi d'une autre juridiction, et il se saisit d'office s'il y a crime flagrant. — Nous exposerons ce quatrième mode de saisine dans le chapitre V, en étudiant les dérogations que le flagrant délit apporte aux règles ordinaires de l'instruction préparatoire. L'exposé du troisième mode serait aussi prématuré à cette place, car il suppose connues des matières dont nous n'avons point parlé ; nous le ferons incidemment dans l'étude du développement de la procédure devant les autres juridictions pénales : chambre d'accusation (art. 235, 250), tribunal de simple police (art. 160, 182), tribunaux correctionnels (art. 193, 214) ; cour d'assises (art. 361, 379). Il ne nous reste donc à traiter ici que des deux premiers modes de saisine.

853. *a*) Le procureur de la République est le seul membre du ministère public qui puisse saisir le juge d'instruction, parce qu'il fait partie comme lui de la juridiction de première instance (1). Il agit de sa propre initiative ou sur l'ordre de ses supérieurs hiérarchiques. S'il reçoit de la partie lésée une plainte avec constitution de partie civile, il doit aussi la transmettre avec un réquisitoire au juge d'instruction (art. 64). Mais ses réquisitions ne saisissent pas dans ce cas ce magistrat, parce que l'action publique a déjà reçu son impulsion par la constitution de la partie civile, comme nous allons le démontrer ; elles font simplement connaître son avis sur la suite à donner à la demande de la partie civile qui réclame une instruction préparatoire.

Le réquisitoire *à fin d'informer*, ou *introductif*, énonce le fait matériel, le lieu et la date approximative où il a été commis ; il qualifie le délit, vise l'article de loi qui paraît s'y appliquer et désigne l'individu soupçonné, s'il est connu. On y joint d'ordinaire les procès-verbaux et rapports qui ont constaté ou signalé le délit. L'omission de ces formes n'est pas d'ailleurs irritante, l'art. 47 ne les prescrivant point. L'indica-

---

(1) Argument : art. 22, 250, C. i. c. ; art. 6, L. 20 avril 1870.— *Contrà* : opinion du conseiller rapporteur dans l'aff. du Panama. Cass. 15 juin 1895, *Gaz. Trib.* 16 juin.

tion du lieu et de la date paraissent cependant indispensables pour permettre au juge d'instruction d'apprécier s'il faut ordonner *qu'il soit informé.*

854. *b)* Le juge d'instruction peut encore être saisi par la partie lésée, lorsqu'elle se constitue partie civile dans la plainte ou par acte subséquent (art. 63, 66). La plainte simple ne suffirait pas, mais la constitution de partie civile porte l'action civile devant la juridiction d'instruction et la saisit par contre-coup de l'action publique (arg. art. 3 et 182). Ce mode de saisine est contesté. Deux écoles sont en présence. L'une, jalouse des prérogatives du ministère public, veut lui réserver le droit exclusif de requérir une instruction. L'autre, s'inspirant d'idées plus larges, entend que tous les citoyens puissent réclamer dans l'intérêt de leur cause le secours d'une information préalable. Il est bon de consulter les précédents historiques pour découvrir la pensée du législateur de 1808. Sous le Code de l'an IV, les plaintes et les dénonciations régulièrement signées rendaient leurs auteurs parties au procès pénal, le juge d'instruction d'alors (*le juge de paix*) était tenu d'informer et de décerner le mandat qu'ils requéraient, sinon ils appelaient de son refus devant la juridiction d'instruction du second degré (*Directeur du jury*) (1). Le Code d'instruction criminelle a réduit les dénonciations à la valeur d'un simple renseignement. Il a distingué la plainte de la constitution de partie civile. La plainte simple est assimilée à la dénonciation ; mais la constitution de partie civile rend le plaignant partie au procès pénal. Voilà ce qu'indiquent les précédents. — La combinaison des textes et des principes conduit à la même solution : la constitution de partie civile résulte de « conclusions en dommages-intérêts » (art. 66). C'est donc bien l'action civile que le plaignant porte devant le juge d'instruction. Mais ce magistrat, en tant que juridiction pénale, ne peut être saisi de l'action civile sans l'être en même temps de l'action publique (art. 3). Par conséquent, reconnaître au plaignant le droit de saisir le juge d'instruction de l'action civile, c'est lui donner implicitement la faculté de porter devant ce magistrat l'action publique, puisque celle-là ne va point sans celle-ci.

On a objecté que l'art. 70 oblige le juge d'instruction à *communiquer* la plainte au procureur de la République, *pour être par lui requis ce qu'il appartiendra.* Par conséquent, dit-on, les réquisitions du ministère public sont nécessaires pour que l'instruction préparatoire puisse commencer. — Cet argument de texte n'est pas concluant, car l'on rend habituellement ce que l'on communique ; le parquet ne peut donc retenir la plainte contenant la constitution de partie civile qui a saisi le

---

(1) C. an IV, art. 90, 94, 97, 98, 100 ; et D. en forme d'instruction p. la proc. crim.; 29 sept. 1791.

juge. Cette communication se justifie par la surveillance que le ministère public exerce sur l'instruction (art. 61). Il doit répondre à la communication par un réquisitoire et rendre les pièces dans les vingt-quatre heures (*ibid.*). — On a objecté encore que l'action publique ne doit pas s'exercer en dehors du ministère public et malgré lui (1). La thèse est plutôt législative que juridique, car s'il y a crime flagrant, la poursuite d'office par le juge d'instruction a lieu malgré l'inertie du procureur de la République. L'action publique s'exerce également en dehors du ministère public et malgré lui dans tous les cas où d'autres juridictions, qui découvrent un crime ou un délit, en saisissent le juge d'instruction ou le répriment séance tenante. Il n'y a donc rien d'étonnant à ce que l'intérêt privé, lésé par l'infraction, ait paru suffisant pour permettre aux particuliers de requérir une instruction préalable. — Qu'on le remarque bien : retirer ce droit à la partie civile, ce serait lui enlever la compétence de la juridiction pénale en matière criminelle si le ministère public refusait de poursuivre, car elle n'a point la faculté de citer directement un accusé devant la Cour d'assises, comme elle peut citer un prévenu devant le tribunal correctionnel ou de simple police. — Le refus du ministère public pourrait de plus causer l'extinction de l'action civile en empêchant d'accomplir devant la juridiction pénale les actes d'instruction ou de poursuite, qui seuls peuvent interrompre sa prescription. — Enfin on ne tient pas compte, dans l'opinion contraire, ni de l'harmonie des dispositions du Code qui établissent pour la partie civile un droit de poursuite parallèle à celui du ministère public, ni de l'art. 67 qui autorise le plaignant à se porter partie civile *en tout état de cause*, et par conséquent au début même de l'instruction qu'il provoque par sa constitution (2).

Il importe peu que la plainte portant constitution de partie civile ait été adressée au juge d'instruction lui-même ou bien au procureur de la République et à ses auxiliaires ; ceux-ci, en effet, quand la plainte contient une constitution de partie civile et requiert une instruction préparatoire, ne sont que des intermédiaires chargés de la transmettre au juge d'instruction.

855. De quoi le juge d'instruction est saisi. — Le juge d'instruc-

---

(1) Rapport de M. Dauphin au Sénat s. le projet de réforme du C. d'inst. crim.
(2) *En notre sens* : F. HÉLIE, I, 516 et s. ; IV, 1711, 1722 ; V, 2105 ; ORTOLAN. *Élém. de dr. pén.*, II, 2191 ; CARNOT, *s. l'art*.63 ; BOURGUIGNON, I, p. 466 ; LEGRAVEREND, I, p. 7 ; TRÉBUTIEN, II, p. 39 ; HAUS, II, 1142 ; MORIN, V° *Act. pub.*, 6 ; DUVERGER, *Man. des j. d'inst.*, I, 111, 120 ; III, 505 ; GARRAUD, 375 B ; GUILLOT, *op. cit.*, p. 75 ; DALLOZ. *Rép. supplément*, V° *Proc. crim.*, n° 101 et s. etc., etc. Ord. du 1er président de Bordeaux, 11 août ; de Poitiers, 19 sept.; de Pau, 15 nov. ; d'Aix, 16 nov. 1880 (D. 81, 2, 33 ; 81, 3, 20) ; C. de Paris, 2 janv. 1883 ; C. de Bordeaux, 22 déc. 1881 (S. 82, 3, 57). — *Contrà* : Ord. du 1er prés. de Douai, 13 août 1880 ; C. de Nîmes, 6 nov. 1882 (S. 83, 2, 89), et VILLEY, p. 190, qui se méprend absolument sur le sens d'un discours de Cambacérès.

tion est saisi de l'action publique et, s'il y a lieu, de l'action civile contre tous les auteurs et complices du fait qui lui est dénoncé.

Il est d'abord saisi des deux actions dès qu'il y a partie civile en cause. Peu importe que celle-ci ait pris l'initiative des poursuites ou qu'elle soit intervenue dans la poursuite intentée par le ministère public. Certains auteurs ont écrit qu'il n'était jamais saisi que de l'action publique ; mais c'est une méprise : la mission des juridictions d'instruction est de rechercher les preuves du fait et de la culpabilité, et de saisir, s'il y a lieu, la juridiction de jugement qui paraît compétente. Ces deux points sont communs à l'action publique et à l'action civile, mais comme à raison de leur participation à l'exercice de l'action publique les juridictions d'instruction peuvent en saisir les juridictions de jugement, on a cru qu'elles n'étaient elles-mêmes saisies que de cette action.

856. Le juge d'instruction est saisi en second lieu du *fait* dénoncé et non de la poursuite contre tel ou tel individu dénommé dans le réquisitoire introductif ou dans la plainte. L'instruction préparatoire a lieu *in rem* et non *in personam*. Il ne peut, de sa seule autorité, étendre ses recherches à un nouveau fait distinct du fait dénoncé, alors même qu'il lui serait connexe. Mais il instruit, sans nouveau réquisitoire, sur tous les délits qui constituent des circonstances aggravantes de l'infraction dont il est saisi, sur tous les faits constitutifs d'une habitude, sur toutes les répétitions du même délit reliées entre elles par une seule et même résolution criminelle, et contre tous les coauteurs et complices de l'infraction dénoncée. Cette distinction, admise par la pratique, sans qu'un texte l'ait imposée expressément, est une application judicieuse des théories de la connexité et de l'indivisibilité. — On a contesté cependant que le juge d'instruction ait le droit d'inculper des individus que ne lui désignait pas le procureur de la République (1). Mais s'il en était ainsi le juge d'instruction ne serait saisi que d'une partie de l'action publique. On rétablirait, en outre, au profit des parquets les lettres d'abolition individuelle par lesquelles le roi arrêtait autrefois le cours de la justice ; on mettrait le favoritisme dans la loi à la place de la justice. La désignation des individus soupçonnés, faite par le procureur de la République ou par le plaignant, ne peut donc être qu'*indicative* (2).

857. Bien que le juge d'instruction ne puisse se saisir d'autres cri-

---

(1) Mangin, I, 20 ; De Molènes, *Tr. prat. des fonct. du proc. du roi*, I, p. 310-312 ; Dalloz, *Rép.*, V° *Inst.crim.*, 443 ; Douai, 6 juin 1874 (S. 75, 2, 218).

(2) *Sic* : op. générale : F. Hélie, IV, 1621-1622 et les auteurs qu'il cite ; Garraud, 375 ; Gilbert, *Code inst. crim. annoté*, art. 61, n° 15 ; Rolland de Villargues, *id.*, art. 61, n° 7 ; art. 91, n° 12 ; Duverger, *op. cit.*, I, 122 ; *J. du Droit crim.*, t. VIII, p. 39 ; *Le Droit*, 21 sept. 1836 ; *Gaz. Trib.*, mai 1881, etc. Dalloz, *Rép.supp.*, V° *Proc. crim.*, n° 564. Comp. *Projet du Gouvernement* (art. 36) et *projet de la commission de la Chambre* (art. 49). — *Contrà : Projet voté p. le Sénat* (art. 50).

mes ou délits sans un nouveau réquisitoire ou sans une nouvelle plainte, il doit cependant *constater* dans ses procès-verbaux tout ce qu'on lui déclare et tout ce qu'il découvre quant à des crimes et délits étrangers à la poursuite, et en donner avis sur le champ au procureur de la République (art. 29).

CHAPITRE III

DES ACTES QUI TENDENT A RASSEMBLER LES PREUVES.

858. Le juge d'instruction, qui a vérifié sa compétence et qui s'est déclaré saisi, va procéder à deux sortes d'actes qui s'entremêlent dans la pratique, mais qu'il est bon d'étudier séparément : les uns tendent à rassembler les preuves, les autres à s'assurer de la personne de l'inculpé. Les premiers, dont il va être traité dans ce chapitre, sont : 1° les constatations matérielles, — 2° l'audition des témoins, — 3° l'interrogatoire de l'inculpé. Nous allons les étudier sous trois sections différentes.

I. — Des constatations matérielles.

859. I. Transport sur les lieux et procès-verbal de constat. — Généralement les constatations matérielles se font à la suite d'un *transport sur les lieux*, et c'est par là que commence habituellement une procédure criminelle, si le crime est flagrant. L'art. 62 semble faire un devoir au juge d'instruction de ne se transporter qu'accompagné du procureur de la République et du greffier du tribunal ; mais sa formule impérative a seulement pour but de donner plus de poids à la réquisition que le juge d'instruction leur adresse lorsqu'il estime qu'il est opportun de se transporter ; l'art. 88 lui donne en effet le droit de se transporter d'office. Il ne faut pas non plus attacher d'importance aux termes impératifs de ce dernier article : « Le juge d'instruction se *transportera* s'il en est requis... » Ce magistrat en effet est une juridiction ; il apprécie, il ne cède pas sans examen aux réquisitions qu'on lui adresse. La loi a supposé l'accord des deux magistrats sur l'utilité du transport. Si le procureur de la République refuse de se rendre à la réquisition du juge d'instruction, celui-ci se transportera seul, car l'assistance du ministère public n'est pas indispensable (art. 88).

860. Celle du greffier est nécessaire sans doute pour la régularité des actes que va faire le juge d'instruction, mais il importe peu que ce soit le greffier du tribunal, un commis-greffier assermenté, ou bien le greffier de la justice de paix du canton où il se transporte (1). Le juge

---

(1) Décisions ministérielles rapportées par DE DALMAS, *Frais de just. crim.*, p. 268.

peut même assermenter d'office un citoyen, âgé de 25 ans, qui lui servira de greffier (1). Le rôle de cet officier public n'est pas seulement de tenir la plume ; un ancien auteur l'appelait « le témoin de ce que fait le juge » (2). Il a le contrôle des faits matériels, mais pas celui des inductions qu'en tire le magistrat. Sa signature doit se trouver, à côté de celle du juge, sur tous les procès-verbaux de l'instruction.

861. Tout transport est suivi d'un *procès-verbal de constat* décrivant le corps du délit et l'état des lieux (art. 32). On appelle *corps du délit* la chose portant les traces matérielles de l'infraction et qui peut en fournir la preuve.

Souvent l'examen du corps du délit exigera des connaissances spéciales, de là la nécessité de recourir à des personnes présumées par leur art ou profession capables de l'apprécier » (art. 43), c'est-à-dire à des *experts*.

862. II. Expertises. — Le Code détermine le nombre des experts : *un* ou *deux* (art. 43) ; mais il est certain que si les deux experts nommés sont d'avis différents, la nomination d'un tiers expert devient nécessaire. Avant de procéder aux recherches que leur indique le juge, les experts doivent prêter devant lui le serment « de faire leur rapport et de donner leur avis en leur honneur et conscience » (art. 44). Peuvent-ils refuser leur concours ? La pratique résout la question par une distinction : s'il n'y a pas flagrant délit, ils sont libres ; s'il y a flagrant délit, ils doivent déférer à la réquisition, sous la sanction de l'art. 475, 12° du Code pénal, qui punit d'une amende de six à dix francs « ceux qui, le pouvant, auront refusé de faire les travaux, le service... dont ils auront été requis, dans les circonstances..... de flagrant délit, etc. » (3). Il y a cependant quelque chose d'étrange à vouloir contraindre un homme à concourir à une œuvre purement intellectuelle, à donner un avis et, en quelque sorte, à rendre un jugement ?

L'expertise ne porte pas toujours sur des choses ou sur des cadavres ; il peut être nécessaire de procéder à la visite corporelle du plaignant ou de l'inculpé. Le juge d'instruction a le *droit* d'assister à toutes les opérations des experts, même aux plus secrètes, parce qu'il a le droit de

---

(1) Ord. 1670, tit. VI, art. 6, 7 ; Jousse, II, p. 83, III, p. 150 ; L. 16 août 1797, tit. XI, art. 2 ; L. 16 vent. an XI, art. 1er ; L. 20 av. 1810, art. 64, 65, ou arg. de ces textes.

(2) Bruneau, *Maximes s. les mat. crim.*, p. 67.

(3) Solution implicite : Cass. 7 fév. 1867 (D. 67, 1, 191) ; 18 déc. 1875 (D. 76, 1, 462). Depuis la loi du 30 nov. 1892, sur l'exercice de la médecine, ce refus est devenu pour les médecins un délit passible de 25 à 100 fr. d'amende (art. 23). L'expertise médicale, d'ailleurs, ne peut être confiée qu'à des docteurs en médecine français, et régulièrement à ceux qui sont portés sur la liste des experts-médecins dressée ou revisée chaque année par la Cour d'appel pour tout le ressort (art. 14, L. 1892 ; déc. 21 nov. 1893, art. 1, 2, 3).

constater par lui-même le corps du délit. Il s'en abstient cependant, en pratique, lorsque ces constatations sont de nature à alarmer la pudeur des personnes sur qui elles sont faites (1).

Comme tous les autres actes d'instruction, l'expertise est un acte non contradictoire et secret relativement à l'inculpé et à la partie civile, qui n'ont le droit ni de la requérir, ni d'avoir un expert à eux et qui ne sont même pas informés qu'elle se fait. Seul le ministère public, parce qu'il a la surveillance de l'instruction préparatoire, peut requérir l'expertise, faire opposition à l'ordonnance qui la refuse, et se rendre compte de son résultat en demandant la communication du dossier (2).

863. III. Perquisitions et saisies. — Le juge d'instruction est armé de pouvoirs presque sans limite pour rechercher et saisir les pièces *à conviction et à décharge*. La loi se borne à prescrire la présence de l'inculpé ou de son fondé de pouvoir à ces opérations (art. 39, 88, 89, comb.). Sur son refus de venir et de se faire représenter, on passe outre. — La perquisition au domicile d'un particulier, fût-il inculpé, ne peut *commencer* la nuit sans son consentement (art. 76, Const. an VIII, art. 1037, C. pr. civ.), mais elle peut être continuée pendant la nuit si elle a été commencée de jour. On ne considère pas comme un domicile privé les maisons où le public est reçu, telles que cafés, hôtels garnis (3).

864. La saisie des papiers ailleurs qu'au domicile de l'inculpé a soulevé une controverse assez obscure par suite des nombreuses restrictions que les auteurs apportent au principe qui semble être leur point de départ. Théoriquement on comprend deux systèmes : l'un qui autorise ou refuse la saisie suivant le *lieu* ou la *qualité des personnes* chez qui la perquisition doit être faite ; — l'autre qui distingue d'après la *nature des papiers* à saisir. Le premier aurait cet avantage d'empêcher le juge d'instruction de prendre connaissance des papiers qu'il n'a pas le droit de saisir ; mais, contrairement à notre Droit public, il crée des lieux d'asile : le cabinet de l'avocat, les bureaux de poste, les maisons des personnes non inculpées seraient en effet, dans ce système, à l'abri des perquisitions. Le second système rend tous les lieux accessibles au juge d'instruction ; mais la saisie ne pourrait porter que sur des papiers ayant le caractère d'*actes publics ou privés*, et non sur des *notes* ou sur des *lettres*. Ce second système évite l'inconvénient du premier, mais il présente celui que le premier évite. Ni l'un ni l'autre, d'ailleurs, ne sont

(1) Sous cette réserve, la loi ne devrait-elle pas exiger la présence du magistrat aux expertises ? Dans le sens de l'*affirmative*, voir, en Allemagne, le *règlement sur les autopsies*, art. 1, 10, 27 (GUILLOT, *op. cit.*, p. 211).

(2) Dans la réforme en élaboration législative on est d'accord pour admettre le contrôle des expertises, au moins par un expert choisi par l'*inculpé*.

(3) On entend généralement par *nuit*, pour tous les actes de procédure, la nuit légale dont la durée est déterminée par le Code de procédure, art. 1037 : DALLOZ, *Rép. Supplément*, V° cit., 468.

passés dans la loi. Les art. 87 et 88 autorisent en effet le juge d'instruction à *pénétrer partout* et à *tout saisir*. Ses droits n'ont d'autre limite que le respect dû au secret de la défense : la justice peut suspendre pendant quelque temps les communications de l'inculpé et de son conseil, mais elle n'a pas le droit d'y assister, et par conséquent elle n'a le droit ni de lire, ni de saisir les lettres qui sont échangées entre eux. Dans la pratique, voici comment fonctionne cette exception : un détenu écrit à un avocat ; la seule qualité du destinataire empêche la saisie. Un détenu reçoit une lettre portant sur l'enveloppe le timbre de l'avocat ; il en est de même. Dans une perquisition faite chez un avocat, on trouve un dossier ou des notes que celui-ci affirme avoir reçus de telle ou telle personne à titre confidentiel et pour servir à sa défense devant une juridiction quelconque ; ces papiers sont insaisissables. Et ce que nous disons de l'avocat s'applique à l'avoué, au notaire, même à l'agent d'affaires, à toute personne, en un mot, qui par sa profession est appelée à être dépositaire des secrets d'autrui. Le seul moyen de lever l'obstacle qui empêche la saisie, c'est d'inculper ce dépositaire comme complice ; mais encore faut-il qu'il y ait des charges, et le juge d'instruction qui recourrait à ce procédé uniquement pour tourner la loi pourrait être pris à partie (art. 505-506, C. proc.) (1).

(1)*Sic* : Jurisprud. V. Cass. 21 nov. 1853 (ch. réun.) ; 12 nov. 1886. Le premier de ces arrêts admet sans aucune restriction la saisie de la correspondance à la poste ; le second défend la saisie des lettres que l'inculpé adresse à son défenseur, même avant qu'elles lui soient parvenues. Comp. Nancy, 8 mai 1892 (D. 93, 1, 193).— Des auteurs ont voulu résoudre la question de la saisie des lettres à la poste en tenant compte de la propriété de ces lettres : seules les lettres adressées au prévenu seraient saisissables, parce qu'elles lui appartiennent avant même de lui être remises ; celles qu'il adresse à des tiers et celles que les tiers échangent entre eux seraient insaisissables. *Sic* : VILLEY (S. 85, 1, 293, note) ; GARRAUD, 463. Mais ce système se heurte aux art. 87 et 88 qui autorisent le juge d'instruction à saisir « tous les objets qui seront jugés utiles à la manifestation de la vérité » sans distinguer à qui ils appartiennent.— D'autres auteurs permettent de saisir à la poste les lettres adressées au prévenu et celles adressées par lui à des tiers, parce que ces lettres pourraient se trouver, à un moment donné, à son domicile. On ajoute, ce qui est exact, que la perquisition n'étant pas une mesure de police, mais une mesure d'instruction, il faut avoir quelque indice qu'en ouvrant une lettre on y trouvera une pièce à conviction. Or, dit-on, il est impossible d'avoir cet indice pour la correspondance échangée entre deux tierces personnes. *Sic* : F. HÉLIE, IV, 1820 (C'est aussi le système des projets du Sénat et de la commission de la Chambre). Théoriquement, ce système est préférable. Mais, avec les textes actuels, on répond que l'art. 88 renvoie à l'art. 87 simplement pour éviter la définition des pièces à conviction, et non pour dire qu'on peut saisir *ailleurs* les choses qu'on aurait pu trouver *au domicile de l'inculpé*. Quant au second argument, sa réfutation résulte de l'art. 88, qui abandonne sans réserve au juge d'instruction le droit d'apprécier s'il trouvera ailleurs qu'au domicile du prévenu les pièces à conviction. — Enfin, d'autres auteurs nient la légalité de toutes les saisies à la poste, se fondant sur l'inviolabilité du secret des lettres, formulée par le décret du 10 août 1790 et sanctionnée par l'art. 187, C. p. *Sic* : MANGIN, I, p. 162. Mais il est impossible d'admettre une antinomie entre le droit absolu de perquisition et de saisie que les art. 87 et 88, C. i. c. accordent au juge d'instruction et la

II. — DE L'AUDITION DES TÉMOINS.

865. Qui peut être appelé comme témoin. — Le juge d'instruction jouit d'un pouvoir discrétionnaire pour faire citer devant lui toute personne qu'on lui indique, ou qu'il présume avoir connaissance de l'infraction et de ses circonstances (art. 71). Son refus d'entendre un témoin indiqué ne peut être critiqué que par le ministère public. — Il n'y a pas d'incapacité de témoigner dans l'instruction préparatoire (1) : l'esprit du Code d'instruction criminelle est de remettre à la prudence du juge d'instruction tout ce qui regarde la défense de l'inculpé. Par suite, il n'y a pas non plus devant lui de faux témoignage punissable (2). Mais si le faux témoignage avait pour résultat de faire prolonger la détention préventive de l'inculpé ou de le faire traduire devant une juridiction de jugement, il deviendrait un délit civil que le faux témoin serait tenu de réparer (art. 1382, C. civ.). — Quelque haut placé que soit un personnage, il doit son témoignage à la justice lorsqu'elle le réclame. Les art. 510 à 517 du Code d'instruction criminelle, complétés par le décret du 4 mai 1812, indiquent seulement pour ce cas des formes spéciales. Leurs dispositions, implicitement modifiées par notre organisation politique actuelle, ne s'appliquent plus aujourd'hui qu'aux grands dignitaires, au nombre et en tête desquels se trouvent le Président de la République et les ministres. L'autorisation du chef de l'État prescrite pour l'audition de ces derniers ne paraît plus nécessaire.

866. Comment sont appelés les témoins. — Les textes exigent une citation. Le juge d'instruction rend à cet effet une ordonnance, qualifiée de *cédule*, dans laquelle il prescrit l'assignation des témoins, et le procureur de la République la fait exécuter (art. 72 et 28). La pratique admet la convocation des témoins par simple lettre et même verbalement. Mais le juge d'instruction devrait-il entendre un témoin qui se présenterait spontanément ? Le Droit romain et l'ancien droit niaient la validité d'un tel témoignage ; l'empressement du témoin le faisait considérer comme suspect de partialité (3). Cette solution doit être maintenue, bien qu'elle se rattache à la théorie des preuves légales. Sans doute le Droit moderne laisse, en général, le juge de répression libre de croire ou de

---

restriction qu'y apporterait l'art. 187, C. p. ; les deux Codes ont été élaborés concurremment et sont entrés en même temps en vigueur le 1ᵉʳ janvier 1811 : la contrariété de leurs dispositions serait invraisemblable. D'ailleurs, dans le langage usuel, les mots *fonctionnaire, agent du gouvernement*, employés par l'art. 187, ne désignent point le juge d'instruction qui est un *magistrat*.

(1) Cass. 10 oct. 1817.
(2) V. p. l'application de l'art. 361, C. p., *supra*, n° 118.
(3) *Sic* : nov. 90, cap. 2 ; — JOUSSE, I, p. 729 ; MUYART, II, p. 129 ; POTHIER, *Proc. crim.*, sect. 2, art. 5 § 2.

ne pas croire à la preuve fournie, mais il l'assujettit à des règles fixes dans la méthode à employer pour recueillir ou pour laisser administrer la preuve. Le pouvoir d'appréciation du juge quant à la force probante d'un moyen de preuve ne peut s'exercer qu'à la condition que ce moyen de preuve soit recevable en la forme. Seul le président des assises, en vertu de son pouvoir discrétionnaire (art. 268, 269), peut lever l'obstacle résultant du défaut de recevabilité (1).

867. Formes de l'audition des témoins. — Les formes de l'audition des témoins sont réglées par le Code et par des articles de l'ordonnance que l'usage maintient :

1º Les témoins représentent la citation afin de se faire connaître et prêtent serment « de dire toute la vérité et rien que la vérité » (art. 74, 75). Peuvent être dispensés du serment les mineurs de 15 ans (art. 79). Ne sont pas admis à le prêter ceux qu'une condamnation a privés du droit d'être entendus en justice sous la foi du serment.

2º Le juge indique sommairement le point sur lequel le témoin doit déposer, car la citation n'en dit rien par mesure de prudence.

3º Il laisse parler le témoin sans l'interrompre ; puis il lui fait les questions et les objections susceptibles de l'aider à compléter ou à rectifier certaines parties de sa déposition (2).

4º La déposition est écrite par le greffier sous la dictée du juge. Le greffier en donne lecture au témoin et le juge lui demande s'il y persiste. Puis elle est revêtue des trois signatures, du juge, du greffier et du témoin. Si celui-ci ne sait ou ne peut signer, il en est fait mention : chaque page en outre porte les deux premières signatures (art. 76). L'art. 76 parle d'un *cahier d'information*, mais l'usage y a substitué des feuilles séparées pour chaque déposition, ce qui les rend plus faciles à classer.

5º Les interlignes sont prohibés ; les ratures et renvois doivent être approuvés à peine de nullité (art. 78). Les surcharges sont assimilées aux ratures (3). Toutes ces règles destinées à assurer l'authenticité du procès-verbal qui relate le témoignage sont applicables aux autres procès-verbaux de la procédure pénale (4).

---

(1) Op. unanime en doctrine : CARNOT, I, p. 334, 340 ; LEGRAVEREND, I, p. 256 ; MANGIN, I, p. 495 ; F. HÉLIE, IV, 1834 ; RODIÈRE, p. 83 ; TRÉBUTIEN, II, p. 236 ; BOITARD, 595 ; GARRAUD, 464, 1º ; DALLOZ, *Rép.* Vº *Témoins*, 323 ; DUVERGER, II, 255. — Le projet du gouvernement (1879), voté avec modification par le Sénat admettait la convocation par *lettre chargée* ; celui de la commission de la Chambre (1881) rétablit, on ne sait trop pourquoi, la nécessité de la citation (art. 74). Il n'est plus question de cette utile réforme dans les projets postérieurs.

(2) C'est une maxime traditionnelle « que les dépositions ne doivent pas être reçues par interrogatoire ». JOUSSE, II, 85. Les projets du Sénat et de la commission de la Chambre la formulent expressément. — *Comp.* C. allemand, art. 68 ; C. autrichien, art. 167.

(3) Cass. 16 juil., 17 déc. 1835.

(4) Cass. 13 déc. 1838.

6° Le juge d'instruction, assisté de son greffier, entend les témoins secrètement, hors de la présence de toute partie. L'art. 73 semble n'exclure de cette audition que le prévenu, mais c'est là un accident de rédaction qui s'explique historiquement : cet article a reproduit une formule, employée par la loi du 7 pluv. an IX, uniquement pour réformer la législation antérieure (C. an IV, art. 115) qui autorisait expressément le prévenu à assister à l'audition des témoins, et non pour donner au ministère public et à la partie civile le droit d'assister à une audition dont l'inculpé serait exclu (1).

868. Mesures à prendre contre les témoins défaillants ou qui refusent de déposer. — Le témoin régulièrement cité qui ne comparaît pas, doit faire valoir une excuse que le juge d'instruction apprécie souverainement. Si l'excuse est accueillie, l'audition de ce témoin sera ajournée, ou bien le juge se transportera auprès de lui pour recueillir sa déposition, ou bien il l'enverra recueillir par un autre officier de police judiciaire commis rogatoirement à cet effet (art. 83). Si l'excuse est rejetée, le témoin sera condamné à une amende de *seize* à cent francs, prononcée par le juge d'instruction, sans formalité ni délai et sans appel, sur les conclusions du procureur de la République ; le juge pourra décerner en outre contre lui un *mandat d'amener* (art. 80, 92, comp. art. 269). S'il y a eu faux certificat de maladie produit ou excuse reconnue fausse, en plus de l'amende prononcée par le juge d'instruction pour la non-comparution, le témoin et le médecin seront mis par lui sous mandat de dépôt jusqu'à leur jugement par le tribunal correctionnel (art. 86, C. i. c. ; 159, 160, 236, C. p.). — Le juge d'instruction peut relever de l'amende le témoin défaillant qui se présente sur la seconde citation et fait valoir une excuse (art. 81).

869. Le témoin qui comparaît doit *satisfaire à la citation*, c'est-à-dire fournir son témoignage. Le refus de déposer est assimilé au refus de comparaître. Il en est de même du refus de prêter serment ; car s'il

---

(1) F. Hélie, IV, 1859 ; Garraud, 464, 2° ; Villey, p. 291. — Cependant certains auteurs admettent que le ministère public peut assister en toute occurrence à l'audition des témoins. Sic : Rodière, p. 82 ; Trébutien, II, 237. — D'autres ne lui reconnaissent ce droit que pour les dépositions reçues au cours d'un transport de justice. Mais les arguments qu'ils tirent de certains textes (art. 80 ; art. 32 et 62 comb.) ne sont rien moins que probants. Leurs systèmes établiraient d'ailleurs entre l'accusation et la défense une inégalité de situation contraire à l'équité, comme l'observe Duverger, II, 286. — Le projet du gouvernement et celui de la commission de la Chambre sont revenus à la méthode *contradictoire* : le ministère public, la partie civile, l'inculpé et leurs conseils auront le droit d'assister à l'audition des témoins et à la rédaction de leurs dépositions, sans toutefois pouvoir ouvrir un débat devant le juge. Mais il leur sera permis de poser des questions par l'intermédiaire du juge et de faire insérer une protestation au procès-verbal, si celui-ci refuse de les poser (art. 78 et 50, proj. de la com.). Cette innovation avait été rejetée par le Sénat.

ne prête point serment, le témoin ne peut déposer (1). Le secret professionnel dispense de témoigner (art. 378, C. p.) ; mais pour cela la pratique exige deux conditions, savoir : 1° que le témoin affirme avoir acquis la connaissance du fait sur lequel on l'interroge dans l'exercice de sa profession ; 2° que l'inculpé ait exigé expressément le secret (2). La doctrine écarte en général cette seconde condition. Il est à présumer, en effet, qu'en s'adressant à une personne tenue du secret professionnel, on n'entend point l'en délier relativement à la confidence qu'on va lui faire (3).

III. — DE L'INTERROGATOIRE DE L'INCULPÉ.

870. L'interrogatoire de l'inculpé sert à obtenir son aveu ou à découvrir ses moyens de défense. Il peut profiter au ministère public comme à l'inculpé, théoriquement du moins ; car, en fait, c'est un procédé d'instruction plutôt à charge qu'à décharge. Le Code n'a déterminé ni la forme, ni le nombre des interrogatoires ; il s'est borné à indiquer le délai dans lequel le juge d'instruction doit y procéder au cas de mandat de comparution et de mandat d'amener. Comme sous l'Ordonnance, l'inculpé est laissé à la discrétion du magistrat ; aucune mesure n'est prise pour le prémunir contre des questions insidieuses, des insinuations perfides, des violences de langage, des menaces d'aggraver, s'il n'avoue point, la rigueur de sa détention préventive. On s'en remet à la délicatesse, à la loyauté et à l'impartialité du juge. En général, ce système n'a pas produit de mauvais résultats ; beaucoup de juges d'instruction répondent au type idéal qu'on s'en était formé ; il existe cependant des exceptions plus fréquentes qu'on ne le supposerait si l'on se bornait à consulter les recueils de jurisprudence, car il y a des excès dont les inculpés ne se plaignent pas, parce qu'ils se croient obligés de les subir, ou parce que l'autorité des chefs hiérarchiques les fait cesser. L'opinion publique se montre aujourd'hui plus exigeante ; elle demande la réglementation de la matière et l'organisation de mesures destinées à *prévenir* ces excès (4).

(1) Cass. 13 fév. 1886 (S. 86, 1, 235).
(2) F. HÉLIE, *Prat. crim.*, II, 700 ; C. d'assises de la Seine, 10 avril 1877 (S. 79, 2, 48) ; Cass. belge, 5 fév. 1878 (S. 78, 2, 12).
(3) MUTEAU, *Du secret profess.*; GARRAUD, *Dr. pén.*, V, 51.
(4) L'assistance de l'avocat aux interrogatoires et confrontations paraît être le meilleur frein qu'on puisse opposer aux excès que l'ardeur de la poursuite fait commettre au juge. Le projet *Constans*, voté par le Sénat, réalise ce progrès. Aux termes de l'art. 3, lors du premier interrogatoire, lequel d'ailleurs n'est qu'un interrogatoire *de constatation*, le magistrat qui maintient l'inculpation doit avertir l'inculpé de son droit de choisir un conseil parmi les avocats inscrits au tableau ou admis au stage, et à défaut de ce choix, il lui en fait désigner un d'office par le bâtonnier des avocats ou par le président du tribunal quand l'ordre n'a point de conseil de discipline. — L'assistance d'un avocat n'est pas d'ailleurs imposée à l'inculpé ; il peut y renoncer, mais mention de l'avertisse-

871. Forme. — La doctrine, s'inspirant de l'ordonnance de 1670, a formulé un ensemble de règles qui sont généralement acceptées par la pratique, mais qui n'ont rien d'obligatoire, puisque le Code n'en traite point et que l'Ordonnance est abrogée. Nous allons les énumérer :

1° Le juge d'instruction procède *par lui-même* à l'interrogatoire. C'est un acte, dit-on, qu'il ne doit pas déléguer (1).

2° L'inculpé doit être interrogé *secrètement* et *séparément*, hors de la présence des témoins et des autres inculpés.

3° Il doit répondre par sa bouche et n'est même assisté d'aucun conseil (2) ; mais il ne prête pas serment, comme sous l'Ordonnance ; ce serment a été aboli par la loi du 8 octobre 1789 (art. 12). Il parle assis.

4° Le juge d'instruction constate d'abord son identité ; puis il lui fait connaître sommairement l'inculpation générale qui pèse sur lui, ou le point spécial sur lequel il veut l'interroger, et il le laisse parler sans l'interrompre. Après viennent les questions de détail et les objections.

5° La dictée, la lecture et la signature de l'interrogatoire sont assujetties aux mêmes règles que celles des dépositions de témoins.

6° On recommande au juge d'instruction d'éviter les questions *ambiguës*, *suggestives* ou *captieuses*, de mentir pour savoir la vérité, de promettre l'impunité ou l'indulgence, de faire espérer à l'inculpé un adoucissement de la prison préventive s'il avoue, de le menacer de rigueurs nouvelles s'il persiste à nier, etc. Ces procédés déloyaux et ces actes de pression ont trouvé autrefois des approbateurs : si l'inculpé s'y laissait prendre, c'était un succès dont on félicitait le juge ; mais les grands commentateurs de l'Ordonnance les avaient répudiés, et aujourd'hui la jurisprudence les condamne (3).

---

ment qui s'y rapporte devra être insérée au procès-verbal du premier interrogatoire. — L'inculpé n'est pas tenu non plus de faire un choix séance tenante : Il pourra faire connaître plus tard le nom de son conseil, soit au greffier, soit au gardien chef (art. 9). — Le conseil doit être convoqué 24 heures à l'avance aux interrogatoires ou confrontations de son client. — Exceptionnellement un interrogatoire de discussion et des confrontations peuvent avoir lieu avant toute désignation d'un conseil, si l'urgence résulte soit de l'état d'un témoin en danger de mort, soit de l'existence d'indices sur le point de disparaître et aussi quand ces deux actes d'instruction sont faits au cours d'un transport sur les lieux en cas de flagrant délit (art. 7).

(1) Nous combattons, *infrà*, n°s 1103, 1106, cette proposition.

(2) Dans le projet *Constans*, il est dit que l'avocat ne pourra prendre la parole sans y avoir été autorisé par le magistrat. Mais en cas de refus, mention de l'incident est faite au procès-verbal (art. 9).

(3) Dans une affaire récente, le juge d'instruction avait questionné par le téléphone un complice de l'inculpé *en se faisant passer pour ce dernier*, et en avait obtenu ainsi une révélation importante. La Cour de cassation, jugeant disciplinairement, a déclaré que « ce procédé s'écartait des règles de loyauté que doit observer toute information judiciaire ». Cass. 13 janv. 1888 (*La Loi*, 2 fév.). Cependant la pratique actuelle use encore de ces affidés que l'argot des prisons désigne sous le nom de *moutons* (C. d'ass. de la Savoie, *Gaz. Trib.*, 7-8 avril 1890).

— Le projet *Constans* évite tous ces détails en autorisant l'avocat à assister

872. Nombre. — Le nombre des interrogatoires est laissé à l'appréciation du juge d'instruction ; mais il résulte des art. 91 et suivants qu'*un* interrogatoire au moins est nécessaire, quand la procédure se termine par une ordonnance de mise *en prévention* (1). Il y aurait donc nullité de la procédure en matière de crime comme de délit si, hors le cas de fuite, l'inculpé avait été mis en prévention sans que cet acte ait été accompli ou tenté (2). Généralement il y a deux interrogatoires : l'un d'*audition*, l'autre de *discussion*. Le premier se place au début de la procédure : il a pour but de constater la version de l'inculpé. Le second a lieu à la fin : le juge le fait précéder d'un résumé des charges qui résultent de l'instruction tout entière ; puis il appelle l'attention de l'inculpé sur chacune d'elles ; il fait ressortir les contradictions de ses réponses, les démentis que lui donnent les témoignages et obtient souvent par ce moyen, qu'on ne saurait critiquer, un aveu complet.

873. L'interrogatoire n'exclut pas la confrontation de l'inculpé avec les témoins et avec ses co-inculpés. Le Code ne contient encore sur ce point aucune règle (3).

aux interrogatoires. La présence de ce témoin indépendant suffira pour retenir dans les limites de la loi et des convenances les juges d'instruction qui seraient tentés de s'en écarter. Quant au premier interrogatoire qui a lieu nécessairement hors de la présence du conseil, puisqu'il n'est pas encore choisi ou désigné, l'art. 3 prescrit au magistrat, après avoir constaté l'identité de l'inculpé, de lui faire connaître les faits qui lui sont imputés et de recevoir ses déclarations, après l'avoir averti qu'il est libre de ne pas en faire. Mention de cet avertissement sera faite au procès-verbal. Cet utile avertissement a été emprunté à la procédure anglaise, v. *suprà*, n° 639.

(1) Cass. 4 août 1820 (B. p. 312) ; 7 janv. 1830 ; DALLOZ, *Rép.*, V° *Inst. crim.*, 1053.
(2) Cass. 12 fév. 1835, 16 nov. 1849.
(3) Dans la réforme qui s'élabore depuis 1879, tout le monde était d'avis qu'il fallait organiser la défense pendant l'instruction préparatoire, tenir l'inculpé au courant de la procédure et lui permettre d'en contrôler tous les actes. Mais jusque dans ces derniers temps le Sénat voulait simplement un contrôle *après-coup* sur des opérations finies, subordonné d'ailleurs au bon plaisir du juge d'instruction (Rapport de la commission de la Chambre, *J. off.*, 1887, p. 104, col. 2, 3). La réforme devenait ainsi purement apparente. En votant le projet *Constans*, il s'est rallié à la méthode contradictoire qui a pour conséquence un contrôle immédiat. Cependant il ne l'applique qu'aux interrogatoires et confrontations de l'inculpé ; pour tous les autres actes, le contrôle s'exercera après coup ; mais le juge d'instruction n'aura plus la faculté de l'interdire. « La procédure, porte l'art. 10, doit être mise à la disposition du conseil la veille de chacun des interrogatoires que l'inculpé doit subir. » Cette communication jointe à la liberté absolue des entretiens de l'inculpé avec son conseil aussitôt après la première comparution (art. 8), permettra au prévenu de connaître par l'intermédiaire de son avocat, tous les actes d'instruction accomplis hors de sa présence et de préparer avec lui des actes de défense qu'il est en droit de leur opposer.

CHAPITRE IV

DES ACTES RELATIFS A LA PERSONNE DE L'INCULPÉ.

874. Le juge d'instruction est armé de pouvoirs suffisants pour forcer l'inculpé à comparaître devant lui et pour s'assurer de sa personne. Les ordonnances qu'il rend à cet effet portent le nom de *mandats*. A la théorie des mandats se rattachent celle de la *détention préventive*, qui est la suite possible ou nécessaire de leur exécution, et celle de la *liberté provisoire*, qui est la suspension de la détention préventive. Ce chapitre comprendra l'exposé de ces trois théories.

I. — DES MANDATS.

875. Le juge d'instruction peut décerner quatre mandats différents : deux pour faire comparaître l'inculpé devant lui : le mandat *de comparution* et le mandat *d'amener* ; deux pour le constituer en détention préventive : le mandat *de dépôt* et le mandat *d'arrêt*. Le premier est une simple assignation, les trois autres autorisent l'emploi de la force coercitive.

876. Il y a des règles communes à tous ces mandats ou à la plupart d'entre eux :

1° Ils doivent désigner clairement la personne de l'inculpé (art. 95 § 2, 96). Mais le nom n'est pas indispensable ; un sobriquet, une périphrase peuvent le remplacer.

2° Ils sont revêtus de la signature et du sceau du juge d'instruction (art. 95 § 1, 96). C'est le signe de leur authenticité.

3° Ils sont datés, comme tous les actes. Leur date sert d'ailleurs de point de départ à certains délais (art. 100, 637).

4° Ceux qui doivent être exécutés par la force contiennent réquisition aux agents de la force publique de prêter main-forte pour leur exécution.

5° Ils sont notifiés comme les citations ; de plus, l'agent qui les exécute doit les *exhiber* à l'inculpé et lui en donner copie (art. 97).

6° Ils sont exécutoires sur tout le territoire de la République (art. 98 § 1).

7° Le procureur de la République est chargé de les faire exécuter (art. 28).

8° L'inobservation des formalités auxquelles ils sont assujettis est punie d'une *amende* de 50 francs contre le greffier, et, s'il y a lieu, d'*injonctions* au juge d'instruction et au procureur de la République et même de *prise à partie* contre ces magistrats (art. 112). De plus, si la formalité est substantielle, son omission entraîne la *nullité* du mandat (1).

877. Des mandats de comparution et d'amener. — *a*) Le *mandat de comparution* est l'ordre par lequel le juge d'instruction enjoint de citer devant lui l'inculpé pour y être interrogé. Il indique le lieu, le jour et l'heure de la comparution, mais non le fait pour lequel l'inculpé est appelé. Il se confondrait avec une citation à témoins, n'était que son titre de *mandat* et la formule habituellement employée révèlent au cité qu'il est poursuivi. — C'est le plus discret (2) et le moins rigoureux de tous les mandats. Mais il a cet inconvénient de laisser à l'inculpé la liberté de fuir.

Aussi le Code de 1808 n'autorisait-il son emploi qu'en matière de délit et lorsque l'inculpé était domicilié; mais la loi du 14 juil. 1865 a permis de l'employer sans restriction, en toute matière et pour toute personne (art. 91 § 1 *nouveau*). C'est au juge d'instruction d'apprécier s'il est, ou non, prudent de l'employer.

L'inculpé qui comparaît doit être interrogé *de suite* (art. 93). S'il fait défaut, sans excuse légitime, le juge d'instruction décerne contre lui le mandat d'amener (art. 91 § 2).

878. *b*) Le *mandat d'amener* est l'ordre par lequel le juge d'instruction enjoint de conduire immédiatement devant lui l'inculpé pour y être interrogé. Il ne diffère du précédent que par son exécution; c'est une assignation à comparaître qui doit être obéie immédiatement et sous les yeux de l'agent qui la signifie. Il autorise, en conséquence, contre l'inculpé l'emploi de la force coercitive. Son utilité est manifeste pour les délits graves et pour les crimes. Il réunit, en effet, les deux avantages de l'arrestation : contraindre l'inculpé à comparaître et s'assurer de sa personne. Son emploi est facultatif depuis la loi de 1865, excepté cependant quand le juge d'instruction a commencé par lancer un mandat de comparution qui n'a pas été obéi : alors il devient obligatoire (art. 91 § 2), si l'inculpé du moins ne fait pas agréer une excuse.

879. Peut-il être employé quand la nature du délit n'autorise point la détention préventive? Certains auteurs répondent négativement, soit quand la détention préventive est exclue d'une manière absolue parce que le délit est simplement passible d'amende (art. 131), soit

---

(1) Art. 609 et arg. de ce texte. — *Sic* : op. générale en doctrine, Dalloz, *Rép.*, *Supplément*, V° *Procédure criminelle*, 849); Cass. 5 septembre 1817.

(2) On pourrait le rendre plus discret encore en le signifiant sous pli cacheté.

lorsqu'elle n'est autorisée qu'après l'interrogatoire et pour cinq jours seulement (art. 113 §§ 2 et 3).

Mais leur opinion ne doit pas être suivie, parce qu'il est impossible de confondre l'*arrestation provisoire* qu'autorise le mandat d'amener avec la *détention préventive*. Ce mandat est un moyen de contrainte dont il peut être fait usage contre un témoin (art. 92) ; comment ne pourrait-on pas en user contre un inculpé (1) ?

880. Le porteur du mandat d'amener ne peut se présenter au domicile de l'inculpé accompagné de la force publique, ni employer sur le champ les mesures de rigueur. Il doit notifier le mandat et inviter l'inculpé à venir avec lui ; ce n'est que si l'inculpé refuse d'obéir ou tente de s'évader qu'il pourra employer la force publique du lieu le plus voisin (art. 99 et arg. art. 108). Ces ménagements peuvent avoir des inconvénients pratiques ; aussi l'on tourne la difficulté en faisant signifier le mandat d'amener par la gendarmerie, conformément à l'art. 72.

Le porteur du mandat d'amener peut certainement forcer la porte du domicile de l'inculpé quand celui-ci en refuse l'entrée, ou qu'on l'aperçoit du dehors ; mais si des personnes de la maison déclarent que l'inculpé est absent, le mandat d'amener donne-t-il le droit d'y faire une perquisition ? La raison de douter est fondée sur un argument *a contrario* de l'art. 109 qui paraît n'attacher ce droit de perquisition qu'au mandat d'arrêt. Les juges d'instruction éludent la difficulté en ajoutant un mandat de perquisition au mandat d'amener. Il nous paraît conforme aux précédents historiques de considérer que le mandat d'amener autorise une perquisition au domicile de l'inculpé aussi bien que le mandat d'arrêt (L. 16 sept. 1791, tit. II, art. 1 et 8).

Une fois le mandat d'amener exécuté et l'inculpé conduit devant le juge d'instruction, ce magistrat doit l'interroger dans les 24 heures de son arrivée (2). En attendant, l'inculpé doit être gardé à vue ou enfermé

---

(1) *Sic* : Duverger, II, 407. — *Contrà* : Garraud, 468 ; F. Hélie, IV, 1957. Que décider pour les *délits de presse*, quand l'inculpé est domicilié ? La question est controversée, parce que les termes de l'art. 49 § 1 de la loi du 19 juill. 1881 paraissent proscrire aussi bien l'arrestation provisoire que la détention préventive en dehors des cas où l'on revient au droit commun (§ 3 modifié p. L. 12 décembre 1893).

(2) Tel est le sens que l'on donne généralement de cette expression équivoque de l'art. 93 « dans les 24 heures *au plus tard* ». Le projet *Constans* fait cesser le doute en disant : « dans les 24 heures au plus tard de l'entrée de l'inculpé dans la maison de dépôt ou d'arrêt » (art. 2 § 1). Il sanctionne également par des mesures disciplinaires et pénales l'exécution de cette prescription : « A l'expiration de ce délai, l'inculpé sera conduit d'office et sans nouveau délai, par les soins du gardien chef, devant le procureur de la République qui requerra le juge d'instruction de l'interroger immédiatement. En cas de refus, d'absence ou d'empêchement constaté du juge d'instruction, l'inculpé sera interrogé sans retard, sur la réquisition du ministère public, par le président du tribunal ou par le juge qu'il désignera. A défaut de quoi, le procureur de la République ordonnera la mise en liberté immédiate de l'inculpé. — Tout inculpé arrêté en vertu

dans un lieu de dépôt. On ne peut l'écrouer à la maison d'arrêt car il n'est pas en détention préventive (arg. art. 609) (1).

Supposons que l'inculpé n'ait pas été trouvé à son domicile, ou rencontré au dehors : dans ce cas, la notification du mandat et la remise de la copie ont lieu conformément aux prescriptions des art. 68 et 69, C. proc. civ. De plus, l'original est toujours visé par le maire, l'adjoint ou le commissaire de police de la commune où est faite la signification, et le mandat leur est exhibé (art. 105). Les magistrats prennent alors les mesures nécessaires pour rechercher l'inculpé.

881. Très souvent ces recherches amèneront l'arrestation de l'inculpé hors de l'arrondissement où se fait l'instruction. La même situation peut aussi se présenter lorsque l'instruction a été ouverte dans l'arrondissement où a été commis le délit, et que les soupçons se portent sur un individu qui n'a fait qu'y passer. Dans cette hypothèse, la loi tempère au profit de l'inculpé l'obligation d'obéir au mandat (art. 100-104) : il peut demander à être interrogé et détenu préventivement dans l'arrondissement où il a été arrêté. C'est le procureur de la République du lieu de l'arrestation qui statue sur cette demande dont la recevabilité est soumise à trois conditions, savoir : 1° que le mandat remonte à plus de 2 jours ; 2° que l'arrestation ait eu lieu à plus de 5 myriamètres de la ville où se fait l'instruction et dans un arrondissement différent ; 3° que l'inculpé nie sa culpabilité et qu'il ne soit point trouvé nanti de pièces à conviction. Ces conditions étant réunies, le procureur de la République du lieu de l'arrestation *doit* faire droit à la demande. — On a soutenu le contraire en invoquant une différence de rédaction entre l'art. 74 du Code de l'an IV qui donnait cette solution (*le prévenu*... NE PEUT ÊTRE CONTRAINT *de se rendre*, etc.) et l'art. 100 du Code d'instruction criminelle qui semble laisser au magistrat la faculté de rejeter une demande même bien fondée (*le prévenu*... POURRA N'ÊTRE PAS CONTRAINT). Mais c'est là une querelle de mots. L'art. 99 prévoit le refus de l'inculpé d'obéir au mandat et indique le moyen de le contraindre. Statuant dans

---

d'un mandat d'amener qui, en violation du paragraphe précédent, aura été maintenu pendant plus de 24 heures dans la maison de dépôt ou d'arrêt sans avoir été interrogé par le juge d'instruction ou conduit, comme il vient d'être dit, devant le procureur de la République, sera considéré comme arbitrairement détenu. — Tous gardiens chefs de maisons de dépôt ou d'arrêt, tous procureurs de la République qui ne se seront pas conformés aux dispositions du paragraphe 2 précédent seront poursuivis comme coupables d'attentats à la liberté et punis, savoir : les procureurs de la République ou autres officiers du ministère public, des peines portées en l'art. 119, C. p., et les gardiens chefs des peines portées en l'art. 120 du même Code ; le tout sans préjudice des sanctions édictées par l'art. 112 contre le greffier, le juge d'instruction et le procureur de la République » (art. 2 §§ 1, 2, 3).

(1) Cass. 4 av. 1810. En pratique on les enferme sur simple billet d'écrou dans le quartier de la maison d'arrêt affecté aux *passagers*. Circ. Min. Intér. 30 mars 1894.

la même hypothèse, l'art. 100 indique au contraire un cas où l'inculpé ne pourra être contraint d'obtempérer au mandat (1).

L'inculpé non transféré est écroué en état d'arrestation à la maison d'arrêt du lieu de capture, en vertu d'un mandat de dépôt *sui generis* décerné par le procureur de la République qui a statué sur sa demande. Il reste dans cette situation jusqu'à l'ordonnance qui clôture l'information ouverte contre lui. A ce moment il sera transféré, pourvu que le juge d'instruction saisi de l'affaire l'ait mis en état de *détention préventive* en décernant contre lui un mandat d'arrêt *ou de dépôt*, sinon il sera élargi. Il dépend d'ailleurs de ce magistrat de faire transférer plus tôt le prévenu, par exemple pour l'interroger lui-même ou pour le confronter avec des témoins en décernant plus tôt l'un ou l'autre de ces mandats (art. 104) ; mais le plus souvent il délèguera au juge d'instruction du lieu de l'arrestation le soin de procéder à l'interrogatoire de l'inculpé et aux perquisitions et saisies dans ses effets ou ses papiers (art. 102, 103) (2).

882. Des mandats de dépôt et d'arrêt. — Ces deux mandats supposent que le fait sur lequel on instruit entraîne l'emprisonnement ou des peines plus graves. Ils servent à constituer l'inculpé en détention préventive. Ils ont trois points de ressemblance indiscutables : 1°) ils sont *facultatifs*, en ce sens que le juge d'instruction n'est jamais obligé de les décerner. Même en matière criminelle, il peut laisser l'inculpé en liberté (art. 94 § 1). — 2°) Leur effet est identique : ils produisent la détention

---

(1) *Sic* : MANGIN, I, p. 262 ; BOITARD, 616. *Contrà* : F. HÉLIE, IV, 1977.

(2) Toute cette procédure est non seulement mal agencée, mais encore obscurément exposée par les art. 100 à 104. Nous allons voir que la détention préventive est l'effet du mandat de dépôt comme du mandat d'arrêt ; cependant l'art. 100 semble leur attribuer deux effets différents. De plus, tandis que le mandat d'amener est normalement décerné par le juge d'instruction, l'art. 102 suppose qu'il est normalement décerné par le procureur de la République. Enfin l'art 103 contient un renvoi à l'art. 90, correspondant à l'art. 69 actuel dans le projet du Code ; il n'aurait pas de sens si on ne lisait pas 69 au lieu de 90 (LOCRÉ, XXV, p. 114).

— Le projet *Constans* remplace les art. 100 à 104 par des dispositions plus claires et moins compliquées : « Art. 4. Si l'inculpé a été trouvé *hors de l'arrondissement* où a été délivré le mandat et à une distance *de plus de 10 myriamètres* du chef-lieu de cet arrondissement, il est conduit devant le procureur de la République de celui où il a été trouvé. — Art. 5. Le procureur de la République l'interroge sur son identité, reçoit ses déclarations, après l'avoir averti qu'il est libre de ne pas en faire, l'interpelle afin de savoir *s'il consent à être transféré ou s'il préfère prolonger les effets du mandat d'amener* en attendant, au lieu où il se trouve, la décision du juge d'instruction saisi de l'affaire. Si l'inculpé déclare s'opposer au transfèrement, avis immédiat en est donné à l'officier qui a signé le mandat. — Le procès-verbal de comparution, contenant un signalement complet, est transmis sans délai à ce magistrat, avec toutes les indications propres à faciliter la reconnaissance d'identité. — Il doit être fait mention au procès-verbal de l'avis donné à l'inculpé qu'il est libre de ne pas faire de déclaration. — Art. 6. Le juge d'instruction saisi de l'affaire décide, aussitôt après la réception de cet envoi, s'il y a lieu d'ordonner le transfèrement. »

préventive (art. 110). — 3°) Leur main-levée a lieu dans les mêmes conditions (art. 94 § 3 ; 113 et s.). Ces trois points de ressemblance ont été le résultat de réformes successives (L. 4 av. 1855, L. 14 juil. 1865).

D'un autre côté, il existe entre ces deux mandats trois différences certaines : 1°) la forme de leur délivrance et de leur rédaction diffère. Pour le mandat d'arrêt, il faut prendre les conclusions du ministère public, auxquelles d'ailleurs le juge d'instruction n'est pas tenu de se conformer (art. 94 § 2). Il faut de plus énoncer le fait poursuivi et citer l'article de loi qui le punit (art. 96). Ce mandat ressemble par là à un jugement. Pour le mandat de dépôt, un ordre pur et simple de recevoir l'inculpé dans la maison d'arrêt et de l'y retenir suffit. — 2°) L'exécution du mandat d'arrêt donne lieu à un *droit de capture* que n'autorise pas celle du mandat de dépôt. Elle est par conséquent plus chère (art. 71 §§ 5, 6, D. 18 juin 1811 (1). — 3°) La date du mandat d'arrêt fixe le rang du privilège du Trésor pour le recouvrement des frais de poursuite (art. 3, 3°, L. 5 sept. 1807). Pareil effet n'est attribué par aucun texte au mandat de dépôt, et ne peut lui être étendu par analogie parce qu'on est en matière de privilège.

883. En présence de ces ressemblances et de ces différences certaines une question reste indécise : ces deux mandats peuvent-ils être décernés indifféremment l'un pour l'autre ? — L'affirmative paraît admise en pratique. Mais alors comment expliquer les différences que les textes du Code ont maintenues entre ces deux mandats ? D'ailleurs, il y en aurait un de trop (2).

A notre avis, le mandat de dépôt doit être décerné contre un individu *interrogé*, et le mandat d'arrêt contre un individu *non interrogé*. Ainsi s'expliquent les formalités qui précèdent le mandat d'arrêt, et que l'interrogatoire rend inutiles. C'est d'ailleurs le sens normal de l'article 94 : « Après l'interrogatoire, — ou en cas de fuite de l'inculpé, — le juge

---

(1) En pratique, la simple notification du mandat d'arrêt est considérée comme donnant lieu au droit de capture. On a soutenu cependant que ce droit n'était dû que s'il y avait eu, en plus de la notification, *des efforts, des recherches* pour capturer l'inculpé (Dalmas, *Des frais de justice,* etc.).

(2) Certains auteurs ont voulu conserver au mandat de dépôt le caractère provisoire que lui attribuait la loi de son institution (L. 7 pluv. an IX, art. 7). *Sic*: F. Hélie, IV, 1966 ; Trébutien, II, p. 266 ; Garraud, 521 (3ᵉ édit.).— Mais il faudrait admettre, pour être logique, que les mandats produisent deux sortes de détentions préventives : le mandat de dépôt, une détention *provisoire* ; le mandat d'arrêt, une détention *définitive*. Or la dernière trace de ce dualisme a disparu en 1865 (art. 94 § 3). Aujourd'hui il n'y a de définitive que la détention préventive qui suit l'ordonnance de prise de corps (art. 126). Pendant l'instruction préparatoire, la détention préventive est toujours provisoire.— D'autres auteurs pensent que le mandat de dépôt doit être décerné contre un inculpé présent, et le mandat d'arrêt contre un inculpé en fuite. *Sic*: Massabiau, *Man. du min. pub.,* II, 2590. — Mais cette distinction se heurte à l'art. 125 qui donne le choix entre ces deux mandats dans une hypothèse particulière où l'inculpé est en fuite.

pourra décerner un mandat de dépôt, — ou un mandat d'arrêt. » Il est visible que l'article prévoit deux hypothèses et applique un mandat différent à chacune d'elles. En conséquence, les textes qui prescrivent uniquement le mandat de dépôt visent un individu interrogé et ne distinguent pas s'il est présent ou en fuite (art. 100, 248, 490 ; L. 20 mai 1863, art. 1er). Ceux au contraire qui donnent le choix s'appliquent distributivement à l'hypothèse où l'inculpé a été interrogé et à celle où il ne l'a pas été (art. 125, 193, 214) : ils confirment donc notre explication (1).

884. L'inculpé qui est arrêté, en vertu d'un mandat de dépôt ou d'arrêt, hors de l'arrondissement de l'officier de police judiciaire qui l'a décerné, doit être conduit devant le juge de paix ou son suppléant et, à défaut, devant le maire, l'adjoint ou le commissaire de police du lieu de l'arrestation, qui visera le mandat sans pouvoir empêcher son exécution (art. 98).

Si l'inculpé ne peut être saisi, le porteur du mandat d'arrêt dresse procès-verbal des perquisitions qu'il a dû faire dans sa dernière habitation. Il fait viser ce procès-verbal par l'officier de police auxiliaire du lieu, et lui en laisse copie (art. 109). Il faut procéder de même par analogie lorsque le porteur du mandat de dépôt se présente au domicile de l'inculpé pour l'arrêter et ne l'y rencontre pas.

II. — DE LA DÉTENTION PRÉVENTIVE.

885. La détention préventive est la situation de l'individu arrêté en vertu d'un mandat de dépôt ou d'arrêt, ou d'une ordonnance de prise de corps, dont il sera question ci-après. Elle consiste dans un emprisonnement de garde. Cette mesure est d'une utilité certaine : 1° elle empêche l'inculpé de se soustraire au châtiment, 2° elle facilite l'instruction, soit en le mettant sous la main du juge qui pourra procéder ainsi à son interrogatoire et à des confrontations, soit en l'empêchant de détruire les preuves matérielles ou de suborner les témoins. Sa légitimité est plus douteuse : l'inculpé est présumé innocent ; pourquoi l'emprisonner ? Mais l'intérêt de la répression explique ce sacrifice imposé à la liberté individuelle.

886. Point de départ et durée normale de la détention préventive. — *A*. Le juge d'instruction a toujours la faculté de laisser l'inculpé en liberté (art. 91, 94). S'il instruit sur un délit, cette situation pourra se continuer pendant toute l'instruction préparatoire, et même jusqu'au

---

(1) M. Garraud s'est rallié à mon opinion dans sa 5e édit., n° 469. — Les art. 100 et 104 rappellent le caractère provisoire du mandat de dépôt, mais ils sont évidemment exceptionnels puisqu'ils visent un mandat de dépôt décerné par le procureur de la République. — La théorie des mandats d'arrêt et de dépôt est organisée sur des bases entièrement nouvelles dans le grand projet de réforme du C. d'inst. crim.

jugement définitif. Mais s'il instruit sur un crime, elle prendra fin nécessairement par l'exécution de l'ordonnance de prise de corps qui suit l'arrêt de mise en accusation. La loi a voulu en effet qu'en matière criminelle l'accusé comparaisse en état de détention préventive devant la juridiction de jugement : les peines sont trop graves ; la tentation de fuir aurait été trop forte dès que l'accusé se serait vu traduit en Cour d'assises.

La détention préventive qui suit l'ordonnance de prise de corps a un caractère *définitif*, car elle ne peut plus être suspendue par la liberté provisoire (art. 126). L'accusé gardera donc prison jusqu'à la fin du procès pénal, alors même que l'affaire serait renvoyée à une autre session (1).

887. *B.* Supposons que le juge d'instruction soit disposé à faire détenir préventivement l'inculpé ; le pourra-t-il toujours ? Et s'il le peut, quels seront le point de départ et la durée de la détention préventive ? Il faut distinguer s'il s'agit d'un crime ou d'un délit.

a) Dans l'instruction sur un crime, la détention préventive est toujours possible et sa durée toujours illimitée. Elle commence avec l'exécution du mandat d'arrêt ou de dépôt. Elle prendra fin normalement avec l'instruction préparatoire si la procédure se termine par une ordonnance ou un arrêt de non-lieu. Elle deviendra définitive jusqu'à la fin du procès pénal si l'instruction se clôture par un arrêt de mise en accusation. Mais dans l'intervalle du mandat d'arrêt ou de dépôt au moment où l'arrêt de mise en accusation sera passé en force de chose jugée (2), la détention préventive peut être suspendue de deux manières : par la main-levée d'office du mandat qui l'a produite (art. 94 § 3), ou bien par la liberté provisoire accordée sur la demande de l'inculpé (art. 113 et s.).

888. *b) Dans l'instruction sur un délit,* tantôt la détention préventive n'est pas admise, — tantôt sa durée maxima est de cinq jours, — tantôt sa durée est illimitée.

1er CAS : *La détention préventive n'est pas admise* : 1° si le délit n'emporte pas peine d'emprisonnement. L'art. 131 ordonne en effet l'élargissement de l'inculpé quand l'instruction se termine par un renvoi en police correctionnelle pour un délit non passible d'emprisonnement. Par analogie, il faut décider que si, dès le début, l'instruction

---

(1) Cass. 19 juin, 16 juil. 1868 (S. 69, 1, 288). Les projets du Sénat et de la commission de la Chambre contenaient sur ce point une réforme libérale (art. 124). Elle s'impose d'autant plus qu'on paraît décidé à n'accorder aucune indemnité aux victimes d'erreurs judiciaires qui n'ont pas été condamnées (Trav. prép. L. 8 juin 1895). Le projet *Constans* la réalise, art. 11 : « Lorsque la cour d'assises saisie d'une affaire criminelle en prononce le renvoi à une autre session, il lui appartient de statuer sur la mise en liberté provisoire de l'accusé. »
(2) Cass. 23 av. 1868 (D. 68, 1, 409), 8 et 13 juin 1872 (D. 72, 1, 381 et 157).

porte sur un délit de cette nature, l'inculpé ne doit pas être détenu préventivement. — 2º La détention préventive est également interdite s'il s'agit d'un délit de presse, même puni de l'emprisonnement, pourvu que l'inculpé soit domicilié (art. 49, L. 29 juillet 1881).

889. 2ᵉ CAS : *La détention préventive a une durée maxima de cinq jours*, quand le délit entraîne un emprisonnement inférieur à deux ans, mais à deux conditions, savoir : 1º que l'inculpé soit domicilié ; 2º qu'il n'ait pas été condamné antérieurement à une peine afflictive ou infamante, ou à un emprisonnement de plus d'une année (art. 113 §§ 2, 3 (1).

La mise en liberté après cinq jours n'a rien de provisoire, ainsi que pourraient le faire supposer la rubrique du chapitre sous laquelle est placé l'art. 113 et le premier paragraphe de ce texte. Le juge d'instruction n'a pas le droit de la retirer ; l'inculpé, en faisant défaut après son élargissement, n'en est pas déchu : les art. 115 et 123 ne s'appliquent point à cette situation. Aussi l'art. 113 § 2 s'abstient-il de qualifier cette mise en liberté. C'est, à notre avis, *une extinction légale* de la détention préventive, analogue à celle que la même loi du 14 juillet 1865 attache à l'acquittement devant le tribunal correctionnel (art. 206). L'inculpé n'a donc à former aucune demande, ni à prendre l'engagement de se représenter (*contrà* : art. 113 § 1). Le juge, une fois le délai légal expiré, ordonne d'office sa mise en liberté. Cependant la place qu'occupent les articles relatifs à cet élargissement de droit parmi les textes qui organisent la liberté provisoire sur demande autorise à dire : 1º Que l'inculpé peut formuler une demande pour l'obtenir ; 2º Qu'il n'y aurait pas de détention arbitraire si le juge d'instruction ne l'accordait pas d'office quand elle ne lui est point demandée.

Quel est le point de départ de ce délai de cinq jours ? Il résulte de la discussion de la loi que c'est le *premier* interrogatoire auquel procède

---

(1) Pris à la lettre, ce texte exclurait tous les condamnés *pour crime*, quelle que fût la peine prononcée contre eux, par exemple : les condamnés à un an seulement d'emprisonnement par application des circonstances atténuantes, à six mois par l'effet d'une excuse, à moins de six mois par la combinaison de l'excuse et des circonstances atténuantes. Cette solution n'était probablement pas dans l'intention du législateur, qui voulait exclure seulement les condamnés ayant le premier terme de la récidive d'après les art. 56, 57 et 58 du C. p. Depuis la réforme opérée dans ces deux derniers textes par la loi du 26 mars 1891, les condamnés exclus de la liberté provisoire de droit sont ceux qui ont le premier terme de la récidive criminelle ou de la grande récidive correctionnelle. — Il est à remarquer que le texte de l'art. 56, C. p., avant la réforme de 1832, portait : « Quiconque ayant été condamné *pour crime*. » Cette locution, restée en usage comme synonyme de condamné à une peine afflictive ou infamante, est passée avec cette signification dans l'art. 112 § 3, C. i. c., lors de la réforme de 1865. — *Sic* : FLAMAND, *Étude sur la détent. prév. et la liberté prov.* (Th. doct. Paris, 1876), 158 ; GARRAUD, 475 ; F. HÉLIE, *Prat. crim.*, I, 210 ; VILLEY, p. 297. — *Contrà* : F. HÉLIE, *Tr. de l'Inst. crim*, IV, 1896 ; MORIN, *J. du dr. crim.*, art. 8112, p. 301 ; Circ. min. just., 14 octobre 1865.

le juge d'instruction quand l'inculpé comparaît *sur mandat de comparution ou d'amener* (1). On est parti de cette idée que, vu le peu de gravité du délit et les antécédents de l'inculpé, la détention préventive était utile seulement pour accélérer l'instruction. La durée du mandat de dépôt décerné après le premier interrogatoire a été ainsi limitée à cinq jours, délai qui a paru suffisant pour interroger et confronter l'inculpé. Il va de soi que si la détention préventive cessait d'être utile avant l'expiration du délai de cinq jours, le juge d'instruction devrait lever d'office le mandat de dépôt (art. 94 § 3) ; il en serait ainsi notamment s'il clôturait l'instruction avant ce terme.

Dans la discussion de la loi on n'a pas supposé que l'inculpé ait pu être constitué en détention préventive par *mandat d'arrêt*. Si l'hypothèse se présentait, il faudrait décider par analogie que le délai de cinq jours court du lendemain de l'arrivée de l'inculpé au lieu où se fait l'instruction.

890. 3ᵉ CAS : *La durée de la détention préventive est illimitée* dans toute autre hypothèse. Elle cessera normalement avec l'instruction préparatoire si elle se termine par un *non-lieu*, par un *renvoi devant le tribunal de simple police*, ou par un renvoi devant le tribunal correctionnel *pour un délit non passible d'emprisonnement* (art. 128, 129, 131). — S'il y a renvoi devant le tribunal correctionnel pour un délit plus grave, la détention préventive continue pendant la procédure devant la juridiction de jugement ; nous verrons plus tard comme elle prend fin dans cette hypothèse ; mais, comme en matière de crime, elle peut être suspendue d'office ou sur la demande de l'inculpé pendant l'instruction préparatoire. De plus, la même suspension peut être accordée sur la demande du prévenu pendant l'instruction définitive.

891. Régime de la détention préventive. — Interdiction de communiquer. — Nous avons dit précédemment dans quels locaux est subie la détention préventive et quel est son régime. Ce régime peut être aggravé par une ordonnance du juge d'instruction portant *interdiction de communiquer*. Cette mesure n'est autre chose que l'extension du secret des actes de l'instruction à la personne même de l'inculpé. Aussi l'appelle-t-on vulgairement *mise au secret*. L'art. 618 reconnaît expressément sa légalité ; un paragraphe, ajouté en 1865 à l'art. 613, a déterminé sa forme, sa durée et son renouvellement. L'utilité de cette mesure est certaine ; elle empêche les complices de se concerter pour déguiser la vérité, et les témoins du dehors de s'entendre avec les détenus. Mais on en a abusé, en l'employant comme un nouveau genre de torture pour « enlever un aveu » (2). Les règles qui doivent guider le juge d'instruction

---

(1) Voir la réponse de M. Lacaze, commissaire du gouv., à M. Millet (D. 65, 4, 158).

(2) *Sic* : DUVERGER, *op. cit.*, II, 447. Les représentants des écoles anthropolo-

dans l'interrogatoire lui font un devoir de ne pas user de la mise au secret en vue de cet objet.

892. L'interdiction de communiquer peut être restreinte aux codétenus ou être étendue aux personnes du dehors. La première de ces restrictions deviendrait inutile si la loi du 5 février 1875 (art. 1er), qui prescrit la séparation individuelle des *inculpés, prévenus* et *accusés,* était partout appliquée (1).

Nous avons dit à quels moyens pratiques on a recours pour donner aux magistrats la facilité de surveiller les communications avec le dehors et de les arrêter en temps opportun : 1° les permis de visite, délivrés par l'autorité administrative, ne sont exécutés qu'après avoir été revêtus de la signature du juge d'instruction, s'il s'agit d'un inculpé ; 2° sa correspondance, au départ comme à l'arrivée, est remise à ce magistrat (D. 11 nov. 1885, art. 47, 50). Mais il ne faut pas croire que le juge d'instruction puisse suspendre absolument les visites et intercepter des lettres qu'il ne saisit point, sans rendre une ordonnance *d'interdiction de communiquer* : en lui donnant en effet un moyen de contrôle sur les permis de visite et sur la correspondance des inculpés, les règlements ont eu simplement pour objet d'organiser l'application de la loi ; ils n'ont pu la modifier.

893. Le Code d'instruction criminelle n'avait soumis l'interdiction de communiquer à aucune règle de fond ni de forme. En 1865, à la suite d'abus qui se révélèrent par une déplorable erreur judiciaire (2), on ajouta à l'art. 613 un paragraphe conçu en ces termes : « Lorsque le juge d'instruction croira devoir prescrire à l'égard de l'inculpé une interdiction de communiquer il *ne* pourra le faire *que* par une *ordonnance qui sera transcrite sur le registre de la prison.* Cette interdiction ne pourra s'étendre au delà de *dix jours* ; elle pourra toutefois être *renouvelée.* Il en sera rendu compte au procureur général. » Il suit de là que l'interdiction de communiquer cesse, sans ordre du juge d'instruction, le dixième jour, si elle n'a pas été renouvelée (3). Une prolongation

---

gique et sociologique ne s'indignent point, comme nous, de cet odieux procédé. V. Garofalo, *Criminologie,* p. 355.

(1) Généralisant cette idée, le projet Constans supprime l'interdiction de communiquer « dans les maisons d'arrêt et de dépôt soumises au régime cellulaire » (art. 8 § 2).

(2) En 1861, la femme Doize, épouse Gardin, vaincue par une prolongation excessive du secret, se reconnut coupable d'un parricide qu'elle n'avait pas commis. Bien qu'elle eût rétracté son aveu à l'audience, elle fut condamnée aux travaux forcés à perpétuité, sur un verdict de culpabilité mitigé par des circonstances atténuantes. Deux ans après, les véritables coupables étaient découverts et condamnés. Un pourvoi en revision formé en faveur de la dame Doize fut admis ; elle passa de nouveau aux assises et fut acquittée.

(3) Cette disposition prévient les oublis du juge, mais elle lui laisse la faculté de donner une durée illimitée à la mise au secret. En Belgique, sa durée ma-

illégale engagerait la responsabilité des gardiens, mais non celle du juge. Le texte ne dit pas dans quel délai il sera rendu compte de cette mesure au procureur général ; c'est une lacune. La routine a maintenu l'usage, antérieur à la loi de 1865, d'en rendre compte dans les états mensuels. Il semble cependant qu'en ne fixant aucun délai pour accomplir cette formalité, le législateur de 1865 ait voulu qu'elle eût lieu le jour même où la mesure est prise (1).

894. L'ordonnance qui prescrit l'interdiction de communiquer étant relative à un acte d'instruction, n'est susceptible d'être attaquée que par le ministère public (art. 135).

III. — DE LA LIBERTÉ PROVISOIRE.

895. La liberté provisoire est la conséquence de la main-levée des mandats de dépôt ou d'arrêt touchant un individu susceptible d'être encore détenu préventivement. Ce n'est donc point une extinction, mais simplement une *suspension* de la détention préventive. La main-levée des mandats peut être prononcée d'office ou sur la demande de l'intéressé. Dans les deux cas l'effet est le même. Il semble dès lors qu'il ne devrait y avoir qu'une seule et même théorie applicable aux deux hypothèses. Il n'en est pas ainsi : les réformes introduites dans l'art. 94, en 1855 et en 1865, ont organisé une liberté provisoire accordée d'office qui diffère par des points importants de celle que l'intéressé peut obtenir

---

xima est de 3 jours (Loi 10 avril 1874, art. 2) ; les projets de réforme français la fixent à 20 jours (art. 123). Mais une réforme plus importante consiste à appliquer une limite à la détention préventive elle-même. En Autriche elle ne peut dépasser 2 mois (C. pr. pén., art. 190). En Belgique, la Chambre du Conseil est appelée à examiner chaque mois si l'intérêt public exige le maintien de la détention préventive. Les projets français combinent ces deux innovations libérales. Le *mandat de dépôt* aurait une durée normale de 10 jours et serait seulement renouvelable pour une deuxième décade. Le *mandat d'arrêt* durerait 30 jours et serait indéfiniment renouvelable ; mais chaque renouvellement, soit du mandat de dépôt, soit du mandat d'arrêt pourrait être critiqué par l'inculpé devant la Chambre du Conseil (art. 108, 109, 110, 117, 118). Le projet *Constans*, ne rétablissant point la Chambre du Conseil, n'a pu réaliser qu'une partie de cette réforme. Dans les prisons non soumises au régime cellulaire, « le juge d'instruction aura le droit de prescrire l'interdiction de communiquer pour une période de 10 jours ; il pourra la renouveler pour une période de 10 jours seulement. — En aucun cas l'interdiction de communiquer ne saurait s'appliquer au conseil de l'inculpé » (art. 8 §§ 2, 3). Comme résultat pratique, rien n'est changé au droit actuel tant que dure l'interdiction de communiquer. Le ministère public pourra seul attaquer l'ordonnance (v. au texte, n° 894). Après ce délai, les permis de visite pourront encore être refusés par le juge d'instruction, mais pas d'une manière absolue et systématique, sous peine de prise à partie et de poursuites disciplinaires, sans compter, a-t-on dit, le droit pour le Garde des sceaux d'intervenir et d'accorder les permis que le magistrat refuse (Sénat, 21 mai, 10 juin 1897, discours de MM. *Constans, Dupuy, Bérenger, Thévenet, Devès*).

(1) En ce sens les projets de réforme du Sénat et de la Chambre.

sur sa demande (art. 113 et s.). On réserve même, dans le langage du Code et de la pratique, le nom de liberté provisoire à cette dernière et l'on dit: la *main-levée d'office* du mandat de dépôt ou d'arrêt, et la *liberté provisoire*.

896. Main-levée d'office du mandat de dépôt ou d'arrêt. — L'art. 94 autorise le *juge d'instruction* à donner main-levée du mandat de dépôt ou d'arrêt, *dans le cours de l'instruction* et sur les *conclusions conformes* du procureur de la République. Cette main-levée est un *acte d'instruction*. La partie civile n'a pas le droit de s'en plaindre, seul le ministère public aurait pu faire opposition à l'ordonnance du juge d'instruction (art. 135); pour simplifier, on a décidé que cette mesure devait être prise « sur les conclusions conformes du procureur de la République, et en conséquence on a fermé au ministère public la voie de l'opposition. L'ordonnance de la main-levée est donc absolument inattaquable.

Cette main-levée est un acte de la première partie de l'instruction préparatoire. Ni la Chambre d'accusation, ni le Tribunal correctionnel ne pourraient l'accorder. Elle n'est pas d'ailleurs attachée à la personne du juge d'instruction, mais à sa fonction : toute autorité qui dans des circonstances exceptionnelles est substituée au juge d'instruction (ex. : art. 235, 479 à 503) pourrait, comme lui, lever d'office le mandat de dépôt ou d'arrêt sur les conclusions conformes du magistrat qui remplace le procureur de la République.

Cette main-levée a lieu *d'office*, non seulement sans demande de l'inculpé, mais encore en dehors de sa participation. Le texte semble cependant supposer un engagement de sa part, car il dit que la liberté lui est accordée « à la charge... de se représenter à tous les actes de la procédure et pour l'exécution du jugement aussitôt qu'il en sera requis ». Mais c'est là une condition de fait que le juge d'instruction exigera, sans doute, sans être tenu de le faire et qui ne le lie point. Quelle que soit d'ailleurs l'attitude de l'inculpé pendant la suite du procès, il pourra décerner contre lui un nouveau mandat de dépôt ou d'arrêt, parce qu'une mesure d'instruction est toujours susceptible d'être reprise.

Il faut noter enfin que cette main-levée est possible « quelle que soit la nature de l'inculpation » : ce n'est point en effet par la gravité de l'affaire, mais par celle des charges et des garanties morales qu'offre l'inculpé que les magistrats, qui la requièrent et qui l'accordent, doivent se décider.

897. Liberté provisoire accordée sur la demande de l'inculpé (1). — Caractère. — Quand le juge d'instruction statue sur une demande de

---

(1) Cette institution, à laquelle le Code d'instruction criminelle consacre un chapitre assez étendu, a traversé trois phases importantes dans le Droit moderne. — Sous le Code de l'an IV (art. 70 et 222) la détention préventive existait, comme aujourd'hui, en matière de crime et de délit passibles de l'emprisonne-

mise en liberté provisoire formée par l'inculpé, il fait *acte de juridiction contentieuse*. De là plusieurs conséquences : *a*) La demande est instruite contradictoirement avec le ministère public et la partie civile. — *b*) Les conclusions du procureur de la République ne lient pas le juge. — *c*) L'ordonnance qui intervient est susceptible d'opposition. — *d*) De plus, comme ce n'est pas seulement en cours d'instruction mais pendant tout le procès pénal, « en tout état de cause » (art. 116), que peut surgir une demande de liberté provisoire, il faut et il suffit que cette liberté ne soit point expressément refusée par la loi pour qu'on doive trouver un juge compétent pour statuer sur la demande.

898. Autorité qui accorde la liberté provisoire. — La juridiction compétente pour statuer sur la demande en liberté provisoire est celle qui est saisie du procès pénal. Cette règle s'induit des dispositions de détail de l'art. 116 § 1. Elle reçoit exception quand l'affaire est portée devant la Cour de cassation, parce que cette haute juridiction se trouve saisie seulement de la question de droit. Dans ce cas, la loi attribue compétence à la juridiction dont la décision est attaquée (art. 116 § 2) (1). — Si au moment où le prévenu veut former sa demande il n'y a point de juridiction saisie, les uns déclarent compétente la juridiction qui a statué en dernier lieu. Ils croient trouver cette indication dans l'art. 116 § 2 (2). Les autres, mieux avisés, décident que la demande en liberté provisoire doit être adressée à la Chambre d'accusation (3).

---

ment. La liberté provisoire était admise moyennant caution si la peine était simplement infamante ou correctionnelle. Mais cette liberté provisoire était *un droit* pour l'inculpé, en ce sens que s'il fournissait la caution, dont la loi fixait l'engagement à 3000 livres, le juge ne pouvait refuser d'ordonner son élargissement. — Le Code d'instruction criminelle prohiba d'une manière absolue la liberté provisoire en matière criminelle. Il l'admit sous caution pour les délits ; mais il en fit *une faveur* : le juge (*la Chambre du Conseil*) eut le droit d'accueillir ou de rejeter la demande et de fixer le taux de l'engagement de la caution. — La loi du 14 juillet 1865 s'est montrée plus libérale que le Code d'instruction criminelle et même, à certains points de vue, que le Code de l'an IV. Elle a restreint à cinq jours, à compter de l'interrogatoire, la durée de la détention préventive pour certains délits (art. 113 §§ 2, 3). Elle a admis la liberté provisoire, quelle que soit la peine (art. 113 § 1er). Elle a permis de l'accorder avec ou sans caution (art. 113 et s.) ; mais, dans ce dernier cas, elle lui a conservé le caractère de faveur avec les deux conséquences qu'il entraîne (arg. art. 113 § 1er).

(1) Ce texte assez énigmatique exige une explication. Le condamné à l'emprisonnement qui veut se pourvoir en cassation et qui n'est pas détenu, doit pour rendre son pourvoi admissible *se mettre en état*, c'est-à-dire se constituer prisonnier. Mais, pour éviter cette détention préventive, il peut demander sa liberté provisoire. C'est dans cette hypothèse que l'art. 116 § 2 indique la juridiction compétente pour statuer sur la demande en liberté.

(2) *Sic* : FLAMAND, 198.

(3) Ce qui motive, en effet, la compétence attribuée par l'art. 116 § 2 à la juridiction dont la sentence est frappée d'un pourvoi, ce n'est pas cette circonstance qu'elle a statué en dernier lieu, mais cette considération que la Cour de cassation étant saisie seulement d'une partie du procès pénal, l'autre partie est

L'hypothèse où il n'y a pas de juridiction saisie du procès pénal se présente dans le cas du conflit négatif, et aussi après une condamnation prononcée par le tribunal correctionnel contre un prévenu détenu qui demande la liberté provisoire pendant le délai d'appel.

899. Procédure de la demande en liberté provisoire. — *a)* La demande en liberté provisoire est formée par requête adressée à la juridiction compétente et déposée à son greffe (art. 117 et *arg. de ce texte*). — *b)* Le requérant notifie sa demande à la partie civile, au domicile élu par elle dans l'acte de sa constitution (art. 118). — *c)* Cette partie et le ministère public ont vingt-quatre heures pour prendre leurs conclusions, savoir le ministère public à compter de l'heure du dépôt au greffe, car il est censé connaître tout ce qui s'y passe, et la partie civile à compter de l'heure de la notification (art. 118 et *arg. de ce texte*). — *d)* La décision qui intervient (*ordonnance, jugement* ou *arrêt*) est susceptible des voies de recours appropriées à sa nature : *opposition, appel, pourvoi en cassation*. Pour les deux premières rien n'est changé au Droit commun quant à l'*effet suspensif*, dont nous parlerons bientôt, attaché au délai accordé pour exercer les voies de recours et à leur exercice. Le délai pour se pourvoir en cassation et le pourvoi formé ne suspendent pas au contraire l'exécution d'un arrêt *qui confirme l'ordonnance de mise en liberté* (art. 229 § 2). — De plus, l'art. 119 contient deux dispositions relatives à l'étendue des délais : *a)* Il réduit à un délai unique de vingt-quatre heures, pour les parties en cause, les délais *d'opposition et d'appel*. Ce délai court contre le *procureur de la République* du jour de l'ordonnance ou du jugement, et contre la *partie civile* ou le *prévenu*, du jour de la notification. — *b)* Il fixe, conformément au Droit commun, un délai de dix jours pour l'*opposition* du procureur général *aux ordonnances du juge d'instruction*. On comprend l'antithèse de ces deux dispositions quand on observe que l'opposition du procureur général n'empêche pas, comme celle des parties en cause, l'*exécution provisoire* de l'ordonnance qui prononce la mise en liberté de l'inculpé (art. 135 § 11).

Mais cet article laisse deux questions indécises : Quel sera le délai

---

réputée être encore pendante devant la juridiction dont la sentence est attaquée. Dans l'hypothèse où aucune juridiction n'est saisie d'une partie quelconque du procès pénal, il faut résoudre la question de compétence à l'aide des principes. Or la Cour d'appel (Chambre d'accusation) est présentée par l'art. 9, C. i. c., et par l'art. 11 de la loi organique du 20 avril 1810 comme investie de la plénitude de juridiction pour toutes les mesures qui touchent à l'instruction des crimes et des délits ; or, comme la détention préventive et sa suspension sont, quelle que soit la phase du procès-pénal, toujours relatives à l'instruction, c'est à cette Chambre qu'on doit s'adresser à défaut de juridiction spécialement indiquée pour statuer sur une demande en liberté provisoire. *Sic* : VILLEY, p. 207 ; GARRAUD, 478 ; Cass. 27 fév. 1874 (D. 74, 1, 178) ; 4 déc. 1875 (B. 347) ; 28 mai 1886 (*Gaz. Trib.* 10 juin). Voir aussi les projets du Sénat et de la Chambre.

d'appel du procureur général contre un jugement correctionnel statuant sur la demande en liberté provisoire ? Quel sera le délai du pourvoi en cassation, pour toutes parties, contre un arrêt de la Cour d'appel (Chambre correctionnelle ou Chambre d'accusation) sur le même objet ? — Nous pensons qu'il faut étendre le délai de vingt-quatre heures à toutes les voies de recours. L'exposé des motifs de la loi de 1865 le dit expressément, et le rapport l'implique. Si le texte vise uniquement l'opposition et l'appel et les parties en cause, c'est qu'il statue sur le *quod plerumque fit* (1).

La forme dans laquelle ces voies de recours doivent se manifester est également unique et très simple : c'est l'inscription sur un registre tenu au greffe à cet effet (art. 119 § 2). L'intention du législateur de 1865 hautement affirmée dans les travaux préparatoires, a été d'*abréger les délais* et de *simplifier les formes* pour que la décision à intervenir sur la demande en liberté provisoire ne fût point retardée.

900. Conditions de la mise en liberté. — Le requérant doit : 1°) prendre l'engagement de se représenter à tous les actes de la procédure et pour l'exécution du jugement aussitôt qu'il en sera requis (art. 113 § 1er) ; — 2°) élire domicile dans la ville où siège la juridiction saisie de sa demande (art. 121 § 3) ; — 3°) de plus, cette juridiction, en statuant sur la demande, peut subordonner la mise en liberté à l'obligation de fournir un cautionnement en espèces, une caution ou, quoique les textes ne le disent pas, une sûreté réelle quelconque, immobilière ou mobilière (art. 114, 120) (2).

901. La somme versée ou promise est divisée en deux parties : l'une garantit la représentation de l'inculpé à tous les actes de la procédure et pour l'exécution du jugement ; l'autre est affectée au paiement dans l'ordre suivant : *a*) des frais faits par la partie publique, *b*) de ceux avancés par la partie civile, *c*) des amendes. Si l'inculpé manque à son engagement de se représenter, la première partie du cautionnement est confisquée. La loi cependant réserve aux tribunaux la *faculté* d'en ordonner la restitution en cas de renvoi des poursuites, d'absolution ou d'acquittement (art. 122). La seconde partie est restituée ou dégagée s'il n'intervient pas de condamnation. Au cas contraire, elle sert à faire l'avance, sauf recours de la caution contre le prévenu, du paiement des condamnations pécuniaires qu'elle garantit (art. 123).

902. Comment cesse la liberté provisoire ? — Elle cesse norma-

---

(1) V. *Exposé des motifs*, n° 17 ; rapport, n° 28 (D. 65, 4, 148 et 156). — *Sic* : Dutruc, *Code de la dét. prév.*, 79. — *Contra* : F. Hélie, IV, 2004 ; Ortolan, II, 2355.

(2) Arg. anc. art. 118 et *Exposé des motifs*, n° 18. Cela d'ailleurs est une conséquence du droit qu'a le juge d'accorder la liberté provisoire sans exiger de garanties.

lement avec la détention préventive dont elle n'est qu'une suspension, ou bien encore lorsque la détention préventive n'est plus susceptible d'être suspendue, c'est-à-dire après l'ordonnance de prise de corps (art. 126). De plus, l'inculpé ou le prévenu peuvent en être déchus (art. 125). Enfin on peut la retirer, mais à l'*inculpé* seulement, par raison d'opportunité (art. 115).

Encourent la déchéance, l'inculpé ou le prévenu qui manquent à l'engagement de se représenter. Dans ce cas, c'est la juridiction actuellement saisie du procès pénal, qui décernera l'ordre d'arrestation (art. 125). S'il s'agit au contraire d'enlever à un inculpé le bénéfice de la liberté provisoire par raison d'opportunité, c'est à la juridiction qui a accordé la liberté de revenir sur sa décision, alors même qu'elle ne serait pas actuellement saisie du procès pénal (art. 115 § 2).

CHAPITRE V

DU FLAGRANT DÉLIT. — DÉROGATIONS QU'IL APPORTE AUX RÈGLES ORDINAIRES DE L'INSTRUCTION PRÉPARATOIRE ET DU JUGEMENT.

903. La *flagrance* est un état par lequel passent toutes les infractions. L'étymologie (*flagrare*) indique en effet suffisamment qu'il s'agit d'une infraction qui se commet actuellement ou qui vient de se commettre. Cette modalité de l'infraction apporte des dérogations aux règles ordinaires de l'instruction préparatoire en matière de crime, et à celles de l'instruction préparatoire et du jugement en matière de délit. Pour ne point scinder l'exposé de ces règles de procédure qui s'enchaînent les unes aux autres, nous anticiperons sur l'exposé que nous ferons plus tard de la procédure devant les tribunaux correctionnels, et nous expliquerons ici, à côté des particularités relatives à l'instruction préparatoire, celles de la procédure des flagrants délits devant la juridiction de jugement.

Nous réservons d'ailleurs l'hypothèse où des crimes et délits flagrants auraient été commis à l'audience d'un tribunal de répression : il en sera traité, *infra*, nos 997 et s., dans la police de l'audience.

I. — Particularités de l'instruction préparatoire au cas de crime flagrant.

904. En quoi consiste le crime flagrant. — Les art. 41 et 46 énumèrent cinq cas où le crime est flagrant ou réputé tel, savoir :

1° Le crime qui se commet actuellement ; — 2° le crime qui vient de se commettre ; — 3° le cas où le coupable est poursuivi par la *clameur publique* ; — 4° celui où l'inculpé est trouvé nanti de pièces à conviction dans un temps voisin du crime ; — 5° celui où le fait, s'étant passé dans l'intérieur d'une maison, est révélé par la réquisition du chef de cette maison demandant qu'il soit constaté.

Les trois derniers cas exigent quelques explications.

a) La *clameur publique* qui proroge le flagrant délit ne doit pas être confondue avec la *notoriété publique*, ni avec la *rumeur publique*. La clameur est une accusation directe qui repose sur le témoignage de personnes qui ont vu commettre l'attentat. La rumeur est un simple soupçon ; on la qualifie de notoriété publique lorsqu'elle a pris une certaine consistance. La rumeur et la notoriété publiques peuvent motiver l'ouverture d'une instruction dans la forme ordinaire ; mais non la procédure extraordinaire du flagrant délit.

b) Le quatrième cas suppose un crime constaté, mais l'auteur encore inconnu. La possession des effets, papiers, armes ou instruments provenant du crime ou qui ont servi à le commettre, constitue une charge accablante contre celui qui en est nanti, si l'on est encore dans un temps voisin de l'infraction ; car il est probable qu'il n'a pu les tenir d'un tiers. La découverte de ces pièces à conviction nécessitant d'urgence certains actes d'instruction, on a étendu à cette hypothèse les règles particulières de l'instruction des crimes flagrants.

c) Dans le cinquième cas, il importe peu que le fait soit récent ou ancien, il suffit qu'il soit *ignoré de l'autorité et révélé à elle seulement par la réquisition du chef de maison* (chef de famille) demandant qu'il soit constaté (1). — Dans ce cinquième cas, les règles que nous allons exposer s'appliquent non seulement s'il y a *crime*, mais encore s'il y a *délit* flagrant.

905. Pouvoirs exceptionnels du procureur de la République et des officiers auxiliaires. — Pour favoriser la répression dans les deux cas que nous venons d'énumérer, la loi efface la distinction fondamentale entre le pouvoir d'instruire et celui de poursuivre : elle permet au procureur et à ses auxiliaires de se passer du juge d'instruction pour commencer l'instruction préparatoire, et au juge d'instruction de se saisir d'office et d'agir sans l'assistance de son greffier. Les pouvoirs d'instruction du procureur de la République se rapportent aux constatations matérielles, à l'information et à l'arrestation de l'inculpé : nous noterons seulement ici les différences entre la manière de procéder tracée aux deux magistrats.

906. 1° *Perquisitions.* — Le procureur de la République n'a le droit de faire des recherches qu'au *domicile* de l'inculpé (art. 36). Faut-il entendre par cette expression rien que le logement habituel de l'inculpé ? Peut-on y comprendre aussi la maison, l'appartement d'un tiers où l'inculpé est arrêté ? Cette interprétation extensive pourrait être utile, mais il faut la repousser à cause du caractère exceptionnel des pouvoirs d'instruction du procureur de la République (2).

907. 2° *Enquête.* — Le procureur n'a le droit d'entendre que les *témoins du crime* (art. 32 et 33 comb.) ; il n'a pas mission de recevoir des témoignages relatifs aux antécédents de l'inculpé ou à ses moyens de défense. Il fait une information à charge et accessoire aux constata-

---

(1) Les projets de réforme exigent en outre que l'auteur présumé de l'infraction *se trouve encore dans la maison* (art. 175).

(2) L'art. 181 des deux projets consacre expressément cette extension.

tions matérielles. — Les témoins ne sont pas cités ; ils ne peuvent être l'objet d'un mandat d'amener s'ils refusent de comparaître ; ils ne prêtent pas serment. — L'art. 34 arme cependant le procureur de la République d'un certain moyen de contrainte à l'égard des témoins qui se trouveraient sur les lieux où il fait ses constatations. Il peut défendre que qui que ce soit sorte de la maison ou s'éloigne du lieu avant la clôture de son procès-verbal. Tout contrevenant à cette défense sera, s'il peut être saisi, déposé dans la maison d'arrêt et condamné à un emprisonnement de dix jours et à une amende de 100 fr. au plus. Cette peine est prononcée par le juge d'instruction sur les conclusions du procureur de la République, après que le contrevenant aura été cité et entendu, ou par défaut s'il ne comparaît pas, sans autre formalité ni délai et sans opposition ni appel.

908. 3° *Contrôle du magistrat.* — Dans l'accomplissement de ses actes, le procureur de la République n'est point, comme le juge d'instruction, contrôlé par le greffier, mais l'art. 42 lui prescrit « de faire et de rédiger » ses procès-verbaux en présence d'un officier de police auxiliaire (1) ou de deux citoyens domiciliés dans la commune où il procède. Ils signeront avec lui les procès-verbaux. Néanmoins au cas d'urgence il peut procéder seul. Ces formes d'ailleurs ne sont pas prescrites à peine de nullité.

909. 4° *Arrestation de l'inculpé.* — Le procureur de la République n'a pas le droit de constituer l'inculpé en détention préventive, il ne peut décerner contre lui ni mandat de dépôt, ni mandat d'arrêt ; mais il a le droit de le faire arrêter provisoirement, soit pour le forcer à comparaître devant lui, soit pour le retenir après l'avoir interrogé. Il exerce ce pouvoir d'arrestation, *dans les deux cas,* au moyen du *mandat d'amener* qui peut affecter la forme d'un ordre verbal d'arrestation quand l'inculpé est présent sur les lieux (art. 40, 45). — On s'est demandé s'il avait le droit de lever lui-même après l'interrogatoire le mandat d'amener qu'il a décerné pour y procéder. Les termes, en apparence absolus, de l'art. 45 favorisent la négative. L'inculpé, même complètement disculpé par son interrogatoire, devrait rester en état d'arrestation jusqu'à ce que le juge d'instruction saisi de l'affaire eût, après examen des charges, levé le mandat (2). Nous ne pensons pas que cette solution rigoureuse soit dans l'esprit de la loi. Malgré les termes impératifs des art. 40 et 45, le procureur de la République a un pouvoir d'appréciation pour décerner le

---

(1) L'art. 42 ne cite que le commissaire de police de la commune, le maire ou l'adjoint, parce qu'il suppose que le procureur de la République s'est transporté inopinément sur les lieux et qu'il s'y fait assister des officiers auxiliaires qui s'y trouvent habituellement ; mais il pourrait aussi bien se faire assister du juge de paix ou de l'officier de gendarmerie.
(2) Carnot, I, 249 ; Mangin, 219 ; F. Hélie, III, 1516 ; Le Poittevin, *op. cit.,* V° *flagrant délit,* 8.

mandat d'amener, car ce pouvoir est de l'essence même de toutes les mesures d'instruction, dont la raison d'être est l'opportunité. Il faut donc laisser au magistrat, de qui elles émanent, la faculté d'en suspendre les effets dès qu'il reconnaît leur inutilité (1).

910. Les pouvoirs d'instruction attribués par le flagrant délit au procureur de la République appartiennent également aux officiers de police auxiliaires. Entre eux existe la *concurrence*, c'est-à-dire que chacun peut de son côté instruire sur le même crime ; mais le procureur de la République, à quelque époque qu'il se saisisse de l'affaire, a *prévention absolue* sur eux ; son intervention les dessaisit et ils ne jugent plus que par ses ordres (art. 49-51).

911. Pouvoirs exceptionnels du juge d'instruction. — L'art. 59 emploie une formule embarrassée pour dire que le juge d'instruction « dans tous les cas réputés flagrant délit » acquiert les pouvoirs que les articles précédents ont attribués au procureur de la République tout en conservant ceux qui lui sont propres (2).

Il faut conclure des termes mêmes de l'art. 59 ou de son esprit :

1° Que le juge d'instruction a la faculté de se saisir d'office, non seulement dans les quatre cas de flagrant délit prévus par l'art. 40, mais encore dans celui prévu par l'art. 46 ;

2° Que dans les quatre premiers cas il faut qu'il s'agisse d'un crime ; et que dans le cinquième il importe peu qu'il s'agisse d'un crime ou d'un délit ;

3° Que le refus de poursuivre, opposé par le procureur de la République présent sur les lieux, n'empêche pas le juge d'instruction de se déclarer saisi et d'instruire régulièrement ;

4° Que le procureur de la République ne peut continuer à faire les constatations dès que le juge s'est déclaré saisi ;

5° Que le juge d'instruction n'est pas limité aux actes que les articles précédents permettent au procureur de la République ; le flagrant délit donnant simplement au juge l'occasion d'exercer les pouvoirs d'instruction qui lui sont propres.

912. Quant à la forme des actes, une distinction s'impose. Ou bien le juge d'instruction complète sa juridiction en s'adjoignant un greffier : dans ce cas rien n'est changé à sa manière ordinaire de procéder, par la raison que nous venons de donner à l'appui de la proposition précédente. Ou bien il procède seul : dans ce cas l'art. 59 l'oblige à se con-

---

(1) BOURGUIGNON, I, p. 149 ; MORIN, V° *Inst. crim.*, n° 17 ; RODIÈRE, p. 66, 67 ; MASSABIAU, II, p. 1571 : ORTOLAN et LEDEAU, II, p. 89 ; DALLOZ, *Rép.*, V° *Inst. crim.*, 361 ; Supplément, V° *Proc. crim.*, 479. Comp. art. 115, projets du Sénat et de la commission de la Chambre.

(2) SARRAUTE, *Manuel du J. d'inst.*, 205. — Comp. *Exposé des motifs*, DALLOZ, *Rép.*, V° *Inst. crim. Trav. prép.*, n° 16.

former « aux règles établies au chapitre des procureurs de la République et de leurs substituts », c'est-à-dire à soumettre ses actes au contrôle de deux citoyens ou d'un officier de police auxiliaire. Il va sans dire que si le procureur de la République assiste le juge d'instruction dans ses opérations, la présence d'autres contrôleurs est inutile, car le procureur de la République remplace avantageusement l'officier de police auxiliaire qui n'est que son suppléant.

913. En plus du droit de se saisir d'office, le flagrant délit ajoute aux pouvoirs du juge d'instruction le droit d'entendre des témoins sans citation préalable, — celui de faire arrêter l'inculpé présent sur un simple ordre verbal, — celui enfin de faire exécuter lui-même ses ordonnances. Il ne faut pas en effet, même lorsqu'il procède assisté d'un greffier, qu'il ait moins de facilité pour faire l'instruction que le procureur de la République. Quant au droit de faire exécuter lui-même ses ordonnances, il résulte de l'accession des fonctions du ministère public à ses fonctions ordinaires. Aussi dans l'hypothèse du flagrant délit on disait autrefois : *tout juge est procureur général* (1).

II. — Particularités de l'instruction préparatoire et du jugement au cas de délit flagrant.

914. Arrestation par mesure de police. — L'arrestation qu'ordonnent le procureur de la République ou ses auxiliaires en commençant d'office une instruction sur le crime flagrant (art. 40, 46), diffère à plusieurs points de vue de celle qui va faire l'objet de nos explications (2). La première est un *acte de poursuite* ; elle fait partie de l'exercice de l'action publique ; elle n'est permise qu'au procureur de la République et à ses auxiliaires ; elle a lieu par mandat d'amener. — La seconde est un *acte de police* ; elle précède l'exercice de l'action publique ; elle est permise à tous les officiers et agents de la police judiciaire et même aux simples citoyens ; elle a lieu sans ordre préalable et de l'initiative même de celui qui la fait.

915. Dans quels cas peut-on y recourir ? Un point certain, c'est que tout délinquant dont l'identité n'est pas connue peut être arrêté, quelle que soit l'infraction. Il existe toujours contre lui une présomption de vagabondage (comp. L. 28 germ. an VI, art. 125 §§ 15, 24). Mais à l'égard des délinquants domiciliés, avant la loi du 20 mai 1863, la question était fort controversée. Le Code d'instruction criminelle formulait

---

(1) Ayrault, II, part. I, n° 31 ; Serpillon, 1, p. 400 ; Jousse, III, p. 66, 130.
(2) La Const. du 3 sept. 1791 faisait parfaitement ressortir cette différence : « Nul homme ne peut être *saisi* que pour être conduit devant l'officier de police, et nul ne peut être *mis en arrestation* ou *détenu* qu'en vertu d'un mandat des officiers de police, d'une ordonnance de prise de corps d'un tribunal… etc. » (Tit. III, ch. V, art. 10).

deux règles différentes, l'une générale, applicable à « tout dépositaire de la force publique » et même à « toute personne » (art. 106) ; l'autre spéciale « aux gardes champêtres et forestiers » (art. 16). En règle générale, l'arrestation était permise à tout le monde au cas de *crime flagrant* ; par exception, elle était permise aux gardes pour les *délits flagrants punis de l'emprisonnement*. On se demandait s'il ne fallait pas établir une règle uniforme en généralisant la disposition de l'art. 16 qui répondait mieux que celle de l'art. 106 aux nécessités de la pratique. L'opinion générale était en ce sens. La loi du 20 mai 1863 l'a confirmée en organisant la procédure à suivre contre les individus arrêtés en flagrant délit correctionnel passible d'emprisonnement. Aujourd'hui donc il est permis à tout agent de la police judiciaire et même à toute personne de saisir un délinquant surpris en flagrant délit, si le fait emporte peine afflictive ou infamante ou l'emprisonnement. — Mais, laissant de côté la nature de l'infraction, que faut-il entendre ici par le flagrant délit ? Et quelle sera la suite de l'arrestation ?

916. Le flagrant délit s'entend uniquement des cas prévus par l'art. 41 et non de celui prévu par l'art. 46. Cette restriction résulte, non point de l'art. 106, mais de l'art. 1er de la loi de 1863 qui a fixé son interprétation (1). D'ailleurs l'hypothèse de l'art. 46 nécessite des constatations sur les lieux et une arrestation par mesure d'instruction, plutôt que par mesure de police, quand le délit en lui-même n'est pas flagrant : cette circonstance qu'il n'a pas encore été ébruité est en effet de nature à endormir la prudence du coupable ; on n'a pas à craindre qu'il prenne la fuite.

917. L'individu arrêté en flagrant délit par mesure de police doit être conduit devant le procureur de la République, s'il s'agit d'un délit, et peut l'être aussi devant un officier auxiliaire plus rapproché, s'il s'agit d'un crime. Cette distinction découle de cette idée que l'arrestation *par mesure de police* tend à mettre le délinquant à la disposition d'un magistrat compétent pour le faire arrêter *par mesure d'instruction*. C'est pourquoi la loi du 20 mai 1863, confiant au procureur de la République, et non à ses auxiliaires, l'instruction des délits flagrants, exige que les délinquants, quelque éloigné que soit le lieu de leur arrestation, soient toujours conduits devant lui. Au contraire il faut décider qu'en matière de crimes flagrants l'individu arrêté peut être conduit devant l'officier auxiliaire le plus voisin du lieu de l'arrestation, par exemple devant le maire de la commune, puisqu'il a la même compétence que le procureur. Ainsi disparaît l'antinomie qui existait sur ce point entre les art. 16 et 106. Mais il faut convenir que si cette solution est juridique, elle n'est pas bien rationnelle : elle impose en effet à l'auteur d'un simple délit un

---

(1) *Exposé des motifs*, n° 1 ; *Rapport*, n°s 17, 27, 35 (D. 63, 4, 108 et s.).

déplacement qu'elle épargne à l'auteur d'un crime. Aussi la pratique admet que, dans les communes autres que celle du chef-lieu judiciaire de l'arrondissement, l'individu arrêté en flagrant délit doit être conduit devant le maire ou le commissaire de police qui l'interroge et décide s'il y a lieu de le mettre en liberté, ou de le faire transférer au chef-lieu pour être procédé contre lui conformément à la loi du 20 mai 1863.

918. Conditions d'application de la procédure spéciale des flagrants délits correctionnels. — Cette procédure spéciale a été organisée pour juger promptement les délinquants correctionnels arrêtés en flagrant délit et conduits devant le procureur de la République, pourvu qu'il s'agisse d'un délit de Droit commun passible d'emprisonnement (1) et non susceptible d'entraîner la relégation. Elle ne s'applique point aux délits de presse, aux délits politiques, ni aux délits dont la procédure est réglée par des lois spéciales (L. 20 mai 1863, art. 1, 7 ; 27 mai 1885, art. 11).

919. Quand les conditions de sa recevabilité sont réunies, la procédure spéciale des flagrants délits reste *facultative* : la loi ne fait pas un devoir de la suivre au procureur de la République et l'inculpé ne peut l'exiger. On pourra donc saisir le juge d'instruction ou citer directement le prévenu devant le tribunal de police correctionnelle.

920. Actes de cette procédure spéciale. — Les règles ordinaires de l'instruction préparatoire et du jugement sont simplifiées en vue d'abréger la durée de la détention préventive et d'économiser les frais.

L'instruction préparatoire est confiée au procureur de la République, et réduite à deux actes : 1° un *interrogatoire* obligatoire, auquel le procureur doit procéder le jour même où l'individu arrêté est conduit devant lui ; — 2° un *mandat de dépôt* facultatif, qui doit être décerné immédiatement après l'interrogatoire (art. 1er). — La durée de ce mandat de dépôt n'est pas indéfinie : il ne se maintient, en effet, qu'à la condition que le procureur de la République fasse comparaître l'inculpé devant le tribunal le jour même, ou au plus tard à l'audience du lendemain. Le tribunal est, au besoin, spécialement convoqué (art. 2). Passé ce délai, la détention deviendrait illégale. — Mais, dans ce délai, le procureur de la République peut renoncer à suivre la procédure des flagrants délits, si après plus mûr examen il remarque qu'elle est impossible ou inopportune, et renoncer à la poursuite elle-même, si les charges qui pesaient sur l'inculpé sont dissipées par l'enquête extrajudiciaire qu'il a le droit de faire. Le bon sens, à défaut de texte de loi, indique sur ces deux points la solution.

921. Par le fait de la comparution forcée du prévenu devant le tri-

---

(1) L'esprit de la loi qui est d'abréger la détention préventive précise la rédaction trop vague de l'art. 1er. V. Exposé des motifs et rapport, préambule. — *Sic* : F. Hélie, s. Boitard, n° 566.

bunal, le mandat de dépôt acquiert la durée indéfinie qu'il a dès le début dans la procédure ordinaire : le tribunal en effet n'est pas appelé à *maintenir le mandat* comme on le dit communément, il est simplement *autorisé à le lever* d'office (art. 5). Par conséquent, si en renvoyant à une prochaine audience il ne statuait pas sur le mandat de dépôt, ce mandat persisterait de droit et la détention préventive serait légale. — La main-levée d'office opérée par le tribunal présente avec celle que peut ordonner le juge d'instruction (art. 94) des analogies et des différences. Comme celle-ci, c'est une mesure d'instruction qui n'exige pas de demande et qui n'est point susceptible de voies de recours ; l'art. 5 en effet n'en réserve aucune. Mais, à la différence du juge d'instruction, le tribunal peut prononcer la main-levée malgré les conclusions contraires du procureur de la République ; il peut aussi subordonner l'élargissement à la dation d'une caution, tout comme s'il statuait sur une demande de mise en liberté provisoire.

922. La saisine du tribunal se réalise par la *conduite immédiate à la barre* ou par la *citation* (1). — Dans la conduite immédiate à la barre, ce qui saisit le tribunal c'est l'exposé verbal du délit fait à l'audience par le ministère public en présence du prévenu. Habituellement cet exposé consiste dans la lecture du rapport de police. — Ce mode de saisine n'est possible que pour l'audience tenue le jour même où l'inculpé a été interrogé par le procureur de la République ; si sa comparution a lieu le lendemain, il faut une citation (art. 1er § 1, art. 2).

923. *Dans les deux cas*, l'inculpé peut être placé sous mandat de dépôt, bien que l'art. 1er § 2, semble rattacher ce mandat à la seule hypothèse de la conduite immédiate à la barre. Mais l'expression « dans ce cas », par laquelle commence ce paragraphe, fait allusion *au cas où le procureur se décide à poursuivre* ; elle se rapporte à une proposition que le paragraphe précédent n'a point énoncée (2). — S'il y a conduite immédiate sans mandat de dépôt, le prévenu comparaît en état d'arrestation par mesure de police, situation qui ne se présente point dans la procédure ordinaire. Mais cette arrestation cesse le même jour, qu'il y ait ou non jugement. Il serait illégal, en effet, de retenir le prévenu, même jusqu'à l'audience du lendemain, sans transformer son arrestation en détention préventive ; or, cette transformation est impossible, car, en saisissant le tribunal, le procureur de la République a perdu

---

(1) Le premier de ces modes a été emprunté à la procédure anglaise des flagrants délits, avec une modification que comportait, chez nous, l'institution du ministère public. En Angleterre, l'agent qui a opéré l'arrestation conduit directement le délinquant devant le juge de police qui se saisit d'office. En France, il fait nécessairement une station au parquet pour recevoir du procureur de la République, après l'interrogatoire prescrit par l'art. 1er, l'ordre de conduire l'inculpé à l'audience.

(2) V. *Exposé des motifs*, n° 6 (*loc. cit.*).

le droit de décerner le mandat de dépôt et le tribunal ne l'a pas acquis. — Si au contraire il y a eu mandat de dépôt décerné avant la comparution forcée du prévenu devant le tribunal, on revient au Droit commun.

924. L'économie des frais se réalise par la suppression de la citation à prévenu dans la conduite immédiate à la barre, et dans tous les cas, par la convocation verbale des témoins (art. 3).

925. Le prévenu n'est pas obligé d'accepter immédiatement le débat ; il peut demander un délai de trois jours au moins pour préparer sa défense (art. 4).

926. Que doit faire le tribunal s'il découvre que la procédure des flagrants délits ne devait pas être suivie, soit parce que le délit n'était pas flagrant, soit parce qu'il s'agissait d'un délit politique ou de presse, soit parce que la condamnation qu'il entraîne rend le prévenu relégable ? — A notre avis, une distinction s'impose entre l'hypothèse où le tribunal a été saisi par conduite immédiate à la barre et celle où il l'a été par citation. Au premier cas, il doit se dessaisir de l'affaire, car le mode employé pour le saisir est irrégulier. Au second cas, il doit seulement renvoyer d'office le débat à une prochaine audience séparée par trois jours francs du jour de la citation, c'est-à-dire qu'il doit substituer le délai ordinaire de la comparution au délai abrégé de la loi spéciale. Cependant le prévenu pourrait consentir à être jugé sur le champ ; mais (et c'est la différence avec l'hypothèse prévue par l'art. 4), il est nécessaire que le tribunal provoque et constate son consentement. Quoi qu'il en soit le tribunal retient l'affaire ; la citation en effet est un mode de saisine commun à la procédure ordinaire et à la procédure spéciale des flagrants délits ; ce qui diffère c'est uniquement le délai de comparution. Quant au mandat de dépôt il tiendra, selon nous, dans cette hypothèse, bien que *ex post facto* il apparaisse comme ayant été décerné par un magistrat incompétent : la raison est que dans la procédure ordinaire, comme dans cette procédure spéciale, le tribunal devient, à partir de sa saisine, l'arbitre absolu de la détention préventive ; il n'y a donc plus à se préoccuper de son origine (1).

(1) *Sic* : pour l'hypothèse où le tribunal saisi par citation, après mandat, reconnaît que le délit n'était pas flagrant : Angers, 23 juin 1863 ; Rennes, 25 juin 1863 (D. 63,2,186 et 204). — *Contrà* : pour l'hypothèse où le tribunal reconnaît que le prévenu était relégable, les arrêts de cassation cités sous le n° 470. — M. Garraud, *Précis*, 447 (4e édit.) a adopté pour tous les cas la distinction que j'ai proposée au texte. — L'application de la loi du 20 mai 1863 s'est heurtée à des difficultés matérielles et à des habitudes judiciaires qui ont amené des pratiques illégales, sur lesquelles l'attention du législateur mérite d'être appelée. Les petits tribunaux ne tiennent guère qu'une audience correctionnelle par semaine, en temps ordinaire, et par quinzaine, pendant les vacances. Les magistrats refusent de se réunir si on les convoque uniquement pour juger un individu arrêté en flagrant délit ; ou, s'ils se réunissent, c'est pour déclarer que l'affaire n'est pas en état de recevoir jugement et la renvoyer au jour ordinaire de leur audience. — Cette résistance a fait que plusieurs parquets se considèrent comme en droit

CHAPITRE VI

DE LA DÉLÉGATION DES POUVOIRS D'INSTRUCTION.

927. L'esprit de la loi est que le juge d'instruction procède par lui-même à tous les actes de la procédure écrite. Il a en effet à se prononcer, au cours de l'instruction, sur la détention préventive, à la fin, sur la suite que l'affaire comporte : ces décisions exigent une appréciation personnelle des preuves recueillies. Or cette appréciation aura d'autant mieux ce caractère que le juge d'instruction aura recueilli plus de preuves par lui-même ; son appréciation finale et d'ensemble résumera l'opinion qu'il s'est faite sur chaque fait particulier. S'il déléguait tous les actes de l'instruction, cette appréciation ne serait qu'un écho de l'opinion des divers officiers de police qui auraient procédé par délégation ; le vœu de la loi ne serait pas rempli. Dans certains cas cependant la loi permet au juge de déléguer ses pouvoirs ; nous allons les examiner et voir si la délégation peut être admise dans d'autres hypothèses.

928. Quels actes peuvent être délégués et à qui peuvent-ils l'être ? — Les textes ordonnent ou autorisent expressément la délégation

---

de détenir le prévenu sous mandat de dépôt jusqu'à la prochaine audience, quelque éloignée qu'elle soit de l'arrestation. — Dans certains ressorts, il y a même des circulaires de procureurs généraux autorisant les procureurs de la République à ne traduire le prévenu à l'audience que le cinquième jour. On substitue ainsi le délai ordinaire de la citation au délai abrégé imposé par la loi spéciale. — Parfois le ministère public associe le tribunal à ces illégalités : il profite de la présence au palais de quelques juges pour leur soumettre le dossier, faire constater qu'il est incomplet et renvoyer l'affaire au jour ordinaire de l'audience. Ce jugement, censé rendu en audience publique et le prévenu présent, l'est en réalité en Chambre du conseil et hors de sa présence. D'autres fois il traduit l'inculpé devant une Chambre civile qui tient audience ce jour-là et fait renvoyer l'affaire à l'audience correctionnelle la plus rapprochée. Cette dernière pratique se rapproche de l'esprit de la loi, qui est de ne pas laisser le ministère public arbitre, pendant plus de vingt-quatre heures, de la détention préventive. C'est celle qui mériterait d'être législativement consacrée quand la *Chambre du conseil* aura été rétablie. La loi sur la relégation, en effet, a rendu nécessaire la vérification très sérieuse des antécédents judiciaires. On ne peut se contenter d'un résumé télégraphique des condamnations portées au casier ; il faut avoir l'extrait sous les yeux. Dans ces conditions l'affaire ne peut presque jamais être jugée le jour même, ni le lendemain ; un renvoi à une audience plus éloignée s'impose pour donner au parquet le temps matériel de recevoir l'extrait du casier. La question se réduit donc à savoir par qui l'on peut faire ordonner ce renvoi par mesure d'instruction ; or la Chambre du conseil est tout indiquée pour cela.

pour les *perquisitions*, l'*audition des témoins*, l'*interrogatoire*, et dans des hypothèses qu'ils déterminent.

S'il s'agit d'abord d'accomplir ces actes dans un autre arrondissement, la délégation devient nécessaire, car la compétence du juge d'instruction s'arrête aux limites de sa circonscription territoriale (1). Aussi les art. 84, 90 et 103 la prescrivent-ils impérativement. La nécessité cependant n'est absolue que pour les perquisitions. Pour l'interrogatoire, elle le devient dans l'hypothèse où l'inculpé arrêté en vertu d'un mandat d'amener demande à être détenu dans un arrondissement autre que celui où se fait l'instruction (art. 100), à moins que le juge n'ait recours à un mandat d'arrêt pour vaincre sa résistance (art. 104). Quant aux témoins, il y a impossibilité morale de les faire comparaître lorsque leur état de maladie, dûment constaté, rendrait leur déplacement dangereux. Le juge dans ce cas *doit* se transporter chez eux, s'ils habitent dans le canton du chef-lieu judiciaire de l'arrondissement où se fait l'instruction ; s'ils se trouvent dans un autre canton, il *peut* ou se transporter lui-même, ou déléguer le juge de paix pour recevoir leur déposition. Les délégations qui doivent être exécutées dans un autre arrondissement sont adressées au juge d'instruction de cet arrondissement qui procède de même (art. 84, 90, 103). On remarquera que dans ces divers cas de délégation expressément prévus par les textes, les magistrats délégués sont toujours le *juge d'instruction* ou le *juge de paix* (2).

929. Peut-on admettre la délégation dans d'autres hypothèses et pour d'autres actes ? — Peut-on admettre que d'autres officiers de police judiciaire soient délégués ? — Théoriquement la négative paraît certaine sur les deux questions : la compétence en matière pénale est la mesure du droit de punir que la loi impartit au juge. Il semble qu'en cette matière toute délégation doive être autorisée par un texte formel. La Cour de cassation s'est d'abord prononcée pour cette interprétation restrictive (3) ; mais la pratique n'a pas accepté sa solution, pour des raisons d'économie et de célérité, et aussi pour la plus grande commodité des témoins et des inculpés qu'on laisse en liberté. On a étendu ainsi les cas légaux de délégation à d'autres hypothèses, à d'autres actes et à d'autres officiers, mais en respectant cependant l'analogie pour les actes et pour les personnes.

930. A. *Extension quant aux actes*. — Les perquisitions, l'enquête, l'interrogatoire étant des actes qui tendent à rassembler les preuves, on

---

(1) Par exception, dans la poursuite de certains faux, le magistrat instructeur peut *continuer* ses perquisitions hors de son ressort (art. 464).

(2) La loi permet encore expressément la délégation au procureur de la République instruisant au cas de crime flagrant (art. 52), au magistrat qui remplit les fonctions de juge d'instruction dans certains cas exceptionnels (art. 237, 266, 283, 298, 303, 433, 488, 497, 511, 514).

(3) Cass. 27 août 1818 (J. P. t. XVI, p. 1013).

a admis qu'on pouvait déléguer *tous les actes de cette nature* ; par exemple : la constatation de l'état des lieux et du corps du délit, les expertises, la remise des pièces de comparaison, la présentation aux témoins des pièces à conviction, les confrontations, etc. — A l'inverse, on n'a pas admis la délégation des actes qui touchent à l'arrestation et à la détention préventive, par exemple : celle du droit de décerner les mandats d'amener, de dépôt ou d'arrêt, de lever ces deux derniers par mesure d'instruction, de prescrire ou de lever une interdiction de communiquer. En dehors des considérations théoriques, l'art. 283 confirme cette distinction, car, dans un cas particulier d'instruction, il autorise la délégation d'une manière générale, sauf pour les trois mandats sus-énoncés. — Pour le mandat de comparution, la question est controversée, mais à tort, car, du moment qu'on délègue l'interrogatoire, il faut bien admettre que cette délégation emporte celle du moyen pratique d'y procéder, sinon il faudrait restreindre la délégation de l'interrogatoire à l'hypothèse où l'inculpé est détenu. — La même raison semble militer, au premier abord, en faveur de la délégation du mandat d'amener ; mais cette mesure de rigueur nécessite une appréciation de l'ensemble de la procédure que peut faire seulement le juge saisi du délit : d'abord un interrogatoire n'est indispensable que si l'instruction se termine par une ordonnance de mise en prévention ; puis le moment opportun pour y procéder ne peut bien être apprécié que par le juge saisi de l'affaire : il doit examiner, à l'égard de l'inculpé qui ne comparaît pas, s'il y a lieu d'ajourner son interrogatoire ou de décerner immédiatement contre lui un mandat d'amener (1). Pour tous ces motifs ce mandat ne nous paraît pas pouvoir être délégué.

931. B. *Extension quant aux personnes.* — Ici encore, on a tenu compte de l'analogie : la qualité d'officier de police auxiliaire ayant paru expliquer la délégation des juges de paix dans les cas où les textes l'autorisent, on a permis de déléguer les officiers de gendarmerie, les maires et commissaires de police (2). On a même créé dans les grandes villes un commissaire de police spécial, qui est une sorte de juge d'instruction en sous-ordre, le *commissaire aux délégations judiciaires*. Cette extension est plus sujette à critique, parce qu'elle encourage les juges d'instruction à se décharger régulièrement d'une partie de leur mission sur un fonctionnaire de l'ordre administratif, alors que dans l'esprit de la loi il ne doit en être ainsi que dans des cas exceptionnels.

932. C. *Extension quant aux hypothèses.* — Enfin les délégations ont été admises pour faire procéder à des actes d'instruction non seule-

---

(1) *Sic* : Duverger, II, 363, 366-372 et les autorités qu'il cite ; Cass. 6 mars 1841 (B. 56). V. aussi, mais avec des restrictions, F. Hélie, IV, 1904-1906, 1861.
(2) *Sic* : Duverger, II, 381, 382 et les autorités qu'il cite ; Cass. 21 nov. 1879 (B. cr. 199). — *Contrà* : Carnot, I, 367, 374 ; F. Hélie, IV, 1912.

ment en dehors de l'arrondissement ou du canton du chef-lieu judiciaire, comme le dit la loi, mais encore dans ce canton même. Ainsi le commissaire aux délégations judiciaires réside dans la même ville que le juge d'instruction et procède, à côté de lui, à tous les actes dont celui-ci le charge (1).

933. Forme des délégations. — La délégation se fait par une ordonnance écrite qui précise l'acte à accomplir et qui est transmise en minute. Elle porte le nom de *commission rogatoire*. Sa transmission doit avoir lieu, pour les juges français, par le parquet dont la mission est de faire exécuter toutes les ordonnances du juge d'instruction, et pour les juges étrangers, par le garde des sceaux et la voie diplomatique.

Le juge délégué doit se renfermer dans le mandat qu'il a reçu et renvoyer, en minute, les procès-verbaux des actes qu'il a accomplis (art. 85, C. i. c. ; 59, D. 18 juin 1811).

---

(1) Les projets de réforme du Code d'instruction criminelle précisent le droit de délégation : *a*) l'interrogatoire ne peut plus être délégué ; *b*) les officiers de police auxiliaires ne peuvent recevoir que des ordres de saisie ou « des délégations rentrant dans les attributions de chacun d'eux ». Sauf ces deux restrictions, la pratique actuelle paraît consacrée (art. 153, 154, 155, 156).

TITRE TROISIÈME

DES JURIDICTIONS D'INSTRUCTION ET DU RÈGLEMENT DE LA PROCÉDURE

934. Notions générales. — Quand l'instruction est complète il faut apprécier son résultat, c'est-à-dire vérifier si l'infraction est suffisamment établie à la charge de l'inculpé, — lui donner sa qualification légale en l'état de la procédure, — déterminer ainsi la juridiction de jugement compétente pour en connaître et la saisir. Cela s'appelle *régler la procédure*, et ce règlement est l'œuvre des juridictions d'instruction, l'objet principal de leur mission.

935. Le jugement, qui intervient ainsi sur les charges recueillies avant de les livrer à la publicité de l'audience, est d'une utilité évidente pour l'inculpé comme pour le ministère public. Si l'innocence de l'inculpé est d'ores et déjà prouvée, on lui épargne une comparution toujours pénible en audience publique en terminant la procédure par un non-lieu. Si les charges sont trop légères, trop vagues pour déterminer une condamnation, l'intervention des juridictions d'instruction prémunit le ministère public contre ses entraînements, l'empêche de courir à des échecs qui, s'ils se répétaient trop souvent, diminueraient son prestige et rendraient même odieuse sa fonction.

936. Les juridictions d'instruction se composent actuellement du juge d'instruction, au premier degré, et de la Chambre d'accusation, au second (1).

---

(1) Avant la loi du 17 juillet 1856 qui a remis au juge d'instruction les pouvoirs de la Chambre du conseil, il y avait deux juridictions du premier degré : cette Chambre et le juge d'instruction. La situation du juge d'instruction ressemblait à celle du président du tribunal jugeant en référé. Il est question aujourd'hui de rétablir la Chambre du conseil, mais avec une organisation différente et des attributions plus étendues. Le juge d'instruction n'en serait pas membre. Elle aurait le rôle d'un arbitre entre toutes les parties en cause, y compris le juge, et elle procéderait au règlement de la procédure.

CHAPITRE PREMIER

JURIDICTION D'INSTRUCTION DU PREMIER DEGRÉ
(*Le juge d'instruction*)

I. — DES ORDONNANCES DU JUGE D'INSTRUCTION QUAND LA PROCÉDURE EST COMPLÈTE.

937. Quand le juge d'instruction croit avoir réuni des preuves suffisantes de la culpabilité ou de la non-culpabilité de l'inculpé, ou qu'il pense n'y avoir plus rien à faire, il communique le dossier au procureur de la République pour prendre ses conclusions.

L'art. 127 donne trois jours à ce magistrat pour rédiger son *réquisitoire définitif*; mais ce délai n'est pas imparti à peine de nullité; l'étude de certaines affaires exige plus de temps; le procureur de la République peut aussi pendant ces trois jours avoir été empêché.

Quoi qu'il en soit, après trois jours, le juge d'instruction peut attendre encore ou rendre son ordonnance sans les conclusions du ministère public, la mise en demeure de les donner étant suffisante (1).

Le réquisitoire définitif doit être écrit (arg., art. 134 § 2). Mais il n'a point de formes légales. En pratique il contient des motifs et un dispositif, c'est-à-dire qu'il esquisse l'ordonnance que demande le ministère public. Statuant sur ces réquisitions, le juge d'instruction vérifiera une dernière fois sa compétence et, s'il se trouve compétent, il rendra, suivant le cas, une ordonnance de *non-lieu* ou de *mise en prévention*. On appelle aussi cette dernière, *ordonnance de renvoi*, en sous-entendant *devant telle juridiction*.

938. L'ordonnance de non-lieu est celle par laquelle le juge déclare qu'il n'y a pas lieu de continuer la poursuite. Elle prescrit en consé-

---

(1) Sous l'Ordonnance criminelle de 1670 il y avait une procédure particulière pour forcer le ministère public à donner ses conclusions (JOUSSE, III, p. 63). Certains auteurs en ont conclu que le juge d'instruction est aujourd'hui tenu en échec par le défaut de conclusions du ministère public. *Sic*: DALLOZ, supplém. au *Rép.*, v° *Proc. crim.*, 936; Douai 6 juin 1874 (D. 74, 2, 219). Mais ce précédent prouve plutôt en faveur de l'opinion exprimée au texte, puisqu'il démontre que la morosité du ministère public ne doit pas empêcher la juridiction d'instruction d'accomplir son œuvre. On comprend d'ailleurs que dans notre droit moderne le formalisme de l'ancienne procédure ait été banni et que l'expiration du délai légal ait paru suffisante pour rendre au juge sa liberté d'action.

quence l'élargissement de l'inculpé s'il est arrêté (art. 128). Elle est motivée *en fait* ou *en droit* : en fait, si elle porte qu'il n'existe pas de charges suffisantes soit de l'existence du délit, soit de la culpabilité de l'inculpé ; en droit, si elle affirme que le fait, bien qu'établi, n'est pas punissable ou que l'action publique est prescrite. Cette distinction a de l'importance au point de vue de l'autorité de la chose jugée. L'ordonnance de non-lieu, motivée en fait, ne clôt la procédure que provisoirement et en l'état des charges relevées ; si plus tard de nouvelles charges se découvrent, l'instruction pourra être reprise (1). L'ordonnance de non-lieu fondée sur des motifs de droit, indépendants des charges, est irrévocable.

939. L'ordonnance de mise en prévention est celle par laquelle le juge d'instruction déclare qu'il y a lieu de suivre et renvoie l'inculpé, comme prévenu de telle infraction, devant la juridiction compétente. — Si le fait relevé n'est qu'une contravention, le renvoi est ordonné devant le tribunal de simple police et l'inculpé, s'il est arrêté, est mis en liberté (art. 129). — Si le fait est un délit, le renvoi a lieu devant le tribunal correctionnel, et l'inculpé est élargi ou maintenu en détention préventive suivant les distinctions que nous avons exposées plus haut (art. 130, 131, 113 § 2). — Enfin si le fait est un crime, le juge d'instruction renvoie devant la Chambre d'accusation (2) (art. 133). La procédure écrite subira ainsi un second examen avant que l'inculpé soit traduit devant la juridiction de jugement, c'est-à-dire devant la Cour d'assises. Jusqu'à l'arrêt de la Chambre d'accusation, il reste détenu en exécution du mandat d'arrêt ou de dépôt décerné par le juge d'instruction (art. 134 § 1).

940. Les ordonnances du juge d'instruction sont portées à la connaissance de la juridiction qu'elles saisissent, et des parties en cause qu'elles intéressent, par le procureur de la République dont la mission légale est de faire exécuter toutes les ordonnances du juge d'instruction (art. 28, 132, 133, 135 § 4). Il notifiera l'ordonnance de non-lieu à la partie civile et fera mettre l'inculpé en liberté après le délai que nous indiquerons plus bas. — Au cas de renvoi devant le tribunal correctionnel, il assignera le prévenu pour l'une des plus prochaines audiences et donnera avis de cette assignation à la partie civile (art. 132 § 2). — Au cas de renvoi devant le tribunal de simple police, il enverra le dossier au greffe de ce tribunal, et c'est le représentant du ministère public près le tribunal de simple police qui donnera l'assignation et l'avis dont il vient d'être parlé (art. 132 § 1 ; 145). — Enfin, au cas de renvoi devant la Chambre

---

(1) Il est d'usage de réserver expressément dans les ordonnances de non-lieu la reprise de l'instruction sur charges nouvelles ; mais c'est inutile, la loi ne subordonnant point cette reprise à des réserves quelconques. Cass. 31 mai 1838, 5 avril 1839 ; Dalloz, *loc. cit.*, 1078, 1079.

(2) Sur cette ordonnance que la pratique appelle quelquefois *ordonnance de transmission*, V. *infrà*, n° 962.

d'accusation, le procureur de la République transmettra le dossier et un état des pièces à conviction au procureur général chargé de mettre l'affaire en état devant la Chambre des mises en accusation (art. 133), et donnera avis de cette transmission au prévenu et à la partie civile pour qu'ils puissent préparer un mémoire (art. 217).

941. Les ordonnances de clôture sont inscrites à la suite du réquisitoire définitif. Elles contiennent la désignation du prévenu (nom, prénoms, âge, lieu de naissance, domicile et profession), l'exposé sommaire et la qualification légale du fait qui lui est imputé, enfin la déclaration qu'il existe ou qu'il n'existe pas de charges suffisantes (art. 134 § 2). Quand l'état civil de l'inculpé est resté inconnu, une ordonnance de renvoi peut intervenir s'il est détenu, mais non s'il est en fuite. La justice pénale ne peut frapper, en effet, qu'une personne certaine. Toute instruction contre un individu non arrêté et inconnu se termine donc nécessairement par un non-lieu.

942. Le juge d'instruction doit *épuiser sa juridiction*, c'est-à-dire statuer, quels que soient d'ailleurs les termes du réquisitoire définitif, sur tous les inculpés et sur tous les chefs de prévention à l'égard desquels il s'est reconnu compétent pour instruire. Pas plus à la fin de la procédure écrite qu'au début, le procureur de la République ne peut limiter l'examen du juge d'instruction à la culpabilité de certains agents du délit ou à certaines dépendances du fait dénoncé. Il statuera donc sur tous les coauteurs et complices, sur toutes les circonstances aggravantes, sur tous les faits qui constituent avec celui dont il était saisi un tout indivisible. Il doit aussi statuer sur tous les chefs de conclusions du réquisitoire définitif, soit pour y faire droit, soit pour les rejeter.

II. — DE L'OPPOSITION AUX ORDONNANCES DU JUGE D'INSTRUCTION.

943. Les ordonnances du juge d'instruction sont susceptibles d'un appel à la juridiction supérieure, c'est-à-dire à la Chambre d'accusation. Le Code qualifie improprement d'*opposition* cette voie de recours : l'opposition en effet est une *voie de rétraction*, un recours exercé devant le magistrat qui a rendu la sentence. L'appel au contraire est une *voie de réformation*, un recours à la juridiction supérieure (1).

(1) Cette matière était fort obscure avant la loi du 17 juillet 1856. La dualité des juridictions d'instruction du premier degré, des textes mal rédigés ou incomplets avaient donné lieu à de nombreuses controverses. Elles ont disparu avec la réunion dans une seule main des pouvoirs d'instruire et de statuer sur la suite de l'affaire. Le nouvel art. 135 formule expressément des solutions qu'auparavant l'interprétation seule pouvait donner. Il est loin cependant d'échapper à la critique : le droit d'opposition de la partie civile est en effet moins étendu que celui du ministère public ; et celui du prévenu, moins étendu que celui de la partie civile. Mais cela tient au vice général de l'instruction préparatoire, organisée dans notre Code suivant les pratiques de l'Inquisition. Le sentiment

944. Opposition du ministère public. — Le ministère public, ayant la surveillance de l'instruction préparatoire, peut faire opposition à *toutes* les ordonnances du juge d'instruction (art. 135 § 1). Il peut requérir toute mesure qu'il croit utile à la manifestation de la vérité, nécessaire pour assurer la répression, équitable pour le prévenu (arg. art. 94 §3). Le juge d'instruction, qui refuse d'accomplir l'acte dont il est requis, doit formuler son refus dans une ordonnance que le ministère public peut attaquer (1).

945. Le droit d'opposition appartient individuellement au procureur de la République et au procureur général. Le premier doit l'exercer « dans les vingt-quatre heures à compter du jour de l'ordonnance » (art. 145 § 4), c'est-à-dire le lendemain. Aucune forme ne lui est prescrite ; mais par analogie de ce qui a lieu pour l'appel (art. 203), on décide qu'il suffit d'une déclaration faite au greffe. Le second a les dix jours qui suivent l'ordonnance pour exercer son recours. Il doit *notifier* son opposition au prévenu (art. 135 § 10).

946. L'opposition aux ordonnances du juge d'instruction a un effet *suspensif* et un effet *dévolutif*. Suivant la règle générale des voies de recours en matière pénale, l'effet suspensif s'applique aussi bien au délai qu'à l'opposition formée, mais seulement au délai de vingt-quatre heures accordé aux parties en cause. En conséquence, le prévenu au profit de qui est intervenue une ordonnance de non-lieu gardera prison jusqu'au lendemain. Passé ce délai il sera élargi si aucune opposition n'a été formée (art. 135 §§ 8, 10, 11 comb.) (2).

947. L'effet *dévolutif* de l'opposition du ministère public se restreint aux chefs de l'ordonnance contre lesquels elle est dirigée ; ce sont les seuls points sur lesquels peut statuer la juridiction d'appel. Mais il saisit pleinement la Chambre d'accusation de l'action publique quant à ces chefs : celle-ci pourra donc, sur une opposition *a minima* du ministère public, rendre un arrêt plus favorable à l'inculpé que l'ordonnance attaquée. Elle pourra aussi, sur une opposition ne visant que certains inculpés, réformer l'ordonnance à l'égard d'autres inculpés, pourvu dans les deux cas qu'elle statue seulement sur les chefs de prévention qui lui sont déférés (V. *infrà*, n° 1157).

---

d'équité, qui fait désirer aujourd'hui l'égalité absolue des parties poursuivantes et du prévenu devant la juridiction d'instruction ainsi que la méthode contradictoire, avait été étouffé au commencement de ce siècle presqu'aussitôt après avoir été ressenti. Il reparait enfin avec le progrès de la civilisation. La réforme à l'étude aura pour résultat de donner aux trois parties en cause un droit égal d'opposition aux ordonnances faisant grief à leurs intérêts.

(1) Cass. 1er août 1822.

(2) L'opposition du procureur général n'est pas tardive, en principe, si elle est formée dans le délai de dix jours. Mais si, dans cet intervalle, il est intervenu un jugement sur le fond, elle devient sans objet, parce que le procureur général peut appeler de ce jugement. Cass. 11 fév. 1881 (D. 82, 1, 321).

948. Opposition de la partie civile. — La partie civile a le droit d'opposition contre toutes les ordonnances faisant grief à ses intérêts civils. L'art. 135 § 2 emploie cette formule générale après avoir énuméré à titre d'exemple certaines de ces ordonnances. Telles sont : 1°) l'ordonnance accordant la liberté provisoire (art. 119) (1) ; 2°) l'ordonnance de non-lieu (art. 128) ; 3°) les ordonnances de mise en prévention qui doivent être suivies de l'élargissement du prévenu (art. 129, 131) ; 4°) l'ordonnance de dessaisissement pour incompétence (art. 539). A ces ordonnances énumérées, il faut ajouter, par application de la formule générale : 5°) l'ordonnance qui déclare n'y avoir lieu d'informer (2) ; 6°) l'ordonnance de renvoi devant un tribunal incompétent ; il importe en effet à la partie civile de ne pas courir les chances d'une mauvaise procédure dont elle paierait les frais. — Mais n'ayant point le droit de requérir un acte d'instruction déterminé, la partie civile ne peut attaquer les ordonnances qui s'y rapportent (art. 94 §§ 3, et arg. de ce texte).

949. Le délai qui est imparti à la partie civile pour exercer son recours est de vingt-quatre heures à compter de la signification qui lui est faite de l'ordonnance à son domicile réel ou élu dans l'arrondissement (art. 68 et 135 § 4). Le texte est muet sur la forme de son opposition ; on lui impose encore par analogie la forme de l'appel, c'est-à-dire la déclaration au greffe.

950. L'opposition de la partie civile produit des effets aussi étendus que celle du ministère public. Son effet dévolutif est surtout remarquable : il met la juridiction d'appel en mesure de prononcer tant sur l'action publique que sur l'action civile. La partie civile pourra donc faire rapporter, même au point de vue de l'action publique, une ordonnance de non-lieu à laquelle le ministère public voudrait acquiescer. Nous avons expliqué précédemment qu'il devait en être ainsi, parce que les juridictions d'instruction statuent sur des questions communes aux deux actions, et que les juridictions de jugement devant lesquelles elles renvoient ne peuvent être saisies de l'action civile sans l'être en même temps de l'action publique. Nous trouverons une règle contraire pour l'appel (3).

951. Si la partie civile se désistait de son opposition, la Chambre d'accusation pourrait-elle réformer l'ordonnance au point de vue de l'action publique ? L'affirmative nous paraît certaine : les juridictions pénales une fois saisies de l'action publique n'en peuvent être dessai-

---

(1) L'art. 135 renvoie à l'art. 114, mais depuis la nouvelle rédaction donnée aux articles du chap. VIII, tit. I, par la loi de 1865, il faut lire : 119.

(2) Cette ordonnance est actuellement une variété de l'ordonnance de non-lieu. Les projets de réforme la prévoient expressément (art. 47, 48).

(3) Cass. 29 mars 1878 (D. 79, 1, 92).

sies par un désistement. Ce principe s'applique aussi bien aux juridictions d'instruction qu'aux juridictions de jugement (1).

952. La partie civile qui succombe dans son opposition est condamnée à des dommages-intérêts envers le prévenu (art. 136). Cette indemnité est allouée d'office par la Chambre d'accusation comme conséquence du rejet de la voie de recours (2). Elle est indépendante de celle que l'inculpé pourra obtenir à raison de la témérité de la plainte.

953. Opposition du prévenu. — L'inculpé ne peut faire opposition qu'aux ordonnances qui rejettent sa demande de mise en liberté provisoire (art. 119), ou son exception d'incompétence (art. 539 ; 135 § 3). N'ayant pas le droit de connaître ni de surveiller l'instruction, il ne peut se plaindre des errements suivis par le juge. Mais on a commis à son égard une grave injustice, que n'exigeait point le caractère secret et non contradictoire de l'instruction préparatoire, en lui refusant d'attaquer l'ordonnance de renvoi devant une juridiction de jugement. On a dit que cette ordonnance ne compromettait rien, parce que les mêmes moyens que le prévenu aurait produits en appel devant la Chambre d'accusation pouvant être développés par lui devant les tribunaux correctionnels ou de police, sa mise en jugement ne lui faisait rien perdre. Mais il a un intérêt moral dont on n'a point tenu compte : celui d'éviter une discussion publique sur des faits que la justice pénale n'a point le droit de connaître, n'ayant point celui de les punir (3).

954. Le délai de l'opposition est encore ici de vingt-quatre heures. Il court à compter de la communication ou de la signification de l'ordonnance, suivant que le prévenu est détenu ou en liberté (art. 135 § 4). La loi prescrit au procureur de la République de faire cette signification ou communication dans les vingt-quatre heures de la date de l'ordonnance (§ 5), et sa disposition s'applique aussi bien à la signification à faire à la partie civile, qu'à la signification ou communication à faire au prévenu. Mais cette prescription de la loi n'a point de sanction directe ; c'est quand il est résulté de son inobservation un préjudice pour l'intéressé, qu'il pourrait y avoir lieu à prise à partie contre le procureur de la République. — La forme de l'opposition du prévenu est encore ici réglée par analogie de l'appel, faute d'indications dans les textes : c'est une déclaration au greffe. — La nature des ordonnances que le prévenu peut attaquer écarte toute difficulté sur les effets de son opposition.

(1) *Sic* : MANGIN, *Règles de comp.*, p. 80. — Comp. s. le désistement de la partie civile devant le tribunal correct. : Cass. 11 août 1881 (D. 84, 5, 279). — *Contrà* : F. HÉLIE, V, 2106.

(2) *Sic* : CARNOT, I, p. 542 ; MANGIN, II, p. 107 ; F. HÉLIE, V, 2121 ; Cass. 6 nov. 1823 (J. P. XVIII, p. 181). — *Contrà* : LEGRAVEREND, III, p. 401 ; BOURGUIGNON, I, p. 310 ; Bourges, 9 juin 1870 (S. 70, 2, 188).

(3) Les projets de réforme reconnaissent expressément au prévenu le droit de faire opposition à l'ordonnance de clôture : si le fait n'est pas prévu et puni par la loi, ou si l'action publique est éteinte ou non recevable.

955. On peut se demander si l'opposition de l'une des parties en cause doit être portée à la connaissance des deux autres, et par quel moyen ? Ce point a été incomplètement réglé par l'art. 135. Il prescrit au procureur général de notifier son opposition, sans dire *à qui*, et il ne parle pas de la notification de l'opposition formée par les autres parties. Certainement, le procureur de la République est censé avoir connaissance de toute opposition faite au greffe, puisque le greffe est sous sa surveillance ; mais en est-il de même du prévenu et de la partie civile ? Evidemment non. Une notification est indispensable pour leur faire savoir que l'ordonnance est frappée d'opposition. La question revient donc à savoir : 1° si la loi veut que l'opposition faite par une partie soit portée à la connaissance des autres ; 2° qui est chargé d'en faire la notification. Les auteurs et les arrêts n'ont pas su distinguer ces deux points. — Il nous semble que l'opposition formée ne doit pas rester inconnue de celle des parties en cause dont elle peut compromettre les intérêts. L'art. 135 révèle ce principe en prescrivant au procureur général de *notifier* son opposition ; car *notifier*, c'est porter officiellement un acte, un fait, à la connaissance d'un adversaire. On n'hésite pas, en conséquence, à décider que la notification du procureur général doit être faite au prévenu (1). Le prévenu a, par analogie, le droit d'être informé de l'opposition du procureur de la République et de la partie civile ; et celle-ci a le droit d'être informée de l'opposition du ministère public et du prévenu (2). Mais on conçoit qu'à raison de la brièveté du délai d'opposition, la loi n'ait voulu imposer d'autre obligation à l'opposant que celle de formaliser au greffe son opposition. Aussi la notification des oppositions reçues au greffe nous paraît rentrer dans la mission générale du procureur de la République. Quant au procureur général nous déciderons, par analogie, qu'il doit, s'il y a partie civile en cause, notifier son opposition non seulement au prévenu, mais encore à cette partie.

(1) Cass. 19 mai 1881 (D. 81, 1, 400).
(2) Lyon, 30 av. 1830 (D. 30, 2, 243). Motifs de l'arrêt.

CHAPITRE II

JURIDICTION D'INSTRUCTION DU SECOND DEGRÉ

(*La Chambre d'accusation*)

956. Organisation et attributions de la Chambre d'accusation. — La Chambre d'accusation (1) est une section de la Cour d'appel composée de cinq membres : quatre conseillers et un président, faisant le service dans d'autres Chambres (art. 218 § 1, C. i. c. ; D. 12 juin 1880 ; L. 30 août 1883, art. 1er, 2 ; L. 3 juil. 1873, art. 2). — Elle se réunit au moins une fois par semaine (art. 218 § 2). — Dans les affaires graves, le procureur général peut requérir l'adjonction à la Chambre d'accusation de la Chambre des appels correctionnels, afin de donner plus de solennité et d'autorité morale à la décision (D. 6 juil. 1810, art. 3).

957. Ses attributions se rapportent toutes à l'instruction préparatoire ; elles se résument dans les trois caractères suivants : 1º c'est une juridiction d'instruction souveraine ; 2º une juridiction d'instruction du second degré ; 3º une juridiction disciplinaire.

a) Comme juridiction d'instruction souveraine, elle a un droit d'*initiative*, un droit de *surveillance* et un droit d'*évocation*. En vertu du premier de ces droits, elle peut se saisir elle-même ou saisir le juge d'instruction des crimes et des délits que le procureur de la République néglige de poursuivre : *informer* ou *faire informer* (art. 235). Elle exerce ce droit, d'office, pour les crimes et délits qui lui sont révélés par une affaire dont elle est saisie (2) ; sur la réquisition du procureur général, dans toute autre hypothèse (art. 250). — Son droit de *surveillance* s'applique aux affaires dont les juges d'instruction du ressort sont saisis : elle peut ordonner l'apport des pièces pour les examiner et ordonner ce qu'il appartiendra. Ce droit est exercé par elle dans les mêmes conditions que le précédent (art. 235 et 250 comb.). — Son droit d'*évocation* con-

---

(1) Ou des *mises en accusation* ; on dit indifféremment l'un ou l'autre (art. 1er, D. 12 juin 1880 ; art. 2, L. 30 août 1883).

(2) Il n'est pas nécessaire que le crime ou le délit, pour lequel elle prescrit d'office des poursuites, soit connexe au fait dont elle est saisie ; l'art. 237 lui donne en effet le droit d'*informer* ou de *faire informer* sans restriction, pourvu qu'elle prenne cette mesure avant de statuer sur la mise en accusation. L'*exposé des motifs* confirme cette interprétation. LOCRÉ, t. XXV, p. 566.

siste à dessaisir d'une affaire un juge d'instruction pour s'en saisir elle-même et l'instruire à sa place. Il s'exerce après l'examen dont nous venons de parler (art. 235 : « *informer... et statuer ensuite sur ce qu'il appartiendra* »). Les art. 236 et s. indiquent la procédure qui suit l'évocation.

b) Comme juridiction d'instruction du second degré, la Chambre d'accusation connaît de l'appel (*opposition*) des ordonnances du juge d'instruction interjeté par les parties en cause ou par le procureur général, et de l'appel de plein droit institué par l'art. 133 contre l'ordonnance de clôture qui déclare l'inculpé prévenu d'un crime.

c) Comme juridiction disciplinaire, elle punit, en cas de récidive, les officiers de police judiciaire négligents (art. 280-282).

Continuant à suivre le développement de la procédure pénale dans l'hypothèse de la poursuite d'un crime, nous allons examiner comment procède la Chambre d'accusation saisie par l'ordonnance de transmission.

958. Procédure de la mise en accusation. — Les actes de cette procédure se divisent en trois groupes : 1° la *mise en état* de l'affaire ; 2°) l'*examen* par la Chambre d'accusation ; 3°) l'*arrêt*.

1° *Mise en état.* — Le procureur général est chargé de faire connaître à la Chambre d'accusation l'affaire dont elle est saisie et de mettre cette juridiction à même de statuer sur les pièces que la loi soumet à son examen. Cela s'appelle mettre l'affaire en état. A cet effet, il préparera un rapport et ses réquisitions, pendant que de leur côté le prévenu et la partie civile préparent des mémoires s'ils le jugent convenable. Il résulte de la disposition un peu confuse de l'art. 217 qu'un délai de cinq jours, à compter de la réception du dossier au parquet général, est accordé pour la préparation de ces rapports, réquisitions et mémoires, et que l'affaire doit être portée à l'audience de la Chambre d'accusation dans les cinq jours suivants.

959. Ni la partie civile, ni le prévenu n'ont le droit d'exiger la communication du dossier pour rédiger leur mémoire. La procédure en effet est encore secrète et non contradictoire. Le secret cessera seulement après l'arrêt de mise en accusation et l'interrogatoire de l'accusé dans la maison de justice (293, 302, 305).

Mais si cette communication ne peut être exigée, peut-elle du moins être accordée ? est-elle facultative et qui peut l'ordonner ? Les auteurs et les arrêts reconnaissent en général que cette communication est facultative ; mais ils se séparent sur l'autorité qui a le droit de l'accorder. Il nous paraît qu'elle doit être refusée. Le secret de l'instruction est une garantie pour la société qu'on ne peut laisser à l'appréciation des magistrats, sans faire dégénérer en *faveur* ce qui doit être un *droit*. Seul le président des assises a, pendant le débat, un *pouvoir discrétionnaire* pour s'affranchir des règles que la loi impose dans l'accomplissement de certains actes de procédure ; on ne peut, sans texte, étendre ce pouvoir à une autre juridiction ou autorité.

960. 2° *Examen*. — L'examen du dossier par la Chambre d'accusation a lieu à huis clos, le procureur général entendu (art. 223, 224). Légalement, les choses doivent se passer de la manière suivante : le ministère public fait son rapport qui n'est assujetti à aucune forme, il peut être oral ou écrit. Le greffier donne lecture de toutes les pièces du procès. Ces pièces sont ensuite laissées sur le bureau, ainsi que les mémoires que la partie civile et le prévenu ont pu fournir. Le procureur général dépose ses conclusions écrites et se retire avec le greffier. Aussitôt après, la délibération commence (art. 217, 222, 224, 225). — En pratique, on supprime la lecture des pièces par le greffier qui est généralement fastidieuse et peu instructive. Le président a pris d'avance connaissance du dossier ; il appelle l'attention de ses collègues sur les points essentiels de l'exposé du procureur général et il lit les pièces qui s'y rapportent. Il donne, de la même manière, des explications sur tous les points qu'on lui signale. Dans les affaires difficiles et compliquées chaque membre de la Chambre étudie le dossier avant d'ouvrir la délibération.

961. 3° *Arrêt*. — L'arrêt doit être rendu immédiatement, ou au plus tard dans les trois jours (art. 219). Les juges délibèrent *sans désemparer* (art. 229). Cela n'exclut pas quelques intervalles dans la délibération, mais cela signifie que lorsqu'une délibération est commencée, la Chambre ne peut prendre aucune autre affaire avant qu'elle soit terminée.

a) Suivant la règle générale pour toutes les juridictions, la Chambre d'accusation vérifie d'abord sa compétence, et, si elle ne la reconnaît point, elle ne pousse pas plus loin, elle rend un *arrêt de dessaisissement pour incompétence* (art. 220).

b) Si elle affirme au contraire sa compétence, elle examine l'état de l'instruction : elle la complète et l'étend, s'il y a lieu, à de nouveaux inculpés ou à de nouveaux faits (art. 228, 235). Le supplément d'instruction ordonné par son *arrêt de plus ample informé* est fait par un de ses membres, si elle évoque (art. 236) ; par le juge d'instruction, dans le cas contraire. Le magistrat ainsi délégué transmet l'instruction quand elle est complète au procureur général pour procéder à une nouvelle mise en état de l'affaire (art. 237, 238).

962. Si la Chambre d'accusation trouve la procédure complète, elle statue sur tous les points sur lesquels le juge d'instruction a statué ou aurait dû statuer. Le renvoi devant la Chambre d'accusation prescrit par l'art. 133 lorsque l'information a constaté un crime est un appel général de l'ordonnance en ce qui touche les prévenus renvoyés devant elle ; il saisit le second degré de juridiction non seulement des crimes et délits connexes qui ont motivé le renvoi, mais encore des faits renvoyés devant une autre juridiction, des faits pour lesquels le juge d'instruction a déclaré n'y avoir rien à suivre, des faits sur lesquels il a omis de statuer. L'*ordonnance de transmission* n'est en réalité qu'un projet de l'arrêt par lequel la juridiction du second degré clôturera l'instruction. Telle est l'idée qu'exprime en ces termes l'art. 231 § 2 : « Dans tous les cas, et quelle que soit l'ordonnance du juge d'instruction, la Cour sera tenue, sur les réquisitions du procureur général, de statuer à l'égard de chacun des prévenus renvoyés devant elle, sur tous les chefs de crimes, de délits, ou de contraventions résultant de la procédure » (1).

963. *c*) L'arrêt de clôture rendu par la Chambre d'accusation, qui s'est reconnue compétente, est un *arrêt de non-lieu* ou un *arrêt de renvoi* devant la juridiction de jugement. L'exécution provisoire est attachée à l'arrêt de non-lieu ; aussi, malgré l'éventualité du pourvoi en cassation et même le pourvoi formé, le prévenu doit être immédiatement élargi (art. 229 § 1). (2).

L'arrêt de non-lieu produit d'ailleurs l'effet de la chose jugée dans les mêmes conditions et avec la même étendue que les ordonnances du même genre.

d) Il faut appliquer aux arrêts de renvoi devant les tribunaux correctionnels et de simple police les règles formulées pour les ordonnances du juge d'instruction dans les mêmes circonstances (art. 230, et 129, 130, 131, 113 § 2 comb.). L'arrêt de renvoi devant la Cour d'assises porte le nom technique d'*arrêt de mise en accusation*. Il contient une disposition relative à la détention préventive, qu'on appelle l'*ordonnance de prise de corps*. En vertu de cette ordonnance l'accusé sera arrêté, s'il ne l'est déjà, et conduit dans la maison de justice établie près de la Cour d'assises devant laquelle il est renvoyé (art. 232, 233). Cette ordonnance rend donc la détention préventive *obligatoire*. Nous savons aussi qu'elle la rend *définitive* (art. 126), car elle ne doit plus cesser jusqu'à l'arrêt de la Cour d'assises sur le fond du procès (3).

964. L'effet de l'arrêt de renvoi sur la compétence et sur l'étendue de la saisine de la juridiction de jugement n'est pas le même lorsqu'il y a renvoi devant le tribunal de police simple ou correctionnelle que lors-

---

(1) DUVERGER, III, p. 43, note ; Cass. 23 janv. 1845 ; 27 août 1851 ; 14 juin 1873 (D. 74, 1, 41 et la note). — *Contrà* : Cass. 3 mai 1856 (*motifs*).
(2) *Contrà* : DALLOZ, *Rép.* V° *Inst. crim.*, 1072 ; V. *Cass.*, 950 et Cass. 23 juil. 1843.
(3) Voir sur ce dernier point la modification libérale qu'apporte le projet *Constans*, *suprà*, n° 886. — Avant la loi du 17 juil. 1856, l'ordonnance *de prise de corps* était rendue par la Chambre du conseil en même temps que l'ordonnance *de transmission* ; mais elle n'était encore qu'à l'état de projet et le caractère définitif qu'elle imprime à la détention préventive se produisait, comme aujourd'hui, à partir seulement du jour où l'arrêt de mise en accusation était passé en force de chose jugée (art. 134, 231-233).

qu'il y a renvoi en Cour d'assises. Au premier cas, l'arrêt est simplement *indicatif* de compétence : il n'empêche point la juridiction de jugement de se déclarer incompétente. Au second cas au contraire, il est *attributif* de compétence : une Cour d'assises incompétente devient compétente quand l'arrêt qui l'a saisie, n'ayant pas été attaqué en temps utile, est passé en force de chose jugée (1). — La saisine des tribunaux correctionnels ou de police opérée par l'arrêt de renvoi, peut être étendue à d'autres faits et à d'autres prévenus que ceux qui y sont désignés. Il suffit pour cela d'une *citation directe* signifiée à la requête d'une des parties poursuivantes, ou d'une acceptation volontaire du débat sur un nouveau chef de prévention, par le prévenu (*comparution volontaire*). La Cour d'assises au contraire ne pouvant être saisie que par un arrêt de mise en accusation, cet arrêt limite sa saisine aux seuls accusés et, en principe, aux seuls chefs d'accusation qu'il lui défère. Nous reviendrons sur ces points quand nous traiterons de la compétence et de la saisine des juridictions de jugement.

965. La voie de recours ouverte contre les arrêts de la Chambre d'accusation est le pourvoi en cassation. Il en sera traité plus bas aux voies de recours extraordinaires. Ce pourvoi est expressément permis au ministère public et à l'accusé par les art. 299 et 408 ; mais l'est-il également à la partie civile ? La jurisprudence hésite : elle admet la partie civile à se pourvoir contre tous les arrêts de la Chambre d'accusation relatifs à la compétence (arg. art. 539) ; elle lui refuse le droit d'attaquer un arrêt de non-lieu. Si la loi nous imposait cette solution, nous la trouverions très regrettable parce qu'un arrêt de non-lieu, s'il est motivé en droit sur la prescription, la légitime défense, enlève à la partie civile tout droit à une indemnité. Dès lors n'est-il pas juste de l'autoriser à soumettre à la Cour de cassation le rapport du droit au fait dont la Chambre d'accusation a tiré une décision si préjudiciable à ses intérêts ? Mais l'opinion de la Cour de cassation n'a pas de base légale. L'absence d'un texte qui accorde expressément à la partie civile le droit de se pourvoir n'est pas une raison suffisante pour lui refuser une faculté qui s'induit de principes généraux, savoir que les voies de recours appartiennent également à toutes les parties en cause. Il y a contradiction d'ailleurs à reconnaître à la partie civile le droit d'opposition aux ordonnances de non-lieu (art. 135), et à lui refuser le droit de se pourvoir contre les arrêts de non-lieu. — On a objecté que ce pourvoi de la partie civile n'aurait pas de résultat pratique, parce qu'en supposant qu'il réussît, cette partie serait dans l'impossibilité de saisir la juridiction de renvoi et par elle la juridiction de jugement, l'action publique étant éteinte

---

(1) La rédaction des art. 230 et 231 dans le Code de 1808 marquait cette différence qui ressort aujourd'hui des principes.

par la chose jugée faute de pourvoi du ministère public. Mais cette objection repose sur une pétition de principes. Il s'agit, en effet, de savoir si, oui ou non, on doit généraliser les articles 135 et 539 qui étendent à l'action publique l'effet dévolutif de l'appel et du pourvoi de la partie civile. L'affirmative sur cette question subsidiaire paraît indiscutable, car devant la juridiction d'instruction l'action civile est tellement liée à l'action publique par les questions communes qu'on y agite, que le recours exercé par l'une des parties poursuivantes profite nécessairement à l'autre (1).

(1) V. mon *Examen doctrinal*, Rev. crit., 1896, p. 90.

CHAPITRE III

DE LA REPRISE DE L'INSTRUCTION SUR CHARGES NOUVELLES.

966. Dans quel cas et à quelles conditions il y a lieu de rouvrir l'instruction sur charges nouvelles. — Une décision de non-lieu (ordonnance ou arrêt) qui a sa base dans les charges recueillies peut être suivie, tant que la prescription n'est pas acquise, d'une reprise de l'instruction motivée par la découverte de charges nouvelles. Le nombre de ces reprises n'est pas limité expressément par la loi ; il serait indéfini, si l'on admettait que la prescription criminelle est susceptible d'une série indéfinie d'interruptions successives. Les textes (art. 246-248), d'ailleurs, exposent incomplètement la matière : ils ne prévoient que l'hypothèse où les nouvelles charges se découvrent après un arrêt de non-lieu ; mais après une ordonnance de non-lieu devenue inattaquable par l'expiration du délai d'opposition, on pourrait reprendre également l'instruction sur charges nouvelles.

967. Le but de cette procédure étant de faire rapporter la décision de non-lieu, trois conditions sont nécessaires pour sa recevabilité : 1°) il faut que l'ordonnance ou l'arrêt repose sur une appréciation des charges relevées dans la procédure qu'il a clôturée. — 2°) Il faut qu'il y ait découverte de charges nouvelles. — 3°) Il faut que ces charges paraissent de nature à motiver une mise en prévention ou en accusation, soit par elles-mêmes, soit en fortifiant celles que la décision de non-lieu avait écartées comme trop faibles.

968. 1°) La première condition est certainement remplie, lorsque la décision de non-lieu est motivée *en fait* par l'insuffisance des charges. Mais alors même qu'elle serait motivée *en droit*, si le motif de droit repose sur des faits que viennent modifier les nouvelles charges, l'instruction pourra être reprise. L'autorité de la chose jugée n'y fait point obstacle, car les charges nouvelles constituent un nouvel état de l'instruction auquel ne s'applique plus la décision qui a été rendue. Telle serait, par exemple, une ordonnance de non-lieu motivée par la prescription triennale, quand le fait relevé dans l'instruction paraissait n'être qu'un délit. Si plus tard on découvre une circonstance aggravante transformant le délit en crime, le motif de droit sur lequel reposait l'ordonnance disparaît avec le changement que les nouvelles charges introduisent dans la qualification du fait (1).

969. 2°) Les charges nouvelles peuvent résulter de constatations matérielles, de témoignages, d'aveux. L'art. 247, qui paraît viser les deux premiers modes de preuves, est simplement énonciatif. Une nouvelle plainte n'est point, par elle-même, une charge nouvelle ; mais les faits et les témoignages qu'elle indique doivent, s'ils sont nouveaux, constituer les nouvelles preuves.

Il ne faut pas confondre les charges nouvelles avec celles qui *n'ont pas été soumises* à l'examen de la juridiction de qui émane la décision de non-lieu. La loi veut qu'elles *n'aient pu lui être soumises*, en d'autres termes qu'il y ait *découverte*. Par exemple des dépositions, pièces ou procès-verbaux antérieurs à l'arrêt de non-lieu, qui n'auraient pas été présentés à la Chambre d'accusation ne constitueraient pas de nouvelles charges. Il ne saurait dépendre, en effet, du ministère public, en retenant quelques pièces du procès, de se ménager un moyen de remettre en question ce qui a été jugé.

970. Pour paraître de nature à faire rapporter l'ordonnance ou l'arrêt de non-lieu, les charges nouvelles doivent fournir ou fortifier la preuve de la culpabilité ou de la criminalité que la juridiction avait déclarée insuffisante. Voilà l'idée qu'exprime en termes vagues l'art. 247 : « ...sont cependant de nature, soit à fortifier les *preuves* que la Cour aurait trouvées trop faibles, soit à donner aux *faits de nouveaux développements* utiles à la manifestation de la vérité ». Les derniers mots ne signifient absolument rien ; mais en opposant le développement des *faits* (c'est-à-dire de la criminalité) au développement des *preuves*, le texte marque qu'il ne vise uniquement, par cette dernière expression, que les preuves de la culpabilité.

971. En quoi consiste l'instruction sur charges nouvelles et qui en est chargé. — Il faut distinguer : 1°) la constatation des nouvelles charges, 2°) l'instruction sur ces charges, 3°) le nouveau règlement de la procédure.

1°) La constatation des nouvelles charges rentre dans la mission générale des officiers de police judiciaire. L'art. 248 suppose qu'elle est faite et ne s'occupe que de la transmission des *pièces* à l'officier du ministère public compétent pour requérir la reprise de l'instruction sur ces charges. La forme de la constatation des nouvelles charges avant la mise en mouvement de l'action publique, en d'autres termes la phase policière de ce nouveau procès pénal, n'est donc pas réglée par la loi. Elle peut avoir lieu *extra-judiciairement* par des procès-verbaux ou

---

(1) *Sic :* Haus, II, 1285 ; Garraud, 622 (*in fine*), et avec moins de netteté : F. Hélie, II, 1022 ; Duverger, III, 534, et les auteurs qu'il cite. — *Contrà* : Carnot, II, p. 292.

rapports des officiers et agents de la police judiciaire, ou *judiciairement* par le juge d'instruction au cours d'une information ouverte sur un fait différent.

Le procureur de la République pourrait-il requérir une instruction uniquement en vue de faire constater les nouvelles charges? On l'admet généralement, mais en excluant de cette instruction tous les actes de poursuite personnelle, sauf le mandat de dépôt autorisé comme mesure conservatoire par l'art. 248 § 2. Il n'y aura donc, dans cette instruction, ni mandats de comparution, d'amener ou d'arrêt, ni interrogatoire, tous les autres actes restant permis.

Les charges nouvelles une fois constatées, les pièces sont transmises au procureur de la République ou au procureur général compétent pour requérir la réouverture de l'instruction suivant les distinctions que nous allons indiquer. — L'art. 248 prescrit l'envoi de simples *copies* des pièces ; mais sa disposition ne doit être suivie que lorsque les nouvelles charges ont été découvertes dans l'instruction d'une autre affaire à laquelle les pièces se rattacheraient, et dont la poursuite ne doit être ni interrompue, ni ralentie. Si les pièces, qui constatent ou qui constituent les nouvelles charges, n'appartiennent à aucune autre affaire, c'est l'original même de ces pièces qui doit être envoyé.

972. 2°) La reprise de l'instruction sur nouvelles charges appartient à la juridiction qui avait clôturé la procédure par une décision de non-lieu. Conséquemment, c'est au membre du ministère public attaché à cette juridiction à la requérir. L'art. 248 prévoit seulement la reprise de l'instruction après un arrêt de non-lieu, et il formule deux règles particulières à la Chambre d'accusation, savoir : *a*) sur le réquisitoire du procureur général c'est, non pas la Chambre d'accusation, mais son président qui ordonne la nouvelle information (1) ; — *b*) ce magistrat désigne pour y procéder soit un membre de la Chambre, soit un juge de première instance, sans être astreint à choisir le juge d'instruction, dont la négligence a peut-être été cause du résultat peu satisfaisant de la première procédure.

973. 3°) Quand l'instruction sur les charges nouvelles est complète, la procédure est *communiquée* ou *mise en état* suivant la forme ordinaire, et la juridiction, ressaisie par le réquisitoire à fin d'informer sur ces charges, apprécie s'il y a lieu de maintenir ou d'annuler la décision de non-lieu qui avait clôturé la première procédure. Si elle l'annule, elle rend l'ordonnance ou l'arrêt de renvoi que les circonstances comportent.

---

(1) Il n'y aurait pas de nullité cependant si la désignation du magistrat instructeur avait été faite par la Chambre elle-même : Cass. 18 mai 1829 (B. 161).

TITRE QUATRIÈME

DES JURIDICTIONS DE JUGEMENT

974. Nous allons traiter ici des trois juridictions de jugement de Droit commun dont il est question au Code d'instruction criminelle : la cour d'assises, les tribunaux correctionnels, les tribunaux de simple police. Après avoir exposé dans un premier chapitre les règles générales applicables à ces trois juridictions, nous étudierons successivement pour chacune d'elles : leur organisation, leur compétence et la procédure de l'instruction définitive qu'on appelle le *jugement*.

CHAPITRE PREMIER

NOTIONS GÉNÉRALES.

975. Organisation et compétence des juridictions de jugement. — A la division tripartite des infractions correspond une division tripartite des tribunaux chargés de les juger : une *Cour d'assises*, siégeant au chef-lieu du département, juge les crimes ; — un *Tribunal correctionnel* formé d'une Chambre du tribunal de première instance, siégeant au chef-lieu de l'arrondissement, juge en premier ressort les délits. L'appel de ses jugements est porté devant une Chambre de la cour d'appel dont il ressortit ; — un Tribunal de *simple police* composé du juge de paix, siégeant au chef-lieu de canton, juge en premier ressort les contraventions. L'appel de ses jugements est porté devant le tribunal correctionnel du même arrondissement.

Les Tribunaux correctionnels et de simple police sont composés d'un seul élément : des magistrats qui prononcent à la fois sur la culpabilité et sur la peine. La Cour d'assises a deux éléments : le jury et des magistrats. Le premier résout la question de culpabilité, le second applique la peine (1).

(1) Il se produit depuis quelques années un mouvement d'opinion en faveur

En outre de la compétence *ratione materiæ* que nous venons d'indiquer, les trois juridictions de jugement ont aussi une compétence *ratione personæ* et *ratione loci*, pour lesquelles elles sont soumises, en principe, aux règles précédemment exposées pour les juridictions d'instruction.

976. Signalons ici certaines exceptions aux règles de la compétence.

1° Bien qu'appelée à juger les crimes, la Cour d'assises a la *plénitude de juridiction*. Peu importe la nature du fait, la qualité des accusés, le lieu où l'infraction a été commise, elle doit juger, du moment qu'elle est saisie par un arrêt de mise en accusation passé en force de chose jugée. Il n'y a point en Cour d'assises d'arrêt d'incompétence, sauf en ce qui concerne les questions préjudicielles. L'art. 271 fait au procureur général un devoir de poursuivre tous les accusés et tous les chefs d'accusation mentionnés dans l'arrêt de renvoi. Les art. 365, 366, 358 maintiennent la compétence de la Cour d'assises, bien que le fait ne soit pas un crime et même alors qu'il constituerait un simple délit civil. Ils appliquent donc le principe de la plénitude de juridiction pour couvrir l'incompétence de la Cour d'assises *ratione materiæ*. Par analogie, on décide que ce même principe couvre son incompétence *ratione personæ* et *ratione loci*. Mais, il ne faut pas s'y méprendre, ce prétendu principe n'est que le résultat de la chose jugée sur la question de compétence par l'arrêt de mise en accusation ; l'incompétence de la Cour d'assises devant laquelle l'affaire est renvoyée pourrait donc fournir le motif d'un pourvoi en cassation contre cet arrêt (art. 299) (1).

La Cour d'assises est de plus compétente pour le jugement des délits de presse ; c'est même, en cette matière, la juridiction de Droit commun (art. 45, L. 29 juil. 1881).

2° Le tribunal correctionnel peut, dans certaines conditions, retenir le jugement des contraventions dont il a été irrégulièrement saisi (art. 192). Il est aussi compétent pour juger certains crimes des mineurs de seize ans (art. 68, C. p.).

3° La triple compétence *ratione loci* est inapplicable au tribunal de simple police. Le seul tribunal compétent est celui dans le canton duquel la contravention a été commise (art. 138).

977. Les règles de la compétence en matière criminelle étant d'ordre

---

de l'établissement de tribunaux mixtes dans lesquels des jurés et des magistrats de carrière délibéreraient et décideraient en commun les divers points du procès pénal. Il y aurait peut-être dans cette nouvelle conception du rôle du jury et de celui des magistrats de la Cour d'assises un remède aux acquittements scandaleux qui proviennent souvent de malentendus entre les deux éléments de la juridiction et qui compromettent l'institution du jury. *Sic* : L. genévoise, 1er oct. 1890 ; L. serbe, 31 mars 1892. Comp. Bufnoir, *Des trib. d'échevins en Allemagne* (*Bull. Soc. législ. comp.* 1873, p. 202) ; Cruppy, *La Cour d'assises* (*Rev. des Deux Mondes*, 1896, p. 158).

(1) Cass. 12 mars 1885 (D. 85, 1, 390).

public, l'incompétence de la juridiction de jugement peut être opposée en tout état de cause ; la juridiction doit la déclarer d'office ; le consentement des parties ne peut couvrir la nullité qui en résulte. Cependant ces principes reçoivent exception pour la Cour d'assises qui, une fois saisie par un arrêt de mise en accusation devenu irrévocable, ne peut, pour le motif donné plus haut, se déclarer incompétente.

978. L'irrégularité dans la composition de la juridiction crée une nullité plus radicale encore que son incompétence, car elle ne comporte point l'exception que nous venons de signaler pour la Cour d'assises. La composition, en effet, c'est l'existence même de la juridiction. Or il est évident qu'avant de procéder, toute juridiction doit examiner si elle est régulièrement composée, c'est-à-dire si elle existe.

979. Caractères généraux de l'instruction définitive. — La procédure suivie devant les juridictions de jugement présente les cinq caractères suivants : 1°) elle est restreinte aux individus et aux faits indiqués dans l'acte qui opère la saisine ; — 2°) elle est *contradictoire* et comporte l'assistance d'un défenseur ; — 3°) elle est publique ; — 4°) elle est orale ; — 5°) les preuves y sont de conviction.

980. *a)* Le premier de ces caractères résulte des textes qui organisent la saisine des juridictions de jugement (art. 129, 130, 132, 145, 182, 230, 231, 271) et aussi de l'art. 8 : « La police judiciaire recherche les crimes, les délits et les contraventions... et en livre les auteurs aux tribunaux chargés de les punir. » Cet article marque la mission différente des deux pouvoirs qui concourent à l'œuvre de la justice criminelle : le premier dénonce au second les faits et les individus ; celui-ci n'a qualité que pour prononcer définitivement sur l'accusation que celui-là a formulée.

981. *b)* Le principe de la contradiction implique pour l'individu poursuivi le droit d'assister à tous les actes de la procédure, afin de les contrôler, et celui de les critiquer en la forme et au fond. — Mais ce principe n'empêche pas de prononcer une condamnation contre un prévenu en fuite ou qui refuse de se défendre ; il suffit qu'il ait été mis en demeure de comparaître et de contredire à l'accusation ; notre procédure admet les condamnations par défaut.

En Cour d'assises, l'arrêt est toujours contradictoire lorsque l'accusé est sous la main de la justice. En police correctionnelle, un détenu peut faire défaut ; on admet en effet deux sortes de jugement par défaut : les uns *faute de comparaître*, les autres *faute de défendre*.

L'assistance d'un défenseur est le corollaire naturel du principe de la contradiction. Ce principe serait une vaine formule, si un accusé sans instruction, sans connaissances juridiques, sans talent de parole, était obligé de répondre par sa bouche au réquisitoire généralement habile et éloquent du ministère public. L'assistance du défenseur est encore utile pour surveiller la marche générale de la procédure, signaler les mesures d'instruction et les preuves susceptibles de faire ressortir l'innocence de son client, veiller à ce que toutes les formalités légales, qui constituent des garanties contre les erreurs judiciaires, soient scrupuleusement accomplies. Néanmoins, c'est seulement en Cour d'assises, quand la matière est criminelle, et devant les tribunaux correctionnels, quand le délit entraîne la relégation, que l'assistance d'un défenseur a été jugée indispensable et qu'on a organisé la défense d'office (art. 295 ; art. 11, L. 27 mai 1885).

982. *c*) La publicité des audiences est un principe que toutes les Constitutions depuis 1789, excepté la Constitution actuelle, ont consacré directement ou par renvoi. Nous ne rechercherons point si malgré cette omission il a conservé son caractère constitutionnel ; il suffit de constater qu'il est appliqué par les art. 153, 190, 309, 369 du Code d'instruction criminelle aux juridictions de jugement. Les tribunaux peuvent cependant ordonner le *huis clos* en déclarant : « que la publicité serait dangereuse pour l'ordre ou pour les mœurs » (art. 81, Const. 4 nov. 1848 ; art. 87, C. proc. civ.) (1).

Le *huis clos* ne s'applique qu'aux débats. Il peut être restreint à certaines dépositions (2). — Quelle étendue peut-il recevoir quant aux personnes ? Il est de tradition que le huis clos ne concerne pas les membres du barreau, les témoins, le conjoint, les parents ou alliés rapprochés de l'accusé. Quant au public indifférent qu'attire un simple intérêt de curiosité, les exclusions de l'audience ont lieu par catégorie de spectateurs ; on fait sortir les jeunes filles, les adolescents, les femmes. Des exceptions purement personnelles seraient contraires à l'esprit de la loi (3).

Les jugements et arrêts doivent toujours être prononcés en audience publique. On fait toutefois exception pour les jugements rendus sur les incidents non contentieux, tels que ceux qui prescrivent d'office et sans protestation des parties une mesure d'instruction (4).

983. A côté de la publicité matérielle de l'audience, il y a celle de la presse : il est permis à tout le monde de rendre compte dans les journaux des débats judiciaires qui se passent en public. La liberté de ces publications est une conséquence de la publicité des audiences. On pourrait objecter que la publication des jugements de condamnation est parfois ordonnée à titre de peine. Mais ce n'est là qu'une raison de douter. La raison de décider s'induit *a contrario* des textes qui prohibent ces publications dans certains cas.

---

(1) Cette formule est prescrite à peine de nullité : Cass. 3 janv. 1880 (D. 80, 1, 140).
(2) Cass. 11 mai 1882 (D. 83, 1, 91).
(3) F. Hélie, VII, 3277, 3406 ; Cass. 2 juin 1881 (D. 81, 1, 495).
(4) Cass. 9 oct. 1879 (D. 80, 1, 140) ; Cass. 5 mai 1884 (D. 84, 5, 420).

Il est interdit : 1°) de publier les actes d'accusation et tous actes de procédure criminelle ou correctionnelle avant qu'ils aient été lus en audience publique ; — 2°) de rendre compte des délibérations intérieures des jurys, cours et tribunaux ; — 3°)... des procès en diffamation où la preuve des faits diffamatoires n'est pas autorisée. La *plainte* seule peut être publiée par le *plaignant* ; — 4°)... des débats des demandes en divorce ou en séparation de corps ; — 5°)... de ceux de toute affaire civile et de toute affaire criminelle ayant un caractère anarchiste quand les tribunaux ont interdit le compte-rendu du procès (art. 38, 39, L. s. la Presse ; 239, 307, C. civ. ; L. 28 juil. 1894, art. 5). — En dehors de ces cas, la liberté du compte-rendu des débats judiciaires n'a d'autre limite que celle que lui assigne sa raison d'être. Le *huis clos* supprimant la publicité de l'audience, supprime par là même le droit de rendre compte des détails qui ont eu lieu portes closes et le public expulsé.

984. *d) e).* Les deux autres caractères généraux de la procédure suivie devant les juridictions de jugement comportent des restrictions. Nous indiquerons ultérieurement pour chaque juridiction en quoi ils consistent et dans quelle mesure ils s'appliquent.

985. Jugements et arrêts. — *a) Divisions.* Les décisions rendues par les juridictions de jugement portent les noms génériques de *jugements*, si elles émanent d'un tribunal, et d'*arrêts*, si elles émanent d'une Cour (1).

Les jugements ou arrêts sont d'*avant dire droit* ou *définitifs*. Les premiers se divisent en *provisoires*, *préparatoires*, et *interlocutoires*. Les jugements provisoires pourvoient à des intérêts qui peuvent se trouver compromis pendant le cours de l'instruction. Tel est, par exemple, le jugement qui accorde la liberté provisoire. — Les jugements préparatoires sont ceux qui ordonnent une mesure d'instruction qui ne préjuge pas le fond, par exemple une expertise, l'apport de certaines pièces. — Si au contraire la mesure d'instruction ordonnée préjuge le fond, comme le ferait l'admission du prévenu à faire la preuve d'une exception préjudicielle, le jugement prend le nom d'interlocutoire. Les jugements préparatoires et interlocutoires sont des *jugements d'instruction*.

Les jugements définitifs sont ceux qui terminent le procès soit d'une manière absolue, soit au moins devant la juridiction qui en est saisie.

Les jugements sont encore *contradictoires* ou *par défaut*, en *premier* ou *en dernier ressort*. — Toutes ces distinctions ont leur principale utilité au point de vue des voies de recours dont les jugements ou arrêts sont susceptibles.

986. *b) Conditions de validité.* — Les règles qui déterminent les con-

---

(1) S. n. c. 26 flor. an XII. On trouve aussi dans la procédure devant la Cour d'assises le *verdict du jury* et l'*ordonnance d'acquittement*.

ditions de validité des jugements et arrêts sont relatives : 1° à la composition de la juridiction ; — 2° à la délibération et au vote ; — 3° à la composition et au prononcé de la sentence.

1°) Le jugement n'est régulier d'abord que s'il émane d'une juridiction composée de juges en *nombre légal*, et *ayant assisté à toutes les audiences* où les questions résolues par le jugement ont été plaidées (L. 20 av. 1810, art. 7 § 2). Le nombre des juges est *fixe* pour la Cour d'assises et pour le tribunal de simple police : trois magistrats et douze jurés (art. 252, 253, 394) ; un juge de paix (art. 138). — Il est *variable avec un minimum légal* pour les tribunaux correctionnels : trois juges en première instance, cinq juges en appel (1). S'ils sont plus nombreux, ils ne peuvent délibérer qu'en nombre impair : le dernier des juges ou des conseillers dans l'ordre du tableau doit s'abstenir (art. 180, L. 30 août 1883, art. 1er, 4) (2).

La juridiction se complétant par le ministère public et le greffier, les jugements doivent être rendus en leur présence (3), mais il ne dépendrait pas de ces deux fonctionnaires amovibles d'arrêter le cours de la justice en quittant l'audience, comme cela a été tenté dans des causes politiques qui déplaisaient au gouvernement : le tribunal peut en effet rendre vaine cette obstruction, en désignant, séance tenante, des juges ou des avocats pour les remplacer (4).

987. 2°) Les délibérations et le vote ont lieu secrètement, en Chambre du conseil (il en est toujours ainsi pour le jury, art. 369), ou à l'audience, à voix basse. Le serment des magistrats contient la promesse de garder le secret des délibérations (D. 26 mars 1852 ; D. 5 sept. 1870) ; celui des jurés leur impose de ne communiquer avec personne jusqu'après leur déclaration (art. 312) (5).

Le vote a lieu, pour les jurés, au scrutin secret, et pour les tribunaux, dans la forme de la délibération. S'il y a partage, l'avis le plus favorable à l'accusé ou au prévenu doit être préféré (6).

988. 3°) Les jugements et arrêts doivent contenir des *motifs* et le *dispositif*. Le verdict du jury n'est point motivé. Il en est de même des jugements d'instruction, parce qu'ils ont implicitement pour motif l'uti-

---

(1) Quand les juges d'une Chambre sont en nombre suffisant pour que le nombre légal soit complet, on ne peut arbitrairement y adjoindre les juges d'une autre Chambre. Cass. 24 juillet 1886 (D. 86, 1, 477).

(2) Cette règle ne s'applique point aux jugements rendus sur des incidents non contentieux. Cass. 7 août 1885 (D. 86, 1, 477).

(3) Cass. 27 juillet 1878 (D. 78, 5, 302) ; 15 février 1879 (D. 80, 1, 188-189).

(4) Cass. 18 juin 1830.

(5) Mais une fois le verdict rendu, les jurés ne sont plus astreints à aucune retenue, si ce n'est à ne pas rendre compte de leur délibération par la voie de la presse (L. sur la presse, art. 39). C'est là une lacune.

(6) L'art. 347, qui a été plusieurs fois remanié, fait exception à cette règle pour la déclaration des circonstances atténuantes par le jury. V. *suprà*, n° 498.

lité au moins apparente de la mesure d'instruction qu'ils ordonnent. L'obligation de motiver les jugements est un principe de droit public moderne (1). Il doit y avoir au moins un motif par chaque chef de prévention, de réquisitions du ministère public, de conclusions du prévenu ou de la partie civile : mais il n'est pas nécessaire de répondre par un motif à chaque moyen proposé pour appuyer un chef de demande. Des motifs erronés en droit ne peuvent faire annuler un jugement si le dispositif est conforme à la loi.

989. Le jugement composé de ses motifs et de son dispositif est lu ou prononcé publiquement, c'est-à-dire portes ouvertes, et à haute voix (art. 369, 190, 153 ; Const. 5 fruct. an III, art. 3).

La présence du prévenu au prononcé du jugement est de règle toutes les fois qu'il est sous la main de la justice (art. 369). — S'il est en liberté, il a le droit d'être informé du jour où le jugement sera rendu (2).

En Cour d'assises, l'arrêt doit être rendu sans désemparer, de suite après le verdict du jury (3). Dans les tribunaux correctionnels et de police, il peut être renvoyé à *l'audience suivante* (art. 153, 190). Mais ce délai n'est pas prescrit à peine de nullité.

Les jugements et arrêts de condamnation doivent régulièrement être précédés de la lecture des textes de loi dont il est fait application (art. 195, 369). Cette formalité, dépourvue d'ailleurs de sanction, n'est pas imposée au juge de police du premier degré.

990. *c) Rédaction par écrit.* — La rédaction par écrit des jugements et arrêts est exigée pour fournir la preuve authentique non seulement de leur existence et de leur teneur, mais encore de leur régularité (art. 163, 164; 195, 196 ; 369, 370). Elle doit énoncer par conséquent l'accomplissement des formalités légales. En Cour d'assises, un procès-verbal séparé complète, à ce point de vue, la rédaction de l'arrêt (art. 372).

991. Tous les jugements, sauf ceux d'instruction, sont rédigés en *minute* et signés de *tous* les juges qui les ont rendus (art. 164, 196, 234, 370). L'omission d'une ou plusieurs signatures n'emporte pas d'ailleurs nullité, mais elle est réprimée dans certains cas par une amende contre le greffier, et elle peut donner lieu à prise à partie contre le greffier et contre le juge. La loi n'exige pas la signature du greffier ; en fait, il signe les jugements. A défaut de sa signature, il faut que l'acte constate sa présence au prononcé du jugement, car, sans le greffier, la juridiction n'est pas complète et ne peut procéder.

992. Les minutes sont conservées au greffe de la juridiction. Elles servent à délivrer les *expéditions* ou les *extraits* destinés, soit à faire exécuter les jugements, soit à prouver leur existence et leur teneur. Cette

---
(1) L. 16 août 1790, tit. IV, art. 15 ; L. 20 av. 1810, art. 7.
(2) F. Hélie, VI, 2857 ; V. *infra*, n° 1118.
(3) Arg. art. 357, 358, 362 à 365, 369, 373.

preuve authentique de la sentence est nécessaire lorsqu'on poursuit l'exécution d'une condamnation. En dehors de cette hypothèse, la preuve de l'existence du jugement est recevable par tous moyens, et par exemple pour établir l'état de récidive, la chose jugée ou pour justifier de l'interruption de la prescription. — Les art. 521 à 524 indiquent la manière de rétablir les minutes quand elles ont été détruites. S'il existe une expédition de la sentence, la personne qui en est dépositaire est obligée de la remettre au greffe de la juridiction, sur l'ordre du président; cette copie authentique tiendra lieu de minute. A défaut, l'affaire est à recommencer à partir du point où les pièces se trouvent manquer tant en minute qu'en copie authentique. Pour les affaires jugées par le jury, si le verdict existe encore en minute ou expédition, il suffit de rendre un nouvel arrêt.

993. Dans les tribunaux correctionnels de première instance et d'appel le greffier tient deux registres : le *plumitif* et le registre *des pointes*. Le premier ne doit pas être confondu avec la *feuille d'audience* sur laquelle on inscrit les minutes des jugements, et qui est devenue synonyme de minute (1). Il consiste dans les notes sommaires que le greffier prend de tout ce qui se passe à l'audience ; c'est un *procès-verbal* rédigé au fur et à mesure du développement de l'instruction définitive; l'art. 504, qui y fait allusion, lui donne cette qualification. S'il était « visé et signé du président, à l'issue de l'audience » comme le prescrivait l'Ordonnance de 1667, titre XXVI, art. 5, le seul texte qui s'occupe de sa tenue, il ferait preuve authentique de tous les actes de l'instruction définitive pour lesquels des lois plus récentes n'ont pas exigé un autre genre de procès-verbal, et notamment des jugements d'instruction ; mais, dans la pratique, ce plumitif consiste dans des notes informes que le président n'examine point et qui servent simplement de *memento* au greffier. Dans ces conditions il nous paraît dépourvu de toute force probante (2).

Le registre des pointes sert à constater officiellement le nom des magistrats présents à l'audience. Il doit être signé chaque jour du président et du greffier. Il fournit la preuve authentique de la composition du tribunal.

L'éventualité de l'appel nécessite en outre, dans les tribunaux correctionnels et de simple police du premier degré, la rédaction des dépositions et interrogatoires faits à leur audience. A cet effet, les art. 155 et 189 prescrivent au greffier de les consigner dans des *notes d'audience*. Le contenu et la forme de ce procès-verbal, qui constitue encore un acte

---

(1) Art. 138, 140, C. proc. ; art. 36-39, D. 30 mars 1808 ; DALLOZ, *Rép.* V° *Jugements*, 213 ; LE POITTEVIN, *Dict. des Parquets*, V° *Feuille d'audience*, n° 1.

(2) V. s. le *plumitif*, mon article, *Gaz. trib.* 19 avril 1884, p. 379 et Cass., 18 déc. 1878 ; 12 mars 1879 (D. 79, 1, 200-260) ; *junge* : C. Orléans, 29 juin 1886, *Journ. du dr. crim.* 1887, p. 29.

authentique, diffèrent un peu devant chacun de ces tribunaux. Nous y reviendrons plus tard. Les notes d'audience sont extraites du plumitif, une fois l'audience terminée.

994. Direction des débats et police de l'audience. — Les règles relatives à ces deux points ont été principalement formulées en vue de la Cour d'assises ; elles sont cependant communes à toutes les juridictions de jugement, sauf quelques différences de détail que nous signalerons.

995. A. *Direction des débats.* — *a*) Le droit de diriger les débats emporte nécessairement celui de prendre toutes les mesures propres à en faciliter ou à en régler la marche, et celui de statuer sur les incidents auxquels ils donnent lieu ; on peut réunir en trois groupes les actes qui s'y rapportent :

1° *La composition du rôle de l'audience*, c'est-à-dire la détermination du jour où s'ouvrira le débat et de l'ordre dans lequel seront examinées plusieurs affaires portées à la même audience.

2° *La direction de la discussion.* Elle comprend : le droit de déterminer l'ordre dans lequel divers accusés, compris dans la même poursuite, seront soumis au débat (art. 334) ; — celui d'ordonner un débat séparé pour certains accusés (art. 327) ; — celui de recevoir les dépositions des témoins (art. 317) ; — celui de prendre des mesures pour les empêcher de conférer entre eux ; — celui de maintenir dans la salle d'audience ou de faire retirer un témoin qui a déposé (art. 327) ; — celui de confronter ce témoin avec d'autres (*ibid.*) ; — celui de nommer un interprète (art. 332) ; — celui d'arrêter les discussions oiseuses, les témoignages inutiles et tout ce qui tendrait à prolonger les débats sans donner lieu d'espérer plus de certitude dans les résultats » (art. 270).

3° *La clôture des débats* (art. 335). En Cour d'assises, la clôture des débats résulte d'une déclaration expresse. Devant les tribunaux correctionnels et de simple police, cette déclaration n'a pas lieu et les débats restent légalement ouverts, jusqu'au prononcé du jugement ou de l'arrêt (1).

996. *b*) La direction des débats appartient au *président*. Mais dans les tribunaux correctionnels, le président n'est que le porte-voix de la juridiction : c'est avec l'assentiment, au moins tacite, du tribunal, qu'il prend les mesures que nécessite la direction des débats ; de sorte que si un incident surgit c'est le tribunal et non le président qui le juge. En Cour d'assises au contraire, le président a un pouvoir personnel pour la direction des débats (art. 267) ; si donc un texte le charge de faire un acte qui s'y rapporte, les incidents soulevés à l'occasion de cet acte sont

---

(1) Cass. 17 janv. 1868 ; 28 mai 1870 ; 26 juin 1891 ; 19 avril 1894 (D. 96, 1, 50)

jugés par lui seul. En dehors de ces cas il a seulement les pouvoirs d'un président de tribunal correctionnel (1).

997. B. *Police de l'audience.* — La police de l'audience appartient au président de la juridiction, avec la distinction que nous avons faite. — Elle comprend : 1° les mesures à l'extérieur et à l'intérieur ; 2° la répression des troubles et délits d'audience.

a) Pour *maintenir l'ordre*, le président a le droit de requérir la force publique soit afin d'empêcher les manifestations, soit afin d'arrêter les perturbateurs. Il détermine les places dans la salle d'audience lorsque la loi ne l'a pas fait (comp. art. 309).

998. *b) Répression des troubles et délits d'audience.* — Il faut distinguer : 1° les troubles sans caractères délictueux ; — 2° les troubles accompagnés d'infractions ; — 3° les troubles ayant pour but de mettre obstacle au cours de la justice ; — 4° les délits correctionnels commis dans la salle d'audience, sans qu'il en soit résulté de trouble.

1° *Troubles sans caractère délictueux.* — Ils constituent un manque de respect envers la justice. Leur répression varie suivant qu'ils sont causés par les parties, par leurs conseils ou par les assistants.

Les parties doivent d'abord être averties, et, si elles récidivent, elles encourent des peines de police (2).

Les conseils des parties, s'ils sont avocats ou avoués, encourent des peines disciplinaires, que la juridiction prononce immédiatement (art. 103, D. 30 mars 1808). De plus, ils peuvent être traités comme les assistants (art. 90, C. proc.).

Ceux-ci sont expulsés de la salle d'audience, et s'ils y rentrent ou s'ils résistent, ils sont saisis et déposés à l'instant dans la maison d'arrêt pour vingt-quatre heures (art. 504, C. i. c. ; 89, C. proc.). Cette détention n'a pas un caractère pénal ; aussi l'expulsion de l'audience et le dépôt à la maison d'arrêt peuvent être ordonnés non seulement par les tribunaux, mais encore par tous les officiers de police administrative ou judiciaire remplissant publiquement quelque acte de leurs fonctions (art. 509).

2° *Troubles accompagnés d'infractions.* — Tantôt ils donnent lieu à la répression immédiate de l'infraction commise ; — tantôt simplement à sa constatation et à l'arrestation des coupables.

S'agit-il d'une *contravention* ou d'un *délit* ? La répression immédiate est possible devant toutes les juridictions de jugement et devant la Cour

---

(1) F. Hélie, VII, 3307.
(2) Savoir : *Amende* de 10 francs au maximum, *emprisonnement* de 3 jours au plus, *affiche du jugement* (art. 10, 11, C. proc., restés applicables uniquement à ce genre de troubles par suite des dispositions du Code d'instruction criminelle et de la loi du 9 sept. 1835 dont il va être parlé). — Cass. *Ch. réun.* 25 juin 1855 (B. 229).

de cassation (1). Les tribunaux correctionnels et de simple police du premier degré ne prononcent les peines correctionnelles qu'à charge d'appel (art. 505).

S'agit-il d'un *crime* ? La répression immédiate n'est possible que devant les Cours d'appel, d'assises ou de cassation (art. 507, 508). Il faut de plus faire exception pour le crime de faux témoignage, qui ne comporte jamais cette répression immédiate (art. 330). Dans toute autre hypothèse, la juridiction dont l'audience a été troublée doit simplement constater l'infraction par procès-verbal et, s'il y a lieu, faire arrêter et conduire le coupable devant les *juges compétents*, c'est-à-dire devant le procureur de la République ou le juge d'instruction. Est-ce là une simple mesure de police (art. 106), ou bien l'action publique est-elle mise en mouvement ? La question est discutée et elle nous paraît devoir être résolue plutôt dans ce dernier sens ; c'est un acte de participation des tribunaux à l'exercice de l'action publique.

3° *Troubles ayant pour but de mettre obstacle au cours de la justice.* — Ce sont des clameurs, des conversations bruyantes, des interruptions incessantes et toute espèce de tumulte ayant pour but et pour résultat d'empêcher la justice de procéder. Les troubles ayant ce caractère sont punis, séance tenante, comme délit de rébellion, d'un emprisonnement qui n'excédera pas deux ans, sans préjudice des peines portées au Code pénal contre les outrages et violences envers les magistrats. Cette répression se cumule avec le droit d'expulser les perturbateurs, ceux-ci fussent-ils même des accusés ou des prévenus. Néanmoins l'instruction définitive se poursuit en leur absence et le jugement qui la termine est réputé contradictoire moyennant l'accomplissement de certaines formalités (L. 9 sept. 1835, art. 10, 11, 12).

4° *Délits correctionnels commis dans la salle d'audience sans qu'il en soit résulté de trouble.* — Le Code a dérogé pour les délits flagrants aux règles ordinaires de la procédure lorsqu'ils sont commis à l'audience civile ou correctionnelle des tribunaux de première instance et des Cours d'appel (2) : l'art. 181 prescrit leur répression immédiate. La réunion dans les mêmes mains de la justice pénale et de la justice civile et la compétence des tribunaux de première instance et des Cours en matière correctionnelle ont fait supposer au législateur de 1808 qu'une répression immédiate valait mieux qu'une répression ajournée après les délais ordinaires de la procédure. La loi du 20 mai 1863 a généralisé ce

(1) Ces expressions de l'art. 504 : « Lorsqu'à l'audience... où se fait *publiquement* une instruction judiciaire » montrent que lorsque l'art. 505 auquel il se lie intimement parle d' « un juge seul », il entend désigner le juge de police et non le juge d'instruction.

(2) Les expressions « sans préjudice de l'appel de droit... » prouvent que l'article 181 s'applique aux Cours d'appel dans sa disposition principale. — Boitard, 698.

genre de répression en l'appliquant à tout individu, arrêté n'importe où, en flagrant délit correctionnel (*conduite immédiate à la barre*); mais il y a entre les deux procédures des différences notables :

a) Dans le cas de l'art. 181, le tribunal se saisit d'office. — En vertu de la loi de 1863, c'est le procureur de la République qui le saisit.

b) Dans le cas de l'art. 181, le prévenu doit toujours être jugé *sans désemparer*. Traduit immédiatement à la barre, il peut exiger un délai de trois jours pour préparer sa défense.

c) Dans le cas de l'art. 181, la répression immédiate est possible quel que soit le délit. — La procédure accélérée, créée par la loi de 1863, ne s'applique pas à certains délits (L. 1863, art. 7 ; L. 27 mai 1885, art. 11).

d) L'art. 181 reçoit son application devant le tribunal de première instance et devant la Cour d'appel, Chambre correctionnelle ou civile, peu importe. — La loi de 1863 ne permet de saisir du délit que les Chambres correctionnelles du tribunal de première instance.

999. *Règles communes à toutes les infractions d'audience.* — La répression immédiate ou ajournée de toute infraction commise à l'audience, est soumise à des règles communes.

1° La répression immédiate, quelque impératifs que soient les termes de la loi, n'est jamais obligatoire pour la juridiction qui pourrait y procéder. Elle peut préférer la répression ajournée, se borner à constater l'infraction par procès-verbal et faire au besoin arrêter le délinquant.

2° Toutes les fois qu'il y a crime ou délit autorisant la détention préventive, la juridiction peut, quelque parti qu'elle prenne, décerner un mandat de dépôt. Ce mandat est même obligatoire si elle juge immédiatement un crime (art. 91, C. proc. et arg. de l'art. 232).

3° La juridiction qui veut réprimer immédiatement l'infraction se saisit d'office. Il ne dépendrait donc pas du ministère public d'empêcher la répression immédiate en refusant de requérir.

4° Dans la même hypothèse, le prévenu doit être mis en demeure de se défendre et peut être assisté d'un avocat.

5° La répression immédiate ne peut avoir lieu que *séance tenante* et *sans désemparer*, c'est-à-dire que le juge ne peut passer à l'examen d'une autre affaire, ni lever l'audience sans avoir statué sur l'incident (art. 305, 507, 181 ; L. 1835, art. 11).

CHAPITRE II

DE LA COUR D'ASSISES (1).

I. — Organisation de la Cour d'assises.

1000. Siège et sessions de la juridiction. — Chaque département a une Cour d'assises (art. 251). Ce n'est pas une juridiction permanente : elle n'a en effet d'existence légale qu'à partir de l'ouverture de la session et jusqu'à sa clôture. Le chef-lieu *judiciaire* du département est le siège ordinaire de la Cour d'assises (art. 258 ; L. 20 av. 1810, art. 17). Dans plusieurs départements ce chef-lieu ne correspond pas au chef-lieu administratif, parce que ce dernier n'a point de locaux pour le tribunal. On a maintenu le chef-lieu judiciaire au siège des anciennes cours criminelles. Quand des événements extraordinaires, tels qu'un incendie, une insurrection, rendent impossible la tenue des assises dans leur siège habituel, la Cour, toutes Chambres réunies, peut ordonner, sur la réquisition du procureur général, que les assises seront tenues dans des locaux d'un autre tribunal du même département. Elle peut aussi, en la même forme, ordonner cette translation lorsqu'elle paraît utile à l'instruction du procès (art. 258 ; L. 20 avril 1810, art. 21 ; D. 6 juil. 1810, art. 90).

Les sessions d'assises ont lieu régulièrement tous les trois mois (art. 259) ; non pas à des intervalles égaux, mais de manière que chaque trimestre ait la sienne. On s'efforce aussi de faire succéder les sessions les unes aux autres dans le ressort de la même Cour d'appel (L. 20 av. 1810, art. 19).

La durée des sessions dépend du nombre des affaires portées au rôle : il faut l'épuiser (art. 260). Néanmoins, pour ne pas imposer une trop lourde tâche aux jurés, il est admis en pratique que leur durée *maxima* est de quinze jours (2).

---

(1) BIBLIOGRAPHIE : CUBAIN, *Traité de la procédure devant les Cours d'assises* (1851) ; NOUGUIER, *La Cour d'assises*, (1860-1870) ; DELPECH, *La procédure et le droit criminel en Cour d'assises* (1888).

(2) Circ. 11 mai 1812 ; 30 juil. 1837. — La loi du 20 av. 1810, art. 5, autorise aussi le sectionnement des sessions. Cette mesure n'a encore été prise que pour le département de la Seine : chaque Cour d'assises est divisée, pour chaque trimestre, en deux sections qui siègent alternativement. Chacune d'elles tient une session chaque mois.

On appelle *assise extraordinaire* une session supplémentaire qui est tenue, *dans le même trimestre*, après la session ordinaire, soit parce que celle-ci n'a pas suffi à évacuer toutes les affaires, soit parce qu'une affaire grave, mise en état depuis la clôture de la session, nécessite une prompte solution (art. 259, 391 ; L. 20 av. 1810, art. 19 ; D. 6 juil. 1810, art. 81 ; L. s. *la Presse*, art. 59) (1).

L'ouverture de la session est fixée par ordonnance du premier président (art. 260 *modifié* par art. 20, L. 20 av. 1810), excepté pour les assises qui se tiendraient ailleurs que dans la ville où est leur siège habituel. L'arrêt qui ordonne cette translation fixe en même temps la date de leur ouverture. Une grande publicité, par lecture à l'audience des tribunaux du ressort, par insertion dans les journaux et par affiches, est donnée à l'ordonnance ou à l'arrêt qui fixe l'ouverture des assises, huit jours au moins avant la session ; mais cette formalité n'est point sanctionnée (D. 6 juil. 1810, art. 83, 88, 89).

1001. Des magistrats et du jury. — En Cour d'assises, la mission de juger se partage entre des magistrats et des jurés.

A. *Les magistrats.* — Les magistrats sont au nombre de trois : un président et deux assesseurs. La *présidence* des assises appartient, de droit, au premier président. Il n'en use pas d'habitude et les laisse présider par un conseiller délégué par le ministre ou par lui-même, auquel il peut toujours se substituer. Cette délégation doit être faite par le ministre pour la session suivante, dans les huit jours qui suivent la clôture d'une session ; à défaut, c'est le premier président qui délègue (L. 20 av. 1810, art. 16 ; D. 6 juil. 1810, art. 79) (2).

Le remplacement du président des assises a lieu dans la même forme avant la convocation des jurés portés sur la liste du jury de session, et plus tard, dans la forme indiquée par l'art. 263 : c'est-à-dire au siège de la Cour d'appel, par le plus ancien des conseillers assesseurs, et dans les autres départements, par le président du tribunal et, en cas d'empêchement, par le vice-président et les juges dans l'ordre du tableau. Cependant, depuis une réforme introduite dans l'art. 253 pour les assesseurs, on décide par analogie que c'est uniquement à compter de

---

(1) Comme dans l'assise extraordinaire sont appelés à siéger les mêmes magistrats que dans l'assise ordinaire, certains auteurs ont cru devoir distinguer l'assise et la session. L'assise durerait un trimestre, et la session, 15 jours. *Sic* : Nouguier, II, 930 et s. Mais ils sont obligés de convenir : 1° que le président de la prochaine assise peut commencer ses fonctions dès sa nomination et avant d'être dans le trimestre pour lequel il est nommé ; — 2° que les magistrats composant la Cour d'assises ne peuvent statuer hors session sur les questions de leur compétence ; — 3° que le jury de session doit être renouvelé pour l'assise extraordinaire (*ibid.*, 975, 976, 984). Ces concessions ruinent leur système. L'*assise*, c'est-à-dire la juridiction, ne dure pas plus que sa *session*, c'est-à-dire que le temps nécessaire pour évacuer son rôle.

(2) Cass. 12 mars 1869 (S. 69, 1, 337).

l'ouverture de la session que le second mode de remplacement devient obligatoire (1).

Les assesseurs sont au nombre de deux (art. 252, *texte de* 1851). Dans les affaires qui menacent d'être longues, on nomme un ou deux *assesseurs adjoints* pour remplacer les titulaires empêchés ; mais ils ne prennent pas part au jugement si ceux-ci peuvent suivre toute l'affaire (L. 25 brum. an VIII, art. 4). La Cour d'assises juge donc au nombre de trois membres. Par exception, dans la ville où siège la Cour d'appel, l'adjonction de la *première chambre* à la Cour d'assises peut être ordonnée, sur la réquisition du procureur général, par la Cour chambres réunies. C'est un moyen de donner plus de solennité aux débats d'une affaire importante (D. 6 juil. 1810, art. 93). Dans ce cas, il faudrait appliquer la règle que les arrêts et jugements doivent toujours être rendus par un nombre impair de juges (L. 30 août 1883, art. 1er, 4).

Les assesseurs sont pris parmi les conseillers dans la ville où siège la Cour d'appel ; et dans les autres chefs-lieux, parmi les juges du tribunal de première instance. Ils sont désignés par le Premier Président et pourraient l'être par le ministre ; mais ce dernier n'use pas de son droit (art. 253 ; L. 20 av. 1810, art. 16 ; D. 6 juil. 1810, art. 79, 82).

Leur remplacement avant l'ouverture de la session a lieu dans la même forme ; après, il faut distinguer : dans la ville même où siège la Cour d'appel, le plus ancien conseiller remplace l'assesseur empêché. Dans les autres chefs-lieux de département, c'est le président des assises qui choisit le remplaçant parmi les juges du tribunal (L. 20 av. 1810, art. 15 ; art. 253, *texte de* 1855).

La loi veut que les président et juges de la Cour d'assises commencent l'examen l'esprit libre de tout préjugé ; elle exclut en conséquence de ces fonctions les magistrats qui ont voté la mise en accusation, ceux qui ont instruit l'affaire et ceux qui l'ont jugée précédemment dans une Cour d'assises dont l'arrêt a été cassé (art. 257, 429).

1002. B. *Le jury.* — Le second élément de la Cour d'assises est un jury de *douze citoyens*. L'organisation du jury a été bien des fois modifiée depuis son origine ; la législation qui la régit actuellement se compose de la loi du 21 nov. 1872 et des dispositions du Code d'instruction criminelle qu'elle n'abroge point.

Pour former le jury qui siègera en Cour d'assises, il faut faire trois opérations : dresser la *liste annuelle*, tirer au sort *la liste de session*, et plus tard le *jury de jugement* ou *tableau*. La première de ces listes est

(1) Le choix du ministre s'exerce pratiquement sur une liste dressée par le procureur général et le premier président indiquant « les aptitudes, les connaissances générales etc. » des conseillers qui y sont portés. Le Poittevin, *Dict. des parquets*, V° *Cour d'ass.* 3. Ce mode de désignation permet au gouvernement de donner à une cause le juge qui lui plaît. Il rappelle les commissions de l'ancien régime et il est contraire aux principes du droit public moderne.

extraite des listes électorales du département ; la seconde est tirée de la première ; et la troisième, de la seconde.

1003. Liste annuelle. — Sa composition. — Elle se compose de 3000 jurés pour le département de la Seine ; de 400 à 600, pour les autres départements (1 par 500 habitants, sans que le chiffre total puisse être inférieur ou supérieur à l'un de ces chiffres). Chaque arrondissement et chaque canton doivent fournir un contingent proportionnel à leur population. Il est déterminé, chaque année, par le préfet (art. 7).

La liste annuelle est dressée, dans chaque arrondissement, par les commissions cantonales d'abord, puis par la commission d'arrondissement. On procède ainsi à deux triages successifs.

1004. Il faut distinguer l'*aptitude générale à être juré*, et les circonstances accidentelles qui peuvent supprimer ou suspendre le droit, ou affranchir de son exercice. Celles-ci sont : des *déchéances*, — des *incapacités* (1), — des *incompatibilités*, — des *exclusions*, — des *dispenses*.

a) Sont aptes, en général, à être jurés : les *Français, mâles, majeurs de 30 ans*, ayant la *jouissance de leurs droits politiques, civils et de famille* (art. 1er).

b) Sont déchus de ce droit, ceux qui ont encouru les condamnations pénales énumérées par la loi, ou qui sont en état d'accusation ou de contumace (art. 2, 1° à 11°, L. 1872 ; art. 3, L. 23 janv. 1873, s. *l'ivresse*). La première catégorie de condamnés énumérés comprend tous les individus frappés de dégradation civique à titre de peine accessoire ou principale. C'est là un vice de méthode, car ces condamnés n'ont pas l'aptitude générale à être jurés. Les autres sont parfois privés seulement du droit d'être jurés, soit à vie, soit temporairement ; parfois aussi cette déchéance s'ajoute à la perte ou à l'interdiction temporaire de certains droits civiques, civils et de famille.

c) Sont incapables d'être jurés : 1° les Français majeurs qui ont perdu, en tout ou en partie, l'*exercice* de leurs droits civils (interdiction judiciaire, conseil judiciaire, placement dans un établissement d'aliénés, art. 2, 12°). — La jurisprudence ajoute à ces incapacités légales la *surdité* et la *cécité*, qui sont des incapacités naturelles.

d) Les *qualités* de député ou de sénateur (2), de ministre d'un culte reconnu, de militaire de l'armée de terre ou de mer en activité de service et pourvu d'emploi d'un côté, et de l'autre *certaines fonctions publiques* sont incompatibles avec les fonctions de jurés. La loi a craint des abus

---

(1) L'art. 2 confond sous le nom d'*incapacités* les déchéances et des incapacités proprement dites.

(2) L'art. 2 ne parle que des *députés* ; mais la loi de 1872 ayant été votée à une époque où le pays était représenté par une Chambre unique, l'*Assemblée nationale*, cette expression est synonyme de *représentants du pays*.

d'influence, on n'a pas voulu désorganiser des services publics (art. 3).

Ces incompatibilités sont *absolues* ; les suivantes sont *relatives*, c'est-à-dire restreintes à une affaire : 1° un certain rôle dans le procès (*officier de police judiciaire, témoin, interprète, expert* ou *partie*, art. 392, C. i. c.) ; 2° un préjugé sur le procès (avoir été juré à la session précédente dans une affaire dont l'examen a été suspendu et renvoyé à la session actuelle, art. 406, C. i. c.).

e) Sont exclus des listes du jury les domestiques et serviteurs à gages et les électeurs qui ne savent pas lire et écrire en français. Le décret du 7 août 1848 a créé ces exclusions. Elles ont été reproduites depuis par les lois du 1er juin 1853 (art. 4) et du 21 nov. 1872 (art. 4) immédiatement après les incapacités et les incompatibilités. Elles ne se confondent donc pas avec les premières (1).

f) Sont dispensés légalement d'être jurés : 1° les septuagénaires ; 2° ceux qui ont besoin pour vivre de leur travail manuel et journalier ; 3° ceux qui ont été portés sur la liste de session à l'une des assises de l'année courante ou de l'année précédente (art. 5). La Cour d'assises peut en outre, dès que la session est ouverte, admettre des dispenses de siéger pendant tout ou partie de la session. Ces dispenses judiciaires portent le nom d'*excuses* (art. 397).

1005. Quelle est la sanction de ces règles ? L'annulation du verdict de culpabilité auquel aurait concouru un juré qui manquerait de l'*aptitude générale*, ou qui serait dans un cas de *déchéance*, d'*incapacité* ou d'*incompatibilité* (art. 1er, L. 1872). — Les causes d'*exclusion* peuvent motiver une demande en radiation de la liste de session au moment de la formation du jury de jugement. Mais si l'accusé n'avait pas réclamé, la participation d'un juré de cette catégorie ne vicierait pas le verdict, parce que la loi ne prononce pas expressément la nullité (art. 408) (2).

— Enfin les causes de *dispense* n'ont d'autre sanction que le droit pour le juré de demander d'être rayé de la liste de session lors de la formation du tableau ; on ne peut les invoquer contre lui. Cependant, comme l'honneur d'être juré est aussi une charge dont on s'affranchit volontiers, les autorités qui dressent la liste annuelle et la liste de session peuvent et doivent même escompter la demande d'*exoine* des jurés dispensés en les excluant de ces listes (art. 18 § 2 et arg. de ce texte).

---

(1) *Sic* : DALLOZ, V° *Rép. Inst. crim.* 1407, 1409 ; F. HÉLIE, *Prat. crim.*, I, 932 ; DELPECH, p. 56. — *Contrà* ; VILLEY, p. 337 ; MORIN, *Rép.* V° *Jury*, n° 28 § 3. Ceux-ci objectent l'impossibilité pour un juré qui ne sait ni lire ni écrire de voter au scrutin secret. Mais cette objection a été prévue par la loi du 13 mai 1836, puisqu'elle admet que le votant peut *faire écrire secrètement son vote par un juré de son choix* (art. 2). D'ailleurs l'intérêt de la distinction apparait au point de vue de la sanction. M. GARRAUD, *Précis*, 5e édit., p. 642, s'est rallié à la première opinion.

(2) Cass. 18 mai 1854 (D. 54, 1, 408) ; 8 mars 1855 (D. 55, 5, 129).

Les *incompatibilités relatives* n'empêchent pas de figurer sur les listes annuelles et de session, mais elles motivent le retranchement du nom du juré de cette dernière liste au moment de tirer le jury de jugement dans l'affaire dont il ne peut pas connaître.

1006. Opérations matérielles de sa formation. — Deux triages sont nécessaires pour dresser la liste annuelle : ils élimineront d'abord les individus portés sur les listes électorales que la loi exclut ou dispense des fonctions de juré ; puis ceux que les autorités chargées de ces triages ne jugeront pas dignes ou capables de bien remplir ces fonctions.

a) Triage de la commission cantonale. — Cette commission, composée dans chaque canton du juge de paix, président, des maires et suppléants du juge de paix (1), dresse une *liste préparatoire* des jurés du canton. Elle contient un nombre de noms double de celui fixé pour son contingent (art. 8).

b) Triage de la commission d'arrondissement. — La commission qui siège au chef-lieu judiciaire de l'arrondissement est composée des juges de paix et conseillers généraux de chaque canton, sous la présidence du président du tribunal civil avec voix prépondérante (art. 11, 13) (2). Sa mission consiste à dresser la *liste définitive* des jurés de l'arrondissement en revisant les listes cantonales. Elle doit réduire le nombre des jurés qui y sont portés au contingent fixé pour l'arrondissement. Mais pour atteindre ce contingent, elle peut apporter trois sortes de changements aux listes préparatoires, savoir : *susbtituer* de nouveaux noms à ceux qui y sont inscrits, *élever* ou *abaisser* le contingent d'un canton, le tout dans la limite du quart du contingent cantonal. Un exemple fera mieux comprendre ces opérations. Le contingent d'un canton est de 12. Vingt-quatre noms figurent régulièrement sur la liste préparatoire. La commission d'arrondissement peut la réduire à 12, la réduire à 9 ou l'élever à 15. — Supposons qu'elle accepte le chiffre de 12 : elle peut choisir 9 jurés sur la liste préparatoire et ajouter 3 noms nouveaux.

Les *listes définitives* une fois arrêtées sont envoyées au greffier de la Cour d'assises. On les réunit et l'on dresse, par ordre alphabétique, une liste unique des jurés du département : c'est la *liste annuelle des jurés titulaires* (art. 14, 16).

1007. Il y a de plus une *liste annuelle des jurés suppléants* composée, à Paris, de 300 jurés, et ailleurs, de 50. Celle-ci est dressée par la commission d'arrondissement du chef-lieu où se tiennent les assises. On n'y porte que des jurés pris parmi ceux de cette ville et en dehors de la liste annuelle (art. 15). Domiciliés ainsi près de la juridiction, ils pour-

---

(1) La composition de cette commission est différente pour la ville de Paris, pour les communes divisées en plusieurs cantons, et pour les cantons formés par une seule commune (art. 8, 9).

(2) Il y a une composition différente pour Paris, Sceaux et St-Denis.

ront être appelés plus rapidement pour remplacer les titulaires empêchés.

1008. Afin de maintenir au complet la liste annuelle des jurés titulaires, il est prescrit aux juges de paix d'instruire immédiatement le premier président de la Cour ou le président du chef-lieu d'assises, des décès, des incapacités ou incompatibilités légales qui frapperaient les jurés qui y sont portés. Sur la réquisition du procureur général, la Cour les remplacera en tirant au sort sur les listes préparatoires, dont un double est déposé au greffe, un nombre de jurés suffisant pour combler les vides (art. 17 ; art. 390, C. i. c.).

1009. Liste de session. — La liste de session se compose de 40 jurés : 36 titulaires et 4 suppléants, tirés au sort sur leurs listes annuelles. Ce tirage est fait, dix jours au moins avant l'ouverture des assises, par le premier président au chef-lieu du ressort, et dans les autres chefs-lieux d'assises, par le président du tribunal. A mesure que les noms sortent de l'urne, on élimine les jurés qui, malgré les triages et revisions antérieurs, figurent à tort sur les listes annuelles, de manière à ne porter sur la liste de session que des jurés idoines (art. 18 § 2, *addition de* 1875, et arg. de ce texte).

1010. Un procès-verbal de ce tirage contenant la liste de session est envoyé au parquet du chef-lieu d'assises, au président des assises et au préfet. Ce dernier est chargé de convoquer les jurés (art. 389). Le premier jour de la session les jurés convoqués se réunissent dans la salle de la Cour d'assises ; on va procéder au tirage du jury de jugement pour la première affaire. Mais auparavant, on procède à une revision de la liste des 36 jurés titulaires pour exclure ceux qui, malgré toutes les précautions antérieures, y figurent sans en avoir le droit et ceux qui font valoir des causes de dispense. Après ces réductions, la liste des titulaires doit comprendre au moins 30 noms ; si c'est nécessaire, on la remonte à ce chiffre par l'adjonction des jurés suppléants suivant l'ordre de leur inscription, et en cas d'insuffisance, par des jurés tirés au sort en la forme indiquée par l'art. 19. Cette dernière revision, ainsi que la formation des listes annuelles et de session, sont des actes d'administration dont l'irrégularité ne peut fournir par elle-même aucun grief. Mais, comme nous l'avons dit, il y aurait nullité d'un verdict de culpabilité auquel aurait participé un juré ne réunissant pas les conditions d'aptitude générale, ou qui serait dans un cas de déchéance, d'incapacité ou d'incompatibilité (1).

II. — Compétence et saisine de la Cour d'assises.

1011. I. Compétence. — Nous avons signalé plus haut le principe

---

(1) Cass. 11 mai 1877 (D. 78, 5, 173) ; Cass. 3 mars 1881 (D. 82, 1, 188).

de la plénitude de juridiction qui rend sans intérêt les questions de compétence une fois que la Cour d'assises se trouve saisie par un arrêt de mise en accusation passé en force de chose jugée. Ce principe ne reçoit d'autre exception que celle qui résulte des questions préjudicielles. La Cour d'assises devra donc juger tous les individus et tous les faits dont elle a été saisie. A la différence des autres juridictions pénales, elle peut statuer sur le fait au point de vue des intérêts civils de la partie lésée tout en lui déniant le caractère d'infraction (art. 358, 366). Conséquemment, si le verdict du jury rendu sur une double accusation d'un crime et d'un délit écarte le crime et reconnaît le délit, et que plus tard l'arrêt de condamnation vienne à être cassé, l'affaire devra être renvoyée devant une autre Cour d'assises, et non devant un tribunal correctionnel, pour statuer sur le délit (1). De même, si l'arrêt qui accorde des dommages-intérêts vient à être cassé, on devrait décider que l'affaire doit être renvoyée à une autre Cour d'assises. Cependant la jurisprudence, suivant ici l'opinion fort contestable exprimée par Berlier au Conseil d'État, décide que le renvoi doit être fait à un tribunal civil (2).

Nous examinerons en détail, dans la procédure qui suit la clôture des débats, la forme suivant laquelle la Cour d'assises statue sur les dommages-intérêts réclamés par la partie civile ou par l'accusé.

1012. II. Saisine. — Comment la Cour d'assises est-elle saisie ? — C'est par l'arrêt de mise en accusation que se trouve saisie la Cour d'assises. Le procureur général est bien obligé de rédiger un acte d'accusation ; mais cet acte n'est qu'une amplification des motifs de l'arrêt de renvoi. Il est rédigé contre « le prévenu *renvoyé* à la Cour d'assises » (art. 241). Il ne peut contenir aucune accusation nouvelle (art. 271). Aussi, est-ce une véritable erreur de dire, avec certains auteurs (3), que l'acte d'accusation saisit la Cour d'assises. Cela est contraire aux articles 241 et 271 qui consacrent deux conséquences de la saisine opérée par l'arrêt de renvoi ; contraire également à l'art. 182, qui montre que le tribunal correctionnel est saisi par les ordonnances et arrêts de renvoi, et dont on peut raisonner par analogie.— Sans doute après le renvoi devant une juridiction de jugement quelle qu'elle soit (Cour d'assises, Tribunal correctionnel ou de police), le ministère public a des actes de procédure à faire (art. 132, 145, 241, 242, etc.), mais ces actes supposent que la juridiction est saisie et ils ont uniquement pour objet de mettre l'affaire en état de recevoir jugement (4). L'intérêt pratique de cette controverse apparaît à trois points de vue :

---

(1) Cass. 12 mars 1885.
(2) Cass. 7 oct. 1853. — Locré, XXIV, p. 335.
(3) Trébutien, II, p. 352 ; Villey, p. 345 ; Garraud, *Précis*, 515.
(4) *Sic* : Morin, *Rép.* V° *Cour d'assises*, 24 ; F. Hélie, V, 2234, 2244, 2427 ; Del-

a) Dans notre système, le président des assises peut faire les actes d'instruction complémentaire, dont nous parlerons bientôt, dès que l'arrêt de renvoi est rendu et avant toute rédaction et notification de l'acte d'accusation (1).

b) Aussitôt après l'arrêt de renvoi, la règle *le criminel tient le civil en état* s'applique ; les tribunaux civils saisis de l'action civile ne peuvent plus procéder (art. 3).

c) A partir du même moment, la partie civile, peu importe la voie qu'elle ait choisie, peut contraindre le procureur général à mettre l'affaire en état d'être jugée par la Cour d'assises, et, s'il refuse, le prendre à partie pour déni de justice.

1013. De quoi la Cour d'assises est-elle saisie ? — Uniquement des chefs d'accusation contenus dans l'arrêt de renvoi. L'art. 271 défend en effet au procureur général, à peine de nullité et de prise à partie, de porter aucune autre accusation. Il ne peut donc élargir la poursuite par l'acte d'accusation. Il ne peut non plus la restreindre, car le même article lui fait un devoir de poursuivre « *toute* personne mise en accusation ». C'est pourquoi lorsqu'il y a des divergences entre l'acte d'accusation et l'arrêt de renvoi, c'est d'après ce dernier que les questions au jury doivent être posées (2).

Par exception, il est permis au président des assises de poser une *question résultant des débats* sur un chef d'accusation non compris dans l'arrêt de renvoi, mais à deux conditions : 1° qu'il ne s'agisse pas d'un fait absolument nouveau, mais d'une dégénérescence d'un fait relevé par l'arrêt du renvoi ; — 2° que le fait, objet de la question, n'ait pas été écarté par la Chambre d'accusation comme ne présentant point, en Droit, les caractères d'un fait punissable. Nous reviendrons ultérieurement sur ce point.

III. — Mise en état de l'affaire.

1014. Entre l'arrêt de mise en accusation et la comparution de l'accusé à l'audience de la Cour d'assises, s'écoule un certain temps pendant lequel l'affaire doit être mise en état de recevoir jugement. Cette procédure intermédiaire de la mise en état, comprend des *formalités* à accomplir, et peut se compliquer d'*incidents*.

1015. Formalités. — Ces formalités, au nombre de neuf, regardent presque toutes le procureur général. Deux seulement doivent être accomplies par le président des assises. Avant de les étudier en détail, il

---

PECH, p. 110. En matière de crime ou délits de presse la Cour d'assises peut être saisie par citation directe (art. 47, 48, 50, L. 29 juil. 1881).
(1) DELPECH, p. 17 ; Cass. 3 oct. 1844.
(2) DELPECH, p. 122 ; Cass. 17 fév. 1820 ; 10 fév. 1832.

convient d'examiner quelle est la sanction de leur omission. Des textes prononcent la nullité pour l'omission de certaines d'entre elles, mais ils laissent la question indécise pour d'autres. Faut-il s'en tenir à ces textes ? Faut-il au contraire les généraliser et prononcer la nullité pour l'omission d'une formalité quelconque ? Vaut-il mieux enfin faire un choix ; mais alors à l'aide de quel critérium décidera-t-on que telle formalité est prescrite à peine de nullité et que telle autre n'a pas de sanction ? Après quelques hésitations, la jurisprudence et la doctrine se sont prononcées pour cette troisième solution. Quant au critérium, on considère que les formalités garantissant les intérêts de la défense ou ceux de l'accusation sont *substantielles* et ne peuvent être omises sans nullité ; que celles au contraire qui ont le caractère de simples mesures d'ordre ne sont point sanctionnées. Dans l'exposé que nous allons faire, nous signalerons les formalités substantielles et celles qui ne le sont point.

1016. 1° *Acte d'accusation.* — L'art. 241 prescrit au procureur général de rédiger un acte d'accusation et lui en trace le plan. Cet acte exposera : « 1° la nature du *délit* (crime) qui formera la base de l'accusation ; 2° le fait et toutes les circonstances qui peuvent aggraver ou diminuer la peine. Le *prévenu* (accusé) y sera dénommé et clairement désigné. L'acte d'accusation sera terminé par le résumé suivant : En conséquence (un tel)... est accusé d'avoir commis tel meurtre, tel vol, etc. » Cet acte a donc pour objet de préciser dans un résumé clair et saisissant le fait poursuivi et les moyens à charge et à décharge. Il sera signifié à l'accusé ; on le lira en audience publique avant d'entendre les témoins ; on le remettra au jury au moment où il se retirera dans la salle de ses délibérations pour statuer sur les questions qui lui sont soumises (art. 242, 313, 341).

Avant le Code d'instruction criminelle, l'acte d'accusation avait surtout pour but d'exposer l'affaire au *jury d'accusation*. Son verdict était inscrit au pied de cet acte. Le législateur de 1808 a remplacé dans cette fonction l'acte d'accusation par le *rapport* du procureur général, dont il est question à l'art. 217. Mais il semble qu'il ait supposé que l'arrêt de renvoi serait une décision sèche, dépourvue de motifs, comme l'était autrefois le verdict du jury d'accusation, et alors, dans le but d'amplifier cet arrêt, d'ajouter des motifs à son dispositif, il a exigé la rédaction d'un acte d'accusation après le renvoi de l'accusé aux assises. Faut-il conclure de là que l'arrêt de mise en accusation n'a pas besoin d'être motivé ? Ce serait logique, mais l'art. 7 de la loi du 20 avril 1810 exige des motifs d'une manière absolue pour tous les jugements et arrêts. On peut se demander dès lors si l'acte d'accusation ne fait pas double emploi avec l'arrêt de renvoi. Il semble bien que oui ; car, nous l'avons déjà fait observer, l'acte d'accusation ne peut contenir rien de plus, rien de moins que l'arrêt de renvoi, et s'il présente avec lui quelque divergence c'est uniquement d'après l'arrêt de renvoi que doivent être posées les questions au jury. On pourrait objecter que les motifs d'un arrêt étant généralement très succincts, une amplification de ces motifs a paru nécessaire pour permettre au jury de suivre le développement de la preuve. Mais le Code a pris le soin de répondre à cette objection : il permet en effet au procureur général de faire un exposé oral à l'audience, avant l'audition des témoins (art. 315). L'acte d'accusation est donc un écrit qui détonne dans la procédure orale des débats. Sa communication aux jurés pendant leur délibération constitue de plus une inégalité choquante ; car tandis que le jury a sous les yeux ce résumé de l'accusation, il ne peut que faire appel à ses souvenirs pour peser les arguments de la défense. Cet inconvénient serait atténué, il est vrai, si l'on observait les règles de rédaction prescrites par l'art. 341, si l'acte d'accusation était le résumé impartial de « *toutes* les circonstances qui peuvent aggraver ou *diminuer* la peine ». Mais cette prescription de la loi est bien rarement observée : l'acte d'accusation n'est habituellement qu'un résumé *des charges* dans lequel le ministère public déploie toute son habileté d'exposé et d'argumentation pour faire condamner l'accusé ; et la jurisprudence actuelle, — tout en déclarant *substantielle* la formalité de l'acte d'accusation, — ferme les yeux sur toutes les irrégularités qui précèdent son résumé (1). Dans ces conditions, une réforme législative s'impose : c'est la suppression radicale et absolue de l'acte d'accusation.

Observons d'ailleurs que si le résumé de l'acte d'accusation contient des lacunes, des additions, des erreurs, ces irrégularités n'entraînent point par elles-mêmes la nullité ; car l'acte d'accusation n'est la base d'aucun droit ; elles peuvent être réparées à l'audience ; il y aurait seulement nullité si elles passaient dans les questions posées au jury (2).

1017. 2° *Notification à l'accusé de l'arrêt de renvoi et de l'acte d'accusation.* — L'arrêt de renvoi et l'acte d'accusation seront signifiés à l'accusé et il lui sera laissé copie *du tout* » (art. 242). Cette double si-

---

(1) Sous le Code de l'an IV, qui cependant ne prescrivait pas avec la même précision que le Code d'instruction criminelle le résumé des moyens à charge et à décharge (comp. art. 229, C. de l'an IV et 341, C. i. c.), la Cour de cassation annulait l'acte d'accusation s'il constituait « *plutôt un plaidoyer contre le prévenu qu'un rapport précis des faits* » : Cass. 1ᵉʳ therm. an VII (J. P. I, p. 438) ; Cass. 4 brum. an VIII (J. P. I, p. 514). — Mais depuis, sous l'influence des idées anciennes, dont la magistrature s'est imprégnée après la réapparition de la procédure inquisitoriale dans l'instruction préparatoire, elle a décidé qu'il n'y a point nullité si le narré de l'acte d'accusation expose les faits à charge sans faire aucune mention des circonstances à décharge : Cass. 10 juil. 1818, — s'il combat les moyens de justification proposés par l'accusé : Cass. 11 mars 1841 ; — s'il énonce deux tentatives, lorsque son résumé, conforme d'ailleurs à l'arrêt de renvoi, n'en relève qu'une : Cass. 15 av. 1847. DELPECH, p. 7, note — Aujourd'hui les magistrats du parquet reconnaissent volontiers que les actes d'accusation ne sont plus rédigés dans l'esprit de la loi, et les plus libéraux d'entre eux demandent sa suppression : l'exposé oral autorisé par l'art. 315 pouvant le remplacer. CRUPPI, *La cour d'assises de la Seine*, Rev. des Deux-Mondes, 1896, p. 135.

(2) Cass. 15 av. 1847 ; 29 janv. 1852.

gnification se fait habituellement, comme le suppose le texte, par un seul et même exploit ; mais elle pourrait être faite par actes séparés (art. 292). Quelle est l'utilité de ces significations? D'abord, celle de l'arrêt de renvoi est un préalable nécessaire pour l'exécution de l'ordonnance de prise de corps. De plus, elle fait connaître à l'accusé les chefs d'accusation relevés contre lui et lui donne le moyen de se pourvoir en cassation contre l'arrêt de renvoi, sans cependant le mettre en demeure d'exercer cette voie de recours. Celle de l'acte d'accusation facilite la préparation de la défense, puisqu'il est le résumé du réquisitoire qui sera prononcé en audience publique. Elle équivaut à une communication de conclusions. — Cette formalité est substantielle.

1018. 3° *Translation de l'accusé dans la maison de justice.* — 4° *Envoi des pièces au greffe de la Cour d'assises.* — Dans les vingt-quatre heures qui suivent la signification de l'arrêt de renvoi, l'accusé sera transféré dans la maison de justice établie près la Cour où il doit être jugé. Dans le même délai les pièces du procès et les pièces à conviction seront envoyées au greffe de cette Cour d'assises (art. 243, 291, 292). — Ce sont là de simples mesures d'ordre.

Toutes les formalités qui précèdent sont accomplies par le procureur général ou à sa diligence. La suivante incombe au président des assises.

1019. 5° *Interrogatoire de l'accusé dans la maison de justice.* — Dans les vingt-quatre heures après la remise des pièces au greffe et l'arrivée de l'accusé dans la maison de justice, celui-ci sera interrogé par le président des assises ou par le juge qu'il aura délégué. Si le président des assises n'est pas sur les lieux et qu'il n'ait pas fait de délégation, il est procédé à l'interrogatoire par le président du tribunal de première instance ou par un juge délégué par ce dernier (art. 293 ; art. 91. D. 6 juil. 1810).

L'interrogatoire est une formalité substantielle ; mais le délai indiqué pour y procéder n'est qu'une mesure d'ordre.

Cet acte de procédure est utile pour la défense et pour l'accusation. Pour la défense d'abord, car il va rendre la procédure contradictoire et permettre l'assistance d'un défenseur. De plus, l'accusé est officiellement mis en demeure de se pourvoir en cassation contre l'arrêt de renvoi dans le délai légal à compter de cet interrogatoire. — Au point de vue de l'accusation, cet acte de procédure précise le système de la défense ; il force l'accusé à répondre aux points essentiels de l'acte d'accusation ; il permet ainsi de découvrir dans l'information des lacunes que le président des assises pourra combler par une instruction complémentaire dont nous traiterons aux incidents (art. 303, 304).

Le magistrat qui procède à l'interrogatoire doit demander à l'accusé s'il a fait choix d'un défenseur, et, sur sa réponse négative, lui en nommer un d'office ; mais cette désignation sera comme non avenue si plus tard l'accusé choisit un conseil. Cette formalité, qui fait partie de l'interrogatoire, est prescrite à peine de nullité (art. 294). Le défenseur peut être pris, sans autorisation spéciale du président, parmi les avocats ou avoués de la Cour d'appel ou de son ressort. Toute autre personne ne peut assister l'accusé sans la permission du président des assises, qui d'ailleurs est de pure forme lorsqu'il s'agit d'un avocat d'un autre ressort (art. 295) (1).

Le conseil choisi par l'accusé a un mandat conventionnel à remplir ; il doit se retirer si l'accusé, après réflexion, renonce à se faire défendre : la révocation met fin au mandat (art. 2003-2006, C. civ.). Mais il doit être remplacé par un avocat d'office, car la loi exige l'assistance d'un défenseur pendant toute la procédure qui va suivre. — Quelle est la mesure du concours que l'avocat d'office doit à un accusé qui refuse de se laisser défendre? Il doit prendre connaissance du dossier, être présent à l'audience, suivre les débats, conseiller l'accusé ; mais il ne peut écrire ni parler contrairement à la volonté expresse de son client : la loi veut sans doute que l'accusé puisse être défendu ; elle n'exige pas qu'il le soit malgré lui (2).

Les communications du défenseur avec l'accusé doivent être libres. Toute mesure qui restreindrait le nombre et la durée des conférences, en dehors des heures réglementaires pour le régime de nuit des prisons, toutes celles qui en altéreraient le secret constitueraient une violation du droit de la défense et donneraient ouverture à cassation (art. 408) (3).

1020. L'avertissement relatif au pourvoi porte sur deux points : 1º sur le droit même de se pourvoir en cassation ; 2º sur le délai légal (art. 296 § 1, et arg. art. 371 § 2). Cet avertissement doit être donné en des termes qui ne puissent pas induire l'accusé en erreur (3). Aussi nous pensons que le président doit expliquer à l'accusé qu'il a deux délais pour se pourvoir en cassation : l'un de *cinq jours pleins* (les cinq jours suivants) pour les nullités prévues par l'art. 299 ; l'autre de *trois jours francs* pour toute autre espèce de nullités (art. 373). L'art. 296 ne vise, il est vrai, que le délai de cinq jours ; mais il se rapporte à l'art. 299, et nous verrons bientôt que les nullités prévues par ce dernier texte ne sont pas les seules qui peuvent entacher l'arrêt de renvoi ; or, comme

---

(1) L'ordonnance du 27 août 1830, art. 4, qui autorise les avocats inscrits à un barreau à plaider devant toutes les Cours et tous les tribunaux de France, réserve expressément l'organisation de la défense au grand criminel telle qu'elle résulte de l'art. 295, C. i. c. — Cass. 23 déc. 1875 (S. 76, 1, 143).

(2) F. HÉLIE, II, 3333-3336, 3326, 3328.

(3) *Sic* : BOURGUIGNON, II, p. 2 ; LEGRAVEREND, p. 617 ; CARNOT, II, p. 413 ; RODIÈRE, p. 216 ; TRÉBUTIEN, II, p. 371. Comp. Cass. 12 nov. 1886 p. la correspondance avec l'avocat. — *Contrà* : Cass. 3 oct. 1822 (aff. du *général Berton*).

(4) Cass. 21 juin 1849 (B. 144).

l'art. 296 veut que l'accusé apprenne son droit de la bouche même du magistrat qui l'interroge, il est nécessaire de compléter sa disposition en ce qui touche le délai ordinaire du pourvoi en cassation.

Le jour de l'interrogatoire sert de point de départ à l'un ou l'autre de ces délais, pourvu qu'il ait été précédé des significations et qu'il contienne l'avertissement prescrit par la loi. Si l'interrogatoire avait eu lieu avant les notifications, les délais ne courraient que du jour où elles auraient été faites (1). Enfin si elles avaient été omises ou si l'avertissement n'avait pas été donné, les nullités ne seraient pas couvertes par le silence de l'accusé et il pourrait toujours les faire valoir après l'arrêt définitif (art. 297, 301, comb.). La situation de l'accusé, dans cette dernière hypothèse, est très avantageuse : s'il est acquitté, il profitera de l'acquittement quelque irrégularité qu'il y ait dans l'arrêt de renvoi (art. 360) ; — s'il est condamné, il pourra faire casser l'arrêt de condamnation non seulement pour les causes de nullité qui lui sont propres, mais encore pour celles qui entachent l'arrêt de renvoi.

1021. Le délai de cinq jours prescrit par l'art. 296 est accordé à l'accusé : 1° pour se pourvoir contre l'arrêt de renvoi, 2° pour préparer sa défense. Il court, en effet, de l'interrogatoire qu'on suppose avoir été précédé de la signification de l'arrêt de renvoi et de l'acte d'accusation. Il y aurait donc nullité si l'accusé comparaissait à l'audience de la Cour d'assises moins de cinq jours après la signification de l'acte d'accusation bien que celle de l'arrêt de renvoi eût été faite à temps. Mais il peut consentir à comparaître avant l'expiration du délai de cinq jours. Son consentement, qui peut être donné à l'audience ou en dehors de l'audience, par exemple dans un interrogatoire, emporte une double renonciation, savoir : 1° au droit de se pourvoir contre l'arrêt de renvoi ; 2° au délai de cinq jours pour la préparation de sa défense. Il est bon que l'accusé s'explique sur ces deux points ; mais l'une de ces renonciations fait présumer l'autre. La jurisprudence exige d'ailleurs, pour la validité de ces renonciations, que l'acceptation du débat avant le délai de cinq jours soit *expresse* et qu'elle ait été *faite en connaissance de cause*, c'est-à-dire après notification de l'arrêt de renvoi et de l'acte d'accusation (2).

1022. L'interrogatoire doit être constaté par un procès-verbal qui témoigne de l'accomplissement de toutes les formalités légales et par conséquent : 1° de l'interpellation relative au choix du défenseur ; 2° s'il y a lieu, de la nomination d'un avocat d'office ; 3° de l'avertissement relatif au pourvoi. La loi abandonne absolument à la prudence du juge le nombre, la nature et l'ordre des questions relatives au fait poursuivi. Ce procès-verbal doit être signé de l'accusé, du juge et du greffier, et

---

(1) Cass. 15 déc. 1881 (D. 82, 1, 5).
(2) Nouguier, I, 447, 448, 455. Cass. 23 sept. 1858 (B. 411) ; 14 mars 1846 (B. 103).

si l'accusé ne sait ou ne veut signer, il en sera fait mention (art. 296).

1023. 6° *Communication et copie des pièces.* — Pour préparer la défense, le conseil a le droit de prendre communication et copie de *toutes* les pièces du procès sans déplacement. Une copie des procès-verbaux constatant le délit et des déclarations écrites des témoins doit même être délivrée gratuitement aux accusés ; mais quel que soit leur nombre, ils n'ont droit qu'à une seule copie (art. 302, 305). Aucun délai n'est fixé pour cette remise et la loi ne prononce pas de sanction. Seulement une remise tardive autoriserait une demande de renvoi soit à un autre jour, soit à une autre session, et si le renvoi était refusé il y aurait ouverture à cassation pour violation des droits de la défense (1).

1024. 7° *Notifications respectives des listes des témoins à charge et à décharge.* — La loi prescrit cette notification « vingt-quatre heures au moins » avant l'audition des témoins. Le procureur général ou la partie civile notifie à l'accusé la liste des témoins à charge. L'accusé notifie celle des témoins à décharge, mais seulement au procureur général : on a pensé que la partie civile et la partie publique ayant un intérêt commun, une double notification était inutile. La sanction de cette formalité est le droit, pour la partie contre qui les témoins sont produits, de s'opposer à l'audition de ceux qui ne lui auraient pas été notifiés. Mais le président, en vertu de son pouvoir discrétionnaire, peut ordonner qu'ils seront entendus, sans prestation de serment, à titre de renseignement (art. 315, 269).

1025. 8° *Notification à l'accusé de la liste du jury de session.* — L'art. 395 prescrit de la faire la veille de la formation du tableau, *pas plus tôt ni plus tard*, à peine de nullité de cette notification et de tout ce qui aura suivi. Cette formalité a pour objet de permettre à l'accusé de préparer ses récusations : en conséquence l'omission du nom d'un juré et toute erreur de nature à produire une confusion de personnes entraînent sa nullité (2).

Mais quelle liste de session faut-il notifier ? Est-ce la liste provisoire, celle qui est formée dix jours au moins avant l'ouverture des assises (art. 18, L. 1872) ? Ou bien la liste définitive, formée par l'épuration de la précédente le premier jour de la session, et tenue au courant depuis avec un minimum de trente noms ? La pratique admet qu'on peut se contenter de notifier la liste provisoire et même seulement les noms des trente-six jurés titulaires qui y sont portés (3). On fait valoir que le système contraire empêcherait de juger toute affaire le premier jour de la session : ce jour devrait être exclusivement consacré à la revision de la liste du jury de session. Puis, pendant le cours de la session, il fau-

---

(1) Cass. 24 mai 1852 ; 27 janv. 1853.
(2) Cass., 10 janv. 1878 (D. 79, 5, 113-114) ; 12 août 1880 (S. 81, 1, 230).
(3) Cass., 6 déc. 1883 (D. 84, 1, 370) ; 7 fév. 1896 (*Gaz. trib.*, 20 fév.).

drait toujours attendre la formation du tableau pour l'affaire précédente avant de notifier la liste du jury pour la suivante ; de là un retard préjudiciable à la bonne administration de la justice.

On peut répondre que cette perte de temps n'est qu'un argument d'inconvénient. Comment l'accusé pourra-t-il préparer ses récusations si on lui notifie une liste de jurés dont aucun peut-être ne sera appelé à faire partie du tableau (1) ? Depuis que la liste de session est tirée au sort en audience publique dix jours avant l'ouverture des assises (L. 2 mai 1827), on peut critiquer la précaution de la loi qui prescrit de ne pas faire la notification plus de vingt-quatre heures avant le débat, si l'on suppose que l'on notifie la liste provisoire, celle qui est connue ; mais cette prescription de la loi prend au contraire un sens raisonnable, si on l'applique à la liste définitive et revisée qui peut être composée de noms entièrement nouveaux.

1026. 9° *Composition du rôle de la session*. — Le rôle est le tableau des affaires portées à une session d'assises, dans l'ordre où elles seront jugées. Sa composition dépend du ministère public et du président. Doivent être portées au rôle, aux termes de l'art. 260, les affaires qui sont *en état* lors de son ouverture. On peut aussi y porter celles qui deviendront en état avant la clôture de la session (art. 261). Le ministère public et le président ayant à faire, chacun en ce qui le concerne, les actes nécessaires à la mise en état, sont maîtres de la composition du rôle ; mais ils s'exposeraient à une prise à partie de la part des accusés dont les affaires auraient pu être mises en état avant l'ouverture de la session, si par leur négligence ils rendaient nécessaires un renvoi de l'affaire à la session suivante.

L'ordre des affaires portées au rôle nous paraît devoir être déterminé par le président et non par le ministère public. C'est lui en effet qui fixe le jour où doivent s'ouvrir les assises (art. 260), et plusieurs textes lui donnent le droit de prendre des mesures qui bouleverseraient le rôle s'il était formé par d'autres que par lui (2).

La composition du rôle est, cela va sans dire, une simple mesure d'ordre.

1027. Incidents. — Des incidents peuvent venir compliquer la procédure de la mise en état. Les plus importants sont : 1° le pourvoi en cassation contre l'arrêt de renvoi ; — 2° un supplément d'instruction ;

---

(1) Dans une affaire, les 36 jurés titulaires portés sur la liste provisoire se trouvèrent réduits à 2, et pour remonter la liste au chiffre de 30, on dut ajouter ou tirer 28 jurés complémentaires ; c'est-à-dire qu'il y eut dans l'urne 24 noms absolument inconnus de l'accusé. La Cour de cassation a néanmoins validé, dans cette hypothèse, la notification de la liste provisoire : Cass. 6 fév. 1834.
(2) Arg. art. 296, 297, 261, 306, 307, 303. *Sic* : Cass. 26 avril 1844 (B. cr. 155). — *Contrà* : Circ. 16 août 1842.

— 3° une remise de cause ; — 4° la jonction ou la disjonction des procédures.

1028. 1° *Pourvoi en cassation contre l'arrêt de renvoi.* — L'accusé et le procureur général ont, sans restriction, le droit de se pourvoir en cassation contre l'arrêt de renvoi (art. 266, 298). Le principe de la plénitude de juridiction rend la partie civile sans intérêt à critiquer le renvoi qui serait fait à une Cour d'assises incompétente *ratione materiæ* ou *personæ* ; mais elle pourrait attaquer l'arrêt qui renverrait l'affaire devant une Cour d'assises incompétente *ratione loci* : l'éloignement des témoins devant augmenter les frais, il lui importe, à cause de l'éventualité qui peut les mettre à sa charge, d'exiger que l'affaire soit jugée dans le département où elle doit l'être légalement (1).

1029. Le délai est de *cinq jours pleins* (2) (art. 296) pour les quatre causes de nullité énumérées par l'art. 299, savoir : « *a*) l'incompétence ; *b*) si le fait n'est pas qualifié crime par la loi ; *c*) si le ministère public n'a pas été entendu ; *d*) si l'arrêt n'a pas été rendu par le nombre légal de juges. » Cette énumération n'est pas bien scientifique, puisque la seconde cause énumérée rentre dans la première. — Toute autre cause de nullité, tirée par exemple de l'excès de pouvoir ou de la violation des règles de forme ou de fond, peut motiver un pourvoi dans le délai ordinaire de *trois jours francs* (art. 373).

Le point de départ du délai de cinq jours est : 1° *pour le procureur général*, l'interrogatoire subi par l'accusé dans la maison de justice (art. 298) ; — 2° *pour l'accusé*, ce même interrogatoire s'il a été précédé de la notification de l'arrêt de renvoi et si l'avertissement relatif au pourvoi lui a été régulièrement donné par le président. Au cas contraire ses droits seraient réservés jusqu'après l'arrêt définitif (art. 297) ; — 3° *pour la partie civile*, la notification de l'arrêt de renvoi (arg. art. 135).

Le point de départ du délai de trois jours est, d'après les principes généraux : 1° *pour le procureur général*, le jour de l'arrêt ; — 2° *pour la partie civile*, celui de la notification de cet arrêt ; — 3° pour l'accusé nous pensons qu'on doit appliquer l'art. 297 (3).

---

(1) TRÉBUTIEN, II, p. 326 ; Cass. 29 sept. 1843 (B. 254). — Arg. art. 135, 539.

(2) Le délai *franc* est celui dans lequel on ne compte ni le *dies a quo*, ni le *dies ad quem* ; le délai *plein* est celui où l'on ne compte pas le *dies a quo*, mais où l'on compte le *dies ad quem*. F. HÉLIE, *Prat. crim.*, I, 631, présente le délai de cinq jours comme un délai franc. C'est une erreur, puisque l'art. 260 prescrit à l'accusé de faire sa déclaration « *dans* les cinq jours suivants ». La jurisprudence n'est pas contraire. Il y a bien quelques arrêts qui ont décidé qu'un pourvoi interjeté le sixième jour était recevable; mais le motif de leur décision est que l'accusé avait été induit en erreur sur la durée du délai par les termes de l'avertissement.

(3) La pratique décide, mais sans avoir discuté la question, que le délai de

1030. Quels sont les effets du pourvoi en cassation contre l'arrêt de renvoi ? Il faut distinguer : formé dans le délai légal et avant le tirage du jury de jugement, le pourvoi empêche l'ouverture des débats, mais il ne met pas obstacle à la marche de la procédure jusqu'à cette ouverture. — Formé au contraire après le délai légal, ou même dans ce délai, mais après le tirage du jury de jugement, il n'a plus d'effet suspensif (1) (art. 301).

1031. 2° *Supplément d'instruction.* — La lecture des pièces de la procédure et l'interrogatoire que l'accusé a subi dans la maison de justice ont pu signaler des lacunes à combler, de nouvelles preuves à recueillir. La nécessité d'un supplément d'instruction apparaît surtout, en fait, lorsque l'accusé s'était soustrait à la justice pendant l'instruction préparatoire et n'a été arrêté qu'après l'arrêt de mise en accusation.

Qui procèdera à cette instruction ? C'est le président des assises ou le magistrat qui l'a remplacé pour l'interrogatoire. Ils peuvent procéder par eux-mêmes ou commettre rogatoirement le juge d'instruction de l'arrondissement dans lequel résident les témoins à entendre, et même, s'il y a lieu de suspecter son impartialité ou son intelligence, le juge d'instruction d'un arrondissement voisin. Mais c'est toujours dans l'arrondissement du juge commis que l'audition doit avoir lieu, puisque sa compétence expire à sa limite (art. 303) (2).

---

trois jours court de la signification de l'arrêt de renvoi (V. les arrêts cités p. DALLOZ, V° *Cassat.* 167, 168 ; F. HÉLIE, *Prat. crim.* I, 668). Cela est absolument illogique : et en effet, si la situation de l'accusé détenu a paru suffisamment intéressante au législateur pour retarder le point de départ du délai de cinq jours jusqu'après qu'il aura été averti, il doit en être de même lorsqu'il s'agit du délai de trois jours. On comprend qu'on puisse soutenir que l'art. 299, auquel se lie l'art. 296, exclut toute autre ouverture à cassation que celles qu'il énumère ; mais une fois admis qu'il ne les exclut pas, on ne peut voir d'exceptionnel dans les art. 296 et 297 que la durée du délai ; son point de départ, motivé par la situation de l'accusé, doit rester le même.

(1) Cette distinction a été introduite dans l'art. 301 par la loi du 10 juin 1853 afin d'empêcher l'accusé de récuser en masse un jury qui ne lui plairait pas, au moyen d'un pourvoi tardif. Quelque mal fondé en effet que soit un pourvoi, les principes voulaient qu'il fût suspensif jusqu'à son rejet par la Cour de cassation. Il en était ainsi avant la réforme de l'art. 301. Qu'arrivait-il ? Les accusés attendaient la notification de la liste de session, même la formation du tableau dans laquelle ils usaient de leur droit de récusation, et puis, si malgré tout le jury ne leur convenait pas, ils déclaraient se pourvoir en cassation contre l'arrêt de renvoi. Le nouvel art. 301 déjoue cette manœuvre.

(2) L'obligation pour les témoins de comparaître est sanctionnée seulement par l'amende de l'art. 80 qui sera prononcée par la Cour d'assises (art. 304). Le magistrat instructeur ne peut ni la prononcer, ni décerner un mandat d'amener contre le témoin défaillant, parce que ce supplément d'instruction est fait en dehors de la surveillance du ministère public, dont les réquisitions sont nécessaires pour prendre l'une ou l'autre de ces mesures (art. 80). *Sic* : DELPECH, p. 18, 19. — F. HÉLIE, VII, 3364, reconnaît au juge d'instruction délégué les droits qu'il refuse au président des assises. Mais alors le *délégué* aurait plus de droits que le *déléguant*.

Bien que cet article ne vise que l'audition de nouveaux témoins, il est admis que son texte, élargi d'ailleurs par l'art. 301 § 1, s'applique aux actes d'instruction de toute nature. Le président des assises pourra donc faire lever des plans, ordonner des expertises, procéder à de nouveaux interrogatoires (1), à des confrontations, etc. — Mais cette instruction n'est qu'un *complément* de celle qui a été faite. Cela résulte de l'art. 303, qui prévoit seulement l'audition de *nouveaux* témoins. Ce texte cependant ne défend point d'ouïr à nouveau les témoins déjà entendus, pourvu que ce soit sur des faits sur lesquels ils n'ont pas déposé (2). — Certains auteurs, faisant dériver du pouvoir discrétionnaire du président des assises le droit de procéder à cette instruction complémentaire, pensent qu'il peut refaire entièrement l'instruction primitive (3). Le principe de leur système est erroné, car le pouvoir discrétionnaire n'existe pas encore à ce moment de la procédure ; il n'apparaîtra qu'aux débats.

On doit donner communication et copie de ce supplément d'instruction à l'accusé.

1032. 3° *Remise de cause.* — La remise de cause est le renvoi du débat à une audience autre que celle qui avait été primitivement fixée. C'est une mesure d'instruction qui se justifie par son opportunité. Elle peut être ordonnée d'office ou sur la requête des parties (art. 306). Pour la nouvelle audience on pourra fixer un autre jour de la session, un jour d'une autre session, une assise extraordinaire ; le renvoi pourra même être indéfini, s'il est motivé par la démence de l'accusé (4).

C'est au président des assises qu'il appartient de prononcer ce renvoi jusqu'à la constitution définitive de la Cour d'assises par le tirage du jury de jugement (5). Il faut observer qu'après ce tirage le renvoi à un autre jour de la même session n'est plus possible : l'art. 406 exige en effet qu'une affaire renvoyée soit jugée avec des jurés pris sur une nouvelle liste de session (6).

1033. 4° *Jonction et disjonction.* — Il appartient aussi au président, jusqu'à la constitution de la Cour d'assises, de prononcer la jonction ou la disjonction des causes. Plus tard ce sera aux magistrats de la Cour d'assises de prendre ces mesures. Mais dans l'un et l'autre cas s'il s'agit de la jonction, on suppose que les deux affaires sont renvoyées devant la même Cour d'assises, car s'il en était autrement la jonction ne pour-

---

(1) Cass. 16 janv. 1879 (D. 80, 1, 188).
(2) Cass. 22 avril 1836, conclusions de M. Dupin. — Cass. 4 et 12 déc. 1852, 4 août 1854. — F. Hélie, VII, 3362.
(3) Laisné-Deshayes et Guillouard, sur Trébutien, II, 567.
(4) Cass. 11 fév. 1875 (D. 77, 1, 140).
(5) Cass. 25 juin 1840 ; 27 avril 1850. — Art. 306, 331, 354 et arg. de ces textes.
(6) Cass. 12 déc. 1860. — Comp. art. 331, 354.

rait être ordonnée que par la Cour de cassation statuant sur le pourvoi dirigé contre un des deux arrêts de renvoi (1).

D'après les art. 307 et 308 la jonction et la disjonction peuvent être ordonnées d'*office* ou sur la demande du *procureur général*. Ces textes ne prévoient point une demande de l'*accusé* ; tandis que l'art. 306 lui reconnaît expressément le droit de demander une remise de cause. Il semble que le législateur ait considéré que la jonction ou la disjonction était sans intérêt pour la défense. Il a passé sous silence le droit de l'accusé, mais il ne l'a pas exclu. Or ce droit est évident lorsqu'il y a *indivisibilité* des délits. D'ailleurs l'unité d'instruction s'impose dans ce cas comme une nécessité ; ce serait violer la loi que de ne pas joindre ou de disjoindre ; or l'accusé a le droit d'exiger que la loi soit observée (art. 408 § 2). — La simple raison d'opportunité qui motive la jonction des délits concurrents ou connexes ne lui permet pas, à l'inverse, de demander dans ces hypothèses la jonction ou la disjonction. Ici il est vrai de dire que ces mesures intéressent plutôt l'accusation et l'administration de la justice, que la défense (2).

Les causes de jonction nous sont connues : c'est d'abord l'*unité d'accusé*. La jonction a lieu dans cette hypothèse pour les crimes et délits indivisibles, connexes ou simplement concurrents. S'il y a pluralité d'accusés, c'est l'*indivisibilité* ou la *connexité* des faits. On ne pourrait, dans cette seconde hypothèse, joindre des délits concurrents qui n'intéresseraient qu'un des accusés sans faire grief à ses co-accusés (3).

La disjonction *doit* être prononcée quand un obstacle de fait empêche de réunir dans le même débat tous les éléments d'un crime ou les crimes et délits connexes. Par exemple, l'un des accusés est en fuite, en état de démence, malade, protégé par la garantie politique ; ou bien il s'agit d'un délit connexe pour lequel on n'a point obtenu l'extradition (4). — Elle *peut* être ordonnée quand on découvre que les faits compris dans le même arrêt de mise en accusation ne sont ni indivisibles ni connexes (art. 308), mais à une condition cependant, c'est que l'arrêt de renvoi passé en force de chose jugée n'ait pas affirmé leur indivisibilité ou leur connexité.

On a soutenu que cette condition n'était pas nécessaire, en présentant le droit du président des assises de prononcer la jonction et la disjonction comme une conséquence de son pouvoir discrétionnaire. C'est une erreur : avant la constitution de la Cour d'assises, le président prend ces mesures en vertu d'une attribution spéciale que lui donnent les art. 307

---

(1) LEGRAVEREND, II, 160. — Cass. 2 sept. 1838.
(2) La pratique paraît refuser absolument à l'accusé le droit de demander la jonction ou la disjonction ; DALLOZ, *Rép.* V° *Inst. crim.* 1367 ; F. HÉLIE, *Prat. crim.*, I, 699 ; DELPECH, p. 20.
(3) Cass. 11 mars 1853 et arg. de l'art. 308. V. *suprà*, n°s 837, 840, 841.
(4) Cass. 14 mars 1873 (D. 74, 1, 503).

et 308, mais non en vertu de son pouvoir discrétionnaire qui n'existe pas encore (1).

1034. Une voie de recours est-elle ouverte contre les ordonnances du président portant *remise* de cause, *jonction* ou *disjonction* des causes ? La question a été discutée en détail, d'une manière incomplète et sans vues d'ensemble. Certains auteurs ont soutenu que ces ordonnances étaient susceptibles d'un pourvoi en cassation (2) ; — d'autres, d'une *opposition* devant la Cour d'assises (3). La jurisprudence repousse toute voie de recours ; mais, comme il s'agit de mesures d'instruction qui se justifient par l'état de la procédure au moment où elles sont prises, la demande écartée ou accueillie par le président peut être renouvelée devant la Cour d'assises, et c'est contre l'arrêt rendu sur cette seconde demande que le pourvoi en cassation pourra être dirigé (4). Ce système paraît être celui de la loi : les textes ne prescrivent pas, en effet, la signification de l'ordonnance *à l'accusé* (5). Or, comment pourrait-il attaquer une ordonnance qu'il ignore ? Quant à l'opposition devant la Cour d'assises, ce n'est ni une *opposition* proprement dite, puisqu'elle est portée devant une juridiction différente de celle qui a rendu l'ordonnance, ni un *appel*, puisqu'il n'y a point de hiérarchie entre la juridiction de la Cour d'assises et celle du président ; c'est simplement une juridiction qui succède à la sienne. L'impossibilité même où l'on est de donner un nom technique à cette prétendue voie de recours prouve qu'elle n'existe point.

IV. — Procédure de l'audience.

1035. Nous étudierons successivement dans cette section : 1° la constitution définitive de la Cour d'assises ; — 2° les attributions respectives du président et de la Cour pendant les débats ; — 3° la procédure des débats ; — 4° la procédure qui suit la clôture des débats ; — 5° la sentence.

---

(1) *Sic* : Cass. 28 juin, 20 sept. 1855 ; F. Hélie, *Prat. crim.*, I, 702 ; Delpech, *loc. cit.* — *Contrà* : Cass. 29 nov. 1834, 11 janv. 1839.
(2) Trébutien, II, p. 381 ; Rapport au Corps législatif sur la loi du 10 juin 1853 qui a modifié l'art. 296, C. i. c. (Dalloz, *Rép.*, V° *Inst. crim.*, 1342, note).
(3) F. Hélie, VII, 3387 ; Delpech, p. 20.
(4) Cass. 1er oct. 1832 ; 5 mars 1835 ; 18 mai 1850 ; 11 mars 1853 ; 28 juin 1855 ; 30 mars 1861.
(5) *Sic* : Cass. 26 déc. 1835. Les auteurs qui admettent une voie de recours se prononcent pour la signification de l'ordonnance. Comp. Delpech, p. 21. — F. Hélie, VII, 3380, estime que le recours à la Cour d'assises dont il est partisan ne peut s'exercer contre une ordonnance de remise de cause, *parce que l'affaire est rayée du rôle*. C'est supposer que l'ordonnance s'exécute nonobstant appel ou opposition ; mais cette proposition ne pourrait résulter que d'un texte exprès, car *l'exécution provisoire* est tout à fait exceptionnelle dans la procédure pénale. Il serait plus vrai de dire que le recours, quel qu'il soit, est recevable en la forme, mais doit être rejeté au fond faute d'intérêt (*Sic* p. le pourvoi contre un *arrêt* de remise de cause : Cass. 1er oct. 1832, 5 mars 1835).

1036. I. Constitution définitive de la Cour d'assises. — La session est ouverte. La Cour procède à sa constitution définitive pour juger la première affaire inscrite au rôle et pour cela : 1° elle épure et elle complète son personnel de *magistrats* en statuant sur les incompatibilités, les abstentions, les récusations, les remplacements, et s'il y a lieu, sur l'adjonction des assesseurs suppléants. — 2° Elle forme *le jury de jugement* ou *tableau*. La Cour ne juge avec le jury que les accusés présents. S'ils sont en fuite, elle procède contre eux suivant les règles de la procédure de contumace dont nous traiterons plus tard.

1037. Formation du tableau. — La formation du tableau est l'acte capital de cette première phase de la procédure. Elle nécessite trois opérations : 1° la revision de la liste de session ; 2° l'addition au tableau, s'il y a lieu, de *jurés adjoints* ; 3° le tirage au sort du jury de jugement.

1° *Revision de la liste de session.* — Il est bien rare que les quarante jurés convoqués se présentent, puissent ou veuillent siéger. Le greffier fait l'appel. La Cour prononce l'amende contre les défaillants (art. 396, C. i. c. ; 20, L. 1872), et elle statue sur toutes les causes qui peuvent faire rayer le nom d'un juré de la liste de session : inaptitude, déchéances, incapacités, incompatibilités, exclusions, dispenses, excuses. La liste ainsi revisée doit contenir un minimum de trente noms. S'il est nécessaire de la remonter à ce chiffre, on appelle d'abord : 1° les quatre suppléants, portés sur la liste de session, dans l'ordre de leur inscription ; 2° s'ils ne suffisent pas, le président tire au sort sur la *la liste spéciale des jurés suppléants*, et subsidiairement *parmi les jurés de la ville où siège la Cour d'assises portés sur la liste annuelle*, un certain nombre de jurés complémentaires (L. 1872, art. 17) (1). — Toutes ces opérations, sauf la dernière, peuvent se faire en audience non publique et même hors de la présence de l'accusé et de son défenseur ; mais comme des contestations sur l'idonéité des jurés pourraient se produire au moment de l'introduction des noms dans l'urne quand la revision de la liste de session n'a pas été faite contradictoirement, il vaut mieux procéder publiquement, ou tout au moins en présence du défenseur. La liste de session subit une nouvelle revision pour chaque affaire.

2° *Addition au tableau de jurés adjoints.* — Quand les débats d'une affaire paraissent devoir être longs, la Cour peut ordonner l'addition au tableau d'un ou de deux jurés adjoints (art. 394). Ces jurés sont destinés à remplacer ceux des douze qui pour cause de fatigue ne pourraient suivre l'affaire jusqu'au bout. Ils s'assoient au banc des jurés et suivent

---

(1) On tire généralement plus de jurés complémentaires qu'il n'est nécessaire pour remonter la liste de session au minimum de trente noms, parce qu'il n'est pas certain qu'ils puissent être utilement convoqués. Aussi leurs noms sont inscrits sur la liste revisée, non pas dans l'ordre du tirage au sort, mais dans celui où, après convocation, ils se sont présentés à l'audience. Cass. 6 août 1885 (D. 86, 1, 343).

les débats ; mais si au moment de la remise des questions au chef du jury aucun des douze ne s'est retiré, ils n'assistent point à la délibération. Néanmoins ils ne peuvent se retirer de l'audience avant que la déclaration du jury n'ait été lue publiquement et soit devenue définitive (1). L'arrêt qui ordonne cette addition de jurés adjoints peut être rendu hors de la présence de l'accusé et sans publicité (2).

3° *Tirage au sort du jury de jugement*. — Cette opération doit avoir lieu contradictoirement entre le procureur général et l'accusé ; le défenseur peut y assister ; mais la publicité de l'audience n'est pas nécessaire (art. 399) (3). Si l'accusé ne comprend pas ou ne parle pas le français, ou s'il est sourd-muet et ne sait pas écrire, il faut le pourvoir dès ce moment d'un interprète (4).

Pour procéder au tirage, on fait d'abord un contre-appel des 30 à 36 jurés portés sur la liste revisée; puis on introduit leurs noms dans l'urne; enfin on les retire un par un. Au moment du contre-appel, l'accusé peut formuler ses demandes en radiation, s'il n'a point assisté à la revision de la liste de session. — A mesure que les noms sont extraits de l'urne s'exerce le droit de *récusation*. L'accusé et le procureur général (5) ont la faculté d'écarter du tableau, sans donner de motif, chacun un certain nombre de jurés, c'est là ce qu'on appelle *récuser* (art. 399 § 4). Le droit de récusation s'exerce jusqu'à ce que le nombre des jurés soit réduit aux 12 ou aux 14 jurés nécessaires pour le tableau (art. 400). Si les jurés à récuser sont en nombre impair, l'accusé peut faire une récusation de plus que le procureur général (art. 401). S'il y a plusieurs accusés, ils doivent se concerter pour leurs récusations. A défaut d'entente, le président détermine par un tirage au sort le rang dans lequel chaque accusé exercera les siennes. Puis le nombre des récusations qui revient à la défense est divisé entre eux proportionnellement. S'il n'est pas possible d'allouer à chacun un nombre égal de récusations, les premiers sont les plus avantagés. *Exemple* : il y a *trois* accusés qui ont en bloc le droit de faire *dix* récusations : A en fera 4 ; B et C en feront 3 chacun ; — il y a *trois* accusés qui ont en bloc le droit de faire *onze* récusations : A et

---

(1) Cass. 10 juin 1830 ; 8 janv. 1846.
(2) Cass. 19 sept. 1839 ; 11 fév. 1869.
(3) Il est d'usage dans certains ressorts de faire procéder à ce tirage par le président seul ; mais il vaut mieux que les deux magistrats assesseurs soient présents, car, s'il surgit un incident, c'est à la Cour et non au président qu'il appartient de le juger.
(4) Cass. 10 oct. 1872 (D. 72, 1, 383). — Sur les conditions d'aptitude, la récusation et le serment de l'interprète, v. l'art. 332.
(5) La partie civile n'a pas le droit de récusation, même en matière de presse où il lui est cependant loisible de saisir la Cour d'assises par une citation directe : Cass. 8 déc. 1881 (D. 82, 1, 42). Mais un accusé qui se porterait partie civile contre un de ses co-accusés ne perdrait pas son droit de récusation : Cass. 3 déc. 1896.

B en feront 4 chacun ; C n'en fera que 3. Les accusés ont tout intérêt à se concerter, car une fois la répartition faite, si les premiers n'épuisent pas leurs récusations, les autres ne profitent point de cette circonstance pour augmenter le nombre qui leur a été alloué (art. 402 à 404). — La récusation est faite dans l'intervalle du tirage de deux noms. L'accusé doit parler le premier (art. 399 § 3), c'est un désavantage compensé par le droit de récuser un juré de plus que le ministère public si les jurés sont en nombre impair. — Le jury est irrévocablement formé dès que 12 jurés, non récusés, ont été tirés (art. 399 § 5). Le premier de ces douze est le *chef du jury* ; mais avec son consentement un autre juré peut le remplacer (art. 342 § 2). — Une fois le tableau formé, la Cour d'assises est définitivement constituée et l'examen peut commencer immédiatement (art. 405) (1).

1038. II. Attributions respectives du président et de la Cour et rôle du jury pendant les débats. — 1° *Attributions du Président.* — Pendant cette phase de la procédure le président des assises a trois pouvoirs : la *police de l'audience*, la *direction des débats*, le *pouvoir discrétionnaire* de faire tout ce qu'il jugera utile pour découvrir la vérité.

Nous avons noté précédemment les particularités qui distinguent les pouvoirs du président d'assises quant à la direction des débats et à la police de l'audience. Il est membre de la juridiction qu'il préside et son porte-voix. Il constitue en outre à lui seul une juridiction, car il est investi d'un *pouvoir propre*. Ce pouvoir n'est pas sans contrôle ; mais il échappe au contrôle de ses collègues ; il ne peut être critiqué qu'au moyen d'un pourvoi en cassation. — La juridiction du président quant à la police de l'audience et à la direction des débats n'exclut pas celle de la Cour. On verra dans le développement de la procédure la part qui est faite à l'une et à l'autre.

1039. La *police de l'audience* comporte le droit de forcer à comparaître un accusé récalcitrant ou d'ordonner qu'il sera procédé au débat hors de sa présence. Ce droit appartient au président. Les art. 8 et 9 § 1, de la loi du 9 septembre 1835 en règlent l'exercice (2). — Elle comporte aussi le droit d'expulser de l'audience un accusé qui la trouble par ses clameurs. Ce droit appartient à la Cour (art. 10, *ibid.*). Dans l'un et l'autre cas, l'accusé non présent à l'audience est tenu au courant de ce qui y a été fait

---

(1) Tel est le sens qu'on donne à ces expressions de l'art. 405 : « *commencera immédiatement* » (Cass. 18 sept. 1812, 7 juil. 1847). Quand plusieurs affaires sont fixées au même jour, il est d'usage de tirer, le matin, le jury pour chacune d'elles.

(2) Un huissier, commis par le président, se présente, assisté de la force publique, somme le détenu de comparaître et constate son refus. Le président apprécie les motifs du refus et il peut prendre un des trois partis suivants : ordonner une remise de cause, — faire ouvrir le débat en l'absence de l'accusé, — le faire amener de force à l'audience.

et la procédure reste contradictoire (art. 9 § 2). Par conséquent, l'assistance du défenseur n'est pas supprimée (1).

1040. Le *pouvoir discrétionnaire* (art. 268) permet au président d'assises de s'affranchir des règles ordinaires de la procédure pour découvrir la vérité. La loi charge son honneur et sa conscience d'employer tous ses efforts pour en favoriser la manifestation. — Quelle est l'étendue de ce pouvoir ? Si l'art. 268 se bornait à le qualifier, et si l'art. 269 n'en donnait pas certaines applications, on pourrait croire qu'il est illimité, car, d'après le sens naturel du mot *discrétionnaire*, ce pouvoir n'aurait d'autres limites que celles que lui assignerait celui-là même qui en use ; autant vaudrait dire qu'il n'en a point (2).

Certains auteurs ont essayé de limiter ce pouvoir soit par l'art. 269, soit « par les dispositions impératives ou prohibitives de la loi » (3). — Mais si les actes qu'autorise ce pouvoir étaient limitativement énumérés par un texte, ce serait un pouvoir *légal* et non un pouvoir *discrétionnaire*. D'un autre côté ce pouvoir a été reconnu au président pour lui permettre de s'affranchir de certaines dispositions impératives ou prohibitives de la loi, ainsi que le démontre l'art. 269. Reste à savoir, parmi ces dispositions, celles qui l'obligent et celles dont il peut s'affranchir.

Pour faire cette distinction il faut s'aider des art. 269 et 268 : le premier détermine le champ d'application du pouvoir discrétionnaire, les actes auxquels il se rapporte ; le second détermine dans quelle mesure ce pouvoir permet de déroger aux règles ordinaires relativement à ces actes.

1041. A) *A quels actes se rapporte le pouvoir discrétionnaire ?* — A tous les actes qui tendent au développement de la preuve. L'art. 259 en donne des exemples : « Il (le président) pourra, dans le cours des débats, appeler, même par mandat d'amener et entendre *toutes personnes*, ou se faire apporter *toutes nouvelles pièces* qui lui paraîtraient, d'après les nouveaux développements donnés à l'audience, soit par les accusés, soit par les témoins, *pouvoir répandre un jour utile sur le fait contesté* ». Le pouvoir discrétionnaire donne donc au président la faculté de développer la preuve orale et la preuve écrite sans s'arrêter aux règles ordinaires. Entrons dans quelques détails :

1° Il pourra faire entendre *toutes personnes*. Or, pour qu'un témoin puisse être entendu régulièrement, il faut qu'il soit cité, notifié à l'adversaire en temps voulu, capable de déposer, et qu'il n'ait pas assisté à la déposition des autres (art. 74, 315, 316, 322, 323). Le pouvoir discré-

---

(1) Cubain, 260 ; Dalloz, *loc. cit.*, 2211.
(2) *Sic* : Rodière, I, p. 182.
(3) *Sic* : Trébutien, II, p. 391 ; Garraud, *Précis* (3ᵉ édit.), 586, qui plus tard s'est rallié à ma doctrine (5ᵉ édit. 514).

tionnaire permet de lever toutes les prohibitions résultant de ces textes (1).

2° Il pourra : *a)* faire lire *toutes pièces écrites*, celles du dossier, comme celles qui seraient produites depuis la mise en état ; — *b)* soumettre au jury, pendant les débats, des pièces qui ne peuvent leur être communiquées qu'après leur clôture (art. 341) ; — *c)* ordonner la lecture des dépositions écrites des témoins qu'on ne peut entendre oralement par suite de n'importe quelle circonstance ; — *d)* admettre la preuve testimoniale *de plano* de tous les faits juridiques qui normalement ne pourraient être prouvés que par écrit ou qu'avec un commencement de preuve par écrit (2).

1042. B) *Dans quelle mesure permet-il de s'affranchir des règles ordinaires pour l'accomplissement de ces actes ?* — La réponse à cette question peut se formuler dans les deux propositions suivantes :

1°) *Le président ne peut faire irrégulièrement un acte qu'il est possible, sans ajourner le débat, de faire régulièrement.* — Par exemple, il ne peut : *a)* autoriser la lecture de la déposition écrite avant la déposition orale, quand le témoin régulièrement cité, notifié et présent pourrait être entendu ; — *b)* maintenir dans la salle d'audience un témoin non entendu et l'entendre ensuite ; — *c)* entendre un témoin sans prestation de serment lorsqu'il est capable de le prêter, ou lui permettre de conférer avec le défenseur avant de faire ou de terminer sa déposition ; — *d)* refuser d'entendre un témoin régulièrement appelé. Cela ne l'empêche pas de retirer la parole à un témoin qui viendrait faire un récit inutile (art. 270) (3).

2°) *Le président, dans l'exercice de son pouvoir discrétionnaire, doit respecter les droits de la défense.* — Ces droits résultent des principes généraux de la *contradiction* et de la *publicité* ou de textes spéciaux. Par exemple, *a)* le président ne peut communiquer au jury de nouveaux

---

(1) V. pour les témoins non cités ou non notifiés : Cass. 24 janv. 1878 (D. 78, 1, 447 ; — pour les témoins incapables : Cass. 10 avril 1828 ; 23 janv. 1832 ; 30 janv. 1836 ; 28 mars 1845 ; 23 nov. 1855 ; 18 mars 1865 ; — pour les témoins ayant assisté aux débats : Cass. 20 mars 1863. — Appliqué à l'audition des témoins incapables, le pouvoir discrétionnaire a quelque chose d'exorbitant. Il a été question de le restreindre à ce point de vue (prop. Wallon, Sénat, 18 nov. 1895) ; mais la nécessité où l'on est parfois d'entendre les enfants a fait maintenir le *statu quo*.

(2) *a)* Cass. 17 mars 1842 ; 16 juill. 1863 ; — *b)* Cass. 17 sept. 1857 (B. 341) ; 2 fév. 1843 (Dalloz, *loc. cit.*, 2191) ; 14 janv. 1848 (S. 49, 1, 75) ; 10 déc. 1857 (B. 393) ; — *c)* Cass. 14 août 1828 ; 30 juil. 1836 ; — *d)* Cass. 11 déc. 1857. Delpech, p. 93. Ce dernier point n'est guère contesté, mais on prétend qu'il en est ainsi parce que devant le jury toutes les preuves sont de conviction (art. 342). En cela, on confond la force probante des moyens de preuve avec les conditions de leur recevabilité.

(3) *a)* Cass. 26 déc. 1884 (D. 86, 1, 349) ; — *b)* Cass. 14 juil. 1871 ; — *c)* Cass. 10 mars 1843, — *d)* Le président des assises n'a point, comme le juge de police et le président des tribunaux correctionnels, le droit de refuser d'entendre les témoins cités en déclarant la cause suffisamment instruite (art. 153, 190, 211).

documents, sans offrir de les soumettre à l'accusé et à son défenseur ; — *b*) désigner un expert, sans faire connaître son nom à la défense, pour qu'elle puisse le discuter ; — *c*) ordonner un transport de la Cour d'assises sur le lieu du crime et ne pas admettre la présence de l'accusé, du défenseur et du public ; — *d*) refuser de laisser lire la déposition écrite d'un témoin qui vient de déposer, ou le rapport écrit d'un expert après son rapport oral (art. 318) ; — *e*) faire entendre sous serment un témoin appelé en vertu de son pouvoir discrétionnaire quand l'accusé s'y oppose (art. 269 § 2 et 408 comb.) ; — *f*) empêcher le défenseur de conférer avec l'accusé (1), etc.

1043. D'après l'art. 269 § 2, les témoignages et les écrits versés au débat en vertu du pouvoir discrétionnaire ne seraient considérés que comme des *renseignements*. Cette disposition, qui rappelle la théorie des preuves légales, n'a aucune valeur, puisque devant le jury toutes les preuves sont de conviction (art. 342). C'est un texte à rayer du Code.

1044. Le pouvoir discrétionnaire *n'existe que pendant les débats* (art. 269 § 1). Il faut fixer ici l'ouverture des débats à la déposition du premier témoin (art. 354) et non à la lecture de l'arrêt de renvoi. Cette limite est indiquée par la nature des actes qu'autorise le pouvoir discrétionnaire : ils complètent la preuve ; ils supposent donc qu'elle a commencé à se produire. Si, après la clôture des débats, il paraissait utile de faire un acte qui nécessite l'usage du pouvoir discrétionnaire, on pourrait rouvrir les débats et les clôturer à nouveau dès qu'il aurait été accompli (2).

1045. Les caractères du pouvoir discrétionnaire sont au nombre de trois :

1° Il est *facultatif*, c'est-à-dire qu'il dépend absolument du président d'en user ou de n'en pas user sans qu'il ait à déduire les motifs qui le déterminent dans un sens ou dans l'autre. On ne peut donc le *requérir*, mais simplement le *prier* d'en user.

2° Il est *incommunicable*, c'est-à-dire que le président n'en peut partager l'exercice avec personne. Ainsi la Cour rendrait un arrêt, même avec son consentement, pour ordonner un acte qui dépend du pouvoir discrétionnaire ; il y aurait nullité.

3° C'est une *juridiction gracieuse*. Ce troisième caractère, qui découle du premier, dispense de tout motif et de toute forme les ordonnances prises en vertu du pouvoir discrétionnaire ; — il les affranchit de toute voie de recours, à moins d'excès de pouvoir ; — il les rend susceptibles d'être rapportées dès que le président le juge utile. Supposons qu'une

---

(1) *a*) Cass. 12 fév. 1880 (D. 80, 1, 191) ; — *b*) Cass. 27 av. 1832 ; — *c*) Cass. 19 sept. 1872 ; — *d*) Cass. 17 mars 1842 ; — *e*) Cass. 2 janv. 1879 (D. 79, 1, 38) ; — *f*) Cass. 5 mars 1812. Delpech, p 104.

(2) Cass. 3 juil. 1856.

des parties s'oppose à un acte que le président prétend ordonner en vertu de son pouvoir discrétionnaire : la Cour statuera sur cet incident ; mais dès qu'elle reconnaît que l'acte rentre bien dans le pouvoir discrétionnaire, elle ne peut rien ordonner et elle doit se borner à en donner acte au concluant, afin qu'il puisse l'attaquer ultérieurement devant la Cour de cassation, s'il est entaché d'excès de pouvoir (1).

1046. 2° *Attributions de la Cour.* — Pendant les débats, la *Cour*, c'est-à-dire le président et ses assesseurs, constitue une *juridiction contentieuse* chargée de vider les conflits qui s'élèvent entre le procureur général et la défense, ou entre le président et les parties au procès. Elle statue en cette qualité sur les *fins de non-recevoir contre l'action publique*, sur l'admission ou le rejet des *questions préjudicielles*, sur les demandes *de renvoi à une autre session* (art. 331, 354) ; sur toutes les difficultés relatives à l'audition d'un témoin, à la production d'une pièce etc. Mais, quand les parties la saisissent d'une opposition à un acte du président, elle doit prendre garde, ainsi que nous l'avons fait observer, de ne pas empiéter sur le pouvoir discrétionnaire en statuant sur l'incident.

La Cour a aussi d'autres attributions : *a) elle participe à l'organisation de la juridiction*, en nommant des assesseurs suppléants, en ordonnant l'addition au tableau de jurés adjoints, en revisant la liste de session ; — *b) elle prend part à la police de l'audience*, en décidant si l'accusé qui la trouble par ses clameurs doit ou non être expulsé ; — *c) elle partage avec le président le droit d'ordonner toutes les mesures d'instruction régulières et pour lesquelles il n'est que le porte-voix de la juridiction*, c'est-à-dire qu'à l'exception de celles qu'un texte exprès réserve exclusivement au président et de celles qu'autorise seulement le pouvoir discrétionnaire, toutes les autres peuvent être ordonnées indifféremment par la Cour ou par le président (2).

1047. 3° *Rôle du jury pendant les débats.* — Les jurés se bornent à écouter et à prendre des notes pendant les débats (art. 328). Ils peuvent cependant poser des questions aux témoins en demandant la parole au président (art. 319 § 4). Ils pourraient aussi, par analogie, demander qu'on accomplît tel ou tel acte d'instruction. Mais, comme leur serment leur défend de « communiquer avec personne jusqu'après leur déclaration », ils doivent se garder, en prenant la parole, de manifester une opinion déjà formée. Cette communication intellectuelle exposerait son auteur à une amende qui peut s'élever à cinq cents francs, et de plus à une condamnation aux frais que nécessiterait le renvoi de l'affaire à une autre session, ainsi qu'à des dommages-intérêts envers l'accusé si ce renvoi était ordonné (art. 343, 353). Elle pourrait enfin amener la cas-

---

(1) Cass. 5 av. 1861.
(2) Delpech, p. 104, 105 et les arrêts qu'il cite.

sation de l'arrêt, si elle était régulièrement constatée par le procès-verbal des débats (1).

1048. III. Procédure des débats. — 1° *Sanction des formalités.* — Dans cette phase de la procédure et dans la suivante nous allons rencontrer de nombreuses formalités d'importance très diverse. La loi n'attache expressément la nullité qu'à un petit nombre d'entre elles. Mais, comme les parties assistent à l'accomplissement de ces formalités, il dépend d'elles d'exiger l'application exacte de la loi. Le refus du président ou de la Cour de déférer à leur réquisition, ou l'omission de statuer sur leur demande donnerait ouverture à cassation (art. 408 § 2). Il y a donc pour les formalités qui ne sont point expressément sanctionnées une sanction qui dépend de la réclamation expresse du procureur général ou de l'accusé.

1049. 2° *Caractères particuliers de cette procédure.* — L'instruction définitive devant la Cour d'assises présente les caractères suivants : elle est *orale* et *continue* ; toutes les preuves y sont *de conviction*. Laissons de côté ce dernier caractère ; nous l'examinerons plus utilement quand nous traiterons de la délibération du jury.

L'*oralité* des débats n'est pas absolue : elle n'exclut point la production de pièces écrites, mais elle exige que l'exposé oral des renseignements qu'elles contiennent précède toujours leur lecture, lorsque c'est possible. C'est pour ce motif que la lecture de la déposition écrite d'un témoin et du rapport écrit d'un expert, avant que le témoin ou l'expert présents aient été entendus, est une cause de nullité. Comme conséquence du même principe, l'art. 341 défend de remettre aux jurés, au moment où ils vont délibérer, les dépositions écrites des témoins.

La *continuité* des débats s'oppose à ce qu'on interrompe l'examen d'une affaire pour en commencer une autre. C'est une conséquence nécessaire de l'organisation de la Cour d'assises qui se constitue à nouveau pour le jugement de chaque affaire. Cette continuité se rencontre, pour la même raison, dans la procédure qui suit les débats, car l'arrêt qui termine le procès pénal doit être rendu sans désemparer. Ce caractère serait susceptible d'entraîner des retards préjudiciables, s'il fallait observer les formalités et délais ordinaires pour l'accomplissement des actes de procédure dont l'utilité se fait inopinément sentir au cours des débats, mais le pouvoir discrétionnaire du président intervient alors pour supprimer les délais et les formalités. — Suivons maintenant dans le détail les actes de cette procédure.

1050. 3° *Actes qui précèdent l'audition des témoins.* — L'accusé com-

---

(1) NOUGUIER, 1V, 3107, 3108. La nécessité de cette constatation officielle assure, en fait, l'impunité aux communications purement verbales qui se sont produites hors séance, la Cour d'assises se refusant à donner acte d'un fait dont elle n'a pas été témoin et qu'elle n'a pu apprécier.

paraît libre et seulement accompagné de gardes pour l'empêcher de s'évader. Le président constate son identité en l'interrogeant sur son état civil (art. 310).

Ensuite il avertit le défenseur « qu'il ne peut rien dire contre sa conscience ou contre le respect dû aux lois et qu'il doit s'exprimer avec décence et modération » (art. 311) (1).

Puis il reçoit le serment des jurés. Pour cela il lit à haute voix sa formule : « Vous jurez et promettez devant Dieu et devant les hommes d'examiner avec l'attention la plus scrupuleuse les charges qui seront portées contre N., de ne trahir ni les intérêts de l'accusé, ni ceux de la société qui l'accuse ; de ne communiquer avec personne jusqu'après votre déclaration ; de n'écouter ni la haine, ni la méchanceté, ni la crainte, ni l'affection ; de vous décider d'après les charges et les moyens de défense, suivant votre conscience et votre intime conviction, avec l'impartialité et la fermeté qui conviennent à un homme probe et libre. » Les jurés qui ont écouté ce discours, debout et découverts, répondent successivement à l'appel de leur nom, en levant la main : Je le jure, « *à peine de nullité* » (art. 312). La formule forme avec le serment un tout indivisible. Il n'est pas permis d'en affaiblir la solennité ni l'énergie par des retranchements ou des réserves (2). Rejeter la formule, c'est refuser le serment et par suite refuser de siéger, car la loi n'admet point le fonctionnement du jury dans des conditions autres que celles qu'elle détermine. La conséquence immédiate et inévitable du refus du serment est la condamnation du juré à l'amende qu'il encourrait s'il n'avait pas obéi à la convocation du préfet (art. 396, C. i. c. ; 20, L. 1872). Il entraîne aussi le renvoi de l'affaire à une autre session, à moins qu'on n'ait tiré un juré adjoint qui puisse remplacer celui qui refuse de siéger, ou à moins que l'on ne procède à un nouveau tirage du jury avec le consentement du ministère public et de l'accusé (3). Si le renvoi est prononcé le juré sera de plus condamné aux frais que nécessitera la nouvelle mise en état de

---

(1) Cette formule un peu brutale est remplacée dans la pratique par un simple rappel des dispositions de l'art. 311.

(2) Des jurés ont demandé à prêter serment en retranchant les mots *devant Dieu* ; d'autres ont voulu faire une réserve et ont répondu : *en protestant, je le jure*. On les a considérés comme ayant refusé le serment : Cass. 20 mai 1882 (2 arrêts), 13 fév. 1886 (D. 82, 1, 388 ; 86, 1, 430). Tout serment implique en effet la croyance en Dieu : jurer, c'est prendre la divinité à témoin de ce que l'on va dire. La croyance en Dieu se liant en général à une religion, on admet les jurés et les témoins à prêter serment suivant les rites de leur culte : Cass. 28 mars 1810 (*Quakers*) ; 10 juill. 1828 (*Israélites*). Cette tolérance a fait dire que la liberté de conscience n'existait qu'au profit des personnes « professant une religion », (*La Loi*, 13 juin 1882). C'est une exagération : le Code n'impose pas de religion mais il ne reconnaît point l'*athéisme* ; l'existence de Dieu a paru indiscutable au législateur de 1808.

(3) La liste de session ne peut servir en effet qu'à un seul tirage du jury pour la même affaire (arg. art. 406). NOUGIER, IV, 3515.

l'affaire (art. 355). Enfin ce renvoi sera le principe de sa condamnation à des dommages-intérêts envers l'accusé (1).

Immédiatement après le serment des jurés, le président avertit l'accusé d'être attentif à ce qu'il va entendre, et il fait lire à haute voix, par le greffier, l'arrêt et l'acte de mise en accusation (art. 313). Quelquefois après ces lectures le procureur général expose sommairement le sujet de l'accusation (art. 315 § 1), mais le plus souvent il s'en rapporte à l'exposé qui en est fait dans les deux pièces qu'on vient de lire.

Alors vient l'appel des témoins que chaque partie a fait citer (art. 315). Des incidents peuvent se produire : 1° un témoin cité n'a pas été régulièrement notifié à l'adversaire : la Cour statuera. Si elle repousse le témoin, le président pourra le retenir pour le faire entendre au cours des débats en vertu de son pouvoir discrétionnaire. — 2° Un témoin cité ne comparaît pas. La Cour peut condamner ce témoin à l'amende de l'art. 80, décerner contre lui un mandat d'amener, renvoyer même l'affaire à une autre session, et ce renvoi a pour le témoin les conséquences civiles que nous avons indiquées ci-dessus à l'égard du juré qui refuse de prêter serment. Le renvoi peut être ordonné sur la demande de l'une des parties ou d'office, et il importe peu que la partie qui a fait citer le témoin renonce à son audition. Dès que son nom a été notifié, il appartient au procès : l'autre partie en effet a pu se dispenser de l'assigner, comptant qu'il comparaîtrait sur la citation qu'il avait reçue. Si la Cour ordonne qu'il sera passé outre aux débats et que le témoin défaillant se présente avant leur clôture, il sera entendu. Le *passé outre* peut être ordonné par le président seul quand aucun incident contentieux n'est soulevé (2). — 3° Un juré peut avoir été cité comme témoin. Si c'est avant la formation du tableau, cette citation ne peut être critiquée, bien qu'elle ne soit parfois qu'un moyen indirect de récusation. Le nom de ce juré sera éliminé de la liste de session avant le tirage : mais dès que le tableau est formé, la citation qu'on donnerait aux jurés qui en font partie serait nulle. On ne cite pas en effet comme témoin celui qu'on a accepté pour juge (3).

L'appel des témoins étant terminé, le président les fait sortir de la salle d'audience et prend au besoin les précautions nécessaires pour les empêcher de conférer entre eux avant leur déposition (art. 316).

(1) Cette condamnation peut-elle être prononcée en même temps que le renvoi ? Oui, pourvu que l'accusé se soit porté partie civile avant que l'arrêt qui prononce le renvoi ait été rendu. Comp. Cass. 20 mai 1882. — *Contrà* : DELPECH, p. 72.
(2) Sur tous ces points la jurisprudence a corrigé ou complété le texte incorrect ou incomplet des art. 354-356. — F. HÉLIE, *Prat. crim.*, I, 721, 722.
(3) Le même procédé a été employé pour écarter des juges ou des membres du ministère public ; mais la jurisprudence reconnaît à la Cour le droit de décider si cette citation est ou non abusive et par conséquent si le magistrat cité y doit déférer. DELPECH, p. 86.

1051. L'examen va commencer. Ici se place habituellement un interrogatoire de l'accusé. Son utilité est certaine au point de vue de l'accusation : il démasque le système de défense, il relève les variations de l'accusé, il précise les charges. Sa légalité est fort contestable. Aucun texte ne l'autorise. On a bien essayé de le justifier par l'art. 405 : « L'*examen de l'accusé* commencera immédiatement après la formation du tableau » (1). Mais on détourne ainsi cette expression de son sens légal : l'examen n'est pas l'interrogatoire ; l'art. 405 contient un simple renvoi aux articles 310 et suivants placés sous cette rubrique « *De l'examen* » ; or aucun de ces articles, qui énumèrent les actes de la procédure à l'audience, n'autorise l'interrogatoire. — Faute de textes, on s'est rejeté sur le pouvoir discrétionnaire du président (2) ; mais ce pouvoir ne commence qu'avec l'ouverture des débats par la déposition du premier témoin (art. 354) ; il ne peut donc justifier un acte qui précède cette audition. — L'interrogatoire est d'ailleurs une importation de la procédure inquisitoire dans la procédure accusatoire qui l'exclut absolument. Il y a sur ce point parfaite conformité entre la procédure anglaise, la loi du 16 septembre 1791, le Code de l'an IV et le Code d'instruction criminelle : il suffit de comparer l'art. 319 du Code d'instruction criminelle aux art. 353 et 354 du Code de l'an IV et aux art. 6 et 18 de la loi du 16 septembre 1791 (IIe part., tit. VII) pour voir que l'accusé ne peut être questionné qu'au fur et à mesure que se produisent les témoignages et sur les faits dont le témoin vient de déposer ; c'est une illégale interversion de l'ordre des preuves, que de forcer l'accusé à répondre par avance à des témoignages qui n'ont pas encore été produits. Enfin cet interrogatoire viole le principe de l'oralité des débats, car à chaque instant le président y analyse les dépositions écrites des témoins qui ne sont pas encore entendus et lit même des extraits dont il a pris note (3).

Les auteurs qui sont partisans de l'interrogatoire s'accordent tous à reconnaître qu'il doit être purement de *constatation* et aussi bien *à charge qu'à décharge*. Ils recommandent d'éviter les luttes d'arguments, les

---

(1) NOUGUIER, IV, 1700.
(2) Haute Cour, 9 mars 1849 (D. 49, 1, 56). — GARRAUD, *Précis*, 525; CUBAIN, 434 et s.
(3) *Sic* : F. HÉLIE, VII, 3543. — RODIÈRE (p. 235) et BOITARD (n°s 761 et s.), qui exposent la procédure pénale d'après la loi et sans se préoccuper de la pratique, ne font aucune mention de l'interrogatoire. On a proposé de le supprimer (prop. Martineau, Chambre, 17 janv. 1891). Plus récemment des magistrats avec qui je suis heureux de me rencontrer en communauté d'idées, ont apporté leur contingent d'observations sur les mœurs des présidents d'assises et fait sentir la nécessité de les supprimer: BARADAT, 1er présid. de la cour de Montpellier, *Disc. d'install. de M. le Proc. gén. Garas* (16 nov. 1895) ; CRUPPI, avocat gén. à la Cour de cass.: *La cour d'assises de la Seine* (Rev. des Deux-Mondes, 1896, p. 425 et s.).

questions captieuses, les ruses, les formes et le ton du réquisitoire. Leurs conseils sont excellents, sans doute ; mais sont-ils suivis ? Rarement, et ils en conviennent eux-mêmes. Dans ces derniers temps le mal s'est aggravé : certains magistrats regrettant la suppression du *résumé du président* (art. 336 ; L. 19 juin 1881) cherchent à le remplacer en introduisant la discussion dans l'interrogatoire. Ils s'échauffent peu à peu dans cette lutte ; le zèle professionnel et d'anciennes habitudes finissent par les dominer, et l'interrogatoire devient, entre leurs mains, moins équitable que le réquisitoire. Ils empêchent en effet l'accusé de répondre en toute liberté. A une question qu'ils ont largement et éloquemment développée, ils exigent de lui une réponse courte et froide, un oui ou un non. Si, voulant imiter le président, l'accusé répond avec quelque chaleur, ou s'il entre dans des développements susceptibles d'impressionner le jury, on lui coupe la parole en passant à une autre question ; et il doit encore s'estimer heureux quand l'ironie du président, devenu son adversaire, ne s'ajoute point à la suppression de sa défense (1).

1052. 4° *Audition des témoins.* — Les art. 317 à 334 indiquent les témoins qui peuvent être entendus, l'ordre de leur audition, les formes à suivre, et ce qu'il y a à faire en cas de faux témoignage. Il nous suffira d'y renvoyer, d'autant mieux que toutes les irrégularités en cette matière peuvent être couvertes par l'exercice du pouvoir discrétionnaire. Il faut noter cependant quelques points essentiels :

1° La formule du serment des témoins est « de parler sans haine et sans crainte, de dire toute la vérité et rien que la vérité ». Cette formule est indivisible et sacramentelle. Le refus du serment en la forme légale et le refus de déposer sont punis de l'amende encourue pour la non-comparution (art. 355 et 80 comb.) ; mais ils ne peuvent autoriser une remise de cause. Ne prêtent pas serment, certains condamnés (art. 34, 42, C. p.) et les enfants au-dessous de 15 ans (art. 79) (2).

2° Les témoins déposent oralement et sans se servir de notes (art. 317). Ils ne doivent pas être interrompus ; mais, quand ils ont fini leur récit, ils peuvent être questionnés par toutes les parties et par les membres de la juridiction (art. 319).

3° Aux personnes incapables de déposer, énumérées par l'art. 321, il faut ajouter la *partie civile*, et il faut retrancher de ce texte « les dénonciateurs dont la dénonciation est récompensée pécuniairement par la loi », qui n'existent pas en matière criminelle (3).

(1) L'accusé peut-il lire une réponse écrite, consulter des notes ? V. en sens différents : NOUGUIER (III, 1741 et *Gaz. Trib.*, 9 déc. 1888, *Affaire Prado*).
(2) Cass. Ch. réun., 3 déc. 1812 ; 4 juin 1864 (B. 164). L'exception pour les enfants n'est que *facultative* et dépend de l'appréciation du président. L'art. 79 porte en effet « *pourront* ».
(3) On ne trouve ces dénonciateurs que dans les matières fiscales (*tabac, pou-*

4° L'expert, qui ne fait que rendre compte des opérations auxquelles il s'est livré avant l'audience, prête le serment des témoins, car en faisant son rapport oral il n'a que cette qualité. Ce serment suffirait, alors même qu'on lui demanderait de faire, sur l'audience, un examen ou une opération qui n'auraient qu'un caractère complémentaire ; mais si la mission qu'on lui donne à ce moment avait un objet distinct de la précédente, il devrait être assermenté dans les termes de l'art. 44, parce qu'il procéderait alors à une nouvelle expertise (1).

1053. 5° *Réquisitoire et plaidoiries.* — L'ordre des plaidoiries est ainsi fixé par l'art. 335 : 1° la plaidoirie de la partie civile ou de son conseil ; 2° le réquisitoire du procureur général ; 3° la plaidoirie de l'accusé *et* de son conseil, car tous deux peuvent prendre la parole. S'il y a des répliques, la défense pourra répondre et l'accusé, *ou* son conseil, auront toujours la parole les derniers.

La défense doit être libre, mais elle ne doit pas s'égarer, et le président a le devoir d'empêcher les digressions inutiles (art. 270). Il faut aussi que le conseil respecte les lois et qu'il parle avec décence et modération (art. 311).

Le respect dû aux lois n'empêche pas d'en discuter le sens, ni même d'en critiquer la sévérité. Ici se place le droit du défenseur de lire la loi pénale pour discuter la valeur théorique de l'*incrimination* ou de la *peine* en vue d'obtenir une déclaration de circonstances atténuantes. Nous savons que lors de la loi de revision de 1832 on ajourna des réformes qui étaient demandées touchant la tentative, la récidive, la complicité et la peine de mort, par ce motif que l'extension donnée aux circonstances atténuantes remédiait à tout en attendant que l'opinion publique se fût mieux prononcée sur ces réformes. Depuis cette époque, une enquête nationale sur l'amélioration des incriminations et des peines est ouverte d'une manière permanente. Chaque jury y participe par son verdict. Et ce n'est pas seulement aux matières énoncées dans le rapport de M. Dumon que se restreint cette enquête, car la nature indéfinissable des circonstances atténuantes permet de les accorder pour réformer toute incrimination, toute peine qu'on ne croit pas conforme au droit abstrait ou aux besoins de l'époque. Il faut donc qu'en toutes matières la loi puisse être lue, comparée, critiquée (2).

---

dre, etc.), où le dénonciateur qui réussit à faire saisir les marchandises transportées en fraude est récompensé par l'attribution de la valeur de tout ou partie de cette marchandise.

(1) Nouguier, III, 2492, 2493.

(2) Ce droit de la défense, nié par un arrêt du 25 mars 1836, a été vigoureusement soutenu, en 1854, par Trébutien, II, p. 413, et il a cessé d'être discuté peu de temps après la remarquable brochure de M. Beudant (*De l'indication de la loi devant le jury*, 1861). Sic : F. Hélie, VII, 3603 ; Chauveau et F. Hélie, IV, 2247, 2428 ; Ortolan, I, 1124 ; Bertauld, XVIII° leçon, p. 397. Garraud, II,

Lorsque les plaidoiries sont terminées, le président prononce la clôture des débats (art. 335).

1054. IV. Procédure qui suit la clôture des débats.— La procédure qui suit la clôture des débats comprend : 1° la position des questions au jury ; — 2° les avertissements qui lui sont donnés et la remise qui lui est faite de certaines pièces ; — 3° la délibération et le vote du jury ; les preuves qu'il doit admettre ; — 4° la lecture du verdict à l'audience et les incidents qu'elle peut soulever.

1055. Avant la position des questions au jury, le Code de 1808 plaçait un *résumé du président* (art. 336). Il a été interdit à peine de nullité par la loi du 9 juin 1881, parce qu'il dégénérait trop souvent en réquisitoire et qu'il violait ainsi la règle d'après laquelle l'accusé doit avoir la parole le dernier. La suppression du résumé n'enlève pas au président le droit de rectifier les allégations de la défense quant aux conséquences possibles du verdict, ni celui de faire connaître d'office aux jurés la peine que leurs réponses affirmatives peut entraîner, pourvu que, dans les deux cas, il mette le défenseur et l'accusé en demeure de répondre à ses observations, s'ils le jugent utile (1).

1056. 1° Questions au jury. — En traitant des éléments constitutifs, des circonstances aggravantes, de la récidive, des causes de non-imputabilité, des faits justificatifs et des excuses, nous avons formulé des principes et résolu des difficultés relativement à la nature des questions à poser au jury et à leur rédaction ; il ne s'agit plus que de compléter ces notions théoriques par des détails pratiques.

C'est le président qui pose les questions au jury. Elles sont rédigées par écrit (art. 341), lues publiquement ou communiquées à l'accusé à peine de nullité (2). S'il s'élève un incident à leur occasion, c'est à la Cour de le résoudre.

La source des questions est dans l'*arrêt de renvoi*. On dit quelquefois qu'elles sont posées d'après l'acte d'accusation, et les art. 337 et 338 autorisent cette manière de s'exprimer ; mais ils supposent que le résumé de l'acte d'accusation est absolument conforme au dispositif de l'arrêt de renvoi (arg. art. 261). S'il y avait une différence, c'est l'arrêt de renvoi qui servirait de guide, car c'est lui qui saisit la Cour d'assises de l'accusation qu'il faut vider. En outre des questions qui formulent cette accusation, il peut y avoir des *questions résultant des débats* (art. 338, 339), et, si l'accusé est mineur de seize ans, une question de discernement (art. 340).

1057. Comment les questions doivent être rédigées. — L'affirma-

---

147 ; Villey, p. 354. Aujourd'hui, l'arrêt de 1836 ne fait plus jurisprudence Cass. 22 mars 1883 (D. 83, 1, 483), — *Contrà* : Delpech, p. 109.

(1) Cass. 22 mars 1883 (D. 88, 1, 483).

(2) Cass. 28 mars 1872 ; 29 déc. 1877.

tion de la culpabilité de l'accusé nécessite une série d'opérations intellectuelles. Fallait-il pousser l'analyse jusqu'à ses dernières limites et poser une question particulière pour chacune de ces opérations ? Fallait-il au contraire supprimer toute analyse et poser une question unique pour chaque chef d'accusation ? Valait-il mieux enfin prendre un terme moyen entre ces deux extrêmes ? Notre législation est passée par ces trois systèmes et s'est arrêtée au dernier.

Le décret en forme d'instruction du 29 septembre 1791 et le Code de l'an IV (art. 374) décomposaient la question de culpabilité en deux séries de questions, les unes relatives à la *matérialité* du fait : « 1° *Le fait est-il constant ? 2° L'accusé en est-il l'auteur ?* » — les autres relatives à sa *moralité*. Celles-ci variaient suivant la nature et les circonstances du crime. Par exemple, dans une accusation d'homicide volontaire, on demandait au jury : « 1° *l'accusé a-t-il agi volontairement* ; 2°..... *avec intention* ; 3°... *sans volonté mais avec imprudence* ; 4°.... *sans volonté ni imprudence* ; 5° *a-t-il été provoqué* ; 6° *était-il en état de légitime défense* ? » Cette analyse était ingénieuse, mais elle contenait trop de détails ; les jurés se perdaient dans ce dédale de questions décomposant des opérations intellectuelles que l'homme qui juge accomplit d'instinct dans un seul et même instant (1). Leurs réponses furent souvent contradictoires.

Le Code d'instruction criminelle se jeta dans l'excès contraire ; l'art. 337 prescrivit de poser en ces termes *la question* résultant de l'acte d'accusation : « L'accusé est-il coupable d'avoir commis tel meurtre, tel vol ou tel autre crime, avec toutes les circonstances comprises dans le résumé de l'acte d'accusation. » La complexité de la question présenta tout de suite des inconvénients si graves que la pratique n'appliqua pas la loi. Il se forma une jurisprudence extra-légale que la loi du 13 mai 1836 est venue confirmer. Cette loi, qui a prescrit le vote du jury au scrutin secret, indique qu'il faut faire des scrutins différents notamment *sur le fait principal et sur chacune des circonstances aggravantes*. L'art. 337 se trouve ainsi implicitement abrogé, car la division des scrutins, c'est-à-dire des réponses, suppose la division des questions sur deux points que l'art. 337 réunissait dans une question complexe.

Nous distinguerons : 1° les questions résultant de l'arrêt de renvoi ; 2° celles résultant des débats ; 3° la question de discernement.

1058. A. *Questions résultant de l'arrêt de renvoi.* — Ces questions portent : 1° sur le fait principal que nous supposons unique ; 2° sur chacune de ses circonstances aggravantes.

a) Dans la question sur le fait principal on réunit généralement tous les *éléments constitutifs* du crime. Les séparer ne serait pas logique, car

---

(1) Dans les travaux préparatoires du Code d'instruct. crim. on a cité des affaires où le nombre des questions avait dépassé 6000.

ce serait consulter le jury sur des faits qui, pris isolément, n'ont pas de caractère délictueux. Cela aurait aussi parfois des inconvénients : supposons, en effet, un crime composé de deux éléments. Quatre jurés pensent que les deux éléments existent ; quatre sont d'avis seulement de l'existence du premier ; quatre, seulement de l'existence du second. Si l'on pose une seule question il y aura *huit* voix pour l'acquittement ; car le deuxième et le troisième groupe de jurés ne voudront pas reconnaître l'existence d'un crime dont tous les éléments ne leur paraissent pas exister. Si l'on pose au contraire deux questions séparées, les jurés du premier groupe apporteront l'appoint de leurs voix sur chaque question aux quatre jurés qui veulent la résoudre affirmativement et par suite il y aura *huit* voix pour la condamnation. Or ce second procédé serait injuste, car un verdict de culpabilité suppose la reconnaissance, *au moins par sept jurés,* de l'existence des deux éléments (1).

b) A l'inverse il faut poser une question séparée sur *chaque* circonstance aggravante, parce que chacune a une existence indépendante (art. 1er L. 1836). A cet égard il est bon de rappeler que la jurisprudence confond certaines circonstances aggravantes avec les éléments constitutifs (qualité d'ascendant chez la victime, dans le *parricide* ; qualité d'enfant nouveau-né, dans l'*infanticide* ; préméditation, dans l'*assassinat*) ; mais quand il s'agit de rédiger les questions au jury, elle dément son système en *permettant* de poser des questions séparées pour ces prétendues circonstances constitutives qu'elle traite en réalité comme simplement aggravantes (2).

1059. B. *Questions résultant des débats*. — Les débats ont pu révéler des détails que l'instruction préparatoire n'avait pas découverts. Pour éviter une nouvelle poursuite sur le même fait matériel, autrement qualifié, ou pour ne pas laisser dans l'ombre des circonstances accessoires qui sont susceptibles d'influer sur l'appréciation du jury et qu'on ne pourrait pas reprendre une fois le fait jugé, on a reconnu au président le droit de poser des *questions résultant des débats*. Elles peuvent porter : 1° sur une nouvelle circonstance aggravante (3) (art. 338) ; 2° sur un fait d'excuse (art. 339) ; 3° sur un fait principal différent du fait poursuivi, mais qui en dérive.

1060. Nous avons indiqué plus haut les différences profondes qui

---

(1) Sur le principe : Cass. 9 sept. 1837. L'inconvénient signalé ne se présente pas quand l'un des éléments du crime suppose l'existence de l'autre, comme par exemple, la *volonté* et l'*intention* ; celle-ci suppose en effet celle-là.

(2) Cass. 11 mars 1862 (B. 62) ; 6 janv. 1870 (D. 78, 1, 381).

(3) Alors même que la question porterait sur un fait constituant par lui-même un crime ou un délit distinct, mais qui par sa concomitance avec le fait poursuivi devient une circonstance aggravante de ce dernier (*exemple* : art. 304, C. p.). Mais, dans cette hypothèse, si le verdict était négatif sur le fait principal et affirmatif sur le fait relevé aux débats comme circonstance aggravante, la Cour ne pourrait appliquer aucune peine : Cass. 3 av. 1845 ; Delpech, p. 138.

distinguent l'*excuse* des *causes de non-imputabilité* et des *faits justificatifs*. La question de culpabilité implique l'examen de l'élément moral et de l'élément injuste, par conséquent il n'y a, en principe, aucune question spéciale à poser sur les causes de non-imputabilité ou de justification. Cependant il n'y aurait pas nullité si l'on décomposait la question de culpabilité dans ces divers éléments, car l'on comprend très bien qu'on puisse dire : cet homme est coupable, pour affirmer qu'il est matériellement l'auteur du fait, et se réserver cependant d'ajouter : mais il n'en est pas responsable, mais il a usé d'un droit ou accompli un devoir (1). Il serait même très utile de procéder ainsi dans les accusations de meurtre, de blessures ayant causé la mort ou des mutilations ou une infirmité permanente (art. 295, 309, C. p.), quand l'accusé invoque la *légitime défense* : c'est un moyen, pour la Cour, de savoir si un verdict négatif de culpabilité exclut ou non une allocation de dommages-intérêts à la partie civile.

1061. La question sur un fait principal résultant des débats n'est point prévue par les textes ; on l'admet par analogie. Mais elle soulève une difficulté qu'on ne rencontre point dans la position des questions relatives à une nouvelle circonstance aggravante ou à une excuse. Pour celle-ci, le fait qui leur sert de base diffère, sans doute, du fait relevé par l'arrêt de renvoi, mais il s'y rattache toujours par son caractère *accessoire*. Le nouveau fait principal révélé aux débats peut constituer au contraire une accusation non seulement distincte de la primitive, mais même sans rapport avec elle. On aurait violé le droit de la défense si on avait reconnu au président la faculté de questionner le jury sur toute incrimination nouvelle résultant des débats, sans distinguer si elle avait ou non quelque rapport avec l'accusation primitive. Il fallait d'ailleurs s'inspirer de l'esprit des art. 338 et 339 quand on étendait leur texte à une question qu'ils n'ont pas expressément prévue. Aussi s'accorde-t-on à reconnaître qu'il doit y avoir un fond commun entre l'accusation primitive et l'accusation nouvelle ; il faut que celle-ci soit une *dégénérescence* de celle-là. — Ce fond commun existe : 1° « Quand l'accusation nouvelle est une simple modalité de la primitive ». *Exemple* : un individu est accusé d'être l'auteur principal d'un crime consommé ; on pourra poser comme résultant des débats une question de *complicité* ou de *tentative* ; 2° « quand elle constitue seulement une nouvelle qualification du même fait matériel ». *Exemples* : un individu est poursuivi pour parricide par empoisonnement, on pourra, dans une question subsidiaire, ne retenir que le crime d'empoisonnement. — Un individu est accusé d'homicide volontaire (meurtre) ; on posera une question subsidiaire de coups et blessures volontaires ayant

---

(1) Cass. 4 janv. 1817 ; 16 janv. 1834 ; F. Hélie, *Prat. crim.*, I, 819 ; Dalloz, *loc. cit.*, 2565.

occasionné la mort sans intention de la donner, ou une question d'homicide par imprudence (1). Mais dans aucun de ces cas on ne pourrait poser une question d'inhumation sans autorisation du cadavre de la prétendue victime. Le fait matériel qui forme le fond de l'accusation primitive est en effet l'acte qui a causé la mort et non le fait postérieur à la mort. — Pour un accusé de viol, l'attentat à la pudeur, l'outrage public à la pudeur pourront faire l'objet d'une question résultant des débats (2) ; parce que le fond de l'accusation primitive est un acte de lubricité qui, suivant le point de vue auquel on l'envisage, peut mériter l'une de ces trois qualifications. Mais on ne pourrait pas relever le délit d'excitation à la débauche d'une fille mineure, sous prétexte qu'il se manifeste par des actes de lubricité, car le fond du délit n'est point dans ces actes, mais dans l'habitude perverse qu'ils révèlent. D'ailleurs l'intention est différente. — Si une femme est accusée d'infanticide on pourra poser une question subsidiaire d'homicide par imprudence, mais non une question d'avortement ou de suppression soit de l'état civil, soit de la personne physique de l'enfant (3), l'infanticide en effet est l'homicide volontaire d'un enfant nouveau-né. L'avortement au contraire est un attentat dirigé à la fois contre un être dont l'existence extra-utérine est encore problématique et contre la femme enceinte (*infans conceptus, pars viscerum matris*). Quant aux deux autres qualifications elles n'impliquent point un homicide, mais une séquestration, un recel de la personne physique. Ce sont là par conséquent des accusations absolument différentes, etc. etc.

1062. C. *Question de discernement* (art. 340). — Elle suppose un accusé dont la minorité de seize ans n'est pas douteuse. On la pose en ces termes : « L'accusé a-t-il agi avec discernement. » Si l'âge était discuté il y aurait lieu de poser au jury la *question d'âge* et subsidiairement celle de discernement (4).

1063. Règles communes à la rédaction des questions. — Dans la rédaction des questions il faut observer les quatre règles suivantes :

1re *règle* : « Éviter les questions *cumulatives* », c'est-à-dire celles qui réunissent deux questions en une seule par la conjonction ET.

2e *règle* : « Éviter les questions *alternatives* » c'est-à-dire celles qui réunissent deux questions en une seule par la disjonctive OU.

3e *règle* : « Poser une question spéciale pour chaque accusé », parce que une question qui s'appliquerait à deux accusés serait une question

---

(1) Cass. 31 mai 1866 ; Cass. 27 av. 1876 ; Cass. 11 mars 1841.
(2) Cass. 18 déc. 1858 ; — 14 oct. 1826.
(3) *Sic* : Cass. 30 janv. 1851 ; — Cass. 18 juin 1853 ; — Cass. 8 janv. 1892 ; 5 juin 1896 (*Gaz. Trib.* 12 juin). F. Hélie, *Prat. crim.*, I, 825.
(4) Cass. 3 mars 1881 (D. 82, 1, 488). Il va de soi que la *question d'âge* ne regarde pas le jury quand elle est soulevée seulement en vue *de la mitigation* de la peine.

cumulative ou alternative, suivant la formule employée. Ces trois premières règles sont la conséquence de la prohibition des questions *complexes* dont les questions cumulatives et alternatives ne sont que des variétés. Indépendamment de l'impossibilité matérielle qu'il y aurait à répondre par un simple *non* ou par un simple *oui* à des questions de ce genre, les questions cumulatives et alternatives présentent des inconvénients pour l'accusation et pour la défense. Obligé de répondre à une question cumulative, le jury acquittera s'il n'est pas d'avis de résoudre affirmativement les deux points sur lesquels il est questionné. A l'inverse une question alternative peut amener une condamnation là où il y aurait acquittement si les deux chefs de la question avaient fait l'objet de deux questions distinctes. Par exemple, on demande au jury si l'accusé a commis *tel* ou *tel* vol ? Supposons que quatre jurés soient d'avis qu'il n'a commis ni l'un ni l'autre ; quatre, qu'il a commis seulement le premier ; quatre, qu'il a commis seulement le second : un seul scrutin pourra donner *huit* voix *pour la condamnation*, tandis que si les questions avaient été séparées, il y aurait eu chaque fois *huit* voix *pour l'acquittement* ; et c'est ce qui doit être.

1064. On admet cependant des exceptions à la prohibition des questions cumulatives et alternatives, soit parce qu'il n'en résulte pas, dans l'hypothèse, d'inconvénients pour les accusés, soit parce que la séparation des questions entraînerait un acquittement irrationnel. On pourra, par exemple, réunir dans une question alternative deux éléments constitutifs du même crime, lorsque l'un ou l'autre suffit à constituer le crime. Telle serait la question ainsi rédigée : « L'accusé est-il coupable de banqueroute par *dissimulation ou détournement* d'actif » (1). Il ne faut pas en effet que si les jurés se divisent en trois groupes, une divergence théorique sur la qualification du moyen employé pour commettre le crime empêche les huit jurés qui affirment la culpabilité de rendre un verdict de condamnation (2). On pourra aussi réunir dans une question alternative des circonstances aggravantes réelles dont le cumul ne modifie point légalement la peine (*Exemple* : art. 384, C. p.) (3), — et même s'il y a auteur principal et complice, ne questionner en général le jury, relativement à ces circonstances, que pour l'auteur principal (4). Cependant si le complice soutient que certaines de ces circonstances

---

(1) Cass. 14 nov. 1878 (B. 176).
(2) Même observation pour les répétitions du même fait formant un délit collectif par l'unité de résolution et de but. *Exemple* : une série d'attentats à la pudeur sur la même victime : Cass. 17 janv. 1862 ; — une série de moyens employés pour tenter de commettre un homicide : Cass. 1er juil. 1869 (D. 70, 1, 380). — une série de contrefaçons ou defaits d'usage de faux billets de banque : Cass. 7 nov. 1879 (D. 79, 1, 314).
(3) Cass. 30 juin 1853.
(4) Cass. 5 janv. 1851.

ne lui sont pas imputables, des questions séparées deviennent nécessaires pour chaque accusé. — Contrairement à la jurisprudence, nous n'admettons pas qu'on puisse réunir dans une seule question les divers modes de complicité énumérés par l'art. 60 du Code pénal. Différer en effet sur le genre de complicité, c'est différer sur l'élément matériel de l'infraction imputable au complice. La situation est la même que si pour un accusé unique on réunissait dans la même question deux crimes différents.

1065. — 4e *règle* : « La question doit énoncer tous les faits matériels qui sont les éléments d'une qualification légale ; mais non cette qualification. » On exprime souvent cette règle en disant : « La question doit être posée *en fait* et non *en droit.* » Elle est vivement controversée. Élevons le débat jusqu'au principe dont cette règle formule l'application pratique et voyons : Quelle est au juste la mission du jury ? Quelle est celle de la Cour ?

Suivant les uns, le jury décide seul la question de *culpabilité.* La Cour statue sur la recevabilité de l'action publique et applique la peine. Dans ce système la qualification légale doit être soumise au jury (1).

Suivant les autres, la Cour partage avec le jury le jugement de la question de culpabilité : « Les jurés jugent *le fait*; la Cour juge *le droit.* » Dans ce système on ne soumet pas au jury la qualification légale, mais seulement les faits matériels qui lui servent de base (2).

Les deux opinions ont cherché des arguments dans les précédents historiques. Le jury anglais avait recours à une procédure particulière pour résoudre les questions de droit soulevées par l'accusation. Il demandait des conseils au juge, quelquefois même une solution qu'il s'appropriait ensuite dans son verdict, en déclarant l'accusé convaincu, non pas simplement du fait matériel, mais du *crime*, c'est-à-dire du fait avec sa qualification légale. De sorte que si l'on se place au moment où le jury rendait son verdict, on peut dire qu'il jugeait le droit ; mais si l'on examine comment il le formait, il faut dire qu'il jugeait seulement le fait (3).

C'est à ce second point de vue que se placèrent les publicistes qui ont préparé la réforme de nos institutions judiciaires (4). Ils proposèrent d'établir des jurés qui seraient les *juges du fait* à côté des *juges du droit.*

Dans les travaux préparatoires du Code d'instruction criminelle on fit

---

(1) *Sic* : Bourguignon, II, *appendice* ; Ortolan, II, 269 ; Cubain, 231 ; Haus, II, 874-876 ; Garraud, *Précis*, 513.
(2) *Sic* : F. Hélie, VIII, 3615 et s. ; Trébutien, II, p. 440 ; Nouguier, IV, 2647 et s. ; Villey, p. 356.
(3) V. l'analyse qu'a fait de la législation anglaise F. Hélie, *loc. cit.*
(4) Montesquieu, *Esprit des lois*, VI ; Beccaria, *Tr. des délits et des peines*, § 7 ; Filangieri, *Science de la lég.*, I, p. 394, 397.

remarquer la difficulté qu'il y a parfois à séparer la question de droit de la question de fait, cela faillit même faire rejeter l'institution du jury (1). Cependant on ne s'arrêta point à cette objection ; mais, tout en maintenant le jury, on n'a pas dit qu'il serait le juge *du droit* (6).

En regard des précédents historiques il convient de placer les textes du Code d'instruction criminelle. Plusieurs semblent dire que le *crime*, c'est-à-dire le fait avec sa qualification légale, doit être soumis au jury ; ce sont les art. 337, 338, 241 et 338 comb. 345 (*anc. texte*). D'autres au contraire favorisent la séparation du fait et du droit, ce sont les art. 339, 363, 364, 365.— Tels sont les éléments de la controverse. Les arguments de texte se compensent, aussi est-on d'accord pour les écarter de la discussion ; mais les deux systèmes font état des précédents historiques ; ils recourent ensuite à des arguments rationnels.

1er *système* : On invoque d'abord la législation anglaise. Quel que fût le procédé employé pour résoudre le point de droit, sa solution se trouvait dans le verdict du jury ; la question doit donc être posée en droit. — L'on ajoute que si l'émiettement de la question de culpabilité réduisait, dans la législation intermédiaire, le jury au rôle de juge du fait, la reconstitution de cette question a dû avoir logiquement pour conséquence de rendre le jury juge du droit, c'est-à-dire de lui soumettre la qualification légale. — L'institution du jury repose d'ailleurs sur cette idée qu'il suffit d'avoir du bon sens et d'être honnête pour apprécier la criminalité des infractions les plus graves. — Enfin, dans l'opinion contraire, on est obligé de convenir que le jury devient juge du droit toutes les fois qu'un élément du crime soulève un point de droit inséparable du point de fait.

2e *système* : On invoque, 1° l'idée que se faisaient du rôle du jury les publicistes qui proposèrent la réforme de la procédure criminelle ; 2° le rôle qu'il a joué en France jusqu'à la mise en vigueur du Code d'instruction criminelle : c'était le juge du fait ; il aurait fallu innover pour en faire aussi le juge du droit. Or cette innovation qui aurait étendu la compétence du jury n'a pu entrer dans l'esprit du législateur de 1808, car, lorsqu'on maintenait à grand'peine l'institution du jury, on ne pouvait songer à augmenter ses attributions ? — Enfin le système de l'intime conviction, par lequel le jury résout toutes les questions qui lui sont soumises, ne peut servir à résoudre une question de droit. On comprend « une solution d'instinct, trouvée par la conscience » (2) pour la question de fait ; mais quand il s'agit de découvrir la relation du fait avec la loi, il faut recourir à des raisonnements que seuls les hommes versés dans la science du droit peuvent faire.

---

(1) Disc. de Cambacérès et de Bigot-Préameneu (Conseil d'Etat, séance du 8 fév. 1808).

(2) Disc. de l'empereur (Conseil d'État, séance du 9 fév. 1808).

Ce second système est vraisemblablement celui du Code. Son application sans doute nest pas absolue, mais les exceptions qu'elle comporte ne sont point une raison suffisante pour ne pas rédiger en fait la question posée au jury, toutes les fois que la séparation du fait et du droit est possible.

Cette séparation suppose une *définition légale* : le vol, le meurtre, l'assassinat, le parricide, l'infanticide, l'empoisonnement, etc., sont des crimes définis (art. 295, 296, 299, 300, 301, 379, C. p.). On ne demandera point au jury : « Tel est-il coupable d'un vol » ; mais : « Tel a-t-il frauduleusement soustrait telle chose ? » et ainsi des autres. — Le viol, l'attentat à la pudeur sont au contraire des crimes sans définition légale (art. 331, 332) ; on est obligé alors, par exception, de questionner le jury sur la qualification légale : « Tel est-il coupable d'un viol, d'un attentat à la pudeur », etc.

De même, quand la loi considère une qualité *légale* comme une circonstance aggravante, et qu'on peut trouver une qualité de fait correspondante, on questionnera seulement le jury sur la qualité *de fait*, et ce sera à la Cour de décider ensuite si cette qualité de fait donnait à l'accusé la qualité légale. Par exemple, dans une accusation de viol ou d'attentat à la pudeur, on ne demandera point au jury si l'accusé « avait autorité » sur la victime (art. 333, C. p.) ; mais s'il était le père, le tuteur, l'ascendant, le maître de la victime. — Pour tous les crimes où la qualité de « fonctionnaire » ou d' « officier public » est une circonstance aggravante, on n'énoncera point ces qualités dans la question, on dira seulement : l'accusé était-il, au moment du crime, « maire, conseiller municipal, commissaire de police, gendarme, garde champêtre, préposé des douanes, notaire » etc. (1).

1066. 2° **Avertissements donnés au jury. — Pièces qui lui sont remises.** — Le président donne en pratique quatre avertissements aux jurés :

a) Le premier est relatif au *scrutin secret* (art. 341 § 2). La loi du 9 septembre 1835, qui a prescrit ce mode de votation et l'avertissement qui s'y rapporte, ne s'est pas expliquée sur la sanction. Mais, comme le secret du vote est une garantie de son indépendance, on n'a pas hésité à considérer l'avertissement comme une formalité substantielle.

b) Le second est relatif *au nombre de voix nécessaire pour former le verdict*. Toute réponse aux questions posées doit être rendue par 7 voix contre 5 lorsqu'elle est *défavorable à l'accusé*, et sa rédaction sur la feuille des questions doit exprimer qu'elle a été prise à la *majorité*. Le

---

(1) *Sic* : F. Hélie, VIII, 3697, 3698 et les arrêts qu'il cite. — *Junge* : Cass. 22 nov. 1866 (D. 70, 5, 100) ; 2 août 1878 (D. 79, 1, 47-48) ; 20 fév. 1879 (D. 79, 1, 188-189) ; 31 mars 1882 (S. 84,1,137); C. d'assises Bouches-du-Rhône, 18 nov. 1886 (aff. des bons de salubrité); Garraud, *Dr. pén. franç.*, III, 442.

partage des voix profite à l'accusé, et il n'est pas nécessaire, *pour les réponses favorables*, d'exprimer comment elles ont été acquises (art. 347). Par exemple, à cette question : « l'accusé est-il coupable ? » le jury répondra : « oui, à la majorité » ou simplement, « non ». A cette question : « tel fait d'excuse est-il constant ? » il répondra : « non, à la majorité » ou simplement, « oui ». Le président avertit le jury de tous ces détails ; mais son avertissement n'a point de sanction directe, parce que la nullité est attachée à toute réponse du jury qui violerait les prescriptions de l'art. 347, et cela suffit pour la garantie des intérêts de l'accusé.

c) Le troisième est relatif *aux circonstances atténuantes* (art. 341 et 347 comb.). Il porte sur trois points : 1° le jury est averti que, s'il résout affirmativement la question de culpabilité, il doit délibérer sur les circonstances atténuantes ; — 2° qu'il ne doit faire connaître le résultat de sa délibération que s'il est favorable à l'accusé ; — 3° que la décision favorable sur les circonstances atténuantes exige 7 voix contre 5 et que sa rédaction doit exprimer qu'elle a été prise à la majorité. — Ce troisième avertissement est prescrit *à peine de nullité* (art. 341) ; mais la nullité serait couverte si le jury, bien que non averti par le président, déclarait que « à la majorité, il existe des circonstances atténuantes » (1).

d) Le quatrième est relatif au droit *de discussion des jurés*. Le décret du 6 mars 1848, art. 5, a autorisé expressément les jurés à discuter entre eux avant de passer aux voix ; mais il ne prescrit pas d'avertissement à ce sujet ; c'est le président qui le donne en vertu de la mission qu'il a d'expliquer aux jurés leurs devoirs et leurs droits. Cette discussion d'ailleurs n'ayant pas une importance capitale, l'avertissement qui s'y rapporte n'est pas une formalité substantielle (2).

Les avertissements sont suivis de la *remise des questions et des pièces du dossier*, à l'exception des déclarations écrites des témoins (art. 341). Le dossier ne peut comprendre que des pièces lues aux débats ou communiquées entre parties (3). Cette remise n'est pas une formalité substantielle, son omission ou son irrégularité ne peut vicier la procédure quand l'accusé n'a point conclu expressément à la stricte exécution de l'article 341 (4).

1067. 3° **Délibération et vote du jury.** — Le jury est entré dans

---

(1) La Cour de cassation admet la régularité de l'avertissement relatif aux circonstances atténuantes, quand le procès-verbal des débats constate que le président « a rappelé aux jurés les dispositions des art. 341 et 347 ». F. Hélie, *Prat., crim.*, I, 860. Cependant, si le président s'est borné à dire : « je rappelle au jury les dispositions des art 341 et 347 », pourrait-on considérer cet avertissement comme suffisamment explicite, s'il n'était accompagné de la remise d'un Code ? Ne faudrait-il pas y voir plutôt une manœuvre pour escamoter le vote du jury sur les circonstances atténuantes ?
(2) Cass. 27 mai 1852.
(3) Cass. 22 déc. 1881 (D. 82, 1, 192).
(4) Cass. 21 juin 1860 ; 3 sept. 1868.

la chambre de ses délibérations ; il ne doit en sortir qu'avec un verdict (art. 343). L'interdiction de communiquer se traduit à partir de ce moment par des mesures matérielles : le président fait garder par la force publique les issues de la chambre des jurés et personne ne peut y pénétrer « pour quelque cause que ce soit » (1), sans une autorisation écrite de sa main. Le contrevenant encourt, si c'est un juré, une amende de cinq cents francs, et si c'est toute autre personne, un emprisonnement de vingt-quatre heures, qui sont immédiatement prononcés par la Cour.

1068. Le droit du président d'autoriser l'entrée dans la chambre du jury emporte-t-il celui d'y pénétrer lui-même? — La jurisprudence a admis autrefois qu'il n'avait pas le droit d'y venir spontanément, mais qu'il pouvait s'y rendre si le jury le faisait appeler (2). Depuis la loi du 19 juin 1881 qui a supprimé le résumé du président, nous pensons que toute introduction de ce magistrat dans la chambre du jury est illégale. L'accusé, en effet, a le droit d'assister à toutes les communications du président avec les jurés pour s'assurer qu'elles ne dégénèreront pas en discussion sur les charges et pour répondre à ses appréciations sur les conséquences du verdict du jury et la peine applicable. Cela résulte du principe de la contradiction et du droit de parler le dernier. Ce principe et ce droit n'ont plus d'exception depuis la suppression du résumé. D'un autre côté, pour assurer la liberté de sa défense, l'accusé a le droit de réclamer la publicité de l'audience. — Notre opinion n'a pas d'inconvénient pratique, car il y a un moyen légal de tout concilier : c'est de rapporter la clôture des débats, de ramener le jury dans la salle d'audience et de donner ainsi publiquement et contradictoirement des explications qui peuvent paraître dangereuses ou suspectes lorsqu'elles sont données à huis clos et hors de la présence de l'accusé (3).

1069. Le chef du jury est chargé de diriger la délibération et le vote. Il doit commencer par donner lecture de l'*instruction aux jurés* « qui est affichée en gros caractères dans le lieu le plus apparent de leur chambre » ; — puis il déclare la discussion ouverte ; — enfin il reçoit les votes.

1070. L'instruction aux jurés contient deux paragraphes, l'un relatif

---

(1) Cette prohibition ne concerne pas les garçons de service qui y pénètrent pour pourvoir aux besoins matériels des jurés : Cass. 22 sept. 1848 ; F. Hélie, VIII, 3744.

(2) V. les arrêts dans F. Hélie, VIII, 3745, qui en fait une bonne critique.

(3) *Sic* : Cass. 26 déc. 1856. — Le C. de proc. pén. autrichien (1873) exige que le ministère public, l'accusé et le greffier accompagnent le président lorsqu'il se rend auprès des jurés pendant leur délibération. C'est la *contradiction* sans la *publicité*. — Une proposition de loi en ce sens a été déposée à la Chambre par M. Dumonteil, le 14 juin 1892. — Le C. de proc. pén. allemand (1877) exige que l'audience publique soit reprise pour que le président puisse donner aux jurés les explications qu'ils demandent (art. 306).

aux preuves ; l'autre, *au rôle du jury* (art. 342). Ce dernier prescrit aux jurés de ne point penser à la peine ; mais il ne s'applique pas à la délibération et au vote relatifs aux circonstances atténuantes (v. *suprà*, n° 491). Les preuves, devant le jury, sont toutes de conviction ; quelle que soit la question qu'il est appelé à résoudre, question de droit pénal, ou question de droit civil, il n'est arrêté ni par les règles relatives à la recevabilité des preuves, ni par celles qui tarifent leur force probante.

1071. La loi du 13 mai 1836 (art. 2) a réglementé le mode de votation au scrutin secret : chaque juré reçoit du chef du jury un bulletin marqué au timbre de la Cour d'assises et portant ces mots : *sur mon honneur et ma conscience ma déclaration est...* Il écrit à la suite, ou fait écrire secrètement par un juré de son choix, le mot *oui* ou *non*, sur une table disposée de manière à ce que personne ne puisse voir le vote inscrit au bulletin. Puis il remet le bulletin fermé au chef du jury qui le dépose dans l'urne.

Après avoir épuisé la liste des questions, si l'accusé est reconnu coupable, le chef du jury doit ouvrir d'office un scrutin sur les circonstances atténuantes (art. 1er).

Le dépouillement de chaque scrutin est fait par le chef du jury, en présence des autres jurés, qui peuvent le contrôler. Les bulletins blancs et ceux que six jurés au moins auraient déclaré illisibles, sont comptés comme portant une réponse favorable à l'accusé (art. 4). Tout contrôle ultérieur est impossible, parce que les bulletins sont brûlés (art. 5).

En principe, les réponses favorables à l'accusé n'exigent que six voix. Par exception cependant, pour les circonstances atténuantes il faut sept voix. On n'a pas voulu énerver la répression en se contentant pour les accorder du partage des voix. C'est pour cela qu'il n'y a pas de question posée sur les circonstances atténuantes ; l'obligation d'affirmer qu'elles existent exige matériellement qu'elles soient reconnues par la majorité.

Cette différence dans le nombre de voix nécessaire pour admettre une excuse et pour reconnaître des circonstances atténuantes n'est pas toujours comprise et peut être la cause d'erreurs. Une bonne législation devrait prescrire de poser *sous une forme affirmative* les questions relatives à la culpabilité, au discernement et aux circonstances atténuantes, et *sous une forme négative* la question d'excuse. Puis établir cette règle absolue que *toute réponse affirmative est faite à la majorité*, et *que toute réponse négative n'exige que six voix*.

Le résultat de chaque scrutin est inscrit *sur le champ*, c'est-à-dire immédiatement après son dépouillement, sur la feuille des questions, en marge ou à la suite de celle à laquelle il se rapporte (art. 3). Le président du jury signe le verdict en présence des autres jurés (art. 349, C. i. c.). Cette formalité est substantielle. Il est d'usage aussi de dater le verdict ; mais l'omission de la date n'emporte pas nullité. — Les jurés reprennent leur place dans la salle d'audience.

1072. 4° **Lectures du verdict à l'audience.** — Le verdict du jury est soumis à deux lectures à l'audience.

La première a lieu hors de la présence de l'accusé, bien qu'en audience publique. Elle est faite par le chef du jury et avec un certain cérémonial (art. 348) (1). Aussitôt après, la Cour vérifie la régularité du verdict, et s'il paraît régulier, il est signé par le président du jury, si ce n'est déjà fait, par le président de la Cour et par le greffier (art. 349).

1073. Les irrégularités du verdict consistent dans des réponses *surabondantes, incomplètes, obscures* ou *contradictoires*.

Les premières constituent un excès de pouvoir toutes les fois qu'elles affirment un fait principal ou une circonstance aggravante sur lesquels le jury n'était pas questionné. La Cour ou le président annuleront la partie superflue du verdict et prononceront la sentence que l'autre partie comporte (2).

Mais une réponse surabondante n'est pas entachée d'excès de pouvoir si elle a pour objet d'expliquer le sens de la réponse du jury à la question de culpabilité. Toute formule qui précise que l'accusé a matériellement commis le fait, mais que ce fait ne lui est pas imputable ou qu'il est justifié, ne vicie point le verdict. Le droit du jury d'expliquer le motif pour lequel il résout négativement au fond, quoique affirmativement en la forme, la question de culpabilité, est le juste contrepoids de la faculté qu'a le président de ne point poser de questions spéciales sur l'élément moral et sur l'élément injuste. Par cette explication le jury peut empêcher la Cour de méconnaître le sens de son verdict d'acquittement en prononçant une condamnation à des dommages-intérêts (3).

Si le verdict contient des réponses *incomplètes, obscures* ou *contradictoires*, la Cour l'annule, en indiquant l'irrégularité à réparer, et renvoie le jury dans la chambre de ses délibérations (art. 414, C. 3 brumaire an IV). On corrige seulement en audience publique les erreurs ou omissions de pure forme.

1074. Quelle est l'étendue de l'annulation du verdict? L'opinion cou-

---

(1) La lecture *par le chef du jury* est une formalité substantielle, mais non le cérémonial : Cass. 6 juil. 1876.

(2) Le verdict, par exemple, devra être considéré comme négatif quand le jury questionné sur un *fait intentionnel* répond en affirmant le fait *non intentionnel* correspondant. Ex. : *Question* d'infanticide... *Réponse* : « oui, elle a donné la mort par imprudence » ; — *Question* de meurtre... *Réponse* : « oui, il a porté des coups qui ont occasionné la mort sans intention de la donner » ; — *Question* de viol... *Réponse* : « oui, il a commis un attentat à la pudeur sans violence »: Cass. 8 déc. 1826 ; 16 nov. 1827 ; 8 juil. 1836 ; 7 nov. 1839.

(3) *Sic* : Cass. 4 janv. 1817 (DALLOZ, *Inst. crim.* 3338) ; 29 août 1829 (B. 508) ; 6 av. 1827 (B. 205) ; 20 mars 1812 (B. 122) ; NOUGUIER, IV, 3350. — *Contrà* : GARRAUD, *Précis*, 533, note.

rante en jurisprudence est que l'annulation est *complète*. Le jury rentré dans la chambre de ses délibérations reprend tous ses droits ; il pourrait donc refaire tout son verdict (1).

Nous pensons au contraire que le jury, rentré dans la chambre de ses délibérations, a seulement le droit : 1° de corriger les *réponses* irrégulières ; 2° de reprendre ou d'ajouter la déclaration relative aux circonstances atténuantes. Le vote sur une question est en effet définitivement acquis aussitôt après le dépouillement du scrutin : un juré allèguerait vainement qu'il s'est trompé, ou que les solutions admises par la majorité sur les autres questions le décident à modifier son vote sur telle ou telle. Or si ce droit n'appartient individuellement à aucun juré, comment appartiendrait-il à l'ensemble ou à la majorité des jurés? Donc, toute réponse régulièrement faite est acquise, et le renvoi dans la chambre des délibérations ne peut autoriser à refaire que ce qui a été mal fait. — Nous admettons cependant que le jury *peut* et même *doit* délibérer de nouveau sur les circonstances atténuantes, parce que son vote n'intervient régulièrement sur ce point qu'après qu'il est fixé sur tous les autres (v. *supra*, 491).

On a proposé une distinction entre les *vices de fond* et les *vices de forme*. L'annulation du verdict, dans le premier cas, ferait rentrer le jury dans tous ses droits. Au second cas contraire, il n'aurait que le droit de faire disparaître l'imperfection matérielle (2). Nous repoussons ce système, parce qu'il fait à celui que nous avons réfuté une concession fâcheuse. D'ailleurs les imperfections matérielles sont corrigées en audience publique, et il n'y a lieu de renvoyer le jury à délibérer de nouveau, que si le verdict est annulé pour vice de fond. La question revient donc à savoir si, dans ce second cas, il faut ouvrir de nouveau la délibération et le vote sur le résultat de tous les scrutins, ou seulement sur la question relative à la réponse annulée et sur les circonstances atténuantes.

1075. Le verdict jugé régulier, ou rectifié sur les indications de la Cour, subit une *seconde lecture* en audience publique et en présence de l'accusé. Elle est faite par le greffier (art. 357) (3). A ce moment la loi investit la Cour d'un pouvoir souverain pour empêcher une condamna-

---

(1) Cass. 6 janv. 1837 (Dalloz, *Inst. crim.* 3307); 23 juil. 1840 (B. 210) ; 3 sept. 1858 ; F. Hélie, *Prat. crim.*, I, 886 ; Delpech, p. 174. — Certains arrêts cependant semblent vouloir réserver le verdict primitif sur les faits qui ne se rattachent à celui pour lequel la réponse du jury est irrégulière, ni comme circonstances aggravantes, ni comme faits connexes : Cass. 27 mai 1881 (B. 137); 28 déc. 1837 (B. 444).

(2) Garraud, *Précis*, 533.

(3) Après cette seconde lecture est-il possible d'annuler encore le verdict sous prétexte d'irrégularité? L'affirmative est généralement admise, la Cour n'ayant point épuisé ses pouvoirs tant quelle n'a point prononcé l'arrêt : Cass. 11 janv. 1877 (D. 78, 1, 192).

tion qu'elle croirait injuste : « Dans le cas où l'accusé est reconnu coupable, et si la Cour est convaincue que les jurés, tout en observant les formes, se sont trompés au fond, elle déclare qu'il est sursis au jugement et renvoie l'affaire à la session suivante pour y être soumise à un nouveau jury, dont ne peut faire partie aucun des jurés qui ont pris part à la déclaration annulée. — Nul n'a le droit de provoquer cette mesure. La Cour ne peut l'ordonner que d'office, immédiatement après que la déclaration du jury a été prononcée publiquement. — Après la déclaration du second jury, la Cour ne peut ordonner un nouveau renvoi, même quand cette déclaration serait conforme à la première » (art. 352). L'annulation du verdict n'a lieu qu'au regard des accusés pour lesquels la Cour croit que le jury s'est trompé ; ceux par exemple qui auraient été déclarés non coupables, conservent le bénéfice de cette déclaration et doivent être acquittés.

1076. V. La sentence. — Décision sur l'action publique. — Le verdict du jury est appliqué par la Cour qui prononce d'abord sur l'action publique et puis sur les intérêts civils.

Au point de vue de l'action publique il peut intervenir un *acquittement*, une *condamnation* ou une *absolution* ; la sentence affecte tantôt la forme d'une *ordonnance*, tantôt celle d'un *arrêt*. Un verdict pur et simple de non-culpabilité n'a besoin que d'être entériné. Cette tâche facile incombe au président qui rend une *ordonnance d'acquittement* (art. 358 § 1). La chose jugée est attachée immédiatement à cette ordonnance et un pourvoi en cassation *dans l'intérêt de la loi* (art. 409), c'est-à-dire une cassation théorique, est seule possible, pourvu qu'elle soit légalement rendue (art. 360), et il en est ainsi quand il y a verdict de non-culpabilité et verdict pur et simple. Pratiquement l'ordonnance d'acquittement peut être en contradiction avec le verdict du jury lorsqu'elle est rendue sur un verdict de non-culpabilité après l'annulation d'un verdict de culpabilité que plus tard la Cour de cassation déclare valable. Quant à la nécessité d'un *arrêt d'absolution* pour renvoyer de la poursuite l'accusé déclaré coupable, mais avec certaines restrictions qui détruisent la portée de cette déclaration, elle s'explique par les difficultés que soulève l'interprétation du verdict. La formule de l'art. 364 et les explications données dans les travaux préparatoires commandent, au point de vue de la forme, cette distinction entre l'acquittement et l'absolution (1).

L'ordonnance d'acquittement doit être suivie d'un élargissement immédiat (art. 358). Mais si l'ordonnance est irrégulière, le ministère public pourra soulever un incident contentieux (2), et la Cour remplacera s'il y a lieu l'ordonnance par un arrêt d'absolution ou de condamnation.

---

(1) Cambacérès au Cons. d'État (LOCRÉ, XXV, p. 473).
(2) Cass. 14 juin 1855 ; DELPECH, p. 188.

Une ordonnance irrégulière, non attaquée devant la Cour par le ministère public ou que la Cour a maintenue, doit être provisoirement exécutée par l'élargissement de l'accusé bien qu'elle soit susceptible d'un pourvoi en cassation efficace.

L'arrêt d'absolution ne produit au contraire la chose jugée, qu'à l'expiration du délai du pourvoi en cassation ou après le rejet de ce pourvoi. Jusqu'alors l'accusé absous garde prison. De plus, l'arrêt dont il bénéficie peut être cassé à son préjudice.

Tout arrêt d'absolution et de condamnation ne peut être rendu qu'après que la parole a été donnée à toutes les parties. L'accusé, suivant le principe général en matière criminelle, a la faculté de parler le dernier (art. 362, 363, 335).

L'arrêt de condamnation prononce la peine, condamne aux frais, fixe la durée de la contrainte par corps (art. 365, 368 ; L. 22 juil. 1867). Le président avertit le condamné qu'il a trois jours francs pour se pourvoir en cassation. Il peut aussi suivant les circonstances l'exhorter à la fermeté, à la résignation, ou à réformer sa conduite (art. 371).

1077. Règlement des intérêts civils. — Immédiatement après avoir statué sur l'action publique la Cour d'assises statue sur les *demandes en dommages-intérêts* : 1° de la partie civile contre l'accusé ; 2° de l'accusé contre la partie civile ; 3° de l'accusé contre ses dénonciateurs. Elle prononce d'office les *restitutions* (art. 366, 463, C. i. c. ; 595, C. com.). Lorsque ces restitutions portent sur des objets saisis comme pièces à conviction, l'exécution de la partie de l'arrêt qui les ordonne est retardée jusqu'à ce que l'arrêt soit passé en force de chose jugée.

1° L'*acquittement* et l'*absolution* peuvent laisser subsister un délit civil à la charge de l'accusé ; il peut donc intervenir contre lui une condamnation à des dommages-intérêts au profit de la partie civile, tout aussi bien qu'au cas de *condamnation*. Mais dans les deux premières hypothèses la Cour doit éviter de contredire *en fait* ou *en droit* le verdict du jury. Une condamnation à des dommages-intérêts serait impossible *en fait* après un verdict négatif sur une tentative de meurtre et sur une question subsidiaire de blessures par imprudence (1). Elle serait impossible *en droit* après un verdict qui déclarerait le meurtrier en état de légitime défense (2).

2° L'accusé *acquitté* et même l'accusé *absous*, quand l'absolution est motivée par la prescription, peuvent former une demande reconventionnelle contre la partie civile (art. 358, 366). Pour qu'elle soit accueillie il n'est pas nécessaire qu'il y ait eu dol, mais simplement faute, c'est-à-dire imprudence ou légèreté.

---

(1) Cass. 7 mai 1864 (D. 64.1.313). Comp. p. analogie : Cass. 7 mars 1855 ; 10 janv. 1877 (D. 77, 1, 197) ; 9 janv. 1877 (D. 79, 1, 475).
(2) Cass. 24 fév. 1886 (*Pand. franç.*, 86, 1, 117).

3° L'accusé peut aussi former une demande en dommages-intérêts contre ses dénonciateurs, mais à deux conditions : 1° qu'il soit acquitté ; 2° qu'il y ait calomnie. A cet effet il a le droit d'exiger que le procureur général lui fasse connaître ses dénonciateurs (art. 358). Sont à l'abri de cette demande les membres des autorités constituées qui auraient officiellement dénoncé le délit dont ils croyaient avoir acquis la connaissance dans l'exercice de leurs fonctions, sauf contre eux la demande ultérieure en prise à partie (art. 29, 358).

A quel moment doivent être formées toutes ces demandes ? Celle de la partie civile est nécessairement formée avant la clôture des débats, puisqu'elle résulte de l'acte même de sa constitution, laquelle ne peut intervenir après cette clôture (art. 67). Celles de l'accusé contre la partie civile ou contre ses dénonciateurs doivent être formées *avant le jugement* (art. 359), c'est-à-dire aussitôt après la seconde lecture du verdict du jury et avant l'ordonnance ou l'arrêt qui va dessaisir la Cour d'assises (1). — Quand l'accusé n'a connu ses dénonciateurs que depuis le jugement, il peut encore porter sa demande devant la Cour d'assises, si la session n'est pas close. Dans toute autre hypothèse, il doit s'adresser aux tribunaux civils.

Le jugement des dénonciateurs par la Cour d'assises soulève des difficultés de procédure que le législateur n'a pas prévues : pratiquement il ne peut avoir lieu que si le dénonciateur est présent et s'il accepte le débat (2).

1078. Procès-verbal de la séance. — Un procès-verbal constate sommairement tous les actes de la procédure faits à l'audience de la Cour d'assises. — Aucun délai n'est fixé pour sa rédaction parce que, dans l'esprit de la loi, il doit être rédigé séance tenante au fur et à me-

---

(1) *Sic*: RODIÈRE, p. 302; Cass. 31 mai 1816. — *Contrà* : NOUGUIER, IV, 3926. 3934. *Avant jugement*, d'après cet auteur, serait synonyme de *avant le verdict du jury*. C'est une erreur : le verdict est le principe de la demande en dommages-intérêts de l'accusé ; comment cette demande pourrait-elle être formée avant qu'il soit rendu ? — TRÉBUTIEN, II, p. 450, 451 et certains arrêts autorisent les conclusions de l'accusé immédiatement après *l'ordonnance d'acquittement*, soit parce que cette ordonnance n'est pas un jugement, soit parce qu'aucun texte ne donne à l'accusé le droit de prendre la parole entre la lecture du verdict et le prononcé de cette ordonnance. Mais l'expression jugement est générique ; elle comprend l'ordonnance d'acquittement. Quant au droit dénié, il est virtuellement accordé par l'art. 359. On ne peut en effet imposer une obligation sans donner implicitement le droit corrélatif. Il va de soi que si la partie civile a formé en temps utile sa demande en dommages-intérêts, l'accusé peut, même après l'ordonnance ou l'arrêt qui statuent sur l'action publique, déposer des conclusions reconventionnelles en prenant la parole pour répondre à sa demande.

(2) On ne peut en effet condamner, même par défaut, une personne qui n'a pas été mise en demeure de se défendre. On ne peut pas, d'un autre côté, lui refuser un délai pour préparer sa défense contre une demande qui ne lui a point été signifiée d'avance. *Sic* : NOUGUIER, IV, 3927. — *Contrà* : LE SELLYER, IV, 2484 ; RODIÈRE, *loc. cit.* ; CARNOT, s. l'art. 359.

sure de l'accomplissement des formalités. C'est aussi pour ce motif que l'art. 372 confie sa *rédaction* au greffier, et n'exige la signature du président à côté de celle du greffier que par mesure de contrôle (1). — Le procès-verbal ne reproduit pas les dépositions des témoins ni les réponses des accusés, mais seulement les changements, variations et contradictions dans les dépositions des témoins dont il aura tenu note en exécution de l'art. 318. — La défense d'imprimer à l'avance le procès-verbal a été établie par la loi du 28 avril 1832. Elle était indispensable, car un protocole dressé à l'avance n'offre aucune garantie que ce qu'il mentionne a été réellement observé. Toutes ces prescriptions de la loi sont exigées à peine de nullité du procès-verbal, et en outre d'une amende et d'une condamnation aux frais frustrés contre le greffier (art. 372 § 5 ; 415).

Cet acte authentique fait foi jusqu'à inscription de faux de l'exécution des formalités qu'il constate et de l'omission de celles qu'il passe sous silence. On peut cependant, sans s'inscrire en faux, combattre les mentions et les omissions du procès-verbal : 1° par l'apport d'une pièce dont il relate inexactement l'état matériel; 2° par les constatations de l'arrêt(2).

Le procès-verbal est-il soumis au contrôle du ministère public et du défenseur ? Ont-ils le droit d'exiger sa communication, de proposer des additions et des rectifications, de demander acte de celles qui seraient repoussées ? — La loi est muette sur toutes ces questions ; mais leur solution affirmative découle des principes de la publicité et de la contradiction qui dominent toute la procédure de l'audience. Ces principes s'appliquent deux fois plutôt qu'une au procès-verbal de la séance : puisque, d'un côté, devant être rédigé, du moins en grande partie, à l'audience, il est soumis directement à ces principes, et que, d'un autre côté, constatant les actes d'une procédure publique et contradictoire, il subit par contre-coup leur application (3).

V. — De la procédure de contumace.

1079. Hypothèse. Comment l'accusé est constitué en état de contumace. — Nous avons exposé la procédure *contradictoire* depuis l'arrêt de mise en accusation jusqu'à la sentence inclusivement. Elle suppose l'accusé sous la main de la justice et par conséquent pouvant être présent. Si l'accusé n'a pu être saisi en exécution de l'ordonnance de

---

(1) En cas de désaccord entre le président et le greffier l'opinion des deux doit être mentionnée, parce qu'il s'agit de constatations matérielles pour lesquelles le greffier est l'égal du juge. *Sic* : Nouguier, IV, 3989. — *Contrà* : Cass. 30 sept. 1834.
(2) Cass. 13 sept. 1820 (Dalloz, *Instr. crim.*, 3645).
(3) *Sic* : Nouguier, IV, 4031 ; Cass. 22 sept. 1843 ; Dalloz, *loc. cit.*, 3641. — *Contrà* : Delpech, p. 243.

prise de corps ou s'il s'est évadé avant la sentence (1), la procédure contradictoire est remplacée par la procédure de contumace.

L'état de contumace résulte de la non-représentation de l'accusé dix jours après la publicité donnée à l'ordonnance de se représenter.

Cette ordonnance est rendue par le président des assises ou par le magistrat qui le remplace. Elle ne doit pas intervenir avant le dixième jour à compter de la notification à domicile de l'arrêt de renvoi et de l'acte d'accusation, si l'ordonnance de prise de corps n'a pu être exécutée. Elle peut intervenir immédiatement après l'évasion, quand l'accusé s'est évadé depuis qu'il a reçu ces notifications. — Elle porte : que l'accusé sera tenu de se représenter dans un délai de dix jours ; sinon qu'il sera déclaré rebelle à la loi, qu'il sera suspendu de l'exercice de ses droits de citoyen, que ses biens seront séquestrés pendant l'instruction de la contumace, que toute action en justice lui sera interdite pendant le même temps, qu'il sera procédé contre lui et que toute personne est tenue d'indiquer le lieu où il se trouve. Enfin, elle fait mention du crime et de l'ordonnance de prise de corps (art. 465). — Cette ordonnance, dite *de contumace*, est notifiée au domicile de l'accusé (arg. art. 470), publiée à son de trompe ou de caisse et affichée. Les publications se font au chef-lieu de la commune où l'accusé avait son dernier domicile, et si ce domicile est inconnu, au chef-lieu d'assises. Les placards sont appliqués à la porte de la maison qu'il habitait et à celle de l'auditoire de la Cour d'assises (art. 466). Ces formalités de publicité sont accomplies le dimanche qui suit l'ordonnance. Elles sont substantielles (2).

1080. Effets de la contumace. — La contumace de l'accusé entraîne contre lui des mesures de coercition et modifie la procédure.

a) Mesures de coercition. — 1° L'accusé est suspendu de l'exercice de ses droits de citoyen ; 2° toute action en justice lui est interdite (3) ; 3° ses biens sont séquestrés.

Le séquestre des biens est le moyen coercitif le plus énergique : on coupe les vivres à l'accusé pour le forcer à se constituer prisonnier. L'administration des domaines est chargée du séquestre. Il s'étend à tous les biens présents et à venir du contumax. Le séquestre ne doit pas préjudicier aux tiers : les créanciers du contumax peuvent faire

---

(1) Il en est ainsi même lorsqu'il s'est évadé pendant la délibération du jury : Cass. 19 janv. 1877 (S. 79, 1, 189).

(2) Cass. 17 janv. 1862 (S. 62, 1, 211).

(3) Cette interdiction est-elle absolue ? ou bien ne contient-elle que l'interdiction d'agir comme demandeur ? Après l'arrêt de condamnation elle est certainement absolue, car c'est l'administration des domaines qui est chargée d'exercer les actions actives et passives du contumax (arg. art. 471). Mais pour la période qui précède cet arrêt la question est controversée. Les partisans de l'interdiction absolue invoquent la *mise hors la loi* du contumax qui est traditionnelle. Ceux de l'interdiction restreinte au droit d'agir comme demandeur font valoir que les incapacités sont de droit étroit.

condamner l'accusé (1) et l'exproprier ; les personnes envers qui il est tenu de la dette alimentaire ont le même droit ; elles peuvent aussi faire régler par le préfet les secours qui leur sont dus (art. 475) (2).

b) *Effets sur la procédure.* — 1° Si le contumax a des co-accusés présents, il se produit une *disjonction de plein droit* en ce qui le concerne (art. 474). La Cour pourrait cependant renvoyer la cause tout entière à une autre session, s'il y avait lieu d'espérer que le contumax serait bientôt arrêté.

2° Le contumax est privé des garanties que donne la procédure ordinaire : il n'y a pas de jury, pas d'instruction orale, pas de défenseur (art. 468, 470).

Si l'accusé est absent du territoire européen de la France, ses parents ou amis peuvent demander un sursis au jugement et la main-levée provisoire du séquestre. Si l'excuse n'est pas proposée ou si elle est rejetée, la Cour procède au *jugement de la contumace* (art. 468, 469, 467).

L'arrêt qui interviendra peut porter *acquittement, absolution* ou *condamnation* (arg. art. 470 § 4).

1081. Effets de la condamnation du contumax. — Nous avons déjà exposé l'effet des condamnations par contumace au point de vue de la peine et de la réparation civile (*suprà*, n° 370) ; ici nous nous occuperons seulement des effets de ces condamnations par rapport à l'administration du patrimoine du contumax. On peut les résumer dans cette formule : le séquestre est confirmé, la gestion est exclusivement réservée à l'administration des domaines. L'étendue des pouvoirs du séquestre et son obligation de capitaliser les revenus pour en rendre compte sont indiquées en ces termes par l'art. 474 : « Les biens du condamné seront considérés et régis comme biens d'absent » ; formule deux fois inexacte, car elle peut faire supposer, d'un côté, que l'envoi en possession provisoire des héritiers présomptifs ou du conjoint du condamné remplace le séquestre, et d'un autre côté que l'administration des domaines, si elle reste en possession, n'est obligée de rendre compte que d'une partie des revenus (art. 120, 124, 127, C. c.). Ces deux conséquences n'étaient point dans l'intention du législateur : il se plaçait uniquement au point de vue de l'administration des biens et de l'obligation de rendre compte, et il voulait abroger la législation antérieure suivant laquelle les revenus du condamné étaient définitivement acquis à l'État (3).

Toute condamnation par contumace confirme-t-elle le séquestre ? Nous

---

(1) Ou faire condamner l'administration des domaines qui le représente, si l'on admet que l'interdiction d'agir en justice est absolue avant l'arrêt de contumace.
(2) La compétence du préfet n'est en effet, ni obligatoire, ni exclusive. AUBRY et RAU, I, § 84, note 15.
(3) LOCRÉ, XXVII, p.173.

ne le pensons point. Le législateur a eu seulement en vue le cas le plus commun, celui d'une condamnation portant peine afflictive. Le séquestre remplace l'interdiction légale à laquelle le contumax n'est pas soumis. Si la condamnation par contumace portait simplement peine infamante ou correctionnelle, le séquestre prendrait fin et l'administration des domaines devrait rendre son compte au mandataire du condamné ou aux personnes qui auraient obtenu l'envoi en possession provisoire de ses biens (1).

1082. Comment l'arrêt de condamnation par contumace devient irrévocable et comment il est résolu. — Nous savons que les condamnations par contumace sont résolues quand le condamné se représente ou est arrêté avant l'expiration du délai de la prescription de la peine (art. 476, 641). — S'il meurt ou s'il laisse passer le délai de la prescription sans s'être représenté, la condamnation devient irrévocable, parce que la condition qui l'affectait n'est plus susceptible de s'accomplir. En conséquence, le séquestre cesse et l'administration des domaines rend ses comptes au condamné lui-même ou à ses représentants. — S'il est arrêté au contraire dans le délai de la prescription de la peine, la condition s'accomplit, la condamnation est anéantie de plein droit, par suite le séquestre cesse et l'administration rend ses comptes à l'accusé, enfin la procédure est à recommencer.

Mais à partir de quel acte ? L'art. 476 indique deux actes différents : 1° *l'ordonnance de prise de corps* ; 2° *celle de se représenter*, parce qu'il vise les deux situations prévues par l'art. 465. Il suffit de le rapprocher de ce texte pour le comprendre. — 1re *situation* : L'accusé était en fuite avant la notification de l'arrêt de mise en accusation et de l'ordonnance de prise de corps. L'annulation remonte alors à cette ordonnance. — 2e *situation* : Il s'est évadé après avoir reçu cette notification. Dans ce cas l'annulation remonte seulement à l'ordonnance de se représenter. L'intérêt pratique de la distinction est de savoir s'il faut notifier de nouveau à l'accusé l'arrêt de renvoi et l'acte d'accusation et lui faire subir un nouvel interrogatoire dans la maison de justice. Juridiquement, il

---

(1) V. en sens divers : RODIÈRE, p. 324 ; LEGRAVEREND, II, p. 577 et 580 ; TRÉBUTIEN, II, p. 469. — La jurisprudence paraît maintenir le séquestre quelle que soit la peine : Cass. 29 juil. 1813, motifs de l'arrêt (B. 398). — Indépendamment de la raison juridique qui motive ma distinction, il faut observer que le séquestre n'a point d'utilité quand la peine prononcée est simplement infamante : la *dégradation civique* en effet est subie à compter de l'exécution par effigie (art. 28, C. p.). Il en est de même, en fait, du *bannissement*, si le contumax a quitté le territoire français. Si l'on suppose qu'il se cache en France, le séquestre paraît recouvrer son utilité ; mais prendrait-on cette mesure contre l'individu condamné au bannissement *par arrêt contradictoire* qu'on soupçonnerait d'être caché en France ? — D'un autre côté appliquer le séquestre au contumax condamné à une peine correctionnelle serait inique, car il n'y a pas de raison pour traiter plus sévèrement celui qui encourt ces peines par arrêt de contumace que celui qui les encourt par jugement ou arrêt par défaut.

faut répondre *oui* dans le premier cas et *non* dans le second. Mais pratiquement, en se plaçant au point de vue de l'équité et de la bonne administration de la justice, il faut dire que de nouvelles notifications et un nouvel interrogatoire sont nécessaires dans les deux hypothèses : ces actes peuvent en effet remonter à une date très éloignée ; il convient de les refaire si l'on veut qu'ils produisent, en fait, le résultat que la loi en attend (1).

1083. Seuls les arrêts *de condamnation* par contumace sont anéantis quand le condamné se représente ou est arrêté dans le délai de la prescription de la peine. L'art. 476 vise en effet les jugements *rendus contre lui*. Nous savons aussi que l'arrestation du contumax doit avoir pour objet de lui faire subir sa peine ; sans quoi elle ne réaliserait point la condition dont sa condamnation est affectée (*suprà*, n° 804).

Lorsqu'un arrêt de contumace contient *condamnation* pour certains crimes et *absolution* ou *acquittement* pour certains autres, il n'y a résolution que pour les condamnations, même lorsque les infractions différemment jugées étaient connexes : la raison d'opportunité qui motive la jonction en cas de connexité est insuffisante pour retirer au contumax le bénéfice d'un acquittement ou d'une absolution qui lui seraient définitivement acquis si les poursuites avaient été séparées.

Mais il ne faudrait pas maintenir les parties de l'arrêt qui auraient écarté une circonstance aggravante ou accueilli une excuse, s'il y avait eu condamnation sur le fait principal : *accessorium sequitur principale* (2).

1084. Procédure à suivre contre l'accusé qui purge sa contumace. — Le contumax qui reparaît doit être jugé *dans la forme ordinaire* (art. 476), c'est-à-dire par la Cour d'assises avec l'adjonction du jury. Il en est ainsi même lorsque l'arrêt de contumace ne l'a reconnu coupable que d'un délit : l'art. 476 a organisé en effet à son profit une *voie de rétractation* ; c'est donc à la juridiction qui a prononcé la condamnation qu'il appartient de la rapporter ou de la confirmer.

Si l'individu arrêté conteste son identité avec le contumax précédemment condamné, qui jugera la question d'identité : le jury ou la Cour ? Il semble qu'à ce point de vue les art. 518 et 519 soient en opposition avec l'art. 476 : les premiers réservent à la Cour d'assises, jugeant sans le jury, la reconnaissance de l'identité des condamnés sans distinguer si l'individu évadé et repris a été condamné contradictoirement ou par contumace. L'art. 476 prescrit au contraire la procédure ordinaire contre le condamné qui purge sa contumace ; or dans la procédure ordinaire, la question d'identité est implicitement résolue par la réponse du jury à la

---

(1) *Sic* : Instruct. adressées au proc. gén. de Montpellier, 1ᵉʳ juin 1865 ; Delpech, p. 234.

(2) Cass. 15 nov. 1821 (B. 497) ; — 1ᵉʳ juil. 1820 (B. 170) ; 27 août 1819 (B. 295).

question de culpabilité. La jurisprudence a sagement concilié les deux textes : avant l'ouverture des débats, la Cour procède à la reconnaissance de l'identité dans la forme indiquée par les art. 518-520 ; mais cette reconnaissance a uniquement pour objet de décider si l'accusé doit être soumis au débat; elle n'empêche point l'accusé de contester son identité dans le cours des débats, ni le jury de l'acquitter, s'il n'est pas convaincu de l'identité de l'individu qui comparaît avec le contumax précédemment condamné (1).

Les art. 477 et 478 apportent deux exceptions aux règles de la procédure ordinaire. La première est relative à la lecture des dépositions écrites des témoins qui ne peuvent être produits aux nouveaux débats et des réponses écrites (2) des autres accusés du même délit. Cette lecture est prescrite par la loi ; elle ne dépend plus du pouvoir discrétionnaire (3). — La seconde est relative à la condamnation de l'accusé, même en cas d'acquittement, aux frais occasionnés par sa contumace.

(1) Cass. *Ch. réun.*, 5 août 1834.
(2) Il faut assimiler aux réponses des accusés les interrogatoires qu'ils ont subis: Cass. 24 juin 1843 (B. 161).
(3) Pourvu, s'il s'agit des témoins, que leurs noms aient été notifiés à l'accusé Cass. 27 sept. 1866 (B. 222).

CHAPITRE III

DES TRIBUNAUX CORRECTIONNELS.

I. — Organisation des tribunaux correctionnels.

1085. Il y a deux degrés de juridiction en matière correctionnelle. Ce qui les caractérise, c'est l'unité et la concordance au point de vue du personnel des tribunaux chargés de la justice civile et de la justice répressive.

Sous la loi du 19 juillet 1791, qui avait séparé les deux justices, le tribunal de police correctionnelle du premier degré se composait de trois juges de paix. La Constitution du 5 fructidor an III et le Code de l'an IV le firent présider par un juge du tribunal civil. L'appel était porté, sous la première de ces lois, devant le tribunal de district, et, sous la seconde, devant le tribunal criminel. — La loi du 25 ventôse an VIII, le Code d'instruction criminelle et la loi du 20 avril 1810 unifièrent les deux justices, en laissant subsister cependant pour l'appel une certaine divergence qu'a effacée la loi du 13 juin 1856.

1086. Le tribunal correctionnel du premier degré est composé aujourd'hui d'une Chambre du *tribunal de première instance*, quand il n'est pas constitué, faute de personnel, par le tribunal tout entier. Un roulement annuel, établi entre les juges du même tribunal, fait que ces magistrats passent successivement des Chambres civiles aux Chambres correctionnelles (art. 179, C. i. c.; D. 30 mars 1808, art. 10; D. 21 oct. 1870).— Le nombre minimum des juges est de trois. S'il est supérieur et en nombre pair, le dernier des juges dans l'ordre du tableau doit s'abstenir, de manière que les juges délibèrent toujours en nombre impair (art. 180; D. 30 août 1883, art. 4).

Dans les tribunaux de trois membres, le juge d'instruction fait nécessairement partie du minimum légal. Aucune disposition analogue à l'art. 257 ne lui défend de prendre part au jugement des affaires qu'il a instruites (1).

En outre des titulaires, il y a des juges suppléants, au nombre de *un* à *huit*, dans la plupart des tribunaux (L. 30 août 1883, *Tableau B*). Leurs fonctions exigent les mêmes conditions d'aptitude que celles des

---

(1) *Contrà* : Projet *Constans*, art. 1ᵉʳ.

titulaires. Ils sont nommés et installés dans les mêmes conditions ; ils sont inamovibles comme eux ; mais ils n'ont point de traitement (1). Ils n'exercent leurs fonctions qu'accidentellement et pour remplacer les juges, le juge d'instruction et les officiers du ministère public. — Un membre du parquet de première instance et le greffier complètent la juridiction.

Le remplacement à l'audience des juges et du ministère public se fait en appelant indifféremment des juges d'une autre Chambre ou des juges suppléants ; à défaut de ceux-ci on appelle *un* avocat d'abord, puis *un* avoué dans l'ordre du tableau (L. 22 vent. an XI, art. 30 ; D. 30 mars 1808, art. 48, 49) (2).

1087. L'appel des jugements rendus par le tribunal correctionnel, juridiction du premier degré, est toujours porté devant la Cour du ressort, depuis la loi du 13 juin 1856. La Chambre à laquelle ils sont déférés est composée *au minimum* de *cinq* conseillers. S'ils sont en nombre supérieur et *pair*, le dernier s'abstient pour la délibération, comme en première instance (D. 6 juil. 1810, art. 2 ; L. 30 août 1883, art. 1ᵉʳ). — La juridiction du second degré se complète par un membre du parquet de la Cour et par le greffier.

II. — Compétence des tribunaux correctionnels.

1088. Compétence ratione materiæ —. Institués spécialement pour juger les *délits* (art. 179), les tribunaux correctionnels voient cependant distraire certains délits de leur juridiction ; ils sont en revanche appelés parfois à juger des *crimes* et des *contraventions*. Leur compétence *ratione materiæ* n'est donc pas absolue ; mais elle est générale. Parcourons les exceptions :

a) La plupart des *délits de presse* sont déférés à la Cour d'assises (L. 29 juil. 1881, art. 45). — Les tribunaux civils jugent certains délits relatifs aux actes et aux registres de l'état civil (art. 50, 53, 156, 192, 193, C. civ.), les soustractions de titres, pièces ou mémoires produits dans un procès dont ils sont saisis (art. 409, C. p.), les délits flagrants commis à leurs audiences (art. 181, C. i. c.). — Les délits de grande voirie (improprement qualifiés de contraventions) sont déférés aux Conseils de préfecture (L. 29 flor. an X, art. 1ᵉʳ ; L. 31 mai 1851, art. 17).

b) Les crimes imputés à un mineur de seize ans sont généralement déférés aux tribunaux correctionnels (art. 68, C. p.).

---

(1) Excepté dans des cas exceptionnels : L. 11 av. 1838, art. 8, 9 ; D. 2 juil. 1857.

(2) Il ne peut entrer plus d'un avocat ou d'un avoué dans la composition du tribunal à peine de nullité : Cass. 7 janv. 1806 ; 21 déc. 1820.

c) Il en est de même des contraventions forestières poursuivies à la requête de l'administration (art. 101, C. f.).

d) Enfin le tribunal correctionnel retient le jugement des contraventions de police portées directement devant lui, si l'on n'en a pas demandé le renvoi (art. 192, C. i. c.).

1089. Compétence ratione personæ. — La compétence des tribunaux correctionnels devrait s'étendre à toutes les personnes prévenues de délits : ainsi le voudrait le principe de l'égalité devant la loi. Cependant cette compétence n'est encore que générale. La qualité de militaire ou de marin, les immunités de juridiction y apportent d'assez nombreuses exceptions.

La plus usuelle de ces immunités est celle qui transporte à la première Chambre de la Cour d'appel le jugement des délits commis par certains fonctionnaires ou dignitaires protégés par la garantie judiciaire (art. 479, 483, L. 20 av. 1810, art. 10 ; D. 15 nov. 1811, art. 160). Les uns ne relèvent de la juridiction exceptionnelle que pour les délits commis dans l'exercice de leurs fonctions ; les autres doivent être jugés par elle-même pour les délits commis hors de cet exercice. Pour ceux de la première classe, la compétence doit être déterminée par l'examen des circonstances du délit. Pour ceux de la seconde, il suffit que la qualité qui motive la juridiction exceptionnelle ait existé au moment du délit ou existe actuellement (1).

1090. Compétence ratione loci. — Elle est déterminée par celle du procureur de la République et du juge d'instruction membres de la juridiction. Il suffit de renvoyer à l'exposé que nous en avons fait ci-dessus.

III. — Saisine du Tribunal correctionnel. — Juridiction du premier degré.

1091. Comment le tribunal correctionnel est saisi. — Les tribunaux correctionnels peuvent être saisis de cinq manières différentes : 1°) par la *citation directe* ; — 2°) par le *renvoi* d'une autre juridiction ; — 3° par la *comparution volontaire* des parties ; — 4°) par la *conduite immédiate à la barre* ; — 5°) par *requête*.

1° *Citation directe.* — Le droit de traduire le prévenu devant le tribunal correctionnel par une *citation* non précédée d'une instruction préparatoire, et que pour cela on appelle *directe*, appartient au ministère

---

(1) La 1re *classe* se compose : des membres des tribunaux de commerce, — des officiers de police judiciaire qui ne rentrent point dans la 2e classe par une autre qualité ; — des officiers du ministère public près le tribunal de simple police, sauf la même observation. — La 2e *classe* comprend tous les autres fonctionnaires et dignitaires visés par l'art. 479 et les lois et décrets qui s'y réfèrent.

public, aux administrations publiques et aux particuliers lésés. C'est le procédé ordinaire. Il suppose un prévenu en liberté, sauf dans la procédure des flagrants délits où le prévenu peut être sous mandat de dépôt.

1092. Rappelons ici : 1° que la citation est, pour la partie lésée, une forme de constitution de partie civile, — 2° que la partie civile qui procède par cette voie n'est pas tenue de consigner préalablement les frais de la poursuite ; — 3° qu'elle est responsable des frais envers l'Etat quelle que soit l'issue du procès, sauf son recours contre le condamné (1).

1093. Sur le fond de la citation, la loi est laconique : elle se borne à dire que la citation signifiée à la requête de la partie civile « *énoncera le fait* » (art. 183). C'est là une *condition de fond* qu'on a justement généralisée aux citations données par le ministère public et les administrations publiques. Mais ce n'est pas la seule ; il faut encore l'*indication du demandeur et du défendeur, — celle du tribunal devant lequel le prévenu est cité — et celle du jour et de l'heure de la comparution*. Ces trois autres conditions résultent des principes généraux.

Enoncer le fait, c'est préciser les circonstances qui le constituent. Les mentions de la citation doivent être suffisantes pour permettre au prévenu de préparer sa défense. Il faut indiquer *le lieu du délit*, pour qu'on puisse apprécier la recevabilité de l'action publique et la compétence du tribunal ; la *date* au moins approximative du fait, sans quoi le prévenu ne pourrait préparer la preuve de son *alibi*. Cette date, d'ailleurs, prouve implicitement que l'action existe ; or la partie poursuivante doit faire cette preuve même avant qu'on lui oppose la prescription, à raison du caractère d'ordre public de la prescription en matière pénale (2). Il n'est pas nécessaire de *qualifier le fait*, ni de *citer l'article de loi* applicable (3), sauf pour les délits prévus par la loi sur la Presse (L. 29 juil. 1881, art. 60 § 3). — L'énonciation du fait peut résulter d'un renvoi à une pièce antérieurement signifiée ou qu'on signifie en même temps que la citation. On agit ainsi quand les lois spéciales prescrivent de donner copie du procès-verbal dans la citation.

1094. La citation est signifiée dans les formes prescrites par le Code de procédure civile. Cette signification est généralement faite par huissier ; mais elle peut être faite aussi par un gendarme, par un garde forestier, par un commis ou préposé des contributions indirectes ou des douanes, quand la citation est donnée à la requête du ministère public ou de ces administrations (art. 72, C. i. c. ; 173, C. f. ; L. 1er germ. an XIII, art. 28).

---

(1) V. *suprà*, nos 749, 348, 352.
(2) La jurisprudence se montre peu rigoureuse pour le défaut de mention de la date du délit. V. Cass. 21 janv. 1836 ; 16 mars 1850 ; 30 juil. et 12 août 1852.
(3) Cass. 3 mai 1844 ; 24 mai 1879.

1095. Le délai accordé pour comparaître est de *trois jours francs* à compter de la signification, plus un jour par *trois* myriamètres de distance entre le domicile de l'assigné et le siège du tribunal (art. 184). Dans la procédure des flagrants délits tout délai est supprimé et la citation doit être donnée au plus tard pour l'audience du lendemain (L. 20 mai 1863, art. 2). Pour les diffamations et injures contre un candidat à une fonction élective pendant la période électorale, il est réduit à vingt-quatre heures outre le délai des distances (L. s. la Presse, art.69).

1096. Toutes les irrégularités de la citation et de sa signification doivent être proposées *in limine litis* (art. 184 § 2, C. i. c. ; 172, C. proc.). La citation donnée à un délai trop court n'est pas nulle, mais elle n'autorise pas une *condamnation par défaut* (art. 184 § 1). Le tribunal peut donc relaxer le prévenu qui ne comparaît point ; mais, pour le condamner, il doit ajourner son jugement jusqu'après l'expiration du délai de comparution. Si le prévenu comparaît et demande un supplément de délai, il lui sera accordé. Son silence emporterait renonciation au délai de comparution (1).

1097. 2° *Renvoi d'une autre juridiction.* — C'est par ce renvoi que se manifeste le droit d'impulsion des juridictions sur l'action publique. Le renvoi qui saisit le tribunal correctionnel peut résulter d'une ordonnance du juge d'instruction ou d'un arrêt de la Chambre d'accusation (art. 182 et 130, 230 *comb.*).

Peut-il émaner du tribunal de simple police qui découvre un *délit* dans le fait dont il a été saisi? L'affirmative résulte de l'art. 182 combiné avec l'art. 160. Cependant l'opinion contraire prévaut. On dit que c'est par erreur que l'art. 182 rappelle l'art. 160 ; c'est l'art. 230 qu'il aurait dû rappeler. D'ailleurs on relève une différence de rédaction entre les deux articles : l'art. 182 porte que le tribunal correctionnel sera saisi par le renvoi qui lui sera fait « d'après les articles... 160 » ; tandis que l'art. 160 porte que le tribunal de simple police renverra les parties devant le procureur de la République » (2).

Nous pensons au contraire qu'il n'y a ni erreur dans le rappel de l'art. 160, ni antinomie entre ce texte et l'art. 182. Il était inutile d'abord de rappeler l'art. 230 qui vise un renvoi émané de la Chambre d'accusation, puisque l'instruction préparatoire en matière de délit n'a lieu régulièrement qu'à un degré. Le rappel de l'art. 160 n'est donc pas une erreur. D'un autre côté ce texte se concilie avec l'art. 182 : l'art. 160 prévoit en effet deux hypothèses, celle où le fait dont le juge de simple

---

(1) Cass. 15 fév. 1821 ; 2 oct. 1840. — En pratique, l'huissier qui signifie la citation à un délai trop court fait renoncer le prévenu au délai légal et mentionne sa renonciation, sur l'original de la citation, dans la phrase qui constate la remise de la copie.

(2) *Sic* : F. Hélie, VI, 2870 ; Le Sellyer, *Act. pub. et privée*, I, 54.

police a été incompétemment saisi était un *délit* et celle où c'était un *crime*, puis il prescrit de renvoyer les parties devant le procureur de la République. L'art. 182 reprend seulement la première de ces hypothèses pour dire que le renvoi du juge de police saisit le tribunal correctionnel. Il n'y a là rien de contradictoire. Tout au plus pourrait-on critiquer le renvoi fait au procureur de la République lorsqu'il y a crime ; mais l'on peut expliquer que l'art. 160 prescrive dans l'une ou l'autre hypothèse le renvoi à ce magistrat, parce que la loi le charge de faire connaître soit au tribunal correctionnel, soit au juge d'instruction l'affaire dont le juge de police les a saisis (1).

1098. Et en effet, dans tous les cas de renvoi par une juridiction à une autre, l'officier du ministère public qui fait partie de la juridiction devant laquelle l'affaire a été renvoyée est chargé de la *mise en état*. S'il y a renvoi devant le tribunal correctionnel il donne une citation (art. 132 § 2) ; mais cette citation, analogue à l'*avenir* usité dans la procédure civile, est sans influence sur la saisine du tribunal déjà opérée par le renvoi (2).

Rien n'empêche d'ailleurs le ministère public ni la partie civile d'étendre cette saisine, au moyen d'une citation, à des faits non relevés dans l'ordonnance ou l'arrêt de renvoi (3). Il appartient au contraire exclusivement au ministère public de donner citation pour les faits relevés dans lesdits arrêt ou ordonnance (4). S'il refusait de les poursuivre, la partie civile n'aurait d'autre moyen de vaincre sa résistance que la procédure de prise à partie.

1099. 3° *Comparution volontaire*. — Ce troisième mode de saisine résulte de l'accord de la partie poursuivante et du prévenu pour saisir le tribunal du procès pénal, sans citation directe ni instruction préalable. L'art. 147 l'autorise expressément pour le tribunal de simple police ; on l'étend par analogie au tribunal correctionnel. Le ministère public en use, dans les délits légers, à l'égard des prévenus domiciliés : ils comparaissent sur simple avertissement verbal ou écrit, donné au nom du procureur de la République par le maire ou le commissaire de police.

---

(1) Sic : DALLOZ, V° *Inst. crim.*, 916.

(2) Suivant quelques auteurs, la citation serait inutile si l'ordonnance de renvoi indiquait au prévenu le jour et l'heure de sa comparution devant le tribunal correctionnel. Ils s'appuient sur l'art. 131... « Le prévenu sera mis en liberté, *à la charge de se représenter*, A JOUR FIXE, devant le tribunal compétent ». Mais, indépendamment qu'il n'appartient pas au juge d'instruction de fixer le jour du débat, puisqu'il n'est pas chargé de la poursuite devant le tribunal correctionnel, l'art. 132 § 2 prescrit d'une manière absolue au procureur de la République *de faire donner assignation au prévenu* DANS TOUS LES CAS DE RENVOI, sans exception. L'art. 131 doit donc être entendu en ce sens qu'il impose au prévenu l'obligation de se représenter *au jour qui lui sera fixé par la citation*. — *Contrà* : GARRAUD, *Précis*, 494.

(3) Lyon, 15 mars 1882 (D. 83, 2, 5).
(4) Paris, 10 déc. 1880 (D. 82, 1, 321).

La comparution volontaire exclut tout jugement par défaut, mais elle n'emporte renonciation à aucun moyen de défense : elle n'est pas un aveu du délit. Le prévenu peut donc présenter ses témoins, discuter le fait et sa culpabilité. C'est une erreur assez fréquente en pratique de croire que, si le prévenu n'avoue pas, il faut ajourner le débat pour régulariser la procédure par une citation. Le tribunal n'a pas le droit d'imposer cet acte, et la partie poursuivante n'a pas la faculté de le faire, du moment qu'elle a invité le prévenu à comparaître volontairement et que celui-ci s'est présenté.

La comparution volontaire peut servir à étendre la saisine du tribunal à des faits non relevés dans la citation ou dans l'ordonnance de renvoi. La jurisprudence admet que le consentement donné par le prévenu à cette extension peut être *tacite*, s'il est en liberté ; mais s'il est détenu, elle exige avec raison que son consentement soit *exprès* et *constaté* (1).

La comparution volontaire sert encore à donner la qualité de prévenu à un individu qui s'est présenté au procès comme témoin ou partie civile (2).

1100. 4º *Conduite immédiate à la barre.* — Ce mode de saisine est spécial à la procédure organisée par la loi du 20 mars 1863 contre les individus arrêtés en flagrant délit. Il nous suffit de renvoyer à l'exposé que nous en avons fait plus haut (nºs 922 et s.).

1101. 5º *Requête.* — Quand, à l'occasion d'un délit, il s'agit de prononcer une confiscation contre des prévenus restés inconnus, ou que la loi pénale ne peut atteindre autrement que par cette mesure, dont le caractère est si variable, le seul moyen de saisir le tribunal correctionnel est la *requête*. C'est ainsi qu'on procède, en effet, toutes les fois qu'on n'a pas d'adversaire.

1102. Étendue et effets de la saisine. — L'acte qui opère la saisine du tribunal limite son étendue : le juge ne peut poursuivre d'office ni d'autres faits, même connexes, ni d'autres prévenus ; mais il peut réunir aux faits relevés dans la citation ou l'ordonnance de renvoi des faits qui constituent avec les précédents un délit collectif imputable au prévenu (3).

Le devoir du tribunal est d'apprécier d'abord la régularité de l'acte qui le saisit. Après cet examen de pure forme, il vérifie sa compétence, et s'il se reconnaît compétent, son devoir est de retenir l'affaire pour la terminer par un jugement de condamnation ou de relaxe : c'est là l'effet de la saisine. Le tribunal ne pourrait pas se dessaisir sous prétexte de connexité entre le fait dont il est saisi et d'autres faits qui ne sont point

---

(1) F. Hélie, VI, 2818 ; Cass. 16 juin 1881 (D. 82, 1, 279).
(2) Rennes, 5 mars 1879 (D. 81, 2, 20).
(3) Cass. 21 av. 1827 ; 24 juin 1836. Dalloz, Vº *Inst. crim.*, 927.

de sa compétence (1) ; ni renvoyer l'affaire devant un autre tribunal aussi compétent que lui, mais qui lui paraîtrait mieux en mesure d'apprécier le fait (2) ; ni ordonner une instruction préparatoire ; pas même, sans se dessaisir, déléguer pour faire certains actes d'instruction le juge d'instruction qui n'aurait pas assisté aux débats comme juge (3) ; sa saisine l'oblige à instruire et à juger l'affaire.

IV. — Procédure devant le tribunal correctionnel.

1103. Organisation de la défense. — Le Code d'instruction criminelle n'a rien fait pour organiser la défense devant les tribunaux correctionnels et de police, car, en fixant le délai de comparution à trois jours francs plus un jour par trois myriamètres, il a simplement donné à la défense le temps nécessaire pour s'organiser. Les lois du 22 janvier 1851 sur l'assistance judiciaire et du 27 mai 1885 sur les récidivistes ont organisé, on le sait, la défense des indigents et des relégables (*v. suprà,* n°s 354, 471).

Le principe de la contradiction, qui domine la procédure devant toutes les juridictions de jugement, oblige le parquet à communiquer le dossier au prévenu ou à son défenseur dès que la citation est donnée (4). Mais le prévenu ne pourrait exiger que le greffier lui délivrât une copie des pièces, même à ses frais, à moins d'autorisation expresse du procureur général (D. 18 juin 1811, art. 56).

1104. Comparution du prévenu. — Régulièrement le prévenu doit comparaître en personne. C'était là une règle absolue dans la législation précédente (L. 19 juil. 1791, tit. II, art. 2 ; C. 3 brum. an IV, art. 200). L'art. 185 y apporte une exception pour les délits qui n'entraînent pas l'emprisonnement, tout en laissant cette exception à la discrétion du tribunal. La comparution personnelle en effet rend possible l'interrogatoire prescrit par l'art. 190, et on a voulu permettre au tribunal d'apprécier si, oui ou non, il pouvait se passer de ce moyen d'instruction.

La raison d'être de l'art. 185 permet au tribunal d'affranchir le prévenu qui le demande de la comparution personnelle, *quelle que soit la peine* : le tribunal apprécie en effet souverainement l'opportunité de l'interrogatoire, comme celle de tout autre acte d'instruction, et l'on ne fait pas grief au prévenu en le supprimant, puisqu'il sollicite lui-même cette suppression. L'art. 185 ne contient donc qu'un conseil lorsqu'il paraît exclure la comparution par mandataire pour les délits passibles d'emprisonnement.

---

(1) Cass. 22 août 1849 ; 1er sept. 1848.
(2) Cass. 20 sept. 1834.
(3) Cass. 21 août 1833 ; 21 juin 1877 (D. 77, 408).
(4) Cass. 14 mai 1835 (B. 180).

Il suit de là : 1° qu'un jugement sera contradictoire s'il est rendu contre un prévenu autorisé à comparaître par mandataire, *quelle que soit la peine* ; 2° qu'un jugement sera par défaut s'il est rendu contre un prévenu comparaissent par mandataire, lorsque le tribunal a ordonné sa comparution personnelle, *alors même que le délit serait passible d'une simple amende* (1).

Le mandataire par lequel le prévenu peut se faire représenter n'est pas seulement un *avoué*, comme le dit l'art. 185, mais encore toute personne de son choix. La seule différence, c'est que l'avoué n'a pas besoin de procuration, tandis que tout autre mandataire doit justifier de son mandat (arg. art. 204) (2).

La condamnation par défaut est la seule sanction de l'obligation de comparaître en personne (art. 186). Le tribunal ne pourrait décerner un mandat d'amener contre le prévenu qui refuse de se présenter.

La comparution en personne ou par mandataire n'enlève pas d'ailleurs au prévenu le droit de faire défaut. On admet en effet, comme on le verra bientôt, le défaut faute de comparaître et le défaut faute de défendre.

C'est uniquement pour le prévenu qu'est établie l'obligation de comparaître en personne, la *partie civile* et les *personnes civilement responsables* peuvent se faire représenter. Si le tribunal juge à propos de les entendre, on les fera citer comme témoins, sans rien préjuger sur les reproches dont elles pourront être l'objet.

1105. Instruction à l'audience et plaidoiries. — 1° *Caractères généraux. Preuves.* — La *publicité*, la *contradiction*, le droit de se faire assister *d'un défenseur* sont des caractères communs à la procédure suivie devant toutes les juridictions de jugement. Mais, devant les tribunaux de police correctionnelle ou de simple police, *l'oralité des débats* est moins grande qu'en Cour d'assises ; le système des *preuves de conviction*, absolu au grand criminel, comporte des exceptions ; enfin le principe de la continuité des débats est supprimé.

a) Les écrits sont admis au même titre que les témoignages pour établir le délit et la culpabilité. En première instance, on lit les procès-verbaux et les rapports qui ont trait au délit ; on entend les témoins appelés par les parties ; mais le greffier tient note de leurs dépositions et, en appel, l'affaire n'est généralement jugée que sur ces notes et sur les pièces écrites de l'instruction préparatoire, judiciaire ou extra-judiciaire

---

(1) *Sic* : F. Hélie, *Inst. crim.*, VI, 2858, 2859 ; *Prat. crim.*, I, 410 et les arrêts qu'il cite. — En sens divers : Ortolan, II, 2389 ; Garraud, *Précis*, 543 ; Villey, p. 329 ; Boitard, 703. D'ailleurs on reconnaît dans tous les systèmes que la comparution personnelle est exigée seulement pour le débat sur le fond et non sur un incident : F. Hélie, *Prat. crim.*, I, 410 ; Dalloz, V° *Inst. crim.*, 935.

(2) *Sic* : F. Hélie, *Inst. crim.*, VI, 2859 ; *Prat. crim.*, I, 413. — *Contrà* : Boitard, 703.

(art. 154 § 1, 189, 190, 209). La pratique a conclu de ces textes que l'aveu du prévenu dispensait de produire des témoins, — qu'il couvrait la nullité du procès-verbal, — que même isolé il pouvait motiver la condamnation (1). Le principe de l'oralité des débats est donc fortement entamé.

b) Celui des preuves de conviction reçoit exception pour les procès-verbaux qui font foi jusqu'à inscription de faux ou jusqu'à preuve contraire. Le juge en effet doit faire taire sa conviction tant que la fausseté du procès-verbal n'est pas établie suivant la forme légale, c'est-à-dire, dans le premier cas, par une procédure d'inscription de faux, et dans le second, tant que le prévenu ne produit pas des écrits ou des témoignages s'élevant contre la vérité des faits énoncés dans le procès-verbal. Là cependant se restreint le système des preuves légales dans notre législation. Il ne faut pas confondre en effet la *recevabilité d'un moyen de preuve* avec sa *force probante*. La loi assujettit, par exemple, la réception des témoignages à certaines formes : la citation préalable, la prestation du serment, dans les cas ordinaires ; l'inscription de faux dans des cas exceptionnels ; d'autres fois elle rejette certains témoins, certains écrits : par exemple, contre le complice de l'adultère, elle exige la preuve du flagrant délit et par conséquent des témoins *de visu* ou des écrits émanés du prévenu (art. 338, C. p.). Voilà des entraves à la recevabilité de la preuve. Mais une fois l'obstacle levé, la règle de l'*intime conviction* s'applique ; le juge est libre de peser les témoignages et d'apprécier les écrits produits devant lui.

En Droit civil, la preuve testimoniale est parfois rejetée et parfois subordonnée à un commencement de preuve par écrit. Quand le délit soulèvera une question de Droit civil dont la solution est ainsi gênée, les tribunaux de répression ne pourront la résoudre qu'en observant les dispositions du Droit civil. L'admissibilité de la preuve est, en effet, une règle de fond qui dépend de la nature du fait à prouver, et non de la juridiction devant laquelle la preuve est administrée.

c) La *continuité des débats* n'est pas exigée. C'est là une conséquence de la permanence de la juridiction et de l'admission de la preuve écrite. — Le pouvoir discrétionnaire du président n'existe pas ; il n'aurait pas de raison d'être : puisqu'en effet le débat peut être ajourné, on ne voit pas pourquoi on ne surseoirait pas à statuer pendant tout le délai nécessaire pour faire régulièrement les actes d'instruction dont l'utilité se révèle au cours de la procédure à l'audience.

1106. 2° *Marche ordinaire de la procédure.* — La procédure est la même que le prévenu comparaisse ou qu'il fasse défaut, sauf que dans ce dernier cas il ne peut y avoir de défense. Aucune mesure de publicité

---

(1) Cass. 4 sept. 1847 ; 29 juin 1848 (D. 48, 5, 44).

ne prévient d'ailleurs de la poursuite le prévenu qui n'a pas été touché par la citation. Cette différence avec la procédure de contumace amènera une différence dans la condamnation aux frais de l'opposition (comp. art. 187 § 2 et 478).

L'art. 190 prescrit d'abord un *exposé de l'affaire* par la partie poursuivante : il consiste habituellement dans la lecture de la citation. L'art. 190 énumère ensuite, dans un ordre qui n'a rien d'obligatoire, les actes relatifs au développement de la preuve : *a*) lecture des procès-verbaux et rapports, *b*) audition des témoins, *c*) représentation des pièces à conviction et à décharge, *d*) interrogatoire du prévenu. — En pratique, l'interrogatoire tantôt précède, tantôt suit la production des preuves. Souvent aussi on le scinde en deux parties : tout de suite après la lecture de la citation, le président pose quelques questions sommaires pour constater le système de défense, et une fois les témoins entendus, il procède à un interrogatoire de discussion.

La loi ne prescrit point la notification de la liste des témoins que chaque partie se propose de faire entendre ; elle ne s'explique pas non plus sur la manière dont ils doivent être appelés. Conformément au Droit commun, la notification de la liste des témoins est inutile ; mais pour les appeler, une citation paraît nécessaire. L'art. 153 permet, il est vrai, de les appeler sans citation devant le tribunal de simple police ; mais l'art. 189, qui étend à l'instruction devant le tribunal correctionnel plusieurs règles de la procédure suivie en simple police, ne renvoie point à l'art. 153. Le Droit commun est au surplus confirmé par l'exception qui apporte l'art. 3 de la loi du 28 mai 1863 pour l'instruction des flagrants délits (1).

Tout témoin doit prêter serment, sauf s'il est mineur de quinze ans ou s'il est privé du droit de témoigner en justice autrement que pour y fournir de simples renseignements (arg. art. 79, C. i. c. ; 34 et 42, C. p.).

La formule du serment est la même que dans l'instruction préparatoire : « dire toute la vérité et rien que la vérité » (art. 155, 189). Elle est sacramentelle en ce sens qu'on ne peut rien en retrancher, et par exemple, jurer simplement « de dire vérité » comme dans les enquêtes civiles ; mais on pourrait y substituer la formule plus large et plus solennelle du serment des témoins devant la Cour d'assises (2).

Les règles relatives aux excuses, aux reproches, aux moyens de coercition pour forcer le témoin à comparaître et à satisfaire à la citation, sont les mêmes que devant le juge d'instruction et devant la Cour d'assises (art. 156, 157, 158 et 189 ; arg. art. 80, 355 § 2) (3).

---

(1) *Sic* : F. Hélie, VI, 2875 ; *Prat. crim.*, I, 445 ; Villey, p. 330 ; Garraud, 546. — *Contrà :* Trébutien, II, p. 490 ; Ortolan, II, 2301.
(2) Cass. 15 janv. 1848 ; 1er juin 1838.
(3) On ne retrouve pas parmi les reproches celui qui peut être élevé « contre

1107. Toutes les déclarations des témoins et les réponses du prévenu sont consignées dans les notes d'audience tenues par le greffier et visées par le président. L'art. 189 accorde trois jours pour ce visa afin de donner au greffier le temps de recopier ses notes et aux parties celui de les contrôler. Ce contrôle d'ailleurs peut s'exercer même à l'audience. Il est vrai qu'un amendement qui proposait de donner expressément aux parties le droit de demander la lecture des notes après chaque déposition a été écarté ; mais ce fut uniquement pour ne pas attirer, par un texte formel, l'attention du prévenu sur une faculté dont l'exercice trop souvent répété nuirait à la prompte expédition des affaires. Le droit n'en existe pas moins, et il est souvent exercé (1).

1108. Après ces formalités viennent le réquisitoire et les plaidoiries. L'art. 190 n'y fait qu'une allusion fort confuse. Il fait passer en effet les plaidoiries des parties poursuivies avant le réquisitoire et réserve à celles-ci la faculté de répliquer ; de plus, il ne dit rien de la plaidoirie de la *partie civile* ni de l'*agent forestier*. Dans la pratique on suit l'ordre indiqué par l'art. 335 : les parties poursuivantes (*partie civile, agent forestier, ministère public*) parlent les premières ; les parties poursuivies (*prévenus, personnes civilement responsables*) leur répondent et, s'il y a des répliques, les parties poursuivies doivent avoir la parole en dernier lieu.

1109. Le prononcé du jugement suit immédiatement les plaidoiries. Il peut aussi être renvoyé à l'audience suivante. Cette disposition de l'art. 190 n'est que réglementaire, un plus long délai n'emporterait pas nullité (2).

1110. Incidents. — Les principaux incidents qui peuvent surgir au cours de cette procédure sont : 1° la jonction et la disjonction, 2° le sursis ou remise de cause, 3° le renvoi pour incompétence ou pour impropriété de la saisine, 4° l'intervention.

Nous avons exposé ci-dessus les causes et les conditions de la jonction ou de la disjonction des procédures (n°s 837, 841, 1033) et la théorie de l'*intervention* (n°s 673 et s.), il suffit d'y renvoyer. Les deux autres incidents ont été en partie traités à propos de la prescription (n° 772, *texte et note*), de la loi du 27 mai 1885 sur les récidivistes (n° 470) et de la loi du 20 mai 1863 sur l'instruction des flagrants délits (n° 926). Nous donnerons ici simplement quelques explications complémentaires.

---

les dénonciateurs dont la dénonciation est pécuniairement récompensée par la loi ». Nous pensons cependant qu'il doit être maintenu par analogie. D'ailleurs si on ne l'appliquait pas dans la poursuite des délits de douanes et de contributions indirectes, on ne trouverait point son application.

(1) F. Hélie, VI, 2889.
(2) Cass. 8 nov. 1050. Comp. *suprà* n° 990.

1111. 1° *Sursis ou remise de cause.* — Le sursis est obligatoire toutes les fois qu'un obstacle légal suspend le jugement de l'action publique, sans cependant empêcher d'en saisir le tribunal correctionnel. Les *exceptions préjudicielles* donnent un exemple de ce genre de sursis. Le prévenu peut aussi réclamer le sursis lorsque le délai ordinaire de la comparution n'a pas été respecté. Passé ce délai, le sursis demandé pour préparer la défense peut être refusé. Cependant le prévenu a un moyen indirect d'obtenir le délai qu'on lui refuse, c'est de faire défaut (*défaut faute de défendre*). Le seul inconvénient de ce procédé sera une condamnation à certains frais (art. 187 § 2). Il peut cependant l'éviter en formant opposition avant que ces frais aient été faits.

Le jugement qui accorde un sursis pour accomplir un acte d'instruction se lie intimement à cet acte, comme la commission rogatoire se lie aux actes d'instruction qu'elle prescrit. Aussi peut-on le qualifier de jugement d'instruction. — Mais en est-il de même lorsqu'il ne fait pas connaître l'objet du sursis ? La jurisprudence répond affirmativement ; elle présume (*honoris causa*) que ces sursis sont ordonnés dans l'intérêt de l'instruction (1). Rien n'est plus faux cependant, car les sursis dont on n'indique pas l'objet sont toujours motivés par des convenances personnelles qui dénotent l'abstention du juge.

2° *Renvoi pour incompétence ou pour impropriété de la saisine.* — L'incompétence étant toujours d'ordre public en matière criminelle, dès qu'une juridiction découvre son incompétence elle doit se dessaisir, même d'office, et quelle que soit la phase du procès. Tel est le principe.

a) L'art. 192 y apporte une exception quand le tribunal correctionnel est saisi d'une contravention de police. Le renvoi dans ce cas ne peut être ordonné que sur la demande du ministère public ou de la partie civile (2). Cet article est inexplicable : si l'incompétence du tribunal correctionnel pour les contraventions de police portées directement devant lui est d'ordre public, pourquoi refuser au prévenu le droit de l'invoquer ? pourquoi ne pas faire un devoir au tribunal de la déclarer d'office ? Si elle n'est pas d'ordre public, pourquoi ne pas appliquer la règle que les exceptions de cette nature doivent être proposées *in limine litis* ? Pourquoi enfin établir une inégalité choquante entre la partie poursuivante et le prévenu ? En présence d'un texte aussi dérogatoire au Droit commun, il convient de l'appliquer uniquement à l'hypothèse pour laquelle il est fait.

Cette hypothèse est indiquée par la liaison de l'art. 192 avec les deux précédents : il s'agit d'un fait qui, au début du procès, semblait être un

---

(1) V. les arrêts cités *suprà* n° 772, note.
(2) Cass. 24 av. 1820 ; 30 juil. 1833 ; 17 oct. 1838.

délit, et qui a dégénéré en contravention de police par suite des explications données dans le débat. Par conséquent, si à la seule lecture de la citation on découvrait au fait le caractère de contravention, le prévenu pourrait décliner la compétence (1).

Mais le tribunal pourrait-il se dessaisir d'office? Nous ne le pensons point, parce que son incompétence n'est pas absolue : il y a seulement privation du premier degré de juridiction. Or si les parties sont d'accord pour le supprimer, on ne voit pas à qui l'on ferait grief (2).

b) Un renvoi inconnu du législateur de 1808 et que des lois récentes ont introduit, est le renvoi pour *impropriété de la saisine*. Il a lieu quand l'affaire a été introduite suivant la procédure des flagrants délits en dehors des cas où cette procédure est admise. Nous avons dit précédemment que le tribunal devait se dessaisir quand il avait été saisi par *conduite immédiate à la barre*; mais qu'il devait au contraire retenir l'affaire, en accordant d'office au prévenu le délai ordinaire de la comparution, lorsqu'il avait été saisi par *citation* : dans ce cas, en effet, la procédure des flagrants délits ne modifie la procédure ordinaire que par l'abréviation de ce délai.

1112. Tous ces renvois constituent tantôt un simple dessaisissement, tantôt un acte d'impulsion sur l'action publique devant la juridiction compétente. Un tribunal qui se déclare incompétent ou irrégulièrement saisi ne peut en général que se dessaisir, sans rien faire ni ordonner relativement à l'affaire portée devant lui. Mais cette règle, qu'on applique rigoureusement lorsqu'il y a renvoi pour *incompétence ratione personæ*, ou *ratione loci*, ou pour *impropriété de la saisine*, reçoit exception, selon nous, quand le renvoi est motivé uniquement par l'*incompétence ratione materiæ* : ainsi le tribunal correctionnel saisit de la contravention le tribunal de police (art. 192), et du crime le juge d'instruction (art. 193) quand le fait dont il se dessaisit présente l'un ou l'autre de ces caractères. L'art. 193 suppose qu'il en est ainsi, puisqu'il autorise même le tribunal à décerner de suite le mandat de dépôt ou d'arrêt; et le texte de l'art. 192 fournit lui-même un argument puisque, au lieu de dire : « n'a pas excipé de l'incompétence », il dit : « n'a pas demandé de renvoi ». Cet acte d'impulsion sur l'action publique associe les tribunaux à l'exercice de l'action publique. Cette participation est rationnelle, car elle complète la disposition de l'art. 181 : on peut dire que dans l'arrondissement et à l'égard des prévenus justiciables des juridictions ordinai-

---

(1) Cass. 6 mars 1839 ; 4 mai 1843. *Sic* : RODIÈRE, p. 454 ; LE SELLYER, *Compétence*, 1, 42 ; GARRAUD, *Précis*, 548 ; VILLEY, p. 332. — *Contrà* : TRÉBUTIEN, p. 495 ; BOITARD, 712.

(2) Cass. 1er juil. 1834 ; F. HÉLIE, *Prat. crim.*, 482. — Il faut supposer d'ailleurs qu'il s'agit d'une contravention commise dans l'arrondissement et par conséquent dont le tribunal correctionnel pourrait connaître en tant que juge d'appel.

res, le tribunal correctionnel a un droit égal à celui du ministère public pour donner l'impulsion à l'action publique relativement aux infractions qui se découvrent à son audience et qu'il n'a pas le droit de réprimer séance tenante.

Malgré le vœu de la loi, le renvoi devant le juge d'instruction ne pourra point être ordonné si le tribunal s'est trouvé saisi de l'affaire après instruction préalable : il y aura en effet dans ce cas un conflit négatif entre la juridiction d'instruction qui s'est dessaisie de l'affaire au profit du tribunal correctionnel et ce tribunal qui refuse de s'en saisir. C'est à l'autorité qui statuera en règlement de juges qu'il appartient de saisir la juridiction compétente (1).

V. — Jugements correctionnels.

1113. Les jugements rendus par le tribunal correctionnel se divisent : 1° au point de vue de leur résultat, en jugements *définitifs* et jugements *d'avant dire droit* ; — 2° au point de vue de l'attitude des parties, en jugements *contradictoires* et jugements *par défaut*.

Les jugements définitifs sont ceux qui mettent fin à l'instance engagée devant le tribunal correctionnel et qui le dessaisissement du procès pénal. Ils se divisent, d'après leur objet, en jugements de *condamnation*, de *relaxe* et d'*incompétence*.

Les jugements d'avant dire droit sont d'abord ceux par lesquels le tribunal statue sur des intérêts qui pourraient être en souffrance pendant la durée du procès (jugements *provisoires*), et en second lieu ceux qui ordonnent des mesures d'instruction (jugements *interlocutoires* et *préparatoires*).

2° La *présence* d'une partie au débat *et sa défense effective* rendent, quant à elle, le jugement *contradictoire*. Son absence *ou* son refus de défendre le rend *par défaut*.

1114. Jugement de condamnation. — Le jugement de condamnation applique la peine, condamne aux dépens, statue sur la contrainte par corps, ordonne d'office les restitutions et prononce sur les dommages-intérêts réclamés par la partie civile (art. 192, 194). Les règles relatives à la délibération, au prononcé et à la rédaction par écrit du jugement ont été exposées plus haut dans les notions générales sur les juridictions de jugement.

1115. Jugement de relaxe. — Toutes les fois que pour une raison quelconque une condamnation pénale ne peut être prononcée contre le prévenu, le tribunal le *relaxe de la prévention*. Cette expression usitée

---

(1) Cass. 5 mars 1853 ; F. Hélie, *loc. cit.*

dans la pratique est synonyme de celle de *renvoi de la poursuite*, autorisée par l'art. 191. Elle en a le sens le plus large, car elle comprend l'acquittement et l'absolution (1).

Si le ministère public est seul partie poursuivante le jugement de relaxe ne statue pas sur les dépens ; s'il y a partie civile en cause il prononce la condamnation de cette partie aux dépens tant envers l'État qu'envers le prévenu acquitté, et il statue sur la demande en dommages-intérêts que celui-ci peut former contre elle (art. 191, 194). — Mais il ne peut examiner aucune demande de la partie civile, pas même ordonner à son profit la restitution des objets saisis chez le prévenu et dont elle est reconnue propriétaire. C'est une conséquence du caractère accessoire de la compétence des tribunaux de répression quant à l'action civile (2).

L'élargissement immédiat est pour le prévenu détenu la conséquence du jugement de relaxe (art. 206). Cette disposition date de la loi du 14 juillet 1865. Sous le Code de 1808, le prévenu acquitté gardait prison pendant le délai de dix jours accordé aux parties poursuivantes pour faire appel. La loi de revision de 1832 prescrivit sa mise en liberté après trois jours. La loi du 20 mai 1863 inaugura le système actuel dans la procédure des flagrants délits. Enfin la loi du 14 juillet 1865 généralisa cette innovation. On voit que dans l'état actuel de la législation les jugements de relaxe reçoivent l'*exécution provisoire*. — En s'inspirant des motifs de la loi, il faut étendre l'art. 206 aux jugements de condamnation à une simple amende (3) et à ceux qui prononcent une peine d'emprisonnement avec sursis (L. 26 mars 1891), ou une peine qui se trouve subie d'avance par l'effet de l'imputation de la détention préventive (L. 15 nov. 1892).En pratique on met encore en liberté les condamnés dont la peine d'emprisonnement expire après le jugement, mais avant que l'appel du ministère public ait été interjeté ou évacué (4).

1116. Jugements d'instruction.— Les jugements d'instruction sont dits *interlocutoires* lorsque la mesure ordonnée fait préjuger la solution sur le fond. Tels sont, par exemple, les jugements qui admettent le prévenu à faire la preuve d'une exception préjudicielle ou préalable, ceux

---

(1) L'art. 206 emploie,il est vrai, l'expression *acquittement*, mais sans y attacher de sens technique. Comp. art. 123.
(2) Cass. 25 fév. 1869 (S. 70, 1, 43).
(3) La réforme introduite dans l'art. 206, en 1865, l'a été par voie d'amendement. Le législateur n'a formulé en texte de loi qu'une application de sa pensée comme cela arrive souvent dans ce cas ; mais les travaux préparatoires démontrent qu'il n'a voulu obliger à garder prison pendant le délai d'appel que le prévenu *condamné à l'emprisonnement correctionnel* (Rapport, n°ˢ 15, 18 ; D. 65, 4, 153-154). Comp. *Circ. minist.* 14 juil. 1865 (D. 65, 4, 159, note 7).
(4) *Sic* : Rapport Graux s. L. 15 nov. 1892.C'est la pratique suivie par le parquet de la Cour de Montpellier. Voir mon *Examen doctrinal*, Rev. crit. 1896, p. 69 et s. — *Contrà* : Cass. 20 juin 1895 (D. 95, 1, 325).

qui statuent sur la recevabilité d'un mode de preuve qu'une des parties conteste. — On les appelle *préparatoires* lorsque la mesure ordonnée ne fait rien préjuger quant au fond : les jugements de jonction ou de disjonction, ceux qui admettent intervention, ceux qui ordonnent l'audition de nouveaux témoins rentrent dans cette classe. — L'intérêt pratique de la distinction se fera sentir pour l'appel.

1117. Jugements provisoires. — On peut citer comme type des jugements de ce genre celui qui statue sur une demande de mise en liberté provisoire, ou qui l'accorde d'office. — L'art. 188 § 2 permet, sur le second défaut d'une partie privée, d'accorder à l'autre *une provision* : Voilà encore un jugement provisoire. — Les jugements qui donnent main-levée de la saisie de pièces à conviction, ou qui, par exemple, dans la poursuite de la contrefaçon industrielle, transforment la saisie réelle en saisie par description, ou qui imposent au saisissant l'obligation de donner caution, sont aussi des jugements provisoires. — Au point de vue de l'appel ces jugements sont traités comme définitifs.

1118. Jugements contradictoires. — Le jugement est contradictoire lorsqu'il est rendu après l'audition des deux parties. Il suppose donc que les parties ont *comparu* et qu'elles se sont *défendues* sur les points litigieux. — Cette règle comporte quelques exceptions : il y a des jugements réputés contradictoires, quoique l'une ou les deux conditions ne soient point remplies.

a) A l'égard du ministère public tout jugement est réputé contradictoire. Il ne peut pas en effet ne pas comparaître, car il fait partie de la composition du tribunal ; s'il quitte l'audience on le remplacera. Il ne peut pas non plus ne pas conclure, ou, pour mieux dire, son refus de conclure n'est d'aucune valeur, car le tribunal régulièrement saisi de l'action publique a mission légale de prononcer sur la prévention après l'avoir mis en demeure de donner ses conclusions.

b) Le prévenu détenu qui se met en rébellion contre la justice est jugé contradictoirement, quoique non présent à l'audience et non défendu, s'il n'avait pas appelé de défenseur (L. 9 sept. 1835, art. 8, 9, 10, 12). Nous savons qu'après avoir fait constater par huissier son refus de comparaître, le président peut le faire amener de force à l'audience, ou ordonner que, malgré son absence, il sera passé outre aux débats. Le premier procédé supprime le défaut faute de comparaître ; mais le prévenu conserve le droit de n'opposer aucune défense et de se renfermer dans un mutisme absolu. Le jugement, dans ce cas, sera par défaut faute de défendre. — Le second procédé supprime à la fois le défaut faute de comparaître et le défaut faute de défendre ; le jugement est réputé contradictoire. Il est vrai qu'une défense est possible, soit au moyen de notes, soit par l'organe de l'avocat (1).

---

(1) Comp. *suprà* : n°⁸ 998, 1039.

La présence du prévenu est nécessaire à tous les actes de la procédure de l'audience et même au prononcé du jugement pour que le jugement soit contradictoire. Le principe de la contradiction implique en effet une assistance continue, de manière à pouvoir surveiller et critiquer tout ce qui se fait. Ainsi, quand le prévenu ne comparaît pas à l'audience où l'affaire a été continuée, le jugement qui la termine est par défaut (1). Ainsi, quand le tribunal renvoie le prononcé du jugement à une prochaine audience, il doit en fixer le jour ; et si le renvoi a eu lieu sans jour déterminé, le prévenu doit être réassigné pour l'audience où le jugement sera rendu (2).

1119. c) Quand une partie privée ne comparaît pas pour faire juger l'*opposition* qu'elle a relevée contre un jugement par défaut rendu précédemment contre elle, il intervient un jugement de *débouté d'opposition* qui, au point de vue des voies de recours dont il est susceptible, est réputé contradictoire, en vertu de la règle : « opposition sur opposition ne vaut », mais qui, relativement au point de départ du délai d'appel, est traité comme un jugement par défaut et doit être signifié (3). A vrai dire, c'est un jugement par défaut non susceptible d'opposition.

1120. Jugements par défaut. — Les parties privées, c'est-à-dire le prévenu, les personnes civilement responsables et la partie civile, peuvent faire défaut. L'art. 186 ne traite que du défaut du *prévenu* et ne vise que le défaut *faute de comparaître*. Doit-on l'interpréter en ce sens qu'il exclut le défaut des autres parties et le défaut faute de défendre ? L'opinion générale est depuis longtemps fixée dans le sens de la négative. La réunion de la justice pénale et de la justice civile dans les mêmes tribunaux, l'analogie sur bien des points de la procédure civile et de la procédure correctionnelle, la formule simplement énonciative

---

(1) Cass. 14 mai 1835 (S. 37, 1, 40); 29 juil. 1875 (S. 76, 1, 386) ; Lyon, 10 août 1881 (D. 82, 2, 65).
(2) F. Hélie, VI, 2857 ; Cass. 22 juin 1862 (B. 217) ; 22 juin 1878 (D. 78, 1, 443) ; Bastia, 6 nov. 1889 (*G. Pal.* 90, 1, 112). — Des auteurs prétendent que le jugement est *contradictoire* dès que le prévenu a été interrogé, mais le jugement ou l'arrêt rendu hors de sa présence et sans qu'il ait été averti serait *assimilé* à un jugement ou arrêt par défaut au point de vue de *l'appel* et *du pourvoi en cassation*, c. a. d. que le délai de ces voies de recours courrait seulement de la signification ; mais l'opposition ne serait pas recevable : *Sic* : Le Poittevin, *Dict. des Parquets*, V° *jugements et arrêts*, 2. — Ce système, qu'on présente à tort comme suivi par la Cour de cassation (*arrêt de* 1875), donne à ce jugement un caractère mixte fort peu juridique. Pour qu'un jugement soit contradictoire, il faut en effet que la contradiction puisse s'exercer tant que les débats restent ouverts. Or, devant les tribunaux correctionnels et de police il n'y a d'autre clôture de débats que celle qui résulte du prononcé du jugement (*supra*, n° 995), aussi convient-il d'avertir le prévenu du jour où le jugement ou l'arrêt sera rendu, pour que, ce jour-là, il puisse compléter sa défense, s'il le juge convenable. S'il n'a pas été averti, le jugement sera par défaut à tous les points de vue.
(3) Cass. 15 juin 1879 (S. 80, 1, 385).

de l'art. 186 autorisent à admettre, pour toutes les parties privées, la possibilité de faire défaut et les deux sortes de défaut prévus par le Code de procédure civile : celui faute de comparaître et celui faute de défendre (1).

1121. L'application de la loi du 9 septembre 1835 ne prive-t-elle pas les prévenus détenus du droit de faire défaut? L'affirmative a été soutenue ; mais elle ne peut être admise qu'avec une distinction. Sans doute la loi de 1835 répute contradictoire le jugement rendu hors de la présence du prévenu, soit qu'il ait été laissé en prison après son refus de comparaître, soit qu'il y ait été reconduit parce qu'il troublait l'audience. Mais le prévenu qui obéit à la sommation de comparaître, ou qui est conduit de force à l'audience, conserve le droit de faire défaut faute de défendre ; il lui suffit de le déclarer et de se renfermer ensuite dans un mutisme absolu.

1122. Le refus de défendre peut ne porter que sur un point du procès. Il pourra y avoir par exemple un jugement contradictoire sur la compétence et par défaut sur le fond, si le prévenu a refusé de défendre quand il a vu son exception d'incompétence rejetée. De même, si plusieurs délits ayant été réunis dans la même poursuite le prévenu accepte le débat pour certains et refuse de défendre pour d'autres, le jugement qui statue sur le tout sera, relativement aux premiers chefs de prévention, un jugement contradictoire, et, relativement aux seconds, un jugement par défaut (2).

1123. Quel est l'effet du défaut de la partie civile ? — Sur l'action publique il est absolument nul, car il n'appartient pas à la partie civile de dessaisir le tribunal de répression de l'action publique qu'elle a mise en mouvement par sa citation, et à l'exercice de laquelle elle devient, à partir de ce premier acte, absolument étrangère. Ce droit, nous le savons, n'appartient pas non plus au ministère public : la juridiction pénale doit prononcer malgré le désistement de ceux qui l'ont saisie (3). — Au point de vue de l'action civile, on serait tenté d'abord de se demander s'il faut faire les mêmes distinctions que dans la procédure civile pour le défaut du demandeur : le jugement par défaut annule-t-il simplement la citation, ou bien rejette-t-il la demande ? La partie civile pourra-t-elle se contenter de renouveler sa citation ; ou bien est-elle obligée d'attaquer le jugement par une voie de recours (4) ? Mais dans la procédure

---

(1) V. sur le défaut de la partie civile et des personnes civilement responsables : Cass. 26 mars 1824 ; 16 fév. 1878 ; — sur les deux sortes de défaut : même arrêt et Cass. 23 fév. 1867 ; 17 janv. 1868. ROUGIER, *Des jugements correctionnels par défaut* (Thèse Lyon, 1893), étude remarquable sur l'ensemble de la matière.— *Contrà* : RODIÈRE, p. 357 ; MERCIER (*La Loi*, 3 avril 1882, n°s 139 et s.

(2) Cass. 7 déc. 1822 ; 26 janv. 1834.

(3) Cass. 11 août 1881 (D. 84, 5, 279-280). — Comp. p. le trib. de simple police : Cass. 4 nov. 1843 (B. 274).

(4) BONFILS, *Tr. de proc. civ.*, 942.

pénale la question doit être résolue toujours dans ce dernier sens, à cause du caractère accessoire de la compétence des tribunaux de répression quant à l'action civile et de l'obligation qu'ils ont de prononcer sur l'action publique malgré le désistement du demandeur. Le jugement rendu contradictoirement avec le prévenu, mais par défaut contre la partie civile, a épuisé la juridiction du tribunal correctionnel au point de vue de l'action publique ; il ne pourrait plus en être ressaisi ; mais il pourra connaître de l'action civile, si elle revient devant lui par l'effet de l'opposition. L'intérêt pratique de cette solution est considérable : 1° la partie civile n'a pas tout le délai de la prescription pour ressaisir le tribunal correctionnel, mais seulement celui de l'opposition ; 2° elle ne le ressaisit que de l'action civile ; en supposant donc qu'elle fasse rétracter sur son opposition le jugement de relaxe rendu par défaut, aucune peine ne pourra être prononcée et le tribunal statuera seulement sur ses dommages-intérêts.

1124. De l'exécution provisoire. — En matière pénale l'exécution provisoire du jugement, nonobstant l'éventualité ou l'exercice des voies de recours, a lieu de plein droit pour les jugements et arrêts [de relaxe et ceux qui leur sont assimilés (1) (art. 206, C. i. c. ; art. 24, C. p.) et pour le jugement provisoire rendu dans l'hypothèse de l'art. 188.

On peut se demander s'il ne convient pas de généraliser ces textes et de dire que tout jugement provisoire doit être exécuté par provision ? — La question est discutée dans la procédure civile (2). A notre avis, là comme ici, la réponse doit être négative. De quelle utilité seraient en effet l'art. 135, C. pr. civ. et les articles du Code d'instruction criminelle qui attachent l'exécution provisoire à certains jugements provisoires, si elle était la conséquence naturelle du caractère de ces jugements (3) ?

VI. — Voies de recours ordinaires contre les jugements correctionnels.

1125. Les voies de recours ordinaires contre les jugements correctionnels sont l'*opposition* et l'*appel*. La première ressaisit le tribunal ; c'est une *voie de rétractation*. La seconde saisit la juridiction du second degré, la Cour d'appel ; c'est une *voie de réformation*. La première ne s'applique qu'aux jugements par défaut ; la seconde s'applique aux jugements contradictoires comme aux jugements par défaut.

---

(1) Voir *suprà*, n° 1115.
(2) Dalloz, V° *Jugement*, 590.
(3) *Sic* : Cass. 11 juil. 1850 (B. 218).

A. — De l'opposition.

1126. Délai. — La partie qui a obtenu le jugement par défaut doit le signifier pour faire courir le délai légal des voies de recours et rendre le jugement irrévocable. Régulièrement chaque partie agit dans son intérêt exclusif, et ne signifie le jugement que pour ce qui la concerne. Néanmoins, par raison de célérité et d'économie, l'art. 187 décide virtuellement que la signification faite au prévenu défaillant par l'une des parties poursuivantes a pour résultat de le mettre en demeure de former son opposition contre les deux (1). La signification, d'ailleurs, suppose la remise d'une copie du jugement et non d'un simple extrait : elle fait donc connaître au prévenu toutes les condamnations pénales ou civiles prononcées contre lui.

De cette signification court le délai d'opposition. Régulièrement il est de cinq jours, plus un jour par cinq myriamètres de distance entre le lieu où le défaillant reçoit la signification du jugement et le siège du tribunal. Ce délai n'est pas franc, mais *plein*. Il ne serait donc pas prorogé d'un jour si le dernier était férié. — Exceptionnellement, l'opposition est recevable jusqu'à l'expiration du délai de la prescription de la peine, quand la signification n'a pas été faite à personne, et qu'il ne résulte pas d'actes d'exécution du jugement que le prévenu en a eu connaissance. Si la signification ayant été faite à domicile le prévenu apprenait l'existence du jugement par un acte d'exécution, ce serait à partir du jour où il aurait eu connaissance de cet acte que courrait le délai d'opposition.

1127. Ce délai exceptionnel a été ajouté à l'art. 187 par la loi du 27 juin 1866 (2).

A ne consulter que le texte de la loi et la jurisprudence antérieure, il faudrait restreindre l'innovation au *défaut du prévenu* et aux *condamnations pénales*. Cependant il est difficile de ne pas voir dans l'art. 187 une règle commune à tous les jugements de condamnation rendus par défaut et signifiés simplement à domicile. La loi de 1866 a étendu à la procédure correctionnelle une règle de l'opposition aux jugements par

---

(1) Cass. 21 sept. 1820 (J. Pal. XVI, p. 199) ; 25 av. 1846 (B. 103).

(2) On voulait remédier aux inconvénients de la forclusion des délais d'opposition et d'appel, dans l'hypothèse où le prévenu n'avait été touché ni par la *citation* ni par la *signification du jugement*. Ignorant la citation, il ne comparaissait point ; ignorant sa condamnation par défaut, il n'usait pas des voies de recours. Il se trouvait ainsi irrévocablement condamné sans avoir pu se défendre, car la signification du jugement par défaut est le point de départ des délais d'opposition et d'appel. La jurisprudence, il est vrai, corrigeait la loi, en restreignant l'effet de la notification du jugement par défaut au cas où le prévenu en avait eu connaissance. La loi de 1866 a consacré ce tempérament d'équité, mais avec plus d'ampleur.

défaut faute de comparaître dans la procédure civile (art. 158, C. proc.). On ne peut la restreindre à une hypothèse, il faut l'appliquer dans tous les cas où la situation fâcheuse qu'elle prévoit peut se présenter : aussi nous étendrons la nouvelle disposition de l'art. 187 aux jugements par défaut portant condamnation à des dommages-intérêts soit contre le prévenu, soit contre la partie civile. — Mais nous ne l'étendrons point aux jugements qui ne portent pas de condamnation, et, par exemple, à un jugement sur la compétence (1).

La loi ne précise pas de qui doit émaner l'acte d'exécution qui rendra, s'il est connu du condamné, son opposition irrecevable. Il importe peu dès lors de qui il émane ; il suffit qu'il révèle au condamné les chefs du jugement qu'il doit attaquer. Ainsi, par exemple, l'acte d'exécution émané de la partie civile met le prévenu en demeure de former son opposition tant contre le ministère public que contre la partie civile, parce qu'en lui révélant expressément sa condamnation à des dommages-intérêts, il lui révèle implicitement sa condamnation à une peine. A l'inverse, l'acte d'exécution émané du percepteur ne fait courir le délai d'opposition que pour la condamnation pénale, car il ne révèle que celle-là.

1128. Le « domicile du prévenu » où doit être faite la signification du jugement par défaut est, dans le langage du Code d'instruction criminelle, le domicile de fait, l'*habitation* (arg. art. 109). Si elle est inconnue, il faut faire la signification au lieu où le prévenu a son principal établissement et, à défaut, au domicile d'origine. Enfin, si le prévenu est sans domicile connu, la signification est faite dans la forme prescrite par l'art. 69, 8°, C. proc.

Pour la partie civile et les personnes civilement responsables, au contraire, le domicile reprend son sens légal. De plus comme la partie civile a fait connaître au prévenu son domicile réel et son domicile élu dans la ville où siège le tribunal (art. 183), le prévenu a le choix entre ces deux domiciles (art. 59, C. proc.). Enfin si la partie civile n'avait pas fait l'élection de domicile qui lui est prescrite, elle serait censée avoir renoncé à recevoir les significations qui l'intéressent (art. 68) ; le délai d'opposition courrait pour elle dans ce cas du jour du jugement.

1129. La signification des jugements par défaut rendus par le tribunal correctionnel tant sur l'action publique que sur l'action civile peut être faite pendant tout le délai de la prescription de l'action que ce jugement a interrompue. La péremption de six mois établie par l'art. 156, C. proc. n'existe pas dans la procédure pénale, et on ne peut l'y importer parce qu'elle a un caractère exceptionnel (2).

---

(1) Cass. 25 janv. 1867. F. Hélie, *Prat. crim.*, I, 423.
(2) Il a fallu en effet un texte formel (art. 643, C. com.) pour l'étendre aux jugements des tribunaux de commerce : Cass. 9 janv. 1880 (D. 80, 1, 285). Mais je ne déciderais pas, avec cet arrêt, que l'art. 156 est inapplicable aux arrêts

Mais nous l'appliquerions au jugement par défaut condamnant la partie civile à des dommages-intérêts envers le prévenu relaxé (art. 191). Dans cette hypothèse, en effet, le tribunal correctionnel fait office de tribunal civil. Le délai de la prescription, d'ailleurs, serait trop long ; car il serait de trente ans ; or il est dans l'esprit de la loi de soumettre les jugements par défaut à une prescription plus courte.

1130. L'art. 156, C. proc. prescrit la signification *par huissier commis* des jugements par défaut faute de comparaître. Cette disposition n'est pas appliquée dans la procédure correctionnelle. Elle mérite cependant de l'être, car c'est une garantie pour faire parvenir plus sûrement la copie à la personne et qui n'a rien de spécial à la procédure civile. Dans tous les cas, si l'on refusait de l'appliquer à tous les jugements correctionnels par défaut, il faudrait au moins en faire application à celui dont nous avons parlé en dernier lieu.

1131. Forme. — L'opposition doit être *formée* et *notifiée* (art. 187). La loi ne dit pas comment elle est formée. On exige par analogie la forme de l'appel, c'est-à-dire une déclaration au greffe (art. 203) (1).

Quant à la notification, l'art. 187, prévoyant uniquement l'opposition du prévenu, semble imposer à ce dernier l'obligation de la notifier « tant au ministère public qu'à la partie civile ». Mais il n'envisage évidemment que l'hypothèse assez ordinaire où le prévenu se porte opposant contre ses deux adversaires ; car, suivant l'étendue qu'on lui donne, l'opposition ressaisit le tribunal, soit de l'action publique, soit de l'action civile, soit des deux. Il suffira donc au prévenu qui se porte opposant contre la condamnation pénale de signifier son opposition au ministère public, et à celui qui attaque la condamnation civile, de signifier son opposition à la partie civile (2).

La notification de l'opposition a un double objet : 1º elle fait connaître l'opposition à la partie contre qui elle est formée ; — 2º elle emporte de droit citation à la première audience (art. 188). La pratique a déduit de cette observation les conséquences suivantes :

a) Si l'opposition est relevée seulement contre le ministère public, la signification peut être remplacée par la comparution volontaire. Le procureur de la République connaît en effet l'opposition, puisqu'il a la sur-

---

correctionnels par défaut rendus sur *l'action civile* après une amnistie. L'amnistie en effet supprime le délit pénal et transforme par conséquent l'action civile en *action en dommages-intérêts*.

(1) *Sic* : F. Hélie, VI, 2971. — En ce qui touche l'opposition du prévenu contre le ministère public, la jurisprudence se contente d'une notification, quelle qu'en soit la forme, pourvu qu'elle soit faite dans le délai, et par exemple, d'une déclaration inscrite par l'huissier au bas de l'exploit de notification du jugement par défaut, comme en matière de simple police : Rennes, 15 fév. 1888 (*Journ. des Parquets*, 88, 2, 70) ; d'une simple lettre, même non recommandée adressée au Ministère public : Cass. 25 fév. 1893 (B. 52).

(2) Cass. 5 juil. 1849 (B. 147).

veillance du greffe, et, comme il est toujours présent à l'audience, il n'a pas besoin d'y être cité.

b) Le prévenu, après avoir notifié son opposition à la partie civile, peut, sur la barre, déclarer valablement son opposition au ministère public (1).

1132. Effets de l'opposition. — L'opposition a un effet *suspensif* et un effet *extinctif*.

Elle suspend d'abord l'exécution du jugement. Cet effet suspensif est attaché non seulement à l'opposition formée, mais encore au délai imparti pour user de cette voie de recours (arg. art. 203 ; arg. art. 187 § 3) (2). D'ailleurs il ne s'agit ici que du délai ordinaire de cinq jours, car pendant le délai exceptionnel le jugement est susceptible d'exécution.

Par son effet extinctif, l'opposition anéantit les chefs du jugement auxquels elle se rapporte : formée contre le ministère public, elle fait tomber les condamnations pénales ; formée contre la partie civile, elle fait tomber les condamnations aux restitutions et aux dommages-intérêts (3).

Les effets de l'opposition formée se restreignent d'ailleurs aux parties de qui elle émane : celle du prévenu ne profite point aux personnes civilement responsables et réciproquement. Il faut appliquer ici le principe de la relativité de la chose jugée : chaque partie en cause n'use des voies de recours que dans son intérêt exclusif.

1133. Mais l'effet extinctif est *absolu* en ce sens que le tribunal peut rendre un jugement plus défavorable encore à l'opposant que celui dont il a demandé la rétractation (4). C'est là, nous le verrons, une différence avec l'appel qui n'autorise pas la juridiction supérieure à aggraver la situation de l'appelant.

1134. L'effet extinctif de l'opposition est-il pur et simple, ou subordonné à cette condition que l'opposant comparaîtra à la première audience pour voir statuer sur son opposition ? La question est controversée. — Ceux qui soutiennent que l'anéantissement est conditionnel invoquent la première phrase de l'art. 188 qui paraît lui donner ce caractère : « L'opposition sera non avenue si... » La conséquence pratique est que le jugement *de débouté* consisterait dans une simple annulation

---

(1) F. Hélie, *Prat. crim.*, I, 425.
(2) La question n'a qu'un intérêt théorique si l'on admet que les deux délais d'opposition et d'appel ont le même point de départ.
(3) Cass. 29 flor. an IX (Dalloz, V° *Jug. p. défaut*, 490).
(4) Arg. art. 187 : « La condamnation *sera comme non avenue* si le prévenu forme opposition. » *Sic :* Cass. franç. 2 mars 1882 (S. 83, 1, 43). — *Contrà :* Cass. franç. 18 juin 1853 (D. 53, 5, 281) ; Cass. belge, 30 janv. 1882 (S. 83, 4, 25). Il suit de là que, si la partie civile a déjà fait appel quand le prévenu fait opposition, l'appel devient irrecevable : Cass. 30 août 1821. Suit-il de là que le jugement rendu sur l'opposition remplace toujours à l'égard du ministère public le jugement par défaut et qu'il puisse en appeler ? (V. *infrà* n° 1145 note).

de l'opposition, sans examen du fond (1). — Mais ce système met en contradiction l'art. 187 et l'art. 188, car l'art. 187 ne subordonne l'anéantissement du jugement par l'effet de l'opposition à aucune condition. De plus, la suite de l'art. 188 repousse l'argument tiré de sa première phrase : elle déclare en effet l'appel recevable, non pas contre le jugement primitif, mais contre « *le jugement rendu sur l'opposition* » ; cela prouve bien que le jugement primitif est anéanti malgré la non-comparution de l'opposant. En conséquence le jugement *de débouté* n'est pas une simple annulation de l'opposition, mais un nouveau jugement par défaut, contre lequel l'appel seul est recevable, et qui se substitue au premier. Le tribunal peut donc examiner à nouveau le fond et modifier le jugement primitif (2). On a souvent confondu en pratique cette question avec la suivante : « Le jugement de débouté d'opposition a-t-il besoin de reproduire les motifs et le dispositif du jugement rendu sur le premier défaut, lorsqu'il entend les maintenir ? Ne peut-il pas se borner à se référer au jugement primitif et ordonner son exécution ? » Il est clair qu'il s'agit ici d'une simple question de rédaction qui laisse entière la question de savoir si le fond du jugement primitif peut être ou non remanié. Cette rédaction abrégée est certainement valable (3).

1135. L'effet extinctif n'atteint pas l'instruction faite à l'audience lors du premier défaut ; elle persiste, mais elle peut être complétée. On n'entendra donc pas une seconde fois les témoins déjà produits, à moins qu'il y ait lieu de les confronter avec de nouveaux témoins ou de les faire déposer sur des faits nouveaux (4).

1136. Jugement de l'opposition. — 1° *Quand peut-il intervenir ?* — L'art. 188 fixe le jugement de l'opposition à *la première audience* qui suit sa signification. Mais quelle est cette audience ?

a) C'est « l'audience du lendemain ou du premier jour utile », dit-on dans un premier système : l'opposant doit être prêt à plaider lorsqu'il forme son opposition (5).

b) C'est « l'audience qui suit l'expiration du délai de trois jours francs à compter de la notification de l'opposition » répondent d'autres auteurs : il faut donner à l'opposant le délai de comparution (6).

c) Partant de la même idée, un troisième système ajoute au délai de

---

(1) GARRAUD, 577 ; VILLEY, p. 388 ; Cass. 18 nov. 1854 (S. 55,1,69).
(2) Cass. 17 fév. 1836 (B. 46) ; 4 nov. 1843 (B. 274) pour le débouté d'opposition *en matière de simple police*. Ces deux séries d'arrêts partent de deux systèmes différents. Cependant la solution doit être la même en matière correctionnelle qu'en matière de simple police, car elle est commandée par les mêmes principes. D'ailleurs la rédaction des art. 151 et 188 est identique.
(3) Cass. 24 av. 1846 (B. 102) ; 19 avril 1848 (B. 155).
(4) Bordeaux, 14 fév. 1838 (S. 39,2,38).
(5) RODIÈRE, p. 359.
(6) DALLOZ, V° *Jug. p. défaut*, 481 ; GARRAUD, 577.

trois jours francs celui d'un jour par trois myriamètres de distance (arg. art. 184) (1).

A notre avis le premier système doit être suivi d'abord pour l'*opposition du prévenu*. Il est conforme au texte de l'art. 188, qui ne vise que celle-là. De plus il est rationnel : en accordant au prévenu défaillant un délai de cinq jours augmenté d'un jour par cinq myriamètres de distance, la loi lui donne plus que le délai de comparution. Elle entend par conséquent que, dans ce délai, il prépare sa défense, se rende au siège du tribunal, forme et signifie son opposition. Dès l'expiration de ce délai, il doit être prêt à plaider. — Les délais supplémentaires accordés par le second et le troisième systèmes se comprendraient au profit de la partie contre qui l'opposition est formée ; mais le procureur de la République et la partie civile sont ou doivent être présents dans la ville où siège le tribunal (arg. art. 183). La notification de l'opposition constitue pour eux un *avenir*. Donné la veille pour l'audience du lendemain, cet avertissement est donné suffisamment à l'avance.

Relativement à l'opposition de la partie civile nous distinguerons : si elle est formée contre un prévenu *détenu*, la même solution s'impose par identité de motifs. Mais si elle est formée contre un prévenu en liberté, la troisième opinion paraît préférable. Rien ne retient en effet ce prévenu au siège du tribunal ; une fois qu'il a fait statuer par défaut sur la demande de la partie civile il peut s'éloigner légitimement. On ne comprendrait pas que la partie civile défaillante pût faire statuer sur l'opposition qu'elle a relevée, sans l'assigner de nouveau dans les conditions prescrites par l'art. 184. Or, la signification de l'opposition remplaçant cette citation (art. 183) doit être séparée de la comparution à l'audience par le délai de trois jours francs augmenté du délai des distances. Nous empruntons, on le voit, au troisième système sa solution, mais en la justifiant par l'intérêt de celui contre qui l'opposition est faite, et non par l'intérêt de l'opposant.

1137. 2° *Comment doit être prononcé le débouté d'opposition ?* —

---

(1) F. HÉLIE, VI, 2973. La Cour de cassation, après avoir suivi la 2ᵉ opinion : Cass. 19 déc. 1835 ; 14 juin 1844, décide aujourd'hui : 1° que le jugement ne peut pas intervenir avant le délai de 3 jours francs à compter de la notification de l'opposition ; — 2° que ce délai doit être augmenté d'un jour par 3 myriamètres de distance entre le lieu où la partie civile reçoit la signification de l'opposition du prévenu et le siège du tribunal ; — 3° que la partie civile peut renoncer à l'augmentation du délai de 3 jours à raison des distances sans en prévenir l'opposant : Cass. 9 janv. 1880 (D. 80, 1, 285). — La 1ʳᵉ de ces propositions viole l'art. 188 ; — la 2ᵉ méconnaît l'art. 183 ; — la 3ᵉ tend un piège à l'opposant : on lui impose d'assister à toutes les audiences depuis l'expiration du troisième jour, dont il a été question, jusqu'à celle du délai supplémentaire accordé pour la distance, s'il ne veut pas s'exposer à voir son adversaire profiter de son absence momentanée pour le faire débouter de son opposition. La Chambre criminelle s'est-elle rendue compte de l'iniquité de sa solution ?

L'art. 188 ne le dit pas. On a conclu de son silence que le débouté d'opposition ne pouvait être prononcé d'office et qu'il devait être demandé. Par suite, les parties pourraient s'entendre, sans qu'il fût besoin d'un jugement de remise de cause, pour porter l'opposition à une audience ultérieure (1).

C'est une solution d'équité ; car, en droit, la participation des tribunaux à l'exercice de l'action publique leur fait un devoir de juger lorsque les délais fixés pour la comparution des parties sont expirés. L'ajournement de l'examen ne peut être ordonné que par un jugement de remise de cause. Le faire dépendre d'un accord des parties que le tribunal n'a point sanctionné, ce serait admettre en principe que les parties peuvent s'entendre pour dessaisir le tribunal. Or ce dessaisissement est impossible, aussi bien par la volonté unilatérale de la partie poursuivante, que par l'effet de l'accord de celle-ci avec le prévenu, sauf pour les délits privés.

1138. 3° *Frais occasionnés par le défaut.* — « Les frais de l'expédition, de la signification du jugement par défaut et de l'opposition *pourront* être laissés à la charge du prévenu » (art. 187 § 2). Avant la loi du 27 juin 1866 cet article était impératif, comme le texte correspondant relatif aux frais de la contumace (art. 478). Mais la jurisprudence ne l'appliquait que s'il y avait *faute* des défaillants. La nouvelle rédaction de l'art. 187 a accueilli ce tempérament d'équité, parce que les formalités de publicité qui entourent la procédure criminelle par contumace n'existent pas dans la procédure correctionnelle qui est toujours la même, que le prévenu comparaisse ou fasse défaut.

L'exemption des frais ne peut d'ailleurs être accordée qu'au prévenu relaxé ; car le condamné a toujours dans sa condamnation à une peine, le principe d'une condamnation à tous les frais qui ont été nécessaires pour la faire prononcer.

B. — De l'appel.

1139. Qui peut faire appel. — L'art. 202 accorde la faculté d'appeler à toutes les parties qui ont figuré en première instance (*prévenu, personnes civilement responsables, partie civile, administrations publiques, procureur de la République*) et de plus au *procureur général*. Les formes, les délais et les effets de ces appels diffèrent. Examinons d'abord en détail à qui appartient le droit d'appel : la réponse théorique à cette question est que chacun fait appel dans la mesure des intérêts qu'il a à défendre.

1° Le *prévenu* a intérêt à appeler des jugements qui le condamnent à

---

(1) RODIÈRE, p. 360 ; DALLOZ, V° *Jug. p. défaut*, 486.

une peine ou à des dommages-intérêts et de ceux qui rejettent sa demande en dommages-intérêts contre la partie civile.

Peut-il faire appel s'il a *acquiescé* à ces jugements ? Il faut distinguer : un acquiescement aux condamnations pénales ne lui ferme pas les voies de recours. Elles ont en effet, dans cette mesure, un caractère d'ordre public qui rend toute renonciation inefficace (1). Mais un acquiescement du prévenu aux dispositions du jugement touchant les intérêts civils rendrait son appel irrecevable (arg. art. 2046) (2).

2° Les *personnes civilement responsables*. — En leur accordant personnellement la faculté d'appeler, l'art. 202 prouve qu'elles peuvent en user sans avoir égard au parti que prend le prévenu. Elles peuvent donc appeler quand il acquiesce, et acquiescer quand il appelle. En principe d'ailleurs, toutes les personnes tenues avec d'autres ou pour d'autres usent séparément des voies de recours et par conséquent doivent accomplir, chacune pour son propre compte, les actes de procédure que ces recours nécessitent. — La solidarité des débiteurs apporte une exception à cette règle : les actes de procédure accomplis par l'un, soit pour faire courir les délais d'appel, soit pour interjeter appel, dispensent les autres d'en faire de semblables. Pour en profiter, il leur suffit de comparaître et de conclure en cause d'appel : on ne peut leur opposer la forclusion. Mais, d'un autre côté, s'il leur plaît d'accepter en ce qui les concerne le jugement de première instance, ils en ont le droit. Ils pourront donc négliger d'user personnellement du second degré de juridiction : dans ce cas, l'arrêt intervenu sur l'appel de l'un d'eux pourra être invoqué par les non-appelants, s'il améliore leur situation ; mais il ne pourra leur être opposé, s'il l'aggrave. Supposons qu'il l'aggrave : la situation respective de la partie poursuivante et des condamnés non appelants, et celle de ceux-ci envers leur codébiteur appelant demeurera réglée par le jugement de première instance (3). Nous appliquerons toutes ces solutions à l'appel du prévenu par rapport aux personnes civilement responsables et réciproquement (4), mais non à l'appel d'un coprévenu, condamné à l'amende, par rapport à ses coprévenus également condamnés à des amendes, parce que la solidarité des amendes ne remonte pas au delà des décisions définitives qui les prononcent (5).

(1) Cass. 10 juin 1836 (B. 185) ; F. Hélie, VII, 2995. — Comp. pour l'acquiescement du prévenu aux condamnations prononcées par les tribunaux de simple police : Cass. 21 août et 22 nov. 1884 (D. 85, 1, 428).

(2) *Sic* : Rodière, p. 371. — *Contrà* : Garraud, *Précis*, 588.

(3) Cette théorie de la *représentation imparfaite* appliquée aux actes de procédure et aux jugements auxquels n'a participé qu'un seul des codébiteurs solidaires est controversée. *Sic* : Aubry et Rau, VIII, § 769, texte et note 52 (4° édit.) ; Dalloz, V° *Obligat.* 1421, 1422, 1427, 1429.

(4) Lyon, 14 août 1884 (D. 86, 2, 78).

(5) Ballot, *Rev. de Dr. franç.*, V, 1848, p. 461 et les arrêts cités par Fuzier Herman, *Rép.*, V° *Appel en mat. répressive*, 925. — Je rectifie, pour la raison

3° La *partie civile* a le droit d'appeler quant à ses intérêts civils seulement. Son appel par conséquent ne renouvelle pas l'impulsion que sa citation avait donnée à l'action publique, et le jugement de relaxe devra être maintenu au point de vue pénal, si la partie civile seule en a appelé (1).

4° Les *administrations publiques* qui participent à l'exercice de l'action publique ont aussi le droit d'appel. L'art. 202 ne vise que l'administration forestière, mais il faut l'étendre aux douanes, aux contributions indirectes, aux octrois. Leur appel produit les mêmes effets que celui du ministère public, dans la mesure où l'exercice de l'action publique leur est imparti. Mais leur droit de transaction les rend irrecevables à interjeter appel d'un jugement auquel elles auraient acquiescé.

5° et 6° Le *procureur de la République* et le *procureur général* ont chacun personnellement la faculté d'appeler. Le procureur de la République n'a donc pas à attendre les ordres de son chef hiérarchique. S'il se laisse forclore, le procureur général sauvegarde les intérêts de la Société par son appel qu'il peut interjeter dans un délai plus long. Il peut aussi appeler sur des points différents de ceux auxquels le procureur de la République a restreint son appel.

1140. De quels jugements on peut appeler. — On peut appeler de tous les jugements rendus par les tribunaux correctionnels comme juridiction du premier degré. Telle est l'idée qu'exprime assez mal l'article 199 : « les jugements rendus en matière correctionnelle pourront être attaqués par la voie de l'appel. » L'expression *matière correctionnelle* est inexacte, car si une loi prescrivait de porter directement une contravention devant le tribunal correctionnel sans dire que le jugement serait en dernier ressort, l'appel de ce jugement serait recevable (2).

1141. L'appel des jugements correctionnels ne peut pas toujours être relevé au même moment. Il faut, à cet égard, distinguer les jugements définitifs et les jugements d'instruction. — On entend ici par jugements *définitifs*, non seulement ceux qui statuent sur le *fond*, mais encore ceux qui statuent sur une *demande incidente, indépendante du fond* (jugements d'*incompétence* ou *provisoires*), parce qu'ils terminent le procès sur un point de détail, comme les premiers le terminent sur le point principal. L'appel des jugements définitifs est immédiatement

---

donnée au texte, l'opinion contraire que j'avais émise, quant aux coprévenus dans ma première édition.

(1) Peut-elle appeler de tous les jugements d'incompétence ? V. sur la question : TRÉBUTIEN, II, p. 511 ; MERLIN, *Quest. de Droit*, V° *Appel*, § 2, n° 6 ; DALLOZ, V° *Appel en mat. crim.*, 169.

(2) Une particularité de ce genre existait autrefois pour l'exercice illégal de la médecine, sans usurpation de diplôme, sous la loi du 19 vent. an XI, art. 35, 36 ; elle a disparu avec la loi du 30 nov. 1892, art. 18, qui a érigé ce fait en délit : Cass. 12 nov. 1842 (S. 43,1,650).

recevable, et il ne peut être différé. — L'appel des jugements interlocutoires, au contraire, peut être immédiatement interjeté, ou différé jusqu'après le jugement définitif. — Celui des jugements préparatoires doit nécessairement être différé jusqu'à cette époque. Voici la raison de ces distinctions : dès qu'un jugement cause un grief immédiat et irréparable, l'appel ne peut être différé. Si le grief est immédiat, mais réparable (et c'est le cas pour les jugements interlocutoires), on peut en appeler tout de suite, ou bien attendre le moment où le préjudice ne pourra plus être réparé en première instance, c'est-à-dire le jugement définitif. Enfin, s'il n'y a pas de préjudice immédiat, comme dans les jugements préparatoires, parce qu'ils ne font pas pressentir l'opinion du juge, l'appel n'est pas actuellement recevable.

1142. Lorsqu'un jugement contient plusieurs dispositions indépendantes les unes des autres, l'appel peut être restreint à certaines d'entre elles.

1143. Les motifs d'un jugement ne donnent pas prise à l'appel, parce qu'ils ne sont que des raisonnements, des opinions ; le dispositif seul peut léser les parties. Mais si dans les motifs d'un jugement les parties ou des tiers se trouvaient diffamés sans nécessité, ou injuriés, les juges pourraient être *pris à partie* (1).

1144. Formes et délais de l'appel. — 1° *Forme et délai ordinaires.* — *a)* L'appel doit être *formé* par une déclaration au greffe du tribunal qui a rendu le jugement (art. 203). Cette déclaration peut être faite en personne ou par mandataire (arg. art. 204). Elle n'a pas besoin d'être signée de l'appelant, quoiqu'il soit d'usage d'exiger sa signature, car le greffier, officier public, a qualité pour constater authentiquement les déclarations que la loi lui prescrit de recevoir.

Une requête contenant les moyens d'appel *peut* être remise à l'appui. La signature de l'appelant ou de son mandataire est exigée au pied de cette requête.

Les avoués n'ont pas à justifier de leur mandat tant pour faire la déclaration que pour déposer et signer la requête. Les autres mandataires, l'avocat lui-même, sont tenus de produire et de déposer au greffe la procuration spéciale en vertu de laquelle ils agissent (2).

La requête permet à un prévenu en liberté de soumettre à la Cour les moyens d'appel, tout en se dispensant de comparaître et de faire plaider

---

(1) HÉLIE, VI, 2992 et les arrêts qu'il cite.
(2) Cass. 19 fév. 1836 ; 18 mai 1824 ; 8 oct. 1829. — On verra *infrà*, n° 1207 que la jurisprudence considère le pourvoi en cassation comme une *suite de la défense* et permet en conséquence à l'avocat de le faire pour son client sans mandat spécial. Ces solutions différentes tiennent peut-être à la différence que la jurisprudence fait entre les effets du désistement de l'appel et ceux du désistement du pourvoi (*supra*, n° 366).

sa cause. Aussi, la loi autorise-t-elle sa remise directe au greffe de la Cour d'appel.

1145. *b*) Le *délai* ordinaire de l'appel est de dix jours pleins à compter de celui où le jugement a été prononcé, s'il est contradictoire ; — et de dix jours pleins, plus un jour par trois myriamètres de distance, à compter de la signification, s'il est fait par défaut.

Le même jugement pouvant être contradictoire pour l'une des parties privées et par défaut pour l'autre, et pouvant aussi avoir, sur des chefs différents, l'un ou l'autre de ces caractères par rapport à la même partie, le point de départ et la durée du délai d'appel seront différents suivant les personnes qui feront appel, ou suivant les chefs du jugement dont il sera appelé (1).

1146. Comment le délai d'appel se combine-t-il pour les jugements par défaut avec le délai d'opposition ? — Dans la procédure civile l'appel n'est recevable qu'après l'expiration du délai d'opposition (art. 455, C. proc.). Un avis du Conseil d'Etat (18 fév. 1806), rendu sous le Code de l'an IV, décida qu'il devait en être de même pour l'appel des jugements correctionnels. Certains auteurs ont admis cette solution sous le Code d'instruction criminelle (2). Mais leur opinion doit être rejetée parce que le Code de 1808 a réglé la matière de l'opposition, ce que n'avait point fait le Code de l'an IV.

D'autres auteurs ont pensé que le délai d'opposition s'imputait sur le délai d'appel et le diminuait d'autant : pendant les cinq premiers jours le défaillant ne pourrait faire qu'opposition, et il aurait les cinq jours suivants pour faire appel (3). — Cette interprétation réduit illégalement le délai d'appel. L'imputation de ce délai sur celui d'opposition n'exige pas d'ailleurs qu'on supprime l'exercice d'une de ces voies de recours pendant la partie du délai qui leur est commune.

Aussi l'opinion générale est-elle que ces deux délais courent parallèlement à partir de la même date : pendant les cinq premiers jours le défaillant peut, à son choix, faire opposition ou appel ; pendant les cinq autres, l'appel seul est recevable (4).

1147. Le défaillant peut-il faire appel avant la signification du jugement par défaut ? L'affirmative nous paraît certaine : la signification met seulement le défaillant *en demeure* de faire appel ; mais la faculté d'appeler existe et peut être exercée à compter du jugement.

---

(1) Tous les jugements étant contradictoires à l'égard du ministère public, la jurisprudence en a conclu que le délai d'appel courait contre lui du jugement par défaut, malgré l'opposition du prévenu, pourvu que le jugement rendu sur l'opposition vint confirmer le jugement primitif : Paris, 4 fév. 1896 (*La Loi*, 3 mars).
(2) Bourguignon, art. 150 ; Legraverend, II, p. 311.
(3) Carnot, I, p. 565.
(4) Rodière, p. 365 ; Trébutien II, p. 504 ; F. Hélie, VI, 3002 ; Garraud, 590 ; Cass. 23 sept. 1841 (B. 287) ; 9 août 1872, etc.

1148. Cette hypothèse (1) fait surgir une autre question : le défaillant qui a fait appel peut-il s'en désister pour prendre la voie de l'opposition? — Non, dit-on dans une première opinion, parce qu'en faisant appel il a renoncé tacitement à faire opposition (2). — Nous acceptons cette solution pour les condamnations civiles ; mais, à l'égard des condamnations pénales, les voies de recours sont d'ordre public et il est impossible d'y renoncer expressément ou tacitement ; on ne peut que se laisser forclore du délai imparti pour les exercer (3). Le prévenu pourra donc se désister de l'appel qu'il avait formé à l'encontre du ministère public, pour faire rétracter par voie d'opposition la condamnation pénale. De son côté le ministère public ne pourrait, en faisant appel, paralyser l'effet de ce désistement, parce que l'opposition du prévenu, une fois formée, efface d'une manière absolue le jugement (4).

1149. Formes et délais exceptionnels. — 1° *Appel du procureur général*. — Pour cet appel, la déclaration au greffe est remplacée par une *notification* « soit au prévenu, soit à la personne civilement responsable » (art. 205). La loi n'ayant prescrit aucune forme particulière relativement à cette notification, on en a conclu : *a*) qu'elle pouvait être faite dans la citation même par laquelle le procureur général assigne le prévenu devant la Cour pour voir statuer sur son propre appel ; — *b*) qu'elle pouvait avoir lieu verbalement à l'audience. Mais cette notification verbale exige la présence de la partie contre qui le procureur général relève appel et une déclaration expresse d'appel (5).

Le délai imparti au procureur général est normalement de deux mois à compter du jour de la prononciation du jugement ; mais il peut être abrégé de deux manières : 1°) si le prévenu ou la personne civilement responsable signifie le jugement au procureur général, celui-ci n'a plus qu'un mois à compter de cette notification pour en appeler (art. 205) ; — 2°) si le prévenu ou le procureur de la République ont fait appel, le procureur général doit notifier le sien avant que la Cour ait statué, sinon,

---

(1) Le désistement de l'appel devant être constaté par un arrêt qui en donne acte, le temps nécessaire pour accomplir les formalités de la mise en état empêche pratiquement la question de se poser lorsque l'appel a été interjeté *après* la signification du jugement par défaut.

(2) *Sic* : F. Hélie, *Prat. crim.*, I, 514 et les motifs de trois arrêts de cassation, 27 déc. 1823 ; 19 av. 1833 ; 23 sept. 1841. Dalloz, V° *Appel en mat. crim.*, 219.

(3) V. sur le principe : Cass. 20 mars 1884 (D. 86, 1, 179). Il s'agissait de la validité d'un appel interjeté contre un jugement de simple police, non signifié, après un pourvoi en cassation dont l'appelant s'était désisté.

(4) S'il y avait dans ce cas appel de la partie civile, il faudrait surseoir à statuer sur cet appel jusqu'à ce que l'opposition ne fût plus recevable ou qu'il y eût été statué, pour éviter l'épuisement de la juridiction du second degré.

(5) Les actes de procédure n'admettent pas d'équivalent : ainsi de simples conclusions à la réformation du jugement de relaxe et à l'application d'une peine ne suffiraient pas pour saisir la Cour de l'appel du procureur général : Cass. 22 août 1846 (B. 220) ; 27 nov. 1858 (S. 59, 1, 275) ; 26 juil. et 2 août 1878 (D. 79, 1, 142-47).

l'action publique étant épuisée devant la Cour, il ne pourrait être statué sur son appel (1).

1150. 2° *Appel en matière de contributions indirectes.* — Le décret du 1ᵉʳ germinal an XIII, art. 32, fixe pour cet appel un délai de *huitaine* à compter de la signification du jugement. Il suit de là qu'il est nécessaire de signifier les jugements contradictoires aussi bien que les jugements par défaut pour faire courir le délai d'appel.

Sa forme est une notification par acte d'huissier portant assignation à trois jours, plus un jour par deux myriamètres de distance du domicile du défendeur au chef-lieu de la Cour d'appel (2).

1151. Observations communes. — 1°) Les formes et délais prescrits pour chaque genre d'appel doivent être observés à peine de nullité (art. 203, 205) (3).

2°) La déclaration d'appel peut être faite à la fin du dernier jour du délai ; par conséquent, même un jour férié, même quelques minutes avant minuit. Les règlements qui déterminent les heures d'ouverture du greffe ne peuvent restreindre l'exercice de cette faculté, car, d'un côté, les délais des voies de recours en matière pénale sont d'ordre public et, d'un autre côté, la justice criminelle ne vaque pas. Aussi, quand le greffe est fermé, l'appel doit être reçu par le greffier à son domicile particulier (4). S'il refusait de le recevoir on pourrait le lui signifier par acte d'huissier.

3°) Les délais d'appel ne peuvent être prorogés, ni du consentement des parties ou du juge, — ni par des réserves, — ni par la théorie de l'appel incident. — Les art. 203, 205 impartissant en effet les délais d'appel à peine de *déchéance*, cela exclut toute prorogation ; et la déchéance étant d'ordre public, comme le délai qu'elle sanctionne, doit être prononcée d'office sans pouvoir être couverte par un acquiescement. — Les réserves ne peuvent remplacer les actes qu'elles annoncent : la réserve de faire appel indique seulement l'intention de faire appel ; mais il ne suffit pas que l'intention se manifeste dans le délai ; il faut que l'acte

---

(1) F. Hélie, *Prat. crim.*, I, 518.

(2) Malgré l'analogie des matières, l'appel pour les infractions de douanes (Dalloz, V° *Douanes*, 953) et d'octroi (Cass. 10 juil. 1885, D. 86, 1, 276) est régi par le Code d'instruction criminelle. On présente encore comme soumis à des règles particulières l'appel des *jugements sur récusation*. Mais c'est une question discutée que de savoir si cet appel doit être interjeté dans la forme prescrite par l'art. 392, C. proc. civ. ; ou bien s'il ne déroge aux règles du Code d'instruction criminelle que par l'abréviation de son délai. V. F. Hélie, VI, 3015 ; Berriat-St-Prix, 1077.

(3) Cass. 22 mai 1835 ; 18 fév. 1854 (Appel *notifié*, au lieu d'être fait au greffe ; ou bien *fait au greffe*, quand il devait être notifié).

(4) Dalloz, V° *Jour férié*, 32-37. Arg. d'analogie de l'art. 417 qui porte que le pourvoi en cassation pourra être déclaré « *au greffier* », bien qu'en principe il doive être déclaré au *greffe* (art. 373). — Certains Codes ne reproduisent point cette différence de rédaction entre les deux articles.

lui-même intervienne (1). — La théorie de l'appel incident permet, en procédure civile, à la partie qui n'a pas interjeté appel dans les délais, de le faire sous la forme d'une demande reconventionnelle opposée à l'appel relevé par son adversaire (art. 443, C. proc.). C'est donc un appel formé en dehors des délais. Rien de semblable n'existe dans la procédure pénale. Et pourtant, l'on dit tous les jours que le procureur général *fait appel incident*, quand il notifie verbalement son appel au prévenu à l'audience de la Cour saisie de l'appel de ce dernier. Ce langage est incorrect, car l'on suppose que le procureur général est encore dans les délais (2).

4°) Un cas de force majeure qui empêcherait de faire appel dans le délai entraînerait-il une prorogation ? Oui, si l'empêchement avait existé pendant toute sa durée. Non, dans le cas contraire. En effet, les délais impartis à peine de déchéance ne comportent pas de suspension, dès qu'ils ont pu utilement commencer (3).

5°) L'appel annulé pour défaut de forme peut être renouvelé si on est encore dans le délai. Pratiquement le cas se présente pour les jugements par défaut non signifiés (4).

1152. Effets de l'appel. — L'appel a un effet *suspensif* et un effet *dévolutif* et il peut donner lieu à l'exercice du droit d'*évocation*.

1° *L'effet suspensif* est le premier qui se produit dans l'ordre chronologique : il est attaché en effet non seulement à l'appel formé ; mais encore au délai, suivant un principe général déjà rappelé.

1153. Il n'existe pas toujours : *a*) l'*exécution provisoire*, dont nous avons indiqué ci-dessus les cas d'application, le supprime en effet. *b*) De plus il ne nous paraît attaché qu'au délai ordinaire de *dix jours* accordé aux parties en cause : passé ce délai, le jugement devient susceptible d'exécution bien que la voie de l'appel reste ouverte au procureur général. L'art. 205, en effet, ne reproduit pas la disposition de l'art. 203 § 2 relative à l'effet suspensif. — Le délai d'appel du procureur général est exceptionnel. — L'intérêt de la répression exige que l'exécution du jugement ne soit pas retardée jusqu'à son expiration. — Il serait bizarre que le procureur général étant d'accord avec le procureur de la République pour trouver la condamnation juste et proportionnée au délit, cette condamnation ne put s'exécuter, alors que de son côté le condamné ne peut plus la faire réformer. — Enfin l'art. 187 fournit un argument d'analogie en n'attachant l'effet suspensif qu'au délai *ordinaire* de l'opposition, et l'art. 206 (texte de 1810) nous montre l'effet non suspensif

---

(1) Cass. 2 août 1821 (*J. Pal.* XVI, p. 823).
(2) F. Hélie, VI, 3009, 3012 ; Cass. 27 déc. 1811 (*J. Pal.* XI, p. 803). — Comp. Agen 13 fév. 1879 (D. 80, 2, 1873) sur l'appel de la *partie civile*.
(3) Cass. 29 juil. 1880 (D. 81, 1, 185).
(4) Cass. 11 mars (Dalloz, V° *Impôts indir.*, 531).

de l'appel du procureur général quant au jugement de relaxe (1).

1154. 2° *Effet dévolutif.* — L'appel défère au juge du second degré les points de fait et de droit sur lesquels a statué le juge du premier degré : c'est là ce qu'on appelle son effet dévolutif. Il faut étudier ce second effet de l'appel au point de vue de son *étendue* d'abord, puis de son *intensité*.

a) *Étendue de l'appel dévolutif.* — L'appel a son maximum d'étendue lorsqu'il soumet à la Cour tous les délits ou toutes les demandes dont le tribunal correctionnel a été saisi. La citation donnée en première instance fixe donc une limite que la juridiction du second degré ne saurait dépasser (2). L'art. 462 du Code de procédure défend en effet de former en appel une demande nouvelle.

Mais l'appel n'a pas nécessairement toute cette étendue, il peut être restreint à certains chefs du jugement. Il faut donc consulter l'acte d'appel pour savoir de quoi la Cour est saisie. Par exemple quand plusieurs délits ont été compris dans la même poursuite, si l'appel ne porte que sur un chef du jugement relatif à l'un d'entre eux, la Cour ne peut connaître que de celui-là. Peu importe d'ailleurs par qui l'appel a été formé, que ce soit par le ministère public ou par l'une des parties privées. De même, quand la partie civile a fait appel d'un jugement qui a déclaré sa constitution irrecevable, la Cour ne peut juger le fond.

1155. D'ailleurs si les demandes nouvelles sont interdites en appel, les moyens nouveaux ne le sont pas. On peut, par exemple, donner au fait une qualification nouvelle, relever des faits nouveaux si le délit est collectif, ajouter un fait accessoire tel qu'une circonstance aggravante ou l'état de récidive (3). L'essentiel est que la Cour statue sur la *même prévention* ; et pour déterminer la portée de cette expression, il nous suffira de renvoyer aux explications que nous avons données précédemment sur les faits et qualifications qui peuvent faire l'objet d'une question résultant des débats devant la Cour d'assises.

La partie civile peut-elle élever en appel le chiffre de sa demande en dommages-intérêts ? — Oui, sans difficulté, si le préjudice s'est aggravé depuis le jugement de première instance (arg. art. 464 § 2, C. proc.).

— Mais s'il s'agit du préjudice causé par le délit antérieurement à la citation en première instance, la question est controversée : Les uns disent que le chiffre demandé est l'*objet* de la demande ; élever ce chiffre serait donc former en appel une demande nouvelle (4). — D'autres répondent

---

(1) La pratique est en ce sens, malgré quelques arrêts de cours d'appel qui ont fixé le point de départ de la prescription de la peine après l'expiration du délai de 2 mois (D. 55, 1, 219 de la note).— *Contrà* : F. Hélie, VI, 3023 ; Garraud, 594.

(2) Cass. 6 déc. 1861 (B. 269) ; 8 déc. 1878 (B. 242).

(3) Cass. 13 août 1866 (B. 302) ; Cass. 24 mai 1851 ; Cass. 29 juin 1855 ; 8 fév. 1821. — Rolland de Villargues, art. 202, n° 155.

(4) Dalloz, V° *Demande nouvelle*, 284.

que l'objet de la demande est la réparation du préjudice par une allocation de dommages-intérêts : le chiffre de la demande peut donc être élevé sans que son objet soit changé (1). Théoriquement le second système nous paraît exact ; mais le chiffre primitivement indiqué par la partie civile est un aveu que le dommage ne dépasse pas cette limite, et pratiquement cet aveu ne pourra être rétracté qu'autant que le demandeur rapportera la preuve des circonstances qui ont pu lui faire commettre une erreur d'appréciation.

1156. b) *Intensité de l'effet dévolutif.* — Au point de vue de l'intensité de son effet dévolutif, l'appel du ministère public diffère beaucoup de l'appel des parties privées.

1° *L'appel du ministère public* saisit pleinement le juge du second degré de l'action publique quant aux délits auxquels il se rapporte : il lui donne la faculté non seulement d'aggraver ou de maintenir la peine, mais encore de l'abaisser et même de relaxer le prévenu. Les premiers auteurs qui ont écrit sur le Code d'instruction criminelle n'admettaient pas ce résultat : ils faisaient dépendre les pouvoirs du juge d'appel de la volonté du ministère public, et ils distinguaient l'appel *a minima* de l'appel *a maxima*. Le premier n'autorisait que l'élévation ou le maintien de la peine ; le second était fait au contraire en vue de l'atténuer ou de l'exclure (2). Mais on s'est depuis longtemps rangé à cette idée, que l'action du ministère public, exercée au nom de la société, ne peut avoir pour résultat de faire maintenir une condamnation trop sévère ou injuste. Saisie de cet appel, la Cour doit examiner si la loi a été bien appliquée et réformer, s'il y a lieu, le jugement dans le sens de l'indulgence, comme dans celui de la sévérité. On peut dire que tout appel du ministère public est à la fois *a minima* et *a maxima*. Le ministère public ne pourrait même pas restreindre son appel à certains prévenus : la Cour se trouve saisie de la poursuite à l'égard de tous les prévenus du délit auquel il se rapporte (3).

1157. 2° *L'appel des parties privées* ne saisit la Cour que dans la limite de leurs conclusions. De là deux conséquences :

a) La réformation du jugement ne sera prononcée que relativement aux *personnes* contre qui l'appel est dirigé.

b) Elle ne pourra avoir lieu dans un sens défavorable à l'appelant (Av. Cons. d'Etat, 12 nov. 1806). En conséquence, saisie de *l'appel du*

---

(1) Cass. 7 déc. 1866 (B. 255).
(2) MERLIN, *Quest. de Droit*, V° *Appel*, n° 5 ; LEGRAVEREND, II, 398 ; BOURGUIGNON, I, p. 358, n° 8 ; CARNOT, art. 202 ; BOITARD, 723 ; LE SELLYER, *Act. pub. et privée*, I, 129.
(3) BERRIAT-ST-PRIX, II, 1140 ; F. HÉLIE, VI, 3043 ; MORIN, *Rép.* V° *Appel*, n° 37 ; TRÉBUTIEN, II, p. 509 ; GARRAUD, 595 ; VILLEY, p. 396, et la jurisprudence depuis 1843. Derniers arrêts : Cass. 27 déc. 1879 (S. 81, 1, 487) ; Cass. 30 juil. 1875 (B. 143).

prévenu, la Cour aura la faculté de relaxer, de diminuer la peine ou les dommages-intérêts, d'imputer la détention préventive. Mais elle ne pourrait faire le contraire (1). — Elle ne pourrait pas non plus se déclarer incompétente, s'il ne le réclame point, sous prétexte que le fait constitue un crime ; elle n'est saisie en effet que d'une demande en relaxe ou en diminution de peine (2).

1158. Saisie de l'*appel de la partie civile*, la Cour ne peut rejeter ni diminuer l'allocation de dommages-intérêts qu'elle a obtenue ; mais elle peut la maintenir, l'augmenter, l'accorder si elle avait été refusée.

Peut elle, dans ce dernier cas, qualifier le fait au point de vue pénal, dire qu'il constitue tel ou tel délit ? ou bien doit-elle simplement relever le délit civil ? — On a dit que l'influence de la chose jugée au criminel sur le civil écartait toute qualification pénale du fait dans le jugement des intérêts civils. Nous ne le pensons pas : le droit d'appel reconnu individuellement au ministère public et à la partie civile conduit forcément à ce résultat, que le juge d'appel peut faire exactement, dans l'intérêt de l'appelant, ce qu'avait le droit de faire le juge de première instance. Il doit donc comme lui : 1°) constater et *qualifier* le fait, 2°) déclarer la culpabilité, 3°) prononcer, suivant la qualité de l'appelant, la condamnation pénale ou civile qui en dérive. D'ailleurs, la chose jugée sur l'action publique n'étant pas opposable à la partie civile qui a fait appel du jugement de relaxe, devenu définitif faute d'appel du ministère public, son action, portée devant la juridiction du second degré, n'a pas changé de qualification : c'est l'action civile. Or, pour affirmer sa compétence quant à cette action, la Cour d'appel est bien obligée de donner au fait sa qualification pénale. — Il faut enfin qu'il en soit ainsi pour que la contrainte par corps puisse être employée par la partie civile (art. 5, L. 22 juil. 1867) (3).

La Cour pourrait-elle, sur l'appel de la partie civile, se déclarer incompétente sous prétexte que le fait constitue un crime ? — Il faut distinguer : s'il y a jugement de relaxe, la Cour est obligée d'affirmer sa compétence pour le réformer ; elle est saisie par conséquent de la question de compétence. — Mais s'il y a eu condamnation, la Cour n'est saisie que de l'examen du montant des dommages-intérêts ; elle doit tenir pour cer-

---

(1) Cass. 13 juin 1859 (B. 219) ; 13 mars 1878 (S. 79, 1, 93) ; 24 juin, 13 janv., 4 août 1893 (*Rev. crit.* 1894, p. 1-7). On décide cependant qu'elle peut augmenter l'amende si elle supprime l'emprisonnement : Cass. 26 fév. 1869 (S. 69, 1, 481).
(2) Cass. 30 janv. 1847 (*Pal.* 49, 1, 666).
(3) *Sic* : F. Hélie, VI, 3040 ; Le Sellyer, *Act. pub. et priv.*, I, 101 ; Trébutien, II, p. 511 ; Cass. 7 janv. 1865 (B. 5) ; Lyon, 21 déc. 1883 (S. 85, 2, 41 et la note de M. Villey). — Comp. Cass. 18 déc. 1874 (S. 75, 1, 136). — *Contrà* : Carnot, II, p. 111, n° 21. — Morin, V° *Appel*, p. 63, 64, soutient que la qualification pénale du fait doit se trouver dans les *motifs*, mais non dans le *dispositif* du jugement. Cette distinction est sans intérêt.

taine la qualification de délit donnée en première instance à l'infraction (1).

1159. Quelle est l'intensité de l'effet dévolutif de l'appel interjeté soit par les *administrations fiscales* dans la poursuite des délits, dont elles ont la surveillance, soit par la *partie civile dans les délits privés* ? Selon nous, il faut assimiler cet appel à celui du ministère public. Le caractère de délits privés, reconnu à ces infractions, doit faire considérer les administrations et l'époux outragé comme exerçant à la fois l'action publique et l'action civile : le droit qu'ils ont d'éteindre l'action publique par une transaction ou un désistement emporte *a fortiori* celui de l'exercer (2).

1160. *Le droit d'évocation* est la faculté qu'a la Cour de se saisir du fond du procès, après avoir réformé un jugement pour une cause étrangère au fond. Elle étend ainsi l'effet dévolutif de l'appel. Nous entrerons dans plus de détails en traitant des arrêts que peut rendre la Cour dans le jugement de l'appel.

1161. Jugement de l'appel. — 1° *Mise en état.* — Aussitôt l'appel formé, le ministère public est chargé de mettre l'affaire en état de recevoir jugement. Le procureur de la République réunit les pièces du dossier et les envoie au greffe de la Cour d'appel. Il fait aussi transférer dans la maison d'arrêt du siège de la Cour le prévenu détenu (art. 207). Le procureur général fait citer les parties intéressées pour l'audience où l'appel doit être jugé. Aucun texte précis ne le charge de cette citation ; mais elle rentre dans la mission générale du ministère public faisant partie de la juridiction devant laquelle une affaire est renvoyée. Il a ce devoir, même lorsque l'appel est relevé par la partie civile (3).

Le délai pour l'envoi des pièces et le transfert du prévenu est de vingt-quatre heures à compter de la déclaration ou de la remise de la notification d'appel. Celui imparti pour le jugement de l'appel est de un mois (art. 207, 209). Ces délais sont simplement réglementaires ; il n'y aurait pas nullité s'ils étaient dépassés ; on peut évacuer l'appel pendant tout le délai de la prescription (4). Mais des retards non motivés par les be-

---

(1) Cass. 7 janv. 1865 (B. 5) ; Paris, 23 fév. 1883 (S. 84, 2, 94) ; Toulouse, 21 fév. 1878 (S. 78, 2, 112).
(2) *Sic* : Sans difficulté pour l'administration forestière, parce que les art. 202, C. i. c. et 183, C. for. leur donnent nominativement le droit de faire appel. — Pour l'appel de l'époux outragé, la jurisprudence accepte la même solution : Cass. 3 sept. 1831 ; 19 oct. 1837 ; 5 août 1841; 3 mai 1850 (S. 50, 1, 556). — *Contrà* : Cass. 26 juill. 1828. V. Fuzier-Herman, V° *Appel en mat. répres.* n°s 951-1006. Elle assimile au contraire à l'appel de la partie civile celui de l'administration des contributions indirectes ou des douanes : Cass. 9 mai 1812 ; 7 mai 1813 ; Toulouse, 5 janv. 1883 (S. 83, 2, 185).
(3) Arg. art. 132, 160, 217. Cass. 2 janv. 1869 (S. 69, 1, 367).
(4) Cass. 15 mai 1869 (D. 70, 1, 436).

soins du service pourraient donner lieu à la prise à partie des magistrats chargés de la mise en état ou du jugement de l'appel.

Le délai *de comparution* est le même qu'en première instance.

1162. 2° *Procédure à l'audience.* — Elle se compose : *a*) d'un rapport fait par un membre de la Chambre; — *b*) de l'interrogatoire du prévenu; — *c*) parfois de l'audition des témoins ; — *d*) enfin du réquisitoire et des plaidoiries. Leur ordre devrait être le même qu'en première instance, aux termes de l'art. 210 ; cependant il est d'usage que l'appelant parle le premier, afin d'exposer ses griefs contre le jugement. Mais, dans les répliques, on observe la règle que le prévenu doit toujours avoir la parole le dernier.

Des trois formalités qui précèdent le réquisitoire et les plaidoiries, une seule est prescrite expressément par l'art. 209 et considérée comme substantielle : c'est le rapport (1).

L'audition des témoins est généralement abandonnée à la discrétion de la Cour, parce que le rapport et les notes d'audience y suppléent (2). Elle devient nécessaire s'il n'y a pas eu d'enquête en première instance, soit parce que le prévenu était jugé par défaut, soit parce que le tribunal ne l'a pas admis à prouver certains faits dont il offrait la preuve, soit parce qu'il s'agit de prouver en appel des faits sur lesquels l'enquête n'a point porté (3). Elle a lieu *de plano*, comme en première instance, sans arrêt préalable pour l'autoriser (4).

1163. 3° *Arrêts.* — Les arrêts rendus par le juge correctionnel du second degré peuvent être aussi nombreux et de même nature que les jugements prononcés par le juge de première instance. L'art. 211 les soumet aux mêmes règles.

Les articles suivants visent trois hypothèses pratiques qui exigent quelques explications. Ils ont trait à la mission du juge d'appel.

1164. 1er *cas* : « Le jugement attaqué est régulier en la forme, — rendu par un tribunal compétent, — et il statue au fond. » La Cour n'a qu'à vérifier le bien ou le mal jugé. Si elle relaxe le prévenu, elle statue sur la demande reconventionnelle en dommages-intérêts qu'il peut former contre la partie civile (art. 212 ; comp. art. 191). — Si elle relaxe un prévenu détenu, si elle le condamne à une simple amende, ou si elle absorbe en entier par l'imputation de la détention préventive la peine qu'elle prononce (5), elle ordonne qu'il sera immédiatement et nonobstant pourvoi en cassation mis en liberté (arg. art. 206).

---

(1) Cass. 2 sept. 1880 (S. 82, 1, 48). Ce rapport n'est pas nécessaire lorsqu'il s'agit d'une demande formée pour la première fois en appel ; par exemple une demande en communication de pièces. Cass. 2 août 1895 (*Lois nouv*. 95, 2, 173).
(2) Cass. 3 janv. 1880 (B. 9) ; 13 fév. 1885 (B. 60).
(3) Cass. 24 juill. 1863 (S. 63, 1, 552) ; 6 août 1885 (D. 86, 1, 351).
(4) Cass. 19 nov. 1880 (B. 20).
(5) Certains de ces points sont controversés, voir *suprà*, n° 1115.

1165. 2° *cas* : « Le jugement attaqué est régulier en la forme et il statue au fond, mais il émane d'un tribunal incompétent. » Si l'incompétence est *ratione materiæ* parce que le fait constitue une contravention de police ou un crime, l'on retrouve dans les art. 213 et 214 les dispositions des art. 192 et 193, mais avec une nuance pour l'hypothèse où il y a crime : le tribunal correctionnel doit en effet se dessaisir sans renvoi, s'il y a eu instruction préparatoire, parce qu'il ne peut saisir que le juge d'instruction de son arrondissement, et que ce magistrat ne peut connaître une seconde fois de l'affaire dont il s'est dessaisi par une ordonnance de renvoi en police correctionnelle. La Cour au contraire, ayant la faculté de saisir tous les juges d'instruction de son ressort, doit annuler le jugement et renvoyer devant un autre juge d'instruction du ressort pour faire procéder à un nouveau règlement de la procédure.

Si le jugement est annulé pour incompétence *ratione loci*, la Cour prononce le renvoi devant un autre tribunal de son ressort, en supposant que le délit rentre dans la compétence *ratione loci* de ce tribunal (art. 202, C. 3 brum. an IV) (1). Mais si dans le ressort aucun tribunal n'est compétent *ratione loci*, l'annulation du jugement a lieu sans renvoi.

C'est également à une annulation sans renvoi qu'aboutit la réformation d'un jugement rendu par un tribunal correctionnel incompétent *ratione personæ*.

1166. 3° *cas* : « Le jugement attaqué est rendu par un tribunal compétent et statue au fond ; mais il est irrégulier en la forme. » La Cour dans ce cas annule le jugement et *statue sur le fond* (art. 315) ; elle l'*évoque*. L'évocation, dans la procédure pénale, diffère par trois points de l'évocation, dans la procédure civile : *a)* elle est impérativement prescrite à la Cour ; — *b)* il n'est pas nécessaire que l'affaire soit en état de recevoir une décision définitive ; — *c)* il n'est pas dit que l'annulation du jugement et la décision sur le fond doivent être prononcées par un seul et même arrêt (comp. art. 437, Proc. civ.).

1167. Faut-il assimiler à un vice de forme l'*impropriété de la saisine* et reconnaître à la Cour le droit d'évoquer le fond lorsqu'elle déclare que le tribunal a été irrégulièrement saisi par la procédure des flagrants délits ? — L'affirmative admise sans discussion par la jurisprudence nous paraît devoir être repoussée : l'impropriété de la saisine est une variété de l'incompétence ; or, la Cour ne peut acquérir par l'évocation une compétence qu'aucun tribunal de son ressort n'aurait eue (2). Mais

---

(1) Cet article, conservé par la loi du 29 av. 1806 d'où est sorti l'art. 215, est encore en vigueur. Il prescrit de renvoyer l'affaire devant un autre tribunal correctionnel du même *département*, parce que c'était alors le ressort du juge correctionnel du second degré (*le tribunal criminel*) ; mais il faut l'appliquer *mutatis mutandis* au ressort de la Cour d'appel.

(2) Arg. art. 202, C. de l'an IV.

il faut restreindre cette solution à l'hypothèse où le tribunal a été saisi par *conduite immédiate à la barre* ; car, s'il y a eu citation, la saisine est régulière et l'irrégularité consiste uniquement dans l'abréviation du délai ordinaire de comparution ; c'est là un vice de forme qui n'empêche pas l'évocation (1).

1168. L'évocation est-elle possible quand la Cour annule un jugement qui ne statue point sur le fond ? — L'affirmative est admise en jurisprudence. On dit qu'un jugement annulé pour vice de forme devant être considéré comme non avenu, il n'y a pas à rechercher si le fond a été ou non examiné par le premier juge. Mais cette opinion est condamnée par l'esprit de l'art. 215 : cet article, venant après des textes qui prévoient tous un jugement sur le fond, statue vraisemblablement dans la même hypothèse. On prive en outre illégitimement les parties du premier degré de juridiction ; car, si l'on conçoit qu'après une annulation pour vice de forme on puisse éviter le renvoi en première instance d'une affaire dont le juge du premier degré a examiné le fond, on ne conçoit point que la Cour puisse étendre l'effet dévolutif de l'appel au fond du procès qui n'a pas été jugé en première instance (2).

1169. Voies de recours contre les arrêts correctionnels. — Les arrêts rendus par le juge correctionnel du second degré sont susceptibles de deux voies de recours : 1° *l'opposition* s'ils sont par défaut ; — 2° le *pourvoi en cassation*, s'ils sont contradictoires ou si le délai d'opposition est expiré. La première de ces voies de recours s'exerce « dans la même forme et dans les mêmes délais » que lorsqu'elle est dirigée contre un jugement de première instance (art. 208). La seconde suit des règles que nous exposerons bientôt dans un titre spécial.

(1) Les auteurs et les arrêts qui repoussent l'évocation au cas d'annulation du jugement pour impropriété de la saisine ne font pas cette distinction, parce qu'ils considèrent en général que lorsque la procédure des flagrants délits est prohibée, le tribunal est irrégulièrement saisi aussi bien par la citation à bref délai que par la conduite immédiate à la barre : *Sic* : Rennes, 6 janv. 1886 ; Bordeaux, 13 janv. 1886 (*La Loi*, 22 mai 1886, p. 479) ; Limoges, 11 fév. 1886 (*La Loi*, 11 juin); GARRAUD, II, 220. — V. pour l'évocation, dans les deux hypothèses : Nîmes, 15 av. 1886 et Cass. 2 juillet 1886 (S. 86, 1, 399).

(2) *Sic* : F. HÉLIE, VI, 3049, 3051 ; GARRAUD, 595. — L'opinion contraire conduit d'ailleurs à ce résultat, qu'en évoquant sur l'appel de la partie civile dirigé contre un jugement incident, la Cour est obligée de statuer au fond tant *sur l'action publique* que sur l'action civile, celle-ci, en effet, ne peut être jugée en appel, tandis que celle-là serait encore pendante en première instance. *Sic* : Cass. 28 mai 1851 (B. 195) ; 30 janv. 1885 (S. 80, 1, 83). Mais on donne ainsi à l'effet dévolutif de l'appel de la partie civile une extension que repousse expressément l'art. 202. Nouvelle preuve que l'évocation du fond non encore examiné par le premier juge est absolument illégale.

CHAPITRE IV

DES TRIBUNAUX DE SIMPLE POLICE (1).

I. — Organisation des tribunaux de simple police.

1170. Le juge de paix et la Chambre correctionnelle du tribunal de première instance constituent les deux degrés de juridiction en matière de simple police. Le Code d'instruction criminelle établissait deux tribunaux de simple police du premier degré : celui du *maire* et celui du *juge de paix*. La loi du 27 janvier 1873 a supprimé le tribunal du maire qui constituait une anomalie dans notre organisation judiciaire où la justice pénale et la justice civile se trouvent réunies dans les mêmes mains. Depuis cette loi, on ne compte plus qu'un tribunal de simple police par canton, ou par commune divisée en plusieurs cantons (art. 138, 142). L'appel de ses jugements est porté au chef-lieu d'arrondissement devant le tribunal correctionnel (art. 174).

L'art. 141 dit que le juge de paix « connaîtra seul des affaires attribuées à son tribunal ». Cette phrase est une reproduction inutile de l'art. 2 de la loi du 25 vent. an IX, qui a supprimé les *assesseurs* du juge de paix. Elle n'exclut pas des fonctions de juge de police les suppléants du juge de paix, car l'art. 3 de la même loi les appelle à remplacer le titulaire empêché.

Dans les communes divisées en plusieurs cantons, le tribunal de police est tenu à tour de rôle par les divers juges de paix, en commençant par le plus ancien (art. 142). Il peut aussi être divisé en deux sections (art. 143).

Le greffier de la justice de paix fait le service du tribunal de simple police, excepté dans les communes divisées en plusieurs cantons pour lesquelles il y a un greffier spécial. Si le tribunal de police est divisé en deux sections, le greffier titulaire est adjoint à l'une, et un commis assermenté à l'autre (art. 142, 143).

Nous avons exposé, *suprà* n° 657, la composition du parquet.

---

(1) BIBLIOGRAPHIE : BERRIAT-ST-PRIX (Ch.), *Des tribunaux de simple police, de leur procédure et des fonctions des officiers du ministère public qui leur sont attachés*, 2ᵉ édit. 1865, 1 vol. in-8°.

II. — Compétence du tribunal de simple police du 1ᵉʳ degré.

1171. a) *Ratione materiæ*, le juge de simple police est compétent pour juger les infractions passibles d'un emprisonnement non supérieur à cinq jours ou d'une amende non supérieure à quinze francs (art. 137), c'est-à-dire les contraventions de police d'après le critérium de l'article 1ᵉʳ, C. p. Par exception, les contraventions forestières poursuivies par l'administration (C. f., art. 171) sont de la compétence des tribunaux correctionnels ; celles relatives à la grande voirie et aux servitudes militaires sont de la compétence des conseils de préfecture (L. 29 flor. an X, art. 1ᵉʳ ; L. 17 juil. 1819, art. 11).

Que décider pour les infractions punies d'une amende indéterminée ? — Si la loi n'indique aucun élément de calcul, c'est une amende de 1 à 15 fr. ; l'infraction rentre par conséquent dans la compétence du tribunal de simple police. — Mais si la loi subordonne le montant de l'amende à une évaluation du dommage, l'infraction doit être considérée *a priori* comme un délit. Il n'y a point d'inconvénient en effet à saisir le tribunal correctionnel d'un délit qui peut dégénérer en contravention, puisqu'il peut en retenir le jugement (art. 192) ; il y en aurait au contraire à saisir le tribunal de police qui ne peut jamais connaître d'un délit (1).

b) *Ratione personæ*, le juge de simple police est compétent à l'égard de tous prévenus autres que : 1º) les militaires et marins (art. 271, C. J. M. A. T., art. 369, A. M.) ; 2º) le président de la République et les ministres (L. const. 16 juil. 1875, art. 12).

c) *Ratione loci*, un seul tribunal de simple police est compétent, celui du lieu du délit (art. 138). Le peu d'importance des contraventions, l'intérêt tout local de leur répression, l'économie des frais ont fait écarter la compétence du juge du domicile et de celui du lieu de l'arrestation. D'ailleurs, l'arrestation en matière de contravention n'est jamais qu'une mesure de police qui a seulement pour objet de faire interroger le contrevenant par un officier de police judiciaire chargé de constater les contraventions ; elle ne se continue jamais jusqu'à la comparution à l'audience du tribunal de simple police (arg. art. 129).

---

(1) *Sic* : F. Hélie, VI, 2521 ; Berriat-St-Prix, 47 ; Garraud, 553, note ; Villey, p. 318 et la jurisprudence. En conséquence le juge de police n'a pas le droit d'ordonner une expertise préalable pour déterminer sa compétence, et la partie poursuivante ne pourrait pas le rendre compétent en réclamant seulement 15 fr. de dommages-intérêts. Il y a eu cependant sur le second point quelques arrêts dissidents (F. Hélie, *Prat. crim.*, I, 244). — *Contrà* : Le Sellyer, *Compét.*, I, 9, 10, 11.

III. — **Procédure devant le tribunal du premier degré.**

1172. Le juge de simple police et le tribunal correctionnel du premier degré ont une procédure presque identique : aussi, pour éviter des redites, il nous suffira de noter les différences et de renvoyer pour tout le reste à ce qui a été exposé plus haut.

1173. Saisine. — Le tribunal peut être saisi de quatre manières : *a*) par citation directe; — *b*) par comparution volontaire ; — *c*) par renvoi d'une autre juridiction ; — *d*) par requête, lorsqu'il s'agit de prononcer une confiscation contre inconnu.

1° *Citation directe.* — L'art. 145 soulève une double difficulté au point de vue de la remise de la copie et des personnes qui doivent être assignées : « Il en sera laissé copie au prévenu ou à la personne civilement responsable », porte le texte. Cette disjonctive *ou* autorise-t-elle la remise d'une seule copie quand le prévenu et la personne responsable sont tous deux cités ? Autorise-t-elle la citation de la personne responsable sans que le prévenu soit assigné en même temps devant le tribunal ? La négative sur les deux points nous paraît certaine : la disjonctive *ou* ne peut être que le résultat d'une inadvertance ; il faut la remplacer par la conjonctive *et* (1). On est unanime pour admettre cette solution quant à la remise de la copie : du moment en effet qu'on cite deux personnes, il est certain, dit-on, d'après les principes généraux, que chacune doit recevoir sa copie. — Mais des auteurs soutiennent que la personne responsable peut être citée seule, surtout quand le prévenu est un mineur de seize ans ayant agi sans discernement (2). — Nous pensons au contraire qu'une poursuite dirigée contre la personne responsable seule n'est jamais possible devant un tribunal de répression : l'action publique en effet n'est pas recevable contre elle au point de vue de la peine, et sa condamnation aux frais ne peut intervenir sans une condamnation principale (3). Quant à l'action civile qui peut l'atteindre, elle cesse d'être de la compétence des tribunaux de répression lorsqu'elle est intentée séparément de l'action publique. Il ne faut pas confondre d'ailleurs l'hypothèse où la poursuite est fondée uniquement sur la responsabilité civile du fait d'autrui avec celle où le propriétaire, en laissant commettre le délit, a commis lui-même une négligence pour laquelle il encourt *directement* une condamnation pénale (Ex. art. 78, C. f.).

1174. 2° *Comparution volontaire.* — L'art. 147 admet expressément

---

(1) *Sic* : Berriat-St-Prix, 123 ; Garraud, 555.
(2) *Sic* : Legraverend, II, p. 316 ; Rodière, 388 ; Boitard, 668 ; Trébutien, II, p. 525.
(3) Comp. Cass. 17 août 1878 (D. 79, 1, 233-234) à propos du pourvoi du ministère public dirigé seulement contre la personne civilement responsable.

ce mode de saisine que la jurisprudence a étendu par analogie aux tribunaux correctionnels. Il consiste, avons-nous dit, dans l'accord des parties pour saisir le tribunal. Le consentement de la partie poursuivante se manifeste par l'avertissement qu'elle a envoyé à la partie poursuivie, et celui de celle-ci, par sa comparution. La comparution volontaire d'ailleurs n'emporte renonciation à aucun moyen de défense, mais elle exclut tout jugement par défaut. L'art. 147 n'admet en effet la condamnation par défaut que d'une personne « citée ».

1175. Modes et délais de comparution. — Le prévenu peut comparaître en personne ou par mandataire, quelle que soit la peine, et cette faculté ne peut lui être retirée par le juge ; la disposition de l'article 152 est en effet absolue. C'est pour ce motif que la garantie politique ne couvre pas les sénateurs et les députés en matière de contraventions. Cela n'empêche point le juge de police d'ordonner la *comparution personnelle* du prévenu comme moyen d'instruction ; mais si le prévenu refuse de comparaître en personne et se fait représenter, le jugement ne pourra pas être par défaut.

Le délai de comparution est de vingt-quatre heures outre un jour par trois myriamètres de distance (art. 146). Ce délai se compte d'heure à heure ; on peut donc assigner pour le lendemain pourvu que l'heure fixée pour la comparution soit plus avancée dans la journée que celle de la citation. Ce délai peut être abrégé s'il y a urgence, en vertu d'une *cédule*, c'est-à-dire une autorisation sur pied de requête, délivrée par le juge de paix.

Si le prévenu n'a pas eu le temps de faire citer ses témoins il doit obtenir un sursis à ces fins quand la preuve testimoniale est admissible contre le procès-verbal (art. 153, 154). Le même droit appartient aux autres parties en cause.

L'inobservation des délais, sans permission du juge, est plus rigoureusement sanctionnée qu'en matière correctionnelle : elle entraîne la nullité, non seulement du jugement par défaut, mais encore de la *citation* (1). « Néanmoins, ajoute l'art. 146, *cette nullité* (c'est-à-dire celle de la citation) ne pourra être proposée qu'à la première audience, avant toute exception et défense. »

1176. Procédure à l'audience. — Il suffit de comparer les art. 153 et 190 et de lire le renvoi fait par l'art. 189 aux art. 154 à 161 pour voir que les règles de cette procédure sont les mêmes que celles de la procédure suivie devant le tribunal correctionnel. Il y a cependant trois différences à noter :

---

(1) Par conséquent cette citation n'aura point interrompu la prescription, en supposant d'ailleurs qu'elle soit susceptible de l'interrompre, ce qui est assez rare en matière de contravention. *Exemple* : contraventions prévues par la lo sur la Presse (art. 65, L. 29 juil. 1881).

1° Les témoins peuvent être entendus sans avoir été cités (arg. « appelé... amené ou fait citer » art. 153).

2° Certains actes de la juridiction peuvent être accomplis en dehors de l'audience : ainsi le juge de paix peut, avant le jour de l'audience, sur la réquisition du ministère public ou de la partie civile, estimer ou faire estimer les dommages, dresser ou faire dresser des procès-verbaux, faire ou ordonner tous actes requérant célérité (art. 148) **(1)**.

3° Les notes d'audience sont restreintes « aux principales déclarations des témoins ». — Elles ne portent que la signature du greffier (art. 155).

1177. Jugements. — Les jugements rendus par le tribunal de simple police du premier degré ressemblent beaucoup, au point de vue de leur objet, à ceux que le tribunal correctionnel peut prononcer dans une poursuite où le prévenu est en liberté. Notons cependant quelques particularités :

1° Dans le *prononcé* d'un jugement de condamnation il n'est pas nécessaire de lire le texte de la loi pénale (art. 161).

2° Dans la rédaction d'un jugement de même nature il faut insérer « les termes de la loi appliquée » à peine de nullité (art. 163).

3° L'appel n'est possible ni contre tous les jugements, ni au profit de toutes les parties en cause (art. 172).

IV. — Voies de recours.

1178. Les jugements de simple police peuvent être attaqués par l'opposition, l'appel ou le pourvoi en cassation, suivant les cas. Les conditions de recevabilité et d'exercice, ainsi que les effets de ces voies de recours sont généralement les mêmes que dans la procédure correctionnelle. Nous ne noterons encore ici que les différences.

1179. Opposition. — Les jugements du juge de paix et du tribunal correctionnel statuant comme juges de simple police peuvent, s'ils sont rendus par défaut, être attaqués par la voie de l'opposition. Cette voie de recours suit les règles de procédure que nous avons exposées : il suffit de préciser ici les règles particulières de l'opposition aux jugements par défaut rendus par le tribunal de simple police *du premier degré*. Ces règles diffèrent par trois points de celles qui nous sont connues.

1° Le *délai* est de trois jours francs, plus un jour par trois myriamètres de distance, au lieu de cinq jours et de cinq myriamètres (art. 151).

2° La *forme* est plus simple : une déclaration au bas de l'acte de si-

---

(1) V. par exemple la mise en **fourrière d'animaux trouvés en contravention**, art. 1ᵉʳ, L. 4 av. 1889 (*Code rural*).

gnification du jugement, ou une notification par acte séparé (*ibid.*). Si le jugement n'a pas été signifié, on admet le défaillant à déclarer son opposition à la barre en présence de son adversaire, chose qui est toujours possible lorsque l'opposition est formée par le prévenu contre le ministère public (1).

3° Les *frais* d'expédition et de signification du jugement par défaut et ceux de l'opposition ne *peuvent* pas être mis à la charge du prévenu relaxé. L'art. 151 ne reproduit pas en effet cette disposition de l'art. 187, et on ne peut l'y étendre, car l'art. 187 est exceptionnel en tant qu'il fait dépendre la condamnation aux dépens de la théorie de la faute (2).

1180. Appel. — 1° *Qui peut appeler, et de quels jugements peut-on faire appel ?* — Le droit intermédiaire (Const. 5 fruct. an III, art. 233 ; C. an IV, art. 153) n'établissait qu'un seul degré de juridiction pour les contraventions de police. L'institution de l'appel en cette matière est une innovation, ou mieux un retour vers le passé (3). C'est peut-être à raison de ces tâtonnements que l'institution de l'appel n'a point reçu en matière de simple police le même développement qu'en matière correctionnelle. Cette voie de recours n'existe, en effet, ni contre tous les jugements, ni au profit de toutes les parties en cause. L'art. 172 porte : « Les jugements rendus en matière de police pourront être attaqués par la voie de l'appel, lorsqu'ils prononceront un emprisonnement, ou lorsque les amendes, restitutions ou autres réparations civiles, excèderont la somme de cinq francs, outre les dépens. » De cette formule il résulte :

a) Qu'on ne peut appeler d'un jugement qui ne prononce point de condamnations, par exemple d'un jugement interlocutoire ou d'incompétence (4) ; mais, sur l'appel du jugement définitif, ces jugements pourront être remis en question, car l'effet dévolutif de l'appel formé contre le jugement définitif est complet (5). Par conséquent, en simple police, les jugements interlocutoires et d'incompétence sont traités au point de vue de l'appel comme des jugements préparatoires ;

b) Que le ministère public n'a pas le droit d'appel, parce qu'il n'encourt jamais de condamnation ;

c) Que la partie civile qui obtient une condamnation inférieure à sa demande ne peut faire appel, parce qu'elle n'est pas condamnée ;

d) Que cette partie dont la demande est complètement rejetée ne peut faire appel si elle n'est pas condamnée aux dépens ;

e) Que l'appel est ouvert au prévenu condamné à l'emprisonnement

---

(1) Cass. 23 fév. 1837 (B. 58). BERRIAT-ST-PRIX, 521.
(2) V. *suprà*, n° 350. *Sic* : CARNOT, I, p. 619. — *Contrà* : BERRIAT-ST-PRIX, 529 ; Cass. 4 juin 1830 (B. 156).
(3) LOCRÉ, XXV, p. 364, rapport de GRENIER.
(4) Cass. 31 août 1848 (S. 48, 1, 746) ; — Cass. 20 av. 1846 (S. 47, 1, 384).
(5) Cass. 16 av. 1880 (S. 81, 1, 137) et la note de M. VILLEY.

et à toute partie privée qui encourt une condamnation à plus de cinq francs à titre d'amende, de restitutions ou de dommages-intérêts (1).

Dans la condamnation à l'amende, il faut, à notre avis, tenir compte des décimes qui augmentent d'un quart le montant de l'amende prononcée. Ils font partie de l'amende, ils doivent servir par conséquent à déterminer soit la durée de la contrainte par corps, soit la faculté de faire appel (2).

1181. 2° *Point de départ du délai d'appel.* — Le délai d'appel (dix jours) est le même qu'en matière correctionnelle ; mais, avant la loi du 9 avril 1897, son point de départ était différent : il courait toujours de la signification du jugement à personne ou à domicile (art. 174), que le jugement fût contradictoire ou par défaut. Cette loi a effacé cette différence.

1182. 3° La *forme de l'appel* n'était pas réglée ; on en avait conclu que l'appelant pouvait, à son choix, faire une déclaration au greffe du tribunal de police qui avait rendu le jugement (arg. art. 202), ou bien notifier son appel au ministère public. La même loi a rétabli sur ce point l'uniformité entre les jugements correctionnels et ceux de simple police (3).

1183. 4° Le *jugement de l'appel* a lieu devant le tribunal correctionnel dans la même forme que celui des affaires dont il connaît comme juge correctionnel du premier degré et par conséquent sans rapport. C'est là une simplification à laquelle fait peut-être allusion la phrase qui termine l'art. 174 : « Il (*l'appel*) sera suivi et jugé dans les mêmes formes que les appels des sentences des juges de paix. » Il est certain, en effet, que cette disposition ne peut être appliquée à la lettre ; car les formes de la *procédure sommaire* (art. 404 et s., C. proc.), prescrites pour ce genre d'appel, ne peuvent se concilier avec celles de la procédure correctionnelle.

1184. Pourvoi en cassation. — Cette voie de recours est ouverte contre les jugements rendus en *dernier ressort*, soit par le tribunal de police du juge de paix, soit, en appel, par le tribunal correctionnel (art. 177). Pour ne pas empiéter sur l'étude que nous allons en faire dans un titre spécial, nous n'examinerons ici qu'une difficulté particulière au pourvoi en matière de simple police.

Le ministère public et la partie civile peuvent-ils se pourvoir en cas-

---

(1) Il est ouvert, par conséquent, à la partie civile condamnée reconventionnellement à plus de 5 fr. de dommages-intérêts en faveur du prévenu relaxé. *Sic* : RODIÈRE, p. 402 ; F. HÉLIE, VI, 27, 36 ; TRÉBUTIEN, II, p. 532 ; BERRIAT-ST-PRIX, 531, GARRAUD, 587 ; Cass. 6 déc. 1849 ; Trib. Perpignan, 16 juin 1883 (*Le Droit*, 27 oct.) — *Contrà* : LE SELLYER, *Compétence*, I, 21.

(2) *Contrà* : Cass. 13 av. 1894 (*Gaz. Pal.* 21 avril). V. la controverse, *suprà*, n° 383.

(3) Cass. 27 août 1825 ; 19 sept. 1834.

sation contre les jugements susceptibles d'appel de la part du prévenu ? — La question a été examinée en jurisprudence pour le ministère public seul ; mais il est évident que la solution doit être la même pour la partie civile, lorsqu'elle est, comme lui, privée du droit de faire appel. En faveur de l'affirmative, on dit qu'il faut considérer le caractère du jugement *à l'égard seulement de la partie qui se pourvoit* ; or, l'art. 177 donne au ministère public le droit de se pourvoir en cassation contre tous les jugements du tribunal de police du premier degré sans aucune restriction, parce qu'à son égard ils sont tous en dernier ressort (1).

Cette opinion fausse, à notre avis, le sens des art. 177 et 172 et méconnaît l'idée commune qui a inspiré leurs dispositions. D'un côté, en effet, l'art. 177 met sur le même pied, au point de vue du pourvoi, « le ministère public et les parties ». Or il est certain que le prévenu ne peut se pourvoir contre un jugement *dont il peut appeler* ; donc son droit d'appel paralyse le pourvoi de ses adversaires. D'un autre côté, l'art. 172, en n'ouvrant la voie de l'appel qu'aux parties condamnées et à la condition que la condamnation ait une certaine gravité, refuse *à fortiori* aux parties qui les ont fait condamner le droit de se pourvoir en cassation. D'ailleurs, le ministère public, qui ne peut se pourvoir contre un jugement dont le prévenu peut faire appel, pourrait, si celui-ci appelle, diriger un pourvoi contre le jugement du tribunal correctionnel qui l'aurait relaxé. L'idée commune est que, vu le peu d'importance de la matière, la répression a paru suffisante dès qu'il est intervenu une condamnation en première instance ou en appel (2).

(1) *Sic* : BERRIAT-ST-PRIX, 549 ; Cass. 28 août 1823 ; 2 déc. 1825 ; 2 août 1839.— Mais une jurisprudence plus récente décide que le pourvoi n'est recevable qu'après que le jugement de condamnation est devenu *définitif à l'égard de toutes les parties*, par l'expiration des délais d'opposition et d'appel : Cass. 4 fév., 3 juin et 28 juil. 1864 (D. 65, 1, 450); 31 mars 1876 (D. 78, 1, 410) ; 18 déc. 1896 (*Gaz. trib.* 25 déc.).C'est un moyen *pratique* d'éviter un conflit de juridictions.
(2) F. HÉLIE, VI, 2744 ; Cass. 29 déc. 1820 ; 26 mai 1882 (D. 82, 1, 438).

TITRE CINQUIÈME

DES VOIES DE RECOURS EXTRAORDINAIRES.

CHAPITRE PREMIER

NOTIONS GÉNÉRALES.

1185. Division des voies de recours extraordinaires. — Les voies de recours extraordinaires *contre les jugements* et arrêts sont le *pourvoi en cassation* et le *pourvoi en revision*.

La tierce opposition qui, dans la procédure civile, est une voie de recours extraordinaire s'attaquant comme celle-ci au jugement, n'est pas possible dans la procédure pénale : on sait en effet que cette voie de recours est ouverte aux personnes qui éprouvent un préjudice par l'effet d'un jugement auquel elles n'ont pas été parties. Or, en matière pénale, la partie lésée qui aurait omis d'intervenir comme partie civile serait assurément dans ce cas ; mais, à raison du caractère accessoire de la question civile, elle ne peut ressaisir le tribunal de répression dessaisi de la question pénale par l'épuisement de l'action publique (arg. art. 3). La requête civile, qui est une voie de recours du même genre dans la procédure civile, n'apparaît dans la procédure pénale qu'à titre exceptionnel et sous la forme de la *demande en revision* ; on ne peut l'admettre dans d'autres cas.

1186. Il y a des voies de recours extraordinaires qui s'attaquent, non plus au jugement, mais *au juge* : ce sont la *récusation* et *la prise à partie*. L'une est une mesure préventive, l'autre une mesure répressive. Elles peuvent être exercées soit contre un membre de la juridiction, soit contre un tribunal tout entier.

a) La *récusation* est l'acte par lequel une partie refuse d'accepter le juge pour des causes énumérées par la loi qui font suspecter sa partialité. Lorsqu'elle est dirigée contre tous les membres de la juridiction elle constitue une *demande en renvoi d'un tribunal à un autre*. Ainsi, le juge d'instruction formant à lui seul une juridiction, sa récusation est une demande en renvoi, s'il n'y en a qu'un dans le tribunal. — Les règles de la récusation proprement dite sont dans le Code de procédure civile (art. 378 et s.). On les applique, par analogie, en matière pénale (1). — La procédure des demandes en renvoi est réglée par le Code d'instruction criminelle (art. 542-552). Il y a deux sortes de renvois : le renvoi pour cause de *sûreté publique* et le renvoi pour *suspicion légitime*. Le premier a un caractère gouvernemental. Il ne peut être formé que par le procureur général près la Cour de cassation, sur l'ordre du ministre de la justice à qui les officiers du ministère public ont dû signaler l'utilité de la mesure (art. 544). Le second peut l'être par toutes les parties en cause (art. 543). La demande est portée devant la Cour de cassation.

b) La *prise à partie* est une action principale en dommages-intérêts intentée contre un magistrat pour le préjudice qu'il a injustement causé en faisant acte, ou en refusant de faire acte de ses fonctions. Nous avons eu l'occasion d'y faire souvent allusion. Les conditions auxquelles la responsabilité du magistrat est engagée et la procédure de cette voie de recours se trouvent au Code de procédure civile (art. 505-516). Plusieurs textes du Code d'instruction criminelle indiquent que cette voie de recours peut être dirigée contre les magistrats, officiers de police judiciaire et agents de toute sorte qui participent à l'œuvre de la justice pénale (art. 77, 78, 112, 164, 171, 358, 370) (2).

Laissant de côté ces voies de recours contre le juge, nous ne traiterons ici que des voies de recours extraordinaires *contre les jugements*, c'est-à-dire du pourvoi en cassation et du pourvoi en revision. L'une et l'autre sont portées devant la Cour de cassation dont il importe au préalable de faire connaître la composition et le rôle.

1187. Organisation et compétence de la Cour de cassation. — *a*) Cette juridiction suprême, connue dans l'ancien Droit sous le nom de *Conseil du roi* et de *Conseil des parties* (Ord. 1552, 1579, 1667), a reçu son organisation moderne par la loi fondamentale du 27 novembre 1790. C'est une juridiction permanente et sédentaire qui siège à Paris.

A l'origine, elle comprenait deux sections: l'une, *des requêtes*, statuant sur l'admissibilité des pourvois ; l'autre, statuant sur le fond des pourvois admis par la précédente. Ce double examen était préjudiciable à la prompte expédition des affaires criminelles. On forma une troisième section exclusivement chargée de juger les pourvois en cette matière, sans *jugement préalable d'admission* (D. 29 sept. 1793 ; L. 2 brum. an IV).

La *Chambre criminelle* de la Cour de cassation acquit ainsi une compétence spéciale et exclusive. Aussi a-t-on compris qu'il serait plus nuisible qu'utile d'établir un roulement entre les membres de la Chambre

---

(1) Nimes, 8 janv. 1880 (D. 82, 2, 96) ; Cass. 12 janv. 1884 (D. 85, 1, 88). On fait de même pour les règles relatives à l'*abstention* (art. 571, C. proc.) : Cass. 26 juin 1884 (D. 86, 1, 48).

(2) Cass. 4 mai 1889 (S. 81, 1, 79).

criminelle et ceux des deux Chambres civiles ; l'art. 66 de la loi du 27 ventôse an VII qui le prescrivait n'a pas été observé. Pourtant, dans l'hypothèse d'un second pourvoi, nous verrons que parfois l'affaire doit être soumise aux *Chambres réunies* ; mais c'est là une nécessité de la situation : dans un conflit de jurisprudence entre la Chambre criminelle et les cours et tribunaux, il fallait trouver un juge supérieur aux deux juridictions en conflit.

Les Chambres de la Cour de cassation se composent normalement de seize membres chacune, le président compris. Elles jugent au nombre minimum de onze membres. En cas de partage, on appelle pour le vider cinq conseillers, pris d'abord parmi les membres de la Chambre qui n'auraient pas assisté à la discussion de l'affaire et subsidiairement parmi les membres des autres Chambres, par ordre d'ancienneté (L. 27 vent. an VIII, art. 60, 63, 64 ; Ord. 15 janv. 1826, art. 3, 4, 5). — Un premier président, à qui revient la présidence des audiences solennelles et qui a de plus le droit de présider chacune des Chambres, sans exclure cependant le président de celles-ci (D. 28 janv. 1811, art. 2, 3 ; Ord. 1826, art. 28) ; — un procureur général et six avocats généraux (L. 27 vent. an VIII, art. 67 ; Sén. cons. 28 flor. an XII, art. 136) ; — un greffier en chef et quatre commis-greffiers (L. 27 vent. an VIII, art. 7, 8 ; Ord. 1826, art. 72) complètent la juridiction

1188. *b*) La Cour de cassation n'a compétence que pour examiner si les décisions qui lui sont déférées ont bien ou mal appliqué la loi aux faits qu'elles relèvent : elle ne rentre point dans l'examen des faits. Elle ne connaît pas non plus du fond du procès ; car, une fois la décision cassée, elle renvoie le procès devant une juridiction du même genre, si le fond reste à juger.

CHAPITRE II

DU POURVOI EN CASSATION.

I. — Divisions et effets des pourvois en cassation.

1189. Qui peut se pourvoir en cassation ? — Le droit de se pourvoir en cassation appartient :

1° Aux *parties en cause*, c'est-à-dire aux parties qui ont figuré au procès dans lequel a été rendue la décision attaquée (art. 177, 296, 298, 373, 374, 408, 412, 413) (1).

2° Au *procureur général près la Cour de cassation*, agissant en son nom propre et d'office (art. 442).

3° Au *ministre de la justice*, représenté par le procureur général près la Cour de cassation, qui agit dans cette hypothèse sur son ordre formel (art. 441).

Les pourvois diffèrent par l'étendue de leurs effets et par leurs conditions de recevabilité, de forme et de délai. Ces divisions ne correspondent pas absolument à celle qui précède.

1190. Effets du pourvoi en cassation. — Division des pourvois d'après leurs effets. — Le pourvoi en cassation a toujours un effet *dévolutif* et souvent un effet *suspensif*.

a) Effet dévolutif. — Au point de vue de l'effet dévolutif il faut distinguer trois sortes de pourvois : 1° ceux formés dans l'intérêt privé ; 2° ceux formés dans l'intérêt général ; 3° ceux formés dans l'intérêt de la loi.

1191. 1° Les premiers émanent d'une partie privée. Leur effet dévolutif est limité, *dans son étendue*, aux chefs de l'arrêt ou du jugement dont la cassation est demandée ; — *dans son intensité*, par l'intérêt du demandeur. C'est la même règle que pour l'appel. La Cour de cassation n'est pas sans doute obligée de s'en tenir, comme en matière civile, aux seuls moyens d'annulation relevés dans le pourvoi, elle peut en suppléer d'office ; mais elle ne saurait se prononcer sur un chef de l'arrêt qui ne serait pas l'objet du pourvoi. Voilà pour l'étendue. — Au point de vue de l'intensité, la cassation ne doit être prononcée que dans l'inté-

---

(1) Le procureur de la République, par exemple, ne peut se pourvoir en cassation contre un jugement en dernier ressort rendu par le juge de paix jugeant comme juge de police : Cass. 6 août 1824.

rêt du demandeur et le jugement serait maintenu si elle devait lui nuire (**1**).

1192. 2° Les pourvois formés dans l'intérêt général sont ceux du ministère public et du ministre de la justice.

Les mêmes raisons, qui ont fait décider que l'appel du ministère public était autant *à maxima* qu'*à minima*, ont fait attribuer la même intensité à l'effet dévolutif de son pourvoi (2).

Par l'esprit de son institution, ainsi qu'à raison des termes de l'art. 441 qui n'en limitent point la portée, le pourvoi du ministre s'exerce autant dans l'intérêt de la loi, c'est-à-dire pour donner un avertissement aux autorités judiciaires, que pour effacer, au point de vue social, l'effet des actes annulés. Il profite donc au condamné s'il fait casser sa condamnation ; mais il ne peut lui préjudicier. Il ne touche pas en général non plus aux droits des tiers. On peut dire d'une manière absolue qu'il respecte les droits acquis aux parties privées.

1193. 3° Le pourvoi dans l'intérêt de la loi peut être formé par le ministère public près la Cour d'assises après une ordonnance d'acquittement, et, dans toute hypothèse, par le procureur général près la Cour de cassation (art. 374, 442). Il aboutit à une cassation purement théorique. La seule sanction de cette cassation consiste dans la transcription de l'arrêt sur les registres de la juridiction dont la décision a été cassée. Il sert à maintenir l'unité de jurisprudence et l'exacte interprétation de la loi.

1194. *b*) *Effet suspensif.* — Le pourvoi dans l'intérêt de la loi n'a point d'effet suspensif ; son objet l'indique suffisamment. L'effet suspensif est attaché au pourvoi des parties en cause et même au pourvoi du ministre, puisqu'on lui reconnaît des effets pratiques. Mais il y a cette différence entre le pourvoi des parties et celui du ministre, que le délai accordé pour former le premier est lui-même suspensif, tandis que le second, n'étant soumis à aucun délai, n'a d'effet suspensif qu'après avoir été formé. — Nous savons que, par exception, le pourvoi contre un arrêt de mise en accusation n'est pas suspensif s'il est formé après le délai légal, ou même dans le délai, mais après le tirage du jury (art. 301, L. 10 juin 1853). — Il ne faudrait pas étendre cette disposition exceptionnelle au pourvoi formé, après l'expiration du délai légal, contre un jugement ou un arrêt d'une autre sorte. La Cour de cassation, en effet, a seule le droit de déclarer l'irrecevabilité d'un pourvoi. — Mais, si après le *rejet* de son pourvoi le condamné en formait un second, il appar-

---

(1) F. HÉLIE, VIII, 4010, 4011 ; Cass. 16 sept. 1880 (D. 81, 1, 47).

(2) Cass. 2 août 1878 (D. 79, 1, 47-48) ; 7 juin 1883 (D. 84, 1, 426). — Comment faut-il traiter le pourvoi des administrations publiques et celui de l'époux outragé qui poursuit l'adultère ? — Nous donnerions la même solution que pour l'appel (*supra*, n° 1159). La jurisprudence au contraire tend à leur attribuer seulement l'effet du pourvoi d'une partie privée : Cass. 26 juill. 1828 (*Paillot*).

tiendrait au ministère public de faire exécuter, sous sa responsabilité, l'arrêt devenu irrévocable. Ce pourvoi tardif, formé uniquement pour empêcher l'exécution, n'est pas entré dans l'intention du législateur lorsqu'il a admis l'effet suspensif des voies de recours (1). — Quand l'une des parties privées forme un pourvoi contre l'autre, l'effet suspensif ne se produit que dans la mesure de l'effet dévolutif, c'est-à-dire au point de vue seulement des condamnations civiles.

1195. 3° *Autres divisions des pourvois.* — Au point de vue des conditions de recevabilité, de forme et de délais il faut distinguer les pourvois des parties en cause, qui y sont soumis, et ceux du procureur général près la Cour de cassation et du ministre, qui en sont généralement affranchis. Nous donnerons plus de détails dans l'étude séparée que nous allons faire de chaque espèce de pourvoi.

II. — Des cas de cassation.

1196. Les *cas de cassation*, qu'on appelle aussi *causes*, *moyens* de cassation, *ouvertures à cassation,* sont partiellement énumérés par les art. 299, 408, 410, 412. On pourrait en relever neuf dans ces textes, mais ce ne sont là que des articles d'exemple. Toute violation de la loi peut constituer un cas de cassation. Pour plus de clarté nous les diviserons en trois groupes : — *a)* l'incompétence et l'excès de pouvoir ; — *b)* la violation des règles de forme ; — *c)* la violation des règles de fond.

1197. 1° *Incompétence et excès de pouvoir.* — Les textes mentionnent l'incompétence (art. 299 408), mais ne parlent point de l'excès de pouvoir. Il semble même qu'on ait voulu proscrire l'emploi de ce moyen. Berlier, en effet, l'a repoussé expressément dans l'*exposé des motifs* (2). D'après lui, l'excès de pouvoir est un mot vague qui ne répond en Droit pénal qu'à l'incompétence et fait double emploi avec ce dernier moyen. Il y a cependant une différence entre ces deux moyens, même en matière criminelle. L'excès de pouvoir est un *genre*, dont l'incompétence n'est qu'une *espèce*. Le juge incompétent est radicalement destitué de tout pouvoir. Le juge qui commet un excès abuse d'un pouvoir dont il avait l'usage. Ainsi le jugement qui contient une censure des actes du ministère public (3) ; celui qui, en prononçant une condamnation contre un prévenu, déclare que cette condamnation établit l'innocence d'un individu précédemment condamné (4) ; celui qui statue *ultra petita* sur les demandes civiles (art. 412) (5), sont entachés d'excès de pouvoir. Dans

---

(1) Dalloz, V° *Cassation*, 961.
(2) Locré, t. XXVII, p. 66.
(3) Cass. 13 janv. 1881 (D. 81, 1, 89).
(4) Cass. 10 mai 1850 (S. 50, 1, 403).
(5) Dans la procédure civile l'*ultra petita* n'est généralement qu'un *moyen de*

tous ces cas, en effet, et dans bien d'autres, on ne peut pas dire que le juge était incompétent ; mais on doit dire, qu'en statuant sur un objet de sa compétence, il a excédé ses pouvoirs.

1198. 2° *Violation des règles de forme.* — L'art. 408 semble ne faire un moyen de cassation que de la violation des formalités *prescrites à peine de nullité* ; mais ce texte n'a pas rendu la pensée du législateur. Aussi les auteurs et la jurisprudence, s'inspirant des travaux préparatoires, ont distingué les formalités en *substantielles* et *non substantielles*. L'omission des premières entraîne la nullité, même quand la loi ne l'aurait pas prononcée, même quand les parties n'auraient pas réclamé. L'omission des secondes n'entraîne pas la nullité, si elle est passée sans protestation. Mais dès que l'une des parties a réclamé l'accomplissement régulier de la formalité, il y a ouverture à cassation si la juridiction a omis ou refusé de prononcer sur sa demande, ou si elle l'a rejetée, ou si elle a accompli irrégulièrement la formalité. On pouvait tolérer, en effet, une omission contre laquelle personne n'a protesté ; mais non une violation flagrante et non acceptée de la loi (art. 408 et arg.). Dans les pourvois fondés sur la violation des formalités non substantielles dont l'accomplissement a été réclamé, la Cour suprême conserve cependant le droit de vérifier si un intérêt sérieux a été lésé (1) ; mais c'est là un autre ordre d'idées que nous retrouverons dans les *fins de non-recevoir*.

Rentrent dans la violation des règles de forme : la composition illégale de la juridiction, le défaut d'audition du ministère public, le défaut de publicité, l'absence de motifs dans les jugements (L. 20 avril 1810, art. 7 ; art. 299, C. i. c.)

1199. 3° *Violation des règles de fond.* — L'inobservation des règles de fond peut constituer une *violation directe*, une *fausse application* ou une *fausse interprétation* de la loi. Pour vérifier si le moyen invoqué existe, la Cour de cassation ne rentre point dans l'examen du fait ; elle le prend tel qu'il a été constaté par la décision attaquée et elle examine si les conséquences juridiques que le juge en a tirées sont exactes.

L'art. 408 prévoit la condamnation et l'absolution illégales ; il semble ne viser par conséquent que les arrêts définitifs de la Cour d'assises ; il n'est pas douteux cependant qu'il n'y ait ouverture à cassation pour la violation des règles de fond dans tous les arrêts et jugements en dernier ressort. Ainsi un arrêt qui statue sur l'admission d'un moyen de preuve est susceptible d'un pourvoi (2). Au surplus, dans les matières correction-

---

requête civile, parce que l'ordonnance de 1667 lui ayant donné ce caractère, il se trouve exclu des *moyens de cassation* par le règlement de 1738 qui défend d'employer comme moyen de cassation les moyens de requête civile. Cette raison particulière n'existant pas dans la procédure pénale, puisque la requête civile n'y est pas admise, l'*ultra petita* y fournit un moyen de cassation. DALLOZ, *ibid.*, 1506.

(1) NOUGUIER, IV, 1065.
(2) Cass. 9 mars 1850 (S. 50, 1, 479).

nelles et de police, l'art. 413 admet les mêmes ouvertures à cassation « contre tous arrêts et jugements en dernier ressort ». Il y a seulement à faire en matière criminelle les restrictions suivantes :

a) Une ordonnance d'acquittement *légalement rendue*, c'est-à-dire rendue en exécution d'un verdict négatif de culpabilité pur et simple, ne peut être attaquée par le ministère public que dans l'intérêt de la loi (art. 374, 409). — Au contraire, en matière correctionnelle et de police le ministère public peut se pourvoir « contre tous les arrêts et jugements en dernier ressort, sans distinction de ceux qui ont prononcé le renvoi (*relaxe*) de la partie (*prévenu*), ou sa condamnation », et dans les deux cas son pourvoi a un effet pratique pour ou contre le prévenu.

b) En matière criminelle la partie civile ne peut se pourvoir « que quant aux dispositions relatives à ses intérêts civils » (art. 373) (1), c'est-à-dire contre la partie de l'arrêt qui rejette sa demande en dommages-intérêts ou qui la condamne envers l'accusé acquitté ou absous à une indemnité supérieure à celle qui était demandée (art. 412), ou qui statue sur la compétence (art. 539). — Au contraire, en matière correctionnelle et de police la partie civile peut attaquer *tous* les arrêts et jugements en dernier ressort et invoquer contre eux les mêmes ouvertures à cassation que le ministère public (art. 413). Cela n'empêche pas l'effet dévolutif de son pourvoi d'être restreint à ses intérêts civils seulement.

1200. Il faut noter enfin que les ouvertures à cassation rendent simplement le pourvoi possible ; mais, pour qu'il réussisse, il faut encore qu'aucune fin de non-recevoir n'existe contre la demande. Nous exposerons ces fins de non-recevoir en traitant des conditions de recevabilité du pourvoi proprement dit.

III. — Du pourvoi proprement dit.

1201. Conditions de recevabilité. — Le pourvoi proprement dit est celui qui est formé par l'une des parties en cause et qui aboutit à une cassation suivie d'effets pratiques.

Il est recevable à trois conditions.

1° Qu'il attaque un arrêt ou jugement en dernier ressort, définitif ou interlocutoire ;

2° Qu'il soulève une question de droit ;

3° Que le demandeur ait un intérêt et pas de négligence à se reprocher.

---

(1) Ce texte, bien qu'uniquement relatif aux arrêts de la Cour d'assises, est invoqué par la jurisprudence pour refuser à la partie civile le droit de se pourvoir contre les arrêts de non-lieu. Voir la controverse, *suprà*, n° 965.

1202. 1° « Un arrêt ou jugement en dernier ressort, définitif ou interlocutoire ». — Ce pourvoi ne s'applique d'abord qu'aux *arrêts* ou *jugements* ; les autres actes judiciaires peuvent être attaqués seulement par le pourvoi du ministre (art. 407, 441).

S'il s'agit d'un jugement, il faut qu'il soit *en dernier ressort* (art. 407, 413, 416), parce que le pourvoi en cassation est une voie de recours extraordinaire, un dernier moyen de faire réformer la sentence. Il suit de là : *a*) que le pourvoi n'est pas recevable pendant les délais d'opposition et d'appel ; — *b*) qu'il ne l'est pas contre les jugements sujets à appel dont il n'a pas été appelé. La forclusion de l'appel ne les rend pas en effet en dernier ressort (1).

Enfin le jugement doit être soit *définitif* sur le fond ou sur une question indépendante du fond, comme par exemple la question de compétence ; — soit *interlocutoire*. En effet, l'art. 416, après avoir admis le pourvoi contre les jugements définitifs, retarde jusqu'après ce jugement le pourvoi à diriger contre les jugements simplement préparatoires et ne dit rien des jugements interlocutoires. On doit conclure de son silence que les jugements interlocutoires peuvent être frappés d'un pourvoi immédiatement ou après le jugement définitif. C'est la même règle pour l'appel.

1203. 2° « Une question de droit ». — La Cour de cassation apprécie seulement le rapport du fait constaté avec la loi. Ainsi, elle doit vérifier si le fait relevé par le juge mérite la qualification qu'il lui a donnée, et cela sans qu'il y ait lieu de distinguer s'il existe ou non une définition légale du délit (2). — Au cas où le jugement aurait admis la *légitime défense*, elle examinera si le fait relevé peut constituer le fait justificatif prévu par la loi ; — elle dira si l'on peut invoquer ce fait justificatif pour la défense des biens ; — si les présomptions légales de légitime défense (art. 329, C. p.) comportent la preuve contraire ; — si le duel peut être considéré comme un cas de légitime défense, etc. — Dans l'hypothèse où le jugement aurait admis la *prescription*, prenant pour base de ses calculs la date du délit qu'elle trouve dans le jugement ou dans la citation, elle pourra déclarer le fait non prescrit, soit parce qu'elle modifiera sa qualification, soit parce qu'elle tiendra compte de causes d'interruption ou de suspension que le jugement avait écartées.

1204. Cette seconde condition a pour conséquence : « la prohibition des moyens nouveaux devant la Cour de cassation ». Ces moyens, n'ayant été produits ni en première instance, ni en appel, nécessiteraient le plus souvent des constatations de fait qui feraient sortir la Cour

---

(1) Cass. 23 sept. 1869 (D. 71, 1, 356).
(2) Il y a eu quelque hésitation sur ce point en jurisprudence. F. Hélie, V, 2267, 2265.

suprême de son rôle de juge du droit (1). En supposant que le moyen nouveau fût prouvé par les pièces de la procédure, il n'y aurait pas sans doute impossibilité pour la Cour de cassation de l'apprécier ; mais il s'élèverait dans ce cas une fin de non-recevoir, tirée de la négligence du demandeur, dont nous allons parler.

1205. 3° « Un intérêt et pas de négligence ». — Le défaut d'intérêt et la négligence du demandeur à faire valoir ses droits devant la juridiction qui a rendu la décision attaquée sont les fins de non-recevoir qui peuvent faire échouer le pourvoi.

a) Les textes donnent quelques exemples de la fin de non-recevoir tirée du *défaut d'intérêt*. — Art. 413 § 2 : Dans un pourvoi dirigé contre un jugement de relaxe le ministère public, ni la partie civile ne peuvent invoquer la violation des formes prescrites pour assurer la défense du prévenu. — Art. 411 : lorsqu'il y a eu erreur dans la citation du texte de la loi, mais que la peine prononcée est semblable à celle portée par l'article de loi qui s'applique au crime, nul ne peut demander l'annulation de l'arrêt pour l'erreur qui a été commise (2).

C'est aussi pour défaut d'intérêt qu'on écarte les pourvois fondés sur des irrégularités de procédure qui n'ont pu causer de préjudice ou qui ont été réparées ; — et ceux qui, étant formés après le jugement définitif, se fondent sur les irrégularités de l'instruction préparatoire. Il faudrait supposer une condamnation basée uniquement sur un élément de preuve recueilli dans la procédure écrite, pour faire exception à cette règle. — Enfin on rejette par la même fin de non-recevoir les pourvois formés contre les *motifs* d'un jugement (3).

1206. *b)* Les textes donnent aussi quelques exemples de pourvois que la négligence du demandeur rend irrecevables. Tel serait le pourvoi formé contre un jugement en premier ressort, même après l'expiration du délai d'appel (art. 407). Le demandeur, en effet, doit s'imputer de n'avoir point usé de la voie ordinaire de recours. — Logiquement, il faudrait conclure de cette disposition de l'art. 407 que les jugements en dernier ressort et arrêts rendus par défaut ne sont point susceptibles d'un pourvoi, même après la forclusion du délai d'opposition ; mais les textes ne distinguant point si les arrêts et jugements en dernier ressort ont été rendus contradictoirement ou par défaut, on en a conclu, à tort selon nous, que le pourvoi pouvait être valablement formé après l'expiration du délai d'opposition (4). — C'est encore à raison de la négligence du

---

(1) Cass. 23 juin 1876 (D. 77, 1, 416).
(2) L'art. 414 étend cette disposition aux arrêts et jugements en dernier ressort rendus en matière correctionnelle et de police. — Sur l'extension que la jurisprudence a donnée à ce texte : Cass. 14 fév. 1895 et mon *examen doctrinal*, Rev. crit. 1896, p. 74.
(3) F. Hélie, VIII, 3998, 3994, 3999.
(4) Cass. 26 janv. 1882 (D. 82, 1, 276).

demandeur, que le défaut de pourvoi contre l'arrêt de mise en accusation couvre toutes les nullités de la procédure antérieure (art. 299, 408) ; — que les nullités commises en première instance dont on ne s'est pas prévalu en appel ne donnent pas ouverture à cassation (L. 29 av. 1806, art. 2) (1) ; — que des *moyens nouveaux* ne peuvent être invoqués dans le pourvoi, alors même qu'ils seraient prouvés par les pièces de la procédure (2) ; mais cette fin de non-recevoir ne s'appliquerait pas si le moyen nouveau avait un caractère d'ordre public, car la négligence du demandeur fait présumer une renonciation qui ne peut intervenir lorsqu'il s'agit d'un moyen de cette nature (3).

1207. Procédure. — *a)* Le délai pour se pourvoir en cassation est ordinairement de trois jours francs à compter du prononcé du jugement ou de l'arrêt (art. 373) (4). Mais la loi suppose que le prononcé a eu lieu en présence du condamné (arg. « LUI *aura été prononcé* », art. 373). Aussi, dans le cas contraire, le délai ne court que du jour où il est réputé légalement avoir connu la sentence. L'art. 373 ne vise expressément que les arrêts de condamnation prononcés par la Cour d'assises et le pourvoi du condamné ; mais on doit le généraliser à tous les pourvois des parties privées pour lesquels la loi n'a point fixé une notification différente.

b) Le pourvoi doit être déclaré au greffe ou au greffier (art. 373, 417) (5). De plus, celui du ministère public et celui de la partie civile doivent être notifiés à la partie contre qui ils sont formés. Le greffier est chargé de faire cette notification aux détenus. Elle est faite par huissier dans toute autre hypothèse. Un délai de trois jours francs, augmenté dans ce dernier cas d'un jour par trois myriamètres de distance, est accordé pour la faire (art. 418) ; mais ce délai n'est pas prescrit à peine de déchéance (6).

c) Sur la rigueur du délai et des formes du pourvoi en cassation, sur la faculté d'utiliser tout le dernier jour du délai, sur les cas de force majeure qui peuvent empêcher le délai de courir, sur le droit de réitérer le pourvoi rejeté pour vice de forme si l'on est encore dans le délai, il suffira de renvoyer à ce que nous avons dit en traitant de l'appel.

d) Le demandeur peut joindre à son pourvoi une requête contenant

---

(1) Cass. 2 juin 1883 (D. 84, 1, 427) ; 15 mai 1896.
(2) Cass. 4 déc. 1875 (D. 77, 1, 95-96).
(3) Cass. 27 fév. 1879 (D. 79, 1, 190).
(4) Exceptionnellement il est de 5 jours pleins contre l'arrêt de mise en accusation et pour les quatre cas de nullité énumérés par l'art. 299 (art. 296, 298) ; — et de 24 heures : 1° pour le procureur général quand l'accusé est acquitté, 2° pour la partie civile quand elle a encouru en Cour d'assises des condamnations supérieures à la demande (art. 374, 409, 412), 3° pour toutes parties contre un arrêt relatif à une demande de mise en liberté provisoire (*suprà*, n° 899).
(5) L'avocat qui a assisté le condamné peut, sans mandat spécial, faire cette déclaration : Cass. 1er déc. 1854 (S. 55, 1, 67).
(6) Cass. 29 mars 1884 (D. 84, 1, 428).

ses moyens de cassation. Il a pour faire cette production les dix jours qui suivent sa déclaration au *greffe* (art. 422). — Après ce délai, les pièces sont transmises au greffe de la Cour de cassation (art. 423). Le dossier comprend toutes les pièces de l'instruction préparatoire et de l'instruction définitive, l'expédition du jugement ou de l'arrêt attaqué, les pièces ou copies de pièces relatives au pourvoi. L'art. 419 § 1 impose expressément à la partie civile l'obligation de produire l'expédition de l'arrêt, mais cette partie doit produire aussi la copie authentique de la déclaration de son pourvoi et l'original de la notification qu'elle en a faite. Le condamné n'est obligé de rien produire et il peut laisser au ministère public le soin de former tout son dossier (arg. art. 424). — L'envoi des pièces au greffe de la Cour de cassation a lieu par l'intermédiaire du ministère public, si elles ont été déposées au greffe de sa juridiction, ou à la diligence des parties. Cet envoi peut être fait directement par les condamnés; la partie civile, au contraire, est obligée de se faire représenter par un avocat à la Cour de cassation (art. 423, 424).

e) Les parties privées doivent, sauf exception, consigner une amende qui sera acquise à l'État si le pourvoi échoue, et qui sera rendue au demandeur s'il réussit. Sont *affranchis de l'amende* : 1° les condamnés en matière criminelle ; 2° les agents publics pour les affaires qui concernent directement l'administration et les domaines de l'État. — Sont *dispensés de la consigner* : 1° les condamnés à l'emprisonnement ; 2° les indigents ; 3° toute partie privée, sans restrictions, pour les infractions punies par la loi sur la Presse (art. 420, C. i. c., L. 28 juin 1877 ; art. 61, L. 29 juil. 1881).

f) Enfin les condamnés à une peine privative de la liberté supérieure à six mois doivent se *mettre en état* pour rendre leur pourvoi recevable, c'est-à-dire se constituer en état de détention préventive ou obtenir leur liberté provisoire (art. 421, C. i. c., L. 28 juin 1877 ; art. 116). En sont dispensés les condamnés (le texte dit *prévenus*, pour crimes et délits de Presse (art. 61, L. 29 juil. 1881).

g) Les certificats constatant la consignation de l'amende et l'écrou n'ont besoin d'être produits qu'au moment où l'affaire est appelée devant la Cour de cassation. Aussi, ces deux formalités peuvent être accomplies soit au siège de la juridiction dont la sentence est attaquée, soit à Paris (art. 421).

h) La Cour de cassation doit statuer sur le pourvoi dans le mois qui suit l'enregistrement qui en est fait à son greffe (art. 425) (1). — Le pourvoi est jugé sur le rapport d'un conseiller. Le ministère public donne ses conclusions. Les parties sont entendues dans leurs moyens de défense. Le condamné qui est en liberté peut, avec la permission de la

---

(1) Cass. 22 juin 1838 (B. 259).

Cour de cassation, présenter lui-même ses observations, et, en matière criminelle, rien ne limite le choix de son avocat. En matière correctionnelle ou de police le condamné ne peut faire plaider qu'un avocat à la Cour de cassation, et, en toutes matières, la partie civile doit se faire représenter et défendre par un avocat de cet ordre (Ord. 15 janv. 1826, art. 17, 36, 37, 38 ; art. 424, C. i. c.).

1208. Arrêts rendus par la Cour de cassation sur le pourvoi. — La Cour de cassation peut écarter le pourvoi, sans l'examiner, par un arrêt portant *qu'il n'y a lieu de statuer*. Cela se produit au cas de *désistement* des parties privées, et cela peut se produire au cas de *décès*, *d'amnistie* et de *transaction* éteignant la poursuite. L'effet de cet arrêt est de faire considérer le pourvoi comme non avenu ; il l'anéantit dans le passé comme dans l'avenir (1).

Quand la Cour de cassation entre dans l'examen du pourvoi, elle rend un *arrêt de déchéance* si le pourvoi n'est pas recevable en la forme, un *arrêt de rejet* s'il est mal fondé, un *arrêt de cassation* s'il est accueilli.

Les arrêts de déchéance et de rejet impriment immédiatement l'autorité de la chose jugée à la décision attaquée (art. 438, 439). Ces arrêts entraînent en outre certaines condamnations civiles contre les parties privées qui les ont formés (art. 419, 420, 436).

1209. *a)* L'arrêt *de cassation* a pour effet principal et ordinaire le renvoi de l'affaire devant une autre juridiction et pour effet secondaire la décharge des frais, la restitution de l'amende consignée, la transcription sur les registres du tribunal ou de la Cour dont la sentence a été cassée (art. 437 ; L. 27 nov. 1790, art. 22 ; L. 27 vent. an VIII, art. 85). Si une instruction est annulée, la Cour de cassation peut ordonner que les frais de la procédure à recommencer seront mis à la charge de l'officier ou du juge instructeur qui a commis la nullité (art. 415). Les arrêts de cassation et de rejet sont publiés au *Bulletin des arrêts de la Cour de cassation*.

b) La cassation a lieu sans renvoi quand la Cour annule une condamnation sur le motif qu'il y avait prescription, amnistie, chose jugée, ou que le fait ne constituait pas une infraction, ou que le condamné n'était pas au nombre des individus poursuivis, ou si la Cour procède *par voie de retranchement* en annulant une disposition indépendante des autres. Dans ces divers cas, le renvoi devient inutile si l'arrêt de cassation termine l'instance, non que la Cour fasse elle-même office de juge du fond, mais parce qu'il peut ne rester rien à juger au profit des parties privées (2).

---

(1) F. HÉLIE, VIII, 3967 et s.
(2) Art. 425 § 5 et arg. de ce texte. DALLOZ, V° *Cassation*, 2238 et suiv. — Peut-il y avoir cassation sans renvoi quand l'arrêt annulé avait confirmé le jugement de première instance ? La question est controversée. V. en divers sens : F. HÉ-

c) Dans toute autre hypothèse, le renvoi doit être fait à une juridiction analogue à celle qui a rendu la décision annulée, sauf le cas où le pourvoi n'a porté que sur la compétence et celui de simple renvoi à fins civiles (1). La juridiction de renvoi est désignée par une délibération spéciale en Chambre du Conseil (art. 427-431).

d) L'arrêt de renvoi saisit le nouveau juge et limite en même temps sa compétence (art. 431-434).

e) On signale une différence dans l'étendue de la cassation entre les matières criminelles d'un côté, et les matières correctionnelles et de police de l'autre. La cassation serait *partielle* dans les premières et *totale* dans les secondes. Cette différence, que semble indiquer une nuance de rédaction entre les art. 427 et 434, tient plutôt au fait qu'au droit. En fait, dans les arrêts criminels, il est facile de distinguer les divers chefs d'accusation, puisque chacun fait l'objet d'une question spéciale, et de séparer, pour chaque chef, la déclaration de culpabilité de l'application de la peine; par suite la cassation se restreint aisément aux points attaqués. — Dans les arrêts correctionnels et les jugements de police, la distinction des divers chefs de prévention, surtout au point de vue de l'application de la peine, n'est pas toujours possible; la cassation porte alors sur l'ensemble. Mais il faut observer que, même en matière criminelle, la cassation ne se restreint pas toujours au point précis qui fait l'objet du pourvoi. Ainsi l'annulation du verdict sur le fait principal entraînera l'annulation des réponses favorables à l'accusé sur les circonstances aggravantes, sur les excuses, sur les circonstances atténuantes. L'annulation d'une réponse affirmative à une question résultant des débats entraînera celle de la réponse négative à la question posée d'après l'acte d'accusation. — A l'inverse, en matière correctionnelle et de police, l'effet de la cassation se limite au chef de prévention contre lequel le pourvoi est dirigé, si le juge a apprécié séparément la culpabilité et appliqué une peine distincte pour ce délit. Enfin il en est de même, en toute matière, quand la Cour de cassation supprime par voie de retranchement une disposition de la décision attaquée, ou lorsqu'elle statue seulement sur les condamnations civiles. La différence signalée n'existe donc pas. Il serait plus vrai de dire, *quelle que soit la matière*, que la cassation se restreint aux dispositions de l'arrêt ou du jugement contre lesquelles le pourvoi est formé, si ces dispositions ne sont point indivisibles ou connexes avec aucune autre (2).

1210. Des seconds pourvois. — Les arrêts ou jugements rendus

LIE, VIII, 4028; TRÉBUTIEN, II, p. 541; Cass. 14 mai 1842 (D. 42, 1, 334); 3 juin 1864 (D. 65, 1, 455); — DALLOZ, *ibid.*, 2250, 2251; — RODIÈRE, p. 498.

(1) DALLOZ, *ibid.*, 2136, 2137.

(2) Comp. F. HÉLIE, *Prat. crim.*, I, 995; Cass. 18 fév. 1876, 29 mars 1877 (D. 77, 1, 413-335); 25 mars 1880 (D. 80, 1, 439); 31 juill. 1880 (D. 81, 1, 139).

par la juridiction de renvoi peuvent être eux-mêmes l'objet d'un pourvoi qui suit la voie ordinaire, sauf le cas où il porte sur le même moyen. Le second pourvoi, dans cette hypothèse, révèle un conflit de jurisprudence entre la Cour de cassation et les Cours et tribunaux. Son jugement est déféré, pour ce motif, aux Chambres réunies de la Cour de cassation. L'arrêt qui intervient donne à la question de droit une solution qui s'impose à la nouvelle juridiction devant laquelle l'affaire est renvoyée (L. 1er avril 1837).

IV. — Du pourvoi dans l'intérêt de la loi.

1211. Le droit de se pourvoir dans l'intérêt de la loi appartient, après une ordonnance d'acquittement, au procureur d'assises, partie au procès (art. 374) ; — et, dans toute hypothèse, au procureur général près la Cour de cassation (art. 442).

Le premier de ces pourvois doit être formé dans les vingt-quatre heures du prononcé de l'ordonnance et par déclaration au greffe de la Cour d'assises. — Le second suppose qu'aucune des parties en cause ne s'est pourvue utilement, et il n'est soumis à aucun délai, ni à aucune forme : tantôt le procureur général près la Cour de cassation dépose un réquisitoire écrit ; tantôt l'avocat général de service à l'audience déclare verbalement le pourvoi dans l'intérêt de la loi, lorsque celui des parties n'est pas recevable.

Le pourvoi dans l'intérêt de la loi peut être dirigé seulement contre des arrêts ou jugements en dernier ressort.

V. — Du pourvoi du ministre de la justice.

1212. Ce pourvoi, qu'on qualifie aussi *de demande en annulation*, s'exerce dans *l'intérêt général* dont le ministre est souverain appréciateur. Il est formé par le procureur général près la Cour de cassation, qui n'est plus, dans cette hypothèse, qu'un intermédiaire obligé. De là deux conséquences : 1° le procureur général doit exhiber l'ordre formel qu'il a reçu du ministre (art. 441) ; — 2° l'effet dévolutif de ce pourvoi se restreint aux points indiqués dans la lettre du Garde des sceaux (1).

1213. Les actes auxquels s'applique le pourvoi du ministre ne sont pas seulement les arrêts et jugements qui pourraient être l'objet d'un recours des parties, mais tous les actes judiciaires. Il n'y a donc pas lieu de rechercher si le jugement est ou non susceptible d'une voie de recours ordinaire, s'il émane d'une juridiction de droit commun ou d'une

---

(1) Cass. 13 juin 1879 (D. 79, 1, 277) ; 13 déc. 1881 (D. 81, 1, 89).

juridiction d'exception ; — ni même s'il s'agit d'un jugement ou d'un arrêt. Ce pourvoi peut s'attaquer par conséquent aux *motifs* d'un jugement, aux actes d'instruction, même avant la fin de la procédure, aux questions posées au jury (1).

1214. On a longtemps hésité sur l'effet de ce pourvoi : l'art. 441 ne le limite pas au seul intérêt de la loi, et les textes constitutionnels ou organiques dans lesquels il puise son origine semblent lui assigner un effet plus étendu. Aussi a-t-on fini par décider que c'est dans l'intérêt général que le ministre poursuit l'annulation des actes judiciaires contraires à la loi. La cassation prononcée sur son pourvoi efface d'abord les droits que la Société pourrait puiser dans les jugements ou arrêtés annulés : la peine prend fin, la condamnation est effacée, les incapacités qu'elle avait entraînées sont réputées non avenues (2).

Mais si, au lieu de porter sur un arrêt de condamnation, ce pourvoi était dirigé contre une sentence renvoyant l'accusé de la poursuite, la cassation ne pourrait préjudicier à ce dernier. Tous les textes, en effet, qui permettent d'attaquer les décisions favorables à l'accusé ont soin de fixer les délais de la voie de recours et d'appeler l'accusé à défendre la sentence ; or l'art. 451 ne fait ni l'un ni l'autre : on est donc en droit de conclure que l'accusé ne peut éprouver aucun préjudice de l'annulation.

1215. Quel est l'effet de ce pourvoi dans les rapports des parties privées ? On dit souvent que la cassation « ne peut être invoquée ni pour ni contre la partie civile ».

Cette proposition est trop absolue : il est certain que la cassation ne rétroagit point au préjudice des *droits acquis* aux parties privées en vertu du jugement annulé ; mais, dans l'avenir, ce jugement ne peut pas produire de nouveaux effets, parce qu'il n'existe plus. Ainsi, par exemple, une condamnation à une peine afflictive reste, malgré son annulation, une cause péremptoire de divorce et de séparation de corps pour les demandes de cette nature introduites avant le pourvoi du ministre ; mais elle perd ce caractère pour les demandes qui seraient introduites postérieurement à ce pourvoi (3).

1216. Le Garde des sceaux pourrait-il limiter l'effet de son pourvoi à l'*intérêt de la loi* ? Nous ne le pensons pas : il agit comme le ministère public dans un intérêt social et il ne peut pas plus limiter les effets légaux de son recours, que celui-ci ne peut limiter son appel à une aggravation de peine. En fait, comme le procureur général près la Cour de cassation est le subordonné du ministre, il peut recevoir de lui des instructions pour agir soit de sa propre initiative, soit pour le compte de

---

(1) Cass. 6 juil. 1877 (D. 77, 1, 405) ; 9 déc. 1880 (D. 80, 1, 473).
(2) Const. 3 sept. 1791, tit. III, art. 27 ; Const. 5 fruct. an III ; L. 27 vent. an VII sur l'organ. jud. — *Sic* : Cass. 5 janv. 1895 (D. 95, 1, 384).
(3) Trébutien, II, p. 551 ; Garraud 608.

son chef ; il y aura donc lieu d'apprécier le sens de ces instructions : si elles contiennent un simple conseil, le pourvoi formé par le procureur général ne pourra l'être que dans l'intérêt de la loi ; si elles contiennent un ordre, ce sera une demande en annulation (1).

1217. L'annulation prononcée sur le pourvoi du ministre peut avoir pour conséquence des poursuites contre les officiers de police judiciaire et les juges de qui émanent les actes annulés, lorsqu'ils constituent de leur part des crimes ou des délits (art. 441).

(1) V. en sens divers s. la question : RODIÈRE, p. 402 ; TRÉBUTIEN, II, p. 550 ; VILLEY, p. 409, note 3.

CHAPITRE III

DES DEMANDES EN REVISION (1).

1218. Notions générales et historiques. — Le pourvoi en revision diffère du pourvoi en cassation : 1° par son objet, 2° par l'état des jugements et arrêts auxquels il s'applique. Le pourvoi en cassation sert à faire réformer les erreurs de droit commises par le juge ; le pourvoi en revision, ses erreurs de fait, les *erreurs judiciaires*, pour employer l'expression consacrée. Le premier s'attaque à des sentences qui n'ont pas encore acquis l'autorité de la chose jugée ; le second au contraire vise des arrêts ou jugements de condamnation passés en force de chose jugée, par conséquent susceptibles d'exécution et dont l'exécution se poursuit, peut-être même est terminée.

1219. Ce n'est pas sans raison que le pouvoir social a cru devoir renoncer ainsi aux droits que lui donnait l'autorité de la chose jugée résultant des condamnations pénales. Cette autorité ne repose en effet que sur une présomption légale et, si forte que soit cette présomption, elle ne peut dominer, en matière pénale, la vérité qui vient à se faire jour d'une manière éclatante. L'opinion publique protesterait contre le châtiment, et l'œuvre de la justice, qui a pour objet d'assurer le maintien de l'ordre, contribuerait à le troubler. Mais on comprend qu'il fallait organiser la revision avec une extrême réserve. C'eût été créer un nouveau danger social que d'autoriser à tout remettre en question sous des prétextes frivoles (2). Aussi les cas de revision sont-ils limitativement énumérés par la loi.

1220. Dans notre ancien droit la revision était ordonnée par le roi en vertu de la *justice retenue*. Elle disparut, en 1789, avec l'abolition de cette justice. Les codes de 1791 n'en font point mention. Mais un décret du 15 mai 1793 la rétablit pour le cas où deux condamnations inconciliables avaient été prononcées contre deux accusés différents,

---

(1) BIBLIOGRAPHIE : BERNARD, *De la réparation des erreurs judiciaires*. Rev. crit. 1870 ; PASCAUD, *De l'indemnité à accorder aux individus indûment condamnés ou poursuivis*, Rev. crit. 1888 ; NICOLAS, *Des réparations aux victimes des erreurs judiciaires*, *ibid*. ; LE POITTEVIN, LARNAUDE, Discussion à la Société des Prisons, *Rev. pénit.* 1895 et 1896 ; BERLET, *Commentaire de la loi du 8 juin 1895*, Journ. des Parquets, 1896.

(2) BERLIER, *Exposé des motifs* (LOCRÉ, t. XXVII, p. 71).

pour le même crime. — Le Code d'instruction criminelle ajouta à ce premier cas de revision deux autres cas : 1° celui où l'existence de la prétendue victime d'un homicide vient à être établie ; 2° celui où des témoins à charge entendus contre l'accusé auront été, postérieurement à sa condamnation, convaincus de faux témoignage. La revision n'était admise qu'en matière de crimes. Elle n'était possible que du vivant du condamné. L'erreur devait pour ainsi dire être mathématiquement démontrée : il fallait, par exemple, prouver que la personne prétendue homicidée existait au moment de la demande en revision. Il n'aurait pas suffi de prouver que la personne, dont la disparition avait coïncidé avec la circonstance du meurtre imputé, était décédée avant le prétendu crime. — Une loi du 29 juin 1867 admit la revision après la mort du condamné au profit de sa mémoire (1) ; elle l'étendit en outre aux condamnations correctionnelles les plus graves. Mais elle n'augmenta point les cas de revision. — Cependant la revision méritait d'être étendue à d'autres hypothèses. On est, par exemple, en mesure d'établir que tel individu est le vrai coupable, que tel témoin a fait un faux témoignage ; mais l'auteur véritable du crime, le faux témoin sont décédés, — ou bien l'action publique est prescrite, — ou bien encore une question d'extradition paralyse la poursuite. La loi du 8 juin 1895 a permis de demander la revision dans toutes ces hypothèses en ajoutant aux trois cas de revision admis par le Code d'instruction criminelle un cas plus général dont ils ne semblent plus être aujourd'hui que des applications (2).

1221. Cas de revision.— Matières où elle est admise.— I. L'article 443 énumère quatre cas de revision : 1°) l'existence de la personne

---

(1) Elle fut provoquée par la condamnation de *Lesurque*, le prétendu assassin du courrier de Lyon, dont l'opinion publique réclamait la revision. Mais, faute d'avoir élargi les cas de revision, la nouvelle loi ne permit pas de proclamer son innocence. La Cour de cassation, en effet, avant de statuer au fond, devait décider que la condamnation de l'an IV prononcée contre *Lesurque* et celle de l'an IX prononcée contre *Dubosc* étaient inconciliables (2° cas de revision). Or, la contradiction de ces deux condamnations n'était pas irréductible : le crime ayant été commis par plusieurs, il n'était pas impossible que Lesurque et Dubosc y eussent participés tous les deux. Aussi, bien que l'innocence de Lesurque parut clairement résulter d'une ressemblance frappante qui existait entre lui et Dubosc et des aveux de ce dernier, la Cour de cassation ne put annuler la condamnation de l'an IV, préalable nécessaire à la revision du procès au fond. Cass. 17 décembre 1868 (D. 68, 1, 41).

(2) *Législation comparée* : Certaines législations permettent de reconnaître l'erreur judiciaire non seulement au préjudice de l'accusé injustement condamné, mais aussi au préjudice de la répression. La revision *pour* et *contre* le condamné peut être ordonnée d'après les Codes de procédure pénale autrichien (1873) et allemand (1877). La législation de l'Angleterre et des États-Unis n'admettent pas la revision d'une sentence prononcée en vertu d'un verdict du jury ; elles admettent seulement le recours immédiat autorisé chez nous par l'article 352 du Code d'instruction criminelle et qui consiste, de la part des magistrats de la Cour d'assises, à annuler le verdict de culpabilité lorsqu'ils sont convaincus de l'innocence de l'accusé et à renvoyer l'affaire à une autre session.

prétendue homicidée ; — 2°) la contradiction de deux sentences irrévocables ; — 3°) la condamnation pour faux témoignage contre l'accusé ; 4°) un cas général qui comprend non seulement les trois autres, mais encore tous les événements qui peuvent révéler une erreur judiciaire. Voici la formule de ce nouveau cas qui seul aujourd'hui mérite d'être expliqué : « Lorsque, après une condamnation, un fait viendra à se produire ou à se révéler, ou lorsque des pièces inconnues lors des débats seront représentées, de nature à établir l'innocence du condamné. »

1222. La revision n'est possible qu'en présence de faits ou de documents *inconnus lors des débats*, c'est-à-dire qui n'ont pas été soumis à la juridiction qui a prononcé la condamnation (1). La loi ne veut pas d'une discussion nouvelle sur les preuves déjà appréciées par le jugement où l'arrêt de condamnation ; elle veut des faits nouveaux ou des pièces nouvelles. En cela la revision se distingue de l'appel qui remet tout en question devant le juge du second degré. Il n'est pas nécessaire cependant que les faits et documents nouveaux prouvent par eux-mêmes l'innocence du condamné ; il suffit qu'ils l'établissent par leur rapprochement avec les preuves antérieurement appréciées. Le Code allemand (art. 399 § 5) et autrichien (art. 353 § 2) ont pris soin de l'énoncer ; mais la rédaction du paragraphe 4 de l'art. 443 est assez large pour admettre la même solution. L'art. 247 relatif à la découverte de *charges nouvelles* fournit aussi un argument.

1223. Il faut que le fait révélé ou la pièce produite soit de nature à établir l'*innocence du condamné*. Il ne suffirait pas qu'elle fît simplement douter de sa culpabilité. La rédaction du projet de loi préparé par le Conseil d'Etat et qui est devenu la loi actuelle, diffère sur ce point d'une proposition due à l'initiative parlementaire et votée par la Chambre des députés avant le dépôt du projet de loi. L'innocence implique une certitude. Il faut que les faits et documents nouveaux fournissent par eux-

---

(1) M. Berlet, *op. cit.*, p. 213, se prévaut d'un changement de rédaction qu'a subi le paragraphe 4 dans l'élaboration législative pour dire que le fait ou le document nouvellement révélé doit avoir été *inconnu du prévenu* lui-même lors des débats. Mais ce changement n'a trait qu'à la question des dommages-intérêts. La condamnation entachée d'erreur judiciaire doit toujours être revisée, alors même qu'on pourrait coter grief au condamné des faits qui l'ont amenée. La loi ne punit pas une culpabilité imaginaire. La faute et le dol du condamné ne sont pris en considération qu'au point de vue de l'indemnité. Cette distinction ressort des travaux préparatoires et particulièrement de la discussion au Sénat, le 9 février 1894, à laquelle prirent part MM. Bernard, Bérenger, Demole, Trarieux, Morellet, Thézard, etc. Aussi bien, le texte de l'art. 443, 4°, n'exige pas que les pièces inconnues lors des débats aient été *découvertes* depuis, mais seulement qu'elles aient été *représentées*. Représentées à qui ? Evidemment à la justice ! Par conséquent le texte fait rapporter le mot *inconnues* à la juridiction qui a prononcé la condamnation et non au condamné. Refuser la revision sous prétexte que le condamné connaissait la pièce qui l'innocentait et qu'il a négligé de la produire, ce serait le punir d'avoir été maladroit dans sa défense.

mêmes ou par leur rapprochement avec les anciennes preuves la certitude de l'erreur judiciaire. La présomption d'innocence qui couvre l'accusé avant la condamnation se retourne une fois la condamnation prononcée et c'est la présomption contraire qui prévaut : avant d'être condamné le doute s'interprétait en sa faveur ; après, il s'interprète contre lui (1).

1224. Plus généreuse que la loi de 1867, celle de 1895 permet la revision « en matière criminelle ou correctionnelle, quelles que soient *la juridiction* qui ait statué et *la peine qui ait été prononcée* ». Seules les condamnations en matière de simple police « qui ne blessent jamais l'honneur et ne créent pas de casier judiciaire » ne donnent pas lieu à cette procédure. En matière correctionnelle, le taux minimum de l'emprisonnement et de l'amende peut être abaissé au niveau de celui des peines de simple police sans que la nature de la peine soit transformée (*suprà*, n°s 273, 337); on pourra donc demander la revision d'une condamnation prononçant *un franc* d'amende pourvu que ce soit pour un délit. On pourra même demander la revision d'une condamnation *avec sursis*.

La loi s'applique quelle que soit la juridiction qui ait statué et par conséquent aux condamnations prononcées par la juridiction exceptionnelle, comme à celles qui émanent des juridictions ordinaires.

1225. Procédure. — 1° *Par qui et comment doit être formée la demande.* — Le droit de demander la revision appartient concurremment au ministre de la justice et au condamné, et, après la mort ou l'absence déclarée de ce dernier, à son conjoint, à ses enfants, à ses parents, à ses légataires universels ou à titre universel, à ceux enfin qui en ont reçu de lui la mission expresse, sans qu'il y ait aucun ordre à observer entre les divers ayants droit (art. 444 § 1).

La demande passe toujours par le ministère de la justice : c'est en effet le garde des sceaux qui doit donner « soit d'office, soit sur la réclamation des parties » au procureur général près la Cour de cassation « l'ordre exprès » d'en saisir la Chambre criminelle.

Mais tandis qu'il n'est qu'un simple agent de transmission lorsque la demande est fondée sur l'un des trois premiers cas de revision, il recouvre au contraire, pour le 4° cas, la qualité de premier degré de juridiction qu'il avait dans toute hypothèse sous le Code de 1808. Il apprécie souverainement s'il doit oui ou non transmettre la demande. Sa décision doit être précédée de l'avis d'une commission composée des directeurs de son ministère et de trois magistrats de la Cour de cassation annuellement désignés par elle et pris en dehors de la Chambre criminelle (art. 444 §§ 1, 2).

---

(1) Le texte des art. 353, C. Autrichien et 399 C. Allemand est moins impérieux.

1226. 2° *Délai.* — Le délai après lequel les demandes en revision ne sont plus recevables est de *un an* à dater du jour où les parties ont connu le fait donnant ouverture à revision. Il faut que dans ce délai la demande ait été « inscrite au ministère de la justice, ou introduite par le ministre » (art. 443 § 3). Ce délai est bien court pour le quatrième cas de revision et ne se comprend point pour le premier cas. Aussi peut-on douter qu'il s'y applique. Dans le texte préparé par le Conseil d'Etat et dans celui présenté par la commission du Sénat, le délai d'un an ne s'appliquait qu'aux demandes fondées *par les parties* sur les *deuxième* et *troisième* cas de revision. La restriction qu'il contenait disparut, sans explications, dans le texte finalement voté. On peut croire à un oubli, à une faute de copiste et restreindre ce délai d'un an aux deuxième et troisième cas de revision (1).

1227. 3° *Effet suspensif de la demande.* — Pendant la demande il peut et même il doit parfois être sursis à l'exécution de la peine. L'art. 444 §§ 4 et 5 distingue le cas où la condamnation n'a pas été exécutée et celui où l'exécution a commencé. Dans le premier cas l'exécution est de plein droit suspendue à partir de la *transmission de la demande* par le ministre de la justice à la Cour de cassation (2). Dans le second cas, un élargissement provisoire peut être ordonné d'abord, par le ministre jusqu'à ce que la Cour de cassation ait prononcé sur la recevabilité de la demande, et puis, s'*il y a lieu*, par l'arrêt de cette Cour statuant sur la recevabilité (3). Cette distinction est rationnelle. Lorsqu'un condamné n'est pas détenu, il importe de ne le priver de sa liberté que si sa condamnation n'est pas attaquée au fond pour cause d'erreur judiciaire. Lors au contraire qu'il a commencé à subir par anticipation sa peine en état de détention préventive, on peut craindre qu'il ne cherche à prolonger cette détention, aussitôt que la condamnation est devenue irrévocable, par une demande en revision pendant l'instruction de laquelle il achèverait sa peine sous une forme moins rigoureuse.

Le texte du paragraphe 5 se ressent de la préoccupation qu'on avait d'éviter cette fraude, car il semble restreindre le sursis, avec la distinc-

---

(1) Avant la loi nouvelle, l'art. 444 n'imposait aucun délai fatal pour le premier cas de revision. — Sur la non-application du délai d'un an à la demande formée par le ministre, voir la discussion intéressante qui a eu lieu à la Société générale des prisons, séance du 19 juin et 20 nov. 1895 (*Rev. pénit.*, 1884, p. 970-972, 1239-1242).

(2) Cette expression, employée pour embrasser tous les cas de revision, est évidemment *incorrecte* lorsqu'il s'agit des trois premiers. Pour eux il faut dire plus exactement « à partir de la réception de la demande au ministère de la justice », car le ministre ne pouvant arrêter la demande, l'obligation de transmettre « la transmission » commence à ce moment.

(3) Malgré le vague de la phrase, il semble que la Cour de cassation qui *déclare la demande recevable* ne puisse pas faire autrement que de confirmer ou d'accorder le sursis.

tion qui vient d'être exposée, aux peines privatives de la liberté; mais la rédaction du paragraphe 4 est assez large pour qu'on puisse appliquer le sursis, avec la même distinction, aux condamnations à l'amende, aux frais, aux dommages-intérêts, en un mot à toutes les condamnations prononcées par le jugement ou l'arrêt dont on demande la revision.

1228. 4° *Jugement de la demande.* — Pour juger le pourvoi en revision, la Cour de cassation se livre à un double examen et rend deux arrêts.

Elle examine d'abord si le pourvoi est recevable *en la forme*, c'est-à-dire : si l'arrêt ou le jugement attaqué a force de chose jugée ; — si la revision est demandée pour une des causes et dans les matières où la loi l'autorise ; — si la demande est formée par une personne ayant qualité ; — si elle est introduite dans le délai légal ; — si elle en est saisie régulièrement. Tout peut se terminer après ce premier examen par un *arrêt de rejet en la forme*.

Mais si le pourvoi est déclaré recevable en la forme (*en cas de recevabilité*, art. 445), il y a lieu d'examiner si l'ouverture à revision, alléguée par le demandeur, existe réellement. Pour faire ce second examen, « si l'affaire n'est pas en état, la Cour procédera, directement ou par commissions rogatoires, à toutes enquêtes sur le fond, confrontations, reconnaissance d'identité, interrogatoires et moyens propres à mettre la vérité en évidence ». En d'autres termes, elle instruit la demande quand elle ne la trouve pas instruite. Puis elle statue sur sa recevabilité *au fond.* — Quand elle la rejette, son arrêt termine encore la procédure. — Quand elle l'admet, elle rescinde l'arrêt ou les arrêts de condamnation qui lui étaient dénoncés. Cette première opération porte en pratique le nom de *rescindant*. Il faut ensuite procéder à un nouvel examen du *fond* non plus de la demande, mais *du procès*, prononcer, comme on dit, sur le *rescisoire* ; cela regarde tantôt la Cour de cassation, tantôt la juridiction de renvoi. La Cour statue elle-même : 1°) lorsqu'il ne peut pas être procédé à de nouveaux débats oraux entre toutes les parties, notamment en cas de décès, de contumace ou de défaut d'un ou de plusieurs condamnés, d'irresponsabilité pénale ou d'excusabilité, de prescription de l'action ou de la peine (art. 446) ; — 2°) lorsque l'annulation de l'arrêt à l'égard d'un condamné vivant ne laisse rien subsister qui puisse être qualifié crime ou délit. Dans ces deux cas, la Cour de cassation statue sans renvoi ; le rescindant et le rescisoire se trouvent confondus dans le même arrêt.

La Cour doit renvoyer devant une juridiction de même nature et d'un degré égal à celles qui ont primitivement connu de l'affaire lorsqu'il peut être procédé à de nouveaux débats contradictoires à l'égard de tous les condamnés (art. 445 § 2). Elle fixe, dans cette hypothèse, les questions à résoudre. Le procureur général près la Cour de renvoi dresse un nouvel acte d'accusation.

Par le *rescindant,* la Cour suprême annule toutes les condamnations *pénales* et *civiles* qui avaient été prononcées. Le nouveau débat intéresse donc autant la partie civile que le ministère public. Il suit de là que la partie civile doit être mise en cause dans la procédure qui précède le rescindant, sinon elle pourrait faire opposition à l'arrêt de cassation pour ce qui touche à ses intérêts civils (1). Si un ou plusieurs des condamnés sont décédés, on nomme des *curateurs à leur mémoire.*

Les frais de l'instance en revision sont avancés par le demandeur jusqu'à l'arrêt de recevabilité ; pour les frais postérieurs à cet arrêt, l'avance est faite par le Trésor. Ils sont définitivement supportés par le demandeur en revision lorsqu'il échoue soit au début soit à la fin de la procédure. Lorsqu'il réussit au contraire et que la revision est prononcée, ces frais sont mis à la charge de l'État ou du vrai coupable quand il intervient une condamnation contre ce dernier (art. 446 §§ 6, 7) (2).

1229. Réparation morale et pécuniaire accordée à la victime de l'erreur judiciaire. — En dehors de la revision de la condamnation, la victime de l'erreur judiciaire n'avait, avant la loi nouvelle, le droit d'exiger aucune autre réparation. C'était une lacune de notre législation que la jurisprudence s'efforçait de combler en ordonnant, par mesure d'ordre, la publication de l'arrêt ou jugement qui proclamait l'innocence du condamné. Mais l'opinion publique réclamait davantage ; elle voulait pour lui une indemnité (3). La loi de 1895 a réalisé à ce double point de vue une généreuse réforme.

La question de la réparation due aux victimes des erreurs judiciaires se pose non seulement pour les erreurs qui ont abouti à une condamnation injuste, après la revision du procès pénal, mais encore chaque fois qu'une poursuite s'est terminée par une décision de non-lieu ou par un acquittement. La proposition de loi votée par la Chambre des députés en 1892 l'envisageait dans toute son ampleur. Mais le projet de loi, préparé par le Conseil d'Etat sur l'ordre du Gouvernement, restreignit la réparation aux erreurs judiciaires reconnues par une procédure de revision. La commission du Sénat partageait l'avis de la Chambre, mais « elle dut capituler » pour ne pas compromettre le succès de

---

(1) Rodière, p. 514.
(2) On peut relever deux incorrections dans la disposition de l'art. 446. La première c'est qu'en forçant le condamné à faire l'avance des premiers frais, elle ferme la porte aux demandes en revision formées par les indigents. La seconde, c'est qu'en n'obligeant pas l'Etat à garantir le remboursement des premiers frais par le vrai coupable, elle expose la victime de l'erreur judiciaire à ne recevoir qu'une réparation incomplète.
(3) Des amendements proposés en ce sens lors de la loi de 1867 avaient été repoussés (D. 67, 4, 69, note 2).

la loi nouvelle. C'est ainsi qu'en ce qui touche la réparation due aux victimes des erreurs judiciaires, la loi du 8 juin 1895 n'a réalisé qu'une réforme incomplète (1).

La réparation accordée est morale et pécuniaire.

La *réparation morale* (art. 446 §§ 9, 10) consiste dans une grande publicité donnée au jugement ou arrêt d'où résulte l'innocence du condamné. L'Etat en supporte les frais, sans recours possible contre personne ; la loi en effet n'en réserve aucun. On a considéré, sans doute, que l'erreur judiciaire impliquait toujours une faute sociale, même quand la justice s'est laissé égarer par un faux témoignage. La loi prescrit elle-même : 1° l'affichage de l'arrêt ou du jugement dans la ville où la condamnation a été prononcée, dans celle où siège la juridiction de revision, dans la commune où le crime ou le délit a été commis, dans celles du domicile du demandeur en revision et du dernier domicile de la victime de l'erreur judiciaire si elle est décédée ; 2° l'insertion de cet arrêt ou jugement au *Journal officiel*. — De plus les tribunaux doivent accorder au demandeur en revision, s'il le requiert, l'insertion dudit arrêt ou jugement dans cinq journaux à son choix.

La *réparation pécuniaire* consiste dans des dommages-intérêts (art. 446 §§ 1, 2, 3, 4, 5).

1230. Fondement juridique des dommages-intérêts. — Pouvoir d'appréciation des tribunaux. — Les dommages-intérêts soulèvent une question législative qui a été vivement discutée dans l'élaboration de la loi. L'erreur judiciaire doit-elle créer au profit de la victime une véritable dette de l'Etat, une obligation dans le sens juridique, ou bien doit-elle créer seulement un devoir d'assistance, une obligation morale (2) ? Avec le premier principe, on aboutit aux conséquences suivantes : 1°) La réparation pécuniaire est due parce qu'il y a préjudice et quelle que soit la fortune de la victime de l'erreur judiciaire ; — 2°) L'indemnité doit être égale au préjudice causé. Elle peut cependant être diminuée et même supprimée s'il y a faute de la victime et suivant le degré de cette faute ; — 3°) La liquidation de l'indemnité rentre dans la mission des tribunaux.

Avec le second principe, on dit au contraire : 1°) L'indemnité est oc-

---

(1) L'idée d'étendre la réforme n'a pas été abandonnée. La Société générale des prisons, après une discussion remarquable où l'on a fait justice des objections et des préjugés qui ont aveuglé le Gouvernement, a décidé de préparer le texte d'une nouvelle loi (Séance des 20 nov. et 18 déc. 1865, *Rev. pénit.*, 1895, p. 1242 et s. ; 1896, p. 3 et s.).

(2) On prétend justifier l'irresponsabilité de l'Etat en matière d'erreurs judiciaires en disant que l'œuvre de la justice fait partie des *actes de souveraineté*. JACQUIN, rapport sur le projet de loi au Conseil d'Etat ; CAMOENS DE VENCE, Disc. à la Société des prisons, *Rev. pén.*, 1896, p. 3 et s. Mais cette exagération des conséquences de la souveraineté est « une idée d'un autre âge ». Elle a été victorieusement réfutée, dans la même séance, par MM. LE POITTEVIN et LARNAUDE.

troyée. L'Etat serait en droit de la refuser ; il peut donc la réserver aux plus grandes infortunes, l'accorder seulement à la victime d'une erreur judiciaire proclamée par une procédure de revision ; — 2°) La réparation du préjudice n'est pas nécessairement intégrale. Libre de refuser l'indemnité, l'Etat est libre aussi d'en fixer le quantum ; il peut, par exemple, ne l'accorder que pour réparer le préjudice matériel ; — 3°) L'allocation de l'indemnité ne regarde point l'autorité judiciaire, mais l'administration (1).

Le projet élaboré par le Conseil d'Etat s'inspirait visiblement du second système, mais la proposition de loi votée par la Chambre des députés consacrait le premier. La discussion devant le Sénat a confirmé le système de la Chambre, mais en l'atténuant. « La réparation, a dit le rapporteur, est un droit, mais un droit dont l'exercice comporte une appréciation » (2). De plus on a consenti à restreindre la réparation pécuniaire aux seules erreurs qui ont été reconnues par une procédure de revision. Enfin, on a établi entre les divers ayants droit à l'indemnité une distinction, assez logique d'ailleurs, au point de vue de son étendue : les uns pouvant exiger la réparation de toute espèce de préjudice, préjudice moral et préjudice matériel ; les autres ne pouvant demander des dommages-intérêts que pour ce dernier.

1231. A part ces concessions faites au système du projet du Gouvernement, on a considéré que l'indemnité était une véritable dette de l'Etat. Mais, quelle est la cause de cette dette ? Les uns ont dit, c'est le *risque professionnel* ; les autres, c'est une *faute sociale*.

La première de ces explications présente l'erreur judiciaire comme un accident inséparable du fonctionnement de la justice. La Société qui profite de l'œuvre de la justice doit supporter le risque des erreurs qu'elle commet (3). Dans ce système, il n'y avait pas lieu de tenir compte du cas fortuit, ni de la faute de la victime ; un dol seul pourrait la rendre indigne de l'indemnité ; car nul ne peut se faire un titre de son délit. C'est pour ce motif que les compagnies d'assurances sur la vie doivent la prime même au cas de mort due à l'imprudence de la victime ; mais qu'elles ne répondent pas de son suicide.

Si l'on fonde au contraire la dette de l'Etat sur une *faute sociale*, il

---

(1) *Législation comparée*: Presque toutes les législations étrangères accordent une indemnité aux victimes des erreurs judiciaires, les différences de détail qu'on peut relever entre elles proviennent surtout du principe différent que chacune assigne à l'indemnité. Comp. La loi locale de plusieurs cantons suisses : Berne, Neufchâtel, Vaud, Fribourg, Argovie, Genève, Bâle-Ville ; — Portugal, L.14 juin 1884 ; — Suède, L. 12 mars 1886 ; — Norwège, C. inst. crim. 1887 ; — Danemark, L.5 avril 1888 ; — Autriche, L.16 mars 1892 ; — Islande, L.26 oct. 1893 ; — Mexique, C. p. 1880 ; — Brésil, C. p. 1890.

(2) Rapport Bérenger.

(3) Voir le développement que M. LARNAUDE a donné à cette thèse dans son remarquable discours à la Société générale des prisons (*Rev. pén.*, 1896, p. 9 et s.).

serait logique de mettre la preuve de cette faute à la charge du demandeur, de permettre à l'Etat de décliner sa responsabilité en invoquant le *cas fortuit*, la *force majeure*, le *dol* du condamné, et de faire diminuer l'indemnité au cas où la *faute* du condamné aurait contribué à amener l'erreur judiciaire. Ces deux théories ont fourni dans les travaux préparatoires l'explication de la dette juridique de l'Etat ; mais le législateur ne paraît pas s'être attaché à consacrer exclusivement les conséquences logiques de l'une ou de l'autre. Ainsi, il a été implicitement reconnu que la *faute sociale* était présumée dès que la revision était prononcée. La victime de l'erreur judiciaire n'a donc à prouver que le *préjudice*. De plus on a admis l'Etat à décliner sa responsabilité uniquement dans le cas de *dol du condamné*, et à la faire diminuer au cas de *faute commune*. Il ne pourrait se défendre en invoquant le *cas fortuit* ou la *force majeure*, c'est-à-dire un malheureux concours de circonstances ou un faux témoignage qui aurait amené l'erreur judiciaire (1).

Le mot *pourra*, employé par l'art. 446 pour déterminer le pouvoir d'appréciation reconnu aux tribunaux, ne leur permet donc pas de refuser ou de tempérer l'indemnité en tenant compte de la situation de fortune du condamné ou de l'état de nos finances. Ils ne font point la charité ; ils reconnaissent une dette et en fixent le montant. Le préjudice causé et la responsabilité du condamné dans les faits qui ont amené l'erreur judiciaire doivent seuls fixer leur attention. Voilà ce qui résulte des travaux préparatoires. Même en s'en tenant au texte, le mot *pourra* ne peut faire considérer l'indemnité comme l'exécution d'un devoir d'assistance : ce

---

(1) La théorie du *risque professionnel* a dominé toute la discussion de la proposition de loi votée par la Chambre des députés. Dès la première délibération (9 fév. 1894), le Sénat se prononça nettement contre la théorie du Conseil d'Etat et du projet du Gouvernement qui présentaient l'indemnité comme l'exécution d'un devoir d'assistance. A la deuxième délibération (2 mars 1894) le Garde des Sceaux essaya d'une ruse pour amener le Sénat à se déjuger. Il feignit de croire qu'à raison du mot *pourra* le texte voté par le Sénat avait le même sens et la même portée que celui du projet, et, dans tout son discours, il opposait l'indemnité *facultative, ne dérivant d'aucune obligation juridique de l'Etat*, à l'indemnité *obligatoire, dette de l'Etat*. Mais il fut vite remis au point par l'intervention énergique de MM. Bérenger, Trarieux et Bernard qui le forcèrent à convenir que « le texte voté doit être compris et expliqué comme l'art. 1382 du Code civil ». Ce renvoi à l'art. 1382 prouve deux choses : 1°) Qu'il s'agit d'une obligation juridique ; — 2°) Que cette obligation met en jeu la théorie de la faute. De plus il faut observer : 1° Que dans la discussion au Sénat (Séance du 9 fév. 1894) les seuls cas qui ont été indiqués comme pouvant motiver un refus absolu de l'indemnité sont des cas *de dol* du condamné (Discours et interruptions de MM. Bérenger, Demole, Trarieux, Bernard, Morellet, Dubois, Thézard) ; — 2° Que si l'aveu du condamné avait motivé l'erreur judiciaire, cet aveu ne devait pas toujours être considéré comme une faute ; — 3° Que l'idée que l'Etat pourrait décliner sa responsabilité en invoquant le cas fortuit ou la force majeure n'est jamais entrée dans la pensée de personne ; — 4° Qu'on a toujours considéré que la faute sociale et la responsabilité de l'Etat qui en dérive étaient présumées après la revision prononcée.

serait, en effet, fonder la réparation pécuniaire sur un principe différent de celui qui sert de base à la réparation morale, mettre en contradiction le premier paragraphe de l'art. 446 avec l'avant-dernier. Le pouvoir d'appréciation des tribunaux, lorsqu'il s'agit de l'indemnité, n'est pas la négation doctrinale du droit du condamné, mais seulement la condition de son exercice.

Pour bien marquer d'ailleurs qu'on rejetait le principe que le Conseil d'Etat et le Gouvernement assignaient à l'indemnité, on a substitué à ce mot, qui était dans le projet, celui de dommages-intérêts généralement employé quand on parle d'une dette proprement dite et d'une responsabilité contractuelle ou délictuelle (1).

1232. Des ayants droit aux dommages-intérêts. Leur étendue suivant les ayants droit. — Le droit aux dommages-intérêts se fixe d'abord sur la tête du condamné victime de l'erreur judiciaire. Après sa mort, il appartient concurremment à son conjoint, à ses ascendants et descendants. Pour eux, comme pour lui, la réparation comprend le préjudice moral aussi bien que le préjudice matériel. — Son droit passe aussi à ses parents d'un degré plus éloigné, mais ceux-ci n'ont droit qu'à la réparation du préjudice matériel.

1233. Règlement des dommages-intérêts. — Il faut distinguer l'allocation des dommages-intérêts et leur paiement.

a) Les dommages-intérêts sont accordés, comme la réparation morale, par « l'arrêt ou le jugement de revision d'où résultera l'innocence du condamné », c'est-à-dire par le juge *du rescisoire*, ou par la Cour de cassation lorsqu'elle procède elle-même au jugement du fond (art. 446 § 1).

La demande est recevable en tout état de la procédure de revision (art. 446 § 4).

b) Les dommages sont « à la charge de l'Etat », c'est-à-dire que le Trésor est condamné à en faire l'avance et à les payer comme frais de justice criminelle (2). Mais l'Etat a son recours contre la *partie civile*, le *dénonciateur* ou le *faux témoin* par la faute duquel la condamnation aura été prononcée » (art. 446 § 5). Cette énumération est limitative, car elle a remplacé une formule générale, proposée par la Commission du Sénat en vue de restreindre le recours de l'Etat aux personnes expressément énumérées (3).

---

(1) Dernier rapport de M. Pourquery de Boisserin sur le texte voté par le Sénat qui fut adopté par la Chambre des députés sans nouvelle discussion (Chambre, Doc. parl., p. 1062). En mon sens : LE POITTEVIN op. et loc. cit.; BERLET, Journal des Parquets, 1895, 1, 226-230 ; ESCOFFIER, Lois nouv., 96, 1, 37-38. — Contrà : CAMOENS DE VENCE, Rev. pénit., 1896, p. 3.

(2) Une Circ. min. just. du 28 oct. 1895 (J. des Parquets, 95, 3, 110), donne le modèle du mémoire qui doit être présenté, en double exemplaire, dont l'un sur timbre, au visa du parquet chargé de le rendre exécutoire. On y joint un extrait de l'arrêt ou du jugement fixant les dommages-intérêts.

(3) La formule proposée était : « Sauf son recours contre *ceux par la faute*

Le jugement ou l'arrêt qui alloue les dommages-intérêts statuera sur ce recours si la personne qu'il doit atteindre est en cause. Dans le cas contraire, il se bornera à condamner l'Etat en lui réservant son recours contre qui de droit.

1234. Chose jugée sur la demande en revision et sur le fond après la revision prononcée. — *a*) Les arrêts par lesquels la Cour de cassation rejette une demande en revision comme irrecevable *en la forme*, n'empêchent pas d'en présenter une nouvelle si l'on est encore dans le délai. Ils relèvent simplement, en effet, une irrégularité susceptible d'être réparée.

b) Très différents sont les arrêts qui déclarent la demande *irrecevable au fond*. Ils produisent la chose jugée relativement aux moyens qui avaient été proposés. Une nouvelle demande n'est possible que si on la fonde sur des moyens nouveaux ; et par exemple si l'on invoque un cas de revision différent de celui qu'on avait d'abord proposé.

c) Quant aux arrêts statuant sur le *rescisoire*, s'ils prononcent une condamnation, ils peuvent, suivant les circonstances, être ou n'être pas revisables. Supposons qu'ils condamnent à nouveau un individu dont la condamnation avait été annulée par le rescindant, une nouvelle demande en revision n'est plus recevable. S'ils condamnent au contraire pour la première fois un individu comme auteur du crime dont ils déchargent la victime de l'erreur judiciaire, il n'y a pas de raison pour refuser au nouveau condamné le droit de demander à son tour la revision, s'il se prétend victime d'une erreur judiciaire et s'il invoque un des cas de revision prévus par la loi. Il n'y a pas précisément de texte indiquant les trois solutions ci-dessus, mais elles résultent des principes généraux et de l'esprit de la loi.

desquels la poursuite avait été ordonnée ou la condamnation prononcée » (Sénat, *Déb. parl.*, 12 et 13 fév., MM. Voland, Godin, Bérenger).

TITRE SIXIÈME

DE L'AUTORITÉ DE LA CHOSE JUGÉE.

1235. Toute sentence qui termine le procès devant une juridiction, et qui n'est pas, ou qui n'est plus susceptible de voie de recours, empêche de le renouveler, parce qu'une présomption absolue de vérité s'attache à la chose jugée. Dans l'exposé de la procédure pénale nous avons eu l'occasion d'indiquer sommairement sur quels points et dans quelle mesure chaque décision définitive des juridictions d'instruction et de jugement avait l'autorité de la chose jugée au point de vue de l'action publique ; nous avons également indiqué, à propos des questions préjudicielles, l'autorité qu'exercent sur le procès pénal les jugements civils. Sous ce titre nous allons d'abord réunir et compléter ces notions ; nous examinerons ensuite l'autorité de la chose jugée par les tribunaux de répression sur les actions civiles qui naissent du délit ou à l'occasion du délit.

CHAPITRE PREMIER

DE L'AUTORITÉ DE LA CHOSE JUGÉE AU CRIMINEL SUR L'ACTION PUBLIQUE.

1236. Notions générales et historiques. — L'autorité de la chose jugée est un principe aussi légitime et aussi nécessaire en matière pénale qu'en matière civile : l'humanité le recommande pour les décisions favorables à l'accusé, autant que la raison l'impose pour celles qui le condamnent.

En Droit romain, ce principe était appliqué aux matières criminelles, avec des exceptions cependant (1). Notre ancien Droit les multiplia (2).

---

(1) Fr. 207, *de reg. juris* ; fr. 2 § 1, *de prevaricat.* ; fr. 5 § 2, *ad. leg. Jul. de vi pub.* ; fr. 7 § 2, *de accusationibus.*

(2) AYRAULT, *Ordre jud.*, III, 25 ; MUYART DE VOUGLANS, *Inst. au Dr. crim.*, p. 81 et s. ; ROUSSEAU DE LA COMBE, part. III, c. I., sect. 3, n° 2 ; JOUSSE, III, p. 12 et s.

La plus importante résultait des arrêts de plus ample informé qui prorogeaient pour un temps déterminé ou indéfiniment le droit de reprendre la poursuite, malgré l'arrêt de la juridiction du jugement qui l'avait déclarée mal fondée. La Constitution de 1791 (ch. V, art. 9) établit d'une manière absolue l'irrévocabilité des sentences définitives des juridictions de jugement, en proclamant que « *tout homme acquitté par un jury légal ne peut plus être repris ni accusé à raison du même fait* ». Ce principe est passé dans nos lois : l'art. 360, C. i. c., le formule et la procédure de revision le suppose par l'exception qu'elle y apporte. Les ordonnances et arrêts des juridictions d'instruction produisent aussi l'autorité de la chose jugée, mais d'une manière moins absolue. Parfois ces décisions ressemblent aux arrêts de plus ample informé, parce que l'irrévocabilité du non-lieu est subordonnée à la non-découverte de nouvelles charges (art. 246) ; parfois au contraire elles sont absolument irrévocables, mais elles n'ont l'autorité de la chose jugée que sur un certain point et dans des limites assez étroites.

1237. Conditions de la chose jugée en matière pénale. — Quand on recherche quelle est l'autorité de la chose jugée par les juridictions de répression sur l'exercice ultérieur de l'action publique, il faut déterminer d'abord à quelles conditions elle est acquise, puis dans quelle mesure elle se produit. Les conditions étant communes à toutes les décisions des juridictions pénales, nous les exposerons ici ; la question de mesure sera résolue dans l'étude détaillée que nous ferons de l'autorité de la chose jugée attachée aux diverses décisions.

Les conditions se rapportent les unes à la décision antérieure, les autres à la poursuite actuelle.

1238. *A*. La décision antérieure doit être : 1°) une décision sur l'action publique (ordonnance, jugement, arrêt) ; — 2°) elle doit avoir terminé le procès devant la juridiction qui l'a rendue ; — 3°) elle doit émaner d'une juridiction légalement instituée ; — 4°) elle doit être non susceptible de voies de recours.

Il est inutile d'insister sur les deux premières conditions ; elles sont en effet les conditions mêmes de l'hypothèse où peut s'agiter la question de l'autorité de la chose jugée en matière criminelle. Une décision disciplinaire, par exemple, ne pourrait réaliser le cas dont on s'occupe, puisque l'action disciplinaire n'est pas l'action publique. De même un jugement d'*instruction* (préparatoire ou interlocutoire), ne faisant que préparer la sentence qui épuisera l'action publique, ne peut empêcher le renouvellement de l'action après son épuisement dans un premier procès.

La troisième condition est la généralisation du principe écrit dans la Constitution de 1791. La loi ne peut reconnaître et sanctionner que les décisions rendues par les juridictions qu'elle a instituées. Mais, pourvu que cette condition soit remplie, il n'y a pas à rechercher si la juridiction était régulièrement composée, si elle a statué dans les limites de sa compétence, si elle a observé les règles de fond et de forme qui s'imposaient pour le jugement du procès : l'autorité de la chose jugée a précisément pour objet de couvrir toutes ces irrégularités.

Toutefois cette autorité ne se produit qu'à la condition que les voies de recours ne soient pas ou ne soient plus ouvertes : jusqu'à leur épuisement, ou jusqu'à l'expiration du délai accordé pour les exercer, la sentence est définitive, mais elle n'est pas encore *irrévocable*. Elle acquiert l'autorité de la chose jugée en même temps que son irrévocabilité, mais elle l'acquiert avec rétroactivité depuis le jour où elle a été rendue.

1239. *B.* A quelles conditions la seconde poursuite viendra-t-elle heurter la décision antérieure et devra-t-elle être écartée par l'autorité de la chose jugée ? On a cherché souvent à les déterminer en appliquant par analogie l'art. 1351 du Code civil. La poursuite actuelle devrait avoir le *même objet*, être fondée sur la *même cause*, et s'agiter entre les *mêmes parties* procédant en la *même qualité* ; mais malgré d'ingénieux efforts on n'est pas parvenu à plier cet article aux exigences de la procédure pénale. C'est qu'en effet l'art. 1351 du Code civil est un article de détail, qui a pour objet d'appliquer aux matières civiles les conditions générales de la chose jugée. Des quatre identités qu'il exige entre les éléments réels ou personnels du premier et du second procès, l'une, l'identité de qualité, ne trouve point d'application dans le Droit pénal qui ne connaît que l'individu, la personne physique et qui ignore ou néglige sa qualité. On ne répond en effet pénalement que de ses propres délits ; on n'est jamais jugé que sous son nom et pour son propre compte. — L'identité de parties comporte des exceptions lorsqu'il y a des coauteurs ou des complices. — Quant à l'identité d'objet et de cause, on est embarrassé pour préciser en quoi elles consistent : les uns disent que l'objet c'est « l'application de la peine » ; la cause, « le fait délictueux » ; et ils en concluent que la seconde poursuite doit être, comme la précédente, l'action publique exercée à l'occasion du même délit (1). — D'autres appellent objet « le fait punissable » et cause « les modalités de ce fait ». Par exemple, si la seconde poursuite avait lieu pour le même vol, il y aurait violation de la chose jugée à raison de l'identité d'objet ; mais si la première avait porté sur un vol consommé et que la seconde portât sur une tentative du même fait, ou bien si dans la première le prévenu était poursuivi comme auteur principal et qu'il le fût dans la seconde comme complice, il n'y aurait pas entre les deux actions identité de cause (2). — Cette seconde opinion est assurément inexacte ; sa deuxième proposition implique une confusion entre la cause et les moyens. On

---

(1) GARRAUD, *Précis*, 676.
(2) TRÉBUTIEN, II, p. 640, 643, 644.

essaie vainement de la pallier en disant que, par exception, en matière pénale la chose jugée épuise non seulement tous les moyens, mais encore toutes les causes d'action. — La première opinion est exacte dans son résultat lorsqu'elle examine uniquement l'autorité de la chose jugée en matière criminelle ; mais elle se trouve en défaut lorsqu'elle veut étendre cette autorité au jugement ultérieur des intérêts civils, parce qu'elle n'a pas dégagé, dès le début, le principe qui explique et qui justifie le caractère absolu de l'autorité de la chose jugée par les tribunaux répressifs.

1240. A défaut de texte directement applicable à notre matière, il faut, suivant les principes, n'exiger pour qu'il y ait chose jugée que deux identités : celle des questions et celle des parties (1). L'identité de question est une règle absolue. L'identité de parties au contraire comporte exception toutes les fois que la question agitée dans le second procès a été résolue dans le premier avec la personne la plus intéressée à sa solution, et qu'on appelle, pour ce motif, le *contradicteur légitime*. Le ministère public joue ce rôle relativement à la question de culpabilité et des autres questions qu'il faut résoudre pour établir les éléments de l'infraction (2). — L'identité de personnes n'est donc pas toujours indispensable, mais l'identité de question est toujours nécessaire pour que les jugements des tribunaux répressifs aient l'autorité de la chose jugée, soit quant à l'action publique, soit quant aux procès civils dans lesquels seraient discutés des points déjà décidés par le tribunal de répression.

1º Restreinte à l'exercice de l'action publique, cette condition « la même question » exige d'abord une poursuite pour le même délit. Si l'infraction est simple, le délit se confond avec le fait matériel ; mais si elle est complexe elle embrasse tous les faits matériels qui forment un tout indivisible : on ne pourrait point, par exemple, après un acquittement pour vol de certains objets, poursuivre à nouveau le prévenu pour vol d'autres objets commis en même temps et dans le même lieu. De même on ne pourrait pas poursuivre pour faux l'individu condamné pour escroquerie commise à l'aide du titre entaché de faux. De même aussi tous les faits constitutifs de l'habitude antérieurs à la poursuite ayant été purgés par le jugement qui la termine, on ne pourrait les rattacher à des faits postérieurs pour en faire une nouvelle infraction. — A l'inverse, le jugement d'un fait connexe n'empêche pas le jugement ultérieur d'un autre fait connexe, parce que les deux faits constituent chacun un délit distinct (3).

2º Non seulement il faut qu'il y ait même délit, il faut encore que la question agitée dans le procès actuel soit la même. Observons à cet

---

(1) Fr. 3 ; fr. 7 § 4, *de except. rei judic*. (44, 2).
(2) AYRAULT, II, 1ʳᵉ part. nº 25 ; DENIZART, I, p. 3 ; JOUSSE, III, p. 21 ; F. HÉLIE, II, 998.
(3) TRÉBUTIEN, II, 640-643.

égard que la condamnation d'un individu n'empêche jamais la poursuite ultérieure d'un autre individu pour le même délit : la culpabilité d'un nouvel agent est toujours en effet une question nouvelle ; et, fût-il certain que le délit a été commis par un seul, la seconde poursuite ne serait pas irrecevable, sauf l'exercice ultérieur de la revision. — Mais tout ce qui a été jugé dans une première poursuite avec l'un des agents du délit, soit sur l'existence du fait matériel, soit sur son rapport avec la loi pénale, soit sur la recevabilité de l'action publique, constitue la même question lorsque ces points sont de nouveau discutés dans une seconde poursuite dirigée contre d'autres participants. Il s'agit alors de savoir si ces prévenus peuvent invoquer la chose jugée et si elle leur est opposable : conformément à notre principe il faut décider qu'ils peuvent invoquer la première décision, quand elle leur est favorable, et la repousser, quand elle leur est contraire. Ce qui est jugé en effet contre le ministère public l'est à l'égard de tous ; ce qui est jugé au contraire contre un accusé ne l'est qu'à son égard, parce qu'il n'a pas mandat de représenter les autres participants, et qu'ayant d'ailleurs un intérêt simplement égal au leur, il ne peut jouer à leur égard le rôle de contradicteur légitime.

Déterminons maintenant *l'étendue* de la chose jugée résultant de chaque décision des juridictions pénales, et nous trouverons à chaque pas l'application de la formule que nous venons de dégager.

1241. Autorité des décisions des juridictions d'instruction. — *a*) Les ordonnances et arrêts de non-lieu, qui sont motivés *en fait* sur l'insuffisance des charges, n'ont qu'une autorité provisoire, subordonnée à la non-découverte de nouvelles charges (art. 276). Il en est de même des décisions de non-lieu motivées *en droit*, mais reposant sur des faits dont les nouvelles charges peuvent changer le caractère. Par exemple, quand une ordonnance de non-lieu a été motivée par la prescription de trois ans, le fait ayant l'apparence d'un délit, si plus tard on découvre une circonstance aggravante qui lui donne le caractère de crime, l'instruction peut être reprise. Mais quand le motif de droit est absolument indépendant des charges, la décision de non-lieu acquiert une autorité définitive.

b) Les ordonnances et arrêts de renvoi n'ont l'autorité de la chose jugée qu'au point de vue de la saisine de la juridiction de jugement. La seule question qu'elles résolvent est en effet celle-ci : en l'état, convient-il de saisir telle ou telle de ces juridictions ? Le ministère public et la partie civile doivent donc suivre le procès devant la juridiction de jugement où il est renvoyé ; ils ne pourraient en saisir une autre. — Mais la juridiction de jugement n'est nullement liée par la solution que l'ordonnance ou l'arrêt de renvoi a donnée aux autres questions du procès. Elle peut apprécier différemment la *compétence*, la *recevabilité* de l'action publique, l'*existence* et la *qualification* du fait, la *culpabilité* de l'agent.

La juridiction d'instruction n'a résolu ces questions qu'en vue de la saisine et leur solution n'a été pour elle que les motifs de sa décision ; or, la chose jugée s'attache seulement au dispositif des jugements. Les parties d'ailleurs n'ont pas développé leurs moyens avec la liberté et les garanties qui légitiment l'autorité de la chose jugée contre elles. — Ces principes s'appliquent sans restriction devant les tribunaux correctionnels et de police (art. 160, 182, 192, 193). Mais ils reçoivent exception en Cour d'assises pour la question de *compétence* : investie en effet de la plénitude de juridiction, la Cour d'assises ne peut se dessaisir des faits dont elle a été saisie par un arrêt de mise en accusation devenu irrévocable (art. 271, 365, 366) (1).

1242. Autorité des décisions des juridictions de jugement. — A part l'ordonnance d'acquittement, tous les jugements et arrêts des juridictions de jugement s'appliquent au fait lui-même et purgent toutes les qualifications dont il est susceptible. La différence ne vient pas de ce que les ordonnances d'acquittement ne sont point motivées. Si c'était là en effet le principe de la distinction, il dépendrait des juges de restreindre par les motifs de leurs jugements l'effet de la chose jugée à telle ou telle qualification (2). Il n'en est pas ainsi : la loi fait un devoir strict aux juges de répression d'examiner le fait dans tous ses rapports avec la loi pénale (art. 159-161, 191-193, 212-214, 363-364) ; dès lors, il y a chose jugée tant sur la qualification qu'ils ont reconnue et sur celles qu'ils ont écartées, que sur celles qu'ils ont omis d'examiner. Si la règle est différente pour l'ordonnance d'acquittement, c'est que le verdict de non-culpabilité purge l'accusation et ne purge pas le fait lui-même. Or, l'ordonnance d'acquittement, qui se borne à enregistrer ce verdict, ne peut avoir plus de portée. Il sera donc permis de reprendre le même fait matériel sous une qualification différente et d'en faire l'objet d'une seconde poursuite. Observons cependant que cela n'est possible que devant les tribunaux correctionnels et de police, parce que la nouvelle poursuite peut y être introduite par citation directe. Pour ressaisir la Cour d'assises, au contraire, il faudrait pouvoir obtenir un nouvel arrêt de mise en accusation. Or, cela est impossible, parce que la Chambre d'accusation a épuisé ses pouvoirs par l'arrêt précédent (3).

1243. Certains auteurs donnent à la chose jugée, résultant de l'ordonnance d'acquittement, autant d'étendue qu'à celle des autres jugements et arrêts. Sous le Code de l'an IV, dit-on, la formule : « L'indi-

---

(1) Trébutien, I, p. 304, fait exception, quelle que soit la juridiction de jugement, pour tous les *moyens de droit* écartés par la juridiction d'instruction, quand les faits ne se modifient point aux débats. Mais cette théorie est justement écartée par tous les auteurs.

(2) *Sic* : Trébutien, II, p. 650 et les auteurs qu'il cite.

(3) Mangin, II, 360 ; Trébutien, II, p. 644 et s. ; Garraud, p. 669; Cass. 25 nov. 1841 ; 14 août 1875 (Ch. réun.) ; 10 janv. 1876 (D. 76, 1, 403).

vidu acquitté ne peut plus être repris ni accusé à raison du *même fait* » (art. 426), mettait obstacle à une nouvelle poursuite pour ce fait différemment qualifié : pourquoi en serait-il autrement sous le Code d'instruction criminelle (art. 360)? Sans doute, dans les deux législations, le président peut soumettre au jury, au moyen de questions résultant des débats, toutes les qualifications dont le fait paraît susceptible, mais, s'il a omis ou refusé de le faire, l'accusé ne doit pas souffrir de sa négligence ou de son refus. Enfin l'obstacle pratique qui empêche une seconde poursuite en Cour d'assises détruit l'harmonie du système contraire et démontre par là même sa fausseté (1).

On peut répondre aux partisans de cette opinion qu'ils méconnaissent d'abord la différence signalée entre la législation intermédiaire et le Code d'instruction criminelle sur la manière de former le verdict du jury. La décomposition de la question de culpabilité faisait connaître *légalement* l'opinion des jurés sur tous les éléments du crime ; affirmaient-ils, par exemple, que le fait matériel n'existait pas, ou que l'accusé poursuivi pour homicide volontaire avait commis le fait sans volonté, ou bien sans intention ni imprudence, une poursuite ultérieure pour homicide involontaire devenait impossible. Aujourd'hui, si le jury répondait à la question de meurtre en affirmant un homicide par imprudence, l'accusation de meurtre serait purgée, sans doute ; mais il n'y aurait pas à tenir compte de l'affirmation du délit, car elle constitue un excès de pouvoir. D'un autre côté, les pouvoirs du président quant à la position des questions résultant des débats diffèrent de ce qu'ils étaient autrefois : sous le Code de l'an IV, la position de ces questions était prescrite *à peine de nullité* (art. 374, 380) ; sous le Code d'instruction criminelle, elle est prescrite, mais sans aucune sanction ; elle est donc *facultative* ; et toutes les critiques qu'on peut faire de cette faculté laissée au président sont purement législatives. — Il en est de même de la critique qu'on adresse au premier système pour son défaut d'harmonie : montrer qu'un système, qui résulte des termes mêmes de la loi, est défectueux dans l'application, c'est appeler une réforme ; mais ce n'est pas prouver que ce système ne soit pas celui que le législateur a consacré. — On peut donc poser en principe, qu'après un acquittement une seconde poursuite est possible pour le fait autrement qualifié, pourvu toutefois qu'on ne remette pas en question un élément du crime que le jury a dû nécessairement apprécier (2).

---

(1) DUPIN, *Réquis. et plaid.*, V, p. 39 ; F. HÉLIE, II, 1012 et s. ; ORTOLAN, II, 1788 et s. ; VILLEY, p. 456-458.

(2) Cass. 14 août 1875 ; 10 janv. 1876 (Ch. réun.) (D. 76, 1, 463). — Mais la Cour suprême a fait une fausse application de ce principe en décidant qu'après un acquittement pour tentative de meurtre, une seconde poursuite pour coups et blessures volontaires était impossible (Cass. 12 août 1875, *ibid.*). L'intention est,

1244. De l'exception de chose jugée. — La chose jugée produit ses effets pour et contre l'individu poursuivi. L'art. 360 mentionne expressément l'effet favorable ; la procédure de revision implique l'autre.

— L'effet favorable est invoqué par l'accusé sous forme d'exception dans la seconde poursuite. Cette exception est d'ordre public : elle peut donc être proposée en tout état de cause et suppléée d'office.

Peut-elle être invoquée par les coauteurs ou complices qui seraient ultérieurement poursuivis ? Nous avons répondu affirmativement à la question à raison du rôle du ministère public. A l'inverse l'effet défavorable se restreint à la personne du condamné.

sans doute, un élément commun au crime et au délit ; mais elle est très différente dans les deux cas.

CHAPITRE II

DE L'AUTORITÉ DE LA CHOSE JUGÉE AU CRIMINEL SUR LE CIVIL ET RÉCIPROQUEMENT.

1245. Points de contact de l'action publique et des actions civiles. — Influence de la chose jugée au civil sur le criminel. — Dans le jugement des actions civiles qui naissent de l'infraction ou à l'occasion de l'infraction (*action en dommages-intérêts, en désaveu, en révocation de donation ou de legs, en déclaration d'indignité, en déchéance de la puissance paternelle ou de la tutelle, en nullité de mariage ou de conventions, etc.*), il s'agite des questions que le tribunal de répression a déjà été obligé de résoudre pour affirmer l'existence du délit et la culpabilité de l'agent. La contrariété des décisions est une éventualité que le législateur a dû prévoir, et, si les dispositions de la loi qui l'acceptent ou qui la repoussent sont incomplètes, il appartient à la doctrine de se pénétrer de leur esprit pour établir une théorie complète de l'influence de la chose jugée au criminel sur le civil et réciproquement.

L'art. 1351, C. civ., empêche que la chose jugée au civil contre l'auteur de l'infraction exerce aucune influence sur le jugement ultérieur de l'action publique. Mais dans les questions préjudicielles, la décision des tribunaux civils s'impose au juge de répression. Nous en dirons autant des jugements civils qui sont *constitutifs d'état*, comme ceux qui prononcent l'interdiction ou la faillite.

1246. Influence de la chose jugée au criminel sur le civil. — Le principe. — La question de savoir si les tribunaux civils doivent respecter la décision des tribunaux de répression sur les points communs, a donné lieu à un débat célèbre entre Merlin et Toullier. Tous deux se plaçaient sur le terrain de l'art. 1351, et le premier affirmait l'influence de la chose jugée au criminel sur le civil, que le second niait. On reconnaît volontiers aujourd'hui que si l'art. 1351 devait servir à résoudre la difficulté, l'opinion de Toullier l'emporterait : il n'y a en effet entre les deux procès aucune des identités que cet article exige. Il n'est pas fait d'ailleurs pour cette hypothèse ; il ne s'occupe que de contestations ayant leur source dans des intérêts du même ordre et portées devant des juridictions de même nature. Mais, ce texte écarté, il s'agit de savoir si des considérations d'ordre public n'exigent pas que les décisions des tribunaux de répression sur les questions communes soient respectées par les tribunaux civils, et si le législateur n'a pas virtuellement admis ce principe. L'affirmative sur ces deux points ne nous semble pas douteuse. L'ordre public s'oppose à ce qu'on remette en question devant les tribunaux civils l'existence du fait, la culpabilité de l'agent, l'illégitimité de son acte solennellement affirmées par la juridiction pénale Le scandale serait trop grand si la décision des tribunaux civils venait contredire celle des juges de répression. L'autorité des arrêts criminels en serait ébranlée. « Un jugement rendu au criminel n'est pas un acte ordinaire de l'autorité publique n'embrassant comme la plupart des jugements civils que quelques intérêts privés et ne se rapportant qu'à quelques individus... C'est un monument sur lequel s'imprime une vérité publique » (1). Tout le monde en effet n'a-t-il pas été accusateur dans la personne du ministère public ? Et les puissants moyens d'investigation dont dispose la justice pénale ne garantissent-ils pas l'exactitude de la sentence ? Plusieurs textes appliquent cette idée et leur rédaction ne révèle pas que leur disposition soit exceptionnelle : art. 198, 232, 261, 227, C. civ.; 595, C. co.; 463, C. i. c. (2). Il faut donc reconnaître dans notre Droit le principe de l'autorité de la chose jugée au criminel sur le civil, aux applications que le législateur en a faites et qui n'en excluent pas d'autres.

1247. Conditions et limites de l'influence de la chose jugée au criminel sur le civil. — L'autorité de la chose jugée au criminel sur le civil est attachée seulement aux sentences rendues par les juridictions de jugement statuant sur le fond de l'action publique.

a) Les ordonnances et arrêts des juridictions d'instruction ne peuvent avoir aucune influence sur le jugement de l'action civile. Il serait contraire en effet aux raisons qui ont fait admettre le principe d'attribuer une autorité absolue à des décisions qui ont le plus souvent un caractère provisoire et qui, dans tous les cas, sont rendues sur une information écrite, secrète et dépourvue de contradiction. Sans doute une ordonnance de non-lieu lève l'obstacle momentané que l'exercice de l'action publique avait apporté au jugement de l'action civile (art. 3) ; mais les tribunaux civils n'ont pas à tenir compte des motifs sur lesquels elle repose (3).

b) Il faut donc une sentence d'une juridiction de jugement; mais de

---

(1) Réquisitoire de Mourre ; Merlin, *Quest. de droit*, V° *Faux*, titre IV.
(2) On peut aussi tirer une induction de l'art. 3, C. i. c. qui suspend le jugement de l'action civile devant les tribunaux civils dès que l'action publique est intentée. Cette suspension est motivée sans doute par la nécessité de ne pas impressionner les juges de répression, mais elle laisse aussi supposer que la décision au criminel pourra avoir de l'influence sur le civil.
(3) Alger, 1er mars 1880 (D. 82, 2, 139) ; Cass. 31 mars 1885 (D. 85, 1, 188).

plus cette sentence doit statuer *au fond*. Les jugements rendus sur la recevabilité de l'action publique, sur un incident de procédure, sur une condition distincte de l'infraction et qui ne la constitue pas, sont nécessairement circonscrits par leur objet : rendus pour faciliter le développement de la procédure ils ne sont, en réalité, comme dans l'intention du juge, destinés à n'avoir effet que dans le procès actuel.

De tout ce qui précède on peut conclure que l'autorité de la chose jugée au criminel sur le civil doit se restreindre à ces trois questions : 1° le fait matériel existe-t-il ? — 2° mérite-t-il telle qualification ? — 3° l'accusé en est-il coupable ? La décision des juges de répression sur ces trois points s'impose aux tribunaux civils ; mais ceux-ci conservent sur tous les autres points leur liberté d'appréciation.

1248. Applications de détail.— 1° Cette influence se fait d'abord sentir *sur l'action civile* proprement dite, qui n'est plus que l'action en dommages-intérêts lorsque le fait a été dépouillé du caractère d'infraction par la décision rendue au criminel.

a) Les *jugements et arrêts de condamnation* ont l'autorité absolue de la chose jugée sur l'existence du fait, sur son caractère illicite, sur la culpabilité matérielle du condamné, sur l'imputabilité de son acte. Tel est en effet le fond du procès pénal. Les juges civils doivent respecter, sur tous ces points, la décision des juges de répression. Ils conservent au contraire le droit de statuer sur l'étendue du préjudice et sur la responsabilité civile des tiers. Mais si, comme cela est nécessaire pour certaines infractions, les tribunaux répressifs ont dû évaluer soit la chose qui a été l'objet du délit, soit le préjudice qui en est résulté ; ou bien si les personnes civilement responsables ont été mises en cause par le ministère public et condamnées aux frais, les juges civils n'ont plus qu'à enregistrer la décision des juges de répression soit sur l'étendue du dommage, soit sur le principe de la responsabilité des personnes qui répondent du délinquant.

b) L'*ordonnance d'acquittement* étant rendue sur un verdict purement et simplement négatif la culpabilité ne met jamais obstacle, par elle-même, à l'exercice ultérieur de l'action en dommages-intérêts. On ignore en effet si le jury a répondu négativement parce que le fait n'existait pas, ou parce qu'il n'avait pas d'incrimination dans la loi pénale, ou parce que l'accusé n'en était pas matériellement l'auteur, ou parce que ce fait ne lui était pas moralement imputable, ou parce qu'il était justifié. L'action en dommages-intérêts qui atteint tous les faits illicites volontaires ou involontaires, pourvu qu'il y ait faute, n'est nullement gênée par la décision rendue au criminel. L'art. 358 au surplus, en autorisant la Cour d'assises à statuer sur les dommages-intérêts réclamés par la partie civile, *même en cas d'acquittement*, implique nécessairement que les tribunaux civils sont investis du même pouvoir. — Tel est le résultat pratique de l'acquittement en Cour d'assises lorsqu'il n'a pas été posé au jury d'autres questions que celles résultant de l'acte d'accusation ; mais, s'il y a eu des questions subsidiaires résultant des débats, l'ordonnance d'acquittement pourrait avoir une plus grande précision et exclure toute condamnation à des dommages-intérêts (1).

c) Les *arrêts d'absolution, les jugements et arrêts de relaxe* ne laissent planer aucun doute sur les points qui ont été décidés, parce qu'ils sont motivés. Il sera donc toujours facile aux tribunaux civils de respecter la chose jugée par les tribunaux de répression (2).

1249. Des auteurs soutiennent cependant que les *jugements et arrêts de relaxe* n'empêchent jamais les tribunaux civils de statuer sur l'action en dommages-intérêts ; ils les assimilent complètement à l'ordonnance d'acquittement dans l'hypothèse ordinaire. L'autorité de la chose jugée se restreindrait, d'après eux, à leur dispositif ; or ce dispositif « répondant à une question complexe, qui comprend l'élément matériel et l'élément intentionnel, n'est jamais en contradiction nécessaire avec la décision des juges civils, quelle qu'elle soit » (3).

Ces auteurs n'aperçoivent pas d'abord la contradiction où ils tombent en donnant une solution différente pour les arrêts d'absolution. D'ailleurs leur objection n'a point de portée ; il est impossible en effet de séparer le renvoi de la poursuite des raisons qui le justifient ; ce ne sont pas les motifs de la décision, c'est la décision elle-même. Ces raisons et le renvoi forment un tout indivisible, comme le verdict du jury fait partie intégrante de l'ordonnance d'acquittement et des arrêts de condamnation ou d'absolution. Le scandale serait grand et l'ordre public en serait troublé, si après un jugement de relaxe les tribunaux civils venaient affirmer ce que le juge correctionnel a positivement nié. On ne conçoit même pas qu'on ait pu élever un doute sur ce point. La raison d'être de l'autorité de la chose jugée du criminel sur le civil commande donc la solution que nous avons donnée.

1250. 2° L'influence de la chose jugée au criminel sur le civil se fait sentir en second lieu *sur toutes les actions dont le délit a été l'occasion*. Dans cette application elle peut profiter ou préjudicier à des tiers qui n'auraient pas été parties au procès pénal. Cela ne doit pas surprendre, car cette autorité est absolue. Mais il faut observer qu'il n'y a chose jugée que sur les questions qui ont fait le fond du procès pénal. Toute question qui est distincte de l'infraction, qui ne la constitue pas, n'a été examinée par le tribunal de répression que d'une manière sommaire et

---

(1) V. Les exemples cités au n° 1077.
(2) Dalloz, V° *Chose jugée*, 556 ; Garraud, 683 ; Cass. 7 mars 1855 ; 10 janv. 1877 (D. 77, 1, 197) ; 9 janv. 1877 (D. 79, 1, 475).
(3) Bertauld, *Quest. préj.*, 94 ; Hoffman, *Quest. préj.*, I, 162 ; Villey, p. 466 et s.

en vue des besoins de la procédure. La question civile qui naît de ce fait accessoire peut être jugée différemment par les tribunaux civils. Ces principes sont généralement acceptés ; mais dans l'application on discute parfois si certaines questions font partie de l'infraction, ou en sont séparées. Nous avons eu l'occasion de signaler plusieurs difficultés de ce genre.

TABLE ALPHABÉTIQUE DES MATIÈRES

A

Absolution, 350.
Abstention, 1186.
Abus ecclésiastique, 702.
Accarement, 634.
Actes : internes, 95, 99 ; préparatoires, 97-101 ; d'exécution, 99; d'instruction ou de poursuite, 772.
Accusateur public, 643, 652.
Accusation : privée, 630 ; populaire, 670; publique, 630; par partie formée, 631 ; (Acte d'), 639, 1016, 1017 ; (Mise en), 958 et s.
Acquiescement, 1139.
Action : civile, 651-652, 677-692, 739-759, 761-765 ; 785-793 ; criminelle, 693,727 ; publique, 651-656, 669-676, 692-738, 759, 760, 762-784 ; populaire, 670.
Administrations publiques, 669.
Adultère, 488, 489, 695, 737, 1159, 1192.
Affrontation, 634.
Agents de la police judiciaire, 826.
Ambassadeur, 78-80, 88.
Amendes, 333-338, 383, 385.
Amputation du poing, 52, 53, 269.
Amnistie, 588-595, 625.
Animaux, 58.
Anthropologie criminelle, 21.
Apologie, 544.
Appel : correctionnel, 1139-1169 ; de simple police, 1180-1183 ; du ministère public, 1145, 1149, 1156 ; du prévenu, 1145, 1157 ; de la partie civile, 1145, 1158 ; des administrations, 1150, 1159 ; incident, 1151 ; des jugements sur récusation, 1150.
Argou, 47.
Armée expéditionnaire, 74.
Arrestation par mesure de police, 914-917.
Arrêt, 985-992 ; de règlement, 43 ; du conseil, 43 ; de plus ample informé, 637, 643, 961 ; de mise hors cours, 637 ; de congé, 637 ; d'absolution, 1076 ; de condamnation, 1076 ; de non-lieu,
963, 1241 ; de renvoi, 963, 964, 1241 ; de dessaisissement, 961 ; de mise en accusation, 963-964 ; de la Chambre d'accusation, 962-965 ; de la Cour d'assises, 1076, 1077 ; correctionnels, 1163, 1169.
Attentat à la pudeur, 109.
Aumône, 45, 613.
Autorisation, 699.
Autorité paternelle, 190.
Avertissement au jury, 1066 ; au défenseur, 1050.
Aveu, 478, 1105.
Avocat d'office, 354, 471, 870, 981, 1019.
Avortement, 109.
Ayrault, 58, 632.

B

Bailli, 629.
Ban du roi, 38.
Bannissement, 240, 241.
Banqueroute, 728.
Beccaria, 47, 638.
Bigamie, 736.
Boucle, 225, 270.
Brevets d'invention, 697, 698, 732.

C

Cachot, 225, 233, 270, 318, 320.
Capitulations, 93.
Carcan, 269, 242.
Cas royaux, 639; privilégiés, *id.*
Casier judiciaire, 475-478.
Cassation (Cour de), 1187, 1188. V. *Pourvoi*.
Castration, 488, 489.
Causes d'aggravation, 415-417 ; d'atténuation, 479 ; concours entre elles, 505-510.
Caution *judicatum solvi*, 586.
Chambre d'accusation, 958-965 ; du conseil, 649, 936.
Chasse, 669, 697.
Châtiments corporels, 50, 225.
Chose jugée, 1235-1250 ; sur l'action

publique, 1237-1244 ; influence de la — au civil, 1245 ; influence de la — au criminel, 1246-1250.
Circonscription pénitentiaire, 320.
Circonstances aggravantes, 418, 419, 505 ; atténuantes, 490-503, 505, 508-510 ; très atténuantes, 499.
Coauteur, 529-533, 557-559, 561, 562.
Code : pénal de 1791,49 ; de 1810,51,53 ; d'Inst. crim., 51, 647-650 ; de l'an IV, 49 ; étrangers, 54.
Collectivités, 59, 60.
Colonies pénitentiaires et correctionnelles, 122, 123.
Commise de fief, 40.
Commissaire du Gouvernement, 646, 662 ; de police, 823, 825.
Commission rogatoire, 933 ; des grâces, 596.
Comparution volontaire, 1099, 1174 ; personnelle ou par mandataire, 1104, 1175.
Compétence, 739, 740, 829-851 ; de la Cour d'assises, 976, 977, 1011 ; des trib. correct., 1088-1090 ; des trib. de simple police, 1071.
Complicité, 529-562 ; (conditions de la), 534-555 ; (peines de la), 556-562.
Complot, 96.
Compositions, 38, 40.
Concomitance, 839, 841, 1100.
Concours d'infractions, 564-586 ; idéal, 568 ; dans la même poursuite, 579, 581, 841 ; dans des poursuites séparées, 581.
Concurrence et prévention, 825.
Concurrence illicite, 683.
Conduite immédiate à la barre, 922, 1102.
Confiscation générale, 46, 50, 53, 269 ; spéciale, 326-332, 336, 381, 382, 502.
Conflits d'attributions, 700, 701, 849, 850, 851 ; de juridictions, 843-848.
Confrontation, 634, 873.
Connexité, 839, 840.
Conseil du roi, 43.
Consentement de la victime, 191-193.
Constatations, 859-864.
Contradiction (principe de la), 981.
Contrainte, 149-154, 164, 171 ; par corps, 140, 146, 376-404.
Contrefaçon, 697.
Contumace, 320, 370, 433, 797, 798, 804, 1079-1087.

Contumax, 254, 261-264.
Corporations, 683.
Corps constitués, 697.
Correction (envoi en), 122-124.
Cours (des pairs), 629 ; spéciales et prévôtales, 648 ; d'assises, 1000-1010, 1036, 1000-1084.
Crainte révérentielle, 151.
Créanciers de la victime, 678, 682.
Crimes dans les prisons, 318, 420 ; à l'étranger, 81-93, 535.
Criminel (Le — tient le civil en état), 753-758 ; (Le — emporte le civil), 752.
Cumul (non — des contraintes par corps), 377, 399 ; (non — des peines), 564-586.
Curateur à la mémoire, 686, 1228.

D

Damiens, 47.
Débats, 995, 996, 1049, 1078, 1105.
Décès : du condamné, 336, 587 ; de l'inculpé, 760.
Déclaration, 43 ; des droits de l'homme, 49.
Décret, 633.
Défaut (condamnations par), 370, 433, 800. V. *Jugement*.
Défense, 1021, 1095, 1103, 1175 ; légitime, 172-184.
Défenseur, 981, 1019, 1050, 1103.
Dégradation, de noblesse, 242 ; civique, 242-247, 340.
Délai franc, plein, 1029.
Délégation des pouvoirs d'instruction, 927-933.
Délibération et vote, 988, 1067-1071.
Délire, 131.
Délit, 50 ; privé, 34, 38, 40, 44, 694-696, 1159 ; de grand et de petit criminel, 45, 46 ; commis en France, 73 ; commis à l'étranger, 85, 86, 691, 698 ; naturel, 61, 128, 138 ; politique, 206-211, 709 ; complexe, 202-204 ; concomitant, 839, 841, 1100 ; concurrent, 564-586 ; commun, 629 ; d'audience, 998, 999.
Demande nouvelle, 1154.
Démence, 126-148.
Dénonciation calomnieuse, 719, 720.
Dépens, 345, V. *Frais*.
Déportation, 280-235, 340.

TABLE ALPHABÉTIQUE DES MATIÈRES

Députés, 75, 699.
Désertion, 709.
Désistement, 653, 751, 951, 1148.
Détention, 236-239 ; préventive, 359-368, 403, 885-894.
Détournement de deniers publics, 721.
Diffamation, 190, 684, 686, 696, 697.
Discernement, 114-118, 1062.
Discipline, 663, 664, 827.
Dol, V. *Intention*.
Dommages-intérêts, 343, 344, 1077.
Droit, 1, 2 ; criminel, 3-6 ; ancien, 36-47, 628-640 ; intermédiaire, 49-50, 641-646 ; romain, 34, 35 ; anglais, 639 ; de punir, 14-22 ; acquis, 437, 593, 1215.
Duel, 193.
Dumoulin, 638.

E

Echevins, 975.
Ecoles de réforme, 123.
Edits, 43.
Effraction, 98, 185. V. *Circ. aggrav.*
Emprisonnement : correctionnel, 271-273 ; de simple police, 296 ; cellulaire, 301-303, 307, 367.
Epuisement de la pénalité, 584-585, 760.
Erreur de droit, 159, 160, 171 ; de fait, 139 ; sur la victime, 161, 796 ; judiciaire, 354, 1218, 1229-1233.
Escalade, 98, 185. V. *Circ. aggrav., Excuses attén.*
Etudiants, 703.
Evasion, 225, 228, 234, 254, 291.
Evocation, 470, 1160, 1166-1168.
Examen, 960, 1051.
Exceptions préjudicielles, 719, 720, 721, 730-738 ; péremptoires, 479, c.
Excès de pouvoir, 1073, 1197, 1243.
Excuses, 171, 480-489, 507.
Exécution, 357-374 ; par effigie, 372 ; (incidents de l'), 373, 374 ; (continuité de l'), 469 ; provisoire, 1115, 1124, 1153, 1164.
Expédition et extrait de jugement, 992.
Expertise, 862.
Exposition publique, 242, 269.
Expulsion du territoire, 241, 285 ; d'un département, 807.
Exterritorialité, 74, 78-80.
Extradition, 89, 704-714.

F

Faux témoignage, 109.

Femmes, 220, 226.
Flagrant délit, 631, 903-917, 918-926.
Feuille d'audience, 993.
Folie, 127-130 ; morale, 136.
Formalités (substantielles et non), 1048.
Force : majeure, 147, 150, 152, 153 ; publique, 626.
Frais : généraux de justice crim., 345 ; du procès, 345-355, 1084, 1138, 1179 ; de poursuite, 347-353 ; de défense, 354.
Fredum, 38.

G

Garantie : administrative, 700, 701 ; publique, 699 ; religieuse, 702 ; judiciaire, 703.
Gardes champêtres et forestiers, 824, 825.
Grâce, 588-590, 596-605, 625.
Gramont (loi), 58.

H

Haute Cour, 641.
Héritiers, 336, 678.
Histoire, 33-53, 626-650.
Homicide par imprudence, 153.
Huis clos, 982.
Hypnotisme, 133.
Hypothèque, 412.

I

Identification, V. *Signalement*.
Identité (reconnaissance d'), 234, 241, 291
Ignorance de la loi, 137-138.
Immunités : pénales, 75, 76, 78-80 ; de juridiction, 77, 703.
Imputabilité, 56, 111-113, 118, 141-143, 153.
Incapacités : pénales, 216, 248-269 ; des jurés, 1004.
Incarcération, 305.
Incompétence (renvoi p.), 1111, 1112, 1197.
Indivisibilité : du ministère public, 667 ; des infractions, 836-838.
Information, 663.
Infraction, 55-57, 61-193 ; impossible, 108 ; intentionnelle et non, 199 ; instantanée et continue, 200, 201 ; simple et complexe, 202-204 ; spéciale, 196, 212 ; successive avec permanence, 201 ; sans permanence, 204 ; politique, 206-211 ; d'habitude, 203, 770 ; concurrente, 564 ; commise à l'étranger, 81-93.

Injure, 684, 696, 697.
Insoumission, 709.
Instruction : préparatoire, 809, 852 et s. ; définitive, 979-984, 1105 ; sur charges nouvelles, 966-973 ; supplémentaire, 1031, 1102.
Intention, 111, 112, 155, 161.
Intérêt moral, 685.
Interdiction : du territoire, 241. V. *Bannissement* ; légale, 249-256 ; des droits civiques, civils et de famille, 274, 275 ; de séjour, 278-283, 795, 284, 285 ; de communiquer, 891-894 ; judiciaire, 147.
Interprète, 1037.
Interrogatoire, 870-873, 1019, 1051, 1106.
Interruption (de la prescription), 772-781, 788, 803-805.
Intervention, 673.
Ivresse, 134.

J

Jonction et disjonction, 837, 841, 1033, 1034, 1080.
Jour férié, 1126, 1151.
Jousse, 43.
Juge d'instruction, 814-816.
Juge de paix, 643, 644, 823.
Jugements : 280, 440, 472, 476, 985-992 ; correctionnels, 1113-1124 ; de simple police, 1177.
Juridictions : anciennes, 629 et s. ; d'instruction, 934 et s. ; de jugement, 974 et s.
Justice ; retenue, 629, 1220 ; seigneuriale, 641.
Justification (causes de), 56, 162-193, 481.
Jury, 639, 643, 1002-1010, 1025, 1047, 1053, 1065.

L

Lecture de la loi pénale, 1053, 1114, 1177.
Libération conditionnelle, 322, 398.
Liberté provisoire, 895-902.
Lieutenant criminel, 629.
Législation, 1, 7-12, 53.
Légitime défense, 172-184.
Lettres patentes et de cachet, 43, 590, 596.
Lit de justice, 43.
Litispendance, 742, 745.
Loi nouvelle. V. *Rétroactivité*.

M

Maires et adjoints, 823, 825, 648, 1170.
Maisons centrales, 305 ; départementales, 306.
Magistrats, 703.
Majeur : de 16 ans, 125 ; de 60 ou 70 ans, 227, 235, 294, 479.
Maladies mentales, 127-130.
Mandats : 633, 645, 646, 875-884 ; de comparution, 877 ; d'amener, 878-881 ; de dépôt et d'arrêt, 822-884, 896, 928.
Marque : 50-53, 269, 286 ; de fabrique, 697, 698, 732.
Mariage (question de), 735.
Médecine, 683.
Mémoire des morts, 608, 1220.
Menaces, 96.
Mer, 74.
Mineur : de 16 ans, 116-124, 482-486, 507, 509, 510, 767, 796, 1062 ; de 21 ans, 294.
Ministère public, 631, 653, 657-658.
Ministres, 77, 703, 867 ; du culte, 702.
Minutes, 991, 992.
Mise en état : des affaires, 958, 1014-1026, 1098 ; des condamnés, 1207.
Mitigation (causes de), 227, 235, 294, 479.
Mobile (ou motif), 157, 161.
Montesquieu, 47, 638.
Mort (peine de), 218-220, 802.
Moyens nouveaux, 1204, 1205, 1234.
Muyart de Vouglans, 43.

N

Nationalité du délinquant, 73, 89-93, 734.
Navires, 74.
Nécessité (état de), 164.
Notes d'audience, 993, 1107, 1176.

O

Obligation *in solidum*, 411.
Offense, 697.
Officiers : de gendarmerie, 823 ; de police judiciaire, 642-646, 818-825.
Opposition : aux ordonnances, 943-955 ; aux jugements, 1126-1138, 1179.
Ordonnances : royales, 43 ; du juge d'inst. 937-942 ; de non-lieu, 938, 1241 ; de mise en prévention, 939 ; de transmission, 939 ; de renvoi, 937, 1241 ; de soit informé, 815 ; de refus d'informer, 815, 948 ; d'acquittement, 1076 ; de contumace, 1079.

Ordre : de la loi, 168-171 ; illégal, 152, 170, 171.
Outrage, 697.
Ouvertures à cassation, 1196-1200.

P

Parricide, 487, 560, 561, 733.
Partie civile, constitution, 749-751, 854 ; responsabilité, 348, 352, 750.
Passions, 136.
Patronage, 124, 323.
Pécules des condamnés, 311.
Peines, 9, 23-32, 49, 214, 216, 217 ; disciplinaires, 225, 233, 310, 320 ; politiques, 230-247 ; indéterminées, 414 ; incompatibles, 577 ; criminelles, 46, 217 ; correctionnelles, 46, 270-275 ; de simple police, 296 ; communes aux crimes et aux délits, 277-295 ; communes aux trois classes d'infractions, 324-340 ; militaires, 270 ; tableau des, 339 ; durée des, 538 ; extinction des, 356-374.
Péremption : d'instance, 778 ; des jugements par défaut, 1129.
Perquisition, 863, 880, 884.
Personne morale, 59-60.
Pièces (communication ou remise des), 1023, 1066, 1103.
Plaideurs, 76.
Plaidoirie, 1053, 1108.
Plainte, 676, 694, 697, 749 ; préalable, 694-698.
Plumitif, 993.
Police : judiciaire, 811-828 ; de l'audience, 997-999, 1039.
Pourvoi en cassation, 646, 662, 899, 965, 1020, 1021, 1028-1030, 1169, 1184, 1185, 1189-1207 ; proprement dit, 1021-1210 ; dans l'intérêt de la loi, 1211 ; du ministre, 1212-1217 ; second, 1210.
Pouvoir discrétionnaire, 1040-1045.
Préfet, 817-822.
Président : d'assises, 1001, 1019, 1031-1034, 1033-1045 ; de la République, 77, 865.
Présidiaux, 629.
Prescription, 609, 610, 759, 762-808 ; de l'action publique, 766-784 ; de l'action civile, 785-793 ; de la peine, 322, 794-807 ; des condamnations civiles, 808 ; courtes, 706, 776, 783.

Presse, 325, 983.
Prétendants, 241.
Preuves légales, 636, 1105.
Prévention, 825, 843, 910.
Prévôts, 629.
Prise à partie, 659, 660, 828, 1143, 1161, 1186
Prisons, 304-320 ; déclassement des, 307 ; régime des, 308-316 ; administrations des, 319, 320.
Privilège du Trésor, 412.
Procédure pénale (histoire de la), 628-650 ; en cour d'assises, 1048-1075 ; de contumace, 1079-1084 ; correctionnelle, 1106-1109 ; de simple police, 1172 et s. ; anglaise, 639.
Procès criminel, 809.
Procès-verbaux, 826, 1105.
Procureur : fiscal, 631 ; général, 646 ; de la République, 646, 813 ; impérial criminel, 657.
Provocation, 487-489.
Publication : des jugements, 325 ; des débats, 983.
Publicité des audiences, 982, 983.

Q

Qualité, 421, 446. V. *Circonstance aggravante. immunité de juridiction.*
Questions préjudicielles et préalables, 715-738 ; de discernement et d'âge, 118, 119, 1062 ; résultant des débats, 1059-1061 ; au jury, 1056-1065. V. *Torture.*

R

Rapports, 826.
Rébellion, 178.
Récidive, 422-452 ; criminelle, 439, 445-448 ; correctionnelle, 440-443, 449 ; de simple police, 444, 450 ; dans les lois spéciales, 452 ; tableau des, 451 ; preuve de la —, 473-478 ; concours de la — avec les circ. aggrav., 505 ; avec les excuses, 506 ; avec les circ. attén., 510.
Récidive-relégation, 453-472 ; tableau des cas de —, 467 ; disposition transitoire, 468 ; compétence et procédure, 469-472.
Réclusion, 229.
Récolement, 634.
Reconnaissance d'identité, 234, 241, 291.
Reclassement, 124, 321-323.

Récusation, 661 ; 639, 643, 1037 ; 1186.
Régicide, 209, 709.
Registre des pointes, 993.
Règlement : de la procédure, 632, 934 ; de juges, 846-838, 851.
Réhabilitation : pénale, 606-625 ; disciplinaire, 607 ; commerciale, 624.
Relégation, 286-295 ; des femmes, 293 ; des forçats, 295 ; collective, 289 ; individuelle, 289, 290, 291 ; dispenses de la —, 291, 294, 322 ; remise de la —, 292 ; prescription de la —, 795.
Remise de cause, 772, 1032, 1717.
Renvoi : après cassation, 835 ; pour cause de sûreté publique ou de suspicion légitime, 835.
Réparation : civile, 215, 341-355 ; honorable, 270.
Repentir, 106.
Requête, 899, 1101 ; civile, 485.
Réquisitoire, 853, 856, 857, 1053.
Rescindant, rescisoire, 1228.
Réserves, 1151.
Résidence obligée, 228, 295.
Résolution criminelle, 94-96, 102, 132.
Responsabilité civile, 143, 385, 408, 689, 690.
Restitutions, 342, 343, 381, 382.
Résumé du président, 1055.
Rétroactivité des lois et non —, 63-72.
Revision, 1218-1228.
Rôle de session, 1026.

S

Sacrilège, 53.
Saisie, 820, 826, 864.
Saisine : juge d'inst., 852-857 ; de la chambre d'accusation, 939-940 ; de la Cour d'assises, 1012, 1013 ; du trib. correct., 1091-1102 ; du trib. de simple police, 1173, 1174 ; impropriété de la —, 470, 926, 1111, 1167.
Secret : professionnel, 869 ; mise au —, 891-894.
Sénateurs, 75, 699.
Sénéchaux, 629.
Sentences indéterminées, 414.
Séparation individuelle, 301-303.
Séquestre, 1080.
Serment : de l'accusé, 475 ; des jurés, 1050 ; des témoins, 897, 1052.
Servan, 47.

Service militaire, des relégués, 291 ; exemption frauduleuse, 728.
Session d'assises, 1000.
Signalements, 21.
Sociologie criminelle, 21.
Solidarité, 405-411.
Sommiers judiciaires, 475.
Somnambulisme, 132.
Sourd-muet, 135.
Souverains étrangers, 78.
Suicide, 191, 534.
Suppression d'état, 722-727, 735.
Sursis : à l'exécution, 220, 511-528, 398 ; au jugement. V. *Remise de cause.*
Suspension de la prescription, 782, 783, 789, 806.
Surveillance de la haute police, 277.
Syndicat professionnel, 683.

T

Tableau du jury, 1037.
Témoins, 865-869, 1024, 1052, 1106, 1162, 1176.
Tentative, 56, 103-110.
Territorialité, territoire, 73, 74.
Tierce opposition, 1185.
Tournelle (La), 629.
Torture, 635.
Trahison (Haute), 77.
Transport sur les lieux, 859-861.
Transportation, travaux forcés, 221-228.
Travail des prisonniers, 311, 312, 315-317.
Tribunal : de simple police, 641, 1170-1184 ; correctionnel, 641, 644, 1085-1087 ; criminel, 641, 644 ; de cassation, 641.
Troubles d'audience, 998, 999.

U

Ultra petita, 1198.
Una via electa (règle), 742-747.
Unité du ministère public, 662.
Universités (Membre des), 703.

V-W

Verdict du jury, 1071-1075.
Viol, 488, 733.
Voie civile, voie criminelle, 739-747.
Voltaire, 47, 638.
Werhgeld, 38, 40.

www.ingramcontent.com/pod-product-compliance
Lightning Source LLC
Chambersburg PA
CBHW070836020526
44114CB00041B/1322